TRAITÉ ÉLÉMENTAIRE

D'ORGANISATION JUDICIAIRE, DE COMPÉTENCE

ET DE

PROCÉDURE

EN MATIÈRE CIVILE ET COMMERCIALE

CORBEIL. — IMPRIMERIE B. RENAUDET.

TRAITÉ ÉLÉMENTAIRE

D'ORGANISATION JUDICIAIRE, DE COMPÉTENCE

ET DE

PROCÉDURE

EN

MATIÈRE CIVILE ET COMMERCIALE

PAR

HENRY BONFILS

Doyen de la Faculté de droit de Toulouse, Membre de l'Académie de législation

PARIS

LIBRAIRIE NOUVELLE DE DROIT ET DE JURISPRUDENCE

ARTHUR ROUSSEAU, ÉDITEUR

14, RUE SOUFFLOT ET RUE TOULLIER, 13

1885

TRAITÉ ÉLÉMENTAIRE

D'ORGANISATION JUDICIAIRE

DE COMPÉTENCE ET DE PROCÉDURE

PREMIÈRE PARTIE

DE L'ORGANISATION JUDICIAIRE

1. L'organisation judiciaire d'un État se rattache intimement à la constitution politique et sociale de cet État. Elle subit des transformations correspondantes aux diverses phases de son existence politique, et toute révolution importante, subite ou continue, entraîne une mutation, immédiate ou successive, dans l'organisation judiciaire. La France n'a pas échappé à cette loi inévitable, et sa constitution judiciaire n'a été, comme sa constitution politique, que le résultat du long et pénible travail de plusieurs siècles.

L'organisation judiciaire actuelle ne paraît dater que de 1789, époque où la Justice fut reconstituée à nouveau pour la mettre en harmonie avec les principes dont la Révolution fit prévaloir l'admission. Cependant, un peuple ne peut rompre d'un seul coup avec ses mœurs et ses traditions, ses habitudes et ses usages; toute organisation nouvelle, politique ou judiciaire, se ressent toujours de ces habitudes et de ces traditions. Les révolutions sociales, en outre, sont préparées par un enfantement laborieux, long et difficile : elles ne sont qu'une résultante et leurs causes sont presque toujours profondes et éloignées. Pour les comprendre, en saisir le sens et la portée, il faut rechercher ces causes, assister à cet enfantement.

Donc, pour connaître la raison et l'étendue de la rénovation, accomplie en 1789 dans l'ordre judiciaire, nous devons nécessairement étudier l'état de choses antérieur. Des principes admis autrefois ont été maintenus depuis; la connaissance des anciens abus nous donnera le sens de la réforme opérée.

LIVRE PREMIER

DE L'ANCIENNE ORGANISATION JUDICIAIRE

2. Il est superflu de remonter aux premiers siècles de notre histoire ; il suffit de constater qu'à partir du IXe siècle, nous voyons trois pouvoirs se disputer la suprématie : la Seigneurie féodale, l'Église et la Royauté. A ces trois pouvoirs correspondent trois natures de juridictions : les justices seigneuriales, les justices écclésiastiques, et la justice royale, qui a fini par absorber les deux autres.

Occupons-nous de chacune d'elles.

CHAPITRE PREMIER

DES JUSTICES SEIGNEURIALES

Sommaire. — Établissement de la féodalité. — Ses causes. — Son caractère. — Les assises. — La cour féodale. — Trois sortes de justices : la basse justice, la moyenne justice, la haute justice. — Absorption de la justice féodale par la justice royale.

3. « Pendant cinq siècles, dit Guizot (1), depuis l'invasion des « barbares jusqu'à la chute des Carlovingiens, la France semble « stationnaire dans le chaos. A travers cette longue et obscure

1. Guizot, *Histoire de France*, t. Ier, chap. XIII.

« anarchie, la féodalité se forme lentement, aux dépens tantôt de la « liberté, tantôt de l'ordre, non comme un vrai perfectionnement « de l'état social, mais comme le seul régime qui puisse acquérir « quelque fixité, comme une sorte de pis aller nécessaire. »

La Gaule se démembre; l'empire de Charlemagne se fractionne et, à la fin du xe siècle, on compte en France cinquante-cinq grands fiefs, véritables petits États, dont les possesseurs sont bien près d'être de vrais souverains. Ces fiefs se subdivisent à leur tour, et le nombre des seigneuries est considérable. Comment s'expliquer ce démembrement?

« Aux époques de formation ou de transition, dit Guizot, les États « et les gouvernements se font à la mesure, je dirais presque à la « taille des hommes du temps, de leurs idées, de leurs sentiments, « de leurs forces personnelles. Quand les idées sont rares et courtes, « quand les sentiments ne se déploient que dans un cercle étroit, « quand les moyens d'action et d'expansion manquent aux hommes, « les sociétés deviennent petites et locales, comme la pensée et « l'existence de leurs membres. Tel était l'état des faits au IXe et au « xe siècle ; point d'idée générale et féconde, sauf la foi chrétienne ; « point de grand vent intellectuel; point de grande passion natio- « nale; point de rapides et faciles moyens de communication entre « les hommes : les esprits et les vies se renfermaient dans d'étroits « espaces et rencontraient, à chaque pas, des bornes, des obstacles « presque insurmontables. A cette absence d'idée générale, ajou- « tons le péril, sans cesse renaissant, des invasions des Normands, « des Hongrois, des Arabes. »

« La forme, dit Taine (1), dans laquelle s'enserre alors la société « humaine est construite sous les exigences du danger incessant et « proche, en vue de la défense locale, par la subordination de tous « les intérêts au besoin de vivre, de façon à sauvegarder le sol, en « attachant au sol par la propriété et la jouissance, une troupe de « braves sous un brave chef. »

La propriété territoriale devient le caractère fondamental et la garantie de l'indépendance et de l'importance sociale ; la souveraineté locale s'unit à la propriété territoriale, qui ne tarde pas à devenir héréditaire entre les mains des officiers du roi, des compagnons auxquels le chef avait fait des concessions de terres. Le propriétaire

1. Taine *l'Ancien Régime*, p. 33.

reste chef local et indépendant, à ses risques et périls. L'union héréditaire de la propriété territoriale et du gouvernement local, tel est en droit et en fait le régime féodal.

4. A raison du lien étroit qui rattache le pouvoir judiciaire au pouvoir politique, les possesseurs de fiefs ou de bénéfices exercent la plénitude du droit de justice. Chaque seigneur féodal devient justicier des hommes de son fief.

Le seigneur ou son délégué, appelé *bailli*, tenait, à certaines époques, des assemblées judiciaires, dénommées *assises*. De là le nom d'*assises de Jérusalem* donné au recueil des règles de la juridiction féodale, qui furent établies par les chevaliers français en Palestine.

5. Dans la plupart des fiefs, le seigneur ou le bailli se bornait à diriger l'instruction des procès, et c'étaient les hommes du fief, réunis sous sa présidence, qui rendaient le jugement. Le service judiciaire était, comme le service militaire, une charge féodale. Le vassal devait assister son suzerain *in curto aut in campo*. Le refus d'accomplir ce devoir entraînait la saisie du fief : mesure rigoureuse, mais qui assurait l'exécution d'une fonction, imposée non seulement dans l'intérêt du seigneur, mais aussi dans celui des vassaux. C'était une garantie accordée aux justiciables contre le despotisme et l'omnipotence du baron ou du comte : *nul ne pouvait être jugé que par ses pairs*. Ce principe avait été consacré par Charles le Chauve dans un capitulaire de 856. Du reste, le nombre des pairs requis pour former la cour féodale n'était pas considérable. L'assistance de tous les hommes du comté ou de la baronie n'était pas nécessaire. D'après les *Établissements de saint Louis*, la présence de trois pairs était suffisante (liv. Ier, ch. II). Beaumanoir n'en requérait que deux ; Pierre des Fontaines en exigeait au moins quatre.

6. Pour qu'on pût appeler ainsi aux assises de simples vassaux, des hommes illettrés et grossiers, plus enclins au maniement des armes qu'à l'étude et qu'à l'administration de la justice, la législation et la procédure devaient être en harmonie avec la composition du tribunal. La loi n'était alors qu'une *coutume*, non écrite, et seulement transmise de génération en génération par les traditions populaires. La présence des hommes du fief était donc encore nécessitée par cette recherche, à l'aide des souvenirs et des exemples du passé, de la loi applicable. — Les formes de procédure étaient des plus simples, puisque le mode de preuve, le plus usité en cour féodale, était le combat judiciaire.

Plus tard, la législation et la procédure se compliquèrent. La preuve par témoins se substitua au combat judiciaire. L'écriture fit son apparition. La trace des actes acccomplis devant la cour dut être constatée par écrit. Bientôt les assesseurs lettrés furent seuls capables de siéger aux assises. Et, à la fin du XIVe siècle, Bouteillier put parler des *clercs de droit.*

7. La justice féodale était une source de revenus pour les seigneurs. Ils s'adjugeaient les amendes et les confiscations prononcées contre les parties condamnées. Ils avaient donc un intérêt considérable à réclamer leurs justiciables, à étendre leurs justices et à restreindre celles des seigneurs moins puissants, ou même à les supprimer.

8. Le caractère particulier de cette juridiction féodale se trouve en ce que le droit de rendre justice est un accessoire et une conséquence de la propriété. Ce droit se transmet avec le fief; mais tous les fiefs ne possèdent nécessairement pas le droit de justice, et de là la maxime : *fief et justice n'ont rien de commun.*

9. Vers la fin du XIVe siècle, nous pouvons nettement distinguer trois espèces de justices seigneuriales : 1° la *basse justice*, qui ne confère que des pouvoirs limités et restreints : en matière civile, elle ne peut juger les procès d'une valeur supérieure à 60 sols parisis; 2° la *moyenne justice*, à laquelle ressortissent toutes les causes civiles, en premier ressort seulement : mais le moyen justicier ne peut connaître de l'appel dirigé contre les sentences rendues par le bas justicier. — On appelait *maire* ou *prévôt* l'officier qui tenait la basse ou la moyenne justice; 3° la *haute justice* donne à celui qui en est investi la plénitude de juridiction civile et criminelle. Il connaît des appels dirigés contre les sentences de la basse et de la moyenne justice. A lui appartiennent la nomination des tuteurs, l'émancipation des mineurs. Cette classification des justices seigneuriales en trois sortes se rattachait aux différences de dignité existant entre les divers possesseurs des fiefs.

10. Quand sous l'influence de causes multiples déclina le pouvoir politique de la féodalité, s'amoindrit aussi le pouvoir judiciaire dont elle était investie. La justice royale devint prépondérante, et ce n'est pas un des moindres services rendus par les légistes à la couronne de France que la vigueur mise par eux à ruiner et détruire les justices seigneuriales. Ils repoussèrent cette idée grossière que la justice est un accessoire, un corollaire de la propriété foncière, et firent au contraire prévaloir la maxime que *toute justice émane du roi*, dans la personne duquel se résumait alors la puissance souveraine de l'État.

Lors de la célèbre nuit du 4 août 1789, après la monarchie autoritaire de Louis XIII et de Louis XIV, les justices seigneuriales avaient depuis longtemps perdu toute indépendance : elles étaient devenues des tribunaux ordinaires.

CHAPITRE II

DES JUSTICES ECCLÉSIASTIQUES

SOMMAIRE. — Juridiction temporelle de l'Église. — Des personnes et des matières soumises à cette juridiction. — Empiètements et abus. — Ordonnances de 1539 et de 1667.

11. Indépendamment de la juridiction purement spirituelle qui appartient à l'Église catholique sur les fidèles, elle a eu longtemps en France le droit de juger les matières temporelles, qui avaient quelque contact avec la religion. Elle organisa des tribunaux qui, sous la dénomination de *justices ecclésiastiques*, rendirent des services signalés à une époque de trouble et de confusion. Tandis que pendant les cinq siècles de ce chaos, dont parle Guizot, les monastères recueillaient le dépôt de la littérature ancienne et donnaient asile aux quelques rares esprits que tentait le culte des lettres, les tribunaux ecclésiastiques conservaient la tradition des institutions juridiques romaines et le respect des formes protectrices de la défense.

12. Sous les empereurs chrétiens, la juridiction du clergé était légale et obligatoire pour les causes des ecclésiastiques. L'autorité des évêques acquit une importance plus considérable encore, en Gaule, lors de l'invasion des barbares. Seule puissance restée debout en face de la Germanie envahissante, l'Église se prêta habilement à l'établissement des Francs dans la Gaule. Notre histoire est pleine de faits qui établissent l'autorité incontestable de l'Église et le respect qu'elle inspirait aux conquérants. Les Mérovingiens s'entourent d'évêques dans leurs palais ; Charlemagne et ses successeurs accordent, dans l'organisation du nouvel empire d'Occident, une large part au pouvoir ecclésiastique.

Puis, quand vient la triste et sombre nuit de la féodalité, l'Église se fait la protectrice des faibles et des petits. Elle lutte contre la rudesse native du baron féodal, et sa juridiction est recherchée comme un véritable bienfait. Tous les avantages sont de son côté. L'instinct démocratique la favorise, parce que le clergé se recrute généralement dans les classes inférieures et que le prêtre ne peut oublier les souffrances de ses frères. L'Église établit dans ses tribunaux des formes régulières. Ses membres sont à peu près seuls à posséder quelque teinture des lettres et de la jurisprudence. Toutes ces causes se combinent pour favoriser l'élévation et l'agrandissement de son pouvoir, qui s'exerce à raison de la qualité des justiciables ou de la nature des causes.

13. Quant aux *personnes*, le droit d'être jugé par les tribunaux ecclésiastiques n'appartient pas seulement au clergé régulier ou séculier. La cléricature emporte, au moyen âge, exemption de toute autre juridiction que celle de l'Église, et la tonsure suffit à elle seule pour conférer la cléricature. Les clercs restent dans le monde ; ils peuvent se marier, exercer une profession. Tout homme de loi, tout praticien est clerc. — Le bénéfice de *clergie* est ensuite étendu aux veuves, aux orphelins, aux étrangers, aux écoliers, aux lépreux, etc., à quiconque a besoin d'être protégé.

Malheureusement ce privilège donna lieu à de fréquents abus. Lorsque le pouvoir royal se fut fortifié, que la justice royale fut fermement assise, l'extension du privilège clérical dut cesser : ses causes n'existaient plus. L'ordonnance de 1539 le restreignit aux titulaires de bénéfices et aux étudiants en théologie.

14. Quant aux *matières* qui rentraient dans la compétence de la juridiction ecclésiastique, l'Église s'efforça d'en augmenter le nombre. Elle prétendit avoir le droit de connaître de toute question qui, de près ou de loin, se rattachait aux matières spirituelles. Elle voulut prononcer sur les testaments, parce que l'exécution des legs pies qu'ils contenaient ordinairement intéressait le salut de l'âme du défunt. Les notaires, presque tous clercs, inséraient dans les actes une formule de serment, et l'Église, devant connaître des parjures, voulut juger tous les procès nés d'un contrat quelconque. Les questions d'État se rattachent au mariage, source de la famille, et le mariage est un sacrement; donc le jugement desdites questions doit appartenir à l'Église. — Celle-ci eût ainsi tout envahi, si les parlements, l'autorité royale n'avaient réprimé cette tendance absorbante. L'ordonnance de 1539 réserva seulement à l'Église la connaissance des questions relatives au mariage, et restitua toutes les autres à la juridiction ordinaire. Enfin, Louis XIV appliqua aux justices ecclésiastiques les dispositions de l'ordonnance de 1667, soumit ainsi la juridiction temporelle du clergé aux règles qui gouvernaient la justice royale et prépara l'œuvre accomplie définitivement en 1789.

CHAPITRE III

DES JUSTICES ROYALES

SOMMAIRE. — Prévôtés. — Bailliages et sénéchaussées. — Présidiaux. — Parlements. — Conseil du roi. — Conseil des parties. — Conseil d'État. — Juges-consuls. — Causes de l'absorption des justices seigneuriales par la justice royale. — Création d'un ministère public. — Éclosion et extension de l'appel. — Vices de l'ancienne organisation judiciaire. — Privilèges. — Épices. — Vénalité des charges. — Empiètements du Parlement.

15. Sous la féodalité, la justice appartenait au seigneur dans son domaine. Le roi n'avait guère plus de droits que ses vassaux : au commencement de la troisième race, il ne les exerçait pas sur un plus vaste territoire. Au quatorzième siècle, tout aura changé; la justice du roi se sera élevée : les seigneurs lutteront encore contre elle; mais ils seront définitivement subjugués.

Les justices royales se divisaient en *ordinaires* et *extraordinaire*. Les juridictions ordinaires étaient les prévôtés, les bailliages et sénéchaussées, les présidiaux, les parlements, le conseil des parties. Elles ne furent pas toutes établies à la même époque. Leur caractère, leur compétence subirent des modifications successives. Nous allons les étudier dans leurs traits principaux.

16. Prévôtés. — Les premiers rois de la dynastie capétienne n'exercent aucune autorité judiciaire réelle au delà de leurs domaines privés. Leur juridiction sur ceux-ci se confond avec la gestion pécuniaire. On afferme la juridiction et l'administration à des *prévôts*, qui viendront en rendre compte devant le conseil du roi. Ces officiers sont, dans la suite des temps, subordonnés aux baillis royaux, lorsque le nombre croissant des affaires fait sentir l'insuffisance de la première institution.

17. Bailliages et sénéchaussées. — Sous Philippe Auguste, la France vit créer des magistrats chargés, à titre d'office, de remplacer le roi, lorsqu'il était empêché de remplir les fonctions judiciaires. Ce roi divisa le domaine royal en quatre provinces, dont il confia l'administration à autant de seigneurs, désignés sous le nom de *grands baillis*. Ils devaient, d'après le testament écrit par ce prince en 1190, lors de son départ pour la Terre Sainte, tenir tous les mois des assises et répondre de leur administration devant le conseil du roi.

Les bailliages ne furent pas introduits dans tout le royaume de France sur lequel le roi n'avait qu'un pouvoir borné ; mais presque tous les grands vassaux suivirent l'exemple donné par le roi et nommèrent dans leurs fiefs un magistrat chargé des affaires judiciaires. Ce magistrat fut appelé *sénéchal*. Les noms ayant été conservés, à la réunion de ces fiefs à la couronne, la France resta divisée en bailliages et sénéchaussées. Bailliage ou sénéchaussée furent, après l'extinction des grands vassaux, une même chose sous une dénomination différente.

18. Baillis et sénéchaux étaient de grands seigneurs. Ils n'étaient pas de vrais juges, mais présidaient la cour composée des pairs des parties, et prononçaient le jugement en conformité de leur avis. Mais comme l'autorité de ces baillis, grandissant avec celle du roi, pouvait devenir dangereuse pour la couronne, on sentit la nécessité de diviser leurs pouvoirs, et leur juridiction fut transférée et subdivisée entre des *lieutenants*, qui tinrent de petits sièges. Ces lieutenants devinrent les véritables titulaires de la justice royale. L'ordonnance de mars 1498 exige qu'ils soient *docteurs ou licenciés in utroque jure en université fameuse*, et fait siéger avec eux, au nombre de quatre au moins, les conseillers et praticiens des sièges et auditoires.

19. Une ordonnance de François Ier du 14, janvier 1522, sépara la justice criminelle de la justice civile. Désormais, dans chaque bailliage, il y eut un *lieutenant criminel* et un *lieutenant civil.* Ces lieutenances furent établies à titre d'offices, et les anciens baillis ou sénéchaux n'eurent plus, au point de vue de la justice, qu'une dénomination honorifique. L'ordonnance de Blois de 1579 ne leur permit plus d'avoir voix délibérative.

20. Présidiaux. — L'appel, dirigé contre les décisions rendues par les lieutenants qui occupaient les sièges des bailliages et sénéchaussées devait, en principe, être porté au parlement. Mais comme toutes les causes, si minimes qu'elles fussent, étaient indistinctement sujettes à appel, les parlements furent bientôt surchargés d'affaires. L'inconvénient fut sensible à l'égard du parlement de Paris, dont le ressort comprenait à lui seul ceux de neuf cours d'appel actuelles. Henri II établit, en 1551, des *sièges présidiaux* qui remplacèrent les parlements pour le jugement en dernier ressort des causes dont la valeur n'excédait pas 250 livres de capital ou 10 livres de revenu. En 1774, cette valeur fut portée à 2,000 livres en capital ou 80 de revenu.

21. Parlements. — Au-dessus des bailliages, sénéchaussées et présidiaux se trouvaient les parlements. Quelle en fut l'origine ?

Aux assemblées générales des Francs, *champ de mars* ou *champ de mai*, se substituèrent, sous les rois de la première race, les *plaids du palais*, tenus par le roi, et, à son défaut, par le comte du palais. Dès lors se dessine la juridiction suprême du roi. Elle se manifeste d'une manière plus éclatante, sous Charlemagne, par l'institution des *missi dominici.*

Sous la dynastie capétienne, le roi est assisté d'un conseil dans l'exercice de ses fonctions politiques ou judiciaires. Composé d'abord des six électeurs, qui avaient donné le trône à Hugues Capet, ce conseil s'augmenta bientôt des vassaux directs de la couronne et de fonctionnaires ecclésiastiques. Ceux-ci importèrent avec eux les formes régulières de la juridiction de l'Église. Les hauts barons durent se donner pour assesseurs des hommes plus versés qu'eux dans la connaissance des lois. L'influence de ces légistes devint prépondérante, leur office chaque jour plus indispensable, et ces assesseurs se transformèrent en véritables conseillers du roi, ayant qualité pour statuer sur les affaires contentieuses.

Dans son testament, Philippe Auguste veut que, tous les quatre mois, le conseil siège une journée à Paris, pour entendre les plaintes des hommes du royaume et recevoir du bailli le compte des domaines. Ces sessions, consacrées à la décision des procès, étaient nommées *parlamenta*, d'où est venue la dénomination de *parlement*.

22. Le conseil du roi suivait le prince en ses voyages. La bonne administration de la justice était incompatible avec ces perpétuels déplacements. Le pouvoir royal dut rendre la section judiciaire du conseil du roi sédentaire à Paris. On ne sait exactement à quelle époque il faut rapporter cette mesure. Mais il est certain qu'à la fin du treizième siècle, le parlement était régulièrement fixé à Paris.

23. Philippe le Bel, le 23 mars 1302, ordonna qu'auraient lieu chaque année deux tenues de parlement à Paris, une à Toulouse, deux grands jours à Troyes et deux échiquiers à Rouen. Plus tard furent créés, au fur et à mesure de la réunion des provinces à la couronne, d'autres parlements : Bordeaux, en 1451 ; Grenoble, 1453 ; à Dijon, pour la Bourgogne, en 1476 ; à Aix, pour la Provence, en 1501 ; celui de Bretagne, en 1553 ; celui de Pau en 1620 ; à Metz, en 1632 ; à Douai, en 1686, etc.

24. Pendant un long temps, le parlement de Paris ne fut qu'une branche du conseil du roi, le conseil commun du parlement. Par opposition à ce *conseil commun*, on appelait *conseil privé* la portion qui s'occupait plus spécialement des affaires politiques. Le roi Jean fut, pendant sa captivité, suivi en Angleterre par son conseil privé, tandis que le parlement continua de siéger à Paris.

A l'ouverture de chaque tenue du parlement, le roi délivrait une commission, par lettres patentes, aux membres qui devaient le composer. Cet usage cessa sous Charles VI, et les conseillers eurent dès lors une institution permanente.

25. Conseil des parties. — Assisté de son *conseil privé*, le roi pouvait reviser les actes du parlement. Ce droit était absolu dans l'origine, puisque les juges n'étaient alors à la lettre que les *conseillers* du souverain. Mais cette prérogative suprême amena une nouvelle scission dans le conseil proprement dit entre les attributions politiques et les attributions judiciaires. Un édit de Charles VIII, rendu le 2 août 1497, réserva le nom de *conseil privé* ou de *conseil d'État* à la section chargée des affaires politiques. La connaissance des affaires judiciaires fut attribuée à l'autre section, qui fut nommée *grand conseil* ou *conseil des parties*. Celui-ci n'était pas chargé de vérifier le bien ou le mal jugé des décisions émanées des parlements, mais seulement d'examiner si ces décisions étaient ou non conformes aux ordonnances royales. Là est l'origine de la Cour de cassation.

26. Outre ces justices ordinaires, il s'était établi de nombreux tribunaux d'exception, surtout en matière fiscale et domaniale. Leur étude est dénuée d'intérêt, car, sauf la chambre des comptes, ils n'ont pas laissé de traces dans la législation actuelle.

Juges-consuls. — Une seule exception doit être faite à l'égard d'une institution qui s'est perpétuée jusqu'à nos jours : celle des *juges-consuls*. Les procès commerciaux doivent être terminés promptement ; et ce besoin est plus intense si les commerçants entre lesquels naissent les litiges sont ambulants. Philippe de Valois le comprit, et, pour faciliter les opérations des marchands venus de pays étrangers, attribua, par lettres patentes du 6 août 1349, aux gardes des foires de Brie et de Champagne la *connaissance des cas et contrats advenus ès dites foires*. Dans le siècle suivant, en 1410, les deux foires de Champagne furent transférées à Lyon, où fut établie, dans le même but, une *cour de conservation*. Charles VII ajouta une troisième foire en 1433. Louis XI, en 1462, en ajouta une quatrième, en ôta la garde aux *conservateurs* et donna la connaissance des procès, nés en foire, au bailli de Mâcon. Mais en 1464 un nouvel édit octroya « pouvoir aux conseillers, bourgeois, « manants et habitants de la ville de Lyon de commettre un pru- « d'homme suffisant et idoine pour régler les contestations qui « pourraient arriver entre les marchands fréquentant les foires. »

Il y eut aussi très anciennement à Marseille des *juges des marchands*. La même juridiction fut établie à Toulouse en 1549.

En 1563, sous le règne de Charles IX, le chancelier de L'Hôpital fit rendre un édit, en vertu duquel le prévôt des marchands, les échevins et cent notables bourgeois durent élire en assemblée un *juge des marchands* et *quatre conseils des marchands*, dont la charge ne devait durer qu'une année. En 1566, la même juridiction fut établie dans les places de commerce les plus importantes du royaume. Enfin, dans la célèbre ordonnance de 1673, Louis XIV dota les juges-consuls d'une législation spéciale, dont les principales dispositions se retrouvent dans le Code de commerce actuel.

27. Dès le quatorzième siècle, avons-nous dit, par une progression continue, la justice royale obtint un ascendant immense sur la féodalité et finit par réduire les justices seigneuriales à un état complet d'infériorité. Cinq causes principales engendrèrent ce résultat, aidées par les efforts des légistes et le concours des communes affranchies :

28. 1° *La supériorité des juges du roi.* Sous le rapport du personnel, la justice royale offrait plus de garanties aux intéressés. Les prélats et les légistes que le roi fit entrer dans son conseil, plus tard les lieutenants des bailliages, avaient plus d'attachement pour les formes de procédure, protectrices des droits de tous, que les barons du régime féodal.

29. 2° *La régularité de la procédure* suivie dans les justices royales et par elles empruntée au droit canonique, le rejet des habitudes violentes de la féodalité l'abolition du combat judiciaire, attirèrent vers la juridiction royale les sympathies des faibles, c'est-à-dire, du plus grand nombre. La composition des justices royales réagit sur la procédure qui y était suivie, et réciproquement la complication des procédures exigeant des connaissances spéciales, réagit à son tour sur la composition même des tribunaux royaux. La création de l'ordre des avocats contribua aussi, par les garanties nouvelles qui en résultaient, à favoriser l'extension de la juridiction royale.

30. 3° L'*institution du ministère public* vint donner à l'intérêt public un représentant attitré et ne contribua pas peu à la régularité de la jurisprudence.

Lorsque le parlement se détacha du conseil du roi et devint sédentaire, le roi cessa d'y siéger habituellement et dut y avoir des représentants pour défendre ses intérêts. Il eut ses *procureurs* et ses *avocats* comme les particuliers avaient les leurs. Ces procureurs et avocats n'eurent pas, dans le principe, de charge permanente. Ils exerçaient leur ministère pour le roi comme pour toute autre partie. Ils étaient désignés pour chaque cause et ressemblaient beaucoup à ceux qu'on appelle aujourd'hui avocats du Trésor, de la ville de Paris, etc., parce qu'ils sont habituellement chargés des causes concernant le Trésor ou la Ville.

Mais quand l'autorité royale se fut affermie, le caractère de ces procureurs et de ces avocats se transforma. En leur imposant l'obligation de prêter le même serment que les magistrats, en leur défendant d'occuper pour les particuliers, Philippe le Bel, en 1302, fit de ces procureurs et avocats de véritables fonctionnaires du roi. Comme alors, et plus encore sous les rois ses successeurs, l'intérêt public, l'intérêt social paraissant s'identifier avec celui de la royauté, le procureur du roi devint l'organe de la société, de l'intérêt général. Le ministère public était fondé.

L'institution fut successivement étendue aux bailliages et aux sénéchaussées, et en 1553 une ordonnance de Henri II l'établit dans les prévôtés.

Les fonctions du ministère public devinrent vénales, comme les autres charges de magistrature, et cette vénalité engendra pour les titulaires une sorte d'inamovibilité, incompatible à nos yeux avec les fonctions d'avocat ou de procureur du roi. Ce dernier eut des mandataires qu'il ne pouvait que difficilement révoquer.

Les expressions employées pour désigner les membres du ministère public avaient alors leur sens ordinaire. Le *procureur* tenait la plume, rédigeait les actes, dirigeait la correspondance du parquet. L'*avocat* du roi seul pouvait prendre la parole. Le procureur *général*, l'avocat *général* étaient ceux qui avaient une procuration générale du roi, et non pas seulement la mission de soutenir un procès déterminé. De nos jours, ces expressions ont une autre signification.

31. 4° Une quatrième cause de l'extension du pouvoir royal se trouve dans l'*introduction du droit d'appel*. L'appel, en principe, était contraire aux idées féodales. Le vassal ne pouvait plaider, pour les intérêts de son fief, contre celui de qui il le tenait. Longtemps l'appel eût été considéré comme un oubli des devoirs du vassal.

Mais les institutions féodales favorisèrent cependant l'éclosion du droit d'appel, car elles contenaient en germe un principe de suprématie judiciaire pour le suzerain, qui ne devait pas tarder à se développer.

Celui qui, dans une cour féodale, voyait l'avis des pairs se prononcer contre ses prétentions, avait le droit de donner un démenti à chaque pair, au fur et à mesure qu'il donnait sa voix. Le vassal *faussait* le jugement du pair. Ce démenti était soutenu les armes à la main. Le seigneur formait son jugement d'après l'issue du combat. — Mais, quand le combat judiciaire ne fut plus admis comme moyen de preuve, comme il était loisible aux plaideurs de *fausser jugement* à chacun des pairs de la cour, il arrivait souvent que, par la réduction du nombre des pairs, le seigneur se trouvait hors d'état de tenir sa cour. Il fallait alors emprunter d'autres pairs au suzerain ou porter la cause devant la cour de celui-ci. De là résultait une espèce d'évocation, dénommée *appel de faux jugement*, qui transportait la connaissance du litige à la cour du suzerain. Le juge supérieur connut alors des témoignages, qui avaient déjà été produits devant le juge inférieur ; ce qui ressemblait assez à une décision sur appel.

Un autre cas d'évocation du procès par le suzerain naissait de l'obligation féodale où se trouvait le seigneur de rendre la justice à ses vassaux. En négligeant de rendre à ses arrière-vassaux la justice à laquelle ils avaient le droit de s'attendre, le vassal était censé ne pas remplir les engagements qu'il avait contractés envers son propre suzerain. Celui-ci rangea bientôt au nombre de ces obligations comme de ses droits le pouvoir de procurer la justice aux arrière-vassaux, dans le cas où le vassal la refusait, et d'évoquer à sa cour la cause que son vassal ne jugeait pas. Cette évocation, connue sous la dénomination d'*appel de défaut de droit*, n'était pas un véritable appel, puisqu'il n'y avait pas de jugement rendu en première instance ; mais elle fut, aux mains du roi, suzerain des grands vassaux, un moyen d'attirer à sa cour bien des litiges et de diminuer ainsi l'autorité et l'importance des cours féodales des vassaux de la couronne, au profit de la juridiction royale.

L'exemple des juridictions ecclésiastiques qui, en suivant les lois romaines, avaient adopté les appels et les avaient fait passer dans le droit canon, ne pouvait en outre manquer d'influencer d'une manière sensible la marche des tribunaux séculiers.

Toutes ces causes aidèrent la justice royale à se saisir du droit de reviser toutes les sentences rendues par les juridictions seigneuriales.

Ce droit fut exercé d'abord par le roi en son conseil, puis par le parlement, branche du conseil, et plus tard, au quatorzième siècle, par les baillis, juges placés dans la hiérarchie judiciaire, entre les hautes justices seigneuriales dont ils recevaient les appels, et les parlements où l'on portait l'appel de leurs propres décisions.

32. 5° Les grands baillis travaillèrent à étendre la juridiction royale, non seulement par l'évocation des causes qui auraient dû être jugées par les justices féodales, mais encore en leur ravissant en premier ressort le jugement des affaires les plus importantes. Dans ce but, ils imaginèrent les *cas royaux*, dont les seigneurs ne pouvaient avoir connaissance sans manquer de respect envers le roi. Fallait-il que celui-ci dût s'en remettre à la décision d'un de ses sujets pour sauvegarder son honneur ou pour protéger ses officiers? Ces cas royaux étaient tellement élastiques, que toute cause pouvait y rentrer. « Comme il n'est point de telle couverture que « le manteau royal, disait Loyseau (*des Seigneuries*, chap. XIV, p. 2), « les officiers royaux, pour augmenter leur pouvoir, ont extrême- « ment étendu et multiplié les cas royaux. » En 1315, Louis le Hutin, pressé par les nobles de Champagne de déterminer les cas royaux, en indiqua plusieurs, et ajouta, *et autres, qui à nous, et non à autres, appartiennent par droit royal.*

Dans les derniers siècles de la monarchie, les justices seigneuriales n'existaient plus que sous le bon plaisir du roi.

33. Cette organisation judiciaire, quelque peu compliquée, présentait des vices ou engendrait des abus, dont à plusieurs reprises les états généraux avaient réclamé le redressement et qui, en 1789, entraînèrent sa destruction.

Un de ces vices était la multiplicité des juridictions : dix-huit sortes de tribunaux extraordinaires et cinq degrés de juridiction ordinaire. Cette diversité entraînait de fréquents litiges sur la compétence; et un procès, passant par tous les degrés de juridiction, n'était clos par une sentence définitive qu'après un certain nombre d'années. Comme le remarque Loyseau, les plaideurs primitifs étaient souvent décédés depuis longtemps.

Le privilège de *committimus*, c'est-à-dire le droit, accordé à certaines personnes, de forcer leurs adversaires à plaider devant des juges spéciaux, donnait lieu à de nombreuses vexations. Le défendeur était distrait de ses juges naturels. Ainsi, les membres du parlement, les quarante de l'Académie française, ne pouvaient être jugés, demandeurs ou défendeurs, que par la chambre des requêtes ou par les maîtres des requêtes de l'hôtel du roi; les écoliers de l'Université de Paris que devant le prévôt de Paris; les bourgeois de certaines villes ne pouvaient être jugés en un autre lieu.

Existaient aussi des privilèges de juges. Tout procès auquel donnait lieu un acte, scellé du *scel* du Châtelet, ne pouvait être plaidé que devant le prévôt de Paris. Les *scels* de Montpellier et d'Orléans étaient attributifs de juridiction.

Les *épices* constituaient un autre abus. On appelait ainsi les menus présents : dragées, confitures, épingles, etc., qu'autrefois les plaideurs étaient dans l'usage de faire aux juges. Le parlement de Paris, par arrêt du 17 mai 1402, en fit une prestation régulière et

2

obligatoire. Le juge était ainsi intéressé à la multiplication des procès. Louis XIV essaya vainement de supprimer ces épices, que les Mémoires de Beaumarchais rendirent trop célèbres.

Un autre abus était la *vénalité* des charges de judicature. On en réclama souvent l'abolition. Mais les rois trouvaient dans la vente des charges un moyen de remplir leurs coffres épuisés. François Ier usa largement de cette facilité. Le titulaire versait au Trésor une somme, nommée *finance*, qui devait être remboursée en cas de suppression de la charge ou de l'office. Cette vénalité s'étendit à tout : en cinquante ans, plus de cinquante mille offices furent ainsi créés, d'après Loyseau. Les charges de perruquiers, à elles seules, fournirent 22 millions au Trésor. Sous Henri IV, on alla plus loin encore. Les offices devinrent héréditaires, moyennant le payement annuel du soixantième de la finance. Ce droit fut appelé *paulette*, du nom de Charles Paulet, secrétaire du roi, qui en fut l'inventeur et qui, le premier, le prit à ferme à son profit.

Les empiètements du parlement de Paris, dans l'ordre politique par le refus d'enregistrement des ordonnances royales, dans la législation par les *arrêts de règlement*, son hostilité contre le pouvoir royal ou contre le peuple, furent encore une des causes efficaces du vif besoin de réforme qui s'empara de tous les esprits à la fin du dix-huitième siècle.

En 1788, Louis XVI essaya d'une tentative qui n'aboutit pas. L'année suivante, les états généraux étaient convoqués : une ère nouvelle allait commencer.

LIVRE II

DE L'ORGANISATION JUDICIAIRE POSTÉRIEURE A 1789

SOMMAIRE. PREMIÈRE PÉRIODE. — Suppression de l'ancienne organisation judiciaire. — Décret du 31 mars 1790. — Du jury en matière criminelle. — Du jury en matière civile. — Les tribunaux sédentaires. — Droit d'appel conservé. — Juges nommés pour un temps. — Juges élus par le suffrage populaire. — Ministère public nommé par le roi. — Établissement d'un tribunal de cassation. — Maintien des juges-consuls. — Arbitres. — Juges de paix. — Juges de première instance. — Juges d'appel. — Juges de commerce. — Tribunal de cassation. — DEUXIÈME PÉRIODE. Réforme de la Convention. — TROISIÈME PÉRIODE. Réforme du Consulat. — Loi du 27 ventôse, an VIII. — Empire. — Restauration. — Second Empire.

Ire PÉRIODE. — **Assemblée constituante.**

34. L'Assemblée constituante commença par détruire toutes les anciennes institutions, afin de déblayer le terrain sur lequel allait s'asseoir la nouvelle organisation judiciaire. Dans la célèbre nuit du 4 août 1789, toutes les justices seigneuriales furent supprimées sans indemnité. La loi du 11 septembre 1790 abolit la juridiction temporelle des tribunaux ecclésiastiques, tous les anciens tribunaux ordinaires, et toutes les juridictions extraordinaires, sauf celle des juges-consuls ; furent aussi détruits les privilèges de *committimus*, de scel et autres semblables.

La vénalité et l'hérédité des offices furent abolies. Les juges durent rendre gratuitement la justice et ne recevoir de salaire que de l'État : il leur fut interdit de s'immiscer dans l'exercice du pouvoir législatif, soit en rendant des arrêts de règlement, soit en se refusant à l'enregistrement des lois. (Loi du 24 août 1790.)

Quelques parlements essayèrent de résister. L'opinion publique resta indifférente à ces stériles et tardifs efforts.

35. Mais, suivant le mot célèbre attribué à Catherine de Médicis après un événement regrettable de notre histoire, il ne suffit pas de détruire, il faut réédifier ; à la place des institutions disparues, le législateur doit offrir au peuple une organisation meilleure. L'Assemblée constituante se pénétra de ce devoir, et, avant de se livrer à l'étude des diverses parties du nouvel édifice, elle crut sage d'en établir les bases dans une solennelle discussion. L'expérience a consacré la plupart des décisions de l'Assemblée, et les principes, par elle adoptés, forment encore les fondements de notre organisation judiciaire.

Un décret du 31 mars 1790 décida qu'on discuterait l'adoption de divers principes. Étudions-les rapidement. Des esprits peu éclairés soulèvent encore les mêmes questions, ignorant ou oubliant que c'est en connaissance de cause qu'elles furent résolues.

36. 1re Question. —*Établira-t-on des jurés ?* Le juré est celui qui, sans *caractère public*, est appelé devant un tribunal pour rendre témoignage de sa conviction sur l'existence ou la non-existence d'un fait et fournir ainsi une déclaration, à laquelle le magistrat applique la disposition légale correspondante. — L'institution du jury était populaire en 1789. Les esprits avaient un penchant marqué à donner au peuple un rôle actif dans l'exercice de tous les pouvoirs. On était séduit par le souvenir des anciennes assises et du jugement par les pairs. Une admiration, peu éclairée, pour les institutions anglaises, surexcitée par les écrits de Montesquieu et d'autres publicistes, favorisait l'admission du jury, qui, introduit par les Normands en Angleterre, s'y était conservé. Toutes ces causes auxquelles il faut joindre l'horreur qu'avaient inspirée, dans les dernières années, certains procès criminels, firent adopter avec enthousiasme le principe de l'intervention des citoyens dans l'administration de la justice.

37. 2e Question. — *Les établira-t-on en matière civile et criminelle ?* L'établissement du jury en matière criminelle ne fut pas sérieusement combattu. Mais une discussion très vive et très importante s'éleva sur l'application du jury aux matières civiles. Les partisans de cette extension furent Duport, Barnave, Rœderer, Pétion, Barrère et Robespierre. Ils insistèrent, dans de savants développements, sur la nécessité de séparer la décision de la question de fait et la décision de la question de droit. Leur opinion fut victorieusement combattue par Thouret, Tronchet, Lanjuinais et Mirabeau. Tronchet signala les différences profondes qui séparent le rôle du juge en matière criminelle et celui du juge civil. Il prouva que l'introduction du jury en matière civile présupposait la refonte complète du système des preuves, qu'il faudrait détruire l'œuvre accomplie sous la pression de l'expérience par l'ordonnance de Moulins de février 1566, redonner la priorité à la preuve testimoniale, revenir à un système que ses abus avaient fait condamner. Les observations de Tronchet et de Mirabeau n'ont rien perdu de leur force aujourd'hui. Ceux qui demandent encore à l'heure actuelle l'introduction du jury en matière civile, en s'appuyant sur l'exemple de l'Angleterre, oublient ou ignorent les résultats relevés par la statistique. En 1870, en Angleterre, sur 523,340 procès introduits devant les cours de comté, 522,419 ont été décidés par le magistrat, siégeant seul ; le jury de cinq personnes n'est intervenu que dans 921 affaires. Devant la cour de Westminster, sur 23,577 affaires, le jury a siégé dans 2,632. L'exemple de l'Angleterre est donc bien éloigné de fournir un argument décisif aux partisans du jury.

L'Assemblée constituante écarta le jury en matière civile, et nous ne pouvons qu'approuver sa décision.

38. 3e Question. — *La justice sera-t-elle rendue par des tribunaux ou par des juges d'assises ?* L'exemple de l'Angleterre et le souvenir des anciennes assises firent d'abord accueillir avec une certaine faveur le système des juges ambulants. Mais l'influence de la tradition, des mœurs judiciaires établies, peut-être les plaisanteries de Garat sur les juges bottés courant la poste, firent maintenir la justice sédentaire. De nos jours, l'idée d'envoyer certains juges tenir, en matière civile, des assises, dans les arrondissements dont les tribunaux devaient être supprimés, a été reprise dans un projet présenté par M. Dufaure, projet qui n'est pas arrivé à la discussion publique. C'est une question qui, vu la facilité actuelle des communications, pourrait être résolue dans le sens de l'ambulance, si les mœurs et certains intérêts ne venaient opposer à la réforme une sérieuse barrière. Le temps, un essai partiel, comme celui proposé par M. Dufaure, pourraient peut-être amener un revirement dans l'opinion publique.

39. 4e Question. — *Y aura-t-il plusieurs degrés de juridiction* *ou l'usage de l'appel sera-t-il aboli?* L'institution de l'appel était populaire en France. Nous avons dit comment elle avait été, entre les mains de la royauté, une arme puissante contre la féodalité. Mais l'organisation du droit d'appel avait été défectueuse : le nombre de degrés de juridiction était trop considérable. L'Assemblée résolut donc de maintenir l'appel, et posa le principe qu'il n'y aurait que deux degrés de juridiction en matière civile.

40. 5e Question. — *Les juges seront-ils nommés à vie ou seront-ils établis pour un temps déterminé?* Les inconvénients nés de l'hérédité des fonctions de judicature, la défiance inspirée par l'esprit de conservation inhérent à la magistrature, les préoccupations politiques, firent rejeter la pensée de nommer les juges à vie. On ne s'aperçut pas ou on ne voulut pas s'apercevoir que pareille investiture peut donner au juge, à l'encontre des pressions venant d'en haut ou d'en bas, l'indépendance qui doit être inhérente à toute magistrature; indépendance nécessaire, indispensable, non dans l'intérêt du juge, mais dans celui des justiciables. Si l'on veut avoir une magistrature honorée et obéie, dont les arrêts soient adoptés par la nation comme contenant l'interprétation vraie de la loi, la traduction fidèle des principes de justice et d'équité, cette magistrature doit être à l'abri de tout soupçon de faiblesse et de partialité. Et le soupçon ne peut être écarté, si l'indépendance du juge n'est pas légalement consacrée. C'est ce qu'oublia l'Assemblée constituante. Tout ce que purent obtenir les partisans de la nomination à vie, ce fut la durée de six ans, attribuée à l'exercice des fonctions judiciaires et la faculté pour le juge d'être réélu à l'expiration de ce terme. Les juges devaient être, du reste, inamovibles pendant la durée de leurs fonctions.

41. 6e Question. — *Les juges seront-ils élus par le peuple ou doivent-ils être institués par le roi?* Le principe de l'élection fut décrété à l'unanimité. Les défenseurs de la royauté demandaient qu'on accordât à celle-ci le droit de choisir entre trois candidats désignés par le suffrage. La majorité décida que le roi ne pourrait refuser son consentement à l'admission du juge élu par le peuple, et que les électeurs ne nommeraient qu'un seul juge. Le roi fut réduit à à enregistrer l'élection par une institution royale, qui, n'étant pas l'acte d'une volonté libre, n'avait aucune valeur.

Quelques esprits souhaitent le rétablissement du principe admis par la Constituante. Nous croyons que, comme elle, ils font fausse route. Outre la leçon que nous fournit une expérience qui dura, avec des variations, jusqu'au Consulat, nous pensons que, si le suffrage populaire peut donner une indication exacte de la pensée du pays sur la politique intérieure ou extérieure, marquer la ligne de conduite que doit suivre le gouvernement, il est, ce suffrage, absolument incompétent pour juger des qualités délicates et si complexes qu'exigent les fonctions judiciaires. Et quelle attitude donne-t-on à ce magistrat, obligé de statuer entre les prétentions de ceux qui favorisèrent ou combattirent sa candidature? La nomination directe par le gouvernement présente assurément des inconvénients; mais ils sont moins graves, moins dangereux que ceux qui naîtraient de l'élection.

42. 7e Question. — *Le ministère public sera-t-il établi entièrement par le roi?* Chargé de poursuivre l'exécution de la loi, le ministère public doit se rattacher au pouvoir exécutif. Celui-ci doit donner l'impulsion et la direction. Lors de la discussion générale, que nous analysons, l'Assemblée admit que le roi seul nommerait les membres du parquet. Mais on revint bientôt sur cette concession : et la loi du 24 août 1790 créa des *accusateurs publics*, nommés par le peuple, investis du droit de mettre l'action publique en mouvement devant les tribunaux criminels. Les *commissaires du roi* n'eurent plus que la faculté de faire des réquisitions au nom de la loi, soit en matière criminelle, soit en matière civile.

43. 8e Question. — *Y aura-t-il un tribunal de cassation ou des grands juges?* Le principe que les jugements, rendus en dernier ressort, peuvent être attaqués par la voie du recours en cassation fut adopté. Et, sur les observations de Merlin, l'Assemblée, repoussant de nouveau le système de juges ambulants, décida qu'il serait établi un seul tribunal, entièrement sédentaire.

44. 9e Question. — L'Assemblée constituante examina ensuite la question de savoir si les mêmes juges connaîtraient de tous les procès. Fallait-il établir diverses sortes de juridictions, des tribunaux spéciaux pour certaines matières? La question des juridictions administratives fut réservée lors de la discussion générale. Mais on étudia la question du maintien des juges-consuls. Devant la réclamation des commerçants, l'Assemblée se prononça à la presque unanimité pour leur conservation. Les bornes de cet ouvrage ne nous permettent pas d'exposer les raisons pour lesquelles nous croyons qu'il eût mieux valu établir l'unité absolue dans l'administration de la justice et éviter ainsi les nombreux procès de compétence qui se produisent tous les jours.

45. L'Assemblée décida enfin qu'un comité serait chargé de lui présenter un travail sur les moyens d'accorder les principales dispositions des lois civiles et criminelles avec le nouvel ordre judiciaire.

Cette grande discussion terminée, ces bases arrêtées, l'Assemblée constituante dut, par des lois postérieures (loi du 24 août et loi du 1er décembre 1790), procéder à l'organisation du pouvoir judiciaire. Elle admit des arbitres, des juges de paix, des juges de première instance, des juges d'appel, des juges en matière criminelle et un tribunal de cassation.

46. Arbitres. — Pénétrée de l'idée que la justice des tribunaux, suivant l'expression de Thouret, n'est instituée que pour les plaideurs qui n'ont pas l'esprit de s'en passer, l'Assemblée réglementa d'abord le droit qu'ont les parties de recourir à l'*arbitrage*, de remettre la décision de leur litige à une ou plusieurs personnes investies de leur confiance mutuelle. Mais elle dépassa le but quand, à côté de cet arbitrage volontaire et facultatif, elle institua un arbitrage *forcé* pour le règlement des difficultés qui pouvaient s'élever entre proches parents, entre mari et femme, entre tuteurs et pupilles (loi du 24 août 1790, tit. X, art. 12). C'était enlever à ces personnes la protection que trouvaient, pour leurs intérêts, tous les autres plaideurs auprès des tribunaux ordinaires.

47. Juges de paix. — Dans chaque canton, à la place des anciennes justices de village, la loi de 1790 institua un juge de paix assisté de deux assesseurs. La justice de paix fut appelée à connaître des procès de minime valeur, des actions personnelles et mobilières, en dernier ressort jusqu'à cinquante livres, en premier ressort jusqu'à la valeur de cent livres. A charge d'appel encore, la justice de paix dut connaître des actions possessoires, et autres causes exigeant des connaissances locales.

Désireuse de prévenir les procès, l'Assemblée constituante voulut que la justice de paix fût un bureau de conciliation devant lequel les parties devaient essayer de s'accorder, avant que d'introduire l'action devant les tribunaux.

Élu pour deux ans, le juge de paix devait être majeur de trente ans, et être éligible aux administrations de département, c'est-à-dire supporter une contribution directe égale à la valeur de dix journées de travail.

48. Juges de première instance. — Pour harmoniser l'organisation judiciaire avec l'organisation administrative, l'Assemblée établit un tribunal par district. Chaque tribunal se composa de cinq juges au moins et d'un officier chargé des fonctions de ministère public. Les juges de districts prononçaient sans appel jusqu'à la valeur de mille livres, et à charge d'appel indéfiniment.

Élus pour six ans, ces juges devaient être âgés de trente ans et avoir exercé pendant cinq ans les fonctions de juge ou d'homme de loi.

49. Juges d'appel. — Dans la crainte de faire revivre l'ancienne autorité des parlements et de voir renaître les luttes qui avaient troublé les siècles précédents, l'Assemblée constituante se refusa à établir, comme juges d'appel, des tribunaux supérieurs à ceux institués dans chaque district. Elle décida que les tribunaux de district seraient réciproquement juges d'appel les uns à l'égard des autres. Les parties pouvaient s'entendre sur le choix de ce tribunal d'appel ; sinon, elles procédaient par voie d'exclusion entre les sept tribunaux les plus voisins de celui qui avait rendu la sentence. Chaque partie en excluait trois, le septième statuait sur l'appel.

Ce système présentait un inconvénient grave : celui de mettre en lutte des tribunaux de rang égal, tous jaloux de la justesse de leurs sentences et de l'affirmation de leur jurisprudence. L'appel doit être vidé par un juge, placé hiérarchiquement sur un degré plus élevé, jamais exposé à voir l'un de ses jugements apprécié à son tour par celui dont il vient de réformer la sentence.

50. Juges de commerce. — Les tribunaux de commerce furent maintenus dans les villes où ils existaient antérieurement. Le pouvoir fut autorisé à en établir de nouveaux sur la demande des administrations de département et d'après les besoins constatés. La loi du 24 août 1790 donna à ces tribunaux la connaissance des affaires du commerce maritime, attribuées précédemment aux juges d'amirauté.

Les juges consulaires furent nommés à l'élection : c'était conserver la tradition. Ils prononcèrent, sans appel, jusqu'à la valeur de mille livres.

51. Tribunal de cassation. — Ce tribunal, reproduction de l'ancien conseil des parties, fut organisé par la loi du 1er décembre 1790, et établi, à Paris, auprès du Corps législatif. Les membres en furent nommés, à l'élection, pour quatre ans. Chaque département élisait un membre. Mais, comme le personnel eût été trop considérable, les départements furent classés en deux groupes. La moitié des départements prenait part à la première élection : l'autre moitié devait, à son tour, quatre ans après, faire les nominations, et ainsi alternativement, à chaque renouvellement.

52. Cette organisation judiciaire, dans ses traits principaux, c'est l'organisation actuelle : quelques détails ont été modifiés ; mais, après avoir disparu dans la tourmente révolutionnaire, l'édifice a été reconstruit sur les mêmes assises et paraît destiné à un long avenir.

IIe PÉRIODE. — **Convention et Directoire.**

53. La Convention nationale bouleversa toute cette organisation. La constitution du 24 juin 1793 supprima les juges et les remplaça par des *arbitres publics*, élus tous les ans par le peuple, sans aucune condition de capacité. La loi du 3 brumaire an III supprima les avoués et toutes les formes de procédure. Les parties pouvaient se faire représenter par des mandataires, soi-disant gratuits, dont l'emploi fut plus onéreux que celui des officiers ministériels.

La constitution de l'an III essaya de rendre quelque prestige au pouvoir judiciaire. Elle voulut centraliser la justice et l'élever en la centralisant. A la place des tribunaux de district, elle établit un unique tribunal par département, composé de vingt juges au moins, élus pour cinq ans. Mais la justice se trouva trop éloignée des plaideurs. Ce système dut bientôt disparaître.

IIIe PÉRIODE. — **Du Consulat à l'époque actuelle.**

54. A partir du Consulat, l'organisation judiciaire est reconstituée. C'est la période de formation définitive de l'édifice. Depuis il n'a subi que des modifications partielles et peu importantes.

La constitution du 22 frimaire an VIII posa le principe de l'institution de tribunaux d'appel distincts de ceux de première instance. La loi du 27 ventôse an VIII les organisa. On établit des ressorts comprenant un certain nombre de départements, moins étendus que ceux des anciens parlements. Dans chaque ressort un tribunal d'appel, auquel on subordonna les tribunaux d'arrondissement, au point de vue disciplinaire (sénatus-consulte du 16 thermidor an X).

La loi du 27 ventôse an VIII abolit les tribunaux départementaux et institue un tribunal de première instance par arrondissement.

Les juges sont nommés à vie par le gouvernement qui choisit sur une liste d'éligibilité. Les membres du tribunal de cassation sont nommés par le Sénat, sur une liste de trois membres, dressée par le premier consul. Ce dernier nomme les juges de paix, en choisissant entre deux candidats, désignés par l'assemblée du canton (sénatus-consulte du 16 thermidor an X).

Les avoués sont rétablis et l'ordonnance de 1667 est remise en vigueur jusqu'à la promulgation du futur Code de procédure civile.

La loi du 22 ventôse an XII fonde des écoles de droit. Le rétablissement des grades permet d'exiger des aspirants à la magistrature des conditions de capacité et prépare le rétablissement de l'ordre des avocats.

Le Code civil est promulgué le 30 ventôse an XII. Le notariat, qui assure aux conventions des citoyens la sécurité, a été réorganisé le 25 ventôse an XI.

L'époque du Consulat est, en matière de législation, comme dans l'ordre politique, une ère de réorganisation et de reconstruction.

55. Empire. — L'Empire complète l'organisation judiciaire par la belle loi du 20 avril 1810 et par divers décrets. Leurs dispositions ont reçu la consécration du temps, et l'expérience en a démontré la sagesse.

Un décret du 18 mars 1806 institue à Lyon un conseil de prud'hommes; un autre décret du 14 décembre 1810 réorganise l'institution du barreau et place à sa tête un conseil de discipline et un bâtonnier.

Mais l'Empire porte atteinte à l'indépendance de la magistrature par la création des juges auditeurs, ayant voix délibérative, essentiellement amovibles et que le pouvoir pouvait à son gré faire passer d'un tribunal à un autre, pour en modifier ainsi la composition.

Sous l'Empire est promulgué le Code de procédure civile.

56. Restauration. — Ce gouvernement fait disparaître dans le mode de nomination des juges les dernières traces du système électif, sauf à l'égard des juges consulaires.

Après une lutte assez vive, et grâce à la fermeté de la Chambre des pairs, le principe de l'inamovibilité de la magistrature fut consacré, sauf à l'égard des juges de paix. Mais la Restauration porta indirectement atteinte à ce principe, en multipliant à l'excès les juges auditeurs par l'ordonnance du 19 décembre 1823. Un tribunal, celui de Saint-Étienne, se trouva, à un moment, exclusivement composé de juges auditeurs. Le barreau refusa de plaider devant un pareil tribunal.

Ce gouvernement prit encore une mesure funeste, dont nous subissons les conséquences, en rétablissant la vénalité des offices ministériels, par l'autorisation donnée aux avoués, greffiers, etc., de présenter des successeurs à l'agrément de Sa Majesté (loi du 20 avril 1816). Quoique la chancellerie exerce un contrôle sur les cessions d'offices, tous les jours éludé à l'aide de traités secrets, les vices de cette mesure furent constatés dès l'époque même de la Restauration.

57. Le gouvernement de Juillet abolit les juges auditeurs et corrigea la situation des juges de paix en supprimant les vacations et en élevant leur traitement fixe. Il promulgua plusieurs lois relatives à la compétence, que nous retrouverons plus tard.

58. Le second Empire ne toucha à l'organisation judiciaire que par le décret du 1er mars 1852, sur la mise à la retraite des magistrats.

LIVRE III

DE L'ORGANISATION JUDICIAIRE ACTUELLE

CHAPITRE PREMIER

NOTIONS GÉNÉRALES

SOMMAIRE. — Première section. Les divers pouvoirs. Leur séparation. — Pouvoir exécutif subdivisé en deux branches. — Séparation du pouvoir judiciaire et du pouvoir législatif. — Séparation de la justice et de l'administration. — Deuxième section. Nature du pouvoir judiciaire. — Troisième section. Organisation générale du pouvoir judiciaire. — Juridictions administratives. — Juridictions civiles. — Tribunal des conflits. — Les diverses juridictions civiles. — Du jury en matière civile. — Pluralité des juges. — Double degré de juridiction. — Le ministère public.

Ire SECTION. — **Les divers pouvoirs, leur séparation.**

59. Montesquieu a dit : « Il y a dans chaque État trois sortes de « pouvoirs : la puissance législative, la puissance exécutive des « choses qui dépendent du droit des gens, et la puissance exécutive « de celles qui dépendent du droit civil.

« Par la première le prince ou le magistrat fait des lois pour un « temps ou pour toujours et corrige ou change celles qui sont « faites.

« Par la seconde il fait la paix ou la guerre, envoie ou reçoit des « ambassades, établit la sûreté, prévient les invasions.

« Par la troisième il punit les crimes et juge les différends des parti-

« culiers. On appellera cette dernière la puissance de juger, et « l'autre simplement la puissance exécutive de l'État. » (*Esprit des lois*, l. XI, ch. VI.)

Avec Montesquieu, des publicistes, des jurisconsultes, des philosophes, des hommes d'État, des assemblées politiques ont discuté cette thèse de la coexistence et de la distinction de trois pouvoirs dans l'État : pouvoir législatif, pouvoir exécutif, pouvoir judiciaire.

Le nombre des écrits qu'elle a enfantés est considérable.

Sans entrer dans l'examen de cette question, qui se rattache à l'organisation politique et qui appartient en propre au droit constitutionnel, nous dirons que la théorie qui n'admet que deux pouvoirs, le *législatif* et l'*exécutif*, nous paraît plus conforme aux principes de notre constitution politique et sociale, aux textes de nos lois et même à la nature des choses. On ne conçoit pas d'autres pouvoirs dans l'État que celui qui est chargé de faire la loi et celui qui est préposé à son application. Le premier est le *pouvoir législatif;* le deuxième, le *pouvoir exécutif.*

60. Dans la France actuelle, le *pouvoir législatif* s'exerce par deux corps élus dans des conditions différentes, le Sénat et la Chambre des députés. — Le *pouvoir exécutif* est confié au Président de la République, assisté de ministres, solidairement et individuellement responsables, chefs des divers services publics, à l'administration desquels concourent des fonctionnaires de tous ordres. — Le Président de la République participe en outre à l'exercice du pouvoir législatif, par l'initiative des lois qu'il partage avec les membres des deux Chambres, par l'intervention de ses ministres dans les discussions législatives, par le droit qu'il a d'ajourner les Chambres pendant un mois et de leur demander une nouvelle délibération, par la dissolution de la Chambre des députés qu'il peut prononcer sur l'avis conforme du Sénat. Mais quand une loi a été votée par le Sénat et par la Chambre des députés, le Président de la République doit promulguer, dans le mois qui suit la transmission au gouvernement, les lois en général, et, dans les trois jours, les lois dont la promulgation, par un vote exprès dans l'une et l'autre Chambre, aura été déclarée urgente. (Loi du 25 février 1875, art. 1, 3, 5, et 6. — Loi du 16 juillet 1875, art. 2, 6, et 7.)

61. Le pouvoir *exécutif* se subdivise en deux branches qui sont le *gouvernement* et la *justice.* Il s'appelle le *gouvernement*, l'administration, quand il applique les lois d'intérêt général à la direction des affaires politiques, prend des mesures de sûreté publique ou gère les divers services publics. — Le gouvernement est la partie la plus élevée de l'administration. La loi ne nous indique pas où finit l'*administration* proprement dite et où commence le *gouvernement.* Cependant la distinction est importante ; il résulte en effet de la loi du 24 mars 1872 et d'une jurisprudence fermement établie que les actes *administratifs* sont les seuls qui puissent être l'objet d'un recours contentieux au conseil d'État, et que les actes *gouvernementaux, sensu stricto,* engagent uniquement la responsabilité des ministres et celle du Président de la République en cas de haute trahison. — L'exposé et la justification de cette distinction appartiennent au cours de droit administratif. Il nous suffit de la signaler.

62. Le pouvoir exécutif prend plus spécialement la dénomination de *pouvoir judiciaire,* de *justice,* quand il applique les lois pénales au jugement des infractions, ou les lois civiles d'intérêt privé au jugement des procès et contestations, mais, *justice* ou *administration,* dans un cas comme dans l'autre il s'agit d'appliquer la loi ; ce qui est la mission du pouvoir exécutif.

63. Ce qui importe à la liberté et à la sécurité des citoyens, c'est que la *justice* et l'*administration* ne soient pas confondues dans les mêmes mains, confiées aux mêmes fonctionnaires, et que la hiérarchie, qui unit la justice au pouvoir gouvernemental, laisse aux magistrats l'indépendance nécessaire pour que leurs sentences soient placées au-dessus de tout soupçon de faiblesse ou de partiale complaisance.

Cette indépendance, qui n'a pas toujours existé dans les diverses formes politiques et sociales, sous lesquelles le France a vécu, est aujourd'hui consacrée par les lois et par les mœurs.

Le pouvoir judiciaire est nettement séparé, et du pouvoir législatif, et de l'autre branche du pouvoir exécutif, l'administration. L'autorité administrative et l'autorité judiciaire sont des autorités parallèles, chargées l'une et l'autre, dans une sphère déterminée, de concourir à l'application et à l'exécution des lois (1).

64. Le pouvoir judiciaire est distinct du pouvoir législatif, depuis le décret des 16-24 avril 1790. « Les tribunaux ne peuvent prendre « directement ou indirectement aucune part à l'exercice du pouvoir « législatif, ni empêcher ou suspendre l'exécution des décrets du

1. Ducrocq, *Cours de droit administratif.* 6e édition, t. I, n° 34.

« Corps législatif, à peine de forfaiture. » (Tit. II, art. 10.) Les constitutions postérieures des 3 septembre 1791 et 5 fructidor an III renouvelèrent cette prohibition, et l'article 127 du Code pénal actuel l'a sanctionnée.

Du principe posé par la loi de 1790 découlent les conséquences suivantes :

1° Les tribunaux ne peuvent s'opposer à l'exécution des lois. Ils n'ont plus, comme autrefois les parlements, le droit de remontrance : l'ancien enregistrement des ordonnances royales, qui, avec sa suite les lits de justice, occasionna tant de conflits entre la puissance royale et le parlement, n'existe plus qu'à l'état de souvenir historique.

2° Il est interdit aux tribunaux d'imiter les anciens parlements, de déclarer à l'avance et d'une manière générale dans des arrêts de règlement comment ils jugeront à l'avenir telle ou telle question de droit, et de créer ainsi une loi spéciale pour leur ressort. Si quelques tentatives de ce genre se sont quelquefois produites, la cour suprême les a toujours réprimées. (Art. 5, Cod. civ. — Art. 127 Code pénal.) Mais les tribunaux peuvent, en vertu du décret du 30 mars 1808 et de la loi du 11 avril 1838, fixer par des règlements la durée, le nombre et l'heure de leurs audiences et pourvoir aux détails de leur administration intérieure.

65. Réciproquement, toute immixtion dans l'administration de la justice est interdite au pouvoir législatif. Cette règle engendre plusieurs conséquences qu'il suffit d'énoncer. 1° Les Chambres législatives ne peuvent rendre aucun jugement, sauf le cas où les ministres seraient mis en accusation devant le Sénat par la Chambre des députés, à raison des crimes commis par eux dans l'exercice de leurs fonctions (L. du 16 juillet 1875, art. 12). — 2° Le législateur ne peut ni réformer ni casser un jugement même irrégulièrement rendu. Ce droit n'appartient qu'à l'autorité judiciaire, saisie par une voie légale de recours. — 3° Une loi nouvelle ne peut porter atteinte à la chose irrévocablement jugée sous l'empire de la loi ancienne : la situation résultant d'un jugement constitue un droit acquis. A la rigueur le législateur pourrait faire une loi rétroactive, c'est-à-dire modifiant des droits définitivement et irrévocablement acquis; mais outre que sa volonté devrait être claire et précise, elle édicterait une mesure détestable et essentiellement révolutionnaire. — 4° Une loi nouvelle ne peut dessaisir un tribunal d'un procès porté devant lui, sauf le cas où la loi prononce la suppression même du tribunal.

66. Le pouvoir *judiciaire* est distinct du pouvoir *administratif*, et toute invasion dans le domaine de l'administration lui est sévèrement interdite. L'art. 13 du titre II du décret des 16-24 août 1790, les constitutions du 3 septembre 1791 et du 5 fructidor an III sont formels sur ce point. Cette prohibition est de nos jours sanctionnée par le § 2 de l'art. 127 du Code pénal.

Ce principe conduit aux applications suivantes : — 1° Les tribunaux judiciaires ne peuvent prescrire les mesures qui rentrent dans les attributions de l'administration, comme fixer un jour de marché, décréter des mesures de police, etc. — 2° Ils ne peuvent, ni donner l'interprétation, ni entraver l'exécution, ni prononcer la nullité d'un acte administratif. Cependant ils peuvent apprécier la légalité d'un arrêté préfectoral ou municipal, lorsqu'on leur demande de prononcer une peine contre une personne ayant contrevenu à un semblable arrêté ; car alors cet acte administratif dont la violation fait encourir une peine, a nécessairement le caractère d'un règlement ; c'est un acte complémentaire de la loi, participant de la nature de celle-ci et constituant un fait de législation plutôt que d'administration.

3° Avant le décret du 19 septembre 1870 les agents du gouvernement ne pouvaient être poursuivis, devant les tribunaux judiciaires, pour faits relatifs à leurs fonctions, qu'en vertu d'une autorisation du Conseil d'État. Cette règle avait été consacrée par la loi des 7-14 octobre 1790, les constitutions du 3 septembre 1791, du 5 fructidor an III et par l'art. 75 de la Constitution du 22 frimaire an VIII. Cette disposition, dite *garantie administrative*, avait pour but d'assurer l'indépendance des personnes revêtues d'un caractère public, lorsqu'elles accomplissent des actes rentrant dans la sphère de leurs attributions. Le décret du 19 septembre 1870 a abrogé l'art. 75 de la Constitution du 22 frimaire an VIII et toutes les autres dispositions générales ou spéciales ayant pour objet d'entraver les poursuites dirigées contre les fonctionnaires publics de tout ordre; mais ce décret a donné lui-même naissance à une divergence regrettable.

Le tribunal des conflits ne lui reconnaît pas d'autres effets que celui d'anéantir la fin de non-recevoir que le défaut d'autorisation permettait d'opposer aux poursuites exercées devant les tribunaux judiciaires. Mais il considère comme encore en vigueur la prohibition faite aux tribunaux judiciaires de connaître des actes d'administration, prohibition qui constitue une règle de compétence absolue et d'ordre public. La Cour de cassation, au contraire, pense que le décret du 19 septembre 1870 autorise les tribunaux judiciaires à apprécier les actes imputés aux agents de l'administration et à statuer sur les demandes en dommages auxquelles ils peuvent donner lieu (1). Nous pensons qu'une part de vérité se trouve dans chacune de ces deux jurisprudences, mais qu'elle n'a pas été suffisamment dégagée et exprimée avec toute la précision désirable. Lorsque, dans une matière qui lui est confiée, l'administrateur, agissant dans l'exercice de ses pouvoirs, se trompe sur leur étendue précise et occasionne un dommage à des particuliers, ses actes ne perdent pas pour cela le caractère administratif : ils sont peut-être entachés d'excès de pouvoir ; mais à la juridiction administrative seule appartient le droit de les redresser ou de les annuler. A elle seule doit s'adresser la personne qui se prétend lésée par ces actes. — Au contraire, l'acte d'un administrateur s'applique-t-il à un objet non placé dans ses attributions ou qui lui est interdit par la loi, cet acte constitue une *faute personnelle* à l'administrateur, qui doit répondre du dommage causé. L'autorité judiciaire est compétente pour apprécier ce dommage, pour juger sur l'action dirigée contre l'administrateur, sans qu'au préalable le particulier lésé ait obtenu l'autorisation de le poursuivre. Cette distinction nous paraît seule respecter et le principe de la séparation des pouvoirs et les droits propres de l'administration et de l'autorité judiciaire.

67. Réciproquement le pouvoir judiciaire est protégé contre les empiètements de l'administration ou du gouvernement par l'inamovibilité de la magistrature assise et par les dispositions du Code pénal (art. 130 et 131) punissant les administrateurs, qui se seraient ingérés de prendre des arrêtés généraux, tendant à intimer des ordres ou des défenses quelconques à des cours ou tribunaux ou de connaître des droits et intérêts privés de la compétence des tribunaux.

1. Tribunal des conflits, 5 mai, 24 novembre, 8, 15 et 29 décembre 1877 (D. P. 1878. 3. 17). — Cassat. civ., 15 décembre 1874. — Cass. Requêt. 8 février 1876 (D. P. 1876. 1. 289). Voir sur cette intéressante question l'exposé très remarquable qu'en a fait notre savant collègue, M. Ducrocq, *Cours de droit administratif*, 6e édition, nos 687 à 689 *ter*.

IIe SECTION. — **Nature du pouvoir judiciaire.**

68. Après avoir indiqué la séparation qui existe entre le pouvoir législatif, l'administration et la justice, demandons-nous quelle est la nature spéciale du pouvoir judiciaire.

Cette nature est déterminée par les caractères suivants : 1° le pouvoir judiciaire est un pouvoir *délégué*, c'est-à-dire que la justice ne peut être exercée que par les tribunaux établis et constitués pour la rendre au nom du pouvoir souverain de l'État, et que le chef du pouvoir exécutif ne saurait prononcer lui-même des jugements. Ce principe, depuis longtemps admis en France, en matière civile ou criminelle, recevait une notable dérogation en matière administrative. Jusqu'à la loi du 24 mai 1872, la juridiction administrative était retenue par le chef de l'État, qui l'exerçait en conseil d'État, soit pour régler les conflits entre les tribunaux judiciaires proprement dits et les tribunaux administratifs, soit pour prononcer en matière contentieuse en qualité de juge d'appel, de tribunal de cassation ou d'unique degré de juridiction. Le Conseil d'État ne faisait que préparar la sentence que le chef de l'État pouvait modifier. Mais en fait le pouvoir exécutif n'avait jamais usé du droit de rendre un décret ou une ordonnance contraire au projet délibéré et arrêté par le Conseil d'État, et, en réalité, c'était le Conseil qui était le véritable juge. Cette fiction légale, qui faisait du chef de l'État le juge suprême en matière administrative, a disparu depuis la loi du 24 mai 1872. Celle-ci porte que le Conseil d'État statue souverainement sur les recours en matière contentieuse administrative. Depuis lors, il est vrai de dire qu'en France, toute justice est déléguée.

69. 2° Le pouvoir judiciaire n'a pas d'initiative propre. Il n'agit qu'après avoir été mis en mouvement par l'introduction d'une action civile ou d'une action publique. Il n'intervient, en conséquence, que s'il y a procès, contestation, ou requête tendant à l'accomplissement d'un acte de juridiction gracieuse.

70. 3° Sa puissance s'exerce sous forme de décisions contingentes et particulières, et non par voie générale et réglementaire. Toute sentence émanée de lui se réfère exclusivement au litige qui lui a donné naissance. Si la même question se représente, une nouvelle décision doit être rendue. Un tribunal ne peut se dispenser de la rendre en se référant à une décision antérieure. Il ne peut prononcer par voie réglementaire, c'est-à-dire fixer à l'avance quel sera le sens de ses sentences futures. Mais comme il est à présumer qu'après plusieurs décisions identiques, le même tribunal ou la même cour jugera, à l'avenir, la même question de droit dans le même sens avec une fixité semblable à celle de la loi, on exprime cette croyance en disant que tel tribunal ou telle cour a telle ou telle jurisprudence.

IIe SECTION. — **Organisation générale du pouvoir judiciaire.**

71. Le pouvoir judiciaire a pour mission de rendre la justice, de prononcer des peines contre les auteurs d'infractions punissables, de statuer sur les différends que les citoyens ont avec l'administration ou entre eux. La justice est rendue par trois sortes de tribunaux : les tribunaux administratifs, les tribunaux judiciaires proprement dits, et le tribunal des conflits. Au pouvoir qu'exercent les tribunaux judiciaires on réserve plus spécialement la dénomination de *pouvoir judiciaire*. Ses attributions comprennent toutes les matières de droit privé et de droit pénal, le jugement des contestations qui s'y réfèrent et l'exercice de la juridiction gracieuse.

Nous n'avons pas à nous occuper des juridictions administratives. Leur organisation, leur compétence, la procédure à suivre devant elles, ne rentrent pas dans le cadre d'un cours de procédure civile : cette étude se rattache à celle du *droit administratif*.

72. La séparation, établie par la loi entre les juridictions *administratives* et les juridictions *judiciaires* (*sensu stricto*), est garantie par l'institution des conflits. On appelle *conflits d'attributions*, les difficultés de compétence qui peuvent s'élever entre les tribunaux administratifs.

La procédure de conflit est régie actuellement par l'ordonnance du 1er juin 1828. Lorsque le préfet, par un arrêté de conflit, revendique pour les tribunaux administratifs la connaissance d'une cause pendante devant un tribunal de l'ordre judiciaire, ce tribunal doit surseoir à toute procédure, jusqu'à ce que le conflit soulevé par l'arrêté du préfet ait été réglé par un tribunal spécial.

Ce tribunal, appelé tribunal des conflits, a été rétabli et réorganisé par la loi du 24 mai 1872, art. 25. Il se compose, sous la présidence du ministre de la justice, de trois conseillers à la Cour de cassation représentant l'élément judiciaire, et de trois conseillers d'État en service ordinaire, représentant l'élément administratif. Des avocat généraux et des maîtres des requêtes remplissent les fonctions de ministère public auprès de ce tribunal. Celui-ci statue exclusivement sur la question de *compétence* et décide le point de savoir à laquelle des deux juridictions, administrative ou judiciaire, appartiennent la connaissance et le jugement de la cause dans laquelle le préfet a élevé le conflit. Le tribunal n'examine ni ne juge les litiges à propos desquelles le conflit a été soulevé. La solution de ces questions appartient tout entière à la juridiction qui sera reconnue être compétente par la sentence du tribunal.

73. Nous écarterons aussi de notre étude sur le pouvoir judiciaire tout ce qui se réfère au droit criminel et aux tribunaux de répression.

Les matières civiles et commerciales, les juridictions chargées d'en connaître, tel est le véritable objet de ce traité. Nous nous bornerons à constater l'unité de la juridiction civile et de la juridiction criminelle. Les mêmes tribunaux connaissent des matières civiles et criminelles. Le juge de paix, juge civil, est en même temps juge de simple police. Le tribunal de première instance est à la fois tribunal civil et tribunal correctionnel. En cette qualité il connaît des poursuites correctionnelles et des appels interjetés contre les jugements rendus en premier ressort par les tribunaux de simple police. Ce tribunal concourt au jugement des affaires criminelles par les deux assesseurs qu'il fournit à la Cour d'assises, quand elle ne siège pas au chef lieu de la Cour d'appel. A la Cour d'appel, deux chambres connaissent des matières criminelles et correctionnelles, la chambre des mises en accusation et la chambre des appels de police correctionnelle.

Un conseiller de la Cour d'appel préside chacune des cours d'assises du ressort et deux autres conseillers siègent comme assesseurs à la Cour d'assises du chef-lieu de la Cour d'appel. Cette cour peut encore, toutes chambres réunies, entendre les dénonciations de crimes ou délits qui lui sont faites par un de ses membres, et mander devant elle le procureur général pour lui enjoindre de poursuivre les auteurs de ces infractions. (Loi du 20 avril 1810, art 11.) — Une des trois chambres de la Cour de cassation, la chambre criminelle statue sur les pouvoirs formés contre les arrêts des cours d'assises, les arrêts rendus en matière criminelle ou correctionnelle par les cours d'appel, et les jugements rendus en dernier ressort par les tribunaux correctionnels ou de simple police.

Deux juridictions civiles n'exercent pas la justice criminelle : le tribunal de commerce et le conseil de prud'hommes.

74. Le pouvoir judiciaire s'exerce sous l'autorité du ministre de la justice, aussi dénommé le *garde des sceaux*. De lui relèvent le conseil d'État et les tribunaux judiciaires, à l'exception des conseils de prud'hommes qui se rattachent au ministère du commerce. Les tribunaux coloniaux dépendent à la fois du ministre de la justice et du ministre des colonies.

Les fonctions du ministre de la justice sont purement administratives et disciplinaires. Le pouvoir judiciaire ne lui appartient pas, sauf en ce qui concerne le tribunal des conflits, dont il est le président. (L. du 24 mai 1872, art. 25.) Cependant quelques esprits pensent que le ministre de la justice pourrait, en vertu de l'art. 59 de la loi du 20 avril 1810, présider la Cour de cassation quand elle statue en matière disciplinaire. Ce droit, exercé quelquefois sous la Restauration, ne l'a plus été depuis 1830, et les divers ministres de la justice ont cessé de prétendre à cette présidence.

75. Les juridictions civiles et commerciales sont au nombre de six. Ce sont les conseils de prud'hommes, les tribunaux de commerce, les justices de paix, les tribunaux de première instance, les cours d'appel, et la Cour de cassation, cour unique qui siège à Paris et dont l'autorité s'étend sur le territoire de la France continentale. la Corse, l'Algérie et les colonies.

Au point de vue judiciaire, la France est divisée en *ressorts* de cours d'appel. Le territoire continental et la Corse en forment vingt-six, qui ont pour chefs-lieux Agen, Aix, Amiens, Angers, Bastia, Besançon, Bordeaux, Bourges, Caen, Chambéry, Dijon, Douai, Grenoble, Limoges, Lyon, Montpellier, Nancy, Nîmes, Orléans, Paris, Pau, Poitiers, Rennes, Riom et Toulouse. Chacun de ces ressorts embrasse plusieurs départements, excepté celui de Bastia, qui n'en comprend qu'un. Il existe en Algérie une cour d'appel qui siège à Alger, et aux colonies sept cours, au Fort-de-France pour la Martinique, à la Basse-Terre pour la Guadeloupe, à Saint-Denis pour la Réunion, à Cayenne pour la Guyane, à Saint-Louis pour le Sénégal, à Pondichéry pour les établissements de l'Inde, à Saïgon pour la Cochinchine. La Nouvelle-Calédonie a un tribunal supérieur qui siège à Nouméa ; les établissements de l'Océanie, deux tribunaux supérieurs à Papeete; Saint-Pierre et Miquelon, un conseil d'appel qui siège à Saint-Pierre. L'organisation judiciaire de la Cochinchine vient d'être réglée à nouveau par le décret du 25 mai 1881.

L'arrondissement forme aussi une circonscription judiciaire et possède un tribunal, appelé tribunal de première instance. Le tribunal de première instance remplit dans chaque arrondissement les fonctions de tribunal de commerce, lorsqu'un ou plusieurs tribunaux consulaires n'y ont point été établis.

Au même point de vue judiciaire, l'arrondissement se divise en cantons. Une justice de paix est établie dans chaque canton.

Enfin dans les villes de fabriques et d'industrie existent des conseils de prud'hommes.

76. — Ces juridictions sont permanentes, sédentaires, en général composées de plusieurs juges, et groupées deux à deux (sauf la Cour suprême) de manière à établir un double degré de juridiction.

Elles sont *permanentes* en ce sens que la justice s'y administre sans interruption, sauf les jours fériés et le temps des vacances. Par exception les audiences des juges de paix et celles de référé tenues par le président du tribunal civil peuvent avoir lieu un jour férié. Il est également permis de procéder en ces jours-là aux actes de juridiction gracieuse, de rendre à la demande des parties des ordonnances qui ne comportent pas la publicité d'une audience.

Les jours fériés ou de fête légale sont les dimanches, l'Ascension, l'Assomption, la Toussaint, Noël, le premier jour de l'année et le 14 juillet. (L. du 18 germinal an X, art. 41 et 57. — Avis Cons. d'État du 20 mars 1810. — L. 6 juillet 1880.) L'usage des vacances est justifié par cette considération qu'après avoir consacré dix mois de l'année à des fonctions pénibles et laborieuses, les juges ont nécessairement besoin de repos, autant pour se délasser de leurs fonctions que pour vaquer à leurs affaires domestiques. Les vacances durent deux mois, du 1er septembre au jour de la rentrée solennelle des cours et tribunaux, qui a lieu le 3 novembre, ou le 4 si le 3 est un jour férié, un dimanche. Mais quelques juridictions n'ont pas de vacances, tels sont les juges de paix, les conseils de prud'hommes et les tribunaux de commerce. Pour les autres juridictions, des chambres, dites de *vacations*, jugent, pendant les vacances, les affaires qui requièrent célérité. Le cours de la justice n'est donc pas complètement suspendu et les actes de procédure, faits pendant ce laps de temps, sont régulièrement valables.

77. Les tribunaux sont *sédentaires*, c'est-à-dire, siègent toujours aux mêmes lieux. Nous avons vu que l'Assemblée constituante rejeta l'idée d'établir des tribunaux ambulants, allant, à époque fixes, tenir des assises. En Angleterre, au contraire, l'usage des assises est enraciné dans les mœurs, et les réformes récentes, opérées par les bills de 1873 et 1876, l'ont respecté, tout en y apportant quelques modifications. Peut-être, chez nous, trouverait-on, dans l'établissement d'assises civiles, la solution des difficultés que soulèvent tous les projets de réformes de la magistrature.

Divers projets dus à l'honorable M. Dufaure, au ministre de la justice M. Humbert, à des membres du parlement ont été présentés en vue d'organiser ce système nouveau, auquel nos mœurs s'adapteraient plus vite qu'on ne le croit, familiarisés que nous sommes avec la tenue d'assises en matière criminelle.

78. Les juridictions civiles se composent de *juges*, c'est-à-dire de personnes ayant reçu du chef de l'État, indéfiniment, ou pour un laps de temps limité comme les juges des tribunaux de commerce et des conseils de prud'hommes, l'investiture du droit de rendre la justice, de prononcer des jugements. Les juridictions civiles exercent leurs attributions sans le concours d'un jury. L'établissement du jury en matière civile, repoussé par l'Assemblée constituante (V. n° 37), proposé par Cambacérès en l'an III, par Odilon Barrot en 1848, est encore réclamé par les auteurs de divers projets de réorganisation judiciaire. Nous pensons qu'une pareille création serait nuisible aux intérêts mêmes, en vue desquels on souhaite l'introduction du jury, en matière civile, introduction impraticable du reste pour plusieurs raisons.

La distinction du fait et du droit, qui est la justification et la base du jugement par jurés, est impossible en matière civile. En matière criminelle, le fait et le droit peuvent être plus facilement séparés, quoique la séparation ne soit pas absolument complète. L'infraction et la peine, voilà les deux éléments principaux de toute sentence criminelle. Ils peuvent être examinés divisément. Le jury prononce sur la culpabilité de l'agent : il constate l'infraction. Cet élément acquis, la cour d'assises applique la loi. Celle-ci est-elle muette? il y a absolution. Au cas contraire, la cour condamne l'accusé à la peine prononcée par le Code pénal ou par les autres lois répressives. Cour et jury ont chacun un rôle distinct. — Cette séparation n'est pas possible en matière civile.

Le fait, quant aux conséquences juridiques qu'il doit produire, peut être envisagé sous des aspects divers. Il n'est jamais dégagé de tout élément juridique. Il faut l'apprécier, le peser; cette appréciation est toujours compliquée d'une question de droit. Le fait le plus simple soulève le point de savoir si, en l'accomplissant, son auteur n'a pas légitimement exercé un droit. Le juge, chargé d'appliquer la loi, est obligé de se livrer à l'examen du fait. Les deux fonctions du jury et du magistrat se confondent inévitablement. — La distinction du fait et du droit n'est même pas absolue devant la Cour de cassation et cependant elle ne prononce que sur des litiges déjà circonscrits, délimités et éclaircis par les premiers débats.

Que serait-ce devant les premiers juges? Constater l'existence d'une convention est insuffisant : il faut en apprécier la validité au fond et dans la forme, examiner la capacité des parties, interpréter la portée juridique des expressions employées, déterminer la relation du contrat ou du fait avec les conventions antérieures, etc.

Au criminel, la loi est-elle muette, l'absolution de l'inculpé doit être prononcée; rien de plus facile. Au civil, le juge ne peut s'abstenir; il doit vider le différend. Il doit apprécier le fait au point de vue de l'équité et des principes généraux du droit. — Au criminel, la sentence est le résultat d'un travail d'analyse. Au civil, le juge accomplit une œuvre synthétique dans laquelle il combine les circonstances propres à chaque fait et les divers préceptes juridiques dont il doit faire l'application. Si les œuvres à exécuter sont ainsi différentes, pourquoi vouloir recourir à un procédé identique?

Le système des preuves, adopté en matière civile, s'oppose aussi à l'admission du jury civil. Les jurés ne pourraient que constater le fait de l'existence d'un écrit probatoire. Mais cet écrit est-il un acte authentique, ou sous seing privé? quel caractère a-t-il? quelle preuve fournit-il? Toutes questions de droit et non de fait, et l'efficacité du titre va dépendre de l'appréciation qu'en fera le juge. — Comment combiner ce qui est de l'*essence* du jury, le jugement par l'*intime conviction*, et le système préconstitué des preuves en matière civile. Comment admettre à la fois la liberté de la conscience et sa sujétion à des règles préétablies ? On se heurte à une impossibilité évidente. Il faudrait donc en revenir à la seule, à l'unique preuve testimoniale, remonter le courant des siècles et faire table rase de l'expérience, qui nous a valu l'ordonnance de février 1566 et l'art. 1341 du Code civil.

Des magistrats de profession formés par l'étude des principes du droit, rompus à la pratique des affaires, doués de la perspicacité que donne l'habitude d'apprécier les actions humaines, rendront en matière civile meilleure justice que des citoyens intègres, sans cesse renouvelés, remplacés, dénués des connaissances spéciales et d'expérience. Vainement quelques constituants (et de nos jours quelques penseurs) voyaient-ils dans le jury civil un moyen d'achever l'éducation des citoyens par l'exercice des fonctions judiciaires. La réponse était aisée. On n'est pas institué juge pour acquérir des connaissances nouvelles, mais pour décider et résoudre les procès. Les tribunaux ne sauraient être des écoles dans lesquelles les citoyens viendraient apprendre le droit aux dépens des justiciables.

Si l'on invoque l'exemple des tribunaux de commerce, le jury d'expropriation en matière d'utilité publique, la réfutation est encore facile. — Les membres du jury d'expropriation ne sont pas des jurés dans le vrai sens du mot ; ce sont des experts. Et la qualification de jurés ne conviendrait pas mieux aux juges des tribunaux consulaires qui, élus, sur une liste restreinte et présumés posséder des connaissances spéciales, ne deviennent juges qu'à la suite d'un apprentissage des habitudes judiciaires.

Dans une société démocratique, où les hommes vivent presque tous de leur travail, l'organisation du jury civil siégeant tous les jours présenterait une extrême difficulté. La charge serait pesante pour ceux que le jury distrairait de leurs affaires. Ne faudrait-il pas rémunérer les jurés ? Les indemnités très coûteuses qui leur seraient justement dues n'augmenteraient-elles pas dans une proportion effrayante les frais judiciaires déjà si lourds ? N'appeler à composer ce jury que les gens de loisirs, serait violer l'égalité, s'exposer à voir rendre des sentences par des hommes peu habitués au travail, à reconstituer, avec une foule d'inconvénients en plus, une véritable magistrature sans savoir et sans garanties.

A ces diverses raisons vient s'ajouter l'expérience faite par d'autres peuples qui, possédant depuis longtemps le jury civil, ne le conservent que par respect pour une ancienne institution, tout en s'efforçant d'en atténuer les graves inconvénients. L'exemple que nous fournissent les réformes législatives opérées récemment en Angleterre, en Portugal, au Canada, aux États-Unis, doit nous faire persister à ne pas introduire dans notre organisation judiciaire une institution virtuellement condamnée par ceux qui l'ont pratiquée.

79. Presque toutes les juridictions civiles se composent de plusieurs juges. Cette pluralité a toujours été considérée en France comme une garantie de bonne justice. La délibération qui précède tout jugement a pour effet de provoquer la discussion, d'éclairer les esprits, de résoudre les objections. Les idées s'échangent et chaque juge fait participer les autres à sa science et à ses lumières personnelles.

Cependant, il est remarquable qu'un grand nombre de législations étrangères ont admis le juge unique, au moins pour le premier degré de juridiction ; ainsi en Angleterre, aux États-Unis, au Portugal, au Pérou, au Mexique, etc. En réduisant ainsi le personnel judiciaire, en donnant à ses membres des émoluments élevés, on peut se montrer plus exigeant sur les conditions de son recrutement et le composer d'hommes remarquables et honorés d'une vénération profonde comme le sont les juges anglais.

La règle de la pluralité des juges souffre plusieurs exceptions. Les justices de paix n'ont qu'un seul juge. — Le président du tribunal de première instance tient seul l'audience de référé. Il rend également seul des ordonnances qui ont le caractère de jugements, en certains cas.

Il en est de même du président du tribunal de commerce. Les tribunaux musulmans d'Algérie, et quelques tribunaux des colonies ne se composent aussi que d'un seul juge.

80. Les cours et tribunaux sont groupés deux à deux de manière à permettre le fonctionnement de l'appel, sans qu'il puisse jamais y avoir plus de deux degrés de juridiction. On peut appeler du jugement d'un tribunal inférieur à un tribunal supérieur, mais non de la sentence de ce dernier.

Cet arrêt ne peut qu'être déféré, dans les cas prévus par la loi, à la censure de la Cour de cassation, et cette cour ne constitue pas un troisième degré de juridiction.

La règle du double degré de juridiction et l'institution de l'appel, adoptées par le décret du 1er mai 1790, e justifient par les considérations suivantes. L'appel a toujours été populaire en France et nous avons indiqué ci-dessus les causes de cette popularité; c'est une institution parfaitement adaptée à nos mœurs. L'appel permet de corriger l'erreur ou l'injustice qui peut se rencontrer dans un jugement. Il est rationnel de présumer que sur un litige déjà élucidé et simplifié par les premiers débats, épuré par une discussion nouvelle, la seconde sentence se rapprochera le plus possible de la vérité et de l'exacte pondération des droits des parties. Prononcé par des juges, familiarisés par leur passage antérieur dans les juridictions inférieures avec l'art difficile de rendre la justice, le nouveau jugement aura nécessairement plus d'autorité que la première sentence et sera mieux accepté par les parties.

Mais, instruit par les leçons du passé et touché des inconvénients engendrés par la multiplicité des degrés de juridiction, le législateur moderne n'a pas voulu admettre plus de deux degrés. Où se serait-on arrêté? Eût-on jamais satisfait l'acharnement et la passion de certains plaideurs obstinés?

81. La règle du double degré de juridiction souffre une double exception. Le premier degré est quelquefois supprimé : cette suppression a lieu quand la loi autorise le tribunal d'appel à évoquer une cause, qui est pendante devant le juge du premier degré (art. 473 Pr. civ.), et dans certaines matières spéciales, qui sont portées directement devant la juridiction supérieure, comme les règlements de juges, les poursuites disciplinaires, etc. Au contraire, c'est le second degré qui est supprimé, dans les affaires que la loi déclare devoir être jugées en *dernier ressort*, telles que celles où l'appel ne serait formé que par pur esprit de chicane et sans intérêt sérieux, celles dont la loi veut hâter la solution, celles où l'intérêt litigieux est trop minime pour autoriser les frais d'une nouvelle instance et où il convient de prémunir un plaideur passionné contre son propre entraînement.

82. Les jugements des conseils de prud'hommes sont déférés par la voie de l'appel aux tribunaux de commerce ; ceux des justices de paix aux tribunaux civils d'arrondissement ; ceux des tribunaux civils et des tribunaux de commerce aux cours d'appel. Ainsi le tribunal civil d'arrondissement et le tribunal de commerce statuent, tantôt comme juges d'appel, tantôt comme juges du premier dégré. La justice de paix et les conseils de prud'hommes ne sont jamais que juges du premier degré.

Les cours d'appel, en principe, sont des juges d'appel, sauf les cas exceptionels dans lesquels la loi supprime le premier degré de juridiction.

83. Ces juridictions se divisent en trois classes : la première comprend les tribunaux *ordinaires*, ou de *droit commun;* la deuxième, les juridictions d'*exception;* la troisième, la Cour de cassation toute seule.

La cause qui a engendré et les divers intérêts qui justifient la distinction des tribunaux ordinaires et des tribunaux d'exception seront exposés quand nous traiterons de la *compétence* de ces juridictions. Le lecteur saisira mieux alors la raison d'être de cette classification.

84. Une magistrature spéciale est établie auprès des juridictions ordinaires, et auprès de la Cour de cassation, pour y représenter l'ordre public, l'intérêt général de la société, le gouvernement, pour veiller à l'observation des lois, pour en poursuivre l'application et l'exécution. On l'appelle le *ministère public.*

Elle n'existe pas auprès des justices de paix, des conseils de prud'hommes et des tribunaux de commerce. Pour les deux premières juridictions, son absence s'explique par le peu d'importance de leurs attributions. A l'égard de la troisième, quelques esprits souhaiteraient voir placer auprès des tribunaux de commerce un magistrat qui, plus familiarisé avec les règles du droit que les juges consulaires, leur éviterait bien des erreurs. Mais devrait-il siéger comme juge ou donner des conclusions en qualité de ministère public? On est loin d'être d'accord sur ce point.

La nouvelle loi allemande du 27 janvier 1877 institue dans chaque tribunal de district une chambre de commerce composée d'un juge ordinaire, membre du tribunal, faisant fonction de président et de deux juges consulaires. L'expérience que l'Allemagne va faire de cette loi nous permettra d'apprécier l'utilité ou les inconvénients de cette organisation.

84 *bis.* Nous venons de décrire le plan de l'édifice de notre organisation judiciaire. Nos lecteurs la connaissent dans son ensemble et dans ses traits principaux. Descendons actuellement aux détails ;

étudions chacune des juridictions dont l'existence nous est connue, et après elles l'organisation du ministère public. Joignons à cette étude, celle de plusieurs professions auxiliaires, qui, en dehors de la magistrature mais à côté d'elle, viennent concourir au fonctionnement de la justice. Il est indispensable de les connaître, si l'on veut se rendre un compte exact de ce fonctionnement.

CHAPITRE II

LES JURIDICTIONS CIVILES

SOMMAIRE. — PREMIÈRE SECTION. De l'organisation des juridictions civiles. — Juridictions ordinaires. — § 1. Des tribunaux de première instance. — Leur composition. — Les fonctions du président. — § 2. Des cours d'appel. — Leur composition. — Audiences solennelles. — Le premier président; ses attributions. — Tribunaux d'exception. — § 3. Justices de paix. — § 4. Conseils de prud'hommes. — § 5. Tribunaux de commerce. — § 6. Cour de cassation. — DEUXIÈME SECTION. Des juges. — § 1er. Conditions d'aptitude. — § 2. Nomination et installation. — § 3. Prérogatives des magistrats. — § 4. Incapacités particulières aux magistrats. — § 5. Devoirs des magistrats. — § 6. Règles propres aux membres des tribunaux de commerce et des conseils de prud'hommes.

85. Nous diviserons cette matière en deux sections : dans la première, nous exposerons l'organisation et la composition de chacune des juridictions : dans la deuxième, nous indiquerons les conditions d'aptitude que doivent remplir les juges appelés à composer les tribunaux.

Ire SECTION. — **De l'organisation des juridictions.**

86. Les juridictions sont, ou ordinaires et de droit commun, ou extraordinaires et d'exception, la Cour de cassation unique planant au-dessus de toutes.

Commençons par étudier les juridictions ordinaires, les juridictions fondamentales, à l'égard desquelles les autres paraissent être comme des rameaux détachés du tronc. Les juridictions ordinaires sont : les tribunaux civils de première instance ou d'arrondissement, et les cours d'appel.

§ 1er. — *Tribunaux de première instance.*

87. L'arrondissement forme à la fois une circonscription administrative et un ressort judiciaire. Chaque arrondissement possède un tribunal, officiellement dénommé *tribunal de première instance.* Cette dénomination est inexacte ; car ce tribunal prononce sur les appels formés contre les sentences des juges de paix et juge certaines affaires en dernier ressort. On l'appelle aussi tribunal civil, ou tribunal d'arrondissement. Cette dernière désignation est la moins critiquable.

Ces tribunaux siègent au chef-lieu de l'arrondissement et sont désignés par le nom de ce chef-lieu : le tribunal d'Orléans, deTours ou de Marseille. Quelques-uns cependant sont installés dans une autre ville que le chef-lieu.

Le département de la Seine, qui forme trois arrondissements, n'a qu'un seul tribunal de première instance : il siège à Paris, et on l'appelle *Tribunal de la Seine.*

On compte en France trois cent cinquante-neuf tribunaux de première instance. — L'Algérie en possède treize. — Le nombre varie dans les colonies, suivant l'étendue du territoire et le chiffre de la population. Le décret du 25 mai 1881 en établit sept en Cochinchine. L'Algérie a aussi des tribunaux dits *musulmans* établis dans les localités désignées par un arrêté du gouverneur général. Les établissements de l'Océanie et de la Cochinchine ont aussi des tribunaux indigènes.

88. Un tribunal de première instance se compose d'un président, d'un ou plusieurs vice-présidents , de juges et de juges suppléants. Il a trois, quatre, sept, huit, neuf, dix ou douze juges. Le président et les vice-présidents sont compris dans le nombre des juges, en sorte qu'un tribunal de trois juges se compose du président et de deux juges, et un tribunal de douze juges, du président, de deux vice-présidents et de neuf juges.

89. Les tribunaux de plus de quatre juges sont divisés en sections ou *chambres*, qui jugent séparément pour hâter l'expédition des affaires. Ceux de sept à dix juges forment deux chambres, une chambre civile et une chambre correctionnelle, qui, pendant les vacances, juge, comme chambre de vacations, toutes les affaires urgentes.

Les tribunaux de douze juges ont deux chambres civiles et une chambre correctionnelle. Enfin si, dans un tribunal, l'abondance des procès ou un retard forcé dans leur évacuation amènent un encombrement momentané, le Président de la République peut, par décret, créer une chambre temporaire.

Il a été ainsi procédé au tribunal de la Seine, après les événements de 1870-1871. Une chambre temporaire y a été créée par décret du 9 novembre 1872 et successivement prorogée jusqu'au 9 novembre 1875.

90. Dans chaque tribunal sont institués des juges suppléants : trois dans les tribunaux de trois à quatre juges ; quatre dans ceux de sept à dix juges, six dans ceux de douze juges.

Ils ont voix consultative dans toutes les délibérations du tribunal, et voix délibérative quand ils remplacent un juge empêché, dont la présence est indispensable pour la validité du jugement. Ils peuvent être chargés du service des ordres et des contributions et de l'instruction des affaires criminelles. (L. du 20 avril 1810, art. 39 et 41. — Décr. du 18 avril 1810; Décr. du 25 mai 1811 ; Décr. des 1er et 19 mars 1852 ; Décr. du 16 août 1859.)

91. Les tribunaux de la Seine, de Lyon et de Marseille doivent à leur importance exceptionnelle une organisation spéciale. Le tribunal de la Seine se compose d'un président, de onze vice-présidents, de soixante-deux juges et de quinze juges suppléants. Il se divise en onze chambres, sept civiles et quatre correctionnelles. Le service des vacations y est fait par une chambre composée d'un vice-président, de quatre juges et deux juges suppléants désignés par la Commission qui procède au roulement annuel. (Décr. du 16 août 1859, art. 7.) Le tribunal de Lyon se compose d'un président, de quatre vice-présidents, de onze juges et de six juges suppléants, divisés en quatre chambres. Le tribunal de Marseille a la même organisation, avec cette différence, qu'il n'y a que dix juges. (L. du 31 mai 1859, art. 1.)

92. Les tribunaux composés de plusieurs sections ou chambres procèdent chaque année à l'opération du *roulement*, qui consiste à faire passer tous les vice-présidents et tous les juges, même les suppléants, successivement par toutes les chambres. Ce roulement a pour but : 1° de compléter l'éducation professionnelle du juge en l'appelant à statuer sur des affaires de toute espèce; 2° d'empêcher la jurisprudence de dégénérer en routine par la réunion continuelle des mêmes juges, statuant ensemble sous l'empire des mêmes idées, enclins à s'en référer à leurs décisions antérieures; 3° de s'opposer à ce qu'un juge plus capable ou plus tenace que ses collègues n'acquière, à la longue, sur eux un ascendant destructeur de leur indépendance; 4° d'éviter qu'en siégeant toujours à la chambre correctionnelle, certains magistrats ne se laissent aller, par l'effet de l'habitude, à un excès involontaire de sévérité. La législation relative au roulement a subi de fréquents et profonds changements. Le texte aujourd'hui en vigueur est le décret du 28 octobre 1854. D'après ce décret, le roulement des juges est arrêté par une commission, composée du président, des vice-présidents et du doyen. Le procureur de la République est entendu en ses observations. Le travail de cette commission est soumis aux chambres assemblées du tribunal pour recevoir leur approbation : en cas de désaccord entre elles et la commission, le ministre de la justice prononce souverainement.

93. Les tribunaux français d'Algérie sont organisés comme ceux de la France continentale, sauf cette différence qu'ils s'adjoignent des assesseurs musulmans avec voix délibérative pour juger les contestations entre musulmans. Ces litiges sont portés devant une chambre spéciale composée, à Alger, à Oran et à Constantine, de trois juges français et de deux assesseurs musulmans. Les tribunaux de Bougie et de Tizi-Ouzou s'adjoignent, suivant la nationalité des justiciables indigènes, des assesseurs arabes ou des assesseurs kabyles. Outre les tribunaux français, il existe, en Algérie, des tribunaux musulmans composés d'un cadi et d'un comité consultatif, *midjlés*. Dans les trois jours du jugement rendu par le cadi, les parties peuvent réclamer un nouvel examen de l'affaire devant le *midjlès* qui se réunit en session tous les mois. L'avis de ce comité ou conseil n'est pas obligatoire pour le cadi, qui doit seulement le viser avec ses motifs dans la seconde sentence et en faire mention en marge de la première. (Décrets du 13 novembre 1866, du 25 août 1867, des 29 août, 10 octobre, 12 décembre 1874, du 13 décembre 1879.)

Les tribunaux des colonies ont une organisation spéciale. Ceux de la Réunion, de la Martinique et de la Guadeloupe sont organisés comme en France, sauf deux. Les autres tribunaux coloniaux ne comptent en général qu'un juge, quelquefois accompagné d'un lieutenant de juge et de juge auditeur ou de suppléant. Cette organisation a été établie sans règles fixes et d'après les besoins propres à chaque colonie. (Voir décret du 3 octobre 1880 pour la Guyane et décret du 25 mai 1881 pour la Cochinchine.)

94. Les tribunaux civils d'arrondissement exercent une juridiction contentieuse, une juridiction gracieuse et une juridiction disciplinaire. Leur juridiction *contentieuse* consiste à connaître des procès de leur compétence; l'étendue et les limites de cette compétence seront fixées dans la seconde partie de ce traité. Leur juridiction *gracieuse* s'exerce, en dehors de tout procès, sur des demandes qui ne supposent pas l'existence d'un contradicteur.

Leur juridiction *disciplinaire* sera expliquée, quand nous traiterons des règles relatives aux professions auxiliaires de la justice.

95. Les attributions du tribunal civil s'exercent à l'audience, en la chambre du conseil, en assemblée générale.

A l'audience s'exerce la juridiction contentieuse. Cette audience est publique, à moins que la loi ou le tribunal n'ordonne le huis clos. Elle est présidée par le président du tribunal, si celui-ci n'a qu'une seule chambre. S'il se compose de plusieurs chambres, le président siège à la première chambre civile; les vice-presidents à chacune des autres chambres. Tel est l'usage : mais le président peut présider telle chambre qu'il juge convenable. (Décr. 30 mars 1808, art. 46.) Le président et les vice-présidents empêchés sont remplacés, chacun dans la chambre où il siège, par le juge le plus ancien de cette chambre. Cette règle doit être observée à peine de nullité, mais il n'est pas nécessaire que le jugement indique l'empêchement du président et l'ancienneté du juge qui le remplace. On présume jusqu'à preuve contraire l'empêchement du premier et l'ancienneté du second.

96. Aucun jugement de tribunal d'arrondissement, en matière civile, commerciale ou correctionnelle, au premier ou au deuxième degré de juridiction, ne peut être rendu par moins de trois juges, le président compris. (L. 20 avr. 1810, art. 40.) C'est là un *mini-*

mum nécessaire. La loi fixe également un *maximum* dans les tribunaux à plusieurs chambres pour éviter toute composition arbitraire du tribunal. Il ne peut y avoir plus de six juges dans chaque chambre et par suite aucun jugement ne peut être rendu par plus de six juges. (Décr. 18 août 1810, art. 6.)

Un tribunal peut se trouver dans la nécessité de se compléter, par l'effet d'un empêchement légitime qui place un ou plusieurs de ses membres dans l'impossibilité de tenir l'audience. Mais, comme un tribunal composé de trois juges est complet, dès que trois juges sont présents, on ne doit faire monter sur le siège aucune personne étrangère à la composition ordinaire du tribunal ou de chacune de ses chambres. Ce n'est que lorsqu'un tribunal ou une chambre sont réduits à moins de trois juges qu'il y a lieu de les compléter. Pour éviter une composition arbitraire et pour écarter le soupçon que les personnes appelées à compléter le tribunal ont été choisies en vue de tel ou tel procès actuellement soumis aux juges, la loi trace des règles précises qui doivent être littéralement respectées. On doit emprunter à une autre chambre un de ses juges disponibles ou faire appel à un juge suppléant. On suit autant que possible, dans l'un et l'autre cas, l'ordre des nominations ; mais on peut s'en écarter si les besoins du service empêchent d'appeler le magistrat le plus ancien. A défaut de juge disponible et de suppléants, on appelle un avocat inscrit au tableau et âgé de 25 ans; et, à défaut, un avoué, en suivant dans les deux cas l'ordre du tableau, c'est-à-dire le rang d'ancienneté parmi les avocats et les avoués présents à l'audience. (Décr. 30 mars 1808, art. 49.) Quand le tribunal se complète ainsi par l'adjonction de personnes qui lui sont étrangères, cette adjonction doit être justifiée, puisqu'elle a pour effet de conférer momentanément le pouvoir de juger à une personne non investie par le chef de l'État. En conséquence, le jugement est nul s'il n'indique pas que l'empêchement du juge titulaire ou suppléant a fait appeler un avocat, que l'absence d'avocats a fait appeler un avoué, et que l'avocat ou l'avoué désigné était le plus ancien de ceux qui se trouvaient à l'audience. La jurisprudence de la Cour de cassation est fermement établie sur ces divers points (1).

Les personnes étrangères au tribunal n'y doivent jamais être en majorité. Un juge ne pourra pas siéger régulièrement avec deux avo-

1. Cass. 9 avril 1878, 15 déc. 1880, 5 avr. 1881 (Sir., 1881. 1. 320).

cats, deux avoués, un avocat et un avoué. Mais comme les suppléants sont des membres du tribunal, celui-ci sera régulièrement composé d'un juge titulaire et de deux suppléants, de trois suppléants, de deux juges suppléants et d'un avocat ou d'un avoué.

97. Les chambres d'un tribunal d'arrondissement se réunissent en *assemblée générale* pour statuer sur divers objets, par exemple, pour prendre des mesures d'administration intérieure, examiner le tableau arrêté par la commission de roulement, modifier le règlement intérieur du tribunal; régler les services des huissiers audienciers; déterminer l'emploi des sommes consacrées aux dépenses annuelles du tribunal, à l'entretien des bâtiments, du mobilier, de la bibliothèque ; statuer en matière disciplinaire et contrôler les traités de cessions d'offices ministériels ; donner un avis sur les projets de loi que le gouvernement croit soumettre à l'appréciation des corps judiciaires, etc., etc. — La présence de la majorité des juges est nécessaire pour la validité de l'assemblée générale. Les juges suppléants n'y sont appelés qu'avec voix consultative, lorsqu'il y a lieu de prendre une décision, à moins qu'ils ne remplacent un juge. (L. du 11 avril 1838, art. 11.)

98. La *chambre du conseil* n'exerce en général qu'une juridiction gracieuse : elle ne statue qu'exceptionnellement en matière contentieuse. Elle se compose de magistrats attachés à la première chambre du tribunal. Si elle statue en matière *contentieuse*, elle ne peut siéger qu'à trois juges et les juges, suppléants n'ont voix délibérative que s'ils remplacent un juge titulaire empêché; car elle rend alors de véritables jugements. En matière *gracieuse*, la décision peut être prise par moins de trois membres et les juges suppléants ont voix délibérative, lors même que leur présence ne serait pas nécessaire.

99. A la tête du tribunal se trouve placé le *président*, chargé de la direction générale et de la surveillance de toutes les parties du service, comme doit l'être tout chef d'un corps constitué, mais en outre ce magistrat est investi d'attributions particulièrement importantes. Les unes sont communes au président et aux vice-présidents ; elles consistent à diriger les opérations d'une chambre, à faire respecter l'ordre à l'audience publique, à recourir à des mesures de répression contre les perturbateurs, à donner ou retirer la parole aux avocats, à déclarer la cause entendue, à recueillir les opinions, à prononcer publiquement les jugements, à en signer la minute, etc., etc.

Les autres attributions sont exclusivement propres au président du tribunal. C'est à lui qu'appartient la discipline intérieure du tribunal, le droit d'avertir les membres du tribunal qui compromettraient la dignité de leur caractère, celui de leur accorder un congé. Il répond les requêtes qui lui sont adressées. Il distribue les procès entre les diverses chambres du tribunal. Il légalise les actes de l'état civil et les actes notariés qui doivent être employés hors du ressort du tribunal. Il ordonne, sur la réquisition du père, la détention d'un mineur non émancipé (Cod. civ., art. 376 et 377). Devant lui doivent comparaître, pour tenter un rapprochement, les époux qui plaident en séparation de corps. (Proc. civ., art. 875 à 878.)

Le président du tribunal tient l'audience des référés. (Proc. civ., art. 807.) Cette partie de ses attributions n'est ni la moins importante, ni la moins délicate. Aucune autre n'exige à un égal degré la réunion de qualités particulières, telles que justesse et promptitude de vues, connaissance approfondie du droit, habileté à distinguer les mesures urgentes, conservatoires ou provisoires, de celles qui toucheraient au fond même du litige. Dans les grandes villes, où les intérêts en conflit sont en général plus considérables et les référés plus nombreux, la tenue des audiences de référé constitue un labeur absorbant et difficile.

La multiplicité des occupations du président le mettent souvent dans la nécessité de se faire remplacer. La loi désigne le plus ancien vice-président, et, dans les tribunaux qui n'ont qu'une seule chambre, le plus ancien juge (Décr. 30 mars 1808, art. 47). Exceptionnellement, le pouvoir disciplinaire dont le président est investi ne peut être exercé par un autre membre du tribunal, que si le président est en congé régulier ou la présidence momentanément vacante.

§ 2. — *Cours d'appel.*

100. Les cours d'appel, dont le siège et le ressort ont été déterminés par diverses dispositions légales (L. 27 vent. an VIII. — Décr. 1er août 1860. — L. 17 avr. 1871), se composent chacune d'un premier président, de présidents de chambre et de juges appelés *conseillers* dont le plus ancien a le titre de *doyen* (L. 20 avr. 1810). Ces cours ne comprennent pas de conseillers suppléants. Le nombre des conseillers varie suivant l'importance de la cour, qui dépend elle-même de l'étendue de son ressort et du nombre des litiges soumis à sa juridiction.

Chaque cour peut avoir au plus quarante conseillers et vingt au moins. Dix cours en ont trente, celle de Bastia vingt; les autres vingt-quatre. Exceptionnellement et en vertu d'une loi spéciale du 25 mars 1863, la cour de Paris compte soixante-douze membres. Le nombre de conseillers de chaque cour est fixé par un décret ou par une loi, selon qu'il s'agit de déterminer ce chiffre dans les limites tracées par la loi organique du 20 avril 1810, ou de franchir ces limites.

101. Toutes les cours se divisent en sections ou *chambres.* Le nombre en est fixé par des décrets rendus dans la forme des règlements d'administration publique, le conseil d'État entendu. Les cours composées de vingt-quatre conseillers et celle de Bastia ont trois chambres : une chambre civile, une d'appel de police correctionnelle et une chambre des mises en accusation. Les cours de trente conseillers ont une chambre civile de plus. La cour de Paris en a cinq ordinaires et une temporaire, qui a été créée par le décret du 8 octobre 1881. La chambre des appels de police correctionnelle possède aussi la juridiction en matière civile, et les procès civils peuvent lui être soumis en toutes circonstances. (Ordon. 24 sept. 1828, art. 1 et 2.) Cette chambre fait pendant les vacances le service des vacations : mais ses membres peuvent, à tour de rôle, obtenir des congés.

102. Il y avait dans chaque cour, outre le premier président, autant de présidents que de chambres. Mais comme le service de la chambre des mises en accusation n'occupe pas suffisamment son président, la loi du 3 juillet 1873 a décidé qu'un siège de président serait supprimé dans chaque cour, au fur et à mesure des extinctions.

Le premier président et les présidents de chambre sont compris dans le nombre total des conseillers composant la cour. Ainsi une cour de trente membres et de quatre chambres compte un premier président, quatre présidents de chambre et vingt-cinq conseillers. Celle de Bastia, qui a vingt membres et trois chambres, se compose d'un premier président, de deux présidents de chambre et de dix-sept conseillers.

103. La composition des chambres est déterminée pour chaque année judiciaire par voie de *roulement*. Une commission composée du premier président, des présidents de chambre, du doyen des conseillers, arrête, après avoir entendu le procureur général, un tableau qui est soumis aux chambres assemblées et, en cas de dissentiment, au garde des sceaux qui statue en dernier ressort. (Décr. 28 oct. 1854 ; — Décr. 12 juill. 1871.) Aucun président ou conseiller n'est tenu de rester plus d'un an dans chacune des chambres criminelles, et plus de deux ans dans chacune des chambres civiles. Les membres de la chambre des mises en accusation siègent en même temps aux autres chambres. Ils peuvent, suivant les nécessités du service, être attachés tous ensemble à une même chambre ou répartis entre les autres. (Décr. 12 juin 1880, art. 1er.) A Paris, le service de cette chambre étant considérable, les conseillers qui la composent, y sont exclusivement attachés.

A la cour d'Alger, on forme, pour le jugement des procès entre musulmans, une chambre particulière composée de trois conseillers désignés par la cour et de deux assesseurs musulmans. (Décr. 13 déc. 1866, art. 24.)

104. Les cours d'appel siégeant aux colonies sont moins nombreuses que celles de la France continentale. Les cours de la Martinique, de la Guadeloupe, de la Réunion se composent d'un président, de sept conseillers et d'un conseiller auditeur : celle de Pondichéry, d'un président, de trois conseillers et d'un conseiller auditeur ; celles du Sénégal, d'un président, de deux conseillers et d'un conseiller auditeur. La cour de Saïgon se compose d'un président, d'un vice-président, de cinq conseillers, de quatre conseillers auditeurs. Elle se divise en deux chambres jugeant en matière civile et commerciale : la deuxième chambre est plus spécialement chargée des affaires entre indigènes. — La cour se constitue en outre en chambre des appels de police correctionnelle. — Les arrêts ne peuvent être rendus que par trois juges au moins ; en audience solennelle le nombre des juges doit être de cinq. Le décret du 25 mai 1881 fixe aussi la compétence de la cour et nous offre la réglementation générale de l'organisation judiciaire en Cochinchine.

Le tribunal supérieur de Papeete et celui de Nouméa se composent chacun d'un président et de deux juges.

La cour d'appel de la Guyane se compose d'un président, de trois conseillers et d'un conseiller auditeur. (Décr. du 3 oct. 1880.)

105. Les cours d'appel exercent une juridiction contentieuse, une juridiction gracieuse et une juridiction disciplinaire.

Leur juridiction *contentieuse* consiste à connaître des litiges rentrant dans les limites de leur compétence, qui seront indiquées dans la seconde partie de ce traité. — Leur juridiction *gracieuse* s'exerce, en dehors de tout litige, sur des demandes qui ne supposent pas l'existence d'un contradicteur. — Leur juridiction *disciplinaire* s'exerce à l'égard des membres des tribunaux inférieurs.

106. — Les cours exercent leurs attributions diverses à l'audience, en la chambre du conseil, ou en assemblée générale.

A l'audience, s'exerce la juridiction contentieuse, tantôt en audience ordinaire, tantôt en audience solennelle. — Les audiences *ordinaires* sont tenues par chaque chambre séparément sous la direction des présidents de chambre. Le premier président de la cour, qui siège habituellement à la première chambre civile, peut présider toute autre chambre quand il le juge convenable et doit même, en vertu du décret du 6 juillet 1810, présider une fois par an chacune des chambres. — En cas d'empêchement, le premier président est remplacé par le président attaché à la même chambre que lui ; dans les autres chambres, le président est remplacé par le plus ancien conseiller. Cet empêchement et l'ancienneté du conseiller remplaçant peuvent n'être pas mentionnés dans l'arrêt. Ces deux conditions sont présumées jusqu'à preuve contraire avoir existé(1). (Décr. 30 mars 1808, art. 1 ; — Décr. 6 juill. 1810, art. 6, 7, 40 et 41.)

A l'audience ordinaire, aucun arrêt ne peut être rendu en matière civile par moins de sept juges, le président compris. La chambre des appels de police correctionnelle, qui peut juger à cinq conseillers les affaires correctionnelles, doit compter sept membres quand elle statue en matière civile. — La loi n'a pas fixé un nombre maximum de juges comme elle l'a fait pour les tribunaux de première instance. Les conseillers, attachés à une chambre, peuvent donc tous, quel que soit leur nombre, prendre valablement part à l'arrêt. (Décr. 6 juill. 1810, art. 2. — Ord. 24 sept. 1828, art. 1 et 5. — L. 27 vent. an VIII, art. 27.)

Un conseiller peut être empêché de siéger ou temporairement distrait de sa chambre par le service des cours d'assises : s'il y a nécessité de le remplacer, on appelle, sans être tenu de suivre l'ordre du

1. Cass. Rej. 26 avr. 1880 (D. P., 1880. 1. 208).

tableau, un conseiller siégeant à une autre chambre. (Décr. 30 mars 1808, art. 4.) — A défaut de conseiller disponible, on appelle un avocat, à défaut d'avocat un avoué, en suivant dans les deux cas l'ordre du tableau. (L. 22 vent. an XII, art. 30.) Les avocats et avoués ne peuvent être appelés que pour compléter la chambre : ils doivent donc n'y être qu'en minorité. L'arrêt rendu avec leur concours doit, à peine de nullité, énoncer qu'un conseiller n'a pu siéger, que sa présence était indispensable et qu'on a suivi l'ordre du tableau des avocats ou de celui des avoués.

Des textes spéciaux règlent, pour les colonies, le nombre de magistrats nécessaire pour rendre un arrêt valable dans les cours d'appel et dans les tribunaux supérieurs, qui en tiennent lieu, ainsi que la manière de les remplacer.

107. A l'audience *solennelle*, qui se tient en robes rouges dans le local de la première chambre, sont portées certaines affaires graves et importantes, qui ont paru devoir être jugées avec un certain apparat et sous la garantie qui peut résulter de la présence d'un plus grand nombre de juges. Nous déterminerons plus loin quelles sont ces affaires. — A cette audience, la cour se compose de deux chambres réunies : la chambre civile et celle des appels de police correctionnelle dans les cours qui n'ont que trois chambres ; la première chambre civile et celle des appels de police correctionnelle dans les cours qui ont quatre chambres ; la première chambre civile et l'une des autres chambres civiles à tour de rôle dans les cours qui ont cinq chambres. (Décr. du 6 juill. 1810, art. 7.) La présence de tous les magistrats siégeant habituellement dans chacune des chambres ainsi réunies n'est pas nécessaire. Mais chaque chambre, considérée séparément, doit être représentée par le nombre de conseillers indispensable pour qu'elle puisse juger valablement en audience ordinaire. Les chambres réunies ne sauraient se compléter l'une par l'autre, dans les cours qui ont plus de trois chambres : ainsi l'arrêt qui doit être rendu par quatorze conseillers au minimum, serait nul si huit d'entre eux appartenaient à une chambre et six à l'autre. La chambre qui ne réunit pas le nombre de membres requis par la loi, doit se compléter en appelant des magistrats pris en dehors des chambres qui doivent constituer l'audience solennelle (1). Il en est nécessairement tout autrement dans

1. Cass. 28 juin 1882 (*Droit* du 30 juin).

les cours qui ne comprennent que trois chambres, puisque la chambre des mises en accusation se compose de membres appartenant à l'une ou à l'autre des deux chambres civile et correctionnelle.

L'audience solennelle est présidée par le premier président ; à son défaut, par le plus ancien des présidents de chambre, quand même il n'appartiendrait à aucune des deux chambres qui se trouvent réunies. Le premier président compte à la chambre où il siège ordinairement. Mais, comme il a le droit de présider une chambre quelconque, il peut s'ajoindre et doit être considéré, en assistant à l'audience, comme s'étant joint à la chambre qui avait besoin de son adjonction pour se compléter (1).

108. La juridiction *gracieuse* des cours d'appel s'exerce en chambre du conseil. Celle-ci, qui se compose des membres de la première chambre, statue en appel sur les affaires qui relevaient, au premier degré de juridiction, de la chambre du conseil du tribunal civil, et sur les demandes par lesquelles on sollicite une décision gracieuse de la cour : par exemple, la requête qui tend à obtenir la régularisation d'un jugement non signé dans les délais légaux (Décr. 30 mars 1808, art. 74), la permission d'attaquer un arrêt par la requête civile (Proc. civ., art. 483), l'autorisation de prendre à partie un magistrat justiciable de la cour. (Proc. civ., art. 510.)

109. Les cours se réunissent aussi en *assemblée générale*, pour entendre le compte rendu de l'administration de la justice dans leur ressort pendant l'année précédente, pour régler les détails de leur administration intérieure, pour autoriser les avoués à plaider dans les tribunaux où il n'existe pas d'avocats en nombre suffisant, pour ordonner des poursuites au ministère public, pour donner leur avis sur les projets de loi renvoyés à leur examen par le gouvernement, pour exercer le pouvoir disciplinaire sur leurs propres membres ou sur les membres des tribunaux inférieurs. (L. 20 avr. 1810, art. 8, 9, 49, 50, 52, 54, 55, etc.) Pour la régularité de ces assemblées générales, qui se tiennent en chambre du conseil et non à l'audience, il faut que chaque chambre soit représentée par le nombre de conseillers nécessaire pour qu'elle puisse juger séparément, c'est-à-dire les chambres civiles par sept conseillers, les chambres de mise en accusation et d'appel de police correctionnelle chacune par cinq conseillers : mais il n'est pas indispensable que chaque

1. Req. 8 mars 1880 (Sir., 1881. 1. 32).

chambre soit divisément représentée par sept ou cinq de ses membres ordinaires. Il suffit qu'au total l'assemblée générale compte un nombre de membres présents égal au total des membres légaux de chaque chambre. Ainsi, par exemple, l'assemblée générale d'une cour qui a trois chambres est régulière, lorsqu'elle compte dix-sept membres, dont sept pour la chambre civile, cinq pour la chambre des mises en accusation et cinq pour la chambre correctionnelle, quoique neuf des membres présents appartiennent à la chambre civile et quatre seulement à chacune des deux autres chambres. (Ord. 18 janv. 1846.)

110. Les attributions du premier président d'une cour sont, au point de vue judiciaire, moins importantes que celles du président d'un tribunal de première instance. Il n'exerce pas la juridiction des référés. Mais, outre les pouvoirs propres à tout magistrat qui préside une audience, relatifs à la police de cette audience et à la direction des débats, le premier président a des attributions qui lui sont personnelles. Ainsi il répond les requêtes relatives aux procédures pendantes devant la cour et présentées avant la distribution des causes (Décr. 8 mars 1808, art. 18). Il distribue les causes entre les diverses chambres. Il statue sur la réclamation de l'enfant qui demande la révocation ou la modification de l'ordre d'arrestation délivré contre lui par le président du tribunal de première instance (Cod. civ., art. 382). Il donne aux membres de la cour qui méconnaissent la dignité de leur fonction les avertissements nécessaires, et ces membres ne peuvent s'absenter sans son congé. Il convoque d'office les assemblées générales à l'effet de statuer sur des objets d'un intérêt commun à toutes les chambres de la cour, ou de s'occuper d'affaires d'ordre public dans le cercle des attributions des cours. Il doit avertir le garde des sceaux de cette convocation et de son objet. (Décr. 6 juill. 1810, art. 62.)

A côté ou au-dessous de ces deux juridictions ordinaires, les tribunaux civils et les cours d'appel, le législateur a créé pour le jugement de certaines affaires, exigeant des connaissances spéciales ou présentant un intérêt modique, des tribunaux dits *d'exception*, qui sont : les justices de paix, les conseils de prud'hommes et les tribunaux de commerce.

§ 3. — *Justices de paix.*

111. Les justices de paix ont été créées par le décret des 16 et 24 août 1790, pour juger les procès de minime valeur, concilier les autres et donner aux plaideurs un juge personnellement connu d'eux, facile à aborder.

Une justice de paix est établie dans chaque canton. Exceptionnellement, les grandes villes sont divisées en un certain nombre d'arrondissements de justices de paix, dont la population moyenne devrait varier de 10,000 à 15,000 habitants, mais dépasse aujourd'hui ces chiffres. Toulouse avec une population de 125 à 130,000 habitants n'a que quatre justices de paix. Paris forme vingt arrondissements municipaux auxquels correspondent autant de justices de paix.

112. En Algérie, il y a deux classes de justices de paix : 1° les unes à *compétence ordinaire*, créées par un décret dans toutes les localités où il paraît nécessaire d'en établir, soit dans le territoire civil, soit dans le territoire militaire ; 2° les justices de paix à *compétence étendue*, instituées par les décrets du 19 juin 1854 et du 21 septembre 1880, dans les localités assez éloignées d'un tribunal de première instance, pour qu'il soit nécessaire d'augmenter les pouvoirs ordinaires des juges de paix, d'étendre leurs attributions dans l'intérêt des justiciables, auxquels on doit éviter de coûteux ou difficiles déplacements.

Dans les colonies, sont aussi établies des justices de paix, les unes à compétence étendue, les autres à compétence ordinaire. Il n'y a pas de justice de paix au Sénégal, à Mayotte, à Nossi-Bé, à la Nouvelle-Calédonie : le tribunal de première instance en fait fonction, ou, comme à Saint-Louis, le conseiller auditeur à la cour d'appel.

113. Une justice de paix se compose d'un juge titulaire et de deux suppléants. Un des suppléants remplace, en cas d'empêchement, le juge dans toutes ses fonctions judiciaires ou extra-judiciaires ; toutes les fois que l'un d'eux a siégé sans réclamation des parties, il y a présomption que le juge titulaire était empêché, et le jugement est valable. — Si le juge titulaire et ses deux suppléants sont tous empêchés, les parties doivent s'adresser au tribunal civil, qui renverra l'affaire devant le juge de paix dont le chef-lieu est le plus voisin.

Les juges de paix de Kabylie s'adjoignent, suivant la nationalité des parties, un assesseur arabe ou deux assesseurs, un Arabe et un Kabyle, dont l'avis sur le point de droit doit être mentionné dans le jugement, à peine de nullité, toutes les fois qu'il s'agit de matières religieuses ou de questions d'état. (Décr. 29 août 1874, art. 5.)

§ 4. — *Conseils de prud'hommes.*

114. L'institution des prud'hommes correspond, en matière d'industrie et de fabrication, à celle des juges de paix, en matière civile. Les prud'hommes ont pour mission de rendre une justice simple et expéditive, de s'efforcer de concilier les parties. L'appel de leurs sentences est porté devant le tribunal de commerce, comme est porté devant le tribunal civil l'appel dirigé contre un jugement rendu par un juge de paix.

L'origine des conseils de prud'hommes se trouve dans le tribunal qui, avant la révolution de 1789, existait à Lyon et qui, composé de juges appartenant à la fabrication lyonnaise, était chargé de concilier les différends entre les fabricants de soieries et leurs ouvriers. Le décret des 6-17 mars 1791 supprima cette juridiction en abolissant les maîtrises, les jurandes et toute l'ancienne organisation du travail. Quand la loi du 22 germinal an XI réglementa les contrats entre patrons et ouvriers, la juridiction qu'elle institua à cet effet fut celle du préfet de police à Paris, dans les autres villes celle du commissaire de police, ou du maire et de l'adjoint. Cette justice, exercée par des hommes dépourvus de connaissances techniques, indispensables en cette matière, excita des plaintes. A Lyon, les fabricants et les chefs d'ateliers profitèrent du passage de Napoléon, en 1805, pour solliciter le rétablissement de leur ancienne juridiction. La loi du 18 mars 1806 leur donna satisfaction. Elle établit un conseil de prud'hommes à Lyon et décida en outre qu'un semblable conseil pourrait être établi, par un règlement d'administration publique, dans les villes de fabriques où le gouvernement jugerait cette création convenable. En vertu de ces dispositions, des conseils de prud'hommes ont été créés dans la plupart des centres industriels.

115. L'organisation et la discipline des conseils de prud'hommes ont fait l'objet des lois, ordonnances et décrets suivants : L. du 18 mars 1806; décret du 11 juin 1809; avis du conseil d'État du 20 février 1810; décret du 3 août 1810; décrets du 27 mai et du 6 juin 1848 ; décret du 2 mars 1852; L. du 1er juin 1853; décret du 16 novembre 1854; décrets du 8 février et du 8 septembre 1860; L. du 4 juin 1864; L. du 7 février 1880; L. du 23 février 1881.

On a réclamé, à plusieurs reprises, la présentation d'une loi de principe et d'organisation générale, destinée à remplacer ces différents textes législatifs, partiellement abrogés et partiellement maintenus, dans le fouillis desquels on court facilement le risque de se tromper et dont plusieurs dispositions sont difficilement conciliables entre elles. C'est un travail nécessaire que le législateur doit s'empresser d'accomplir.

116. Les conseils de prud'hommes sont des tribunaux mi-partie de patrons et d'ouvriers et composés d'un égal nombre des uns et des autres. Il est de six au moins. La loi ne fixe pas de maximum et le nombre des membres de chaque conseil est déterminé, par le décret d'institution, suivant l'importance du centre d'industrie et le chiffre probable des affaires. Quand le ressort du conseil ne comprend qu'un petit nombre de professions, ses membres sont répartis entre elles de manière que chacune soit représentée. Si ce ressort comprend un grand nombre d'industries, le décret d'institution les divise en groupes d'industries similaires, auxquelles on assigne un certain nombre de prud'hommes proportionnel au nombre de patrons et d'ouvriers qui les exercent. Plusieurs conseils peuvent exister aussi dans la même ville. Il y en a quatre à Paris, un pour les métaux et les industries qui s'y rattachent, un pour les tissus, un pour les produits chimiques, un pour les industries diverses, imprimerie, sculpture, menuiserie, etc.

A la tête de chaque conseil sont placés un président et un vice-président. Quand le président est un patron, le vice-président est un ouvrier, et réciproquement. Il n'y a pas de prud'hommes suppléants. Les membres titulaires sont assez nombreux pour expédier les affaires.

117. Les conseils de prud'hommes ne se divisent point en chambres, mais en bureau général et bureau particulier. Le bureau général, composé du président ou du vice-président et d'un nombre égal de patrons et d'ouvriers, deux au moins de chaque catégorie, siège deux fois par mois au moins et juge les différends élevés entre ouvriers et patrons, ou ouvriers et chefs d'ateliers, etc. Le bureau particulier siège au moins une fois par semaine. Il est composé d'un patron et d'un ouvrier et présidé alternativement par un patron et par un ouvrier, suivant un roulement établi par le règlement particulier de chaque conseil. (L. 7 févr. 1880, art. 4.)

Un secrétaire est attaché aux conseils de prud'hommes. Il est nommé à la majorité absolue des suffrages : il peut être révoqué à volonté ; mais, dans ce cas, la délibération doit être signée par les deux tiers des prud'hommes (art. 5).

118. La loi du 23 février 1881 rend applicables à l'Algérie les dispositions des lois du 1er juin 1853, 4 juin 1864 et 7 février 1880, ainsi que les dispositions de la législation antérieure, maintenues par l'article 19 de la loi du 1er juin 1853, et autorise le gouvernement à établir des conseils de prud'hommes. Dans les circonscriptions où l'importance de la population musulmane le comportera, les conseils comprendront des prud'hommes assesseurs musulmans. Les décrets d'institution détermineront le nombre des membres de chaque conseil et indiqueront celui des prud'hommes assesseurs musulmans.

Les patrons assesseurs musulmans et les ouvriers assesseurs musulmans seront toujours en nombre égal dans chaque catégorie. Dans les causes où se trouveront un ou plusieurs musulmans non naturalisés, le bureau particulier et le bureau général comprendront deux prud'hommes assesseurs musulmans, l'un patron, l'autre ouvrier, ayant voix consultative.

119. Il existe en outre des prud'hommes pêcheurs sur le littoral de l'Océan et sur celui de la Méditerranée. Les premiers n'exercent aucune juridiction et ne sont chargés que de constater les infractions aux lois et règlements sur la police de la pêche. Les prud'hommes pêcheurs du littoral de la Méditérranée exercent au contraire une véritable juridiction et jugent les contestations en matière de pêche maritime. Cette institution remonte à plusieurs siècles et a été fondée par lettres patentes du roi René en 1452. Après la réunion de la Provence à la France des lettres royaux confirmèrent la création du bon roi. Cette juridiction fut réglementée par un arrêt du conseil du 16 mai 1738 et l'Assemblée constituante la conserva par son décret du 8-12 décembre 1790, dans les villes où elle existait, et en autorisa l'établissement dans toutes les villes qui en feraient la demande.

Plusieurs décrets postérieurs ont établi cette juridiction singulière dans un grand nombre de localités du littoral méditerranéen, et la jurisprudence des cours a reconnu la légalité des sentences rendues par les prud'hommes pêcheurs.

Disons tout de suite, pour n'y plus revenir, que le procès s'introduit et se juge, sans écritures, sans avocat, sans procureur, sans greffier. Le jugement est oral, non constaté par écrit, par suite souverain, non attaquable ni par la voie de l'appel, ni par celle du pourvoi en cassation La sentence rendue s'exécute sur-le-champ ; sinon le garde des prud'hommes va, séance tenante, saisir la barque et les filets de la partie condamnée ; saisie immédiate que ne précède ni sommation, ni signification d'une sentence non écrite. Cette justice simple et expéditive est parfaitement acceptée et ses mandements facilement obéis par les justiciables, comme nous avons pu le constater souvent.

§ 5. — *Tribunaux de commerce.*

120. Les tribunaux civils d'arrondissement ne connaissent pas seulement des matières civiles proprement dites. Ils jugent aussi les affaires commerciales. Mais dans les centres importants de commerce ou d'industrie sont établis des tribunaux spécialement appelés à statuer sur les matières commerciales. On les nomme tribunaux de commerce ou tribunaux consulaires.

C'est le pouvoir exécutif qui, par des décrets rendus en forme de règlements d'administration publique, le conseil d'État entendu, détermine les villes qui sont aptes à être le siège d'un tribunal de commerce.

S'il n'y a qu'un tribunal de commerce dans l'arrondissement, son ressort comprend tout l'arrondissement. S'il y a plusieurs tribunaux, les décrets d'établissement déterminent et fixent le ressort de chacun d'eux. (C. com., art. 615 et 616.)

L'institution des tribunaux de commerce a été étendue à l'Algérie, où ont été créés les tribunaux d'Alger, d'Oran et de Constantine. Dans les autres localités, la juridiction commerciale est exercée par le tribunal de première instance, ou par les juges de paix à compétence étendue. L'Océanie et la Cochinchine ont aussi des tribunaux consulaires. Dans les autres colonies, les litiges commerciaux sont portés au tribunal de première instance.

121. Ce serait franchir les limites naturelles d'un traité élémentaire que d'examiner la question si discutée du maintien, de la suppression ou de la modification des tribunaux de commerce. Les essais faits à l'étranger et notamment en Allemagne par la loi du 26 janvier 1877 permettront au législateur, lorsque la question sera soulevée devant lui, de mieux apprécier les qualités et les défauts du système français.

122. Un tribunal de commerce se compose d'un président, de juges titulaires dont le nombre varie de deux à quatorze, le président non compris, et de juges suppléants dont le nombre est proportionné aux besoins du service. Il n'y a pas de vice-président. Les décrets de création des tribunaux consulaires fixent pour chaque tribunal le nombre des juges et celui des suppléants. (C. comm., art. 617.)

Les tribunaux de commerce ne se divisent pas en chambres. Cependant certains tribunaux se sont divisés en deux sections : l'une qui expédie les affaires courantes, simples et faciles, qui ne demandent que de courtes explications ; l'autre qui juge les causes importantes exigeant de plus longs développements. Mais ce sectionnement est purement facultatif et doit être critiqué au point de vue légal.

123. Les tribunaux de commerce exercent une juridiction gracieuse et une juridiction contentieuse. Leurs attributions gracieuses, qui s'exercent en chambre du conseil, consistent á désigner les agréés, à choisir les huissiers audienciers, experts, traducteurs, interprètes, à dresser la liste des arbitres rapporteurs, des syndics de faillite, etc.

Leur juridiction contentieuse consiste à juger les affaires commerciales, en premier ressort, à quelque chiffre qu'elles puissent monter, et en dernier ressort jusqu'à 1500 fr. de principal. (C. com., art. 639.)

124. Les règles, déterminatrices de la régularité des jugements des tribunaux civils, s'appliquent aussi aux sentences des juges consulaires. Aucun jugement ne peut être rendu par moins de trois juges : mais la loi n'a pas fixé, comme pour les tribunaux civils, un maximum; et, lors des travaux préparatoires du Code de commerce, il a été entendu que tous les juges du tribunal, quel que fût leur nombre, pourraient prendre part au jugement.

Si trois juges titulaires sont présents, le tribunal est au complet et ne peut s'adjoindre personne, pas même un juge suppléant. Le juge suppléant n'a voix délibérative que quand sa présence est nécessaire pour remplacer un des trois juges indispensables.

Si le tribunal a besoin de se compléter, il appelle un des juges suppléants. A défaut de juges suppléants, le tribunal se complète suivant les prescriptions de la loi du 5 décembre 1876 (art. 2) qui a ajouté à l'article 626 du Code de commerce la disposition suivante : « Lorsque, par des récusations ou empêchements, il ne restera pas un « nombre suffisant de juges ou de juges suppléants, il y sera pourvu « au moyen d'une liste formée annuellement par chaque tribunal de « commerce entre les éligibles du ressort, et, en cas d'insuffisance, « entre les électeurs ayant les uns et les autres leur résidence dans la « ville où siège le tribunal. Cette liste sera de cinquante noms à Paris, « de vingt-cinq noms pour les tribunaux de neuf membres, de « quinze noms pour les autres tribunanx ; les juges complémentaires « seront appelés dans l'ordre fixé par un tirage au sort fait en séance « publique par le président du tribunal entre tous les noms de la « liste. » Le jugement doit, à peine de nullité, indiquer l'empêchement des juges titulaires et suppléants qui a rendu nécessaire l'appel d'un commerçant, son numéro d'ordre sur la liste et, s'il n'est pas appelé à son rang, l'empêchement de ceux qui le précèdent.

La loi du 3 germinal an V, qui limite le nombre des personnes étrangères qu'un tribunal de première instance peut appeler pour se compléter, ne s'applique pas aux tribunaux de commerce. Par suite la majorité peut appartenir non seulement aux juges suppléants, qui sont membres du tribunal, mais même aux commerçants appelés pour remplacer les juges empêchés. Le tribunal peut se composer d'un juge et de deux commerçants.

Un tribunal de commerce est régulièrement composé d'un juge titulaire, d'un juge suppléant et d'un commerçant, de trois suppléants, d'un titulaire ou d'un suppléant et de deux commerçants. Mais le jugement ne pourrait être valablement rendu par trois commerçants. Ceux-ci ne peuvent à eux seuls composer le tribunal, mais seulement le compléter. Le décret du 28 août 1848, art. 2, le disait expréssément. Si le tribunal de commerce ne pouvait se constituer, il y aurait lieu de porter le litige devant le tribunal civil de l'arrondissement, comme dans le cas où il n'y a pas de tribunal consulaire établi.

Tout tribunal de commerce a, à sa tête, un président dont les attributions sont moins étendues et moins importantes que celle du président du tribunal de première instance. Mais, comme celui-ci, il a les pouvoirs qui sont propres à tout magistrat présidant une audience et à tout chef d'une compagnie judiciaire. Il répond les requêtes qui lui sont adressées sur des objets rentrant dans sa compétence. (C. com., art. 93, 151, 152, 172, 305, 306, etc. — Loi du 28 mai 1858, art. 12.) Il légalise les signatures des membres du tribunal, des greffiers et huissiers ; il nomme des experts dans les cas prévus par des lois spéciales, etc., etc.

§ 6. — *De la Cour de cassation.*

125. La Cour de cassation, qui a succédé à l'ancien *conseil des parties*, a été établie par l'Assemblée constituante, après une discussion importante dans laquelle furent adoptés les principes fondamentaux qui devaient présider à l'établissement de cette juridiction suprême.

Le décret des 27 novembre-1er décembre 1790 organisa le nouveau tribunal. Le sénatus-consulte du 28 floréal an XII lui a donné le titre de *cour*, et à ses décisions, celui d'*arrêts*. La loi du 27 ventôse au VIII, titre 6, le décret du 28 janvier 1811, les ordonnances du 15 février 1815 et du 16 janvier 1826, etc., ont donné à la Cour de cassation son organisation actuelle.

126. Cette Cour se compose aujourd'hui de quarante-neuf membres : le premier président, trois présidents de chambre et quarante-cinq conseillers, dont le plus ancien est appelé *doyen*. Elle ne possède pas de conseillers suppléants, le grand nombre de ses membres permettant de pourvoir aisément à toutes les nécessités du service.

La Cour se divise en trois chambres : la chambre des requêtes, la chambre civile et la chambre criminelle, composées chacune de seize membres, y compris le président. Le premier président, qui peut présider toute chambre, siège habituellement à la chambre civile, qui se compose alors de dix-sept membres. Le premier président est remplacé, en cas d'empêchement, par le président de la chambre civile; le président de chaque chambre par le plus ancien conseiller.

127. Chaque chambre ne peut juger qu'au nombre de onze conseillers, le président compris, et se complète, s'il y a lieu, en empruntant à une autre chambre, d'après l'ordre d'ancienneté, ses membres disponibles. Le roulement, que nous avons vu exister dans les tribunaux de première instance et dans les cours d'appel, n'est pas en usage à la Cour de cassation depuis 1815, quoiqu'il soit prescrit par l'article 66, non abrogé, de la loi du 27 ventôse an VIII. L'ordonnance du 15 janvier 1826, qui régit actuellement le service de la Cour, ne contient aucune disposition relative au roulement. Ses auteurs paraissent avoir voulu, par leur silence, tolérer la dérogation apportée à la loi de ventôse. Du reste, le roulement, impliquant le passage périodique et obligatoire des membres de la Cour par toutes les chambres successivement, serait directement opposé au but en vue duquel a été instituée la Cour suprême. Il serait contradictoire de poursuivre la fixité de la jurisprudence, l'uniformité dans l'interprétation de la loi, à l'aide d'un personnel mobile et fréquemment renouvelé. Mais, lorsqu'un siège devient vacant dans une chambre, un conseiller d'une autre chambre peut l'occuper de préférence au conseiller nouvellement nommé, avec l'assentiment du premier président et des présidents des deux chambres intéressées.

La Chambre criminelle fait, pendant les vacances, l'office de chambres des vacations : mais ses membres peuvent obtenir, à tour de rôle, des congés, et la chambre se complète par l'adjonction des conseillers des autres chambres les plus récemment nommés.

128. La Cour de cassation exerce les attributions que lui confèrent les lois, en audience ordinaire, en audience solennelle ou en assemblée générale.

Les chambres de la Cour statuent presque toujours séparément, en audience *ordinaire*. Mais, à cet égard, il existe une différence marquée entre les affaires civiles et les affaires criminelles. Celles-ci sont portées directement devant la chambre criminelle, qui statue, 1° sur l'admission ou le rejet du pourvoi dirigé contre un jugement ou un arrêt, et qui, 2° prononce elle-même, en cas d'admission, la cassation du jugement ou de l'arrêt qui lui est déféré.

En matière civile, ces deux opérations sont divisées et confiées à des chambres différentes. Le pourvoi est d'abord soumis à la chambre des requêtes, qui prononce seulement et exclusivement sur l'admission ou le rejet du pourvoi. Celui-ci est-il admis, il est porté à la chambre civile qui prononce, après un nouvel examen, le rejet définitif du pourvoi, ou la cassation du jugement ou de l'arrêt attaqué. En matière civile, le pourvoi subit donc devant la chambre des requêtes une épreuve préparatoire, qui doit être favorable pour autoriser l'épreuve définitive devant la chambre civile.

Deux motifs ont poussé le législateur à soumettre ainsi à une double épreuve les pourvois formés en matière civile, à ne pas autoriser la cassation d'une sentence judiciaire avant qu'elle n'ait été soumise à l'examen successif de deux chambres.

Pour ne pas affaiblir par des cassations trop réitérées le respect dû à la chose jugée, pour ne pas encourager les plaideurs acharnés et téméraires, il fallait rendre l'abord de la Cour plus difficile et diminuer les chances de cassation. En ne laissant arriver devant la chambre civile que les pourvois basés sur des moyens graves et sérieux, on lui réservait le plus long temps possible pour l'examen des affaires réellement délicates et difficiles soumises à son jugement. — Des motifs différents se sont opposés à l'établissement d'une chambre des requêtes en matière criminelle. Quand la vie, la liberté, l'honneur de tous les citoyens sont en jeu, l'humanité et la justice commandent d'ouvrir largement un recours, qui est la dernière espérance de salut : en outre une double épreuve serait incompatible avec le jugement d'affaires qui exigent évidemment célérité.

L'institution de la chambre des requêtes a été vivement critiquée et sa suppression demandée à plusieurs reprises. Mais les griefs allégués s'adressent moins à l'institution elle-même, d'une utilité à nos yeux incontestable, qu'à la manière dont elle est comprise par des magistrats, trop désireux peut-être d'éviter l'encombrement du rôle de la chambre civile.

La règle, d'après laquelle les pourvois en matière civile sont portés successivement devant la chambre des requêtes et devant la chambre civile, souffre quelques exceptions qui seront ultérieurement indiquées.

129. La Cour de cassation statue, en audience *solennelle*, toutes chambres réunies, dans quelques cas exceptionnels : les affaires disciplinaires et les pourvois formés après une première cassation par les mêmes moyens et entre les mêmes parties procédant en la même qualité. (L. 1er avr. 1837, art. 1er.)

130. La Cour suprême se réunit en *assemblée générale* dans les mêmes circonstances que les cours d'appel. (Voy. n° 109.)

131. Nous avons déjà fait remarquer, sauf à développer ce point en traitant des attributions de la Cour de cassation, que cette cour ne constitue pas un troisième degré de juridiction : elle ne connaît pas du fond des affaires; elle casse seulement les décisions rendues, soit en la forme, soit au fond, contrairement à la loi : l'examen du fait échappe à son appréciation.

132. Les attributions du premier président consistent : 1° dans la présidence de la chambre civile, des chambres réunies et des assemblées générales; 2° dans le droit de répondre les requêtes relatives à la procédure devant la Cour de cassation; 3° dans celui d'avertir les membres de la cour qui compromettraient la dignité de leur caractère et de leur délivrer des congés; 4° dans l'exercice des pouvoirs qui appartiennent à tout chef d'un corps judiciaire. Le premier président n'a pas à s'occuper de la distribution des affaires, puisque la loi les répartit elle-même entre les trois chambres de la cour. En cas d'absence ou d'empêchement, il est remplacé par le plus ancien président de chambre, excepté dans la présidence de la chambre civile où il est remplacé par le président de cette chambre.

SECTION II. — **Des juges.**

133. Le *juge* est un officier civil, investi par le pouvoir de l'État du droit de prononcer sur les litiges qui s'élèvent entre les citoyens. On appelle aussi cet officier public *magistrat :* mais ce terme peut être employé en plusieurs sens.

Il désigne tantôt tout officier de l'ordre administratif ou judiciaire, tantôt les seuls membres de l'ordre judiciaire y compris le ministère public, tantôt les officiers publics qui rendent des jugements, les juges, ceux qui forment la magistrature assise par opposition au ministère public ou *parquet*. Avec ce dernier sens, ce terme comprend les prud'hommes et les juges des tribunaux de commerce, qui se différencient cependant des magistrats proprement dits.

Occupons-nous d'abord des membres permanents de l'ordre judiciaire : nous verrons ensuite en quels points leur ressemblent ou s'en séparent les juges consulaires et les membres des conseils de prud'hommes. Examinons successivement quelles sont les conditions d'aptitude aux fonctions de magistrat, le mode de nomination des juges, leurs prérogatives, leurs droits, leurs devoirs, les incapacités particulières dont ils sont atteints, etc.

§ 1er. — *Conditions d'aptitude.*

124. Les conditions requises pour être admis dans la magistrature sont au nombre de cinq : 1° la qualité de citoyen français et la jouissance des droits civils et politiques ; 2° un certain âge ; 3° une instruction juridique suffisante ; 4° un stage préalable au barreau d'une cour ou d'un tribunal ; 5° l'absence de toute fonction ou profession incompatible avec les fonctions judiciaires. — Mais les juges suppléants des tribunaux d'arrondissement, les juges de paix et leurs suppléants sont dispensés de quelques-unes de ces conditions.

125. 1° Nul ne peut être investi et exercer les fonctions de juge, s'il n'est citoyen français et s'il n'a la jouissance des droits civils et politiques. Aucune loi ne formule en termes exprès cette condition : mais il serait contraire au droit public que des étrangers pussent être investis d'un des pouvoirs de l'État et rendre la justice au nom du peuple français. Un étranger, fût-il autorisé à établir son domicile en France, ne peut remplir des fonctions judiciaires. Il n'est pas assimilé à un régnicole : il n'a pas la jouissance des droits politiques. Or c'est évidemment un droit politique que celui de rendre la justice à ses concitoyens.

Le condamné à la dégradation civique, à titre de peine principale ou de peine accessoire, ne peut être nommé juge, car il est exclu à perpétuité de toute fonction publique. (C. pén., art. 34.) Il en est de même de l'accusé contumax et du condamné par contumace. (C. inst. crim., art. 465 ; — C. pén., art. 28.) Les condamnations à des peines correctionnelles peuvent entraîner, dans les cas prévus par la loi et en vertu d'une disposition spéciale du jugement, l'interdiction de toute fonction publique, par suite de celle de juge. (C. pén., art. 42-3° et 43.)

Les causes qui interdisent l'accès de la magistrature entraînent évidemment la déchéance des fonctions de juge, à l'égard de celui qui perd la qualité de Français, qui se trouve en état de contumace ou qui est condamné à une peine entraînant l'interdiction de toute fonction publique.

136-2°. La maturité d'esprit, l'expérience, l'autorité sont des qualités indispensables chez celui qui doit exercer des fonctions judiciaires. La loi présume qu'on ne les possède suffisamment qu'à un certain âge, et cet âge varie suivant l'importance de la fonction. On ne peut être juge titulaire ou suppléant dans un tribunal d'arrondissement avant vingt-cinq ans; président ou vice-président d'un tribunal ou conseiller de cour d'appel avant vingt-sept ans; juge de paix, suppléant de juge de paix, conseiller à la Cour de cassation, premier président ou président de chambre de cour d'appel ou à la Cour de cassation avant trente ans. (L. 24 mess. an IV, art. 3; — L. 20 avr. 1810, art. 64 et 65.) On pourrait, à première vue, s'étonner de voir la loi exiger le même âge pour les fonctions de juge de paix, que pour les magistratures les plus élevées. Mais le législateur a pensé que la maturité d'esprit devait, chez le juge de paix, suppléer aux connaissances juridiques qu'on exige des autres magistrats et qu'on ne lui demande pas, alors surtout que sa responsabilité est d'autant plus lourde qu'il est appelé à juger seul.

137-3°. Les candidats à une fonction judiciaire, sauf pour celle de juge de paix, doivent justifier du diplôme de *licencié en droit* délivré par une Faculté de France. Ce grade universitaire fait présumer la connaissance des principes théoriques du droit. Mais nous n'hésitons pas à dire que cette présomption est peu justifiée et que le titre de licencié en droit nous paraît insuffisant. Vainement objectera-t-on qu'il suffit pour l'exercice de la profession d'avocat. Il est facile de répondre que les plaideurs ont le choix entre les divers avocats des divers barreaux de France et peuvent ainsi s'adresser à ceux qui, en fait, ont fait preuve de savoir et d'éloquence et négliger celui qui n'a que son titre universitaire. Le juge, au contraire, est imposé aux plaideurs par l'investiture donnée par l'État, et les parties ne sauraient s'adresser à un autre. Le magistrat doit donc offrir toutes les garanties désirables de savoir. Le grade de docteur en droit devrait être exigé et un examen professionnel, spécial, propre à faire apprécier la justesse d'esprit et la perspicacité de l'impétrant, devrait être subi par tout candidat aux fonctions judiciaires. Les arrêtés ministériels des 10 et 21 octobre 1875, le décret du 29 mai 1876 avaient adopté ce système : il est à regretter qu'il ne soit plus appliqué.

138-4°. Nul ne peut être nommé juge ou conseiller, s'il n'a fait au préalable un *stage* de deux ans au barreau d'une cour d'appel ou d'un tribunal. De même que le diplôme de licencié en droit est censé établir la capacité théorique du futur magistrat, de même ce stage est exigé comme faisant présumer la capacité au point de vue de la pratique des affaires. Mais nous adresserons à cette présomption une critique semblable à celle formulée à propos du titre de licencié. Le stage est une condition insuffisante, étant donnée la manière dont il s'accomplit en pratique. Il devrait être remplacé par un noviciat, et à ce point de vue aurions-nous peut-être plus d'un emprunt à faire aux législations de l'Allemagne, de l'Espagne et de l'Italie. Elles se montrent plus soucieuses que la nôtre d'assurer un bon recrutement de la magistrature.

La troisième et la quatrième conditions, relatives au diplôme et au stage, ne sont pas exigées à l'égard des juges de paix et de leurs suppléants. Ils en sont virtuellement dispensés par la constitution du 5 fructidor an III, qui ne demande, en dehors de la qualité de citoyen et de la jouissance des droits civils et politiques, que l'âge de trente ans. Nous n'hésitons pas à condamner notre législation en ce point. Une conscience droite, une intelligence saine ne suffisent pas à faire un bon juge de paix. Appelé à résoudre des questions d'une extrême difficulté, telles que celles nées en matière de possession, le juge de paix doit posséder des connaissances juridiques solides et étendues. Mais le jour où le législateur voudra les exiger de lui, il faudra transformer radicalement l'organisation actuelle des justices de paix.

139-5°. Les fonctions de magistrat sont incompatibles avec la plupart des fonctions publiques, le mandat de député et l'exercice de certaines professions. Une autre fonction nuirait à l'accomplissement des devoirs du juge. Sa situation de fonctionnaire ne laisserait pas entière l'indépendance désirable chez un député. L'exercice d'une profession le mettrait dans la dépendance d'une clientèle et ferait suspecter son impartialité.

A l'égard de ces incompatibilités, la loi du 24 vendémiaire an III a posé deux règles incontestables : 1° nul ne peut exercer une autorité, un pouvoir appelé à surveiller l'accomplissement de fonctions exercées par la même personne en une autre qualité ; nul ne peut être à la fois le contrôleur et le contrôlé ; 2° deux fonctions judiciaires, même indépendantes l'une de l'autre, ne peuvent être exercées par le même individu : nul ne peut occuper plusieurs sièges de judicature.

Les fonctions de président ou de conseiller à la Cour de cassation ou dans une cour d'appel, de président, vice-président ou juge dans un tribunal et de juge de paix sont incompatibles avec : le ministère ecclésiastique (Déc. 11 sept. 1790), le ministère public (Décr. 24 vend. an III, tit. III, art. 1), les fonctions administratives (*ibid.*, tit. I, art. 1 et 2), les professions d'avocat, d'officier ministériel et de commerçant (Ord. 20 nov. 1822, art. 42 ; — Décr. 24 vend. an III, tit. I ; — L. 25 vent. an XI, art. 7). Mais ces fonctions ne sont pas incompatibles avec celles de professeur d'une faculté de droit, avec les mandats électifs de sénateur, conseiller général, conseiller d'arrondissement, conseiller municipal, en supposant l'éligibilité du magistrat auquel ils ont été conférés. Elles le sont au contraire avec le mandat de député. Le magistrat, élu député, est remplacé dans sa fonction, dans les huit jours qui suivent la vérification de ses pouvoirs, si, avant l'expiration de ce délai, il n'a pas fait connaître sa non-acceptation du mandat législatif. (L. 14 avr. 1871, art. 5 ; L. 10 août 1871, art. 8 ; L. 24 févr. 1875, art. 7 ; L. 2 août 1875, art. 20 ; L. 30 nov. 1875, art. 8.) Le premier président de la Cour de cassation et le premier président de la cour de Paris peuvent seuls exercer le mandat de député. Leur haute situation met leur indépendance au-dessus de toute suspicion : leur résidence à Paris leur permet de cumuler l'exercice de leurs fonctions et le mandat législatif.

Ces diverses incompatibilités n'existent pas toutes à l'égard des juges suppléants. Les lois ne leur interdisent que le ministère ecclésiastique, la profession d'huissier ou de greffier et celle de commerçant. Mais il est d'usage de les choisir exclusivement parmi les avocats et les avoués. La loi du 29 ventôse an IX, qui institue les suppléants de juge de paix, n'édicte pour eux aucune cause d'incapacité.

Ces diverses conditions d'aptitude sont exigées des juges des colonies, sauf quelques légères modifications. Le minimum d'âge est abaissé et le stage préalable n'est pas requis, sauf pour l'Algérie, la Martinique, la Guadeloupe et la Réunion. Les juges de paix d'Algérie peuvent être nommés à vingt-cinq ans, ceux de Yanaon et de Mahé à vingt-quatre; mais les uns et les autres doivent être munis du diplôme de licencié en droit.

140. L'absence de l'une des cinq conditions ci-dessus indiquées engendre l'incapacité absolue d'occuper aucune fonction judiciaire. Mais il existe en outre une incapacité purement *relative*, applicable aux juridictions qui se composent de plusieurs juges. Pour éviter que l'affection,née de la parenté, ne nuise à l'indépendance que doit posséder tout magistrat, la loi du 20 avril 1810, art. 63, déclare que les parents ou alliés, jusqu'au degré d'oncle et de neveu inclusivement, ne peuvent être simultanément membres d'un même tribunal, même comme juges suppléants, ou d'une même cour, sans une dispense du chef de l'État. Aucune dispense n'est accordée dans les tribunaux composés de moins de huit juges. Si, dans les autres tribunaux ou dans les cours, des parents ou alliés siègent ensemble par suite de dispenses, il est d'usage de ne pas les mettre dans la même chambre. Et si, par suite d'une erreur commise dans le roulement ou par impossibilité d'agir autrement, ils se trouvent ensemble dans la même chambre, on ne donne à eux tous qu'une seule voix.

§ 2. — *Nomination, réception et installation des juges.*

141. Depuis la constitution du 22 frimaire an VIII, art. 41, et le sénatus-consulte du 28 floréal an XII, les magistrats sont nommés par le pouvoir exécutif.

Dès qu'une vacance se produit dans le ressort d'une cour d'appel, le procureur général en donne avis au ministre de la justice. Dans les dix jours, le premier président et le procureur général dressent chacun d'office des listes de présentation comprenant deux ou trois candidats. Si la place vacante est une justice de paix, la présentation est faite par le président du tribunal civil et par le Procureur de la République. Elle est adressée aux chefs de la cour qui l'examinent et font ensuite leurs présentations au ministre. Dans tous les cas, ces présentations n'ont rien d'obligatoire pour le gouvernement, qui est libre de ne pas s'y conformer.

142. Il est interdit aux magistrats, sous peine de poursuites disciplinaires et de privation de leurs droits à la retraite, de se démettre de leur emploi à prix d'argent, par une démission ou par une demande de mise à la retraite. (L. 9 juin 1853, art. 27.)

143. Le décret de nomination est notifié au magistrat nommé par le procureur général, qui l'invite à remplir les formalités voulues pour se faire recevoir et installer.

144. La *réception* consiste dans la prestation du serment professionnel. Les juges de paix prêtent serment devant le tribunal de première instance. Les membres d'un tribunal d'arrondissement devant la première chambre de la cour d'appel. Les membres des cours d'appel et de la Cour de cassation, devant les chambres assemblées de la cour où ils sont nommés. Chaque fois qu'un magistrat est promu à de nouvelles fonctions ou qu'il change de siège, il doit prêter un nouveau serment. La puissance publique qui lui est conférée par le premier serment ne peut s'étendre à sa nouvelle fonction. L'obligation de prêter serment n'est pas seulement imposée à ceux qui remplissent habituellement les fonctions de magistrat. Elle existe également à l'égard des avocats ou avoués, appelés accidentellement à remplacer des magistrats empêchés.

Le refus de prêter serment et le retard mis à le prêter, quand il se prolonge au delà de deux mois, emportent démission. Le traitement des magistrats ne court que du jour de la prestation de serment, et le magistrat, qui entre en fonctions sans l'avoir prêté, encourt une amende de 16 à 150 francs, sans préjudice de peines disciplinaires. Les actes par lui accomplis et les jugements, auxquels il a participé avant l'accomplissement de cette formalité, sont virtuellement nuls.

S'il apparaissait à la cour ou au tribunal chargé de recevoir le serment d'un magistrat, que celui-ci se trouve dans un des cas d'incapacité ci-dessus signalés, il y aurait lieu de surseoir à sa réception et d'en référer au gouvernement.

145. Une fois reçu, le magistrat doit être installé. L'*installation* se confond avec la réception, quand le magistrat est reçu par la compagnie dont il devient membre. Lorsque le nouveau magistrat doit siéger dans un tribunal de première instance, l'installation consiste dans la lecture en audience publique du procès-verbal de prestation de serment et dans l'invitation adressée au nouveau juge de prendre place parmi les membres du tribunal. Elle peut avoir lieu pendant les vacances. Si le magistrat nommé et reçu est un juge de paix, expédition du procès-verbal de la prestation de serment est adressée par le parquet au greffier de la justice de paix, et l'installation peut avoir lieu de deux manières : ou bien un des suppléants tient l'audience, fait lire les pièces par le greffier et invite le juge titulaire à siéger ; ou bien le juge de paix s'installe lui-même en prenant possesion de son siège. Dans les deux cas, il est dressé procès-verbal de cette installation et copie du procès-verbal est adressée au procureur de la République. L'absence d'installation constitue un manquement aux convenances et aux égards dus au juge nouvellement nommé ; mais les actes par lui accomplis et les jugements auxquels il participe doivent être tenus pour valables.

§ 3. — *Prérogatives des juges.*

146. Les juges régulièrement nommés sont, à l'exception des juges de paix, *inamovibles*. Ils ne peuvent être dépossédés de leurs fonctions, pendant le temps qu'elles doivent durer, que dans les cas et les formes déterminés par la loi. Ils ne peuvent être ni révoqués, ni transférés dans un siège inférieur, égal ou supérieur, par la volonté arbitraire du pouvoir exécutif.

Cette inamovibilité, qu'ont reconnue et consacrée toutes nos constitutions, depuis celle du 3 septembre 1791, confère un véritable avantage aux membres de la magistrature : mais ce n'est pas en vue de ce résultat qu'elle a été adoptée. Ce n'est ni par égard pour la dignité du juge, ni dans l'intérêt de sa tranquillité, qu'on lui octroie ce privilège. L'inamovibilité a été admise comme constituant une garantie pour les justiciables. Ceux-ci doivent pouvoir compter sur l'indépendance et l'impartialité du magistrat, mis ainsi en mesure de résister aux sollicitations et aux menaces, et de n'écouter que la voix de sa conscience.

Loin d'affaiblir le principe de l'inamovibilité, il faut le fortifier, surtout dans un État où les fluctuations du suffrage universel peuvent amener successivement tous les partis politiques au pouvoir. Mais on doit aussi s'efforcer de faire disparaître ou d'atténuer la constante préoccupation de l'avancement, qui nuit plus à la véritable indépendance du magistrat que la crainte d'une révocation, et rendre difficile l'accès de la magistrature afin que de fonctions irrévocables ne soient conférées qu'à des personnes ayant justifié d'une incontestable capacité.

147. L'inamovibilité ne saurait faire obstacle aux réformes reconnues nécessaires en vue d'une meilleure administration de la justice. Elle ne peut annihiler le droit du pouvoir législatif de remanier notre organisation judiciaire, de faire disparaître des cours ou des tribunaux devenus inutiles et de réduire un personnel trop considérable. Mais les magistrats, dont les postes seront ainsi supprimés par mesure législative, doivent être, ou transférés à d'autres sièges, ou, s'ils le préfèrent, être admis à une retraite proportionnée à leurs années de services.

148. L'inamovibilité n'existe ni en Algérie, ni aux colonies, régies par une législation spéciale qui ne consacre pas ce principe. Le gouvernement peut révoquer les magistrats qu'il y a nommés. Bien plus, les gouverneurs des colonies sont investis d'un pouvoir disciplinaire qui va jusqu'au droit de suspension.

149. Ne confondons pas l'*inamovibilité* avec l'*investiture à vie*. Le juge est inamovible par cela seul qu'il est assuré de ne pouvoir être dépossédé de sa fonction, avant l'époque où elle doit régulièrement prendre fin.

Dans plusieurs législations étrangères, les juges ne sont institués que pour un certain laps de temps, et cependant ils sont réellement inamovibles, puisque pendant cette période ils ne peuvent être destitués que dans les cas et avec les formes prévus par la loi. En France, les magistrats sont inamovibles, malgré la limite d'âge fixée par le décret du 1er mars 1852.

150. La mise à la retraite a lieu pour les magistrats dans deux cas : elle est facultative dans le premier, obligatoire pour le gouvernement dans le second. 1° Si un magistrat est atteint d'infirmités graves et permanentes, qui le mettent hors d'état de remplir ses fonctions, une demande de mise à la retraite peut être formée par lui ou d'office par le procureur général près la Cour d'appel. La loi du 16 juin 1824, art. 1 à 14, fixe la procédure à suivre en cette matière. — 2° Jusqu'en 1852, les magistrats arrivés à un âge avancé, ne leur permettant plus d'exercer utilement leurs fonctions, ne pouvaient être mis à la retraite que suivant les formes tracées par la loi du 16 juin 1824. Mais le décret du 1er mars 1852 place de plein droit à la retraite les membres de la Cour de cassation à soixante-quinze ans, les autres magistrats à soixante-dix ans. Ce décret a été l'objet de vives critiques. Nous en approuvons l'esprit, et si, en fait, il a pu faire descendre de leurs sièges quelques magistrats valides et en possession de toutes leurs facultés physiques et intellectuelles, nous constatons que ces cas exceptionnels ne sauraient détruire cette règle générale, qu'à un certain âge l'homme ressent un affaiblissement, une diminution de forces, dont les effets se répercutent dans tous les actes de son existence, et ne peut plus rendre des services semblables à ceux que la pleine maturité lui permettait autrefois d'accomplir.

151. Les magistrats sont exemptés de la tutelle et des charges publiques qui lui ressemblent. Les membres de la Cour de cassation sont entièrement dispensés de la tutelle; les autres magistrats, de toute tutelle qui s'établit ailleurs que dans le département où ils exercent leur fonction. Il en est de même de la subrogée tutelle, de l'administration provisoire des biens d'une personne non interdite placée dans un établissement public d'aliénés, et de la curatelle déférée par un conseil de famille ou par l'autorité judiciaire pour la protection d'une personne incapable. (C. civ., art. 426, 427, 428, etc. — Loi 30 juin 1838, art. 34 et 38.)

152. Les magistrats ne sont pas dispensés du service militaire. Si, par leur âge, ils appartiennent à la réserve de l'*armée active*, ils sont soumis à toutes les prescriptions de la loi militaire, à moins qu'ils ne soient premiers présidents d'une cour d'appel, présidents ou vice-présidents d'un tribunal de première instance, juges d'instruction ou juges de paix. Les magistrats, officiers de réserve de l'armée active, sont astreints au stage réglementaire d'un mois par an et ne peuvent être dispensés des exercices et des manœuvres des corps auxquels ils appartiennent, qu'à raison des exigences momentanées du service judiciaire. Les magistrats qui font partie de l'*armée territoriale* sont classés, trois mois après leur nomination, dans la catégorie des non-disponibles et dispensés d'appel. Leurs noms sont rayés des contrôles et ils ne peuvent être promus à aucun grade. Celui antérieurement obtenu est annulé. (L. 27 juill. 1872. — Circul. minist. 29 mai 1876, 25 août, 26 sept. et 26 oct. 1877.)

153. Le désir de respecter et d'honorer la dignité du magistrat a conduit le législateur à déroger, en matière pénale, aux règles ordinaires de procédure et de compétence. Le magistrat inculpé d'un délit, commis dans l'exercice ou en dehors de ses fonctions, n'est pas traduit devant le tribunal de police correctionnelle, mais devant la première chambre civile de la Cour d'appel. La citation est donnée à la requête du procureur général, et l'instruction a lieu oralement devant la cour.

Si le magistrat inculpé d'un délit est membre d'une cour d'appel, la poursuite a lieu devant une autre cour. Dans ce cas l'instruction est commencée par le juge d'instruction compétent suivant le droit commun; mais il n'interroge pas le magistrat inculpé et ne décerne contre lui aucun mandat. Les pièces sont transmises à la Cour de cassation, qui seule peut prononcer le renvoi devant une cour d'appel et commettre, pour achever l'information, un juge d'instruction du ressort de cette cour. (Cod. Inst. crim., art. 479, 481, 482 et 483. — L. 20 avr. 1810, art. 10.)

Si le fait imputé à un magistrat présente le caractère d'un crime, l'inculpé est traduit devant la Cour d'assises, désignée par la Cour suprême, ou devant la Cour d'assises compétente d'après le droit commun, suivant qu'il appartient ou non à une cour d'appel. Les art. 480 et suivants du Code d'Instruction criminelle déterminent la procédure spéciale qui doit être suivie.

154. L'*honorariat*, c'est-à-dire, le droit de conserver le titre attaché aux dernières fonctions par lui exercées, n'est pas toujours accordé au magistrat démissionnaire ou admis à la retraite par raison de santé ou par l'effet de la limite d'âge. Le magistrat honoraire figure au tableau de la cour ou du tribunal auquel il a appartenu, prend rang dans les cérémonies publiques et a droit aux privilèges de juridiction des magistrats en exercice.

§ 4. — *Incapacités spéciales.*

155. Les fonctions de *juré* sont incompatibles avec celles de membre de la Cour de cassation ou d'une cour d'appel, de juge titulaire ou suppléant d'un tribunal civil et de juge de paix. (L. 21 nov. 1872, art. 3.) Dans l'intérêt de tous, les magistrats doivent vaquer librement à l'exercice de leurs fonctions. Il y aurait de graves inconvénients à placer dans le jury des personnes appelées, par leur caractère même, à y exercer une influence absorbante.

156. Comme un magistrat pourrait abuser de son influence pour gagner les suffrages des électeurs, sacrifier l'intérêt de la justice au désir d'obtenir des services électoraux ou d'assurer sa réélection, compromettre sa dignité dans les ardeurs de la lutte électorale, les lois politiques, sous le bénéfice de certaines distinctions, déclarent les magistrats inéligibles aux diverses assemblées qui tiennent un mandat du suffrage des citoyens. Les juges de paix ne peuvent être élus conseillers généraux, d'arrondissement ou municipaux dans leur canton. Les membres titulaires des tribunaux de première instance ne peuvent être élus députés, conseillers généraux ou conseillers d'arrondissement, dans leur arrondissement. En outre, les présidents et juges d'instruction ne peuvent être élus sénateurs par le département, dont leur arrondissement fait partie. Les premiers présidents et présidents de chambre des cours d'appel ne peuvent être élus députés ou sénateurs dans le ressort de la cour. Mais les juges peuvent être élus conseillers généraux, d'arrondissement ou municipaux, députés ou sénateurs, hors des circonscriptions qui viennent d'être indiquées, sauf, s'ils sont élus députés, à opter entre ce mandat et leurs fonctions judiciaires. Ils peuvent aussi être élus sénateurs inamovibles. (L. 14 avr. 1871, art. 5; L. 10 août 1871, art. 8 et 92; L. 24 février 1875, art. 7; L. 2 août 1875, art. 21; L. 30 nov. 1875, art. 12.)

§ 5. — *Devoirs des juges.*

157. Les devoirs des magistrats concernent les uns la conduite générale de la vie, les autres l'exercice même des fonctions judiciaires.

Les devoirs généraux des juges sont la résidence, l'abstention de tout acte qui pourrait compromettre leur dignité ou enchaîner leur indépendance. 1° *La résidence*. Le service continu exigé par les fonctions judiciaires et le caractère sédentaire de nos juridictions imposent au juge l'obligation de résider dans le lieu où siège la juridiction dont il est membre. Cette règle ne souffre exception qu'à l'égard des juges suppléants des tribunaux de première instance, des juges de paix et de leurs suppléants, qui ne sont tenus de résider que dans une localité quelconque du canton où siège leur juridiction. L'acceptation des fonctions de magistrat inamovible entraîne de plein droit, à dater du jour de la prestation de serment, translation de domicile dans le lieu où elles doivent s'exercer. (Décr. 30 mars 1808, art. 100; Décr. 18 août 1810, art. 29; Décr. 6 juill. 1810, art. 22. — L. 28 flor. an X, art. 8.)

L'obligation de résider entraîne comme conséquence la défense de s'absenter sans un congé régulier délivré par l'autorité supérieure. Divers textes législatifs déterminent à quelles personnes et pour quelle durée de temps appartient le droit de délivrer ces congés. (L. 28 flor. an X, art. 9 et 10. — Décr. 6 juill. 1810, art. 24, 25 et 28; Décr. 18 août 1810, art. 30, 31 et 33. — Ord. 6 nov. 1822; ord. 15 janv. 1826, art. 51 à 62.)

158. La vie publique et privée des juges est soumise à des conditions d'honorabilité, de respect de soi-même, plus étroites que celles qui incombent à tout citoyen. Non seulement les magistrats doivent s'abstenir de tout acte immoral ou illicite, mais encore d'actes licites en eux-mêmes, pour mettre leur considération à l'abri de tout soupçon et sauvegarder l'honneur du corps auquel ils appartiennent. Ainsi il leur est interdit de devenir cessionnaires des droits litigieux pendants devant leur juridiction, de se porter adjudicataires des biens dont la vente est poursuivie devant leur tribunal, ou des coupes de bois de l'État mises en vente dans son ressort. (C. civ., art. 1596 et 1597; Proc. civ., art. 711, 964 et 988; Cod. for., art. 21.) Il leur est aussi interdit de signer aucun billet à ordre, d'accepter aucune fonction sujette à comptabilité pécuniaire, de donner, même à titre de service purement gratuit, aucune consultation, avis, mémoire ou formule d'acte, et enfin de se livrer à des manisfestations politiques incompatibles avec les devoirs de leur état (1).

159. Dans l'exercice de ses fonctions, le juge est astreint à plusieurs obligations. Il doit assister régulièrement aux audiences. A cet effet, il est tenu dans chaque tribunal ou cour un registre, appelé *registre de pointe*, sur lequel chaque magistrat se fait inscrire par le greffier. Ce registre est arrêté et signé avant chaque audience par le président du tribunal ou de la chambre, contrôlé et visé par le parquet et envoyé tous les mois à la chancellerie. — Les magistrats sont tenus de juger les procès portés devant eux et de les juger en conscience, sans pouvoir alléguer le silence, l'obscurité ou l'insuffisance de la loi. — Les juges doivent se décider uniquement d'après

1. Cass. ch. réun., 12 mai 1879, 1er mars 1880 (Sir., 1880. L. 289 et 293.)

les résultats de l'instruction orale ou écrite qu'a engendrée le procès, et non d'après la connaissance personnelle qu'ils peuvent avoir de l'affaire. Sont nuls les jugements, lorsque tous les juges qui y ont concouru n'ont pas assisté à toutes les audiences de la cause. (L. 20 avr. 1810, art. 7.) — Les juges sont tenus de garder religieusement le secret des délibérations, et d'accepter, en s'abstenant de faire connaître leurs opinions personnelles, la responsabilité des arrêts ou jugements auxquels ils ont concouru.

160. La sanction de ces obligations consiste dans la privation de traitement infligée au magistrat qui ne réside pas, s'absente sans congé ou cesse son service sans excuse valable, et dans sa démission présumée quand cette irrégularité s'est prolongée pendant six mois. En outre, le procureur général peut le mettre, après un mois, en demeure de reprendre son poste, et, faute d'obtempérer à cette injonction, le déférer au ministre de la justice qui peut proposer au Président de la République de le déclarer démissionnaire. (Décr. du 20 mars 1808, art. 100. — L. 20 avr. 1810, art. 48.) Des peines criminelles frappent les juges, coupables de déni de justice, de prévarication, d'infraction à la défense d'acquérir des droits litigieux ou des coupes de bois de l'État, sans préjudice de la nullité des acquisitions par eux faites et des adjudications prononcées à leur profit, et de la condamnation à des dommages-intérêts envers les intéressés.

161. Les magistrats prévaricateurs peuvent encore être atteints par la prise à partie et par l'action disciplinaire. La *prise à partie* est une action civile dirigée contre un juge (ou contre un tribunal), à raison de ses jugements et des actes par lui accomplis dans l'exercice de sa juridiction, pour obtenir la réparation du préjudice causé par sa faute. L'article 505 du Code de procédure civile indique les cas dans lesquels il est permis de prendre à partie un juge ou un tribunal tout entier. Cet article est limitatif. La prise à partie constitue aussi une voie de recours extraordinaire contre les arrêts ou jugements rendus dans les cas prévus par l'article 505. A ce titre, nous la retrouverons plus tard et nous étudierons alors les règles de compétence et de procédure qui lui sont applicables.

162. Les juges, qui négligent d'accomplir avec exactitude ou qui méconnaissent leurs devoirs professionnels, sont soumis à un mode particulier de répression, les peines disciplinaires, moins rigoureuses que des peines corporelles, et plus sensibles que des réparations civiles qui seraient inefficaces. L'*action disciplinaire*, qui tend à faire prononcer ces peines, a un caractère particulier. Elle est distincte et indépendante à la fois de l'action publique et de l'action civile. Elle n'a pas pour origine un crime ou un délit, pour but l'application des peines de droit commun ou la réparation d'un dommage. Les poursuites disciplinaires peuvent avoir lieu, quel qu'ait été le résultat de l'action publique ou de l'action civile.

Le pouvoir disciplinaire est exercé par les tribunaux de première instance sur leurs propres membres et sur les juges de paix, par les cours d'appel sur leurs membres et sur ceux des juridictions inférieures, par la Cour de cassation à l'égard des magistrats que le ministre de la justice traduit devant elle. Cette cour peut prononcer contre eux la suspension temporaire ou la déchéance, et, à plus forte raison, la censure simple ou avec réprimande. (L. 28 avr. 1810, art. 49, 50, 52, 59. — Décr. 1er mars 1852, art. 4 et 5.) Les textes indiqués déterminent les formes à suivre pour l'exercice de la juridiction disciplinaire.

Les décisions disciplinaires des cours d'appel et des tribunaux d'arrondissement ne sont exécutoires qu'après avoir obtenu l'approbation du ministre de la justice. Les décisions de la Cour suprême sont au contraire de véritables arrêts, exécutoires par eux-mêmes.

163. Le ministre de la justice a un pouvoir général de surveillance et de direction et des attributions disciplinaires proprement dites. Il peut appeler devant lui un magistrat pour lui demander des explications sur sa conduite, avertir et reprendre le juge qui s'écarte de ses devoirs professionnels. Il a le droit de reviser et de ne pas approuver les décisions disciplinaires des cours d'appel qui prononcent la censure ou la suspension provisoire; celui de prescrire aux procureurs généraux et aux procureurs de la République d'exercer des poursuites disciplinaires devant les cours d'appel et les tribunaux de première instance; celui de traduire un magistrat devant la Cour de cassation par l'intermédiaire du procureur général près cette cour.

§ 6. — *Règles spéciales aux membres des tribunaux de commerce et des conseils de prud'hommes.*

164. Les règles qui viennent d'être indiquées, relatives aux conditions d'aptitude exigées des juges, au mode de leur nomination, à leurs privilèges, à leurs devoirs, etc., forment le droit commun de la magistrature assise. A ces règles sont apportées quelques exceptions à l'égard des membres des tribunaux de commerce et des conseils de prud'hommes.

165. Les membres des tribunaux de commerce ne sont pas des fonctionnaires publics : leurs fonctions sont gratuites. Ils sont cependant des magistrats ; car ils sont institués pour rendre la justice, et l'autorité publique est tenue de prêter main-forte à leurs jugements. Ils jouissent des prérogatives attribuées au magistrat qui est sur son siège, mais sont également astreints à ses obligations. Dans la vie privée, ils sont soumis à tous les devoirs imposés au juge, à l'exception de ceux qui sont incompatibles avec le commerce que la loi les autorise à exercer. Mais par le mode de leur désignation, par leur profession, par la durée restreinte de leur mandat, par leur juridiction exclusivement limitée à certaines affaires, ils occupent une place à part dans la magistrature.

Les membres des tribunaux de commerce sont nommés à l'élection. Ce mode de désignation est aussi ancien que l'institution des tribunaux consulaires elle-même, et, quoique la plupart des électeurs désertent le scrutin, ce mode n'est pas près d'être remplacé, grâce à l'influence des habitudes. Le système électoral, d'après lequel sont désignés les juges des tribunaux de commerce, a fréquemment varié. Il est aujourd'hui fixé par la loi du 21 décembre 1871. Nous n'en donnerons point l'analyse. Le lecteur sera suffisamment renseigné par la lecture des articles de cette loi et de celle du 5 décembre 1876 sur la composition de la liste électorale, sur les conditions d'éligibilité, sur les formalités du scrutin, etc., etc. (C. com., art. 618 à 623.)

Les juges des tribunaux de commerce doivent, après leur élection, être reçus et installés. Leur réception consiste dans la prestation de serment, qui a lieu à l'audience de la Cour d'appel, quand elle siège dans l'arrondissement où le tribunal de commerce est établi. Dans le cas contraire, la cour désigne, pour recevoir ce serment, le tribunal de première instance de l'arrondissement, qui y procède sur les réquisitions du ministère public, en dresse procès-verbal et l'envoie à la Cour d'appel pour être transcrit sur ses registres. (C. com., art. 629.) — L'installation a lieu dans une audience solennelle où les nouveaux juges prennent séance à côté de leurs collègues.

Les art. 618 à 623 du Code de commerce s'appliquent aux tribunaux de commerce de l'Algérie. (Décr. 10 mai 1872.) Pour les tribunaux de Saïgon et de Papeete, le lecteur consultera les décrets du 13 mars et du 1er juillet 1880.

166. Les prud'hommes sont des magistrats de même ordre que les juges des tribunaux de commerce : mais ils dépendent du ministère de l'agriculture et du commerce au lieu de se rattacher au ministère de la justice. Les prud'hommes sont désignés à l'élection d'après le mode établi par la loi du 1er juin 1853, la loi du 7 février 1880 et celle du 23 février 1881 relative aux conseils de prud'hommes établis en Algérie.

167. Aucune loi ne règle ni le mode de nomination ni les conditions d'éligibilité des prud'hommes pêcheurs. Le législateur s'en est remis, sur ces divers points, aux usages locaux, qui en cette matière ont force de loi. Ils doivent, dans l'exercice de leurs fonctions, être assimilés à de véritables juges et ne peuvent être civilement responsables de leurs jugements que dans les cas et suivant les formes de la prise à partie.

En Algérie, il existe des magistrats musulmans qui sont les cadis et les assesseurs musulmans des tribunaux français. Divers décrets, qu'il est superflu d'analyser ici, règlent leurs situations. (Décr. 13 déc. 1866 ; Décr. 29 août 1874.)

CHAPITRE III

DU MINISTÈRE PUBLIC

SOMMAIRE : SECTION PREMIÈRE. — Organisation du ministère public. — Indivisibilité du ministère public. — Indépendance du parquet à l'égard des cours et tribunaux. DEUXIÈME SECTION. — Conditions d'aptitude, droits et devoirs des membres du ministère public. — Incompatibilité avec les fonctions judiciaires, professions, etc. — Prérogatives et amovibilité. — Devoirs professionnels. — Résidence.

168. Une magistrature spéciale, avons-nous dit, est établie auprès de quelques juridictions pour y représenter le gouvernement, l'ordre public, les intérêts généraux de la société, pour veiller à l'observation des lois, en poursuivre l'application et l'exécution. C'est le *ministère public*. Quelle est l'organisation de cette magistrature ? quels sont les devoirs, les prérogatives, les conditions d'aptitude de ses membres?

SECTION Ire. — **Organisation du ministère public.**

169. En matière pénale, il y a un ministère public auprès de chaque juridiction criminelle, correctionnelle et de simple police.

En matière civile, le ministère public n'existe pas auprès des tribunaux de commerce, des conseils de prud'hommes et des justices de paix. Il existe auprès de la Cour de cassation, des cours d'appel et des tribunaux de première instance. La réunion des magistrats qui exercent le ministère public auprès d'une même juridiction prend la dénomination de *parquet*. Ce nom vient de ce que les sièges des membres du ministère public étaient autrefois placés sur le plancher même de la salle d'audience, au pied de l'estrade sur laquelle étaient assis les juges. On désigne aussi le ministère public par les termes de *magistrature debout*, parce que ses membres se lèvent pour adresser des réquisitions aux membres des cours et des tribunaux, qui jugent *assis* sur leurs sièges.

170. Le ministère public est un corps hiérarchiquement organisé. A sa tête est placé le garde des sceaux, ministre de la justice. Au-dessous le procureur général de la Cour de cassation, les procureurs généraux près les cours d'appel, les procureurs de la République et le commissaire de police, le maire ou l'adjoint qui exercent le ministère public près les tribunaux de simple police, se rattachent les uns aux autres par des liens de subordination continue. Chaque officier de ce corps a sur ceux qui sont placés au-dessous de lui une autorité disciplinaire et un droit de commandement.

171. A raison de cette subordination hiérarchique continue, on admet que chacun des membres du ministère public, agissant dans l'exercice de ses fonctions, représente le corps tout entier, y compris son chef le ministre de la justice, comme si l'acte par lui fait émanait de la plus haute autorité. En ce sens l'on dit que le ministère public est *un et indivisible*. Cette indivisibilité se manifeste par le pluriel, *nous requérons*, dont se sert, qu'il parle ou qu'il écrive, tout membre du ministère public — par la règle observée par les substituts du procureur général ou du procureur de la République de faire précéder leur signature des mots *pour le Procureur Général* ou *pour le Procureur de la République*; — par l'usage en vertu duquel aux audiences solennelles, lorsqu'un membre du ministère public se lève pour donner des conclusions, ceux qui prennent rang après lui se tiennent debout, pour attester qu'il parle aussi en leur nom.

Cette indivisibilité engendre plusieurs conséquences. Dans chaque cour ou tribunal, le chef du ministère public peut être suppléé dans l'exercice de toutes ses fonctions par tous ses subordonnés, qui peuvent aussi se remplacer les uns les autres. Dans les procès qui ne peuvent être jugés sans que le ministère public ait donné ses conclusions, il n'est pas exigé que le même membre du parquet ait assisté à toutes les audiences, tandis que le jugement ou l'arrêt serait nul, si tous les juges ou tous les conseillers qui le rendent n'avaient pas assisté à toutes les audiences de la cause.

Mais cette indivisibilité établie dans un intérêt général ne saurait être retournée contre le ministère public lui-même. Il n'est donc engagé que par l'acte valable d'un de ses membres. Les supérieurs de ce dernier ne sont pas liés par ses actes, lorsqu'ils estiment qu'ils n'ont pas été réguliers.

172. Hiérarchiquement placés sous les ordres du ministre de la justice, les officiers du ministère public sont agents du pouvoir exécutif près des tribunaux. (Décr. 24 août 1790, tit. VIII, art. 1. — L. 20 avr. 1810, art. 60.) Le garde des sceaux est armé à leur égard d'un pouvoir disciplinaire absolu. Il a le droit de leur adresser des injonctions, afin qu'ils exercent ou s'abstiennent d'exercer l'action publique et l'action civile, dans les cas où cette dernière leur appartient. Le ministre peut provoquer leur révocation ou leur changement de résidence, suivant qu'il le juge utile. Mais la résistance d'un procureur général ou d'un procureur de la République à l'ordre d'agir qui lui est donné ne peut être vaincue que par sa destitution ou son déplacement. Le ministre ne peut se substituer à lui et agir en son lieu et place. Pareillement l'action civile ou publique intentée par un membre du ministère public, malgré la défense du garde des sceaux, est régulièrement introduite. Les juges saisis ne peuvent l'écarter pour ce motif par une fin de non-recevoir et sont tenus de statuer au fond. Enfin, si les officiers du ministère public sont tenus, ou d'adresser aux tribunaux les réquisitions qu'il leur est ordonné de formuler, ou de se démettre de leurs fonctions, ils peuvent, tout en formulant ces réquisitions, conclure verbalement à l'audience suivant leur opinion personnelle et demander le rejet de ces mêmes réquisitions. Ils ont suffisamment obéi à leur chef hiérarchique en les faisant connaître à la juridiction saisie du litige. Ainsi on voit fréquemment, en matière criminelle, le ministère public, après avoir exercé des poursuites, abandonner l'accusation et conclure à l'acquittement de l'accusé. Le procureur général près la Cour de cassation, après s'être pourvu dans l'intérêt de la loi sur l'ordre du garde des sceaux, peut conclure au rejet de son propre pourvoi. Le procureur de la République, requis de présenter le déclinatoire d'incompétence proposé par le préfet, en matière de conflit, peut conclure au rejet de ce déclinatoire. (Ord. 1er juin 1828, art. 6.) Cette liberté, accordée aux membres du parquet, de conclure contrairement aux réquisitions qu'il leur est ordonné de présenter, se formule par l'adage suivant : *la plume est serve, mais la parole est libre.*

173. Les membres du ministère public ne dépendent pas des cours et tribunaux auprès desquels ils sont placés. A peine d'excès de pouvoirs, les tribunaux ne peuvent formuler ni censure, ni blâme ni réprimande contre les officiers du ministère public, ni leur adresser des injonctions, ni les mettre en demeure d'exercer des poursuites. Mais cette règle souffre trois exceptions : la première indiquée par l'article 11 de la loi du 20 avril 1810 et l'article 235 du Code d'instruction criminelle ; la deuxième résulte de l'article 83 du Code de procédure, le tribunal pouvant et devant se refuser à juger tant que le ministère public n'aura pas donné ses conclusions ; la troisième est prévue par l'article 61 de la loi du 20 avril 1810. Réciproquement les cours et tribunaux sont indépendants à l'égard du ministère public, dont les membres ne peuvent assister aux délibérations du tribunal ou de la cour, que dans les cas prévus et autorisés par les lois et règlements. (Déc. 30 mars 1808, art. 88. — Ord. 18 avr. 1841, art. 2.)

174. Le parquet d'un tribunal de première instance se compose du procureur de la République et de ses substituts. Le procureur est chef du parquet : il exerce de son propre mouvement, en son nom personnel et sous sa responsabilité, les fonctions du ministère public : il exécute les ordres qui lui sont donnés par le procureur général près la Cour d'appel, duquel relèvent tous les parquets du ressort. (L. 20 avr. 1810, art. 6 et 43. — Décr. 18 août 1810, art. 19.) Le nombre des substituts du procureur de la République varie suivant l'importance du tribunal. Il y en a un dans les tribunaux d'une chambre, deux dans ceux de deux chambres, quatre dans ceux de trois chambres, vingt-six à Paris. (Décr. 18 août 1810, art. 16. — L. 21 juill. 1875, art. 3.) Les substituts font le service intérieur du parquet et celui des audiences, suivant la répartition arrêtée entre eux par le procureur de la République, toujours libre de la modifier. Les substituts remplacent, par rang d'ancienneté, le procureur empêché : ils se suppléent, au besoin, les uns les autres dans l'exercice de leurs fonctions.

La loi du 10 décembre 1830 a prévu le cas où les membres ordinaires des parquets de première instance ne suffiraient pas à l'expédition des affaires administratives et au service des audiences. Le procureur de la République peut demander qu'un ou plusieurs juges suppléants soient attachés d'une façon permanente à son parquet : il lui appartient de les désigner. S'il s'agit de remplacer à l'audience un substitut momentanément empêché et que ses collègues ne puissent le suppléer, le ministère public est exercé par un juge titulaire, ou par un juge suppléant, désignés par le tribunal. Faute de juge titulaire ou de suppléant disponible, on appelle un avocat, à son défaut un avoué, en suivant pour lui, comme pour l'autre, l'ordre du tableau. Dans ce dernier cas, il faut, à peine de nullité, que le jugement indique l'empêchement du procureur de la République, de ses substituts et des membres titulaires ou suppléants du tribunal, et l'ordre suivi parmi les avocats et les avoués. On procéderait de même, si la nécessité de remplacer le ministère public se produisait à l'audience d'une cour d'appel. (L. 22 vent. an XII, art. 30. — Décr. 18 août 1810, art. 20. — Cod. proc. civ. art. 84.)

175. Le parquet de la Cour d'appel se compose du procureur général, d'avocats généraux et de substituts du procureur général. Le procureur général est le chef du ministère public dans tout le ressort de la cour. Il a sur ses subordonnés une action disciplinaire, dirige toutes les parties du service administratif, et peut prendre la parole à l'audience de toute chambre de la cour quand il le juge convenable.

Le nombre des avocats généraux est égal à celui des chambres moins une, l'un d'eux étant à la fois attaché à la chambre des mises en accusation et à une autre chambre de la cour, sauf à Paris, où il y a sept avocats généraux, un par chambre. Les avocats généraux remplacent par rang d'ancienneté le procureur général empêché, dirigent sous son autorité les services administratifs du parquet et portent la parole aux audiences des chambres de la cour, entre lesquelles ils sont répartis par le procureur général. Celui-ci peut les charger de porter la parole à une autre chambre que celle à laquelle ils sont attachés. Ils peuvent se remplacer les uns les autres en cas d'empêchement.

Le nombre des substituts du procureur général dépend de l'importance de la cour. Ils sont au moins deux, sauf à Bastia où il n'y en a qu'un et à Paris, dont le parquet en compte onze. Ils assistent le procureur général dans tous les services du parquet. Ils peuvent le remplacer, si tous les avocats généraux sont empêchés. Ils suppléent ceux-ci aux audiences et réciproquement sont remplacés en cas d'empêchement par les avocats généraux. Ils sont spécialement chargés de l'examen et du rapport des mises en accusation et de la rédaction des actes d'accusation.

176. Dans les causes importantes, l'avocat général ou le substitut de service à l'audience peut communiquer au procureur général les conclusions qu'il se propose de prendre. Il est tenu de faire cette communication toutes les fois que le procureur général désire prendre connaissance de l'affaire. Si le chef du parquet et son subordonné ne sont pas d'accord, l'affaire est portée à l'assemblée générale de tous les membres du parquet, qui en délibère et émet un avis à la majorité des voix. Le magistrat de service à l'audience est tenu, ou de se conformer à l'opinion qui a prévalu, ou de céder la parole à l'un de ses collègues. Mais le procureur général, comme chef responsable du parquet, a le droit, s'il partage l'avis de la minorité, de siéger à l'audience et d'y soutenir son opinion personnelle. (Décr. 6 juillet 1810, art. 48 et 49.)

177. Le ministère public est organisé en Algérie comme en France. Dans les colonies, l'organisation du ministère public est très variable et manque absolument d'uniformité.

178. Le parquet de la Cour de cassation se compose d'un procureur général, d'avocats généraux et du secrétaire général. Le procureur général, outre des fonctions administratives semblables à celles des procureurs généraux près les cours d'appel, a des attributions spéciales que nous retrouverons plus loin. Il porte la parole aux assemblées générales, aux audiences solennelles, et à celles des chambres quand l'importance de l'affaire motive son intervention.

179. Le service des audiences est régulièrement confié aux avocats généraux, au nombre de six, attachés deux par deux à chaque chambre. Ils assistent le procureur général dans le service intérieur du parquet, le remplacent en cas d'empêchement par rang d'ancienneté et se suppléent les uns les autres. L'un d'eux porte, en vertu d'une disposition spéciale du décret qui l'a nommé, le titre de premier avocat général.

180. Le secrétaire général remplace les substituts qu'il n'a pas paru nécessaire d'instituer près la Cour de cassation. Ce fonctionnaire est uniquement chargé de la correspondance et du service administratif. Il est nommé et peut être révoqué par le procureur général. — Si les membres du parquet de la Cour de cassation se trouvaient tous empêchés, il y aurait lieu, par analogie de l'art. 84 du Code de procédure civile, de faire désigner un conseiller par la cour.

SECTION II. — Conditions d'aptitude; droits et devoirs des membres du Ministère public.

181. Les conditions d'aptitude exigées pour être appelé aux fonctions du ministère public sont : 1° la jouissance des droits civils et politiques ; 2° le grade de licencié en droit ; 3° deux ans de stage au barreau d'une cour d'appel ; 4° l'âge de vingt-deux ans pour les substituts du procureur de la République, celui de vingt-cinq ans pour les procureurs de la République, avocats généraux et substituts du procureur général près les cours d'appel et la Cour de cassation, celui de trente ans pour les procureurs généraux aux cours d'appel et à la Cour de cassation (L. 20 avr. 1810, art. 64 et 65) ; 5° l'absence de toute parenté ou alliance avec les membres du tribunal ou de la cour jusqu'au degré déterminé par l'art. 63 de la loi du 20 avril 1810.

182. L'incompatibilité qui existe entre les fonctions de magistrat et les emplois publics, professions ou mandats électifs, s'applique également au ministère public (V. n° 139). Mais les procureurs généraux de la Cour de cassation et de la Cour d'appel de Paris peuvent cumuler leurs fonctions avec le mandat de député ; les membres du parquet de la Cour de cassation et le procureur général de la cour de Paris peuvent recevoir le mandat de sénateur amovible. (L. 2 août 1875, art. 20; L. du 30 nov. 1875, art. 8.) Les officiers du ministère public près les cours d'appel et les tribunaux de première instance ne peuvent être élus, par les circonscriptions électorales de leur ressort, conseillers municipaux, d'arrondissement ou généraux, députés, sénateurs amovibles. Ils sont éligibles partout ailleurs et peuvent être sénateurs inamovibles. — Les fonctions du ministère public sont incompatibles avec celles de juré.

183. Les membres du ministère public sont nommés par un décret du Président de la République, rendu sur la proposition du ministre de la justice et la présentation des chefs de la cour où la vacance se produit. Les règles relatives à la réception et à l'installation des magistrats nouvellement nommés s'appliquent aux membres du ministère public. (V. n° 141.)

184. Les prérogatives, les obligations, les devoirs professionnels des membres du ministère public sont, en principe, semblables à ceux des membres de la magistrature assise. Mais ils ne jouissent pas de l'*inamovibilité*. Agents du pouvoir exécutif, chargés de requérir au nom du gouvernement, ils doivent être dans la dépendance du chef de l'État, afin que celui-ci puisse imprimer partout à l'action gouvernementale la même unité et la même direction. Si les membres du ministère public étaient inamovibles, le caractère de leur institution serait entièrement transformé. Il ne peut donc être pour eux question ni de limite d'âge, ni de formes spéciales pour prononcer leur mise à la retraite. Leur révocation est prononcée par un décret rendu sur la proposition du ministre de la justice.

185. L'obligation de *résider* n'emporte pas de plein droit translation de domicile au lieu où les membres du ministère public exercent leurs fonctions, puisqu'elles sont amovibles. Mais comme le service des parquets ne doit souffrir aucune interruption, leurs membres ne peuvent, même pendant les vacances judiciaires, s'absenter qu'en vertu de congés régulièrement accordés par leurs supérieurs hiérarchiques. L'assiduité au service du parquet et aux audiences des chambres est obligatoire et constatée pour les audiences à l'aide du registre de pointe.

186. Tous les membres du ministère public sont soumis au pouvoir disciplinaire du ministre de la justice. Le procureur général près la Cour de cassation n'a qu'un droit de surveillance sur les parquets de France. Les procureurs généraux près les cours d'appel ont, au contraire, sur tous les officiers de leur propre parquet et des parquets de leur ressort, un véritable pouvoir disciplinaire et le droit de les rappeler à leurs devoirs. Le procureur de la République n'a sur ses substituts et sur les officiers du ministère public près les tribunaux de simple police qu'un droit de surveillance et de direction. Enfin les membres des parquets peuvent être pris à partie dans les cas prévus par les articles 112, 271, 358 du Code d'instruction criminelle et aussi, d'après nous, pour dol, fraude ou concussion commis dans l'exercice de leurs fonctions. (Proc. civ., art. 505.)

187. Quant aux *attributions* du ministère public en matière civile, nous en traiterons comme *appendice* à la compétence des diverses juridictions.

CHAPITRE IV

DES PROFESSIONS SE RATTACHANT A L'ORGANISATION JUDICIAIRE

SOMMAIRE. Considérations générales. — Division du sujet. — PREMIÈRE SECTION. De la profession d'avocat. — § 1er Organisation de l'ordre des avocats. — Conseil de l'ordre. — Élection du conseil. — Ses attributions. — Le bâtonnier, chef de l'ordre. — Son élection. — Ses fonctions. — Secrétaire et trésorier de l'ordre. — § 2. Conditions exigées pour l'exercice de la profession d'avocat. — Acquisition du titre d'avocat; conditions. — Exercice de la profession; conditions. — Avocats stagiaires. — Incompatibilités. — Inscription au tableau. — § 3. Droits de l'avocat. — Plaidoirie. — Consultation. — Honoraires. — Secret professionnel. — § 4. Devoirs de l'avocat. — Sanction. — DEUXIÈME SECTION. — Des offices ministériels. — § 1er Règles communes à tous les offices ministériels. — Monopole. — Cautionnement. — Droit de transmission et de présentation. — Cession à titre onéreux ou gratuit. — Destitution. — Suppression d'offices. — § 2. Règles spéciales aux divers offices. — I. Avoués. — Chambre de discipline. — Conditions d'aptitude. — Mode de nomination. — Droits des avoués. — Leurs devoirs. — II. Avocats à la Cour de cassation. — Conseil de l'ordre. — Conditions d'aptitude. — III. Greffiers. — Nature de leur fonction. — Conditions d'aptitude. — Commis-greffiers. — Devoirs des greffiers. — IV. Huissiers. — Chambre de discipline. — Bourse commune. — Conditions d'aptitude. — Incompatibilités. — Audienciers. — APPENDICE. Agréés.

188. L'administration de la justice ne nécessite pas seulement la création et l'organisation de juridictions, de juges chargés de statuer sur les litiges, et de fixer les droits des parties engagées dans un procès. Elle exige encore le concours de certaines personnes dont les actes viendront aider le juge à remplir sa mission. Ne faut-il pas, par exemple, constater d'une manière certaine et indubitable que les deux plaideurs ont été appelés devant le juge, ont connu leurs prétentions opposées et les titres sur lesquels ils les appuient? Qui fera ces diverses constatations? Peut-on les confier aux parties elles-mêmes? Ne faut-il pas en charger une tierce personne, revêtue d'un certain caractère qui autorise à croire à la véracité de ses affirmations? Dans le cours d'un procès, des actes doivent être accomplis selon certaines prescriptions légales; tous les plaideurs sont-ils en mesure d'opérer cette délicate rédaction? Non assurément : n'est-il donc pas nécessaire d'en charger un tiers plus apte, plus instruit, qui fera au nom du plaideur ces écritures nécessaires, dans le temps voulu et avec les formes exigées? L'homme le plus honnête ne saura pas toujours développer à la barre d'un tribunal les arguments les plus propres à convaincre les juges de la justesse de ses prétentions : pourquoi ne pas lui permettre de confier à une personne plus habile dans l'art de bien dire, plus familiarisée avec les questions juridiques, le soin d'éclairer les juges? Et quand le jugement sera rendu, ne faudra-t-il pas en conserver la trace, la preuve, afin d'éviter, ou de recommencer le même procès, ou de se fier à la mémoire faillible de l'homme? Cette preuve, ne faut-il pas en confier la garde à une personne, chargée aussi de donner communication de cette sentence ou de tout autre acte de l'office du juge à tout intéressé ?

Ces aperçus superficiels suffisent pour faire comprendre comment au pouvoir judiciaire viennent se rattacher certaines professions, dont l'existence et le fonctionnement sont indispensables pour que ce même pouvoir judiciaire puisse remplir avec efficacité sa haute mission sociale.

189. Ces professions, qu'on a justement appelées les *auxiliaires* de la justice, se divisent et se groupent en deux catégories bien tranchées. Les unes sont ouvertes à tous ceux qui remplissent certaines conditions de capacité, et le nombre des personnes qui peuvent embrasser ces professions est illimité. Les autres, au contraire, sont réservées à un nombre fixe et déterminé de titulaires, qui jouissent d'un véritable monopole, puisque nul autre qu'eux ne peut exercer ces mêmes professions. Le titre de ces personnes constitue un *office ministériel,* charge transmissible héréditairement ou entre vifs, à titre onéreux ou gratuit, avec l'agrément du chef de l'État.

La première catégorie ne comprend que les avocats; la deuxième comprend les greffiers, les huissiers, les avocats, les notaires, les commissaires-priseurs, les avocats au conseil d'État et à la Cour de cassation, etc.

SECTION Ire. — **De la profession d'avocat.**

190. L'*avocat* est celui qui, après avoir justifié des conditions prescrites par les lois, les règlements et les usages, se charge de défendre, oralement ou par écrit, devant les tribunaux l'honneur, la vie, la liberté et la fortune de ses concitoyens. Chez tous les peuples civilisés, la profession d'avocat a été recherchée par des hommes de courage et de talent et les a conduits aux plus hautes dignités de l'État. L'histoire d'Athènes, celle de Rome, notre propre histoire, témoignent de l'importance attachée à cette profession et de l'influence profonde que ses membres les plus illustres ont exercée sur les affaires publiques.

L'avocat, en France, n'a ni privilège, ni fonction publique. Cette profession est ouverte, sans limitation de nombre, à tous ceux qui remplissent certaines conditions : mais les avocats forment entre eux une association d'une nature particulière et originale, qui prend la dénomination d'*Ordre des avocats*.

Notre examen doit donc porter sur l'organisation de l'ordre des avocats et sur les conditions d'aptitude, les droits et les devoirs de ceux qui en font partie.

§ 1er. — *Organisation de l'ordre des avocats.*

191. L'*ordre* des avocats n'est ni une corporation, ni un corps politique. C'est une libre et volontaire association, où toute personne peut être admise, dès qu'elle a le *titre* d'avocat, mais avec le consentement des chefs de l'ordre. Celui-ci embrasse dans sa généralité tous ceux qui exercent la profession d'avocat : mais, en réalité, on distingue autant d'*ordres* ou de *barreaux* qu'il y a de cours d'appel et de tribunaux de première instance, excepté pour les tribunaux qui siègent au chef-lieu d'une cour d'appel : ils ont alors le même barreau que la cour. Ces divers barreaux, unis par des liens de large confraternité et par l'exercice de la même profession, sont indépendants les uns des autres. Chacun d'eux a son règlement particulier.

192. Dans chaque barreau, les intérêts de l'ordre sont confiés à un conseil, appelé *conseil de discipline* à raison d'une de ses principales attributions, mais mieux dénommé *conseil de l'ordre* pour indiquer que ses attributions ne sont pas exclusivement disciplinaires. L'origine de ce conseil tient à l'accroissement considérable qu'avait pris au dix-septième siècle le nombre des avocats au parlement de Paris. Primitivement, ces avocats statuaient directement, en assemblée générale, sur leurs intérêts. Mais, en 1662, les assemblées générales étant devenues trop nombreuses, la difficulté de convoquer l'ordre tout entier fit établir la répartition des membres en *colonnes*. Les avocats qui faisaient partie d'une colonne nommaient des députés, qui, réunis au bâtonnier actuel et aux anciens bâtonniers, formaient un comité investi des mêmes pouvoirs que les assemblées générales.

193. Aujourd'hui, d'après l'ordonnance du 27 août 1830, les conseils de l'ordre sont élus directement au scrutin de liste par l'assemblée générale de tous les avocats inscrits. Ils se composent de cinq membres dans les sièges où il y a de six à trente avocats, de sept membres dans les sièges où il y a de trente à cinquante avocats, de neuf membres s'il y a de cinquante à cent avocats, de quinze s'il y a plus de cent avocats et de vingt-un membres à Paris. S'il y a moins de six avocats inscrits au tableau de l'ordre, les fonctions du conseil sont remplies par le tribunal de première instance près lequel exercent ces avocats (art. 1. et 2). — L'élection a lieu, à la fin de l'année judiciaire, dans une assemblée générale convoquée par le chef de l'ordre appelé *bâtonnier*. — Elle est faite au scrutin de liste et, d'après le décret du 22 mars 1852, à la majorité absolue des membres présents. — Sont éligibles, à Paris, les avocats inscrits depuis dix ans ; dans les chefs-lieux de cours d'appel, les avocats inscrits depuis cinq ans : ailleurs tous les avocats inscrits (même décret, art. 4). — A nombre égal de voix, le candidat le plus ancien est élu, et, à égalité d'ancienneté, le plus âgé. — Toutes ces prescriptions doivent être observées à peine de nullité : et cette nullité peut être invoquée devant la Cour d'appel par l'un des électeurs ou par le procureur général, auquel est envoyé le procès-verbal de l'élection. La cour prononce, non en audience publique, mais en chambre du conseil.

194. Les attributions du conseil consistent à représenter l'ordre en toute occasion, à défendre ses droits et à intervenir en son nom, lorsque ses intérêts ou sa considération sont engagés — à dresser le tableau annuel de l'ordre, à prononcer sur les demandes d'admission au stage et au tableau — à veiller à l'observation de tous les règlements de la profession — à exercer une surveillance particulière sur les mœurs et la conduite des avocats stagiaires — à réprimer les fautes professionnelles par des peines disciplinaires. (Ord. 20 nov. 1822, art. 12 à 15.) Ses décisions ne sont valables qu'autant qu'elles ont été délibérées par la majorité de ses membres.

195. Le conseil de discipline est présidé dans chaque barreau par le chef de l'ordre, chef élu appelé *bâtonnier*. Ce nom lui est donné, parce qu'autrefois il portait le bâton dans les cérémonies religieuses de la confrérie de Saint-Nicolas, patron des avocats. En vertu du décret du 10 mars 1870, il est élu à la majorité absolue dans une assemblée générale de l'ordre, qui précède l'élection du conseil. Ses pouvoirs sont annuels : mais, dans la plupart des barreaux de France, l'usage s'est introduit de le réélire pour une seconde année.

196. Le bâtonnier veille aux intérêts généraux de l'ordre, qu'il représente activement et passivement dans tous les actes judiciaires ou extrajudiciaires qui le concernent. Il convoque et préside le conseil, les assemblées générales et les conférences des stagiaires, auxquels il donne de précieux conseils et d'utiles encouragements. Il signe la correspondance et les pièces officielles. Il est suppléé, en cas d'empêchement, par le plus ancien membre du conseil ou par son prédécesseur dans le bâtonnat.

197. Le conseil a aussi un *secrétaire*, qui signe les certificats de stage et d'inscription au tableau, la minute et l'expédition des arrêtés concurremment avec le bâtonnier. — Le secrétaire est élu par le conseil de l'ordre, à la majorité absolue des suffrages et choisi parmi les membres du conseil. — Le trésorier est désigné dans les mêmes conditions. (Ord. du 22 novembre 1822, art. 7 et 8.)

§2. *Conditions nécessaires pour l'exercice de la profession d'avocat.*

198. Autre chose est le *titre* d'avocat, autre chose le *droit* d'en *exercer* la profession. Cette distinction, que consacre implicitement l'ordonnance du 22 novembre 1822 (art. 38 et 42) et en vertu de laquelle le titre est indépendant de la profession et peut être acquis et conservé en dehors d'elle, nous conduit à séparer les conditions d'aptitude requises pour l'acquisition du titre d'avocat, de celles qu'exige l'exercice de la profession.

199. Les conditions requises pour l'acquisition du *titre* d'avocat sont : 1° Être *Français*. Cette condition n'est, à la vérité, exigée par aucun texte de loi ; aussi est-elle contestée et repoussée par quelques esprits. Cependant elle nous paraît indispensable. Outre que notre ancien droit était constant sur ce point et qu'aucune disposition législative n'est venue abroger cette ancienne règle, il nous est impossible d'admettre qu'un étranger puisse être avocat en France, c'est-à-dire habile à remplir quelquefois les fonctions de juge ou de ministère public (V. n°s 96 et 174), à participer ainsi momentanément à la puissance publique de l'État. — 2° Avoir la jouissance des droits civils et politiques ; nous disons la *jouissance* et non l'*exercice*, car un mineur qui n'a pas cet exercice peut être avocat stagiaire dès l'âge de dix-neuf ans. — 3° Être licencié en droit d'une faculté française, ou, s'il s'agit d'un étranger *naturalisé français*, être muni d'un diplôme admis à l'équivalence avec celui de licencié en droit. (L. du 22 vent. an XII, art. 24.) — 4° Avoir prêté le serment professionnel devant une cour d'appel. (Ord. 22 nov. 1822, art. 38.) Cette prestation de serment, faite à l'audience de la première chambre de la cour sur la présentation d'un membre du conseil de l'ordre et sur les réquisitions du ministère public, constatée par un procès-verbal dressé par le greffier, constitue la *réception*. Le *titre* d'avocat est acquis. — Il appartient à quiconque a satisfait aux conditions indiquées, quoique peut-être l'exercice de la profession soit interdit pour cause d'incompatibilité. Ainsi, par exemple, un notaire ou un avoué peuvent acquérir et avoir le *titre* d'avocat, mais ni l'un ni l'autre n'en peuvent exercer la profession. — Le titre d'avocat ne se perd que dans deux cas : celui d'une condamnation pénale enlevant la jouissance des droits politiques et celui de la perte de la nationalité française.

200. L'*exercice* de la profession d'avocat exige la réunion d'autres conditions. L'avocat qui veut exercer doit faire partie de l'ordre des avocats, c'est-à-dire, avoir été admis au tableau des avocats titulaires ou des avocats stagiaires de l'un des barreaux de France. Avant de devenir membre ordinaire de l'ordre, l'avocat nouvellement reçu doit faire un stage réglementaire établi par l'ordonnance du 11 mars 1344.

201. Pour être avocat stagiaire, on doit : 1° n'être dans aucun cas d'*incompatibilité ;* aux termes de l'ordonnance du 20 novembre 1822, et de la loi du 21 juin 1865, la profession d'avocat est incompatible avec toutes les fonctions de l'ordre judiciaire, à l'execption de celle de suppléant — avec les fonctions de préfet, sous-préfet, sécrétaire général et conseiller de préfecture, — avec toute fonction administrative, sauf celle de ministre ou de directeur des affaires civiles ou criminelles ; — avec toute fonction publique, excepté celle de professeur ou d'agrégé des facultés de droit — avec l'exercice de tout office ministériel — avec les emplois à gages et ceux d'agent comptable — avec toute espèce de commerce ou négoce et particulièrement avec la profession d'agent d'affaires ; — 2° le stagiaire doit résider dans l'arrondissement où siège la cour ou le tribunal près duquel il demande à être inscrit ; — 3° il doit être admis au tableau du stage par le conseil de l'ordre des avocats ; — 4° le stage dure trois ans. Il peut être fait successivememt auprès de plusieurs cours. Il peut être prolongé par le conseil, mais il n'est pas susceptible d'abréviation. Pendant ce stage, l'avocat est tenu de suivre les audiences et d'assister aux conférences qui ont lieu sous la présidence du bâtonnier ou d'un membre du conseil de discipline. Après cinq ans, le stagiaire, qui n'a pas réclamé son inscription au tableau ordinaire, cesse de figurer sur celui des stagiaires.

202. Les avocats stagiaires peuvent plaider ou écrire dans tous les cas où la loi n'exige pas spécialement le ministère d'un avocat inscrit au tableau. Ils ne peuvent jamais remplir les fonctions de juge ou de ministère public, puisque c'est précisément *selon l'ordre du tableau* que les avocats sont appelés à remplir ces importantes fonctions.

203. Le stage une fois achevé, l'avocat a le droit de poursuivre auprès du conseil de discipline son inscription au tableau des avocats. Cette institution d'un *tableau* où se trouvent inscrits les avocats d'un ressort est fort ancienne. Elle paraît remonter à la législation romaine. (C. 9 Cod., *De advoc. div.*) En France, une ordonnance de 1327 défendait d'admettre à plaider ceux qui n'étaient point inscrits au rôle des avocats. La formation de ce rôle permit aux parlements d'éliminer du barreau les sujets incapables ou indignes. Quand l'ordre des avocats eut acquis plus de consistance et plus de dignité, il exerça lui-même le droit de former son tableau. Après diverses péripéties, l'ordonnance de novembre 1822 a rendu aux conseils de discipline le droit de former le tableau et de prononcer sur les difficultés relatives à l'inscription (art. 3 et 12).

204. Il est une maxime à laquelle les avocats sont fermement attachés, *l'ordre est maître de son tableau.* De cette maxime on a voulu faire découler, pour le conseil de l'ordre, le droit *absolu* de pouvoir rejeter définitivement une demande d'admission au stage ou d'inscription au tableau. Un point nous paraît incontestable. Le conseil a un pouvoir discrétionnaire, en ce sens qu'il peut rejeter, sans donner de motifs, la demande d'admission au stage ou au tableau qui lui est adressé. Mais l'arrêté du conseil est-il en dernier ressort ou susceptible d'appel ? L'avocat auquel on refuse l'inscription peut-il s'adresser à l'autorité judiciaire supérieure et lui demander la réformation de la décision du conseil? Plusieurs opinions se sont produites : d'après l'une, le conseil de l'ordre aurait un pouvoir absolu et sa décision serait en dernier ressort; d'après une autre, la décision du conseil serait ou non susceptible d'appel, selon que le postulant aurait échoué faute de remplir les conditions imposées par les lois et les règlements, ou que la décision du conseil serait fondée sur une appréciation des qualités personnelles et de l'honorabilité du réclamant. Quelques cours d'appel ont voulu distinguer entre la demande d'inscription et celle de réinscription et admis l'appel dans ce dernier cas seulement. — Avec la jurisprudence la plus récente, nous repoussons ces diverses opinions, et nous pensons que, dans tous les cas, l'avocat intéressé peut attaquer devant la cour, par la voie de l'appel, toute décision du conseil de discipline, qui rejette pour un motif quelconque une demande d'admission au stage ou au tableau. Si la décision du conseil était sans contrôle, une jalousie étroite et cupide pourrait interdire l'accès d'une profession essentiellement libre et la transformer en monopole. Des exemples récents, heureusement rares, démontrent que cette appréhension n'est ni illusoire ni exagérée.

La loi, qui subordonne la possession du titre d'avocat à certaines conditions, se fût contredite, si elle eût permis à une autorité quelconque et surtout à une autorité irresponsable d'exclure du barreau par une décision souveraine les personnes qui justifient de l'accomplissement de ces conditions. Comment le conseil, qui n'a pas le droit d'ajouter à la loi et de créer des incomptatibilités nouvelles, pourrait-il rejeter arbitrairement, par des considérations de sentiment, les demandes qui lui sont adressées, sans créer ainsi de nouvelles incompatibilités ? — Il n'est du reste pas parfaitement exact de dire que *l'ordre est maître de son tableau*, puisque l'article 24 de l'ordonnance du 20 novembre 1822 reconnaît le droit d'appel à l'égard des décisions disciplinaires qui prononcent la radiation ou la suspension temporaire, puisque l'ordre ne peut rayer sans appel de son tableau ceux qui y sont inscrits. Comment, n'ayant pas un droit absolu d'exclusion sur ses membres, sur ceux sur lesquels il exerce une juridiction disciplinaire, pourrait-il avoir ce droit envers ceux qui lui sont encore étrangers? Pourquoi craindre que les cours se montrent moins soucieuses que les conseils de l'ordre de la dignité et de l'indépendance de cet ordre? Ou bien l'exclusion prononcée a été dictée par des préjugés surannés, et la justice s'opposera à sa ratification; ou bien elle est l'expression de scrupules respectables et justifiés, et la magistrature ne manquera pas de sanctionner la décision du conseil (1).

§ 3. *Droits de l'avocat.*

205. L'office de l'avocat consiste à plaider, à consulter, à siéger exceptionnellement dans les cours et tribunaux pour remplacer un magistrat ou un membre du ministère public empêché. *Plaider*, c'est développer oralement devant les juges les causes litigieuses. *Consulter*, c'est donner un avis motivé sur les affaires qui sont soumises à l'appréciation de l'avocat.

La plaidoirie a été attribuée aux avocats par l'article 32 de la loi

1. Civ. rej. 29 juill. 1867, 8 janv. 1868. — Nancy, 22 janv. 1870. — Alger, 11 avr. 1870. — Chambéry, 4 juill. 1876 (D. P. 1877. 1. 489).

du 22 ventôse an XII. Les plaideurs ne sont pas tenus de recourir au ministère de l'avocat et peuvent se défendre eux-mêmes : mais ils ne peuvent charger de leur défense qu'un avocat. (Proc. civ., art. 85.) Exceptionnellement les avoués peuvent plaider dans quatre cas : 1° s'ils ont été reçus licenciés, en vertu de la loi du 22 ventôse an XII avant la publication du décret du 2 juillet 1812 ; 2° si le nombre des avocats attachés à un tribunal est jugé insuffisant par la Cour d'appel (Ord. 27 févr. 1822, art. 2 et 3); 3° en cas d'absence ou de refus de plaider de la part des avocats (L. 22 vent. an XII, art. 32) ; le décret du 25 juin 1878 permet aux avoués institués près les tribunaux chefs-lieux des Cours d'assises ou de département à plaider les causes dans lesquelles ils occupent, lorsque le nombre des avocats inscrits au tableau ou stagiaires sera insuffisant; l'autorisation est donnée par la Cour d'appel; 4° dans les causes où ils occupent, les avoués peuvent plaider les incidents de procédure et les demandes incidentes de nature à être jugées sommairement.

Les avocats, en vertu de l'article 4 de l'ordonnance du 27 août 1830, peuvent plaider devant toutes les juridictions, civiles, criminelles, administratives ou militaires, sauf les exceptions suivantes : 1° les avocats au conseil d'État et à la Cour de cassation peuvent seuls plaider devant ces deux juridictions. Les autres avocats n'y sont admis qu'en matière criminelle ; 2° l'accusé, poursuivi devant la Cour d'assises, ne peut choisir pour défenseur un avocat étranger au ressort de la Cour d'assises, sans l'autorisation du président de cette cour. (C. inst. crim., art. 295.)

206. La *consultation* appartient exclusivement aux avocats. Elle a aujourd'hui beaucoup perdu de son importance, un grand nombre de questions de droit ayant été définitivement résolues dans le même sens par une jurisprudence constante. Mais il est encore des cas où la loi exige une consultation. (Cod. civ., art. 467.— Proc. civ., art. 495. — L. 7 mess. an IX, art. 11 à 13 ; L. 11 frim. an XII, art. 1er, etc.)

207. L'avocat exerce librement son ministère. Il a le droit de choisir ses clients, de les assister devant toutes les juridictions de la République. Il a le droit rigoureux de refuser les affaires qui ne lui agréent point, sans motiver son refus; c'est pour lui un devoir moral de décliner une cause qui lui paraît injuste ou deshonnête. L'avocat diffère ainsi essentiellement des officiers ministériels, qui ne peuvent ni refuser leur concours, ni agir en dehors du ressort de la juridiction à laquelle ils sont attachés. Dans deux cas seulement, l'avocat est obligé de motiver son refus : 1° quand il est nommé d'office pour défendre une personne qui n'a pas choisi d'avocat; 2° quand il est requis de consulter dans les matières où cette consultation est obligatoire.

208. Entre l'avocat et son client, se forme un contrat d'une nature particulière, non dénommé par la loi, qui n'est ni un mandat ni un louage d'ouvrage; contrat à titre onéreux, à l'exécution duquel ni l'un ni l'autre des contractants ne saurait se soustraire, sans s'enrichir aux dépens d'autrui. En vertu de ce contrat, l'avocat a droit pour les services par lui rendus à une rémunération, qu'on appelle *honoraires* au lieu de salaire, pour indiquer qu'elle est moins le payement d'un travail appréciable en argent que la reconnaissance d'un bienfait. Seul, l'avocat nommé d'office ne peut ni exiger ni recevoir d'honoraire. La loi consacre le droit de l'avocat en disposant que la créance du défendeur, en matière répressive, est privilégiée et prime le privilège accordé au Trésor à raison des frais de justice et en faisant figurer les honoraires de l'avocat, pour une somme minime, parmi les *dépens* du procès. (L. 5 sept. 1807, art. 2 et 4. — Décr. 16 févr. 1807, art. 80 et 82.) Cette créance d'honoraires de l'avocat contre son client constitue une véritable créance civile. En conséquence, le payement peut en être poursuivi judiciairement; cette créance peut être opposée en compensation à la créance que le client ferait valoir contre son avocat. Celui-ci peut, jusqu'au payement, user du droit de rétention et conserver par-devers lui le dossier qui lui a été remis. Les honoraires payés ne peuvent être l'objet d'une répétition. Après avoir obtenu jugement contre son client, l'avocat peut prendre inscription d'hypothèque judiciaire et recourir à toutes les voies d'exécution forcée.

Mais les usages traditionnels, propres à plusieurs barreaux et notamment à celui de Paris, interdisent à l'avocat d'exiger des honoraires et d'exercer, même pour obtenir ceux qui auraient été convenus, aucun moyen de contrainte direct ou indirect, droit d'action, de rétention ou de compensation. L'avocat qui intenterait contre son client une action en justice se verrait frappé disciplinairement par le conseil de l'ordre. En pratique, l'avoué se fait remettre d'avance par le client les honoraires de l'avocat et les transmet à ce dernier. Ces honoraires ne sont soumis à aucune taxe, sont fixés librement entre le client et l'avocat, et ne figurent pas, sauf pour une partie minime, dans les frais de justice. L'action de l'avocat est soumise au droit commun au point de vue de la compétence et de la prescription : nous verrons qu'il en est autrement de la créance de l'avoué.

209. Dans l'exercice de sa double fonction, *plaider* et *consulter*, l'avocat jouit de certains droits qui lui sont accordés, non par égard pour sa personne, mais par respect pour le principe de la liberté de la défense dont il est le représentant. Il a le droit de garder le *secret professionnel*, de ne pas déposer en justice des faits dont il n'a eu connaissance que dans l'exercice de sa profession, de prendre sa conscience pour seul juge de ce qu'il doit taire ou révéler, Son cabinet est inviolable; il n'est permis ni à la police ni au juge d'instruction d'y faire des perquisitions pour rechercher les preuves d'un crime ou d'un délit, auquel l'avocat lui-même serait étranger. L'avocat ne peut être poursuivi pour diffamation ou injure, à raison de ses plaidoiries ou de ses consultations et des faits relatifs à la cause qui y sont rapportés. (L. 17 mars 1819, art. 23.)

210. Les droits de l'avocat appartiennent à tous les membres de l'ordre. L'égalité est la loi du barreau, sauf le respect dû à l'ancienneté. Les stagiaires ont en principe les mêmes droits que les avocats inscrits au tableau de l'ordre, sauf qu'ils ne sont ni électeurs ni éligibles au conseil et au bâtonnat. Les droits de l'avocat se perdent, quand il cesse d'être inscrit sur la liste des stagiaires ou sur le tableau.

§ 4. — *Des devoirs de l'avocat.*

211. Les devoirs de l'avocat sont nombreux. La modération, la probité, le désintéressement, l'honorabilité de la vie publique et privée lui sont commandés, non seulement par les lois de l'honneur applicables à tous les hommes, mais aussi par les traditions spéciales de l'ordre. Diverses obligations pèsent sur lui dans ses relations avec ses clients, la partie adverse, l'ordre dont il est membre, la magistrature et la société.

212. Envers ses *clients*, l'avocat est tenu de ne pas plaider contre une partie qui, en la consultant, lui aurait livré les secrets de sa défense. Il est tenu de défendre la cause qu'il a acceptée ou de mettre son client en mesure de trouver un autre défenseur, si après nouvel examen il ne croit pas devoir la plaider lui-même. Il doit apporter à l'affaire, à son étude, tous les soins dont il est capable. Une obligation de la plus haute importance envers les clients est la discrétion absolue, le secret impénétrable que doit garder l'avocat sur ce qui lui a été confié. Cette obligation est sanctionnée par la loi pénale, car l'article 378 du Code pénal s'applique incontestablement à l'avocat.

213. Envers la *partie adverse*, l'avocat est tenu à la modération, au respect des convenances. Il doit se garder de ne rien affirmer qui ne soit rigoureusement exact. Il doit s'abstenir de personnalités offensantes, et les diffamations ou injures, par lui adressées à l'adversaire de son client, le rendent disciplinairement justiciable du tribunal devant lequel elles ont été prononcées ou produites. Si elles étaient proférées contre des *tiers*, la partie lésée pourrait poursuivre l'avocat devant la juridiction de droit commun. (L. 17 mai 1819, art. 23.)

214. Envers l'*ordre* dont il est membre, l'avocat est tenu de se soumettre aux usages, aux règles traditionnelles, quoique non écrites, que l'ordre tient à honneur de maintenir. Avec ses collègues, l'avocat doit entretenir des rapports de confraternité, qui sont le charme de la profession d'avocat.

215. Envers la *magistrature* devant laquelle il est appelé à développer les causes de ses clients, l'avocat doit être plein de respect et de déférence. La formule de son serment l'y oblige.

216. Envers la *société*, l'avocat contracte l'obligation de ne pas abuser des droits qui lui sont reconnus. Il ne peut dissimuler sous prétexte de secret professionnel, ni abriter, derrière l'inviolabilité de son cabinet, les faits dont il aurait acquis la connaissance en dehors de son ministère. Il ne peut attaquer la religion, la morale, les lois de l'État, les autorités établies, la constitution de la France. Il lui est interdit de se faire céder les droits litigieux pendants devant le tribunal au barreau duquel il est attaché, et à plus forte raison ceux qu'il s'est chargé de défendre. Il lui est formellemeet interdit de consentir le pacte *de quota litis*, par lequel il s'intéressait lui-même au procès, en stipulant à titre d'honoraires une partie du bénéfice qui en pourra résulter. En matière criminelle, l'avocat de l'accusé peut être désigné d'office par le président de la Cour d'assises, sauf à faire approuver ses motifs d'excuse ou d'empêchement : en matière civile, le principe de la liberté du barreau reprend toute sa force.

217. Ces diverses obligations trouvent leur sanction dans le pouvoir disciplinaire, qui appartient aux conseils de l'ordre et aux tribunaux à l'audience desquels une faute est commise par un avocat. La juridiction disciplinaire du conseil de l'ordre s'étend à tous les faits commis par l'avocat, soit dans l'exercice de ses fonctions, soit dans sa vie privée, soit dans sa vie publique, dès qu'ils constituent une infraction aux règles de l'ordre. Les peines disciplinaires que le conseil peut prononcer sont : l'avertissement, la réprimande, l'interdiction de la profession pendant un an au plus, la radiation, et avec les trois premières peines, à titre accessoire et par disposition spéciale, l'incapacité d'être élu au conseil pendant un temps qui ne peut excéder dix ans. (Ord. du 20 nov. 1822, art. 18. — Décr. 22 mars 1852, art. 3.) Les articles 19 à 28 de l'ordonnance de novembre 1822 indiquent la procédure à suivre contre l'avocat inculpé, les voies de recours contre la décision du conseil et les effets de l'appel interjeté devant la cour réunie en assemblée générale et en chambre du conseil.

218. L'article 103 du décret du 30 mars 1808, § 1er, confirmé par les articles 16 et 43 de l'ordonnance du 20 novembre 1822, dispose que, dans les cours et les tribunaux de première instance, chaque chambre connaîtra des fautes de discipline qui auront été commises ou découvertes à l'audience. Ce pouvoir appartient à toutes les juridictions devant lesquelles un avocat peut se présenter, car il n'est que l'exercice du droit de police de l'audience qui appartient à tout tribunal quelconque. L'avocat peut être frappé des peines ci-dessus indiquées : la décision par laquelle il est atteint est susceptible des mêmes voies de recours qu'un arrêté du conseil de discipline : opppsition, si elle a été rendue par défaut ; appel, si elle emporte interdiction temporaire ou rédaction ; pourvoi en cassation, si elle a été émise en violation de la loi par une cour d'appel ou par une cour d'assises.

Le décret du 27 décembre 1881 étend à l'Algérie les règlements applicables à la plaidoirie devant les cours d'appel et les tribunaux de France et consacre la séparation entre la profession d'avocat et celle d'avoué.

Nulle profession n'est plus belle que celle de l'avocat lorsqu'elle est dignement exercée ; nulle n'exige une égale somme de connaissances générales, accompagnées d'une culture littéraire élevée, d'un goût délicat et de cette mâle facilité d'élocution qui charmait déjà les Gaulois, nos ancêtres.

SECTION II. — **Des offices ministériels.**

219. Le mot *office*, dans un sens large, désigne toute fonction publique. Dans un sens plus restreint et plus usité, accompagné de l'adjectif *ministériel*, ce terme s'applique aux fonctions susceptibles d'être transmises à autrui par la volonté du titulaire. Les offices ministériels, à la différence des fonctions judiciaires, comprennent le *titre*, qui n'est pas dans le commerce et que le pouvoir exécutif peut seul conférer, et la *finance*, la valeur pécuniaire et vénale de la charge : cet élément variable dépend, pour les greffes, de l'importance des juridictions auxquelles ils se rattachent, et, pour les autres offices, de la clientèle, acquise et réunie par le talent et la probité de l'officier ministériel.

Étudions d'abord les règles communes à tous les offices ministériels : nous examinerons ensuite les règles spéciales à ceux de ces offices qui se rattachent à l'ordre judiciaire.

§ 1er. — *Règles communes à tous les offices ministériels.*

220. Les offices ministériels sont des charges *vénales* et *héréditaires; vénales*, cessibles à prix d'argent ; *héréditaires*, transmissibles par succession ab intestat ou testamentaire.

221. Ces offices ne sont accessibles qu'à un nombre limité de titulaires désignés par l'autorité publique. Ils constituent de véritables *monopoles*. Ils procurent à leurs possesseurs un avantage considérable par la limitation du nombre des participants aux profits pécuniaires produits par l'exercice de ces fonctions.

222. A raison même du monopole dont ils sont investis, les titulaires de ces offices sont forcés *de prêter leur ministère lorsqu'ils en sont requis*, ainsi que le décide pour les notaires l'article 6 de la loi du 25 ventôse an XI. Si les officiers ministériels pouvaient refuser leur concours, les citoyens seraient privés de la faculté de faire valoir des droits, qu'ils ne peuvent exercer qu'à l'aide même de ce concours. Ils seraient à la discrétion des officiers ministériels.

223. Mais, puisqu'ils sont ainsi imposés à la confiance des citoyens qui ne peuvent s'adresser à d'autres personnes qu'à eux, ces officiers ministériels doivent offrir des garanties sérieuses. De là le droit de nomination exclusivement réservé au gouvernement ; de là des conditions d'aptitude spéciales ; de là encore l'obligation de fournir un *cautionnement*, somme versée dans les caisses de l'État, pour répondre des *faits de charge*, c'est-à-dire, des fautes de nature à entraîner une condamnation pécuniaire, à raison de l'exercice de la fonction vis-à-vis de l'État ou vis-à-vis des clients de l'officier ministériel.

224. La vénalité et l'hérédité des offices existaient déjà dans notre ancienne législation. Elles furent abolies par le décret du 4 août 1789 et par divers décrets de l'année 1791. Mais la pratique, à l'aide d'un détour ingénieux, rétablit en fait la vénalité des offices. Et celle-ci fut légalement reconnue par l'article 91 de la loi du 28 avril 1816, qui accorda aux titulaires des divers offices ministériels le droit de présenter au gouvernement leurs successeurs. Ce droit de présentation confère au titulaire ou à ses ayants cause un véritable droit de propriété sur l'office, meuble incorporel. Mais ce droit de propriété est soumis à des restrictions particulières : il n'existe que dans les rapports privés des titulaires et de leurs successeurs, et dans les rapports des officiers ministériels avec l'État.

225. Entre ces officiers et leurs successeurs, la transmission des offices ministériels s'opère par voie de cession à titre onéreux, *vente*, ou à titre gratuit, donation ou legs particulier. Si la cession a lieu à titre onéreux, le cédant est tenu des obligations d'un vendeur ordinaire, en a presque tous les droits, jouit d'un privilège qui porte sur le prix de la revente de l'office, mais n'a pas d'action en résolution pour défaut de payement du prix, parce que la collation du titre donnée au successeur par l'État est définitive.

226. Vis-à-vis de l'État, le droit de propriété des officiers ministériels se restreint au droit de présentation, qui compète au titulaire, à sa veuve et à ses héritiers. Ce droit de présentation ne saurait faire obstacle au droit qu'a le pouvoir exécutif de refuser son agrément au traité de cession qui doit lui être soumis, de supprimer l'office, de destituer le titulaire ou de créer de nouvelles charges.

Le droit de présentation n'appartient qu'au titulaire de l'office, à sa veuve et à ses héritiers ou successeurs universels. La veuve jouit de ce droit, si, par l'effet de ses conventions matrimoniales et de la liquidation de la communauté, l'office lui est attribué. Aucune autre personne ne peut exercer le droit de présentation. Les créanciers de l'officier ministériel ne peuvent, ni saisir et faire vendre l'office aux enchères, ni obliger l'officier à donner sa démission, ni attaquer le décret qui lui donne un successeur. Ils peuvent seulement faire opposition, entre les mains du successeur de l'officier ministériel, sur le prix de la cession et empêcher qu'il ne soit payé, à leur détriment, à l'ex-titulaire, leur débiteur.

227. La cession, à titre onéreux ou à titre gratuit, est le seul contrat que la loi autorise en matière d'office, puisque la loi du 28 avril 1816 permet seulement de présenter un successeur, c'est-à-dire, un remplaçant à l'agrément du pouvoir exécutif. Le contrat intervenu entre le titulaire et un tiers doit opérer une véritable et complète transmission de l'office. En conséquence, une charge ministérielle ne peut être ni louée, ni mise en gage, ni apportée en société. La jurisprudence a toujours déclaré nulles les associations formées entre officiers ministériels pour mettre leurs honoraires en commun et la convention par laquelle le cédant, au lieu d'un prix déterminé, stipule le partage des produits de l'office avec le cessionnaire. Mais, à raison du prix élevé des charges d'agent de change, une loi spéciale, celle du 2 juillet 1862 a autorisé la mise en société de ces charges, avec cette précision que le titulaire de l'office doit toujours être propriétaire du quart au moins de la somme représentant le prix de l'office et le montant du cautionnement. L'exception, autorisée par cette loi, vient corroborer l'existence de la règle.

228. Le traité de cession d'un office ministériel est subordonné à l'agrément du pouvoir exécutif. Celui-ci peut repousser le cessionnaire, ou rejeter le traité et imposer aux parties des modifications. La chancellerie a le droit incontestable d'exiger une réduction du prix fixé entre le titulaire actuel et le successeur proposé. Cette intervention du gouvernement n'est que l'application stricte du principe posé par la loi de 1816, autorisant les officiers à *présenter* des successeurs à l'agrément du chef de l'État. La diminution du prix convenu dans le projet de traité est imposée pour éviter que le cessionnaire ne soit soumis à des charges trop lourdes et incité à accroître les revenus de son office par des actes illicites ou par des spéculations prohibées et dangereuses. Il arrive trop fréquemment que les parties essayent d'éluder le contrôle de l'État à l'aide de conventions secrètes, de *contre-lettres* fixant le prix de l'office à un chiffre supérieur à celui qui a été agréé par la chancellerie.

Ces *contre-lettres* sont radicalement nulles, non seulement à l'égard des tiers, mais même entre parties, comme contraires à une règle d'ordre public. L'exécution de ces conventions illicites ne peut être réclamée en justice. Les sommes payées peuvent être répétées, car le payement a reposé sur une cause illicite. Une convention radicalement nulle ne peut produire, ni directement ni indirectement, aucun effet juridique.

Si la chancellerie repousse le candidat, le titulaire peut en présenter un autre. Si elle modifie le traité et y met des conditions qui ne conviennent pas au cédant, celui-ci peut retirer ses propositions. Ce traité n'était qu'un contrat subordonné à une condition, l'agrément de l'État, qui ne s'est pas réalisée.

229. Le droit de propriété des officiers ministériels ne saurait annihiler le droit qu'a l'État, comme à l'égard de toutes fonctions publiques, de réduire le nombre des offices. Cette faculté de réduction est expressément réservée par la loi de 1816. En pratique, depuis cette loi, l'État n'a jamais procédé qu'à des suppressions graduelles, au fur et à mesure des extinctions produites par decès, démission ou destitution.— Mais, comme les offices ont une valeur vénale qui ne doit pas être perdue pour les intéressés, dans le cas de *décès* ou de *démission* de l'officier dont le titre se trouve supprimé, l'administration impose aux titulaires, maintenus en exercice et dont les profits vont s'accroître, de payer une indemnité à leur confrère ou à ses héritiers. — S'il y a suppression à la suite de *destitution*, le titulaire destitué n'a personnellement aucun droit; mais il est équitable d'accorder à ses créanciers ou à sa famille une indemnité mise à la charge des titulaires conservés.

230. Le droit de propriété des offices ministériels ne fait pas obstacle à la destitution des titulaires. — L'officier ministériel destitué est déchu de son droit de présentation : la loi est formelle. (L. 28 avr. 1816, art. 91.) Il est pourvu à l'office vacant d'après une procédure spéciale. Le tribunal du lieu fixe le prix de l'office.

231. Le gouvernement est libre d'augmenter le nombre des offices ministériels d'une circonscription judiciaire, s'il le trouve insuffisant pour satisfaire aux besoins des justiciables. Les titulaires des offices primitifs n'ont droit à aucune indemnité, malgré la concurrence qui va s'établir entre eux et le nouvel office : cette concurrence ne peut leur nuire, puisqu'il y a surabondance d'affaires et impossibilité pour eux de les diriger toutes. Mais l'État est libre d'imposer aux nouveaux titulaires, comme condition de leur nomination, le versement d'une somme à la caisse commune de la corporation. (L. 25 juin 1841, art. 12.)

232. A la différence des avocats, les officiers ministériels ne peuvent exercer leurs fonctions que dans le ressort de la juridiction auprès de laquelle ils sont attachés. Leur compétence est toujours territoriale. Ainsi un avoué ne peut postuler en un autre tribunal que celui auquel le rattache son office.

233. Les officiers ministériels reçoivent l'investiture de leurs fonctions par le serment prêté devant la juridiction à laquelle ils doivent être attachés. Ils sont tous soumis au pouvoir disciplinaire, exercé par les chambres de discipline, les cours et les tribunaux, et le ministre de la Justice.

234. Les chambres de discipline d'avoués, d'huissiers, de notaires peuvent prononcer le rappel à l'ordre, la censure simple, la censure avec réprimande adressée par le président ou le syndic à l'officier ministériel en personne devant la chambre assemblée, l'interdiction d'entrer à la chambre. Ces décisions sont souveraines comme mesures de discipline intérieure et ne peuvent être frappées d'appel : mais elles peuvent être attaquées devant la chambre de discipline elle-même par voie d'opposition et devant la Cour de cassation pour excès de pouvoir. (Arrêté du 13 frimaire an IX, art. 8 et 9. — Arrêté du 2 thermidor an X, art. 1er. — Décret 14 juin 1813, art. 80.)

235. Les cours et tribunaux exercent un pouvoir disciplinaire sur les avoués et les huissiers, en chambre séparée à l'égard des fautes commises ou découvertes à l'audience, en assemblée générale et en chambre du conseil à l'égard des autres faits répréhensibles. Les peines qui peuvent être prononcées sont l'avertissement, la défense de récidiver, la condamnation de l'officier ministériel en son nom aux dépens occasionnés par les actes entachés de faute, la suspension temporaire qui ne peut excéder six mois. Ces décisions ne peuvent pas être attaquées par la voie de l'appel, mais par celle de l'opposition, si elles ont été prononcées sans que l'inculpé ait été entendu, et par le pourvoi en cassation si elles prononcent la suspension ou si elles sont entachées d'incompétence ou d'excès de pouvoir. La loi du 25 mai 1838, art. 19, permet au juge de paix d'infliger une pénalité spéciale aux huissiers qui ont contrevenu aux dispositions des articles 16, 17 et 18 de la même loi. (Décr. 30 mars 1808, art. 102 et 103.)

236. Le garde des sceaux a un double pouvoir. Les décisions disciplinaires des chambres de discipline ou des cours et tribunaux ne deviennent exécutoires que par son approbation. Il peut provoquer la destitution de l'officier ministériel; mais, à l'égard des notaires, cette destitution ne peut être prononcée que par le tribunal civil de leur résidence. (L. 25 vent. an XI, art. 53.)

237. Les greffiers se distinguent en quelques points des autres officiers ministériels. Ils ne forment pas de compagnie et ne peuvent avoir de chambre de discipline. Sous le rapport disciplinaire, ils ne sont pas assimilés aux autres officiers et sont placés sous l'autorité du garde des sceaux, du ministère public, du président de la cour ou du tribunal auquel ils appartiennent. Le garde des sceaux peut proposer leur révocation au Président de la République. (L. 21 vent. an VII, art. 25; L. 27 vent. an VIII, art. 92; L. 20 avr. 1810 art. 62.)

§ 2. — *Règles spéciales aux offices ministériels qui se rattachent à l'ordre judiciaire.*

I°. — **Avoués.**

238. L'*avoué* est un officier ministériel dont les attributions consistent à *représenter* les parties en justice, à *postuler* pour elles et à *conclure* en leur nom.

Les anciens procureurs avaient été suprimés lors de la Révolution. La loi du 27 ventôse an VIII les rétablit sous la désignation d'*avoués*, et celle du 27 ventôse an XII détermina les conditions de capacité nécessaires à l'exercice de cette profession.

239. Le ministère de l'avoué est obligatoire pour les plaideurs devant les juridictions civiles, sauf celles de la justice de paix, des tribunaux de commerce et des conseils de prud'hommes. On a critiqué cette obligation, qui peut cependant se justifier par de sérieuses raisons. Il importe à la dignité de la justice que les jugements soient bien rendus. Un plaideur ne doit pas perdre un procès qu'il aurait dû gagner, si, au lieu de le diriger lui-même, il l'eût confié à un homme instruit, plus capable que lui de lutter avec l'adversaire. Un plaideur inexpérimenté est dans une condition d'infériorité en face d'un adversaire connaissant mieux les dispositions de la loi et familiarisé avec les formes de la procédure. En imposant le ministère d'un avoué aux deux plaideurs, on rétablit entre eux l'égalité des conditions de la lutte. A un point de vue moins élevé, moins général, mais pratique, la représentation des plaideurs par deux ou plusieurs avoués siégeant au même lieu facilitera la signification des actes de procédure, la communication des pièces et occasionnera moins de frais, que si cette signification devait s'opérer au domicile de plaideurs résidant en des lieux éloignés.

Si l'obligation d'avoir un avoué pour mandataire *ad litem* n'existe pas, lorsque le procès rentre dans la compétence des juridictions inférieures et d'exception, c'est que le législateur a voulu simplifier la procédure, écarter les frais, faciliter la solution du litige et multiplier les chances de transaction en mettant les parties en présence l'une de l'autre. Les résultats obtenus n'ont peut-être pas répondu entièrement à l'attente du législateur. En fait, les parties se font souvent représenter auprès des justices de paix par des hommes d'affaires n'offrant aucune garantie, et la pratique a presque ressuscité auprès des tribunaux consulaires les avoués, sous la dénomination d'*agréés*.

240. La règle que le ministère des avoués est obligatoire devant les tribunaux civils et les cours d'appel souffre plusieurs exceptions. Le domaine de l'État représenté par le préfet, l'administration des domaines, celle des hospices, celle de l'engistrement, sont dispensés de constituer avoué. Les particuliers qui plaident contre l'État ou contre les hospices sont tenus de se faire représenter par un avoué suivant le droit commun : ceux qui plaident contre les administrations de l'enregistrement et des douanes peuvent, s'ils le veulent, se faire représenter, mais à leurs frais. En matière d'expropriation pour cause d'utilité publique, le ministère des avoués n'est pas admis.

241. Les avoués, attachés à une même juridiction, forment une corporation, à la tête de laquelle est placé un conseil, dénommé *chambre de discipline*, organisé par l'arrêté du 13 frimaire an IX. Cette chambre de discipline est composée, suivant le nombre des avoués, de quatre à quinze membres dont un président, un syndic, un rapporteur, un secrétaire et un trésorier. Elle est élue en assemblée générale et renouvelée par tiers. Elle statue à la majorité, mais ne peut délibérer qu'avec la présence des deux tiers de ses membres. Ses attributions consistent à maintenir la discipline intérieure dans la corporation, à prévenir ou concilier les différends ntre avoués, à donner son avis sur les difficultés relatives à la taxe des frais de procédure, à délivrer des certificats de moralité et de capacité aux candidats à la fonction d'avoué, à représenter la corporation quand ses intérêts sont engagés, à poursuivre les aueurs du délit de postulation illicite.

242. Les avoués sont nommés par le Président de la République sur la présentation de leur prédécesseur ou de la juridiction auprès de laquelle ils doivent exercer, s'il s'agit d'un office pour lequel le droit de présentation n'existe pas. Les conditions exigées pour l'exercice de la profession d'avoué sont les suivantes : la qualité de Français, la jouissance des droits civils et politiques, l'âge de vingt-cinq ans, un certificat de capacité ou le diplôme de bachelier en droit délivré par une faculté de droit, un certificat constatant cinq années de cléricature chez un avoué, un certificat de capacité et de moralité délivré après examen par la chambre de discipline. La pratique ajoute à ces conditions un certificat de bonne vie et mœurs délivré par le maire de la commune, et un avis favorable de la cour ou du tribunal auprès duquel se trouve l'office vacant. L'avoué ne peut entrer en fonctions avant d'avoir prêté serment et versé son cautionnement.

243. Les fonctions d'avoué sont incompatibles avec les fonctions de l'ordre judiciaire ou administratif qui sont interdites aux avocats, avec tout autre office ministériel. L'interdiction du commerce s'applique aussi aux avoués et l'ordonnance de 1287, qui n'admettait pas les ecclésiastiques aux fonctions de procureur, a toujours été observée.

244. Les droits des avoués en matière contentieuse consistent à postuler, à conclure et exceptionnellement à plaider. *Postuler*, c'est rédiger et recevoir toutes les écritures nécessaires pour l'instruction d'un procès. *Conclure*, c'est rédiger et déposer entre les mains des juges le texte des prétentions des parties. En dehors des matières contentieuses, les avoués poursuivent les ventes volontaires des biens des mineurs ou des biens dépendants d'une succession bénéficiaire ou vacante, font les enchères pour les immeubles vendus en justice, assistent l'héritier qui fait au greffe une déclaration de renonciation ou d'acceptation bénéficiaire, ou la femme commune qui renonce à la communauté, etc., etc. — Ils peuvent être appelés à remplacer exceptionnellement les magistrats de la cour, du tribunal ou du ministère public empêchés.

245. Le contrat, en vertu duquel l'avoué représente son client, est un mandat *sui generis*, qui se distingue en plusieurs points du mandat ordinaire. Nous donnerons les explications relatives à ce contrat en traitant de la matière du *désaveu :* elles seront alors mieux comprises et plus complètes. Disons seulement que ce mandat est salarié et que l'avoué est en droit de réclamer, non seulement les émoluments alloués par le tarif, mais encore des honoraires à raison des démarches extraordinaires qu'il a pu faire. Son action en payement se prescrit par deux ans et se porte devant la juridiction à laquelle son office est attaché. (C. civ., art. 2273 ; C. Proc. civ., art. 60.)

Cette qualité de mandataire salarié impose à l'avoué des obligations particulières. Il doit supporter seul les frais des actes nuls et des actes frustratoires; il est responsable envers ses clients de toutes les conséquences de son erreur ou de sa négligence. Il est obligé de tenir un registre où il inscrit par ordre de date tout ce qu'il reçoit de son client : faute de représenter ce registre, il est déclaré non recevable dans sa demande en payement. On évite ainsi les constestations entre les avoués et leurs clients. L'obligation du *secret professionnel* existe pour l'avoué comme pour l'avocat et avec la même étendue.

II° — Avocats à la Cour de cassation.

246. Les avocats au Conseil d'État et à la Cour de cassation sont de véritables officiers ministériels, qui joignent à cette profession celle d'avocat. Ils remplissent auprès des deux juridictions, auxquelles ils sont attachés, le double rôle d'avoué et d'avocat. Établis auprès de la Cour de cassation par la loi du 27 ventôse an VIII, art. 93, autorisés à prendre le titre d'avocat par le décret du 25 juin 1806, ils ont été réunis aux avocats au Conseil d'État et fondus en un seul ordre par l'ordonnance du 10 septembre 1817. Ils sont au nombre de soixante.

Les fonctions des avocats au Conseil d'État et à la Cour de cassation s'exercent non seulement devant ces deux juridictions, mais encore devant le tribunal des conflits et le conseil des prises. Des arrêtés ministériels leur confèrent en outre, à l'exclusion de toutes autres personnes, le droit d'instruire les affaires contentieuses auprès des ministères. (L. 24 mai 1872, art. 27. — Décr. 18 juill. 1854, art. 7. — Arr. 29 sept. 1823 et 22 juill. 1824.) Ils ont aussi le droit de plaider devant les cours et tribunaux civils et devant les conseils de préfecture; mais le conseil de l'ordre a pensé qu'ils devaient s'en abstenir et décidé qu'ils ne pourraient le faire sans son autorisation.

247. En qualité *d'officiers ministériels*, ils forment une corporation et jouissent d'un véritable monopole, puisque leur nombre est limité, et que nul autre qu'eux ne peut ni postuler ni plaider devant les juridictions sus-indiquées. En cette qualité encore, ils possèdent le droit de présentation et leur charge est un véritable *office*. Comme *avocats*, ils forment un ordre. Leurs traditions particulières et l'ordonnance du 10 sept. 1817, art. 14, les astreignent à tous les devoirs du barreau : les usages judiciaires leur en reconnaissent tous les droits.

248. L'ordre est administré par un conseil, élu à la majorité absolue des voix par une assemblée générale, qui se tient dans la seconde semaine du mois d'août. Il se compose de neuf membres, dont un président, deux syndics et un secrétaire trésorier. Ses fonctions durent trois ans : il se renouvelle par tiers. Le conseil ne peut prendre aucune décision sans la présence de six de ses membres. Le président a voix prépondérante en cas de partage.

249. Le conseil a d'abord les attributions que confère aux chambres d'avoués l'arrêté du 13 frimaire an IX. Mais, en outre, en sa qualité de conseil d'un ordre d'avocats, il doit maintenir les sentiments de désintéressement et de probité sur lesquels repose l'honneur du barreau. (Ord. 1822, art. 14.) Il prononce, sans appel de la part de l'avocat, l'avertissement et la réprimande, donne un avis, soumis à l'appréciation du ministre de la justice, quand il s'agit de l'interdiction temporaire. Le conseil ne peut prononcer la radiation du tableau; car le gouvernement qui a nommé l'avocat peut seul le destituer.

250. Les avocats au Conseil d'État et à la Cour de cassation sont aussi soumis à l'autorité disciplinaire de ces deux juridictions. La Cour de cassation peut être saisie par l'appel du procureur général dirigé contre une décision du conseil qui prononce l'avertissement ou la réprimande, ou par la demande d'homologation d'une décision du conseil qui prononce l'interdiction temporaire. Elle peut frapper disciplinairement l'avocat coupable de fautes commises ou découvertes à son audience. Les décisions de la Cour sont souveraines et ne sont pas soumises à la revision du ministre de la justice, comme celles que prennent à l'égard des officiers ministériels les cours et les tribunaux civils.

251. Les conditions d'aptitude exigées pour l'admission dans l'ordre sont les suivantes : être Français ; avoir la jouissance des droits civils et politiques ; être âgé de vingt-cinq ans ; être licencié en droit ; avoir fait auprès d'une Cour d'appel un stage de trois ans ; être reçu par le conseil de l'ordre après un examen sur les matières dont la profession exige les connaissances ; obtenir l'avis favorable de la Cour de cassation ; être présenté par le titulaire auquel on succède ; avoir versé le cautionnement exigé ; n'être dans aucun des cas d'incompatibilité édictés par l'art. 42 de l'ordonnance du 20 novembre 1822 ; prêter serment à l'audience de la Cour. (Règlement du 28 juin 1738, tit. 17, art. 1, 2 et 3. — L. 27 vent. an VIII, art. 93 et 95 ; L. 28 avr. 1816, art. 88, 91 et 96. — Ord. 10 sept. 1817. — Arrêté du conseil du 15 fév.r 1827.)

III° — Greffiers.

252. Le greffier est un fonctionnaire public, officier ministériel, investi du pouvoir de donner l'authenticité aux actes du juge, comme le notaire donne l'authenticité aux écrits relatant les conventions des parties. Chargé de constater par l'écriture ce qui a été dit et prononcé par le juge, de demeurer dépositaire des arrêts, jugements et autres actes du ministère du juge, d'en délivrer des expéditions aux parties, il atteste par sa signature et par son sceau la véracité et la fidélité des décisions judiciaires. Sauf de rares exceptions, aucun acte du ministère du juge n'est valable, s'il n est fait en présence et sous la signature du greffier. (Décr. 30 mars 1808, art. 91.) Aussi parmi les fonctions qui concourent à la bonne administration de la justice, n'y en a-t-il aucune qui se lie aussi intimement à la fonction du juge que celle de greffier, depuis que la preuve littérale est le seul moyen admis pour constater les opérations de la justice.

253. Dans notre ancien droit français, lorsque la preuve testimoniale était préférée à toute autre et que florissait l'adage *témoins passent lettres*, la coutume accordait plus de croyance et de foi au souvenir qu'avait conservé le juge de sa décision, qu'aux documents rédigés pour en constater la teneur. Les greffiers n'étaient alors que de simples scribes, rédacteurs de notes auxiliaires. Les greffes s'appelaient *clergies*. Mais quand, à l'exemple du droit canonique, la législation civile exigea la rédaction officielle des jugements, les greffiers acquirent une importance marquée. Leurs charges se transformèrent en de véritables offices héréditaires. Elles ont encore aujourd'hui ce caractère.

254. Puisque aucun acte du juge (sauf exception) ne peut valoir sans la présence et le concours du greffier, investi du droit de donner à cet acte l'authenticité nécessaire, il s'ensuit que toute juridiction civile a son greffier. Mais le greffe de chaque tribunal a une individualité propre. Les greffiers ne forment pas, comme les autres officiers ministériels, une corporation représentée par un conseil ou une chambre de discipline, chargés de défendre l'honneur et les intérêts de tous. Entre eux n'existe aucun lien de confraternité légale.

255. Le greffier est à la fois *fonctionnaire public*, car il reçoit un traitement du trésor; *officier ministériel*, puisqu'il exerce un monopole et reçoit des émoluments des parties auxquelles il ne peut refuser son ministère ; *comptable* envers l'État des droits de greffe qu'il perçoit pour lui ; *dépositaire public* des sommes qui lui sont confiées pour acquitter des droits d'enregistrement ou des frais de procédure ; *membre du tribunal*, puisque son concours est nécessaire à peine de nullité du jugement ou de l'acte ; mais il n'est pas *magistrat* et par suite n'a pas droit aux privilèges de juridiction précédemment indiqués.

256. Pour être nommé greffier, il faut satisfaire aux conditions suivantes : être Français ; jouir des droits civils et politiques ; être âgé de vingt-cinq ans ou de vingt-sept ans, suivant qu'on souhaite le greffe d'une justice de paix, d'un tribunal de première instance, d'un tribunal de commerce, ou bien le greffe d'une cour d'appel ou de la Cour de cassation ; être licencié en droit, si l'on désire l'un de ces deux derniers greffes; avoir fait un stage de deux ans au barreau d'une cour d'appel, si l'on postule un greffe de cour d'appel ; n'être dans aucun cas d'incompatibilité. Celle-ci existe entre la fonction de greffier et toute fonction administrative ou judiciaire, la profession d'avocat, tout autre office ministériel, sauf celui de commmissaire priseur qui peut être cumulé avec celui de greffier de la justice de paix. Le commerce a toujours été interdit aux greffiers, même à ceux des tribunaux consulaires, quoique les juges de ces tribunaux soient pris parmi les commerçants. Mais n'y a-t-il pas une différence profonde entre une fonction purement temporaire et gratuite, comme celle du juge consulaire, et une fonction permanente et salariée ? Ajoutons qu'un greffier ne peut être nommé, sur la présentation de son prédécesseur, qu'après avis favorable du parquet et du tribunal ou de la cour. Il doit verser le cautionnement prescrit par la loi du 28 avril 1816 et prêter à l'audience le serment des magistrats. (L. 16 vent. an XI, art. 1er; L. 25 vent. an XI, art. 7 ; L. 20 avr. 1810, art. 65. — Ord. 15 janv. 1826, art. 73.)

257. Comme dans un greffe un peu important une seule personne ne saurait suffire à l'accomplissement des devoirs qui incombent au greffier, celui-ci est ou peut être assisté dans ses fonctions par deux sortes d'auxiliaires.

Les premiers sont les *commis greffiers assermentés*. Ils figurent, comme le greffier en chef, et à sa suite, parmi le personnel du tribunal auquel ils sont attachés. Choisis par le greffier, ils sont présentés par lui à l'agrément du tribunal ou de la cour : ils prêtent serment. Ceux de la Cour de cassation doivent être licenciés en droit et être âgés de vingt-cinq ans.

Ces commis greffiers reçoivent un traitement de l'État et ils ont droit à une pension de retraite. Ils tiennent la plume aux audiences, assistent le greffier dans le travail du greffe, le remplacent au besoin dans toutes ses fonctions, sauf aux audiences solennelles et aux assemblées générales des cours et tribunaux, et se suppléent les uns les autres. — Ils sont atteints des mêmes incompatibilités que le greffier en chef, astreints aux mêmes devoirs, et comme lui soumis à l'autorité disciplinaire des cours et tribunaux et du ministre de la justice. — Les commis greffiers de la Cour de cassation et des cours de la Martinique, de la Guadeloupe, de la Réunion et de la Guyane, ne peuvent être révoqués par le greffier en chef sans l'approbation de la cour. Mais la question est controversée à l'égard des commis greffiers des autres cours et tribunaux.

Nous pensons que cette faculté de révocation est formellement reconnue et attribuée au greffier en chef par l'art. 68 de la loi du 27 ventôse an VIII, et qu'aucune loi postérieure n'est venue modifier cette disposition. Le commis greffier peut former contre la décision du greffier un recours, qui doit être porté aux chambres assemblées de la cour ou du tribunal, statuant en chambre du conseil. En outre, quand un commis greffier manque à ses devoirs après avoir encouru deux réprimandes, le tribunal peut ordonner qu'il cessera ses fonctions et que le greffier en chef le remplacera dans un délai déterminé. (L. 27 vent. an VIII, art. 68. — Décr. 6 juill. 1810, art. 55, 56 et 58. — Décr. 18 août 1810, art. 24, 25, 26. — Ord. 15 janvier 1826, art. 73 et 75 ; Ord. 30 sept. 1827, art. 143; Ord. 24 sept. 1828, art. 154 ; Ord. 21 déc. 1828, art. 143. — L. 9 juin 1853, art. 3.)

Les autres auxiliaires du greffier sont les *commis expéditionnaires*, simples copistes, que le greffier rétribue sur les fonds qui lui sont alloués à forfait pour les dépenses du greffe et qu'il peut révoquer à volonté. (L. 27 vent. an VIII, art. 74 et 92.)

258. Les fonctions du greffier consistent à assister les juges dans les divers actes de leur ministère, à en signer et à en conserver les minutes ; — à avoir la garde des archives du tribunal comprenant les minutes des décisions judiciaires, les actes déposés au greffe, les objets saisis ou confisqués, les empreintes des marteaux forestiers, des poinçons de garantie, etc., etc. ; — à délivrer expédition des actes judiciaires, et à donner communication de leurs archives à tout requérant moyennant l'acquittement des droits fixés par la loi ; — à recevoir certaines déclarations, telles que celles de renonciation à communauté ou à succession, d'acceptation bénéficiaire, de surenchère, etc. ; à recevoir certains actes destinés au juge et que la loi, par respect pour son caractère, interdit de remettre à sa personne, tels que les actes de récusation ; — pour les greffiers des tribunaux de première instance à garder en dépôt le double du registre des actes de l'État civil qui doit leur être remis à la fin de chaque année ; — à tenir les rôles des causes pendantes devant les cours et tribunaux et divers autres registres dont l'existence est ordonnée par diverses lois et notamment par les lois fiscales.

259. Tout greffier ou commis-greffier est tenu de résider dans la ville où siège le tribunal ou la cour. Le défaut de résidence est considéré comme absence, et l'absence non autorisée équivaut à une démission. Les greffiers doivent garder le silence le plus absolu sur les délibérations auxquelles ils assistent et sont tenus envers l'État de toutes les obligations incombant aux comptables.

260. Le greffe doit être ouvert tous les jours, excepté les dimanches et les jours de fête légale, aux heures réglées par le tribunal, de manière à être toujours ouvert pendant huit heures au moins. (Décr. 30 mars 1808, art. 90.)

261. Les greffiers qui manquent à leurs obligations sont passibles de peines disciplinaires, sans préjudice des peines criminelles ou correctionnelles édictées par le Code pénal pour concussion, suppression ou détournement de titres, soustraction d'effets mobiliers déposés au greffe, etc. (Cod. pénal, art. 169 à 174.)

262. Les conseils de prud'hommes ont un secrétaire qui remplit les fonctions de greffier. Il conserve les archives du conseil et tient la plume aux audiences. Il est nommé par le conseil à la majorité absolue, et peut être révoqué par une délibération signée des deux tiers des membres. (L. 7 févr. 1880, art. 5.)

IV° — Huissiers.

263. Le mot *huissier* (*huis*, porte) désignait spécialement, dans notre très ancien droit, une personne attachée au service intérieur du tribunal. On appelait alors *sergent* (*servire*) l'officier chargé de faire les notifications pour l'instruction des procédures ou pour l'exécution des jugements. Plus tard les deux fonctions se confondirent ensemble et l'expression d'huissier a été seule conservée dans le langage moderne. L'huissier est l'officier ministériel, investi par la loi du droit de faire les significations judiciaires et extrajudiciaires, de procéder à l'exécution forcée des actes publics et de faire le service intérieur des tribunaux.

La profession d'huissier est organisée de nos jours par la loi du 27 ventôse an VIII, art. 96, le décret du 14 juin 1813, les ordonnances du 26 juin 1822, du 6 octobre 1832 et par le décret du 13 octobre 1870.

264. Il existe dans chaque arrondissement une corporation d'huissiers attachés au tribunal de première instance, domiciliés dans une des communes de cet arrondissement et investis du monopole et de l'obligation d'instrumenter en matière civile dans toute l'étendue de ce ressort, et en matière criminelle ou correctionnelle dans le canton où ils sont domiciliés. Tous les huissiers d'un même ressort instrumentent concurremment : mais, afin de les répartir dans les divers cantons conformément aux besoins des populations, le décret de 1813 a autorisé le tribunal de première instance à leur assigner une résidence, qu'ils doivent garder à peine d'être remplacés.

265. La corporation des huissiers a une chambre de discipline, composée de cinq, sept, neuf ou quinze membres, suivant le nombre des huissiers de l'arrondissement. Les fonctionnaires de la chambre sont un syndic, un rapporteur, un secrétaire et un trésorier, tous élus pour un an et tous rééligibles.

Cette chambre statue à la majorité, pourvu que les deux tiers de ses membres soient présents. Elle a des attributions analogues à celles des chambres des avoués. Elle veille au maintien de la discipline, prévient ou concilie les différends entre huissiers, donne son avis sur les contestations qui s'élèvent entre les huissiers et des tiers, représente les huissiers dans les circonstances où leurs intérêts collectifs sont en jeu, dénonce les faits d'usurpation de fonctions au ministère public, afin qu'il provoque contre les coupables l'application des peines édictées par l'article 258 du Code pénal.

Cette chambre a en outre une attribution spéciale, l'administration de la *bourse commune*, qui établit entre les huissiers une véritable association d'intérêts. Cette bourse commune n'est pas seulement instituée, comme celles des notaires ou des avoués, pour subvenir aux dépenses de la chambre. Elle a une autre destination. D'après l'ordonnance du 26 juin 1822, elle a pour but la distribution de secours aux huissiers âgés ou infirmes, en exercice ou ayant cessé leurs fonctions, et aux veuves et orphelins d'huissiers. Le versement à la bourse commune est d'un vingtième au moins et d'un dixième au plus des émoluments attribués aux huissiers pour les originaux de leurs exploits seulement. Le refus de versement est puni d'une amende de cent francs. Le trésorier tient un registre des recettes et des dépenses, coté et parafé par le président du tribunal. Les secours sont accordés nominativement par une décision de la chambre soumise à l'homologation du tribunal. Ils ne peuvent dépasser les quatre cinquièmes des fonds, le cinquième devant être mis en réserve chaque année.

266. Les huissiers sont nommés par le Président de la République. Ils doivent être Français, jouir de leurs droits civils et politiques être âgés de vingt-cinq ans, avoir travaillé au moins deux ans dans une étude d'avoué, de notaire ou d'huissier, ou trois ans au greffe d'une cour d'appel ou d'un tribunal de première instance, obtenir un certificat de moralité et d'aptitude délivré par la chambre de discipline, sauf recours en cas de refus au tribunal de première instance. Ils doivent prêter serment et verser le cautionnement qui doit garantir l'exécution des condamnations prononcées contre eux pour faits de charge.

267. Les huissiers ne peuvent être ni avocats, ni exercer aucune fonction publique salariée, ni occuper aucun autre office que celui de commissaire priseur. Il leur est interdit de faire le commerce et de tenir auberge, café ou cabaret, même sous le nom de leurs femmes, sans une autorisation spéciale. Le législateur a cru même devoir interdire aux huissiers de représenter les parties en vertu d'une procuration spéciale devant les justices de paix et les tribunaux de commerce. On a craint que l'intervention de ces praticiens ne vînt dénaturer le caractère tout paternel de ces juridictions.

268. L'huissier est obligé, sous peine de destitution, de prêter son ministère à tout requérant : mais c'est pour lui un devoir de le refuser 1° s'il s'agit d'un acte contraire aux lois ou à l'ordre public; 2° s'il existe entre lui et la partie qui requiert son ministère le lien de parenté ou d'alliance, indiqué par les articles 4 et 16 du Code de procédure ; 3° s'il est lui-même partie dans le procès à l'occasion duquel il est requis d'exploiter. Si l'acte qu'on lui demande d'accomplir lui paraît seulement irrégulier ou frustratoire, il lui suffit d'exiger une réquisition spéciale, afin de mettre sa responsabilité à couvert. Il est astreint à tenir un répertoire, où il inscrit tous les actes et exploits de son ministère, ainsi que le coût de chacun d'eux.

269. Les cours et tribunaux choisissent chaque année, parmi les huissiers résidant dans l'arrondissement, ceux qu'ils jugent les plus dignes de leur confiance pour remplir les fonctions d'*audienciers*. Les huissiers audienciers sont toujours rééligibles. Ils ont exclusivement le droit de faire le service de la juridiction à laquelle ils sont attachés et de signifier les actes de procédure entre les avoués, qui exercent près de cette juridiction. Dans la pratique, on ne demande pas la nullité des notifications de cette nature qui auraient été faites par des huissiers ordinaires. Mais les huissiers audienciers près la Cour de cassation ont exclusivement qualité, d'après la loi du 2 brumaire an IV, pour faire dans Paris les significations relatives aux affaires soumises à la Cour de cassation : ces significations ne peuvent donc être faites, à peine de nullité, par des huissiers ordinaires.

APPENDICE

Agréés.

270. Après avoir parlé des divers offices, nous devons dire quelques mots des agréés près les tribunaux de commerce. Les *agréés* sont des particuliers que l'agrément du tribunal consulaire présente spécialement à la confiance des justiciables. Cet agrément se transmet, dans la pratique, à titre onéreux au successeur que se donne l'agréé en exercice, avec l'autorisation du tribunal.

Les agréés existaient déjà auprès des juridictions consulaires avant la création des tribunaux actuels. Mais, ni dans l'ancien ni dans le nouveau droit, ils n'ont reçu aucune organisation régulière. Toutes les fois qu'un tribunal de commerce a essayé de suppléer sur ce point au silence de la loi et d'organiser auprès de lui une véritable corporation d'agréés, la Cour suprême a cassé sa décision, comme contraire à l'article 5 du Code civil.

271. L'agréé se différencie profondément de l'avoué. Son intermédiaire n'est ni obligatoire ni privilégié. Il n'est pas forcé d'accepter une cause dont il ne lui convient pas de se charger. Les plaideurs ne sont pas obligés de s'adresser à lui et peuvent donner le mandat de les représenter à toute autre personne, même à un avoué. Le pouvoir donné à l'agréé est un mandat ordinaire, bien différent du mandat *ad litem*. L'agréé n'est pas cru sur son affirmation, quand il déclare avoir été choisi par telle partie et ne peut être admis à la représenter, qu'en produisant une procuration écrite et spéciale dont il est fait mention dans le jugement, sous la responsabilité du greffier. (Cod. com., art. 627. — Ord. 25 mars 1825.) L'agréé n'engage son client par ses offres, aveux et déclarations que comme un mandataire ordinaire, et la partie n'a pas besoin, pour n'être pas liée par les actes de son agréé, de recourir à la procédure du désaveu. Les honoraires de l'agréé ne sont point fixés par le tarif : ils sont librement débattus entre lui et sa partie : ils n'entrent pas en taxe et le jugement ne peut les comprendre dans les dépens auxquels est condamné le plaideur qui succombe ; car la partie gagnante était libre de se défendre elle-même et de ne pas recourir à l'intermédiaire d'un agréé.

272. La juridiction commerciale se sert encore d'autres auxiliaires, tels que courtiers interprètes et conducteurs de navires, arbitres-rapporteurs, syndics de faillite, etc., mais, sauf celle des courtiers, ces professions ne sont pas organisées par la loi.

DEUXIÈME PARTIE

DE LA COMPÉTENCE DES DIVERSES JURIDICTIONS

273. La *juridiction* (de *jus* et *dicere*) est le pouvoir conféré par la loi à un juge de rendre la justice, c'est-à-dire de décider en connaissance de cause les procès et les difficultés soumis à son examen, ou de présider à certains actes qui ne supposent pas une contestation. C'est une portion de la puissance souveraine de l'État communiquée au magistrat et qui l'habilite à rendre la justice.

La loi confère la *juridiction* toutes les fois qu'elle donne le droit d'appliquer les lois aux cas particuliers, aux difficultés élevées entre les justiciables, par des décisions dont elle règle la forme et qu'elle prend l'engagement de faire exécuter. Le pouvoir juridictionnel est tout entier dans la faculté de connaître et de juger, *in notione* et *in judicio ; in notione*, dans le droit d'ordonner toute mesure propre à éclairer la religion du magistrat ; *in judicio*, dans le droit de prononcer une sentence, un *jugement* dans lequel le magistrat fait application de la loi au cas particulier qui lui est soumis.

Tout fonctionnaire qui a recu l'institution judiciaire a ce pouvoir nommé *juridiction;* mais tous les juges ne l'exercent pas avec la même étendue. Nous avons vu dans la première partie, consacrée à l'organisation judiciaire, que le législateur avait institué plusieurs espèces de tribunaux, création inutile si tous avaient dû exercer le même pouvoir, posséder les mêmes attributions. La loi a dû naturellement circonscrire l'étendue du pouvoir conféré à chacun des tribunaux. La juridiction, déléguée à tout tribunal, est limitée, pour chacun, par des lois qui le désignent pour connaître de telle ou telle affaire, à l'exclusion de tout autre tribunal.

Les lois fixent et déterminent la *compétence* des tribunaux. La *compétence* est le cercle dans lequel est circonscrit et renfermé pour chaque tribunal l'exercice de son pouvoir de juger. C'est la mesure de l'étendue de la *juridiction* déléguée au magistrat. La puissance de juger est limitée dans son exercice par les lois déterminatrices de la *compétence* de chaque tribunal.

274. A ces notions de la *juridiction* et de la *compétence* se rattache celle des *conflits*.

Il y a conflit, lorsqu'il y a lutte entre deux ou plusieurs autorités. Le conflit peut être *positif* ou *négatif*. Il est positif, lorsque deux ou plusieurs autorités se trouvent saisies *simultanément* du même litige et se prétendent toutes compétentes pour le juger. Le conflit est *négatif*, lorsque deux ou plusieurs autorités se sont successivement reconnues incompétentes pour connaître du même litige et s'en sont toutes dessaisies, alors qu'il est certain que le litige doit rentrer dans les attributions de l'une ou de l'autre de ces autorités.

On doit aussi distinguer le conflit de *juridiction* et le conflit d'*attribution*. Le conflit est dit de *juridiction*, lorsqu'il s'élève entre deux ou plusieurs tribunaux de l'ordre judiciaire. Il y est mis fin à l'aide de la procédure de *règlement de juges*. (Voir art. 363 à 367 C. proc. civ.)

Le conflit est dit d'*attribution*, lorsqu'il s'élève entre l'autorité judiciaire et l'autorité administrative. Cette matière, qui se rattache au droit administratif, est réglementée par les ordonnances du 1er juin 1828 et du 12 mars 1831, par le règlement du 26 octobre 1849, la loi du 4 février 1850 et la loi du 24 mai 1872, qui a rétabli un juge spécial dit *tribunal des conflits*.

LIVRE PREMIER

DE LA DIVISION DES JURIDICTIONS CIVILES

Sommaire. — Tribunaux ordinaires et tribunaux d'exception. — Différences entre ces deux sortes de juridictions.

275. Les tribunaux se divisent en trois grandes classes : la première comprend les tribunaux *ordinaires;* la deuxième, les juridictions d'*exception;* la troisième, la Cour de cassation toute seule.

La Cour de cassation a une juridiction propre, toute spéciale. Elle est instituée pour statuer sur les demandes en cassation, dirigées contre les arrêts des cours d'appel ou contre les jugements en dernier ressort des tribunaux civils, des tribunaux de commerce, des conseils de prud'hommes et des justices de paix. Elle ne statue pas sur le fond des affaires, et c'est pourquoi on a pu dire qu'elle ne constitue pas *un degré* de juridiction : mais elle est bien une juridiction, un corps judiciaire investi du pouvoir de *jus dicere.*

276. Les autres tribunaux se divisent en tribunaux *ordinaires* et en tribunaux d'*exception.* Cette division qui découle de la nature des choses, est commandée par la satisfaction à donner aux besoins sociaux. Lorsque l'État délègue à un tribunal l'administration de la justice dans une certaine portion du territoire, *à priori* ce tribunal aurait à connaître de tous les procès qui s'élèvent dans cette partie du sol national. Il aurait tout à la fois le droit d'entendre les plaideurs, d'ordonner les actes d'instruction, de juger et de faire exécuter la sentence. Son autorité n'aurait d'autres limites que celle du ressort territorial que l'État lui aurait fixé. Il aurait la plénitude de juridiction.

Mais les relations de la vie civile sont multiples : indéfinie est la complication des intérêts que ces rapports engendrent. Les lois ne sauraient prévoir toutes les hypothèses, toutes les espèces ; elles ne peuvent que poser les maximes générales du droit, établir des principes dont les juges auront à déduire les conséquences. Les détails sont abandonnés à l'examen, à l'arbitrage du magistrat. Mais ils exigent de lui des connaissances, des notions, qu'il est impossible de trouver réunies dans la même personne.

Dès lors, dans l'intérêt des justiciables, il convient de détacher de la juridiction pleine certaines matières, dont le jugement soit attribué à d'autres tribunaux. Ceux-ci, institués pour en connaître exclusivement, seront présumés posséder à un degré supérieur les connaissances nécessaires pour appliquer avec justesse les lois relatives à ces matières détachées. Par exemple, des magistrats, initiés aux usages commerciaux, seront présumés plus aptes que d'autres à interpréter et à appliquer avec discernement les lois commerciales.

Telle est la base de la distinction entre la *juridiction ordinaire* et la *juridiction extraordinaire.*

Quelques personnes indiquent, comme motif de cette distinction, le désir d'offrir aux justiciables une justice plus prompte et plus économique que celle des tribunaux ordinaires. Ce motif a bien pu guider le législateur, mais il n'est pas le seul ; car le résultat indiqué est plutôt dû à la manière dont la procédure est organisée et réglée, qu'au fait de l'institution même d'une juridiction extrordinaire,

277. La juridiction *ordinaire* est donc celle des tribunaux qui, en principe, connaissent de toutes les affaires, et dont la compétence embrasse toutes les matières, à l'exception des litiges soustraits à leur juridiction par une disposition formelle de la loi.

Par contre, la juridiction *extraordinaire* est celle des tribunaux auxquels la loi attribue la connaissance de ces cas spéciaux, enlevés à la juridiction ordinaire. Et comme chacun d'eux, strictement renfermé dans un cercle d'attributions précises, ne peut et ne doit connaître que des affaires qui lui sont spécialement et formellement déléguées, on les dénomme *tribunaux d'exception*.

Les tribunaux *ordinaires* sont les tribunaux civils d'arrondissement et les cours d'appel. Ils possèdent la plénitude de juridiction.

Les tribunaux d'*exception* sont les conseils de prud'hommes, les tribunaux de commerce et les juges de paix.

278. Plusieurs différences séparent ces deux sortes de tribunaux.

Ainsi, tandis que les tribunaux ordinaires ont une compétence générale, celle des tribunaux d'exception ne peut résulter que d'un texte clair et précis. Dès qu'il y a doute sur la portée d'un texte, la compétence du juge ordinaire doit prévaloir.

279. Les tribunaux ordinaires connaissent de tous les moyens de défense, de toutes les exceptions, des demandes reconventionnelles présentés par le défenseur, de tous les incidents qu'engendre le litige. Il n'en est pas de même des tribunaux d'exception. Leur pouvoir est plus retreint, comme nous le verrons quand nous expliquerons la règle que *le juge de l'action est le juge de l'exception.*

280. Une différence bien importante sépare encore la juridiction ordinaire des juridictions d'exception. L'exécution des jugements est de deux espèces : l'une, qui n'est que le complément d'un jugement précédemment rendu, comme les réceptions de caution, redditions de compte, liquidation de dommages-intérêts, de fruits, de dépens. Celle-là doit se faire devant le tribunal qui a rendu le jugement. L'autre, qui est l'exécution proprement dite, *exécution forcée* qui s'opère principalement par la saisie des meubles et des immeubles du débiteur.

Les tribunaux ordinaires statuent sur toutes les difficultés, relatives à l'exécution forcée des jugements rendus par eux-mêmes, par des arbitres, par des juges de paix, par des tribunaux de commerce, et des condamnations civiles prononcées par les tribunaux de répression.

Au contraire, les tribunaux d'exception ne peuvent jamais connaître de l'exécution forcée de leurs propres sentences, ni à *fortiori* de celle des jugements rendus par d'autres tribunaux. (Proc. civ., art. 442 et 553.)

La raison de cette différence tient au motif même qui a fait créer les juridictions d'exception. Elles ne l'ont été, en vue d'une bonne administration de la justice, que pour connaître de certaines matières particulières, à l'égard desquelles les juges d'exception sont réputés avoir des connaissances plus approfondies. Mais les difficultés, qui peuvent naître de l'*exécution forcée* de la décision rendue sur ces matières spéciales, n'ont rien de commun avec elles. Elles sont régies par des lois différentes, également applicables à toute difficulté du même genre. Les voies d'exécution sont, pour les sentences des juges de paix ou des tribunaux consulaires, les mêmes que pour les jugements des tribunaux civils. C'est toujours par voie de saisie-arrêt, de saisie mobilière ou immobilière que l'on exécute les uns comme les autres. Les lois relatives à l'exécution forcée sont des lois de droit commun. Leur application doit appartenir au juge ordinaire, qui a la plénitude de juridiction. Le juge d'exception, n'ayant été constitué que pour des cas spéciaux, ne peut connaître de l'application de lois, à l'égard desquelles le législateur n'indique aucune dérogation.

Cette théorie, non contestée, s'appuie sur des textes formels. L'article 442 du Code de procédure interdit aux tribunaux de commerce de connaître de l'exécution de leurs jugements. L'article 553 en attribue la connaissance au tribunal civil. La même disposition doit être appliquée aux juges de paix, avec d'autant plus de raison que tous les articles du Code de procédure, relatifs à l'exécution forcée des décisions judiciaires, établissent partout et exclusivement la compétence des tribunaux civils, pour toutes les voies qu'ils admettent à l'effet d'exécuter les actes et les jugements.

Lors des travaux préparatoires du Code de procédure et de la loi du 25 mai 1838, on proposa de donner compétence aux juges de paix au sujet de l'exécution de leurs jugements et cette proposition ne fut pas adoptée.

281. Une dernière différence existe entre les deux sortes de juridictions. Devant les tribunaux d'exception, la procédure est plus simple, plus rapide et moins coûteuse que devant les juridictions ordinaires. Nous retrouverons cette séparation en traitant des règles de procédure.

282. Pour fixer les attributions respectives de la juridiction ordinaire et des juridictions d'exception, et, dans chaque ordre de juridiction, celles des tribunaux qui les composent, le législateur s'est placé à divers points de vue. Il a considéré la valeur des objets réclamés, le territoire qui comprend dans ses limites ces mêmes objets, le lieu qu'habitent les parties, la circonstance qu'un juge est déjà saisi d'un procès et surtout la *nature* de l'action intentée par le demandeur au défendeur. Par suite, l'étude des règles déterminatrices de la compétence des divers tribunaux nécessite l'étude préalable des diverses actions, de leur nature, de leurs caractères, puisque, suivant la catégorie ou la classe à laquelle appartiendra l'action, le demandeur devra appeler son adversaire devant tel ou tel tribunal.

LIVRE II

DES ACTIONS ET DES DÉFENSES

SOMMAIRE. — Notion de l'action. — Distinction entre le droit générateur et le droit sanctionnateur. — Distinction entre l'action et la demande. — Défenses.

283. Tout droit, dont la loi reconnaît à l'homme la jouissance, suppose nécessairement celui de réclamer l'appui de l'autorité judiciaire, à l'effet d'obtenir cette jouissance si elle lui est contestée, ou de la recouvrer, lorsqu'il en a été injustement privé, ou enfin d'être indemnisé de cette privation pour le passé et même pour l'avenir, si cette jouissance ne peut être désormais par lui recouvrée.

Ce pouvoir de s'adresser ainsi à l'autorité judiciaire, pour faire cesser la violation d'un droit et, s'il y a lieu, obtenir la réparation du dommage causé, c'est l'*action*, en prenant ce terme dans son acception propre et technique. Ainsi entendue, l'action ne paraît pas différer beaucoup du droit qui lui sert de base; on peut dire que c'est le droit lui-même mis en mouvement, et il est certain que l'action et le droit ne peuvent être considérés comme deux valeurs distinctes de notre patrimoine.

284. A ce point de vue, on peut critiquer la classification du Code civil, qui place les actions au nombre des biens, à côté des droits réels ou de créance, dont elles constituent la sanction. Non, l'action n'est pas, ne saurait être un *bien* distinct du droit qui l'engendre. Et, quoique quelques auteurs l'aient enseigné, il n'est pas juridique d'admettre que l'action, considérée comme telle et en tant qu'action, puisse être l'objet de saisie et de vente forcée de la part des créanciers de celui auquel elle appartient. C'est le droit qui peut être saisi et vendu et, avec lui, comme attribut nécessaire, l'action qui sert à le faire valoir.

285. Néanmoins, il est exact, à d'autres points de vue, de distinguer l'*action* du droit auquel elle se rattache. Car si, sans lui, elle ne saurait exister, elle n'en est pas toujours le corrélatif nécessaire. Si toute action a pour base indispensable un droit, celui-ci peut n'être pas accompagné d'action. Il existe des cas où la loi nous reconnaît un droit, en ce sens qu'elle n'autorise pas celui qui nous en a procuré la jouissance ou l'émolument, qui s'est exécuté volontairement envers nous, à revenir sur cette exécution, mais dans lesquels cependant elle ne nous permet pas de contraindre en justice à cette exécution. Elle nous refuse l'*action*. On peut citer comme exemple l'obligation naturelle, la dette de jeu et de pari, etc.

Aussi la distinction entre le *droit* et l'*action*, par laquelle on en réclame la jouissance, est-elle généralement adoptée. Elle était bien admise autrefois, alors qu'on regardait, à tort selon nous, les actions comme formant une espèce de biens. Les auteurs étaient seulement divisés sur le point de savoir, si elles étaient des biens d'une nature particulière, ou soit des meubles, soit des immeubles, suivant qu'elles avaient pour objet des meubles ou des immeubles. Cette dernière opinion a été adoptée par le Code civil dans les articles 526 et 529.

286. La distinction du droit et de l'action a paru même tellement nécessaire à plusieurs jurisconsultes modernes, qu'ils considèrent les actions comme une classe de droits particuliers, qui naissent de la violation des autres droits et sont destinés à assurer leur exercice. Le droit violé prend alors la dénomination de *droit générateur*, et l'action s'appelle le *droit sanctionnateur*. Nous acceptons volontiers cette terminologie, pourvu qu'il soit entendu et reconnu que l'action ne constitue pas dans le patrimoine une valeur distincte du droit dont elle est la sanction.

Ainsi, le droit de propriété, celui d'usufruit, d'usage, une créance seront les droits *générateurs*, et l'action *en revendication*, qui est donnée au propriétaire dépossédé, l'action *confessoire* accordée à l'usufruitier, l'action *personnelle* conférée au créancier contre le débiteur, seront les droits *sanctionnateurs*.

287. Si l'action peut être ainsi distinguée du droit générateur, elle doit l'être de la *demande*, avec laquelle d'estimables jurisconsultes l'ont confondue.

La *demande*, c'est la mise en exercice de l'action. La faculté de nous adresser à l'autorité judiciaire pour faire cesser la violation de notre droit méconnu, c'est l'*action*. L'exercice actuel de ce droit, voilà la *demande*. Libre à nous de l'introduire ou non; si nous gardons le silence, il n'y aura pas demande; mais l'action n'en existera pas moins.

288. Ainsi donc trois idées s'offrent à nous, distinctes l'une de l'autre, quoique corrélatives et successives l'une à l'autre. 1° L'idée du *droit générateur*, droit de famille ou droit de patrimoine, droit de propriété ou droit de créance, dont les avantages et la jouissance appartiennent au titulaire de ce droit et doivent être respectés à son égard. 2° L'idée du *droit sanctionnateur*, l'*action* contenue en germe dans le droit générateur, mais qui ne naîtra que sous l'influence d'un fait nouveau, la violation du droit. Cette violation est la condition nécessaire de l'éclosion du droit sanctionnateur; sans elle, l'action n'a pas de raison d'être : elle ne peut exister. 3° Mais cette action n'est encore qu'à l'état d'abstraction; elle existe, mais par sa seule existence elle ne saurait engendrer un résultat. Pour dégager la vertu latente qu'elle renferme, il faut la mettre en mouvement, en saisir un juge, l'exercer. Cet exercice, cette mise en marche, c'est la *demande*.

289. A la demande, qui est la mise en mouvement de l'action, du droit sanctionnateur d'un droit générateur méconnu ou violé, correspondent les *défenses*, les divers moyens qu'a le défendeur de repousser la prétention du demandeur, de s'y opposer et de la faire rejeter soit définitivement, soit temporairement. L'étude des défenses se rattache donc nécessairement à celle des actions, et l'exacte détermination de la compétence des diverses juridictions ne peut être réalisée, qu'à l'aide de la connaissance des unes et des autres. Nous diviserons donc ce livre en deux chapitres consacrés, l'un aux actions, l'autre aux défenses.

CHAPITRE PREMIER

CLASSIFICATION DES ACTIONS CIVILES

SOMMAIRE. — PREMIÈRE SECTION. — Des actions personnelles, réelles ou mixtes. — Comparaison de l'action réelle et de l'action personnelle. — Action mixte. — Cas où elle existe. — Pétition d'hérédité. — Questions d'état. — DEUXIÈME SECTION. — Des actions mobilières ou immobilières. — TROISIÈME SECTION. — Des actions pétitoires ou possessoires. — Utilité des actions possessoires. — § Ier. Les diverses actions possessoires; conditions de recevabilité. — § II. Droits auxquels s'applique l'action possessoire. — QUATRIÈME SECTION. — Des actions civiles ou commerciales.

290. Si, comme nous l'avons établi, l'action est nécessairement rattachée au droit générateur, il s'ensuit que les actions doivent différer entre elles comme diffèrent les droits eux-mêmes. S'il a été logique et nécessaire d'établir une classification des *droits*, il est logique et nécessaire de classer les *actions;* cette nécessité est d'autant plus impérieuse que, comme nous l'avons dit déjà, le législateur s'est attaché, et avec raison, à la nature et au caractère des diverses actions pour fixer les limites de la compétence (*ratione materiæ*) de chaque juridiction et celles de la compétence (*ratione personæ vel loci*) de chaque tribunal.

Les divisions à établir entre les actions varient suivant le point de vue auquel on se place. Dans une classification qui les embrasse toutes, on divise les actions en publiques ou criminelles et en privées ou civiles.

La matière des actions publiques appartient au droit criminel, et le législateur s'en est occupé dans plusieurs textes du Code d'instruction criminelle. Nous les laisserons à l'écart.

Les actions privées se subdivisent en catégories diverses. Examinons ces classifications.

SECTION Ire. — **Des actions personnelles, réelles ou mixtes.**

291. En se plaçant au point de vue de la nature du droit dont la violation engendre l'action, les actions privées ou civiles (*lato sensu*) se subdivisent en actions personnelles, réelles ou mixtes. Cette classification se rattache à la division générale des droits qui composent le patrimoine. Elle est donc fondamentale, naturelle et nécessaire : aussi, tandis que bien des divisions des actions admises par les Romains sont aujourd'hui sans application, celle-ci a été conservée parce qu'elle correspond à la nature même des choses.

L'action *personnelle* se rattache au *droit de créance*. Et, si celui-ci est la relation juridique qui astreint une personne à accomplir, au profit d'une autre personne, une prestation déterminée, à donner, faire ou ne pas faire, *dare*, *facere*, *præstare*, l'action personnelle sera celle par laquelle nous réclamerons en justice l'exécution de l'obligation consentie ou imposée par la loi, celle par laquelle un créancier poursuit son débiteur pour qu'il soit contraint à remplir son engagement, ou, à défaut d'accomplissement, à payer des dommages-intérêts. Elle se dirige toujours contre la personne obligée.

L'action *réelle* se rattache au *droit réel*. Celui-ci étant le pouvoir qu'a une personne de retirer, immédiatement et exclusivement à toute autre, l utilité, totale ou partielle, produite par une chose corporelle, l'action réelle est celle par laquelle le titulaire du droit poursuit celui qui met obstacle à sa jouissance immédiate et directe. Mais, comme cet obstacle ne peut émaner que du détenteur de la chose, c'est contre ce détenteur, et contre lui seul, que l'action réelle peut être intentée. Elle naît du droit direct et immédiat que nous avons sur la chose ; elle la suit et se donne contre quiconque possède. Il ne servirait de rien de l'intenter contre une autre personne, puisque seul, celui qui possède, peut faire cesser l'obstacle apporté à notre jouissance directe.

292. Comparaison de l'action personnelle et de l'action réelle. —

De la différence profonde existant entre les droits générateurs de l'une et de l'autre, il résulte que l'action personnelle diffère de l'action réelle, sous le triple point de vue de l'origine, de la personne passible de l'action et des conclusions à prendre par le demandeur.

1° *Origine.* — L'action *personnelle* dérive nécessairement d'une *obligation* à laquelle le défendeur, l'actionné ou ceux qu'il représente, sont soumis, soit par leur consentement, comme au cas de contrat, soit par la disposition de la loi, comme au cas de quasi-contrat, délit ou quasi-délit.

L'action *réelle*, au contraire, ne suppose pas nécessairement l'existence d'une obligation. Si, en vertu de l'article 1138 du Code civil, le droit réel, qui sert de fondement à l'action, a pu être acquis en vertu d'un contrat passé avec l'actionné ou ses auteurs, il peut aussi avoir été acquis sans leur participation, sans engagement de leur part ni d'autrui, comme au cas de prescription. Par exemple, le demandeur a pu acquérir par prescription une servitude continue et apparente sur le fonds voisin (art. 690), ou l'immeuble revendiqué à l'aide de la prescription trentenaire (art. 2262, Cod. civ.).

2° *Personne passible de l'action.* — L'action personnelle s'exerce contre l'obligé ou son représentant. Qu'on n'objecte pas que les biens du débiteur formant le gage de l'obligation, l'action personnelle tend à atteindre les biens et à en dépouiller le débiteur. Outre que le demandeur ne recevra pas les biens eux-mêmes, mais seulement leur valeur totale ou partielle, la possession par le débiteur d'un ou de plusieurs biens n'est pas une condition de la recevabilité de l'action personnelle. Celle-ci peut être intentée, quoique le débiteur n'ait pas de biens ou n'en ait point transmis à ses représentants. S'il a aliéné les biens qu'il possédait, l'action ne peut plus réfléchir contre eux : elle ne les suit pas dans les mains du nouveau détenteur, qui n'est pas lié envers le demandeur par le rapport obligatoire, relatif et personnel qui rattache le débiteur au créancier.

Au contraire, l'action *réelle* s'exerce contre le possesseur du bien, sur lequel existe le droit réel violé ou méconnu. On ne peut diriger l'action contre la chose, objet inanimé : on est forcé de s'adresser au possesseur, parce que de lui seul provient l'obstacle apporté à la jouissance du droit réel. Mais il n'est poursuivi qu'en cette seule qualité, et non comme obligé ou comme représentant de l'obligé. Si le possesseur aliène la chose, l'action réelle la suit entre quelques mains qu'elle passe et abandonne le possesseur ancien pour se diriger contre le nouveau. Cela tient à ce que le droit réel, source de l'action réelle, est *exclusif*, opposable à tous, tandis que le droit de créance est un droit tout *relatif*, ne pouvant être invoqué que contre celui qui est tenu de fournir la prestation promise, ou imposée par la loi.

3° *Conclusions.* — Par l'action *personnelle*, on demande que la personne obligée ou son représentant fasse ou donne ce qu'elle est obligée de faire ou de donner.

Par l'action *réelle*, on demande que la chose soit déclarée appartenir au réclamant, ou être affectée de son droit réel, tel qu'un droit d'usufruit ou de servitude. Si l'on conclut aussi à ce que l'actionné soit tenu de délaisser l'immeuble revendiqué, ou de consentir au libre exercice du droit réel de servitude, c'est qu'il est impossible d'agir autrement. Cette conclusion n'est pas prise contre le possesseur, comme conséquence d'une obligation par lui contractée, mais comme *conséquence de sa possession* et de l'obstacle qu'elle apporte à l'exercice du droit réel. Cette réclamation porte si peu contre la personne elle-même, que si le possesseur délaisse la chose, il est affranchi de l'action réelle. Ainsi le tiers détenteur d'un bien grevé d'hypothèques s'affranchit des poursuites des créanciers hypothécaires en délaissant l'immeuble (art. 2169 et 2172, C. civ.). Le débiteur, au contraire, ne peut se mettre à l'abri de l'action personnelle en abandonnant ses biens. Il reste tenu de remplir l'obligation à laquelle il est soumis.

293. Doivent donc être classées parmi les actions *réelles*, toutes celles dans lesquelles le demandeur n'invoque comme droit principal qu'un *droit réel*. Ainsi, par exemple, l'action en *revendication* que le propriétaire intente contre le détenteur, en vertu du droit de propriété qu'il a sur un ou plusieurs objets particuliers ; l'action *confessoire* par laquelle on veut faire reconnaître, contre le détenteur d'un immeuble, l'existence d'un droit d'usufruit, d'usage, d'habitation ou de servitude sur le fonds par lui possédé ; l'action *négatoire*, par laquelle le demandeur, prétendant que sa chose n'est grevée d'aucun droit d'usufruit, d'usage, d'habitation ou de servitude, affirme en réalité la plénitude de son droit de propriété ; ou l'action *hypothécaire* par laquelle un créancier fait valoir contre un tiers détenteur de l'immeuble hypothéqué son droit de privilège ou d'hypothèque ; l'action *possessoire* par laquelle le possesseur d'un immeuble ou d'un droit réel immobilier demande à être maintenu dans sa possession ou réintégré dans celle qu'il a perdue ; les actions en *résolution* ou *révocation* d'un droit réel, quand elles sont dirigées contre un tiers détenteur.

294. Sont *personnelles* toutes les actions qui ont pour cause un droit de créance. Leur énumération est impossible à faire, à raison de la faculté illimitée qu'ont les hommes de créer des obligations, sous la seule réserve du respect de l'ordre public et des bonnes mœurs. Nous dirons que, comme les obligations qu'elles sanctionnent, elles résultent des contrats, des délits, des quasi-contrats, des quasi-délits ou de la loi. Sont encore *personnelles* les actions en nullité, rescision, résolution ou révocation d'une obligation ; car le demandeur n'invoque pas un droit réel et prétend seulement que le défendeur s'enrichirait à ses dépens, en demeurant créancier d'une obligation dépourvue de cause juridique, constituée par un acte nul ou annulable, ou soumise à une condition résolutoire qui s'est réalisée. Ainsi, par exemple, sont personnelles les actions en nullité d'une obligation entachée d'erreur, de violence ou de dol, formée par un incapable, basée sur une fausse cause ou sur une cause illicite, l'action paulienne, etc., etc.

295. Action mixte. — Mais notre division est tripartite, et nous avons indiqué une troisième espèce d'action civile, l'action mixte. Que peut-elle être ? A première vue, elle paraît impossible. En effet, tous les droits de notre patrimoine étant, ou des *droits réels*, ou des *droits de créance*, la violation de ces droits ne peut donner naissance qu'à l'action réelle ou qu'à l'action personnelle. Une même action n'est jamais à la fois réelle et personnelle. L'opinion contraire impliquerait qu'un même droit peut être tout ensemble droit réel et droit de créance, exister contre tout le monde et néamoins n'exister que contre une personne déterminée, être à la fois absolu et relatif, immédiat et médiat, engendrer et ne pas engendrer, en même temps, droit de suite et droit de préférence. C'est illogique et impossible. En conséquence, il semble qu'il ne puisse exister que deux sortes d'actions, la réelle et la personnelle.

296. Justinien, dans ses *Institutes*, (§ 20 du titre *De actionibus*, l. IV, tit. 6), parlait d'actions *quæ mixtam causam obtinere videntur*. L'explication de ce passage des *Institutes* divise les commentateurs du droit romain et a donné naissance à plusieurs interprétations. Nous n'avons pas à les exposer ici, et nous renvoyons le lecteur aux ouvrages spéciaux. Dans notre ancien droit, Loyseau (*Déguer-*

pissement, liv. II, chap. 1er, nos 5 et 6), Duparc-Poullain (*Principes du droit*, tome VIII, p. 4), Pothier (*Introduction générale*, n° 122), admettaient aussi l'existence d'actions mixtes. Les rédacteurs du Code de procédure ont distingué les matières mixtes des matières réelles ou personnelles, dans les articles 59 et 64 de ce Code.

Le droit romain, l'ancien droit français et le droit actuel admettent donc l'existence d'actions mixtes. C'est incontestable, quoique quelques auteurs aient prétendu que le droit français ne reconnaissait pas l'existence de semblables actions.

Mais, ce premier point établi, il reste à examiner à quelles actions on doit reconnaître un caractère mixte, en quoi consiste ce caractère, et la question n'est pas facile à résoudre en présence du silence de la loi.

297. Les actions auxquelles Justinien donnait la qualification de mixtes, dans le sens qui nous occupe, c'est-à-dire en tant qu'on envisage l'action comme étant à la fois réelle et personnelle, *tam in rem quam in personam*, étaient au nombre de trois (1) : l'action en partage d'une hérédité (*familiæ erciscundæ*) l'action ; en partage d'une chose commune (*communi dividundo*) et l'action en délimitation ou bornage (*finium regundorum*).

Nous n'avons pas à examiner si les trois actions divisoires constituent, d'après le droit romain, de véritables actions mixtes, des actions tout à la fois réelles et personnelles. Il nous suffit de constater qu'elles ont toujours été envisagées comme telles en droit français. Elles doivent l'être encore ; car elles sont mixtes à un double point de vue.

Elles sont mixtes quant à leur *fondement*. Elles s'appuient tout à la fois, et sur le droit de propriété de chacun des communistes ou voisins, et sur une obligation réciproque imposée aux uns envers les autres par la loi. Il faut être propriétaire pour pouvoir intenter l'une ou l'autre de ces actions, et cependant aucun des communistes ou voisins ne pourrait, en vertu du seul droit de propriété, contraindre les autres à la division ou à la délimitation. Il ne puise cette faculté que dans l'obligation personnelle, imposée par la loi à tout communiste ou voisin de concourir, à frais communs, au partage ou au bornage (art. 646 et 815 Cod civ.).

1. Les Romains donnaient aussi la qualification de *mixtes* à d'autres actions ; mais le mot était employé dans un tout autre sens, comme lorsqu'il servait à qualifier les actions tout à la fois *rei persecutoriæ* et *pœnales*.

Ces actions sont encore mixtes quant à leur *objet*. Elles tendent d'abord à l'exécution de l'obligation légale, et ensuite au délaissement de ce qui, par le résultat du partage ou de la délimitation, sera attribué à chacune des parties, comme l'action réelle en revendication tend au délaissement de l'immeuble revendiqué.

298. Les rédacteurs du Code de procédure n'ont-ils eu en vue que ces trois actions ? C'est peu probable ; car, si elles étaient seules considérées comme mixtes, la disposition du § 4 de l'article 59 (Proc. civ.) aurait bien peu d'applications. En effet, le § 6 soumettant l'action en partage d'une hérédité à une règle spéciale, ce n'est pas cette action que le législateur a pu viser, quand il a posé une règle de compétence pour les matières mixtes. Il n'a pas visé non plus l'action en partage d'une communauté conjugale, puisque celle-ci est soumise aux mêmes règles de forme et de fond que l'action en partage d'une succession (art. 1476 Cod. civ.). De même, l'action en partage d'un objet commun est assimilée à l'action en partage d'une hérédité, toutes les fois que la communauté provient d'une société (art. 1872 Cod. civ.). Le cas où l'indivision existe, sans société ou communauté conjugale préalable, est beaucoup trop rare, pour qu'on puisse supposer que l'article 59 n'a voulu désigner que ce cas unique, par la dénomination de matière mixte.

Quant à l'action en bornage, outre qu'il serait déraisonnable de porter cette action devant un autre juge que celui de la situation des héritages, il résulte de la combinaison de l'article 3 du Code proc. civ. et de l'art. 6 de la loi du 25 mai 1838, qu'elle doit, au point de vue de la compétence, être traitée comme une action réelle immobilière.

Donc, ou le § 4 de l'article 59 du Cod. proc., renferme une règle sans portée, ou il y a d'autres actions mixtes que les trois actions divisoires sus-indiquées. Quelles sont-elles ?

299. Une classe d'actions mixtes a pris naissance dans l'ancienne jurisprudence française et elle existe encore incontestablement aujourd'hui. Elle comprend, comme l'indiquait Pothier, toutes les actions qui tendent à recouvrer la propriété d'un immeuble, au moyen d'une résolution ou d'une rescision.

S'écartant des principes purs du droit romain et développant une théorie, dont le germe se trouvait du reste dans un texte d'Ulpien (L. 29, D., *De mortis causa donat.*), nos anciens auteurs admirent que, si une personne, en transmettant un bien, avait imposé certaines charges ou conditions à l'acquéreur et stipulé expressément que le contrat serait résolu, au cas d'inexécution de ces charges, la condition résolutoire venant à se réaliser, les choses étaient remises dans l'état primitif, et qu'en conséquence le droit réel de propriété renaissait au profit de l'aliénateur. Celui-ci était donc *propriétaire* de l'objet et *créancier* de l'acquéreur obligé à le lui restituer. — Puis une doctrine, qui prévalut à partir du seizième siècle, vint rendre la condition résolutoire plus fréquente. On la considéra comme sous-entendue dans les contrats synallagmatiques et dans les contrats à titre onéreux, pour le cas où la partie obligée ne satisferait pas à son engagement. Cette doctrine, adoptée par le législateur moderne, est reproduite par l'article 1184 du Code civil. Donc, si dans un contrat relatif à la transmission d'un immeuble, dans une vente, par exemple, l'acquéreur de cet immeuble n'exécute pas les obligations par lui contractées, ne paye pas le prix, cette inexécution, sans qu'une convention spéciale soit nécessaire, cette inexécution a pour effet de permettre à l'aliénateur de demander la résolution de l'aliénation et de faire revivre à son profit le droit de propriété. De là, une source abondante d'actions mixtes. Celui qui invoque la réalisation d'une condition expresse ou tacite, actionne, d'une part, son adversaire à raison de l'inexécution des obligations contractées par celui-ci. A ce point de vue, son action est *personnelle*. Mais, en se prévalant, d'autre part, de la résolution opérée, il se présente comme étant resté propriétaire de l'immeuble transmis et en réclame la restitution. A ce point de vue, l'action est *réelle*, car elle s'appuie sur le droit de propriété qui est censé n'être jamais sorti du patrimoine de l'aliénateur. L'action est *personnelle* dans son principe, puisqu'elle découle des engagements pris; mais elle est *réelle* aussi, puisqu'elle tend à faire restituer l'immeuble aliéné à celui qui est réputé être resté propriétaire.

300. Et c'est ce caractère de réalité qui permet à l'aliénateur, sous condition résolutoire expresse ou tacite, d'actionner les sous-acquéreurs, au cas où l'obligé primitif a transmis à autrui l'immeuble, objet du contrat. Si l'action n'était pas réelle, le sous-acquéreur ne pourrait être actionné en restitution de l'immeuble, car il n'a pas traité avec le premier aliénateur; il n'est pas tenu d'une obligation envers lui.

Mais lorsqu'il existe ainsi un obligé primitif et un tiers détenteur, à l'égard duquel le vendeur invoque la condition résolutoire, il est plus exact de dire que l'action, qui était d'abord *mixte* contre l'obligé, se dédouble. Il y a alors deux actions : une action *personnelle*, à l'égard de l'acquéreur primitif; une action *réelle*, à l'égard du sous-acquéreur : une action *personnelle* contre l'acheteur pour faire prononcer envers lui la résolution; mais à son égard plus d'action réelle, puisqu'il ne possède pas l'immeuble aliéné; une action *réelle* contre le sous-acquéreur, actionné comme détenteur; mais pas d'action personnelle contre lui, car il n'a pas contracté avec le vendeur : il ne s'est pas obligé envers lui, et, simple acquéreur à titre particulier, il n' a pas succédé à l'obligation personnelle de son vendeur. Il n'y a plus, à proprement parler, d'action mixte.

Mais, en pratique, et au point de vue de la compétence, le résultat sera le même. A raison de la connexité qui les unit, les deux actions, la personnelle et la réelle, seront portées devant le même tribunal. Si le vendeur intente d'abord contre l'acheteur l'action personnelle, il pourra assigner ensuite le tiers acquéreur, et, à raison de la connexité existant entre les deux demandes, réclamer leur jonction et faire statuer par un seul jugement sur sa double prétention. Un résultat analogue se produira, si c'est le tiers acquéreur qui a été actionné le premier devant le tribunal de la situation de l'immeuble litigieux.

301. A cette source d'actions mixtes, comprenant toutes les actions qui tendent à recouvrer un immeuble à la suite d'une résolution ou d'une rescision et dont le Code civil nous offre de nombreux exemples (Voy. art. 956, 1184, 1654, 1659, 1674, etc.), les rédacteurs de ce même Code civil en ont joint une autre plus abondante encore.

La théorie nouvelle, admise dans l'article 1138 du Code civil, en vertu de laquelle l'obligation de livrer un *corps certain* rend le créancier *propriétaire*, a engendré une autre catégorie d'actions mixtes. Si aujourd'hui l'acquéreur d'un immeuble devient propriétaire *inter partes* par le seul effet du contrat, il n'a plus seulement, comme autrefois, une simple action personnelle contre son vendeur. Il a comme propriétaire une action réelle. Mais il est aussi créancier en vertu du contrat. On lui doit la délivrance de cet immeuble. Il y a là une obligation contractée par le vendeur (art. 1136, 1603, etc., Cod. civ.). L'acquéreur, qui actionne le vendeur en délivrance de l'immeuble, se présente donc à un double titre : comme *créancier* et comme *propriétaire*. Il exerce donc une action *mixte*, puisqu'elle se base à la fois sur un droit de créance et sur un droit réel, et que l'action en délivrance fondée sur le contrat emporte *virtuellement* contestation sur l'existence du droit réel, comme sur le droit de créance.

Toutes les actions en délivrance d'un corps certain dû en vertu d'une convention de donner sont mixtes.

Il en est de même des actions en délivrance d'un corps certain dû en vertu d'un legs. Le légataire se pose au regard de l'héritier au double titre de *créancier* et de *propriétaire* : de créancier, puisque l'héritier qui accepte la succession s'oblige par un quasi-contrat à l'exécution du legs (art. 724 Cod. civ.); de propriétaire, puisque le legs est par lui-même translatif de la propriété de la chose qu'il a pour objet (art. 711 Cod. civ.).

302. Telles sont les diverses actions mixtes reconnues et admises dans le droit français actuel. Nous n'y comprendrons pas l'action par laquelle le vendeur poursuit la réalisation d'une vente et le payement du prix de cette vente, bien qu'il offre de mettre l'acquéreur en possession de l'immeuble vendu. Il intente une pure action personnelle.

A l'inverse, une demande en revendication, fondée sur le droit réel de propriété, ne peut être envisagée comme mixte, au cas où la demande principale serait accompagnée d'une demande accessoire en restitution de fruits, ou en payement de dommages-intérêts. Les demandes de ce genre ne sont qu'accidentelles et accessoires et ne peuvent dénaturer le caractère de l'action à laquelle elles sont jointes. La matière n'est pas mixte, puisque la contestation n'a pour objet principal qu'un droit réel. Lorsque le demandeur revendique l'immeuble, il agit comme propriétaire : c'est le droit de propriété qui sert de principe et de fondement à son action. Il serait, en outre, trop aisé pour le demandeur de changer le véritable caractère de son action, en formant à tort ou à raison ces demandes accessoires. Le caractère d'une action ne peut dépendre de la volonté des parties.

303. La question de savoir si la *pétition d'hérédité*, l'action par laquelle l'héritier réclame de celui qui en a pris possession comme successeur à titre universel du défunt, le délaissement de tout ou partie des biens héréditaires, doit être classée parmi les actions mixtes, a été de tout temps controversée. Mais, à nos yeux, cette action n'est pas autre chose que l'action en revendication appliquée à une universalité. Elle rentre dans la classe des actions réelles, quoiqu'elle puisse être accompagnée d'une demande en restitution de fruits ou de dommages-intérêts.

304. Cette recherche des diverses sortes d'actions mixtes achevée, quelle définition en donnerons-nous? Quelques auteurs disent : L'action *mixte* est celle par laquelle le demandeur conclut, en sa double qualité de créancier et de propriétaire, à la délivrance d'une chose. Cette définition ne nous paraît pas comprendre tous les cas d'action mixte, et nous préférons celle qu'en donnent MM. Aubry et Rau. L'action mixte est celle qui emporte tout à la fois contestation et sur un droit de créance et sur un droit réel, en ce sens que la décision, qu'elle a pour objet de provoquer sur l'existence du droit de créance, aura pour effet virtuel de résoudre la question de l'existence du droit réel.

305. Actions relatives a l'état des personnes. — Dans cette division tripartite des actions civiles, en réelles, personnelles ou mixtes, nous n'avons fait entrer que les actions relatives au patrimoine. Mais l'état des personnes peut donner naissance à des contestations. Quel est le caractère de l'action relative à une question d'état, intentée soit pour faire constater la nationalité, soit pour faire prononcer la nullité d'un mariage, ou la mainlevée d'une opposition à mariage, ou la séparation de corps, soit pour faire constater ou dénier la légitimité d'un enfant, etc.?

A première vue, ces actions devraient être classées parmi les actions réelles. L'état des personnes a plus de ressemblance avec le droit absolu de propriété qu'avec le droit purement relatif d'obligation. A l'exemple des droits réels, l'état des personnes existe vis-à-vis de tous et peut être établi contre quiconque le conteste. Aussi Justinien a-t-il pu dire des *præjudicia de statu* qu'ils ressemblent aux actions réelles, *in rem esse videntur*. (Just., § 13, *De act.*)

Mais dans le droit moderne, et au point de vue de la détermination de la compétence des tribunaux (le seul qui nous occupe), on doit les assimiler aux actions personnelles.

SECTION II. — **Des actions mobilières ou immobilières.**

306. La division précédente se rattachait à la nature du droit générateur, dont l'action, le droit sanctionnateur, n'est que le corollaire. La division actuelle s'offre à nous, si nous nous attachons à la nature du bien, de la chose réclamée. Cette chose est-elle un immeuble, l'action sera immobilière ; est-elle un meuble, l'action sera mobilière.

Et si nous combinons cette classification, facile à comprendre, avec la précédente, nous arrivons à reconnaître qu'une action peut être à la fois *réelle* et mobilière ou immobilière, ou *personnelle* et mobilière ou immobilière.

On confond souvent dans la pratique les actions *mobilières* avec les actions *personnelles*, et les actions *immobilières* avec les actions *réelles*. C'est une erreur. On peut être propriétaire d'un meuble aussi bien que d'un immeuble ; l'action mobilière peut donc être *réelle* comme une action immobilière. Réciproquement une action immobilière peut n'être que *personnelle ;* car je puis être créancier d'un immeuble sans en être en même temps propriétaire.

307. L'action *réelle mobilière* sera celle par laquelle on réclamera la restitution d'un meuble corporel, dont on se prétend propriétaire. Elle se rencontre rarement dans la pratique, à cause de la règle de l'article 2279, Cod. civ. *En fait de meubles possession vaut titre.* Dès qu'on possède un meuble, pourvu qu'on l'ait reçu de bonne foi et en vertu d'un juste titre, on en acquiert la propriété. Il en résulte qu'on ne revendique pas les meubles. Revendiquer ou exercer une action réelle, c'est agir contre un tiers qui détient notre chose. Or, dès qu'un tiers détient le meuble, il cesse d'être à nous. Je ne puis revendiquer contre un acquéreur de bonne foi le meuble que je vous avais prêté, car, dès qu'il en a acquis la possession, j'ai cessé d'en être propriétaire. — Mais l'article 2279 ne s'applique que sous certaines conditions : le possesseur actuel du meuble doit être de bonne foi, et avoir reçu l'objet mobilier en vertu d'un juste titre, pour pouvoir repousser la revendication du précédent propriétaire et s'abriter sous la règle de l'article 2279. Si l'une de ces conditions manque, ou si l'on se trouve dans le cas de perte ou de vol prévu par le même texte, la revendication du meuble par son propriétaire contre le possesseur actuel est possible, et l'action qu'il intentera sera *réelle mobilière.*

308. L'action *réelle immobilière*, celle par laquelle on veut faire reconnaître et respecter un droit réel portant sur un immeuble, est au contraire d'une application fréquente. Le possesseur de l'immeuble, qui n'a pas traité avec le véritable propriétaire, est soumis à la revendication de celui-ci, soit pendant dix à vingt ans (art. 2265), soit pendant trente ans (art. 2262). Tant que l'usucapion n'est pas accomplie à son profit, il peut être utilement actionné. Les droits réels d'usufruit, d'usage, de servitude, donnent aussi fréquemment naissance à des actions réelles immobilières, quand ils sont contestés et tant qu'ils n'ont pas été anéantis par les causes d'extinction, indiquées aux articles 617, 618, 619, 703, 705, 706 du Code civil.

309. L'action *personnelle immobilière*, celle par laquelle on se prétend uniquement créancier d'un immeuble envers une autre personne obligée de nous en transmettre la propriété, cette action se présentait souvent dans notre ancien droit. La règle nouvelle, admise par l'article 1138 du Code civil, n'existait pas. Le contrat de vente, par exemple, ayant pour objet un immeuble déterminé, un corps certain, ne rendait pas l'acquéreur propriétaire de cet immeuble. Il n'en était que créancier, et l'action personnelle avait pour but d'obtenir la propriété de l'immeuble vendu, l'accomplissement de la tradition nécessaire pour le transport du droit réel. De nos jours, par suite du principe nouveau admis dans l'art. 1138, l'acquéreur d'un immeuble déterminé en devient instantanément propriétaire par le contrat, *solo consensu*, sauf l'application des règles de la transcription à l'égard des tiers, et nous savons que l'action en délivrance qui lui appartient doit être classée parmi les actions mixtes; mais elle sera immobilière.

L'action *immobilière personnelle* ne peut exister qu'au cas où l'acquéreur n'est pas devenu propriétaire, c'est-à-dire au cas où l'immeuble, objet du contrat de vente ou de donation, n'est pas un corps certain et déterminé. L'immeuble est alors une chose de genre, *genus*, et non *species*. La convention de donner est alors simplement productive d'obligations. On a vendu, par exemple, 50 hectares de bois à prendre dans une forêt de deux mille hectares. Tant qu'il n'y aura pas entre les parties délimitation des 50 hectares vendus, il sera impossible de considérer l'acquéreur comme propriétaire; il ne peut être que créancier. Son action en délimitation et délivrance des 50 hectares vendus sera donc une action *personnelle*; mais elle tend à faire obtenir un immeuble : elle sera *immobilière*.

310. L'action *personnelle mobilière* est celle par laquelle on réclame l'exécution d'une obligation de donner des choses mobilières déterminées quant au genre seulement, de la promesse de payer une somme d'argent ou de fournir une quantité déterminée de choses fongibles, comme cent hectolitres de blé ou de vin. Il faut comprendre aussi sous cette dénomination l'action née à la suite d'une obligation de faire ou de ne pas faire; car ces obligations, au cas d'inexécution, se résolvent en dommages-intérêts, et ceux-ci sont toujours évalués en argent, chose mobilière et fongible.

Dans quelques textes, et notamment dans l'article 1er de la loi du 25 mai 1838, le législateur qualifie cette action de *pure personnelle* pour la distinguer de la personnelle immobilière et de la réelle mobilière. Mais l'usage s'est établi de la désigner seulement par les mots : *action personnelle.*

311. L'intérêt pratique de la distinction des actions en mobilières ou immobilières existe à divers points de vue : 1° La capacité d'agir en justice est généralement plus étendue en matière mobilière qu'en matière immobilière. On peut voir sur ce point les dispositions des articles 464, 482, 1428 du Code civil. 2° Le taux du dernier ressort est différemment fixé à l'égard des tribunaux civils : en matière mobilière, c'est la somme de 1500 fr. de principal ; en matière immobilière, celle de 60 fr. de revenu. 3° Quant à la compétence *ratione materiæ,* le législateur fixe les attributions des diverses juridictions, pour les actions mobilières d'après le chiffre de la demande, et, pour les actions immobilières, d'après leur nature ; ainsi les actions immobilières pétitoires se portent au tribunal de première instance, les actions possessoires devant la justice de paix. 4° S'agit-il de la compétence *ratione personæ vel loci,* les actions mobilières, sauf exception, s'intentent devant le tribunal du domicile du défendeur : les actions immobilières, quand elles sont en même temps réelles, sont déférées au tribunal dans l'arrondissement duquel est situé l'immeuble litigieux.

SECTION III. — **Des actions pétitoires ou possessoires.**

312. Les deux divisions des actions, que nous venons d'étudier, comprennent toutes les actions relatives au patrimoine. Elles sont toutes ou personnelles, ou réelles, ou mixtes, toutes ou mobilières ou immobilières. Au contraire, le classement que nous allons examiner ne se réfère qu'à une certaine catégorie d'actions et ne constitue plus une division générale, mais une subdivision. Ce sont seulement les actions réelles immobilières qui se subdivisent en *pétitoires* et en *possessoires ;* ce classement est étranger aux actions personnelles (1) et aux actions réelles mobilières.

313. Les actions *pétitoires* protègent la propriété immobilière ou les autres droits réels immobiliers, comme les droits d'usufruit, d'usage, d'habitation ou de servitude. Les actions *possessoires* protègent la possession de ces mêmes droits, et même, l'une d'elles, la simple détention d'un immeuble corporel.

L'action *pétitoire* est celle par laquelle le propriétaire d'un immeuble, ou le titulaire d'un droit réel immobilier, agit pour recouvrer ou pour obtenir la reconnaissance et le libre exercice de son droit méconnu et violé.

L'action *possessoire* est celle par laquelle le possesseur d'un fonds, ou d'un droit réel immobilier susceptible de possession, tend à faire cesser le trouble apporté à sa possession, ou à se faire réintégrer dans l'immeuble dont il a été violemment expulsé.

314. La distinction des actions réelles immobilières en pétitoires et en possessoires présente plusieurs intérêts. 1° La loi n'exige pas le même pouvoir et la même capacité pour exercer une action possessoire que s'il s'agit d'intenter une action pétitoire. Ainsi le tuteur peut intenter, sans autorisation du conseil de famille, les actions possessoires qui compètent au mineur ; cette autorisation est nécessaire pour les actions réelles immobilières. Pour ces dernières, le mineur émancipé doit être assisté de son curateur (art. 464 et 482 Cod. civ.). Ainsi encore le mari peut intenter seul, sous les régimes de communauté et d'exclusion de communauté, les actions possessoires relatives aux immeubles de sa femme, tandis que les réelles immobilières pétitoires doivent être intentées par la femme, assistée et autorisée de son mari, etc. 2° Les actions pétitoires sont de la compétence des tribunaux de première instance au premier degré, et au second degré de celle des cours d'appel. Les actions possessoires sont jugées en premier ressort par les juges de paix et en appel par les tribunaux d'arrondissement.

315. Quelles sont les actions pétitoires immobilières ? La revendication, qui protège et sanctionne le droit réel de propriété pleine,

(1) Sauf ce qui sera dit sur la réintégrande.

commune ou mitoyenne : la pétition d'hérédité et les actions qui doivent lui être assimilées, telles que l'action qu'intentent les envoyés en possession provisoire ou définitive des biens d'un absent pour s'en faire mettre en possession ; l'action de l'absent de retour qui veut obtenir de ces mêmes envoyés la restitution de ses biens ; celle intentée par les enfants et descendants de l'absent contre les mêmes personnes, etc. ; les actions confessoire et négatoire en matière d'usufruit, d'usage, d'habitation, de servitude ; l'action hypothécaire, les actions en révocation ou résolution d'un droit réel immobilier.

316. La matière des actions possessoires a toujours, et non sans raison, été réputée ardue et difficile. De nombreux et savants auteurs lui ont consacré de remarquables ouvrages. La jurisprudence a rendu et rend chaque jour un nombre considérable de décisions. Nous ne ferons connaître sur ces actions que ce qui est indispensable pour acquérir des notions nettes, succinctes, précises et fondamentales qui, bien possédées, permettront de lire les ouvrages plus développés et de comprendre les difficultés qui se présentent dans la pratique.

317. Et d'abord quelle est l'utilité des actions possessoires ? L'utilité, la nécessité des actions possessoires n'apparaît pas à première vue. Il semble que l'action *pétitoire*, la revendication, par laquelle le propriétaire d'un immeuble demande la constatation de son droit de propriété et réclame la restitution de son immeuble, que l'action confessoire ou négatoire par laquelle le propriétaire d'un fonds réclame l'exercice d'un droit réel de servitude ou repousse l'existence et l'exercice d'un pareil droit, doivent suffire à protéger efficacement le droit de propriété, et que lui seul mérite cette protection. Mais la réflexion la plus rapide démontre bien vite l'insuffisance des actions pétitoires et l'impossibilité où l'on se trouve de leur demander la protection de certains intérêts et de situations respectables.

A côté du droit de propriété garanti et sanctionné par l'action pétitoire, se produit un état de fait qui constitue la possession. Cet état de fait peut être réuni au droit et le même individu être à la fois le propriétaire et le possesseur d'un immeuble. Cet état de fait peut aussi être contraire au droit et exister au profit d'un autre que le propriétaire, de telle sorte que celui-ci ne possède point l'immeuble et que le possesseur de l'immeuble n'en est pas le propriétaire. Le propriétaire, non possesseur, a l'action en revendication pour reprendre la jouissance de son bien. Mais faut-il l'obliger à recourir à cette voie juridique, lorsqu'il est tout à la fois propriétaire et possesseur, si quelque trouble vient à être apporté à sa jouissance? Faut-il lui imposer de faire à l'encontre de l'auteur de ce trouble la preuve de son droit de propriété? Faut-il aussi laisser, sans défense, à la merci de tout envahisseur, le possesseur qui, non propriétaire, ne pourra intenter l'action pétitoire ?

Le législateur ne l'a point pensé, et, en créant les actions possessoires, est venu compléter, pour la propriété immobilière et pour certains droits réels immobiliers, le système de défense commencé par la création des actions pétitoires. Les actions possessoires sont nées de la nécessité, de la force même des choses : elles se sont imposées au législateur et ne sont pas l'œuvre d'un pur arbitraire.

318. En effet, qu'est-ce que la *possession ?* Dans un sens large et étendu, cette expression indique un état ou relation de fait, qui donne à une personne la possibilité physique, actuelle et exclusive, d'exercer sur une chose corporelle des actes matériels d'usage, de jouissance et de transformation.

Si une personne tient de fait une chose sous sa puissance, sans avoir l'intention, en exerçant des actes matériels de jouissance, de soumettre cette chose à l'exercice d'un droit réel, ce fait prend plus particulièrement la dénomination de *possession naturelle* ou de *détention*. Si la relation de fait s'évanouit, la détention cesse. Si, au contraire, la personne, qui exerce sur une chose des actes matériels d'usage ou de jouissance, tient cette chose sous sa puissance avec l'intention de la soumettre, par l'accomplissement de ces actes, à l'exercice d'un droit de propriété (*animus sibi habendi*), cet état de fait, joint à cette intention, constitue la possession proprement dite, la *possession juridique*. Et, sous cette dénomination, la langue juridique moderne comprend aussi ce que les romanistes appellent la *quasi-possession* des servitudes, c'est-à-dire, le fait d'exercer une servitude réelle ou personnelle avec l'intention de l'exercer à titre de droit.

319. Considérée en elle-même, cette possession ne constitue qu'un simple fait, dénué d'effets juridiques. Mais la réitération, la répétition des actes matériels d'usage ou de jouissance, qui est un des éléments de cette possession, n'est, en général, réalisée que par celui qui est propriétaire de la chose, ou titulaire d'un droit réel de servitude. Dans une situation régulière et normale, le possesseur d'un immeuble est en même temps propriétaire. C'est là l'état de choses habituel. Il y a, au contraire, dérogation à l'état normal, quand celui qui possède un bien n'en est pas le propriétaire. Le sens commun nous incite donc à présumer que le possesseur est en même temps propriétaire de la chose possédée.

Car le droit de propriété s'exerce et se manifeste par la réitération des actes, dont l'accomplissement intentionnel constitue la possession. Pour jouir d'une chose, en percevoir les fruits ou les produits, il faut être possesseur. Sans la possession, le propriétaire est privé des principaux attributs et du signe apparent de son droit. La possession est l'indice de ce droit ; qui possède est présumé propriétaire de l'objet possédé. C'est ce droit de propriété présumé, supposé exister jusqu'à preuve contraire, que le législateur veut protéger, lorsqu'il attache des effets juridiques au fait de la possession et considère celle-ci comme un droit particulier, le *jus possessionis*.

320. En outre cette possession, qui est un titre de propriété à l'égard des meubles corporels (Cod. civ., art. 2279), est la condition et le point de départ de l'acquisition de la propriété même d'un immeuble par dix à vingt ou par trente ans de possession (C. civ., art. 2262 et 2265). Quand l'usucapion sera accomplie, celui qui n'était que propriétaire présumé sera devenu propriétaire réel et verra son droit protégé par l'action pétitoire.

321. Mais en attendant que l'usucapion s'accomplisse, pendant que courent les dix, les vingt, ou les trente ans, cette possession peut être troublée, compromise par les envahissements, les entreprises d'une autre personne. Pour se défendre contre ces entreprises, le possesseur ne peut recourir à l'action pétitoire. Va-t-il rester sans protection et perdre les avantages d'une possession déjà longue ? Sera-t-il réduit à subir ces envahissements, ou à les repousser par la force et à exercer des représailles ? Évidemment non : s'il en était ainsi, la paix publique serait à tout instant troublée. Et si la possession fait présumer l'existence chez le possesseur d'un droit de propriété, il est évident que cette présomption acquiert chaque jour une force plus considérable ; car il devient de plus en plus probable que ce possesseur, contre lequel personne ne revendique l'immeuble, doit en être le propriétaire.

322. Cette présomption ainsi croissante, la situation du possesseur devient plus respectable par le fait même de la durée de sa possession. Le législateur rattache alors à ce fait continué l'idée d'un droit. La possession a-t-elle duré une année entière, le temps pendant lequel se déroulent toutes les saisons de notre globe et s'accomplissent par suite tous les actes qu'implique la jouissance du sol, tous les actes normaux qu'exécute un propriétaire, depuis le labour jusqu'à l'enlèvement de la récolte, depuis la taille des arbres jusqu'à la cueillette des fruits, la présomption de propriété engendre le *droit de possession*, la *saisine possessoire*.

Désormais le détenteur de l'immeuble est investi d'une qualité juridique, celle de *possesseur annal*, nanti d'un droit, la *saisine possessoire*. Qualité et droit survivront à la perte de la détention matérielle; et de même que le propriétaire véritable a l'action pétitoire pour reprendre sa chose, de même le propriétaire présumé aura un droit sanctionnateur, une *action possessoire* pour ressaisir la détention perdue ou pour la protéger contre les actes qui viendraient en troubler l'exercice.

323. Cette action possessoire, que la loi donne au propriétaire présumé, elle ne saurait la refuser, sans injustice et sans inconséquence, au propriétaire véritable, qui possède son propre immeuble. Il en jouira aussi, pourvu qu'il ait la possession annale de son bien. Elle lui sera utile, car elle le dispensera de recourir à l'action pétitoire et de faire la preuve de son droit de propriété.

324. Mais le législateur pouvait-il laisser sans protection aucune celui qui possède un immeuble depuis moins d'un an? Non; mais faisons à son égard une distinction. — La possession d'une durée inférieure à un an ne produit par elle-même aucun droit, n'engendre par elle seule aucune action. Il en est de même de la *détention* de celui qui n'a pas ou ne peut avoir l'intention de posséder à titre de propriétaire, tel qu'un fermier, un locataire. — Si le détenteur vient à perdre sans violence la détention de l'immeuble et qu'un autre lui succède, le premier n'a pas d'action possessoire contre le second. — Mais si le détenteur est expulsé, s'il ne perd la détention qu'à la suite d'actes de violence, ceux-ci constituent des voies de fait dont réparation est due et donnent naissance à une action, que la détention seule serait impuissante à produire. Cette action résulte d'un délit commis à l'encontre de la personne du détenteur. En vain l'envahisseur alléguerait-il qu'il est propriétaire ou possesseur annal du fonds par lui envahi avec violence, comme nul ne peut se rendre justice à lui-même, la paix publique exige qu'il répare sa violence en restituant l'immeuble à l'expulsé. Nous examinerons plus tard si cette action donnée au détenteur expulsé présente ou non tous les caractères de l'action possessoire, si elle ne se distingue pas de cette dernière; ce qui est certain, c'est que, par son but et par son résultat, elle concourt à protéger les possesseurs d'immeubles : cette action s'appelle la *réintégrande.*

325. En résumé, la possession produit trois situations différentes, engendrant trois actions, différentes par leur cause, analogues et semblables par leur but, la protection des détenteurs d'immeubles. Le détenteur est-il, par le bénéfice de l'usucapion, devenu propriétaire ; il a l'action *pétitoire*, l'action *possessoire*, ou la *réintégrande* suivant les cas. Est-il devenu possesseur annal seulement, il a l'action possessoire ou la réintégrande. N'était-il que simple détenteur et a-t-il été expulsé, il a la réintégrande; quelle que soit sa situation, il est toujours protégé contre les entreprises d'autrui.

326. Nous venons d'établir la nécéssité des actions possessoires; indiquons les avantages qu'elles présentent. Elles garantissent la paix publique, en écartant les luttes qui se seraient établies entre les prétendants à la possession et à la jouissance d'un immeuble. Elles protègent le propriétaire véritable et le propriétaire présumé. Elles maintiennent le possesseur dans l'avantage qu'il a d'être défendeur au procès en revendication, soulevé par celui qui se prétend propriétaire de l'immeuble. Elles font disparaître l'incertitude où se trouverait le possesseur non assuré de jouir des fruits de son travail, incertitude qui amènerait la suspension ou l'irrégularité des travaux de culture. Elles sont soumises à des conditions d'exercice moins rigoureuses que les actions pétitoires. La preuve qui incombe au demandeur est plus facile à fournir : le revendiquant doit prouver l'existence en sa faveur d'un droit régulièrement acquis, ou par prescription, ou par convention, et de personnes qui en étaient elles-mêmes régulièrement investies; le possesseur n'a qu'à établir des faits matériels. Mais l'action possessoire laisse intacte la question de propriété, et celui qui a triomphé au possessoire, pourra plus tard succomber sur l'action pétitoire intentée contre lui.

§ 1er. — *Des diverses actions possessoires.*

327. L'article 6-1° de la loi du 25 mai 1838 est ainsi conçu : « Les « juges de paix connaissent à charge d'appel des dénonciations de « nouvel œuvre, complaintes, actions en réintégrande et autres « actions possessoires fondées sur des faits commis dans l'année. »

Il indique nommément trois actions possessoires. Y en a-t-il d'autres ? Le texte le dit ; mais on s'accorde à reconnaître que la rédaction de l'article est vicieuse et qu'il est impossible de découvrir d'autres actions possessoires que les trois actions spécialement nommées dans le texte. Plusieurs auteurs vont même plus loin et soutiennent qu'il n'y a en réalité qu'une seule action possessoire, dont la dénomination varie suivant les circonstances où elle se produit (1). Nous pensons, au contraire, que, comme le dit la loi de 1838, il existe trois sortes d'actions possessoires, distinctes les unes des autres, quoique soumises à certains principes communs, et nous croyons que le législateur a eu raison de les distinguer. Étudions-les séparément.

328. A). *De la complainte.* La complainte est l'action donnée à celui qui est *troublé* dans la possession et jouissance d'un immeuble ou d'un droit réel immobilier, à l'effet de faire cesser le trouble et se faire maintenir dans la possession de l'immeuble ou dans la jouissance du droit réel.

L'origine historique de cette action est l'objet d'une vive controverse que nous ne pouvons examiner ici. Constatons seulement que cette action apparaît très nettement au douzième et au treizième siècle dans les *Établissements de saint Louis*, dans les *Coutumes de Beauvoisis* de Beaumanoir, dans les *Assises de Jérusalem*. Elle est indiquée dans l'article 96 de la Coutume de Paris, nommée dans l'article 1er du titre XVIII de l'ordonnance de 1667 ; mais elle n'est mentionnée, ni dans la loi de 1790, ni dans l'article 23 du Code de procédure. Elle est formellement nommée par l'article 6 de la loi du 25 mai 1838.

(1) Ces auteurs sont indiqués dans le traité de Curasson, *Compétence des juges de paix*, 4e édition, t. II, pp. 42, 85.

329. La recevabilité de cette action est subordonnée au concours de quatre conditions. *Première condition.* — La possession du demandeur en complainte doit présenter les caractères exigés par l'article 2229 du Code civil et par l'article 23 du Code de procédure.

Elle doit être : *continue*, c'est-à-dire se manifester par des actes aussi fréquents et aussi réguliers que le comporte la nature du droit possédé. *Exemple.* Celui qui a le droit de passer sur le fonds d'autrui pour procéder aux coupes d'un bois aménagé, possédera cette servitude d'une manière continue, s'il passe sur le fonds servant à l'époque fixée pour chaque coupe, tous les douze ou quinze ans. *Non interrompue*, c'est-à-dire que le possesseur n'ait pas été privé de la jouissance de la chose pendant plus d'un an, par le fait d'un tiers (Cod. civ., art. 2243). *Paisible*, c'est-à-dire, avoir été acquise et conservée sans violence. *Publique*, c'est-à-dire non dissimulée et n'ayant pas consisté dans des actes secrets et cachés. *Exemple.* Je creuse une cave sous la maison de mon voisin. S'il n'y a aucun indice extérieur, ma possession de la cave est clandestine, non publique. Si l'existence de cette cave se manifeste par des soupiraux ou une porte extérieure, ma possession est publique ; elle a pu être connue, peu importe que le propriétaire voisin, l'intéressé, n'ait pas vu en fait.

La possession doit être *non précaire.* Le vice de précarité consiste, en matière de choses corporelles, à posséder pour autrui. Rentrent dans la catégorie des détenteurs précaires : tous ceux qui possèdent en qualité d'administrateurs du patrimoine d'autrui, tels que maire, tuteur, etc., et qui ne peuvent intenter la complainte qu'au nom de l'incapable ou de la personne civile dont les intérêts leur sont confiés, mais non contre cet incapable ou cette personne morale ; ceux auxquels appartient un démembrement du droit de propriété, à l'égard de l'immeuble lui-même : mais ils possèdent *cum animo domini* le droit réel démembré et peuvent intenter la complainte pour protéger et défendre leur jouissance de ce droit ; tels sont l'usufruitier, l'usager, le superficiaire ; ceux qui détiennent l'immeuble en vertu d'un contrat les obligeant à restituer un jour et qui ne peuvent faire valoir qu'un droit de créance ; tels sont le fermier, le locataire, l'antichrésiste, etc. En matière de servitudes, le vice de précarité consiste à les exercer, en vertu d'une concession bénévole et révocable du propriétaire du fonds voisin, ou par simple tolérance. Le vice de précarité est perpétuel : il ne se purge, ni par l'effet du temps, ni par la mort du détenteur précaire, ni par l'extinction du contrat en vertu duquel il détient. Ce vice ne prend fin que par l'interversion du titre de la possession. (C. civ., 2236 à 2239.)

La possession ne doit pas être *équivoque*. C'est la confirmation et le perfectionnement des autres qualités, plutôt qu'une qualité nouvelle. On appelle équivoque une possession, qui ne présente pas, avec certitude, toutes les qualités requises pour constituer une possession utile, celle qui n'est pas incontestablement paisible, publique ou continue. Le vice d'équivoque prend la dénomination particulière de *promiscuité*, quand il n'est pas certain que la possession soit exempte de précarité.

330. *Deuxième condition.* — La possession doit avoir duré au moins un an. (Pr. civ., art. 23.) L'année comprend et embrasse l'ensemble des phénomènes relatifs à la culture et à la jouissance. Cette possession pendant la complète révolution des saisons fait présumer que le possesseur est propriétaire. Peu importe le jour initial de la possession : il suffit d'avoir possédé pendant un an et de posséder encore, quand survient le trouble qui va donner naissance à la complainte.

Les termes de l'article 23 du Code de procédure, *depuis une année au moins*, ont-ils une portée différente de celle de l'expression usitée autrefois et de nos jours encore par les praticiens, *possession d'an et jour* ? Oui ; mais, avec le mode employé pour le calcul des délais, le demandeur en complainte aura nécessairement possédé plus d'un an. En effet, comme le *dies a quo*, celui où commence la possession, pendant lequel on a possédé au moins quelques heures, ne compte pas, si une personne a commencé à posséder le 1er décembre 1881, l'année ne sera complète que le 1er décembre 1882, à minuit, et cette personne ne pourra avoir droit à la complainte qu'à partir du 2. Nos anciens auteurs et la Coutume de Paris avaient ajouté un jour supplémentaire à l'année, pour prévenir toute difficulté de computation et obtenir une année complète.

Pour obtenir cette année de possession, il est permis de joindre à sa possession personnelle celle de son auteur, de celui duquel on a reçu l'immeuble, conformément aux articles 2235 du Code civil et 23 du Code de procédure. Il n'est pas nécessaire que les faits constitutifs de la possession aient été accomplis dans l'année qui précède le trouble; il suffit que la possession antérieure n'ait pas été abandonnée volontairement ou interrompue depuis plus d'un an. *Exemple :* celui qui a passé sur mon fonds, il y a quinze ans, pour effectuer la coupe de son bois, possède encore la servitude de passage, la seizième année, époque de la nouvelle coupe. Si, à ce moment, je m'oppose à son passage, il peut intenter contre moi la complainte.

Cette condition d'*annalité* de la possession doit être exigée dans tous les cas, que le défendeur à l'action soit un non-possesseur, ou un ancien possesseur ayant eu ou n'ayant pas eu lui-même la possession annale. La situation du défendeur est indifférente. C'est le demandeur en complainte qui doit être possesseur annal.

331. *Troisième condition.* — La complainte doit être intentée dans l'année à partir du trouble apporté à la possession. (Proc. civ., art. 23. — L. 25 mai 1838, art. 6.) Cette condition est en corrélation directe avec la précédente. Ou le défendeur à l'action possède depuis le trouble qu'il a causé au demandeur, il y a *plus* d'un an ; c'est alors lui qui a la possession légale, la saisine possessoire, et le demandeur qui l'a perdue ne peut être recevable dans son action. Ou le demandeur a conservé la possession, et alors de deux choses l'une : si le trouble a persisté, la possession est devenue non paisible, vicieuse, et l'action possessoire est irrecevable; si, au contraire, le trouble a cessé depuis plus d'un an, la possession est respectée, le fait de trouble est effacé et la complainte du demandeur est irrecevable, faute d'intérêt à l'exercer. *Exemple:* Mon voisin a pratiqué dans le mur joignant mon héritage une ouverture constituant une vue droite (C. civ., art. 678). Si cette ouverture existe depuis plus d'un an, le voisin a acquis la saisine possessoire d'une servitude de vue : il aura la complainte, si je le trouble dans la jouissance de cette servitude. Si le jour a été bouché depuis plus d'un an, le voisin a perdu cette saisine, et, le trouble causé à ma possession ayant cessé, je n'ai plus d'intérêt à l'actionner, puisque je jouis librement de mon fonds.

Pour calculer le délai dans lequel l'action possessoire doit être intentée, on ne compte pas le jour où s'est réalisé le trouble, ou, si l'on compte ce jour, il faut demander un an et un jour. *Exemple:* Le trouble a été causé le 1er décembre 1881 : l'action devra être intentée au plus tard le 2 décembre 1882.

Cette courte prescription d'un an, à l'issue de laquelle l'action est perdue, court contre toutes personnes, contre les mineurs ou interdits, etc. A l'expiration du délai, le possesseur ne peut plus intenter qu'une action pétitoire ou qu'une action personnelle en réparation du dommage subi.

332. *Quatrième condition.* — Le possesseur doit avoir été *troublé* dans sa jouissance. Avec MM. Aubry et Rau, nous appelons trouble, « tout fait matériel ou tout acte juridique qui, soit directement et par « lui-même, soit indirectement et par voie de conséquence, consti-« tue ou implique une prétention contraire à la possession d'autrui. » On distingue deux sortes de troubles : le trouble de *fait* qui est une agression matérielle dirigée contre la possession, une entreprise sur la chose possédée; le trouble de *droit* qui résulte, soit d'une contestation judiciaire élevée sur la possession, soit d'un acte extra-judiciaire dans lequel une personne contredit la possession d'autrui.

333. Le trouble de fait est direct ou indirect. Il est *direct*, quand il résulte d'actes matériels exercés par un tiers sur l'immeuble. Le trouble direct se compose de deux éléments : 1° un acte matériel accompli sur le bien du possesseur ; 2° l'intention manifestée par cet acte d'exercer un droit rival de celui du possesseur. L'acte matériel sera souvent dommageable ; mais ce caractère n'est point nécessaire pour qu'il constitue un trouble à la possession. *Exemple :* Pierre laboure, fume et ensemence le champ de son voisin. Il y a trouble apporté à la possession du voisin ; car ces actes, dont aucun n'est dommageable, impliquent tous chez Pierre l'intention d'exercer un droit de possession contraire à celui du voisin. En sens inverse, un acte matériel d'agression peut être dommageable et ne pas constituer un trouble de fait direct. *Exemple :* Des maraudeurs pillent un verger. Leur action n'implique nullement l'intention de se considérer comme possesseurs du verger ravagé. Le possesseur les actionnera en dommages, en vertu de l'article 5 de la loi du 25 mai 1838 : mais son action sera une action personnelle et non une action possessoire. Pour décider si une voie de fait constitue un trouble, on doit donc moins s'attacher à la nature particulière du fait qu'aux résultats qu'il a produits à l'égard de la possession. Peu importe, en outre, que ce fait soit ou ne soit pas violent ou clandestin : il suffit qu'il implique contradiction à la possession.

334. Le trouble de fait *indirect* a pour cause des travaux accomplis, *achevés*, *terminés* par l'auteur du trouble sur son propre fonds, ou l'usage de sa propre chose. Mais une distinction nécessaire doit être faite selon que les droits des parties en présence sont ou ne sont pas réglementés par la loi ou par des conventions, par des titres. *a*) Si le mode d'exercice des droits respectifs des parties n'est pas réglé par la loi ou par un titre, il n'y aura trouble apporté à la possession de Pierre, que si les travaux exécutés par Paul sur son propre fonds, outre l'innovation qui en résulte, engendrent un préjudice actuel ou futur pour Pierre. Sans ce préjudice, il ne peut y avoir atteinte à la possession exercée par Pierre sur son fonds, puisque le voisin Paul est libre d'user de sa propre chose comme il lui convient. L'atteinte à la possession de Pierre ne peut résulter que du dommage auquel son fonds est exposé. *Exemples :* Paul, riverain d'un cours d'eau, fait sur sa rive un clayonnage qui aura pour résultat, en cas de crue, d'amener l'inondation du fonds de Pierre, riverain opposé ou inférieur. — Paul creuse sur la ligne séparative de son champ et de celui de Pierre un fossé, mais, faute d'inclinaison suffisante, la terre de Pierre s'éboulera dans le fossé aux premières pluies qui surviendront. — Dans les deux cas, il y aura trouble de fait indirect, à raison de l'éventualité du préjudice qui peut atteindre Pierre.

b). Si la loi ou une convention prohibe entre propriétaires voisins certains actes, le trouble indirect existera dès qu'il y aura contravention à la prohibition, quoiqu'il n'en doive résulter aucun dommage actuel ou futur. L'infraction, commise à la loi ou au titre, implique par elle seule la contradiction du droit du possesseur. En effet, sauf le cas où la prohibition légale a été portée dans un but d'intérêt général, si le trouble n'est pas réprimé par la complainte, l'auteur du fait va acquérir la saisine possessoire du droit qu'il a usurpé. *Exemples :* Pierre pratique une ouverture dans le mur qui est mitoyen entre Paul et lui, ou des vues droites à une distance moindre que la distance légale. (C. civ., art. 675, 678.) Ces ouvertures peuvent, en réalité, ne causer aucun dommage à Paul. Elles n'en constituent pas moins un trouble, parce qu'elles impliquent chez Pierre la prétention à des servitudes, contraires à la possession d'un fonds libre et affranchi dont a joui Paul jusqu'à ce jour. — De même, si Paul a par titre acquis contre Pierre la servitude *non ædificandi*, il y aura trouble à la possession de Paul sur le fonds dominant, dès que Pierre aura bâti sur le fonds servant qu'il détient, quoique cette construction ne détruise aucun des avantages attachés au fonds de Paul.

335. La complainte peut-elle être intentée, quand les actes matériels qui portent atteinte à la possession annale, émanent d'une autorité publique? Distinguons. Si les travaux exécutés l'ont été en vue d'un intérêt public, par mesure de sûreté, de salubrité et qu'il en soit résulté une expropriation, la complainte peut être intentée, non pour faire maintenir en possession, mais pour faire constater le droit du possesseur à une indemnité. *Exemple :* On a abattu la maison de Pierre pour arrêter les progrès d'une incendie qui menaçait d'envahir toute une rue, ou pour faciliter le tir d'une batterie en cas d'investissement d'une place forte. Si les travaux n'ont occasionné qu'un simple dommage, permanent ou temporaire, la complainte ne peut être intentée; le possesseur doit faire régler l'indemnité qui lui est dûe par le conseil de préfecture. (L. 28 pluv. an VIII, art. 4). — Si les travaux exécutés sont relatifs au domaine privé de l'État ou des communes, la complainte est recevable contre ces personnes morales comme contre un simple particulier; car à l'égard de leur domaine privé, ces personnes morales sont assimilables à des particuliers.

336. Le trouble de *droit* résulte d'actes judiciaires ou extrajudiciaires, contraires au droit du possesseur, non accompagnés d'actes matériels. *Exemples :* Pierre fait, par acte d'huissier, défense à Paul d'élever une construction sur le fonds possédé par Paul. Pierre fait sommer le fermier ou le locataire de Paul d'avoir à lui payer lesfermages ou les loyers. — Pierre fait dresser par son garde particulier procès-verbal des déprédations commises par un tiers dans le bois de Paul. — Pierre intente la complainte contre Paul au sujet du champ détenu par ce dernier, etc. Dans tous ces actes, Pierre affirme à son profit un droit contraire à la saisine possessoire de Paul. — Mais si Pierre assigne Paul devant le juge du pétitoire, s'il revendique l'immeuble ou une servitude contre lui, il ne trouble pas Paul, puisqu'il le reconnaît, en agissant ainsi, comme investi de la possession de l'immeuble.

337. B). *De la dénonciation de nouvel œuvre.* — Existe-t-il, sous cette dénomination, une action possessoire distincte de la complainte? Cette question est l'objet d'une très vive controverse. Les auteurs sont partagés en deux camps; mais les partisans de la négative sont plus nombreux. Nous pensons qu'il est inadmissible, en présence du texte de l'article 6 de la loi du 25 mai 1838, que la dénonciation de nouvel œuvre ne soit autre chose que la complainte. Là où le législateur sépare, l'interprète ne doit pas confondre. Toute la difficulté pour lui consiste à bien déterminer en quoi la dénonciation diffère de la complainte et quels sont ses caractères distinctifs.

Constatons d'abord que, si l'idée et le nom ont été empruntés au droit romain, notre dénonciation de nouvel œuvre diffère profondément de celle du droit de Rome. Chez les Romains, quel que soit le mode employé, la dénonciation de nouvel œuvre n'est ni une action ni un interdit. C'est un acte extrajudiciaire, préliminaire à l'action ou à l'interdit restitutoire. Ceci résulte nettement des textes du Digeste et du Code. (Dig., l. XXXIX, tit. 1. — Cod., l. VIII, tit. 17.)

Dans notre ancien droit, la dénonciation de nouvel œuvre conserva d'abord son caractère d'acte extrajudiciaire. Bouteiller l'indique formellement dans sa *Somme rurale* (liv. II, tit. 32). Mais, au seizième siècle, elle est transformée et assimilée à la complainte, ainsi que cela résulte des écrits de Charondas et de Papon.

La loi du 24 août 1790, le Code de procédure ne la nomment point. Mais la jurisprudence de la Cour de cassation, antérieure à 1830, la distingue de la complainte et la fait revivre par des emprunts faits au droit romain. Le législateur de 1838, s'inspirant de cette jurisprudence, la nomme à côté de la complainte. Qu'est-elle ?

338. Nous la définirons : Une action possessoire ayant pour objet de faire ordonner la suspension de travaux, qui, sans causer un trouble actuel et présent à la possession du demandeur, produiraient ce résultat s'ils étaient achevés. *Exemples :* Pierre a une servitude de passage sur le fonds de Paul. Celui-ci commence une construction qui, achevée, s'opposera à l'exercice de la servitude de passage. — Pierre creuse dans son terrain des trous pour une plantation d'arbres, qui sera faite à une distance moindre que la distance légale.

La dénonciation de nouvel œuvre ressemble à la complainte, en ce que, pour l'une comme pour l'autre : 1° la possession du demandeur doit avoir les caractères requis par les articles 2229 du Code civil et 23 du Code de procédure ; 2° le possesseur doit avoir acquis la saisine possessoire par une possession d'un an au moins ; 3° le demandeur doit intenter l'action dans l'année à partir des faits dont il se plaint.

Mais la dénonciation de nouvel œuvre diffère de la complainte quant à la quatrième condition indiquée ci-dessus. (V. n° 332.) Elle est donnée à l'occasion de travaux en cours d'exécution, *commencés*, opérés *sur le fonds du défendeur* à l'action, de l'auteur de ces travaux, engendrant un trouble *éventuel*, non réalisé. Si les travaux étaient achevés, ou s'ils étaient entrepris sur le fonds du demandeur, il y aurait trouble actuel et par suite lieu à complainte. Il en serait de même si les travaux, seulement commencés, occasionnaient aussi un trouble *actuel* à la possession du demandeur.

Le juge de paix, saisi d'une dénonciation de nouvel œuvre, peut ordonner, dans sa sentence, la suspension des travaux. Mais peut-il ordonner la démolition de ce qui a été déjà fait, comme il le peut au cas de complainte? Cette question est discutée : mais nous la résolvons négativement, car un trouble éventuel ne peut autoriser que des mesures provisoires.

339. Mais tout nouvel œuvre d'un voisin donne-t-il lieu à dénonciation pour trouble éventuel? Non : on doit faire ici une distinction analogue à celle qui a été admise, à l'égard du trouble *indirect*, en matière de complainte. Si, par l'achèvement des travaux entrepris, le voisin doit être privé d'un avantage assuré par la loi ou par un titre, ou d'un droit acquis par prescription, alors la dénonciation de nouvel œuvre est recevable. S'il doit être privé d'un avantage ou d'un agrément non accordé par la loi ou par un titre, la dénonciation est irrecevable, car l'auteur des travaux n'a fait qu'user de sa propre chose selon son droit. *Exemples :* Mon voisin creuse un puits, qui aura pour résultat de faire tarir ou baisser le mien. — Il élève un mur qui me prive de la vue d'un beau panorama. — Il ferme par une barrière un passage dont j'usais sans titre et par pure tolérance. — Dans ces divers cas, les travaux, fussent-ils achevés, je ne pourrais me plaindre. Leur commencement d'exécution ne peut motiver une dénonciation.

340. Reconnaissons que la dénonciation se rapproche beaucoup de la complainte, que la distinction des deux actions sera souvent délicate à appliquer en fait, et ne nous étonnons point si de très bons esprits n'ont voulu voir dans la dénonciation de nouvel œuvre qu'une variété de la complainte. Mais, en théorie pure, nous croyons justifiée la séparation entre les deux actions possessoires.

341. C). La troisième action possessoire est la *réintégrande*. C'est l'action donnée au possesseur ou au détenteur dépouillé par violence d'un immeuble corporel, à l'effet de recouvrer la possession ou la détention. Cette action est-elle bien une action possessoire dans le sens propre du mot? Ce point est l'objet d'une très vive controverse entre les nombreux auteurs, qui ont traité la matière des actions possessoires. L'origine historique de cette action a aussi engendré une discussion non moins vive. Étudier, avec l'ampleur nécessaire, cette question historique serait dépasser les limites naturelles d'un ouvrage élémentaire. Nous renvoyons le lecteur, curieux de connaître ce point, aux ouvrages de Benech, Carou, Alauzet, de Parieu, Curasson, Belime, Garnier, Pardessus, Bourbeau, Appleton, etc., etc. Contentons-nous de bien indiquer la controverse relative au droit actuel.

342. Tous les auteurs reconnaissent que cette action est *possessoire*, en prenant ce mot dans un sens large, en tant qu'action ne se référant qu'à la possession et qui laisse intact le fond du droit, la question de propriété ou de l'existence d'un droit réel de servitude. Mais cette action a-t-elle le même caractère, est-elle soumise aux mêmes conditions d'exercice que la complainte? Là est le champ de la discussion.

343. Constatons d'abord que le Code civil, article 2060, et la loi du 25 mai 1838 en font une action distincte de la complainte, que cette distinction est adoptée par la jurisprudence immuable de la Cour de cassation, que les rédacteurs de la loi de 1838 se sont formellement référés à cette jurisprudence. Nous ajoutons que, si elle n'existait pas, il serait utile de la créer.

En effet, elle présente les avantages suivants. Elle garantit le détenteur, qui n'a pas la saisine possessoire, contre l'agression d'un tiers n'ayant nul droit sur la chose. — Elle dispense le possesseur annal expulsé d'avoir, pour obtenir réparation, à prouver l'annalité de sa possession, preuve qui n'est pas toujours facile. — Elle s'oppose à ce qu'une personne acquière par violence une situation préférable à celle qu'elle avait. Car, si l'auteur de la violence avait voulu reprendre la possession à laquelle il prétend, il eût été obligé d'intenter la complainte et de fournir la preuve de sa possession annale. Il ne faut pas qu'à l'aide d'une voie de fait, il puisse se dispenser de cette preuve et en rejeter le fardeau sur son adversaire. Si la réintégrande n'existait pas, toute tentative, toute attaque serait autorisée contre le simple détenteur d'un immeuble, qui pourrait vouloir reprendre à son tour à l'aide de la violence la détention perdue. Elle sauvegarde donc la paix publique et consacre le principe que nul ne doit se faire justice à lui-même. Dans une société civilisée, l'auteur d'une violence doit la réparation civile du délit qu'il a commis, et la réparation naturelle du fait d'expulsion violente se trouve dans la réintégration du détenteur expulsé. La réintégrande offre donc le moyen de faire respecter, en matière de possession, les règles les plus élémentaires du droit. *Spoliatus ante omnia restituendus*, disait le droit canonique.

344. Aussi la réintégrande est-elle admise, comme action distincte de la complainte, par la jurisprudence de la Cour de cassation. La chambre des requêtes rejette les pourvois dirigés contre les jugements qui admettent la réintégrande ; la chambre civile casse ceux qui méconnaissent son existence (1). Cette action est consacrée par l'article 4 de la loi belge du 25 mars 1876, et les rédacteurs de cette loi ont mis fin à la controverse, qui existait en Belgique comme en France.

Ayant sa cause dans une voie de fait contraire à la paix publique et non dans la saisine possessoire, cette action est *personnelle* et non réelle, mais elle est *possessoire* par son objet. Distincte de la complainte par son fondement, elle se rapproche d'elle par le but, la protection des possesseurs d'immeubles.

345. Quelles sont ses conditions de recevabilité? 1° Le demandeur en réintégrande doit avoir eu, au moment de la voie de fait commise contre lui, la détention *paisible* et *publique* de l'immeuble; sa possession ne doit pas être elle-même violente. Mais on ne peut exiger que cette détention réunisse les autres caractères indiqués par l'article 2229 du Code civil. La possession peut être momentanée et non continue, à titre précaire. *Exemple :* Un fermier, un locataire, dépossédé violemment par un tiers, peut recourir à la réintégrande. 2° L'action (et en ce point elle ressemble à la complainte) doit être *intentée dans l'année* qui suit les faits de violence ; sinon l'auteur de la violence, qu'on aurait laissé jouir en paix, deviendrait possesseur annal, et la saisine possessoire par lui acquise lui permettrait de repousser toute demande en délaissement. (L. 25 mai 1838, art. 6 1°.)

3° Le détenteur doit avoir été *dépossédé* et non simplement troublé. Le trouble de droit et le trouble de fait sont insuffisants ; il

1. La Cour a rendu plus de trente arrêts. V. Civ. Cass. 27 févr. 1878, 22 janv. 1878, (Sir., 1878. 1. 216).

faut qu'il y ait eu *dépossession* résultant des voies de fait accomplies. C'est accomplir, d'après la jurisprudence, des actes de dépossession que démolir un mur, abattre des arbres, enlever une vanne d'arrosage, supprimer un tuyau d'aqueduc, détruire le barrage d'une prise d'eau, labourer un chemin public, détruire une passerelle établie sur une rivière, etc., etc.

4° La possession *actuelle* au moment de l'accomplissement de la voie de fait est suffisante. La possession annale ne saurait être exigée du demandeur en réintégrande. C'est ce point qui est surtout l'objet de la controverse. Si l'on veut que la réintégrande procure les avantages ci-dessus signalés, il faut, avec une jurisprudence constante, ne jamais exiger la possession annale, quel que soit l'adversaire du demandeur, qu'il soit lui-même possesseur annal ou propriétaire de l'immeuble.

346. Par suite de la différence existant entre leurs conditions d'exercice, la réintégrande se sépare de la complainte aux points de vue des personnes par lesquelles elle peut être intentée et des pouvoirs du juge de paix. Ainsi elle appartient même au détenteur précaire, tel que le fermier, qui ne peut avoir l'*animus domini*. Elle se donne contre tout auteur de la spoliation quel qu'il soit et contre l'ayant cause de mauvaise foi, comme complice de la violence, contre le possesseur annal qui ne peut invoquer sa possession annale antérieure. Le demandeur, qui a échoué sur la réintégrande, peut revenir à la complainte : mais la marche inverse est impossible; car, si la complainte a été rejetée parce qu'il n'y avait pas trouble, il ne saurait y avoir fait de dépossession violente.

§ 2. — *Des droits auxquels s'applique l'action possessoire.*

347. Les droits réels immobiliers sont les seuls dont l'exercice puisse être protégé et garanti par les actions possessoires. Il n'y a pas d'action de ce genre en matière de meubles.

Considérés *ut singuli*, individuellement, les meubles ne peuvent être l'objet d'une action possessoire. La séparation de la possession et de la propriété, sur laquelle repose toute la théorie des actions possessoires, ne s'applique pas aux meubles, puisque la possession de bonne foi d'un meuble corporel engendre immédiatement la propriété. La règle de l'article 2279 du Code civil, *En fait de meubles possession vaut titre*, qui équivaut à la suppression de la revendication pour les meubles qui n'ont été ni perdus ni volés, qui fait ainsi échec à l'action du propriétaire, exclut, à plus forte raison, celle d'un ancien possesseur. On aurait pu concevoir cependant une action possessoire à l'égard des meubles perdus ou volés, des navires dont la possession ne vaut pas titre (C. com., art. 195, 196), des créances, meubles incorporels, productives d'arrérages ou d'intérêts, des rentes sur l'État immobilisées ; mais cette idée n'a pas prévalu dans le droit actuel. La non-application des actions possessoires à ces meubles résulte de l'*exposé des motifs* du titre *de la Prescription* fait par Bigot de Préameneu et de l'article 3 du Code de procédure, qui donne, pour les actions possessoires, compétence au juge de paix de la situation de l'objet litigieux. Or les meubles ne sauraient avoir de situation.

Mais si des objets mobiliers étaient devenus immeubles par destination, ils pourraient, en cette qualité, faire l'objet d'une action possessoire. (C. civ., art. 524 et 525.)

Les *universalités* de meubles, telles qu'une succession mobilière, étaient considérées, dans notre ancien droit, comme susceptibles d'être l'objet d'une action possessoire. (Cout. de Paris, art. 96 ; Cout. d'Orléans, art. 489. — Ord. de 1667, tit. 18, art. 1.)

De nos jours, devant le silence de la loi, plusieurs auteurs admettent cette règle que critiquait autrefois Bourjon, mais ils ne s'expliquent pas sur les difficultés qu'elle soulève. Avec la majorité de la doctrine, nous pensons que l'action possessoire ne peut s'appliquer à une universalité mobilière. Une universalité juridique ne peut comme telle être susceptible de possession : on ne peut accomplir des actes de jouissance, d'usage, sur l'idée abstraite de patrimoine. Lorsqu'un prétendu héritier détient une succession, les actes matériels de jouissance qu'il accomplit ne s'appliquent qu'à des objets particuliers compris dans cette succession, mais non à la *succession* elle-même. C'est par figure de rhétorique qu'on emploie les expressions suivantes : *détenir une succession, la posséder :* en réalité, on ne possède qu'individuellement et *separatim* les objets qui la composent.

348. Donc les droits réels immobiliers sont seuls aptes à être l'objet d'une action possessoire.

Mais le sont-ils tous ? Distinguons soigneusement entre le cas où l'action possessoire est relative à la possession d'un immeuble corporel, et celui où elle se réfère à la jouissance de démembrements du droit de propriété ou de certains droits d'usage sur un fonds.

349. Relativement à la possession d'un immeuble corporel, l'action possessoire, complainte ou dénonciation de nouvel œuvre, n'est recevable, que si l'immeuble est, par lui-même et par sa nature juridique, susceptible d'être acquis en vertu de l'usucapion, de la prescription acquisitive. Peu importe que l'immeuble soit imprescriptible momentanément, à raison de la qualité de son propriétaire, mineur, interdit, femme dotale. Le possesseur d'un immeuble, appartenant en réalité à une femme dotale ou à un mineur, ce possesseur est présumé propriétaire d'un bien soumis au droit commun, tant que, par une action pétitoire, le mari de la femme dotale, le tuteur de l'interdit n'auront pas fait reconnaître le droit de propriété de la femme ou de l'interdit. Ce possesseur a les mêmes titres à la protection de la loi, que s'il détenait le bien d'un majeur non interdit ou d'une femme non mariée sous le régime dotal.

350. Mais quand un immeuble est, par sa nature juridique, insusceptible d'être acquis par prescription, le simple possesseur d'un pareil fonds ne peut avoir l'*animus domini*, par suite ne peut ni acquérir la saisine possessoire, ni intenter la complainte. En conséquence, un particulier ne peut intenter la complainte à l'égard d'un immeuble faisant partie du domaine public de l'État, des départements ou des communes. La possession individuelle et privée est inconciliable avec la destination légale de ces biens affectés à un service public. Le possesseur ne peut être présumé propriétaire d'un fonds, qui est inaliénable et imprescriptible. Les particuliers ne peuvent donc, à l'encontre de l'État ou de la commune, se faire maintenir dans la prétendue possession des rivages de la mer, murs, fossés et glacis d'une place de guerre, routes nationales et départementales, chemins vicinaux, rues et places d'une ville, édifices publics, églises, cimetières, cours d'eau navigables et flottables et leurs digues artificielles, canaux de navigation et leurs francs-bords, voies de chemins de fer et leurs gares ou avenues, et généralement de biens composant le domaine public national, départemental ou communal, aux termes des articles 538 et 540 du Code civil et des lois complémentaires. — Mais, vu le caractère que nous avons reconnu à la réintégrande, nous pensons, avec la Cour suprême, que cette action peut être intentée par le détenteur violemment expulsé d'un bien, dépendance du domaine public (1).

351. L'imprescriptibilité des biens du domaine public n'a été admise que pour protéger ce même domaine contre les empiètements des particuliers, mais ne saurait être retournée contre le domaine public lui-même. L'État ou la commune sont présumés propriétaires de tout immeuble affecté à un service public. Ils peuvent prescrire contre les particuliers, acquérir la saisine possessoire et intenter soit la complainte, soit la réintégrande, pour protéger leur possession. Une commune, par exemple, peut actionner en complainte le citoyen qui occupe tout ou partie d'une rue ou d'une place publique.

352. Si les biens du domaine public sont ainsi insusceptibles en eux-mêmes de saisine possessoire et de complainte au profit de particuliers, en est-il de même, des *droits de jouissance* ou *d'usage* que l'administration concède quelquefois sur ces biens à des particuliers? Nous empruntons la réponse à faire à cette question, à un des savants annotateurs du recueil de Sirey.

Une doctrine absolue consisterait à dire que les biens du domaine public ne comportant pas d'aliénation, ni totale ni partielle, au profit d'un particulier, ne pouvant être le sujet passif d'un droit réel privé, répugnent essentiellement, par leur nature, à l'exercice d'une action possessoire. En conséquence, jamais un particulier ne pourrait intenter, à l'égard d'un bien du domaine public, une action possessoire contre un autre particulier. — Mais une pareille doctrine fait produire à l'inaliénabilité et à l'imprescriptibilité du domaine public des résultats excessifs et méconnaît le pouvoir, qu'a l'administration de faire sur les biens du domaine public des concessions à des particuliers. La jurisprudence et la doctrine à peu près générale admettent une distinction. Si les biens du domaine public ne comportent aucun démembrement du droit de propriété, aucune servitude contraire à l'utilité publique à laquelle ils sont affectés, néanmoins l'administration a le pouvoir de faire sur les biens du domaine public des concessions à des particuliers, quand elle juge ces concessions compatibles avec une satisfaction complète de l'intérêt général. Ces concessions, révocables à volonté, avec ou sans indemnité, ne font en aucun cas naître, au

1. Req. 10 février 1864, 24 juillet 1865, 18 juin 1866 (D. P. 1866. 1. 425).

profit des particuliers auxquels elles sont accordées, aucun droit réel opposable à l'État. Contre l'État ou ses agents, le concessionnaire n'a ni droit réel, ni possession à titre de maître, ni action possessoire. Citons, à titre d'exemple, les prises d'eau sur les rivières navigables, les établissements de bains ou de pêche fondés sur le rivage de la mer.

Mais le concessionnaire peut avoir, dans ses rapports avec les autres particuliers, les avantages d'un droit réel et d'une possession non précaire. Ceux-ci n'ont pas qualité pour argumenter des droits de l'État et de l'imprescriptibilité du domaine public, à l'effet de s'exonérer des conséquences du trouble qu'ils ont apporté à la jouissance du concessionnaire et de repousser comme irrecevable l'action possessoire dirigée contre eux.

Quand le concessionnaire aura-t-il, à l'égard des autres particuliers, droit à l'action possessoire? Sera-ce dans toutes les hypothèses? Non. Une nouvelle distinction est ici nécessaire. La jouissance du concessionnaire doit être, vis-à-vis des tiers, à titre non précaire. Ce qui se réalisera, lorsqu'en traitant avec l'administration, il aura fait un contrat, qui, sur un bien du domaine privé, lui aurait fait acquérir un droit réel. Le caractère de domanialité publique s'oppose seul à l'acquisition de ce droit réel, et nous venons de dire que les particuliers n'ont pas qualité pour invoquer cette domanialité. Mais si du contrat, passé avec l'État ou la commune, ne pourrait résulter, même à l'égard d'un bien du domaine privé, qu'un simple droit de créance, le concessionnaire n'est alors aux regards des tiers qu'un détenteur précaire et comme tel ne peut, envers qui que ce soit, intenter une action possessoire autre que la réintégrande. *Exemple :* La Cour de cassation a fait récemment l'application de cette théorie à la concession faite à des fidèles d'avoir des bancs dans une église. Un citoyen bâtit et donne à la commune une église, en retenant un banc ou une chapelle pour lui et pour sa famille. Les approbations nécessaires du ministre des cultes et de l'évêque ont été obtenues. La réserve, ainsi autorisée, ferait acquérir un véritable *droit réel,* si le contrat de donation était conclu avec un particulier. Le fondateur, concessionnaire du banc ou de la chapelle, est, vis-à-vis des autres paroissiens, un détenteur non précaire. Si les autres fidèles le troublent dans l'occupation de sa place, il a le droit d'exercer la complainte. Mais, vis-à-vis de la fabrique, qui représente la commune ou l'État dans l'administration de cette église, affectée à un service public, il ne peut diriger l'action possessoire. Il peut seulement réclamer en justice des dommages-intérêts pour inéxécution du contrat intervenu entre lui, fondateur, et la fabrique. — Au contraire, si c'est la fabrique qui distribue, moyennant redevance, entre les fidèles les places dans l'église, chaque paroissien n'est, vis-à-vis d'elle et vis-à-vis des autres fidèles, qu'un simple locataire, un détenteur précaire. La voie de la complainte ne lui est ouverte, ni contre la fabrique ni contre d'autres particuliers (1). — Pareille distinction doit être faite à l'égard de toutes les concessions faites par l'administration sur des biens dépendant du domaine public.

353. Cette théorie est applicable aux usines concédées par l'État sur des rivières navigables ou flottables, avec une certaine restriction. Parmi les usines établies sur ces cours d'eau, quelques-unes sont antérieures, soit à l'édit de 1566, qui a frappé d'inaliénabilité le domaine de la couronne, soit à la déclaration de navigabilité (Voir Ord. 10 juill. 1835). Ces usines ne peuvent être supprimées sans indemnité, fixée par voie d'expropriation pour cause d'utilité publique. Elles constituent une véritable propriété. L'usinier troublé dans sa jouissance a l'action possessoire contre les tiers et contre l'État ou ses agents. — S'agit-il d'une usine, établie postérieurement à l'édit de 1566 ou à la déclaration de navigabilité qui a fait entrer le cours d'eau dans le domaine public, l'usinier ne peut avoir d'action possessoire contre l'État; mais cette action lui appartient contre les tiers, suivant la distinction ci-dessus exposée. Ces tiers ne peuvent exciper du caractère domanial du cours d'eau, pour se soustraire à l'action de l'usinier, alors même que l'autorisation de l'administration ne serait que tacite. Mais cette même autorisation, nécessaire pour l'établissement d'une usine ou d'une prise d'eau, ne signifie qu'une chose, à savoir que l'intérêt public n'a rien à souffrir des travaux. Elle n'a ni pour but ni pour effet de modifier les droits qui peuvent appartenir à d'autres riverains. Cette autorisation n'est jamais accordée que sous la réserve expresse ou tacite des droits des tiers. Si donc l'établissement ou le fonctionnement de l'usine trouble les autres riverains supérieurs ou inférieurs, si le barrage établi fait, par exemple, refluer les eaux, ces riverains peuvent dans l'année du trouble intenter la complainte contre l'usi-

1. Req. 20 janv. 1879 (Sir., 1880. 1. 465).

nier autorisé. Le droit de l'administration n'est pas atteint (1).

354. Le domaine privé de l'État et celui des communes sont aliénables et prescriptibles. Des particuliers peuvent donc acquérir la saisine possessoire à l'égard des biens de ce domaine et intenter, s'ils sont troublés ou expulsés, la complainte ou la réintégrande. (C. civ., art. 2226 et 2227.)

355. La possession des droits de *servitude* donne également naissance à l'action possessoire. Le Code civil distingue trois classes de servitudes réelles : celles qui dérivent de la situation naturelle des lieux, celles qui sont imposées par la loi et celles qui dérivent du fait de l'homme. Mais on sait que les droits des deux premières classes ne constituent pas des servitudes, dans le sens exact du mot. Une servitude ne se conçoit que comme une dérogation, une exception au droit commun, qui régit la propriété. Les charges qui grèvent indistinctement tous les immeubles, placés dans une certaine situation de fait déterminée par la loi, ne peuvent être des servitudes : elles sont les conditions légales de la propriété elle-même. C'est la modification de cette condition légale, le changement qui y sera apporté, qui constituera au contraire une véritable servitude. Le propriétaire du fonds supérieur a le droit d'envoyer sur le fonds inférieur les eaux qui découlent naturellement du sien. (C. civ., art. 640.) Voilà la condition légale et normale. Il n'y a pas de servitude, quoiqu'une certaine charge pèse ainsi sur le fonds inférieur. Le propriétaire du fonds inférieur a-t-il acquis par titre, par destination du père de famille ou par prescription, le droit de ne pas recueillir ces eaux : voilà une servitude, à l'égard de laquelle le fonds inférieur joue le rôle de fonds *dominant* et le fonds supérieur celui de fonds *servant*.

356. La possession de ces droits, déterminés par la loi, qui limitent légalement au profit d'un fonds le droit de propriété d'un autre fonds, donne naissance aux actions possessoires. Celui qui est troublé dans la jouissance et l'exercice de pareils droits peut intenter la complainte ou la dénonciation de nouvel œuvre. Tels sont : le droit qu'a le propriétaire du fonds supérieur d'envoyer sur le fonds inférieur les eaux qui découlent naturellement du sien (C. civ., art. 640); le droit des habitants d'une commune sur les eaux de source qui jaillissent dans les immeubles du voisinage (art. 643) ; les droits

1. Cass. 18 avr. 1866. —Req. 14 mars 1870. — Cass. 6 mai 1874. —Req. 26 juin 1876 (D. P. 1877. 1. 227).

des riverains d'un cours d'eau ne faisant pas partie du domaine public (art. 644); les droits conférés par les lois du 29 avril 1845 sur les irrigations, du 15 juillet 1847 sur la servitude d'appui, du 10 juin 1854 sur le drainage; le droit de passage en cas d'enclave. (C. civ., art. 682.)

357. Les actions possessoires s'appliquent aussi aux servitudes proprement dites et aux démembrements du droit de propriété. Ainsi les droits d'usufruit, d'usage, d'habitation, les droits d'usage dans les forêts, droits de glandée, de pacage, de marronnage, d'affouage, peuvent être l'objet d'une action possessoire, dirigée contre un tiers ou contre le propriétaire du sol, de la maison ou de la forêt, qui troublerait l'exercice des droits qu'il a consentis.

358. Les servitudes *continues* et *apparentes* sont susceptibles d'être acquises à l'aide d'une possession suffisante au point de vue de la prescription (C. civ., art. 690); leur exercice doit donc être protégé par l'action possessoire, quand même il ne s'appuierait ni sur un titre, ni sur la destination du père de famille. Jusqu'à preuve contraire au pétitoire, le droit réel de servitude est présumé exister au profit de celui qui l'exerce. Les servitudes *discontinues* ou *non apparentes*, qui ne s'acquièrent pas par prescription, peuvent faire l'objet d'une action possessoire, quand le demandeur en complainte ou en dénonciation de nouvel œuvre produit, à l'appui de sa possession, un titre émané du propriétaire du fonds servant ou de ses auteurs. Ce titre fait cesser la présomption de tolérance, d'où procède l'imprescriptibilité des servitudes discontinues, et la présomption de clandestinité, qui s'oppose à l'acquisition par prescription d'une servitude non apparente. On dit alors que le titre *colore* la possession : il lui donne le caractère d'une possession exercée *cum animo domini*, à titre de droit. Mais si les actes de passage, de puisage ont été accomplis en qualité de copropriétaire du fonds, la complainte sera recevable sans titre; car alors l'objet possédé est, non pas un droit de servitude, mais le fonds, l'immeuble lui-même.

359. Au point de vue des biens, l'action en *réintégrande* se distingue de la complainte. La première ne s'applique qu'aux biens susceptibles de dépossession violente, et elle peut être intentée à l'occasion d'un bien faisant partie du domaine public, même contre l'État et ses agents, s'il y a eu expulsion violente. L'État ne peut pas plus qu'un particulier troubler la paix publique.

SECTION IV. — **Des actions civiles proprement dites ou commerciales.**

360. Voici une division, qui ne se rattache pas aux éléments caractéristiques des diverses actions et qui tient à un élément purement accidentel; mais elle a son importance, au point de vue de la compétence des juridictions.

Les actions sont dites *commerciales*, quand elles découlent d'une convention constituant un acte de commerce ou d'un fait qualifié tel par la loi. On les oppose alors aux actions civiles proprement dites, *sensu stricto.*

CHAPITRE II

DES DÉFENSES

SOMMAIRE. — Sens divers du mot *défenses.* — Exceptions. — Fins de non-valoir. — Fins de non-recevoir. — Intérêt de cette classification des moyens de défense. — Demandes reconventionnelles.

361. L'expression *défenses*, dans la langue de la procédure, a plusieurs significations. Dans un premier sens, elle sert à désigner les écritures facultatives par lesquelles le défendeur répond aux prétentions formulées dans l'exploit d'ajournement. (Proc. civ., art. 77 et suiv., art. 154.) Dans un autre sens, elle indique les moyens de procédure par lesquels on empêche l'exécution d'un jugement, mal à propos qualifié en dernier ressort ou déclaré à tort exécutoire par provision. (Pr. civ., art. 457, 459, 460.) Ce n'est ni dans le premier, ni dans le second sens, que nous prenons ici cette expression.

Le mot *défenses* a une troisième signification, large et étendue.

Il désigne tous les moyens divers, à l'aide desquels le défendeur s'oppose à l'action du demandeur, soit qu'il conteste le *droit* réclamé, soit qu'il allègue quelque vice dans la *demande* et en propose le rejet, soit qu'il se refuse à répondre jusqu'à l'expiration d'un certain délai ou jusqu'à l'accomplissement de certaines formalités, soit que ce défendeur prenne à son tour l'offensive et soulève une prétention qui, si elle est admise, aura pour effet d'atténuer ou de rendre impossible la condamnation sollicitée contre lui, ou de faire même condamner le demandeur à son profit.

Une notion sommaire de ces moyens, de ces défenses, est indispensable pour l'intelligence des règles de compétence.

Ces moyens sont de diverse nature et produisent des effets différents. On les divise en défenses (*sensu stricto*), en exceptions en fins de non-valoir ou de non-recevoir, en demandes reconventionnelles.

362. Le mot *défense* (*sensu stricto*) indique les moyens proposés par le défendeur pour établir que la prétention du demandeur est injuste, mal fondée, pour démontrer que le droit réclamé n'a jamais existé ou s'est éteint. En invoquant une défense, le défendeur repousse directement, au fond du droit, l'action du demandeur. Il dénie l'existence du droit allégué, en conteste la réalité. Ainsi, produit des *défenses*, celui qui, actionné en payement d'une dette, invoque ou des causes d'extinction, telles que le payement, la novation, la remise de la dette, la compensation légale, ou la nullité de l'obligation prétendue pour erreur, dol, violence, incapacité de l'obligé, absence de cause, cause illicite, etc. En invoquant cette extinction ou cette nullité de l'obligation, le défendeur conteste en lui-même le droit que le demandeur prétend faire reconnaître : il accepte le débat sur la question fondamentale du litige : il veut faire rejeter la demande comme mal fondée.

363. Le terme *exception* est aussi pris dans diverses acceptions. Dans un sens très large et d'une manière inexacte, on appelle ainsi tous les moyens de défense qui peuvent être invoqués par le défendeur. Le législateur lui-même n'a pas évité cette faute, et dans les articles 1208, 1360, 1361, 1367, 2012 du Code civil, il emploie le mot *exception* pour indiquer de véritables défenses au fond.

Dans un sens plus restreint et exact, le terme *exceptions* sert à indiquer les moyens préjudiciels que le défendeur peut invoquer pour se dispenser de répondre *immédiatement* à la demande, pour écarter les résultats de celle-ci pendant un certain laps de temps ou jusqu'à l'accomplissement de certaines formalités. Ainsi, quand le défendeur réclame au demandeur étranger la caution dite *judicatum solvi* (Proc. civ., art. 166), il arrête l'instance, il suspend le procès jusqu'à ce que la caution ait été fournie. — Quand l'héritier demande à jouir en paix du délai, que la loi lui donne pour faire inventaire et délibérer avant que d'être obligé à répondre aux créanciers du défunt, il arrête encore l'instance ; il la fait interrompre jusqu'à l'expiration du délai, passé lequel elle reprendra son cours. (C. civ., art. 174.) — Ainsi encore quand le défendeur allègue l'incompétence du tribunal devant lequel il a été assigné, il arrête la demande actuelle : mais celle-ci pourra être remplacée par une nouvelle demande formée devant le tribunal compétent. Dans tous ces cas et dans d'autres, le défendeur ne s'attaque pas au fond du droit du demandeur. Il n'en conteste pas encore le bien fondé : il ne l'admet pas davantage. La question relative à l'existence du droit réclamé, de savoir si le demandeur est ou n'est pas créancier du défendeur, s'il est ou n'est pas propriétaire de tel immeuble, cette question est réservée : elle est momentanément laissée à l'écart. On l'examinera plus tard ; elle reste entière et intacte. Le défendeur refuse d'entrer en lice, actuellement, jusqu'à un certain moment ; mais il y entrera plus tard, et présentera alors les défenses qu'il peut faire valoir.

364. Les exceptions du droit actuel ne ressemblent en rien à l'exception du droit romain. Celle-ci tend à paralyser l'action sans la contredire, ni prétendre qu'elle soit condamnée par la loi : elle exprime un droit de formation postérieure qui a prévalu et réagi contre un droit plus ancien, mais non abrogé (1). Cette superposition de deux droits d'âges différents n'existe pas chez nous. Bien des exceptions du droit romain, comme l'*exceptio doli*, sont dans notre droit de véritables défenses. Si la dénomination est commune, les choses diffèrent.

365. Le Code de procédure civile divise les exceptions en cinq catégories : 1° l'exception par laquelle le défendeur prétend que l'étranger demandeur est tenu de lui fournir une caution, appelée caution *judicatum solvi*, destinée à assurer le payement des frais et dommages-intérêts résultant du procès. (Cod. civ., art. 16. — Pr.

1. Accarias, *Précis de Droit romain*, t. II, n° 890.

civ., art. 166 et 167.) — 2° Les exceptions *déclinatoires* ou renvois, fondées sur l'incompétence du tribunal devant lequel le défendeur a été assigné, ou sur la litispendance ou la connexité. (Proc. civ., art. 168 à 172.) — 3° L'exception tirée de la *nullité* dont est infecté tel ou tel acte de la procédure, l'exploit d'ajournement par exemple, lorsqu'il n'a pas été dressé conformément aux prescriptions de l'article 61. (Proc. civ., art. 173.) — 4° Les exceptions, dites *dilatoires*, qui ont pour but direct de faire jouir le défendeur de certains délais, comme celui qui est accordé à l'héritier et à la femme commune en biens pour faire inventaire de la succession et de la communauté et délibérer sur l'acceptation ou la renonciation qui peut y être faite, ou celui qui est donné au défendeur, dans certains cas, pour mettre en cause une autre personne qui lui doit garantie (Proc. civ., art. 174 à 185). — 5° L'exception par laquelle le défendeur réclame préalablement la communication de certaines pièces détenues par son adversaire. (Proc. civ., art. 188 et suiv.)

Toutes ces exceptions ont pour résultat de faire surseoir momentanément à l'examen du fond du procès, et, à ce point de vue, elles sont toutes dilatoires, *dilatio :* mais cette qualification doit être plus proprement attribuée aux exceptions, qui tendent principalement et directement à l'obtention d'un délai.

366. Nos anciens auteurs (1) et l'ordonnance de 1667 appelaient *fins de non-procéder* les exceptions que nous nommons déclinatoires. Ils distinguaient en outre des exceptions *péremptoires quant à la forme* et des exceptions *péremptoires quant au fond.* Les premières correspondaient à notre exception de *nullité.* Les deuxièmes comprenaient les moyens à l'aide desquels on tend, sans discuter au fond, le mérite de la demande, à la faire écarter, sans autre examen que celui du moyen invoqué. Ainsi le défendeur invoque l'autorité de la chose jugée ; il prétend que le procès actuel est identique, dans la mesure indiquée par l'article 1351 du Code civil, à un procès déjà terminé par un jugement définitif et passé en force de chose jugée. Si cette prétention est justifiée, le tribunal repousse le demandeur, déclare sa demande non recevable, sans examiner si la dette alléguée par le demandeur a existé, ou a été éteinte par payement, novation, etc. Mais un pareil moyen s'attaque en réalité à l'action elle-même. Le droit du demandeur est détruit : il ne peut plus

1. Pothier, *Procédure civile*, nos 36 à 41.

renouveler utilement sa prétention : si, en fait, il la renouvelle, le défendeur lui opposera perpétuellement le moyen tiré de l'autorité de la chose jugée. On se sert donc d'une locution vicieuse, quand on dit *exception de chose jugée*. L'autorité de la chose jugée n'engendre pas une exception, mais constitue une véritable fin de non-recevoir. L'exception *péremptoire quant au fond* ressemble donc aux *défenses* proprement dites, puisqu'elle produit le même résultat que celles-ci. Aussi le Code de procédure n'a-t-il pas reproduit cette classification et cette terminologie de l'ancien droit.

367. Les rédacteurs du même Code ont aussi évité de se servir des locutions de *fins de non-valoir*, *fins de non-recevoir*, qui sont encore usitées dans la pratique : ces deux expressions sont souvent prises l'une pour l'autre.

Il résulte du passage suivant de Rodier que les *fins de non-recevoir* se confondaient avec ce que d'autres auteurs appelaient *exceptions péremptoires quant au fond*. « Les fins de non-recevoir, nous « dit-il, sont les exceptions prises de la qualité de la demande « qu'on soutient n'être pas recevable, indépendamment du mérite « du fond qu'on laisse à l'écart, comme, par exemple, si l'on dit « que l'action est prescrite, ou qu'il est intervenu transaction sur ce « qui fait la matière de la demande, ou que la même question a « déjà été jugée entre les mêmes parties et autres exceptions du « même genre (1). »

368. Il est plus difficile de donner une idée exacte et précise des *fins de non-valoir*. Sous cette dénomination, les praticiens comprennent divers moyens bien différents les uns des autres, tels que le défaut de qualité chez le demandeur, l'incapacité, l'omission du préliminaire de conciliation, la péremption de l'instance, la tardiveté de l'appel, etc. Un caractère commun les unit entre eux. Ces moyens se détachent du fond proprement dit : ils ne le soulèvent point. Les tribunaux doivent les examiner et les juger avant que de se prononcer sur le fond du litige ; car ce sont des obstacles qu'un défendeur oppose à l'exercice de l'action et les juges ne peuvent examiner la demande en elle-même qu'après avoir franchi l'obstacle. Conclure sur une fin de non-valoir, ce n'est pas conclure sur le fond du procès. Mais si, à ce point de vue, les fins de non-valoir se ressemblent, elles diffèrent sous d'autres aspects. Les unes,

1. Rodier, *Sur l'art.* 5 *du titre V de l'ordonnance de* 1667.

comme la tardivité de l'appel, le défaut de qualité du demandeur opposent un perpétuel obstacle à l'action : les autres, un obstacle momentané que le demandeur fera disparaître, s'il est incapable, en se munissant des autorisations nécessaires, comme le tuteur, ou la commune, ou en réparant l'oubli du préliminaire de conciliation.

369. Remarquons en outre que si, par leur caractère d'obstacle étranger au fond du litige, les fins de non-valoir se distinguent des *défenses* au fond (*sensu stricto*), elles se différencient des *exceptions*, en ce que la demande est écartée dans sa forme actuelle et non pas seulement suspendue dans sa marche. Nous croyons donc que la pratique a raison, quand elle les distingue, par une appellation séparée, des défenses et des exceptions.

370. La distinction des défenses et des exceptions présente plusieurs intérêts.

1° Si le défendeur triomphe dans sa défense, le demandeur perd son procès et l'autorité de la chose jugée l'empêche à jamais de le reproduire. L'action est anéantie, et toute nouvelle demande identique à la première, par sa cause, son objet et la qualité des parties, devra être rejetée. Au contraire, le défendeur triomphe-t-il dans son exception, le demandeur est obligé, ou bien de recommencer sa demande, ou bien d'en suspendre momentanément le cours. Mais son droit subsiste. Il ne peut jamais le perdre par le seul effet de l'exception. Ainsi, par exemple, le droit était sur le point d'être prescrit : le créancier intente l'action : mais son assignation est nulle pour défaut de forme. Le défendeur invoque l'exception de nullité. La prescription n'aura pas été interrompue (C. civ., art. 2247); et, si elle s'accomplit avant qu'une nouvelle assignation soit donnée au défendeur, le droit du demandeur sera perdu, mais par l'effet de la prescription et non par celui de l'exception. Celle-ci aura seulement pour effet de laisser courir cette prescription.

2° Le jugement rendu contre un défendeur qui a conclu au fond est un jugement contradictoire. Si le défendeur a proposé seulement une exception et a omis de prendre des conclusions sur le fond, le jugement est contradictoire quant à la solution donnée sur l'exception, et par défaut quant au fond. Le défendeur pourra y faire opposition. — Faut-il accepter la même solution quand le défendeur a proposé une fin de non-valoir, sans présenter de défenses au fond? Nous le pensons; conclure sur une fin de non-valoir, ce n'est pas conclure sur le fond du procès. Si donc le même jugement rejetait la fin de non-valoir et condamnait le défendeur au fond, le jugement ne serait contradictoire que sur le premier point et devrait être réputé par défaut sur le second. Notre savant maître M. Rodière, après avoir d'abord adopté cette opinion, l'a repoussée dans la dernière édition de son ouvrage, parce que, dit-il, il n'est pas possible d'autoriser un plaideur à échelonner successivement des fins de non-valoir de manière à obliger les juges à rendre une série de jugements successifs (1). L'honorable professeur nous paraît n'avoir pas remarqué que, dans l'hypothèse prévue, le défendeur, qui fera opposition au jugement rendu par défaut sur le fond du litige, sera obligé, pour soutenir son opposition, de présenter des conclusions, sur le fond, des défenses.

3° Les défenses peuvent être opposées en tout état de cause, c'est-à-dire, jusqu'aux conclusions du ministère public ou jusqu'à la clôture des débats, si le ministère public n'a pas donné de conclusions. Les exceptions, au contraire, doivent être invoquées, à peine de déchéance, *in limine litis*, avant toute défense au fond. (Proc. civ., art. 169, 173 et 186.) Le défendeur, qui conclut au fond, est réputé renoncer à un moyen de défense, qui ne créait qu'un obstacle momentané à l'examen même du fond. Il serait, en outre, dangereux d'admettre jusqu'à la fin du débat la production d'une prétention, qui a pour but unique de retarder le succès d'une demande peut-être parfaitement juste. On ne doit pas permettre d'entraver une procédure souvent sur le point d'être clôturée par un jugement définitif.

Mais si l'exception touche à l'ordre public, elle pourra etre proposée en tout état de cause pour deux raisons. Le défendeur ne peut y renoncer ni expressément, ni tacitement; on ne peut abandonner les droits fondés sur l'ordre public. Et ce même ordre public exige qu'on ne puisse écarter les moyens destinés à empêcher un jugement qui lui serait contraire.

Nous pensons que, comme les exceptions ne touchent pas à l'ordre public, les fins de non-valoir doivent être proposées avant toute défense proprement dite, puisqu'elles ne constituent que des obstacles à l'examen même du fond. Conclure au fond, c'est renoncer à opposer l'obstacle qu'on aurait pu dresser devant les pas de

1. Rodière, *Cours de procédure*, 4e édition, p. 354.

l'adversaire. Mais nous devons constater que la jurisprudence, tendant à assimiler ces fins de non-valoir aux défenses proprement dites, admet généralement qu'elles peuvent être invoquées, même après qu'on a conclu au fond.

4° Les défenses peuvent être invoquées en appel pour la première fois; l'article 2224 du Code civil contient une application de cette règle. Elles peuvent même l'être devant la Cour de cassation, si elles ne rentrent pas dans les *moyens nouveaux*, qui ne peuvent être produits pour la première fois devant la Cour suprême, comme nous le verrons plus tard. Au contraire, on ne peut faire valoir en appel les exceptions (sauf celle de la caution *judicatum solvi*), que si on les a présentées devant le premier juge qui les a rejetées. Le juge du second degré en est alors saisi par l'appel dirigé contre le jugement qui les a repoussées. Par suite de la tendance ci-dessus signalée, la jurisprudence admet que les fins de non-valoir peuvent être proposées pour la première fois en appel, mais non devant la Cour suprême; car elles constituent des moyens nouveaux. Seuls, les incapables peuvent faire valoir devant la Cour de cassation, pour la première fois, le moyen tiré de leur incapacité, par application de la règle de l'article 1125 du Code civil (1).

371. En proposant des défenses, des exceptions ou des fins de non-valoir, le défendeur reste sur la défensive. Il se contente de combattre ou de tourner la demande principale. Mais il peut à son tour devenir agresseur et former une demande, qui, si elle est justifiée, pourra atténuer ou empêcher la condamnation dont il est menacé, ou même faire condamner le demandeur envers lui. Quand le défendeur agit ainsi, il forme une *demande reconventionnelle. Exemple :* Pierre, locataire de Paul, est assigné par celui-ci pour se voir contraint de garnir de meubles suffisants l'appartement loué. Pierre demande de son côté que Paul fasse les réparations nécessaires pour le rendre habitable. — Pierre réclame à Paul le payement de 1000 francs qu'il lui a prêtés et Paul répond en demandant trente hectolitres de blé que Pierre lui a promis.

Les demandes reconventionnelles offrent l'avantage de faire juger deux procès dans une seule instance, par suite d'économiser des frais et de ne pas faire courir au défendeur le risque de l'insol-

1. V. Cass. civ. 27 juillet 1869 (D. P. 1869. 1. 432). — Req. 23 février et 14 mars 1870 (D. P. 1871. 1. 229 et 236).

vabilité future ou actuelle du demandeur. Elles dérogent aux règles générales qui régissent la compétence des tribunaux et étendent, prorogent la compétence du tribunal saisi de la prétention du demandeur.

Nous exposerons plus loin, avec détails, les règles relatives à ces demandes reconventionnelles, en traitant des incidents qui élargissent la sphère d'un procès. Nous nous contenterons de dire ici que le défendeur n'a pas la liberté de formuler à titre de *reconventionnelle* toute prétention quelconque. La demande reconventionnelle doit servir de défense à l'action principale, c'est-à-dire avoir pour résultat d'en anéantir ou restreindre l'effet, ou bien avoir pour objet des domages-intérêts fondés sur la demande principale elle-même, sur le tort qu'elle cause au défendeur dans sa réputation ou dans son crédit, sur les imputations diffamatoires ou sur les injures que le demandeur a pu émettre au cours du procès.

372. Ainsi donc défenses, exceptions, fins de non-valoir, fins de non-recevoir et demandes reconventionnelles, tels sont les divers moyens que le défendeur peut opposer à l'action du demandeur.

Ces notions générales et succinctes étaient indispensables à acquérir, avant que de commencer l'étude de la compétence des diverses juridictions.

LIVRE III

DE LA COMPÉTENCE DES JURIDICTIONS CIVILES

CHAPITRE PREMIER

RÈGLES GÉNÉRALES DE COMPÉTENCE

SOMMAIRE. — Compétence *rationæ materiæ.* — Compétence *rationæ personæ vel loci.* — Intérêt de la distinction. — Cas d'incompétence.

373. Nos législateurs, pour obtenir une meilleure distribution de la justice, ayant établi plusieurs sortes de tribunaux, ont dû d'abord logiquement fixer avec soin de quelle nature d'affaires, de procès, chaque ordre de juridiction pouvait connaître, déterminer les attributions propres au tribunaux ordinaires et les attributions spéciales aux tribunaux d'exception.

Ce premier travail opéré et ayant ainsi délimité les attributions *communes* à tous les tribunaux d'une même juridiction, la loi a dû régler les attributions propres à chacun des tribunaux ou des juges, composant telle ou telle catégorie de juridiction. D'où résulte la détermination d'une compétence *absolue*, *ratione materiæ*, d'*attributions*, et celle d'une compétence relative, *ratione personæ vel loci*, *territoriale*.

374. La compétence des tribunaux doit donc être envisagée sous un double point de vue. Avant d'engager le procès, on doit résoudre une double question : 1° Il faut d'abord, et en ne tenant compte que de la nature du litige, de son caractère, rechercher quelle est, parmi les juridictions d'ordres différents, celle à laquelle la loi attribue la connaissance de ce litige. Qui doit juger? Est-ce le juge de paix, le tribunal de commerce ou le tribunal civil d'arrondissement ? — 2° Cette juridiction une fois connue, on doit examiner quel est, parmi tous les tribunaux du même ordre de juridiction, parmi les divers juges de paix, ou parmi les tribunaux civils d'arrondissement, celui qui doit être choisi exclusivement aux autres. Dans le premier cas, on recherche quelle est la *compétence d'attributions*, dans le second quelle est la compétence *territoriale*. La première, déterminée par la loi, dans un intérêt général, est d'*ordre public;* la deuxième, établie pour faciliter la défense, est d'*intérêt privé*.

La première de ces compétences fait l'objet de lois spéciales ; la deuxième est réglée par le Code de procédure civile.

375. A chacune de ces compétences correspond une *incompétence* analogue. L'incompétence, c'est le défaut de pouvoir du juge, à l'effet d'exercer sa juridiction sur un litige. Ce défaut dérive, ou bien de ce que la loi n'a pas placé ce genre de procès dans ses attributions, ou bien, dans le cas où y il serait placé, de ce que le juge saisi n'est pas celui qui, dans le cas particulier, doit juger le litige, ni le domicile du défendeur, ni la chose litigieuse n'étant situés dans le ressort du tribunal. Il y a donc nécessairement une incompétence *ratione materiæ*, *absolue* ou d'*attributions*, et une incompétence *ratione personæ vel loci*, *relative* ou *territoriale*. L'incompétence est *ratione materiæ*, lorsque la cause est, *par sa nature*, hors des attributions du tribunal saisi, lorsqu'on soumet à un tribunal un débat que la loi de son institution ne lui permet pas de juger et dont la loi attribue la connaissance à une autre juridiction. Elle est *ratione personæ vel loci*, lorsque le différend porté devant lui est attribué à un autre tribunal du même ordre.

376. Intérêt de la distinction et comparaison des deux compétences. — Cette distinction n'est pas purement théorique ; elle présente en pratique un intérêt considérable.

A. La compétence *ratione materiæ*, *absolue* ou *d'attributions*, se rattachant directement à la distribution du pouvoir juridictionnel entre les divers ordres de tribunaux, est essentiellement d'ordre public. Ne pas respecter les règles de cette compétence, c'est violer une disposition d'ordre public. Il est indispensable de les maintenir et de ramener les parties au respect qu'elles leur doivent. De là les conséquences suivantes :

1° Les parties ne peuvent pas déroger par des conventions particulières aux règles de la compétence absolue : elles ne peuvent pas par leur volonté, ni expressément ni tacitement, attribuer la connaissance de leur litige à un juge incompétent (art. 6, Cod. civ.), sauf une précision qui sera faite plus loin. Vainement consentiront-elles à rester en cause devant ce tribunal.

2° L'incompétence du tribunal et son dessaisissement de l'affaire sont proposables en tout état de cause : en première instance, même après avoir conclu au fond; en appel, quoique n'ayant pas été demandés en premier instance, ou malgré l'acquiescement donné au jugement rendu par les juges du premier degré de juridiction; pour la première fois devant la Cour de cassation, quoique ce moyen n'ait été soulevé, ni devant les juges du premier degré, ni devant les juges d'appel.

3° Cette incompétence peut être invoquée, pour obtenir le dessaisissement du tribunal, par toute partie en cause, même par le demandeur, par celui qui a saisi le tribunal incompétent. Le consentement tacite qu'il a donné, en assignant son adversaire devant le tribunal incompétent, ne peut le lier et n'a aucune valeur.

4° Si les parties se taisent, le ministère public a le *devoir* de demander le renvoi de la cause et d'inviter le tribunal incompétent à se dessaisir.

5° Quoique les parties, par leur silence ou par convention expresse, consentent à être jugées par lui, le tribunal, incompétent *ratione materiæ*, est tenu de se dessaisir d'office de la cause portée devant lui. Il n'est pas libre d'en retenir la connaissance. Il n'a pas le choix entre se dessaisir ou rester saisi. Il est tenu de respecter une règle d'ordre public (art. 170 Cod. proc. civ.).

377. B. Tout au contraire, le tribunal, saisi du procès, n'est-il incompétent que *ratione personæ*, atteint d'une incompétence territoriale? Le défendeur, dans l'intérêt privé duquel elle est établie, pouvant renoncer à un droit, à un avantage, qui lui est propre, la situation des plaideurs est toute différente.

1° Les parties peuvent par convention *expresse* consentir à attribuer la connaissance de leur litige à ce juge incompétent, ou, en d'autres termes, *proroger sa juridiction* et lui demander jugement.

2° Cette prorogation, au lieu d'être expresse, peut-être *tacite*; le défendeur peut renoncer implicitement à la situation que lui fait la loi. Et il est réputé y avoir renoncé, tacitement et implicitement, lorsqu'il n'invoque pas l'incompétence du tribunal dès le début du procès, *in limine litis*. Il perd la faculté de demander son renvoi devant le juge compétent, quand il plaide, par exemple, le fond du procès; car il est illogique d'entamer la discussion de la question litigieuse devant un juge dont la compétence serait plus tard déniée. Cette discussion serait une inutilité. Si on la commence, c'est donc qu'on accepte le juge. Par suite, cette incompétence ne pourra être proposée en appel, que si elle a été invoquée devant le juge du premier degré et que si celui-ci a refusé de se dessaisir. Elle ne sera un moyen de cassation et ne pourra être invoquée devant la Cour suprême, que si elle l'a été successivement devant les juges du premier et du deuxième degré et que tous se soient refusés à la reconnaître.

3° Le défendeur *seul* peut demander au juge incompétent de se dessaisir. Le demandeur ne le peut pas; car, en appelant son adversaire devant le juge incompétent *ratione personæ*, il a tacitement accepté la juridiction de ce juge. Et si le tribunal a rejeté l'exception d'incompétence soulevée par le défendeur, celui-ci peut acquiescer au jugement, qui a repoussé son déclinatoire, c'est-à-dire sa demande de renvoi pour incompétence du juge saisi.

4° Si le défendeur garde le silence, le ministère public n'est pas *obligé* de demander au tribunal de se dessaisir, car l'ordre public n'est pas intéressé; mais il peut proposer au tribunal de refuser la connaissance de ce litige, de repousser l'offre que lui font implicitement les plaideurs de *proroger*, c'est-à-dire d'étendre sa juridiction. Nous dirons même que le ministère public doit agir ainsi, lorsque le défendeur est au nombre de ces incapables, dont le ministère public est le protecteur et dont les causes doivent lui être communiquées, d'après l'article 83, du Code de proc. civ.

5° Quand les parties consentent à être jugées par lui, le tribunal, atteint d'une incompétence relative, n'est pas obligé de se dessaisir de l'affaire. Il peut la juger. Mais *doit*-il en retenir la connaissance? Ne *peut*-il pas d'office se dessaisir? Est-il forcé d'accepter l'offre, formelle ou tacite, que lui font les parties de proroger sa juridiction? C'est un point que nous traiterons bientôt et qui sera mieux compris quand nous aurons fixé les limites de la compétence des divers tribunaux.

L'intérêt de la distinction des deux sortes d'incompétence indiqué, demandons-nous quand se réalise, quand se présente l'une ou l'autre incompétence.

378. *Cas d'incompétence.* — A. Les divers cas dans lesquels un tribunal, indûment saisi d'un procès, est incompétent, *ratione materiæ*, peuvent être groupés sous quatre hypothèses principales : 1° La connaissance de l'affaire soumise à une juridiction civile appartient, d'après la loi, à une juridiction criminelle ou à une juridiction administrative. 2° L'affaire soumise à une juridiction civile *spéciale* rentre dans les attributions d'une autre juridiction *civile spéciale;* par exemple, on a porté devant un juge de paix une affaire que la loi veut voir juger par le conseil de prud'hommes, ou une affaire attribuée, par sa nature, aux tribunaux de commerce, ou *vice versâ*. 3° L'affaire, portée devant une juridiction d'exception, aurait dû être soumise à la juridiction civile ordinaire ; par exemple, une demande en nullité de mariage ou de séparation de corps a été portée devant un juge de paix ou un tribunal de commerce, et non devant le tribunal civil d'arrondissement. 4° L'affaire portée devant la juridiction civile ordinaire, le tribunal d'arrondissement, aurait dû l'être devant une juridiction spéciale, devant un juge de paix ou devant un tribunal de commerce. Ce dernier cas d'incompétence absolue ou matérielle, admis par la majorité des auteurs, est repoussé par la jurisprudence des cours d'appel et de la Cour de cassation. (Cass., 20 nov. 1848.) Pour elle, le tribunal civil d'arrondissement n'est pas, dans ce cas, incompétent *ratione materiæ*, car, dit-elle, il a la plénitude de juridiction. Nous examinerons plus loin ce qu'il faut entendre par ces mots *plénitude de juridiction* et ce qu'il faut penser de cette jurisprudence).

379. B. Un tribunal ou un juge est incompétent *ratione personæ vel loci*, quand il n'est pas celui du domicile du défendeur, ou celui devant lequel, parmi tous les tribunaux du même ordre, la loi, par une disposition spéciale, a voulu que le litige fût porté.

380. Le tribunal, tout à la fois compétent *ratione materiæ et ratione personæ*, doit statuer, sous peine de déni de justice, sur la cause qui lui est soumise. Si sa compétence est contestée par l'un des plaideurs ou par le ministère public, il a le devoir de prononcer directement sur cette question de compétence. Il ne peut, ni passer outre à l'exception d'incompétence opposée devant lui, ni (sauf le tribunal de commerce) la réserver et la joindre au fond pour statuer sur le tout par un seul et même jugement. (Proc. civ., art. 172 et 425.) Il prononce alors, non dans son propre intérêt, mais dans celui des parties ou de l'ordre public, suivant que sa compétence est contestée *ratione personæ* ou *ratione materiæ*.

381. Néanmoins un tribunal compétent peut être forcé de se dessaisir de la constestation portée devant lui dans plusieurs cas, qui sont : le litispendance, la connexité, la parenté ou l'alliance qui existe entre une des parties et plusieurs membres du tribunal compétent, la suspicion légitime, la sûreté publique, l'insuffisance de juges ou d'avoués.

Nous retrouverons la litispendance et la connexité en étudiant le titre des exceptions (Proc. civ., art 171) : le renvoi pour cause de parenté ou d'alliance dans les articles 368 à 377 du Code de procédure. On applique à l'insuffisance de juges ou d'avoués la procédure de règlement de juges. (Proc. civ., art. 363 et suiv.) L'article 65 de la constitution du 28 frimaire au VIII autorise le renvoi d'un tribunal à un autre pour cause de suspicion légitime ou de sûreté publique. En traitant des renvois, nous indiquerons la procédure qui doit être suivie dans ces deux cas.

CHAPITRE II

DE LA COMPÉTENCE DES JURIDICTIONS ORDINAIRES

SOMMAIRE. — SECTION PREMIÈRE. — Des tribunaux civils d'arrondissement. — § Ier. Leur compétence *ratione materiæ.* — Premier ressort. — Dernier ressort. — § II. Leur compétence relative : A. Règle générale ; B. Compétences spéciales. — Action réelle immobilière. — Action mixte. — Société. — Succession. — Faillite. — Garantie. — Officiers ministériels. — SECTION DEUXIÈME. — Des cours d'appel. — § Ier. Compétence *ratione materiæ.* — § II. Compétence relative.

SECTION Ire. — **Des tribunaux civils d'arrondissement.**

§ 1er. — *De leur compétence d'attributions ou ratione materiæ.*

382. Les tribunaux civils d'arrondissement exercent en matière civile, sur les personnes et sur les choses, cette juridiction pleine et entière, que nous avons appelée la *juridiction ordinaire.* Son exercice s'étend à toutes les affaires, qui n'ont pas été formellement attribuées à des tribunaux d'exception.

Ces tribunaux connaissent en première instance, c'est-à-dire comme premier degré de juridiction, de toutes les affaires personnelles, réelles et mixtes, en *toutes matières, excepté seulement celles qui auraient été déclarées être de la compétence des juges de paix et les affaires de commerce dans les arrondissements où il y aurait des tribunaux de commerce établis*. (L. 24 août 1790, tit. 4, art. 4.)

Ainsi, dès que l'on connaît les personnes et les choses sur lesquelles s'exerce la juridiction exceptionnelle des justices de paix, des tribunaux de commerce et de la justice administrative, on connaît par *a contrario* la compétence des tribunaux civils d'arrondissement. Tout ce qui n'a pas été transmis à ces juridictions exceptionnelles leur appartient nécessairement. Il suffit qu'une matière n'ait pas été attribuée à une autre autorité judiciaire ou administrative, pour qu'elle appartienne de droit à la juridiction ordinaire. La règle générale domine l'exception dans tous les cas d'incertitude. S'il n'est pas évident que l'on se trouve dans un cas *formellement excepté*, on doit revenir à la règle générale, au tribunal ordinaire.

Ceci explique pourquoi, malgré l'étendue du cercle des attributions des tribunaux de première instance, nous n'avons pas à fournir des développements aussi étendus que ceux que nous devons donner relativement à la compétence d'attributions des justices de paix et des tribunaux consulaires.

383. Les tribunaux civils d'arrondissement remplissent les fonctions de tribunal de commerce, dans les arrondissements où il n'a pas été établi de tribunal consulaire (art. 640 Cod. comm.).

384. Les tribunaux d'arrondissement prononcent encore comme juges de second degré : 1° sur l'appel des jugements, rendus en premier ressort par le juge de paix, lorsqu'il n'y a pas eu renonciation à l'appel; 2° sur l'appel dirigé contre les sentences des arbitres, rendues sur des matières qui eussent été, soit en premier, soit en dernier ressort, de la compétence des juges de paix (loi 24 août 1790, tit. 3, art. 12, et loi 27 vent. an VIII, art. 7; art. 1023 Cod. proc. civ.); 3° en Algérie, sur l'appel des jugements rendus par les tribunaux musulmans hors de l'arrondissement d'Alger et dans les litiges inférieurs à 2000 fr. de capital en matière mobilière et à 200 fr. de revenu en matière immobilière (Décr. 13 déc. 1866, art. 22); à Mayotte et à Nossi-Bé sur l'appel des jugements rendus par les tribunaux indigènes. (Ord. 26 août 1867, art. 7.)

385. En règle générale, les tribunaux civils ne statuent sur les différends qui leur sont soumis qu'à charge d'appel, c'est-à-dire, que les parties ont la faculté de demander à la Cour d'appel la réformation du jugement rendu par le tribunal de première instance. On dit alors que le tribunal a statué *en premier ressort.*

On dit, au contraire, que le tribunal a statué en *dernier ressort,* lorsque l'appel du jugement rendu est interdit par un texte de loi. Dans le doute, la règle générale du double degré de juridiction l'emporte, et on doit regarder les jugements des tribunaux civils comme rendus plutôt en premier qu'en dernier ressort. Il suffit de mentionner les cas du dernier ressort.

386. Les tribunaux civils jugent en dernier ressort :

1° Les appels formés devant eux contre les sentences arbitrales et contre les jugements rendus par les juges de paix ; — 2° les procès à l'égard desquels les parties ont consenti à être jugées sans appel (L. 24 août 1790, tit. 1, art. 6.) ; — 3° les actions civiles relatives à la perception des contributions indirectes et à celle des droits d'enregistrement (L. 7 sept. 1790 ; L. 22 frim. an VII, art. 64 et 65) ; — 4° les demandes en remise de pièces produites et communiquées aux avoués (art. 107 Proc. civ.) ; — 5° les récusations portées contre un juge de paix (art. 47 Proc. civ.); 6° Les fautes de discipline des officiers ministériels, si elles ont été commises ou découvertes à l'audience. Dans ce cas, le tribunal statue, en assemblée générale, à la chambre du conseil, après avoir entendu l'individu inculpé (Décr. du 30 mars 1808, art. 103) ; — 7° en matière de saisie immobilière, un certain nombre d'incidents (art. 730, 746 Proc. civ.) ; — 8° les actions personnelles et mobilières jusqu'à la valeur de quinze cents francs (1500 fr.) de principal, et les actions immobilières jusqu'à soixante francs (60 fr.) de revenu déterminé, soit en rente, soit par prix de bail. (L. 11 avr. 1838, art. 1.)

L'application de cette dernière règle soulève de nombreuses difficultés. Nous les étudierons plus utilement à propos de la matière de l'*appel.*

§ 2. — *De la compétence relative des tribunaux civils.*

387. Quand un plaideur a reconnu que le procès, par lui intenté, rentre dans la compétence *ratione materiæ* des tribunaux d'arrondissement, il doit examiner quel est, parmi les divers tribunaux civil établis en France, celui qu'il convient de saisir dans l'espèce.

La règle fondamentale de la matière se formule ainsi : le demandeur doit porter son action devant le juge du domicile du défendeur. Elle existait, sauf quelques dérogations, en droit romain, et les jurisconsultes l'exprimaient par cette maxime souvent reproduite : *Actor sequitur forum rei* (L. 2, § 2 à 5; L. 19, § 2; L. 22 ; L. 50, *De judiciis;* LL. 29 et 37, *Ad municipalem*).

Par une constitution de l'an 385, les empereurs Théodose, Valentinien et Arcadius décidèrent que, s'il s'agissait au procès de la propriété d'un immeuble, le demandeur pourrait à son gré agir devant le tribunal du domicile du défendeur ou devant celui de la situation de l'immeuble litigieux, (C. 3, Cod. *Ubi in rem actio exerceri debeat*).

Dans notre ancien droit, l'ordonnance de 1667 ne fixait aucune règle de compétence. Nos anciens auteurs avaient admis, d'après les témoignages de Jousse et de Rodier, les règles du droit romain ; mais ces règles souffraient exception toutes les fois qu'une des parties avait le privilège de faire juger ses causes par un tribunal spécialement déterminé. Ces privilèges, très communs autrefois, compliquaient singulièrement les règles de compétence.

De nos jours, les privilèges dits *de committimus* n'existent plus et, quelle que soit la qualité des personnes que le procès intéresse, il faut toujours suivre les règles tracées par l'article 59 et par d'autres textes du Code de procédure civile.

388. L'article 59 n'est pas rédigé d'une manière correcte. Si l'on s'en tenait à la lettre de ses dispositions, on s'écarterait considérablement de la pensée du législateur. Le Code dit en effet : *en matière personnelle, le défendeur sera assigné devant le tribunal de son domicile*. La formule est trop étroite, car elle paraît n'attribuer compétence au juge du domicile du défendeur qu'en matière personnelle ; elle paraît se restreindre aux actions nées d'un droit de créance et ne comprendre ni l'action réelle mobilière, ni les actions relatives à l'état des personnes. Et cependant tout le monde est d'accord pour reconnaître que ces actions doivent et ne peuvent être portées que devant le juge du domicile du défendeur. Il résulte, en effet, de la discussion du Conseil d'État que le troisième paragraphe de l'article 59, ainsi conçu : *en matière réelle, devant le tribunal de la situation de l'objet litigieux*, n'a trait qu'aux actions réelles immobilières, et, comme nous le dirons bientôt, les actions réelles mobilières doivent être portées devant le juge du domicile du défendeur.

Quant aux questions relatives à l'état des personnes, si l'on n'admettait pas la compétence du tribunal du domicile du défendeur, l'article 59 n'en désignant nul autre, il n'y en aurait aucun; ce qui est tout simplement impossible.

Si donc nous préférons nous attacher à la pensée du législateur, telle que nous la révèlent les discussions du Conseil d'État, nous dirons que l'article 59 du Code de procédure civile contient à la fois une règle générale de compétence et la plupart des diverses exceptions apportées à cette règle.

A. Règle générale.

389. La règle générale, parfaitement conforme à la tradition historique, doit être ainsi formulée : *En toute matière non exceptée, le défendeur sera assigné devant le tribunal de son domicile.*

Son adoption a été dictée au législateur par les considérations suivantes. On doit tout à la fois désigner le juge le plus apte à connaître d'un procès et souhaiter que la justice soit rendue promptement et économiquement. Or, de tous les tribunaux de France, les tribunaux les plus à même de bien juger sont celui du domicile du demandeur et celui du domicile du défendeur. Ils connaissent les plaideurs, leur situation, leur honorabilité, etc., ou peuvent les connaître. Au point de vue de l'économie et de la rapidité désirées, on doit éviter des déplacements, qui entraînent fatalement et retards et accroissement de frais. Des deux parties en cause, une seule doit être astreinte à un dérangement. Par suite, il fallait désigner le juge du domicile du demandeur ou celui du domicile du défendeur.

La première solution eût été injuste. Pourquoi obliger le défendeur à se déplacer, alors que, jusqu'à ce que le demandeur ait prouvé la justesse de sa prétention, ce défendeur est présumé avoir raison ? Qu'on le remarque bien : dans l'état ordinaire des choses, nous ne sommes pas les débiteurs les uns des autres (sauf les obligations, plutôt morales que juridiques, imposées à tout homme envers son semblable). La relation de débiteur à créancier est une dérogation à la situation commune. Elle constitue une exception. Sur les millions d'hommes qui habitent le globe, de combien êtes-vous débiteur ou créancier? La liberté réciproque, l'absence de lien obligatoire, est donc la condition normale de chacun de nous. Or, quand Paul vient prétendre qu'il est créancier de Pierre et qu'il veut obtenir d'un tribunal, à ce titre, une condamnation contre lui, il allègue qu'une dérogation au droit commun existe entre lui et Pierre. Celui-ci a en sa faveur la présomption générale. Il est réputé, *à priori*, ne rien devoir. Pourquoi le forcerait-on à se déranger, pour répondre à un demandeur, peut-être téméraire, qui succombera dans sa prétention? Le sens commun donc, comme la tradition historique, devait faire adopter au législateur du Code de procédure la règle *actor sequitur forum rei.*

390. Le domicile d'une personne est au lieu où elle a son principal établissement (art. 102 Cod. civ.). Aux tribunaux à déterminer, en cas de contestation sur ce point, quel est le principal établissement. Le changement de domicile s'opère par le fait de transporter son habitation réelle dans un autre lieu avec l'intention de s'y fixer. L'intention se prouve par une double déclaration faite tant à la municipalité de la commune que l'on quitte, qu'à celle de la commune où l'on s'établit. A défaut de l'accomplissement de cette formalité, l'intention s'établit à l'aide des circonstances (art. 103 à 105 C. civ.).

391. Si le défendeur n'a pas de domicile ou si son domicile ne peut être connu, il sera assigné devant le tribunal de sa *résidence.* Plusieurs auteurs soutiennent que les expressions de l'article 59, s'il *n'a pas de domicile*, visent exclusivement le cas où le domicile du défendeur est inconnu. Nul, disent-ils, ne peut être sans domicile. On en a toujours un, ne fût-ce que son domicile d'origine. — Cette explication n'est pas acceptable. Au point de vue de la procédure, où doit dominer toujours l'utilité pratique, il n'est pas possible d'admettre qu'un homme soit, sauf manifestation contraire de sa part, domicilié, toute sa vie durant, dans le lieu où le hasard l'a fait naître, quand il ne s'y est jamais établi. Il est plus raisonnable de s'adresser au juge de la résidence qui, pour la détermination de la compétence, équivaut au domicile.

392. Si le défendeur n'a ni domicile ni résidence connus, s'il appartient à cette catégorie de nomades, de bohémiens errants sur les routes et les chemins, on l'assignera devant le juge du domicile du demandeur. Le vœu de la loi est de ne pas obliger les deux plaideurs à un déplacement. Elle a donné la préférence au juge du domicile du défendeur; mais encore faut-il qu'il y en ait un. Si un obstacle s'oppose à l'application de la règle *actor sequitur forum rei*, c'est respecter l'esprit de la loi que de s'attacher au juge du domicile du demandeur et de ne pas permettre d'assigner devant un tribunal quelconque. La question, du reste, ne présente en pratique qu'un mince intérêt.

393. Le législateur prévoit ensuite le cas où une demande est dirigée contre plusieurs parties, par exemple, contre plusieurs débiteurs solidaires, plusieurs covendeurs ou coacheteurs. Vouloir que chacun fût appelé devant le tribunal de son propre domicile, c'eût été faire naître un accroissement considérable de frais, et, ce qui est plus grave, s'exposer à avoir, dans une question unique, discutée dans des instances identiques, des solutions divergentes et contradictoires; ce qui eût nui au respect dû aux sentences judiciaires et amoindri l'autorité des tribunaux. La seule solution acceptable consistait à autoriser le demandeur à appeler tous les défendeurs, à son choix, devant le tribunal du domicile ou de la résidence de l'un d'entre eux.

Mais la faculté d'appeler ainsi plusieurs personnes devant un seul et même tribunal, dans une instance unique, n'existe qu'autant que les obligations, à l'occasion desquelles on les poursuit, sont toutes nées du même contrat ou du même fait. Un demandeur ne peut pas, en réunissant arbitrairement des demandes qui n'ont entre elles aucun rapport, enlever aux défendeurs le bénéfice du droit commun et les obliger à plaider devant un autre juge que celui de leur domicile personnel.

394. La règle *actor*, etc., peut, en pratique, engendrer, dans certaines circonstances, des inconvénients. Par exemple, deux personnes, habitant à une grande distance l'une de l'autre, pourraient craindre, si elles entraient en relations d'affaires, d'être obligées d'aller plaider dans un lieu éloigné. Paul habite Lille. Il lui répugne de traiter avec Pierre de Bayonne, parce qu'il ne voudrait pas être soumis à l'éventualité d'un procès à soutenir dans cette dernière ville contre Pierre. Mais il contracterait volontiers, s'il était certain de pouvoir toujours, comme demandeur ou comme défendeur, plaider devant le tribunal de Lille. Ou bien, Paul, qui habite la même ville que Pierre, craint que celui-ci ne transporte dans l'avenir son domicile en un autre lieu, et ne l'oblige ainsi à aller plaider au loin. La loi fournit le moyen d'éviter cet inconvénient. Les parties peuvent, en contractant (et bien des fois cette mesure est prescrite par le législateur lui-même), désigner un lieu, autre que celui de leur domicile, où il sera permis de les assigner. C'est ce qu'on appelle faire *élection de domicile.* Pierre consentira à élire domicile à Lille, et tous les procès auxquels pourra donner naissance le contrat à intervenir entre Paul et lui pourront être jugés par le tribunal du lieu désigné. On peut ainsi, pour éviter les conséquences d'un changement possible de domicile, choisir, pour domicile élu, le domicile réel de l'une des parties.

395. Cette élection de domicile peut avoir été faite dans l'intérêt exclusif de celui qui est demandeur au procès. Alors, comme chacun est maître de renoncer à un droit établi en sa faveur, le demandeur aura le choix entre le tribunal du domicile élu et le tribunal du domicile réel du défendeur. C'est l'hypothèse que vise le dernier paragraphe de l'article 59 du Code de procédure civile. — Mais si l'élection de domicile a été faite dans l'intérêt des deux parties, ou dans celui du défendeur, il n'est pas loisible au demandeur d'assigner son adversaire devant le juge du domicile réel. Celui du domicile élu est seul compétent. L'élection participe du caractère irrévocable du contrat, dont les clauses ne peuvent être modifiées par la volonté unilatérale de l'un des contractants. Et cette élection sera obligatoire pour les héritiers des parties, comme pour les parties elle-mêmes. Elle ne cesserait pas de produire son effet, quand même on eût élu domicile chez un tiers et que celui-ci fût décédé, ou que la demande actuelle eût pour objet la résolution ou la rescision du contrat. Tant que celui-ci n'est pas résolu ou annulé par une sentence judiciaire, il continue à produire tous ses effets, parmi lesquels ceux de l'élection de domicile.

B. Compétences spéciales.

396. Dans le but de faciliter la solution des litiges, le législateur a pensé qu'il convenait, dans certaines hypothèses, de s'écarter de la règle générale, *actor sequitur forum rei.* Doivent être portées devant un tribunal autre que celui du domicile du défendeur :

1° *Les actions réelles immobilières.* Notons que, malgré l'expression générale dont se sert la loi, *en matière réelle*, cette première exception n'a trait qu'aux actions *réelles immobilières*. Les meubles, à proprement parler, n'ont pas d'assiette fixe, pas de *situation;* ils sont aptes à subir des déplacements réitérés et rapides. Une situation aussi accidentelle ne peut servir à fixer la compétence d'un tribunal. Si donc les actions réelles mobilières ne peuvent appartenir au tribunal de la situation de l'objet litigieux, elles échappent à l'exception pour rentrer dans la règle. Comme les actions personnelles, elles doivent être portées devant le tribunal du domicile du défendeur. — C'est l'action réelle immobilière qui, d'après l'article 59, doit être portée devant le tribunal de la situation de l'objet litigieux. On a pensé que l'instruction de l'affaire, qui peut nécessiter expertise, descente sur les lieux, visite amiable, etc., se ferait plus facilement et avec moins de frais devant ce tribunal. Cette règle s'applique à toute action réelle immobilière, en revendication, confessoire ou négatoire d'usufruit ou de servitude, hypothécaire. — La loi ne prévoit pas le cas où plusieurs immeubles seraient revendiqués en même temps et situés dans divers arrondissements. S'ils font tous partie d'une même exploitation, il y a lieu de s'inspirer de l'esprit qui a dicté l'article 2210 du Code civil, et l'action sera portée devant le tribunal du chef-lieu d'exploitation. Si ce chef-lieu n'existe pas, la jurisprudence, reproduisant une ancienne doctrine, admet qu'on doit s'attacher à l'arrondissement où se trouve la majeure partie des biens.

397. 2° Après les explications que nous avons fournies sur l'action *mixte* (v. n.° 299 et s.), il est aisé de comprendre la disposition de l'article 59, disant : *En matière mixte, devant le juge de la situation, ou devant le juge du domicile du défendeur.* L'action étant considérée comme réelle immobilière, le demandeur doit assigner devant le juge de la situation ; comme personnelle, devant le juge du domicile du défendeur : donc, il est logique de lui laisser l'option.

398. 3° Partant de cette idée que le lieu où est établi le siège social d'une société peut être assimilé au domicile d'une personne physique, que le juge de ce lieu est plus à portée de connaître le véritable état des choses, et qu'il est plus facile, dans le même lieu, aux parties de faire entre elles, aux moindres frais possibles, dans les papiers, registres, etc., les recherches nécessaires pour défendre leurs prétentions, le législateur nous dit : *en matière de société, tant qu'elle existe, la demande sera portée devant le juge du lieu où elle est établie.*

Cette disposition, par sa généralité, s'applique aux société civiles et aux sociétés commerciales. Les explications que nous allons fournir s'appliqueront à la compétence relative des tribunaux de commerce, comme à celle des tribunaux civils. Mais cette disposition est incorrecte dans sa rédaction et ne doit pas être acceptée au pied de la lettre.

399. Distinguons d'abord les actions qui seront intentées pendant la *durée* de la société. — Si, dans le procès, la société joue le rôle de demanderesse contre un tiers, c'est le tribunal du domicile du débiteur de la société qui est compétent. La règle *actor*, etc., conserve son empire : la qualité du demandeur ne saurait annihiler les motifs qui ont fait adopter cette règle. Le débiteur d'une société ne saurait, sans injustice, être autrement traité que le débiteur d'un créancier quelconque. — Si la société joue le rôle de défenderesse, l'assigner devant le juge du lieu où est fixé le siège social, c'est encore appliquer la règle fondamentale. — Mais si l'action intentée, par ou contre la société, est une action réelle immobilière, le procès doit être porté devant le tribunal de la situation de l'immeuble litigieux; car les motifs qui ont fait attribuer juridiction à ce tribunal conservent toute leur force. — Enfin, reste une autre catégorie de contestations : celles qui s'élèvent, pendant la durée de la société, entre les associés, entre des associés et les administrateurs. Par exemple, on demande à un associé d'opérer le versement des fonds par lui promis, de réaliser son apport. On ne l'assignera pas devant le juge de son domicile, mais devant celui du siège social. C'est alors que s'applique la règle exceptionnelle posée par le quatrième paragraphe de l'article 59. Ou bien encore, un ou plusieurs associés poursuivent les administrateurs, ou demandent la dissolution de la société. Pour toutes ces contestations, le tribunal compétent est celui du lieu où a été fixé le siège social.

400. La société est *dissoute;* il s'agit d'en liquider les opérations et, la liquidation faite, de procéder entre les intéressés au partage de l'actif social. Devant quel tribunal doivent être portés les procès que ces opérations peuvent engendrer? D'après l'article 59, ce ne serait plus celui du siège social. *Tant qu'elle existe,* dit-il. C'est une erreur de rédaction. C'est précisément après la dissolution de la société que surgissent le plus habituellement les procès sur les affaires sociales. Aussi, tout le monde, dans la doctrine et dans la jurisprudence, est d'accord pour appliquer à la société ce que le Code civil ou le Code de procédure disent à l'égard d'une succession, qui offre, avec l'état d'une société dissoute, de frappantes analogies et de véritables similitudes. En conséquence, rentrent, dans la compétence du juge du siège social, les demandes en partage, les demandes en rescision ou garantie du partage effectué, et, jusqu'au partage définitif, les actions des tiers contre les ex-associés ou actionnaires. En décidant ainsi, on ne fait qu'obéir à la disposition de l'article 1872 du Code civil.

401. Si la société n'avait pas de siège social, ce qui peut arriver pour les sociétés civiles, la règle qui attribue compétence au juge du domicile de l'un des défendeurs, au choix du demandeur, reprend son empire. Le tiers demandeur assignera tous les associés devant le juge du domicile de l'un d'eux, et les associés s'assigneront entre eux devant les tribunaux de leurs domiciles respectifs.

402. Assigner une société commerciale devant le juge du lieu de son siège social peut devenir fort embarrassant pour le créancier de cette société. Ainsi, voilà un voyageur ou un expéditeur qui a remis à une compagnie de chemins de fer, à celle du Midi, par exemple, dont les lignes n'aboutissent pas à Paris, mais dont le siège social y est fixé, des colis à transporter, et la compagnie les a perdus, ou bien ce voyageur est blessé dans un déraillement ; faudra-t-il qu'il aille assigner, lui, habitant de Toulouse ou négociant à Cette, la compagnie du Midi devant le tribunal de la Seine ? Est-on, dans tous les cas, tenu d'assigner la société défenderesse devant le juge du lieu du siège social ? Les compagnies de chemins de fer l'ont soutenu, et leurs prétentions ont été assez longtemps adoptées par la jurisprudence. Mais, aujourd'hui, la Cour suprême, la plupart des cours d'appel admettent qu'une compagnie de chemins de fer peut être valablement assignée, non seulement devant le juge du lieu où est établi le siège social, mais aussi devant les tribunaux des arrondissements dans lesquels elle a des *succursales*. On doit considérer comme succursales les grands centres de population, où ces compagnies ont de nombreux intérêts à débattre et où elles sont représentées par des agents d'un ordre élevé, assistés d'avocats et d'avoués, agréés par la compagnie (1).]

(1) Req. 17 avr. 1866, Orléans, 20 nov. 1868 ; Lyon, 29 juill. 1869 ; Aix, 21 août 1872 (D. P., 1872. 2. 182).

403. 4°. Quand une succession s'ouvre, l'article 59 indique trois catégories de demandes comme devant être portées devant le tribunal du lieu où la succession s'est ouverte, c'est-à-dire, du dernier domicile du défunt (art. 110 Cod. civ.). Ces demandes sont : les demandes en payement formées contre les héritiers par les créanciers du défunt ; les demandes en délivrance de legs formées contre les mêmes héritiers par les légataires ; et la demande en partage de la masse indivise formée par un héritier contre ses cohéritiers. Remarquons que le mot *héritiers* doit être pris dans un sens large et comme signifiant, non seulement les héritiers proprement dits, mais aussi les successeurs irréguliers, les légataires ou donataires universels ou à titre universel, en un mot, tous ceux qui succèdent, en tout ou en partie, à l'ensemble des droits actifs et passifs du défunt.

Mieux que tout autre, le tribunal du domicile du défunt peut apprécier et instruire ces diverses demandes en parfaite connaissance de cause, rapidement et avec économie. Au domicile du défunt se trouvent généralement la masse des biens à partager, les titres et papiers domestiques à consulter, les documents à recueillir. Là se réunissent ou se font représenter tous les héritiers : là on est sûr de les trouver. Toutes les opérations de la liquidation de la succession s'y accompliront plus aisément.

404. Quant aux demandes formées par les créanciers du défunt ou les légataires contre les héritiers, la compétence du tribunal de l'ouverture de la succession ne dure que jusqu'au partage définitif des biens héréditaires. Dès que le partage est consommé, soit par un acte intervenu à l'amiable entre les héritiers, soit à la suite d'une instance terminée par un jugement d'homologation, on sort de l'exception pour rentrer dans la règle. Les motifs qui avaient fait adopter la première ont disparu. Les cohéritiers sont retournés chez eux : les titres ou papiers ont été, ou divisés, ou confiés à l'un d'eux, etc. Par le partage a été brisé le lien qui, momentanément, unissait les héritiers entre eux. Dès lors, les demandes en payement formées par les créanciers, ou en délivrance de legs formées par les légataires, doivent être portées devant le tribunal du domicile de l'héritier qui est actionné, ou, s'ils le sont tous conjointement, devant le tribunal du domicile de l'un d'eux, au choix du demandeur.

Le texte cependant ne s'exprime pas de la même manière à l'égard des créanciers et à l'égard des légataires. Pour les demandes formées par les créanciers, l'article 59 dit qu'elles restent dans la compétence du tribunal de l'ouverture de la succession *jusqu'au partage*, tandis que les demandes formées par les légataires appartiennent au même tribunal *jusqu'au jugement définitif*. Faut-il établir une différence entre ces deux sortes de demandes ? Quelques auteurs l'ont pensé, et, pour eux, les demandes relatives à l'exécution des dispositions à cause de mort devraient être portées, tant qu'elles n'auraient pas été *définitivement* jugées, c'est-à-dire *toujours*, devant le tribunal du lieu de l'ouverture de la succession. Mais on doit reconnaître qu'il n'y a là qu'une variante dans l'expression, non dans le fond. Par ces mots *jugement définitif*, le législateur a fait allusion au jugement d'homologation, rendu au cas où le partage a lieu judiciairement (art. 981, Proc. civ.). Mais la règle est la même dans les deux cas. Dès que l'indivision cesse, la compétence du tribunal de l'ouverture de la succession cesse elle-même. L'exposé des motifs, fait par Treilhard, est formel en ce sens et repousse toute distinction. Et ce serait créer un inconvénient très grave que d'obliger l'héritier, actionné par un légataire, à aller plaider ainsi indéfiniment, dans un ressort peut-être fort éloigné du siège de ses affaires.

405. — Aux termes de l'article 59, la compétence du tribunal du lieu de l'ouverture de la succession n'existe, relativement aux demandes formées entre héritiers, que jusqu'au partage inclusivement. Par suite, il semble que ce tribunal ne soit plus compétent pour statuer sur les demandes d'héritier à cohéritier, postérieures au partage, telles que la demande en garantie des lots, ou la demande en rescision du partage lui-même (art. 884 et s., 887 et s. Cod. civ.). Mais, d'après l'article 822 du Code civil, ces demandes doivent être portées devant le tribunal du lieu de l'ouverture de l'hérédité. Et cette disposition est on ne peut plus rationnelle. Les actions dont il s'agit sanctionnent les obligations que le partage suppose ou qu'il engendre entre copartageants. Quel autre tribunal serait mieux placé pour apprécier la nature ou l'étendue de ces obligations que celui qui a surveillé le partage?

L'article 822 a-t-il été abrogé par le Code de procédure? Personne ne l'a pensé. Cette abrogation n'aurait pas de raison d'être : elle heurterait le sens commun. Du reste, la demande en rescision du partage déjà effectué n'est, en réalité, qu'une demande en partage.

Elle tend à l'anéantissement de celui qui a été fait, au rétablissement de l'indivision et à la substitution au premier partage d'une répartition plus équitable des valeurs héréditaires. Elle aboutit nécessairement à un nouveau partage. Donc, d'après l'article 59 lui-même, elle rentre dans les attributions d'un tribunal qui est compétent *jusqu'au partage inclusivement.* — L'action en garantie n'est elle-même qu'une demande en continuation de partage. L'héritier qui la forme prétend que les lots n'ont pas été faits comme ils auraient dû l'être. Sa prétention tend, sinon en la forme, du moins quant au fond, à obtenir une répartition plus régulière que celle du premier partage. L'article 59 ne contredit donc pas la disposition de l'article 822 du Code civil, conçu dans le même esprit et visant au même résultat que la loi de procédure.

406. L'exception indiquée par le § 6 de l'article 59 suppose un partage et par conséquent plusieurs héritiers. Si donc le défunt n'a laissé qu'un seul héritier, comme le partage est impossible et que par suite le terme, fixé à la durée de la compétence du tribunal de l'ouverture de la succession, fera toujours défaut, reconnaissons que ce tribunal ne peut être le juge compétent, et que les créanciers et les légataires doivent, *à toute époque*, assigner l'unique héritier devant le tribunal de son propre domicile. L'exception ne pouvant se produire, la règle reprend son empire.

Mais le tribunal du lieu de l'ouverture de la succession restera compétent, même en présence d'un héritier unique, lorsque celui-ci n'aura accepté la succession que sous bénéfice d'inventaire. Par une pareille acceptation, il a maintenu le patrimoine du défunt comme être juridique distinct et séparé de sa propre personnalité. Le défunt est en quelque sorte réputé exister au regard de ses créanciers et de ses légataires. Sa succession le représente et seule est tenue de ses dettes. Elle a le même domicile que lui : elle est le véritable défendeur. L'héritier n'est qu'un administrateur. Cette succession bénéficiaire doit donc être assignée, dans la personne de son agent, au tribunal de son domicile, c'est-à-dire du lieu de l'ouverture. Et elle devra y être poursuivie tant qu'elle existera, c'est-à-dire tant qu'elle n'aura pas été liquidée et que son reliquat ne sera pas mêlé et confondu avec le patrimoine propre de l'héritier. — Cette solution s'appuie encore sur cette considération que le tribunal du lieu de la succession bénéficiaire est plus à même que tout autre d'en opérer la liquidation. C'est à lui que la loi veut qu'on s'adresse pour obtenir l'autorisation de vendre les biens, ou faire prononcer sur la recevabilité d'une caution à fournir par l'héritier bénéficiaire (art. 807 Cod. civ. ; art. 986, 987, 993, Proc. civ.).

407. Remarquons que, même au cas où il existe plusieurs héritiers, le tribunal du lieu de l'ouverture de la succession n'est compétent à l'égard des demandes formées par un tiers, que pour celles qui devraient être portées devant le tribunal du domicile du défunt, à supposer qu'il fût encore vivant. Ainsi, les actions réelles immobilières devront être portées, non au tribunal du lieu où la succession s'est ouverte, mais devant le juge de la situation de l'immeuble.

408. 5° En *matière de faillite*, le défendeur sera assigné *devant le juge du tribunal du failli.* Les tribunaux civils d'arrondissement ne sont pas compétents pour statuer sur les faillites et les litiges qui s'y rattachent. Cette matière rentre dans les attributions des tribunaux de commerce. Nous expliquerons donc cette disposition quand nous traiterons de la compétence des tribunaux consulaires.

409. 6° *La demande en garantie* doit être portée devant le tribunal où se trouve *pendante* la demande principale à laquelle elle se rattache. Les termes mêmes de l'article 59 démontrent qu'il ne vise que la demande *incidente* en garantie. Quand la garantie est exercée par voie d'action *principale et introductive d'instance,* on reste sous l'empire de la règle générale.

Par exemple, Pierre, caution de Paul, est poursuivi en payement par le créancier. Pierre se retourne-t-il aussitôt contre le débiteur pour se faire rembourser par lui, appelle-t-il Paul en garantie dans le procès que lui intente le créancier, cette demande de Pierre dirigée contre Paul, de la caution contre le débiteur qui doit l'indemniser (art. 2028 Cod. civ.), doit être portée, non devant le juge du domicile du débiteur Paul, mais au tribunal qui est déjà saisi de la demande dirigée contre Pierre, devant le tribunal du domicile de ce dernier. Quand la demande en garantie se lie ainsi à la demande originaire, la loi a pensé qu'il était logique que le même tribunal connût de toutes deux. En procédant ainsi devant le même tribunal et par une seule instance, on obtient un triple avantage. On économise le temps ; on économise des frais ; on évite l'inconvénient d'exposer deux tribunaux à rendre, sur une même question litigieuse, des décisions opposées et contradictoires.

Mais si Pierre, la caution, néglige d'user du droit qu'il a d'appeler en cause le débiteur principal, Paul, s'il plaide seul contre le créancier, il pourra bien, s'il succombe, former une demande en garantie contre Paul. Mais sa demande étant alors principale et introductive d'une nouvelle instance, puisque la première a pris fin par le jugement qui a condamné Pierre envers le créancier, la disposition exceptionnelle de l'article 59 ne s'appliquera plus. Le débiteur devra être actionné par la caution devant le tribunal de son propre domicile, d'après le principe général.

410. 7° Les demandes formées par les officiers ministériels en payement des frais et des honoraires qui leur sont dus ne doivent pas être portées au tribunal de la partie débitrice des frais réclamés, mais au tribunal même devant lequel ils ont été faits (art. 60 Pr. civ.). — Cette dérogation au droit commun se justifie par les raisons suivantes. Il est de l'intérêt du public et de celui des officiers ministériels, dont le concours est obligatoire, que ceux-ci ne soient pas détournés de l'accomplissement de leurs fonctions par la nécessité d'aller au loin et à grands frais poursuivre le payement de leurs déboursés et de leurs honoraires. — En obligeant ces officiers à s'adresser au tribunal sous la surveillance duquel ils sont placés, on obtient une garantie particulière pour la répression des abus qu'ils pourraient commettre. — Ce tribunal enfin est plus apte que tout autre pour taxer avec exactitude le montant des frais réclamés.

Ainsi cette compétence spéciale a été introduitedans l'intérêt des officiers, de leurs clients et d'une bonne administration de la justice elle-même. Par suite, elle peut être invoquée, non seulement par les officiers ministériels contre leurs clients, mais encore par les clients contre les officiers ministériels qui ont instrumenté pour eux. La loi emploie une formule impérative. Les demandes formées pour frais par les officiers ministériels *seront* portées devant le tribunal où les frais ont été faits. — En outre, si semblable demande était portée devant un autre tribunal, celui-ci devrait, *même d'office*, se déclarer incompétent. Son incompétence ne peut être couverte, ni par le silence, ni par la volonté formelle des parties; car elle a son principe moins dans leur intérêt privé que dans une considération d'ordre public.

411. Sous cette dénomination générale, les *officiers ministériels*, la loi comprend non seulement les avoués, les huissiers, les greffiers dont les fonctions s'exercent près les tribunaux, mais aussi les commissaires-priseurs et les notaires, quoique leurs fonctions s'exerçent presque toujours en dehors des tribunaux. Les termes de l'article 60 *où les frais ont été faits*, ne leur paraissent pas applicables. Mais la jurisprudence et la doctrine penchent vers l'extension de la compétence spéciale aux notaires et s'appuient sur l'article 51 de la loi du 25 ventôse an XI, aux termes duquel les honoraires et vacations des notaires sont taxés par le tribunal civil de leur résidence.

Il n'est pas possible d'appliquer la qualification d'officiers ministériels, ni aux avocats, ni aux agréés près les tribunaux de commerce. Si donc un agréé veut réclamer de son client le payement de ses honoraires, l'action, conformément à la règle générale, sera portée devant le tribunal civil du domicile du défendeur.

412. Par frais faits *devant un tribunal*, le législateur a voulu entendre les frais *faits dans le ressort* de ce tribunal, qu'il s'agisse de frais judiciaires ou de frais extra-judicieiaires.

413. Mais à qui droit être attribué le doit de connaître des demandes pour frais faits devant un juge de paix ou devant un tribunal de commerce? Est-ce au tribunal de première instance? Est-ce au juge de paix ou au tribunal consulaire? La question est au nombre des plus controversées. Elle divise les auteurs et les juges cantonaux. Les objections qu'on a formulées contre l'application de l'article 60 aux juridictions d'exception sont tirées : 1° de la place de cet article au livre II du Code de procédure, relatif aux tribunaux inférieurs; 2° de la nature exceptionnelle de la juridiction des juges de paix et des tribunaux de commerce; 3° de la matière spéciale des frais et de la forme particulière tracée pour la taxe par le deuxième décret de 1807; 4° du silence et de l'obscurité de ces décrets, 5° et surtout du droit de surveillance et de discipline appartenant au tribunal civil sur tous les huissiers de son ressort. Si c'est là un des motifs, dit-on, qui ont fait édicter la disposition de l'article 60, comme les juges de paix et les tribunaux de commerce n'exercent pas le pouvoir disciplinaire, il s'ensuit nécessairement qu'ils ne sauraient être compétents pour statuer sur la demande de frais.

Nous sommes peu touché de ces divers arguments. Avec un grand nombre d'auteurs et avec la Cour suprême, nous pensons que le droit de taxer les frais découle naturellement de l'obligation de juger, puisqu'il est nécessaire que la partie condamnée aux dépens connaisse le montant des dépens qu'elle doit payer. Mais si la taxe des frais est ainsi l'accessoire nécessaire du jugement rendu soit par le juge de paix ou par le tribunal de commerce, il est légitime que le juge du fond soit le juge de l'accessoire. Si donc la taxe faite par le juge donne lieu à un débat, s'il y a opposition à la taxe, ce débat qui va entraîner condamnation au payement de la somme définitivement fixée, ne peut être soulevé que devant le juge qui a rendu la sentence sur le fond.

414. Par les mêmes motifs, il faut décider que, quoique les cours d'appel ne puissent en thèse générale statuer que sur des affaires ayant déjà subi un premier degré de juridiction, c'est néanmoins devant la cour à laquelle ils sont attachés que les avoués de cours d'appel doivent citer leurs clients en payement des frais qui leur sont dus.

415. La disposition de l'article 60 est inapplicable quand l'officier ministériel réclame des frais qu'il n'a pas faits en cette qualité, mais comme mandataire ordinaire.

416. 8° Il existe encore d'autres règles de compétence, relatives au désaveu, à la tierce opposition, à diverses procédures spéciales, aux diverses saisies, etc. Ces règles seront mieux comprises sur l'explication qui en sera donnée lors de l'étude de ces matières spéciales.

Sauf ces diverses dérogations, la règle générale est seule applicable. Dans le doute, c'est à elle qu'il faut s'attacher, et le défendeur, en principe, doit être assigné devant le tribunal du lieu de son domicile.

SECTION II. — **Des Cours d'appel.**

Comme à l'égard des autres juridictions, on doit distinguer, en ce qui concerne les Cours d'appel, deux espèces de compétence : la compétence *ratione materiæ* ou d'attributions et la compétence *ratione personæ vel loci*, territoriale, relative.

§ 1er. — 2e *De la compétence d'attributions ou ratione materiæ.*

417. Pour préciser nettement les limites de cette compétence, nous devons rappeler que les Cours d'appel statuent tantôt en audience *ordinaire*, tantôt en audience *solennelle*. Or, c'est en s'attachant à la nature même, au caractère des litiges à juger que le législateur a établi cette distinction entre l'audience ordinaire et l'audience solennelle. La Cour de cassation a pu dire, avec une justesse évidente, dans son arrêt du 21 février 1870, que les chambres réunies d'une cour et chacune des chambres de la même cour constituent réellement des juridictions différentes. Par suite les causes qui doivent être jugées en audience solennelle ne sauraient l'être en audience ordinaire, et réciproquement les litiges, qui doivent être résolus à l'audience ordinaire, ne sauraient être jugés en audience solennelle. Si cette règle était méconnue, l'incompétence de la cour serait, en pareil cas, absolue, d'ordre public, non susceptible d'être couverte, ni par le silence, ni par le consentement formel des parties (1). La nullité dont serait frappé l'arrêt rendu pourrait être invoquée pour la première fois devant la Cour suprême, comme moyen efficace de cassation.

418. En principe, la juridiction compétente est la Cour statuant en audience ordinaire. A cette audience doivent être portés tous les litiges, à l'exception de ceux qu'une disposition légale explicite attribue aux chambres réunies. Celles-ci ne peuvent être saisies qu'en vertu d'un texte formel. Examinons donc les attributions de la juridiction normale, la cour en audience ordinaire : nous fixerons ensuite celles de la cour en audience solennelle.

A l'audience *ordinaire*, la Cour d'appel est appelée à statuer sur les appels dirigés contre les décisions rendues en *premier ressort* par les juridictions qui lui sont immédiatement inférieures, à savoir : 1°) les jugements des tribunaux de première instance (L. 27 vent. an VIII, art. 22) ; 2°) les jugements des tribunaux de commerce (C. com., art. 644) ; 3°) les ordonnances de référés rendues par le président du tribunal civil (Proc. civ., art. 809) ;

1. Cass., 26 nov. 1862, 14 mars 1864, 13 mai 1868 (D. P., 1868. 1. 249).

4° les ordonnances d'un seul juge, si elles sont par leur nature susceptibles d'appel. C'est un point des plus controversés en doctrine et en jurisprudence que celui de savoir si les ordonnances sur requête sont ou non susceptibles d'être attaquées par la voie de l'appel. Les cours d'appel sont profondément divisées sur la solution de cette question ; 5° les sentences arbitrales rendues sur des litiges qui eussent été portés, en l'absence de compromis, devant les tribunaux de première instance ou de commerce (Proc. civ., art. 1023) ; 6°) les jugements rendus en pays étranger par les consuls français qui ne statuent jamais qu'en premier ressort (Ord. de 1631 et édit de juin 1778).

419. La Cour d'Alger connaît en outre de l'appel interjeté contre les jugements rendus par les tribunaux musulmans de l'Algérie, quand le litige dépasse la valeur de 2 000 francs de principal en matière mobilière, et 200 francs de revenu en matière immobilière. (Décr. 13 déc. 1866, art. 23.) La cour de Saïgon connaît des appels dirigés contre les jugements rendus hors du ressort des tribunaux français par les administrateurs des affaires indigènes. (Décr. 3 avr. 1880, art. 10.)

420. Les cours d'appel connaissent en outre, comme premier et second degré de juridiction, des procès pendants devant les tribunaux de première instance ou de commerce et dans lesquels elles ont exercé le droit d'évocation (Proc. civ., art. 473). ; des règlements de juges entre deux juges de paix appartenant à deux arrondissements différents faisant partie du même ressort de cour d'appel, entre deux tribunaux de première instance ou de commerce, ou entre un tribunal et un juge de paix du même ressort (Proc. civ., art. 363) ; des demandes en réhabilitation de faillis (Cod. com., art. 610) ; des affaires disciplinaires précédemment indiquées (voy. n° 162) ; des demandes en renvoi pour insuffisance de juges ou d'avoués, suspicion légitime ou sûreté publique, formées contre les tribunaux de première instance ou de commerce. Enfin, et par dérogation à l'ordre des juridictions, ce sont les chambres civiles de cours d'appel qui connaissent des poursuites correctionnelles intentées contre les juges de paix, les membres des tribunaux de première instance et du parquet, les grands-croix et grands officiers de la Légion d'honneur, les généraux de division et de brigade, les archevêques, évêques, présidents de consistoire et préfets. (Cod. Inst. crim., art. 479. — L. 30 avr. 1810, art. 10. — Décr. 6 juil. 1810, art. 4.)

421. Les affaires, qui relèvent de la juridiction des chambres réunies et qui doivent être jugées en audience *solennelle*, sont, d'après le décret du 30 mars 1808, l'ordonnance du 16 mai 1835 et la loi du 1er avril 1837 : 1°) Les prises à partie dirigées contre un membre de la cour, un membre de cour d'assises, un tribunal civil ou de commerce ou un membre de ces tribunaux. (Proc. civ., art. 509.) — 2°) Les affaires renvoyées à une cour d'appel après cassation d'un arrêt antérieurement rendu par une autre cour. — Mais, dans le cas de second renvoi, c'est-à-dire lorsqu'après une première cassation l'affaire ayant été renvoyée à une seconde cour d'appel, celle-ci a jugé, comme la première, que le second arrêt a été cassé pour les mêmes motifs qui avaient entraîné la cassation du premier, et que l'affaire revient ainsi devant une troisième cour d'appel, cette dernière juge en audience ordinaire, à moins que la nature même du litige n'exige la tenue d'une audience solennelle. — Il y a là une bizarrerie apparente, facilement justifiable. Le premier renvoi présente une gravité considérable. La Cour d'appel doit choisir entre l'adoption ou le rejet de l'opinion de la Cour de cassation sur le point de droit et marquer ainsi, dans la deuxième hypothèse, une antinomie entre sa jurisprudence et celle de la Cour suprême. Pour un acte aussi important, la surabondance des lumières est désirable. — Au cas de second renvoi au contraire, la Cour d'appel qui en est saisie, étant tenue de se conformer, sur le point de droit, à la décision de la Cour suprême, le litige n'offre plus ni la même importance ni la même gravité. Il ne s'agit plus que d'appliquer aux faits de la cause la théorie juridique adoptée par la Cour de cassation.

3°) Les contestations relatives à l'état civil des personnes, c'est-à-dire, à la nationalité, à la famille, à la filiation, à la jouissance et à l'exercice des droits civils, telles que demande en nullité ou validité de mariage, désaveu de paternité, réclamation ou contestation d'état, recherche de maternité naturelle, demande d'interdiction judiciaire ou de nomination de conseil judiciaire, demande en mainlevée d'interdiction ou de conseil, etc.

422. La règle, posée par l'article 22 du décret du 30 mars 1808, d'après laquelle les questions d'état doivent être jugées par les chambres réunies de la Cour d'appel, comporte plusieurs exceptions.

1°) Sont jugées, en audience ordinaire, les questions d'état qui, poivent être décidées à bref délai; telles sont la demande en mainlevée d'une opposition à mariage, qui doit être jugée en appel dans les dix jours (C. civ., art. 178) ; la contestation sur la validité d'une émancipation qui laisse la capacité du mineur en suspens au préjudice des tiers qui contracteraient avec lui ; la réclamation du jeune homme qui prétend, à raison de son état civil, ne pas devoir être porté sur les listes de recensement, dressées en vue du tirage au sort : pareille demande qui retarde la clôture des opérations de recensement doit être jugée sans retard. — La nécessité de juger à bref délai est inconciliable avec la réunion de plusieurs chambres, réunion qui ne pourrait s'opérer trop brusquement sans nuire à l'expédition des autres affaires.

2°) Les questions d'état qui doivent être jugées *avec des formes particulières, qui ne comportent pas une instruction solennelle.* Ces expressions du décret du 30 mars 1808 sont vagues et obscures et il n'est pas facile de déterminer le cas que le législateur a voulu viser. Quelques auteurs et quelques arrêts pensent que ces expressions désignent les questions d'état que la loi prescrit ou que la Cour ordonne de juger à huis clos, par exemple, la demande d'adoption, ou telle demande scandaleuse. Nous n'adhérons pas à cette manière de voir : car le huis clos n'est pas inconciliable avec les garanties que le législateur a recherchées en instituant l'audience solennelle, et nous pensons avec la Cour suprême que la demande d'adoption doit être jugée par les chambres réunies (1).

3°) Les demandes en séparation de corps se jugent en audience ordinaire, depuis l'ordonnance du 27 mai 1835. Ces demandes, trop nombreuses dans la pratique, exigeaient trop fréquemment la suspension des audiences ordinaires des deux chambres appelées à se réunir et retardaient ainsi l'évacuation des autres litiges. En outre, par leur nature, par l'intérêt qu'elles excitent, par les scandales répétés qu'elles occasionnent, elles ne sont que trop entourées de publicité.

4°) Ne se jugent pas en audience solennelle les questions d'état qui ne s'élèvent qu'incidemment dans un procès de nature à être jugé en audience ordinaire. Ainsi, par exemple, dans le cas où une demande principale a pour objet la licitation des immeubles d'une succession, si le défendeur conteste la qualité d'héritier du demandeur et son état d'enfant légitime ; ou bien encore si sur une demande

1. Civ. rej. 24 août 1852 (D. P., 52. 1. 273).

de rectification d'acte de l'état civil, ou en pension alimentaire, le défendeur conteste la qualité d'enfant légitime du réclamant ; ces diverses prétentions seront jugées en audience ordinaire avec les demandes principales auxquelles elles se rattachent. — La jurisprudence de la Cour suprême est nettement fixée en ce sens (1), et avec raison. Il est de principe que le juge, valablement saisi de l'action, est aussi juge de toutes les exceptions ou défenses qui tendent à paralyser ou à anéantir cette action, sur laquelle du reste il ne pourrait se prononcer en connaissance de cause, s'il ne pouvait apprécier et juger les obstacles élevés par le défendeur. Si l'on devait renvoyer l'examen des défenses à un autre juge, on annihilerait en réalité la juridiction du juge compétent sur l'action principale. Mais la question d'état n'est ainsi jugée, en audience ordinaire, que lorsqu'elle s'élève incidemment, comme moyen de défense à l'action principale, et reste accessoire. La règle reprend son empire et la question d'état doit être jugée en audience solennelle, lorsque, par l'effet des conclusions respectives des parties, le débat sur l'état civil de l'une d'elles est devenu l'objet *principal* et *dominant* de la contestation et a formé un chef de demande *distinct*, discuté et jugé par la tribunal séparément des autres questions du procès.

Notre savant collègue de la Faculté de Paris, M. Labbé, dans une des annotations si remarquables dont il enrichit les recueils d'arrêts, pense que « la Cour n'est pas forcée, en tous cas, de renvoyer aux « chambres réunies, en audience solennelle, toute question d'état qui « s'agite incidemment devant elle. Il ne saurait dépendre du caprice « ou de la mauvaise foi d'une partie intéressée aux lenteurs d'interrompre une instance, de rendre nécessaire un renvoi par une « contestation d'état. La Cour examine si la contestation est sé- « rieuse..... Nous croyons que toute contestation d'état, sérieuse, « digne d'examen et d'instruction, doit être renvoyée devant les « chambres réunies en audience solennelle pour y être jugée définitivement entre les parties, sans qu'il y ait à distinguer selon « qu'elle a surgi d'une façon principale ou incidente, selon qu'elle « est ou non détachée par un sursis de l'affaire principale, selon « qu'elle s'agite ou non entre les mêmes parties (2). »

423. La règle fondamentale en procédure que le juge de l'action

1. Nombreux arrêts dont les plus récents : cass., 1er février et 28 nov. 1876, 9 juill. 1879, 14 décembre 1880 (Sir., 1881. 1. 349).

2. M. Labbé sur l'arrêt du 9 juillet 1879 (Sir., 1880. 1. 241).

est juge des exceptions et défenses opposées à l'action, la connexité qui expose deux litiges jugés séparément à recevoir des jugements inconciliables, l'inconvénient grave résultant de la disjonction de deux questions susceptibles de recevoir une solution immédiate, toutes ces causes ont fait admettre, par une jurisprudence constante, la règle que toute question incidente, qui par sa nature propre devrait être jugée en audience ordinaire, doit être décidée conjointement avec la question d'état, à laquelle elle se rattache, et dans la même audience solennelle. Ainsi, par exemple, l'appel d'un jugement qui a statué à la fois sur une demande en nullité de mariage, formée par l'un des époux, et sur une demande en séparation de corps formée par l'autre époux et fondée sur le caractère injurieux des allégations produites à l'appui de la demande en nullité, doit être jugé, sur le tout, en audience solennelle, la demande en séparation n'étant que l'accessoire de la demande en nullité. Ainsi encore l'exception d'incompétence soulevée dans une instance en interdiction, doit, comme la demande principale elle-même, être jugée en audience solennelle. Ainsi encore, la Cour d'appel doit statuer en audience solennelle sur la demande en pension alimentaire qui est soulevée incidemment à une question d'état (1).

§ 2. — *De la compétence ratione persone vel loci, ou territoriale.*

424. Parmi les diverses cours d'appel de France, est seule compétente pour statuer sur l'appel dirigé contre un jugement ou une ordonnance, celle dans le ressort de laquelle siège le tribunal qui a prononcé le jugement, ou le juge qui a rendu l'ordonnance. Mais lorsque le tribunal, qui a rendu un jugement susceptible d'appel, a cessé de faire partie du territoire français, par suite de démembrement ou de cession de territoire, l'appel peut-être porté devant une cour de France si toutes les parties y consentent.

425. L'appel dirigé contre une sentence rendue en pays étranger, par un consul français, doit être porté pour Constantinople, les Échelles du Levant, la Barbarie et la Perse à la cour d'Aix ; pour

1. Req. 23 mai 1860, 22 mars 1864, 17 mars 1868, 29 juill. 1874 (D. P., 1875, 1. 320).

les États de l'iman de Mascate à la cour de la Réunion; pour la Chine, le Japon et le royaume de Siam à la cour de Saïgon; pour les autres pays étrangers devant la cour du continent la plus rapprochée du lieu où réside le consul français qui a prononcé le jugement attaqué. (Ord. 1631, liv. I, tit. IX, art. 18. — Éd. de juin 1778, art. 37 et 38. — L. 18 mai 1858, art. 1; L. 18 juill., 1852, art. 13; L. 28 avr. 1869, art. 1.)

CHAPITRE III

DE LA COMPÉTENCE DES JURIDICTIONS D'EXCEPTION

Sommaire. — PREMIÈRE SECTION. Justices de paix. — Attributions multiples. — § 1er. Compétence *ratione materiæ*. — Compétence ordinaire. — Compétence extraordinaire. — Trois classes de demandes. — § 2. Compétence *ratione personæ vel loci*. — DEUXIÈME SECTION. Conseils de prud'hommes. — § 1er. Compétence *ratione materiæ*. — § 2. Compélence *ratione loci*. — TROISIÈME SECTION. — Tribunaux de commerce. — § 1er Compétence *ratione materiæ*. — Actes de commerce. — Société. — Faillite. — § 2. Compétence relative. — Explication de l'article 420 du Code de procédure. — Étendue de l'option accordée. — Cas d'application de l'article 420. — Dérogation à l'article 420. — Faillite.

SECTION Ire. — **Justices de paix.**

426. Les attributions des juges de paix sont multiples. Elles sont judiciaires ou extrajudiciaires et ces magistrats exercent tantôt une juridiction contentieuse, tantôt une juridiction gracieuse.

Leur juridiction gracieuse se réfère aux matières les plus variées, placées par diverses lois dans les attributions des juges de paix. Elle consiste : à concilier les différends dont le jugement est réservé aux tribunaux civils ordinaires; nous retrouverons plus tard, en traitant de la procédure, cette matière de la conciliation; à procéder à divers actes dont la loi leur attribue la confection, ou pour lesquels elle exige leur assistance.

Le Code civil, les Codes de procédure et de commerce, le Code forestier et plusieurs lois spéciales confèrent au juge de paix une foule d'attributions, que nous croyons inutile d'énumérer. On les trouvera indiquées soigneusement dans le traité de la *Compétence des Juges de paix* de Curasson, 4e édition.

§ 1er. — *Compétence* ratione materiæ.

427. La juridiction *contentieuse* du juge de paix s'exerce en matière civile, criminelle ou administrative.

En matière criminelle, il connaît des contraventions de simple police. — En matière administrative, il juge les contestations relatives à l'application des tarifs d'octroi et à la quotité des droits; les constestations relatives à l'application des tarifs de douane, à la quotité des droits, à la validité des saisies, etc. ; les appels interjetés contre les décisions des commissions municipales en matière de radiation ou d'inscription sur les listes électorales. (L. 2 vend. an VIII, art. 1 ; L. 14 fruct. an III, art. 3 ; L. du 9 flor. an VII, art. 6. — Décr. 2 févr. 1852, art. 22. — L. 7 juil. 1874 ; L. 30 nov. 1875.)

428. En matière *civile*, la seule qui doive attirer notre attention, les juges de paix ont une compétence *ordinaire* et une compétence *exceptionnelle*. Leur compétence ordinaire est fixée par l'article 1er de la loi du 25 mai 1838 ; leur compétence exceptionnelle ou extraordinaire par les articles 2 à 6 de la même loi, les lois des 22 février 1851 (art. 18), 14 mai 1851 (art. 7), 21 mai 1855 (art. 1), 10 juin 1854 sur le drainage, 21 juin 1865 sur les associations syndicales, 23 août 1871 sur l'enregistrement, 6 juillet 1877 sur les réquisitions militaires, 18 juillet 1878 sur le phylloxéra et le doryphora, etc.

429. Faisons d'abord une double remarque.

1re Remarque. — Pour fixer les limites soit de la compétence ordinaire, soit de la compétence exceptionnelle des juges de paix, le législateur a eu recours à un criterium différent de celui auquel il s'est attaché pour déterminer les attributions des autres juridictions. A l'égard de celles-ci, le législateur a seulement considéré la *nature* des litiges, leur cause génératrice, sans se préoccuper, sauf pour la détermination du dernier ressort, de la valeur des intérêts contestés et discutés. Ainsi, il attribue aux tribunaux de commerce tous les procès, quel qu'en soit le chiffre, qui naissent d'un acte de commerce ou d'un fait assimilé par la loi à un acte de commerce. — Au contraire, quand il s'agit de fixer la compétence des juges de paix, le législateur prend en considération deux éléments, la *qualité* du litige, ou mieux sa *nature*, et sa *quotité*, la valeur de la demande. A l'égard de certains litiges, la loi s'attache tout à la fois à leur *nature* et à leur *quotité;* pour d'autres, au contraire, la *nature* est le seul élément dont le législateur tienne compte. Enfin, suivant la *qualité* et la *quotité* des litiges, le juge de paix est appelé à statuer sur eux, soit en premier, soit en dernier ressort. — Ce procédé, en apparence bizarre, s'explique par le but même de l'institution de la juridiction du juge de paix. — Ce magistrat est le juge des petits procès; petits par les questions soulevées, petits par les intérêts discutés. Les premières sont simples, aisées à résoudre, impliquent la connaissance des usages locaux ; mais elles sont aussi fréquentes, presque quotidiennes, comme les difficultés entre propriétaires et locataires. Une procédure compliquée est inutile pour leur instruction, qui doit être rapide. Les intérêts sont minimes, de peu d'importance. Pourquoi faire naître des frais dont le total dépasserait souvent la valeur même du procès ? La *nature* des contestations, leur *valeur*, voilà donc les points auxquels devait s'attacher le législateur. Pénétrons-nous bien de cette idée, de ce désir des auteurs de la loi du 25 mai 1838, et nous comprendrons pourquoi la loi fait dans certains procès cesser la compétence du juge de paix, soit lorsque le litige se complique de questions délicates, soit lorsque les intérêts discutés excèdent une certaine valeur. Nous comprendrons aussi pourquoi certains litiges ne sont jamais jugés qu'en premier ressort seulement, pourquoi d'autres sont tantôt jugés en premier, tantôt jugés en dernier ressort, c'est-à-dire sans appel.

430. 2e Remarque. — Le taux du *dernier ressort* est toujours le même et ne dépasse pas *cent* francs à l'égard des juges de paix de la France continentale. Ce taux est plus élevé dans les colonies. En Algérie, les juges de paix à compétence étendue connaissent des actions personnelles ou mobilières jusqu'à 500 francs en dernier ressort et en premier ressort jusqu'à 1000 francs. Ils peuvent tenir une audience de référé. (Décr. 19 août 1854 et 21 sept. 1880.)

A. — De la compétence ordinaire.

431. L'article 1er de la loi du 25 mai 1838 pose une règle générale : *Les juges de paix connaissent de toutes actions purement personnelles ou mobilières, en dernier ressort, jusqu'à la valeur de cent francs, et à charge d'appel jusqu'à la valeur de deux cents francs.*

De ce texte il résulte que la loi subordonne la compétence du juge de paix au concours de deux éléments ou conditions : *première condition*, l'action doit être purement personnelle ou mobilière ; — *seconde condition*, la demande ne doit pas avoir une valeur supérieure à deux cents francs. Si l'une de ces deux conditions fait défaut, le juge de paix n'est plus compétent. Reprenons et expliquons ces deux conditions.

432. 1re *Condition*. — L'action doit être purement personnelle ou mobilière. Nous avons déjà expliqué le sens des mots *action purement personnelle*, et nous savons que par ces expressions le législateur veut désigner les actions *personnelles mobilières*. Sont donc en dehors de la compétence ordinaire du juge de paix les actions *personnelles* immobilières, les actions *réelles immobilières* et les actions *mixtes*. Mais nous verrons plus loin la loi du 25 mai 1838 placer dans la compétence extraordinaire du juge de paix une catégorie d'actions réelles immobilières, les actions *possessoires*, et une action mixte, l'action *en bornage*.

Quant aux actions *mobilières*, il est sans intérêt de savoir si elles sont personnelles, réelles ou mixtes; toutes sont comprises dans la compétence du juge de paix.

La terminologie, employée par le législateur, est donc sujette à critique. Il eût mieux valu dire que l'action devrait être *mobilière*, puisqu'on a voulu soumettre aux juges de paix toutes les causes d'une valeur modique, pourvu qu'elles ne concernent pas les immeubles.

Le juge de paix est compétent quelle que soit la cause génératrice de l'action *personnelle mobilière*, que cette action dérive d'un contrat ou d'un quasi-contrat, d'un délit ou d'un quasi-délit ou de la loi; ainsi le juge de paix est compétent pour statuer sur l'action civile résultant d'un crime, d'un délit, ou d'une contravention, commis contre les personnes ou les biens. Certains esprits ont voulu en douter, à raison de l'article 5 de la loi du 25 mai 1838, et restreindre aux cas prévus par ce texte la compétence du juge de paix. Mais ce sentiment est erroné. Dans l'article 5, le législateur déroge, à l'égard de certains délits ou quasi-délits, à la compétence ordinaire du juge de paix en autorisant ce juge à statuer quel que soit le montant de la demande. Il y a extension de la compétence générale; mais celle-ci existe, dans la limite fixée par l'article 1er, quelle que soit la nature du crime ou du délit qui engendre l'action civile.

L'action *réelle mobilière* rentre aussi dans la compétence générale du juge de paix : mais n'oublions pas qu'à raison de la disposition de l'article 2279 du Code civil, pareille action se présente rarement dans la pratique.

433. 2e *Condition.* — La demande ne doit pas dépasser *deux cents* francs. Dès qu'elle est inférieure à ce chiffre, le juge de paix peut seul en connaître. Il la jugera en dernier ressort si elle est inférieure à cent francs, en premier ressort seulement de cent à deux cents francs. C'est la modicité de l'intérêt contesté qui a déterminé le législateur à confier la connaissance de ces faibles litiges au juge cantonal. On évite des déplacements coûteux, des frais et des lenteurs. Il y a, à tous points de vue, économie.

Mais si la demande est supérieure à deux cents francs, le juge de paix cesse d'être compétent, et c'est au tribunal d'arrondissement que doivent s'adresser les plaideurs.

En adoptant le chiffre de deux cents francs, les auteurs de la loi de 1838 ont doublé le taux de la compétence fixé par la loi du 24 août 1790. Ils ont, avec raison, tenu compte de la dépréciation du signe monétaire, du renchérissement des denrées, de l'accroissement de la richesse mobilière. Pareille réforme, pour les mêmes causes, est aujourd'hui désirable, et nous voudrions voir élever le taux de la compétence des juges de paix à 500 francs en dernier ressort, à mille francs en premier ressort. Cette modification serait en harmonie avec l'abaissement de la valeur en échange de la monnaie et, débarrassant les tribunaux civils d'une foule d'infimes procès, faciliterait la réforme de cette juridiction. Les officiers ministériels, avoués et greffiers, y perdraient une partie de leurs émoluments : mais nous croyons que la justice doit être organisée en vue des plaideurs et non pour la prospérité des offices ministériels.

434. Mais comment sera déterminée la *valeur* de la demande? Faudra-t-il s'attacher aux indications contenues dans la citation ou aux dernières conclusions des parties? Si la demande a pour objet une somme d'argent, faudra-t-il additionner les intérêts et le capital? Si la réclamation porte sur une quantité de denrées d'une qualité donnée, faudra-t-il en fixer la valeur en s'attachant aux mercuriales des marchés et des foires? Si la demande est indéterminée dans son *quantum*, par exemple, si on demande la restitution d'un cheval, d'un chien, d'un bijou, le juge de paix pourra-t-il fixer lui-même une valeur à la chose réclamée, ou recourir à une expertise? N'y a-t-il pas des choses qui ont une valeur *d'évidence*, etc.? Toutes ces questions se représentent, avec une seule différence dans le chiffre, lorsqu'il s'agit de déterminer quelles sont les demandes qui dépassent ou qui n'atteignent pas le taux du dernier ressort des tribunaux civils et de commerce. Pour éviter d'inutiles redites, nous ne les résoudrons pas à cette place. Tout ce que nous dirons à propos de l'*évaluation de la demande*, au sujet de l'*appel* à diriger contre les jugements des tribunaux civils ou consulaires, s'appliquera, *mutatis mutandis*, à l'évaluation des demandes rentrant dans la compétence du juge de paix.

Nous nous contenterons d'énoncer ici les règles suivantes, qui seront expliquées et développées au titre de l'*Appel* : 1° C'est le montant de la demande et non la somme allouée par la condamnation contenue au jugement qui fixe la compétence. Si donc la demande s'élève à plus de 200 francs francs, le juge de paix est incompétent quand même il n'accorderait dans sa sentence que 150, 180, ou 200 francs. Le juge ne peut se fixer à lui-même sa compétence et s'attribuer la connaissance d'un litige en n'accordant qu'une partie de la demande. — 2° L'étendue de la demande est fixée par les dernières conclusions posées par le demandeur : elles donnent la mesure réelle de son intérêt. Si donc le réclamant, ayant demandé 200 francs dans la citation, élève sa prétention à 250 ou 300 francs à l'aide d'une demande *additionnelle*, le juge de paix, d'abord compétent, doit se dessaisir. — 3° C'est le *principal* qui fixe le montant de la demande. *Principal* n'est pas synonyme de *capital*. Le principal comprend et le capital et les intérêts conventionnels ou légaux courus jusqu'au jour de la demande. C'est la valeur du droit contesté telle qu'elle existe à ce jour. Ainsi, si le demandeur réclame le payement d'un capital de

180 francs et les intérêts de ce capital pour quatre années échues, soit 36 francs, le *principal* de sa demande est égal à 216 francs, et le juge de paix n'est pas compétent. — 4° Si plusieurs demandes, formées par le même demandeur contre le même défendeur, sont réunies dans la même instance et que, par leur réunion, elles excèdent les limites de la juridiction du juge de paix, il est incompétent sur le tout. N'oublions pas que le demandeur peut être obligé de réunir ainsi plusieurs demandes, diverses par leurs causes, pour obéir à la règle de l'article 1346 du Code civil. (L. 25 mai 1838, art. 9.) — 5° Si une même demande est formée par plusieurs demandeurs ou contre plusieurs défendeurs et que la créance ou la dette soit simplement conjointe, c'est-à-dire ni solidaire ni indivisible, c'est à la part de chaque créancier ou de chaque défendeur qu'on doit s'attacher pour décider si le juge de paix est ou non compétent. Cette règle est admise, par application de l'article 1220 du Code civil, par la jurisprudence de la Cour de cassation, constante depuis l'arrêt solennel du 25 janvier 1860 (1).

435. En résumé, quand concourent les deux conditions ci-dessus indiquées, action mobilière et demande inférieure à deux cents francs, le juge de paix est compétent, seul compétent. Telle est la règle générale. Mais elle souffre plusieurs restrictions, qui découlent, ou de la qualité de la créance réclamée, ou des moyens de défense employés, ou des incidents soulevés au cours du procès, ou des prétentions qu'à son tour le défendeur formule contre le demandeur.

436. *Restrictions tenant à la qualité de la demande.* — Le juge de paix cesse d'être compétent :

1° A l'égard des actions mobilières nées d'un acte de commerce : les affaires commerciales sont exclues de la compétence ordinaire du juge cantonal, quelque minime que soit l'intérêt litigieux, et les parties ne peuvent, même d'un commun accord, proroger sa juridiction en semblable matière et convenir de lui demander la solution de leur procès. Les auteurs de la loi du 25 mai 1838 se sont nettement expliqués sur ce point et ont rejeté les affaires commerciales hors de la sphère des attributions du juge de paix. Agir autrement, comme le désirait la Chambre des pairs, c'eût été mé-

1. Cass., 23 juin 1879, 5 janvier 1881. Requête 4 mars 1881 (Sir., 1881, 1. 345).

connaître les causes de la création de la juridiction consulaire, soumettre les actions commerciales à deux ordres de compétence, faire subir à quelques-unes deux degrés de juridiction, alors qu'elles sont actuellement jugées en dernier ressort par les tribunaux de commerce, et s'obliger à rendre ces tribunaux juges d'appel des justices de paix.

2° Les juges de paix sont incompétents à l'égard des actions personnelles dont les lois ont réservé la connaissance aux tribunaux *administratifs*. Ainsi, par exemple, ils ne peuvent statuer sur une demande de dommages-intérêts formée par un particulier contre un entrepreneur de travaux publics. (L. 28 pluv. an VIII, art. 4.) D'après la dernière jurisprudence du tribunal des conflits, les tribunaux administratifs sont seuls compétents pour connaître des actions en responsabilité dirigées contre l'État, à raison des dommages causés à des particuliers par le fait de personnes employées à un service public telles qu'ouvrier d'une manufacture de tabac, agent du télégraphe, etc. Cette opinion a été aussi adoptée par la Cour de cassation.

3° Les actions relatives à la perception des droits d'enregistrement échappent, en principe, à la juridiction du juge de paix (L. 22 frim. an VII, art. 84.) Mais, dans un cas spécial, pour simplifier l'instruction et le jugement de l'instance, la loi du 23 août 1871 donne au juge de paix la connaissance de l'action intentée par la régie, pour cause de dissimulation de prix dans une vente, ou de soulte dans un partage ou un échange. L'amende égale au quart de la somme dissimulée est due solidairement par toutes les parties contractantes, sauf à la répartir entre elles par égales parts (art. 12 et 13).

4° Les demandes formées par ou contre les officiers ministériels, à raison des frais exposés par eux et de leurs honoraires, ne peuvent être portées que devant la juridiction auprès de laquelle exerce l'officier ministériel. (C. proc. civ., art. 60.) Ainsi, quelque minime que soit la somme réclamée par un avoué de première instance ou d'appel, le juge de paix est incompétent. Mais que faut-il décider à l'égard de la demande relative à des frais exposés dans une instance introduite devant le juge de paix lui-même ? Les magistrats cantonaux sont très divisés d'opinions. Les uns croient n'avoir qualité que pour liquider dans leur sentence les frais dont ils prononcent accessoirement la condamnation, sans pouvoir connaître ni de la taxe, ni de la demande en payement de frais réclamés par les officiers ministériels, qui ont instrumenté auprès de leur juridiction, l'huissier et le greffier. D'autres se reconnaissent le droit de taxer les frais faits devant eux, mais non celui de connaître du recours exercé contre leur propre décision, si une réclamation s'élève contre la taxe qu'ils ont faite. D'autres attribuent au juge de paix tout à la fois le droit de taxer, celui de statuer sur l'opposition à sa taxe et de connaître de l'action en payement de frais, dans les limites de l'article 1er de la loi de 1838, c'est-à dire jusqu'à 200 francs. D'autres enfin pensent que le juge de paix doit exercer tous ces droits, quelle que soit la quotité des frais réclamés.

Nous avons déjà indiqué (Voy. n° 413) que cette dernière opinion nous paraît être la seule acceptable. Le droit de taxer appartient au juge devant lequel les frais ont été faits et découle naturellement de l'obligation de juger, puisqu'il est nécessaire que la partie condamnée aux dépens d'un procès connaisse le montant des frais qu'elle doit payer. La taxe est un accessoire nécessaire de la sentence : il est légitime que le juge du fond soit le juge de l'accessoire. Mais le droit de taxer comporte celui de statuer sur l'opposition à la taxe et par suite de condamner la partie au payement. En un mot, l'article 60 du Code de procédure est applicable à la juridiction du juge de paix comme aux autres. Cette interprétation est partagée par de nombreux auteurs et adoptée par la Cour de cassation.

5° Le juge de paix est incompétent pour statuer sur la demande en dommages-intérêts, même inférieure à 200 francs, intentée contre un huissier à raison des actes préjudiciables commis par lui dans l'exercice de ses fonctions. (Décr. 14 juin 1813, art. 73.) 6° Pour prononcer la validité d'une saisie-arrêt, quoique la créance du saisissant soit inférieure à 200 francs. Ceci résulte clairement de la discussion de la loi du 25 mai 1838, et découlerait du reste de la règle que les voies d'exécution sont en dehors de la sphère d'attributions des juridictions d'exception.

437. D'autres dérogations à la règle de l'article 1er de la loi du 25 mai 1838 peuvent résulter, soit des moyens de défense opposés par le défendeur, soit des incidents qui s'élèvent au cours du procès, soit des demandes que formule de son côté le défendeur contre le demandeur. Mais ces divers points seront expliqués et mieux compris, lorsque nous nous occuperons de fixer la portée du principe que *le juge de l'action est aussi le juge de l'exception.*

B. — De la compétence extraordinaire.

438. Indépendamment de la compétence ordinaire, déterminée par l'article 1er, la loi du 25 mai 1838 place dans les attributions du juge de paix certaines affaires, qu'il a paru convenable de confier à la juridiction la plus rapprochée des parties ou de l'objet du litige, la plus apte à connaître et à appliquer les usages locaux. Les affaires qui rentrent dans la compétence extraordinaire du juge de paix sont divisées en trois classes par la loi elle-même.

La première classe comprend les actions dont les juges de paix connaissent en dernier ressort, c'est-à-dire sans appel, jusqu'à 100 francs, et en premier ressort, c'est-à-dire à charge d'appel, jusqu'à 1500 francs : la deuxième classe, les actions dont ils connaissent en dernier ressort jusqu'à 100 francs, et en premier ressort à quelque chiffre qu'elles puissent s'élever; la troisième classe, celles dont ils connaissent quel que soit le chiffre de la demande, mais toujours en premier ressort seulement,

439. PREMIÈRE CLASSE. — Les juges de paix connaissent en dernier ressort jusqu'à 100 francs et en premier ressort jusqu'à 1500 francs : 1° des contestations entre les hôteliers, aubergistes et industriels faisant profession de louer en garni et les personnes qu'ils ont logées, pour dépenses d'hôtellerie et perte ou avarie d'argent, de valeurs ou d'effets déposés chez eux. (L. 25 mai 1838, art. 2, al. 1.) Cette disposition ne s'applique qu'aux personnes qui font métier de loger en garni et aux locations d'une durée passagère, non au propriétaire qui loue, sans en faire profession, un appartement meublé, ni aux locations avec durée. Elle ne s'applique pas aux cafetiers, restaurateurs, baigneurs publics. Par *effets*, il faut entendre tous les objets apportés par le voyageur, non seulement les vêtements, le linge, mais aussi les voitures, harnais, chevaux, etc. A l'égard de ces effets, les aubergistes et hôteliers sont des dépositaires nécessaires, dont la responsabilité est fixée par les articles 1952 à 1954 du Code civil.

Pour que la réclamation du voyageur contre l'hôtelier soit recevable devant le juge de paix jusqu'à 1500 francs, deux conditions doivent concourir : les effets doivent avoir été déposés dans les locaux de l'hôtel ou dans ses dépendances; la perte ou l'avarie doit s'être produite depuis l'arrivée et avant le départ du voyageur.

Quant aux effets envoyés à l'avance ou laissés après le départ, le dépôt n'est plus nécessaire, mais volontaire, et le juge de paix n'est plus compétent que jusqu'à la valeur de deux cents francs, en vertu de l'article 1er de la loi de 1838.

440. 2° Le juge de paix connaît jusqu'à 1500 francs des contestations entre voyageurs et voituriers par terre ou par eau, pour retard, frais de route, perte ou avarie d'effets accompagnant le voyageur ou destinés à l'accompagner, (art. 2, al. 2). L'urgence d'une prompte solution est le motif qui justifie, comme dans le cas précédent, la compétence du juge de paix : on doit la restreindre à l'hypothèse où la contestation survient pendant le voyage et risque de le retarder. Le voyage achevé, l'urgence n'existe plus et le droit commun doit reprendre son empire. La disposition de la loi de 1838 s'applique à toute personne, qui transporte par terre ou par eau moyennant un salaire et notamment aux compagnies de chemins de fer. La responsabilité du voiturier à l'égard des effets ou marchandises à lui confiés se détermine par la combinaison des articles 1782 à 1786, 1927 à 1929 du Code civil et des articles 103 à 108 du Code de commerce. En outre, les compagnies de chemins de fer sont liées envers les particuliers par les clauses de leurs cahiers des charges.

441. 3° Les contestations entre les voyageurs et les carrossiers et autres ouvriers, pour fournitures, salaires et réparations faites aux voitures de voyage, rentrent aussi, jusqu'à 1500 francs, dans la compétence du juge cantonal. Cette disposition de la loi doit être étendue, d'une part aux entrepreneurs de transport et d'autre part aux bateaux. Les motifs d'urgence, d'économie qui ont fait attribuer compétence au juge de paix existent aussi bien à leur égard (art. 2, al. 3).

442. Ces trois cas soulèvent une question délicate et controversée. Les aubergistes, les voituriers, les carrossiers, charrons, etc., sont des commerçants, et ils ont fait des actes de commerce en exerçant leurs industries envers les voyageurs. Les actions dirigées contre eux ont-elles été retranchées de la compétence des tribunaux consulaires et transportées à la juridiction du juge de paix, en principe incompétent à l'égard des matières commerciales? Plusieurs opinions se sont produites. Nous pensons que le législateur de 1838 n'a pas prévu la question et n'a pas eu l'intention de déroger aux principes généraux. Il a seulement voulu pour ces trois cas

élever la quotité, la valeur déterminatrice de la compétence du juge de paix, qui précédemment ne pouvait connaître de ces litiges que dans la limite de sa compétence ordinaire. Si donc le voyageur est défendeur à l'action, le juge de paix est seul compétent. Si le voyageur est demandeur et l'hôtelier ou le carrossier défendeur, l'action doit être portée devant le tribunal de commerce. Mais si le voyageur a fait lui aussi un acte se rattachant à son commerce, par exemple c'est un marchand forain qui transporte ses marchandises avec sa propre voiture et ses chevaux et qui doit les frais d'hôtellerie ou de réparations, le tribunal de commerce est alors seul compétent. Il est vrai qu'on n'obtient pas ainsi cette promptitude, cette célérité dans la solution du litige qui sont si désirables en semblable occurrence. Mais l'interprète n'a pas le pouvoir de refaire la loi, fût-elle défectueuse.

Ces trois cas soulèvent une autre difficulté à propos de la compétence *ratione personæ*. Nous la retrouverons plus loin.

43. 4° Les juges de paix connaissent encore jusqu'à 100 francs en dernier ressort et jusqu'à 1500 francs en premier ressort, des demandes d'indemnité formées par un locataire ou par un fermier contre son bailleur, ou par un sous-locataire principal, pour non-jouissance des biens loués, comme au cas de refus de délivrance, de délivrance tardive, de changement apporté à l'état des lieux, imputable au bailleur ou au locataire principal. Ajoutons la demande en garantie que le locataire principal, actionné par le sous-locataire à raison des mêmes faits, intente contre le bailleur. (L. 25 mai 1838, art. 1, 4°.) Mais le juge de paix n'est compétent qu'à une double condition. La non-jouissance doit provenir du fait du propriétaire ou de celui de ses ayants droit. Si elle résulte du fait d'un tiers, le juge de paix pourra être compétent, soit en vertu de l'article 1er, soit en vertu de l'article 5 de la loi de 1838, mais alors dans une autre mesure. En second lieu le droit du locataire ou preneur à une indemnité, ne doit pas être contesté. Si le propriétaire nie le droit du preneur à être indemnisé, le litige se complique. La simplicité du procès qui avait fait admettre l'élévation du taux de la compétence du juge de paix, cette simplicité s'évanouit, et avec elle la compétence extraordinaire : l'effet disparaît avec sa cause. Le juge de paix ne sera plus compétent que dans les limites de sa compétence ordinaire, jusqu'à 200 francs.

444. 5° Dans les mêmes limites, le juge de paix connaît des con-

testations relatives aux pertes et dégradations qu'a subies la chose louée par le fait du preneur, des personnes de sa maison ou de ses sous-locataires, pendant le temps qu'a duré leur jouissance, dans les cas prévus, dit la loi de 1838, par les articles 1732 et 1735 du Code civil, et excepté dans les cas d'incendie ou d'inondation (art. 4, 2°). La loi vise les dégradations affectant matériellement la chose louée et non la perte d'un droit, comme celle d'une servitude, par suite de non-usage.

445. 6° La loi des 3-6 juillet 1877 sur les *réquisitions militaires* donne au juge de paix (art. 26) le pouvoir de statuer jusqu'à 1500 francs en premier ressort sur les difficultés s'élevant entre l'autorité militaire, qui exerce des réquisitions, et les particuliers réquisitionnés, quant au montant de l'allocation qui leur est due. Mais cette loi élève le taux de la compétence en dernier ressort à 200 francs.

446. Deuxième classe. — Les juges de paix connaissent en dernier ressort jusqu'à 100 francs, et en premier ressort à quelque chiffre qu'elles puissent s'élever : 1°) de diverses actions relatives au louage de choses, de maisons ou de biens ruraux : action en payement de loyers ou fermages formée par le bailleur ou le principal locataire contre le preneur ou le sous-locataire; contestations relatives aux congés donnés par le bailleur ou par le preneur; demandes d'expulsion de lieux formées par le bailleur, fondées sur le défaut de payement des loyers, sur l'expiration du bail, sur ce que le preneur a manqué à son obligation de garnir les lieux loués de meubles suffisants; demandes en résiliation fondées sur le seul défaut de payement de loyers ou de fermages (à l'égard des demandes en résiliation fondées sur d'autres causes, le juge de paix n'est compétent que dans les limites de sa compétence ordinaire); demandes en dommages-intérêts auxquelles cette résiliation peut donner lieu; demandes en validité de saisie-gagerie (1) fondées sur le défaut de payement des loyers et fermages et non sur d'autres causes.

Mais la recevabilité de ces diverses demandes devant le juge de paix est subordonnée à plusieurs conditions : 1° le bail ne doit pas être constaté par un titre exécutoire; car alors un jugement de condamnation au payement des loyers ne serait plus nécessaire; il ne s'agirait plus que de difficultés d'exécution pour lesquelles le juge

1. Voir pour la saisie-gagerie les articles 819 et suiv. du Code de procédure civile.

cantonal est incompétent. 2° Le principal de la location annuelle ne doit pas dépasser 400 francs. Si le principal du prix de location n'est pas fixé en argent, la loi indique comment doit s'opérer l'évaluation de ce prix : « Si le prix principal du bail consiste en denrées « ou prestations en nature appréciables d'après les mercuriales, « l'évaluation sera faite sur celles du jour de l'échéance lorsqu'il « s'agira du payement des fermages ; dans tous les autres cas elle « aura lieu suivant les mercuriales du mois qui aura précédé la de- « mande ; si le prix principal du bail consiste en prestations non « appréciables d'après les mercuriales, ou s'il s'agit de baux à colon « partiaire, le juge déterminera la compétence en prenant pour « base du revenu de la propriété le principal de la contribution « foncière de l'année courante multiplié par cinq. » 3° Dans le cas de saisie-gagerie, il ne doit pas y avoir d'opposition de la part de tiers pour des causes et pour des sommes qui, réunies, excèdent 200 francs. (L. 25 mai 1838, art. 3 et 10 ; L. 2 mai 1855, art. 1.) La compétence extraordinaire, établie par ces articles, ne déroge point à la compétence générale, dans le cas où, quel que soit le prix du bail, la demande n'excède pas 200 francs.

Mais le juge de paix n'est pas compétent pour statuer sur le recouvrement des loyers de biens appartenant à l'État. L'exécution des baux relatifs à ces biens se poursuit devant le tribunal civil d'arrondissement par les préposés de la régie des domaines, en vertu des contraintes qu'ils décernent. (L. 19 déc. 1790, art. 25 ; L. 12 sept. 1791, art. 4 ; L. 9 oct. 1791, art. 17 ; L. 22 frim. an VII, art, 65 et 66.)

447. — 2°) Le juge de paix connaît, dans les limites sus-indiquées, des contestations entre propriétaires et principaux locataires, locataires et sous-locataires, au sujet des réparations locatives mises par la loi à la charge des locataires. (L. 25 mai 1838, art. 5-2°.) — 3°) Des contestations relatives aux engagements formés entre les gens de travail, ouvriers, apprentis et domestiques, et les personnes qui les emploient, pourvu que ces contestations ne relèvent, ni de la juridiction commerciale, ni de celle des prud'hommes. (L. 25 mai 1838, art. 5-1° ; L. 22 fév. 1851, art. 18.) Par *gens de travail*, il faut entendre tous les ouvriers du sol ou de l'industrie travaillant physiquement et directement pour le propriétaire ou chef de famille ; mais la loi exige qu'ils aient été engagés au jour, au mois ou à l'année. L'ouvrier aliène alors en partie la liberté de ses actes pendant la durée de relations, qui peuvent susciter des difficultés devant être résolues à l'aide des usages locaux. Si, au lieu de se louer au jour ou à l'année, l'ouvrier exige un prix proportionné au genre de travail commandé, s'il s'agit d'ouvrages à forfait, ou à tant la pièce ou le mètre, le contrat intervenu entre l'ouvrier et celui qui l'emploie change de nature : ce n'est plus un louage de services ; c'est un louage d'industrie. Le juge de paix n'est plus alors compétent que dans les limites de sa compétence ordinaire. — L'expression *domestiques* désigne les personnes qui louent leurs services, fournissent un travail manuel et se placent dans une dépendance personnelle vis-à-vis du maître envers lequel elles s'engagent. On a beaucoup discuté la question de savoir s'il fallait ranger, dans la classe des domestiques et gens de service, les secrétaires, précepteurs, bibliothécaires, intendants, commis, etc. Curasson a écrit sur cette difficulté une longue et brillante dissertation dans le sens de l'affirmative. Nous croyons cependant, quoiqu'il puisse arriver que les gages d'un cuisinier soient supérieurs aux appointements d'un secrétaire, que la négative est seule acceptable. C'était l'opinion du rapporteur de la loi de 1838 à la Chambre des députés ; c'est aussi celle de la majorité des auteurs : c'est celle qu'implique le sens usuel du terme employé. Le législateur a parlé la langue vulgaire, dans laquelle le mot *domestique* désigne ceux qui rendent à la personne des services subalternes.

448. — 4°. Dans les mêmes limites, le juge de paix statue sur les contestations relatives au payement des nourrices, excepté à Paris et dans les autres villes qui possèdent des bureaux de nourrices. (L. 25 mai 1838, art. 5-5. — Voir L. 25 mars 1806 et décret 20 juin 1806).

449.— 5°. Il connaît aussi des actions pour dommages permanents ou temporaires, faits aux champs, fruits et récoltes par l'homme ou par les animaux, pourvu qu'il ne s'agisse pas du préjudice causé par l'inexécution d'un contrat, auquel cas le juge de paix n'a plus que sa compétence ordinaire. (L. 25 mai 1838, art. 5-1°.) A propos des dommages causés par les animaux, la Cour de cassation a fréquemment jugé que le propriétaire d'un bois ou d'une garenne est responsable des dégâts causés dans les champs voisins par des lapins qu'il a attirés, qu'il retient ou dont il favorise la reproduction. Si les lapins ont été conduits par leur instinct naturel, le propriétaire du bois, pour éviter d'être responsable, doit organiser des battues ou permettre aux voisins de pénétrer dans le bois et d'y détruire les lapins : même solution serait donnée à l'égard de cerfs, biches, sangliers, etc.

450 — 6°). La loi des 15-18 juillet 1878 donne au juge de paix la connaissance des contestations relatives aux indemnités réclamées par les propriétaires dont les récoltes ont été détruites par mesure de précaution, pour prévenir ou arrêter l'invasion du philloxéra (art. 11).

451 — 7°). Les contestations relatives à l'élagage des arbres et des haies et au curage soit des fossés, soit des canaux, servant à l'irrigation des propriétés ou au mouvement des usines, sont aussi soumises au juge de paix. (L. 25 mai 1838, art. 5-1°.)

452 — 8°. Ce magistrat connaît encore des actions civiles pour diffamation verbale et pour injures verbales ou écrites, commises avec ou sans publicité, mais autrement que par la voie de la presse, et pourvu qu'il n'y ait pas eu de poursuites devant la juridiction répressive par la partie lésée. (L. 25 mai 1838, art. 5-5°.)

453 — 9°. Il est encore compétent à l'égard des actions civiles pour rixes et voies de fait, pourvu que la partie lésée n'ait pas recouru à la juridiction répressive (art. 5-5°). Par les mots *rixes et voies de fait*, le législateur a voulu désigner ces violences légères que la loi ne déclare punissables que de peines de simple police. (Code du 3 brumaire an IV, art. 605 non abrogé par la loi du 13 mai 1863.) Ces mots ne visent ni les crimes ni les délits, réprimés par les articles 313 et 320 du Code pénal. Le législateur a voulu établir une corrélation entre la juridiction civile du juge de paix et les attributions du juge de simple police. S'il s'agit de voies de fait graves pouvant donner lieu à des poursuites criminelles ou correctionnelles, l'action civile intentée par la partie lésée rentre dans la compétence des tribunaux ordinaires, si l'on demande plus de deux cents francs de dommages-intérêts. Si la demande est égale ou inférieure à ce chiffre, elle appartient à la compétence ordinaire du juge de paix.

454. TROISIÈME CLASSE. — Les juges de paix connaissent, à quel que chiffre qu'elles puissent s'élever, mais toujours en *premier ressort :* 1°) des actions possessoires, complaintes, dénonciations de nouvel œuvre, réintégrandes, sous la réserve des attributions de l'autorité administrative dans les cas déterminés par les lois et les règlements ; 2°) des actions en bornage ; 3°) des actions relatives à la distance prescrite par la loi, par les règlements particuliers ou par l'usage des lieux, pour les plantations d'arbres ou de haies, et des demandes en dommages fondées sur l'inobservation de ces lois, règlements et usages locaux ; 4°) des actions relatives aux travaux et constructions énoncés dans l'article 674 du Code civil ; 5°) des demandes en pension alimentaire formées entre personnes, tenues de l'obligation réciproque d'aliments, en vertu des articles 205 à 207 du Code civil, pourvu que la pension réclamée n'excède pas 150 francs par an. (L. 25 mai 1838, art. 6.) Comme ces articles règlent en réalité des rapports découlant des relations de paternité et de filiation, nous pensons que le juge de paix est compétent, toutes les fois que la demande en pension alimentaire est fondée sur ces relations, comme entre adoptant et adopté (C. civ., art. 349), entre père et fils naturel, adultérin ou incestueux. Mais le juge de paix ne sera pas compétent quant aux demandes de cette nature formées entre époux (C. civ., art. 212 et 301), par le donateur contre le donataire (C. civ., art. 955), ou en vertu d'une convention ou d'un testament ; 6°) des contestations auxquelles peuvent donner lieu l'établissement et l'exercice de la servitude de drainage, la fixation du parcours des eaux, l'exécution des travaux de drainage ou d'assèchement, les indemnités et les frais d'entretien. Le juge de paix doit, en prononçant, concilier les intérêts de l'opération avec le respect dû à la propriété. (L. 10-15 juin 1854, art. 5.) — 7°) En matière d'associations syndicales, lorsqu'il y a lieu à l'établissement de servitudes conformément aux lois, au profit de ces associations, les contestations sont jugées par le juge de paix suivant les dispositions de la loi sur le drainage, c'est-à-dire pour les mêmes objets et en premier ressort seulement. (L. 21 juin 1865, art. 19.)

Tels sont les cas nombreux et divers dans lesquels le juge de paix est compétent. Nul lien n'unit entre elles ces attributions multiples, dont il nous a paru suffisant de donner la sèche nomenclature. Comme nous le disions plus haut, en fixant les limites de la compétence de la juridiction cantonale, le législateur a eu en vue la modicité des litiges, la simplicité des questions à résoudre, la nécessité imposée au juge de connaître les usages locaux, ou l'urgence de la décision. De là, la variété des attributions du juge de paix.

§ 2. — *De la compétence ratione personæ vel loci.*

455. La règle *actor sequitur forum rei* détermine la compétence *ratione personæ* du juge de paix comme elle fixe celle des tribunaux civils. Les actions personnelles mobilières et réelles mobilières, qui relèvent de cette juridiction, doivent être intentées devant le juge de paix du domicile du défendeur; à défaut de domicile, devant celui de sa résidence. (Proc. civ., art. 2.)

456. Cette règle s'applique même aux actions dirigées par les aubergistes, hôteliers, voituriers, carrossiers, contre les voyageurs, à l'égard desquelles le juge est compétent en vertu de l'article 2 de la loi du 25 mai 1838 jusqu'à 1500 francs. Mais, en imposant à ces commerçants l'obligation d'actionner le voyageur devant le juge de son domicile, éloigné peut-être de cent ou deux cents lieues, ne va-t-on pas méconnaître les motifs d'urgence, de célérité, d'économie qui ont fait placer ces actions dans les attributions du juge de paix? Ne va-t-on pas occasionner à ces industriels des frais considérables et peut-être un déplacement contraire à la bonne gestion de leurs affaires? Cet inconvénient attira l'attention des législateurs de 1838. Mais la compétence du juge du domicile de l'hôtelier ou du carrossier fut repoussée, par la considération suivante que firent valoir le rapporteur et le garde des sceaux. (Séances des 6 et 23 avr. 1838). Il serait injuste de permettre qu'après son départ le voyageur pût être assigné devant le juge local, détourné de son voyage, obligé de revenir sur ses pas ou de se laisser condamner par défaut, et être ainsi distrait à chaque instant de la juridiction du juge de son domicile, son juge naturel. En présence des inconvénients engendrés par l'une ou par l'autre solution, il était préférable de conserver la règle générale, d'autant plus que les aubergistes, hôteliers, etc., peuvent facilement échapper à la nécessité, réellement coûteuse et gênante, d'aller assigner le voyageur devant le juge de son domicile. Ces personnes n'ont qu'à exercer sur les effets du voyageur le *droit de rétention*, découlant du privilège que leur confèrent les articles 2102-5° et 6° du Code civil et 306 du Code de commerce.

Le voyageur, pour obtenir la restitution de ses bagages ou de sa voiture, devra se porter demandeur et traduire l'hôtelier ou le carrossier devant le tribunal de commerce du lieu.

457. Une seconde difficulté a été soulevée. Lorsque le litige s'élève entre un voyageur et un entrepreneur de transports, faut-il que le premier assigne le second, devant le juge du chef-lieu de l'exploitation, ou peut-il l'appeler devant le juge du bureau le plus voisin ? La question présente en pratique un intérêt sérieux à l'égard des compagnies de chemins de fer, qui ont toutes établi leur siège social à Paris. Les compagnies ont longtemps soutenu et la jurisprudence avait d'abord admis que les compagnies devaient être assignées devant le juge du siège social. Mais, comme nous l'avons déjà dit (Voy. n° 402), un heureux revirement s'est produit dans la jurisprudence. Les Cours d'appel et de cassation décident aujourd'hui que les compagnies peuvent être assignées dans tous les arrondissements ou cantons, où elles ont établi une gare importante, qui, par le nombre et la qualité des agents, l'importance des opérations, la convergence de plusieurs lignes, peut être considérée comme une succursale du siège social, alors surtout que la compagnie a fait choix dans la localité d'avocats et d'avoués pour la défense de ses intérêts. La citation est alors valablement remise à l'agent du contentieux.

458. Par application de la règle *actor sequitur forum rei* et de l'article 2 du Code de procédure, c'est aussi devant le juge de paix du domicile ou de la résidence du défendeur que doivent être portées les actions en payement de loyers, validité de congé, validité de saisie-gagerie, etc., les contestations entre gens de travail, domestiques et les personnes qui les emploient, les actions relatives au payement des nourrices, les actions civiles pour diffamation verbale et pour injures, pour rixes et voies de fait, les demandes en pension alimentaire, à l'égard desquelles le juge cantonal est compétent en vertu des articles 3, 5 et 6 de la loi du 25 mai 1838.

459. Mais notre règle souffre plusieurs exceptions. D'abord celles qui résultent des dispositions de l'article 59 du Code de procédure ayant une portée générale. Les motifs, qui ont conduit le législateur à établir ces dérogations, existent aussi bien dans le cas où l'affaire doit être décidée par un juge de paix que dans celui où elle est soumise à un tribunal civil. Si donc le juge de paix se trouve compétent en matière de succession, de société, ou de garantie incidente, la demande sera portée devant le juge du lieu où la succession s'est ouverte, du lieu du siège social, ou le juge déjà saisi de la demande originaire.

459 *bis*. L'action personnelle, dirigée contre deux ou plusieurs défendeurs, sera portée devant le juge de paix du domicile de l'un d'eux au choix du demandeur. S'il y a eu élection de domicile, elle produira les effets que nous avons indiqués sous le dernier paragraphe de l'article 59 du Code de procédure.

460. Les actions immobilières, dont connaît le juge de paix, c'est-à-dire, les actions possessoires et l'action en bornage sont introduites devant le juge de la situation des immeubles, ainsi que les actions personnelles qui supposent le demandeur investi d'un droit de propriété immobilière, telles que les actions pour dommages aux champs, fruits et récoltes, les actions relatives à l'élagage des arbres et des haies, au curage des fossés et canaux privés, à la distance pour plantations d'arbres ou de haies, aux constructions et travaux énoncés en l'article 674 du Code civil, à la servitude de drainage. La loi donne encore au juge de la situation la connaissance des demandes relatives aux réparations locatives, des demandes d'indemnité formées par le fermier ou le locataire pour non-jouissance ou par le propriétaire pour dégradations, des contestations entre patrons et ouvriers, des différends relatifs aux contrats d'apprentissage, quand il n'y a pas de conseil de prud'hommes dans le canton. Ces diverses demandes nécessitent pour leur instruction des descentes sur les lieux, pour leur jugement la connaissance des usages locaux. Portée devant le juge local, elles seront plus facilement et à moins de frais instruites et jugées. (Proc. civ., art. 3.)

SECTION II. — Conseils de Prud'hommes.

§ 1er — *Compétence ratione materiæ.*

461. « De même que les tribunaux consulaires sont appelés à « juger promptement et sans frais les litiges qui surgissent des « transactions commerciales, les conseils de prud'hommes, » disait le rapporteur de la commission du Corps législatif qui prépara la loi du 1er juin 1853, « les conseils de prud'hommes ont pour mis-

« sion de terminer par voie de conciliation, ou, si la conciliation « est impossible, par jugement, dans les limites déterminées, mais « toujours dans les formes les plus économiques et les plus expédi- « tives, les contestations qui résultent journellement des rapports « du fabricant et de l'ouvrier, du maître et de l'apprenti. Les « prud'hommes sont, pour ainsi dire, les juges de paix de l'indus- « trie. » — L'article 10 du règlement du 20 février 1810 s'exprime ainsi : « Nul ne sera justiciable des conseils de prud'hommes, s'il « n'est marchand, fabricant, chef d'atelier, contremaître, teinturier, « ouvrier, compagnon ou apprenti ; ceux-ci cesseront de l'être dès « que les contestations porteront sur des affaires autres que celles « qui sont relatives à la branche d'industrie qu'ils cultivent et aux « conventions dont cette industrie aura été l'objet ; dans ce cas, ils « s'adresseront aux juges ordinaires. »

De ce texte, il résulte que la juridiction des prud'hommes se trouve ainsi restreinte : 1° aux rapports de personnes liées entre elles par la même branche d'industrie, et 2° exclusivement aux litiges survenus dans l'exercice de leur commune industrie.

Le décret, qui institue un conseil de prud'hommes dans une localité, dénomme les industries pour lesquelles ce conseil est institué. Les contestations entre fabricants et ouvriers appartenant à d'autres industries demeurent absolument en dehors de la compétence du conseil. Pour ces contestations, les choses se passent exactement comme si dans la localité dont il s'agit il n'existait aucun conseil de prud'hommes. Le tribunal qui en connaîtra sera le juge de paix.

462. Quant aux *prud'hommes pêcheurs*, leur compétence est toujours réglée par l'arrêt du conseil du 16 mai 1728. Ils connaissent seuls de la police de la pêche : ils jugent souverainement les contraventions à ladite police, par quelques pêcheurs, français ou étrangers, qu'elles soient commises, et tous les différends qui peuvent naître, à l'occasion de leur profession, entre lesdits pêcheurs.

§ 2. — *Compétence ratione loci.*

463. La compétence *ratione loci* ou territoriale des conseils de prud'hommes est ordinairement fixée par le décret qui les institue.

Elle ne dépasse pas, en général, les limites du canton où le conseil est établi. Quelquefois, cependant, elle s'étend sur tout le ressort du tribunal de commerce de la même localité. Elle se détermine pour chaque affaire par la situation de la fabrique, indépendamment du domicile et de la résidence des ouvriers. (Règlement du 20 févr. 1810, art. 11.)

SECTION III. — **Tribunaux de commerce.**

§ 1er — *Compétence d'attributions ou ratione materiæ.*

464. Juge d'exception, le tribunal de commerce n'est compétent qu'à l'égard des matières dont la connaissance lui est attribuée par une disposition de la loi. Dans le doute, quand il n'est pas certain que telle nature d'affaires ait été placée dans les attributions des tribunaux de commerce, c'est au tribunal civil qu'il appartient d'en connaître.

Recherchons donc quelles affaires rentrent dans la compétence des tribunaux consulaires.

L'édit de novembre 1563, la déclaration de Charles IX du 28 avril 1565 et l'ordonnance de 1673 avaient, dans notre ancien droit, fixé les limites de cette compétence. D'après la loi des 16-24 août 1790, titre XII, art. 3, il devait être fait un règlement particulier pour déterminer d'une manière précise l'étendue et les bornes de la compétence des juges de commerce. Ce règlement n'a pas été fait, et c'est le Code de commerce qui nous fournit les règles déterminatrices de cette compétence, dans les articles 631 et suivants.

Du rapprochement de ces textes, il ressort que la compétence des tribunaux de commerce repose sur trois bases différentes. Cette compétence tient : 1° tantôt à la nature de l'acte, qui donne lieu au procès; 2° tantôt à la qualité de la personne assignée comme défenderesse; 3° tantôt tout à la fois à la nature de l'acte et à la qualité de la personne.

465.—1° *Nature de l'acte.* Les tribunaux de commerce connaissent, entre *toutes personnes*, des contestations relatives aux actes de commerce. Telle est la disposition du § 3 de l'article 631. Dès que le fait juridique qui donne naissance au litige rentre dans la catégorie des actes de commerce, le tribunal consulaire est compétent. Ce serait une erreur de croire qu'il ne peut statuer qu'entre personnes exerçant la profession de marchand ou de négociant. Dès qu'il y a *acte de commerce*, la juridiction commerciale est compétente, alors même que les auteurs de l'acte ne sont, ni l'un ni l'autre, commerçants.

Mais qu'est-ce qu'un acte de commerce? La loi énumère ces actes dans les articles 632 et suivants du Code de commerce. Expliquer ces textes en détail serait franchir les bornes de cet ouvrage et s'astreindre à fournir de longues explications sur les matières commerciales. Nous renvoyons donc le lecteur aux commentaires du Code de commerce. Nous nous contenterons de dire qu'il faut distinguer trois classes d'actes de commerce. Les actes compris dans les deux premières classes sont commerciaux par eux-mêmes, abstraction faite de la qualité de leur auteur. Ceux de la troisième classe, au contraire, n'ont ce caractère qu'à raison d'une qualité propre à l'agent qui les accomplit, et la compétence du juge consulaire a alors pour base la qualité de l'agent et non la nature propre de l'acte.

466. La première classe comprend les actes qui supposent chez l'agent l'intention de réaliser un profit au moyen d'une spéculation, en s'exposant à un risque de perte ou de gain : tel est l'achat de denrées, de marchandises, fait dans le but de réaliser un bénéfice en les revendant ou en louant simplement l'usage. Toute personne qui accomplit une semblable acquisition ou aliénation fait acte de commerce. Et celui-ci a ce caractère par lui-même, *per se*, sans le secours d'aucune fiction ou présomption; aussi faut-il reconnaître que les expressions de l'article 632 *sont réputés actes de commerce*, appliquées aux actes de cette première classe, manquent d'exactitude.

467. La deuxième classe comprend les actes que la loi répute commerciaux, sans qu'il y ait lieu de rechercher, dans chaque cas particulier, quelle a été l'intention des parties. Il y a alors une présomption de la loi, présomption *juris et de jure*, qui n'admet pas la preuve contraire. L'acte est et sera toujours commercial, quelle que soit la qualité de l'agent et quelle que soit son intention. La loi le veut ainsi, non par l'effet d'une volonté arbitraire, mais parce qu'en réalité de tels actes impliquent nécessairement, fatalement, l'idée d'une spéculation. Si l'on écarte cette idée, l'acte n'a plus de raison d'être; il ne peut exister; il ne saurait se produire en dehors d'elle: tels sont les cas d'opération de change, banque ou courtage (art. 632, n° 4, Cod. de com.).

468. La troisième classe comprend des actes qui, à raison de la qualité de leur auteur, sont présumés commerciaux jusqu'à preuve contraire. La compétence du tribunal consulaire a alors pour base la qualité de l'auteur de l'acte.

A la compétence, basée sur la nature de l'acte, donnant naissance à la contestation, se rattachent deux cas, qui méritent une attention particulière : il s'agit du cas de *société* et du cas de *faillite.*

469. *Société.* — Sous l'empire du Code de commerce, on devait soigneusement distinguer les procès élevés entre une société commerciale et des tiers, et les procès élevés entre les associés et pour raison de la société. Dans le premier cas, le tribunal consulaire était compétent, lorsque l'acte, qui donnait lieu au procès né entre la société et un tiers, était un acte de commerce de la part du défendeur. Dans le deuxième cas, procès entre associés, le différend devait être jugé par des arbitres. La loi du 17 juillet 1856 a abrogé cet arbitrage forcé et les articles 51 à 53 du Code de commerce. D'après l'article 631, rectifié par cette même loi, les tribunaux de commerce connaissent désormais des contestations entre associés, pour raison d'une société de commerce.

470. *Faillite.* — Ni l'édit de 1563, ni l'ordonnance de 1673 ne donnaient compétence aux juges et consuls en matière de faillite. Lorsque éclata la révolution, la plus grande confusion existait en France sur cette question de compétence. La commission, chargée de préparer le projet du Code de commerce, voulut donner aux juges consulaires la connaissance de toutes les questions relatives aux faillites. Plusieurs Cours d'appel attaquèrent l'article projeté, et le législateur de 1807 s'arrêta à un système moins absolu, dans l'article 635. En présence de ce texte, il était vrai de dire que la compétence du tribunal de commerce, en matière de faillite, était exceptionnelle.

En 1838, lors de la révision et de la refonte du livre troisième du Code de commerce, la loi du 28 mai 1838 remplaça l'article 635 par la disposition suivante: « *Les tribunaux de commerce connaîtront de* « *tout ce qui concerne les faillites conformément à ce qui est prescrit* « *au livre III du présent Code.* »

Résulte-t-il de ce texte que le tribunal de commerce soit compétent, à l'exclusion du tribunal civil, pour connaître de toute action intentée par ou contre les syndics d'une faillite, par un créancier ou contre un débiteur du failli ? A première vue, on serait tenté de le croire. Il n'en est rien. Remarquons d'abord que les articles 500 et 512 du Code de commerce visent des cas où le tribunal consulaire est incompétent pour juger une question, qui se présente dans le cours d'une faillite et qui intéresse le négociant failli ou la masse de ses créanciers. D'autre part, d'autres articles du même Code déclarent en termes formels que telle ou telle question rentre dans les attributions du tribunal de commerce.

La difficulté d'application du nouvel article 635 ne peut donc se présenter qu'au sujet des cas non prévus par une disposition spéciale du Code de commerce. Faudra-t-il toujours en attribuer la connaissance aux juges consulaires? Non. Dans le cours d'une faillite peuvent s'élever des litiges qui rentrent les uns dans la compétence des tribunaux civils, les autres dans les attributions du tribunal de commerce. Comment les distinguer? A l'aide du *criterium* suivant que nous empruntons à un savant professeur de la faculté de droit de Paris. M. Bravard-Veyrières disait dans son *Traité de droit commercial* (tom. VI, p. 233): « Le tribunal de commerce « sera compétent toutes les fois qu'il s'agira d'une contestation qui « s'élèvera, non seulement dans le cours des opérations d'une faillite, mais encore à *raison de l'événement* de la faillite, et qui devra « se décider par l'*application des principes particuliers* à la situation « que crée cet événement. » — Par exemple, la nullité d'une donation faite par le failli est demandée. Nous distinguerons. Est-elle demandée parce que dans l'acte de donation on ne s'est pas conformé aux conditions requises par le Code civil (art. 931 et suiv.)? C'est une question de droit commun. Les tribunaux civils seront seuls compétents pour la décider, bien qu'elle soit élevée par les syndics. Si, au contraire, la nullité est demandée par cette raison que la donation aurait été faite après la cessation des payements ou dans les dix jours précédents, c'est une question de faillite (art. 436, Cod. com.). Le tribunal de commerce est seul compétent pour la résoudre.

471. 2° *Qualité du défendeur.* — Certains actes ne sont essentiellement ni civils ni commerciaux. Ils sont susceptibles d'avoir l'un ou l'autre de ces deux caractères. Par exemple, un commerçant a acheté une voiture et un cheval. Si l'acquisition a été faite pour son usage personnel, il a fait un contrat purement civil. Si elle a été réalisée, au contraire, en vue du transport de ses marchandises, il y a là un acte de commerce, bien que le commerçant n'ait pas fait cet achat dans le but de vendre ou de louer. Mais il l'a accompli pour les besoins de son commerce, en sa qualité de commerçant. Cet acte est réputé commercial à raison de la qualité de son auteur. Il participe à la commercialité de la profession, dont il n'est qu'un accessoire et qu'une conséquence. — Mais quand cet acte aura-t-il ainsi le caractère civil? Quand le caractère commercial? Y a-t-il une règle? Oui. La loi présume, jusqu'à *preuve contraire*, que cet acte est relatif à la profession et par suite commercial.

De même la qualité de commerçant chez l'auteur de l'acte fait considérer, jusqu'à preuve contraire, comme étant commerciaux certains actes dont la cause est indéterminée, incertaine. Tels sont les billets souscrits par un commerçant. Jusqu'à preuve contraire, on les supposera souscrits pour son commerce. La présomption légale existe, lorsque l'acte ne fait pas connaître si sa cause est civile ou si elle est commerciale. Voilà la *troisième classe* d'actes commerciaux. Ceux qui, indifférents en eux-mêmes, *per se*, n'ont pas d'une manière absolue le caractère commercial, mais qui l'empruntent à la qualité des personnes qui les ont accomplis. Ces actes sont commerciaux par la relation qui les unit à leur auteur, en vertu d'une présomption légale; mais celle-ci, présomption *juris tantum*, peut être combattue par la preuve contraire, et s'il est établi, par les circonstances qui l'ont occasionné ou accompagné, que l'acte, réputé par la loi commercial, n'a pas ce caractère, le tribunal consulaire ne sera pas compétent.

Dans cette catégorie rentrent les actes prévus dans les articles 631-1°, 632-6°, 638-2°, du Code du commerce.

472. Mais, pour que la présomption légale de commercialité existe et pour que par suite le tribunal de commerce soit compétent, faut-il nécessairement que *toutes* les parties entre lesquelles l'acte est intervenu fussent, à l'époque où cet acte a été fait, commerçantes, ou suffit-il que la qualité de commerçant existât chez la partie qui est poursuivie comme s'étant obligée? La première opinion paraît commandée par la rédaction des articles 631 et 632 n° 6; mais la dernière opinion est la seule admissible. La doctrine contraire conduirait à un résultat absurde. Il faudrait dire que le marchand en détail, qui ne vend en général ses marchandises qu'à des non-commerçants, qu'à des consommateurs, doit bien être présumé faire acte de commerce quand il achète d'un marchand en gros, mais non quand il revend à ses pratiques. Il faut donc reconnaître que la rédaction de l'article 638 est préférable et doit servir à rectifier la rédaction défectueuse des articles 631 n° 1 et et 632 n° 6 du Code de commerce.

473. C'est encore en s'attachant à la qualité des personnes que le législateur a attribué compétence au tribunal de commerce, dans les hypothèses prévues par l'article 634 du Code de commerce. Ce texte a donné naissance à des difficultés, dont l'exposition et la solution trouvent leur place naturelle dans un traité de droit commercial.

474. — 3° *Nature de l'acte et qualité de la personne obligée par cet acte.* — Si ces deux éléments concourent, le tribunal de commerce est compétent dans des hypothèses où il ne saurait l'être, soit en vertu de la nature de l'acte, soit en vertu de la qualité de l'agent, considérées isolément. C'est en tenant compte de ce double élément que le législateur a attribué compétence aux juges consulaires, dans les cas prévus par les articles 636 et 637 du Code de commerce.

On suppose qu'un titre *à ordre* n'a pas le caractère d'une lettre de change. La personne, obligée en vertu d'un pareil titre, est-elle justiciable du tribunal de commerce ou du tribunal civil? La loi fait plusieurs distinctions. Si, sur le titre, il ne se trouve aucune signature de négociant, si le défendeur poursuivi n'est pas commerçant, s'il n'y a pas eu de sa part acte de commerce, si ces trois conditions négatives sont réunies, le défendeur, assigné en payement d'un pareil billet, pourra décliner la compétence du tribunal de commerce et demander son renvoi devant le tribunal civil. Mais si le défendeur ne soulève pas de déclinatoire, la clause *à ordre* insérée dans le titre aura cet effet, que la juridiction consulaire ne devra pas se déclarer d'*office* incompétente.

Si, sur ce titre *à ordre*, il se trouve à la fois une ou plusieurs signatures de non-commerçants et une ou plusieurs signatures de négociants, le non-commerçant, obligé pour une cause purement civile, ne pourra pas, s'il est poursuivi devant le tribunal de commerce, décliner la compétence de ce tribunal.

475. Il résulte donc des articles 636 et 637 que, dans deux cas particuliers, un tribunal de commerce connaîtra d'une obligation civile. En dehors de ces cas, sous aucun prétexte, le tribunal de commerce n'est fondé à connaître d'une question purement civile. Il ne peut statuer que sur les litiges, nés à l'occasion d'actes de commerce ou d'actes présumés tels par le législateur.

476. *Observation générale.* — Lorsque deux personnes contractent ensemble, il peut arriver que l'acte n'ait le caractère commercial qu'à l'égard de l'une d'elles seulement et soit pour l'autre personne un contrat purement civil. Par exemple, le propriétaire rural, qui vend le blé ou le vin de sa récolte à un marchand de blé ou de vin, ne fait pas un acte commercial ; car il ne spécule pas. Et ce même contrat de vente rentre, au contraire, dans la catégorie des actes de commerce, à l'égard du marchand. Le contrat a un caractère mixte : civil pour l'une des parties, commercial pour l'autre. Quelle influence ce caractère mixte va-t-il exercer sur la compétence ?

Sans aucun doute, celle des parties, à l'égard de laquelle le contrat est un acte civil, ne pourra être actionnée que devant la juridiction civile. Tout le monde est d'accord sur ce point. Mais si cette personne joue au procès le rôle de *demanderesse*, sera-t-elle obligée d'assigner son adversaire devant la juridiction commerciale, ou pourra-t-elle, à son choix, citer devant le tribunal civil ? Une jurisprudence fermement établie décide que la partie, qui a fait un acte purement civil, est libre d'actionner l'autre partie, soit devant le tribunal civil, soit devant le tribunal de commerce. Elle invoque l'article 10 du titre XII de l'ordonnance de 1673, qui contenait une disposition formelle sur ce point et elle applique encore ce texte, sinon dans sa lettre, du moins dans son esprit. Elle ajoute que la personne, qui a fait un contrat purement civil, a le droit de ne pas subir la juridiction commerciale devant laquelle on l'a assignée, qu'elle a droit à être jugée par la juridiction civile, si elle tient aux garanties de droit commun auxquelles elle n'a jamais renoncé et qu'aucun texte ne lui enlève. Ce point est incontestable, si cette personne est défenderesse au procès. Or, le caractère de l'acte ne changeant pas suivant le rôle joué au procès, on ne voit pas pourquoi cette personne serait obligée de subir, comme demanderesse, une juridiction que défenderesse elle pourrait repousser (1). Si elle accepte la juri-

1. Angers, 3 juin 1875 ; Lyon 29 janv. 1881 (D. P., 1881. 2. 160).

diction commerciale, son adversaire ne peut pas se plaindre; car, en faisant acte de commerce, il s'est soumis à cette juridiction.

Cette solution est repoussée par un grand nombre d'auteurs, et ils soutiennent que la personne, à l'égard de laquelle l'acte a le caractère d'acte commercial, doit toujours être assignée devant le tribunal de commerce. L'ordonnance de 1673 n'est plus en vigueur et le Code de commerce ne contient rien de semblable à sa disposition. Le retranchement de la règle de l'ordonnance n'est pas le résultat d'une inadvertance ou d'une omission involontaire du législateur. Il est la conséquence de l'abrogation qu'entendait prononcer le législateur, abrogation commandée par le droit sacré de la défense, qui veut que le demandeur aille plaider devant le juge du défendeur. Le raisonnement adopté par la jurisprudence conduirait logiquement à permettre à tout demandeur de citer le défendeur devant le tribunal de son propre domicile, sous ce prétexte qu'il ne saurait, en qualité de demandeur, subir une juridiction qu'il pourrait repousser comme défendeur. Or, ce raisonnement est inadmissible en présence de l'article 59 du Code de procédure. La jurisprudence subordonne la juridiction à l'intérêt de l'un des plaideurs et crée entre ces plaideurs une inégalité exhorbitante. Il est plus conforme à l'ordre des juridictions de déterminer la compétence par la nature de l'engagement pris par la personne contre laquelle l'action est dirigée (1).

Cette deuxième opinion nous paraît seule être conforme aux principes généraux sur la compétence, et nous ne pouvons admettre qu'il soit loisible de faire, en prétextant le silence de la loi actuelle, revivre d'anciennes dispositions des ordonnances. Mais la jurisprudence est si solidement fixée, que nous n'osons espérer qu'elle revienne sur la solution par elle adoptée.

477. En dehors des cas sus-indiqués, les tribunaux de commerce sont incompétents *ratione materiæ*. Cette incompétence ne peut être couverte par le consentement des parties. Elle peut être proposée, en tout état de cause, devant le tribunal de commerce et devant la Cour d'appel. Mais, et remarquons bien ceci, elle ne saurait l'être, devant la Cour de cassation, que si elle a été invoquée devant la Cour d'appel et repoussée par elle. Car la Cour d'appel

1. Demangeat sur Bravard, tome VI, p. 388; Orillard, *de la Compétence des tribunaux de commerce*, V. n° 235, etc.

est juge du second degré à l'égard des deux juridictions civile et commerciale, et par conséquent compétente pour statuer en appel sur le litige dont a été mal à propos saisi le tribunal consulaire. Pour que la cour puisse par son arrêt violer les règles de compétence et donner ainsi ouverture à cassation, il faut que l'appelant ait, par ses conclusions, bien marqué qu'il ne la saisissait que *restrictivement*, en qualité de juge d'appel des sentences consulaires. Or, il ne peut manifester cette volonté, qu'en proposant devant la cour le déclinatoire tiré de l'incompétence *ratione materiæ* du tribunal de commerce. Si la cour rejette ce déclinatoire, ou omet d'y statuer, la question d'incompétence pourra alors être soumise à la Cour suprême; car il y aura eu violation de l'ordre des juridictions.

Mais si, au contraire, l'appelant a conclu au fond, s'il a discuté le litige en lui-même sans soulever le déclinatoire, il a plaidé devant une juridiction qui était compétente pour connaître du procès. Celui-ci n'était pas en dehors des attributions de la cour, puisqu'elle est aussi compétente à l'égard des procès civils qu'à l'égard des contestations commerciales. La cour, en statuant sur le litige, n'a pas commis d'excès de pouvoir. En plaidant ainsi au fond, l'appelant a implicitement renoncé au droit qu'il avait de faire juger la contestation par les juges du premier degré de juridiction, qui auraient dû compétemment en connaître. Il s'est placé dans une situation analogue à celle du plaideur, qui porte directement devant la cour une cause non décidée par les premiers juges. Or, nous verrons au titre de l'*appel*, que, lorsque deux parties ont conclu et plaidé au fond, sans réserves, devant le tribunal d'appel compétent, sur un procès non soumis aux premiers juges, elles se sont rendues non recevables à invoquer devant la Cour suprême la violation du principe des deux degrés de juridiction. La Cour d'appel pourrait *d'office* se dessaisir du fond, renvoyer les parties devant le tribunal civil, juge du premier degré; mais, si elle ne le fait pas, son arrêt est irréprochable, au point de vue de la compétence.

§ 2. — *Compétence relative ou ratione personæ vel contractus.*

478. Une affaire devant être portée devant la juridiction consulaire, quel est, parmi tous les tribunaux de commerce, le tribunal compétent?

En matière civile, d'après la règle générale, le tribunal compétent est celui du domicile du défendeur. En matière commerciale, la loi accorde une plus grande latitude au demandeur. L'article 420 du Code de procédure civile l'autorise à citer le défendeur, à son choix, devant le tribunal du domicile du défendeur, devant celui dans le ressort duquel la promesse a été faite et la marchandise livrée, devant celui dans l'arrondissement duquel le payement devait être effectué.

Cette disposition ne constitue pas une innovation du législateur moderne. Son origine remonte à l'édit du 6 août 1349, par lequel Philippe de Valois donna aux gardes des foires de Champagne et de Brie la connaissance des cas et contrats advenus ès-dites foires. Quand les foires de Champagne et de Brie furent transportées à Lyon, cette juridiction particulière, applicable aux actes qui y étaient passés, fut aussi transférée. La compétence fut ainsi déterminée par le lieu du contrat, le *locus contractus*. Plus tard, l'ordonnance de 1673 attribua compétence aux trois tribunaux que désigne l'article 420, et ce texte n'est que la reproduction de l'article 17 du titre XII de l'ordonnance.

479. Les motifs, qui avaient guidé les auteurs de l'ordonnance de 1673, ont aussi dirigé les rédacteurs du Code de procédure. Pour favoriser les transactions commerciales, on a pensé qu'il était nécessaire que les procès qu'elles peuvent engendrer fussent promptement résolus, sans déplacements coûteux, que le demandeur pût facilement poursuivre son adversaire et obtenir contre lui condamnation. Cette facilité résulte évidemment de l'option qui lui est accordée par l'article 420. Au lieu d'être obligé d'aller plaider devant le tribunal du domicile du défendeur, domicile peut-être fort éloigné, il peut assigner devant le juge du lieu du contrat ou celui du lieu du payement, lieux dans lesquels il a évidemment des relations.

Nous examinerons les points suivants : quelle est l'étendue de l'option accordée par l'article 420? Quels sont les cas d'application de ce texte? Quelles dérogations faut-il y apporter?

480. *Étendue de l'option.* — L'article 420 donne au demandeur le droit de choisir entre trois tribunaux :

1° Le tribunal du domicile du défendeur; c'est l'application aux matières commerciales de la règle générale : *actor sequitur forum rei.*

2° Le tribunal dans l'arrondissement duquel la promesse a été faite et la marchandise livrée. Pour que le tribunal soit compétent, il est indispensable que ces deux faits, la *promesse* et la *livraison de la marchandise*, se soient accomplis dans son ressort. Si la promesse a été faite dans un arrondissement, et la marchandise livrée dans un autre, ni le tribunal de l'arrondissement où la promesse a été faite, ni celui dans l'arrondissement duquel la marchandise a été livrée ne seront compétents. Les commentateurs de l'ordonnance de 1673 étaient très explicites sur cette nécessité de la réunion des deux faits générateurs de la compétence; cette interprétation de l'article 420 est la seule admise par une jurisprudence invariable (1).

481. Mais quel est le lieu qui doit être considéré comme celui où la promesse a été faite, où le contrat a été conclu? Quand le contrat s'est formé par correspondance, en quel lieu a-t-il reçu sa perfection? Paul, négociant à Bordeaux, offre par lettre à Pierre de Lyon de lui vendre cent balles de café Martinique à tel prix. Paul répond qu'il accepte le marché proposé. Quel est le lieu où le contrat s'est formé? Est-ce Lyon, est-ce Bordeaux? La solution de la question appartient à l'interprétation de l'article 1108 du Code civil. Nous nous contenterons de dire que la jurisprudence est divisée sur ce point. Un grand nombre d'arrêts admettent que le lieu du contrat est celui où la lettre d'acceptation, de réponse à la pollicitation, a été écrite et mise à la poste. Le double consentement existe dès ce moment : l'accord est formé (2). D'autres arrêts admettent au contraire que le lieu du contrat est celui d'où est partie l'offre et que le contrat n'est formé que par la réception de la réponse (3). Il faut du reste reconnaître avec la Cour suprême que les juges du fait ont un pouvoir souverain pour fixer, d'après les circonstances de la cause, quel a été le lieu du contrat, et où dès lors la promesse doit

1. Lyon, 7 mars 1872, Cass. 18 juin 1879 (Sir., 1879 1. 340).
2. Rennes, 6 févr. 1873; Rouen, 28 févr. 1874. (D, P. 1877. 2. 222).
3. Lyon, 29 avr. 1875; Chambéry, 8 juin 1877 (D. P., 1878. 2. 113).

être réputée avoir été faite, pour l'application de l'article 420 du Code de procédure civile (1).

482. On s'est aussi demandé quel est le lieu de la promesse, lorsque, comme cela se présente si fréquemment en pratique, le contrat se forme par l'intermédiaire d'un commis voyageur? Un fabricant de draps d'Elbeuf, ou de toiles à Lille, envoie à Marseille un commis qui traite avec divers négociants de cette ville. Sera-ce Elbeuf, Lille ou bien Marseille qui, pour l'application de l'article 420, devra être considérée comme lieu de la promesse? La question est controversée, et deux opinions se sont produites dans la doctrine et dans la jurisprudence.

Dans une première opinion, on admet la distinction suivante : Si le commis voyageur est le mandataire de la maison pour laquelle il voyage, s'il est porteur d'une procuration pour vendre ou pour acheter, il a le pouvoir de conclure des marchés, et évidemment dès lors le lieu de la promesse est celui où il traite. Mais s'il n'est qu'un simple intermédiaire, un agent qui porte des propositions et transmet celles qui lui sont faites, il ne passe pas de marchés. Il les prépare seulement; les parties contractantes sont libres d'accepter ou de refuser; et le lieu de la promesse est alors celui où l'acceptation dernière est donnée.

Les partisans de la deuxième opinion repoussent cette distinction. Le commis-voyageur, disent-ils, alors même qu'il n'a pas le pouvoir de conclure les marchés, n'est point un simple intermédiaire, s'interposant de son propre mouvement entre le vendeur et l'acheteur. Il est l'agent salarié de l'une des parties. Il débat les conditions du contrat et en arrête les clauses, sauf l'approbation de son patron. Mais, quand cette approbation intervient, elle rétroagit au jour du contrat. Sa ratification équivaut à un mandat. Par suite, dans toutes les ventes indistinctement opérées par commis voyageur, on doit considérer la promesse comme ayant été faite au domicile de la personne avec laquelle le commis a traité et non au lieu où le patron donne sa ratification (2).

483. Mais, avons-nous dit, le lieu de la promesse n'est pas par lui seul attributif de juridiction. Un second élément doit se joindre : la livraison de la marchandise doit avoir eu lieu dans l'arrondissement du même tribunal.

1. Req. 6 août 1867 (D. P., 1868. 1. 35).
2. Cass. 25 févr. 1879 (Sir., 1879. 1. 153).

Le lieu de la livraison des marchandises, lorsqu'il n'y a pas de stipulation entre les parties sur ce point, est, en règle générale, celui d'où elles ont été expédiées. La livraison est réputée faite au domicile du vendeur, quand la marchandise est expédiée aux risques et périls de l'acheteur. Le transporteur, voiturier, compagnie de chemin de fer, les reçoit pour le compte de l'acheteur. — Mais si la vente de la marchandise a été faite sur échantillon, une divergence se manifeste dans la jurisprudence des cours d'appel et des tribunaux de commerce. Pour les uns, le lieu de la livraison est encore celui d'où la marchandise a été expédiée. Pour les autres, la livraison n'est parfaite que par la dégustation, par la vérification de la conformité de la marchandise expédiée avec l'échantillon remis, et par suite ne peut s'opérer qu'au lieu où la denrée est reçue par le destinataire. Cette opinion nous paraît plus en harmonie avec la disposition de l'article 1587 du Code civil, aux termes duquel la vente des choses, qu'on est dans l'usage de goûter, n'est parfaite que quand l'acheteur les a goûtées et agréées (1).

484. Quand la promesse et la livraison de la marchandise ont eu lieu dans l'arrondissement du même tribunal, celui-ci est compétent en vertu de l'article 420. Les deux parties contractantes peuvent réciproquement s'assigner devant ce tribunal. Le vendeur peut y assigner l'acheteur en payement du prix stipulé ; l'acheteur, à son tour, peut y assigner le vendeur en résiliation de la vente pour vices cachés ou en dommages-intérêts.

Il n'est pas nécessaire que le contrat, qui donne lieu au procès, soit un contrat de vente. L'article 420 s'applique à tout contrat commercial quelconque, dès que se trouvent réunies les conditions exigées par ce texte. La Cour de cassation a jugé, avec raison, que, lorsqu'une compagnie de chemin de fer a fait un contrat de transport avec un expéditeur, l'action en réduction de prix, intentée par celui-ci, est régulièrement portée devant le tribunal du lieu où les marchandises ont été remises aux agents de la compagnie.

485. 3°. Le troisième tribunal compétent, d'après l'article 420 du Code de procédure civile, est celui du lieu où le payement devait être effectué. Quel sens faut-il attribuer au mot *payement ?* D'après quelques auteurs et quelques arrêts, le mot *payement* devrait être entendu dans un sens restreint, ne s'appliquant qu'à l'exécution

1. Besançon, 10 mars 1873 (D. P., 1873. 2. 88).

de l'obligation de fournir une somme d'argent en numéraire. Le lieu du payement serait celui où devrait être acquitté le prix de vente ou celui de transport des marchandises.

D'autres auteurs et d'autres arrêts prennent le mot *payement* dans le sens le plus large, comme signifiant l'exécution de toute obligation quelconque, la *solutio* des Romains. Ainsi, en cas de contrat de transport, le lieu du payement sera celui où l'objet transporté était livrable, celui-ci où le transporteur devait exécuter son obligation.

486. En principe, le payement doit être effectué au domicile du débiteur, en vertu de la règle générale de l'article 1247 du Code civil. Il en est ainsi quand le marché est à terme. Quand le marché est conclu *au comptant*, le payement doit être effectué au moment de la livraison, par conséquent dans le lieu où celle-ci s'opère. — Dans ces divers cas, le tribunal du lieu du payement est le même que celui du domicile ou celui du lieu de la livraison. L'option est impossible et le tribunal est doublement compétent.

Mais un lieu, autre que celui du domicile de l'acheteur, peut avoir été indiqué dans le cas de vente à *terme*. Dans la pratique commerciale, il est d'usage d'introduire dans la facture une clause, en vertu de laquelle les marchandises vendues seront payables au domicile du vendeur. Quelle est la portée de cette mention? La jurisprudence manifeste une tendance à adopter la distinction suivante. Si l'indication insérée dans la facture est *manuscrite*, elle a dû attirer l'attention de l'acheteur. Si celui-ci ne proteste pas, il accepte tacitement cette dérogation au principe général et le tribunal du domicile du vendeur devient compétent, en vertu de l'article 420 et de la volonté des parties (1). Si la mention faite dans la facture est *imprimée*, la plupart des arrêts exigent une acceptation expresse de l'acheteur. Cette clause a pu ne pas attirer son attention; il faut établir que l'acheteur a entendu déroger au droit commun, a accepté la désignation faite par le vendeur (2). Cette distinction nous paraît raisonnable; car, dans la pratique, le négociant, qui reçoit une facture, ne donne aucune attention aux parties imprimées, indications banales s'adressant à tous, et ne lit avec soin que la partie manuscrite qui le concerne spécialement.

487. Lorsque le lieu du payement a été fixé, peu importe que le

1. Req. 7 févr. 1872 et 18 juin 1879 (Sir., 1879. 1. 310).

2. Grenoble, 11 févr. 1870; Agen, 25 mai 1870; Nîmes, 13 mai 1871; Caen, 23 févr. 1872; Toulouse, 27 mars 1874 (Sir., 1875. 2. 292).

prix doive être réglé en numéraire ou en lettres de change tirées sur d'autres lieux. Ce dernier cas a donné naissance en jurisprudence à des solutions bien divergentes. Nous pensons avec la Cour suprême que le lieu du payement du prix du contrat, intervenu entre parties, est alors celui où le vendeur crée ces traites ou effets escomptables. C'est là qu'il en reçoit la valeur (1).

488. *Cas d'application.* — Ayant ainsi déterminé les limites dans lesquelles se meut l'option accordée par l'article 420, voyons quels sont les *cas d'application* de ce texte.

Cet article constitue une dérogation au droit commun, une faveur exceptionnelle accordée au demandeur en matière commerciale. Il doit donc être appliqué avec réserve. En conséquence, si l'existence même du marché ou du contrat, allégué par le demandeur, est contestée, l'article 420 devient inapplicable. La base, sur laquelle s'appuient ses dispositions, fait défaut. L'article 420 suppose un marché prouvé ou reconnu. — Mais, de même qu'il ne suffira pas au demandeur d'alléguer un marché, une vente commerciale, pour saisir la juridiction exceptionnelle désignée par l'article 420, de même aussi il ne suffira pas au défendeur, pour échapper à cette juridiction, de contester d'une manière quelconque une convention dont la preuve serait rapportée. Les tribunaux devront examiner si la contestation est sérieuse, ou si elle ne cache qu'un moyen détourné pour soustraire un plaideur à ses juges naturels. Si la contestation sur l'existence même du marché est sérieuse, le tribunal de commerce, saisi de l'action, doit se déclarer incompétent.

Si le défendeur, tout en reconnaissant l'existence du marché, conteste son caractère commercial, ou soutient que la promesse et la livraison se sont effectuées en un autre lieu que celui où il est assigné, le tribunal, saisi en vertu de l'article 420, peut examiner les questions ainsi soulevées. Car tout tribunal a le pouvoir et le devoir d'apprécier, si les conditions constitutives de sa compétence existent dans l'espèce à lui soumise. Vouloir avec quelques auteurs que le tribunal se déssaisisse est une solution inacceptable. Il faudrait aller faire juger la question de commercialité du marché par le tribunal du domicile du défendeur. Puis, cette commercialité constatée, revenir devant le premier tribunal, alors reconnu avoir été régulièrement saisi. On créerait ainsi un circuit d'actions dispen-

1. Req., 14 janv. et 13 avr. 1880 (Sir., 1880. 1. 224).

dieux et illégal; car un tribunal ne saurait statuer sur la compétence d'un autre tribunal. La Cour de cassation a fréquemment appliqué ce principe.

489. Si l'action est intentée contre plusieurs défendeurs, tous pourront être assignés devant l'un des trois tribunaux sus-indiqués : l'article 59 Proc. civ. contient, pour ce cas, une règle générale, applicable devant toutes les juridictions.

490. L'article 420 n'a trait qu'aux matières commerciales. On ne saurait l'invoquer en matière civile, et l'indication, dans un contrat civil, d'un lieu de payement, autre que celui du domicile du débiteur, ne serait pas attributive de juridiction. — Mais ce texte s'applique-t-il toujours et dans tous les cas, lorsque le procès a pour origine un acte de commerce?

Deux opinions divisent les auteurs et les cours d'appel. D'après une première opinion, l'article 420 ne serait applicable qu'au cas de contrat de vente. Il régirait exclusivement les actions nées d'achats ou de ventes commerciales, les cas de livraison de marchandises, ou de payement de leur prix (1). — Les partisans de la deuxième opinion pensent que l'article 420 a une portée d'application plus générale. Il vise toute contestation, en matière commerciale, ayant pour objet un payement ou une livraison. Les actions résultant d'un contrat de mandat, de transport, de change, d'une opération de banque ou de courtage, celles qui sont exercées par un commis contre son patron, par un commissionnaire contre son commettant, ou *vice versâ*, etc., etc., sont toutes soumises à son empire (2).

Les recueils de jurisprudence nous offrent de nombreux cas d'application de l'une et de l'autre opinion. La deuxième est plus conforme à l'esprit dans lequel a été écrite la disposition de l'article 420, adopté dans le but de faciliter les poursuites du demandeur et de lui faire obtenir, à moins de frais, une prompte solution.

491. *Dérogation à l'article* 420. — La disposition de l'article 420 reçoit exception en matière de faillite. La compétence territoriale des tribunaux de commerce, dans ce cas, est fixée par l'article 59, n° 7, Proc. civ., qui désigne le tribunal qui a rendu le jugement déclaratif de faillite, c'est-à-dire le tribunal du domicile

1. Req. 5 mai 1880 (Sir., 1880. 1. 263).
2. Limoges, 9 mars 1872 (D. P., 1072. 2. 141)

du failli. Le législateur a voulu concentrer devant le même tribunal toutes les opérations nécessitées par la liquidation de la faillite. C'était le seul moyen de lui donner l'unité désirable, d'éviter des lenteurs et des frais, et d'échapper au danger du conflit de sentences contradictoires, qui seraient venues détruire l'harmonie de cette liquidation.

Mais ce tribunal ne saurait cependant connaître de toutes les contestations dans lesquelles un failli est engagé, sans violation d'autres règles de compétence. Il faut donc distinguer avec soin plusieurs hypothèses.

L'action peut être dirigée contre un tiers par les syndics, ou bien, au contraire, elle peut être dirigée par un tiers contre les syndics. Dans l'un et l'autre cas, elle peut être, ou réelle immobilière, ou mixte, ou personnelle, ou réelle mobilière.

492. 1re *Hypothèse. — Action personnelle ou réelle mobilière dirigée contre failli ou syndics.* — Le tribunal de la faillite est seul compétent. Le créancier du failli ne peut plus user de l'option inscrite dans l'article 420. Il ne peut plus actionner ni les syndics ni le failli, devant un autre tribunal. Décider le contraire serait rendre l'article 59 n° 7 lettre morte. La jurisprudence de la Cour suprême est formelle en ce sens.

493. 2e *Hypothèse. — Action réelle immobilière ou mixte formée contre le syndic ou contre le failli.* — Le tribunal de la situation de l'immeuble litigieux reste compétent en principe ; mais si l'action intentée par le tiers soulève la question d'application des règles spéciales à l'état de faillite, édictées par les articles 446 et suivants du Code de commerce, le tribunal de la faillite est seul compétent. Le tribunal de la situation de l'immeuble litigieux doit se dessaisir du procès, sur l'exception d'incompétence soulevée par le syndic. Ainsi, par exemple, Pierre réclame la délivrance d'un immeuble qui lui a été donné par le failli, depuis l'époque de la cessation des payements ou dans les dix jours précédents, ou bien veut exercer le droit d'hypothèque qui lui a été constitué pour dette antérieure dans la même période de temps. Cette demande soulève la question de la nullité de pareils actes, nullité engendrée par l'état de faillite et par lui seul (art. 446 C. com.). La question ne peut être jugée que par le tribunal de la faillite. De même dans les cas prévus par l'article 447 du Code de commerce.

494. 3e *Hypothèse. — Action réelle immobilière ou mixte dirigée* *par le syndic contre un tiers.* Même solution qu'au cas précédent. Si le syndic, demandeur, s'appuie, pour justifier cette action, sur les principes des articles 446 et suivants du Code de commerce, si l'action a sa cause génératrice dans l'état de faillite, le tribunal de la faillite est seul compétent. — Si, au contraire, l'action exercée eût pu l'être en dehors du cas de faillite, si c'est une revendication ordinaire, le tribunal compétent est celui de la situation de l'immeuble litigieux.

495. 4e *Hypothèse. — Action personnelle dirigée par le syndic contre un tiers.* — La Cour de cassation a consacré par de nombreux arrêts une semblable distinction. Si les faits qui engendrent l'action se rattachent à l'état de faillite, si, sans cet état, l'action n'eût pas pu naître, le tribunal de la faillite est seul compétent. L'action ne peut être portée devant le tribunal du domicile du défendeur. Par exemple, c'est une action en rapport de somme d'argent, dirigée contre un créancier du failli, qui, depuis l'époque de la cessation des payements, s'est fait payer sa créance non exigible, ou qui a reçu des marchandises pour une créance aussi non exigible (art. 446 C. com.) ; ou bien le syndic demande la nullité de l'engagement pris par le failli envers Pierre depuis le jugement déclaratif qui l'a dessaisi (art. 443 Cod. com.).

Si, au contraire, abstraction faite de l'état de faillite, l'action eût existé, si ce n'est pas l'état de faillite qui lui donne naissance, cette action doit être portée devant le tribunal compétent d'après le droit commun. L'état de faillite de mon créancier ne peut modifier ma situation antérieure et m'obliger à aller plaider devant un tribunal éloigné du lieu de mon domicile. Le tribunal du domicile du défendeur, ou les tribunaux indiqués par l'article 420, restent seuls compétents. Ainsi, c'est un débiteur du failli qui est poursuivi en payement; on ne saurait l'actionner devant le tribunal de la faillite.

En résumé, toute action qui devra être jugée d'après les principes propres à l'état de faillite sera portée devant le tribunal de la faillite; toute autre action, qui devra être jugée abstraction faite de ces principes spéciaux, sera introduite devant le tribunal compétent d'après les articles 59 et 420 du Code de procédure (1).

496. La compétence en premier ressort des tribunaux de com-

1. Cass. 24 juin 1872 et 21 janv. 1873 (D. P., 1873. 1. 483).

merce est indéfinie; quelle que soit l'importance du litige, il devra toujours être jugé par eux, sauf l'appel devant les cours d'appel.

Les limites de leur compétence en dernier ressort sont fixées par l'article 639 du Code de commerce, qui, du reste, n'est que l'application du droit commun établi à l'égard des tribunaux d'arrondissement.

Nous exposerons, en étudiant la matière de l'appel, les règles d'après lesquelles on procède à l'évaluation du litige, et nous donnerons alors le commentaire de l'article 639 avec celui des articles 1 et 2 de la loi du 11 avril 1838.

CHAPITRE IV

DE LA COMPÉTENCE DE LA COUR DE CASSATION

SOMMAIRE. — Nature propre de cette juridiction. — Sa compétence territoriale.

497. La Cour de cassation est chargée de veiller à la saine et juste application de la loi, de proscrire les doctrines inexactes. Instituée pour maintenir l'unité et la pureté de la jurisprudence, pour prévenir l'introduction d'abus proscrits par le législateur, pour faire respecter les formes légales, pour empêcher les tribunaux de dénaturer leurs pouvoirs respectifs en étendant ou en restreignant leurs attributions, elle assure encore, par le pouvoir disciplinaire qu'elle exerce, la responsabilité des magistrats.

La juridiction de la Cour de cassation diffère essentiellement de celle qu'exercent les tribunaux qui lui sont subordonnés. Ceux-ci sont institués pour remédier aux violations de droits, qui ont pour résultat la lésion des intérêts privés. Ils *jugent*, c'est-à-dire apprécient les faits, les rapprochent de la loi et affirment qu'ils sont ou ne sont pas susceptibles de l'application de telle disposition légale. Ils se livrent au double examen du *fait* et du *droit*. Au contraire, la juridiction de la Cour de cassation ne s'exerce que dans l'intérêt social. Elle n'a pas à remédier à la lésion des intérêts privés. Cette cour n'a pas à s'occuper de la question de savoir si les juges se sont trompés en affirmant ou en niant l'existence de tel fait, si telle circonstance qui l'accompagne a été ou non prise en considération, si l'interprétation donnée aux clauses d'un acte, pour en faire ressortir l'intention des parties, est exacte ou erronée. Ce sont là autant de questions, que les premiers juges ont résolues sans avoir ni à interpréter ni à appliquer aucune disposition législative. Ils n'ont pu, *sur ces questions*, ni violer la loi ni l'interpréter faussement, ni violer les formes, ni commettre un excès de pouvoir. Or ce sont les seuls cas dans lesquels la Cour de cassation ait compétence, les seuls dans lesquels l'intérêt public soit engagé.

Les tribunaux ordinaires ou d'exception constatent l'existence ou la non-existence des faits, avec telles ou telles circonstances. Leur appréciation, fondée sur les documents de la cause, est souveraine : quelque controversable qu'elle soit, elle ne tombe à aucun titre sous le contrôle de la Cour de cassation. La Cour suprême doit, au contraire, prendre pour établis et constants les faits admis par les premiers juges. Mais elle a le droit de déterminer le caractère juridique de ces faits et d'en tirer les conséquences légales. Elle ne fait, en cela, qu'examiner si la loi a été sainement appliquée. De là les formules courantes, qu'elle ne connaît pas *du fond des affaires*, qu'elle ne *connaît pas du mal jugé*, que les tribunaux et les cours ont *un pouvoir souverain d'appréciation à l'égard des faits*, etc.

498. La juridiction de la Cour suprême ne s'exerce, disons-nous, que dans l'intérêt public. Et cependant la loi n'a pas réservé au gouvernement seul le droit de se pourvoir en cassation. Elle l'accorde aux particuliers. Ce sont eux qui l'exercent le plus fréquemment. N'y a-t-il pas là une contradiction ? Nullement.

La loi autorise les justiciables à saisir la Cour de cassation de la question de savoir si telle sentence, qui leur fait grief, ne contient pas une violation ou une fausse interprétation de la loi, pour plusieurs motifs. Il serait contraire au bon ordre social, que par suite d'une inattention du ministère public, représentant les intérêts généraux, une erreur de droit, commise dans l'instruction ou dans le jugement d'un procès, devînt, par succession de temps, une erreur commune, se substituant à la disposition de la loi. Le législateur a senti que le moyen le plus sûr d'atteindre le but qu'il se proposait, en instituant la Cour de cassation, était de faire concourir au service de l'intérêt général ce zèle ardent, ce soin méticuleux qu'inspire l'intérêt particulier. Les plaideurs, l'expérience le démontre chaque jour, mettent une activité infatigable à signaler jusqu'aux plus légères infractions. Leur intérêt, leur passion même, vient ainsi contribuer à l'ordre général.

Mais ce qui démontre bien que la Cour suprême n'a été instituée que dans un intérêt public, c'est que le pourvoi formé *dans l'intérêt de la loi*, à la requête du gouvernement, n'a aucune influence sur les intérêts privés des parties. L'arrêt ou le jugement, cassé *dans l'intérêt de la loi*, conserve, entre les parties, tous les effets attachés à l'autorité de la chose jugée.

499. La juridiction de la Cour suprême s'exerce sur tout le territoire continental ou colonial de la République C'est devant elle qu'il faut porter les pourvois dirigés contre les jugements ou arrêts des tribunaux ou cours coloniaux, comme le pourvoi formé contre un jugement ou un arrêt rendu par un tribunal ou une cour de France.

CHAPITRE V

DE LA COMPÉTENCE DES TRIBUNAUX FRANÇAIS A L'ÉGARD DES ÉTRANGERS

SOMMAIRE. — PREMIÈRE SECTION. Du Français demandeur contre un étranger. — — DEUXIÈME SECTION. De l'étranger demandeur contre un Français. — TROISIÈME SECTION. Des procès entre deux étrangers. — *Premier cas :* Étranger assimilé partiellement à un Français. — *Deuxième cas :* Étranger défendeur domicilié en France. — *Troisième cas :* Étranger défendeur non domicilié en France. — Compétence obligatoire. — Compétence facultative. — QUATRIÈME SECTION. Mise à exécution en France d'un jugement étranger.

500. Dans notre étude de la compétence des diverses juridictions civiles, nous ne nous sommes pas jusqu'à présent préoccupé de la nationalité des plaideurs. N'aura-t-elle aucune influence sur cette compétence? Si les tribunaux français doivent incontestablement connaître d'un procès, d'après les règles et les distinctions ci-dessus indiquées, lorsque les deux plaideurs sont des Français, en est-il de de même quand l'une ou quand les deux parties sont des étrangers?

Les tribunaux français sont-ils compétents pour statuer sur les litiges, dans lesquels sont intéressées des personnes non françaises?

Telle est la question qu'il faut actuellement résoudre. Elle est délicate et acquiert, chaque jour, une importance de plus en plus considérable, en raison de l'extension toujours croissante des relations entre les membres des diverses nations et de la facilité que les nouveaux modes de communication offrent aux échanges. Chaque jour, nos tribunaux sont appelés à statuer sur cette question de compétence : il n'est plus permis de la méconnaître et de la négliger.

Nous distinguerons quatre hypothèses : 1° un Français se porte demandeur contre un étranger ; 2° un étranger se porte demandeur contre un Français ; 3° un étranger est demandeur contre un autre étranger ; 4° un français ou un étranger demande à mettre à exécution en France un jugement étranger.

SECTION Ire. — **Du Français demandeur contre un étranger.**

501. Cette première hypothèse ne soulève aucune difficulté relativement au principe de la compétence de nos tribunaux.

Si l'action est *réelle immobilière* et relative à un immeuble situé en France, le tribunal français est seul compétent, en vertu de l'article 3 du Code civil. — L'immeuble est-il situé en pays étranger, les tribunaux français sont, par réciprocité, incompétents.

L'action est *mixte* et l'immeuble auquel elle se réfère situé en pays étranger, le tribunal français sera compétent, à raison du caractère de *personnelle*, sous lequel cette action peut être envisagée. A plus forte raison, si l'immeuble est situé en France : à tous points de vue, le tribunal français est compétent.

L'action est *personnelle* ou *réelle mobilière*. Nos juges sont encore compétents, en vertu de l'article 14 du Code civil, qui déroge expressément à la règle du droit des gens *actor sequitur forum rei*. Quoique domicilié en pays étranger, le défendeur de nationalité étrangère sera valablement cité devant un tribunal français.

502. Nous renvoyons, aux traités relatifs au droit civil et à notre traité *de la Compétence des tribunaux français à l'égard des étrangers*, les lecteurs désireux de connaître les causes qui ont fait adopter la règle posée dans l'article 14 du Code civil. Nous nous contenterons de rappeler que ce texte peut être invoqué par tout Français d'origine ou naturalisé, créancier originaire, ou par voie de cession, du débiteur étranger, et par l'étranger, admis à la jouissance des droits civils, par application de l'article 13 du Code civil.

503. Peuvent, en vertu du texte indiqué, être assignés devant les tribunaux français tous étrangers, personnes physiques ou personnes morale, à moins qu'un traité international ne soit venu créer une dérogation spéciale, comme cela a lieu, par exemple, entre la France et la Suisse (traité du 15 juin 1869).

504. L'article 14 s'applique, quelle que soit la source de l'obligation, en vertu de laquelle le Français poursuit l'étranger, débiteur ou défendeur, devant les tribunaux français ; peu importe que l'obligation découle d'un contrat, d'un quasi-contrat, d'un délit, d'un quasi-délit ou de la loi. Doctrine et jurisprudence sont unanimes sur ce point.

505. On s'accorde aussi à reconnaître que la disposition de l'article 14 ne constitue pas une règle d'ordre public, mais une mesure édictée dans l'intérêt des Français. En conséquence, le créancier français peut renoncer au bénéfice exorbitant et critiquable que lui confère ce texte, et consentir à faire juger le différend, élevé entre l'étranger et lui, par le juge du domicile de cet étranger. — Cette renonciation peut être *expresse*, par exemple, inscrite comme clause de la convention d'où résulte la dette de l'étranger ; ou *tacite*, c'est-à-dire, résulter de certaines circonstances, des agissements du créancier français indiquant chez lui la libre volonté de s'adresser au juge étranger. L'existence ou la non-existence de cette renonciation *tacite* soulèvera, si elle est contestée, une question de fait et non de droit, à l'égard de laquelle les tribunaux et les cours d'appel seront juges souverains.

SECTION II. — **De l'étranger demandeur contre un Français défendeur.**

506. En l'absence de tout texte législatif, on devrait proclamer la compétence des tribunaux français, pour apprécier les litiges survenus entre Français et étrangers, lorsque le Français joue le rôle de défendeur au procès. Nos magistrats sont les juges naturels de ce dernier. La règle *actor sequitur forum rei* suffirait pour justifier cette décision reconnue par le droit de toutes les nations civilisées. Elle est la règle fondamentale de compétence. Le législateur aurait pu se dispenser de statuer sur l'hypothése actuelle. Il l'a fait néanmoins dans l'article 15 du Code civil.

507. Ce texte peut être invoqué par tout étranger, quelle que soit sa nationalité. La réciprocité n'est pas nécessaire, et nos tribunaux ne peuvent pas rechercher, pour admettre l'action de l'étranger, si les lois de sa nation permettent au Français de citer cet étranger devant les juges du pays.

La disposition de l'article 15 s'applique aux personnes morales étrangères aussi bien qu'aux personnes physiques. Mais ces personnes morales doivent avoir une existence conforme aux prescriptions de la loi française. Vainement se présenteraient-elles dans les conditions d'existence exigées par la loi étrangère. Les lois qui régissent les congrégations religieuses, par exemple, sont des lois de police et de sûreté, qui en France obligent les étrangers aussi bien que les Français. La loi ne peut consacrer un privilège en faveur des congrégations religieuses, établies à l'étranger, et les affranchir des devoirs et des restrictions qu'elle impose aux congrégations établies sur le sol français.

508. L'article 15 peut être invoqué contre tout Français, domicilié en France ou en pays étranger, et contre toutes les personnes assimilées aux Français, comme l'étranger autorisé à établir son domicile en France (art. 13 Cod. civ.).

Quelques dérogations à cette règle se trouvent insérées dans divers traités diplomatiques, conclus entre la France et la Suisse, le Japon, la Chine, le roi de Siam, etc.

509. L'article 15 du Code civil est applicable, quelle que soit la source de l'obligation contractée par le Français envers l'étranger demandeur. Née d'un contrat ou d'un quasi-contrat, d'un délit ou d'un quasi-délit, créée en France ou en pays étranger, peu importe, elle donne toujours au créancier étranger le droit de poursuivre devant nos tribunaux son débiteur français.

510. La disposition contenue en l'article 15 n'est pas une règle d'ordre public. Le Français peut renoncer au droit d'être cité devant ses juges naturels et consentir à être assigné devant un tribunal étranger. Cette renonciation peut être *expresse* ou *tacite*. Quand est-elle tacite? C'est là une pure question de fait, que les tribunaux résoudront d'après les circonstances particulières de chaque espèce.

511. Mais l'étranger, demandeur contre un Français, peut être, sur la réclamation de ce dernier, obligé de fournir une caution, dite *judicatum solvi*, pour garantir le payement des frais et dommages-intérêts résultant du procès. C'est un point sur lequel nous nous expliquerons avec plus de détails au titre des *Exceptions* (art. 16 Cod. civ. et art. 166 Proc. civ.).

SECTION III. — Des procès entre deux étrangers.

512. La détermination de la compétence des tribunaux français à l'égard des contestations civiles ou commerciales élevées entre deux étrangers a soulevé de très grandes difficultés et de vives controverses. Nous n'en donnerons ici qu'un résumé succinct, nous attachant à mettre les principes en évidence.

L'action, intentée par un étranger contre un autre étranger, peut être une action *réelle immobilière*. Est-elle relative à un immeuble situé dans le territoire français, les tribunaux français sont compétents. C'est une conséquence forcée du principe d'ordre public, qui soumet à l'empire de la loi française tous les immeubles, même ceux possédés par des étrangers. L'immeuble litigieux est-il sis en pays étranger, les juges français sont incompétents par une raison de même nature.

513. L'action est-elle *mixte ?* Si elle a trait à un immeuble, sis en France, les juges français sont encore compétents. Cette action a un caractère de réalité, qui doit la faire assimiler à l'action réelle immobilière. Si l'action *mixte* a pour objet des immeubles situés en pays étranger, nos tribunaux ne peuvent en connaître que lorsque cette action, considérée comme *personnelle*, rentre encore dans leur compétence, malgré l'extranéité des parties litigantes.

514. Que décider si l'action est *personnelle*, *réelle mobilière*, ou a trait à une *question d'état ?* La loi est muette. Les procès-verbaux du conseil d'État manifestent, chez le législateur, la volonté de s'incliner devant la règle *actor sequitur forum rei*. En l'absence de tout texte dérogatoire, le principe, admis par le droit des gens, doit reprendre son empire. Le juge du domicile du défendeur, le juge étranger par conséquent est compétent.

Mais cette règle doit nécessairement souffrir quelques exceptions, si l'on ne veut pas violer d'autres principes juridiques certains et incontestés.

Nous distinguerons d'abord trois situations différentes dans lesquelles peut se trouver l'étranger.

515. 1er CAS. *Étranger assimilé partiellement aux Français.* — L'article 11 du Code civil réserve au gouvernement la faculté d'accorder à des étrangers, par des traités internationaux, sous la condition de la réciprocité diplomatique, tout ou partie des droits civils. Le pouvoir exécutif a fréquemment usé de cette délégation de l'autorité législative et a donné à un assez grand nombre d'étrangers le droit de procéder devant nos juges. Ceux-ci sont alors compétents en vertu de cette attribution spéciale. « Les Français en « *Espagne* et les Espagnols en *France* jouiront réciproquement d'une « constante et complète protection pour leurs *personnes* et leurs « *propriétés.* Ils auront *en conséquence* un libre et facile accès au- « près des tribunaux de justice, tant pour *réclamer* que pour « *défendre* leurs droits, à tous les degrés de juridiction établis par « les lois. » Ainsi s'exprime l'article 2 de la convention passée entre la France et l'Espagne, le 7 janvier 1862. L'article 4 du traité conclu le 29 octobre 1857 avec le roi des îles Sandwich est plus explicite encore : « Les sujets respectifs auront un libre et facile « accès auprès des tribunaux de justice pour la *poursuite* et la « *défense* de leurs droits, en *toute instance*, et dans *tous* les degrés « de juridiction établis par les lois : ils jouiront des *mêmes droits* « et *privilèges* que ceux qui sont ou seront accordés aux *nationaux.* »

Des clauses identiques ou analogues se trouvent dans bien des traités conclus entre la France et d'autres nations. Elles supposent évidemment la présence des étrangers sur le sol français, et elles ne rendent nos tribunaux compétents, que dans la limite où ils le seraient vis-à-vis des régnicoles. Le défendeur devra donc être cité devant le juge de son domicile ou de sa résidence en France. Les tribunaux français sont astreints à respecter ces traités, régulièrement conclus, conformément aux lois constitutionnelles, par le pouvoir exécutif, et ils ne sauraient se refuser à rendre la justice aux étrangers, en faveur desquels existent de pareilles stipulations diplomatiques.

516. 2e CAS. *Étranger défendeur domicilié en France.* — Il y a en France deux catégories d'étrangers domiciliés : 1° ceux qui ont établi leur domicile avec l'autorisation du gouvernement. Nous n'avons pas à nous en occuper. Ils sont, au point de vue de la compétence de nos tribunaux, de véritables Français, en vertu de l'article 13 du Code civil, qui les appelle à jouir des droits civils.

2° Les étrangers qui, en France, ont acquis un *véritable domicile*, en dehors de l'autorisation gouvernementale. Mais est-ce possible ? Ces étrangers peuvent-ils avoir autre chose qu'une résidence? La question est vivement controversée. — Nous avons toujours enseigné qu'il fallait distinguer deux sortes de domicile, à l'égard des étrangers : le domicile autorisé, le seul qui confère à l'étranger la jouissance des droits civils ; — le domicile non autorisé, qui n'entraîne pas cette jouissance, qui laisse l'étranger entièrement soumis à sa loi personnelle, mais qui produit certaines conséquences, telles que de le soumettre à la juridiction française et de déterminer la compétence du juge, qui devra connaître, après le décès de l'étranger, de la succession par lui laissée en France. Si quelques cours d'appel sont d'un avis contraire, nous nous rencontrons sur ce point avec des arrêts bien motivés de Paris, 12 août 1873 ; Bordeaux, 19 août 1879; Toulouse, 22 mai 1880. La Cour suprême n'a pas une jurisprudence bien assise et bien homogène. La chambre des requêtes admet notre opinion, le 7 juillet 1874, et la chambre civile la repousse, le 5 mai 1875. Et cependant la loi elle-même reconnaît que l'étranger *non autorisé* peut acquérir un véritable domicile. « Sont « assujettis aux droits de mutation par décès les fonds publics, etc., « toutes les valeurs mobilières étrangères de quelque nature qu'elles « soient, dépendant de la succession d'un étranger *domicilié en* « *France avec ou sans autorisation.* » (Art. 4 de la loi du 23 août 1871.) Oserait-on dire que l'étranger est considéré comme domicilié, quand il s'agit de droits fiscaux à percevoir contre lui ou contre sa succession, et qu'il ne l'est plus, quand il s'agit de donner la protection de notre justice à ses intérêts ou à sa succession? Mais le droit fiscal peut-il se justifier, s'il n'est corrélatif à un service rendu? Sous quel aspect cupide se présenterait notre législation, si pareille thèse pouvait être acceptée? Et puis qu'est-ce que le domicile? N'est-ce pas le lieu du principal établissement? Et pourquoi un étranger ne pourrait-il avoir en France son principal établissement, le siège de ses affaires, de sa fortune, de ses affections? Combien sont nombreux ceux qui à Marseille, Bordeaux, au Havre, à Paris, etc., ont depuis longues années transporté dans ces villes *larem rerumque ac fortunarum suarum summam.*

Nous pensons donc qu'un étranger peut, en dehors de l'autorisation gouvernementale, acquérir en France un veritable domicile. La conséquence va de soi. Il sera valablement assigné par tout autre étranger devant le juge de ce domicile, c'est-à-dire, devant un tribunal français, par application du principe de droit des gens *actor sequitur forum rei.* Remarquons que, si l'on repousse la compétence de ce juge, on n'en saurait désigner aucun autre, ni en France, ni en pays étranger, et l'on arrive fatalement à un déni de justice. — Cependant quelques arrêts et quelques auteurs déclarent que nos tribunaux sont incompétents à l'égard de cet étranger et ne veulent pas voir l'impossibilité où aboutit leur opinion.

Cet étranger ne pourra assurément pas élever l'exception d'incompétence, demander le renvoi devant les juges de sa nation. Il n'a conservé aucun domicile à l'étranger, et le demandeur serait dans l'impuissance de l'assigner devant aucun tribunal étranger. Il ne peut être permis à cet étranger défendeur de braver toutes les lois et toutes les juridictions. Le tribunal du lieu de son domicile en France est son juge naturel et ordinaire ; il devra retenir la cause : il est compétent.

517. 3e CAS. *De l'étranger défendeur non domicilié en France.* — Quand le défendeur n'a point de domicile en France, la maxime générale du droit amène à cette conséquence que l'étranger doit être cité, non devant les tribunaux français, mais devant le tribunal de son domicile à l'étranger. Cependant, dans certaines hypothèses, des principes divers viennent modifier la généralité de la maxime *actor sequitur forum rei.* De là, divers cas dans lesquels les tribunaux français sont encore compétents, dans lesquels leur compétence est *obligatoire* et pour le défendeur et pour les juges eux-mêmes. En dehors de ces cas, la compétence n'est plus que *facultative*, en ce sens qu'il dépend, soit de l'étranger défendeur, soit de nos tribunaux, de l'admettre ou de la repousser.

518. *Compétence obligatoire.* — Dans les cas suivants, la compétence de nos tribunaux est obligatoire, c'est-à-dire que les juges ne peuvent pas se dessaisir de la connaissance du litige, et que le défendeur étranger, même non domicilié, ne peut élever l'exception d'incompétence et demander son renvoi devant le tribunal étranger du lieu de son domicile.

1° L'action intentée contre l'étranger défendeur est une action *civile*, née d'un crime ou d'un délit commis en France, et elle est portée conjointement avec l'action *publique* devant les tribunaux de répression. Nos juges, compétents pour connaître du délit ou du crime au point de vue de la répression pénale, peuvent aussi connaître de l'action civile, formée par la partie lésée. Cette action est intimement liée par les lois françaises à l'action publique née du même fait délictueux (art. 3, 637, 638, Inst. crim.).

2° L'engagement dont l'étranger réclame d'un autre étranger l'exécution prend sa source dans cette partie du droit, qui a des affinités avec les lois de police, avec les lois morales. C'est une demande en pension alimentaire dirigée par le père contre son fils, par une femme contre son mari ; c'est un mari qui veut voir sa femme réintégrer le domicile conjugal (Paris, 3 août 1878 et 20 avril 1880). Nos juges ont le droit et le devoir d'apprécier ces demandes, qui touchent aux lois de police générale et à l'égard desquelles l'humanité et le bon ordre du pays exigent que les magistrats soient toujours compétents.

3° Nos tribunaux sont aptes encore à ordonner des mesures provisoires et conservatoires, protectrices de la sécurité des personnes ou des biens. Par exemple, le président du tribunal peut autoriser la femme étrangère à avoir un domicile séparé, en vue d'une demande en séparation de corps. Il est urgent de confier la garde d'orphelins, de mineurs à des personnes honorables et sûres, de pourvoir à l'administration momentanée d'une succession, etc., etc.

4° Le contrat duquel découle l'obligation, dont l'exécution est aujourd'hui réclamée par un étranger à un autre, contient une élection de domicile en France. L'élection de domicile est attributive de juridiction. Mais la circonstance que le contrat (qui ne contient pas d'élection de domicile) a été conclu en France ou que la somme promise y est payable, n'est pas suffisante pour impliquer élection de domicile et, par suite, n'est pas attributive de juridiction. Ce dernier point est très controversé.

5° L'étranger demandeur réclame au défendeur étranger l'exécution d'obligations commerciales contractées pendant la tenue d'une foire officielle. Nos tribunaux sont obligatoirement compétents, en vertu des ordonnances spéciales de 1535, 1565, que nulle disposition législative postérieure n'a abrogées, ni implicitement ni explicitement. Cette compétence a été formellement proclamée au Conseil d'État. — La jurisprudence de nos cours voudrait encore que nos tribunaux fussent *nécessairement* compétents pour statuer sur tous les contrats commerciaux, dans les cas prévus par l'article 420 du Code de procédure. Mais, pour appliquer ce texte, il faut au préalable et avant de se demander quel est le tribunal français compétent, résoudre, en dehors de ce texte la question plus générale de savoir si nos tribunaux sont compétents envers les étrangers, ou si le défendeur peut décliner leur juridiction. Nous le croyons ; car ni l'indication d'un lieu de payement, ni le fait que la livraison de la marchandise s'est effectuée dans le lieu où était née la promesse, ne sont équivalents à une élection de domicile et, par conséquent, ne sont pas attributifs de juridiction. La compétence de nos tribunaux est alors simplement *facultative* et, dans la pratique, ils jugent souvent, parce que le défendeur ne demande pas son renvoi devant d'autres juges.

6° Quand le défendeur étranger n'a pas de domicile connu en pays étranger et se trouve dans l'impossibilité d'en indiquer un, nos juges sont encore nécessairement compétents.

7° Lorsque l'étranger est appelé incidemment, comme garant par exemple, dans un procès dont est déjà saisi un tribunal français, il ne peut, d'après plusieurs arrêts, décliner la juridiction française. Mais la Cour de cassation a adopté le sentiment contraire dans un arrêt du 15 janvier 1878.

8° Nos tribunaux sont encore nécessairement compétents entre étrangers, lorsqu'il s'agit de faire rendre exécutoires des jugements rendus par des juges étrangers (art. 2123 Cod. civ., art. 546 Proc. civ.).

Dans tous ces cas, la juridiction française est compétente : elle ne peut se dessaisir du procès ; le défendeur ne peut demander son renvoi devant les juges étrangers.

519. Mais, en dehors de ces mêmes cas, nos tribunaux n'ont qu'une compétence *facultative :*

1° *Facultative*, en ce sens que le défendeur étranger, non domicilié en France, actionné par un autre étranger, peut décliner utilement la juridiction du tribunal français, devant lequel il a été assigné. Ce déclinatoire doit être accueilli. L'étranger réclame l'application de la règle générale du droit des gens. Il demande à être renvoyé devant ses juges naturels. Sa demande est juste et raisonnable. Il fut reconnu au Conseil d'État que les tribunaux français ne pourraient juger que si leur compétence n'était pas déclinée.

Mais l'incompétence, alléguée par le défendeur, n'est pas absolue, *ratione materiæ;* elle est relative, *ratione personæ :* elle tient à une qualité propre à la personne défenderesse et non à la nature de la contestation. Donc, elle doit être proposée, avant toute autre exception ou défense; elle ne peut l'être pour la première fois en appel. — Le défendeur peut seul l'invoquer. — Le tribunal, saisi du procès, n'est pas *tenu* de la prononcer d'office (art. 163, 169, 170, Proc. civ.).

Après quelques hésitations, malgré quelques résistances, la majorité des cours d'appel est fixée en ce sens. C'est l'opinion qu'adopte la Cour suprême (1).

2° La compétence de nos tribunaux est encore *facultative* à l'égard de l'étranger défendeur, non domicilié, en cet autre sens, que le consentement du défendeur à subir la juridiction française ne lie pas nos tribunaux, et que ceux-ci peuvent d'office se dessaisir du litige, se refuser à le juger. Ils repoussent la prorogation de juridiction qui leur est offerte. Ils refusent de juger des parties qui ne sont pas leurs justiciables. Ils ne sont pas les juges naturels du défendeur. Et si celui-ci consent à leur confier la solution du litige, ils ne lui doivent pas justice et peuvent refuser le rôle d'arbitres qu'on les invite à remplir. La prorogation volontaire n'est pas obligatoire pour le juge auquel on l'offre. Nous le démontrons plus loin. La jurisprudence de nos cours, quoique la rédaction de quelques arrêts puisse être justement critiquée, la jurisprudence, à peu près unanime, reconnaît le caractère purement facultatif de la compétence de nos tribunaux (2).

SECTION IV. — **Mise à exécution en France d'un jugement étranger.**

520. Un jugement a été rendu en pays étranger, par des juges étrangers, soit entre deux plaideurs français, soit entre un Français

1. Rouen, 12 mai 1875; Nancy, 16 mars 1878; Cass. civ., 5 mars 1879; — *Contrà :* Alger, 4 mars 1874; Paris, 24 août 1875 (Sir., 1879. 1. 208).

2. Paris, 19 mars et 7 mai 1875. — Cass., 17 juill. 1877 (Sir., 1877. I. 449).

et un étranger, soit entre deux étrangers. On veut mettre cette sentence à exécution sur le territoire français ou prendre une inscription d'hypothèque judiciaire sur des immeubles situés en France. Le gagnant le peut-il? Immédiatement et *de plano*, non. Il doit, au préalable, demander à un tribunal français d'autoriser la mise à exécution de ce jugement étranger. Telle est la disposition formelle des articles 2123 Cod. civ. et 546 Proc. civ.

Cette disposition est fondée sur le principe de l'indépendance réciproque des États souverains. Chaque nation possède et exerce seule, exclusivement à toute autre, la souveraineté et la juridiction dans toute l'étendue de son territoire. Un acte émané de la puissance souveraine d'un État ne peut, en vertu du seul mandat de cette puissance, être de plein droit exécutoire hors des limites de cet État. Le pouvoir des autres États doit autoriser cette exécution. C'est au nom du souverain, par un mandement de la puissance publique, que se font tous les actes d'exécution. Exécuter directement en France, sans autorisation préalable, le jugement d'un tribunal étranger, anglais, russe, espagnol, etc., serait soumettre la force publique, les agents français, aux ordres émanés de tribunaux, qui tiennent leur pouvoir de commander et d'ordonner d'un souverain étranger et non de l'État français. Le pouvoir local doit donc intervenir pour autoriser l'exécution des sentences rendues par des juges étrangers. C'est lui qui délivre ce mandement indispensable et dès lors l'exécution, s'opérant avec l'assentiment du pouvoir local ou de ses délégués, le principe de l'indépendance des nations est sauf et respecté.

En France, la législation confère, non au pouvoir exécutif, mais au pouvoir judiciaire, cette mission de permettre et d'autoriser l'exécution des jugements étrangers. Nos tribunaux sont donc *forcément* compétents pour remplir cet office. Leur compétence est *obligatoire*. Ils peuvent refuser cette autorisation ; mais ils ne peuvent se refuser à statuer sur la demande d'autorisation qui leur est soumise, quelle que soit la qualité des plaideurs.

521. Quelle est l'étendue de la mission que doit remplir le tribunal français, appelé à permettre l'exécution, en France, d'une sentence étrangère ? Doit-il ou peut-il examiner et juger le fond de la cause, reviser le jugement étranger, en modifier les dispositions ?

Sur cette question, très discutée, se sont produites trois opinions.

Les bornes du présent traité ne nous permettent pas de les exposer avec les développements nécessaires. Nous renvoyons le lecteur à notre étude sur la *compétence des tribunaux français à l'égard des étrangers* et aux ouvrages sur le droit civil. Nous nous contenterons de faire connaître la solution par nous adoptée, il y a dix-huit ans, et qui, sinon peut-être en France, du moins à l'étranger, tend à devenir dominante. Nous pensons que le tribunal français ne peut point juger de nouveau le procès au fond, ni reviser la sentence étrangère. Il doit faire porter son examen sur les trois points suivants : 1° le jugement étranger émane-t-il d'une juridiction compétente ? 2° a-t-il été rendu, les parties dûment citées et légalement représentées ou défaillantes ? 3° les règles de droit public ou les intérêts d'ordre public, en France, ne s'opposent-ils pas à ce que la décision, ou telle partie de la décision, du tribunal étranger soit mise à exécution ? Le jugement satisfait-il à ce triple examen, il doit être déclaré exécutoire. Si quelqu'une de ses dispositions est contraire à une règle d'ordre public, il ne sera déclaré exécutoire que pour le surplus, et le jugement rendu par le tribunal français précisera dans quelles limites l'exécution est accordée.

CHAPITRE VI

DE LA PROROGATION DE JURIDICTION

SOMMAIRE. — Prorogation légale. — Prorogation volontaire. — Cas de prorogation volontaire. — Incompétence relative. — Incompétence absolue. — Renonciation au droit d'appel. — Prorogation *de quantitate ad quantitatem*. — Les parties peuvent-elles autoriser le tribunal civil à statuer sur les matières attribuées aux tribunaux d'exception ? — Capacité en matière de prorogation volontaire. — Effets de la prorogation volontaire.

522. Dans les chapitres précédents, nous avons fixé, d'après les diverses lois afférentes à la matière, les limites de la compétence respective des diverses juridictions. Nous avons vu : 1° dans quels cas le procès doit être soumis aux tribunaux civils, dans quels cas au juge de paix ou aux tribunaux de commerce, etc., et 2° quel est, parmi les tribunaux d'une même juridiction, celui qui est désigné pour statuer sur le litige.

Mais ces limites, les parties plaidantes ne peuvent-elles pas les franchir ? Ne peuvent-elles pas, par leur volonté, rendre compétent le juge incompétent d'après la loi, en d'autres termes, *proroger sa juridiction ?*

Proroger signifie étendre ; *prorogation*, extension. Proroger la juridiction, c'est étendre le pouvoir de juger d'un tribunal au delà des limites fixées par les lois sur la compétence, sur la mesure du pouvoir juridictionnel.

Quand cette prorogation est-elle possible et permet-elle au juge de statuer sans commettre un excès de pouvoir ? Telle est la question que nous avons à résoudre.

La prorogation de juridiction découle, ou de la loi, ou de la volonté des parties.

523. *Prorogation légale.* — La prorogation de juridiction est légale, lorsque le législateur attribue la connaissance d'une affaire à un tribunal qui, d'après les règles précédentes, n'eût pas dû en connaître. Il déroge aux règles par lui formulées pour procurer aux parties une plus prompte, plus économique et surtout plus exacte justice. Ceci a lieu notamment dans les cas de *demande reconventionnelle, d'intervention*, de demande en *garantie incidente*, etc. Dans les cas de demande reconventionnelle (demande formée par le défendeur contre le demandeur), par exemple, la prétention élevée par le défendeur aurait dû, d'après l'article 59 du Code de procédure civile, être portée devant le juge du domicile du demandeur primitif. A raison de la prorogation légale, elle sera jugée, comme et avec la demande principale, par le juge du domicile du défendeur. — De même, quand l'acheteur d'un immeuble, actionné en revendication par un tiers, se retourne contre son vendeur et l'appelle incidemment, comme garant, dans le procès actuel, la question de savoir si le vendeur doit la garantie à son acheteur et quelle en est l'étendue, sera jugée, non par le tribunal du domicile du vendeur, mais par celui devant lequel est pendant le procès en revendication. La juridiction de ce tribunal est prorogée ; les limites de sa compétence sont reculées. Si, au contraire, le procès en revendication est déjà jugé, quand l'acheteur évincé forme sa demande en garantie, celle-ci devra être portée devant le juge du domicile du vendeur — Ces divers cas seront mieux compris, quand nous expliquerons les articles 181 et 337 du Code de procédure.

524. *Prorogation volontaire.* — La prorogation de juridiction peut aussi résulter de la volonté des parties. Nous examinerons ici les trois points suivants :

Dans quels cas la volonté des parties peut-elle opérer cette prorogation ? Quelle capacité doivent-elles avoir ? Quels sont les effets de cette prorogation volontaire ?

525. 1° *Cas — dans lesquels les parties peuvent proroger la juridiction d'un tribunal ou d'un juge légalement incompétent.*

Nous avons reconnu deux sortes d'incompétence. Les parties ont-elles la même liberté, à l'égard de l'une et de l'autre ?

1° *Incompétence relative ou territoriale.* — Cette incompétence, avons-nous dit, n'a été établie que dans l'intérêt privé des parties. La loi n'a pas voulu qu'il fût loisible au demandeur de soustraire le défendeur à la juridiction du juge, dans le ressort duquel il habite, ou que la loi indique comme le plus en mesure de vider le litige, et d'obliger le défendeur à aller plaider, avec accroissement de frais, devant un juge éloigné ou moins à même de connaître du procès. Mais s'il convient à ce défendeur de renoncer à la règle établie en sa faveur, s'il lui plaît d'aller plaider au loin devant un autre juge, pourquoi lui refuserait-on cette faculté ? L'ordre public n'est nullement engagé, pourvu que le juge saisi soit compétent *ratione materiæ*. Les parties capables sont libres de renoncer aux droits que la loi leur confère ou leur reconnaît dans leur intérêt privé. Donc, et c'est un point incontestable et incontesté, le défendeur peut consentir à être jugé par un autre juge que celui désigné par la loi. Il peut proroger ainsi la juridiction de celui devant lequel il est appelé et renoncer à exiger d'être jugé par les tribunaux, désignés dans les diverses hypothèses prévues par l'article 59 du Code de procédure. Il peut abandonner le droit qu'il avait d'invoquer l'incompétence relative ou territoriale du juge saisi par le demandeur.

Comme nous avons reconnu qu'à l'égard des étrangers, l'incompétence des tribunaux français n'est que relative. Il s'ensuit que l'étranger peut consentir à être poursuivi par un autre étranger devant un juge français. Le Français peut consentir, à l'inverse, à se laisser juger par le tribunal étranger, comme demandeur, ou comme défendeur, et renoncer au bénéfice, soit de l'article 14, soit de l'article 15 du Code civil.

526. Comme notre consentement, sauf exception, peut se manifester expressément ou tacitement, cette prorogation peut être *expresse*, formulée dans les conclusions du défendeur, ou *tacite*. Dans la pratique, elle est presque toujours *tacite*, et elle résulte de ce que le défendeur n'a pas dès le début du procès, *in limine litis*, demandé au tribunal de se dessaisir, en soulevant l'exception d'incompétence. Discuter les prétentions du demandeur, plaider le fond du procès, c'est évidemment accepter la juridiction du tribunal devant lequel on a été assigné. Il serait illogique de débattre d'abord la question litigieuse et de demander ensuite au juge de n'en pas connaître.

527. 2° *Incompétence ratione materiæ ou absolue.* — La compétence d'attribution des tribunaux se réfère à l'organisation même des juridictions et touche par suite à l'ordre public. La conséquence nécessaire est que les plaideurs, ne pouvant par leur volonté, tacite ou expresse, créer une dérogation à des règles d'ordre public, ne sauraient rendre, dans leur cause, compétent un juge que la loi déclare incompétent. Toute convention ou tout acte qui engendrerait pareil résultat est radicalement nul (art. 6 Cod. civ.).

La prorogation de juridiction, que les parties voudraient accomplir à l'égard d'un juge incompétent *ratione materiæ*, est juridiquement impossible.

Mais si doctrine et jurisprudence sont en parfait accord sur le principe lui-même, cet accord n'existe plus quant aux conséquences à déduire du principe. En outre, une double précision est nécessaire.

528. *A.* La loi, en admettant le principe du double degré de juridiction, crée elle-même des dérogations à ce principe. Elle veut que certaines affaires ne subissent qu'un seul examen, et elle a fixé la compétence en dernier ressort des justices de paix, des tribunaux de commerce, des tribunaux civils, etc. Un tribunal civil, par exemple, juge en dernier ressort au-dessous d'une valeur de 1,500 francs et le juge de paix au-dessous de 100 francs. Il y a donc, au point de vue du ressort ou degré, une double compétence : compétence en premier ressort; compétence en dernier ressort, c'est-à-dire, sans possibilité d'appel.

Les parties, majeures et capables, peuvent autoriser un juge de paix à statuer en dernier ressort, sur une affaire dont la loi ne lui attribue la connaissance qu'en premier ressort seulement. L'article 7 du Code de procédure est formel sur ce point. Les parties peuvent renoncer à un avantage, à un secours, l'appel, que la loi leur offre et autoriser le juge à statuer définitivement et irrévocablement sur leurs intérêts. La juridiction du juge de paix se trouve étendue, non au point de vue de la nature du litige, mais à celui de sa *valeur*. Il peut statuer, sans appel, sur une quantité plus forte. Il y a prorogation de sa juridiction *de quantitate ad quantitatem*. Pareille extension n'apporte aucun trouble à l'ordre des juridictions, et c'est pourquoi le législateur l'autorise.

Mais comme s'enlever la faculté de faire appel, de demander la réformation d'une sentence qui nous lésera peut-être, est un acte d'une extrême gravité, le législateur veut que les clients des justices de paix, gens généralement peu instruits et non accompagnés d'hommes éclairés, apportent une attention spéciale à l'acte qu'ils vont accomplir. Elle veut les prémunir contre un danger qu'ils ne sauraient pressentir. De là la nécessité d'une déclaration formelle et celle de la signature de cette déclaration ou de la mention expresse que les plaideurs ne savent signer; ceci suppose nécessairement qu'une interpellation leur sera adressée par le juge de paix, qui leur expliquera la gravité de l'acte qu'ils veulent accomplir (art. 7 Cod. proc. civ.).

529. Cette facilité d'étendre la compétence en dernier ressort d'un juge est aussi reconnue aux parties capables, qui plaident devant un tribunal de commerce (art. 639 C. com.). Elles peuvent autoriser le tribunal à statuer en dernier ressort, à quelque valeur que s'élève la demande. C'est encore un cas de prorogation de juridiction de *quantitate ad quantitatem*. Le procès, pour qu'elle soit possible, devant rentrer par sa nature dans les attributions des tribunaux de commerce, aucun trouble n'est apporté à l'ordre des juridictions : l'ordre public n'est pas atteint. — Mais comme les justiciables ordinaires des tribunaux de commerce ont eux-mêmes plus de connaissances ou plus de facilités pour s'éclairer sur les conséquences de cette prorogation, que n'en ont les justiciables du juge de paix, le législateur ne prend plus à leur égard les précautions indiquées tout à l'heure. Il suffit d'une déclaration purement verbale, qui sera constatée dans le jugement que rendra le tribunal.

530. La loi ne reproduit pas une pareille autorisation à l'égard des tribunaux civils d'arrondissement, qui ne peuvent juger en dernier ressort que jusqu'à 1,500 francs en matière personnelle ou mobilière, et en matière réelle immobilière que jusqu'à 60 francs de revenu. Faut-il admettre à leur égard une règle différente? Évidemment non. On ne comprendrait pas pourquoi les plaideurs seraient autrement traités, quant à ce point, devant les tribunaux civils, qu'ils ne le sont devant un juge de paix ou un tribunal de commerce. La loi du 16-24 août 1790 autorisait formellement cette prorogation de juridiction. Le Code de procédure ne reproduit pas, il est vrai, cette règle; mais on n'en saurait conclure qu'il l'a abrogée; car ce Code n'a pas pour objet de fixer l'ordre des diverses juridictions et leur compétence, mais seulement la marche à suivre devant elles. Les parties, majeures et capables, pourront donc autoriser le tribunal civil à statuer en dernier ressort au delà de 1500 francs, pourvu que la matière ne touche pas à l'ordre public.

531. *B.* Nous avons vu, en traitant de la compétence d'attribution des justices de paix, que le législateur, pour fixer les limites de cette compétence (ordinaire ou extraordinaire), s'était attaché à un double élément. Il a considéré à la fois la nature de l'affaire, la cause génératrice du litige, et le *quantum*, la valeur, de la demande. Ainsi le juge de paix est compétent en matière mobilière jusqu'à 200 francs, ou entre hôteliers et voyageurs juqu'à 1,500 francs, etc.

Lorsque la demande rentre par le premier élément, par la nature de l'affaire, dans la compétence du juge de paix, mais qu'elle en sort par le *quantum*, la valeur, lorsque l'action purement mobilière est relative à une valeur de plus de 200 francs, ou la demande entre hôtelier et voyageur supérieure à 1500 francs, les parties peuvent-elles proroger la juridiction du juge de paix? Peuvent-elles l'autoriser à juger au delà de 200 ou de 1500 francs? La jurisprudence et la doctrine presque générale répondent affirmativement. Le germe de la compétence du juge existe. Il a l'autorité nécessaire pour statuer sur ce genre de procès, sur cette nature de causes en général, puisqu'il suffirait d'abaisser le chiffre de la demande pour se trouver dans les hypothèses prévues par la loi du 25 mai 1838. La nature du litige n'est donc pas antipathique à la juridiction du juge de paix. La limitation du taux de sa compétence n'est qu'une garantie offerte aux intérêts pécuniaires des plaideurs. Ceux-ci sont libres d'y renoncer, si le juge leur paraît mériter leur confiance, s'ils le croient apte à prononcer sur un intérêt pécuniaire plus élevé que celui déterminé par la loi. On dit alors que les parties font une prorogation *de quantitate ad quantitatem*. Cette doctrine, adoptée dans notre ancien droit, remonte à la législation romaine: *Judex qui ad certam summam judicare jussus est, etiam de re majori judicare potest si inter litigatores conveniat* (L. 74, § 1, D., *De judiciis*).

Cette faculté de proroger la juridiction du juge de paix de *quantitate ad quantitatem* ne ressort pas expressément des termes de l'article 7 du Code de procédure civile. Mais elle nous paraît conforme à son esprit, puisque ce texte autorise à proroger la compétence en dernier ressort, c'est-à-dire aussi *de quantitate ad quantitatem*. Et cette prorogation devra, suivant ce texte, être expresse : elle ne saurait s'induire du silence des parties. Elles devront en faire la déclaration formelle qui sera constatée par le juge et signée par elles, ou avec mention expresse qu'elles ne savent pas signer.

532. Cette double précision faite, revenons au principe. La volonté des parties est impuissante à proroger, à étendre la juridiction d'un tribunal incompétent *ratione materiæ*. De ce principe découlent les conséquences suivantes :

1° Les parties ne peuvent demander aux juridictions civiles de statuer sur des différends attribués par la loi à la juridiction administrative, et *vice versâ*.

2° On ne peut donner à un tribunal d'exception la connaissance d'une affaire, placée par la loi dans les attributions de la juridiction ordinaire. Par exemple, les parties ne peuvent valablement soumettre à un tribunal de commerce, ou à un juge de paix, une question de propriété immobilière, de servitude, ou une question d'état, comme une demande en nullité de mariage ou une action en désaveu de paternité, etc.

3° On ne peut donner à un juge d'exception la connaissance d'un litige, placé par la loi dans les attributions d'une autre juridiction d'exception : par exemple, demander au juge de paix de statuer sur une affaire commerciale.

Sur ces trois conséquences du principe, l'accord est complet entre la doctrine et la jurisprudence.

533. 4° Mais peut-on porter devant la juridiction civile ordinaire un procès, une affaire placée par la loi dans la compétence du juge de paix ou du tribunal de commerce? Sur ce point, une divergence profonde sépare la jurisprudence de la doctrine, et dans le sein même de celle-ci quelques auteurs adoptent l'opinion admise par les tribunaux et les cours.

Une jurisprudence fortement établie admet la possibilité de la prorogation. Elle pense que les tribunaux civils d'arrondissement ne sont pas atteints d'une incompétence absolue à l'égard des affaires attribuées, par la loi, aux justices de paix et aux tribunaux de commerce. Elle ne voit là qu'une incompétence relative, que la volonté des parties peut couvrir, et elle exige que le défendeur, s'il veut être jugé par la juridiction compétente, demande son renvoi dès le début de l'instance, *in limine litis*. Son silence autorisera le tribunal civil à juger. — A l'appui de cette opinion, on invoque la plénitude de juridiction que possèdent les tribunaux civils, la vocation générale et indéfinie qu'ils ont reçue du législateur pour juger tous les procès. Les affaires attribuées à la juridiction des juges de paix ou des tribunaux de commerce ont été détachées de cet ensemble. Quand elles sont portées devant le tribunal civil, elles reviennent vers la source commune d'où elles sont sorties. Le retour à la juridiction de droit commun doit être favorisé, car elle a une compétence générale. Les juridictions d'exception n'ont été créées que dans l'intérêt des plaideurs, afin qu'ils obtinssent une célérité particulière pour l'examen et le jugement de leurs litiges. Or, il doit être loisible aux parties de renoncer, expressément ou tacitement, à une situation établie dans leur seul intérêt. On ne saurait leur imposer une faveur qu'elles s'entendent à repousser. Enfin, dit-on, il était ainsi en droit romain déjà, et cela résulte de la C. en 29 du Code, *De pactis*. Le système adopté par la jurisprudence était aussi admis dans l'ancien droit. Le législateur n'a pas expressément résolu la question : donc il s'en est référé à la tradition.

534. Quoique cette opinion ait de fermes assises en jurisprudence, elle ne nous paraît pas acceptable, et avec la majorité des auteurs, avec Bénech, Carré, Boncenne, Boitard, etc., nous la repoussons. Elle est contraire aux principes ; elle viole l'ordre des juridictions et, en l'acceptant, la jurisprudence s'est laissée entraîner par des considérations d'utilité pratique insuffisantes pour justifier cette violation. La jurisprudence refait la loi. Dire qu'on se trouve, dans l'hypothèse prévue, dans un cas d'incompétence relative, c'est là une affirmation non justifiée : c'est résoudre la question par la question, faire un cercle vicieux. Non, c'est d'une incompétence absolue que sont atteints les tribunaux civils, et il est facile de l'établir. C'est dans des vues d'intérêt général que le législateur a créé diverses juridictions, et non exclusivement dans l'intérêt privé des parties. Que celles-ci profitent de la création, qu'elles en retirent les avantages espérés par la loi, c'est évident. Mais qu'on le remarque bien : la juridiction commerciale a été établie, non en vue des *personnes*, mais en vue des *actes*. Tout procès, engendré par un acte de commerce, rentre dans les attributions du tribunal, quoique les plaideurs ne soient pas commerçants, et, à l'inverse, le tribunal civil a dans ses attributions tous les procès civils, quand même les intéressés seraient des négociants. Le législateur a voulu que les affaires commerciales fussent jugées par les plus aptes à les résoudre. C'est en vue de la nature de l'affaire et dans le but d'obtenir une supérieure distribution de la justice qu'il a créé la juridiction des tribunaux de commerce. De même, il a établi celle des justices de paix pour éviter que des affaires minimes, de peu d'importance, faciles à résoudre, ne vinssent détourner les tribunaux civils de l'examen d'affaires plus délicates et plus importantes, tout en imposant aux parties une procédure plus longue et partant plus coûteuse. — La loi, en élevant, comme le disait Henrion de Pansey, un mur de séparation bien tranchée entre la juridiction ordinaire et les juridictions d'exception, n'a entendu conférer un privilège, ni aux négociants, ni aux justiciables du juge de paix.

Si donc les juridictions d'exception ont été établies à côté de la juridiction ordinaire, dans des vues d'ordre général, il ne peut être permis de déroger aux règles de compétence, qui fixent respectivement les limites de ces diverses juridictions. La distribution des affaires, faite par la loi entre les diverses juridictions, n'a plus de sens si les parties peuvent la modifier à leur gré.

La jurisprudence viole en outre un texte formel, celui de la loi organisatrice des divers tribunaux, de la loi du 24 août 1790 (art. 4 et art. 12). On ne saurait imaginer un texte plus précis et plus formel. Il s'oppose à ce qu'on considère les juridictions d'exception comme de simples démembrements de l'ordinaire. Et, comme le remarquait Benech, il faut nécessairement induire des expressions de l'article 4, que le législateur n'a entendu conférer aux juges de district aucune attribution sur les matières réservées aux juridictions exceptionnelles, ou bien il faut considérer comme non avenue l'exception qu'il a formellement établie.

Quant à la constitution 29 C. *De pactis*, elle n'a pas trait à la question qui nous occupe. Elle vise le cas où des personnes qui, à raison d'une qualité à elles propre, prêtre, etc., ont droit à un juge spécial, renoncent à ce privilège et consentent à se laisser juger par le tribunal ordinaire. Mais celui-ci est compétent *ratione materiæ :* c'était une qualité toute personnelle au plaideur qui aurait permis de décliner sa juridiction. L'affaire considérée en elle-même, abstraction de la personne, rentrait dans les attributions du juge.

La tradition n'est pas favorable au système adopté par les cours d'appel et la Cour suprême. Il suffit de lire Pothier pour s'en convaincre : « Il y a incompétence *ratione materiæ*, dit-il, non « seulement lorsque la demande est donnée devant un juge d'at- « tribution, sur quelque matière qui ne lui est point attribuée, « mais, même lorsqu'elle est donnée devant le juge ordinaire, sur « une matière qui, suivant les ordonnances et les édits, a été *dis-* « *traite* de la juridiction ordinaire et attribuée à quelque juge « d'attribution, comme si on formait une demande devant le juge « ordinaire sur une matière d'eaux et forêts ou sur une matière « consulaire (1). »

Le législateur du Code de procédure pensait comme Pothier. Lors de la rédaction de ce Code en 1806, la Cour de cassation avait proposé d'admettre le système que sa jurisprudence a adopté. Dans ses observations sur la compétence des tribunaux civils, elle voulait que ceux-ci pussent juger les litiges commerciaux, si le défendeur ne présentait pas le déclinatoire d'incompétence avant toute autre exception. Sa proposition (art. 127 de ses observations) a été repoussée. Comment peut-on soutenir, en droit, le système qui s'y trouvait formulé ?

L'argument tiré de la plénitude de juridiction n'a pas plus de force. Ces expressions servent simplement à marquer la vocation générale qu'a le tribunal civil; mais cette vocation générale est circonscrite elle-même par les textes positifs, qui ont fixé la vocation spéciale de chaque juridiction d'exception. On veut simplement dire que, dans le silence de la loi, le tribunal civil doit-être saisi. Mais encore faut-il que le législateur n'ait pas manifesté une volonté contraire. Or, c'est ce qu'il a fait dans les textes ci-dessus indiqués.

Nous refusons donc aux parties le droit de proroger la juridiction du tribunal civil, en lui demandant de juger des affaires attribuées aux juges de paix ou aux juges consulaires, et nous pensons que l'incompétence *absolue* du tribunal peut être proposée, même après conclusions au fond.

1. Pothier, *Procédure civile*, 1re partie, chap. II, section IV, § 2.

535. *Capacité.* — Pour pouvoir, dans les cas ci-dessus examinés, proroger la juridiction d'un tribunal, les parties doivent être 1° capables d'ester en justice et 2° avoir la libre disposition du droit litigieux. En effet, en renonçant au juge désigné par la loi et en en choisissant un autre, on s'expose à perdre son droit, à le voir méconnu par la sentence du juge choisi. Au fond, les parties font un compromis, et on peut dire qu'elles offrent au juge prorogé d'être l'arbitre de leur différend. En conséquence, ne peuvent proroger les pouvoirs d'un tribunal les personnes qui n'ont pas, d'après les principes de la loi civile, la libre disposition du droit litigieux.

536. *Effets.* — La prorogation de juridiction ne peut produire d'effets qu'entre les parties qui la consentent : elle ne peut modifier la situation des autres intéressés. Nul ne peut disposer du droit d'autrui et ne peut par son fait distraire une autre partie du juge que la loi désigne. *Exemple :* Plusieurs débiteurs solidaires sont conjointement assignés devant un tribunal, qui n'est pas celui du domicile de l'un d'eux. Primus, l'un des codébiteurs, accepte la juridiction de ce tribunal incompétent : les autres codébiteurs ne sont pas liés et restent libres de soulever la question d'incompétence et de demander le dessaisissement du tribunal. *Autre exemple :* Une caution est poursuivie par le créancier devant un tribunal incompétent *ratione personæ*. Elle consent, expressément ou tacitement, à être jugée par lui ; puis elle appelle en garantie le débiteur principal. Celui-ci n'est pas lié par la prorogation consentie par la caution et pourra, s'il le veut, demander son renvoi devant le juge compétent. La solution est la même dans le cas où un vendeur d'immeubles est appelé en garantie par son acheteur, assigné en revendication par un tiers, devant un tribunal autre que celui de la situation de l'immeuble litigieux.

537. Mais quel effet produit la prorogation de juridiction à l'égard du tribunal dont la juridiction est prorogée ? Est-il tenu de juger le procès, ou peut-il s'en dessaisir ? A l'égard du juge de paix, le législateur résout la question dans l'article 7 du Code de procédure. Le juge de paix est obligé de juger. La formule de la loi est impérative. Puisque les parties l'ont choisi, qu'elles lui ont manifesté une confiance toute particulière, il y a plus de chances qu'il les amènera mieux que tout autre juge à un accommodement, et, si celui-ci ne peut se réaliser, du moins le jugement rendu sera mieux accepté par les plaideurs. En outre, comme l'intérêt litigieux est généralement minime, il ne faut pas que les parties puissent être obligées à de nouveaux frais, que nécessiterait le renvoi devant un autre juge.

Mais la majorité de la doctrine et la jurisprudence reconnaissent que tout autre tribunal est libre de refuser la prorogation qui lui est offerte et peut se dessaisir du litige. Le consentement donné par les parties ne l'oblige pas. Vainement a-t-on invoqué, pour soutenir l'opinion contraire, la loi 2, § 1 D., *De judiciis*. Ce texte signifie simplement que le consentement du juge prorogé n'a pas besoin d'être *exprès et formel*, qu'il est donné tacitement par cela seul que le juge statue. Mais ce texte ne refuse pas au juge la faculté de repousser la prorogation offerte. En effet, le juge n'est tenu de prononcer, sous peine de déni de justice, qu'à l'égard de ceux que la loi de son institution a rendus ses justiciables, sur lesquels elle leur donne juridiction. Envers eux, rendre la justice est un devoir; envers d'autres, une faculté. Le tribunal incompétent, dont on proroge la juridiction, devient en quelque sorte un arbitre, sauf les conséquences résultant du caractère public dont il est investi, caractère qui donne à la sentence l'authenticité et la force exécutoire. Comme les arbitres, il peut repousser ou accepter le mandat que les parties lui donnent. Et comment la prorogation, qui ne peut lier les coobligés, les cautions, les garants, etc., pourrait-elle lier le juge ? Il lui est donc facultatif de repousser la prorogation offerte, ou d'accéder aux désirs des parties en jugeant leur cause.

538. La prorogation volontaire suppose une contestation déjà née, un procès engagé. Elle diffère de la *soumission de juridiction*, par laquelle les parties, avant tout procès, déterminent quel tribunal connaîtra des difficultés futures, auxquelles pourra donner naissance le contrat qu'elles forment. L'article 59 n° 2 la fait résulter de l'élection de domicile et attribue compétence au juge du domicile élu, concurremment avec celui du domicile réel du défendeur.

CHAPITRE VII

DE LA RÈGLE QUE LE JUGE DE L'ACTION EST LE JUGE DE L'EXCEPTION

SOMMAIRE. — Application de la règle aux tribunaux ordinaires. — Application aux juridictions d'exception. — Double principe. — Questions d'état. — Questions relatives à la propriété immobilière. — Inscription de faux. — Vérification d'écritures. — Demande reconventionnelle. — Compensation. — Demandes connexes. — Rôle du tribunal d'exception saisi d'une défense ou d'un incident dont il ne peut connaître.

539. Le pouvoir juridictionnel du tribunal, compétent en vertu de la loi ou de la prorogation consentie par les plaideurs, ne s'exerce pas seulement sur la demande, sur la prétention soulevée par le demandeur. Il s'étend, en principe, au procès tout entier, et par suite aux défenses, aux exceptions, aux fins de non-valoir et aux demandes reconventionnelles que le défendeur oppose à l'action du demandeur. C'est logique et nécessaire; car le mérite de la demande ne peut être apprécié qu'en tenant compte des moyens présentés par le défendeur. Il serait déraisonnable d'admettre que le tribunal, compétent pour connaître de l'action, fût obligé de se dessaisir d'un litige régulièrement porté devant lui, parce que se produirait une *défense* qui, considérée *seule et en elle-même*, est en dehors de sa compétence. Un motif semblable doit lui faire attribuer le jugement des *incidents*, c'est-à-dire des questions litigieuses qui naissent au cours du procès, se relient intimement à l'instance, à la demande principale, et doivent être préalablement résolues pour que cette demande principale puisse être jugée. Cette extension du pouvoir juridictionnel d'un tribunal s'indique par le brocard bien connu : *le juge de l'action est le juge de l'exception*, en prenant le mot *exception* dans un sens très large et étendu. Cette règle n'est formulée expressément par aucun texte de loi; mais son adoption par le législateur est implicitement démontrée par les textes qui y apportent des dérogations.

540. Le principe que le juge de l'action est le juge de l'exception s'applique aux tribunaux de première instance et aux cours d'appel, juridictions de droit commun. Ces tribunaux peuvent statuer sur tous les incidents du litige, sur toutes les exceptions et défenses, sur tous les moyens présentés par le demandeur ou par le défendeur, sauf en ce qui concerne les matières réservées aux tribunaux administratifs. La connaissance de ces matières est absolument interdite aux tribunaux civils, qu'elles se produisent sous forme de demandes principales ou sous toute autre forme. Le principe de la séparation des pouvoirs est d'ordre public et doit l'emporter sur toute autre règle.

Mais, sauf cette restriction, les tribunaux civils peuvent connaître de toutes les défenses (*sensu lato*), quoique ces mêmes défenses eussent relevé, si elles s'étaient produites comme demandes principales, d'une autre juridiction, des justices de paix ou des tribunaux de commerce. Demandes principales, elles auraient été en dehors de la compétence *ratione materiæ* des tribunaux civils; défenses, elles doivent être jugées par ces mêmes tribunaux. Ainsi, par exemple, lorsque dans une contestation civile entre deux créanciers d'un commerçant, l'un d'eux se prévaut de la faillite de leur débiteur commun, le tribunal civil peut constater l'état de faillite et en appliquer les conséquences légales au procès dont il est saisi, quoique la faillite n'ait point été déclarée par le tribunal de commerce.

A plus forte raison le tribunal civil, compétent quant à l'action principale, a le pouvoir et le devoir de juger, comme défenses ou comme incidents, les questions, à l'égard desquelles il serait incompétent *ratione personæ* seulement, si elles étaient produites sous forme de demandes principales, sauf en matière de désaveu. (Proc. civ., art. 356.)

541. La règle que le juge de l'action est le juge de l'exception s'applique aussi quand il s'agit de la compétence en dernier ressort. Un tribunal civil, saisi d'une demande rentrant dans sa compétence en dernier ressort, juge aussi en *dernier ressort* l'exception d'une valeur indéterminée que le défendeur oppose à la demande. *Exemple:* Un tribunal civil, saisi d'une demande dirigée contre une compagnie d'assurances pour une somme inférieure à 1500 francs, statue sur cette demande en dernier ressort, bien que la compagnie ait opposé au demandeur la déchéance de l'assurance pour contravention à la police. Mais si cette déchéance, au lieu d'être invoquée comme défense, était présentée par la compagnie comme *demande reconventionnelle*, faisant l'objet d'un chef de conclusions et obligeant le tribunal à statuer précisément sur l'existence de la police, cette demande ayant une valeur indéterminée, le jugement ne serait rendu qu'en premier ressort sur tous les points (1).

542. La règle *le juge de l'action est le juge de l'exception* ne s'applique pas avec la même étendue aux juridictions d'exception. Ces tribunaux peuvent incontestablement connaître des défenses, qui, présentées sous forme de demandes principales, auraient été en dehors de leur compétence *ratione personæ*.

Mais supposons qu'au cours d'un procès, rentrant dans les attributions des juges d'exception, se produisent des défenses ou des incidents, qui, considérés comme demandes principales, seraient en dehors de leur compétence *ratione materiæ*. Ces juges ne doivent-ils pas s'abstenir de statuer sur ces défenses ou sur ces incidents, par cela seul que ces défenses ou ces incidents soulèvent des questions étrangères à leur compétence *ratione materiæ?* Cette question est très controversée dans la doctrine et en jurisprudence. Sa solution se rattache à la théorie si délicate de l'autorité de la chose jugée. Nous poserons les deux règles suivantes.

543. 1re *Règle*. — Les tribunaux d'exception ne peuvent pas statuer sur les défenses ou les incidents, qui auraient pour résultat de les obliger à résoudre dans le *dispositif* de leur sentence une question placée en dehors de leur compétence *ratione materiæ*.

2e *Règle*. — A l'égard des autres incidents et défenses, leur compétence ne cesse que si elle est repoussée par une disposition légale.

544. Notre première règle est justifiée par la nécessité de respecter les principes qui régissent la compétence *ratione materiæ* et la distribution que le législateur a faite des matières contentieuses entre les diverses juridictions. La sentence, la *décision* proprement dite, ne peut porter que sur des questions rentrant dans les attributions du juge. Un exemple, emprunté à une hypothèse qui se réalise fréquemment en pratique, va nous permettre de bien faire comprendre le sens et la portée de notre règle. Ainsi, par exemple. on demande devant un juge de paix le payement des arrérages d'une rente viagère, d'une prime d'assurance dont le montant est inférieur à 200 francs. Le juge de paix est compétent à l'égard de cette de-

1. Civ. cass., 5 juill. 1882 (*Droit* du 7 juill. 1882).

mande principale, quoique le capital représentatif de la valeur de la rente viagère, ou le total des primes cumulées pour la durée du contrat d'assurances soient de beaucoup supérieurs à 200 francs. Si le défendeur se contente de nier l'exigibilité de la créance ou de discuter le chiffre de la prime ou de l'arrérage, d'alléguer un payement, une remise de dette, le juge de paix est compétent. Mais si le défendeur conteste le titre du crédi-rentier, soutient que le contrat d'assurance est nul ou résilié, le juge de paix, en examinant ce moyen de défense, en l'acceptant ou en le repoussant, ne va-t-il pas excéder les limites de sa compétence? Ne va-t-il pas, en prononçant sur la question de nullité ou de résiliation du titre, nier ou consacrer le droit du créancier à tous les arrérages ou à toutes les primes à venir? N'aura-t-il pas ainsi implicitement statué sur une valeur supérieure à deux cents francs? Ne faut-il pas lui interdire la connaissance d'un pareil moyen de défense, et, comme la demande principale ne peut être jugée qu'en tenant compte de ce même moyen de défense, le juge de paix ne doit-il pas se dessaisir de tout le litige?

Cette question, disions-nous, se rattache à la théorie si délicate de l'autorité de la chose jugée. Si l'on admet que la sentence rendue par le juge de paix emportera pour l'avenir autorité de chose jugée sur la question de nullité ou de résiliation du contrat et constituera un obstacle à toute nouvelle décision sur ce point, le juge doit se dessaisir. Sinon, il statuerait au delà des limites de sa compétence *ratione materiæ*. — Si l'on décide, au contraire, que la question de nullité ou de résiliation du titre ne sera jugée que *relativement* à l'objet actuel de la demande, qu'elle reste entière pour l'avenir, le juge de paix pourra statuer. La défense proposée ne fait pas sortir la cause des limites de sa compétence.

De ces deux solutions, la seconde est seule acceptable. En effet, l'autorité de la chose jugée ne repose que sur une présomption légale. Loin d'être étendue, cette présomption doit au contraire être circonscrite dans de justes limites. Elle ne résulte que du *dispositif* du jugement et non des *motifs* par lesquels le juge justifie sa sentence. Si donc le juge de paix n'est appelé à examiner la question de validité, de nullité ou de résiliation du contrat d'assurance que pour puiser dans cet examen les motifs de la condamnation sollicitée par le demandeur, ou de l'absolution réclamée par le défendeur, le juge reste saisi. La question de nullité ou de résiliation ne sera implicitement résolue par lui que *restrictivement, relativement* à l'objet de la demande actuelle. Sa sentence n'aura pas sur cette question de nullité ou de résiliation l'autorité de la chose jugée. Le débat sur la validité ou la nullité du titre pourra être repris dans l'avenir, lorsqu'une nouvelle prime sera venue à échéance.

Mais les parties veulent-elles empêcher le débat de se renouveler? Le défendeur ne devra plus présenter la nullité ou la résiliation du titre comme un *motif* d'absolution, mais devra par des *conclusions expresses et formelles* inviter le juge à prononcer sur cette nullité ou sur cette résiliation. Le *dispositif* du jugement, si celui-ci pouvait être rendu par le juge de paix, devrait alors contenir deux chefs distincts, l'un relatif à l'existence même de la créance, l'autre relatif aux arrérages réclamés. Il y aurait chose jugée sur l'entière créance, sur une demande d'une valeur excédant la compétence du juge de paix. Celui-ci est alors tenu de se dessaisir de tout le litige. Il est impossible de séparer la contre-demande du défendeur de la prétention originaire du demandeur. Tout le procès échappe à la juridiction du juge de paix et doit être porté devant la juridiction ordinaire.

Remarquons que dans cette dernière hypothèse le défendeur n'a plus présenté la nullité ou la résiliation du contrat à titre de *défense*, mais en réalité en a fait l'objet d'une *demanbe reconventionnelle*. — Telle est la distinction, à première vue spécieuse, mais au fond très juridique, qu'adopte avec raison la jurisprudence de la Cour suprême, à laquelle nous adhérons entièrement (1).

545. Nous dirons donc, avec cette jurisprudence : toutes les fois que la *défense* ou l'*incident* n'aura pas pour résultat d'obliger le juge d'exception à lui consacrer un *chef spécial* de sa sentence, le juge peut en connaître, quoique cette défense ou cet incident touche à une matière placée en dehors de sa compétence *ratione materiæ*. Toutes les fois, au contraire, que la défense ou l'incident seront présentés de manière à obliger le juge à y statuer dans son jugement par un chef spécial et distinct, le juge d'exception ne peut connaître de cette défense ou de cet incident, s'ils touchent à une matière étrangère à sa compétence d'attribution. Telle est notre première règle. C'est elle qui a inspiré les articles 7 et 8 de la loi du 25 mai 1838.

1. Cass., 27 avr. 1875, 9 févr. 1880 (S., 1880. 1. 173).

546. Nous en avons formulé une seconde : à l'égard des autres incidents ou défenses, la compétence des juges d'exception ne peut être écartée qu'en vertu d'une disposition légale.

Recherchons donc quelles sont les *défenses*, quels sont les *incidents* dont les tribunaux d'exception ne peuvent connaître, par suite d'une exclusion prononcée par le législateur. Dans la plupart des cas, du reste, le texte prohibitif ne contiendra qu'une application de notre première règle. On pourrait s'étonner alors de voir le législateur prendre le soin de prononcer une pareille prohibition, si l'on ne réfléchissait qu'un code n'est pas une œuvre de doctrine, et que les textes de la loi présentent souvent l'application d'un principe sous-entendu, implicitement admis, mais non expressément formulé.

Les *défenses*, dont ne peuvent connaître les tribunaux d'exception, sont, outre les questions afférentes au contentieux administratif, les questions d'état et les questions de propriété immobilière.

547. Par *questions d'état*, nous devons entendre non seulement les questions relatives à l'état des personnes proprement dit, mais toutes celles qui concernent la qualité juridique du demandeur ou du défendeur. L'interdiction de connaître de ces questions résulte de l'article 426 du Code de procédure, qui défend aux tribunaux de commerce de prononcer sur la contestation relative aux qualités de veuve ou d'héritier. Ce tribunal ne pourra donc pas décider, si le défendeur est ou n'est pas mineur émancipé, enfant légitime et héritier du débiteur commercial décédé, héritier pur et simple, bénéficiaire ou renonçant, si la défenderesse était femme autorisée, épouse légitime et commune en biens du débiteur d'une dette commerciale, etc.

L'article 426 ne vise pas le juge de paix ; mais ce texte, considéré dans son esprit, lui est parfaitement applicable. Des questions d'état peuvent être soulevées devant ce juge, à l'occasion des demandes en pension alimentaire fondées sur les articles 205 et suivants du Code civil. Ces questions sont trop délicates pour les laisser apprécier par un juge, que la loi a rendu compétent, à raison de la simplicité que présentent certains litiges.

548. Les questions relatives au droit de propriété immobilière et aux droits de servitude échappent aussi à la juridiction du juge de paix. Cette restriction résulte avec évidence des articles 5-1°, 6-2° et 7° de la loi du 25 mai 1838 : *lorsque les droits de propriété et de servitude ne sont pas contestés*, dit le législateur. Elle a soulevé, en pratique et en doctrine, de nombreuses difficultés d'application, dont l'examen ne saurait trouver place dans un ouvrage élémentaire. Nous nous contenterons d'indiquer à quelles conditions la contestation élevée sur le droit de propriété ou de servitude fait cesser la compétence attribuée au juge de paix par les articles 5 et 6 susvisés.

La contestation doit porter sur le *fond* du droit. Ainsi, par exemple, en matière de bornage, pour repousser la demande, le défendeur soutient qu'il est le propriétaire du fonds possédé par le demandeur. Sur une demande en réparation des dégâts causés aux récoltes, il se prétend propriétaire du champ porteur de la récolte endommagée, etc. Mais il ne suffirait pas que le défendeur à l'action en bornage ou à l'action en dommages prétendît qu'un tiers est propriétaire du champ détenu par le demandeur. Le droit de propriété ne serait pas alors réellement litigieux entre les deux parties plaidantes. La contestation doit porter sur le droit de propriété lui-même ou sur le droit de servitude, et non sur la possession de l'immeuble ou la quasi-possession de la servitude : car alors la contestation prend le caractère d'une action possessoire, à l'égard de laquelle le juge de paix est compétent. Nous appliquerons la même règle aux tribunaux de commerce qui ne peuvent, à aucun titre, connaître des questions de propriété immobilière.

549. La juridiction des tribunaux d'exception, en matière d'*incidents*, est restreinte par les articles 14 et 427 du Code de procédure. Ces juges ne peuvent connaître d'une demande incidente en inscription de faux ou en vérification d'écritures. Ces questions présentent une gravité particulière, soulèvent des difficultés sérieuses.

Pour les résoudre, la loi organise des procédures spéciales, dont la marche jurerait avec la célérité et la simplicité de la procédure devant les tribunaux d'exception. Mais la loi doit être entendue dans un sens raisonnable, et il ne saurait suffire, pour appliquer les articles 14 et 427, d'une allégation vague formulée par le défendeur. Les termes de ces articles sont précis : il faut que l'acte authentique soit argué de faux ou que l'écrit sous seing privé soit méconnu.

Un autre incident nous paraît aussi, à raison de la gravité qu'il présente, devoir être soustrait à la juridiction d'exception. C'est le *désaveu* d'officier ministériel. Le débat a trop d'importance à l'égard de l'huissier qui a fait l'acte désavoué, pour le laisser juger par cette juridiction. On peut invoquer en outre l'article 73 du décret du 14 juin 1813, relatif aux actions en dommages dirigées contre les huissiers. Or toute demande de désaveu entraîne une demande accessoire de dommages-intérêts.

550. Une autre catégorie de demandes incidentes a aussi attiré l'attention du législateur : ce sont les demandes reconventionnelles. Quels effets produiront ces demandes à l'égard de la juridiction des tribunaux d'exception ?

L'article 7 de la loi du 25 mai 1838 dispose que les juges de paix connaissent de toutes les demandes reconventionnelles ou en compensation qui, par *leur nature* ou *leur valeur*, sont dans les limites de leur compétence. Ainsi, pour la détermination de la compétence, chacune des deux demandes, principale et reconventionnelle, doit être appréciée isolément. Si, à l'égard de chacune d'elles, prises séparément, le juge de paix est compétent, il statuera sur les deux réunies. Mais remarquons que la reconventionnelle doit rentrer dans les limites de la compétence du juge, non seulement *par sa nature*, mais aussi par *sa valeur*. *Exemples :* Sur la demande en payement d'une obligation civile de 200 francs, le défendeur se prétend créancier de pareille somme pour opération de commerce, le juge de paix ne peut statuer sur la demande reconventionnelle. Elle est par *sa nature*, affaire commerciale, en dehors de sa compétence. La demande reconventionnelle, quoique basée sur une obligation civile, dépasse-t-elle 200 francs, le juge n'en peut connaître, car elle excède par *sa valeur* la limite de sa compétence. Mais si les deux demandes, principale et reconventionnelle, rentrent chacune par leur nature et par leur quotité dans sa compétence, le juge de paix doit statuer sur les deux, quoique leur réunion donne un chiffre supérieur à 200 francs.

551. Ces règles s'appliquent aussi bien à la compétence extraordinaire qu'à la compétence ordinaire du juge de paix. Ainsi, sur la demande d'un hôtelier en payement d'un mémoire de 1500 francs, le voyageur forme une demande reconventionnelle de 1500 francs pour prix d'effets qui lui ont été volés pendant son séjour à l'hôtel, le juge de paix, compétent à l'égard de chacune de ces demandes prises isolément, doit statuer sur l'une et sur l'autre, quoique par leur réunion elles atteignent le chiffre de 3000 francs. Mais si le voyageur réclame reconventionnellement plus de 1500, le juge de paix cesse d'être compétent à l'égard de cette réclamation. I en es de même à l'égard des diverses demandes indiquées dans les articles 2 et 5 de la loi du 25 mai 1838.

Quand le juge de paix est ainsi compétent, tant à l'égard de la demande reconventionnelle qu'à l'égard de la demande principale, il statue en dernier ressort, si chacune d'elles, isolée, ne dépasse pas le taux du dernier ressort, quoique par leur réunion elles excèdent le chiffre de 100 francs. Mais si l'une de ces demandes n'est susceptible d'être jugée qu'à charge d'appel, le juge de paix ne prononce sur toutes qu'en premier ressort seulement (art. 8 de la loi du 25 mai 1838). On ne pouvait pas permettre de scinder pour l'appel un litige qui eût ainsi perdu son premier aspect, et il serait impossible au juge d'appel de statuer isolément sur l'une des demandes sans tenir compte de l'autre.

552. Quant aux demandes en *compensation*, une distinction est nécessaire. Si la créance, opposée par le défendeur en compensation, est claire, liquide, exigible, d'une somme d'argent ou de choses fongibles de même nature que l'objet de la demande principale, on est alors en présence d'une compensation légale, d'un mode d'extinction, d'une véritable *défense*. Le juge de paix est compétent pour constater cette compensation, quoique la créance du défendeur, aujourd'hui éteinte par compensation, fût commerciale. *Exemple:* Sur une demande de 200 francs pour loyers, de 1500 pour frais d'hôtellerie ou d'une somme supérieure pour dégâts ruraux, le défendeur oppose une créance commerciale de 200 francs, le juge de paix est compétent pour juger que la dette du défendeur est éteinte à due concurrence.

Mais si la somme invoquée en compensation est supérieure à celle de la demande, comme le défendeur sollicite la condamnation du demandeur à concurrence de l'excédent, sa prétention, dans les limites de cet excédent, devient une demande reconventionnelle. Elle doit alors, par sa nature et par sa quotité, rentrer dans les attributions du juge de paix pour qu'il puisse condamner le demandeur. Sinon, il devra se contenter de juger que la créance du demandeur est éteinte par compensation légale.

553. Si la créance invoquée par le défendeur ne remplit pas les conditions exigées par l'article 1291 du Code civil, il y a lieu à compensation judiciaire. La prétention du défendeur constitue une véritable demande reconventionnelle. Elle doit rentrer par sa nature et par sa quotité dans les limites de la compétence du juge.

554. Enfin, il est une certaine demande reconventionnelle sur laquelle le juge de paix doit prononcer, à quelque somme qu'elle puisse monter : c'est la demande en dommages-intérêts *fondée exclusivement sur la demande principale elle-même. Exemple:* Assigné en restitution d'une somme de 100 francs que Paul prétend lui avoir laissée en dépôt, Pierre répond par une demande reconventionnelle, à titre de dommages-intérêts, pour réparation de l'injure qu'implique une réclamation qui entache son honneur. Demande-t-il cinq mille francs et plus, le juge de paix est compétent. Les auteurs de la loi de 1838 n'ignoraient pas combien peu sérieuses sont de pareilles prétentions et avec quelle facilité on les élève pour intimider le demandeur. Ils n'ont pas voulu qu'une semblable manœuvre pût faire cesser la compétence du juge cantonal. — Mais le juge de paix statuera-t-il alors en premier ou en dernier ressort? La question est controversée. La Cour de cassation décide d'une manière invariable que le juge de paix ne statue qu'en premier ressort, qu'à charge d'appel (1). Cependant le législateur admet une règle opposée à l'égard des tribunaux de première instance et des tribunaux de commerce, et la jurisprudence de la Cour suprême présente cet inconvénient qu'elle permet au défendeur de s'ouvrir facilement la voie de l'appel dans les plus petites affaires. En outre, il est bizarre de voir le tribunal de commerce statuer sur les demandes de même nature, sans appel, en dernier ressort, tandis que ce pouvoir est refusé aux juges de paix. Il y a entre la jurisprudence de la Cour suprême, qui ne s'appuie que sur le silence des textes, et les dispositions de l'article 639 du Code de commerce et de l'article 2 de la loi du 11 avril 1838 un défaut d'harmonie évident.

555. Les mêmes principes s'appliquent aux tribunaux de commerce et aux conseils de prud'hommes, avec cette différence que leur compétence n'est limitée qu'au point de vue de la nature et non à celui de la quotité des affaires. Ils ne peuvent connaître des demandes reconventionnelles, qui, par leur nature, sont étrangères à leur compétence, comme celle fondée sur une obligation civile ; mais ils doivent connaître des autres à quelque valeur qu'elles puissent s'élever. Si l'une des deux demandes, principale ou reconventionnelle, s'élève au-dessus du taux du dernier ressort, au-dessus de 1500 francs, le tribunal ne prononce sur toutes qu'en premier res-

1. Cass., 26 mai 1873 (D. P., 1874. 1. 120).

sort seulement. L'appel interjeté soumettra à la Cour les deux demandes sur lesquelles a statué le tribunal et dont la réunion donne au procès sa véritable physionomie. — Mais le tribunal de commerce statue en dernier ressort sur les demandes en dommages-intérêts fondées exclusivement sur la demande principale elle-même. (Cod. com. art 639.)

Si les tribunaux de commerce ne peuvent connaître d'une demande reconventionnelle ne rentrant pas dans les limites de leur compétence *ratione materiæ*, néanmoins ils peuvent statuer sur une semblable demande, lorsque celle-ci et l'action principale sont connexes l'une à l'autre et rendent nécessaire l'examen d'une série d'opérations réciproques, qui donnent lieu entre les parties à un compte dont les éléments sont *indivisibles*. *Exemple :* Un négociant, assigné devant le tribunal de commerce par un non-commerçant en payement du prix d'une vente de récoltes de grains ou de vin, peut conclure reconventionnellement à l'établissement d'un compte, résultant de ventes *réciproquement* intervenues entre les parties et au payement du reliquat de ce compte. Quoique les dettes du propriétaire envers le négociant soient des obligations civiles, le tribunal de commerce doit statuer sur cette demande reconventionnelle.

556. Que doit faire le tribunal d'exception, saisi d'une défense, d'un incident, ou d'une demande reconventionnelle étrangère à sa compétence ? Doit-il se dessaisir de tout le procès, ou seulement de la question à l'égard de laquelle il est incompétent ?

Si le tribunal d'exception est saisi, par voie de défense, d'une question d'état ou de propriété immobilière, distinguons entre le tribunal de commerce et le juge de paix. — Est-ce un tribunal de commerce, il renvoie au tribunal de première instance le jugement de la question de droit qui excède sa compétence ; mais il reste saisi du fond du procès et surseoit à statuer jusqu'à ce que le tribunal civil ait prononcé. C'est la disposition formelle de l'article 426 du Code de procédure. On dit que les questions d'état sont préjudicielles au jugement des litiges commerciaux.

Quant au juge de paix, une distinction doit être faite suivant que la demande principale rentre dans sa compétence ordinaire ou dans sa compétence extraordinaire. S'il s'agit de sa compétence ordinaire, la règle est la même qu'à l'égard de la juridiction commerciale. Le juge de paix ne se dessaisit pas du fond ; il surseoit à y statuer, jusqu'à ce que le tribunal civil ait jugé la question d'état ou de propriété soulevée par le défendeur. — S'agit-il de sa compétence extraordinaire, comme elle ne lui est donnée qu'à raison de la simplicité présumée du litige et que cette simplicité cesse en présence de la défense invoquée soulevant des questions ardues, le juge de paix doit se dessaisir de la défense et de la demande principale, se déclarer incompétent sur le tout. Les articles 5-1° et 6-2° et 7° de la loi du 25 mai 1838 le disent expressément.

Mais il ne saurait suffire au défendeur pour décliner la juridiction du juge de paix de soulever une difficulté quelconque sur l'état des personnes ou sur le droit de propriété ou de servitude. Si cette difficulté n'est pas sérieuse, le juge peut l'écarter *de plano* et passer outre au jugement du fond. Il faut s'inspirer ici de la pensée qui a dicté, à propos de défenses du même genre, les articles 182 du Code forestier et 59 de la loi du 15 avril 1829 sur la pêche fluviale.

557. Quant aux *incidents* de vérification d'écritures ou d'inscription de faux, le tribunal de commerce est encore tenu de s'en dessaisir, de les renvoyer devant les juges compétents, et de surseoir à juger le fond du procès jusqu'à ce que le tribunal civil ait prononcé sur l'incident. Telle est la disposition formelle de l'article 427 du Code de procédure. Mais ce texte ajoute que, si la pièce n'est relative qu'à un des chefs de la demande, il pourra être passé outre au jugement des autres chefs.

A l'égard du juge de paix, l'article 14 du même Code donne une semblable solution. On l'a contesté pourtant et on a prétendu que le juge de paix devait se déclarer incompétent sur l'incident et sur le fond. Nous ne le pensons pas. Les mots de l'article 14 : *il renverra la cause devant les juges qui doivent en connaître* nous paraissent avoir le même sens que dans l'article 427, qui emploie les mêmes expressions.

558. Relativement aux *demandes reconventionnelles*, l'article 8 de la loi du 25 mai 1838 nous dit que le juge de paix pourra, soit retenir le jugement de la demande principale, soit renvoyer sur le tout, sur la demande principale et sur la demande reconventionnelle, les parties à se pourvoir devant le tribunal de première instance, sans préliminaire de conciliation. Remarquons d'abord que, si la loi admet expressément la dispense du préliminaire de conciliation dans le cas de renvoi de l'instance entière au tribunal civil, il y a même raison de décider, lorsque le renvoi ne s'applique qu'à la demande reconventionnelle. Dans les deux cas, le juge est réputé avoir épuisé son rôle de conciliateur.

Mais quand le juge de paix doit-il prendre l'un ou l'autre des deux partis que lui offre l'article 8? La loi ne trace aucune règle; elle s'en rapporte à la prudence du juge. La demande reconventionnelle lui paraît-elle fondée; il serait injuste de condamner d'abord le défendeur et de l'obliger à recourir devant un autre tribunal pour faire statuer sur sa créance, alors que ce recours pourrait être illusoire, en cas d'insolvabilité de son débiteur. Dans cette hypothèse, le juge renverra le tout, en réservant les dépens faits devant lui, sur lesquels il sera statué par le tribunal civil. — Le juge de paix se dessaisira encore de tout le litige, de la demande principale et de la demande reconventionnelle, si un lien étroit les rattache l'une à l'autre et rend indispensable pour la défense leur jugement simultané.

Mais si la demande reconventionnelle n'a qu'un rapport éloigné avec la principale, si elle paraît être mal fondée, suscitée par l'esprit de chicane, si elle nécessite une instruction longue et embarrassée, alors que la demande originaire est légitime, claire et liquide, le juge de paix ne doit pas hésiter à disjoindre, à statuer sur la demande principale, en renvoyant le défendeur à faire valoir, comme il jugera à propos, la prétention soulevée par sa demande reconventionnelle.

559. Quant au tribunal de commerce, saisi d'une demande reconventionnelle étrangère à sa compétence *ratione materiæ*, il doit disjoindre les deux demandes, retenir toujours l'examen de la demande principale, et renvoyer le défendeur à faire valoi rdevant qui de droit sa propre demande.

560. Par application de notre première règle (V. n° 543), les juridictions d'exception ne peuvent aussi statuer sur les demandes incidentes *en garantie*, qui doivent nécessairement faire l'objet d'un chef spécial dans le dispositif du jugement, qu'autant que, considérées en elles-mêmes elles rentrent dans leur compétence *ratione materiæ*. Si elles sont en dehors, ces juridictions doivent s'en dessaisir, mais retenir et juger la demande principale. Ainsi, par exemple, dans une action pour dommages aux champs, le propriétaire actionné appelle en cause son fermier, en vertu d'une clause du bail qui fait porter la responsabilité sur ce dernier et la demande excède 200 francs. Le juge de paix ne peut connaître de ce recours en garantie, action personnelle pour laquelle il n'est compétent que jusqu'à 200 francs. — De nombreux arrêts refusent aussi aux tribunaux de commerce le pouvoir de connaître des demandes en garantie, qui ne naissent pas d'un acte de commerce intervenu entre le garanti et le garant. Le recours, basé sur une obligation civile, ne peut être porté que devant une juridiction civile, par voie de demande principale.

Par les explications qui précèdent, nous avons, en écartant bien des questions de détail, essayé de fixer la véritable portée, souvent mal comprise en pratique, de la règle que le juge de l'action est aussi le juge de l'exception. Cette règle n'est absolument vraie qu'à l'égard des juridictions ordinaires.

APPENDICE

Attributions du ministère public (1).

SOMMAIRE. — Attributions administratives. — Attributions judiciaires. — Voie d'action et voie de réquisition. — Comparaison de ces deux voies et différences. — SECTION PREMIÈRE. Voie de réquisition. — Explication de l'article 83 Proc. civ. — Sanction de l'obligation de communication. — Formes de la communication. — SECTION DEUXIÈME. Voie d'action. — Cas dans lesquels le ministère public agit comme partie principale et par voie d'action. — Peut-il agir d'office dès que l'ordre public est intéressé? — Du pourvoi dans l'intérêt de la loi ou pour excès de pouvoir.

561. Institué pour veiller à l'observation des lois, défendre les intérêts de la société, de l'État, des établissements publics et des personnes incapables ou hors d'état de se protéger elles-mêmes, le ministère public a, en matière civile, des attributions multiples et variées. Elles sont ou administratives ou judiciaires. Les premières s'exercent en dehors de tout procès. Les secondes sont relatives aux instances judiciaires.

1. Sur cette matière on consultera avec fruit les ouvrages suivants : Debacq, *de l'Action du ministère public en matière civile;* — Alglave, *Action du ministère public*, etc.; — Massabiau, *du Ministère public.*

562. ATTRIBUTIONS ADMINISTRATIVES. — Elles appartiennent, tantôt au procureur général, tantôt au procureur de la République. Voici les principales :

1° Le ministère public doit surveiller l'administration de la justice, en indiquer les vices dans la mercuriale annuellement prononcée dans l'assemblée générale des cours, prendre des réquisitions pour qu'ils ne se reproduisent pas, et transmettre, tous les six mois, au ministre de la justice la statistique judiciaire de chaque ressort de Cour d'appel. (Décr. 30 mars 1808, art. 80 et 81 ; L. 20 avr. 1810, art. 8.) — 2° Il donne avis au ministre de la justice des vacances qui se produisent dans le personnel des cours et des tribunaux, fait les présentations pour y pourvoir, requiert l'installation des magistrats nouvellement nommés, signale ceux qui s'absentent sans congé et ceux qui compromettent par leur conduite la dignité de leurs fonctions, instruit et provoque les demandes de mise à la retraite. (L. 20 avr. 1810, art. 48 à 50 ; L. 16 juin 1824, art. 3, 4 et 11. — Décr. 9 nov. 1853, art. 31.) — 3° Le ministère public fait effectuer au greffe des tribunaux de première instance le dépôt des registres, tenus en double, des actes de l'état civil de l'année précédente, procède à leur vérification et donne des instructions pour faire cesser les irrégularités par lui relevées. (Cod. civ., art. 43, 49 et 53. — Ord. 26 nov. 1823, art. 2 à 5 ; ord. 10 mars 1825, art. 2.) — 4° Il transmet au ministère de la justice l'expédition des jugements rendus en matière d'absence, et il assiste, après l'envoi en possession provisoire, à l'inventaire des papiers, titres et mobilier de l'absent. (Cod. civ., art. 118 et 126.) — 5° Il doit donner un avis sur les dispenses demandées en matière de mariage et sur la dispense de la seconde publication. (Cod. civ., art. 145, 164 et 169). — 6° Son avis est encore exigé sur la demande des parents qui requièrent la détention de leurs enfants. (Cod. civ., art. 377, 381 à 383). — 7° Le procureur de la République désigne les trois jurisconsultes dont l'avis favorable est nécessaire pour que le tuteur du mineur non émancipé puisse transiger. (Cod. civ., art. 467, 484 et 509.) — 8° Le ministère public inspecte les établissements d'aliénés et contrôle les placements qui y sont effectués. (L. 30 juin 1838, art. 4, 10, 13 et 22.) — 9° Il requiert l'inscription des hypothèques légales des femmes mariées, des mineurs, des interdits et l'hypothèque judiciaire de l'individu placé, sans être interdit, dans un établissement d'aliénés. — (Cod. civ., art. 2183 et 2194 ; L. 30 juin 1838, art. 34.)

563. Attributions judiciaires. — Le ministère public exerce ses attributions judiciaires de deux manières différentes. Tantôt le ministère public procède par *voie de réquisition* et comme *partie jointe*, tantôt comme *partie principale* et par *voie d'action* ou de *défense*.

Il agit par *voie d'action*, quand il se porte demandeur et saisit directement les juges compétents, ou quand la loi lui donne le rôle de défendeur comme représentant certains incapables. Il est alors *partie principale*, l'adversaire de l'autre plaideur.

Il agit par *voie de réquisition*, quand il intervient dans un procès déjà pendant, non introduit par ou contre lui, pour formuler son opinion et indiquer aux juges quelle est à ses yeux la solution du litige. Il n'est alors que *partie jointe :* il n'est ni demandeur, ni défendeur. Il n'est l'adversaire d'aucune partie. Il ne figure à l'instance que pour donner son avis. De cette différence essentielle de situation, découlent des conséquences opposées.

564. *Partie principale*, le ministère public parle le premier, s'il est demandeur, et peut répliquer à son adversaire, qui lui répliquera à son tour. *Partie jointe*, le ministère public prend la parole le dernier, après la clôture des débats. Aucune partie ne peut lui répondre, ni prendre de nouvelles conclusions, à moins que les juges ne déclarent les débats rouverts. Si, dans son réquisitoire, le ministère public a commis quelque erreur de fait ou proposé un moyen nouveau, les plaideurs peuvent seulement remettre au président une simple note rectificative. (Décr. 30 mars 1808, art. 87.)

Partie principale, le ministère public peut formuler toutes conclusions, faire valoir tous moyens que l'intérêt public paraît exiger. *Partie jointe*, il soutient les prétentions de telle ou de telle partie; mais il ne peut se substituer à aucune d'elles et modifier leurs conclusions. Il peut toutefois proposer les *moyens d'ordre public*, auxquels les parties ne peuvent renoncer et les mesures que les juges doivent appliquer d'*office*.

Partie principale, il doit être convoqué, à peine de nullité, à toutes les opérations judiciaires, telles que expertises, descentes sur les lieux, qu'on ne peut accomplir qu'en présence des parties, ou elles dûment appelées. Ni sa présence, ni sa convocation ne sont nécessaires, lorsqu'il est seulement *partie jointe*.

Quand il agit comme *partie principale*, le ministère public peut récuser un juge dans les cas prévus par l'article 378 du Code de procédure civile : il ne le peut, lorsqu'il est *partie jointe*.

Agissant par voie d'action, le ministère public peut, comme toute *partie principale*, attaquer le jugement, qui a rejeté sa demande, par les voies de recours ordinaires ou extraordinaires, appel, pourvoi en cassation, requête civile. *Partie jointe*, il ne peut ni appeler, ni se pourvoir : il n'a pas perdu son procès; il n'est pas exact de dire qu'il a succombé, alors même que les juges ont rejeté un moyen d'ordre public par lui proposé. — Une seule exception à cette règle existe en faveur du pourvoi que le procureur général près la Cour de cassation peut former dans l'intérêt de la loi. Mais la cassation ainsi obtenue n'a aucune influence sur les droits des parties, qui restent réglés par la décision cassée. Cette cassation est purement théorique et n'a d'autre but que d'arrêter les interprétations ou les applications inexactes de la loi.

Quand le ministère public est *partie jointe* et que la sentence est rendue contrairement à ses conclusions, la partie perdante paye tous les frais du procès. (Proc. civ., art. 130.) Quand il est *partie principale* et que sa demande est rejetée, l'État paye les frais exposés par le parquet; mais la partie adverse, qui a gagné son procès, supporte ses propres frais (1). (Décr. 18 juin 1811, art. 3.) Il serait plus équitable de les faire supporter à l'État.

565. De ces deux rôles, quel est le rôle normal du ministère public en matière civile? Quel est le mode ordinaire de son intervention? Est-ce la voie d'action ou la voie de réquisition ? La règle, c'est la voie de réquisition; la voie d'action est l'exception. C'est la règle opposée qui régit l'action du ministère public en matière répressive. En principe, l'action publique appartient au ministère public seul, et dans des cas restreints seulement peut être mise en mouvement par la partie lésée. Cette différence entre les attributions du parquet en matière pénale et ses attributions en matière civile découle de celle qui existe entre les intérêts à sauvegarder.

Si l'action publique pour obtenir la répression des crimes et des délits est confiée au ministère public, c'est à raison de l'atteinte grave portée à la paix publique, à la sécurité du corps social par la perpétration des crimes ou des délits. On ne peut s'en remettre du soin d'en poursuivre les auteurs aux citoyens. Notre législation a

1. Cass., 10 déc. 1878. (D. P., 1879, 1. 113).

depuis longtemps abandonné, et avec raison, le système de l'accusation privée. — Au contraire, l'action civile n'a pour but que la sauvegarde des intérêts privés. Les citoyens doivent, en principe, être les seuls appréciateurs de l'utilité résultant pour eux de l'introduction d'une action en justice. L'action civile doit leur être réservée et ne saurait appartenir au ministère public que dans des cas exceptionnels, où l'on pourrait craindre que l'inertie ou la collusion des particuliers ne nuisissent à des intérêts généraux, ou lorsqu'il s'agit de veiller à la conservation des droits de certains incapables. Il y aurait de graves dangers à permettre que le ministère public pût s'ingérer dans les affaires privées, soulever des procès que les intéressés s'accordent à éviter. Nous examinerons plus loin la question de savoir si le droit d'intenter l'action civile n'appartient pas au ministère public, dès que l'ordre public est intéressé ; mais, même avec cette extension inacceptable, il n'en resterait pas moins que la voie de réquisition est la règle, et la voie d'action, l'exception. C'est ce que consacre nettement l'article 2 du titre VIII du décret des 16-24 août 1790 : *Au civil, les commissaires du roi exercent leur ministère, non par voie d'action, mais seulement par celle de réquisition dans les procès dont les juges auront été saisis.* Et les auteurs du décret, après avoir posé le principe, énumèrent divers cas exceptionnels, dans lesquels le ministère public aura le droit d'action, faisant ainsi mieux ressortir la règle par le rapprochement des dérogations.

SECTION Ire. — **Le ministère public partie jointe et agissant par voie de réquisition.**

566. Le ministère public agit par voie de réquisition dans quatre circonstances différentes :

1° Il a la faculté de prendre communication de toutes les causes où il juge son intervention nécessaire ou utile, et d'y donner des conclusions (art. 83 Proc. civ.).

2° Les juges peuvent ordonner d'office que le ministère public prendra communication du procès pendant devant eux et fournira ses conclusions. (Proc. civ., art. 83.) Dans ces deux cas, la communication est *facultative*, en ce sens qu'elle dépend de la volonté du ministère public ou de celle du tribunal; mais les parties ne sauraient s'y refuser.

Dans les circonstances suivantes, l'intervention du ministère public est *obligatoire*, à peine de nullité de la sentence, et celle-ci doit, sous la même sanction, constater l'audition du ministère public.

3° La Cour de cassation étant instituée pour maintenir l'unité et la fixité de la jurisprudence, pour établir la saine interprétation et la véritable application de la loi, but qui intéresse le corps social, aucune affaire ne peut y être jugée, sans que le ministère public ait donné ses conclusions. (Ord. 15 janv. 1826, art. 44.)

4° Ces conclusions sont encore *obligatoires* dans tous les cas énumérés par l'article 83 du Code de procédure civile et par d'autres dispositions légales. L'énumération de ces affaires est limitative, en ce sens que ce sont les seules, à l'occasion desquelles la communication soit exigée à peine de nullité du jugement. On ne saurait étendre à d'autres causes cette sanction, en présence de l'article 1030 du Code de procédure civile, qui défend aux tribunaux de prononcer d'autres nullités que celles expressément édictées par la loi.

567. La communication et les conclusions du ministère public, qui en sont la suite, sont requises, ou pour des motifs d'ordre public, ou en vue de la protection des incapables, ou pour sauvegarder les droits de personnes morales créées dans un intérêt général, ou pour assurer l'exacte application de certaines dispositions, auxquelles la loi, pour divers motifs, attache une importance particulière.

568. La communication est requise pour raison d'*ordre public* et afin d'empêcher que les plaideurs ne dissimulent, sous l'apparence d'un procès, des conventions prohibées par l'article 6 du Code civil, dans les affaires qui intéressent :

1° L'organisation judiciaire et sa hiérarchie, la division des attributions entre les diverses juridictions, dans les cas de règlements de juges, renvois d'un tribunal à un autre pour cause de parenté ou d'alliance, récusation de juges ou d'experts, prises à partie, désaveu d'avoué ou d'huissier, et de déclinatoire d'incompétence (art. 83, 311, 371, 359, 385, 394, Proc. civ.). L'article 83 du Code de procédure ne distingue pas entre l'incompétence *ratione materiæ* et l'incompétence *ratione personæ vel loci*. Cependant la première touche seule à l'ordre public et la seconde n'a trait qu'à des intérêts privés. Aussi le projet du Code n'ordonnait-il la communication qu'en cas de déclinatoire fondé sur l'incompétence *ratione materiæ*. Mais, sur les observations du Tribunat, on généralisa la règle. Le rôle du ministère public varie quelque peu, suivant qu'il s'agit de l'une ou de l'autre incompétence. Il ne peut pas donner de conclusions sur la question d'incompétence relative, si le déclinatoire n'est pas soulevé par le défendeur, tandis que, malgré le silence gardé par les parties, il peut et *doit* demander le dessaisissement du tribunal pour cause d'incompétence *ratione materiæ*.

2° L'état des personnes, dans les cas de rectification des actes de l'état civil, de changement de nom, de demandes en nullité ou validité de mariage, d'opposition à mariage, de séparation de corps, d'actions en désaveu, en réclamation ou contestation d'état ou de légitimité, de demande d'adoption, d'interdiction ou nomination de conseil judiciaire ou de mainlevée des mêmes mesures, ou de demandes relatives à l'organisation et à l'administration des tutelles.

3° La liberté individuelle : sont communicables, dans les cas où la loi du 22 juillet 1867 autorise la contrainte par corps, les demandes de sauf-conduit, de nullité d'emprisonnement et d'élargissement. (Proc. civ., art. 782, 795 et 805). 4° La liberté du travail, dans les cas de demandes en déchéance ou en nullité de brevet d'invention. (L. 5 juill. 1844, art. 36.) 5° Enfin généralement dans toutes les autres causes qui intéressent l'ordre public (Proc. civ., art. 83-1°), éventualité qui peut se réaliser dans bien des procès. Ce testament, par exemple, ne contient-il pas une substitution prohibée? La servitude réclamée n'est-elle pas entachée de féodalité? Telle donation ou tel legs ne s'adressent-ils pas, sous le voile d'une interposition de personne, à une congrégation ou association non autorisée etc. ?

569. La communication est requise dans l'intérêt des *incapables*, spécialement placés sous la protection du ministère public, quand le procès est relatif : 1° à un mineur non émancipé ou à un interdit légal ou judiciaire ; 2° à un individu non interdit, mais placé dans un établissement d'aliénés ; 3° à une partie défendue par un curateur, telle qu'un mineur émancipé, un enfant conçu, une succession vacante ou bénéficiaire ; 4° à une femme mariée, non autorisée de son mari. La loi veut entourer de toutes les garanties possibles l'instruction et le jugement des procès où figurent des incapables ; aussi n'y a-t-il pas lieu de distinguer si le litige est relatif à des objets que ces incapables ne peuvent pas aliéner librement ou à des actes de simple administration.

5° Le mobile du législateur est tout autre, quand l'article 83-6° soumet à la communication les procès relatifs à la dot de la femme, mariée sous le régime dotal. Ce régime a été stipulé par les contractants et leurs parents, à l'effet de protéger la fortune de la femme contre l'influence du mari, et de s'opposer à ce que la faiblesse de l'épouse, sa condescendance, son amour même ne la conduisent à la ruine, en lui faisant associer sa fortune aux spéculations du mari. Or, il est à craindre que le mari, représentant légal de la femme, et un tiers ne s'entendent pour simuler un procès relatif à un bien dotal, et que le tribunal, trompé par la frauduleuse défense du mari, n'arrive à consacrer une aliénation interdite. Il faut protéger la femme dotale contre cette fraude possible; de là la nécessité de la communication.

Mais cette règle appelle plusieurs observations. D'abord le Code s'exprime mal quand il parle de *femme autorisée* par le mari. Sous le régime dotal, le mari a seul l'exercice des actions relatives à la dot. La femme ne doit pas figurer dans l'instance. Elle y est représentée. En second lieu, on doit admettre avec la jurisprudence et la majorité des auteurs que la dot immobilière n'est pas seule inaliénable. (Cod. civ., art. 1554.) La dot mobilière l'est aussi: mais en ce sens seulement que la femme ne peut céder à un tiers la créance de restitution des valeurs dotales qu'elle a contre son mari, ni renoncer aux garanties de cette créance, à l'hypothèque légale qu'elle a de ce chef sur les immeubles du mari. Les procès relatifs à une cession ou à une renonciation, consentie par la femme, seront seuls communicables au ministère public, tandis que, le mari ayant le pouvoir d'aliéner seul les meubles dotaux, le litige relatif à la propriété d'un meuble dotal, ou au payement d'une créance de la femme contre un tiers, ne sera pas sujet à communication. En troisième lieu, dès que la fraude n'est plus à craindre, dès que les époux ne peuvent plus être tentés de simuler un procès et de tromper les juges, parce que les biens dotaux ont été déclarés aliénables par le contrat de mariage et peuvent être ostensiblement aliénés, la communication n'est plus nécessaire.

6° En matière d'expropriation pour cause d'utilité publique, si parmi les immeubles à exproprier figurent des biens appartenant à des incapables, la cession amiable n'en peut être consentie qu'avec l'autorisation du tribunal d'arrondissement sur les conclusions du ministère public. (L. 3 mai 1841, art. 13 et 25.)

7° Sont aussi communicables les causes des absents, lorsque le litige intéresse un présumé absent, ou postérieurement à la déclaration d'absence et à l'envoi en possession provisoire, quand il s'agit d'homologuer l'état des immeubles laissés par l'absent, ou de permettre aux envoyés en possession provisoire de traiter amiablement en matière d'expropriation pour cause d'utilité publique.

8° Les causes des pauvres, à l'occasion des dons et legs qui leur sont faits directement ou de procès dans lesquels une partie a obtenu l'assistance judiciaire.

570. La communication est requise pour sauvegarder les droits de personnes morales créées dans un but d'utilité publique et dont le ministère public est le défenseur, dans les procès concernant : 1° l'Etat, plaidant par l'intermédiaire des préfets sur ses droits immobiliers, ou par celui des administrations publiques, enregistrement, douanes, contributions directes ou indirectes, postes, trésor, etc., sur les intérêts qui leur sont confiés ; 2° les communes ; 3° les établissements publics reconnus et autorisés, tels que hospices, menses épiscopales, fabriques de paroisses, séminaires, congrégations religieuses autorisées, bureaux de bienfaisance, etc.

571. La communication est requise pour assurer l'exacte application de dispositions légales, auxquelles, pour des motifs divers, le législateur attache une importance particulière, en matière : 1° d'envoi en possession des successeurs irréguliers appelés à la succession à défaut de parents légitimes ; 2° de vérification d'écritures ; 3° de faux incident ; 4° de requête civile ; 5° de contredits soulevés dans une distribution de deniers par voie de contribution ou d'ordre ; 6° d'incidents de saisie immobilière, de saisie d'immeubles situés dans divers arrondissements ; 7° de cessions de biens ; 8° d'homologation du rapport d'experts commis en vertu des lois relatives à l'exploitation des mines. (Proc. civ., art. 202, 227, 249, 256, 498, 668, 718, 762, 764, 900. — L. 21 avr. 1810, art. 89.)

572. Cette communication n'est évidemment obligatoire et possible que dans les affaires soumises aux juridictions pourvues d'un parquet, c'est-à-dire aux tribunaux civils d'arrondissement, aux cours d'appel et à la Cour de cassation. Ni les justices de paix, ni les conseils de prud'hommes, ni les tribunaux de commerce n'ont auprès d'eux un ministère public. Cependant une jurisprudence constante admet que la communication est obligatoire dans les causes sus-indiquées, lorsque le tribunal civil siège comme tribunal de commerce dans les arrondissements où la jurisprudence consulaire n'a pas été organisée (1). Nous repoussons cette opinion : elle viole formellement l'article 641 du Code de commerce ; elle oublie que le tribunal d'arrondissement n'est plus alors un juge civil, mais un tribunal de commerce. Il est enfin déraisonnable d'admettre que l'intervention du ministère public soit requise à peine de nullité, parce que le procès est porté devant un tribunal de première instance, alors que, dans un arrondissement limitrophe, la même affaire sera jugée, sans ministère public, par un tribunal de commerce.

573. Quelle est la sanction apportée par la loi à cette obligation de communiquer au ministère public les affaires ci-dessus énoncées ? Nous l'avons déjà indiquée. La sanction consiste dans la nullité du jugement rendu, sans communication, ni conclusions préalables. Cette nullité peut être invoquée de deux manières différentes. Si le jugement a été rendu en premier ressort, c'est par la voie de l'appel qu'il sera attaqué. Si la sentence est en dernier ressort, non susceptible d'appel, la voie de requête civile est seule ouverte. Mais ici une précision est nécessaire. Si les conclusions du parquet sont requises dans des vues d'ordre public, toute partie, quelle qu'elle soit, qui a perdu son procès, peut recourir à la voie de requête civile. Si, au contraire, la communication n'est exigée que dans des vues de protection envers un incapable, plaidant contre une partie capable, l'incapable seul, s'il a succombé, peut se pourvoir par requête civile. L'adversaire capable ne le peut pas : la formalité omise n'était pas requise dans son intérêt (art. 480-8° Proc. civ.).

574. D'après l'article 83 du décret du 30 mars 1808, la communication s'opère par la remise du dossier au parquet avant l'audience, et même trois jours auparavant dans les causes contradictoires. Mais, en pratique, ces prescriptions sont rarement observées, et la communication se fait à l'audience même, sauf au ministère public à demander la remise à une prochaine audience, s'il veut étudier le procès et préparer ses conclusions. Celles-ci se donnent, non par écrit, mais verbalement et à l'audience. En pratique, il est admis encore qu'elles sont régulièrement prises, quoique le

1. Req. 18 nov. 1879 (D. P., 1880, 1. 389).

magistrat du parquet se soit contenté de s'en rapporter à la sagesse du tribunal. Cet usage est détestable et constitue, en réalité, l'abandon des dispositions légales relatives à la communication.

SECTION II. — **Le ministère public partie principale et agissant par voie d'action ou de défense.**

575. Comme *partie principale*, jouant au procès le rôle d'un plaideur ordinaire, le ministère public agit tantôt d'office, librement, *proprio motu* et *sponte sua*, tantôt comme mandataire forcé, intermédiaire obligé de certaines personnes, autorisées ou contraintes à requérir son intervention et à agir ou à se défendre par son organe.

576. Cette deuxième hypothèse se réalise dans les cas suivants : 1° Le ministère public est chargé de défendre, dans l'intérêt de l'absent, à la demande de déclaration d'absence, d'y contredire, et de prouver l'existence du prétendu absent (art. 116 Cod. civ.). 2° Il est également défendeur à l'action intentée par le mari ou par le tuteur, pour obtenir, pendant la durée du mariage ou de la tutelle, la réduction de l'hypothèque légale de la femme ou du mineur (art. 2145 Cod. civ.).

3° Quand la preuve d'un mariage a été détruite par un crime ou par un délit, tel que la falsification ou la destruction de l'acte de mariage ou son inscription sur une feuille volante, si la poursuite criminelle contre l'auteur du crime ou du délit est devenue impossible par sa mort, ou par sa démence, les personnes intéressées à établir l'existence de ce mariage peuvent adresser une dénonciation au ministère public. Celui-ci est alors obligé d'intenter contre l'auteur du crime ou du délit, ou contre ses héritiers, l'action civile en dommages-intérêts, d'où résultera, si elle aboutit, la preuve de la célébration du mariage. Cette dérogation remarquable au principe général, que l'action civile ne peut être intentée que par la partie lésée par le crime ou le délit, et non par la partie publique, s'explique aisément. Le législateur a craint la possibilité d'une collusion frauduleuse entre les personnes intéressées à établir l'existence d'un mariage et les représentants de celui qui est inculpé d'en avoir criminellement détruit la preuve. Peut-être ceux-ci auraient-ils favorisé la preuve d'un crime ou d'un délit supposé et par suite celle d'un mariage qui n'aurait jamais été célébré. — Mais le mandat forcé du ministère public ne comprend pas la réquisition de l'inscription de l'arrêt ou du jugement sur les registres de l'état civil. Cette inscription, qui remplace l'acte de mariage, doit être opérée à la diligence des parties intéressées (art. 198, 199, 200, Cod. civ.).

4° En matière d'expropriation pour cause d'utilité publique, après la déclaration et la désignation des parcelles de terrain soumises à l'expropriation, le préfet transmet au procureur de la République de l'arrondissement, dans lequel les biens sont situés, les pièces qui constatent l'accomplissement de toutes les formalités légales. Dans les trois jours de cette remise, le ministère public est tenu de requérir, et le tribunal de prononcer l'expropriation pour cause d'utilité publique. (L. 3 mai 1841, art. 13 et 14.)

5° En matière de conflit d'attributions, lorsque l'administration revendique la connaissance d'une affaire portée devant la juridiction civile, le ministère public est tenu de présenter au tribunal, ou à la cour, le déclinatoire d'incompétence soulevé par le préfet. Mais, cette communication faite, le ministère public est libre de combattre la demande de l'administration. Puis, si, le déclinatoire rejeté par les juges civils, le préfet prend un arrêté de conflit, le ministère public est tenu de communiquer cet arrêté au tribunal ou à la cour, en chambre du conseil, et de requérir qu'il soit sursis à toute procédure, jusqu'à ce que le conflit ait été tranché par la juridiction compétente. Le parquet doit enfin informer immédiatement le ministre de la justice de l'accomplissement de ces formalités. (Ord. du 1er juin 1828, art. 6, 7, 8, 9, 10, 12, 14.)

6° Le ministère public peut être chargé par le préfet d'intenter ou de suivre les procès intéressant le domaine public ou privé de l'État. (Arrêt. du 10 therm. an IV.)

7° Il peut aussi, sur la demande des proviseurs de lycées, poursuivre le payement de la pension des élèves qui ne jouissent pas d'une bourse entière et de toutes les sommes dues par les élèves boursiers et autres à la caisse du lycée. (Décr. 1er juill. 1809, art. 11. — Ordon. 12 mars 1817, art. 16.) — Dans ces deux derniers cas, le préfet ou le proviseur peuvent, à leur choix, ou recourir à l'intermédiaire du ministère public, ou, comme tout plaideur ordinaire, constituer un avoué. Le ministère public ne peut refuser le mandat donné par le préfet ou par le proviseur ; il est tenu de postuler, de suivre l'instance ; mais, après avoir communiqué aux juges les conclusions et mémoires qui lui ont été remis, il peut conclure au rejet des prétentions du préfet ou du proviseur, si elles ne lui paraissent pas justifiées.

577. Le ministère public agit *d'office* sans y être provoqué, sans qu'on puisse l'y contraindre ou l'en empêcher, en matière civile, dans les cas spécifiés par la loi. Telle est la disposition formelle du § 1er de l'article 46 de la loi du 20 avril 1810.

578. Devant la juridiction gracieuse, en la chambre du conseil, sans contradicteur, le ministère public agit :

1° En matière *d'actes de l'état civil*, pour demander le rétablissement ou la rectification des actes concernant les militaires, les indigents, une commune entière, une masse de citoyens ; le rétablissement des actes non inscrits sur les registres dans les délais prescrits par la loi ; la rectification des actes de mariage, qui ne contiennent pas de déclaration relative au contrat notarié de mariage, ou qui contiennent à ce sujet une mention erronée ; l'insertion du procès-verbal constatant le décès d'ouvriers ayant péri par accident survenu dans les mines, minières et carrières et dont les corps n'ont pu être retrouvés; le rétablissement des registres qui n'ont pas été tenus ou de ceux qui ont été perdus ou incendiés en temps de guerre : l'inscription sur de nouveaux registres des reconnaissances d'enfants naturels et des actes de mariage dressés pendant l'insurrection de la commune ; la reconstitution des actes de l'état civil à Paris, etc. (Cod. civ., art. 76 ; — avis Cons. d'État 12 brumaire an XI ; — décr. 3 janv. 1813, art. 19 ; — L. 25 mars 1817, art. 75 ; L. 10 juill. 1850 ; L. 10 déc. 1850, art. 3 ; L. 19 juill. 1871, art. 3 et 5 ; L. 12 fév. 1872, art. 4.)

2° En matière d'*absence* pour faire ordonner des mesures conservatoires dans l'intérêt du présumé absent, pour faire déclarer l'absence des militaires et marins disparus du 12 avril 1792 au 25 novembre 1815, des militaires disparus du 19 juillet 1870 au 31 mai 1871, et de tous autres Français disparus dans ce dernier délai et auxquels les tribunaux appliqueront les mêmes dispositions ; pour faire ouvrir le testament de l'absent. (Cod. civ., art. 114 et 123. — L. 13 janv. 1817, art. 2, 3 et 8 ; L. 9 août 1871, art. 1er.)

3° Pour provoquer la sortie d'un individu placé dans un établissement d'*aliénés*, lui faire nommer, s'il n'est pas interdit, un administrateur provisoire, un mandataire judiciaire et un curateur, s'il y a lieu. (L. 30 juin 1838, art. 29, 32, 33, 38.)

4° En matière de *succession*, pour faire apposer ou lever les scellés dans certains cas prévus par la loi, procéder à l'inventaire de la succession et provoquer, si elle est vacante, la nomination d'un curateur. (Cod. civ., art. 812 et 819; Pr. civ. art. 911, 930, et 941.).

579. Devant la juridiction contentieuse, le ministère public agit d'*office* dans les cas déterminés, spécifiés par diverses lois. Mais son droit d'action présente un caractère tout spécial, dû à la combinaison des principes suivants. Malgré la règle de l'indivisibilité du ministère public et quoique l'acte d'un membre du parquet soit réputé l'acte des autres membres, comme le ministère public, représentant du corps social, ne doit pas pouvoir, par ses actes, compromettre les intérêts supérieurs dont il a la garde, le procureur général près la Cour d'appel peut interjeter appel, ou se pourvoir en cassation, contre un jugement rendu sur l'action intentée par son subordonné, le procureur de la République, alors même que ce magistrat aurait conclu dans le sens du jugement ou qu'il y aurait acquiescé, ou qu'il l'aurait laissé exécuter. Le droit d'action du ministère public est donc subordonné au contrôle du supérieur hiérarchique du membre du parquet, qui a agi ou veut agir. — Mais au contraire l'action du ministère public est indépendante, libre et spontanée au regard des parties privées intéressées dans l'instance. Ces parties ne peuvent ni imposer ni empêcher cette action. Leur propre inaction, leur refus d'agir ne peut paralyser l'initiative du ministère public ; celui-ci peut intenter l'action civile qui lui compète sans attendre leur plainte ou leur dénonciation, ou peut laisser sommeiller l'action qui lui est confiée, s'il juge que son exercice causerait un scandale plus grave que celui qui résulterait de l'inaction. Cette règle souffre cependant exception dans le cas d'interdiction pour cause de fureur.

580. Les cas dans lesquels le ministère public peut ainsi agir d'*office*, spontanément, sont les suivants :

1° En matière de *mariage*, il peut demander, du vivant des deux époux, la nullité de tout mariage contracté malgré l'existence d'un empêchement dirimant, engendrant une nullité absolue ou d'ordre public (art. 184 Cod. civ.).

2° Dans une demande en *séparation de corps*, il peut demander la condamnation à l'emprisonnement de la femme adultère; mais alors, quoique devant une juridiction civile, c'est l'action publique qu'il met en mouvement (art. 308 Cod. civ.).

3° Le ministère public doit provoquer l'*interdiction* pour cause de fureur, si elle n'est demandée, ni par le conjoint, ni par les parents de l'individu atteint d'aliénation mentale ; il peut intervenir dans la demande d'interdiction formée par le conjoint ou par les parents de la personne frappée d'imbécillité ou de démence, et introduire lui-même cette demande à défaut de conjoint ou de parents connus. Il a les mêmes pouvoirs à l'égard de l'individu, dont la faiblesse d'esprit ou la prodigalité réclame la nomination d'un conseil judiciaire (art. 491, 499 et 514, Cod. civ.).

4° En matière de *substitution permise*, il peut agir pour faire prononcer la déchéance du grevé et l'ouverture du droit des appelés, quand le grevé a négligé de faire nommer, dans le délai légal, un tuteur à la substitution et pour faire procéder, contradictoirement avec le grevé et le tuteur, à l'inventaire des biens compris dans le legs universel ou à titre universel ou dans la donation de biens à venir, accompagnés de substitution (art. 1057 et 1061 Cod. civ.).

5° Sur l'ordre du ministre de la justice, le ministère public intente l'action qui a pour but de faire déclarer qu'un officier de l'armée française a perdu sa nationalité. (Ord. 30 avr. 1837, art. 1.).

6° Le ministère public peut demander la nullité des brevets d'invention obtenus sur l'indication fausse et frauduleuse de leur objet et des brevets accordés à une invention contraire aux bonnes mœurs, aux lois ou à la sécurité publique, ou qui n'était pas susceptible d'être brevetée. (L. 5 juill. 1844, art. 30, n°s 2, 4 et 5 et art. 37.).

7° Il poursuit d'office, ou sur l'avis qui lui est donné par l'évêque ou par un membre du bureau des marguilliers d'une paroisse, le trésorier de la fabrique de cette paroisse, qui est en retard de rendre ses comptes. (Décr. 30 déc. 1809, art. 90.).

581. Mais, en dehors des cas ainsi spécifiés par la loi, le ministère public n'a-t-il pas le droit de saisir, soit la juridiction gracieuse, soit la juridiction contentieuse, toutes les fois que l'ordre public est intéressé ? C'est là une question célèbre et vivement controversée, à laquelle la loi du 28 mai 1858 est venue donner une nouvelle importance, en suscitant de brillantes discussions.

Nous croyons d'abord qu'il faut écarter du débat le cas même prévu par la loi du 28 mai 1858, modificatrice de l'article 259 du Code pénal. Une personne, sans droit et en vue de s'attribuer une distinction honorifique, a publiquement pris un titre, changé, altéré ou modifié le nom que lui assignent les actes de l'état civil. Le ministère public peut poursuivre devant la juridiction répressive l'auteur de ce délit, le faire condamner et, dans ce cas, le tribunal doit ordonner la mention du jugement en marge des actes authentiques ou des actes de l'état civil, dans lesquels le titre aura été pris indûment ou le nom altéré. Les officiers publics ne peuvent plus, sous leur responsabilité personnelle, délivrer copie d'aucun acte, sans l'accompagner de la rectification. Celle-ci est donc la conséquence nécessaire de la constatation du délit. Pour le passé, la loi punit l'usurpation d'une amende; pour l'avenir, elle la rend impossible à l'aide de cette rectification. Celle-ci est obtenue comme résultat de l'action publique intentée par le ministère public. Il a donc bien, par la voie répressive, le droit incontestable de faire opérer cette rectification d'un acte authentique, tel qu'un acte notarié ou un acte de l'état civil. Poursuivre cette rectification n'est donc pas agir en dehors de ses pouvoirs.

Mais l'action publique peut être éteinte, par exemple, par la mort de l'auteur du délit. Un père a attribué à son fils, dans l'acte de naissance de ce dernier, un nom patronymique ou un titre auquel il n'avait nul droit, et est décédé. Le ministère public pourra-t-il introduire une action civile contre celui qui porte indûment ce titre ou ce nom patronymique et qui n'est pas lui-même l'auteur du délit, à l'effet de faire rectifier l'acte de naissance ? Telle est la question que soulève la loi du 28 mai 1858.

La jurisprudence a d'abord hésité. Des arrêts, en sens opposés, ont été rendus par plusieurs Cours d'appel. La question a été soumise en 1862 à la chambre civile de la Cour de cassation. Cette chambre, par deux arrêts célèbres, rendus au rapport de M. Laborie, et sur les conclusions du procureur général Dupin, a adopté la solution affirmative. Et, depuis, la jurisprudence et la majorité de la doctrine se sont ralliées à cette interprétation. La chambre des requêtes de la Cour suprême, qui l'avait d'abord repoussée, l'a aussi adoptée par un arrêt postérieur à ceux de la Chambre civile (1).

Nous nous rangeons à cette opinion par les motifs suivants. Étant

1. Cass. civ. 22 fév. et 24 nov. 1862; Besançon, 6 fév. 1866; Req. 25 mars 1867 (D. P., 1867, 1. 300).

donné le but de la loi de 1858, qui est de punir pour le passé, et dans l'avenir de rendre impossible l'usurpation d'un titre ou d'un nom autres que ceux auxquels on a droit, on doit reconnaître que ce but serait manqué, si la rectification de l'acte, dans lequel le titre ou le nom a été inséré, n'était possible que tout et autant que la poursuite correctionnelle serait encore possible elle-même. La volonté nettement exprimée des auteurs de la loi de 1858 a été de permettre la rectification dans le cas même où l'usurpation est appuyée sur l'acte de naissance, c'est-à-dire, dans le cas où l'auteur involontaire de cette usurpation ne peut être poursuivi correctionnellement. Or, cette volonté ne peut recevoir satisfaction, le but de la loi ne peut être atteint, que si le ministère public peut s'adresser au tribunal civil pour faire prononcer la rectification de l'acte erroné. En outre, l'action civile du ministère public est indispensable en cette matière, si l'on ne veut pas que l'article 259 du Code pénal soit facilement éludé. On ne prendra pas pour soi-même le nom ou le titre convoité; mais on le donnera à ses enfants dans leur acte de naissance, et on opérera facilement cette confusion que voulurent éviter les anciennes ordonnances royales et les lois de la Révolution.

L'hypothèse prévue par la loi du 28 mai 1858 nous paraît donc rentrer dans la catégorie des cas spécifiés, dans lesquels par la volonté, expresse ou implicite, du législateur le droit d'agir au civil, comme partie principale, doit être reconnu au ministère public.

582. Revenons à la question générale. Le ministère public a-t-il le droit d'agir, au civil, comme partie principale, dès que l'ordre public est intéressé? La solution d'une telle question devrait être aisée et facile. Il n'en est rien. La difficulté naît de la rédaction de l'article 46 de la loi du 20 avril 1810.

Avant cette loi, le décret des 16-24 août 1790 s'exprimait d'une manière nette et précise. Il disait : *Au civil, les commissaires du roi exercent leur ministère non par voie d'action, mais seulement par celle de réquisition dans les procès dont les juges auront été saisis* (tit. VIII. art. 2). Et, après avoir repoussé ainsi, en principe, la voie d'action, sans distinguer entre les causes intéressant ou non l'ordre public, la même loi, dans les autres articles du même titre, conférait le droit d'action au ministère public dans des cas exceptionnels (art. 1 et 3). Elle limitait ainsi, nettement et restrictivement, à ces cas et à ceux indiqués dans d'autres textes, le droit d'action du parquet. Les rédacteurs du Code civil ne manifestèrent pas l'intention de modifier l'état de la législation antérieure. Le Code de procédure est muet sur la question proposée.

Mais l'article 46 de la loi du 20 avril 1810 est ainsi conçu : *En matière civile, le ministère public agit d'office dans les cas spécifiés par la loi. Il surveille l'exécution des lois, des arrêts et des jugements; il poursuit d'office cette exécution dans les dispositions qui intéressent l'ordre public.* En disant, dans la deuxième phrase, que le ministère public poursuit l'*exécution des lois* dans les dispositions d'ordre public, l'article 46 ne semble-t-il pas reconnaître au parquet le droit d'introduire d'office une véritable instance contre les personnes qui contreviennent aux lois d'ordre public? Cette action, intentée d'office, n'est-elle pas le seul moyen de veiller à l'*exécution des lois?* — Mais, si on adopte ce sentiment, la deuxième partie du texte heurte aussitôt et contredit la première, qui n'accorde au ministère public le droit d'agir d'office que dans *les cas* spécifiés, c'est-à-dire fixés, déterminés, délimités par la loi.

L'interprétation de ce texte divise et la doctrine et la jurisprudence, et deux opinions bien tranchées se partagent les auteurs et les arrêts. Les uns, adoptant une interprétation dite extensive, admettent l'action du ministère public dans tous les cas où l'ordre public est intéressé; les autres, partisans de l'interprétation restrictive, n'accordent au parquet le droit d'agir que dans les cas spécifiés par la loi. La lutte a été fort vive, et les arguments, favorables à l'une ou à l'autre des deux opinions, ont été brillamment et vigoureusement présentés dans les rapports de M. Renault d'Ubexy devant la chambre des requêtes, de M. Laborie devant la chambre civile de la Cour de cassation et dans les réquisitoires de M. le procureur général Dupin (1).

583. Nous préférons l'interprétation restrictive et refusons au ministère public le droit d'agir par cela seul que l'ordre public est intéressé à la solution de telle ou telle question purement civile, de nature à faire naître un litige que les intéressés ne soulèvent pas. Plusieurs raisons nous dictent ce refus. La première est tirée de l'état antérieur de la législation, auquel on voudrait que les législateurs de 1810 eussent dérogé. Rien, ni dans l'exposé des motifs,

1. Sir., 1861. 1. 32, et 1862. 1. 257.

ni dans la discussion qui a précédé le vote de la loi, ni dans la rédaction du projet primitif, ne révèle l'intention de modifier la législation existante. Et, cependant, il ne s'agirait rien moins que du renversement complet de la règle admise dans l'ancien droit et dans le droit intermédiaire. Comment croire que les auteurs de la loi de 1810 aient opéré un changement aussi radical sans l'annoncer, sans le dire ouvertement, d'une manière subreptice et détournée? — Si le ministère public peut, en vertu du § 2 de l'article 46, agir d'office pour l'exécution des lois dans tous les cas qui intéressent l'ordre public, le § 1er n'a plus ni sens ni portée. Il est absorbé par l'autre partie du texte. A quoi bon parler des *cas spécifiés*, si le ministère public peut agir dans tous les cas où l'ordre public est intéressé? Et pourquoi le législateur lui accorde-t-il cette faculté dans les cas spécifiés, si ce n'est par cette considération que dans ces cas l'ordre public est engagé? Si l'ordre public était étranger à ces cas, la loi, en accordant l'action au parquet, serait illogique et abusive ; car ce n'est que comme représentant des intérêts sociaux que le ministère public doit agir, et la loi l'autoriserait à s'ingérer dans des questions d'ordre purement privé. — Si, au contraire, on n'admet avec nous l'action du ministère public qu'en vertu d'un texte formel, la phrase, *il poursuit l'exécution des lois*, n'est ni inutile, ni contradictoire avec la première partie de l'article 46. Elle a sa valeur propre et elle vise les mesures à prendre en dehors de tout litige, les injonctions à adresser aux officiers ministériels, les avertissements à donner aux officiers de l'état civil, la vérification des actes de cet état, la surveillance de la régularité des procédures, etc. — Avec l'interprétation restrictive, l'article 46 est conservé dans son intégrité. Nulle de ses parties n'absorbe l'autre ; chacune d'elles a sa portée spéciale. Or, la meilleure interprétation n'est-elle pas celle qui maintient l'utilité de toutes les parties d'une loi, qui n'en annihile aucune?

Dans l'opinion opposée, le droit du parquet est absolu et illimité. En effet, qu'est-ce que l'ordre public? Qui oserait en fixer les bornes et les confins, en donner une délimitation précise? Les questions relatives à l'*état des personnes* touchent évidemment à l'ordre public. Le parquet pourrait donc (et il faut aller jusque-là si le système est vrai) intenter une action en réclamation d'état, en contestation de légitimité, une action en désaveu de paternité. Dans presque toutes les causes sujettes à communication, il aurait aussi l'initiative de l'action, car presque toutes intéressent l'ordre public. Le ministère public pourra donc s'ingérer, sous couleur d'ordre public, dans les affaires privées, susciter des litiges que les intéressés ne veulent pas soulever, pénétrer dans les secrets intérieurs des familles et produire des scandales au détriment de la moralité publique elle-même. M. Dupin disait, il est vrai, devant la chambre civile de la Cour de cassation, que ce zèle indiscret n'était pas à craindre; que, s'il se produisait, il serait promptement réprimé. Il oubliait que la répression serait tardive, que le mal serait accompli par la seule introduction de l'instance, qu'il serait impossible de réparer le dommage pécuniaire et le dommage moral causés par l'erreur du ministère public. Qu'importe que quelques situations irrégulières, toujours exceptionnelles, puissent s'établir et se perpétuer en l'absence d'un droit d'action pour le ministère public. « Il « y a souvent, disait Portalis, plus de scandales dans les poursuites « indiscrètes d'un délit ancien, obscur ou ignoré, qu'il n'y en a dans le délit même. » — Enfin, remarquons que le législateur moderne n'a jamais reconnu l'extension qu'on voudrait donner au droit d'action du ministère public, et que cette extension a été, au contraire, vivement combattue dans la discussion de la loi du 5 juillet 1844.

584. Mais si le ministère public ne peut point, en règle générale, agir d'office au civil, dans tous les cas qui intéressent l'ordre public, n'a-t-il pas, *par exception*, le droit de demander d'office la rectification des actes de l'état civil, quand l'ordre public y est intéressé? Presque tous les auteurs et les arrêts les plus récents des cours d'appel répondent affirmativement et s'appuient sur l'avis du Conseil d'État du 12 brumaire an XI, avis qui a force de loi. Nous ne partageons pas cette opinion. L'avis du Conseil d'État n'a trait qu'à une hypothèse toute spéciale, le cas où, des actes de l'état civil ayant été omis, il y a lieu de réparer cette *omission* et de les faire inscrire sur les registres. Il ne s'occupe nullement de la rectification. « Le Conseil d'État est d'avis..... sur la seconde question, qu'il « est plus convenable de laisser aux parties intéressées à faire ré- « parer l'*omission* des actes de l'état civil, le soin de provoquer les « jugements, sauf le droit qu'ont incontestablement les commis- « saires du gouvernement d'agir d'office, en cette matière, dans les « circonstances qui intéressent l'ordre public. » Il est, à nos yeux, évident que les mots *en cette matière* ne se réfèrent qu'au seul cas prévu et soumis à la décision du Conseil d'État, celui d'*omission*. Vouloir donner une portée générale à la partie finale de la phrase à partir des mots : *sauf le droit*, c'est détruire et bouleverser l'ordre naturel des idées. Nous ne pensons donc pas que le ministère public puisse poursuivre d'office devant le tribunal civil d'arrondissement toutes les rectifications d'actes de l'état civil qui intéressent l'ordre public. En l'absence d'un texte précis, les raisons invoquées ci-dessus pour repousser l'interprétation extensive subsistent dans toute leur force.

585. Dans *les cas* où le droit d'agir d'office, en matière civile, comme partie principale, appartient incontestablement au ministère public, le procès peut avoir été intenté par la partie privée, par un intéressé, et le ministère public n'a eu alors qu'à donner ses conclusions comme partie jointe. Peut-il, dans cette hypothèse, attaquer le jugement rendu sur la demande des parties, par les voies de recours dont cette sentence est susceptible, par exemple, interjeter appel, se pourvoir en cassation ? Ou faut-il, pour que ce droit lui appartienne, que le ministère public se soit formellement porté *intervenant* dans le procès, qu'il soit *intervenu* en qualité de défendeur ou de demandeur ? La question est aussi controversée que les précédentes et divise la jurisprudence. — Nous pensons que, pour la régularité de la procédure, le ministère public est obligé de recourir à une intervention formelle, s'il veut se réserver la faculté d'attaquer plus tard la sentence par les voies de recours ordinaires ou extraordinaires. Quoi que décident quelques arrêts, il ne lui suffirait pas de jouer le rôle de partie jointe ; car, en cette qualité, il n'est pas un véritable litigant. Or, ceux-là seuls, qui ont été parties au procès, peuvent interjeter appel ou se pourvoir en cassation. Mais, au fond, le droit du parquet est incontestable et tout se réduit à une question de forme qui se traduit par un accroissement de frais. Aussi comprenons-nous, sans l'admettre, la solution adoptée par plusieurs arrêts.

586. Nous venons de refuser au ministère public le droit d'agir d'office, en matière civile, dans tous les cas où l'ordre public pourrait être intéressé. Mais cette règle comporte une exception remarquable. Le procureur général près la Cour de cassation peut, en toute circonstance, où l'ordre public lui impose le devoir d'agir, former devant la Cour suprême un pourvoi en cassation dans l'intérêt de la loi ou une demande d'annulation pour excès de pouvoir.

Mais son action ne présente pas les mêmes dangers que l'initiative des autres représentants du ministère public. Elle ne fait pas naître le litige : elle le suppose né et résolu par une sentence. Formés dans le pur intérêt de la loi, ces recours laissent intacts les droits des parties et n'intéressent exclusivement que l'ordre social. Ils n'ont d'autre but que de rappeler aux magistrats et de leur indiquer pour l'avenir la saine interprétation de la loi, d'éviter que par le maintien d'actes illégaux la loi reste méconnue et violée.

Aux termes de la loi du 27 ventôse an VIII, le procureur général près la Cour de cassation peut : 1° Se pourvoir devant la Cour contre les jugements en dernier ressort ou les arrêts entachés d'excès de pouvoir, ou de violation de la loi, soit au fond, soit en la forme, et contre lesquels les parties ne se sont pas pourvues dans les délais légaux. Ce pourvoi est directement porté à la chambre civile, sur l'initiative du procureur général (art. 88). 2° Ce magistrat, mais seulement sur l'ordre exprès et formel du ministre de la justice, dénonce à la Cour suprême, sans préjudice du droit des intéressés, tous les actes, de quelque nature qu'ils soient, par lesquels les juges ont excédé leurs pouvoirs et lui demande de les annuler. Cette demande, qui s'applique à tous les actes judiciaires, et non aux seuls arrêts ou jugements, est définitivement jugée par la chambre des requêtes.

Telles sont les règles générales déterminatrices des attributions du ministère public. Nous aurons plus tard à indiquer, à l'occasion de diverses matières, des règles plus spéciales et particulières.

TROISIÈME PARTIE

PROCÉDURE CIVILE

SOMMAIRE. — Considérations générales. — § 1er. Législation antérieure au Code de procédure. — § 2. Historique du Code de procédure. — § 3. Législation postérieure au Code.

587. Le mot *procédure*, qui vient de *procedere*, s'avancer, indique une marche à suivre. Dans toute société régulièrement constituée, l'exercice d'un droit, soit dans les rapports des particuliers entre eux, soit dans leurs relations avec les pouvoirs publics, ne peut s'accomplir que d'après certaines formes déterminées d'avance, destinées au maintien de l'ordre social et à l'égale protection des droits de tous. Placer tous les droits des citoyens sous la sauvegarde de la loi, tel est le but du législateur quand il trace les règles de la procédure et, celle-ci, dans la plus large acception du mot, est la science des formes, tant judiciaires qu'extrajudiciaires. Toutes les parties de la constitution sociale ont leur procédure, puisque toutes doivent avoir une marche régulière, et n'être point abandonnées, ni au caprice des gouvernés, ni à l'arbitraire des gouvernants.

Quand l'idée de procédure se réfère aux formes à suivre pour la sauvegarde des droits civils des particuliers, le langage ajoute le qualificatif de *civile* pour distinguer les formes relatives à la protection de ces droits de celles qui se réfèrent au droit public, procédure criminelle, procédure administrative, etc.

588. Nous ne nous attarderons point à défendre les formes judiciaires contre les attaques auxquelles elles ont été ou sont encore en butte. Le langage de leurs adversaires change inévitablement, quand leur intérêt leur fait invoquer ces formes protectrices par eux précédemment critiquées. Ils trouvent juste que leur défense puisse se produire en pleine liberté. Si la sentence rendue leur paraît inique, ils sont heureux de pouvoir en demander la réformation à d'autres juges ou aux mêmes juges mieux informés. Si, créanciers désireux d'être promptement payés, ils critiquent la sage lenteur des procédures d'exécution, débiteurs impuissants à acquitter immédiatement leurs dettes, ils trouvent avantageux que la loi prenne des précautions pour que leurs biens ne soient pas vendus à vil prix. Or, comme le remarquait M. Rodière (1), « toute « la procédure roule précisément sur ces trois idées fondamentales : « mettre les parties à même de faire valoir tous leurs moyens ; leur « ménager des voies de recours sagement combinées pour faire « réparer les erreurs possibles des premiers juges ; empêcher que les « mesures d'exécution pratiquées par le créancier ne soient trop « ruineuses ou trop rigoureuses à l'égard du débiteur. »

Au point de vue du but auquel elles tendent, la découverte de la vérité et l'égale protection des droits de tous, les lois de la procédure sont nécessaires et indispensables. Mais dans leur fixation, dans leur détermination, le législateur se trouve placé entre deux écueils. Si les formes sont trop simples et trop rapides, l'instruction des affaires sera trop précipitée, les chances d'erreur trop nombreuses ; la justesse de la décision pourra en souffrir. La célérité dans la marche n'est pas l'idéal. Le juge doit constater les faits, appliquer les règles de la loi civile à ces faits. Si, pour atteindre ce résultat, une marche compliquée est nécessaire, le législateur doit savoir s'y soumettre. D'autre part, si les formes sont trop nombreuses, elles engendrent une perte de temps et des frais considérables, nuisibles à la partie même qui finit par obtenir gain de cause.

589. Dans notre ancien droit, on était tombé successivement dans l'un et dans l'autre excès. Éclairés par l'expérience, les

1. *Cours de Compétence et de procédure*, 4e édition, t. I, p. 137.

auteurs du Code de procédure se sont proposé de les éviter tous deux ; mais leur œuvre s'est ressentie de l'influence de l'ancienne législation. Celle-ci leur a fourni la majeure partie des règles qu'ils ont adoptées. Il est donc nécessaire de posséder quelques notions historiques sur les antécédents du Code de procédure.

L'histoire de la procédure est dite interne ou externe : *interne*, quand elle retrace les origines de chaque institution, ajournement, appel, etc. ; *externe*, quand elle fait connaître les sources, les documents, etc. Nous indiquerons ultérieurement les parties les plus intéressantes de l'histoire interne, en étudiant chaque institution séparément. Nous ne voulons donner ici que les notions essentielles de l'histoire externe.

§ 1er — *Législation antérieure au Code de procédure civile.*

590. Les formes judiciaires suivirent les vicissitudes de l'organisation judiciaire. Sous la monarchie franque ou carlovingienne, devant les membres illettrés des *plaids inférieurs*, tenus par le comte, la procédure était fort simple. La demande et la défense se proposaient verbalement. Les échevins déterminaient la coutume. Le comte prononçait la sentence et la faisait exécuter. Les preuves en usage étaient le combat judiciaire, l'épreuve par l'eau ou le feu, le serment de la partie, les témoignages d'un certain nombre de parents ou d'amis, appelés *conjuratores*.

591. Dans le droit féodal, le seigneur et les vassaux jouent un rôle analogue à celui du comte et des échevins de l'époque germanique. Devant les cours féodales, composées de gens de guerre et non de clercs, les formes de procéder sont simples et primitives. L'épreuve ordinaire est le combat singulier, qui s'harmonise, comme le remarque Montesquieu, avec les mœurs du temps. Le duel s'applique même aux questions de droit, puisqu'en 942 ce fut par l'issue d'un combat judiciaire que fut décidée la question de la représentation en ligne directe dans les successions.

L'intervention des légistes, pénétrant peu à peu dans la composition de la cour féodale, se fit sentir dans la procédure. Les pièces écrites, dans l'origine simples documents destinés à fixer les points essentiels du litige, acquirent une plus grande importance. Le combat judiciaire fut remplacé par les enquêtes, par les dépositions des témoins recueillies, avec certaines formalités, par des juges *auditeurs* ou *enquêteurs*.

La procédure, suivie devant les juridictions ecclésiastiques et dont les principes avaient été empruntés par le clergé à la législation romaine du Bas-Empire, exerça aussi une heureuse influence sur la procédure suivie devant les cours laïques.

592. Le pouvoir royal à son tour s'efforça de la régulariser, de l'améliorer et de la rendre uniforme dans tout le royaume. Par de nombreuses et fécondes ordonnances, les rois de France ont préparé la législation actuelle. En 1332, Philippe VI règle les appels au parlement, en fixe le délai et s'efforce de raccourcir la durée des procès. — L'ordonnance de 1394 autorise les femmes à témoigner en justice. — Celle de 1535 établit pour la Provence la procédure relative aux actions possessoires. — Dans l'ordonnance de Villers-Cotterets de 1539, François Ier prescrit la rédaction des actes en langue française au lieu du latin barbare encore en usage, règle l'exécution des jugements, la vente forcée des biens des mineurs et des femmes, et veut qu'en cas de défaut le demandeur fasse vérifier le bien fondé de sa prétention. — En 1551, Henri II organise les saisies immobilières dans le célèbre *Édit des criées*. — Dans l'ordonnance de 1560, le chancelier de L'Hospital pose la distinction des affaires sommaires et des affaires ordinaires, exige la signature des parties et des témoins sur les minutes des actes. — L'ordonnance de Moulins de 1566, œuvre du même chancelier, obvie à la multiplication des procès et augmente l'importance des preuves écrites, en interdisant la preuve testimoniale des conventions dont l'objet aurait une valeur supérieure à cent livres. L'ordonnance de 1629 consacre le monopole des procureurs et concourt ainsi à rendre plus régulière la marche des affaires.

593. Quand le pouvoir royal eut sous Louis XIV atteint son apogée, détruit l'influence politique de l'Église et de la noblesse, subordonné les justices seigneuriales et ecclésiastiques aux justices royales, il songea à donner à la France une loi générale sur la procédure civile. Œuvre d'un conseil dans lequel figurèrent Colbert, Séguier, Talon, Lamoignon, etc., l'ordonnance de 1667 réalisa de véritables améliorations. Elle supprima un assez grand nombre de formes inutiles et surannées. Mais elle n'était pas conçue d'après un plan régulier, et elle omit de régler un assez grand nombre de procédures fort importantes, telles que celles des saisies-arrêts, des saisies immobilières ou criées, des ordres, etc. En outre, une partie des avantages de l'ordonnance fut perdue, à raison de ce que certains parlements continuèrent à autoriser des usages contraires à l'ordonnance. Celle-ci néanmoins a été en vigueur pendant près d'un siècle et demi et a inspiré un grand nombre de dispositions du Code actuel.

Sous Louis XV, le chancelier d'Aguesseau rendit d'utiles services à la science de la procédure. Dans le mois de juillet 1677, il fit rendre au roi le règlement qui eut pour objet de fixer les procédures de vérification d'écritures et de faux, presque intégralement reproduites dans le Code actuel. — Au mois d'août 1737, fut promulguée une ordonnance sur les règlements de juges. Le règlement du conseil en date du 28 juin 1738 a eu l'insigne fortune d'être conservé et de servir encore de base à la procédure aujourd'hui suivie devant la Cour de cassation.

594. La réforme de la procédure figurait parmi celles que réclamait l'opinion publique, lors de la révolution de 1789. Elle fut décrétée en principe. La procédure civile, disait la loi du 24 août 1790, sera incessamment réformée, de manière qu'elle soit rendue plus simple, plus expéditive et moins coûteuse. Mais l'Assemblée constituante s'occupa d'abord du travail le plus urgent, de la refonte de l'organisation judiciaire. C'était procéder avec logique; il fallait d'abord fixer les juridictions avant de déterminer les règles de la procédure à suivre devant elles.

L'Assemblée se contenta d'abréger les délais de l'appel et d'exiger que tous les jugements fussent motivés. Par la loi du 26 octobre 1790, elle régla la procédure à suivre devant la justice de paix. Puis elle ajourna ses réformes, et, par la loi du 27 mars 1791, elle déclara que les avoués suivraient provisoirement la procédure établie par l'ordonnance de 1667 et par les règlements postérieurs.

595. La Convention ne sut pas imiter cette sage prudence. Elle voulut, d'un seul coup et d'une manière radicale, supprimer tous les anciens abus, en détruisant tout. Par le décret du 3 brumaire an II, elle abolit toutes les anciennes lois sur la procédure, supprima les avoués et ordonna qu'à l'avenir, dans tous les tribunaux, toutes les affaires seraient jugées, sur défenses verbales ou simple mémoire, sans aucuns frais. Ce décret, quoique certaines de ses parties continssent des innovations utiles et raisonnables, telles que la substitution d'un simple mémoire aux requêtes diffuses et coûteuses des procureurs, la défense d'appeler des jugements préparatoires, etc., ce décret, trop destructeur, produisit des résultats désastreux. La justice se trouva privée de formes protectrices des intérêts des plaideurs et devint plus coûteuse qu'autrefois. Treilhard le constatait, quelques années après, devant le Corps législatif. « N'avait-on pas supprimé, disait-il, tous les avoués et toute « la procédure dans un accès ou plutôt dans un délire de perfec- « tion ? Qu'en est-il résulté ? On n'a pas eu moins recours aux avoués, « parce que l'ignorant et le paresseux seront toujours tributaires « de l'homme laborieux et instruit ; les avoués ne perdirent que « leur titre ; ils continuèrent de travailler comme fondés de pou- « voirs ; mais, toute procédure étant supprimée, et l'avoué n'ayant « plus d'action en justice pour des salaires légitimes, il se faisait « payer arbitrairement, même avant d'avoir examiné l'affaire, « beaucoup plus qu'il n'aurait obtenu par une taxe raisonnable de « la procédure nécessaire qu'on avait supprimée, et jamais la jus- « tice ne fut plus chère. »

596. Le gouvernement consulaire s'empressa d'apporter à ce désordre un remède provisoire. La loi du 27 ventôse an VIII, qui réorganisa les juridictions, fut considérée comme ayant abrogé le décret de brumaire. Un arrêté consulaire du 18 fructidor an VIII remit en vigueur la loi du 27 mars 1791, d'après laquelle on devait suivre provisoirement l'ordonnance de 1667 et les règlements postérieurs.

§ 2. — *Historique du Code de procédure.*

597. Un Code de procédure civile est le complément indispensable d'un Code civil. Le gouvernement consulaire devait continuer l'œuvre entreprise par la rédaction et la promulgation du Code civil. Deux ans après l'arrêté du 18 fructidor an VIII, il songea à réformer sérieusement cette partie importante de la législation civile et à réaliser la promesse contenue dans la loi du 24 août 1790. Un arrêté du 3 germinal an X nomma une commission composée de MM. Treilhard, Try, Berthereau, Séguier et Pigeau, à laquelle fut confiée la mission de rédiger un projet de Code de procédure civile.

Mais, composée de praticiens imbus des anciens errements, la commission se laissa dominer par l'esprit de l'ancienne législation. Rédigé sous cette influence, le Code de procédure a presque reproduit le système de l'ordonnance de 1667 et ne contient que peu d'innovations. Le langage employé est moins exact que celui du Code civil. Il rappelle trop souvent la terminologie vicieuse et peu scientifique usitée dans la pratique des affaires. A divers points de vue, quoique satisfaisant dans son ensemble, il était et il est encore, malgré les réformes postérieures, susceptible d'améliorations.

Le projet fut publié en l'an XII, soumis à l'examen de la Cour de cassation et des cours d'appel, qui proposèrent leurs observations. Avant d'être converti en loi, il suivit les mêmes phases que le Code civil. La rédaction de la commission fut revisée par la section de législation du Conseil d'État, puis soumise au Conseil d'État tout entier, communiquée officieusement au Tribunat et enfin définitivement arrêtée par le Conseil. Vinrent ensuite la communication officielle au Tribunat, la présentation au Corps législatif, les discours des orateurs du gouvernement et de ceux du Tribunat, et enfin le vote du Corps législatif.

Les discussions du Conseil d'État sur le Code de procédure ont été courtes ; elles n'ont occupé que vingt-trois séances, du 20 avril 1805 au 29 mars 1806. Napoléon, retenu par la guerre loin de Paris, ne présida que deux fois le Conseil d'État. — Les divers livres du Code furent successivement décretés par le Corps législatif et promulgués par l'Empereur, dans les mois d'avril et de mai 1806. Mais la mise à exécution de l'ensemble fut retardée au 1er janvier 1807.

Le présent Code sera, dit l'article 1041, *exécuté à partir du 1er janvier 1807; en conséquence, tous procès qui seront intentés depuis cette époque seront instruits conformément à ses dispositions. Toutes lois, coutumes, usages et règlements relatifs à la procédure civile seront abrogés.*

Mais l'abrogation des lois, coutumes, usages et règlements, dont parle l'article 1041, ne doit pas s'entendre d'une manière absolue. Les matières sur lesquelles il existait une procédure particulière, motivée par leur nature même, ont continué à être soumises à une législation spéciale. Ainsi l'a décidé l'avis du Conseil d'État du 1er juin 1807, donnant l'interprétation de l'article 1041 du Code de procédure civile.

Les règles de procédure qui sont placées dans le Code civil n'appartiennent pas à l'ancienne législation qu'avaient en vue les rédacteurs de l'article 1041. Elles font partie du droit moderne et ne peuvent être considérées comme ayant été abrogées en masse en vertu de ce texte. Elles doivent seulement être combinées avec celles que consacre le Code de procédure civile.

§ 3. — *Législation postérieure au Code de procédure.*

598. Les lois et règlements postérieurs au Code doivent être classés en deux catégories distinctes. Les uns ne constituent qu'un complément du Code et sont venus seulement achever le travail du législateur. Les autres, presque tous à des dates éloignées, ont apporté à ce travail des changements très importants.

L'article 1042 du Code annonçait les dispositions organiques destinées à le compléter. — La taxe des frais, de toutes ces mesures la plus urgente, a été réglée peu après l'époque qu'indiquait l'article 1042. Trois décrets, à la date du 16 février 1807, ont fixé les bases du tarif des dépens et déterminé la marche à suivre pour en effectuer la liquidation. Postérieurement diverses lois ou ordonnances sont venues modifier ou étendre les dispositions contenues dans ces décrets fondamentaux. Nous citerons entre autres le décret du 12 juillet 1808 concernant les droits de greffe ; les ordonnances du 17 juillet et du 9 octobre 1825 aussi relatives aux droits de greffe ; l'ordonnance du 10 octobre 1841 sur les ventes judiciaires de biens immeubles ; la loi du 21 juin 1845 et l'ordonnance du 6 décembre 1845 relatives aux justices de paix ; — le décret du 24 mai 1854 sur les droits de greffe ; —les décrets qui rendent, communs à plusieurs cours et tribunaux le tarif de la Cour de Paris et du tribunal de la Seine, des 12 juin 1856, 30 avril 1862, 13 décembre 1862 ; — le décret du 24 novembre 1871 et la loi du 16 novembre 1875 relatifs aux greffiers et aux huissiers. — Ces diverses lois, ordonnances ou décrets offrent, à côté d'un intérêt pratique et usuel, d'utiles indications pour l'interprétation de diverses parties du Code de procédure.

599. La police et la discipline des tribunaux, dont parle le même article 1042, ont été organisées par les décrets du 30 mars 1808, des 6, 19 juillet et 18 août 1810 et par la loi du 20 avril 1810.

Nous en avons indiqué les principales dispositions en traitant de l'organisation judiciaire. Des lois, ordonnances et décrets postérieurs ont modifié, en quelques parties, les règles contenues dans ces textes.

600. A côté de ces dispositions législatives, complémentaires du Code de procédure, il nous reste à signaler les lois qui ont modifié le Code lui-même dans plusieurs de ses parties. Celles qu'il importe de retenir sont : la loi du 11 avril 1838 sur les tribunaux civils de première instance ; — celles du 28 mai 1838 et du 2 mai 1855 sur les justices de paix ; — la loi du 2 juin 1841 qui a pour but de diminuer le plus possible les frais de toutes les ventes judiciaires d'immeubles, qu'elle a rendues plus promptes et moins coûteuses ; — la loi du 21 mai 1858, qui a harmonisé le Code de procédure avec la loi du 23 mars 1855 sur la transcription et a notablement amélioré la procédure d'ordre. Ces deux lois ont remplacé, dans le corps même du Code de procédure, les dispositions qu'elles abrogeaient.

Dans le cours du siècle, grâce aux découvertes de la science, à la création des voies ferrées, à l'établissement d'un nombre considérable de routes, les communications, à l'intérieur de la France ou à l'extérieur, sont devenues plus faciles, plus rapides qu'elles ne l'étaient en 1807. Les délais des ajournements et de la plupart des voies de recours ont été abrégés par diverses lois du mois de mai 1862.

La loi du 22 juillet 1867 a abrogé la contrainte par corps en matière civile et commerciale.

Ces lois ont apporté au texte primitif du Code de notables améliorations. Malgré les imperfections qu'il recèle encore, le Code est une œuvre sage et satisfaisante. Les diverses lois de procédure promulguées, dans ces dernières années, en Italie en 1865, en Belgique en 1876, en Allemagne en 1879, lui ont emprunté un grand nombre de leurs dispositions.

DIVISION DES MATIÈRES DE LA PROCÉDURE CIVILE

601. La distinction entre la procédure *gracieuse* ou *volontaire* et la procédure *contentieuse* a servi de base à la division du Code de procédure civile. Dans une première partie, il traite de la *procédure* *devantl es tribunaux* (art. 1 à 811) et des *procédures diverses* dans une deuxième (art. 812 à 1028) où se trouve mal à propos placée la matière de l'arbitrage, qui rentre évidemment dans la procédure contentieuse. Le Code se termine par des *dispositions générales*, applicables à toute procédure et qui logiquement eussent dû être mises en tête de ce même Code.

La première partie du Code, consacrée à la procédure contentieuse, renferme cinq livres. Le premier traite de la justice de paix et reproduit à peu près les principes, assez simples, établis par la loi du 26 octobre 1790. — Le second livre, intitulé *des Tribunaux inférieurs*, développe la marche de la procédure ordinaire et indique les modifications que doit subir cette marche, en matière sommaire et devant les tribunaux de commerce. — Le troisième livre s'occupe de l'appel. — Les voies extraordinaires pour attaquer les jugements sont l'objet du quatrième livre, à l'exception du pourvoi en cassation, dont ne s'occupe pas le Code de procédure. — Le cinquième livre embrasse tout ce qui est relatif à l'exécution des jugements.

La procédure gracieuse ou volontaire est l'objet des deux premiers livres de la deuxième partie. Le troisième traite de l'arbitrage.

Nous suivrons à peu près l'ordre adopté par les rédacteurs du Code, en y apportant quelques légères modifications. Nous commencerons par exposer les règles générales placées à la fin du Code. Puis, dans l'étude de la procédure contentieuse, nous examinerons en premier lieu la procédure ordinaire devant les tribunaux d'arrondissement, pour n'étudier la procédure à suivre devant les justices de paix qu'avec les procédures spéciales relatives aux matières sommaires, aux matières commerciales, à la juridiction du juge des référés, etc.

DISPOSITIONS GÉNÉRALES

SOMMAIRE. — § 1er Sanction des règles de procédure. — § 2. Pouvoirs des tribunaux sur les écrits calomnieux. — § 3. Délégation des pouvoirs du juge. — § 4. Du temps et du lieu où doivent s'accomplir les actes de procédure. — § 5. De la computation des délais. — § 6. De la rétroactivité des lois. — § 7. De l'assistance judiciaire.

602. Les rédacteurs du Code de procédure civile ont placé à la fin de ce Code, sous le titre : *Dispositions générales* (art. 1029 à 1042), des règles applicables à toute procédure, contentieuse ou volontaire, qui ont par suite un caractère de généralité et dominent toute la matière de la procédure. Il est rationnel de les étudier et de s'en pénétrer tout d'abord, afin d'éviter d'avoir à les reproduire à l'occasion de chaque matière spéciale.

Ces règles générales sont relatives :

1° A la sanction des règles légales sur la procédure (art. 1029 à 1031) ; 2° aux pouvoirs des tribunaux civils relativement aux écrits calomnieux (art. 1036); 3° au mode à suivre pour les opérations qui doivent se faire en dehors du ressort dans lequel s'exerce l'autorité du juge (art. 1035); 4° au temps et au lieu où doivent s'accomplir les actes judiciaires (art. 1037, 1040); 5° aux règles sur la computation des délais (art. 1033) ; 6° aux règles sur la rétroactivité des lois en matière de procédure (art. 1041); 7° à ces dispositions générales nous rattacherons quelques notions sur l'assistance judiciaire, organisée par le législateur de 1851 auprès de plusieurs juridictions.

§ 1er — *Sanction des règles légales sur la procédure.*

603. Toute règle établie par un législateur doit être garantie par une sanction efficace. Permettre que la règle puisse être respectée ou violée, au gré des justiciables, serait reconnaître l'inutilité de cette même règle. De deux choses l'une : ou la règle légale est commandée par la nécessité, justifiée par de sérieuses raisons, et la loi doit alors tenir la main à son exacte application ; ou bien cette règle est superflue, et alors le législateur doit s'interdire de la faire figurer au nombre de ses prescriptions. Toute règle légale doit donc être accompagnée d'une sanction. Cette nécessité s'impose surtout à l'égard des règles relatives aux formalités de procédure. Tous les esprits ne saisissent pas facilement la raison d'être de ces formalités ; plusieurs seraient enclins à s'en dispenser. Au lieu de considérer le but général que s'est proposé le législateur, on ne se préoccuperait souvent que des circonstances particulières de chaque cause ; on se demanderait quel préjudice le vice de forme a pu causer à la partie qui veut s'en prévaloir, et on n'annulerait l'acte informe que tout et autant qu'un dommage évident aurait été occasionné à l'un des plaideurs. En l'absence de dommage, on se refuserait à prononcer la nullité de l'acte irrégulièrement accompli.

Cette tendance fâcheuse avait prévalu dans notre ancienne jurisprudence. De là, le brocard : *sans grief, point de nullité.* Les prescriptions les plus précises de l'ordonnance de 1667 étaient considérées comme facultatives. Les magistrats usaient d'un pouvoir discrétionnaire dans leur application, sous prétexte d'équité. Mais cette équité n'était qu'apparente ; car il est impossible d'apprécier avec une exacte mesure l'intérêt que peut avoir une partie à l'observation de telle formalité prescrite à son égard. La justice n'avait pas ce cours libre et régulier, cette uniformité nécessaire pour inpirer aux justiciables la conviction de son impartialité et le respect de toutes ses décisions. Est-il possible, du reste, de laisser à la merci du juge, un esprit malveillant pourrait même dire à son caprice, la validité des actes les plus importants ?

Éclairé par les abus dont avait été infestée l'ancienne jurisprudence, le législateur moderne n'a pas voulu laisser au juge la faculté de « *se faire une balance et un poids particulier pour chaque* « *cause,* » ainsi que l'a dit l'orateur du Tribunat. L'article 1029 est ainsi conçu : *Aucune des nullités, amendes et déchéances prononcées par le présent Code n'est comminatoire*, c'est-à-dire ne constitue qu'une simple menace, réalisable ou non, au gré du magistrat. Ces nullités, amendes ou déchéances devront être appliquées, si elles sont encourues.

En présence de cette sanction sérieuse, nous avons donc à résoudre les questions suivantes : Quand l'irrégularité d'un acte judiciaire ou extrajudiciaire sera-t-elle de nature à en faire prononcer la nullité ? Quand donnera-t-elle lieu à une simple amende ? Quand l'inobservation des délais prescrits pour l'accomplissement de tel ou tel acte entraînera-t-elle déchéance ?

604. — I. Quand l'irrégularité d'un acte aura-t-elle pour conséquence d'en faire prononcer la nullité ? Le Code paraît répondre à cette question dans l'article 1030 : *aucun acte de procédure ne peut être déclaré nul, si la nullité n'en est pas formellement prononcée par la loi.* Prise au pied de la lettre, cette disposition rendrait bien aisée la tâche de l'interprète de la loi et celle du magistrat. Il suffirait de parcourir les divers titres du Code de procédure, de noter quels articles prononcent la nullité d'un acte fait contrairement à leurs prescriptions, et de se demander pour chacun des actes d'une procédure si cette nullité est inscrite dans la loi. — Mais l'adoption de ce procédé conduirait à d'absurdes résultats. En présence du silence du texte sur la question de validité ou de nullité, on validerait des actes manquant de quelque élément essentiel à leur existence, des actes incomplets, impuissants à faire atteindre le but en vue duquel ils auraient été dressés. Ainsi, par exemple, l'article 1er du Code de procédure, après avoir énuméré les diverses mentions que doit contenir la citation donnée à comparaître en justice de paix, omet de dire qu'elles sont exigées à peine de nullité. Faudrait-il alors, pour se conformer à l'article 1030, dire que cette citation sera valable quoiqu'elle ne contienne pas, soit la désignation précise du demandeur, soit celle de l'officier ministériel qui a instrumenté, soit l'indication de l'objet de la demande ? L'esprit se refuse à pareille conséquence. Un tel acte doit être sans valeur. Il ne saurait remplir le but même de sa création. Il doit donc être annulé, quoique la loi ne le dise point. Même solution à l'égard du jugement qui n'aurait pas été rendu à la pluralité des voix, quoique l'article 116 n'exige pas cette pluralité à peine de nullité.

D'autre part, une règle d'ordre public ne saurait perdre ce caractère, parce qu'elle aurait été reproduite dans un texte du Code de procédure. L'acte accompli en violation de cette règle doit être annulé, comme le prescrit à l'égard des conventions l'article 6 du Code civil, quoique la loi de procédure soit muette sur cette nullité.

605. Ne nous en tenons donc pas au texte de l'article 1030 et reconnaissons avec la doctrine tout entière et avec la jurisprudence trois cas de nullités :

1° Nullité résultant de la violation d'une règle d'ordre public ;

2° Nullité résultant de ce qu'un acte de procédure manque d'un élément *substantiel*, indispensable à son existence juridique. Nos anciens auteurs disaient qu'il y a alors une *nullité viscérale*. — Dans ces deux premiers cas, c'est un vice inhérent au fond même de l'acte, qui doit en entraîner l'annulation ; aussi quelques personnes groupent-elles ces deux premiers cas sous la dénomination commune de *nullités de fond*.

3° Le troisième cas est celui où la nullité ne découle que d'un vice de pure forme. Ce vice n'empêche pas l'acte de subsister dans tout ce qui est essentiel. La formalité omise est utile; mais, considérée en elle-même, elle n'est pas indispensable. Elle ne le devient que par la volonté expresse du législateur. Son omission ne doit entraîner la nullité de l'acte, que parce que la loi l'a ainsi décidé. On est alors en présence d'un *vice de forme*. Ainsi, par exemple, l'omission de l'indication, dans un exploit, de l'immatricule de l'huissier, qui signifie ledit exploit, sera une cause de nullité pour l'*ajournement*, parce que l'article 61 du Code de procédure civile en exige la mention à peine de nullité. La même omission, dans une *citation* donnée à comparaître devant un juge de paix, n'annule pas l'acte, la loi n'ayant pas exigé impérieusement, à peine de nullité, cette mention qui, d'autre part, n'est pas indispensable à l'existence de l'exploit.

Tout ce qu'a donc voulu dire le législateur dans l'article 1030, c'est qu'il ne faut pas considérer comme rigoureusement exigées toutes les formalités de détail, relatées dans le texte des lois de procédure, et que l'irrégularité de *pure forme*, dont peut être entaché un acte de procédure n'engendre la nullité de l'acte que dans les cas expressément déterminés par la loi. Après avoir mis un frein par l'article 1029 à l'indulgence des juges, la loi a voulu éviter l'excès contraire, prévenir une trop grande rigidité qui aurait pu aller contre les désirs mêmes du législateur : il n'est pas permis de suppléer les *nullités de pure forme*.

Comme nous n'avons pas dans nos lois d'expressions sacramentelles, la disposition de l'article 1030 doit être appliquée, quels que soient les termes de la loi, qu'ils soient prohibitifs, impératifs ou même facultatifs. Il n'est pas nécessaire que les mots à *peine de nul-*

lité so ent insérés dans le texte. Un acte *réputé non avenu* est un acte nul. (Proc. civ., art. 438.)

606. II. — Quand l'inobservation d'une formalité n'a pas paru assez grave au législateur pour entraîner la nullité de l'acte, comme une sanction est cependant nécessaire, la loi prononce une amende. L'article 1030, § 2, dit : *Dans le cas où la loi n'aurait pas prononcé la nullité, l'officier ministériel pourra soit pour omission, soit pour contravention, être condamné à une amende, qui ne sera pas moindre de cinq francs et qui n'excédera pas cent francs.*

L'amende, du reste, n'est pas toujours la sanction des règles de procédure non prescrites à peine de nullité. La loi écarte parfois des formalités, non comme vicieuses, mais comme inutiles et surérogatoires. L'accomplissement de ces formalités constitue des actes frustratoires, dont les frais doivent être supportés par l'officier qui les a accomplis inutilement. Là se trouve la sanction de la prohibition. Ainsi, par exemple, quand dans l'article 252 Proc. civ. la loi veut que les faits, dont une partie demande à faire la preuve par témoins, soient articulés dans un simple acte de conclusions, elle n'entend pas dire qu'une requête développée entraînera pour l'avoué une amende de cinq à cent francs. Mais elle veut que les frais de cette requête soient rejetés de la taxe, c'est-à-dire ne puissent être exigés judiciairement, ni de la partie adverse condamnée aux dépens, ni du client de l'avoué, à moins qu'il n'ait consenti spécialement à les payer.

607. III. — Tout délai, lorsqu'il est expiré, emporte-t-il de plein droit *déchéance*, c'est-à-dire impossibilité de faire *légalement* l'acte qui aurait dû être accompli pendant la durée de ce délai ? Ou bien, l'expiration du délai n'emporte-t-elle déchéance, que lorsque la loi l'a formellement prononcée ? — Le Code de procédure ne pose pas de règle générale sur ce point. Il prononce seulement la déchéance dans quelques cas particuliers. (Voir art. 98, 156, 444, 778, etc.) Que décider pour les cas non prévus ? L'interprète doit alors se reporter à la pensée qui a guidé le législateur dans la détermination de tel ou tel délai. Quel but la loi s'est-elle proposé d'atteindre par cette fixation du temps, pendant la durée duquel tel acte doit être accompli ? Si le législateur a voulu, par cette mesure, diminuer le nombre des procès, rendre stable la chose jugée, il a poursuivi la satisfaction d'un intérêt social : la règle par lui posée touche à l'ordre public. Une sanction efficace doit y être attachée ; cette sanction ne peut se trouver que dans la *déchéance* de la partie qui, au mépris de la règle, n'a pas accompli l'acte de procédure indiqué dans le délai imparti par la loi. Ainsi doit-il être à l'égard des délais accordés pour l'exercice des voies de recours, ordinaires ou extraordinaires, dirigées contre les jugements, des délais de l'opposition, de l'appel, du pourvoi en cassation, de la requête civile, etc. En fermant ces voies de recours, en déclarant irrecevables comme tardifs les pourvois en cassation, les appels, etc., formés après l'expiration du délai légal, l'interprète donne à la chose jugée la stabilité souhaitée par le législateur.

Au contraire, le délai est-il fixé, par la loi, en vue de régler l'instruction du procès, dans le seul but d'accélérer la décision à intervenir, son expiration autorise l'adversaire à passer outre, à poursuivre l'instruction, mais n'entraîne pas déchéance. La partie qui a omis d'accomplir l'acte dans le délai fixé pourra encore le faire régulièrement et valablement, si toutefois l'adversaire reste dans l'inaction.

Ainsi l'article 225 Proc. civ. oblige le défendeur à dénier ou à reconnaître, dans les trois jours, les faits que le demandeur à l'enquête veut se faire autoriser à prouver par témoins. Si cette dénégation n'a pas lieu dans ledit délai, le demandeur peut, après son expiration, obtenir un jugement tenant les faits pour confessés et avérés. Ce jugement rendu, toute dénégation ultérieure sera impossible. Mais si le demandeur ne s'empresse pas de réclamer du tribunal la prononciation d'un tel jugement, le défendeur est encore en droit de signifier son acte de dénégation. Il n'est pas frappé de déchéance. Le seul risque qu'il encourt, en laissant passer le délai de l'article 252, réside dans la prononciation du jugement, qui lui enlèvera alors la faculté de dénier les faits allégués.

608. Les nullités, les déchéances, les amendes, les actes frustratoires proviennent de la faute des officiers ministériels qui ont dirigé la procédure. Ces officiers sont, à l'égard de leurs clients, des mandataires salariés. Ils doivent répondre de leur négligence (art. 199 Cod. civ.). L'article 1031 consacre cette responsabilité et en détermine l'étendue et les conséquences. Il distingue entre les frais de l'acte vicieux ou frustratoire, qui doivent toujours rester à la charge de l'officier ministériel, et les dommages-intérêts auxquels il ne peut être condamné qu'en connaissance de cause. La faute commise peut entraîner, suivant les circonstances, un préjudice énorme ou nul, d'après le plus ou moins d importance de l'acte quant aux intérêts du plaideur.

§ 2. — *Pouvoir des tribunaux relativement aux écrits calomnieux.*

609. Les tribunaux civils ne sont généralement autorisés à statuer qu'en vertu des conclusions prises par les parties. Un jugement qui prononcerait sur des choses non demandées serait susceptible d'être attaqué et rescindé par la voie de la requête civile (art. 480 Pr. civ.). Mais il est certains scandales qu'on ne peut laisser sans répression. « Il n'est que trop fréquent, disait l'orateur du Tribunat, « de voir des plaideurs recourir à la violence et à la diffamation « dans la vue de rendre leurs adversaires odieux. Ce moyen ne peut « être avoué par la justice. » Les traces de ces diffamations doivent être d'autant plus promptement effacées, que des tiers non intéressés aux procès sont souvent atteints dans leur honneur par ces calomnies. Aussi, d'après l'article 1036, les tribunaux, suivant la gravité des circonstances, pourront, dans les causes dont ils sont saisis, prononcer, même d'office, des injonctions, supprimer des écrits, les déclarer calomnieux, et ordonner l'impression et l'affichage de leurs jugements.

Mais le pouvoir des tribunaux ne saurait être étendu au delà des procès dont ils sont saisis. Si le mémoire injurieux ou calomnieux n'a été ni signifié aux parties, ni distribué aux juges, il n'a pas le caractère d'un document judiciaire et ne peut être supprimé d'office par le tribunal. La partie lésée doit intenter contre l'auteur du mémoire et ses complices une action directe et principale en dommages-intérêts.

§ 3. — *Délégation des pouvoirs du juge.*

610. L'instruction d'un procès nécessite quelquefois l'accomplissement par le juge de certains actes, dans un lieu éloigné de celui où réside le tribunal, ou placé en dehors de son ressort. Cet acte d'instruction ne saurait être l'œuvre du tribunal ou d'un de ses juges. Il est alors indispensable de déléguer, pour cet accomplissement, un autre tribunal ou un autre juge qui, pour le cas présent, tiendra ses pouvoirs du tribunal saisi du procès. L'article 1035 s'exprime ainsi : *Quand il s'agira de recevoir un serment, une caution, de procéder à une enquête, à une interrogation sur faits et articles, de nommer des experts, et généralement de faire une opération quelconque en vertu d'un jugement et que les parties ou les lieux contentieux seront trop éloignés, les juges pourront commettre un tribunal voisin, un juge, ou même un juge de paix, suivant l'exigence des cas ; ils pourront même autoriser un tribunal à nommer, soit un de ses membres, soit un juge de paix, pour procéder aux opérations ordonnées.*

On appelle fréquemment *commission rogatoire* l'acte par lequel un tribunal délègue ainsi ses pouvoirs. L'expression est impropre ; car de telles commissions sont obligatoires dans toute l'étendue de la France pour le tribunal ou pour le juge qui les reçoit. L'expression n'est exacte que lorsqu'on prie un tribunal étranger de procéder à une mesure d'instruction, qui facilitera l'action de la justice française, un tribunal anglais ou russe, par exemple, de recueillir certains témoignages. Le tribunal étranger n'est pas obligé, en principe, d'obtempérer à une demande de cette nature. Il est d'usage d'y consentir à charge de réciprocité. Des traités diplomatiques en font quelquefois une obligation pour les tribunaux des États contractants. Les commissions rogatoires se transmettent par l'intermédiaire de la chancellerie et du ministère des affaires étrangères. Les formes à suivre pour une enquête, par exemple, sont celles indiquées par la loi du pays où elle s'opère, et non celles de la législation du pays qui a donné la commission.

§ 4. — *Du temps et des lieux où doivent s'accomplir les actes judiciaires.*

611. Les opérations judiciaires ont toujours été soumises à des conditions de temps et de lieu. La question de savoir en quel temps et en quel lieu peuvent s'accomplir les actes de procédure se pose à la fois à l'égard des actes émanés des parties, et des actes accomplis par le juge ou par le tribunal.

I. — Actes émanés des parties ou de leurs mandataires.

Temps. — Le domicile du citoyen doit être inviolable pendant la nuit : nul ne doit pouvoir y pénétrer sans son consentement, y venir troubler son repos. La joie et la tranquillité des jours de fête ne doivent pas être interrompues par les embarras et les inquiétudes que les actes judiciaires amènent presque toujours à leur suite. Ce double motif a dicté la disposition de l'article 1037 : *Aucune signification ni exécution ne pourra être faite depuis le 1er octobre jusqu'au* 31 *mars avant six heures du matin et après six heures du soir; et, depuis le* 1er *avril jusqu'au* 30 *septembre, avant quatre heures du matin et après neuf heures du soir; non plus que les jours de fête légale, si ce n'est en vertu de permission du juge, dans le cas où il y aurait péril en la demeure.* L'article 63 fait application de la dernière partie de la règle aux exploits, en disant : *Aucun exploit ne sera donné un jour de fête légale, si ce n'est en vertu de permission du président du tribunal.*

Les jours de fête légale sont, d'après la loi organique du Concordat du 18 germinal an X et le décret du 29 germinal an X : 1° les dimanches; 2° les jours de l'Ascension, de l'Assomption, de la Toussaint et de Noël. D'après un avis du Conseil d'État, du 13 mars 1810, approuvé le 20 mars, il faut aussi ranger le premier jour de l'an parmi les fêtes légales. Cet avis doit être considéré comme ayant force de loi; car il a été émis à une époque où le Conseil d'État était en possession du pouvoir d'interpréter les lois. La loi du 6 juillet 1880 a mis au rang des fêtes légales le 14 Juillet.

612. Quelle sanction est attachée aux dispositions de l'article 1037? La loi est muette, et une controverse s'est élevée sur cette question. Plusieurs arrêts de cours d'appel et un grand nombre d'auteurs admettent que l'acte, fait en contravention de l'article 1037, ne doit pas être annulé : l'irrégularité n'affecte en rien la substance de cet acte. L'amende encourue par l'officier ministériel, auteur de l'acte irrégulier (art. 1030), l'éventualité de poursuites disciplinaires suffisent dans la pratique pour garantir l'observation du précepte légal. La personne, au domicile de laquelle on viendrait pendant la nuit faire des actes de signification ou d'exécution, aurait le droit de s'y opposer. L'huissier qui passerait outre serait passible, aux termes de l'article 184 du Code pénal, d'un emprisonnement de six jours à un an et d'une amende de 16 francs à 1,500 francs. Ces diverses sanctions sont suffisantes.

Nous n'adoptons pas cette opinion. Nous pensons que l'acte de signification ou d'éxécution doit être annulé comme violant des dispositions d'ordre public, sans préjudice des peines disciplinaires ou correctionnelles à prononcer contre l'huissier contrevenant. Le bon ordre général est intéressé à ce que le domicile des citoyens soit inviolable pendant la nuit : la sécurité de tous est, au premier chef, une nécessité d'ordre public. Les fêtes légales sont déterminées par le Concordat de germinal an X et la loi du 6 juillet 1880, qui sont des lois essentiellement politiques, et toute loi politique rentre incontestablement dans la catégorie des lois d'ordre public. L'acte, fait au mépris de ses dispositions, est donc nul comme il a été expliqué ci-dessus.

613. L'article 1037 autorise cependant le juge à lever la prohibition en ce qui concerne les fêtes légales, et à permettre une signification ou une exécution, s'il y a péril en la demeure; par exemple, la prescription sera accomplie si on attend, pour signifier l'acte interruptif, au lendemain de la fête légale ; ou bien c'est dans un port de commerce, un navire qui se dispose au départ et qu'il est urgent de retenir. Pour ces cas extrêmes, dont l'entière appréciation est laissée au juge, la loi a cru devoir faire fléchir la règle. Mais comme l'urgence n'est jamais telle qu'il faille s'écarter, en matière civile, du principe de l'inviolabilité du domicile pendant la nuit, la faculté accordée au magistrat par la dernière phrase de l'article 1037 doit être restreinte aux jours de fête légale. La ponctuation du texte vient du reste corroborer ce sentiment.

614. Quel est le juge qui peut donner la permission de signifier ou d'exécuter les jours de fête légale ? C'est, en principe, comme l'indique l'article 63, le président du tribunal civil de l'arrondissement, dans l'étendue duquel l'huissier doit faire la signification ou l'exécution, et, à défaut du président, le juge le plus ancien. La permission peut être aussi donnée par le juge de paix ou par le président du tribunal de commerce, toutes les fois qu'il s'agit de demandes qui doivent être portées devant ces juridictions d'exception.

615. *Lieu.* — En principe, les significations et les exécutions doivent s'accomplir au domicile de la personne à laquelle l'acte est destiné. Il est naturel que l'huissier s'adresse au domicile du défendeur; car ce domicile est, à raison de sa nature même, essentiellement le lieu destiné à la confection de l'acte, qui sera régulier si l'officier a eu le soin de n'instrumenter qu'aux jours et heures où l est autorisé à le faire. — Mais les significations peuvent être faites à la personne même du défendeur, pourvu que l'huissier soit assuré de l'identité de la personne à laquelle il s'adresse (art. 68 Pr. civ.). Pour les significations qui se font à la personne même, on se demande si elles peuvent lui être adressées en quelque lieu qu'on la trouve. Peut-on signifier un exploit dans les lieux publics destinés aux cultes, temples, églises ou chapelles, aux heures des offices, dans le lieu et pendant les séances des tribunaux, dans les bourses pendant leur tenue ? Le projet du Code contenait une règle spéciale, prononçant la nullité de l'acte de procédure accompli dans ces conditions. Cette disposition a été formellement écartée. L'acte sera donc valable. Mais il convient de s'abstenir d'instrumenter en pareille circonstance et dans de tels lieux. Les démarches de l'officier ministériel pourraient amener quelque scandale. Il encourrait des peines disciplinaires, et, en cas de trouble apporté à l'exercice d'un culte, il pourrait être poursuivi et condamné, d'après l'article 268 du Code pénal, à une amende de 16 francs à 500 francs et à un emprisonnement de quinze jours à six mois.

II. — Actes émanés des tribunaux.

616. *Temps.* — Pour les tribunaux, la fixation des jours et heures où ils doivent donner audience est l'objet d'un règlement délibéré en assemblée générale et soumis à l'approbation du garde des sceaux (art. 7 de la loi du 11 avril 1838). L'observation des fêtes légales est obligatoire pour les tribunaux, aussi bien que pour les officiers ministériels. — Cependant les motifs d'urgence qui ont fait admettre la juridiction du président du tribunal en référé ne recevraient pas satisfaction si l'article 805 Proc. civ. n'avait pas autorisé les assignations par-devant lui les jours de fêtes. — Le juge de paix peut aussi donner audience tous les jours, même ceux de dimanches et fêtes, d'après l'article 8. Cette exception est toute justifiée par le caractère paternel de la juridiction des juges de paix et par l'avantage que trouvent les gens de travail, les ouvriers et paysans, justiciables habituels du juge de paix, à ne pas perdre, pour se rendre devant ce juge, une journée de travail, dont le salaire est presque toujours indispensable à l'entretien de leur famille.

617. — Il existe aussi, pour les tribunaux ordinaires, une époque de *vacances*, pendant laquelle l'exercice de la justice civile est suspendu, sauf l'expédition des affaires urgentes qui est confiée à une chambre des vacations (art. 40 à 44, 75 à 78 du décret du 30 mars 1808). Cette époque comprend les mois de septembre et d'octobre. Mais comme la mission des juridictions spéciales, des juges de paix, des tribunaux de commerce, des conseils de prud'hommes s'applique à des besoins quotidiens qu'il faut satisfaire tous les jours, il n'existe pas de vacances pour ces juridictions.

Aucune disposition légale ne frappe de nullité les procédures suivies et les jugements rendus pendant le temps des vacances. Ils ne peuvent être annulés pour violation d'une règle d'ordre public ; car les vacances sont exclusivement instituées dans l'intérêt des juges eux-mêmes.

Un juge-commissaire, chargé d'une enquête ou de toute autre procédure, pourra donc se livrer valablement à ces opérations pendant la durée des vacances. Mais il n'est point tenu de le faire, et si le délai fixé par la loi devait expirer durant ce laps de temps, il serait nécessaire que la partie intéressée signifiât à son adversaire un acte protestatoire dans ledit délai, pour en suspendre le cours jusqu'à la rentrée des tribunaux.

Mais ni juge-commissaire ni tribunal ne peuvent opérer un jour de fête légale. La procédure accomplie ou le jugement rendu, à l'encontre de la prohibition, seraient nuls ; car il y aurait alors, comme nous l'avons dit déjà, violation d'une règle d'ordre public.

618. *Lieu.* — Les juges sont astreints en principe à procéder dans le lieu et dans l'édifice consacrés à leurs séances, et avec l'assistance du greffier. L'article 1040 est formel à cet égard. Deux dérogations à cette règle sont admises par la loi : 1° lorsque l'affaire portée en référé devant le président du tribunal requiert célérité, ce magistrat, ou son représentant, peut permettre d'assigner, soit à l'audience, soit en *son hôtel* (art. 808) ; 2° la présence du greffier n'est pas nécessaire dans le cas où le président procède en sa demeure. — Le juge de paix peut aussi tenir audience en sa demeure, pourvu que les portes en soient ouvertes, et rendre ses sentences, même sur les lieux où il se transporte, lorsqu'il y fait une descente, pour vérifier par lui-même les éléments matériels du litige (art. 8 et 42 Proc. civ.).

619. L'article 1040 ne prononce pas la peine de la nullité, en cas d'inobservation des formalités qu'il prescrit. Les ordonnances royales avaient autrefois proscrit l'usage abusif qui s'était introduit de juger certaines causes hors du palais. Les sentences ainsi rendues étaient annulées. Nous pensons qu'il doit en être de même de nos jours. L'obligation où sont les juges de statuer au lieu fixé par les règlements se rattache intimement au principe de la publicité, principe évidemment d'ordre public. « Hors du lieu où se rend la « justice, disait avec raison M. Rodière, le juge perd une grande « partie de son autorité morale ; d'un autre côté, sa véracité peut « être suspectée toutes les fois qu'il n'a pas été assisté du greffier, « et que celui-ci, par sa présence et sa signature, n'a pas garanti « la vérité des faits que le juge dit *avoir accomplis* ou s'être passés « devant lui (1). »

§ 5. — *De la computation des délais.*

620. Nous ne voulons point traiter ici tout ce qui est relatif aux divers délais, dans lesquels doivent être accomplis tels ou tels actes de procédure, devant telle ou telle juridiction. Cet examen détaillé aura lieu, et plus utilement, lors du commentaire des articles où ces délais sont indiqués. Nous voulons seulement exposer actuellement quelques principes applicables, en règle générale, à tous les délais fixés par les lois de la procédure.

Mentionnons tout d'abord que quelques-uns des délais, fixés par le Code, étant devenus excessifs par l'effet des progrès opérés dans l'organisation et la nature des voies de communication, une loi du 3 mai 1862 a eu pour objet de les restreindre et de poser quelques règles applicables à tous les délais.

Ces règles sont relatives au mode de calcul de ces délais et à l'augmentation qu'ils doivent subir à raison des distances.

1. Rodière, *Cours de compétence*, etc. 4e édition, t. Ier, p. 153.

I. — Mode de calcul.

621. — Le paragraphe 1er de l'article 1033 pose le principe : « *Le jour de la signification, ni celui de l'échéance, ne sont point* « *comptés dans le délai général fixé pour les ajournements, les citations, sommations et autres actes faits à personne ou à domicile.* »

Les jours termes ne sont pas comptés dans le délai : *Dies termini non computantur in termino.* Le jour qui sert de point de départ à un délai s'appelle le *dies à quo;* le jour où le délai échoit, le *dies ad quem.* — Un délai est dit *franc*, lorsqu'on ne comprend, dans le calcul de ce délai, ni le *dies à quo*, ni le *dies ad quem.* Les délais visés par l'article 1033 sont donc des délais *francs.*

Exemples : un ajournement est donné à comparaître devant le tribunal civil ou la Cour d'appel, au délai ordinaire, c'est-à-dire à *huitaine* (art. 72 et 456), le 1er décembre. Ce jour, celui de la signification de l'exploit, *dies à quo*, ne compte pas. Le délai court du 2 décembre. La huitaine expire le 9. Mais comme l'assigné a toute la journée du 9 pour constituer avoué, un jugement par défaut ne pourra être obtenu contre lui que le 10, *dies ad quem.* Ce dernier jour, le 10, n'entre pas en compte et on a huit jours pleins, du 2 au 9 du mois. — Une citation devant le juge de paix est signifiée le 10 du mois; elle ne peut être donnée que pour le 12 : on ne peut demander à l'assigné de se présenter avant ce jour-là. Il aura ainsi la journée du 11 pleine et entière (art. 9. Proc. civ.). Le 10, *dies à quo*, le 12, *dies ad quem*, ne sont pas comptés : même mode de calcul pour l'assignation à comparaître en conciliation, ou devant le tribunal de commerce, etc.

622. La disposition de l'article 1033 sur la franchise du délai est applicable toutes les fois qu'une signification à personne ou à domicile est le point de départ du délai dans lequel un acte doit être consommé. Ainsi sont francs : 1° le délai de la citation en conciliation (art. 51); 2° le délai des ajournements devant les tribunaux de paix, de première instance, de commerce et les cours d'appel (art. 5, 72, 416, 456) ; 3° le délai pour appeler en garantie (art. 175), pour obtenir la reconnaissance d'un écrit (art. 193), pour l'assignation des témoins et de la partie adverse en matière d'enquête (art. 260, 261, 408); 4° le délai après lequel l'avoué doit rétablir les pièces communiquées (art. 190); 5° le délai qui doit s'écouler entre le commandement et la saisie-exécution (art. 583); 6° le délai des insertions dans les journaux en matière de saisie immobilière (art. 696, 699, 704); 7° le délai dans lequel doivent être faits les dires qui précèdent la publication du cahier des charges (art. 694).

Le délai de deux mois, accordé par l'article 443 Proc. civ., pour interjeter appel d'un jugement rendu par un tribunal d'arrondissement ou par un tribunal de commerce, est-il franc ? Oui ; la jurisprudence applique l'article 1033 au calcul de ce delai.

Le délai de deux mois, donné à partir de la signification d'un jugement ou d'un arrêt, pour se pourvoir en cassation, est aussi un délai franc, auxquel s'applique le mode de computation de l'article 1033 (art. 9 de la loi des 2-3 juin 1862).

623. L'article 1033 ne s'occupe expressément que du cas où une partie doit obtempérer à un ajournement, sommation, ou tout autre acte, dans un certain délai. Sa disposition est-elle applicable au cas où une partie doit elle-même, dans un délai donné, faire quelque déclaration ou signifier quelque recours? Il est d'abord certain que le *dies à quo* ne compte jamais. En est-il de même du jour de l'échéance, du *dies ad quem*, en sorte que le lendemain le recours puisse être formé utilement? La négative est certaine toutes les fois que la loi dit que l'acte doit être fait ou le recours formé *dans* tel délai. Cette manière de s'exprimer indique que l'acte doit être accompli *en deçà* et non *au delà* des limites du délai fixé. Il ne saurait l'être utilement le lendemain. Le *dies ad quem* est le dernier jour utile. Ainsi, par exemple, l'article 483 dit que la requête civile doit être formée par les majeurs *dans* les deux mois de la signification. Si le jugement a été signifié le 31 mars, la requête civile doit être formée le dernier jour de mai au plus tard ; elle serait tardive et non recevable le 1er juin. — Il en est de même dans les cas des articles 664, 669, 756, 762, etc., Proc. civ. — Dans les articles 157, 731, 809, la loi n'emploie pas l'expression *dans ;* mais elle se sert de termes qui sont équipollents.

624. Les lois de procédure ne fixent pas toujours les délais par l'indication du nombre des jours qui les composent. Elles les fixent souvent par *mois.* Ces mois doivent se calculer, non par périodes égales de trente jours, mais, suivant le calendrier grégorien, de quantième à quantième. Ainsi, le délai d'appel, à l'égard d'un jugement signifié le 30 juin, ira jusqu'au 1er septembre, soit soixante-deux jours pleins, et pour un jugement signifié le 31 décembre, jusqu'au 1er mars, soit cinquante-neuf jours pleins seulement. De même, pour le pourvoi en cassation (art. 9, loi du 2 juin 1862).

625. Les jours fériés entrent-ils dans la computation des délais? Oui, si le jour férié est *intercalaire*, est compris dans l'intervalle du délai. Ainsi, dans le délai de huitaine, de quinzaine, il y a toujours un ou deux dimanches compris. L'ajournement donné le 1er décembre 1880 expirera le 10, quoique le 5 soit un dimanche. Mais que décider si le jour de l'échéance est un jour férié? L'ajournement a été donné le 3 décembre 1880. Le délai de huitaine, calculé conformément à l'article 1033, expire le 12 décembre; or, le 12 est un dimanche. Faut-il proroger le délai au lendemain? La question était autrefois très discutée. Elle est résolue par la loi du 3 mai 1862 et le nouvel article 1033 dit formellement : *Si le dernier jour du délai est un jour férié, le délai sera prorogé au lendemain.* Et si le lendemain était lui-même un jour férié, le délai serait reporté au surlendemain. Soit un ajournement donné le 16 décembre 1880, il échoit le 25 qui est le jour de Noël : prorogé au lendemain, il tombe sur le dimanche 26 ; il sera prorogé jusqu'au 27, au lundi suivant. — Cette règle, dont le législateur, pour ne pas déranger le numérotage des articles du Code de procédure, a fait un simple paragraphe de l'article 1033, doit, d'après l'esprit de la loi, être appliquée à tous les délais de toute nature.

626. Le Code de procédure et d'autres lois ont établi, en certains cas, des délais de *vingt-quatre* heures. Ne coufondons pas ce délai avec celui d'*un jour*. La variété dans les expressions correspond à une différence dans les choses. Le délai d'*un jour* se calcule d'après la règle posée par le § 1er de l'article 1033. Le délai de *vingt-quatre* heures se compte *de hora ad horam*, c'est-à-dire de l'heure où a été fait l'acte, qui sert de point de départ, à l'heure correspondante du lendemain.

627. *Augmentation à raison des distances.* — Toutes les fois qu'il s'agit des actes que le législateur a eu en vue dans l'article 1033, lorsqu'une partie est obligée d'obtempérer à un ajournement ou à une citation dans un certain délai, on doit avoir égard à la distance qui sépare son domicile du lieu où elle doit se rendre pour accomplir l'acte qu'elle est sommée d'exécuter, ou pour comparaître au lieu où elle est sommée de se rendre. C'est pure justice; sinon, à son égard, le délai légal serait en réalité abrégé.

D'après l'ancien article 1033, quand les délais ordinaires devaient être augmentés à raison des distances, l'augmentation était d'un jour par trois myriamètres à franchir. La loi du 3 mai 1862, tenant compte de la facilité actuelle des communications, n'accorde plus qu'un jour par cinq myriamètres. Et comme le législateur n'a pas voulu se donner le soin de procéder à la revision de tous les articles dans lesquels il est question d'augmenter les délais, il a posé une règle générale dans le nouvel article 1033, modifié par la loi de 1862. Les paragraphes 2, 3 et 4 disposent : *Le délai sera augmenté d'un jour à raison de cinq myriamètres de distance. Il en sera de même dans tous les cas prévus en matière civile et commerciale, lorsqu'en vertu des lois, décrets ou ordonnances, il y a lieu d'augmenter le délai à raison des distances. — Les fractions de moins de quatre myriamètres ne seront pas comptées; les fractions de quatre myriamètres et au-dessus augmenteront le délai d'un jour entier.*

628. Cette augmentation n'a point lieu pour les délais ordinaires de l'appel, du pourvoi en cassation, de la requête civile. Le délai de deux mois, fixé pour ces divers recours, est suffisant, dans la France continentale, pour se mettre en mesure, quelle que soit la distance qui sépare le domicile de la partie condamnée du lieu où le recours doit être formé ou signifié. A l'égard des personnes domiciliées hors de France ou absentes du territoire français pour cause de service public ou de navigation, la loi a fixé des délais spéciaux (art. 4 et 5 de la loi du 2 juin 1862; art. 73, 445, 446, 485, 486, Proc. civ. modifiés par la loi du 3 mai 1862).

Mais l'augmentation est indispensable, quand il s'agit d'un recours qui doit être formé ou régularisé dans un simple délai de huitaine, comme dans le cas des articles 162 et 362 Proc. civ. — En outre, pour l'appel dirigé contre une sentence, rendue par le juge de paix, l'article 13 de la loi du 25 mai 1838 exige que le délai de trente jours soit augmenté en faveur de la partie non domiciliée dans le canton, conformément à l'article 1033. L'honorable M. Rodière était porté à induire de cette disposition légale, que l'augmentation à raison des distances doit être accordée en principe, quand le délai fixé ne dépasse pas trente jours (1). Sa décision nous paraît équitable.

1. Rodière, *Cours de compétence*, etc. 4e édition, t. Ier, p. 155.

629. L'augmentation doit-elle avoir lieu quand il s'agit d'actes à signifier, non à personne ou à domicile, mais à avoué? Plusieurs distinctions sont ici nécessaires.

S'agit-il d'un acte d'instruction ordinaire, rentrant dans les pouvoirs normaux de l'avoué, mandataire *ad litem*, et n'exigeant point qu'il en réfère à son client, nulle augmentation ne saurait avoir lieu.

L'avoué est-il obligé de faire signifier un pareil acte, non dans la ville où il réside, mais dans un autre lieu, l'augmentation se calculera sur la distance existant entre le domicile de l'avoué et le lieu où l'acte doit être signifié. L'article 365 Proc. civ. nous offre un cas d'application de cette règle.

Mais il peut arriver que l'avoué qui reçoit une signification, qui, par son intermédiaire, s'adresse au fond des choses à son client, ait besoin de recevoir de ce dernier de nouvelles instructions, ou de l'avertir d'avoir à se trouver lui-même dans un lieu où il a intérêt à être présent. Ce cas se réalise notamment quand une partie est appelée pour assister à la prestation d'un serment (art. 121), à l'audition des témoins d'une enquête (art. 261), à une descente sur les lieux (art. 297), aux premières opérations des experts (art. 315), etc. Dans ces divers cas et autres analogues, y a-t-il lieu à augmentation à raison des distances, et comment doivent se calculer ces distances? La question est controversée dans la jurisprudence. Quelques arrêts repoussent toute augmentation. (Reims, 13 mars 1855.) D'autres arrêts admettent l'augmentation, mais se divisent quant à la fixation de la distance. Les uns veulent qu'elle soit calculée entre le domicile de la partie assignée et celui de son avoué. Si l'assignation est remise chez l'avoué, c'est à la partie, au fond, qu'elle est adressée; on doit donc s'attacher au temps qu'il faut à l'avoué pour l'avertir, puis à elle pour le renseigner. (Cass. ch. réunies, 28 janv. 1826; Bordeaux, 17 janv. 1851, etc.) Les autres s'attachent à la distance existant entre le domicile de la partie et le lieu où se fera l'enquête ou la descente. (Cass., 23 juin 1852.) Quelques-uns enfin veulent seulement tenir compte de la distance qui sépare le domicile de l'avoué du lieu de l'enquête. La partie a dû d'avance renseigner son avoué; l'acte ou les actes à accomplir ont dû être pvévus. En conséquence, il n'y a pas lieu à augmentation, si l'enquête ou l'expertise se fait au lieu même où l'avoué est domicilié. (Bastia, 22 juill. 1857; Poitiers, 9 mai 1877.)

Nous croyons cette dernière opinion plus conforme aux principes généraux et à l'idée même du mandat *ad litem* dont est chargé l'avoué. Mais comme il peut se présenter, en pratique, telles hypothèses dans lesquelles l'avoué ait à demander des instructions à son client et, par suite, ait un intérêt réel à ce que le délai soit augmenté, nous pensons qu'il doit en faire l'objet d'un *incident*, c'est-à-dire demander au tribunal expressément cette augmentation de délai. Elle ne lui sera pas refusée, s'il justifie qu'elle est indispensable. En gardant le silence, il reconnaîtrait implicitement que son client n'a aucun intérêt à jouir d'une semblable augmentation.

Si l'opération ordonnée se fait ailleurs qu'au lieu où siège le tribunal, il y a augmentation à raison de la distance existant entre le domicile de l'avoué et le lieu de la future opération.

630. Quant aux significations faites au domicile élu, l'augmentation doit se calculer d'après le lieu de ce domicile et non d'après celui de domicile réel. L'élection de domicile implique, au profit de la personne chez laquelle elle a été faite, le pouvoir virtuel de faire les actes utiles à son mandant.

631. L'ancien article 1033 exprimait que l'augmentation à raison des distances devrait être double, lorsqu'il y avait lieu à *voyage* par *envoi et retour*. Cette disposition a disparu du nouvel article. Lors de la discussion de la loi du 3 mai 1862, l'orateur du gouvernement déclara que cette disposition avait été reconnue inutile et sans application possible. Nous croyons que l'orateur du gouvernement s'est trompé et qu'il ne serait pas difficile de trouver des cas où une pièce doive être envoyée à une personne, puis revenir à son point de départ.

Ainsi, en matière d'enquête, on comprend que l'avoué ait à envoyer l'exploit dont parle l'article 261 au domicile de la partie, et que cet exploit lui soit ensuite retourné. Donc, dans l'opinion de ceux qui veulent une augmentation du délai fixé par l'article 261, il faut, pour être logique, admettre une augmentation double. Nous qui repoussons l'augmentation de *droit*, sauf à la demander en *fait* au tribunal, ne voyons aucun danger à la suppression qui a été opérée.

632. Quand la loi ne fixe aucun délai pour les citations et sommations, nous distinguerons entre celles qui sont adressées aux avoués et celles qui touchent les parties. Pour les actes de pure instruction qui doivent être exécutés par les avoués, par exemple, pour les *avenirs*, nous pensons qu'on peut citer de la veille au lendemain, parce que les avoués sont réputés pouvoir se présenter tous les jours au palais ou pouvoir s'y faire remplacer. Ils ont entre eux des relations quotidiennes. — Dans les sommations relatives à des actes, auxquels les plaideurs peuvent avoir intérêt à assister eux-mêmes, tels que prestation de serment, ouverture d'expertise, etc., nous pensons que le délai doit, par analogie de ce que la loi décide en matière d'enquête, être de *trois* jours *francs* dans les affaires portées devant les tribunaux civils et les cours d'appel, et d'*un* jour *franc* dans les procès soumis aux juridictions où le délai de la comparution n'est que d'un jour, les justices de paix, les tribunaux de commerce. Si ces délais n'étaient point observés, il n'y aurait pas nullité de l'acte, en présence de l'article 1030 Proc. civ., mais seulement lieu à dommages-intérêts pour la partie prise, si elle justifiait d'un préjudice causé par suite de l'absence de délai suffisant.

§ 6. — *De la rétroactivité des lois.*

633. Le principe posé par l'article 2 du Code civil : *La loi ne dispose que pour l'avenir, elle n'a pas d'effet rétroactif,* ne régit l'interprétation d'une loi, qu'autant que l'application de cette loi aux faits antérieurs à sa promulgation léserait des droits acquis. Mais on ne peut considérer comme un droit acquis la faculté d'employer telle ou telle forme de procédure. Les plaideurs n'ont droit qu'à la constatation de la vérité ; or, quand le législateur modifie les formes de procédure, c'est justement parce qu'il reconnaît ou croit que les nouvelles formalités par lui adoptées seront plus aptes que ne l'étaient les anciennes à faire découvrir aux juges cette vérité, objet de leurs recherches. Les parties ne sauraient réclamer le maintien des anciennes formes, jugées inutiles ou surannées. Si pareille prétention pouvait être admise, on se heurterait à la difficulté de faire revivre des juridictions disparues. Les lois de procédure, ne touchant pas au fond du droit, doivent donc être appliquées dès leur promulgation. C'est ce que décidait formellement l'arrêté consulaire du 5 fructidor an IX : *Tout ce qui touche à l'instruction des affaires, tant qu'elles ne sont pas terminées, se règle d'après les formes nouvelles, sans blesser le principe de non-rétroactivité, que l'on n'a jamais appliqué qu'au fond du droit.*

Les rédacteurs du Code de procédure ne voulurent pas, par une application brusque de ses dispositions, apporter la perturbation dans les procédures entamées sous l'empire de l'ordonnance de 1667. L'article 1041 porte : *Le présent Code sera exécuté à dater du 1er janvier 1807 ; en conséquence, tous procès qui seront intentés depuis cette époque seront instruits conformément à ses dispositions.*

Que fallait-il entendre par ces mots, *procès intentés* depuis le 1er janvier? Fallait-il qu'une affaire eût suivi toutes les phases, tous les degrés de juridiction avant 1807, ou devait-on seulement achever la phase du procès qui était entamé avant l'époque fixée? Un avis du Conseil d'État du 16 février 1807 adopta cette deuxième opinion et décida que les appels interjetés, les saisies, les ordres, entamés depuis le 1er janvier, constitueraient autant d'instances nouvelles, auxquelles seraient applicables les règles du nouveau Code de procédure.

§ 7. — *De l'assistance judiciaire.*

634. Le principe de l'égalité des Français devant la loi, proclamé par la Révolution de 1789, inscrit depuis dans toutes nos chartes ou constitutions, fut longtemps, en ce qui concerne l'accès de la justice, un principe platonique. L'égalité n'existait pas en réalité, en raison des difficultés que rencontraient *en fait* les indigents pour faire arriver leur réclamation ou leur défense à la barre des tribunaux.

L'avoué, qui a fait l'avance des frais d'un procès gagné, jouit de l'avantage considérable de pouvoir, à l'aide de la *distraction des dépens*, se faire directement rembourser par la partie perdante. Si cette perspective pouvait déterminer un avoué à faire les avances d'un procès dans l'intérêt d'un indigent, quand le succès de la cause lui paraissait certain, en fait peu d'avoués consentaient à cette avance. Qui dit procès, dit chance, éventualité. Celui qui craint de perdre s'exagère les chances défavorables. Le procès fût-il gagné, la partie adverse peut être insolvable et la distraction des dépens au profit de l'avoué ne constituer qu'un avantage illusoire. — En réalité, peu d'indigents parvenaient à défendre leurs droits, et l'égalité, proclamée en *droit*, se trouvait en *fait* anéantie ou bien amoindrie.

Le législateur a voulu corriger cet état de choses et faciliter aux indigents l'accès de la justice par l'organisation de l'*assistance judiciaire*. La loi du 22 janvier 1851, expliquée par les circulaires ministérielles des 9 août 1851, 6 mai 1852, 29 avril 1853, 30 décembre 1853, 18 juillet 1856, 4 novembre 1857, etc., organise des bureaux d'assistance judiciaire : 1° un par arrondissement auprès des justices de paix, des tribunaux de commerce et des tribunaux civils; 2° un près chaque cour d'appel; 3° un près la Cour de cassation et 4° un près le Conseil d'État.

Ces bureaux d'assistance examinent la position du réclamant et les titres qu'il produit à l'appui de sa demande. Si celle-ci paraît fondée ou plausible, si l'indigence est démontrée, le bureau accorde l'assistance judiciaire.

Au moyen de cette assistance, l'indigent obtient la désignation d'un avocat, d'un avoué, d'un huissier, qui doivent lui prêter leur ministère, sans exiger provisoirement une rétribution. Les greffiers des tribunaux ne peuvent non plus demander leur salaire. Tous les actes de procédure faits à la requête de l'indigent, tous les titres dont son procès exige la production, sont visés pour timbre et enregistrés en débet. L'indigent n'est donc obligé à faire aucune espèce d'avance. Il est provisoirement dispensé du payement de tous droits et de tous honoraires.

Gagne-t-il son procès, son adversaire est condamné aux dépens; l'administration de l'enregistrement en poursuit le recouvrement contre la partie condamnée, et distribue aux divers ayants droit les sommes recouvrées pour leur compte. — Si l'indigent succombe, il doit les frais. L'administration de l'enregistrement lui réclamera les droits dus au Trésor public.

Les dispositions de la loi du 22 janvier 1851 étant fort claires, nous renvoyons le lecteur au texte même de la loi pour les questions de détail et d'application.

PROCÉDURE CONTENTIEUSE

635. L'objet de la procédure contentieuse est la détermination des formes à suivre pour intenter une demande en justice, y défendre, l'instruire, la juger, se pourvoir contre les jugements et les exécuter.

Mais, avant d'étudier cette procédure et ces formes, une question préalable doit être résolue. Toute personne peut-elle recourir à cette procédure, introduire une demande en justice ? La mise en exercice d'une action, d'un droit sanctionnateur, ne comporte-t-elle pas le concours de quelques conditions ? Cette question, le Code de procédure n'avait pas à la résoudre, car il ne s'occupe que des formes proprement dites. La solution doit être demandée aux principes généraux du droit.

Des conditions requises pour l'exercice d'une action.

Quatre conditions doivent concourir pour qu'une personne puisse intenter une action en justice. Cette personne doit avoir : 1° intérêt ; 2° droit légal ; 3° qualité ; 4° capacité ou pouvoir d'ester en justice.

636. *Première condition.* — Celui qui formule une demande en justice doit avoir intérêt. Une personne n'a pas le droit de soulever des litiges dont la solution ne lui importe en aucune manière et qui sont étrangers à sa personne ou à son patrimoine. Ce principe de sens commun se traduit par les deux maximes suivantes : *Pas d'intérêt, pas d'action.* — *L'intérêt est la mesure des actions.*

Cet intérêt peut être pécuniaire ou moral, intérêt d'honneur ou de famille.

Pécuniaire, c'est-à-dire appréciable en argent. *Exemple :* L'habitant d'une commune a un intérêt pécuniaire à faire cesser l'obstacle apporté à la jouissance d'un chemin public, joignant son héritage et par lequel il exécute ses charrois. — Au contraire, l'héritier *ab intestat*, non réservataire, n'a pas d'intérêt à faire annuler un testament, lorsqu'il existe d'autres testaments antérieurs qui l'excluent de la succession.

Un intérêt *moral*, *d'honneur* ou *de famille* suffit à fonder une demande en justice. *Exemples :* Une personne injuriée ou diffamée peut poursuivre la réparation de l'outrage infligé à son honneur. — Celui dont un tiers s'est approprié le nom patronymique peut agir pour faire cesser cette usurpation. — Les preneurs de billets d'une loterie de bienfaisance ont un intérêt moral suffisant pour attaquer l'organisateur de la loterie, qui a détourné les fonds de leur destination. — Des parents collatéraux, exclus de la succession d'un de leurs parents par un legs universel, peuvent réclamer l'exécution de dispositions propres à honorer la mémoire du testateur, ou demander la réparation d'un acte de destruction accompli sur son tombeau.

L'intérêt doit être *né* et *actuel*. *Exemples :* Les enfants issus d'un premier mariage pourront demander, du vivant du père commun, la nullité de son second mariage, pour écarter de la succession d'un frère consanguin décédé les enfants issus du second lit. — Néanmoins, quelquefois l'intérêt peut paraître n'être que *futur :* mais, en y regardant de près, on s'aperçoit que la menace, la possibilité d'un préjudice éventuel trouble actuellement la situation du demandeur. *Exemples :* Un légataire, dont le legs est soumis à une condition immorale ou illicite, peut agir pour la faire déclarer non écrite, quoiqu'aucune réclamation n'ait encore été élevée contre lui. — Celui qui possède la preuve de son droit et qui craint de le voir dépérir, peut agir en justice pour en établir l'existence : c'est le but de la procédure de faux principal, de la demande principale en vérification d'écritures et des enquêtes à futur. De même, le créancier d'une rente peut, vingt-huit ans après la date du dernier titre, contraindre le débiteur à fournir à ses frais un nouveau titre, pour n'être pas exposé à ce que, trente années étant écoulées, le débiteur, en possession des quittances, vienne nier le payement des arrérages et invoquer la prescription. (Cod. civ., art. 2263.)

Le défaut d'intérêt engendre au profit du défendeur au procès une *fin de non-valoir*, qui lui permet de repousser la demande et qu il peut invoquer, d'après la jurisprudence, même pour la première fois devant le juge d'appel. Mais cette fin de non-valoir ne saurait être proposée pour la première fois devant la Cour de cassation, car elle constitue un *moyen nouveau* (1) et ne repose pas sur un principe d'ordre public. Celui-ci n'est point lésé, si un demandeur, sans intérêt, a pu plaider contre un défendeur qui a omis d'opposer ce défaut d'intérêt.

637. *Deuxième condition.*—Le demandeur doit avoir un *droit légal*, un droit reconnu et sanctionné par la loi. *Exemples :* Le créancier *naturel* ne peut poursuivre en justice l'exécution de l'*obligation naturelle,* dont le débiteur est tenu envers lui. — Un père ne peut être contraint d'accomplir l'*obligation morale* qui lui incombe d'établir ses enfants. (C. civ., art. 204.) — Un frère ne peut être condamné à fournir des aliments à son frère ou à sa sœur ; il n'est tenu envers eux que d'un devoir moral. Au contraire, un père et son fils sont réciproquement obligés *légalement* et peuvent s'actionner en justice pour obtenir l'accomplissement de cette obligation : ils ont l'un contre l'autre *droit légal.* (C. civ., art. 203 et 206.) — L'exécution d'une dette de jeu ne peut être judiciairement réclamée, quelque *intérêt* que puisse avoir le gagnant : il n'a pas de *droit légal.* (C. civ., art. 1965 à 1967.)

Le droit doit être ouvert au moment de l'introduction du procès, c'est-à-dire, ni retardé par un terme, ni suspendu par une condition. Mais les créanciers à terme ou conditionnels peuvent accomplir tous actes conservatoires de leurs droits. (C. civ., art. 1180.)

L'absence de *droit légal* chez le demandeur engendre au profit du défendeur une *fin de non-valoir*, comme le défaut d'intérêt. Peut-elle être proposée pour la première fois devant la Cour suprême ? Nous distinguons. Si la loi lui refuse de reconnaître un droit au demandeur, si elle annule dans des vues d'ordre public la convention illicite qu'il invoque, le défaut de *droit légal* pourra être invoqué, pour la première fois, devant la Cour de cassation. Les premiers juges auraient dû d'*office* rejeter la demande et, en l'accueillant, ils ont violé la loi qui prohibait la convention. Si l'ordre public n'est pas engagé dans la contestation, *la fin de non-valoir* ne pourra être invoquée devant la Cour suprême, que si, présentée devant les juges du tribunal ou de la Cour, elle a été rejetée par eux. Sinon, elle constituerait un moyen nouveau.

638. *Troisième condition.*—Celui qui veut introduire une demande

1. Comme il sera expliqué à propos du pourvoi en cassation, les *moyens nouveaux* ne sont pas recevables devant la Cour suprême.

en justice doit avoir *qualité*. Ont seuls qualité le titulaire du droit litigieux, son mandataire légal ou conventionnel, ses créanciers en vertu de l'article 1166 du Code civil, et par exception le contribuable qui exerce les actions appartenant à sa commune. (L. 18 juill. 1837, art. 49.) — Tout autre que le titulaire du droit ne peut demander à la justice la reconnaissance de ce droit : admettre une règle contraire serait autoriser autrui à s'ingérer dans nos affaires, à disposer en fait de notre patrimoine, à compromettre nos droits en temps inopportun. De même que nul ne peut, sans mandat par moi donné, faire avec un tiers une convention qui m'oblige, nul ne peut, en plaidant contre autrui, faire reconnaître ou dénier mon droit. *Exemples :* L'usufruitier d'un immeuble n'a pas qualité pour intenter l'action dite *en revendication :* elle ne peut être formée que par le propriétaire. Mais l'usufruitier a qualité pour intenter l'action *confessoire*, à l'aide de laquelle il fera respecter son droit d'usufruit. — Un ex-tuteur n'a plus qualité pour intenter les actions compétant à son ex-pupille; car il n'est plus le mandataire légal de ce majeur.

639. A la troisième condition, *avoir qualité*, se rattache une maxime célèbre, souvent répétée au Palais : *Nul ne plaide par procureur, hors le roi.* On a beaucoup disserté sur l'origine de cette règle, sans arriver à se mettre d'accord. Ce qui est certain, c'est que le premier document qui la constate remonte au règne d'Henri II. Ce sont les lettres patentes du 30 mars 1549 par lesquelles Henri II permet formellement à la reine, sa femme, de plaider par procureur. — Cette règle existe-t-elle aujourd'hui? Nul article du Code de procédure ou de tout autre Code ne la reproduit. Mais plusieurs auteurs font découler son existence, à l'aide d'un argument *à contrario*, de diverses lois, qui sous la monarchie et sous l'empire voulaient que les actions judiciaires intéressant le roi ou l'empereur fussent suivies par des fonctionnaires spéciaux en leur propre nom. Si donc, dit-on, ces textes maintiennent et consacrent la dérogation indiquée dans la maxime par ces mots *hors le roi*, c'est que la règle elle-même existe encore. (L. 9 nov. 1814. — L. 2 mars 1832.)

Cet argument n'est pas probant. Car, en admettant la règle contraire que toute personne peut plaider par procureur, il serait naturel que des lois désignassent les personnes qui représenteront le souverain en justice. Dans un État monarchique, il serait inconvenant que le nom du chef de l'État pût traîner dans des débats judiciaires, étrange que le roi, au nom duquel se rend la justice, parût nominalement dans un procès, où il serait en apparence juge et partie. Donc nécessité de lui donner un représentant qui plaidera en son propre nom, mais qui indiquera sa qualité d'*administrateur des biens de la couronne*, ou *des biens du domaine privé*. On sauvegardera ainsi la majesté royale ou impériale. Mais de ce que la loi désigne le représentant nécessaire du roi, il ne s'ensuit pas *à contrario* que la maxime *nul ne plaide par procureur* soit consacrée législativement.

Mais si la loi est muette, la jurisprudence de la Cour suprême et des cours d'appel admet l'existence de la maxime. On serait mal venu à plaider qu'elle n'a pas force légale. Nous devons donc déterminer quel est, de nos jours, son véritable sens :

640. Pour nous elle a une double signification. 1° Elle exprime d'abord cette idée (fort naturelle du reste) que personne ne peut agir en justice pour les intérêts d'autrui, en qualité de *gérant d'affaires*, de *negotiorum gestor*, et que, pour pouvoir poursuivre en justice le droit d'un tiers, il faut y être autorisé par une procuration expresse ou implicite. Le gérant d'affaires, qui ne peut dessaisir autrui de la propriété, ni le grever d'obligation, ne peut pas davantage exercer pour autrui l'action réelle ou l'action personnelle. L'adversaire de ce *negotiorum gestor* ne peut être contraint à plaider contre lui, à courir le risque d'une condamnation que le véritable intéressé ratifierait, ou la chance d'une absolution qui, elle, ne serait pas ratifiée. Nul ne peut être forcé de contracter avec un gérant d'affaires : de même nul ne peut être contraint de former avec lui le quasi-contrat judiciaire. Le défendeur, qui serait assigné par un gérant d'affaires, un *negotiorum gestor*, pourrait toujours repousser la demande pour défaut de qualité. — Mais, ainsi entendue, la maxime *nul ne plaide*, etc., ne fait que reproduire les principes incontestables de la loi civile en matière de mandat et de gestion d'affaires.

641. 2° Aussi faut-il lui reconnaître une seconde signification plus spécialement relative aux matières de la procédure. La maxime veut dire que nul (sauf le roi) ne peut se faire représenter par un mandataire qui figurerait *seul en nom* dans l'instance. Elle n'interdit pas aux parties, ni au demandeur ni au défendeur, de se faire représenter au procès et de se substituer des mandataires ;

mais elle exige que les noms de ceux que le procès concerne, des mandants, figurent dans l'*ajournement*, dans les *qualités*, dans les *actes* de la procédure. Ces actes doivent énoncer (peu importe la formule employée) que le procès est fait à la requête d'un tel, Pierre, représenté par son mandataire, Paul. — Ainsi on peut être représenté au procès par un mandataire conventionnel, légal ou judiciaire ; mais ces mandataires devront énoncer leurs qualités, c'est-à-dire, dénommer la personne physique ou morale au nom et dans l'intérêt de laquelle ils suivent le procès. On ne plaide *par procureur*, dans le sens de la maxime et contrairement à sa disposition, que quand on se fait représenter par un mandataire agissant en son nom propre, ou quand une réunion ou association, n'ayant pas la personnalité civile, plaide par l'intermédiaire d'un de ses membres qui agit pour son compte et pour celui des autres.

642. Ainsi ne violent pas la maxime : 1° les mandataires légaux qui plaident au nom des incapables ou des personnes publiques dont ils administrent les biens ; *Exemples :* le préfet représentant l'État ou le département ; l'agent judiciaire du Trésor, les directeurs des régies des domaines, de l'enregistrement, des douanes, des contributions directes ; — les maires représentant les communes, les hospices, les bureaux de bienfaisance, etc., — le tuteur de l'interdit, du mineur non émancipé ; — le mandataire spécial désigné par le tribunal et donné à l'aliéné, non interdit ; — le mari commun en biens, quant aux actions mobilières ou immobilières possessoires relatives aux propres de sa femme ; le mari dotal exerçant les actions relatives aux biens constitués en dot. — Ces diverses personnes sont, qu'on le remarque, tenues d'indiquer la *qualité* en vertu de laquelle elles agissent, par suite font connaître la personne que concerne le litige et à l'égard de laquelle elles sont investies d'un mandat.

2° Les mandataires judiciaires, tels que syndics de faillite, liquidateurs de société, etc.

3° Les gérants des sociétés commerciales ou des associations syndicales légalement constituées.

643. Mais alors quelles sont les hypothèses dans lesquelles s'appliquera la règle : *nul ne plaide par procureur ?*

Tous les cas d'application de la maxime se rattachent à une hypothèse générale et commune. Plusieurs personnes ont des intérêts communs, sans que la réunion de ces intérêts constitue une personne morale ; l'une de ces personnes veut se porter demanderesse ou défenderesse au nom de toutes. Elle ne le peut ; la maxime s'y oppose. Tous les intéressés doivent intervenir dans la procédure. L'ajournement doit être donné au nom de tous et de chacun d'eux désigné spécialement ; le jugement doit être rendu pour ou contre chacund'entre eux. Sinon, l'action est irrecevable et la procédure irrégulière, même vis-à-vis de celui qui a figuré en nom dans le procès. *Exemples :* Le président d'un cercle, autorisé par l'administration préfectorale, ne peut agir en justice au nom des membres de ce cercle, à moins d'être investi d'un mandat conventionnel donné et signé par chacun des membres du cercle. Sinon, l'action doit être intentée au nom de tous les membres du cercle (1). Une association de médecins ne peut, par l'intermédiaire de son président, intenter une action en dommages contre un individu exerçant illégalement la médecine. Les membres de cette association, ne constituant pas une personne morale, plaideraient par procureur. Mais ils peuvent se réunir pour diriger, tous ensemble, une action commune contre l'auteur de cet exercice illégal. Chacun d'eux figurera en nom au procès.

La violation de la maxime *nul ne plaide par procureur* fait naître au profit de la partie adverse une *fin de non-valoir* proposable même après les exceptions et, d'après la jurisprudence, en appel pour la première fois, mais qui ne saurait, ni être suppléée d'office par les juges, ni soulevée pour la première fois devant la Cour de cassation. Cette règle, purement relative à la théorie de la représentation en justice, ne touche en rien à l'ordre public. Peu importe à l'intérêt général qu'un jugement ait été rendu pour ou contre le véritable intéressé, alors qu'il était loisible à la partie adverse de s'y opposer et d'empêcher ce résultat. Tout ce qui importe au bon ordre social, c'est que l'adversaire ait la faculté de repousser l'action. A chacun incombe le soin d'invoquer les règles qui le protègent.

644. *Quatrième condition : avoir capacité,* si l'on agit en son nom propre, et *pouvoir*, si l'on este en justice au nom d'autrui. Il ne suffit pas d'avoir la *jouissance* d'un droit, il faut en outre en avoir l'*exercice* pour être habile à le faire valoir devant la justice.

La capacité est la règle générale, et toute personne peut plaider

1. Cass., 7 déc. 1880 (S., 1881. 1. 244).

si elle n'en est pas déclarée incapable par la loi. — Les incapables sont de deux sortes :

1° Les uns ne peuvent en aucune façon ester personnellement en justice : ce sont le mineur non émancipé, l'interdit judiciaire ou légal, l'individu placé, sans être interdit, dans un établissement d'aliénés, le contumax et la femme mariée sous le régime dotal quand il s'agit de sa dot. — Ces personnes sont représentées par des mandataires légaux dont la loi détermine et fixe les pouvoirs. — Ainsi, le tuteur peut intenter seul toutes les actions qui compètent au mineur non émancipé ou à l'interdit, à l'exception des actions réelles immobilières pétitoires, de l'action en partage et des actions relatives à l'état du mineur ou de l'interdit, pour lesquelles l'autorisation du conseil de famille lui est nécessaire. — Les actions possessoires, quoique immobilières de leur nature, peuvent, en raison de leur caractère conservatoire et comme ne compromettant pas le fond du droit, être intentées par le tuteur sans autorisation du conseil de famille. — Le tuteur peut, sans cette autorisation, *défendre* même aux actions pour l'introduction desquelles cette autorisation est exigée, telles que les demandes en partage, les demandes immobilières pétitoires et les actions concernant l'état du mineur. (C. civ., art. 175, 182, 464, 465, 509.) — Le mandataire commis pour agir en justice au nom de l'aliéné placé, quoique non interdit, dans un établissement d'aliénés, ne peut intenter que l'action pour laquelle il a été désigné. (L. 30 juin 1838, art. 33.)

Le mari, sous les régimes de communauté et exclusif de communauté, peut intenter les actions mobilières et les actions possessoires compétant à sa femme ; pour toutes les autres actions, elles doivent être formées ou répondues par la femme dûment autorisée. (C. civ., art. 1428.) — Sous le régime dotal, le mari a seul le droit de suivre, comme défendeur ou comme demandeur, les actions relatives à la dot, mobilières ou immobilières, — pétitoires ou possessoires. (C. civ., art. 1549.) — Les actions relatives au patrimoine du contumax sont intentées par l'administration des domaines, dans l'intérêt du séquestre qui lui est confié. (C. instr. crim., art. 465.)

2° La deuxième catégorie d'incapables comprend ceux qui peuvent ester personnellement en justice, à la condition d'être autorisés ou assistés par une autre personne. Cette catégorie comprend le mineur émancipé qui ne peut, sans l'assistance de son curateur, ester en justice, en demandant ou en défendant, ni sur une action pétitoire immobilière, ni sur une action en partage, ni sur les actions concernant ses capitaux mobiliers ou l'état de sa personne. (C. civ., art. 482.) — L'individu pourvu d'un conseil judiciaire ne peut aucunement ester en justice, sans l'assistance de son conseil, quelle que soit la nature de la contestation. (C. civ., art. 499 et 513.) — La femme mariée ne peut plaider qu'avec l'autorisation de son mari, ou, à défaut, celle de justice. (C. civ., art. 215, 218, 221, 222.) — Les communes, les fabriques, menses épiscopales, chapitres collégiaux et cathédraux, consistoires protestants et israélites, hospices, bureaux de bienfaisance et autres établissements publics ne peuvent plaider qu'avec l'autorisation du conseil de préfecture. Une seule exception existe à l'égard des actions possessoires intentées par des communes.

Le défaut de capacité engendre une fin de non-valoir, qui peut être invoquée par l'adversaire de l'incapable en première instance ou en appel, en ce sens que cet adversaire peut refuser de procéder avec cet incapable, tant que la situation ne sera pas régularisée. Mais l'autorisation du mari rapportée par la femme au cours du procès, ou celle du conseil de famille rapportée par le tuteur, par exemple, régularisent le cours de la procédure : il n'est pas nécessaire de la recommencer. Cette fin de non-valoir ne saurait être présentée pour la première fois devant la Cour suprême. Au contraire, le défaut de capacité peut être invoqué par l'incapable lui-même, soit en première instance, soit en appel, soit devant la Cour de cassation. Cette différence découle des principes de la loi civile. Toute personne peut refuser de faire un contrat avec un incapable ; de même elle peut se refuser à former avec lui, soit en première instance, soit en appel, le quasi-contrat judiciaire. Mais de même qu'une fois la convention passée, l'incapable peut seul en demander la nullité en se fondant sur son incapacité, de même, seul, il peut demander la nullité de ce quasi-contrat à la Cour suprême : pour lui seul, il y a eu violation de la loi (C. civ., art. 1125.)

645. Maintenant que nous connaissons les conditions requises pour qu'une personne puisse mettre une action en mouvement, introduire une demande en justice et provoquer l'application des règles de la procédure contentieuse, étudions cette procédure. Pierre veut réclamer à Paul le payement d'une somme d'argent due par ce dernier : Jacques veut se faire restituer par Baptiste la possession d'un immeuble dont il se prétend propriétaire, etc. Pierre fait un procès à Paul et Jacques à Baptiste. Quelle marche vont suivre ces procès ?

Nous avons dit que l'objet de la procédure contentieuse est la détermination des formes à suivre pour intenter une demande en justice, y défendre, l'instruire, la juger, se pourvoir contre les jugements et les exécuter.

Cette procédure se développe donc en trois phases principales :

1° Procédure en première instance ;

2° Voies de recours contre les jugements ;

3° Exécution des jugements.

La première phase comprend la série d'actes à accomplir pour obtenir la solution du procès, du litige, dans un jugement. Ce jugement est un premier point d'arrêt. Il peut être le dernier, si le jugement n'est pas ou ne peut pas être attaqué, ou s'il est volontairement exécuté par la partie condamnée. Bien des procès n'ont ainsi que cette première phase.

Mais le jugement, rendu par les juges du premier degré, en première instance, peut être attaqué par diverses voies de recours, l'appel, la requête civile, le recours en cassation, etc. Alors se déroule une deuxième période ou phase, qui se terminera par une sentence réellement définitive, clôturant absolument la contestation.

Mais cette sentence doit être exécutée. L'est-elle volontairement, il n'y a plus lieu à procédure. La partie condamnée se refuse-t- elle à l'exécution volontaire, il faut la soumettre à une exécution forcée, appliquer, malgré elle, le dispositif de la sentence rendue, recourir aux voies d'exécution qui constituent la troisième phase.

PREMIÈRE PHASE

PROCÉDURE EN PREMIÈRE INSTANCE

646. L'expression de *tribunal de première instance* sert habituellement à désigner le tribunal civil d'arrondissement. Mais elle s'applique aussi justement à toute juridiction qui ne statue qu'en premier ressort, à la justice de paix, au conseil de prud'hommes, au tribunal de commerce. La procédure, qui se déroule et s'accomplit devant ces juridictions, est en première instance, comme celle à suivre devant le tribunal d'arrondissement.

La procédure en première instance est donc, comme les juridictions, ou *ordinaire*, ou *spéciale*.

En premier lieu, nous traiterons de la procédure ordinaire, base fondamentale du droit en cette matière, à laquelle il faut se référer toujours dans les autres procédures, lorsqu'on ne se trouve pas en présence d'une formelle dérogation. Tous les points, que n'a pas traités le législateur en s'occupant des procédures spéciales, doivent être résolus d'après les principes posés à l'égard de la procédure ordinaire. L'étude de celle-ci doit donc prendre le premier rang : il suffira ensuite d'indiquer en quoi les procédures spéciales, exceptionnelles par conséquent, s'écartent des formes ordinaires.

PROCÉDURE ORDINAIRE

(COD. PROC. CIV., 1re PARTIE, LIVRE II, TIT. I A XXIII.)

647. Avec le législateur, nous supposerons d'abord le procès le plus simple possible, réduit aux actes essentiels qui constituent la charpente nécessaire de la procédure contentieuse, entièrement dégagé de toute difficulté autre que celle que soulève fondamentalement le procès lui-même et sans laquelle il n'existerait pas. Nous étudierons ensuite les *incidents*, qui peuvent venir se greffer sur un procès, en compliquer la trame, en augmenter les péripéties et les difficultés, incidents qui pourront être multiples, réunis, groupés dans un seul litige, mais que nous étudierons chacun séparément pour mieux marquer les règles qui lui seront propres.

Cette méthode nous conduit à diviser l'étude de la procédure ordinaire en quatre subdivisions : la première, consacrée à la procédure préparatoire que la loi place au début de tout procès ou préliminaire de conciliation ; la deuxième, à une procédure contradictoire dégagée d'incidents ; la troisième, aux jugements par défaut et à l'opposition ; la quatrième, aux nombreux incidents qui peuvent survenir dans un procès. Nous suivrons ainsi l'ordre adopté par le Code lui-même.

PREMIÈRE SUBDIVISION

DE LA PROCÉDURE PRÉPARATOIRE OU DU PRÉLIMINAIRE DE CONCILIATION

(LIVRE II, TIT. I, ART. 48 A 58.)

SOMMAIRE. — § 1er Caractère du préliminaire de conciliation. — § 2. Des demandes soumises au préliminaire. — § 3. Des demandes dispensées du préliminaire. — § 4. Du juge devant lequel la conciliation doit être tentée. — § 5. Des formes et délai de la citation en conciliation. — § 6. Des effets de la citation en conciliation. — § 7. De la comparution des parties. — § 8. Du rôle des parties devant le juge conciliateur. — § 9. Du rôle du juge. — APPENDICE. Des autorisations de plaider nécessaires à certaines personnes morales.

648. Le législateur doit s'efforcer, autant qu'il est possible, de prévenir les procès. Les arrangements amiables apaisent les esprits, rétablissent la bonne harmonie menacée ou détruite, tandis que la sentence la plus équitable, la plus juste, laisse souvent subsister, après une lutte opiniâtre, des passions inassouvies chez la partie perdante, quelquefois chez les deux plaideurs. On conserve quelque ressentiment contre celui qui a triomphé. On ne saurait en avoir contre la personne avec laquelle on s'est accordé. L'influence d'un homme sage et respecté amènera souvent les parties à terminer amiablement leur différend. — Guidé par ces considérations, le législateur exige qu'avant d'entreprendre une discussion judiciaire quelconque, les parties essayent de s'accorder sur le litige qui les divise. Il impose l'obligation de se présenter en conciliation devant un juge de paix. La conciliation est une formalité qui a pour but d'accorder des citoyens prêts à plaider. C'est une procédure *préparatoire*, un acte préalable à l'instance et non un acte de cette instance, en un mot un *préliminaire*, suivant l'expression employée par la loi elle-même. L'instance n'est engagée que par l'ajournement.

649. Usitée en Hollande, vantée par les philosophes du dix-huitième cle, l'idée de prévenir les procès par une tentative de conciliation fut accueillie avec faveur par l'Assemblée constituante. Mais la loi du 24 août 1790 donna une extension démesurée à l'obligation de se présenter en conciliation. Excellente dans son principe, l'institution fut mal organisée. On y soumit toutes les affaires, sans en dispenser ni les affaires urgentes, ce qui était en retarder mal à propos la solution et nuire aux intérêts des parties; ni les demandes dont l'objet ne peut faire la matière d'une transaction, ce qui était méconnaître les principes du droit civil et aboutir à une impossibilité; ni les affaires portées en appel, ce qui était vouloir une conciliation impossible alors que l'irritation née du procès, des plaidoiries et du jugement ne laissait qu'un très vague espoir d'arrangement. Ainsi dénaturée, l'institution du préliminaire de conciliation ne produisit pas les résultats espérés. La loi du 26 ventôse an IV, article 10, commença la réforme en supprimant le préliminaire dans les instances soumises aux cours d'appel. Lors de la rédaction du Code de procédure, l'essai de conciliation fut repoussé par le Tribunat et par la majorité des cours d'appel. L'institution ne fut maintenue que parce qu'elle était consacrée par la constitution de l'an VIII, dont l'article 60 faisait consister précisément dans la conciliation des parties la principale fonction des juges de paix.

Les rédacteurs du Code de procédure ont renfermé le préliminaire de conciliation dans de justes limites : la mesure a produit désormais les meilleurs résultats. Elle est cependant critiquée par quelques esprits. Dans les grands centres de population, cette institution, il est vrai, n'est pas prise au sérieux par les plaideurs. Le juge de paix, souvent inconnu, a peu ou point d'autorité morale. Il en est autrement dans les petites localités et dans les campagnes. Le préliminaire de conciliation y rend de réels services. Si l'on consulte les statistiques officielles de la justice civile, et c'est le meilleur moyen de juger l'institution par ses résultats, on voit dans le compte rendu de la justice civile pour l'année 1878 que les juges de paix, sur 38,296 affaires qui leur ont été effectivement soumises comme conciliateurs à l'audience, en vertu de l'article 48 du Code de procédure, ont réussi à concilier les parties dans 14,970 affaires, environ 39 pour 100. Ce résultat est assez satisfaisant et milite en faveur du maintien de l'institution, qui rendrait de plus grands services, si quelques présidents de tribunaux autorisaient avec moins de facilité les assignations à bref délai.

650. Le préliminaire de conciliation peut être défini : L'obligation imposée par la loi aux personnes, entre lesquelles un procès est imminent, de comparaître devant le juge de paix et d'essayer, sous l'influence de ses conseils, de terminer leur différend par une transaction.

§ 1er — *Caractère du préliminaire de conciliation.*

651. En principe, nulle demande n'est recevable devant un tribunal civil d'arrondissement, si elle n'a été précédée du préliminaire de conciliation. Telle est la disposition formelle de l'article 48 du Code de procédure. Mais quel est le caractère de cette règle ? Est-ce un principe d'ordre public ? La question est controversée, et, suivant l'opinion adoptée, on arrive à des résultats bien opposés.

Il est d'abord certain que si, sur la demande formée en violation de l'article 48, le défendeur, appelé directement devant le tribunal d'arrondissement, sans avoir été, au préalable, cité en conciliation, refuse d'accepter le débat, le tribunal devra déclarer la demande ainsi formée non recevable et condamner le demandeur aux frais de l'instance mal introduite. Personne ne conteste ce point.

Mais si le défendeur garde le silence; si, omettant d'invoquer le défaut de citation en conciliation, il pose des conclusions au fond, le tribunal devra-t-il, soit d'office, soit sur la réquisition du ministère public, refuser, malgré l'attitude du défendeur, de recevoir la demande et s'abstenir de juger? Et si le tribunal de première instance n'a point ainsi écarté, *a priori*, la demande, le jugement rendu et la procédure qui l'a précédée sont-ils frappés d'une nullité d'ordre public? Cette nullité pourra-t-elle, non seulement être invoquée par le défendeur en tout état de cause, mais encore prononcée d'office par les juges d'appel ou de cassation?

Trois opinions se sont produites. D'après la première, le préliminaire de conciliation n'est pas d'ordre public. La seule sanction de l'obligation, imposée par l'article 48, réside dans le droit qu'a le défendeur de faire déclarer la demande non recevable, de refuser à se défendre, tant que l'article 48 n'aura pas été obéi. Mais si, au lieu d'user de cette fin de non-recevoir, le défendeur pose des conclusions et plaide au fond, le vice résultant du défaut de citation en conciliation est purgé. La règle n'a été introduite que dans le but de protéger le défendeur. Elle a été écrite exclusivement dans son intérêt particulier. Il peut renoncer à cette mesure protectrice : il y renonce tacitement, quand il se défend au fond, sans élever aucune réclamation au sujet de l'rrégularité commise. S'il garde le silence, le tribunal ne peut d'office déclarer la demande non recevable et refuser d'instruire et juger le procès. Et si le défendeur veut profiter de cette irrégularité, il est tenu de la proposer, sous peine de déchéance, dès le début de l'instance, *in limine litis*.

Les partisans de la deuxième opinion considèrent le préliminaire de conciliation comme une institution d'ordre public. Il a pour objet d'assurer le repos de la société en rétablissant la concorde entre les particuliers. En conséquence, vainement le défendeur qui n'a pas été cité en conciliation consent-il à plaider en première instance. Son consentement est inefficace ; il ne peut effacer le vice de la demande, couvrir la nullité qui en résulte. Cette nullité est proposable en tout état de cause, en appel, devant la Cour de cassation. A toute phase de la procédure, le défendeur peut s'en prévaloir et faire mettre à néant tout ce qui a été accompli. En outre, le défendeur néglige-t-il d'exercer son droit à cet égard, le tribunal, auquel la loi adresse un ordre impératif dans l'article 48, devra refuser de connaître de la demande et s'abstenir de tout acte de juridiction. La Cour d'appel, la Cour de cassation seront aussi tenues, si le procès est soumis à leur juridiction, de prononcer d'office la nullité du jugement et de toute la procédure qui l'a précédé.

Une troisième opinion fait observer qu'une semblable interprétation aura pour résultat d'aller à l'encontre même du vœu du législateur. Le préliminaire de conciliation a été établi pour faire régner la paix entre les hommes et pour diminuer le nombre des procès. Or, loin de les diminuer, la deuxième opinion les augmente et les éternise; car le procès recommencera à nouveau entre des plaideurs, irrités et excités par une lutte longue et coûteuse. C'est se bercer d'un espoir chimérique que d'espérer une conciliation. En outre, si le préliminaire est d'ordre public, son absence doit pouvoir être invoquée, en tout état de cause, par le demandeur comme par le défendeur; car le consentement du premier n'a pas plus de valeur que celui du second. N'est-ce pas favoriser un calcul frauduleux de la part de ce demandeur, qui se réservera ainsi volontairement une cause d'appel ou une ouverture à cassation, un moyen de renouveler le procès? Ces conséquences inacceptables démontrent donc que le fondement de la deuxième opinion est erroné. — Mais la première ne saurait non plus être admise.

L'absence du préliminaire de conciliation n'est pas une simple nullité d'exploit, que le défendeur seul puisse proposer et qu'il doive élever avant toute défense au fond. On a mal compris la nature de la disposition de l'article 48. Pour éviter que le procès ne s'engage en dehors de toute tentative d'accommodement, le législateur donne au juge le pouvoir de renvoyer *d'office* les parties devant le juge de paix, au cas où le défendeur n'invoquerait pas l'irrégularité de la procédure. C'est afin que le tribunal puisse exercer ce pouvoir, qu'il puisse s'assurer s'il a été satisfait au vœu de la loi, que l'article 65 veut qu'il soit donné, avec l'exploit, copie du procès-verbal de non-conciliation, ou de la mention de la non-comparution. Ce n'est pas pour renseigner le défendeur qui ne peut ignorer l'un ou l'autre de ces deux faits. La défense de recevoir la demande est une simple mesure prohibitive, ayant pour sanction, d'une part l'intérêt personnel du défendeur, et, d'autre part, la vigilance du tribunal. Mais si, au lieu d'être écartée de prime abord sur la réquisition du défendeur, ou d'office par le tribunal, la demande a été reçue et jugée, la nullité résultant du défaut de citation ou conciliation sera couverte. L'ordre public aurait plus à perdre qu'à gagner à la nullité du jugement et des actes de procédure. Cette nullité ne pourra donc pas être proposée, ni en appel, ni devant la Cour de cassation, ni prononcée d'office par ces juridictions. La jurisprudence la plus récente adopte cette opinion et se refuse à voir une nullité radicale dans l'absence de préliminaire.

§ 2. — *Des demandes soumises au préliminaire de conciliation.*

652. Toutes les demandes ne sont pas soumises à cette formalité préalable. L'essai de conciliation ne doit avoir lieu, que si l'instance n'est pas encore entamée et que si une transaction n'est pas impossible à raison de la qualité des parties ou de la nature de la cause.

D'après l'article 48 Proc. civ. sont soumises au préliminaire les demandes qui réunissent les cinq conditions suivantes. La demande doit être : 1° principale ; 2° introductive d'instance ; 3° formée entre parties capables de transiger ; 4° relative à des droits susceptibles de faire l'objet d'une transaction ; 5° de la compétence d'un tribunal de première instance.

653. 1° La demande doit être *principale,* c'est-à-dire celle qui devient le premier acte d'un litige entre deux personnes qui, pour la première fois, se trouvent en lutte ; celle qui ne se rattache à aucune instance déjà pendante *entre les mêmes parties.*

654. 2° La demande *introductive d'instance* est celle qui ouvre et commence un procès, qui ne se rattache à aucune instance pendante, soit *entre les parties*, soit entre l'*une d'elles et un tiers.*

Il semble à première vue que ces deux conditions se confondent en une seule ; il n'en est pas ainsi cependant. Une demande *introductive d'instance* est forcément *principale ;* mais la réciproque n'est pas vraie : une demande peut être *principale* sans être introductive d'instance. Deux exemples vont faire saisir la différence. — Pierre revendique contre Jacques un immeuble, dont ils se prétendent tous deux propriétaires. La demande de Pierre contre Jacques est tout à la fois *principale* et *introductive d'instance.* Mais Guillaume survient et prétend qu'il est le véritable propriétaire de l'immeuble : il intervient au procès déjà ouvert entre Pierre et Jacques. Sa demande en intervention est bien *principale*, puisqu'elle commence, quant à lui, le procès dans lequel il s'engage ; mais elle n'est pas *introductive d'instance*, puisqu'elle se lie à un procès commencé. Elle est au contraire incidente (*cadere*, tomber); elle tombe sur un procès déjà existant. Toute demande en *intervention*, l'expression même l'indique, est toujours *principale*, mais aussi toujours *incidente*, jamais *introductive d'instance*.

Louis revendique contre Lucien, qui la possède, une maison dont il se prétend propriétaire. Cette demande est tout à la fois principale et introductive d'instance, puisqu'elle ne se rattache, ni par son objet ni par ses motifs, à aucune action déjà formée, soit contre Lucien, soit contre une tierce personne. — Mais Lucien, qui a acheté cette maison de Paul, appelle celui-ci en *garantie*, le fait intervenir au procès, afin que Paul le défende contre Louis, ou, s'il ne réussit pas à écarter la prétention de Louis, si le procès est perdu par les défendeurs, afin de faire condamner Paul, par le même tribunal et par le même jugement, à lui rembourser le prix d'achat, les frais du contrat et des dommages-intérêts. — Cette demande en garantie, dirigée par Lucien contre Paul, est *principale*, car il n'existe entre Lucien et Paul aucune autre instance à laquelle elle se rattache ; mais elle n'est pas *introductive d'instance*, parce qu'elle se lie au procès déjà pendant entre Louis et Lucien : elle est *incidente*.

Si, au lieu d'appeler Paul en garantie, Lucien prend le parti de se défendre seul contre Louis, il pourra, s'il perd son procès, recourir encore contre Paul. Ce sera toujours une demande en garantie, ayant le même but, faire indemniser Lucien par Paul. Elle sera *principale*, puisqu'il n'y avait encore aucun conflit entre ces deux personnes; mais elle ne sera plus incidente. Elle sera au contraire introductive d'instance, parce qu'elle ne se rattachera à aucune autre action. Les demandes en *garantie* sont donc tantôt *principales* et *incidentes*, tantôt *principales* et *introductives d'instance*.

La qualité d'*introductive d'instance* absorbe donc celle de *principale*. Le législateur eût pu se contenter de dire : Les demandes introductives d'instance sont seules soumises au préliminaire de conciliation.

Par *a contrario*, les demandes *incidentes* en sont nécessairement affranchies. Essayer de concilier deux parties, qui viennent ajouter un second litige à un procès, entrepris malgré une tentative de conciliation, serait tenter l'impossible, tant il y a peu de chance de réussir. Inutile d'imposer aux plaideurs des frais et une perte de temps.

655. 3° *Les parties doivent être capables de transiger.* — Toute personne a le *droit* de transiger, mais toute personne n'a pas l'*exercice* de ce droit. Les personnes *incapables* de transiger sont celles qui ne peuvent exercer leurs droits par elles-mêmes, ou qui, le pouvant, ne sont admises à le faire que sous certaines autorisations et avec certaines formalités.

L'épreuve de la conciliation n'est point exigée quant à elles, non qu'il soit impossible de prévenir par un accommodement le procès qui va naître et où elles sont intéressées, mais parce que la transaction à espérer étant environnée de formalités, soumise à des conditions, il eût été dangereux et peu juste de forcer les parties à subir les lenteurs et les frais que ces formalités entraînent avec elles. Il est plus simple et plus économique de s'adresser de suite au tribunal.

Le préliminaire de conciliation est écarté, quel que soit le rôle que jouent ces personnes au procès, qu'elles soient demanderesses ou défenderesses. La difficulté serait la même dans tous les cas.

Quelles sont les personnes incapables de transiger? La solution de cette question se trouve dans diverses dispositions du Code civil. Nous y renvoyons le lecteur. Nous indiquerons seulement à titre d'exemple le mineur et son tuteur (art 464, C. civ.), le mineur émancipé (art. 487), etc.

656. 4° *La demande doit être relative à des droits susceptibles de faire l'objet d'une transaction.* Cette condition est d'évidence. Essayer de se concilier, c'est essayer de transiger. Si le droit contesté n'est pas susceptible de faire la matière d'une transaction, la tentative de conciliation est un acte vain et inutile.

Les droits litigieux sur lesquels il n'est pas permis de transiger sont ceux qui touchent à l'ordre public, qui sont relatifs à l'intérêt social tout autant qu'à l'intérêt privé des parties. Tels sont les droits constitutifs de l'état des personnes, relatifs à la nationalité, au mariage, à la filiation, les demandes en désaveu de paternité, en contestation d'état, les nullités de mariage, les séparations de corps ou de biens, etc.

657. 5° *La demande doit rentrer dans la compétence du tribunal de première instance*, ou mieux du *tribunal civil d'arrondissement;* car les juges de paix et les tribunaux de commerce sont des juges de première instance, et la loi ne les vise point dans l'article 48, Proc. civ.

658. En conséquence, pas de préliminaire :

1° Quant aux demandes portées en *appel :* les parties ont résisté à une première tentative de conciliation. Les débats en première instance ont surexcité leur animosité. Il est peu probable qu'un accommodement intervienne. Il est inutile d'imposer des lenteurs et des frais en vue d'un résultat aussi incertain.

2° Quant aux demandes qui doivent être portées d'emblée, *omisso medio*, tout à la fois en premier et en dernier ressort, devant une cour d'appel. Toutes ces demandes soulèvent des questions d'ordre public (v. art. 363, 509 Proc. civ.).

3° Quant aux appels des jugements rendus par les juges de paix. Ces appels sont, il est vrai, portés devant les tribunaux civils d'arrondissement ; mais, outre qu'il fut décidé au Conseil d'État que la preuve de tentative de conciliation ne serait jamais exigée en appel, le juge de paix, avant que de statuer comme juge, a dû, surtout depuis la loidu 2 mai 1855, s'efforcer préalablement de concilier les parties et tenter un accommodement. L'épreuve n'a pas réussi; pourquoi la renouveler ?

4° Le préliminaire de conciliation n'existe pas à l'égard des demandes qui doivent être portées devant un tribunal de commerce, La célérité avec laquelle les affaires commerciales doivent être jugées, l'immense intérêt qu'ont les négociants à la promptitude des recouvrements, ne peuvent s'accorder avec la lenteur attachée à ce préliminaire. La dispense s'applique aux matières commerciales et non pas aux tribunaux de commerce. Elle concerne donc également les tribunaux civils, lorsqu'ils sont appelés à exercer la juridiction commerciale (art. 640 et 641 C. com.).

5° Quant aux affaires rentrant dans la compétence du juge de paix, soit en premier, soit en dernier ressort, la loi du 2 mai 1855, modifiant l'article 17 de la loi du 25 mai 1838, a établi un préliminaire particulier. Le défendeur doit d'abord être appelé devant le juge de paix à l'aide d'un avertissement sur papier libre et sans frais. Le juge de paix, siégeant comme conciliateur, doit s'efforcer d'accorder les deux adversaires et, s'il n'y réussit pas, alors seulement le demandeur est autorisé à citer le défendeur, par exploit d'huissier, devant le magistrat siégant comme juge.

6° Les affaires rentrant dans la compétence des conseils de prud'hommes ne sont pas soumises aux prescriptions de l'article 48 Pr. civ. Mais dans chaque conseil existe, comme nous l'avons vu, un bureau spécial chargé d'essayer de concilier les parties, avant que l'affaire soit portée *in judicium*, devant le bureau général.

§ 3. — *Des demandes dispensées du préliminaire de conciliation.*

659. Cette matière est réglée par l'article 49, mais d'une façon fort incorrecte. Le législateur aurait dû n'énumérer dans l'article 49 que les cas faisant exception à la règle de l'article 48. Or, par un défaut de méthode, il a mêlé ensemble des dispositions exceptionnelles en réalité, et des dispositions qui ne constituent que l'exacte application de la règle générale à des cas particuliers. Classons donc en deux catégories les demandes dont parle l'article 49 Proc. civ.

660. 1re Catégorie. *Demandes qui sont dispensées du préliminaire de conciliation par application de l'article* 48. — Sont dans cette catégorie :

1° Par application du principe que l'épreuve de conciliation n'est pas exigée des personnes *incapables* de transiger, les demandes qui intéressent l'État, les départements, les communes, les établissements publics, les mineurs, les interdits, les curateurs aux successions vacantes (art. 49, 1°).

2° Par application de la règle que l'épreuve de la conciliation ne saurait avoir lieu dans les affaires relatives à des *droits non susceptibles de faire la matière d'une transaction :* les demandes en séparation de biens ; les demandes ayant trait aux tutelles et aux curatelles, telles qu'une demande en destitution d'un tuteur, ou celle par laquelle un tuteur veut se faire excuser de la tutelle (art. 49, 7°) ; — les prises à partie, car de pareilles demandes intéressent l'ordre public, puisqu'il s'agit de statuer sur la conduite d'un juge, accusé de déni de justice, de dol ou de faute grave dans l'exercice de ses fonctions (art. 505 Proc. civ.) ; — La demande en *désaveu* par laquelle une partie attaque l'honneur d'un officier ministériel, en soutenant qu'il a agi pour elle sans mandat. L'ordre public, la société sont intéressés à ce que les officiers ministériels ne puissent pas, à l'aide d'une transaction, dissimuler et soustraire à la surveillance des juges les actes qu'ils ont accomplis en violation des devoirs que la loi leur impose. La demande en *désaveu* sera en outre souvent soustraite au préliminaire de conciliation, parce qu'elle sera *incidente;* mais, fût-elle *introductive d'instance*, l'ordre public s'oppose à ce qu'elle puisse être anéantie à l'aide d'un accommodement.

3° Par application du principe que les demandes *introductives d'instance* sont seules soumises au préliminaire de conciliation : les demandes en *intervention;* les demandes en *règlement de juges*. Lorsque deux tribunaux ayant été saisis de la même affaire se sont déclarés tous deux compétents, ou tous deux incompétents, les parties peuvent recourir à un tribunal supérieur pour faire décider lequel des tribunaux devra connaître du litige. Ce recours prend la dénomination de demande en règlement de juges (art. 363 à 367 Proc. civ.). — Les demandes en *renvoi*, celles par lesquelles l'une des parties, prétendant que son adversaire est le parent ou l'allié de deux des membres du tribunal saisi du procès, récuse en masse le tribunal pour cette cause (art. 368 à 377 Proc. civ.) — Ces demandes en *intervention*, en *renvoi*, en *règlement de juges* sont et ne peuvent être qu'*incidentes*. Il leur manque l'une des conditions exigées pour que le préliminaire de conciliation soit obligatoire. En outre, la dispense pour le plus grand nombre des demandes en règlement de juges s'explique encore par le principe, que l'épreuve de conciliation n'est pas exigée quant aux demandes, qui doivent être portées devant une cour d'appel. Dans certains cas, en effet, c'est une cour d'appel qui doit vider le conflit négatif ou positif, né entre deux juges de paix. Si le conflit s'élève entre deux tribunaux, il ne peut être réglé que par une cour d'appel ou par la Cour suprême et que, par cette dernière, s'il naît entre deux tribunaux ressortissant à des cours différentes ou entre deux cours d'appel (art. 363 Proc. civ.).

Ne sont pas soumises au préliminaire les demandes en garantie quand elles sont *incidentes*. L'article 49 paraît dispenser aussi de l'épreuve de conciliation la demande en garantie, qui est *introductive d'instance*. Mais presque tous les auteurs reconnaissent qu'il y a là une erreur de rédaction, une inutilité, comme à l'égard des demandes en intervention. Il résulte de la discussion au Conseil d'État, qu'on n'a entendu dispenser du préliminaire que la garantie incidente.

4° Par application de la règle que le préliminaire de conciliation n'est exigé que pour les affaires qui *rentrent dans la compétence des tribunaux d'arrondissement :* les demandes en matière de commerce; les prises à parties qui doivent être portées, tantôt devant une cour d'appel, tantôt devant la Cour de cassation.

661. 2e CATÉGORIE. — *Demandes qui, par exception aux règles écrites dans l'article 48, sont dispensées du préliminaire de conciliation.* Pour fixer ces cas exceptionnels, le législateur s'est attaché à l'un ou à l'autre des deux motifs suivants : le besoin de célérité ou l'absence d'un espoir sérieux de conciliation. Ainsi, quoique réunissant les conditions exigées par l'article 48, sont (et c'est là véritablement l'exception à la règle) dispensées du préliminaire de conciliation :

1° *Les demandes qui requièrent célérité* (49-2°). Telles sont les demandes de *mise en liberté;* il importe que le débiteur qui est retenu en prison par l'effet de la contrainte par corps, soit, dans le plus bref délai possible, rendu à ses affaires et à sa famille; — les demandes en *payement de loyers, fermages* ou *arrérages de rentes ou pensions* (art. 49-5°). Le propriétaire ou le créancier, qui compte sur ses revenus pour subvenir aux dépenses quotidiennes de sa personne et de sa famille, doit les recevoir sans aucun retard; — *les demandes des avoués en payement de leurs frais*. Il est juste que les officiers ministériels, dont le temps appartient au public et à la justice, obtiennent promptement les honoraires et les frais qui leur sont dus, à l'occasion des affaires qu'ils ont gérées. Cette dispense a été étendue, par l'article 9 du décret supplémentaire du tarif du 16 février 1807, à tous les autres officiers ministériels, huissiers, greffiers, notaires, etc. Mais cette dispense ne saurait être appliquée à la demande d'honoraires formée par un *avocat,* surtout depuis l'ordonnance du 20 novembre 1822; — *les demandes en remise ou en communication de pièces* (49-7°); — *les demandes en main levée d'opposition ou de saisie* (49-5°); les demandes *formées entre un tiers saisi* (art. 557 et suivants); les demandes relatives aux *saisies* et aux *offres réelles* (art. 49-7°, art. 583 et art. 812 Proc. civ.). Les saisies paralysent la circulation des biens et le mouvement des affaires. Elles doivent être promptement réglées, qu'il s'agisse des intérêts du saisi, de ceux du saisissant ou du tiers saisi.

Les motifs d'urgence existent aussi dans le cas de demande en *vérification d'écritures* (49-7°) et la conciliation est, en outre, bien peu probable, quand le créancier appuie sa réclamation sur un titre sous seing privé, qu'il prétend être signé du défendeur. A ces deux causes de dispense viendra souvent s'en joindre une autre pour la *vérification d'écritures* : elle est fréquemment *incidente* et rentre alors pleinement sous la règle de l'article 48, qui exclut les demandes ayant ce caractère.

L'énumération que fait le législateur des causes entraînant célérité n'est qu'énonciative et non limitative. Il pose le principe et puis donne des cas d'application. A part ces diverses hypothèses, l'autorité judiciaire apprécie si la matière requiert ou non célérité. Cet examen doit être préalable, afin que le demandeur sache à quoi s'en tenir et ne soit pas exposé à faire fausse route. Le président du tribunal est précisément chargé d'examiner quels sont les cas qui requièrent célérité, afin d'autoriser alors l'assignation à bref délai (art. 72). Il n'est pas douteux, à nos yeux, que cette autorisation ne vaille pour le demandeur dispense de citer en conciliation la partie adverse. Si la célérité est telle qu'il soit nécessaire d'assigner à bref délai, *à fortiori* est-elle suffisante pour dispenser de la longueur inhérente au préliminaire de conciliation. Sans doute, le tribunal a toujours le droit de reconnaître après coup que le besoin de célérité n'existait pas et peut renvoyer les parties à se présenter devant le juge conciliateur. Encore à l'inverse, il pourra reconnaître que la demande requérait célérité et que le demandeur a pu se dispenser de la tentative de conciliation, quoiqu'il ait omis de présenter requête en abréviation de délai au président du tribunal.

662-2°. Le second motif, le peu de probabilité d'un accommodement, fait dispenser du préliminaire : les *demandes formées contre plus de deux parties, encore qu'elles aient le même intérêt* (art. 49-6°). Avec trois défendeurs, assignés bien entendu au même titre et aux mêmes fins, le préliminaire n'est plus exigé, peu importe qu'ils aient ou non le même intérêt. Ainsi soient trois débiteurs solidaires, ou trois débiteurs d'une prestation indivisible, ou trois débiteurs simplement conjoints, ou trois héritiers d'un débiteur décédé, le créancier peut, à son gré, les comprendre tous dans une seule et même poursuite, ou n'en actionner qu'un seul. Il en actionne un, il en actionne deux, l'épreuve de la conciliation doit être tentée. Les actionne-t-il tous les trois, l'épreuve n'est plus nécessaire.

Le mari et la femme doivent-ils être considérés comme ne faisant qu'une personne juridique, de telle sorte qu'on doive les citer en conciliation, s'ils sont assignés conjointement avec un autre défendeur? La réponse est aisée. Le mari n'intervient-il que pour autoriser sa femme à ester en justice, il ne constitue pas une personne distincte de celle de sa femme. Est-il assigné comme personnellement en cause dans l'affaire, il faut se demander si la femme y figure aussi personnellement; ce qui a lieu quand elle s'est obligée solidairement ou conjointement avec le mari. S'il s'agit d'intérêts collectifs dont le mari est le représentant, comme chef de l'association conjugale, d'après les règles des divers régimes matrimoniaux, le mari est seul en cause; la présence de la femme est superflue : il n'y a qu'une personne. On résout de la même manière les questions analogues qui peuvent se présenter en matière de société, en examinant quelle est l'étendue des pouvoirs du gérant.

L'article 49 ajoute, en terminant : *Et enfin dans toutes les causes exceptées par les lois.*

Remarquons que dans les cas où la loi n'exige pas le préliminaire, il est toujours facultatif pour les parties de se présenter volontairement en conciliation, pourvu qu'elles soient capables de transiger et que la matière soit susceptible de transaction. Le juge de paix est alors obligé de les entendre, ne peut leur refuser son ministère et doit s'efforcer de les concilier.

663. En résumé, le préliminaire de conciliation n'est exigé qu'à l'égard des demandes qui sont tout à la fois :

1° Introductives d'instances ;

2° Formées entre personnes capables de transiger ;

3° Relatives à des droits susceptibles de faire l'objet d'une transaction ;

4° De la compétence du tribunal civil d'arrondissement ;

5° Non urgentes ;

6° Intentées contre un ou deux défendeurs au plus.

Toute demande qui ne réunit pas ces divers caractères n'est pas soumise à la formalité du préliminaire de conciliation.

§ 4. — *Du magistrat devant lequel la conciliation doit être tentée.*

664. D'après la loi du 24 août 1790, l'essai de conciliation ne devait avoir lieu devant le juge de paix qu'autant que toutes les parties étaient domiciliées dans l'étendue de son canton. Dans le cas contraire, la demande était soumise à un bureau de paix, composé de six membres, siégeant au chef-lieu de district. Aujourd'hui, l'essai de conciliation doit toujours avoir lieu devant un juge de paix.

En principe, et sauf les exceptions ci-après indiquées, l'épreuve de conciliation doit toujours avoir lieu devant le juge de paix du domicile du défendeur, ou, s'il y a deux défendeurs, devant le juge de paix du domicile de l'un d'eux, au choix du demandeur. La loi ne distingue pas suivant la nature de l'action : qu'il s'agisse d'une action personnelle, réelle mobilière, réelle immobilière ou mixte, peu importe. Dans tous les cas, la règle est la même (art. 50-1° Proc. civ.).

Le législateur ne reproduit pas la règle, inscrite dans l'article 59, en vertu de laquelle une action réelle immobilière doit être portée devant le tribunal, dans l'arrondissement duquel est situé l'immeuble litigieux. Cela tient à ce que la fonction du juge conciliateur diffère profondément de la mission du tribunal. Celui-ci doit juger, après s'être éclairé à l'aide d'une instruction, qui nécessitera souvent une visite des lieux ou la connaissance des usages locaux. Cette instruction est plus prompte et plus économique, si elle est faite devant le tribunal, dans le ressort duquel est situé l'immeuble litigieux. Mais, en matière de conciliation, le juge n'a aucune vérification à faire, aucun usage particulier à constater, aucune preuve à rechercher. Ce qui importe, c'est l'autorité morale qu'il exerce sur les parties, la confiance qu'il leur inspire. Il faut qu'il soit au moins connu du défendeur, qui ne doit pas, du reste, être dérangé pour répondre peut-être à un demandeur téméraire.

C'est le juge du domicile réel, que vise l'article 50, et non celui du domicile que les parties ont pu élire pour l'exécution de leur convention. Le juge de paix de ce dernier domicile ne saurait avoir sur le défendeur cette autorité morale, avec lui ces relations amicales, qui peuvent faire espérer un accommodement par son entremise.

665. L'article 50 indique une double exception apportée au principe qu'il pose : 1° En matière de société, autre que celle de commerce, tant qu'elle existe, le défendeur doit être cité devant le juge du lieu où siège la société. S'il n'y a pas de siège social connu, on retombe dans la règle générale, et les associés doivent être appelés devant le juge du domicile de l'un d'entre eux, au choix du demandeur. La loi ne vise que les sociétés civiles, parce qu'en général les affaires dans lesquelles se trouve engagée une société de commerce sont commerciales; mais si le procès, intéressant une société de commerce, était purement civil, il y aurait lieu de recourir au préliminaire de conciliation, pourvu que le gérant fût capable de transiger.

En matière de succession, sur les demandes entre héritiers jusqu'au partage inclusivement, sur les demandes intentées par les créanciers du défunt avant le partage et sur les demandes relatives à l'exécution des dispositions à cause de mort jusqu'au partage encore, l'article 50 veut que la tentative de conciliation s'accomplisse devant le juge de paix du lieu où la succession s'est ouverte. Cet article attribue au juge de paix du lieu de l'ouverture de la succession une compétence analogue à celle que l'article 59 Proc. civ. attribue pour le fond du droit au tribunal de ce même lieu. Les deux articles emploient les mêmes termes. Les explications données sur l'article 59 (Voir. n° 403) s'appliquent à l'article 50.

666. Si le défendeur est appelé en conciliation devant un juge de paix autre que celui indiqué par les diverses dispositions de l'article 50, devant un juge *incompétent*, cette incompétence étant toute relative devra être proposée par le défendeur. Quelques auteurs voient dans cette déclaration du défendeur un refus d'accommodement et pensent que le juge de paix doit dresser un procès-verbal de non-conciliation. Nous ne partageons pas cette opinion. Nous pensons que tout juge dans l'exercice de toute juridiction, soit volontaire, soit contentieuse, a toujours qualité pour examiner lui-même s'il est compétent. — Si le juge de paix croit avoir qualité pour procéder à la conciliation, il passera outre; et si le défendeur refuse encore, le refus porte alors sur la conciliation elle-même. Un procès-verbal de non-conciliation doit être dressé. Si, au contraire, sur les observations du défendeur, le juge reconnaît son incompétence, il n'aura aucun procès-verbal à dresser; il doit simplement s'abstenir. — Si divers juges de paix, successivement saisis, s'abstiennent tous, il y aurait conflit négatif et nécessité de se pourvoir en règlement de juges.

Si le défendeur, cité en conciliation devant un juge de paix incompétent, se présente et n'oppose pas l'incompétence, celle-ci est couverte. A plus forte raison, les parties peuvent-elles comparaître pontanément ou sur un billet d'avis devant un juge de paix autre que celui désigné par l'article 50, et le charger de les concilier (art. 7, Proc. civ.).

§ 5.— *Des formes et délai de la citation en conciliation.*

667. Les parties comparaissent devant le magistrat conciliateur, ou volontairement, ou sur une citation. La comparution volontaire est certainement la plus conforme au vœu de la loi. Elle épargne des frais : elle est un présage d'arrangement. Mais quand le défendeur refuse de se présenter volontairement devant le juge de paix, l'essai de conciliation devient forcé. Le demandeur doit alors faire citer, par exploit d'huissier, son adversaire devant le juge de paix.

668. La citation en conciliation doit-elle être précédée d'un avertissement préalable, délivré sans frais et expédié par le greffier de la justice de paix? Sous l'empire de la loi du 25 mai 1838, quelques auteurs l'avaient pensé. Mais lorsque la loi du 2 mai 1855 est venue modifier l'article 17 de la loi de 1838, le rapporteur s'est exprimé ainsi : « Ce serait se tromper gravement que de soumettre aussi à « cette formalité les citations en conciliation, données en vertu des « articles 48 et suivants du Code de procédure civile. Une semblable « interprétation est aussi contraire à l'esprit qu'au texte du projet « de loi ; on établit par là, pour les instances appartenant aux tri« bunaux ordinaires, deux tentatives de conciliation, l'une sur « lettre, l'autre sur citation : dès lors on occasionne des retards et « des déplacements dispendieux ; on fait dégénérer en une formalité « vexatoire une prescription salutaire. »

669. La citation en conciliation est l'acte par lequel une personne le *demandeur*, qui prétend avoir un droit à exercer contre une autre personne, le *défendeur*, la fait appeler, par ministère d'huissier, devant un juge de paix, afin d'essayer de terminer leur différend, sous l'autorité des conseils de ce magistrat.

Le droit de la signifier était autrefois réservé à l'huissier *audiencier*, spécialement attaché à la justice de paix. C'est ce qu'indiquait l'article 52 du Code de procédure civile : *La citation sera donnée par un huissier de la justice de paix du défendenr*. Mais ce privilège a été aboli par l'article 16 de la loi du 25 mai 1838, qui attribue un droit égal à tous les huissiers du canton.

670. *Formes.* — La loi n'a pas réglementé les formes de la citation en conciliation. On en a conclu, avec raison, qu'elle s'en réfère aux formes qu'elle a tracées dans l'article 1er du Code de procédure pour les citations en justice de paix. La citation en conciliation doit contenir les énonciations énumérées dans cet article. Une seule différence existe entre les deux citations; elle résulte du rapprochement de l'article 51 et de l'article 1er. La citation en justice doit indiquer sommairement, non seulement l'*objet* de la demande, mais aussi les *moyens* sur lesquels le demandeur prétend l'appuyer. Au contraire, il suffit que la citation en conciliation indique sommairement l'*objet* de la citation. Le demandeur n'est pas tenu de faire connaître à l'avance ses *moyens*.

Cette différence a sa raison d'être. Quand Paul cite Pierre devant un juge de paix, siégeant comme juge, il l'appelle à venir se défendre. Paul a eu tout le loisir nécessaire pour préparer les armes dont il va se servir dans cette lutte judiciaire. Il est juste que Pierre puisse de son côté préparer sa défense, avant le jour où le combat commencera. Or, comment pourrait-il le faire utilement, s'il n'était instruit à l'avance des moyens d'attaque qui seront dirigés contre lui ? De là, l'obligation imposée à Paul de les lui faire connaître dans la citation même. — Dans l'hypothèse d'une citation en conciliation, comme il ne s'agit plus de combattre, mais au contraire d'essayer un accommodement, il est moins indispensable que Pierre le défendeur soit instruit à l'avance des moyens que Paul pourra produire à l'appui de sa réclamation.

Aucune formalité n'est prescrite à peine de nullité dans l'article 1er ; à la doctrine de rechercher celles qu'il faut considérer comme *substantielles*, ainsi que nous l'avons déjà expliqué. (Voir n° 604.)

671. *Du délai de la citation en conciliation.* — D'après l'article 51, le délai de la citation est de trois jours au moins, de trois jours pleins et entiers. Ce délai est franc. (Voir art. 1033.) Si donc la citation est donnée le 1er du mois, le défendeur ne peut être contraint de comparaître avant le 5.

Ce délai doit, en outre, être augmenté d'un jour par cinq myriamètres ou par fraction de quatre myriamètres et au-dessus (art. 1033 Proc. civ.). Et si le dernier jour du délai est un jour férié, le délai est prorogé au lendemain. Remarquons que, pour comparaître devant le juge de paix, siégeant comme juge, le défendeur n'a qu'*un* jour franc (art. 5 Proc. civ.). Cette différence entre le délai de la citation en conciliation et celui de la citation en justice s'explique par la nature même des affaires dont il s'agit dans l'un et dans l'autre cas. — Quand on cite devant un juge de paix pour lui faire juger un procès rentrant dans les limites de sa compétence, l'affaire engagée est, en général, si peu importante, si peu compliquée, que quelques heures de réflexion suffisent au défendeur pour la préparation de sa défense. Au contraire, quand il y a citation en conciliation, l'affaire, rentrant dans les attributions du tribunal d'arrondissement, est forcément plus importante et plus compliquée. Le défendeur a besoin d'un délai plus considérable.

§ 6. — *Des effets de la citation en conciliation.*

672. Si, sur la citation en conciliation donnée au défendeur par le demandeur, les deux parties comparaissent et transigent, le procès est arrêté avant que de naître. Une nouvelle situation est créée par la convention intervenue entre les parties. On n'a pas à se préoccuper des effets juridiques que produit la citation.

Si, au contraire, les parties ne comparaissent pas, ou qu'ayant comparu, elles ne se soient pas mises d'accord, le demandeur est alors contraint de porter sa prétention devant le tribunal civil d'arrondissement et d'introduire une instance. Mais, dans ce cas, il n'était pas possible d'admettre que l'obligation, imposée par l'article 48, de citer son adversaire en conciliation pût nuire aux intérêts du réclamant. La citation donnée n'est pas inutile. Elle produit trois effets principaux au profit du demandeur : 1° elle interrompt la prescription ; 2° elle fait courir les intérêts moratoires ; 3° elle rend la demande admissible.

673-1°. La citation en conciliation *interrompt la prescription* (art. 57 Proc. civ.). Puisqu'elle est un préliminaire obligatoire, la loi a dû, sous peine d'être à la fois inconséquente et injuste, attribuer à la citation l'effet de sauvegarder le droit du demandeur. Pierre s'aperçoit qu'il est créancier de Paul d'une dette exigible depuis près de trente ans (art. 2262 Cod. civ.). Quelques jours encore, et le délai de la prescription sera accompli ; le débiteur pourra, en s'appuyant sur elle, repousser la demande de Pierre. — Jacques reconnaît qu'il est propriétaire d'un immeuble que Louis possède depuis près de trente ans (art. 2263 Cod. civ.), ou depuis près de dix à vingt ans (art. 2265 Cod. civ). Que quelques jours s'écoulent et la prescription se sera accomplie au profit du possesseur. — Dans ces deux cas, et autres semblables, une assignation, immédiatement donnée, interromprait la prescription (art. 2244 Cod. civ.). Mais la loi interdit au prétendu créancier, ou au prétendu propriétaire, d'intenter contre le débiteur ou le possesseur aucune demande, avant de l'avoir cité en conciliation. N'est-ce pas les exposer au danger d'arriver ensuite trop tardivement à la demande en justice ? Par suite, pour éviter semblable iniquité, la loi a dû attribuer à la citation en conciliation elle-même une vertu interruptive de prescription; ce qu'elle fait dans l'article 2245 du Code civil et dans l'article 57 du Code de procédure civile.

Comme les questions de compétence sont souvent délicates à résoudre, qu'il est possible que le demandeur commette une erreur involontaire dans la recherche du domicile du défendeur, la loi admet que, même donnée devant un juge incompétent, la citation sera interruptive de prescription (art. 2246 Cod. civ.).

Si la demande était au nombre de celles qui ne sont pas soumises à l'essai de conciliation, et qu'en fait la citation ait été donnée, celle-ci sera-t-elle interruptive de prescription ? La question est controversée. La Cour suprême n'admet pas dans cette hypothèse l'effet interruptif. La citation est un acte frustratoire qui ne doit pas produire d'effet (1).

674-2°. La citation en conciliation fait courir les intérêts *moratoires*, ceux qui, en l'absence de la convention des parties ou d'une disposition de la loi, ne sont dus qu'à raison et qu'à partir de la demeure, *mora*, du débiteur, du retard qu'il met à payer le capital. Un débiteur n'est pas constitué *en demeure* par le seul effet de l'échéance du terme. Ainsi, quoique la dette soit devenue exigible, si le créancier reste dans l'inaction, les intérêts *moratoires* ne courent point. Si, au contraire, le créancier forme une demande en payement contre le débiteur, la *demeure* commence à ce moment, et à ce même moment la dette devient génératrice d'intérêts (art. 1153

(1) Cass., 17 janv. 1877 Sir., 1878. 1. 165).

Cod. civ.). Le créancier, qui n'a pas été remboursé à l'échéance, qui n'a pas repris à cette époque l'usage et la disposition d'un capital à lui dû, a donc un motif puissant de lancer au plus tôt une assignation contre le débiteur. Mais cette assignation, il ne peut la donner qu'après une citation en conciliation. Comme pour l'interruption de prescription, la justice serait violée à son égard, si cette citation, préliminaire forcé de sa demande, ne faisait pas courir à son profit les intérêts de la somme qui lui est due, qu'il ne peut encore demander en justice (art. 57 Proc. civ.).

675. Mais ces deux premiers effets, engendrés par la citation en conciliation, sont subordonnés à une condition commune. Ils ne se produisent qu'autant que la citation en conciliation a été *suivie dans le mois d'une demande en justice*. Le législateur n'a pas voulu qu'une personne pût se borner à citer de temps à autre au bureau de paix son adversaire, prolonger indéfiniment par des démonstrations non sérieuses les délais de la prescription et renouveler sans cesse les inquiétudes du prétendu débiteur. La citation doit être un acte sérieux et raisonnable. Si donc, après avoir cité en conciliation, Pierre reste dans l'inaction pendant plus d'un mois, la citation n'aura produit aucun des deux effets sus-mentionnés. Elle n'aura, ni interrompu la prescription, ni fait courir les intérêts moratoires. — Ce double effet n'est réellement attaché qu'à la *demande en justice* ; mais il se produit rétroactivement et remonte au jour de la citation, lorsque la demande a été formée dans le mois de la non-conciliation ou de la non-comparution.

676. On s'est demandé si ce double effet était produit par une *comparution volontaire* en conciliation, non précédée par conséquent d'une citation ? Nous adoptons l'affirmative. Si la citation interrompt la prescription et fait courir les intérêts, c'est qu'elle contient une interpellation au défendeur, qui se trouve ainsi constitué en demeure de satisfaire à son obligation. Or, le défendeur, qui a comparu volontairement, qui a refusé de s'accorder avec le demandeur, ne peut douter que son adversaire va recourir contre lui à des poursuites judiciaires. Il est manifestement averti. La comparution volontaire a la même nature que la citation. Pourquoi lui en refuserait-on les effets ? En distinguant entre elles, on violerait l'article 48, qui met ces deux actes sur la même ligne ; on irait à l'encontre du but que la loi s'est proposé d'atteindre, en écartant la voie si utile des comparutions volontaires. Mais il est évident que cette solution ne s'applique qu'au cas où la comparution volontaire pourrait amener les parties à une transaction, et non dans l'hypothèse où, la transaction étant impossible, la comparution volontaire, acte frustratoire, a dû être repoussée par le juge de paix.

677-3°. Le troisième effet produit par la citation en conciliation, ou par la comparution volontaire des parties, est d'autoriser celui qui réclame à *former sa demande en justice*. Mais cet effet n'est point, comme le sont les deux autres, subordonné à la condition que la demande soit formée dans le mois de la non-comparution ou de la non-conciliation. Même après l'expiration de ce délai, le demandeur est autorisé à *saisir* le tribunal civil d'arrondissement, sans être tenu de renouveler la citation en conciliation. — On s'est demandé pendant quel laps de temps celle-ci conserverait son efficacité? Quelques auteurs ont prétendu que, si la citation en conciliation n'est pas suivie d'ajournement dans les trois ans de la non-conciliation ou de la non-comparution, elle tombe en péremption, par application de l'article 399 du Code de procédure civile. — Nous repoussons cette doctrine. Les instances seules tombent en péremption, et la citation n'est pas un acte de l'instance, mais un préliminaire à une instance non encore ouverte. En second lieu, le défendeur n'a nul intérêt à demander cette péremption, qui n'a pas lieu de plein droit, puisque la citation a perdu le double effet de faire courir les intérêts moratoires et d'interrompre la prescription. En troisième lieu, comment le défendeur pourrait-il inviter le tribunal civil à prononcer la péremption d'une demande qui ne lui a pas été soumise? On se heurte à une impossibilité. Tenons donc pour certain que la citation en conciliation conserve sa force pendant trente ans, et que, pendant ce laps de temps, elle n'a pas besoin d'être renouvelée, en supposant évidemment que l'action, que le droit a été conservé et n'est pas anéanti lui-même par la prescription. Il en est ainsi même dans l'hypothèse, où cette citation a été suivie d'une demande en justice, tombée elle-même en péremption. (Voir l'explication des art. 399 et suiv. Proc. civ.)

§ 7. — *De la comparution des parties.*

678. Lorsque le juge de paix est saisi d'un litige en sa qualité de *juge*, les parties ont la faculté de comparaître en personne, ou par un mandataire, à leur choix (art. 13 Proc. civ.) Il semble à première vue qu'il en soit autrement en matière de conciliation. L'article 53 dit : « Les parties comparaîtront en personne ; en cas d'empêche- « ment, par un fondé de pouvoirs. » En présence d'un texte en apparence aussi impératif dans ses termes, le juge de paix devrait, pour rester fidèle au vœu de la loi, n'admettre un mandataire à ester en conciliation, qu'à la condition de lui rapporter la preuve qu'un empêchement légitime a mis la partie représentée dans l'impossibilité de comparaître elle-même. La pratique a établi un usage contraire. Il est admis, à titre de principe, que par cela seul qu'une partie envoie un mandataire à sa place, l'empêchement légitime est établi. Mais alors le but de la loi est complètement manqué : on se fait presque toujours représenter par un homme d'affaires, plus soucieux de voir naître des procès que de les éteindre.

Aussi la loi du 27 mars 1791 avait-elle défendu aux personnes attachées à l'ordre judiciaire de comparaître au bureau de paix comme mandataires des parties. Elle supposait que ces personnes seraient souvent portées par leur intérêt personnel à repousser tout arrangement. Les auteurs de cette loi se souvenaient du mot de Voltaire, voulant écarter les *faiseurs de paix comme on ôte le bois d'un feu qu'on veut éteindre.* — Cette exclusion a été repoussée par le Code de procédure, comme injurieuse pour les officiers ministériels qui en étaient l'objet. Mais l'expérience a bientôt démontré le danger de l'intervention de praticiens subalternes, et l'article 18 de la loi du 25 mars 1838 a défendu à tout huissier de représenter les parties devant la justice de paix en qualité de procureur fondé, à peine d'une amende de 25 à 50 francs.

679. Sous l'empire de la même loi de 1791, un mandataire ne pouvait être admis à représenter une partie, que s'il était nanti d'un pouvoir illimité de transiger. Les rédacteurs du Code ont, au contraire, sur les observations du Tribunat, pensé qu'il était déraisonnable de contraindre les parties, ne pouvant se présenter elles-mêmes, à remettre à un tiers la disposition de leur droit, quand il dépend d'ailleurs de ces mêmes parties de refuser tout arrangement. En conséquence, les parties ont la faculté de donner à leur mandataire le double pouvoir de *comparaître* et de *transiger* pour elles, ou simplement le pouvoir de *comparaître*. Le mandant s'expliquera sur ce point dans l'écrit, la *procuration*, qu'il rédige ou fait rédiger pour constater le mandat donné. — Si la procuration contient, sans aucune explication, un pouvoir à l'effet de se *concilier*, le mandataire a alors la faculté de transiger; car *se concilier*, c'est transiger, et *vice versâ*.

680. La loi n'exige point que l'acte, la procuration, soit authentique; elle peut être donnée sous seing privé. Dans ce cas, les juges de paix exigent qu'elle soit écrite sur papier timbré et qu'elle soit enregistrée. Il est aussi prudent de vouloir que la signature de la partie, du mandant, soit légalisée par le maire de sa commune, à l'effet de s'assurer de l'identité du signataire de la procuration.

L'audience, dans laquelle comparaissent les parties à l'effet d'essayer de se concilier, ne doit pas être publique. Il ne s'agit pas de rendre la justice. La présence du public aurait pour effet d'exciter les deux parties, de les induire à persister dans leurs prétentions, et s'opposerait ainsi à tout accommodement.

§ 8. — *Du rôle des parties devant le juge conciliateur.*

681. Les parties sont en présence du juge de paix. Le demandeur doit alors formuler sa prétention, l'expliquer. Elle a été indiquée dans la citation : elle est connue du défendeur, mais d'une manière sommaire. Le demandeur la développe. Peut-il l'augmenter ? L'article 54 répond affirmativement. Mais ce texte doit être bien compris. Il reconnaît au demandeur le droit d'étendre verbalement, d'accroître la demande indiquée dans l'exploit. Le demandeur peut y joindre les prétentions, les réclamations qui sont des accessoires de la demande primitive, qui sont *connexes* avec elle, qui découlent de la même cause. *Exemples :* Celui, qui a simplement réclamé dans la citation le remboursement d'un capital prêté, pourra verbalement demander les intérêts de ce capital, quoiqu'ils n'aient point été mentionnés dans l'exploit. — S'il s'agit de la revendication d'un immeuble, le demandeur pourra étendre sa demande aux fruits qu'a produits l'immeuble, quoique la citation n'en fasse pas mention. — Mais ce même demandeur ne peut joindre à sa réclamation primitive une prétention absolument nouvelle. Celui qui s'est prétendu créancier d'une somme d'argent ne pourra pas, devant le magistrat conciliateur, réclamer la restitution d'un immeuble ou la reconnaissance d'une servitude. Cette nouvelle demande ne se rattache par aucun lien à la première : elle ne lui est point connexe. — La raison de cette distinction, entre les demandes qui sont connexes et celles qui sont étrangères à la primitive, est évidente. Quand la demande nouvelle est dans un rapport de connexité avec la principale, le défendeur n'est point surpris : les moyens qu'il a recherchés pour repousser l'une lui serviront aussi à écarter ou à discuter l'autre : les mêmes motifs d'arrangement ou de refus s'appliquent à l'une et à l'autre. Le défendeur a pu, a dû même raisonnablement prévoir cette demande accessoire. Au contraire, quand la prétention nouvelle du demandeur ne se rattache par aucun lien à la précédente, le défendeur est surpris. Il n'a pu préparer, sur ce point, ni ses moyens de défense, ni ses propositions d'arrangement, peser le fort et le faible de sa situation. On ne saurait le contraindre à répondre. Il peut refuser tout examen, toute discussion. Le demandeur est alors obligé de recourir aux voies ordinaires, s'il veut que la tentative de conciliation s'opère à l'égard de sa nouvelle prétention. Il doit donner une nouvelle citation en conciliation, qui laissera au défendeur le temps de l'étude et de la réflexion. — Mais si, devant le juge de paix, le défendeur accepte de débattre et de discuter, sans préalable citation en conciliation, la nouvelle prétention du demandeur, cette acceptation équivaut à comparution volontaire, et l'irrégularité se trouve couverte. A l'égard de cette seconde demande, les parties ont en réalité fait acte de comparution volontaire. Le vœu de la loi est rempli.

682. Quand le réclamant a ainsi exposé ses demandes principales et accessoires, le défendeur fait valoir à son tour ses prétentions. Mais peut-il formuler, à l'encontre du demandeur, toute réclamation quelconque ? L'article 54 paraît lui reconnaître ce droit, quand il dit : « le défendeur pourra former les demandes qu'il jugera convenables. » Mais la portée de l'expression dépasse la pensée du législateur. Le défendeur ne peut pas, verbalement et sans avoir de son côté cité préalablement en conciliation le demandeur actuel, former contre lui toute réclamation quelconque, si étrangère soit-elle à la demande primitive. Le défendeur ne doit pas pouvoir soulever devant le magistrat conciliateur d'autres prétentions que celles qu'il pourra faire valoir devant le tribunal civil, si le procès suit son cours. Les demandes qui lui permettront, devant le tribunal, d'annihiler la réclamation du demandeur sont les seules, à l'aide desquelles il puisse essayer d'arrêter cette réclamation devant le juge de paix. C'est à la réglementation des *demandes incidentes*, que nous retrouverons plus tard, qu'il faut demander le sens véritable des termes de l'article 54 du Code de procédure civile. Nous formulerons ainsi la règle : Le défendeur peut former les demandes qui sont *connexes* à la demande principale, ou celles qui, non connexes, sont une *défense* à la demande dirigée contre lui. Toutes autres prétentions devront être par lui présentées par la voie ordinaire, c'est-à-dire par une citation en conciliation adressée au demandeur actuel, qui sur cette citation sera défendeur. La demande *connexe* est celle qui découle du même fait juridique, de la même source que la demande principale. C'est le même contrat, la même cause génératrice qui donne naissance à la prétention du demandeur et à celle du défendeur. *Exemples :* Le propriétaire d'une maison demande que le locataire, qui n'a pas garni la maison de meubles suffisants pour assurer le payement des loyers, soit tenu de compléter son gage en apportant un supplément de mobilier (art. 1752 C. civ.). Le locataire pourra demander que le propriétaire fasse à la maison les réparations indispensables pour la rendre habitable (art. 1719 C. civ.). Les deux prétentions ont leur base commune dans le contrat de bail, source des obligations de part et d'autre invoquées. — De même, Pierre, qui a déposé un objet mobilier entre les mains de Paul, en réclame la restitution. Paul pourra répondre que le déposant lui doit le remboursement des frais qu'il a faits pour la conservation de la chose déposée (art. 1937 et 1947 C. civ.). Les deux prétentions sont encore *connexes* l'une à l'autre; elles ont leur commune origine dans le même contrat, celui de dépôt. Il en serait de même au cas de commodat; le commodataire, défendeur, pouvant répondre à la demande en restitution de l'objet prêté, par la réclamation des dépenses autres que celles d'entretien (art. 1888 et 1890, Cod. civ.).

Le défendeur peut aussi former des demandes non *connexes* avec celle qui est dirigée contre lui, *si d'ailleurs elles peuvent lui servir de défense*. Cette règle s'applique au cas de compensation (art. 1289 C. civ.). Paul réclame à Pierre dix mille francs qu'il prétend lui être dus en vertu d'un contrat de vente. Pierre, de son côté, pourra faire valoir qu'il est créancier de Paul d'une somme de six mille francs qu'il lui à prêtée. Il n'y a aucune connexité, aucune liaison entre les deux réclamations. Chacune d'elles se rattache à un contrat différent : l'une à une vente ; l'autre à un prêt de consommation. Mais la prétention de Pierre lui sert de *défense* contre celle de Paul ; elle s'y rattache à ce titre. Il serait en effet injuste d'obliger Pierre à s'acquitter envers Paul des dix mille francs qu'il lui doit, au risque de ne pas voir Paul lui rembourser à son tour les six mille francs, montant du prêt. Il est plus simple, plus équitable d'imputer une dette sur l'autre et de ne faire payer par Pierre que la différence, soit quatre mille francs. Pierre sera censé s'être payé à lui-même, au nom de Paul, les six mille francs que Paul lui devait. On dit alors qu'il y a *compensation* entre les deux créances. La réclamation de Pierre lui sert donc à atténuer l'étendue de celle de Paul : elle est donc pour lui une défense. Dans ce cas, bien que la demande de Pierre contre Paul, en remboursement des six mille francs prêtés, se produise verbalement et pour la première fois devant le juge de paix, le demandeur Paul ne peut pas, sous prétexte qu'il n'a pas le temps de l'apprécier, qu'elle est subite et inattendue, se refuser à la comprendre dans la tentative de conciliation où il est engagé avec Pierre. Il est vrai qu'on le place dans une position un peu difficile, en le forçant à s'expliquer sur une affaire qu'il n'a pas eu le loisir d'étudier ; mais on évite de faire courir à Pierre le risque de l'insolvabilité de Paul, et d'imposer aux deux parties les frais et les lenteurs qui naîtraient d'une nouvelle tentative de conciliation.

Mais toute demande, qui ne sera pas connexe à la demande primitive ou qui ne servira pas de défense contre elle, devra faire l'objet d'une instance particulière et, par suite, exigera une citation en conciliation.

§ 9. — *Du rôle du juge.*

683. Le juge de paix n'exerce aucune juridiction quand il siège comme magistrat conciliateur. Il doit s'efforcer de prévenir le procès. Son rôle consiste à entendre les dires et les observations des deux parties, à calmer leur irritation ou leur animosité, à leur suggérer les bases et les moyens d'un accommodement. Il méconnaîtrait sa fonction s'il donnait des ordres, s'il faisait citer des témoins, s'il tentait d'imposer un arrangement. Il n'a ni instruction à faire, ni jugement à rendre. Une certaine ressemblance existe entre la mission qu'accomplit alors le juge de paix et celle d'un notaire, qui cherche à amener la formation d'un contrat entre deux personnes. Le préliminaire de conciliation n'est pas une instance. Il a, au contraire, pour but de l'empêcher de naître.

Mais au cours de cette discussion qui se développe devant le juge conciliateur peuvent s'accomplir certains faits importants : ou bien les parties transigent et arrivent à un arrangement ; ou bien la conciliation n'a pas lieu et l'une des parties défère à l'autre le serment, ou laisse échapper un aveu précieux pour son adversaire, Quel est alors le rôle du juge ?

684. Si les parties se mettent d'accord, le juge de paix constate dans un procès-verbal les clauses et conditions de leur arrangement (art. 54 Proc. civ.). Quel caractère a ce procès-verbal ? Rentre-t-il dans la catégorie des actes authentiques, ou dans celle des actes sous seing privé ? Indiquons d'abord l'intérêt que présente la question. Il résulte des différences caractéristiques qui séparent les deux espèces d'actes.

1° L'acte authentique est présumé mentionner d'une manière exacte et conforme à la vérité les faits qu'il relate et en vue de la constatation desquels il est dressé. Si ces faits sont contestés, la partie qui invoque l'acte n'a pas à en établir la sincérité. A celle qui les dénie d'en démontrer la fausseté, et encore ne peut-elle le faire qu'en suivant une procédure particulière, appelée *inscription de faux*. Tant qu'à l'aide exclusive de cette procédure, on n'a pas établi que l'acte authentique est l'œuvre d'un faussaire, les faits que cet acte mentionne sont réputés être exactement rapportés. C'est ce qu'on exprime en disant que l'acte authentique fait foi, jusqu'à inscription de faux, des faits que l'officier qui l'a dressé a constaté avoir accomplis lui-même ou s'être accomplis en sa présence. — Les actes sous seing privé n'emportent point la même présomption de vérité. La partie qui les invoque doit en établir la sincérité, si elle est contestée. Pour l'obliger à faire cette preuve, il suffit de la simple dénégation de l'adversaire, refusant de reconnaître comme sienne l'écriture ou la signature de l'acte sous seing privé (art. 1319 et 1322 à 1324 C. civ. ; — art. 193 et suiv., art. 214 et suiv. Proc. civ.).

2° L'acte authentique fait foi de sa date, toujours jusqu'à inscription de faux, envers toute personne, tant au regard des tiers qu'à celui des parties contractantes. — Au contraire, les actes sous seing privé ne font foi de leur date à l'égard des tiers, qu'à compter du jour où celle-ci est devenue certaine, c'est-à-dire, du jour où l'une des parties signataires est décédée, ou du jour où cet acte a été mentionné dans un acte authentique (art. 1319 et 1328 C. civ.).

3° La copie de l'acte authentique peut être revêtue, par l'officier public qui l'a reçue, de la formule exécutoire, du mandement donné, au nom du chef du pouvoir exécutif, aux officiers publics de mettre cet acte à exécution s'ils en sont requis. Cette copie, appelée *grosse*, donne au créancier le droit de procéder à la saisie des biens de son débiteur. Par son ordre et sur la remise de cette grosse, un huissier procédera à la saisie. — Les actes sous seing privé, au contraire, n'ont pas par eux-mêmes cette force directe et immédiate d'exécution. Le créancier, dont le droit n'est constaté que par un acte de cette nature, doit obtenir un titre exécutoire. A cet effet, il doit assigner son débiteur en justice et obtenir contre lui une sentence de condamnation. La grosse de ce jugement, délivrée par le greffier, permettra seule de pratiquer une saisie.

4° Une hypothèque conventionnelle ne peut être constituée que par acte notarié. Toute hypothèque consentie dans un acte sous seing privé est nulle et sans effet (art. 2127 C. civ.).

685. Ces dissemblances établies, reprenons notre question, dont l'intérêt est désormais évident. Le procès-verbal de conciliation, dressé par le greffier sous la dictée du juge de paix, est-il un acte authentique ? est-il un acte sous seing privé ? D'après l'article 1317 du Code civil, nous devons le classer parmi les actes authentiques. Il est, en effet, reçu par un officier public et par un officier compétent, puisque le juge de paix est précisément chargé par l'article 54 du Code de procédure civile de dresser acte des transactions qui se forment devant lui. Et comme évidemment on ne saurait accorder moins de foi aux déclarations d'un juge de paix qu'à celles d'un notaire, d'un huissier ou d'un maire, le procès-verbal de conciliation fait foi et de sa date et des conventions qu'il relate jusqu'à inscription de faux. Il produit les deux premiers effets signalés ci-dessus.

L'article 54 paraît cependant fournir une solution contraire, en disant : *Les conventions des parties, insérées au procès-verbal, ont force d'obligation privée.* Ces dernières expressions tendraient à faire admettre que le procès-verbal de conciliation n'est pas un acte authentique faisant foi jusqu'à inscription de faux. Ceci est évidemment inacceptable, et il faut donner une autre portée, une autre signification aux termes de cet article. La loi a voulu dire que ce procès-verbal ne peut point être revêtu de la formule exécutoire et ne peut servir à constater les conventions d'hypothèque. — Cette interprétation résulte clairement de l'historique de la rédaction de l'article 54 et de la discussion qui eut lieu au Conseil d'État. Les notaires firent remarquer que l'importance de leur ministère serait considérablement amoindrie, si les parties pouvaient faire devant le juge de paix, alors qu'elles comparaissent en conciliation, des conventions qui auraient la même force que celles qui se font devant eux. Après les avoir institués pour donner l'authenticité aux conventions, la loi retirerait aux notaires une partie de leurs fonctions, en y associant en fait les juges de paix. Les futurs contractants n'auraient qu'à se rendre volontairement devant le juge de paix et à lui faire dresser acte de leurs accords. En présence de ces justes observations, l'article 54 du projet fut ainsi rédigé : *Les conventions, insérées au procès-verbal de conciliation, ne seront pas exécutoires et ne donneront pas hypothèque.* Cette rédaction était claire, précise et indiquait nettement la pensée du législateur. Malheureusement, par un désir de brièveté, elle n'a pas été conservée, et a été remplacée par les mots : *Les conventions des parties, insérées au procès-verbal, ont force d'obligation privée.* Mais si les termes ont été changés, la disposition est restée la même. Tout le monde est d'accord sur ce point.

Ainsi donc, le procès-verbal de conciliation, dressé par le juge de paix, est un acte authentique en ce qui concerne la force probante des actes : il fait preuve, jusqu'à inscription de faux et vis-à-vis de tous, et de sa date, et des déclarations qui y sont relatées. Mais, au point de vue de la force exécutoire et des conventions d'hypothèque, il ressemble aux actes sous seing privé. Par suite, celle des des deux parties qui aura été reconnue, dans ce procès-verbal, créancière, devra, si elle veut ramener l'obligation à exécution contre l'autre partie, intenter devant le tribunal une action, faire par ce procès-verbal la preuve de son droit, obtenir un jugement de condamnation. Ce jugement lui conférera une hypothèque judiciaire et lui permettra de procéder à la saisie des biens meubles ou immeubles de son débiteur.

686. Si les parties refusent de se concilier, le juge doit constater simplement la non-conciliation. L'article 54 dit qu'il doit faire *sommairement* mention que les parties n'ont pu se concilier. Par cette expression : *sommairement*, le législateur a marqué q'il repoussait le système adopté par la loi du 24 août 1790. Cette loi voulait que le juge de paix dressât acte des dires et des aveux des parties, relatât les raisons alléguées par l'une ou par les deux pour se refuser à une transaction. Les législateurs du Code de procédure ont vu avec raison un grave danger résulter de cette reproduction. On eût plus tard invoqué contre une partie des pourparlers peu réfléchis et on en eût tiré des conclusions compromettantes. Il eût été facile à un homme avisé d'abuser de la simplicité de son adversaire en lui adressant des questions captieuses, dont les réponses eussent été notées avec soin. — Dans la crainte de nuire à ses intérêts, chaque partie se fût renfermée dans un mutisme absolu. En fait, la tentative de conciliation n'aurait point eu lieu, chacun refusant de s'expliquer. — En outre, l'aveu, que ferait l'une des parties et qu'aurait constaté le juge, n'emporterait pas la solution de la difficulté. Aveu extrajudiciaire, il ne ferait pas preuve complète : il faudrait le corroborer par d'autres preuves. — Inutilité de la constatation d'une part, dangers qu'elle entraînerait d'autre part, tout se réunissait pour faire rejeter la règle adoptée par la loi de 1790.

687. Cependant le législateur déroge immédiatement, dans l'article 55, au principe nouveau qui défend de constater les dires des parties. *Si l'une des parties défère le serment à l'autre, le juge de paix le recevra ou fera mention du refus de prêter.*

Au cas où le serment est prêté, la règle est toute naturelle. Le serment est une espèce de transaction. L'une des parties s'en remet à l'affirmation ou à la négation solennelle de l'adversaire. Le juge doit dès lors constater l'offre de serment, son acceptation et sa prestation, comme il constate toute autre convention. — Mais il ne peut en déduire les conséquences : il ne peut donner gain de cause à celui qui a prêté le serment. Ceci sera l'office du tribunal, lors qu'on voudra faire produire à ce serment ses effets juridiques.

Mais lorsque celui auquel le serment est déféré refuse de le prêter, pourquoi le juge doit-il faire mention de ce refus? Quelques personnes ont pensé qu'il fallait considérer le serment ainsi déféré comme un serment judiciaire, et lui appliquer la disposition de l'article 1361 du Code civil. C'est une erreur. La procédure de conciliation ne constitue pas une instance. Le serment n'est pas judiciaire. Le refus de le prêter ou de le référer ne peut constituer une preuve décisive. Chacun est libre de repousser la transaction offerte par l'adversaire. — Mais ce refus engendre une induction défavorable contre celui qui n'ose pas appuyer sa prétention par une affirmation solennelle. Cette induction est tellement grave, qu'il a paru utile de prescrire au juge de constater le refus de serment. Et, dans ce cas, on n'a à craindre ni surprise, ni question captieuse. On ne défère pas le serment avec promptitude et sur des faits non circonstanciés. Ce refus constaté jouera plus tard devant le tribunal le rôle d'une de ces présomptions de fait que la loi n'admet que dans certains cas et qu'elle abandonne à la prudence du magistrat (art. 1353 C. civ.). — Néanmoins, nous pensons que, pour conserver à la loi toute son harmonie, l'article 55 eût dû se contenter de décider que le juge de paix constaterait seulement le serment prêté.

688. Si les deux parties, ou l'une d'elles, ne comparaissent pas sur la citation en conciliation, le juge n'a pas de procès-verbal à dresser. Il suffit de constater le fait de non-comparution. *En cas de non-comparution de l'une des deux parties*, dit l'article 58, *il en sera fait mention sur le registre du greffe de la justice de paix, et sur l'original ou la copie de la citation* (suivant que c'est le demandeur ou le défendeur qui se présente) *sans qu'il soit besoin de dresser procès-verbal.*

689. Mais l'obligation imposée aux parties de comparaître devant le magistrat conciliateur serait illusoire, si elle n'était accompagnée d'une sanction. Celle-ci consiste dans la condamnation à une amende de dix francs. Cette amende n'est pas prononcée par le juge de paix; car, en conciliation, il n'exerce pas un pouvoir juridictionnel; elle le sera par le tribunal devant lequel l'affaire sera postérieurement poursuivie. — En outre, toute audience est refusée à la partie qui ne justifie pas de la consignation préalable de cette amende. Si le demandeur n'a pas comparu, sa demande ne doit pas être reçue, tant qu'il ne rapporte pas la quittance du receveur. Si c'est le défendeur non comparaissant qui n'a pas consigné, il ne lui sera pas permis de se défendre ; mais comme sa négligence ne peut nuire au demandeur et arrêter les poursuites, le défendeur sera jugé par défaut et peut-être condamné au profit du demandeur. Il ne pourra attaquer ce jugement par la voie de l'opposition qu'en justifiant du payement de cette amende (art. 56 Proc. civ.). Si ni le demandeur ni le défendeur ne poursuivent le procès, l'amende ne peut être réclamée par le fisc.

690. Quand ni le demandeur ni le défendeur ne comparaissent, leur absence indique la volonté de ne pas se concilier. La citation continue à produire ses effets légaux. Mais celle des deux parties, qui veut suivre le procès, doit consigner l'amende et se faire délivrer par le greffier de la justice de paix un certificat constatant la non-comparution.

La mention de non-comparution est dispensée de tout droit d'enregistrement, tandis que la citation en conciliation donne lieu à la perception d'un droit fixe, ainsi que le procès-verbal de non-conciliation. Celui de conciliation sera enregistré, tantôt au droit proportionnel, tantôt au droit fixe, suivant qu'il constatera ou non des conventions donnant ouverture au premier de ces deux droits, des mutations de biens mobiliers ou immobiliers.

APPENDICE

691. Les demandes intéressant l'État, les communes, les établissements publics, etc., ne sont pas soumises au préliminaire de conciliation ; mais il existe à leur égard des dispositions qui présentent une certaine analogie avec ce préliminaire.

Dans toute action dirigée contre le domaine de l'État, le demandeur est préalablement tenu de remettre au préfet du département, où est situé l'immeuble litigieux, un mémoire contenant l'exposé de sa prétention et l'indication des moyens à l'appui, à peine de nullité. La remise de ce mémoire, constatée par un récépissé, est, comme la citation en conciliation, interruptive de prescription (art. 15, L. 5 nov. 1790, tit. III). Le préfet doit statuer dans le mois. A l'expiration de ce délai, le demandeur recouvre la liberté d'agir.

Celui qui veut intenter une action contre une commune ou section de commune, doit aussi adresser au préfét un mémoire, qui est interruptif de prescription et empêche toute déchéance (art. 51, L. 18 juill. 1837). Ce mémoire est transmis au maire, qui convoque le conseil municipal pour en délibérer. Deux mois après la remise du mémoire, le demandeur peut agir, si le conseil de préfecture n'a pas prononcé sur l'autorisation à accorder (art. 52, même loi). — Mais que la commune soit demanderesse ou défenderesse, elle n'a pas qualité pour statuer seule sur le parti à prendre (art. 1032 Proc. civ.). Elle doit être autorisée par le conseil de préfecture à ester en justice. Cette autorisation doit être renouvelée pour chaque degré de juridiction (art. 49, 50, 51, 53, 54, même loi). Mais elle n'est pas nécessaire pour intenter une action possessoire ou y défendre, pour l'accomplissement d'actes conservatoires, interruptifs de prescription et de déchéance, ni si le procès doit être engagé devant une juridiction administrative.

La loi du 10 mai 1838, modifiée par celle du 10 août 1871, adopte un système analogue en ce qui concerne les départements.

Les établissements publics, hospices, bureaux de bienfaisance, etc., ont aussi besoin d'une autorisation du conseil de préfecture pour être habilités à ester en justice. (Arr. 7 mess. an XI, L. 7 août 1851, art. 10.)

DEUXIÈME SUBDIVISION

DE LA PROCÉDURE CONTRADICTOIRE DÉGAGÉE D'INCIDENTS

CHAPITRE PREMIER

DEMANDE EN JUSTICE

(LIVRE II, TIT. II, ART. 61 A 74.)

SOMMAIRE. — Ajournement. — SECTION PREMIÈRE. Des formalités de l'exploit d'ajournement. — § 1er. Formalités intrinsèques de l'ajournement. — Explication de l'article 61 du Code de procédure. — § 2. Formalités extrinsèques de l'ajournement. — DEUXIÈME SECTION. De la preuve de l'existence et de la force probante de l'exploit d'ajournement. — TROISIÈME SECTION. De la notification de l'exploit. — Trois hypothèses. — QUATRIÈME SECTION. Règles disciplinaires relatives à la signification de l'exploit. — CINQUIÈME SECTION. Responsabilité de l'huissier. — SIXIÈME SECTION. Des effets de l'ajournement.

692. La tentative de conciliation n'a pas abouti, ou elle n'était pas exigée par la loi. Celui qui veut agir en justice, le demandeur, recherche, à l'aide des règles exposées dans la deuxième partie de ce traité, quel est le tribunal compétent pour statuer sur sa prétention. Fixé sur ce point, il appelle son adversaire devant ce tribunal et le somme d'y comparaître.

Réduite à sa plus grande simplicité, dégagée de tout incident, la procédure à suivre pour obtenir jugement va se composer de huit actes ou faits. L'*ajournement* donné par le demandeur au défendeur ; la *constitution* d'un avoué par le défendeur ; la signification donnée au demandeur des moyens de *défense ;* la signification de la *réponse* faite par le demandeur à ces défenses ; un *avenir*, invitation donnée par l'avoué de l'une des parties à l'avoué de l'autre partie de se trouver tel jour à l'audience du tribunal ; la lecture des *conclusions* des parties devant le tribunal et les plaidoiries dans lesquelles les avocats développent ces conclusions ; les *conclusions* du ministère public ; le *jugement*. Sur ces huit actes, deux peuvent être supprimés par les parties litigantes : la requête en défenses et la réponse aux défenses. (Proc. civ., art. 79, 80, 154.)

Le premier de ces actes, l'acte initial, celui par lequel le demandeur introduit sa demande, se nomme *ajournement* ou *assignation : ajournement*, parce qu'on invite l'adversaire à comparaître, *tel jour*, devant le tribunal ; *assignation*, parce que cet acte contient l'indication d'un rendez-vous. Le même acte prend la dénomination de *citation*, lorsque le défendeur est appelé à comparaître devant le juge de paix.

L'ajournement est un acte du ministère des huissiers par lequel une personne, le demandeur, s'adressant directement à la partie adverse, le défendeur, l'appelle devant un tribunal pour voir prononcer sur la prétention qu'il élève contre elle.

693. L'ajournement ne doit pas être confondu avec les *requêtes*. Cette dernière expression sert à désigner des actes de nature diverse. Dans un premier sens, le mot *requêtes* sert à dénommer les écritures que se signifient respectivement les avoués des parties dans l'instruction préparatoire d'un procès et qui sont, pour la forme seulement, adressées au président et aux juges du tribunal. Sorte de plaidoiries écrites, elles ne servent à introduire aucune demande, ni principale ni incidente : elles ne sont suivies d'aucune réponse du juge, qui presque toujours n'en prend pas connaissance. — Dans un autre sens, on appelle *requête* l'acte du ministère des avoués par lequel, dans la procédure gracieuse ou volontaire, la partie intéressée formule sa demande en s'adressant directement au juge, sans avoir à débattre contradictoirement ses prétentions vis-à-vis d'un adversaire. Ainsi l'héritier bénéficiaire présente requête au président du tribunal, afin de se faire autoriser à vendre les meubles ou les immeubles de la succession. (Proc. civ., art. 986 et 987.) — L'expression *requête* sert encore à désigner l'acte par lequel, dans une procédure contentieuse, on demande au président du tribunal, ou au tribunal, certaines autorisations, telles que celle d'assigner l'adversaire à un délai plus court que le délai ordinaire des ajournements, d'assigner en règlement de juges, de prendre à partie un ou plusieurs juges, etc. (Proc. civ., art. 72, 364, 510 et 511) ; c'est encore par une *requête* qu'on s'adresse à un juge pour obtenir de lui certaines mesures nécessaires à l'instruction du procès. (Proc. civ., art. 297, 325.) — Enfin on appelle encore *requête*, un acte qui est l'équivalent même d'une assignation et qui a pour but, par exemple, d'introduire, dans le procès déjà pendant, une tierce personne par voie d'intervention; cet acte doit alors renfermer les mentions essentielles d'un exploit d'ajournement, sauf en ce qui concerne l'huissier. (Pr. civ., art. 339.)

694. Occupons-nous de l'ajournement, le seul mode applicable au début d'une instance contentieuse pour mettre l'adversaire en demeure de comparaître devant le tribunal.

Dans notre très ancien droit français, les *sergents* adressaient verbalement aux plaideurs les notifications qu'ils étaient chargés de leur faire. Ils venaient ensuite faire au juge leur rapport des faits par eux accomplis, les lui expliquer, *explicare:* de ce verbe a été tirée l'expression *exploits* qui s'applique aux actes du ministère des huissiers. Lorsque l'usage de l'écriture se répandit, les sergents ou huissiers prirent l'habitude de rédiger par écrit les rapports d'ajournement et d'en laisser copie à la personne par eux assignée. Cet usage fut transformé en règle par l'ordonnance de Villers-Cotterets, en 1539, qui prescrivit de *libeller* tous les exploits d'ajournement, c'est-à-dire d'y renfermer l'énonciation précise de l'objet de la demande.

L'ajournement est donc un procès-verbal de la dénonciation, que fait un huissier à une personne, de la demande qu'une autre personne forme contre elle, en la citant à comparaître à certain jour devant le juge qui doit en connaître, pour y répondre. Ce procès-verbal est fait en double. L'un des deux actes, appelé *original*, reste entre les mains de l'huissier qui le remet ensuite à l'avoué du demandeur. L'autre acte est laissé au défendeur, à la personne assignée : on l'appelle *copie;* mais cette copie est un véritable original pour la partie défenderesse. L'original et la copie doivent être tous les deux valables et entièrement conformes l'un à l'autre. La régularité de l'un ne couvrirait pas l'irrégularité de l'autre. Si la copie ne contient pas toutes les mentions exigées par la loi, elle sera et restera nulle, quand même ces mentions seraient exactement indiquées dans l'original.

Dans l'hypothèse inverse, le résultat serait le même ; l'exploit serait nul et n'obligerait point le défendeur. La régularité de la copie ne peut couvrir l'irrégularité de l'original. C'est toujours l'original qui est la base de la procédure, et cet acte doit se suffire à lui-même. Il doit donc réunir toutes les formalités exigées par la loi.

Nous consacrons six sections à l'étude : 1° des formalités de l'exploit d'ajournement ; 2° de la preuve de l'existence et de la force probante de l'exploit ; 3° du mode de notification de cet exploit ; 4° des règles disciplinaires que doit respecter l'huissier ; 5° de la responsabilité encourue par l'huissier ; 6° et des effets produits par la notification de l'ajournement.

SECTION Ire. — **Des formalités de l'exploit d'ajournement.**

695. Les formalités de l'ajournement sont intrinsèques ou extrinsèques. Les formalités *intrinsèques* sont de l'essence de l'exploit ; elles sont toutes prescrites à peine *de nullité*. Les formalités extrinsèques sont en dehors de l'acte, considéré en lui-même ; en leur absence, il ne manque à l'exploit d'ajournement aucune de ses parties intégrantes. Mais elles ont leur importance et elles sont sanctionnées, tantôt par la nullité de l'exploit où elles ne figurent point, tantôt par une simple amende contre l'officier qui ne les a point observées.

§ 1er — *Formalités intrinsèques de l'ajournement.*

696. Ces formalités, spécialement énumérées par l'article 61 du Code de procédure, peuvent être réparties en six catégories. Elles sont relatives : 1° à l'énonciation de la date ; 2° à la personne du demandeur : 3° à l'huissier, intermédiaire entre les deux parties ; 4° aux mentions concernant le défendeur ; 5° au libellé de l'ajournement ; 6° à l'indication du tribunal et du délai pour comparaître.

697. 1° *Énonciation de la date.* — Tout exploit d'ajournement doit être daté. L'article 61 dit : *l'exploit d'ajournement doit contenir : la date des jours, mois et an.* L'indication de la date est nécessaire et indispensable à divers points de vue. 1°) Elle fixe le point de départ du délai de huitaine accordé au défendeur pour comparaître — 2°) Elle permet de constater si la demande a été introduite en temps utile, c'est-à-dire avant ou après la prescription du droit sur lequel elle est fondée. — 3°) La date fixe le point de départ des intérêts moratoires, lorsque le créancier d'un capital, non productif d'intérêts conventionnels, les réclame conformément à l'article 1153 du Code civil. — 4°) A partir de cette date, le possesseur de bonne foi d'un immeuble revendiqué contre lui n'acquiert plus les fruits et devra, au demandeur qui triomphe, la restitution de tous les fruits perçus depuis cette époque. (C. civ., art. 549 et 550). — 5°) La demande constitue *en demeure* les débiteurs de corps certains et met à leur charge les risques, les conséquences des cas fortuits, qui ne se seraient point produits si la chose qu'ils doivent n'était pas restée en leurs mains. La date de l'ajournement fixe le moment à partir duquel commence cette responsabilité. C. civ., art. 1138, 1139 et 1302.) — 6°) Lors même qu'il y a lieu à essai de conciliation et que la citation devant le juge conciliateur produit par anticipation les effets de l'ajournement, la date permet de reconnaître si cet exploit a été donné dans le mois à partir du jour de la non-comparution ou de la non-conciliation ; passé lequel délai, l'interruption de la prescription, la mise en demeure, le cours des intérêts moratoires ne se produisent qu'à partir de l'ajournement lui-même. (Proc. civ., art. 57.) — 7°) La date permet de constater si l'exploit n'a pas été signifié un jour de fête légale. (Proc. civ., art. 63 et 1037.)

698. La date comprend l'énonciation des jour, mois et an pendant lesquels l'acte a été fait. La loi n'exige pas l'indication de l'heure, parce que le jour de la signification de l'exploit n'est pas compris dans le délai fixé pour comparaître, qui ne se compose que de jours entiers, et parce que la prescription, s'il s'agit de l'interrompre, se calcule également par jours et non par heures. (Proc. civ., art. 1033 ; — Cod. civ., art. 2260.) Cependant la mention de l'heure devient indispensable dans les cas exceptionnels où il est permis d'assigner d'heure à heure. (Proc. civ., art. 8, 174, 808.)

699. L'article 61 du Code de procédure n'exige pas la mention du lieu, tandis que la loi du 25 ventôse an XI veut que le lieu où l'acte est dressé soit relaté dans les actes notariés. Cela tient à ce que, la signification de l'exploit se faisant habituellement au domicile du défendeur, la mention du domicile implique celle du lieu où l'huissier a instrumenté. Mais lorsque l'exploit est remis à la personne hors de son domicile, l'huissier doit indiquer le lieu où il a fait cette remise : car de l'exploit lui-même, sans recourir à la preuve testimoniale, doit ressortir la preuve que l'officier ministériel n'a pas franchi les limites de sa compétence territoriale.

700. L'indication de la date, c'est-à-dire des jour, mois et an, se fait d'après le calendrier grégorien : mais quoique l'huissier n'ait pas énoncé le quantième du mois, l'exploit sera suffisamment daté, s'il est impossible que le défendeur se soit mépris sur la date énoncée. Ainsi, par exemple, dans le cas où l'exploit sera daté de la veille de la Noël ou de la veille de la Toussaint, il ne saurait être annulé pour défaut de date précise. Mais il est plus régulier d'indiquer exactement le quantième du mois. Il est, en outre, prudent de mettre la date, non en chiffres, mais en toutes lettres, ainsi qu'on le fait journellement dans la pratique : mais la loi ne l'exige pas.

701. 2° *Mentions relatives au demandeur.* — Deux sortes de mentions sont exigées en ce qui concerne le demandeur. Il doit d'abord se faire connaître d'une manière nette et précise. Il importe que le défendeur sache exactement quel est son adversaire, celui auquel il peut avoir à faire des offres ou à signifier des propositions d'arrangement. En second lieu, le demandeur doit se donner un mandataire *ad litem*, en constituant avoué.

702. La première de ces énumérations relatives au demandeur est celle des noms de ce demandeur. Par cette expression *noms*, employée au pluriel, la loi veut désigner d'abord le nom de famille, le nom patronymique, et en second lieu les prénoms ou le prénom unique, qui par leur rapprochement du nom de famille précisent mieux l'individualité du demandeur. Les indiquer est facile, puisqu'il s'agit de la personne à la requête de laquelle se donne l'exploit. — Si le défaut de mention d'un ou de plusieurs prénoms a pu engendrer quelque doute sur l'identité du demandeur, l'exploit devra être annulé. Mais si cette omission n'a pu faire naître aucune confusion, aucune erreur, l'exploit sera valable, puisque l'individualité du demandeur est certaine. Nous donnons la même solution dans le cas où un sobriquet, sous lequel le demandeur est généralement connu dans la localité, a été substitué même au nom patronymique. Si le demandeur est un fonctionnaire public agissant en cette qualité, un préfet, par exemple, agissant dans l'intérêt de l'État, un maire dans celui de sa commune, l'ajournement doit soutenir l'indication de la qualité, de la fonction remplie par le demandeur, et même cette énoncation est suffisante ; on peut omettre les noms et prénoms du fonctionnaire puisqu'il n'est pas personnellement en cause. Cependant, dans la pratique, on les indique presque toujours.

Comme l'indication des noms pourrait, dans le cas où ils seraient portés par plusieurs personnes, laisser subsister quelque incertitude, la loi exige l'indication de la *profession*, si le demandeur en a une. Mais, s'il n'en a pas, il n'est pas nécessaire, à peine de nullité, d'indiquer cette circonstance, qui ressort du silence même de l'exploit.

703. Le *domicile* du demandeur doit être aussi mentionné, avec exactitude et précision, pour une double cause.

Le défendeur doit connaître le lieu où il pourra rencontrer le demandeur, s'il juge à propos d'entrer avec lui en pourparlers et de lui faire des propositions d'arrangement. En second lieu, si le procès suit son cours, les actes de procédure qui intéressent le plus personnellement les plaideurs doivent être signifiés à leur domicile réel. Le défendeur doit donc connaître celui du demandeur. Le domicile s'indique par la désignation de la commune et du canton, ou, s'il est établi dans une grande ville, par la désignation de la ville, de la rue et du numéro de la maison habitée par le demandeur.

704. Outre les noms, profession et domicile de la partie demanderesse, l'exploit d'ajournement doit relater la qualité de cette partie, lorsqu'elle n'agit pas en son nom personnel. Ainsi le tuteur doit indiquer qu'il plaide pour le mineur dont il a la tutelle; l'héritier bénéficiaire doit déclarer qu'il agit au nom et pour le compte de la succession. Faute de cette indication, le tuteur pourrait se rendre personnellement responsable, vis-à-vis de l'adversaire, des conséquences du procès. Résultat plus grave, l'héritier bénéficiaire serait considéré comme ayant fait, en se portant demandeur en son nom personnel, un acte d'héritier pur et simple, et comme tel tenu dès lors *ultra vires* de toutes les dettes et charges de la succession. — Les termes employés par l'huissier dans la rédaction de l'exploit sont du reste indifférents, pourvu qu'ils désignent nettement la qualité du mandataire légal ou conventionnel et la personnalité du mandant ou du représenté.

705. Si l'action est intentée par plusieurs demandeurs, agissant dans un intérêt commun, comme par des créanciers solidaires, par les héritiers appelés à une même sucession, par les copropriétaires d'un immeuble indivis, l'exploit doit contenir à l'égard de chacun d'eux les mentions sus-indiquées. Il serait nul à l'égard des demandeurs, non individuellement désignés, et ceux-ci aussi ne seraient point représentés au procès par ceux qui auraient été indiqués dans l'exploit, en vertu de la règle *nul ne plaide par procureur*, déjà expliquée. (Voir n° 643.)

706. Mais si une demande est intentée pour le compte d'une association, telle qu'une société commerciale, une société civile, une association syndicale, un cercle, une académie, faut-il faire figurer dans l'exploit les noms de tous les associés, ou peut-on se contenter d'y désigner l'administrateur, qui, d'après le pacte social, a qualité pour gérer et diriger les intérêts de tous ? — La solution de cette question nous est fournie par l'interprétation déjà donnée de la règle *nul ne plaide par procureur*. Nous ferons donc une distinction. L'association constitue-t-elle un être moral, une personne juridique, distincte de la personne de chacun des associés, ayant son patrimoine propre, c'est la société, être moral, qui est alors le véritable demandeur, agissant dans l'intérêt de ce patrimoine spécial. Les divers associés, pris individuellement, quelque intéressés qu'ils soient à la solution du litige, ne sont pas demandeurs. L'exploit devra donc contenir la désignation de l'être moral, mentionner la raison sociale ou la dénomination de la société, et, comme cet être moral ne peut agir que par un représentant, contenir aussi la désignation du mandataire conventionnel, de l'administrateur gérant auquel le pacte social a délégué l'exercice des actions concernant la société. *Exemple* : A la requête de la Société du Crédit-Foncier de France, poursuites et diligences de M. X...,, gouverneur de ladite société, etc.

Si l'association ne constitue pas un être moral, une personne distincte de celle des associés, n'a pas d'existence légale, elle ne saurait agir en justice, même par l'intermédiaire de ses administrateurs. Un seul des associés ne saurait représenter les autres sans violer la règle *nul ne plaide par procureur*. Les noms de tous les associés ou coparticipants devront donc figurer dans l'exploit d'ajournement, et celui-ci ne produira d'effets qu'à l'égard de ceux qui auront été désignés.

707. Après avoir bien fait connaître sa personne à la partie adverse, le demandeur doit se donner un représentant *ad litem*, en constituant l'avoué qui occupera pour lui. Nous traiterons plus loin de la constitution d'avoué. Nous dirons seulement en ce qui concerne la rédation de l'exploit, que cette constitution doit résulter clairement des termes de l'acte. Une simple élection de domicile chez un avoué ne vaut pas constitution. Le mandat *ad litem* confère des pouvoirs très étendus à l'officier ministériel, qui en est investi. Il diffère profondément du mandat purement passif de recevoir certaines significations, mandat qui est la conséquence de l'élection de domicile. Mais, à l'inverse, la constitution d'avoué vaut élection de domicile chez l'avoué ainsi constitué. C'est à ce dernier que doivent être adressées toutes les communications de nature à intéresser son client, à l'exception des actes pour lesquels une signification au domicile réel est formellement exigée. — Donc, pendant la durée du procès, le demandeur a deux domiciles, également indiqués dans l'ajournement, son domicile réel d'abord, puis un domicile élu chez son avoué. — Le défendeur sera du reste dans une semblable situation, lorsque, sur l'assignation à lui donnée, il aura à son tour constitué avoué.

708. Mais après avoir dit que la constitution d'avoué emporte de plein droit élection de domicile chez lui, l'article 61 ajoute : *à moins d'une élection contraire par le même exploit*, quelle est la portée de cette disposition ? Divers auteurs se sont évertués à la découvrir. A nos yeux, elle n'en a aucune et ce passage du texte doit être considéré comme le résultat d'une erreur de rédaction. Cette addition ne se trouvait pas dans le projet du Code de procédure. Rien dans les travaux préparatoires ne nous révèle la pensée des rédacteurs qui l'ont insérée dans l'article 61. — En outre, les sommations et notifications que la loi prescrit de faire au domicile réel de la partie ne sauraient être données à ce domicile élu. D'autre part, les autres sommations et communications doivent nécessairement être adressées au mandataire *ad litem*, à l'avoué constitué qui doit diriger ou suivre la marche de la procédure. En conséquence, aucune notification ne saurait être *utilement* faite à ce domicile spécialement élu dans l'exploit. Cette élection serait donc inutile et superflue : aussi n'est-elle jamais usitée dans la pratique.

709. 3° *Mentions relatives à l'huissier*. — Après avoir clairement indiqué la partie à la requête de laquelle il instrumente, l'huissier doit se faire connaître lui-même. En effet, l'ajournement ne peut obliger le défendeur à comparaître que s'il émane d'un officier ministériel capable et compétent *ratione materiæ* et *ratione loci*. Cette constatation doit ressortir de l'ajournement lui-même. L'exploit doit donc énoncer les *noms, demeure et immatricule de l'huissier*. L'*immatricule* est l'inscription du nom de l'huissier au tableau de la corporation des huissiers admis à exercer près tel tribunal. Mais l'indication essentielle n'est pas celle de l'immatricule de l'huissier, mais plutôt celle de la juridiction où il est immatriculé. La loi veut l'indication du tribunal près lequel l'huissier exerce ses fonctions. Il suffira de dire : *huissier près le tribunal civil de la Seine.*

710. L'huissier doit *signer* l'exploit sur les deux doubles, sur l'original et sur la copie. L'article 61 n'exige pas expressément cette formalité. Mais l'exploit d'ajournement ne peut avoir d'existence légale que par la signature de l'huissier qui le notifie. Cette signature est une formalité essentielle, car elle seule fournit et contient l'affirmation que l'acte a été accompli par l'officier public, qui y est désigné.

711. 4° *Mentions relatives au défendeur.* — La personne, à laquelle l'exploit est notifié, doit pouvoir constater que la mention de comparaître s'adresse bien à elle-même. — L'ajournement doit donc lui fournir le moyen de se reconnaître dans la personne assignée. Mais la loi se montre moins exigeante pour la désignation du défendeur que pour celle du demandeur, qui doit toujours connaître ses qualités. Elle veut que l'exploit mentionne : *les noms et demeure du défendeur*. Elle a supprimé la mention de la *profession* qui peut n'être connue, ni du demandeur ni de l'huissier. Le demandeur doit indiquer la sienne ; il ne peut l'ignorer.

La loi substitue, pour un motif semblable, la *demeure* au domicile. Le demandeur ne peut être empêché d'agir contre le défendeur, faute d'un renseignement précis relatif au domicile de ce dernier. Il est permis de supposer ce domicile établi au lieu de la résidence habituelle.

Quant aux *prénoms* du défendeur, la loi ne pouvait en exiger l'indication précise et complète. Le demandeur ne peut être tenu de les connaître exactement. Nous appliquerons, par identité de motifs et de situation, la disposition de l'article 2148 du Code civil. Il suffira d'une désignation individuelle et spéciale, telle que, dans tous les cas, l'huissier puisse reconnaître et distinguer la personne du défendeur. — Si l'action est dirigée contre une personne morale, l'exploit devra contenir la désignation de cette personne et celle de l'administrateur ou gérant qui est investi du droit de la représenter en justice. Ainsi une société commerciale anonyme sera assignée en la personne de son directeur ou président du conseil d'administration.

712. Si l'ajournement est donné conjointement à plusieurs défendeurs, ils devront tous être désignés séparément et dans l'original et dans chacune des copies qui leur seront remises. Une désignation collective et commune ne remplirait pas le vœu de la loi et ne permettrait pas à chacun des assignés de se reconnaître dans les indications de l'exploit. Mais dans un cas cependant la loi autorise une désignation collective, à raison de la difficulté qu'aurait le demandeur à bien connaître les noms des divers défendeurs, alors qu'il a intérêt à faire courir contre eux tous un délai emportant déchéance. D'après l'article 447 du Code de procédure, le délai accordé pour interjeter appel, suspendu par le décès de la partie condamnée en première instance, ne reprend son cours qu'après la signification du jugement faite au domicile du défunt. Cette signification peut être faite aux héritiers collectivement et sans désignation des noms et qualités.

L'article 61 : ajoute *et mention de la personne à laquelle copie de l'exploit sera laissée*. Nous étudierons plus loin ce qui se rattache à cette formalité, quand nous traiterons de la remise de l'exploit et du *parlant à*, qui n'est inséré qu'après coup dans l'ajournement.

Le projet du Code voulait que l'huissier mentionnât encore les réponses du défendeur. Mais, dans la crainte que l'huissier ne supposât des réponses de nature à nuire à la partie assignée, le Conseil d'État a supprimé cette disposition.

713. 5° *Mentions relatives au libellé de l'exploit.* — L'ajournement doit indiquer l'*objet de la demande* et contenir l'*exposé sommaire des moyens* que le demandeur invoque à l'appui de sa prétention. Cette énonciation forme ce que l'on appelle le *libellé* de l'exploit. Elle doit être faite avec précision. L'objet de la demande est en quelque sorte le point central, vers lequel gravitent toutes les mentions de l'exploit et qui les rend nécessaires. Que me demande-t-on? telle est naturellement la question que se pose toute personne assignée à comparaître en justice. La désignation de l'objet de la demande a une importance considérable. Elle met le défendeur à même de prendre un parti sur le point de savoir s'il doit ou non acquiescer à la prétention de son adversaire. Elle lui permet de préparer sa défense, s'il opte pour la lutte. — Elle sert à fixer la compétence du tribunal. — C'est à elle qu'il faudra se référer pour résoudre le point de savoir si le tribunal a jugé en premier ou en dernier ressort. — Si les conclusions, prises plus tard à la barre du tribunal, peuvent étendre ou restreindre, expliquer ou modifier celles que contient l'exploit d'ajournement, elles doivent cependant être implicitement comprises dans celles-ci et ne peuvent en changer la substance.

714. L'indication précise de l'objet de la demande présente surtout un grave intérêt, lorsque l'action intentée est immobilière, réelle ou mixte, lorsque la contestation porte sur des biens immobiliers, biens dont la nature et l'étendue doivent être désignées avec précision pour éviter toute confusion ; aussi l'article 64 du Code de procédure dit-il : « En matière réelle ou mixte, les exploits énonceront la nature de l'héri-« tage, la commune et, autant qu'il est possible, la partie de la com-« mune où il est situé, et deux au moins des tenants et aboutissants ; « s'il s'agit d'un domaine, corps de ferme ou métairie, il suffit « d'en désigner le nom et la situation ; le tout à peine de nullité. »

Mais déjà, lors de la discussion de l'ordonnance de 1667, on avait fait remarquer combien peu de sécurité présente, pour la détermination de l'immeuble litigieux, la mention des tenants et aboutissants. Il est facile de se tromper sur les noms des propriétaires voisins. Ce mode de désignation est aujourd'hui plus vicieux qu'autrefois, en présence du morcellement continu de la propriété rurale. Aussi, lors de la réforme des dispositions du Code de procédure relatives à la saisie immobilière, les législateurs de 1841 n'ont-ils maintenu que pour les maisons, et à défaut seulement de l'indication plus précise de la rue et du numéro, celle des deux tenants et aboutissants. Pour les immeubles ruraux, ils se sont attachés à d'autres énonciations, notamment à l'indication du fermier et du colon partiaire, à celle de la nature et de la contenance approximative des pièces de terre et, dans tous les cas, ils ont exigé la copie littérale de la matrice du rôle de la contribution foncière (art. 675 Proc. civ.). Nous pensons que, tout en mentionnant dans l'exploit d'ajournement, comme le veut l'article 64, les tenants et aboutissants de l'immeuble litigieux, l'huissier agira prudemment, en y joignant les indications exigées par l'article 675 pour le procès-verbal de saisie immobilière. Ces indications fournissent des moyens de reconnaissance plus sûrs que celle des tenants et aboutissants.

715. Les conclusions de l'ajournement doivent être motivées. Le défendeur ne pourra préparer sa défense, que s'il connaît les moyens du demandeur. Mais un exposé *sommaire* de ces moyens est suffisant.

Le demandeur pourra plus tard les compléter, sans être obligé de se restreindre à ses premières indications, lorsque le développement de l'instance et son instruction auront permis de bien connaître toutes les données du litige. Les jurisconsultes les plus sagaces, les praticiens les plus exercés ont souvent besoin d'une étude approfondie pour réunir les divers moyens que peut offrir une cause. La loi ne pouvait raisonnablement exiger que le demandeur dût les indiquer immédiatement et dans toute leur étendue. Il suffit qu'il fasse connaître au défendeur la base, le fondement de ses prétentions.

716. 6° *Mentions relatives à l'ajournement.* — L'exploit doit contenir l'*indication du tribunal qui doit connaître de la demande et du délai pour comparaître.* Le demandeur a dû rechercher, à l'aide des règles exposées dans la deuxième partie de ce traité, quel est le tribunal compétent, tout à la fois *ratione materiæ* et *ratione personæ vel loci.* Il appelle le défendeur devant ce juge. Il doit donc le lui désigner avec précision. Une assignation à comparaître *devant le tribunal compétent* ne répondrait pas alors au vœu de la loi et serait nulle.

En matière ordinaire, il est inutile d'indiquer l'heure de l'audience et le lieu où siège le tribunal. Le défendeur n'a pas à paraître en personne, mais seulement à constituer avoué. — Ces indications doivent être données dans l'exploit, lorsque le défendeur est appelé devant une juridiction d'exception ; car il doit alors se présenter lui-même en justice au jour désigné.

717. Le *délai,* accordé au défendeur pour constituer avoué ou pour comparaître en personne, doit aussi être mentionné avec précision dans l'exploit d'ajournement. Cette indication est d'autant plus nécessaire que la durée du délai n'est pas toujours la même. On doit distinguer en effet trois espèces de délais : le délai ordinaire, le délai d'augmentation et le délai d'abréviation.

Le délai ordinaire des ajournements pour ceux qui sont domiciliés en France, dit l'article 72, sera de huitaine. Nous avons déjà expliqué, en traitant des *dispositions générales,* l'article 1033 et le mode de computation des délais. (Voir n° 621.)

718. Le délai d'abréviation, motivé par l'urgence de l'affaire, est quelquefois légal. Ainsi, en matière de vérification d'écritures, la loi elle-même permet d'assigner à trois jours. (Proc. civ., art. 193.) Mais presque toujours au président du tribunal incombe le soin d'apprécier la convenance de l'abréviation et la mesure dans laquelle le délai doit être réduit, le droit d'autoriser à assigner à bref délai. — *Dans les cas qui requièrent célérité,* dit l'article 72, *le président pourra, par ordonnance sur requête, permettre d'assigner à bref délai.* — Cette faculté d'abréviation ne s'applique qu'au délai ordinaire de huitaine. Dans la pratique, le délai d'abréviation est généralement de trois jours francs. Le président peut, à raison d'une urgence extrême, permettre de citer de jour à jour, et même d'heure à heure.

Dans la pratique, le demandeur, qui a obtenu l'ordonnance permettant d'assigner à bref délai, donne habituellement copie de cette ordonnance en tête de l'exploit. On fait ainsi connaître au défendeur la cause de l'abréviation. Mais aucun texte n'exige cette reproduction littérale. L'exploit sera valable pourvu qu'il mentionne d'une manière claire et précise l'autorisation obtenue sur requête. — L'ordonnance, par laquelle le président permet ainsi d'assigner à bref délai, est un acte de juridiction gracieuse, accompli en l'absence de tout contradicteur et dicté par des motifs de convenance. Aussi cette décision n'est-elle susceptible d'aucun recours; ni opposition ni appel ne sont recevables, sauf au défendeur à se faire octroyer par le tribunal un supplément de délai, s'il est nécessaire, pour la préparation de sa défense.

719. Le délai ordinaire des ajournements est susceptible d'*augmentation*, toutes les fois que la partie assignée est domiciliée à une distance de plus de quatre myriamètres du tribunal devant lequel elle est citée. Nous avons, en traitant des *dispositions générales*, expliqué ce point, réglé par la loi du 3 mai 1862. (Voir n° 627.)

720. La même loi du 3 mai 1862 a remplacé l'ancien article 73 du Code de procédure, fixant les délais d'ajournement à l'égard des personnes domiciliées hors de France, par la disposition suivante : « Si celui qui est assigné demeure hors de la France conti- « nentale, le délai sera : 1° pour ceux qui demeurent en Corse, en « Algérie, dans les îles Britanniques, en Italie, dans le royaume « des Pays-Bas et dans les États ou confédérations limitrophes de « la France, d'un mois; 2° pour ceux qui demeurent dans les autres « États, soit de l'Europe, soit du littoral de la Méditerranée et de « celui de la mer Noire, de deux mois; 3° pour ceux qui demeurent « hors d'Europe, en deçà des détroits de Malacca et de la Sonde et

« en deçà du cap Horn, de cinq mois ; 4° pour ceux qui demeurent « au delà des détroits de Malacca et de la Sonde et au delà du cap « Horn, de huit mois. — Les délais ci-dessus seront doublés dans « les pays d'outre-mer, en cas de guerre maritime. »

Ces délais supplémentaires sont accordés au défendeur domicilié hors de France, en prévision d'une distance considérable à franchir, soit pour que le défendeur vienne en personne soutenir sa cause, soit qu'il envoie une procuration à une personne domiciliée en France, Mais, s'il se trouve actuellement en France, et qu'on puisse remettre l'exploit à sa personne elle-même, l'augmentation du délai ordinaire n'a plus de raison d'être. Cependant le défendeur peut se trouver dans la nécessité de faire venir des pièces essentielles à sa défense du lieu où est établi son domicile. De là la disposition de l'article 74 ainsi conçu : « Lorsque l'assignation à « une partie domiciliée hors de France sera donnée à sa personne « en France, elle n'emportera que les délais ordinaires, sauf au « tribunal à les prolonger, s'il y a lieu. » — Mais ce texte ne s'applique qu'à l'égard du défendeur domicilié hors de France. Lorsque son domicile est établi en France, à cinq myriamètres au moins de distance du lieu où siège le tribunal, et que l'assignation est remise dans ce lieu même à la personne du défendeur, on ne tient nul compte de cette circonstance. Est alors maintenu le délai proportionnel d'augmentation, tel que le règle l'article 1033. Le délai étant beaucoup moins considérable, il n'y a pas de motifs pour s'écarter du droit commun, d'autant plus qu'une personne rencontrée accidentellement hors du lieu de son domicile, n'a pas emporté avec elle les pièces et papiers qui peuvent lui être indispensables pour suivre un procès. La loi ne saurait présumer l'existence d'un fait anormal et exceptionnel.

721. L'exploit d'ajournement doit contenir le calcul exact du délai ordinaire, d'abréviation ou d'augmentation ; le défendeur doit savoir exactement quel temps lui est accordé pour comparaître. Que décider, si le délai mentionné est plus long ou plus court que le délai légal, ou bien s'il manque de précision ? Remarquons d'abord que l'article 61 ne prononce la nullité de l'exploit que pour défaut absolu d'indication du délai.

Distinguons donc suivant les divers cas qui peuvent se présenter. Si le délai indiqué dans l'exploit est plus long que celui fixé par la loi, le défendeur ne peut se plaindre. Veut-il bénéficier de ce délai, il n'a qu'à s'y conformer. Veut-il rentrer dans le délai légal, il n'a qu'à constituer avoué dans ce dernier délai, et signifier ensuite ses défenses, comme si le demandeur avait agi régulièrement. L'indication d'un délai trop considérable n'entraîne aucun préjudice; donc, pas de nullité.

Si le délai indiqué est plus court que le délai légal, de deux choses l'une : ou le défendeur comparaîtra dans le délai qui lui a été indiqué, ou il ne comparaîtra pas. S'il comparaît, le tribunal lui accordera, sur sa demande, le laps de temps qui manque au délai auquel il a droit. — S'il ne comparaît pas et que le demandeur lui laisse en fait le temps ordinaire, fixé pour constituer avoué, le défendeur n'a aucune raison de se plaindre. — Si, au cas de non-comparution, à l'expiration de ce délai insuffisant, le demandeur obtient contre lui un jugement par défaut, ce jugement pourra être attaqué par la voie de l'opposition ou de d'appel, et, sur les conclusions du défendeur primitif, sera annulé, les dépens mis à la charge du demandeur. Le tribunal, averti par l'exploit que les délais n'ont pas été observés, peut aussi refuser de juger par défaut et de prononcer sur les conclusions du demandeur, avant l'expiration du délai légal.

722. L'hypothèse dans laquelle l'exploit manque de précision, n'indique un délai ni trop long ni trop court, mais simplement le *délai légal*, a fait naître une divergence entre la doctrine et la jurisprudence. Celle-ci, adversaire des nullités d'exploit, trop souvent soulevées par l'esprit de chicane, admet la validité de l'ajournement se référant au délai de la loi. Mais nous pensons, avec la généralité des auteurs, que, puisque le Code de procédure a mis sur la même ligne l'indication du tribunal et celle du délai pour comparaître, la mention vague du *délai légal* est tout aussi irrégulière que celle du *tribunal compétent* sans désignation précise de ce tribunal. Le défendeur doit savoir d'une manière positive quel laps de temps lu est donné pour constituer avoué : or il ne le sait point en présence d'une indication vague, qui l'obligerait à faire un calcul qui incombe au demandeur.

723. Sanction de ces formalités. — Les diverses formalités intrinsèques de l'exploit d'ajournement que nous venons d'examiner sont toutes prescrites à peine de nullité par l'article 61. Il est utile de rappeler ici qu'aux termes de l'article 1029, les nullités établies par la loi ne sont pas *comminatoires*, c'est-à-dire abandonnées, quant à leur application, au pouvoir discrétionnaire des juges. Quand la loi a édicté une nullité, le juge qui, sur la demande de l'une des parties, constate l'irrégularité de l'acte, ne peut pas ne pas l'annuler. (Voir n° 603.)

Mais faut-il exiger l'application littérale de l'article 61 et annuler tout exploit qui ne reproduirait pas rigoureusement, en la forme, les prescriptions de la loi, tout en satisfaisant à son esprit? Évidemment non. Une interprétation aussi étroite ne saurait être acceptée : autre chose est de ne tenir aucun compte de l'observation des formalités légales, autre chose est d'exiger impérieusement l'exécution littérale d'un texte. On admet donc que les indications prescrites par l'article 61 peuvent être remplacées par des *équipollents*, par des mentions qui rendent avec une force égale, *adæquatè et identicè*, les indications légales, qui atteignent aussi bien qu'elles le but de la loi. Le législateur a voulu que l'exploit fût dressé de telle sorte que le défendeur pût y trouver tous les renseignements nécessaires, sans qu'on fût obligé, pour les compléter ou pour suppléer leur absence, de recourir à la preuve testimoniale. Mais, dès que l'indication désirée se trouve dans l'acte, entière et complète, le vœu de la loi est rempli. Ainsi, par exemple, dans un exploit, le domicile du demandeur n'est pas *spécialement* indiqué, mais l'huissier a mentionné la fonction inamovible remplie par le demandeur ; l'exploit doit être déclaré valable ; car, en vertu de l'article 107 du Code civil, le fonctionnaire désigné est nécessairement domicilié au lieu où il exerce sa fonction. Le domicile est donc indiqué suffisamment, quoique en termes non exprès. Ainsi encore le défendeur est désigné, non par son nom patronymique, mais à l'aide d'un sobriquet sous lequel il est généralement connu dans la localité. Cette désignation est suffisante, puisqu'il ne peut y avoir de doute sur la personnalité de l'assigné. — Renfermée ainsi dans de justes limites, la théorie des *équipollents* n'a rien que de raisonnable. Ne prononçons pas trop facilement la nullité d'un exploit pour vice de forme. Cette nullité peut entraîner un préjudice irréparable pour le demandeur : car l'assignation, nulle pour défaut de forme, n'interrompt pas la prescription. (Cod. civ., art. 2247.)

§ 2. — *Formalités extrinsèques de l'exploit d'ajournement.*

724. Les formalités *extrinsèques* ne sont pas de l'essence de l'exploit d'ajournement. Bien que quelques-unes soient prescrites à peine de nullité, elles ne sont pas des parties intégrantes de l'acte. Il pourrait exister sans elles. Ces formalités sont au nombre de cinq.

1° L'exploit doit être écrit sur du papier timbré, délivré par l'administration. Le droit de timbre des *copies* des exploits est acquitté au moyen de timbres mobiles apposés sur les *originaux* des exploits. Néanmoins ces copies ne peuvent être faites que sur un papier timbré spécial, qui est fourni gratuitement par l'adminstration, en même temps que sont délivrés des timbres mobiles d'une valeur équivalente au droit de timbre, exigible à raison de la dimension des papiers. L'officier ministériel est tenu, avant toute signification de copies, d'apposer sur l'original de son exploit un ou plusieurs timbres mobiles représentant le montant des droits de timbre dus à raison du nombre et de la dimension des feuilles du papier spécial employé pour les copies. Le timbre mobile est collé à la marge gauche de la première page de l'original, immédiatement au-dessous de l'empreinte du timbre sec. Il est oblitéré, lors de l'enregistrement de l'exploit, par le receveur au moyen d'une griffe. — Le nombre de feuilles de papier spécial employées tant pour les copies de l'original que pour les copies de pièces signifiées et le montant des droits de timbre, dus à raison de la dimension de ces feuilles, doivent être indiqués distinctement au bas de l'original et des copies de chaque exploit, indépendamment des mentions prescrites par l'article 48 du décret du 14 juin 1813 et par l'article 67 du Code de procédure civile. — Ces indications doivent être reproduites dans des colonnes distinctes du répertoire tenu par les huissiers et autres officiers ministériels chargés de faire les significations d'actes ou de pièces. — Il ne peut leur être alloué en taxe, à titre de remboursement de droit de timbre des copies, une somme excédant la valeur des timbres mobiles apposés en exécution des dispositions ci-dessus. — Les contraventions commises à l'égard de ces dispositions et à l'occasion d'une même signification, sont chacune passibles d'une amende distincte de cinquante francs. (L. 29 déc. 1873, art. 2, 3, 4 et 5. — Décr. 30 déc. 1873, art. 2, 3 et 4).

725. 2°. L'exploit d'ajournement doit être enregistré dans les quatre jours de sa date, quatre jours *pleins*, mais non *francs*. Ainsi un exploit signifié le 1er mai doit être enregistré le 5 au plus tard. Le montant du droit d'enregistrement est fixé par les lois du 28 avril 1816, art. 43 et du 19 février 1874, art. 2. — La mention de l'enregistrement est faite sur l'original même ; mais, pour éviter des retards préjudiciables aux intérêts du demandeur, l'huissier est autorisé à signifier l'exploit avant son enregistrement. Bien que purement fiscale, la formalité de l'enregistrement est exigée à peine de nullité de l'acte : l'huissier est en outre passible d'une amende de cinq francs. (L. 22 frimaire an VII, art. 34, 48, 57.)

726. 3° Une troisième formalité, destinée à empêcher les huissiers de réclamer au delà de ce qui leur est dû, nous est indiquée par l'article 67. « Les huissiers seront tenus de mettre à la fin de l'ori- « ginal et de la copie de l'exploit, le coût d'icelui, à peine de cinq « francs d'amende, payables à l'instant de l'enregistrement. » Le *coût*, c'est-à-dire la somme due pour le salaire de l'huissier et pour les frais de timbre et d'enregistrement, tant pour l'original que pour la copie. A la sanction de l'amende, l'article 66 du tarif du 16 février 1807 en ajoute une autre plus rigoureuse, la faculté pour le ministère public de provoquer l'interdiction du contrevenant. — L'exploit, qui ne contient pas l'indication du coût auquel il est soumis, reste néanmoins valable.

727. 4° L'huissier doit donner avec l'exploit d'ajournement copie du procès verbal de non-conciliation, ou copie de la mention de non-comparution, afin que la demande porte avec elle la preuve que le préliminaire de conciliation a été observé, et qu'elle est ainsi admissible. Cette formalité est prescrite, par l'article 65, à peine de nullité de l'ajournement.

728. 5° Le demandeur doit, en outre, faire donner copie des pièces ou de la partie des pièces qui servent de base à sa demande. Cette formalité est le corollaire naturel de l'obligation, qui lui est imposée de faire connaître dans l'exploit l'*objet* de sa prétention et les *moyens* sur lesquels il l'appuie. Mais cette formalité n'est pas prescrite à peine de nullité. L'assignation est valable, quoique non accompagnée de la copie des pièces écrites dont le demandeur se propose de faire usage. La seule sanction prononcée par l'article 65 est le rejet de la taxe. Ainsi le demandeur pourra pendant l'instance signifier à son adversaire les pièces qu'il jugera à propos d'invoquer; mais, en cas de succès de sa part, il ne pourra pas réclamer du défendeur condamné les frais que ces significations auront occasionnés.

Du reste, alors même qu'elles ont été signifiées en même temps que l'exploit d'ajournement, les pièces n'entrent en taxe qu'autant qu'elles sont jugées utiles, qu'elles servent à justifier la prétention du demandeur. Remarquons encore qu'un officier ministériel ne peut ni délivrer, ni signifier copie d'actes non préalablement enregistrés, sous peine d'amende, outre l'acquittement du droit d'enregistrement. (L. 22 frim. an VII art. 41 et L. 15 juin 1824, art. 10.)

SECTION II. — **De la preuve de l'existence et de la force probante de l'exploit.**

729. L'existence d'un exploit et sa régularité ne peuvent, en principe, être prouvées que par la représentation de l'exploit lui-même. Le demandeur, qui veut, par exemple, établir que la prescription a été par lui interrompue à telle époque, doit produire l'original de l'exploit d'ajournement signifié au débiteur. — C'est aussi par la représentation de la copie, qui lui a été laissée, que le débiteur établira l'irrégularité de l'exploit, sa nullité et par suite la non-interruption de la prescription. — Ainsi l'existence et la signification d'un exploit, dont on ne présente ni l'original ni la copie, ne peuvent être légalement constatées par la seule mention de l'enregistrement de cet exploit, ni à plus forte raison à l'aide de la preuve testimoniale. — En dehors de la représentation de l'original ou de la copie, l'existence et la régularité d'un exploit ne pourraient être établies que par l'aveu judiciaire, pourvu que la personne, qui fait cet aveu, ait la capacité requise, d'après les principes de la loi civile, pour disposer du droit litigieux en vertu duquel l'exploit aurait été signifié.

730. Quant à la force probante de l'exploit d'ajournement, elle se détermine d'après les règles qui fixent la force probante des actes authentiques. (Cod. civ., art 1319 et 1320.) L'exploit d'huissier est un acte de cette nature. Il est dressé par un officier public, ayant capacité et compétence à cet effet. L'exploit fait donc foi en justice, jusqu'à inscription de faux, des faits qui, relatifs au ministère de l'huissier, ont été par lui constatés, Ainsi l'exploit fera foi, jusqu'à inscription de faux, de sa date, du fait et du lieu de la remise. Mais il ne prouvera avec la même force ni l'identité, ni la qualité de la personne à laquelle la copie a été remise. L'huissier n'a pas le devoir de constater cette identité, ou cette qualité. Il affirme seulement que la personne à laquelle il a remis la copie lui a fait telle ou telle déclaration. Le fait même de cette déclaration, que l'huissier est chargé de constater, sera établi jusqu'à inscription de faux. L'huissier, comme tout autre officier public du reste, se rend donc à lui-même témoignage de ses propres actes, et ce témoignage est tenu pour conforme à la vérité. La sincérité de l'huissier est garantie par une sanction fort grave, celle de la peine des travaux forcés à perpétuité, que lui ferait encourir une fausse déclaration. (Cod. pén., art. 146.)

Les énonciations, contenues dans l'exploit, mais étrangères aux attributions de l'huissier et qui ne se rapportent pas aux formalités prescrites pour la validité des exploits, peuvent être combattues par la preuve contraire, sans qu'il soit nécessaire, ni permis de recourir à la voie de l'inscription de faux.

731. Lorsque l'original et la copie contiennent des énonciations différentes, l'ajournement ne peut faire preuve. Il doit être annulé comme irrégulier, si ces énonciations divergentes sont relatives à des formalités, dont l'accomplissement régulier est exigé par la loi, à peine de nullité, et à l'égard desquelles une entière conformité doit exister entre l'original et la copie.

SECTION III. — De la notification de l'exploit.

732. Par l'ajournement, le défendeur connaîtra l'action dirigée contre lui, la personnalité du demandeur, l'objet de la prétention de son adversaire, les moyens sur lesquels elle sera appuyée, le tribunal devant lequel et le délai dans lequel il doit comparaître. Il importe donc que la copie de cet exploit parvienne exactement en ses mains et le législateur a dû naturellement prescrire l'accomplissement de certaines formalités pour assurer la remise de cet exploit.

Dans ce but, la loi a eu recours à une double précaution. 1° Elle impose d'abord à l'huissier l'obligation de mentionner exactement dans l'exploit la personne à laquelle la copie est remise, à peine de nullité de l'exploit. (Proc. civ., art. 61.) C'est le *parlant à* que l'huissier inscrit sur l'original et sur la copie, au moment où il effectue la remise de l'exploit. La preuve de cette remise ressort ainsi de l'acte lui-même, et, comme nous l'avons déjà dit, l'affirmation de l'huissier est réputée sincère et véridique, à raison de la grave responsabilité encourue par lui, au cas d'affirmation mensongère (Voir. n° 730.)

733. 2° Le deuxième moyen, auquel la loi a recours, consiste dans la délimitation des personnes auxquelles la copie peut être remise par l'huissier. Distinguons trois hypothèses. La loi pour chacune d'elles trace des règles spéciales. Le défendeur est ou 1° une personne physique, domiciliée en France ; 2° ou une personne morale dont le siège est en France ; 3° ou une personne physique ou morale, non domiciliée en France.

734. PREMIÈRE HYPOTHÈSE. — *Le défendeur est une personne physique domiciliée en France.* — La manière la plus naturelle d'assigner le défendeur consiste à remettre l'exploit à sa propre personne. C'est aussi le vœu de la loi. L'article 68 nous dit : *Tous exploits seront faits à personne ou à domicile :* à la personne elle-même, en quelque lieu que ce soit, mais à une condition évidente. Lorsque l'exploit est déclaré remis au défendeur lui-même, hors de son domicile, l'huissier est garant de l'identité du défendeur. Il doit le connaître personnellement. Serait nul l'exploit laissé entre les mains d'un tiers, qui a affirmé être la personne assignée, mais qui ne l'est point.

735. Si l'huissier ne rencontre pas la partie assignée, ou ne la connaît point, il doit se rendre au domicile indiqué dans l'exploit, au lieu où le défendeur a établi le siège de ses affaires ; alors de deux choses l'une : le défendeur est présent, ou il est absent. — Si le défendeur est présent, l'huissier lui remet la copie. Cette remise est régulière, quoique l'huissier puisse ne pas connaître le défendeur. Dans ce cas, l'officicier ministériel n'affirmera pas qu'il a remis la copie au défendeur, mais bien] à la personne qui lui *a déclaré être* la partie défenderesse.

736. Si le défendeur n'est pas présent au lieu de son domicile ou refuse de paraître, l'huissier doit alors nécessairement s'adresser à une autre personne. Mais il ne lui est point permis de remettre la copie à la première personne venue, en la chargeant de la faire parvenir au défendeur. La loi. plus prévoyante, lui désigne certaines personnes, qui, à raison de leurs relations avec la partie assignée ou de leur caractère public, sont présumées devoir mettre tous leurs soins à faire parvenir la copie de l'exploit aux mains du défendeur. Ces personnes sont dans l'ordre de préférence de la loi : les parents et serviteurs du défendeur ; — à défaut de parents ou serviteurs, les voisins ; — à défaut de voisins, le maire ou l'adjoint de la commune ; — et enfin le procureur de la République, si le maire ou l'adjoint refuse de se charger de la copie. (Proc. civ., art. 68.)

737. Tout parent, quelque soit le degré de parenté existant entre le défendeur et lui, a qualité pour recevoir l'exploit ; mais la remise ne lui en est valablement faite, que si elle s'opère au domicile, dans la maison du défendeur. La loi n'exige pas que le parent demeure habituellement avec la partie défenderesse. L'exploit peut être valablement remis à un parent trouvé par hasard au domicile du défendeur. Ce parent n'offre pas, il est vrai, pour l'exactitude de la remise de l'exploit à la personne assignée, les mêmes garanties que présentent les rapports quotidiens, nés de la communauté d'habitation, entre personnes vivant sous le même toit. Le parent, trouvé accidentellement au domicile du défendeur, peut s'éloigner avant le retour de ce dernier, perdre de vue ou égarer l'exploit qui lui a été remis. Néanmoins le législateur a pensé que la présence, même momentanée, du parent au domicile du défendeur, supposait l'existence d'une affection et de relations offrant une garantie suffisante de la remise fidèle de l'exploit à la partie intéressée.

738. L'exploit peut être remis aussi, mais au domicile seulement, à un *serviteur*. Sous cette dénomination générale, la loi comprend non seulement les domestiques, mais tous ceux qui, habitant avec la partie assignée, sont vis-à-vis d'elle dans un état de subordination et de dépendance, tels que secrétaires, commis, précepteurs, institutrices, etc. Le secrétaire ou le précepteur offrent, pour la remise fidèle de l'exploit, plus de garanties qu'un cocher ou qu'un concierge.

739. La remise de l'exploit est valable quoique cet acte ne mentionne pas le nom et les prénoms du parent ou du serviteur, auquel la copie est laissée. Mais il doit indiquer le lien ou le rapport qui existe entre cette personne et le défendeur ; car c'est aux mains du parent ou du serviteur de l'assigné, et non d'un serviteur quelconque, que cette remise doit être effectuée. Toutefois les expressions de l'exploit peuvent indiquer virtuellement cette relation sans la mentionner nettement. Il est préférable pour éviter toute difficulté d'user d'une mention formelle. Ainsi, par exemple, l'huissier dira : *parlant à M. X..., lequel m'a déclaré être le cousin* (ou *le valet de chambre*) *de l'assigné et consentir à se charger de la copie que je lui ai remise.*

740. Si l'huissier ne trouve au domicile du défendeur, ni la partie elle-même, ni aucun parent ou serviteur, ou si le parent ou le serviteur qui s'y trouve refuse de recevoir la copie, l'officier ministériel doit alors s'adresser à un *voisin.* (Pr. civ., art. 68.) La question de savoir quelles personnes doivent être comprises sous cette dénomination ne peut être résolue qu'en fait et est entièrement abandonnée à l'appréciation des tribunaux. A la campagne, on peut considérer comme voisin celui qui habite à cinq ou six cents mètres, à un kilomètre de distance : il n'en saurait être de même dans une ville.

La remise de la copie de l'exploit au voisin n'est valable qu'autant que concourent les deux conditions suivantes : 1° l'exploit doit mentionner que l'huissier n'a trouvé, au domicile du défendeur, ni parent ni serviteur; 2° le voisin, auquel l'exploit est remis, appose sa signature sur l'original, qui reste entre les mains de l'huissier. Cette signature est une garantie que le voisin accomplira fidèlement la commission dont il se charge. Il consent ainsi à s'obliger à effectuer la remise de la copie à la personne intéressée, sous peine de dommages-intérêts. — La loi n'exige pas la signature du parent ou du serviteur. Elle pense que le lien d'affection ou de subordination, unissant cette personne au défendeur, est un mobile suffisant qui lui fera exactement remplir la mission par elle acceptée.

741. Dans le cas où le voisin ne veut pas recevoir la copie, ou s'il ne peut ni ne veut signer l'original, l'huissier doit s'adresser au maire de la commune ou à l'adjoint. En cas d'absence ou de refus du maire et de l'adjoint, l'exploit doit être remis au premier conseiller municipal, ou, à défaut, à un autre conseiller en suivant l'ordre du tableau.

Deux conditions doivent concourir pour la régularité de la remise de l'exploit au maire ou à l'adjoint; 1° l'exploit doit mentionner qu'il n'a pu être remis, ni à un parent, ni à un serviteur, ni à un voisin du défendeur; 2° le maire ou l'adjoint qui reçoit la copie doit mettre son visa sur l'original. Ce visa présente une double utilité. Comme pour le voisin, il garantit que le maire accomplira exactement la mission par lui acceptée de remettre la copie à son administré. En second lieu, ce visa prévient un conflit profondément regrettable. Si l'huissier déclarait sur l'exploit avoir fait la remise et que le maire de son côté prétendit n'avoir pas reçu la copie, ces affirmations contradictoires, ayant une force égale, puisqu'elles émaneraient de deux officiers publics, donneraient lieu à une difficulté d'autant plus grave, qu'on aboutirait forcément à convaincre de mensonge l'un ou l'autre des deux fonctionnaires. On obvie à cette difficulté par la formalité du visa et en exigeant, à peine de nullité, que la déclaration de l'huissier se trouve confirmée par la signature du maire ou de l'adjoint. C'est sur l'original, destiné à rester entre les mains de l'huissier, qu'est apposé le visa : mais la mention de l'accomplissement de cette formalité doit avoir lieu tant sur l'original que sur la copie.

742. Enfin si le maire ou l'adjoint, méconnaissant le devoir que la loi lui impose, refuse de recevoir la copie qui lui est offerte ou de donner son visa, l'huissier s'adresse alors au procureur de la République qui reçoit la copie et vise l'original. (Pr. civ., art. 1039.)

743. Ces règles sont applicables à l'hypothèse où plusieurs défendeurs sont assignés à comparaître devant le même tribunal. Chaque défendeur doit recevoir une copie distincte de l'exploit d'ajournement, et la signification n'est valable qu'à l'égard de ceux qui ont reçu cette copie.

744. Deuxième hypothèse. *La partie assignée est une personne morale dont le siège est en France.* — Lorsque l'huissier a affaire, non plus à une personne physique, mais à une personne morale, à l'État, à une commune, à une société commerciale, la loi détermine d'une manière précise l'administrateur, chargé de représenter les intérêts collectifs qui se trouvent engagés dans la demande et de recevoir, au nom de l'être moral, l'ajournement qui lui est adressé.

L'article 69 dit : *Seront assignés : 1° L'État, lorsqu'il s'agit de domaines et droits domaniaux, en la personne ou au domicile du préfet du département où siège le tribunal devant lequel doit être portée la demande en première instance.* Cette disposition n'est applicable que dans le cas où l'action intentée contre l'État est relative à un domaine ou aux droits qui s'y rattachent. Si le procès n'est relatif qu'aux revenus de l'État, à la perception des impôts, l'assignation doit être donnée, non au préfet, mais au directeur des domaines et de l'enregistrement. — Le domicile, dont il est question dans l'article 69, n'est pas le domicile particulier que le fonctionnaire peut avoir conservé, mais son domicile administratif.

2° *Le Trésor en la personne ou au bureau de l'agent.* — L'agent qui doit recevoir les assignations adressées au Trésor est un fonctionnaire spécial, un agent judiciaire nommé par le ministre des finances pour représenter le Trésor public dans toutes les actions actives et passives qui le concernent. (L. 1er juin 1791.)

3° *Les administrations ou établissements publics,* tels que les administrations de l'enregistrement, des douanes, des ponts et chaussées, des forêts, etc., à Paris, en la personne du directeur général de ces administrations ou au bureau de leur préposé ; en province, en la personne du directeur établi au chef-lieu du département ou au bureau du préposé. Telles sont les règles en ce qui concerne l'État et ses intérêts.

La disposition insérée au 4° de l'article 69 n'a plus aujourd'hui d'application.

745. 5° *Les communes sont assignées, en la personne ou au domicile du maire, et, à Paris, en la personne ou au domicile du préfet.* La loi ne mentionne que le maire. Quelques esprits se sont posé la question de savoir si, à défaut du maire, l'adjoint avait qualité pour recevoir les exploits concernant la commune. Nous ne voyons aucun motif plausible pour considérer la faculté de recevoir ces exploits comme exclusivement personnelle au maire. La jurisprudence a reconnu depuis longtemps qu'il n'y avait pas lieu de distinguer, sous le rapport de leur remise, entre les exploits relatifs aux intérêts communaux et les assignations adressées à la mairie, lorsque l'huissier n'a pu laisser la copie, ni au domicile du défendeur, ni entre les mains d'un voisin. Les lois sur l'organisation municipale appellent du reste d'une manière générale l'adjoint, et subsidiairement le conseiller municipal, le premier dans l'ordre des nominations, à remplacer le maire absent ou empêché.

Lorsque le procès existe entre deux sections de la même commune, ou entre une section et la commune entière, le maire ne pouvant avoir qualité pour représenter l'une et l'autre partie, on suit la marche suivante : — Une section de commune plaide-t-elle contre la commune entière, cette section est représentée par une commission de trois à cinq membres que le préfet choisit parmi les électeurs principaux. La commission, ainsi formée, désigne ensuite celui de ses membres qui figurera au procès. Si une section plaide contre une autre section, les deux parties ont chacune, pour les représenter, une commission particulière. (L. 18 juill. 1837, art. 56 et 57.)

746. Dans les quatre hypothèses sus-indiquées, le défendeur est une personne morale ayant un caractère public, et la copie de l'exploit est remise à un fonctionnaire. Le visa de ce fonctionnaire devient dès lors nécessaire, afin de prévenir le conflit que nous avons déjà signalé à propos de la remise faite au maire. Aussi l'article 69 exige-t-il que l'original soit visé de celui auquel l'exploit est laissé. En cas d'absence ou de refus, le visa est donné, soit par le juge de paix, soit par le procureur de la République près le tribunal de première instance auquel, en ce cas, la copie doit être laissée. — La loi n'oblige pas formellement l'huissier à mentionner le visa dans l'exploit, comme elle le fait dans le cas prévu par l'article 68. Mais il est plus sûr et plus régulier de mentionner ce visa, au moins sur la copie, afin de pouvoir en justifier, si l'original venait à être égaré.

Cette obligation du visa a été généralisée par l'article 1039 du Code de procédure, qui l'applique à toutes les significations faites à des personnes publiques. — Ce visa n'étant qu'une formalité utile, mais non substantielle, son absence, pour tout autre acte qu'un exploit, ne saurait emporter une nullité que l'article 1039 ne prononce pas. Seulement l'huissier qui n'aura pas fait viser l'original sera passible d'une amende de 5 à 100 francs. (Proc. civ., art. 1030.) — En cas de refus de la personne préposée pour recevoir l'assignation, l'huissier doit s'adresser au procureur de la République. Le juge de paix n'a exceptionnellement qualité que dans les cas prévus par l'article 69.

Ce dernier texte traite ensuite des personnes morales qui n'ont aucun caractère public, et à l'égard desquelles il ne peut plus être question de visa à apposer sur l'exploit d'ajournement. L'article 69 prescrit au demandeur d'assigner :

747. 6° *Les sociétés de commerce, tant qu'elles existent, en-*

leur maison sociale, et, s'il n'y en a pas, en la personne ou au domicile de l'un des associés. La société commerciale constitue un être de raison, une personne morale, distincte de la personne des associés considérés individuellement, ayant un patrimoine propre et séparé du patrimoine de chacun des associés. Quand une demande est formée contre une société, c'est l'être moral qui est véritablement le défendeur. C'est cet être qui doit être assigné sous son nom, sous la dénomination de sa *raison sociale*, en son domicile, parlant à l'agent qui le représente. — Si la société n'a pas de siège fixe, de domicile propre, l'assignation peut, dit l'article 69, être donnée en la personne ou au domicile de l'un des associés, qui, dans ce cas, est pris comme représentant la société. Mais cette disposition est trop générale et trop absolue. Prise à la lettre, elle n'est point exacte. Pour la bien appliquer, il faut user de distinctions.

748. La loi commerciale reconnaît trois sortes de sociétés : 1° La société en *nom collectif :* les membres qui la composent sont tous connus, tous désignés dans le contrat constitutif de la société, tous personnellement tenus des dettes de la société, solidairement et *in infinitum*, au delà de leur apport. 2° La société *anonyme ;* aucun de ses membres n'est légalement connu : leur responsabilité est limitée par leur mise et ne la dépasse point. 3° La société en *commandite*. Elle se compose tout à la fois d'associés connus, personnellement et solidairement responsables, et d'associés anonymes qui ne sont tenus des engagements de la société que dans la limite de leurs apports. — Enfin, à côté et en dehors de ces trois espèces de sociétés, la loi commerciale admet encore des *associations en participation*, employées en pratique pour des opérations isolées ou des opérations d'une durée restreinte. Ces dernières associations ne constituent pas des êtres juridiques. Elles n'ont de personnalité civile, ni au point de vue de la compétence des tribunaux, ni à celui de la représentation en justice. Ses coparticipants ne sont pas tenus solidairement des dettes contractées envers des tiers.

749. La société *anonyme* a toujours et forcément un siège social fixe. L'acte constitutif l'a nécessairement déterminé. Ainsi les compagnies des chemins de fer du Midi, du Nord, d'Orléans, la Banque de France, le Crédit Foncier ont leur siège social à Paris. D'autre part, les actionnaires ne sont pas connus des tiers et ne se connaissent même point entre eux. L'exploit ne saurait donc être remis à l'un d'eux, mais seulement au gérant. La seconde disposition de notre article n'est donc point applicable à la société anonyme. Elle sera assignée en sa maison sociale. — Mais ne peut-elle être valablement assignée ailleurs, non pas bien entendu au domicile de l'un des associés, puisqu'ils sont inconnus, mais dans les lieux où la société possède des succursales ? Une compagnie de chemin de fer ne peut-elle être assignée dans une de ses gares importantes et dans la personne du chef de gare ? Sur ce point la jurisprudence a subi des fluctuations analogues à celles qui se sont produites au point de vue de la compétence. (Voir nos 402 et 457.) Comme sur la question de compétence, les cours d'appel ont d'abord décidé qu'une assignation, donnée à une compagnie de chemin de fer, ne pouvait être signifiée qu'au lieu du siège social. Puis, touchées des inconvénients graves engendrés par cette solution, plusieurs cours d'appel ont admis, dans les arrêts les plus récents, qu'un exploit était valablement remis entre les mains du chef d'une gare importante, pouvant et devant être considérée comme une succursale de la Compagnie. Cette nouvelle solution découlait nécessairement de celle admise en matière de compétence. Dès l'instant qu'on jugeait la compagnie du Midi, par exemple, comme suffisamment domiciliée à Toulouse au point de vue de la juridiction, il était logique de reconnaître la régularité des assignations remises à ce même domicile.

750. La société *en nom collectif* a généralement un siège social : mais il peut arriver, en fait, qu'elle n'en ait point. Dans ce cas, les exploits dirigés contre elle seront valablement signifiés en la personne de l'un ou de l'autre des associés ou à son domicile. Dans une semblable société, chaque associé a le droit de contracter activement et passivement pour ses co-associés : il les représente. Il était donc naturel et logique d'autoriser chaque associé à recevoir les exploits qui intéressent la société.

751. Quant à la société *en commandite*, elle peut bien, quand elle n'a pas de domicile social, être assignée en la personne ou au domicile de l'un ou de l'autre des associés *en nom* et solidairement responsables. Mais les assignations ne sauraient être régulièrement remises à un associé commanditaire, qui n'a pas qualité pour représenter la société à l'égard des tiers. (Cod. com., art. 27.)

752. L'association *en participation*, ne formant pas une personne juridique, ne peut, ni être assignée à un domicile social qui n'existe pas, ni en la personne ou au domicile de l'un des co-participants, pris comme représentant les autres. Le demandeur ne peut assigner que le co-participant avec lequel il a traité. Si plusieurs co-participants ont contracté conjointement avec lui, il doit faire signifier au domicile propre de chacun d'eux une copie de l'exploit d'ajournement; car il est dans la situation d'un demandeur en présence de plusieurs défendeurs.

753. L'article 69 ne vise que les sociétés commerciales. Il ne s'applique pas aux sociétés *civiles*, qui, d'après nous, ne constituent pas des êtres juridiques, des personnes morales. Les assignations qui concernent les membres de ces sociétés ne peuvent être signifiées en un *seul* exploit, ni au siège de la société, ni en la personne ou au domicile de l'un des associés. Elles doivent être signifiées à chacun des associés individuellement, à leur personne ou au domicile particulier de chacun d'eux. L'huissier remettra à chacun une copie de l'original, qui doit contenir les noms de tous les associés.

754. 7° L'article 69 permet d'assigner *les unions et directions de créanciers en la personne ou au domicile de l'un des syndics de la faillite.* Lorsqu'un négociant fait faillite et n'obtient pas de concordat, ses créanciers se mettent en état *d'union*, ne forment en quelque sorte qu'un être collectif, agissant dans l'intérêt commun. Cette union est représentée par des syndics, en la personne ou au domicile desquels sont données les assignations formées contre elles. (C. comm., art. 529 et suiv.) Mais le Code de procédure s'exprime d'une manière incorrecte. Sa rédaction doit être rectifiée en se reportant aux dispositions du Code de commerce sur les faillites. C'est à partir, non de l'union, mais du jugement déclaratif de faillite, que les actions concernant la faillite ne peuvent être intentées, activement ou passivement, que par ou contre les syndics nommés par le même jugement. (C. comm., art. 433.) C'est donc à partir de ce même jugement que les assignations doivent être signifiées au syndic ou à son domicile.

755. TROISIÈME HYPOTHÈSE. *Le défendeur est une personne physique ou morale non domiciliée en France.* — Cette hypothèse embrasse deux cas tout à fait distincts : le défendeur n'a pas en France de domicile connu; ou bien le défendeur est domicilié hors de France.

Si le défendeur n'a pas en France de domicile connu, mais qu'il y soit résident, la loi, substituant la résidence au domicile, veut que ce défendeur soit assigné au lieu de sa résidence actuelle. Mais si le lieu de la résidence est lui-même inconnu, l'exploit doit être rédigé en deux copies : l'une est affichée à la principale porte de l'auditoire du tribunal où la demande est portée ; l'autre est remise au procureur de la République, qui vise l'original. (Proc. civ., rt. 69, 8°.)

Mais quel est le tribunal où la demande doit être portée contre ce défendeur sans domicile et sans résidence ?

S'il s'agit d'une action réelle immobilière ou d'une action mixte, la demande est portée devant le tribunal dans l'arrondissement duquel est situé l'immeuble litigieux. Si l'action est personnelle ou réelle mobilière, nous avons déjà décidé qu'elle devait être portée devant le tribunal du domicile du demandeur, lorsque le défendeur n'avait en France ni résidence ni domicile. (Voy. n° 392.)

756. Le défendeur est domicilié ou résident hors de France, soit sur un territoire français hors du continent, dans nos colonies, soit en pays étranger. Le § 9 de l'article 69 qui vise cette hypothèse a été légèrement modifié par la loi du 8 mars 1882. Le nouveau texte est ainsi rédigé : « (seront assignés) ceux qui habitent le « territoire français, hors d'Europe et de l'Algérie, et ceux qui « sont établis à l'étranger, au parquet du procureur de la Répu- « blique, près le tribunal où la demande est portée ; lequel visera « l'original et enverra directement la copie au ministre compétent « ou à toute autre autorité déterminée par les conventions diplo- « matiques. » Le ministre compétent est tantôt celui de la marine, tantôt celui des affaires étrangères, suivant que la partie assignée habite dans les colonies ou en pays étranger. Le ministre, à son tour, doit faire transmettre par les moyens dont il dispose, au domicile ou à la résidence du défendeur, la copie qui lui est destinée. L'article 69 n° 9 semble n'avoir en vue que les Français ; cependant sa disposition doit, par identité de motifs, s'appliquer aux étrangers qui n'ont ni domicile ni résidence, sur le territoire continental de la France

757. Les règles énoncées dans les articles 68 et 69 pour la remise des exploits sont toutes prescrites à peine de nullité. La sanction, ainsi portée en l'article 70, entraînera la nullité de l'exploit, même dans le cas où l'irrégularité commise ne sera imputable ni au demandeur ni à l'huissier. Lorsque, par exemple, le procureur de la République aura négligé d'envoyer au ministre de la marine ou des affaires étrangères la copie qui lui a été laissée, l'exploit sera nul. Cette solution peut, à première vue, paraître rigoureuse; mais, outre que le texte de l'article 70 est formel, comment maintenir contre le défendeur un exploit qu'il n'a pas reçu? Si le demandeur subit la nullité de son exploit lorsqu'elle est imputable à l'huissier, sauf son recours contre cet officier, pourquoi ne la subirait-il pas également lorsqu'elle est imputable au procureur de la République, sauf la responsabilité de ce fonctionnaire?

SECTION IV. — **Règles disciplinaires relatives à la signification de l'exploit.**

Relativement à la notification des exploits, le législateur impose à l'huissier, sous des sanctions diverses, le respect de plusieurs règles disciplinaires.

758. *Première règle.* — L'huissier, dit l'article 66, ne pourra instrumenter pour ses parents et alliés, et ceux de sa femme, en ligne directe à l'infini, ni pour ses parents et alliés collatéraux, jusqu'au degré de cousin issu de germain inclusivement, le tout à peine de nullité. Cette prohibition a pour fondement la crainte que l'huissier, instrumentant dans l'intérêt de ses proches, ne supprime la copie, ce qui amènerait la condamnation par défaut du défendeur, ou n'antidate l'exploit afin de soustraire le demandeur aux conséquences d'une prescription accomplie. Mais la loi ne lui interdit point d'instrumenter *contre* ses parents; car l'huissier aura au contraire intérêt à ce que ceux-ci soient régulièrement avertis de la demande contre eux dirigée.

Les parents collatéraux de la femme de l'huissier sont compris dans la prohibition prononcée par l'article 66, comme étant les alliés de l'huissier. Mais le texte n'indique pas les alliés de la femme en ligne collatérale. L'huissier pourra donc instrumenter pour le beau-frère de sa femme. C'est une lacune regrettable; mais il n'est pas permis de suppléer le silence de la loi et de créer une nullité qu'elle ne prononce pas.

La parenté et l'alliance naturelles produisent les mêmes effets que la parenté et l'alliance légitimes. Nous pensons que la prohibition ne s'applique pas seulement à l'égard du père et de la mère de l'huissier, enfant naturel reconnu, mais aussi à l'égard des ascendants et descendants du père ou de cette mère naturels et de leurs alliés. La loi reconnaît entre eux et l'enfant naturel l'existence d'un lien, dont elle tient compte lorsqu'elle établit les prohibitions de mariage. (Cod. civ., art. 161 et 162.) Logiquement elle doit admettre une présomption d'affection suffisante pour rendre suspect l'huissier, parent ou allié naturel de la partie pour laquelle il instrumente. Sinon, alors qu'il ne peut instrumenter pour un cousin issu de germain, il le pourrait pour le mari de sa sœur naturelle.

Évidemment l'huissier ne peut instrumenter au nom de sa femme. N'est-elle pas sa première alliée? Évidemment, encore, il ne peut faire des significations dans une affaire où il est intéressé personnellement. C'est un principe certain qu'aucun officier public ne peut se donner témoignage à lui-même dans son propre intérêt.

La nullité, prononcée par l'article 66, n'est établie qu'au profit du défendeur : elle ne saurait être invoquée par le demandeur, le parent qui a eu recours au ministère de l'huissier, puisque c'est justement comme étant présumé trop dévoué aux intérêts de ce demandeur, que la loi suspecte l'officier ministériel.

759. *Deuxième Règle.* — L'huissier est tenu d'instrumenter lui-même, de remettre lui-même à personne où à domicile les pièces qu'il doit signifier, à peine d'une suspension de trois mois et d'une amende de 200 à 2000 francs. S'il a agi frauduleusement, il encourt la peine de faux. (Déc. 14 juin 1813, art. 45.)

760. *Troisième Règle.* — A peine d'interdiction de sa fonction, il est défendu à l'huissier de percevoir des droits plus considérables que ceux qui sont établis par le tarif. (Tarif, 16 février 1807, art. 66.) Mais, idépendamment des poursuites disciplinaires, les circonstances peuvent être assez graves pour motiver des poursuites en concussion et faire condamner l'huissier à la peine de la réclusion. (Cod. pén., art. 174.)

Outre le droit principal qu'il est autorisé à percevoir pour la rédaction et la signification de l'exploit, il est alloué à l'huissier un droit de transport, proportionnel à la distance parcourue, toutes les fois qu'il doit faire un trajet de plus d'un demi-myriamètre. Le Code de procédure décide que, dans le cas de transport d'un huissier, il ne sera payé pour tous frais de déplacement qu'une journée au plus (art. 62). La journée légale, d'après le tarif de 1807, art. 66, ne doit pas dépasser cinq myriamètres. — Cette prescription du reste ne s'adresse pas à l'huissier. Elle concerne le règlement des dépens. Si le défendeur succombe, le demandeur ne pourra lui réclamer que les frais de déplacement calculés pour une journée : l'excédent restera à la charge du demandeur qui a choisi l'huissier. Mais aucun reproche ne peut être adressé à l'huissier lui-même, auquel son client doit indemnité pour le déplacement qu'a nécessité l'éloignement du domicile du défendeur.

761. *Quatrième Règle.* — L'huissier ne peut instrumenter qu'aux jours, heures et lieux dans lesquels peuvent s'accomplir les actes judiciaires. Nous renvoyons aux *Dispositions générales*, précédemment expliquées. (Voir nº 641 et suiv.)

SECTION V. — **Responsabilité de l'huissier.**

762. Un exploit peut être nul, ou être seulement vicieux. Si l'exploit est vicieux, sans que le vice dont il est infecté engendre la nullité de l'acte, l'huissier peut encourir une amende de 5 à 100 francs et supporter les frais de l'acte. (Proc. civ., art. 1030 et 1031. — Voy. nº 606 et 608.)

Si l'exploit est déclaré nul et que cette nullité soit imputable à l'huissier, il en est responsable vis-à-vis de son client. L'article 71 dit : « Si un exploit est déclaré nul par le fait de l'huissier, il peut « être condamné aux frais de l'exploit et de la procédure annulée, « sans préjudice des dommages-intérêts de la partie, suivant les « circonstances.

Ce texte, par les expressions qu'il emploie, *il peut être condamné*, semble laisser au tribunal la faculté de ne pas condamner l'huissier aux frais de l'exploit annulé. Mais il a été modifié sur ce point par l'article 1031, qui met d'une manière absolue les actes nuls, ou même simplement frustratoires, à la charge des officiers ministériels qui les ont faits. La condamnation aux frais de l'acte annulé doit donc être toujours prononcée.

Mais le tribunal a un pouvoir discrétionnaire quant à la condamnation de l'huissier à des dommages-intérêts au profit du demandeur. Il devra examiner si la nullité de l'exploit a causé un préjudice à ce demandeur, comme dans le cas où la prescription aurait été interrompue si l'exploit eût été valable et s'est accomplie contre le demandeur (à raison de la nullité de l'exploit), qui se trouve déchu de son action et dans l'impossibilité de recommencer l'instance. (C. civ., art. 2247.) — Mais si le demandeur n'a éprouvé aucun préjudice, soit parce que l'ajournement a pu être renouvelé avant l'accomplissement de la prescription, soit parce que la demande ne présentait aucune chance sérieuse de succès, le tribunal n'a aucune indemnité à accorder au demandeur.

SECTION VI. — **Des effets de l'ajournement.**

763. L'exploit d'ajournement, signifié à la partie défenderesse, engendre plusieurs effets importants.

1° L'exploit d'ajournement signifié oblige à la fois le demandeur et le défendeur. — Il oblige le défendeur à comparaître devant le tribunal sous peine d'être jugé et condamné par défaut. Il lui impose l'obligation d'être jugé par le tribunal saisi du litige. — Pareille obligation incombe au demandeur, qui, en lançant l'assignation, a pris l'engagement de se soumettre aux résultats de la lutte par lui engagée. — L'ajournement signifié, les deux adversaires sont tenus l'un envers l'autre de faire juger leur différend. Une décision judiciaire peut être valablement rendue entre eux sans autre fondement que la demande, sans autre acte que l'assignation. Pour les deux parties, l'obligation de recevoir jugement découle de l'ajournement.

Celui-ci forme donc un quasi-contrat, appelé *quasi-contrat judiciaire :* un quasi-contrat, car il n'y a pas concours de volontés. Le demandeur seul manifeste la sienne : lui seul agit. Le défendeur est obligé par l'acte d'autrui et par la loi, qui lui impose le devoir de répondre à cet acte, sous peine de condamnation par défaut. — Le quasi-contrat est *synallagmatique ;* car il engendre des obligations réciproques.

764. Du caractère bilatéral de ce quasi-contrat judiciaire, il résulte que le demandeur ne peut pas, à son gré, poursuivre ou abandonner l'instance qu'il a introduite. L'assignation l'a obligé envers le défendeur. Elle a conféré à celui-ci un droit qui ne peut lui être enlevé malgré lui. Le procès engagé appartient aux deux parties. Le quasi-contrat judiciaire formé entre les plaideurs les lie tous deux également.

765. Le quasi-contrat judiciaire ne doit pas être confondu, ni avec la *liaison de l'instance*, ni avec la *contestation en cause.* — L'instance sera *liée*, quand le défendeur aura constitué avoué, quand il aura manifesté l'intention de défendre ses droits. — Il y aura *contestation en cause*, pour employer la terminologie de nos anciens auteurs, quand les deux plaideurs auront pris leurs conclusions à la barre du tribunal.

Quel est l'intérêt de cette distinction entre le quasi-contrat judiciaire, l'instance liée et la contestation en cause? Le voici sommairement indiqué. Il sera mieux expliqué et mieux compris, quand nous exposerons la théorie des jugements par défaut.

A partir de l'ajournement, du *quasi-contrat judiciaire*, le défendeur, qui ne constitue pas avoué, peut être condamné par défaut *faute de comparaître.* — L'instance est-elle *liée*, le défendeur a-t-il constitué avoué, s'il ne prend pas de conclusions, il peut encore être condamné par défaut, mais *faute de conclure* cette fois, et les conséquences de ce défaut diffèrent assez de celles qu'engendre le défaut *faute de comparaître.* — Y a-t-il eu *contestation en cause*, les avoués des deux parties ont-ils déposé à la barre du tribunal les conclusions prises au nom de leurs clients, que les avocats plaident ou ne plaident pas, peu importe, le jugement futur sera *contradictoire*, non susceptible d'*opposition.*

Comme on le voit, la conduite du défendeur, postérieure à l'ajournement, peut exercer une influence sur le procès : mais elle ne saurait empêcher la prononciation d'une sentence, d'un jugement par défaut ou contradictoire, la mise à exécution de l'obligation d'être jugé. — Cette obligation remonte donc au jour même de l'assignation : c'est d'elle qu'elle découle. Or le défendeur, n'ayant encore manifesté aucune volonté, ne peut être tenu que *quasi ex contractu.*

Ce quasi-contrat judiciaire, formé ainsi par la signification de l'exploit d'ajournement, engendre d'importants effets que nous retrouverons en matière de désistement, de péremption, de prescription d'instance, de demandes additionnelles, de rétroactivité du jugement, d'autorité de chose jugée, etc.

766. 2° L'exploit d'ajournement interrompt la prescription. (C. civ., art. 2244.) Cet effet résulte aussi, par anticipation, de la citation en conciliation devant le juge de paix, lorsqu'elle est suivie, dans le mois de la non-conciliation ou non-comparution, d'une demande en justice. (Proc. civ., art. 57.) Mais cet effet interruptif ne se produit qu'à partir de l'ajournement, soit lorsque le préliminaire de conciliation n'est pas exigé, soit lorsqu'il s'est écoulé plus d'un mois entre le jour de la non-comparution ou de la non-conciliation et la date de l'exploit introductif d'instance. — L'ajournement, donné même devant un juge incompétent, interrompt la prescription quoique, une fois le tribunal incompétent dessaisi, une nouvelle instance doive être introduite devant le juge compétent et par suite un nouvel ajournement signifié au défendeur. (C. civ., art. 2246.) Le législateur a pensé que les questions de compétence étaient quelquefois si difficiles et si délicates à résoudre, qu'il serait inique d'anéantir l'effet interruptif de prescription produit par l'ajournement, au détriment d'un demandeur coupable d'une erreur peut-être commise par des jurisconsultes et par des praticiens exercés.

767. 3° Si la demande a pour objet le payement d'une somme d'argent, non productive d'intérêts conventionnels ou légaux, et que les intérêts moratoires soient formellement réclamés, ces intérêts courront à partir de l'ajournement. (C. civ., art. 1153.) Ils courent par anticipation, à partir de la citation en conciliation devant le juge de paix, lorsqu'ils ont été demandés dans cette citation, et que l'ajournement est signifié dans le mois qui suit le jour de la non-conciliation ou de la non-comparution. (Pr. civ., art. 57.) — Si le demandeur a omis de réclamer les intérêts moratoires dans l'exploit d'ajournement, il peut réparer son omission, en présentant des conclusions additionnelles; mais alors les intérêts ne commencent à courir qu'à la date de ces conclusions. La Cour de cassation adopte sur ce point une solution opposée. Elle juge que la demande du capital suffit pour faire courir les intérêts moratoires. Les arguments sur lesquels elle étaye sa jurisprudence ne nous ont point convaincu. Les cours d'appel sont divisées. La doctrine, presque générale, adopte notre manière de voir. — Il n'est pas aussi nécessaire de rendre productive d'intérêts une créance qui n'en produit pas encore, que d'échapper aux rigoureuses conséquences de la prescription : par suite, les intérêts moratoires n'auront couru, à dater de l'ajournement, que s'il a été donné devant un juge compétent.

768. 4° L'ajournement, sous la réserve de l'influence des conclusions additionnelles que pourra prendre plus tard le demandeur, sert à fixer la valeur sur laquelle le juge est appelé à statuer, et à décider par suite si le jugement sera rendu en premier ou en dernier ressort, s'il sera ou ne sera pas susceptible d'être attaqué par la voie de l'appel.

76. 95°. Enfin l'ajournement engendre encore des effets qui ne lui sont pas spéciaux et propres, mais qu'il produit comme toute autre sommation. Il fait cesser, pour le possesseur de bonne foi d'un fonds, l'acquisition des fruits et l'oblige à les restituer à partir de sa date (C. civ., art. 550), si plus tard le demandeur est reconnu être propriétaire du fonds revendiqué. — Il constitue en demeure le débiteur d'un corps certain et déterminé et met les risques à sa charge conformément aux dispositions des articles 1138, 1139, 1302 du Code civil.

CHAPITRE II

CONSTITUTION D'AVOUÉ

(LIVRE II, TIT. III, ART. 75 ET 76.)

SOMMAIRE. — Des divers partis offerts au défendeur. — SECTION PREMIÈRE. Caractère des relations de l'avoué avec son client. — SECTION DEUXIÈME. Modes de constitution d'avoué. — SECTION TROISIÈME. Délai de la constitution d'avoué. — SECTION QUATRIÈME. Révocation de l'avoué constitué. — SECTION CINQUIÈME. Dispense ou défense de constituer avoué.

770. L'assignation a été remise au défendeur. Il connaît l'objet de la demande dirigée contre lui et les moyens qui seront invoqués par le demandeur à l'appui de sa prétention. Le moment est venu de prendre parti. Il peut, s'il le veut, rester dans l'inaction. Nul ne peut l'obliger à plaider. — Mais cette inaction n'entravera pas la marche du demandeur. Elle ne peut empêcher celui-ci de faire reconnaître par la justice le bien fondé de sa prétention et d'obtenir contre le défendeur une condamnation qui sera prononcée par défaut. Assurément les juges ne condamneront pas le défendeur par cela seul qu'il ne se présente pas. Le demandeur n'obtien-

dra gain de cause que si ses prétentions sont reconnues justes, conformes au droit. Mais les juges, qui ne connaîtront pas les moyens de défense de l'adversaire, pourront plus facilement se tromper et donner gain de cause à un demandeur, qui eût peut-être perdu son procès, si le défendeur eût fait valoir ses moyens.

771. Le défendeur se décide-t-il à plaider, à combattre la prétention du demandeur, il imite la conduite de ce dernier. Ce demandeur, dans l'exploit d'ajournement dont copie à été remise, a fait connaître l'avoué qui doit occuper et postuler en son nom et les moyens à l'aide desquels il prétend justifier sa réclamation. Le défendeur doit de même choisir un avoué, le désigner à l'avoué de son adversaire et peut, s'il le veut, lui faire connaître ses moyens de défense. A la double notification faite au nom du demandeur dans l'exploit d'ajournement, le défendeur répond par deux notifications semblables : l'une, appelée *constitution d'avoué*, par laquelle il désigne l'avoué qui le représentera au procès; l'autre, appelée *signification des défenses*, par laquelle il indique les moyens qu'il entend opposer au demandeur.

A ces *défenses*, le demandeur pourra opposer un autre acte de procédure appelé *réponse aux défenses*, et ces significations réciproques accomplies, ou les délais pour les faire étant expirés, la partie la plus diligente poursuivra l'audience par un acte d'avoué à avoué, appelé *avenir*.

Mais comment s'opère cette constitution d'avoué? quelles relations établit-elle entre l'officier ministériel et son client? Examinons ces divers points.

SECTION Ire. — **Caractère des relations de l'avoué avec son client.**

772. Le ministère des avoués est obligatoire dans les instances pendantes devant les juridictions ordinaires, c'est-à-dire devant les tribunaux civils d'arrondissement et devant les cours d'appel. Il l'est aussi devant la Cour de cassation; la dénomination des officiers ministériels qui postulent près d'elle étant seulement changée et le terme *avoué* remplacé par celui d'*avocat*. — Mais l'intervention des avoués, *en cette qualité*, non seulement n'est pas exigée, mais est même interdite devant les juridictions d'exception, justices de paix, conseils de prud'hommes et tribunaux de commerce. Nous avons indiqué sous le n° 239 les raisons de cet état de choses.

773. Quand un plaideur choisit un avoué pour le représenter en justice et accomplir en son nom les divers actes de postulation, il se forme entre le plaideur et l'avoué un contrat de mandat. Ce contrat, quant aux obligations respectives du mandant, le plaideur, et du mandataire, l'avoué, ce contrat est soumis aux règles ordinaires du mandat, déterminées par les articles 1991 à 2002 du Code civil. Mais ce mandat *ad litem* diffère du mandat ordinaire au point de vue de l'étendue des pouvoirs du mandataire. En matière de mandat ordinaire, le mandant ne peut être engagé vis-à-vis des tiers avec lesquels a traité le mandataire, que si celui-ci est resté dans les limites précises du mandat à lui conféré. L'acte doit avoir été formellement ou virtuellement indiqué dans la procuration écrite, acte probatoire du contrat, par lequel le mandant a investi le mandataire de sa confiance. Si le mandataire a outrepassé ses pouvoirs, la ratification du mandant est indispensable pour que celui-ci soit engagé vis-à-vis des tiers. Ainsi, à l'égard du mandataire ordinaire, deux classes d'actes : ceux qui sont en dedans, et ceux qui sont en dehors des limites du mandat. — Nous verrons, au contraire, en étudiant le titre du *Désaveu*, que les actes accomplis dans le cours d'une procédure par un avoué doivent être classés en trois catégories : les premiers nécessairement compris dans les limites naturelles de son mandat, les actes de procédure nécessités, par le procès, tels que rédaction et signification des défenses, des conclusions, des qualités, mise au rôle, production de pièces, signification des jugements obtenus, etc. ; les seconds, nécessairement en dehors des limites du mandat *ad litem* et pour lesquels un mandat spécial sera indispensable, tels que déférer le serment décisoire, s'inscrire en faux contre un acte authentique, acquiescer à un jugement définitif, etc. ; les troisièmes *censés* compris dans le mandat *ad litem*, tant que la partie au nom de laquelle ils ont été faits ne vient pas les désavouer, par exemple, faire ou accepter des offres, un aveu, donner un consentement ou y adhérer. (Pr. civ., art. 352.)

774. Le mandat *ad litem* donné par une partie à son avoué est exprès ou tacite, ou légal.

Le mandat est *exprès*, lorsqu'il est donné par écrit authentique, par écrit sous seing privé ou par lettre, ou verbalement, sauf, en ce cas, à ne pouvoir le prouver par témoins que conformément aux articles 1341 et suivants du Code civil.

En pratique, le mandat est fréquemment *tacite*, en ce sens qu'on l'induit, par voie de raisonnement, de faits émanés du plaideur le faisant présumer. Ainsi le demandeur a remis à l'avoué le dossier, les pièces sur lesquelles il fonde sa réclamation ; le défendeur a porté à un avoué la copie de l'assignation qui lui a été remise. Ces faits s'expliquent naturellement par le désir d'ouvrir ou de suivre l'instance. Mais la présomption tirée de la remise des pièces n'est pas absolue. Elle peut, suivant les circonstances, être détruite par d'autres présomptions.

En outre, ce mandat tacite est évidemment insuffisant dans les cas où la loi exige un pouvoir spécial.

Le mandat est *légal*, quand la loi désigne elle-même l'avoué qui occupera pour telle ou telle partie ou qui doit accomplir tel ou tel acte. (Voy. Proc. civ., art. 496, 529, 661, 667, 720, 760, 932, 964, 1038).

775. Un plaideur s'est successivement adressé à plusieurs avoués. Tous ont décliné le mandat qui leur était offert. Le plaideur peut, ou s'adresser *officieusement* au président de la chambre des avoués, qui invitera un de ses collègues à accepter le mandat, ou présenter une requête au président du tribunal. Ce magistrat rendra une ordonnance enjoignant à tel avoué de prêter son ministère à la partie. Cette ordonnance n'est pas susceptible d'opposition. — Remarquons qu'un avoué refuse valablement de se charger d'un procès, si la demande est formellement contraire à la loi, si elle est intentée contre un de ses parents, etc., etc.

SECTION II. — **Modes de constitution d'avoué.**

776. Ce mandataire choisi, chaque partie doit le faire connaître à son adversaire. Le demandeur notifie au défendeur la constitution d'avoué par lui faite dans l'exploit d'ajournement. Nous avons vu, sous l'article 61 du Code de procédure, que cette désignation est exigée à peine de nullité de l'exploit.

L'exploit signifié, l'avoué choisi par le défendeur fait connaître à l'avoué du demandeur le mandat qu'il a reçu par un acte d'*avoué à avoué*. Cette notification se compose de deux parties. L'avoué rédige un acte en double exemplaire, dans lequel il déclare à *M. un tel*, avoué constitué pour le demandeur, qu'il a reçu mandat d'occuper pour le défendeur. Il signe cet acte, tant sur l'original que sur la copie. Il le remet à un huissier audiencier, qui le notifie à l'avoué du demandeur et lui en laisse la copie. — L'huissier certifie au bas de l'original et de la copie qu'il a fait la signification de cet acte à l'avoué du demandeur, parlant à sa personne ou à celle d'un de ses clercs en son étude : il date et signe.

La loi ne soumet point les notifications de constitution d'avoué aux formalités si nombreuses, prescrites pour les exploits ordinaires. Ces notifications ne contiennent pas la désignation des prénoms, ni celle de la demeure de l'avoué. Ces indications sont superflues à raison des relations habituelles et quotidiennes des avoués, soit entre eux, soit avec les huissiers audienciers.

777. Nous avons vu (n° 718) que le président du tribunal, dans des cas d'urgence dont il est souverain appréciateur, peut autoriser le demandeur à assigner le défendeur à un délai plus bref que le délai légal, imparti par l'article 72 du Code de procédure. Dans ce cas le temps peut manquer au défendeur pour constituer avoué dans la forme ordinaire. La loi a organisé un mode de constitution particulier. — L'avoué, choisi par le défendeur, se présente à l'audience et, au moment où l'huissier audiencier fait l'appel des causes, cet avoué déclare qu'il a été chargé de postuler pour le défendeur. Intervient un jugement qui lui donne acte de sa déclaration. Cette constitution verbale remplace la constitution ordinaire. Néanmoins l'avoué est tenu de la réitérer, dans le jour, par acte d'avoué à avoué (Pr. civ., art. 76).

778. Mais pourquoi cette réitération par acte? L'avoué du demandeur était présent à l'audience : il a entendu la déclaration de l'avoué constitué par le défendeur : il est suffisamment instruit. Cette constitution est constatée par un jugement ; elle n'est donc pas purement verbale. La trace ne peut s'en perdre, puisqu'il en reste une preuve et par acte authentique. Pourquoi donc cette réitération?

L'avoué du demandeur est intéressé à avoir par devers lui la preuve que l'adversaire a constitué avoué. Cette preuve, il l'aurait en se faisant délivrer une expédition du jugement qui a donné acte de la constitution et en signifiant ce jugement à l'adversaire. Mais lever un jugement, s'en faire délivrer expédition, le signifier, entraîne des frais plus considérables que l'acte de constitution d'avoué. Pour éviter ces frais à la partie perdante, le législateur prescrit la réitération de la constitution par acte d'avoué. L'avoué du défendeur a tout intérêt à la faire ; car, s'il l'omet, la loi autorise l'avoué du demandeur à se faire délivrer expédition du jugement qui a constaté la constitution et à la lui faire signifier. Or cette signification se fait aux frais de l'avoué négligent. Son intérêt personnel devient une garantie de son exactitude à faire l'acte prescrit par la loi. (Pr. civ., art. 76.)

779. Mais quel intérêt peut avoir le demandeur à posséder la preuve de la constitution d'un avoué par le défendeur? A pouvoir démontrer plus tard, si le défendeur se laisse condamner par défaut, que le jugement a été rendu faute de *conclure* et non faute de *comparaître*. Comme nous le verrons au titre des *Jugements par défaut*, la position du demandeur, qui a obtenu un jugement par défaut faute de conclure, est plus avantageuse que la position de celui au profit duquel a été rendu un jugement faute de comparaître.

Si, au lieu d'être à bref délai, l'assignation a été donnée au délai ordinaire, le défendeur peut-il constituer avoué verbalement, à l'audience, en vertu de l'article 76? La solution négative est admise par la doctrine à peu près générale.

SECTION III. — **Délai de la constitution d'avoué.**

780. La constitution d'un avoué par le défendeur et sa notification à l'avoué du demandeur doivent être faites, l'une et l'autre, dans les délais accordés pour comparaître. *Comparaître*, en effet, devant les juridictions ordinaires n'est pas se présenter en personne à l'audience, ou y faire présenter un avoué ou un avocat. Comparaître, c'est constituer un avoué et notifier cette constitution à l'avoué du demandeur. Dire que le défendeur jouit d'un délai de huit jours pour comparaître, c'est exprimer qu'il doit, dans ce délai, choisir un avoué pour le représenter et notifier ce choix à l'avoué de son adversaire.

Le délai est-il expiré sans que le défendeur ait constitué avoué, il peut être, sur la poursuite du demandeur, condamné par défaut et jugé faute de comparaître. — Mais ce délai n'est pas fatal ; il n'entraîne pas, par son expiration, déchéance de la faculté de constituer avoué. Tant que le jugement par défaut n'a pas été sollicité et obtenu par le demandeur, la constitution d'un avoué par le défendeur est toujours réalisable. Le jugement une fois rendu, cette constitution sera tardive ; le tribunal est dessaisi : le défendeur doit, s'il veut faire valoir ses droits, suivre une autre marche et faire opposition au jugement rendu par défaut. Pour cette opposition, il devra, il est vrai, constituer un avoué, mais en une autre forme que celle sus-indiquée. (Pr. civ., art. 162.)

SECTION IV. — **Révocation de l'avoué constitué et durée du mandat « ad litem ».**

781. Tout mandat est essentiellement révocable. La confiance primitive peut avoir disparu en présence des agissements d'un mandataire inintelligent, inactif ou malhonnête. La révocation du mandat, notifiée au mandataire seul, ne fait pas cesser ses pouvoirs à l'égard des tiers, qui, de bonne foi, dans l'ignorance de cette révocation, contracteront avec lui dans l'avenir. Vis-à-vis d'eux, il est toujours mandataire. Les actes passés avec lui sont opposables au mandant, tant que la révocation n'a pas été portée à leur connaissance. Tels sont les principes de droit commun. (C. civ., art. 2004 et 2005.)

Ces règles sont parfaitement applicables au mandat donné par une partie à son avoué. Tout plaideur peut révoquer l'avoué qu'il a constitué : mais il ne doit pas pouvoir, par cette révocation, nuire à son adversaire. Or, il lui nuirait s'il pouvait ainsi arrêter le cours du procès, en se privant de son représentant obligatoire. A avoué révoqué, il doit donc substituer un autre avoué. La révocation ne vaudra à l'égard de l'adversaire, que si tout à la fois elle lui est notifiée et accompagnée de la constitution d'un nouvel avoué.

Le défendeur, ni le demandeur ne peuvent révoquer leur avoué sans en constituer un autre, dit l'article 75. Si l'avoué révoqué n'est pas remplacé, la révocation de cet avoué est illusoire envers l'adversaire.

782. L'avoué *révoqué*, mais non *remplacé*, est dans une situation mixte. A l'égard de son client, il a cessé de le représenter ; il ne peut plus agir pour lui, ni faire aucun acte de procédure. Sont nuls pour lui tous les actes faits par l'avoué dans l'intérêt de son ex-client. Mais à l'égard de l'avoué de l'autre partie, l'avoué révoqué continue d'être le mandataire du plaideur qui l'avait constitué. Il n'est plus mandataire actif; il reste mandataire passif. Tous les actes faits contre lui par l'avoué de l'adversaire sont réguliers. Les procédures faites et les jugements obtenus contre l'avoué révoqué et non remplacé seront valables, dit l'article 75.

783. Les mêmes règles sont applicables au cas de *renonciation volontaire* de l'avoué. La notification qu'il ferait de cette renonciation à l'avoué de l'adversaire serait insuffisante, tant qu'il ne serait pas remplacé. En outre, l'avoué renonçant serait passible de dommages-intérêts envers son client, si quelque préjudice résultait pour celui-ci de cette renonciation.

784. Le mandat de l'avoué se prolonge tant que le jugement définitif sur le fond n'a pas été rendu et signifié (Pr. civ., art. 147), ou que l'instance n'a pas été éteinte par une autre cause, comme le désistement, la péremption ou la prescription. L'instance peut subir en fait des interruptions ou des suspensions ; des jugements préparatoires, provisoires ou interlocutoires ont pu être prononcés (1). N'importe ; le mandat de l'avoué non régulièrement révoqué dure toujours.

785. Bien mieux, le mandat persiste encore durant l'année qui suit le jugement définitif. L'article 1038, Pr. civ., dit : « Les avoués « qui ont occupé dans les causes où il est intervenu des jugements « définitifs seront tenus d'occuper sur l'exécution de ces jugements « sans nouveaux pouvoirs, pourvu qu'elle ait lieu dans l'année « de la prononciation du jugement. » L'avoué, qui occupait pour la partie contre laquelle la demande est formée, est réputé conserver son mandat de la défendre, si cette demande a lieu dans l'année du jugement. Après l'année, il n'a plus qualité pour représenter son client. Dans l'année le législateur, à raison du peu de temps écoulé depuis le jugement définitif, présume que la confiance du client persiste encore. Mais cette présomption tombe devant une manifestation de volonté contraire. La partie est libre de désigner un autre avoué pour suivre sur l'exécution poursuivie contre elle, sans qu'elle doive nécessairement révoquer l'avoué primitif.

(1) Voir plus loin le sens de ces expressions.

L'article 1038 s'applique tout à la fois à l'exécution *par suite d'instance* et à l'exécution *forcée*. Il y a exécution par suite d'instance, lorsqu'on procède à l'accomplissement de divers actes qui, ordonnés par jugement, ont pour but de le compléter et de l'achever. Ainsi, par exemple, la réception de caution, la liquidation des dommages, celle des fruits, une reddition de compte, etc., procédures dont s'occupe le législateur dans les titres 1 à 5 du livre V du Code de procédure, procédures complémentaires du jugement rendu. Mais elles doivent avoir lieu dans l'année si l'on veut leur appliquer l'art. 1038, Pr. civ. Quoique ces mesures se rattachent intimement au jugement obtenu, le législateur a craint qu'après un an écoulé, l'avoué, s'il était obligé d'occuper pour son ancien client, n'en compromît involontairement les droits. Une nouvelle preuve de confiance est indispensable.

L'exécution *forcée* a pour objet de réaliser, par la saisie et la vente des biens meubles ou immeubles de la partie qui a perdu le procès, la condamnation inscrite au jugement. Le gagnant procède-t-il à une saisie mobilière ou immobilière dans l'année qui suit le jugement définitif, l'avoué qui occupait pour le perdant est réputé avoir encore mandat de le défendre. Le gagnant aura, ou choisi un autre avoué, ou conservé celui qu'il avait dans l'instance, en lui renouvelant le mandat antérieur.

786. L'article 1038 ne parle que des jugements *définitifs :* il est muet sur les jugements d'avant dire droit, les *préparatoires*, *provisoires* ou *interlocutoires*. Est-ce à dire que l'avoué, sur les conclusions duquel de semblables jugements ont été rendus, n'ait pas qualité pour occuper sur leur exécution ?

Évidemment non. Tout au contraire, les pouvoirs de l'avoué non régulièrement révoqué subsistent pour toutes les phases du procès jusqu'à la sentence définitive. L'avoué tient son droit, non d'un mandat spécial conféré par la loi, mais de la volonté de son client qui l'a chargé de la cause tout entière. L'article 1038 établissant une présomption de mandat ne pouvait viser un cas où le mandat est formel. Aussi ne faut-il pas distinguer si l'exécution d'un jugement préparatoire ou interlocutoire a lieu avant ou après l'expiration de l'année qui suit sa prononciation.

787. L'article 1038 s'applique, en principe, à toute demande, qui, formée dans l'année, se rattache au jugement définitif. *Ex. :* Une partie sollicite une interprétation du jugement. Elle fait opposition à un jugement par défaut. Elle forme opposition à un commandement. — Mais l'article 492, Pr. civ., établit, au point de vue de la durée des pouvoirs de l'avoué, une règle particulière. La requête civile ne peut-être signifiée au domicile de l'avoué que si elle est formée dans les *six mois* de l'obtention du jugement.

788. L'article 1038 ne s'applique que *inter partes*, c'est-à-dire qu'aux difficultés d'exécution qui s'élèvent entre les parties même qui ont figuré dans la sentence. Il n'est pas applicable en matière de tierce opposition.

789. Ne concluons pas de la disposition de l'article 1038 que toutes les demandes formées dans l'intervalle de l'année puissent l'être par simple acte d'avoué à avoué ou par assignation signifiée au domicile de l'avoué. Une distinction doit être admise. S'agit-il d'une mesure d'exécution *à suite d'instance*, d'une mesure complémentaire du jugement, elle pourra être régulièrement poursuivie par requête d'avoué à avoué. Ce n'est pas un nouveau procès ; c'est la simple continuation du litige primitif. — S'agit-il d'une voie d'*exécution forcée*, ou d'un acte qui la prépare tel qu'un commandement auquel on fait opposition, il y a nouveau procès, nouvelle demande principale. Cette demande doit être formée par une assignation à personne ou à domicile. L'avertissement donné chez l'avoué serait insuffisant.

790. Une année s'est écoulée depuis le jugement définitif. L'avoué n'est-il jamais plus tenu d'occuper ? L'adversaire doit-il présumer sa révocation et se dispenser de lui faire les significations relatives au jugement lui-même et commandées par la loi ? Nous ne le pensons pas. Le mandat donné à l'avoué persiste, au moins à l'égard de l'adversaire, tant que le jugement obtenu n'est pas susceptible d'être mis à exécution. Or, pour que la possibilité de mise à exécution existe, la signification préalable du jugement est indispensable (Proc. civ., art. 147). Donc, même après l'année, le jugement contradictoire doit être signifié à l'avoué avant qu'on puisse en poursuivre l'exécution. De même, si le jugement est par défaut faute de conclure, il devra être signifié, même après l'année de son obtention, à la partie et à l'avoué pour faire courir le délai de l'opposition.

791. Le mandat *ad litem* cesse par la mort ou par la cessation de fonctions de l'avoué. Il cesse alors entièrement, tant passivement qu'activement. Si le procès n'est pas en état d'être jugé, la procédure est interrompue, jusqu'à la constitution d'un nouvel avoué. Nous examinerons cette situation plus amplement au titre des *Reprises d'instance* (art. 342 et suiv., Pr. civ).

SECTION V. — **Dispense ou défense de constituer avoué.**

792. En règle générale, nul ne peut plaider sans le ministère et le secours d'un avoué. Par exception à cette règle, le ministère public ayant spécialement la mission de défendre les intérêts généraux, il était naturel d'admettre que l'État n'a pas besoin de se donner un autre représentant judiciaire. Aussi les préfets, demandeurs ou défendeurs, dans les procès relatifs à la propriété des domaines de l'État, peuvent plaider sans être obligés de constituer avoué. Ils chargent le ministère public de représenter l'État. Le parquet fait ou reçoit toutes les notifications nécessitées par le procès. Mais les préfets ne sont que *dispensés* de recourir au ministère d'un avoué. Il ne leur est point défendu de procéder conformément au droit commun. (Arrêté du 10 therm. an IV. — Avis Conseil d'État, 1er juin 1807.)

793. Le ministère des avoués est, au contraire, interdit, prohibé dans les contestations en matière d'enregistrement. Elles se jugent sur simples mémoires, sans plaidoiries. (L. 27 vent. an IX, art. 17.)

En matière de *douanes*, les procès peuvent être instruits et jugés sur simples mémoires, sans frais de justice. Mais l'administration peut renoncer à ce mode de procéder et, si elle a recours aux plaidoiries, le ministère des avoués est obligatoire, pour elle comme pour son adversaire. (L. 4 germ. an II, titre 6, art. 17.)

Il va de soi que, quand le ministère public agit comme *partie principale*, aucun avoué ne le représente ; il dirige lui-même la procédure.

794. Un avoué se trouve-t-il avoir personnellement un procès à soutenir, rien ne s'oppose à ce qu'il défende lui-même ses intérêts. La loi n'exige point que la personne de l'avoué soit distincte de celle du plaideur. Elle veut seulement que la procédure soit dirigée par un homme instruit et expérimenté. Il serait bizarre que celui qui est reconnu capable de postuler pour autrui perdît cette aptitude vis-à-vis de lui-même. L'avoué, dans ce cas, ne se donnera pas mandat à lui-même : mais il sera tenu, vis-à-vis de son adversaire, de se constituer avoué, de lui notifier son intention d'occuper dans sa propre cause.

CHAPITRE III

DÉFENSES ET RÉPONSES

(LIV. II, TIT. III, ART. 77 A 82, 104 et 154.)

SOMMAIRE. — Divers modes d'instruction du procès. — Signification des défenses. — Signification de la réponse aux défenses. — Anciens abus supprimés. — Avenir.

795. Chacune des parties est munie de son représentant. L'instruction de l'affaire peut commencer. Elle a lieu de trois manières différentes.

1° L'instruction peut se faire par simples plaidoiries, sans aucune écriture préalable, sauf la rédaction des conclusions. C'est l'instruction purement *verbale*. Elle est seule usitée dans les matières *sommaires*, c'est-à-dire dans les procès qui, à raison de leur simplicité, du besoin de célérité qui s'y fait sentir, ou de la modicité de l'intérêt litigieux, doivent être jugés rapidement et avec le moins de frais possible. (Pr. civ., art. 404 à 413.)

2° L'instruction peut avoir lieu à l'aide de mémoires écrits et sans le secours des plaidoiries : c'est l'instruction purement *écrite*. Elle est employée dans les causes qui, à raison des questions difficiles et compliquées qu'elles soulèvent, exigent, pour être bien comprises, des mémoires explicatifs que les juges puissent relire à la place de plaidoiries dont l'impression est toujours quelque peu fugitive. Une discussion verbale, faite à l'audience, n'éclairera pas suffisamment les juges sur des questions de généalogie, de calculs et de comptes à établir et à balancer. Dans ces divers cas, le tribunal a le pouvoir d'ordonner que les plaidoiries seront remplacées par des discussions écrites. (Proc. civ., art. 95 à 115.)

3° L'instruction peut se faire à l'aide d'écrits préparatoires et de plaidoiries ; c'est l'instruction *mixte.* Elle forme le droit commun : elle est employée dans les matières ordinaires. C'est d'elle que s'occupe le Code au titre troisième du livre II.

796. Signification des défenses. — Le défendeur a été instruit par l'exploit d'ajournement des moyens qui seront invoqués par le demandeur. Il peut à son tour, s'il le veut, lui faire connaître les moyens qu'il emploira pour sa défense. Il les rédige par écrit et signifie par acte d'avoué à avoué le mémoire qui les contient : c'est signifier les *défenses.*

Cet acte est communément appelé *requête en défenses.* Dans la forme, le plaideur paraît s'adresser au président et aux juges du tribunal : « à MM. le président et les juges du tribunal de... un tel « a l'honneur d'exposer que... « Mais cet écrit n'est pas directement présenté aux juges. Ils n'en prennent point connaissance, comme des requêtes qui tendent à leur faire rendre une ordonnance. Aussi l'expression technique et propre servant à désigner ce mémoire est-elle : *défenses.*

Ces défenses, obligatoires dans l'ancien droit, sont aujourd'hui purement *facultatives.* Le défendeur peut se dispenser de les signifier à son adversaire et poursuivre immédiatement l'audience. C'est la disposition formelle de l'article 154 du Code de procédure.

De bons esprits contestent l'utilité de ces défenses. Assurément la manière dont elles sont rédigées, dans la pratique, justifie toutes les critiques dirigées contre elles. Au point de vue théorique, l'idée de ces défenses est acceptable. Une question bien posée, quant au fait et quant au droit, est presque à demi résolue. Si les *défenses* contenaient un exposé succinct mais exact des questions de fait et de droit soulevées par le litige, leur lecture faciliterait considérablement l'instruction du procès. Mais les juges ne lisent jamais ces mémoires rédigés par des clercs, exclusivement soucieux de noircir d'encre un certain nombre de rôles, proportionné à l'importance du litige. Les défenses ne présentent donc aucune utilité pour l'instruction du procès. Leur suppression a été fréquemment proposée. On rémunérerait autrement les avoués qui verraient ainsi diminuer leurs honoraires. Mais les intérêts du fisc seront toujours opposés à cette suppression.

797. Le défendeur a quinze jours pour signifier ses défenses, à compter de la constitution de son avoué. Mais s'il a constitué avoué tardivement, le délai de quinze jours court alors de l'expiration du délai de l'ajournement (art. 77., Pr. civ.).

Le défendeur ne signifiant pas ses défenses dans la quinzaine, le demandeur peut poursuivre l'audience dès que le délai est expiré. Dans l'ancien droit, le défendeur n'était pas admis à faire valoir ses moyens dans des plaidoiries : il était condamné par défaut. Il n'en peut plus être ainsi, puisque les défenses sont facultatives (art. 79, Pr. civ.).

La signification des défenses doit contenir l'offre de communiquer au demandeur les pièces qui seront produites contre lui ; mais cette offre n'est pas prescrite à peine de nullité. La communication se fait, soit à l'amiable entre avoués et sur récépissé, soit par la voie du greffe. — Dans ce dernier cas, les pièces à communiquer sont déposées au greffe : l'avoué du demandeur va les examiner sans déplacement et sous la surveillance du greffier. — La partie à laquelle on n'a pas offert cette communication, peut obtenir ultérieurement un délai, afin de prendre connaissance des pièces.

798. SIGNIFICATION DE LA RÉPONSE AUX DÉFENSES. — Dans la huitaine qui suit la signification des *défenses*, le demandeur peut faire signifier, à son tour, sa *réponse* aux défenses. Huit jours lui suffisent. Il a pris ses mesures avant de former sa demande ; il a pu prévoir les moyens qui pourraient lui être opposés et se préparer d'avance à les combattre. — Le demandeur peut du reste ne pas répondre et poursuivre l'audience immédiatement après la signification des défenses (art. 78, et 80, Pr. civ.).

Après l'expiratin du délai accordé au demandeur pour faire signifier sa réponse, la partie la plus diligente peut poursuivre l'audience sur un simple acte d'avoué à avoué (art. 80, Pr. civ.).

799. Le législateur moderne a pris des précautions pour empêcher la reproduction, dans les défenses et dans les réponses, d'anciens abus depuis longtemps signalés. — Certains procureurs autrefois intercalaient après coup dans le dossier, afin de grossir les frais du litige, des cahiers qui n'avaient point été signifiés dans le cours de la procédure. Pour prévenir cette fraude, l'article 104 du Code exige que le nombre de rôles soit mentionné, lors de la rédaction même de l'acte, par l'officier ministériel, au bas de l'original et de la copie, à peine de rejet de la taxe.

Un second abus consistait à multiplier les rôles par la manière dont ils étaient écrits. Les procureurs, abusant de la faculté de *gros-*

soyer les requêtes, c'est-à-dire de les rédiger en gros caractères, les pages ne contenaient qu'un petit nombre de lignes, les lignes qu'un petit nombre de lettres. De là la prescription du tarif suivant laquelle les requêtes de défenses et réponses aux défenses doivent contenir vingt-cinq lignes à la page et douze syllabes à la ligne. (Tarif., art. 72.)

Un troisième abus était aussi généralement pratiqué par les procureurs de l'ancien droit ; aux défenses et aux réponses, ils répondaient de rechef par des *répliques, dupliques, tripliques*, qui augmentaient considérablement la complication et les frais de la procédure. De là les *sacs*, indispensables pour le transport de ces paperasses, sacs dont il est si fréquemment question dans les anciens auteurs. Pour réprimer cet abus, l'article 81 porte qu'*aucunes autres écritures ni significations* (que les défenses et les réponses) *n'entreront en taxe.* La restriction est établie uniquement au point de vue de la *taxe*, c'est-à-dire du règlement des frais et dépens que devra payer la partie perdante. Le plaideur qui aura signifié des dupliques ou tripliques n'en pourra répéter les frais contre l'adversaire condamné aux dépens du litige. Il supportera seul les frais occasionnés par ce surcroît d'écritures. — Mais la loi ne frappe pas de nullité les significations d'actes qui peuvent avoir lieu dans le cours de l'instance. En supportant les frais, une partie peut toujours faire toutes les significations supplémentaires qu'elle peut estimer utiles dans l'intérêt de sa défense.

800. Ces frais restent-ils à la charge personnelle de la partie ou à celle de son avoué? Une distinction est nécessaire. Si l'omission, réparée par les significations supplémentaires, est imputable à la partie parce qu'elle n'avait pas primitivement fourni à son avoué des indications complètes, au plaideur incombent les conséquences de sa négligence. L'avoué se fera rembourser par lui les frais qu'il a été obligé de faire pour réparer l'oubli. Si, au contraire, l'omission est imputable à l'avoué, qui avait en main tous les documents nécessaires pour faire de prime abord une signification complète, les frais faits pour réparer cette omission resteront à la charge de l'officier ministériel, qui ne pourra les réclamer à son client.

801. La règle posée par l'article 81 du Code de procédure ne s'applique qu'aux affaires ordinaires et dégagées de tout incident. Si, dans le cours d'une instance, des demandes nouvelles viennent à surgir et à en interrompre la marche ; si des incidents, en un mot, se produisent, ces incidents donnent lieu, en général, à des écritures spéciales que le législateur n'a pu vouloir proscrire. Loin de là, il en fixe les honoraires dans le tarif même. Ces écritures entreront en taxe, et celui des deux adversaires qui succombera en supportera les frais, conformément à l'article 130 du Code de procédure.

802. Avenir. — Les défenses et les réponses étant signifiées de part et d'autre, ou omises, l'une des parties adresse à l'autre, par acte d'avoué à avoué, une sommation d'audience, qui s'appelle *avenir*. L'avoué y invite son confrère à venir à l'audience pour y conclure et plaider la cause au jour désigné dans l'acte.

La loi ne détermine pas le délai qui doit s'écouler entre la signification de l'avenir et l'audience. Rien ne s'oppose à ce qu'elle soit faite la veille de la comparution : mais il est d'usage de laisser au moins un jour franc entre le jour où l'avenir est signifié et le jour indiqué pour l'audience.

Les frais d'un avenir sont peu considérables. Cependant ces actes étaient devenus autrefois onéreux pour les parties, à raison de l'abus qui s'était introduit d'en signifier, coup sur coup, et de part et d'autre, un grand nombre jusqu'au moment où l'on se présentait enfin devant la justice. Afin d'éviter la reproduction de cet abus, l'article 82 porte que : « Dans tous les cas où l'audience peut être « poursuivie sur un acte d'avoué à avoué, il n'en sera admis en taxe « qu'un seul pour chaque partie. » Les mots *un seul pour chaque partie* ne signifient point que l'avoué du défendeur auquel un avenir a été signifié puisse à son tour en signifier un autre à l'avoué du demandeur. Non, un pareil acte, complètement inutile, ne passerait point en taxe. Ces mots doivent être entendus en ce sens qu'au cas où il existe plus de deux parties en cause, plusieurs défendeurs par exemple, l'avoué qui poursuivra l'audience pourra signifier autant d'avenirs qu'il a d'adversaires ou de coassignés, un pour chaque partie en cause.

La règle de l'article 82 n'est pas absolue. Elle s'oppose seulement à ce que les avoués multiplient sans but les sommations d'audience. Mais, dans une affaire compliquée d'incidents, où il y a lieu de poursuivre l'audience à plusieurs reprises, le juge taxateur devra admettre plus d'un avenir. L'article 70 du tarif permet d'en admettre un en taxe pour chaque jugement, pourvu qu'il ne s'agisse pas d'un simple jugement préparatoire. La loi ne prohibe que les actes inutiles.

CHAPITRE IV

AUDIENCES

(LIV. II, TIT. V, ART. 85 A 92.)

SOMMAIRE. — § Ier. Formalités à suivre pour faire venir un procès à l'audience. — Rôle. — Appel des causes. — Pose des qualités. — Conclusions. — § II. Défense des parties à l'audience. — Plaidoiries. — § III. Tenue des audiences. — Publicité. — Répression des troubles. — Pénalités.

803. L'instruction préparatoire achevée, la cause doit être portée à l'audience du tribunal, pour soumettre à celui-ci les conclusions des parties, qui seront développées dans les plaidoiries de leurs avocats. Les tribunaux, appelés à statuer sur un grand nombre de litiges, ne peuvent expédier les procès qu'à tour de rôle. Chaque contestation doit venir à son rang, rang déterminé à l'aide de certaines formalités, qui servent à fixer l'audience à laquelle l'affaire doit être plaidée. Examinons d'abord quelles sont ces formalités; nous indiquerons ensuite les règles relatives à la défense des parties et à la tenue des audiences.

§ 1er. — *Formalités à suivre pour faire venir un procès à l'audience, ou de la mise au rôle.*

804. L'avoué le plus diligent rédige un acte appelé *placet* ou *réquisition* d'audience contenant l'indication des noms et domiciles des parties, de ceux de leurs avoués, de l'objet de la demande et des conclusions.

Ce *placet* doit être, la veille, au plus tard, du jour de l'audience, remis au greffier du tribunal, qui l'inscrit à son rang, sur un registre appelé *rôle*, lequel est coté et parafé par le président. — Cette inscription du *placet* sur le registre constitue ce qu'on appelle la *mise au rôle*. (Déc. 30 mars 1808, art. 55).

La mise au rôle ne s'applique qu'aux actes de juridiction contentieuse, aux procès proprement dits. Les demandes formées par simple requête, en vue de la réalisation d'un acte de juridiction gracieuse, telle que l'autorisation de justice réclamée par une femme mariée, ou l'autorisation d'aliéner les immeubles d'un mineur ou ceux d'une succession bénéficiaire, ne sont pas assujetties à la formalité de l'inscription au rôle.

Le rôle sert à constater exactement le nombre des procès; constatation importante, pour la perception des droits d'enregistrement et pour la rédaction des statistiques que les procureurs généraux et les procureurs de la République doivent adresser au garde des sceaux. (Déc. 30 mars 1808, art. 80.)

Au jour fixé par l'avenir, l'avoué poursuivant dépose, avant l'audience, le *placet* sur le bureau de l'huissier audiencier. Le greffier a dressé, d'après le rôle d'audience, la liste des affaires qui doivent venir le même jour, et la remet à l'huissier audiencier. Ainsi se passent les choses dans les tribunaux qui n'ont qu'une seule chambre. A l'ouverture de l'audience, l'huissier fait à haute voix l'appel des *placets*.

805. Si le tribunal se compose de plusieurs chambres, la marche à suivre est nécessairement un peu plus compliquée, quoiqu'elle ait été simplifiée par le décret du 10 novembre 1872. Ce décret a modifié les dispositions des articles 59 à 62 du décret du 30 mars 1808.

Dans un tribunal composé de plusieurs chambres, il est tenu un rôle *général*, où s'inscrivent dans l'ordre où elles sont présentées toutes les affaires portées au tribunal, et autant de rôles *particuliers* qu'il y a de chambres. Chaque affaire commence à être inscrite au rôle général. Sur le vu de ce rôle, le président distribue entre les diverses chambres les affaires inscrites (Déc. 30 mars 1808, *nouvel art.* 59), de la manière par lui jugée la plus convenable pour l'ordre du service et l'accélération des affaires.

Sont distribuées, à cause de leur gravité, à la première chambre où le président siège habituellement, les affaires concernant l'État, les départements, les communes et les établissements publics; les contestations relatives aux délibérations des conseils de famille, envois en possession de biens d'absents, autorisations de femmes mariées, rectifications d'actes de l'état civil, renvois de referés à l'audience. Sont distribuées à une chambre particulière, désignée par un règlement intérieur du tribunal et chargée d'établir une jurisprudence uniforme, les affaires relatives aux contributions indirectes, aux lois forestières, aux droits d'enregistrement, de greffe et d'hypothèque, et aux loteries autorisées. — Les affaires, qui ont avec d'autres un rapport de litispendance ou de connexité, sont renvoyées à la chambre déjà saisie. (Déc. 30 mars 1808, art. 56, 59, 60. — Déc. 18 août 1810, art. 34. — L. 11 avr. 1838, art. 7.)

Cette répartition, du reste, n'est pas rigoureusement obligatoire. Le président, qui juge qu'une des chambres du tribunal est surchargée, tandis que d'autres ont des loisirs ou des occupations insuffisantes, peut déléguer à l'une d'elles les affaires ordinairement attribuées à une autre. Cette délégation est toujours présumée faite pour le bien du service ; aussi les parties ne peuvent ni demander le renvoi à une autre chambre ni attaquer pour incompétence le jugement rendu par la chambre où l'affaire a été portée. (Déc. 18 août 1810, art. 35.) — S'il s'élève des difficultés sur la distribution, les avoués se présentent devant le président qui statue, seul et sans frais, sur cette complication. (Déc. 30 mars 1808, art. 63.)

La distribution des causes faite par le président est indiquée en marge du rôle général et reproduite sur chaque *placet* par le le commis greffier attaché à la première chambre. Il remet à son collègue de la chambre de distribution un rôle *particulier* des affaires inscrites à cette chambre, extrait du rôle *général*. (Déc. 30 mars 1808, art. 61.) — A Paris, et dans plusieurs autres tribunaux, il est d'usage d'informer les avoués en leur envoyant un bulletin indicatif de la distribution et de remettre les *placets* à leur chambre où chacun d'eux retire ceux qu'il a déposés. L'avoué remet ce *placet* au greffier de la chambre de distribution : le greffier l'inscrit au rôle particulier de la chambre.

Dans quelques tribunaux le *placet* n'est pas en usage. L'avoué se présente au greffe, fait inscrire par le greffier la cause sur le rôle général. Le greffier mentionne la date du jour fixé sur le dossier de l'avoué ou sur l'exploit d'ajournement.

806. Voyons comment le procès est définitivement porté à l'audience de la chambre indiquée par le président lors de la distribution générale des causes. Mettons à l'écart les causes introduites par assignation à bref délai, les causes urgentes, les déclinatoires et les exceptions, les règlements de procédure ; causes qui sont appelées sur simples mémoires, pour être plaidées et jugées sans remise et sans tour de rôle. (Déc. 30 mars 1808, art. 66.)

Chaque chambre a un registre ou rôle particulier, sur lequel on inscrit, après les avoir extraites du rôle général, les affaires qui lui ont été attribuées. D'après ce rôle particulier, il doit être fait un certain nombre d'affiches, qui sont apposées dans la salle d'audience, dans la salle commune des avoués, à la bibliothèque des avocats et au greffe huit jours avant l'appel des affaires ainsi annoncées. Un certain nombre de causes affichées est appelé le premier jour d'audience de chaque semaine, qui suit celle de l'exposition de l'affiche. (*Ibid.*, art. 67 et 68.)

En exécution de ces articles, le président examine le rôle chaque semaine, et en fait sortir un certain nombre d'affaires, immédiatement affichées et appelées ensuite à l'audience. A cet effet, il convoque les avoués en son cabinet : le greffier fait l'appel des causes inscrites au rôle. Les avoués présentent leurs observations ; le président statue. L'affaire est sortie du rôle; l'avoué le plus diligent poursuit l'audience par un *avenir*, acte d'avoué à avoué qu'il signifie à son confrère pour venir à l'audience de tel jour poser des conclusions contradictoires (Pr. civ., art. 79 et 80).

Ces dispositions du décret de 1808 ne sont pas en tous lieux respectées. Dans bien des tribunaux, les affiches ne sont pas en usage. L'appel de la cause s'y fait simplement sur le *placet*, le jour où l'avoué poursuivant a donné avenir.

En cas de non-comparution des deux avoués lors de l'appel de la cause, celle-ci est retirée du rôle. Cette radiation n'éteint pas l'instance : elle entraîne refus d'audience jusqu'à ce que l'affaire soit réintégrée au rôle, en vertu d'un nouvel acte d'avoué à avoué. Le jugement de radiation est levé aux frais des avoués. Ils sont responsables envers leurs clients du préjudice que ce retard peut occasionner, et le tribunal peut leur enjoindre de se montrer à l'avenir plus zélés (Déc. 30 mars 1808, art. 29 et 69). Si un seul des avoués se présente, il est tenu de requérir jugement par défaut. Si les deux avoués sont présents, ils sont tenus de poser *qualités* et de prendre des conclusions qu'ils remettent par écrit au greffier, avec l'indication de la chambre où la cause est portée et de son numéro d'inscription au rôle général. Il leur est indiqué un jour pour plaider. — Mais un sérieux obstacle peut s'être opposé à la comparution de l'un ou des deux avoués : ils chargent alors un confrère de solliciter la remise de l'affaire à un autre jour, remise qui leur est toujours accordée. (Décr. 30 mars 1808, art. 69 et 72.) Un nouveau bulletin parti du greffe avertit les avoués.

807. Les conclusions des deux plaideurs présentent une grande importance puisqu'elles déterminent d'une manière précise les positions respectives du demandeur et du défendeur. Elles doivent servir de base à la rédaction du futur jugement. Il est donc indispensable de les indiquer. — Le demandeur les a déjà nécessairement posées dans l'exploit introductif d'instance. Le défendeur a pu faire connaître les siennes dans la requête en défenses (V. n° 796). Mais tous deux doivent les renouveler. Le décret de mars 1808 (art. 71) décide qu'en toutes causes les avoués ou défenseurs ne seront admis à plaider contradictoirement ou à prendre leurs conclusions, qu'après que les conclusions respectivement prises, signées des avoués, auront été remises au greffier. Pour les affaires portées aux affiches, l'article 70 veut que les avoués se signifient respectivement leurs conclusions trois jours au moins avant de se présenter à l'audience pour plaider ou pour poser qualités. Mais cette disposition n'est pas respectée dans un grand nombre de tribunaux. — *Poser les qualités, prendre les conclusions* sont deux désignations différentes d'un seul et même acte.

Les conclusions respectivement prises à la barre par le demandeur et par le défendeur sont absolument indispensables. Celles que renferme l'exploit introductif d'instance ou la requête en défense ne sauraient en tenir lieu.

808. Le moment où les deux parties prennent des conclusions contradictoires a une importance marquée. Le procès entre dans une phase nouvelle. L'affaire est *en état.* L'affaire sera en état, dit l'article 343, Pr. civ., lorsque la plaidoirie sera commencée; la plaidoirie sera réputée commencée quand les conclusions auront été contradictoirement prises à l'audience. — La mise en état engendre deux graves conséquences.

Nous développerons plus amplement la première quand nous traiterons de l'interruption de l'instance et de ses causes. Disons seulement qu'à partir du moment où l'affaire est en état, la mort d'une partie et la cessation des fonctions de son avoué ne peuvent exercer aucune influence sur la marche de la procédure. Ces mêmes événements, survenus au contraire avant la mise en état, interrompent le cours de l'instance. Elle doit être reprise (Pr. civ., art. 342 et 344.) En édictant les articles 342 et 343, Pr. civ., le législateur a voulu activer la marche du procès et hâter la solution de l'instance, dès que cela se peut sans péril pour la défense et la justification des droits des parties.

La deuxième conséquence de la mise en état consiste en ce que l'affaire est désormais engagée *contradictoirement* et ne peut plus être jugée par défaut, alors même que les avocats ne se présenteraient pas au jour fixé pour les plaidoiries. Il y a *contestation en cause* (V. n° 765), et de même qu'à Rome, après la *litis contestatio*, le défaut de l'une des parties ne mettait pas obstacle à la solution régulière du litige, de même après la mise en état le jugement est toujours *contradictoire* malgré l'absence de plaidoiries. Au contraire, un jugement rendu sur une cause qui n'est pas *en état*, dans laquelle les conclusions n'ont pas été réciproquement et respectivement prises par les deux parties, est nécessairement un jugement *par défaut*.

Remarquons que l'expression *affaire en état* est souvent employée par les rédacteurs du Code de procédure avec une autre signification, pour exprimer qu'une affaire est suffisamment instruite pour être jugée. (V. Pr. civ., art. 134, 288, 340.)

La mise en état ouvre la troisième période de l'instruction. L'affaire inscrite au rôle y prend son tour, en vue des plaidoiries, après les autres affaires dans lesquelles des conclusions au fond ont été prises. Elle sort de nouveau du rôle à son rang au jour des plaidoiries. Les avoués sont avertis par le greffier qui leur envoie un bulletin. — L'affaire est souvent remise à la demande des avocats qui ne sont pas prêts. A chaque remise, un nouveau bulletin est envoyé, sans qu'on puisse donner un nouvel avenir (Pr. civ., art. 82). — Dans plusieurs tribunaux, le greffier n'envoie pas de bulletin indiquant la remise à un autre jour. Les avoués et les avocats s'avertissent entre eux, soit verbalement au palais, soit par écrit.

809. N'allons pas croire qu'à partir de la mise en état ou contestation en cause, les conclusions ne puissent plus être modifiées. Ce serait une erreur. Tant que la clôture des débats n'est pas prononcée par le tribunal, tant que les plaidoiries ne sont pas achevées et finies, la position respective des parties n'est pas irrévocablement fixée. Elles peuvent encore modifier, agrandir ou diminuer leurs conclusions, mais non les transformer, ni les remplacer par d'autres absolument différentes. — Les modifications apportées aux conclusions primitives par l'avocat, à la barre du tribunal, ne sont régulières et valables que si l'avoué assiste l'avocat et signe les nouvelles conclusions prises par le défenseur.

A l'égard des cours d'appel, les articles 19 à 25, 28, 29, 33, etc., du décret du 30 mars 1808 édictent des règles analogues touchant l'inscription des causes au rôle, leur distribution entre les chambres de la cour, la pose des qualités et la prise des conclusions.

Conclusions prises, il ne reste plus qu'à plaider, à développer oralement l'affaire et les diverses questions de fait ou de droit que soulève le procès.

§ 2. — *Défense des parties à l'audience.*

810. Jusqu'au jour de l'audience indiquée pour les plaidoiries, les parties n'ont pu faire valoir leurs prétentions et se défendre que par l'intermédiaire de leurs avoués. Dès qu'il ne s'agit plus, ni de *postuler*, ni de *conclure*, l'affaire étant arrivée à l'audience, les parties sont admises à plaider elles-mêmes leur propre cause. Dans notre ancien droit, les parties devaient obtenir des juges l'autorisation de se défendre elles-mêmes. Aujourd'hui leur droit est inscrit dans la loi. (Pr. civ., art. 85.)

Le législateur devait évidemment laisser au tribunal le pouvoir d'interdire la plaidoirie à celui qui, emporté par la passion ou trahi par son inexpérience, ne sait pas discuter avec la décence convenable ou la clarté nécessaire pour l'instruction des juges. Les magistrats n'useront de ce pouvoir qu'avec une extrême prudence.

Comme garantie de la modération de la défense, la partie qui se défend elle-même doit être assistée de son avoué. L'avocat n'a au contraire besoin d'être assisté de l'avoué, qu'autant qu'il s'agit de modifier les conclusions ou de faire un aveu de nature à compromettre les intérêts de son client.

Les juges ayant un pouvoir discrétionnaire pour retirer la parole aux parties qui en abuseraient, la loi n'établit aucune restriction. Ni l'âge, ni le sexe de la partie ne créent d'incapacité sur ce point. Un mineur, une femme, pourront plaider leur propre cause. Les annales judiciaires nous offrent plusieurs exemples d'un pareil fait.

La partie qui ne plaide pas elle-même sa cause, soit qu'elle ait volontairement renoncé à ce droit, soit que le tribunal lui en ait retiré l'exercice, a recours à un mandataire. Est-elle obligée de s'adresser à un avocat? Peut-elle charger un ami, non avocat inscrit, de sa défense? Cette question est controversée dans la doctrine. Nous admettons l'affirmative. Ce que la loi ne prohibe pas est permis; or, nul texte n'interdit de recourir au talent ou à la sollicitude d'un ami. Bien mieux, cette faculté existe en matière répressive. D'après l'article 295 du Code d'instruction criminelle, l'accusé, traduit devant une cour d'assises, peut prendre, pour conseil, un parent ou un ami, avec l'autorisation du président. Pourquoi pareille faculté, exercée sous la même surveillance, n'existerait-elle pas au civil? On a, dans l'opinion opposée, argumenté *a contrario* de l'art. 295. Mais nous ne saurions admettre qu'une restriction à la liberté puisse se fonder sur un argument de cette nature. On a encore invoqué l'article 86 du Code de procédure, qui autorise les magistrats à plaider les causes de leurs femmes, parents ou alliés en ligne directe, pour en conclure que cette faculté doit être refusée à toute autre personne. L'argument est sans valeur. Le législateur a dû s'expliquer à l'égard des magistrats, parce que leur position était de nature à leur interdire absolument la plaidoirie. (V. *n°* 139.) Il a même fallu leur octroyer la permission de plaider leurs propres causes et celles de leurs pupilles. Or, il n'est pas douteux que chacun n'ait le droit de plaider pour lui-même et que le tuteur n'ait qualité pour prendre la parole dans l'affaire de son pupille, puisqu'il le représente dans tous les actes de la vie civile. On ne peut donc tirer argument *a contrario* des dispositions de l'article 86. — Ne serait-il pas bien dur, en l'absence de tout texte prohibitif, d'interdire à un fils ou à un frère, de prendre la parole pour son père, sa mère ou son frère? Armés du double droit de refuser la parole ou de la retirer, les juges, investis d'un pouvoir discrétionnaire, sauront concilier les prérogatives de l'ordre des avocats, avec les égards dus aux liens de la parenté ou de l'amitié.

811. Dans notre ancien droit, on ne considérait pas la qualité d'avocat comme annihilée par celle de juge ou de membre du ministère public. Un magistrat ne pouvait plaider dans le siège où il exerçait ses fonctions; mais hors de ce siège il avait entière liberté. D'après Jousse (*Justice civile*, 2e part., tit, III, nos 21 et 22), un magistrat pouvait, en cause d'appel, être l'avocat de la partie qu'il avait lui-même jugée en première instance. La dignité et l'impartialité du juge étaient évidemment atteintes par un semblable cumul. Il convient de placer tout magistrat en dehors des luttes inspirées par la passion ou par l'intérêt, d'écarter de son esprit toute pensée de lucre et de ne lui permettre d'écouter que la seule voix de la justice.

Aussi l'article 27 de la loi du 27 mars 1791 défendit-il aux juges et aux commissaires du roi d'exercer les fonctions de défenseur officieux, même hors de leur tribunal. On réclama au conseil d'État en faveur du système de l'ancien droit. Mais la sage prohibition de la loi de 1791 a été reproduite dans l'article 86, Pr. civ. « Les par-« ties, dit ce texte, ne pourront charger de leur défense, soit ver-« bale, soit par écrit, même à titre de consultation, les juges en « activité de service, procureurs de la république, substituts des « procureurs généraux et de la république, même dans les tribunaux « autres que ceux près desquels ils exercent leurs fonctions. » — Cette prohibition a été consacrée par l'article 42 de l'ordonnance de 1822 sur la profession d'avocat.

Mais la loi admet une exception toute naturelle, pour les cas où, toute pensée de lucre ou toute aspiration d'amour-propre écartées, le magistrat ne peut être guidé que par l'affection résultant de la parenté ou par le légitime désir de veiller à ses propres intérêts. L'article 86, Pr. civ., autorise donc les juges, procureurs généraux, procureurs de la république et substituts des procureurs généraux et de la république, à plaider, dans tous les tribunaux, leurs causes personnelles et celles de leurs femmes, parents ou alliés en ligne directe, et de leurs pupilles. — L'exception s'applique même aux tribunaux près desquels ces magistrats exercent leurs fonctions. Mais il est évident qu'ils ne peuvent siéger dans l'affaire par eux plaidée. Malgré le silence du texte précité, la *consultation* en faveur des personnes désignées par la loi est permise. Elle présente moins d'inconvénients que la plaidoirie.

La prohibition, édictée par la première partie de l'article 86, Pr. civ., ne concerne pas les juges suppléants, qui ne reçoivent pas de traitement et qui doivent n'être qu'accidentellement appelés à exercer les fonctions judiciaires.

812. La défense orale est essentielle. Ce principe conduit à déclarer nul le jugement rendu par un tribunal, qui, sans vouloir entendre les plaidoiries, a prononcé sur les simples conclusions de l'avoué.

Il n y a pas nullité, si l'on a enfreint les règles posées par l'art. 86, Pr. civ.

Le tribunal a un pouvoir discrétionnaire relativement à l'étendue des plaidoiries. Le président peut retirer la parole à l'avocat, lorsque les juges se trouvent suffisamment éclairés. La cause ainsi déclarée entendue, les parties ne peuvent plus présenter aucun moyen, ni signifier aucunes conclusions. Leur office est terminé. Il n'y a plus qu'à juger. — Les plaidoiries sont également terminées quand le ministère public prend la parole comme partie jointe et agit par voie de réquisition. (V. nos 563 et suiv.) D'après l'article 87 du décret du 30 mars 1808, le ministère public une fois entendu, aucune partie ne peut obtenir la parole après lui. Elle a seulement le droit de remettre sur-le-champ de simples notes pour la rectification des erreurs involontaires commises par le ministère public.

§ 3. — *Tenue des audiences.*

813. Un principe fondamental domine le règlement de l'audience ; celui de la publicité, déjà consacré, en matière civile, par notre ancienne jurisprudence. Cette publicité offre de précieux avantages. Préparés par une discussion publique, les jugements inspireront plus de confiance aux justiciables que les sentences étudiées dans le secret de la chambre du conseil. La publicité de l'audience contribue à l'autorité morale des sentences judiciaires. Elle intéresse les juges et les citoyens : aux premiers, elle attire confiance et respect, en établissant aux yeux de tous avec quelle attention et quelle impartialité la justice est rendue. Inviter le magistrat à apporter tout son zèle à l'accomplissement de ses devoirs, l'exciter à donner à ses importantes fonctions l'attention nécessaire, s'opposer à ce qu'il rende sciemment un jugement inique, retenu par la crainte du contrôle vigilant de l'auditoire, tel est l'effet produit par la publicité sur le juge. Pour les citoyens, elle est une garantie de bonne justice ; elle sert à leur démontrer que les jugements sont le résultat d'un labeur attentif et la fidèle application des règles de la loi. Qui oserait prévariquer au grand jour et de quel cynisme ne faudrait-il pas être doué pour oser devant tous rendre volontairement une sentence injuste ?

Le décret des 16-24 août 1790 prescrit que les plaidoyers, rapports et jugements seront publics (tit. II, art. 14.) Les articles 8, 87, 95, 111, 112 et 405 du Code de procédure civile, l'article 7 de la loi du 20 avr. 1810, l'ordonnance du 15 janv. 1826 (art. 26), fixent le mode d'application du principe de la publicité et les exceptions qui y dérogent.

814. La publicité des débats judiciaires est un principe général, applicable, sauf dérogation expresse à toutes les juridictions, à toutes les formes de la procédure et à toutes les phases d'une instance, sauf celles qui se déroulent devant un juge commissaire, comme une enquête ordinaire, une vérification d'écritures, un interrogatoire sur faits et articles, etc. — La violation de ce principe entraîne la nullité du jugement, soit que la sentence elle-même n'ait pas été publiquement rendue (Loi du 20 avr. 1810, art. 7), soit qu'elle ait été prononcée publiquement après une procédure dans laquelle le principe de publicité a été violé. Fait alors défaut une de ces formalités substantielles dont l'omission engendre nullité (V. n° 605). Se conformer aux dispositions de la loi en matière de publicité serait même insuffisant. Le jugement doit contenir une mention expresse : mais la mention que le jugement a été publiquement rendu, indique suffisamment la publicité des plaidoiries et des conclusions du ministère public (1).

815. Mais ce principe de la publicité des audiences comporte plusieurs exceptions :

1° La publicité n'existe pas pour les décisions du juge qui rentrent dans l'exercice de sa juridiction gracieuse. Ces décisions, rendues sur la demande d'une partie et sans la contradiction d'une autre, sont des actes de tutelle judiciaire et non de véritables jugements. Les motifs qui ont fait admettre la publicité n'existent pas. Ses avantages sont amoindris : les inconvénients pourraient être considérables. Ne nuira-t-on pas au crédit d'un interdit ou d'un mineur en divulguant le jugement qui autorise le tuteur à contracter un emprunt ? Aussi faut-il admettre, avec la jurisprudence, que les ordonnances sur requête rendues par le président et que les décisions gracieuses de la chambre du conseil en première instance et en appel ne doivent point être publiquement prononcées. La volonté du législateur ressort *a contrario* des dispositions qui prescrivent la publicité de certaines décisions de la

(1) Cass. civ. 30 mars 1881. — Requêt. 10 mai 1882 (Sir. 1882. I. 340).

chambre du conseil. Si le principe de la publicité s'appliquait régulièrement à toutes les décisions de la chambre, la loi n'eût pas pris le soin de prescrire expressément cette publicité dans les cas des articles 358 du Code civil en matière d'adoption, 858 du Code de procédure en matière de rectification d'actes de l'état civil, 997 du même Code quant à l'autorisation d'aliéner les immeubles dotaux.

Si la chambre du conseil avait, en dehors des trois cas ci-dessus, statué en audience publique, y aurait-il nullité ? Nous le pensons : nous ne saurions distinguer avec quelques estimables auteurs entre les cas où la publicité peut être nuisible et ceux dans lesquels elle est indifférente. On place ainsi l'arbitraire du juge au-dessus de la volonté de la loi. Si le législateur a repoussé les débats publics, c'est évidemment parce qu'il les a jugés nuisibles : que, dans telle ou telle hypothèse particulière, cette présomption soit inexacte, que même dans tel cas donné le législateur se soit trompé sur les effets de la publicité, il n'importe. L'interprète, qui adopte la distinction ci-dessus, refait la loi et ne la commente pas. De deux choses l'une : ou bien le jugement ne sera jamais annulé, la nullité n'étant édictée par aucun texte; ou bien il le sera toujours, la publicité violant également, dans tous les cas, la règle du huis-clos (1).

2° La publicité est incomplète dans les affaires contentieuses, instruites en la chambre du conseil. Le jugement seul est public; les débats ne le sont pas. L'article 87, Pr. civ., prévoit cette hypothèse, lorsqu'après avoir dit que les plaidoiries sont publiques, il ajoute *excepté dans les cas où la loi ordonne qu'elles seront secrètes*. L'article 498 du Code civil applique ce principe à la demande d'interdiction judiciaire, qui s'instruit en chambre du conseil et se juge à l'audience publique.

Que décider à l'égard de la demande d'autorisation formée par une femme mariée, le mari refusant de l'autoriser? Remarquons que la matière n'est contentieuse qu'au cas de refus du mari. — La demande d'autorisation formée par la femme à raison de l'absence ou de l'incapacité du mari relève de la juridiction gracieuse : il ne saurait y avoir débat. — Cette remarque faite, constatons que la question est diversement résolue. Plusieurs auteurs recom-

(1) Cass., 28 février 1866 (D. P. 1866. 1. 111.)

mandables admettent que le huis-clos s'applique, non seulement à l'audition du mari, mais encore aux conclusions du ministère public et au jugement. La jurisprudence, au contraire, décide que les conclusions du ministère public doivent être données et le jugement prononcé à l'audience publique. Elle invoque la rédaction de l'article 219 du Code civil et des articles 861 et 862, Pr. civ. Du rapprochement de ces textes, il résulte que le huis-clos ne s'applique qu'à l'audition du mari. Nous préférons adopter une troisième opinion. Le jugement seul sera rendu à l'audience publique : c'est le droit commun en matière contentieuse. Ni son dispositif, ni ses motifs ne feront connaître au public les secrètes raisons pour lesquelles le mari refuse son autorisation. Les conclusions du ministère public seront, au contraire, développées en la chambre du conseil : à l'audience, ces conclusions ne peuvent être sérieusement données qu'en portant à la connaissance du public des détails qui doivent lui être cachés. Le texte des articles sus-visés ne contredit pas cette troisième opinion.

3° Les affaires contentieuses, non réservées à la chambre du conseil, sont quelquefois plaidées sans publicité. En effet, certaines affaires sont de telle nature qu'une discussion et des plaidoiries publiques engendreraient incontestablement un regrettable scandale, susciteraient une malsaine curiosité, donneraient naissance à de graves inconvénients. Par exemple, les faits allégués à l'appui d'une demande en séparation de corps sont de nature à blesser la pudeur publique. Dans cette hypothèse, la loi laisse aux tribunaux la faculté d'ordonner le huis-clos, s'ils le jugent nécessaire. Mais cette précaution salutaire pourrait dégénérer en abus ; mus par un sentiment de susceptibilité exagérée, les juges se laisseraient peut-être trop facilement entraîner à prononcer le huis-clos. Pour éviter que l'application du principe de la publicité ne soit trop facilement écartée, la loi impose au tribunal l'obligation de délibérer avant que d'ordonner le huis-clos dans telle ou telle affaire et de rendre compte de sa délibération au procureur général. Lorsque le procès est porté devant une cour d'appel, celle-ci rend compte de sa délibération au ministre de la justice. (Proc. civ., art. 87.) Le huis-clos ne doit être ordonné que pour des motifs graves. Le jugement qui le prononce doit, à peine de nullité. être motivé, c'est-à-dire, indiquer en quoi la publicité des débats est dangereuse. La décision du tribunal est souveraine : elle échappe à la censure de la

Cour de cassation et s'exécute immédiatement, sans attendre l'approbation du procureur général ou du garde des sceaux.

Ceux-ci peuvent seulement avertir tel tribunal ou telle cour d'être plus circonspects à l'avenir et les inviter à ne pas abuser du huis-clos. Mais le jugement qui ordonne le huis-clos est inattaquable, quoique l'on ait négligé de communiquer la délibération au procureur général ou au garde des sceaux.

Le huis-clos ne s'applique qu'aux débats et aux conclusions du ministère public. La sentence doit être prononcée à l'audience publique. La disposition de l'article 87, Pr. civ., régit, par identité de motifs, les audiences des juges de paix, des tribunaux de commerce et de la Cour de cassation. — Le huis-clos peut être ordonné dans une affaire jugée en audience solennelle; car la solennité tient au nombre des magistrats appelés à siéger et non à la publicité même, et les inconvénients d'une discussion publique se font souvent sentir en matière de questions d'état.

816. Les *jugements* doivent toujours, sauf de très rares exceptions, être prononcés publiquement, bien que l'examen ait eu lieu en la chambre du conseil ou que l'affaire ait été plaidée hors de la présence du public.

817. La publicité de l'audience peut présenter de réels inconvénients, lorsque la conduite des assistants n'est pas en harmonie avec le respect dû à la magistrature, avec l'ordre qui doit accompagner ses opérations. Le législateur a dû armer le juge de pouvoirs suffisants pour faire respecter son caractère et sa fonction. *Omnibus magistratibus secundum jus potestatis suæ, concessum est jurisdictionem suam defendere pœnali judicio*. (Ulpien, L. 1. p. D. *Si quis jus*). Tout magistrat exerçant des fonctions judiciaires est investi des pouvoirs nécessaires pour faire respecter sa personne et maintenir la dignité de l'audience. Mais ces pouvoirs sont plus ou moins étendus selon le rang du tribunal, selon la nature et la gravité de l'infraction, qui peut être un délit d'audience ou un délit de droit commun.

Le Code de procédure déterminait l'étendue de ces pouvoirs et fixait le mode de leur exercice, dans les articles 10, 11, 88 à 92.

Mais ces dispositions ont été modifiées par les articles 181, 504 à 508 du Code d'instruction criminelle avec lesquels il faut les combiner.

Ceux qui assistent aux audiences doivent se tenir découverts, dans le respect et le silence. Tout ce que le président ordonne pour le maintien de l'ordre doit être exécuté ponctuellement et à l'instant. Ces règles doivent être observées dans les lieux où les juges ou les membres du ministère public exercent leurs fonctions. (Pr. civ., art. 88.)

Si l'un des assistants donne des signes publics d'approbation ou d'improbation, cause du trouble, le magistrat qui a la police de l'audience le fait expulser; cette personne résiste-t-elle à l'expulsion, rentre-t-elle dans la salle, le président ordonne de l'arrêter et de la conduire dans la maison d'arrêt. Sur le vu de l'ordre d'arrestation, rendu par le président seul et mentionné au procès-verbal d'audience, les gardiens de la maison d'arrêt reçoivent cette personne et la gardent pendant vingt-quatre heures. — Cette mesure, prise sans jugement, n'a pas de caractère pénal. (Proc. civ., art. 89, — Inst. crim., art. 504.)

Si le trouble est accompagné de contravention ou de délit qualifié par la loi pénale, les peines correctionnelles ou de police, encourues par les auteurs de la contravention ou du délit, sont prononcées séance tenante par la cour, le tribunal civil ou le juge de paix devant qui les faits ont été commis (Instr. crim., art. 505) : les peines de simple police sans appel, quelle que soit la juridiction qui les a prononcées; les peines correctionnelles à charge d'appel, si elles ont été prononcées par un juge de paix ou par un tribunal de première instance. Mais le tribunal ou le juge de paix pourrait se borner à dresser procès-verbal des faits pour qu'ils puissent être l'objet d'une poursuite ultérieure. — Si le fait constitue le délit d'outrage, le magistrat doit prononcer les peines édictées par les articles 222 et 223 du Code pénal, l'emprisonnement de deux à cinq ans, si l'outrage a été commis par paroles, d'un mois à deux ans si l'outrage a eu lieu par gestes ou menaces. — Si le trouble est causé par un individu remplissant une fonction près le tribunal, il peut, outre l'emprisonnement, être suspendu de ses fonctions (Pr. civ., art 90).

Le trouble d'audience peut être accompagné de faits criminels. Distinguons : le crime a-t-il été commis à l'audience d'un juge de paix ou d'un tribunal de première instance, le juge ou le tribunal fait arrêter le délinquant, dresse procès-verbal des faits, envoie l'inculpé, avec les pièces, devant les juges compétents. Le crime est-il commis à l'audience d'une cour, la cour procède elle-même et sans désemparer au jugement. (Instr. crim., art. 506 à 508.)

L'article 181 du Code d'instruction criminelle prévoit une autre hypothèse ; celle d'un crime ou délit de droit commun qui, commis pendant la tenue d'une audience, n'a pas le caractère d'une atteinte portée à la juridiction du juge ou du tribunal. Dans ce cas, le juge de paix ne pourrait que dresser procès-verbal et renvoyer l'auteur devant les tribunaux compétents.

Le président d'un tribunal de commerce ou d'un conseil de prud'hommes a incontestablement le droit d'expulsion et celui de faire détenir pendant vingt-quatre heures quiconque persiste, après avertissements, à troubler l'ordre d'une audience. Il ne peut, pas plus que le juge de paix, réprimer les délits de droit commun commis à l'audience : l'article 181 du Code d'instruction criminelle réserve ce droit aux seuls tribunaux de droit commun. — Mais les juges consulaires et les prud'hommes peuvent-ils prononcer contre les parties ou contre les assistants des peines correctionnelles ou des peines de simple police, dans le cas prévu par l'article 505 du Code d'instruction criminelle? Le doute naît de ce que les juges consulaires n'ont pas de juridiction répressive, et que les conseils de prud'hommes ne l'ont qu'à titre exceptionnel quant aux délits qui portent atteinte à la discipline des ateliers. Au contraire, les cours d'appel, les tribunaux de première instance ont la double juridiction, civile et criminelle. Ils prononcent, à l'audience civile, des peines qu'ils auraient le droit de prononcer à une autre audience. Cependant, malgré cette considération, nous adoptons la solution affirmative. Un juge doit toujours être armé de pouvoirs suffisants pour faire respecter sa fonction et la majesté même de la justice. L'article 505 du Code d'instruction criminelle ne distingue pas. Il dit au contraire : *de quelque tribunal ou juge qu'elles* émanent. Le Tribunal, dans ses observations sur les articles 87 et suivants du Code de procédure, disait que leurs dispositions étaient, de droit, communes aux tribunaux de commerce et nous indiquait ainsi la pensée des législateurs.

CHAPITRE V

INSTRUCTION PAR ÉCRIT

(LIV. II, TIT. VI, ART. 95 A 115.)

SOMMAIRE. — Différence avec délibéré sur rapport. — Matières dans lesquelles l'instruction écrite peut être ordonnée. — Production et communication des pièces. — Délais. — Absence de production ; conséquences. — Productions nouvelles. — Rétablissement des pièces communiquées. — Rapport. — Retrait des pièces produites.

818. Certains procès soulèvent des questions compliquées. On doit établir une généalogie, des comptes considérables. Des plaidoiries orales éclaireront mal les juges. Leur esprit, obligé de suivre la parole de l'avocat, ne pouvant s'arrêter à son gré sur tel ou tel point, se perdra dans le dédale embrouillé de ces comptes, confondra les rangs, les degrés de cette généalogie. L'examen direct des pièces, la lecture à tête reposée de cet arbre généalogique et des explications qui l'accompagnent, du relevé de ces comptes et des pièces justificatives qui y sont annexées, sera plus utile et plus sûre que les développements donnés de vive voix. Il convient d'instruire la cause exclusivement par écrit. Les plaidoiries verbales vont être remplacées par des plaidoiries écrites, des mémoires. — L'instruction par écrit se compose de ces requêtes ou mémoires fournis par les parties, de la production de leurs titres et du rapport que fait sur le t ut un membre du tribunal.

Cette instruction par écrit est assez rarement ordonnée dans la pratique. La commission, instituée en 1862 en vue de la revision du Code de procédure, proposait d'abroger une procédure dont la désuétude atteste l'inutilité.

En conséquence, nous en traiterons succinctement.

819. On doit éviter de confondre l'instruction par écrit avec le *délibéré sur rapport*, quoique le Code de procédure ait le tort de traiter de ces deux matières dans le même titre sixième. Un *délibéré* suppose que l'instruction, orale ou écrite, est complètement terminée.

Le juge doit alors statuer, ou, s'il y a lieu, délibérer. Afin de s'éclairer les juges peuvent donner à l'un d'entre eux la mission d'examiner les pièces produites par les plaideurs et de leur faire un rapport. Comme l'instruction par écrit comporte aussi un rapport fait par l'un des juges, quelques personnes pourraient croire que le délibéré sur rapport constitue une autre forme de l'instruction écrite. Cette idée serait inexacte ; car le délibéré n'admet ni défense, ni écritures, ni significations de moyens : l'instruction est alors achevée. Au contraire, dans l'instruction par écrit, la lice est ouverte jusqu'à l'expiration de certains délais : les plaidoiries doivent être faites par écrit : les parties ont à produire leurs défenses et à se signifier leurs moyens.

820. L'instruction par écrit étant plus longue et plus coûteuse que l'instruction orale, le législateur a dû prendre certaines précautions pour empêcher que ce mode de procéder ne devînt abusif. Il n'autorise d'abord cette forme d'instruction que si le tribunal ne juge pas préférable la voie du délibéré.

Cette voie reconnue insuffisante, l'instruction par écrit ne peut être ordonnée que par jugement, à l'audience, et à la pluralité des voix. (Pr. civ., art. 95.) Cette dernière prescription est empruntée à l'ordonnance de 1667. Elle avait alors plus d'importance qu'aujourd'hui : on pouvait craindre que les *appointements*, procurant aux juges des émoluments importants, sous forme d'épices, ne fussent ordonnés avec trop de facilité. La même crainte, la justice étant rendue gratuitement par les juges, ne peut plus exister ; mais la prescription est encore utile pour rappeler aux magistrats avec quelle prudence scrupuleuse ils doivent recourir à un mode d'instruction très onéreux pour les parties. Le jugement préparatoire, qui ordonne que l'instruction de la cause aura lieu par écrit, doit contenir la nomination du juge chargé de faire un rapport sur les pièces produites par les plaideurs. (Pr. civ., art. 95.)

Cette instruction par écrit, le tribunal peut l'ordonner d'office ou sur la demande des parties. Mais peut-il la prescrire en toute matière ? Non : en matière ordinaire seulement. Ce mode d'instruction est incompatible avec le caractère des matières sommaires, qui doivent être jugées à l'audience après les délais de la citation. (Pr. civ., art. 405.) Il ne peut s'appliquer aux matières commerciales qui sont sommaires et dont la procédure ne comporte pas le ministère des avoués, sauf à renvoyer les parties devant des arbitres experts, s'il faut examiner des comptes un peu compliqués. La même marche sera suivie devant la cour d'appel ; car un procès commercial conserve, en appel, le caractère de matière sommaire.

821. Le jugement qui ordonne l'instruction par écrit est *levé*, c'est-à-dire expédié et signifié par la partie la plus diligente. Cette signification, ne tendant pas à l'accomplissement d'un fait personnel au défendeur, sera faite seulement à l'avoué. (Pr. civ., art. 147.) Du jour de cette signification courent les délais pendant lesquels les parties doivent produire, c'est-à-dire, se signifier et se communiquer les pièces.

Dans la quinzaine de la signification du jugement, le demandeur fait signifier une requête contenant l'exposé des moyens et un état sommaire des pièces qu'il produira à l'appui de sa demande. (Pr. civ., art. 96.) Cette requête est rédigée dans la forme des requêtes en défenses, usitées dans l'instruction des affaires ordinaires : mais elle a une tout autre importance que celles-ci, car elle tient lieu de plaidoirie et doit nécessairement passer sous les yeux des juges.

Cette signification faite, le demandeur est tenu, dans les vingt-quatre heures qui suivent, de *produire*, c'est-à-dire de déposer au greffe les pièces indiquées dans la requête, et de faire signifier sa production au défendeur, avec sommation de faire la sienne et de fournir ses défenses écrites. — *Produire*, c'est remettre au greffe la requête et les pièces justificatives, cotées et numérotées. — L'*acte de produit* est l'affirmation par écrit de la remise faite au greffe. Cet acte de produit doit mentionner le nombre des rôles de la requête. L'avoué est tenu de remplir cette obligation, à peine de rejet de la taxe, c'est-à-dire, de voir les frais de la requête et de copie des pièces n'être pas compris dans les dépens du procès. (Pr. civ., art. 104.) — Le demandeur est en règle. Au tour du défendeur. Qu'a-t-il à faire ?

822. Le défendeur doit prendre communication des pièces que le demandeur a déposées au greffe, faire sa requête en réponse avec indication des pièces qu'il va fournir. Dans les vingt-quatre heures de la signification de cette requête, il rétablira au greffe la production par lui prise en communication, fera sa propre production et signifiera l'acte de produit au demandeur. (Pr. civ., art. 97.) — S'il existe plusieurs défendeurs ayant tout à la fois des avoués distincts et des intérêts séparés, ils ont chacun les délais ci-dessus fixés pour prendre communication, répondre et produire. La requête et les pièces du demandeur leur sont successivement communiquées, à commencer par le plus diligent. (Pr. civ., art. 97.) — Si les divers défendeurs ou plusieurs d'entre eux ont des intérêts identiques, quoiqu'ils aient cru devoir choisir plusieurs avoués, la loi veut qu'il n'y ait qu'une seule communication. Elle doit être donnée à l'avoué le plus ancien. (Arg. de l'art. 529 et 536 Pr. civ.) Le demandeur a le droit de prendre communication de la production du défendeur. Mais il ne doit pas y répondre, ou du moins sa réponse n'entrera pas en taxe et restera à sa charge. Il peut présenter de simples notes, qui seront remises avec les pièces au juge rapporteur.

823. L'une des parties s'abstient-elle de produire ou de prendre communication des pièces produites, il est passé outre, soit à la production de l'autre partie, si c'est le demandeur qui ne produit pas, soit au jugement si c'est le défendeur qui n'a point produit. Ces règles sont suffisamment exposées dans les articles 98 à 101 du Code de procédure civile.

L'expiration des délais, indiqués dans les articles 96 et suivants, n'emporte pas de plein droit déchéance. Tant que les pièces ne sont pas remises au juge chargé du rapport, les parties retardataires peuvent effectuer leurs productions. La loi n'a pas voulu prononcer de forclusion ; car il eût été trop rigoureux de repousser les pièces fort importantes d'une partie, d'écarter en réalité sa défense par cela seul que les délais sont expirés, alors que l'adversaire ne requiert pas jugement. Or les déchéances ne peuvent être suppléées par les tribunaux. (Pr. civ., art 1030.)

L'expiration des délais donne seulement à l'adversaire de la partie non produisante le droit de passer outre et de poursuivre l'obtention du jugement. Mais nous admettons que les juges ont le droit, sur la demande des parties, de proroger, pour cause légitime, le délai de quinzaine ou de huitaine accordé par les articles 96, 97 et 98 du Code de procédure.

824. Il est permis de faire valoir des moyens nouveaux dans le cours d'une plaidoirie. Or si, dans l'instruction par écrit, les pièces remplacent la plaidoirie verbale, il doit être également permis de produire des pièces nouvelles. Chaque partie peut donc produire les pièces nouvelles qu'elle croit utiles ou nécessaires à sa défense : mais, pour que cette faculté ne dégénère pas en abus, cette production nouvelle ne peut être précédée, accompagnée ou suivie d'aucune requête ampliative. La loi n'autorise qu'un simple acte de produit, contenant l'état des pièces, ainsi que les conclusions que le produisant entend en tirer. La sanction de cette interdiction de toute requête nouvelle ne consiste du reste que dans le rejet de la taxe des requêtes signifiées contrairement à l'article 102 du Code de procédure. Mais le juge rapporteur ne pourrait pas se dispenser de les examiner. (V. art. 71, Tarif de février 1807.)

En cas de production nouvelle par une partie, l'adversaire a huitaine pour prendre communication et fournir sa réponse, qui (toujours uniquement au point de vue de la taxe des frais) ne peut excéder six rôles. (Pr. civ., art. 103.)

Les productions de pièces nouvelles et les réponses qu'elles nécessitent sont les seules écritures, aujourd'hui admises, en dehors de la requête et de la réponse qui sont la base de l'instruction écrite. L'ancienne procédure était plus surchargée et par suite plus coûteuse : on autorisait pour chaque partie un avertissement, un contredit et une salvation. Aujourd'hui le Code de procédure dit formellement : Il ne sera passé en taxe que les écritures et significations énoncées au présent titre. (Pr. civ., art. 105.)

Les productions se font au moyen de la remise des pièces au greffier, qui les inscrit sur un registre spécial, divisé en colonnes contenant la date de la remise, les noms des parties, de leurs avoués et du juge rapporteur. Cette constatation de la production assure la conservation des pièces produites. Une des colonnes de ce registre est laissée en blanc. (Pr. civ., art. 108.)

825. Les pièces produites sont au greffe. Là, les deux avoués viennent les prendre en communication. Le greffier ne doit s'en dessaisir que contre un *récépissé*, par lequel l'avoué, auquel les pièces sont communiquées, déclare qu'il les a reçues. (Pr. civ., art. 106.) Quand l'avoué rétablit au greffe les pièces prises en communication, le greffier lui restitue son récépissé et mentionne la restitution sur le registre.

Si un avoué ne rétablit pas dans les délais fixés les pièces qui lui ont été confiées en communication, des mesures coercitives peuvent être prises contre lui. La partie, intéressée à voir les pièces être réintégrées au greffe, se fait délivrer par le greffier un certificat qui constate que le dossier communiqué n'a pas été rendu. Elle fait signifier ce certificat à l'avoué détenteur des pièces et l'appelle, par un simple acte, à venir plaider. Le tribunal rend alors un jugement qui condamne l'avoué, personnellement et sans appel, à faire la remise à laquelle il est obligé, aux frais du jugement sans répétition et à dix francs au moins de dommages-intérêts par chaque jour de retard. Si dans la huitaine de la signification de ce jugement, l'avoué n'effectue pas la remise à laquelle il a été condamné, le tribunal peut prononcer, sans appel, de plus forts dommages-intérêts et même interdire l'avoué pour le temps qu'il estime convenable.

La loi, prévoyant que l'avoué de la partie intéressée à obtenir cette remise de pièces pourrait, par suite des égards que les avoués se doivent entre eux, refuser d'instrumenter contre son confrère, autorise, dans ce cas exceptionnel, la présentation directe d'un mémoire au tribunal, mémoire remis au président, au juge rapporteur ou au procureur de la République. Les condamnations sont alors prononcées, sur la demande de la partie elle-même, sans qu'elle ait besoin d'avoué. (Pr. civ., art. 107.)

826. Des pièces peuvent avoir été soustraites. L'article 409 du Code pénal autorise le tribunal, saisi de la contestation, à punir d'une amende de 25 à 300 francs celui qui, par un moyen quelconque, a soustrait un titre ou une pièce produite par lui au procès. L'article 255 frappe de la peine de la réclusion celui qui aura soustrait ou détruit les titres de son adversaire. Le greffier négligent peut être puni de trois mois à un an d'emprisonnement et d'une amende de 100 à 300 francs. Le greffier, complice du crime de soustraction ou de destruction, est passible des travaux forcés à temps. (Cod. pén., art. 254 et 255.)

827. Les parties litigentes ont fait leurs productions respectives ou ont laissé expirer les délais fixés par les articles 96 à 98 et 103 du Code de procédure pour prendre communication et produire. Le greffier, sur la réquisition de la partie la plus diligente, remet les pièces au juge rapporteur, qui s'en charge, en signant sur la colonne laissée en blanc au registre des productions (Pr. civ., art. 109).

Le rapporteur étudie les pièces qui lui ont été remises. Son travail étant achevé, il donne connaissance aux avoués du jour où il fera l'exposé de l'affaire. Ce jour n'a pas pu être fixé à l'avance ; car il était impossible de calculer exactement le temps que nécessiteraient les productions ordinaires ou nouvelles et l'examen consciencieux des pièces par le rapporteur. — Le rapporteur, désigné par le jugement, peut être dans l'impossibilité de faire le rapport. L'article 110 nous dit : Si le rapporteur décède, se démet, ou ne peut faire le rapport, il en sera commis un autre, sur requête par ordonnance du président, signifiée à partie ou à son avoué, trois jours au moins avant le rapport. — Le mot *requête* est pris dans son sens propre et désigne une demande adressée au président pour obtenir promptement une mesure indispensable. La nomination est signifiée à la partie adverse ou à son avoué trois jours au moins avant le rapport à l'audience, pour lui permettre d'invoquer les causes de récusation qui pourraient exister contre le nouveau rapporteur. — Au jour indiqué, le juge fait son rapport à l'audience ; il résume les faits, indique les divers moyens des parties, mais ne fait point connaître son opinion personnelle. Les défenseurs ne peuvent prendre la parole après lui. Il leur est permis de remettre immédiatement au président de simples notes énonciatives des faits sur lesquels ils prétendent que le rapport a été incomplet ou inexact.

Le rapport achevé, le procureur de la République est entendu dans ses conclusions à l'audience, dans les cas où la cause est sujette à communication. (Pr. civ., art. 111 et 112). Le tribunal délibère et rend son jugement.

828. Le jugement qui intervient à la suite d'une instruction par écrit, peut, comme tout autre jugement, être contradictoire ou par défaut : dans ce dernier cas, il est attaquable par la voie de l'opposition. Mais il ne faudrait pas assimiler à un véritable défaut, l'absence de production de la part de l'une des parties. La partie qui ne produit pas est semblable à celle qui, dans une instruction orale, ne plaide pas. Elle a constitué avoué ; elle a pris des conclusions au fond lors du jugement qui a ordonné l'instruction par écrit, Le jugement définitif est contradictoire envers elle. Seulement on dit que ce jugement est rendu par *forclusion* (*forum claudere*) pour indiquer la déchéance encourue par la partie qui n'a point remis ses pièces, lorsque le juge a fait son rapport sur ce qui avait été produit. (Pr. civ., art. 113.)

829. Après le jugement, le rapporteur remet les pièces au greffe. Il en est déchargé par la seule radiation de sa signature sur le registre des productions. A défaut de cette radiation, le rapporteur est responsable des pièces, pendant cinq ans s'il y a eu jugement, pendant trente ans si le procès n'a pas été jugé. (Cod. civ., art. 2276.)

Les pièces étant rétablies au greffe, l'avoué le plus diligent fait signifier aux autres avoués de la cause une sommation de se trouver, à jour et heure fixes, présents au retrait des pièces. Le retrait doit être fait contradictoirement, et tant que cette sommation n'est pas représentée au greffier, celui-ci ne doit remettre aucune pièce à l'un des avoués en l'absence des autres. — En retirant leurs pièces, les avoués émargent le registre : cet émargement sert de décharge au greffier. (Pr. civ., art. 115. — Tarif, art. 70.) La responsabilité du greffier, relativement aux pièces non retirées par les avoués, dure trente ans. Si, à l'occasion de ce retrait, il s'élevait quelque difficulté entre les avoués, elle serait jugée en référé par le président, ou par le tribunal à l'audience, suivant qu'il s'agirait d'une difficulté d'exécution, ou d'une question touchant à la propriété des pièces.

CHAPITRE VI

COMMUNICATION AU MINISTÈRE PUBLIC

(LIV. II, TIT. IV, ART. 83 ET 84. — DÉCRET 30 MARS 1808, ART. 83 A 87.)

SOMMAIRE. — Formes de cette communication. — Sanction.

830. En déterminant, dans la première partie de ce Traité, les attributions du ministère public, nous avons indiqué la nature et le but de la communication qui doit lui être faite, ainsi que les causes à l'égard desquelles elle est exigée. Nous avons donné là l'explication de l'article 83 du Code de procédure. (V. n° 566 et suiv.) Nous n'avons actuellement qu'à mentionner les formes, la procédure de cette communication, le moyen de mettre le ministère public à même de donner ses conclusions.

Pour éviter que les avoués ne retardent la communication au parquet des causes pour lesquelles son intervention est exigée, le décret du 30 mars 1808, article 83, déclare que les communications n'entrent en taxe que si elles sont faites trois jours au moins avant celui indiqué pour les plaidoiries. Cette communication se fait au parquet même, dans la demi-heure qui précède ou qui suit l'audience. — Dans les procès qui s'instruisent par écrit, les pièces se trouvant entre les mains du juge rapporteur, c'est lui que le décret charge de veiller à ce que la communication ait lieu assez à temps pour que le jugement ne soit pas retardé. Le ministère public, après avoir pris communication des pièces, les fait remettre dans le plus bref délai au rapporteur, quand il les a prises de ses mains, sinon au greffe. (Déc. du 30 mars 1808, art. 85 et 86.)

Dans les causes pour lesquelles l'intervention du ministère public n'est pas exigée par la loi, il peut néanmoins, s'il le veut ou le juge utile, donner ses conclusions. Mais la nécessité ou l'utilité de celles-ci n'apparaît évidemment qu'après les plaidoiries. C'est alors seulement que le ministère public peut, s'il le juge convenable, réclamer un délai, afin de préparer ses conclusions en connaissance de cause. Mais, dans tous les cas, il n'est autorisé à demander qu'un seul délai, lequel est mentionné sur la feuille d'audience. (Même déc., art. 84.)

831. Les conclusions du ministère public doivent toujours être données de vive voix à l'audience, même dans les affaires qui s'instruisent par écrit. (P. civ., art. 112.) Mais cette règle ne s'applique qu'en matière contentieuse. Dans les affaires qui se jugent sur requête en chambre du conseil, le président rend une ordonnance pour prescrire la communication au ministère public, et c'est au bas de cette ordonnance, que le procureur de la République, ou son substitut, donne ses conclusions par écrit. (Pr. civ., art. 885, 886.)

Le jugement doit constater, à peine de nullité, non pas seulement la présence, mais l'audition de l'organe du ministère public.

CHAPITRE VII

DÉLIBÉRÉS

(LIV. II, TIT. VI, ART. 93 ET 94, 111 ET TIT. VII, ART. 116.)

SOMMAIRE. — Deux sortes de délibérés. — § 1er. Délibéré simple. — Triple hypothèse. — § 2. Délibéré sur rapport. — Règles spéciales. — Différences *avec instruction par écrit.*

832. L'instruction du procès est complète : les plaidoiries sont terminées : le ministère public a donné ses conclusions, si la loi l'exigeait ou s'il a jugé à propos d'intervenir. Le rôle actif des juges, jusque-là passifs spectateurs de la lutte qui s'est déroulée devant eux, va commencer. Au tribunal à émettre une décision. Mais cette décision même doit être précédée d'un examen plus ou moins approfondi de la cause. Avant de prononcer la sentence, les juges doivent en délibérer. Comment vont-ils procéder à cette délibération? On distingue deux espèces de *délibérés :* le délibéré simple, et le délibéré avec nomination d'un rapporteur. La Cour de cassation paraît admettre une troisième espèce de délibéré, celui qui est précédé du rapport d'un juge, rapport fait, non à l'audience, mais en la chambre du conseil (1). Ce genre de délibéré nous paraît rentrer dans la catégorie des délibérés simples.

§ 1er. — *Délibéré simple.*

833. Le délibéré simple peut se vider dans la même audience, ou à une audience ultérieure. Avec l'article 116 du Code de proc. civ., plusieurs hypothèses doivent être distinguées. La plus simple se produit lorsque, les faits de la cause étant indiscutables et nettement établis, l'application de la loi évidente et facile, les juges consultés à voix basse, sur le siège même, émettent leurs opinions, aussitôt recueillies par le président. Le jugement est immédiatement prononcé, immédiatement acquis aux parties, sauf à le rédiger à tête reposée en un langage plus châtié que celui de l'improvisation. Cette prononciation instantanée est autorisée par l'article 116 du Code de procédure civile, et présente l'avantage inappréciable de mettre les juges à l'abri des sollicitations des plaideurs.

En second lieu, les membres du tribunal peuvent se retirer momentanément dans la chambre du conseil. Ils désirent examiner quelques pièces du litige, vérifier une jurisprudence ou une opinion doctrinale invoquée par l'un des avocats, classer les questions variées soulevées par le procès. Ils vont délibérer en la chambre du conseil pour revenir quelques minutes après, sur le siège, prononcer la sentence dont ils viennent d'arrêter les termes. Le jugement qui ordonne ce délibéré, étant immédiatement exécuté et suivi de la décision du litige, n'a pas besoin d'être couché sur la feuille d'audience. L'avis donné par le président qu'il va être délibéré en la chambre du conseil est suffisant.

(1) Cass., 11 janvier 1865 (Sir., 1865. 1. 126).

L'affaire à juger est-elle délicate ? soulève-t-elle des questions de droit ardues que les juges veulent examiner avec soin? faut-il compulser les pièces du procès ? une discussion approfondie est-elle reconnue nécessaire ? Le tribunal remet le prononcé du jugement à une prochaine audience et ordonne la remise des pièces, sur le bureau, sans nommer un rapporteur. (Pr. civ., art. 116). Les juges auront le temps de méditer, de réfléchir, de discuter entre eux. — Régulièrement le jugement préparatoire, par lequel le tribunal renvoie le prononcé du jugement définitif à une audience ultérieure, devrait contenir l'indication du jour de cette audience. Mais la loi ne l'exigeant pas, et les parties ne pouvant plus présenter d'observations, le jugement ne peut être annulé par cela seul qu'on a omis d'indiquer le jour où il serait rendu. La remise à future audience doit seulement être constatée sur la feuille d'audience, que tient le greffier. Il ne doit pas être donné d'*avenir*, à l'effet d'assister à la prononciation du jugement; car la mission des avoués est terminée.

Le délibéré simple, sous les trois formes ci-dessus, peut avoir lieu dans les affaires qui se jugent sur instruction écrite, comme dans celles qui se décident après plaidoirie verbale.

§ 2. — *Délibéré sur rapport.*

834. Le délibéré sur rapport suppose que l'instruction a été orale et que les plaidoiries ont été achevées. L'affaire est très compliquée. Elle est hérissée de chiffres. Il faut simplifier des comptes que les avocats ont rendus embrouillés. Pour s'éclairer, les juges donnent mission à l'un d'entre eux d'examiner les pièces, d'établir ces comptes et de leur en faire un rapport. Le tribunal, dit l'article 93, Pr. civ., pourra ordonner que les pièces seront mises sur le bureau, pour en être délibéré au rapport d'un juge nommé par le jugement, avec indication du jour auquel le rapport sera fait. Ce délibéré sur rapport, ordonné par le tribunal, ne doit pas être confondu avec le cas où la loi ordonne le rapport d'un juge avant les plaidoiries. (V. art. 199, 202, 222, 280, 371, 385, 394, etc., Pr. civ.)

Ce mode de procéder étant moins onéreux, le législateur le préfère à l'instruction écrite. Comme l'indique l'article 95, Pr. civ., la loi n'autorise l'instruction par écrit que si le tribunal ne juge pas préférable la voie du délibéré sur rapport. Et puisque cette mesure n'entraîne, ni la complication, ni les frais d'une instruction par écrit, reconnaissons qu'à la différence de celle-ci, le délibéré sur rapport peut être ordonné en toute matière, même sommaire, et devant toutes les juridictions. On ne peut interdire à un tribunal de commerce de s'éclairer par un examen consciencieux et réfléchi des documents du procès.

Le délibéré sur rapport est complètement facultatif. Il dépend absolument de la volonté des juges d'y avoir recours ou de le repousser lorsque les parties y concluent. Il peut être ordonné, alors même que la cause n'est pas contradictoire, que l'une des parties n'a pas constitué avoué ou que l'avoué constitué n'a pas pris de conclusions.

835. Le délibéré sur rapport doit être ordonné à l'audience et à la pluralité des voix, dans un jugement préparatoire. — Le jugement doit, à peine de nullité, contenir la nomination du juge chargé de faire le rapport. Ce rapporteur ne peut pas être pris par le tribunal en dehors des juges ayant assisté aux plaidoiries et au jugement de délibéré. C'est d'évidence puisque ce juge va être chargé d'analyser, résumer et synthétiser les moyens présentés par les parties en cause.

L'indication du jour où le rapport sera fait est plus importante que ne peut l'être en matière de délibéré simple l'indication du jour auquel le jugement sera rendu. Dans le rapport sur délibéré, comme dans le rapport de l'instruction par écrit, les parties ont en effet le droit de relever, au moyen de notes remises au président, les inexactitudes du rapport relatives à des questions de fait. Elles doivent donc être mises en mesure d'exercer ce droit. Cependant la loi n'exige pas, sous peine de nullité, l'indication du jour dans le jugement qui ordonne le délibéré. Il suffira que les parties soient prévenues par un autre jugement préparatoire postérieur, ou même par un simple avis du président.

836. Mais il y aurait nullité substantielle (V. n° 604) du jugement définitif, si le rapport était fait, en l'absence de l'avoué de l'une des parties, à une audience qui n'aurait été indiquée ni dans le jugement ordonnant le délibéré, ni dans une sentence postérieure, ni à l'aide d'un *avenir*, signifié d'avoué à avoué. La défense du client de cet avoué aurait été ainsi entravée en partie, n'aurait pas eu pleine liberté de se produire. La nullité ne pourrait être invoquée que par celle des parties dont l'avoué n'aurait pas assisté à l'audience. Si, malgré l'absence d'indication relative au jour de cette audience, l'avoué y assistait, il ne saurait y avoir de nullité résultant du seul défaut d'indication : celle-ci ne saurait être autre qu'une nullité de forme et les nullités de forme ne peuvent, quand la loi est silencieuse, être suppléées par le juge. (Proc. civ., art. 1030. — V. n° 605.)

837. Le jugement ordonnant délibéré n'a pas besoin d'être motivé. Il se motive par le besoin même qu'éprouve le juge de s'éclairer avant de statuer sur le litige. Étant purement préparatoire, ce jugement, à la différence de celui qui ordonne une instruction par écrit, ne doit être ni levé (1), ni signifié. Les parties et leurs avoués sont tenus de l'exécuter sur sa seule prononciation, sans sommation. On évite ainsi des frais. Si l'une des parties ne remet pas ses pièces, elle sera jugée par *forclusion* sur les pièces remises par l'adversaire, sans que le jugement puisse être attaqué par la voie de l'opposition. Il est en effet *contradictoire*, et non par défaut, puisque les conclusions ont été réciproquement échangées. (Proc. civ., art. 94.)

L'interdiction de signification prononcée par l'article 94, Pr. civ., se conçoit facilement lorsque le délibéré est ordonné contradictoirement, c'est-à-dire après que les deux avoués se sont présentés à la barre du tribunal et y ont respectivement pris des conclusions. Les avoués étaient présents lors de la prononciation du jugement, ou, si en fait ils étaient hors de la salle d'audience, ils ont été immédiatement avisés par un confrère ou par le greffier. — Mais que décider lorsqu'une partie fait défaut ? Comment sera-t-elle avertie qu'elle doit remettre ses pièces ? La question se résout à l'aide des règles normales et générales de procédure. Une signification du jugement, donnée à cette partie défaillante, est évidemment nécéssaire. Impossible d'agir autrement. Le jugement sera dénoncé par acte d'avoué à l'avoué du défaillant, ou par exploit à domicile si le défaillant n'a pas constitué avoué. Cette signification indiquera le dispositif du jugement, le nom du juge rapporteur, le jour du rapport et contiendra sommation adressée à la partie défaillante de constituer avoué, si elle ne l'a point fait, et, dans tous les cas, de remettre les pièces au rapporteur.

(1) *Lever* un jugement, c'est s'en faire délivrer une copie (*grosse* ou *expédition*) par le greffier. On le *lève* du plumitif de l'audience sur lequel il est *couché*.

Le rapport sur délibéré n'est pas un mode d'instruction particulier : il se présente comme la synthèse des plaidoiries opérée par le juge rapporteur. C'est un résumé : ce n'est pas une mesure d'instruction. De là des différences sensibles avec l'instruction par écrit.

Toutes significations de conclusions ou d'écritures non seulement ne sont pas admises en taxe, mais doivent être repoussées par le juge rapporteur. La cause est entendue : le tribunal délibère. Les parties ne peuvent plus modifier les positions qu'elles ont prises. L'ancienne jurisprudence consacrait formellement cette décision, dont quelques auteurs s'écartent, faute d'avoir bien saisi la distinction du délibéré sur rapport et de l'instruction par écrit. (*Lettres patentes* du 18 juin 1769.)

Une deuxième différence consiste en ce qu'il y a nullité du jugement rendu sur rapport si les juges, qui y ont concouru, n'ont pas assisté aux plaidoiries. Dans les procès qui s'instruisent par écrit, il n'est pas nécessaire que le tribunal soit, lors du jugement définitif, composé des mêmes juges qui ont ordonné l'instruction par écrit.

Une autre différence se produit à l'égard des conclusions des parties. En matière d'instruction par écrit, la loi autorise la production de pièces nouvelles, comme dans le cours d'une plaidoirie verbale la production de moyens nouveaux. Au contraire, quand le tribunal a ordonné un délibéré sur rapport, l'instruction est close; les parties ne peuvent plus modifier leurs conclusions.

Mais on appliquera, par analogie, au délibéré sur rapport les règles établies en matière d'instruction par écrit, sur le remplacement du juge rapporteur, la lecture du rapport à l'audience, la faculté pour les parties de présenter des notes rectificatives. (Proc. civ., art. 110 et 111.)

CHAPITRE VIII

DES JUGEMENTS

(LIV. II, TIT. VII, ART. 116 A 118 ; ART. 122 A 148.)

SOMMAIRE. — Nature des jugements. — PREMIÈRE SECTION. — Diverses espèces de jugements : contradictoires ou par défaut. — Jugements en premier ou en dernier ressort. — Jugements exécutoires ou non exécutoires par provision.

— Jugements définitifs, interlocutoires, provisoires ou préparatoires. — DEUXIÈME SECTION. — Conditions essentielles à la validité des jugements. — TROISIÈME SECTION. — Dispositions que peut contenir le jugement. — § Ier. Condamnations qui peuvent être prononcées. — Objet du litige. — Liquidation des dommages-intérêts. — Liquidation des fruits ; mercuriales. — Règlement des dépens, liquidation, condamnation ; — compensation, distraction des dépens. — § II. Dispositions relatives à l'exécution du jugement. — Délai de grâce. — Exécution provisoire. — QUATRIÈME SECTION. — Rédaction des jugements. — Minute. — Expédition. — Grosse. — Qualités : leur rédaction et leur règlement. — Mentions substantielles des jugements. — CINQUIÈME SECTION. — Signification des jugements. — SIXIÈME SECTION. — Effets des jugements. — Dessaisissement du tribunal. — Force exécutoire. — Autorité de chose jugée. — Quasi-novation judiciaire. — Hypothèque judiciaire. — Effet rétroactif.

839. Un jugement (*stricto sensu*) est une décision émanée d'une *juridiction légalement* constituée, intervenant sur une *contestation* entre parties litigentes et sur une *instance* introduite conformément aux règles de la procédure.

Un acte judiciaire n'a le caractère de jugement que par le concours des conditions suivantes : 1° l'acte doit être accompli par une juridiction instituée par le pouvoir souverain de l'État ; 2° cette juridiction doit être *légalement* constituée ; 3° l'acte doit être accompli à l'occasion d'une *contestation*, d'un procès, d'un litige ; 4° la sentence doit être rendue à la suite d'une *instance* formée entre parties.

Nous avons, dans la première partie de cet ouvrage, énuméré les diverses juridictions établies par la loi française, indiqué les conditions légales de leur constitution (V. nos 85 et suiv.). Dans la troisième partie, nous avons dit comment s'introduisait l'instance. (V. nos 692 et suiv.).

Tout acte qui ne réunit pas les autres conditions sus-énoncées ne constitue pas un jugement *stricto sensu*.

Mais dans l'usage et s'attachant à la forme extérieure, à l'apparence, praticiens et théoriciens, jurisconsultes et gens du monde, donnent aussi la dénomination de jugements à des actes émanés du pouvoir *gracieux* du juge, aux actes de juridiction gracieuse. Le terme *jugement* est pris alors dans un sens large (*lato sensu*). Mais il est important de ne point se laisser tromper par cette inexacte dénomination. Car, s'il y a des règles qui sont communes à tous les actes émanés d'un juge, il en est d'autres et de spéciales aux jugements proprement dits. Elles ne sauraient s'appliquer aux actes de juridiction gracieuse.

Exemples : L'acte par lequel un tribunal homologue la délibération d'un conseil de famille constitue, non un véritable jugement, mais un simple acte de surveillance judiciaire, quoiqu'on l'appelle *jugement d'homologation*. — L'acte judiciaire portant adjudication d'une immeuble volontairement licité entre cohéritiers constitue un contrat et non un jugement. On l'appelle cependant *jugement d'adjudication*.

A l'inverse, des actes qui sont de véritables jugements, des décisions contentieuses résolvant un litige, n'obtiennent pas dans l'usage la dénomination de jugements. Ainsi on appelle *ordonnances* les décisions rendues par le juge des référés, quoiqu'elles constituent de véritables jugements statuant sur une question litigieuse. (Pr. civ., art. 806 et suiv.)

Mais, quelle que soit la dénomination usitée, tout acte judiciaire qui réunit les quatre conditions sus-indiquées est un véritable jugement.

La matière des jugements est vaste et étendue. Pour l'étudier avec quelque méthode, nous classerons les questions qu'elle renferme dans les sections différentes indiquées au sommaire.

SECTION I. — **Diverses espèces de jugements.**

840. Les classifications des jugements admises en doctrine et en jurisprudence sont nombreuses. Elles se rattachent à divers points de vue :

1° Au point de vue des voies de recours ordinaires qui peuvent être dirigées contre les jugements, ceux-ci se divisent en jugements *contradictoires* ou *par défaut*, en sentences rendues en *premier ressort* ou en *dernier ressort*.

Un jugement est *contradictoire*, quand les parties, ayant toutes constitué avoué, ont aussi toutes pris respectivement des conclusions à l'audience. Est contradictoire le jugement rendu après que des conclusions ont été respectivement prises par les avoués des deux parties. — Pareil jugement ne peut être attaqué par la voie de l'*opposition*. Cette voie de recours est, au contraire, admissible contre les jugements *par défaut* rendus contre une partie qui n'a pas constitué avoué ou qui, après avoir constitué avoué, a négligé de prendre des conclusions.

Ne confondons pas le jugement par défaut avec le jugement par *forclusion*, décision contradictoire rendue contre une partie qui a négligé de produire ses titres, soit dans une instruction par écrit, soit dans une procédure d'ordre ou de distribution par contribution. (Pr. civ., art. 113, 650, 756).

841. Un jugement est en *premierressort* quand il est susceptible d'appel, quand la demande est de nature telle, qu'elle peut être soumise à l'examen successif des deux degrés de juridiction. (V. n°s 80 et suiv.)

Il est en *dernier ressort*, quand la voie de l'appel est interdite aux plaideurs. Nous fixerons, en traitant la matière de l'*appel*, quelles sont les conditions auxquelles un jugement est en premier ou en dernier ressort.

842. Les jugements en premier ressort se subdivisent en jugement *exécutoires* ou *non exécutoires par provision*. Un jugement est exécutoire par provision, lorsque l'effet suspensif de l'appel ou de l'opposition est écarté, soit par la volonté formelle de la loi, soit en vertu d'une disposition expresse du jugement. En principe, l'exécution d'une sentence en premier ressort est suspendue quand appel est interjeté contre cette sentence. Pourquoi exécuter un jugement qui sera peut-être réformé par le juge d'appel ? Exceptionnellement, cette exécution peut être réalisée, malgré l'appel interjeté. L'effet suspensif de l'appel est alors écarté par la volonté formelle de la loi, ou en vertu d'une disposition expresse du jugement. Le jugement est alors *exécutoire par provision*.

843. 2° Au point de vue de la terminaison du litige, les sentencesjudiciaires se divisent en jugements *définitifs* et en jugements *d'avant dire droit*. Cette division des jugements a une grande importance tant doctrinale que pratique. Nous aurons plus tard à en signaler l'intérêt au point de vue de l'appel et du pourvoi en cassation : nous ne voulons ici qu'en donner une notion générale.

Le jugement *définitif* est celui qui décide tout le procès, ou quelques points du procès, de manière à clore pour le même juge l'examen de ce litige ou de certains points de ce litige. Nous disons *pour le même juge;* car il ne faut pas confondre *définitif* avec *irrévocable*. Un jugement, susceptible d'opposition ou d'appel, n'en est pas moins définitif sur les points décidés par le juge, quoique sa sentence puisse être rétractée par lui ou réformée par le juge supérieur.

Exemples : Est définitif le jugement qui statue sur le fond même du litige en condamnant le défendeur à payer la somme d'argent réclamée, à restituer la possession d'un immeuble, à faire compte des fruits qu'il a perçus, à solder les dépens du litige, etc. ; — qui, sans prononcer sur le fond du procès, admet ou rejette une exception, une fin de non-recevoir ou de non-valoir ; — qui statue sur la compétence du juge saisi de la demande ; — qui déclare recevable ou irrécevable un appel ou une opposition, etc., etc.

844. Les jugements *d'avant dire droit* sont ceux par lesquels le juge, laissant momentanément à l'écart l'examen du fond du litige ou d'une des questions sur lesquelles il devra définitivement statuer, ordonne une mesure préalable. Cette mesure préalable a pour objet soit de régulariser ou de faciliter l'instruction du procès, soit d'éclairer la conscience du juge en lui fournissant des éléments de conviction, soit de garantir momentanément et jusqu'à la solution du litige certains intérêts. — Les jugements *d'avant dire droit* sont préparatoires, interlocutoires ou provisoires.

Le jugement *préparatoire* est celui par lequel le tribunal ordonne une mesure nécessaire pour l'instruction du procès et le mettre en état de recevoir jugement définitif sur un ou plusieurs points, mais sans *préjuger le fond*, sans faire pressentir quelle pourra être la décision définitive. Ce jugement laisse complètement intacts, pour toutes les parties, tous leurs moyens d'attaque et de défense. Il ne permet pas de présumer que les juges soient plus favorables à la prétention de l'une des parties qu'à celle de l'autre (Pr. civ., art. 452). *Exemples :* Sont préparatoires les jugements qui ordonnent une communication de pièces, une remise de cause, un délibéré, la communication au ministère public, la réassignation d'une partie, une jonction de causes, etc., etc.

845. Le jugement *interlocutoire* est celui par lequel le tribunal ordonne une mesure propre à le mettre en état de statuer définitivement, mais qui par sa nature révèle implicitement, fait pressentir la décision future sur le fond, Il préjuge cette décision sans l'assurer, ni la promettre. Il donne à entendre, qu'actuellement, au moment où cet interlocutoire est rendu, le tribunal est plus frappé des allégations de l'une des parties que de celles de l'autre plaideur,

Mais le tribunal conserve néanmoins toute sa liberté quant au jugement à rendre sur le fond. Il pourra, en définitive, faire triompher celui des plaideurs auquel primitivement il avait paru être moins favorable. Cette liberté, reservée au tribunal, de pouvoir décider le fond contrairement au préjugé que fait naître l'interlocutoire s'indique en pratique par le brocart : *L'interlocutoire ne lie pas le juge.* Nous expliquerons cet adage plus amplement au titre des *Enquêtes.* Nos auditeurs en comprendront mieux alors la véritable signification.

Exemples : Lont *interlocutoires :* le jugement qui ordonne une prestation de serment; la sentence définitive est indiquée implicitement, puisque d'après l'article 1361 du Code civil la partie qui refuse de prêter le serment à elle déféré, ou qui ne consent pas à le référer à l'adversaire, ou l'adversaire auquel il a été référé et qui le refuse, doit *succomber* dans sa prétention ; — le jugement qui ordonne une enquête; si les faits, reconnus par le tribunal concluants et admissibles, sont prouvés par les témoignages recueillis, la partie qui les a allégués et affirmés contre la dénégation de son adversaire, gagnera probablement son procès; — le jugement, qui prescrit un interrogatoire sur faits et articles: de cet interrogatoire pourra jaillir un aveu, qui entraînera la condamnation ou le triomphe de son auteur. (Cod. civ., art. 1356.)

846. Les jugements *préparatoires* et les jugements *interlocutoires* se ressemblent en ce que les uns comme les autres ont pour objet l'instruction du procès ; ils se différencient en ce que les seconds préjugent le fond, tandis que les premiers ne le préjugent jamais. — Il est quelquefois assez délicat en pratique de décider si tel jugement, rendu par un tribunal dans un procès déterminé, doit être classé parmi les interlocutoires ou parmi les préparatoires. La jurisprudence nous offre de nombreuses décisions sur ce point.

Mais quel intérêt présente cette détermination du caractère de tel ou tel jugement d'avant dire droit ? Pourquoi cette classification?

Elle est fort importante. Nous expliquerons cet intérêt et cette importance en traitant de l'*appel.* (Pr. civ., art., 451 et 452.) Contentons-nous de dire ici que les jugements préparatoires ne peuvent être attaqués par la voie de l'appel qu'*après le jugement définitif et conjointement avec lui,* tandis que les jugements interlocutoires peuvent être, au choix des plaideurs, attaqués par la voie de l'appel *immédiatement* et avant le jugement définitif, ou *conjointement* avec lui.

847. Le jugement *provisoire* est la décision par laquelle le tribunal pourvoit à certains intérêts qui resteraient en souffrance ou se trouveraient compromis pendant la durée de l'instruction du procès. — *Exemples :* Est *provisoire*, le jugement qui alloue à une femme, plaidant en séparation de corps contre son mari, une pension alimentaire pour subvenir à ses besoins pendant l'instance; — le jugement qui ordonne qu'un immeuble revendiqué par Pierre contre Paul, et que Pierre craint de voir détériorer par Paul le possesseur, sera confié à la garde de Jacques pendant le procès, et restitué, le procès terminé, à celui des deux plaideurs qui aura triomphé; etc.

Les jugements *provisoires* se différencient des autres jugements d'avant dire droit. Ils ne se rattachent, sous aucun rapport, à l'*instruction de la cause;* ils ne la facilitent, ni ne l'activent. Ils ont simplement pour objet des mesures d'ordre nécessaires pour attendre sans danger la solution du litige. En outre, ils peuvent être rétractés *ad nutum* par les juges qui les ont rendus, toutes les fois que les circonstances qui les ont motivés leur paraissent avoir cessé d'exister.

Les demandes provisoires peuvent être formées, soit avant l'instance par voie de référé (Pr. civ., art. 806), soit en même temps que la demande principale et dans le même exploit, soit pendant le cours de l'instance par des conclusions motivées. — En principe, le tribunal statue d'abord sur la demande provisoire et postérieurement sur la demande principale. Deux jugements, l'un provisoire, l'autre définitif, sont prononcés. — Néanmoins si l'affaire est *en état* sur le fond, si le tribunal est suffisamment éclairé pour juger la demande principale en même temps que la demande provisoire, la loi, pour économiser les frais, veut que le tribunal statue sur les deux demandes, *sur le tout*, par un seul et même jugement. (Pr. civ., art. 134.)

Mais, dira-t-on, à quoi bon statuer sur la demande provisoire : il n'en peut plus être question, puisque le procès est terminé par un jugement définitif : il n'y a plus d'intérêt à sauvegarder temporairement. — Le jugement sur la demande provisoire est utile à deux points de vue. Cette demande provisoire a engendré des dépens. Qui doit les supporter? Question à résoudre : car la demande principale peut être jugée légitime, et la provisoire mal fondée. — Si le jugement est rendu en premier ressort, l'appel interjeté suspendra l'exécution de la sentence quant à la demande principale, non quant à la décision sur la demande provisoire.

3° On distingue encore, dans la pratique, les jugements *convenus* ou d'*expédient*. On dénomme ainsi les décisions par lesquelles un tribunal consacre les transactions arrêtées par les parties elles-mêmes et qu'elles lui font présenter par le ministère de leurs avoués. Le jugement est ainsi rédigé d'avance d'un commun accord et n'a d'une sentence judiciaire que l'apparence extérieure. Ce jugement est l'œuvre des parties, rien autre qu'un contrat revêtu de la forme des jugements. Les parties ne pourront donc pas l'attaquer par la voie de l'appel, qui suppose que les juges ont fait grief à l'une des parties; ni par celle du pourvoi en cassation, car les juges n'ont pu ni violer, ni faussement interpréter la loi. Mais si ce contrat est entaché d'erreur ou de dol, il pourra être attaqué comme un contrat ordinaire par voie d'action principale. — Comment reconnaître un jugement d'*expédient* d'un jugement proprement dit? Les juges indiquent-ils cette circonstance dans leur décision? Pas toujours. Il serait à désirer que l'accord des parties fût mentionné sur la minute de la sentence. On peut, il est vrai, reconnaître un jugement d'expédient en rapprochant les qualités de la rédaction de la sentence; mais on peut craindre que l'accord des parties ne soit dissimulé dans les qualités?

SECTION II. — Conditions essentielles à la validité des jugements.

849. Pour être régulier et valable, un jugement doit satisfaire aux conditions suivantes :

1° Être délibéré et rendu par le nombre de juges prescrit par la loi : trois au tribunal de première instance et cinq à la cour d'appel, président compris. (L. du 30 août 1883, art. 1 et 4. — V. n° 96, les règles fixées pour le remplacement des juges empêchés de siéger.)

850. 2° Être rendu par des juges ayant tous assisté à chacune des audiences de la cause. — Cette règle doit être entendue avec mesure. Dans un seul et même procès plusieurs jugements peuvent être rendus, les uns préparatoires, interlocutoires ou provisoires, les autres définitifs. Il n'est pas nécessaire que les mêmes juges assistent à toutes les audiences à la suite desquelles ces divers jugements sont rendus. Chacun des incidents qui se produisent dans le cours d'une instance constitue en quelque sorte un petit procès distinct. Les jugements préparatoires, interlocutoires ou provisoires auxquels ces incidents donnent lieu peuvent être rendus par des juges différents. Tout ce qui est nécessaire, mais ce qui est indispensable pour la validité d'un jugement, c'est que les plaidoiries qui l'ont précédé et préparé aient été entendues par les mêmes juges. Si donc, avant que l'affaire ou l'incident ne soit jugé, un des juges vient à être empêché, il est nécessaire de recommencer la lecture des conclusions et l'audition des plaidoiries.

851. 3° Le jugement doit être délibéré en secret. Ce secret assure l'indépendance des juges et par suite l'autorité morale de leurs décisions.

852. 4° Le jugement doit être prononcé en audience publique, alors même que les plaidoiries auraient eu lieu à huis-clos (V. n° 813). Cette publicité est exigée à peine de nullité par l'article 7 de la loi du 20 avril 1810.

853. 5° Tout jugement doit être *motivé*. En obligeant le juge à indiquer les raisons déterminantes qui lui font adopter telle ou telle solution, la loi protège les parties contre la partialité possible du juge. Celui-ci n'osera pas rendre une sentence inique qui ne saurait s'appuyer sur aucun motif acceptable. — Le rapprochement des motifs et du dispositif, ou de la sentence proprement dite, permet de voir si le juge a fait une saine ou une fausse application de la loi, si la sentence est ou non susceptible d'être cassée. — Les motifs ou *considérants* servent ainsi de contrôle à la décision du tribunal.

854. 6° Tout jugement doit être rendu à la pluralité des voix. (Pr. civ., art. 116.) Mais, avant de voter, il est indispensable pour les juges de déterminer l'objet du vote, les questions qui doivent être résolues et l'ordre dans lequel elles doivent l'être. La loi n'a pas réglementé cette matière. Elle se contente d'indiquer à quel rang doivent être proposées les diverses *exceptions ;* elle est muette sur la position des diverses questions que peuvent soulever les exceptions elles-mêmes, les divers incidents ou le fond du litige. L'intérêt est cependant considérable ; car de la position des questions dépend souvent la décision des points litigieux. — La loi s'en est néanmoins remise à la sagesse et à la prudence des magistrats, et, à notre humble avis, avec raison. — La position des questions, le rang dans lequel elles doivent être examinées, rien n'est plus variable ni plus contingent : la nature du litige, le nombre et le caractère des questions à résoudre, leur enchaînement ou leur enchevêtrement viendront dans chaque procès indiquer au tribunal l'ordre logique, méthodique et utile qu'il doit suivre. Tout dépend ici de la lucidité d'esprit du juge. — Tout au plus peut-on indiquer quelques règles tellement évidentes que le législateur n'avait pas à les consacrer par un texte formel. Le bon sens suffit à les reconnaître.

Ainsi, il va de soi que doivent être posées autant de questions qu'il y a de chefs de demande, puisque le tribunal est appelé à donner un égal nombre de solutions. *Exemples :* Le demandeur réclame deux créances nées de causes différentes, ou contestées par le défendeur à l'aide de moyens différents ; chacune doit nécessairement faire l'objet d'une question. — Relativement à une créance productive d'intérêts, le défendeur a contesté d'abord la dette elle-même et puis, par des raisons particulières, les intérêts. Évidemment une double question, sur le capital et sur les intérêts, est indispensable.

Assurément encore les questions de fait doivent être examinées séparément des questions de droit et antérieurement ; il serait oiseux de statuer préalablemant sur la question juridique soulevée par un fait, si ce fait venait ensuite à être écarté comme non prouvé.

Assurément encore les questions relatives à une fin de non-recevoir ou à une fin de non-valoir doivent, d'après nous, être examinées et résolues avant les moyens de défense au fond, puisque ce sont des obstacles que la demande doit préalablement franchir. (V. n°s 367 à 370.)

Par rapport à la même demande, faut-il poser une question spéciale sur chacun des moyens proposés par le demandeur ou par le défendeur ? Quelques auteurs l'ont pensé. Nous sommes d'un avis contraire. Nous pensons que, les moyens d'attaque ou de défense, relatifs à un même chef de demande, doivent être groupés ensemble et ne donner lieu qu'à une question complexe.

Cette question résolue, les juges devront se mettre ensuite d'accord sur les considérants précédant le dispositif ; sinon, il y aurait lieu de déclarer partage, si chacun d'eux voulait motiver le jugement d'une manière différente. — Mais un résultat, conforme à la pensée commune à tous les juges, aura été acquis par la solution de la question complexe, tandis qu'avec des questions distinctes, on eût jugé contrairement à l'opinion de tous et de chacun des juges.

L'influence de la position des questions sur la décision finale est telle qu'on ne peut reconnaître au président seul le droit de les poser à son gré. Il serait souvent le maître du litige. Il propose un ordre de délibération : le tribunal examine si cet ordre est le meilleur, et la majorité peut lui en substituer un autre, si elle le juge à propos,

Le jugement doit être rendu à la *pluralité* des voix, dit l'article 116, Pr. civ., c'est-à-dire à plus de la moitié des voix, au moins à la majorité absolue de deux voix contre une dans un tribunal, de trois voix contre deux dans une cour d'appel.

855. La manière de recueillir les suffrages est indiquée dans l'article 35 du décret du 30 mars 1808. Le président recueille les opinions après que la discussion est terminée. Les juges opinent, à leur tour, en commençant par le dernier reçu. Dans les affaires jugées sur rapport, le rapporteur opine le premier. — Si différents avis sont ouverts, on recueille une deuxième fois les opinions, à moins que l'un des avis ne réunisse tout d'abord plus de la moitié des voix.

856. Le partage d'opinions, c'est-à-dire l'impossibilité de former dans le sein du tribunal ou de la cour une majorité absolue, entraîne le renvoi de l'affaire à une audience ultérieure, de nouvelles plaidoiries, une nouvelle délibération, en un mot, une perte de temps pour les parties en cause et un retard dans l'évacuation des autres procès. Pour écarter, autant que possible, la cause de ce double inconvénient, la loi du 30 août 1883 veut que les juges d'une cour ou d'un tribunal siègent toujours en nombre impair. Lorsque les membres de la cour ou du tribunal sont en nombre pair, le dernier des juges ou conseillers dans l'ordre du tableau doit s'abstenir (art. 1 et 4). — Néanmoins, malgré cette sage disposition, un partage est encore possible. Examinons les divers cas qui peuvent se présenter.

Un tribunal est composé de trois membres, ou, s'il est composé de quatre juges, trois seulement peuvent prendre part à la délibération et au vote. S'il ne se forme que deux opinions, il y a évidemment majorité pour l'une d'elles qui aura réuni deux suffrages. Mais, avec trois opinions, il y a nécessairement partage, et on ne saurait appliquer à ce cas l'article 117 du Code de procédure, car il n'y a pas *de juges plus faibles en nombre*.

La chambre unique de certaines cours peut compter cinq, sept ou neuf ou même onze juges. Les chambres des autres cours peuvent se composer aussi de cinq, sept ou neuf juges. (V. Tableau A de la loi du 30 août 1883.) Dans ces cas peut se produire l'hypothèse prévue par les articles 117 et 467 du Code de procédure. S'il se forme plus de deux opinions, les juges les plus faibles en nombre sont tenus de se réunir à l'une des deux opinions qui ont été émises par le plus grand nombre. Toutefois ils ne sont tenus de s'y réunir qu'après que les voix auront été recueillies une seconde fois.

Dans ces cas aussi peut se produire l'hypothèse d'un partage. *Exemples* : Sur sept conseillers trois sont d'un avis, deux d'un autre avis; les deux derniers émettent une troisième opinion. L'article 117 est inapplicable et il y a partage. — Neuf conseillers sont, par groupes de trois, de trois avis différents ; ou bien il se forme trois opinions adoptées chacune par deux conseillers et une quatrième embrassée par les trois autres : il y a encore partage et impossibilité d'appliquer l'article 117 du Code de procédure.

Dans les divers cas où se produit ainsi un partage, il y a lieu d'appliquer les articles 118 et 468 du Code de procédure, mais de manière à avoir toujours un nombre impair de juges, conformément à la loi précitée du 30 août 1883. Cette loi du reste, en réduisant à cinq le nombre de juges nécessaire pour statuer en appel, a encore considérablement diminué les chances d'un partage d'opinions.

L'affaire plaidée de nouveau après partage n'est pas une affaire nouvelle. Donc, sauf empêchement constaté, on doit faire siéger les mêmes juges qui ont déclaré le partage. Mais ils ne sont point liés par le premier vote par eux émis : ils connaissent mieux le procès et les parties ont intérêt à les voir siéger de rechef.

857. 7° Le jugement, une fois rendu par les juges, doit être *prononcé sur-le-champ*. (Pr. civ., art. 116.) Ce jugement n'a d'existence légale qu'au moment où il est prononcé. Jusque-là il peut être rétracté. Le vote individuel de chacun des juges ne le lie point envers les parties. Lié envers sa conscience et envers ses collègues, le juge ne l'est pas envers les plaideurs, tant que la décision collective n'a pas été rendue publique; aussi tous les magistrats qui ont siégé dans l'affaire et pris part au jugement doivent-ils se trouver présents à l'audience, quand le président prononce ce jugement. Si l'un d'eux était mort ou se trouvait dans l'impossibilité absolue de siéger, il faudrait recommencer les plaidoiries.

SECTION III. — Dispositions que peut contenir le jugement.

858. Un jugement peut renfermer plusieurs dispositions : les unes relatives aux condamnations que le tribunal peut prononcer au fond ; les autres édictant des mesures que le tribunal peut ordonner, relativement à l'exécution de sa sentence, pour en adoucir les effets ou pour en accroître l'efficacité. Les règles posées par le Code de procédure sur cette matière forment le complément nécessaire des principes de la loi civile sur la sanction des obligations.

§. 1er *Condamnations qui peuvent être prononcées.*

859. Les condamnations qu'un tribunal peut prononcer contre l'une ou respectivement contre les deux parties en cause, se réfèrent à l'objet même du litige, aux dommages-intérêts, à la restitution des fruits, aux dépens.

L'objet du litige peut être un corps certain et déterminé, ou une certaine quantité d'une chose de genre, ou une somme d'argent réclamée à titre de dommages-intérêts.

L'objet du litige est-il un corps certain, un immeuble ou un meuble corporel déterminé et individualisé, le tribunal n'a qu'à ordonner les mesures nécessaires pour faire effectuer la remise de ce meuble ou la restitution de la possession de cet immeuble entre les mains du plaideur qui a obtenu gain de cause.

L'objet du litige consiste-t-il en une certaine quantité d'une chose de genre, cent hectolitres de blé ou de vin, vingt mètres de drap ou de toile, le débiteur, qui n'a pas livré cette quantité au créancier, doit être condamné à payer une somme d'argent représentative de la valeur de la chose promise, augmentée des dommages dus pour l'inexécution de la promesse au temps convenu.

Le litige peut aussi être né à la suite de l'inexécution d'une obligation de faire ou de ne pas faire ; des dommages-intérêts sont dus. Ils peuvent être aussi réclamés à la suite de la violation d'un droit, d'un délit ou d'un quasi-délit. Ces dommages-intérêts consistent en une indemnité pécuniaire, représentative de la perte subie par le créancier et du gain dont il a été privé par suite de l'acte préjudiciable commis contre lui (C. civ., art. 1146 à 1152).

Les dommages-intérêts ne peuvent, en aucun cas, être alloués d'office par le tribunal. Ils doivent être réclamés, soit dans l'exploit introductif d'instance, dans l'ajournement, soit dans des conclusions postérieurement prises à la barre du tribunal.

Le *quantum* de ces dommages et par suite de la condamnation contenue au jugement peut être déterminé de trois manières différentes : 1° Il a été préalablement fixé par les parties elle-mêmes, au moyen d'une *clause pénale*. Le chiffre adopté par les parties constitue un forfait que les juges ne peuvent ni augmenter, ni diminuer. (C. civ., art. 1152, 1229 et 1231.) — 2° Le montant des dommages est fixé par la *loi* elle-même à l'égard des obligations ayant pour objet le payement d'une somme d'argent. Ces dommages ne peuvent dépasser le taux de l'intérêt légal. (C. civ., art. 1153.) — 3° En dehors de ces deux cas, les dommages-intérêts sont déterminés par la justice. C'est à elle qu'incombe le soin d'évaluer en argent la réparation due par le débiteur au créancier. Cette évaluation précise, c'est la liquidation.

Une liquidation est encore nécessaire, lorsque, suivant les règles du droit civil, l'une des parties est tenue envers l'autre d'une restitution de fruits : un possesseur de mauvaise foi, par exemple, doit au véritable propriétaire les fruits de l'immeuble par lui indûment possédé. (C. civ., art. 549.)

Les dépens, c'est-à-dire le montant des frais du procès qui doivent être mis à la charge de la partie perdante, doivent aussi être liquidés, exactement déterminés : en outre le tribunal a à fixer par qui et dans quelle mesure ils doivent être supportés.

A. *Liquidation des dommages-intérêts.*

860. Pour liquider les dommages-intérêts dus par une partie à l'autre, le tribunal doit se livrer à plusieurs vérifications. — 1° L'inexécution de l'obligation ou la perpétration de tel fait a-t-elle causé un dommage au créancier ? — 2° Quel est le montant de ce dommage ? — 3° Le créancier a-t-il été privé d'un gain assuré et appréciable ? — 4° Quel est le montant de ce gain ? Pour résoudre ces diverses questions, le tribunal peut s'éclairer par tous les moyens de preuve, autorisés par la loi civile : expertise, descente sur les lieux, comparution des parties, etc. A l'aide de ces vérifications, les juges arrivent à fixer le chiffre de l'indemnité due, à la *liquider*. La *liquidation* des dommages et intérêts ne consiste pas, en effet, dans la constatation du droit à une indemnité, mais dans l'*évaluation* en argent de cette indemnité. Les juges sont tenus de faire cette liquidation : ils ne sauraient se contenter de décider vaguement qu'il y a lieu à indemnité. (Pr. civ., art. 128.)

Sans cette liquidation, la sentence prononcée par le tribunal ne pourrait jamais être mise à exécution, qu'avec le concours volontaire du débiteur. Le droit du créancier, du gagnant, se trouverait ainsi paralysé. En effet, dans l'intérêt même du débiteur, la loi veut que ses biens ne puissent être saisis qu'en vertu d'un titre exécutoire, le jugement par exemple, et seulement pour dettes *liquides* et certaines. (Pr. civ., art. 551.) Donc, si les juges se contentaient de déclarer le droit à des dommages, sans en fixer le montant, leur condamnation resterait impuissante, tant que le chiffre des dommages-intérêts alloués resterait indéterminé. Il est donc indispensable, pour que le jugement soit un titre efficace, que ce même jugement fixe le *quantum* des dommages-intérêts.

861. A cette règle, l'article 128 du Code de procédure apporte cependant une dérogation. Les circonstances du procès peuvent rendre impossible, au moment même où le jugement est rendu, l'évaluation des dommages dont ce même jugement reconnaît le principe. Dans ce cas, le tribunal ordonne que la liquidation des dommages sera faite plus tard *par état*, c'est-à-dire en suivant la procédure prescrite par les articles 523 et 524 Pr. civ.

862. Mais quelle utilité peut présenter la condamnation à des dommages-intérêts indéterminés, puisque cette détermination est indispensable pour procéder à la mise à exécution forcée de la sentence ? Pourquoi le tribunal n'attend-t-il pas le moment où la fixation des dommages-intérêts sera possible afin de ne rendre qu'un seul jugement ? Pourquoi multiplier les frais, en prononçant deux jugements ; le premier posant le principe de la condamnation, le second fixant son *quantum* ?

Une condamnation, même encore non liquidée, offre plusieurs avantages. — Le tribunal peut, en cas d'urgence, allouer de suite à la partie gagnante une provision à valoir et à imputer sur la somme plus tard déterminée. — La créance résultant d'une condamnation est garantie par une hypothèque judiciaire. Celle-ci peut, jusqu'à concurrence d'une somme approximativement évaluée, être immédiatement inscrite sur les biens du débiteur. (Cod. civ., art. 2123, 2148.) — Une saisie-arrêt peut être pratiquée en vertu d'une créance non liquidée, au moyen d'une évaluation provisoirement faite par le juge qui autorise la saisie. (Pr. civ., art. 559.)

863. Il est utile, au point de vue de la loi fiscale, de ne pas confondre les dommages-intérêts avec les *indemnités* proprement dites. Il y a *indemnité* lorsque la valeur allouée doit tenir exactement lieu de celle qui a été perdue. *Exemple* : Le propriétaire rembourse au possesseur la valeur des constructions par lui élevées sur le sol. (Cod. civ., art. 555.) — Les dommages-intérêts supposent un calcul de perte et de gain dont les éléments sont variables. — Le jugement qui prononce une condamnation à des dommages-intérêts donne ouverture à un droit proportionnel de deux pour cent. Les indemnités ne donnent lieu qu'au droit de demi pour cent. (L. 22 frim. an VII, art. 69 § 2. — L. 27 ventôse an IX, art. 11.)

B. *Liquidation des fruits.*

864. Dans une foule de cas, une personne est tenue de restituer à une autre personne une certaine quotité de fruits, par exemple, dans les hypothèses prévues par les articles 127, 549, 856, 928, 1014, 1571, 1614, 1682 du Code civil. Une double question doit alors être résolue par les juges. — Quelle est la nature et la qualité des fruits qui doivent être restitués ? quel sera le mode de restitution ? Quelle est la nature des fruits à restituer ? Sont-ce des fruits industriels, naturels ou civils ? Le défendeur a-t-il perçu du blé, de l'orge, du vin ou des fourrages ? Combien d'hectolitres ou de kilogrammes ? Si les parties ne s'entendent pas sur ces points, le tribunal ordonne que le compte en soit fourni en justice, à l'aide soit de titres, soit d'une expertise ou d'une enquête. (Proc. civ., art. 526 et suiv.) La loi ne pouvait ici que s'en rapporter à la sagesse des juges.

865. La valeur et la quotité des fruits une fois établie, le tribunal doit indiquer le mode de restitution. Pour les fruits civils, pas de difficulté ; perçus en argent, ils doivent être restitués en argent. Quant aux fruits industriels ou naturels, la loi distingue. La restitution doit avoir lieu tantôt *en nature*, tantôt *par équivalent*, au moyen du payement d'une somme représentative de la valeur des fruits à restituer. Dans ce dernier cas, le tribunal doit déterminer le montant de cette valeur. — La restitution doit avoir lieu en nature dans deux cas : 1° Les fruits à restituer ont été perçus pendant l'année qui a précédé la demande ; ce que l'article 129, Pr. civ., appelle la dernière année. Le défendeur ne les a point encore ni consommés, ni aliénés : c'est du moins probable. Ils sont entre ses mains : il est juste qu'il les rende en nature. Il restitue exactement ce qu'il a perçu, et la partie gagnante reçoit ce qu'elle aurait recueilli elle-même, si elle eût été en possession. — 2° Les fruits ont été perçus depuis la demande, c'est-à-dire pendant l'instance. Le défendeur a été averti par l'exploit d'ajournement de l'éventualité d'une condamnation. Il a dû conserver les fruits et les mettre en réserve. — La restitution a lieu par *équivalent* à l'égard des fruits perçus dans les années antérieures à la demande. Le défendeur est présumé les avoir consommés. (Pr. civ., art. 129.)

Les dispositions inscrites dans l'article 129 ne sont obligatoires que si la réalité des faits ne vient pas démentir les présomptions sur lesquelles la loi s'est fondée. Ainsi la restitution des fruits des années antérieures à la demande aura lieu non par équivalent, mais en nature, si en fait le possesseur les a conservés. Par exemple, ce sont des vins fins et recherchés qui, comme ceux de Bordeaux, de Bourgogne ou de Champagne, ne sont livrés au commerce que plusieurs années après la récolte. — A l'inverse, la restitution des fruits de la dernière année et de ceux perçus pendant l'instance aura lieu par équivalent, s'il est démontré que le défendeur ne les a plus en sa possession.

866. Quand la restitution des fruits a lieu par équivalent, en argent, on ne peut fixer le montant de la somme qui devra être payée, qu'en déterminant la valeur des fruits à restituer. La loi indique un double procédé. La valeur est déterminée d'après les *mercuriales* du marché le plus voisin, eu égard aux saisons et aux prix communs ; sinon, à défaut de mercuriales, à l'aide d'une expertise. (Pr. civ., art. 129.)

Les *mercuriales* sont des registres sur lesquels les maires ou les commissaires de police notent, à chaque jour de marché, le prix commun auquel ont été vendues les denrées apportées et en vue de la vente desquelles la tenue du marché a été autorisée par l'administration. — Toutes les denrées ne sont pas en effet cotées dans les marchés publics. — On obtient le prix commun du jour en réunissant les différents prix d'une même denrée et en divisant la somme totale par le nombre des ventes effectuées. — Le prix commun de l'année, eu égard aux quatre saisons, s'obtient par le calcul suivant : on additionne les prix communs des premiers marchés qui ont eu lieu au commencement des mois de janvier, d'avril, de juillet et d'octobre : on prend le quart du total. Ce quart est le prix moyen de l'année. Ainsi soient 2,000 hectolitres de blé à restituer en argent. Si le prix moyen de l'hectolitre était de 25 fr. au premier marché de janvier, de 28 fr. à celui d'avril, de 24 fr. au premier marché de juillet et de 23 fr. au premier marché d'octobre, ces prix additionnés donnent un total égal à 100, somme qui, divisée par 4 donne 25 fr., prix moyen de l'année. Le défendeur devra restituer 2000×25, c'est-à-dire 50,000 francs.

La règle posée par l'article 129, Pr. civ., reçoit exception dans le cas où le défendeur restitue en argent la valeur des fruits perçus par lui pendant l'instance. La restitution ne se fait plus au prix moyen, mais au *plus haut* prix atteint depuis la récolte. Averti, le défendeur devait se tenir prêt à les restituer et en conséquence les conserver ou, s'il y avait péril à les garder, se faire autoriser par justice à les aliéner. En agissant autrement, il est présumé en avoir réalisé la vente au cours le plus avantageux.

L'expertise est nécessaire, soit dans les localités où n'existent pas de marchés autorisés, soit à l'égard des denrées qui ne sont pas officiellement cotées.

Lorsque les fruits sont ainsi restitués, les frais matériels de culture, d'enlèvement de la récolte, de battage, les droits d'octroi et les frais de transport doivent être déduits de la valeur vénale. C'est la valeur nette seule dont eût profité le propriétaire : c'est cette valeur nette seule qui lui est due. (Cod. civ., art. 548.)

867. Le tribunal dans son jugement fixe le mode suivant lequel les fruits devront être restitués ; peut-il opérer lui-même la liquidation ? La négative résulte des articles 129 et 526 comparés aux articles 128 et 523, Pr. civ. Tandis que ces derniers textes veulent que les juges fixent, autant que possible, le *quantum* des dommages-intérêts, l'article 129 suppose évidemment une liquidation ultérieure des fruits. Le jugement, qui condamne à une restitution, doit seulement ordonner que l'évaluation en sera faite suivant le mode indiqué par l'article. En outre, l'article 526 dit formellement que celui qui sera condamné à restituer des fruits en *rendra compte* dans la forme ci-après indiquée pour les autres comptes rendus en justice. Il nous paraît résulter nettement de ces textes comparés entre eux que les juges ne peuvent dans le jugement qui ordonne une restitution de fruits, fixer la somme à payer pour cet objet.

Cette restitution des fruits doit avoir été formellement demandée dans les conclusions. Le tribunal ne peut l'ordonner d'office. Sinon, il statuerait *ultra petita* et le jugement pourrait être attaqué par la voie de recours extraordinaire de la requête civile. (Pr. civ., art. 480.)

C. *Règlement des dépens.*

868. On appelle *dépens*, parmi les frais engendrés par le procès, ceux que la partie gagnante peut se faire rembourser par l'adversaire. Mais quels sont ces frais ? Ceux d'abord régulièrement exposés, fixés par le tarif, que la loi passe en *taxe*, c'est-à-dire les honoraires des avoués, huissiers, greffiers, les droits de timbre, de greffe, d'enregistrement de la minute et des expéditions du jugement, les droits d'enregistrement perçus sur les chefs du jugement qui contiennent des mutations, etc., etc. On doit classer dans les *faux frais* toutes les autres dépenses, variables et indéterminées, non obligatoires pour l'instruction et pour le jugement, bien qu'elles aient été suscitées par le litige : ainsi, les frais de voyage, le prix des mémoires imprimés qui ont été distribués, le montant des consultations produites devant le tribunal, et même les honoraires de l'avocat. Il est vrai que l'article 80 du tarif alloue une somme de 15 francs pour ces honoraires ; mais cette somme dérisoire, qui figure dans les dépens, n'est jamais remise à l'avocat, qui est rétribué directement et plus largement par son client.

869. On a vivement discuté la question de savoir si les dépens comprennent le droit d'enregistrement dû pour des actes sous seing privé qu'il a fallu enregistrer afin de pouvoir les produire en justice. La jurisprudence est divisée sur cette question. Pour nous, nous pensons que les dépens comprennent ces droits, dont la perception a été occasionnée par la résistance injuste du débiteur condamné. Si celui-ci se fût acquitté de la dette constatée par l'acte sous seing privé, s'il n'eût point fallu le poursuivre devant la justice, le créancier n'eût jamais été obligé de faire enregistrer cet acte sous seing privé : et, d'autre part, cet enregistrement était indispensable pour que le droit du créancier ne fût pas paralysé ou compromis. Pourquoi le laisser à la charge de ce créancier qui gagne son procès? L'opinion contraire a été adoptée par plusieurs arrêts de la Cour suprême, posant en principe que les dépens n'embrassent les droits d'enregistrement que quand le jugement a été la cause *génératrice* de la perception, à raison des mutations qu'il constate ou prononce, et non quand il n'a été que la cause *occasionnelle* de cette perception, comme dans le cas où la mutation de droit mobilier ou immobilier était constatée dans un acte sous seing privé produit en justice (1). Mais, dans cette opinion, la partie gagnante peut conclure à l'obtention de ces frais d'enregistrement à titre de dommages-intérêts. Les juges se refuseront rarement à les allouer.

Nous examinerons successivement les règles relatives à la liquidation, à la condamnation, à la compensation et à la distraction des dépens.

870. Liquidation. — La liquidation des dépens se fait diversement, suivant que l'affaire est ordinaire ou sommaire. Dans les affaires sommaires, la liquidation des frais et dépens doit être faite dans le jugement même qui les adjuge. (Pr. civ., art. 543.)

En matière ordinaire, la liquidation des dépens s'opère d'après le mode indiqué par le décret du 16 février 1807. (Pr. civ., art. 544.) La liquidation est faite par un des juges ayant assisté au jugement. A cet effet, l'avoué qui requiert *taxe*, c'est-à-dire cette liquidation, remet au greffier l'état des dépens par lui exposés et adjugés par le jugement avec les pièces justificatives, les originaux des divers actes de la procédure. Dans cet état où sont énumérés les actes de la procédure, l'avoué indique pour chacun d'eux et dans des colonnes séparées le montant des déboursés et celui des honoraires. — Le juge chargé de liquider taxe chaque article en marge de l'état, inscrit au bas le total, le signe, met le mot *taxe* et son paraphe sur chaque pièce de la procédure. Cet état, aussi signé par le greffier, demeure annexé aux *qualités*.

871. Le montant de cet état est mentionné dans l'expédition du jugement ou de l'arrêt, et cette expédition sert de titre exécutoire contre la partie condamnée, à l'effet d'obtenir le payement de ces dépens. Si la taxe a été réclamée et la liquidation faite postérieurement à l'expédition du jugement, le greffier délivre alors un exécu-

(1) Cass., 13 février et 17 décembre 1872 (Sir. 1872-1.17 et 1-421).

toire à l'avoué, qui a obtenu, par le jugement, la distraction des dépens. A cet effet, il rédige un acte portant contrainte de payer les frais, tels qu'ils résultent de la taxe faite par le juge, et délivre à l'avoué ou à la partie gagnante une expédition de cet acte, revêtue de la formule exécutoire. Puis, pour obtenir le payement du montant des dépens taxés, cet acte est signifié à l'avoué de la partie condamnée et à la partie elle-même. (Décret du 16 février 1807, art. 2 à 5.)

872. L'avoué ne peut se faire délivrer un exécutoire contre son client. Celui-ci n'a pas été condamné par le jugement à lui payer les dépens. Entre l'avoué et son client, les choses se passent comme entre créancier et débiteur ordinaires. Mandataire salarié, l'avoué n'a pas de titre exécutoire contre le client. Si celui-ci ne le désintéresse pas volontairement, l'avoué devra obtenir jugement et le poursuivre à cet effet, après avoir fait taxer ses frais. Mais l'officier ministériel jouira de l'avantage de plaider devant le tribunal même où les frais ont été réalisés. (Pr. civ., art. 60 — V. nº 410.)

873. Habituellement, un même juge est chargé pour toute l'année judiciaire de la taxe des frais. Sinon, la taxe est faite par le président ou par un juge par lui désigné parmi ceux qui ont assisté au jugement et qui sont plus à même de vérifier la procédure. En effet, le juge taxateur doit examiner avec soin si chacun des articles portés dans l'état est autorisé par le tarif; dans le cas où l'article est autorisé, si l'avoué n'a pas inutilement allongé les écritures. Le juge doit rejeter de la taxe non seulement les actes non passés en taxe ou interdits par la loi, mais aussi tout ce qui lui paraît superflu.

874. Condamnation. — Toute partie qui succombera sera condamnée aux dépens, dit l'article 130, Pr. civ., c'est-à-dire, outre les siens propres, supportera les frais faits par la partie gagnante qui doit être indemne. Mais la formule de ce texte est à la fois trop absolue et trop compréhensive. Prise au pied de la lettre, elle conduirait à des solutions inacceptables.

Toute partie qui succombera, sauf le ministère public. Il a toujours été admis en France que les magistrats du ministère public, agissant en cette qualité, ne peuvent être condamnés aux dépens. Si le ministère public a figuré au procès comme partie jointe, il ne peut être question de dépens : il n'en a point exposé et il n'était l'adversaire d'aucune des parties en cause. Mais l'exception existe pour le cas où le ministère public, ayant joué le rôle de partie principale, a succombé. Ni lui personnellement, ni l'État ne supportent les frais exposés par l'adversaire, et ceux qu'il a faits sont à la charge du trésor public. (V. Décret du 18 juin 1811, art. 121 à 125). Quant à la partie adverse, si elle succombe, elle paye tous les frais du procès : ceux qu'elle a exposés et ceux qu'a faits le parquet. Si elle triomphe, elle supporte les dépens qu'elle a exposés : il nous paraîtrait plus juste de les mettre à la charge du trésor public. En effet, comme partie principale, le ministère public n'a pu agir que dans un intérêt d'ordre public. (V. n° 575 et s.) C'est l'intérêt général dont l'État a la surveillance et la direction qui était engagé au procès ; or les dépenses, occasionnées par la sauvegarde ou la protection des intérêts généraux, doivent être intégralement supportées par l'État. L'exception, introduite en faveur du ministère public, cesse dans les affaires domaniales, dans lesquelles l'État est représenté par le préfet ou par une administration publique. Si l'État perd le procès, il est, comme tout autre plaideur, condamné aux dépens.

875. La partie perdante doit-elle être condamnée aux dépens de plein droit et d'office par le tribunal, ou faut-il que l'adversaire ait demandé cette condamnation? La question est controversée. Dans notre ancien droit français, sous l'empire de l'ordonnance de 1667, les auteurs les plus remarquables admettaient que la condamnation aux dépens pouvait être prononcée d'office. De nos jours, la Cour suprême paraît vouloir adopter ce sentiment (1). Avec la majorité de la doctrine, nous préférons l'opinion contraire. Une condamnation ne peut porter que sur ce qui a fait l'objet des conclusions des parties. Si un tribunal alloue à un plaideur ce à quoi celui-ci n'a point conclu, le jugement peut être attaqué, *ultra petita*, par la voie de la requête civile. (Pr. civ., art. 480, 4°). Or cette règle s'appplique aussi bien aux condamnations accessoires, comme celle des dépens, qu'aux condamnations principales. A l'égard des unes comme des autres, le juge aura excédé sa mission. Concluons donc que les dépens ne peuvent être accordés au plaideur qui ne les a pas demandés, malgré la formule impérative de l'article 130.

Cependant nous n'appliquerons pas cette solution dans les li-

(1) Cass., 22 août 1871. (Sir. 1871-1.197.)

tiges portés devant un juge de paix. Là, les affaires s'expédient avec rapidité, sur des explications purement orales, souvent sans l'intermédiaire d'aucun homme de loi. Ne serait-il pas rigoureux d'exiger du demandeur des conclusions formelles, s'il veut obtenir le remboursement de ses frais. Imposer à peine de d'échéance cette obligation au demandeur, ne serait-ce pas transformer en un véritable piège pour les plaideurs la simplicité de cette juridiction? Du reste, en admettant l'irrégularité de la décision du juge de paix, allouant d'office les dépens au gagnant, la sentence, en la supposant rendue en premier ressort, ne pourrait être attaquée que par la voie de l'appel. La requête civile n'est pas recevable contre un jugement rendu par le juge de paix. (Pr. civ., art. 480.) Le recours en cassation serait aussi impossible, car il n'y aurait point là excès de pouvoir dans le sens de la loi du 25 mai 1838.

Mais devant un tribunal civil, de commerce ou devant une cour, si la partie gagnante a omis de réclamer la condamnation de son adversaire aux dépens, nous pensons qu'elle ne peut les demander postérieurement par action principale. Elle a renoncé tacitement à son droit. — Si, au contraire, la condamnation aux dépens a été omise malgré les conclusions de la partie gagnante, cette partie peut attaquer le jugement par la voie de la requête civile, pour omission relative à un des chefs de demande. (Pr. civ., art. 480, 3°.)

876. La condamnation aux dépens n'a pas besoin d'être motivée d'une manière spéciale. Elle n'est qu'un accessoire et qu'une conséquence de la condamnation principale. Elle se justifie par les mêmes motifs. Mais si cette condamnation était prononcée *solidairement* contre plusieurs parties perdantes, à titre de dommages-intérêts alloués au gagnant, elle devrait être motivée : car il faut justifier l'allocation qui en est fait à un titre différent, à titre de dommages (1).

877. Malgré les termes en apparence impératifs de l'article 130, la jurisprudence admet, d'une manière constante et comme axiome indiscutable, qu'en matière de condamnation aux dépens les tribunaux ont un pouvoir discrétionnaire. — De ce principe, elle a déduit plusieurs conséquences qu'il suffit d'énumérer : La répartition des dépens entre les plaideurs est une décision qui

(1) Cass., 19 décembre 1877. — Cass., 5 janvier 1881 (Sir., 1878. 1. 468 — 1881. 1. 345).

échappe à la censure de la cour de cassation. — Le demandeur, qui obtient une somme moindre que celle par lui réclamée, peut être condamné aux dépens, quoique gagnant en partie son procès. — La partie, qui ne succombe pas sur tous les chefs de la demande dirigée contre elle, peut néanmoins être condamnée à la totalité des dépens. — La partie qui succombe, quoique n'ayant pas contesté le bien fondé de la demande et s'en étant rapportée à justice, peut-être condamnée aux dépens, soit en partie, soit en totalité. — L'appelant peut-être condamné à tous les frais, quoique sur son appel, la cour ait réduit le montant de la condamnation principale prononcée par le tribunal, etc., etc.

Le principe et les conséquences que la jurisprudence en a déduites reposent sur cette idée, que la condamnation aux dépens est la réparation du préjudice causé par l'attaque ou la résistance injuste de la partie condamnée. Or cette attaque ou cette résistance peut être plus ou moins répréhensible, plus ou moins dommageable suivant les circonstances propres à chaque cause.

878. Quand une partie est représentée en justice par un mandataire légal, la condamnation aux dépens atteint le mandant, le représenté et non le mandataire. Ainsi c'est le mineur, l'interdit, la succession vacante ou bénéficiaire, ou la faillite qui sont condamnés, non le tuteur, le curateur, l'héritier bénéficiaire, ou les syndics. — Mais si ces représentants légaux ont, par un procès mal à propos intenté, injuste, ou mal dirigé, compromis les intérêts de leurs représentés, ils peuvent être condamnés aux dépens, en leur nom personnel et sans répétition contre le mineur, la succession bénéficiaire ou la faillite. Le jugement doit l'exprimer formellement; sans quoi ces divers mandataires seraient autorisés à faire figurer ces dépens dans leur compte de gestion. La condamnation des administrateurs en leur nom personnel peut être prononcée d'office par le tribunal, ou sur les conclusions du ministère public. (Pr. civ., art. 132.) — Suivant la gravité des circonstances, ces mandataires légaux peuvent être condamnés à des dommages envers les intéressés, et peuvent être les tuteurs et autres destitués, ou l'héritier déchu du bénéfice d'inventaire.

De même les avoués et huissiers, qui ont excédé les bornes de leur ministère, peuvent être condamnés aux dépens, en leur nom et sans répétition, même aux dommages-intérêts, s'il y a lieu. Cette condamnation aux dépens exposés par la partie adverse, subie par l'avoué, qui a suivi un procès sans y être autorisé, est prononcée, sans préjudice de la responsabilité qu'il encourt vis à vis de son client. Les frais de procédure faits par ce client restent à la charge de l'avoué. (Pr. civ. art., 1031). Il doit ceux exposés par l'adversaire. (Pr. civ., art. 132). Cet avoué supporte donc la totalité des dépens faits par les deux parties. — Il peut en outre être condamné à des dommages-intérêts, soit envers son propre client, soit envers l'adversaire, et suivant la gravité du cas, être frappé de suspension, ou d'interdiction. Mais pour que ce résultat se produise, l'avoué doit avoir été le sujet d'un désaveu formulé par son client et admis par le tribunal. (Pr. civ., art. 353 et suiv.)

879. L'application de l'article 130, Pr. civ., a soulevé quelques difficultés dans les hypothèses où la condamnation aux dépens est prononcée contre plusieurs personnes.

Une demande a été dirigée contre deux époux : le procès est perdu par eux. Le mari et la femme doivent-ils êtres tous deux condamnés aux dépens? Distinguons : Le mari aurait dû être seul assigné, comme représentant légal et administrateur du patrimoine propre de sa femme ou du patrimoine commun; la femme a été mal à propos appelée au procès; le demandeur ne peut, profitant de l'erreur qu'il a lui-même commise, obtenir contre cette femme, une condamnation aux dépens du litige. *Exemples :* Les époux sont mariés, sous le régime de la communauté et l'action intentée est mobilière ou possessoire. (Cod. civ., art. 1428.) — Les époux sont mariés sous le régime dotal, et le procès est relatif à un immeuble dotal. (C. civ., art. 1549.) — 2° La présence de la femme au procès était nécessaire, parce que seule elle pouvait jouer le rôle de demanderesse ou de défenderesse; mais le mari était aussi intéressé au litige. La condamnatian aux dépens peut-être prononcée contre les deux époux. *Exemple.* Sous le régime de la communauté, l'action relative à un immeuble propre de la femme doit être dirigée contre la femme et contre le mari, intéressé à raison de sa jouissance. (C. civ., art. 1428.) — 3° Le mari ne figure au procès que pour habiliter sa femme à ester en justice. Il ne doit jamais être condamné aux dépens. La femme seule peut l'être. *Exemple :* Le procès est relatif aux biens d'une femme séparée de biens ou aux paraphernaux d'une femme dotale.

880. Plusieurs personnes liées par un intérêt commun, telles que les codébiteurs d'une même dette, des covendeurs ou des coacheteurs, des coemprunteurs, sont assignées et perdent le procès. Pourront-elles être condamnées aux dépens pour la totalité, ou seulement pour partie? — Distinguons encore. — Si la dette commune à tous les assignés est une dette simplement *conjointe*, chacun des coobligés ne peut être condamné aux dépens que pour sa part et portion. Accessoire et conséquence de la condamnation principale, la condamnation aux dépens ne peut être, ni plus étendue, ni plus rigoureuse; elle est divisible comme elle. — Mais une jurisprudence constante admet que la condamnation à la totalité des dépens peut être prononcée contre chacun des coobligés *in solidum*, lorsque ces dépens sont alloués à titre de dommages-intérêts. La dette des dépens change alors de caractère : elle n'est plus considérée comme un accessoire ; elle constitue la réparation d'une faute imputable à tous et à chacun des divers obligés (1). — La même raison conduit à admettre la condamnation *in solidum* aux dépens contre les coauteurs d'un délit ou d'un quasi-délit, contre les complices d'un dol ou d'une fraude.

Si la dette, primitivement dûe par une seule personne, s'est divisée entre ses héritiers et que le créancier les poursuive tous, chacun d'eux sera condamné aux dépens, non pour une part virile, mais au prorata de sa part héréditaire.

Une dette est solidaire en vertu de la convention des parties ou en vertu de la loi. Le créancier assigne conjointement tous ou plusieurs des débiteurs solidaires. Il triomphe. La condamnation aux dépens doit-elle être prononcée solidairement contre tous, et contre chacun des débiteurs actionnés? — La question a été vivement controversée dans la doctrine. Pour nous, avec la majorité des auteurs et avec une jurisprudence constante et fermement assise, nous pensons que la condamnation aux dépens est nécessairement solidaire. Dette accessoire et conséquence de la condamnation principale, elle doit avoir le même caractère que celle-ci, qui incontestablement ne peut être que solidaire. Les principes régulateurs de la solidarité conduisent à la même solution. Contre chacun des codébiteurs solidaires, le créancier doit pouvoir recouvrer sa créance, en principal et accessoires, comme si ce débiteur était unique. La divisibilité possible de la dette entre les codébiteurs ne doit jamais nuire au créancier. Aussi peut-il réclamer à l'un ou l'autre d'entre eux la totalité des intérêts moratoires. Or, comme ces

(1) Cass., 5 janvier 1881. (Sirey. 1881. 1. 345.)

intérêts, les frais judiciaires sont des accessoires. — La solidarité établit en quelque sorte un cautionnement entre les codébiteurs, mais un cautionnement d'une énergie particulière et plus intense au profit du créancier. Or si une demande est formée cumulativement contre le débiteur principal et contre la caution, celle-ci peut-être condamnée pour le tout aux dépens envers le créancier. Donc, *a fortiori*, cette condamnation peut-elle être solidairement prononcée contre les divers codébiteurs solidaires; sinon le créancier verrait sa position amoindrie en partie, et pour éviter cet inconvénient ferait autant de procès successifs qu'il aurait de débiteurs solidaires, au lieu de les poursuivre cumulativement. Les frais seraient considérablement accrus au détriment des débiteurs, sans parler de l'éventualité de voir prononcer des jugements inconciliables entre eux. (C. civ., art. 1207 et 2016).

Si l'un des débiteurs solidaires conjointement actionnés a soulevé seul une contestation, un incident donnant naissance à des frais particuliers, il doit évidemment seul y être condamné.

881. Compensation. La loi apporte une double dérogation à la disposition de l'article 130, Pr. civ. — 1° Un procès a lieu entre proches parents, entre un père et son fils, un frère et sa sœur, un mari et sa femme par exemple : d'après l'article 130, le perdant devrait tous les frais, les siens et ceux de son adversaire ; le père aurait à payer les frais exposés par le fils, le frère ceux de la sœur, le mari ceux de la femme, ou réciproquement. Le législateur a pensé qu'une condamnation aux dépens, s'ajoutant à la perte du procès, n'aurait d'autre résultat que d'accroître l'irritation ou d'entretenir le ressentiment entre personnes, que doivent unir au contraire les liens de l'affection et entre lesquelles il est désirable de voir rétablir la paix et la bonne harmonie des relations. Pour éviter cet inconvénient, la loi laisse au tribunal le pouvoir d'exonérer, en totalité ou en partie, le perdant de l'obligation de payer les dépens : en *totalité*, quand le tribunal juge que chaque plaideur supportera seul les frais par lui exposés, sans recours contre son adversaire; en *partie*, quand le tribunal met à la charge de la partie perdante la moitié, le tiers, ou une fraction quelconque des frais faits par le gagnant. — L'article 131, Pr. civ., doit être interprété restrictivement, puisqu'il apporte une exception à un principe général. Il ne s'appliquera donc qu'à l'égard des seuls parents par lui désignés.

Les rédacteurs de l'article 131 ont fait usage d'une expression impropre, en disant: les dépens pourront être *compensés*. Non; il n'y a pas compensation, extinction réciproque de deux dettes, dans l'hypothèse prévue au texte. Une partie a triomphé; l'autre a perdu. Un seul débiteur est en présence d'un seul créancier : il n'y a qu'une créance et non deux. Cette dette est remise en totalité ou en partie par le juge au débiteur. Il y a *remise de dette*, mais non compensation. (Cod. civ., art. 1289 et s.).

882. — 2° L'article 131., Pr. civ., prévoit une seconde hypothèse. Les plaideurs ont présenté plusieurs chefs de demande: ou fait valoir plusieurs défenses. Chacun des plaideurs gagne sur certains chefs et succombe sur d'autres. Chacun d'eux doit les frais relatifs aux chefs sur lesquels il a succombé. Les deux plaideurs sont ainsi réciproquement créanciers et débiteurs l'un de l'autre. Quoi de plus naturel que d'éteindre leurs dettes par leurs créances réciproques? — La compensation que le tribunal opère dans ce cas est *simple* ou *proportionnelle*. Elle est *simple*, lorsqu'elle est prononcée pour le tout, chacune des parties restant chargée de payer, sans recours contre l'adversaire, tous les frais par elle exposés. — La compensation est *proportionnelle*, quand une partie ayant triomphé sur la plupart des chefs du litige, le tribunal l'autorise à se faire rembourser ou payer par l'adversaire une fraction, le tiers ou le quart de ses propres frais.

Chacune des parties peut succomber sur un seul et même chef, en ce sens que le tribunal dans son jugement n'a ni entièrement adopté, ni entièrement rejeté la demande formée devant lui. Ainsi le demandeur réclame quarante mille francs; le défendeur en offre dix mille. Le tribunal en adjuge vingt-cinq mille. Il est évident que les deux parties ont eu également tort dans leurs prétentions respectives. La jurisprudence n'hésite pas, dans cette hypothèse, à appliquer l'article 131 du Code de procédure.

883. La compensation prévue par ce texte diffère profondément de la compensation proprement dite, rangée par le Code civil parmi les causes d'extinction des obligations 1°. La compensation civile a lieu de plein droit, *ipso jure* (Cod. civ., art. 1290). Celle des dépens ne s'opère que par la décision et la volonté du tribunal. — 2° La compensation de la loi civile n'a lieu qu'entre dettes liquides, dont le chiffre est connu et déterminé. (Cod. civ., art. 1291); les dépens, quoique non liquidés, sont compensables. — 3° La compensation, *stricto sensu*, n'éteint les deux dettes qu'à concurrence de la plus faible : les dépens, quoique inégaux, peuvent être compensés pour le tout par le tribunal.

Ne confondons pas avec cette compensation de l'article 131, la condamnation partielle aux dépens, que le tribunal prononce, d'après l'article 130, dans le cas suivant par exemple. Le défendeur succombe sur la demande principale dirigée contre lui ; mais il triomphe sur la demande reconventionnelle par lui présentée. Chacune des parties doit rembourser les frais faits par l'autre plaideur. Il s'établit une balance entre elles ; la compensation de la loi civile peut se produire et se produira *ipso facto*, entre ces deux créances réciproques, dès qu'elles seront liquidées. La précision que nous indiquons est importante au point de vue de la distraction des dépens.

884. Distraction. Les avoués font habituellement l'avance de tout ou partie des frais engendrés par le procès. Les plaideurs ne soldent pas ces frais au fur et à mesure de la confection des procédures. Il est à désirer même, dans l'intérêt des plaideurs pauvres, que les avoués soient encouragés à faire ces avances, par les facilités que le législateur peut leur accorder pour le recouvrement de leurs frais. — Voyons comment le recouvrement leur est garanti.

Le procès terminé, l'avoué, mandataire de son client, a contre lui une action de mandat. La partie gagnante a, elle aussi, l'action *judicati* contre la partie perdante, condamnée aux dépens à son profit. L'avoué du gagnant a donc un débiteur, le gagnant, qui lui-même a un débiteur de la même dette, des frais dus à l'avoué. Celui-ci pourrait, invoquant l'article 1166 du Code civil, demander le payement à la partie perdante du chef de son client. Mais cette action subrogatoire présente un double danger. 1° Le plaideur gagnant peut devoir à un titre quelconque une somme d'argent à son adversaire. Celui-ci, poursuivi par l'avoué, qui a fait taxer et liquider ses frais, lui opposera la compensation entre cette créance des dépens et sa propre créance. L'avoué, non payé par la partie perdante, aura bien toujours contre son client l'action de mandat : mais si ce dernier est insolvable, l'avoué ne sera pas indemnisé. — 2° La partie gagnante est, postérieurement au procès, mise en état de faillite : l'avoué, exerçant contre la partie perdante un droit du failli, sera tenu de verser ce qu'il recevra à la masse de la faillite et n'obtiendra qu'un simple dividende.

Ces périls auraient arrêté les avoués. Ils se seraient refusés à faire des avances aux plaideurs présumés peu solvables. L'indigence ou un crédit peu assuré eussent été des obstacles à l'exercice d'un droit. La loi écarte cette éventualité et ce danger, en permettant à l'avoué de la partie gagnante de faire condamner par le tribunal l'adversaire directement envers lui. La partie perdante devient personnellement et directement débitrice de l'avoué. Cette condamnation au profit de l'avoué réalise la *distraction* des dépens.

885. La *distraction* des dépens est une délégation de la créance des dépens, autorisée par la loi et effectuée par le jugement, au profit de l'avoué. La créance du gagnant contre le perdant entre dans le patrimoine de l'avoué, à concurrence des avances par lui faites et des honoraires à lui dus. Cette délégation, la partie gagnante devait équitablement la consentir : la loi autorise le juge à l'effectuer,

Cette délégation engendre les conséquences suivantes : 1° Puisque l'avoué devient le créancier direct de la partie perdante, il n'a plus à craindre de se voir opposer la compensation du chef de la partie gagnante. — 2° Le gagnant est-il en état de faillite, les créanciers du failli ne peuvent exiger que l'avoué reverse à la masse de la faillite ce qui lui a été payé : il a reçu le montant d'une créance à lui propre et non le payement de la créance du failli. — 3° Malgré cette délégation, l'avoué n'en reste pas moins le créancier du gagnant, tenu envers lui à raison du mandat donné et exécuté. La délégation, introduite dans l'intérêt de l'avoué, ne saurait lui être préjudiciable et se retourner contre lui. Elle n'emporte pas novation. Elle ne substitue pas purement et simplement, à la créance de l'avoué contre son client, la créance déléguée contre l'adversaire. On ne doit pas supposer que le créancier, qui accepte une délégation comme moyen devant faciliter le payement, entende par cela seul décharger son débiteur (Cod. civ., art. 1275). Aussi l'article 133 du Code de procédure dit-il : *sans préjudice de l'action contre sa partie.* — L'avoué a donc deux débiteurs : le client et son adversaire. Si celui-ci n'acquitte pas le montant des dépens, l'avoué pourra en demander le paiement à son propre client, mais à une condition. Il aura dû exercer des poursuites en temps utile et ne pas laisser par sa faute la partie condamnée devenir insolvable. Sinon, il serait déchu de tout recours contre son client, non que son action fut perdue *in se*, mais parce qu'il devrait indemniser du préjudice occasionné par sa négligence le client qui ne peut plus obtenir payement. — 4° La créance des frais ainsi déléguée par le jugement à l'avoué, la partie condamnée se trouve dans la situation de tout débiteur dont la dette a été l'objet d'une délégation formelle. Cette délégation est connue du perdant; car elle est mentionnée au jugement. Il ne peut donc plus se libérer entre les mains de la partie gagnante. — 5° Celle-ci ne peut ni demander le payement, ni exercer des poursuites contre le perdant, tant que l'avoué délégataire n'est pas désintéressé. Sinon le bénéfice de la distraction deviendrait illusoire. — C'est l'avoué qui a qualité pour poursuivre le recouvrement de la créance des dépens. Il se fait, dans ce but, délivrer éxécutoire par le greffier (V. n° 871) et peut, en vertu du jugement, prendre inscription d'hypothèque sur les immeubles de la partie condamnée. — 6° La distraction opérée au profit de l'avoué équivaut en quelque sorte à un payement: deux opérations sont censées éxécutées et confondues en une seule. La partie perdante, quand elle paye l'avoué, est considérée comme ayant payé entre les mains de la partie gagnante, et celle-ci est censée avoir à son tour payé entre les mains de l'avoué. En conséquence, si plus tard la partie perdante fait tomber le jugement de condamnation, elle ne pourra réclamer la restitution des dépens par elle payés qu'à son adversaire, et non à l'avoué censé n'avoir pas été payé par elle.

886. La distraction des dépens est donc éminemment favorable aux avoués : mais elle n'est pas toujours possible et réalisable. — Si les dépens sont (compensés pour le tout) mis à la charge respective des parties qui les ont exposés, la distraction est impossible : la partie gagnante n'est pas créancière des dépens contre le perdant. — Si les dépens, exposés par le gagnant, sont mis pour partie à la charge du perdant, la distraction est possible à concurrence de la fraction que le gagnant peut réclamer. — Chacun des plaideurs est-il condamné à supporter partie des dépens, comme nous l'avons vu ci-dessus (V. n° 882) la distraction peut être réclamée par leurs avoués respectifs. Mais n'y a-t-il pas compensation véritable entre les deux créances réciproques, de telle sorte que l'excédent seul puisse être demandé par l'avoué de la partie dont la créance se trouve supérieure ? Non, la distraction étant prononcée par le jugement; en même temps que la condamnation aux dépens, la créance des dépens est déléguée au moment même de sa naissance : l'avoué a immédiatement un droit acquis. En outre, ces créances de dépens ne sont pas liquidées au moment de la prononciation du jugement, et par suite la compensation légale ne peut encore s'opérer. La distraction peut donc être obtenue par les avoués respectifs des parties pour la totalité de leurs créances. (C. civ., art 1291 et 1298).

887. A quelles conditions, la distraction est-elle opérée? L'article 133, Pr. civ., nous les indique. La distraction doit être demandée et octroyée lors de la prononciation du jugement. La délégation doit s'opérer à cet instant : plus tard le juge serait dessaisi et ne pourrait plus l'ordonner, l'imposer à la partie gagnante. Le texte est formel : la distraction ne pourra être prononcée que par le jugement qui portera condamnation. — Elle est demandée, soit par des conclusions en forme, soit verbalement à la barre au momeut du prononcé de la sentence. — L'avoué affirme avoir fait l'avance des frais ; mais cette affirmation n'a pas besoin d'être accompagnée d'un serment. On a confiance en la parole des avoués. S'il s'élevait des doutes, une vérification bien facile serait opérée à l'aide du registre sur lequel l'avoué doit inscrire tous les versements faits par ses clients. (V. n° 245.) — L'affirmation n'est pas prescrite à peine de nullité. La distraction peut être prononcée quoique l'avoué ne soit pas présent : l'affirmation sera faite ultérieurement.

L'avoué d'appel peut demander, si elle n'a pas eu lieu, la distraction des frais exposés en première instance. La masse des dépens les comprend tous : l'ávoué d'appel les remboursera à l'avoué de première instance.

§ 2. *Dispositions relatives à l'exécution du jugement.*

888. A côté des condamnations que prononce le tribunal, le jugement peut renfermer certaines dispositions relatives à sa mise à éxécution. Ces dispositions sont édictées en faveur de l'un ou de l'autre des deux plaideurs. — Le tribunal peut prendre en considération la position de la partie condamnée et lui accorder des délais pour l'exécution du jugement. — Il peut, à l'inverse, octroyer un notable avantage au plaideur triomphant, en déclarant le jugement éxécutoire par provision nonobstant appel.

A. *Délai pour l'exécution des jugements.*

889. Le délai pour l'exécution des jugements peut être légal, conventionnel ou judiciaire.

La loi française actuelle n'accorde pas de délai à la partie condamnée. Dans notre ancien droit, l'ordonnance de Moulins de 1566 n'autorisait la mise à éxécution d'un jugement par la voie de la contrainte par corps qu'après un délai de quatre mois. L'ordonnance de 1667 exigeait l'expiration d'un semblable délai dans les cas où elle autorisait l'emploi de la même contrainte.

Le Code de procédure actuel établit seulement un intervalle plus ou moins considérable entre le commandement, acte par lequel le débiteur est sommé en vertu d'un titre éxécutoire, et l'emploi des diverses saisies contre le débiteur négligent. (Pr. civ. art. 583, 674.)

890. Comme en toute autre matière, les parties peuvent convenir d'un délai pour l'éxécution des jugements. Le délai est appelé alors délai *de droit*. Ses effets sont réglés par le Code civil. (C. civ., art, 1185 à 1188.) Le Code de procédure ne s'occupe du délai conventionnel qne pour avertir le juge de n'en pas tenir compte, à raison de la déchéance encourue par le débiteur dans certaines circonstances indiquées par l'article 124, Pr. civ.

891. Le délai *judiciaire* ou de *grâce* est consacré par l'article 1244 du Code civil. Ce texte permet d'apporter une dérogation à la convention des parties et à la disposition de l'article 1134, C. civ. La faculté concédée aux juges est contraire à l'intérêt général du crédit; car toute atteinte aux conventions tend à les restreindre ou à les rendre plus difficilement réalisables. Aussi la loi recommande-t-elle aux juges de n'user de ce pouvoir qu'avec une grande réserve, de n'accorder que des délais modérés, et dans le cas seulement où il sera évident que le débiteur, impuissant quant à présent à éxécuter, sans ressentir un grave préjudice, la condamnation prononcée contre lui, sera sûrement en mesure, dans un court délai, de satisfaire son créancier. Si dans l'avenir le débiteur ne doit pas avoir plus de facilités, il est inutile et dangereux d'obliger le créancier à attendre : le débiteur pourrait accroître son insolvabilité.

Les termes de l'article 1244 prouvent que le tribunal peut accorder un seul ou plusieurs délais, en autorisant des payements partiels et échelonnés. On a élevé des doutes sur ce point. Une simple observation doit les faire rejeter. Le principe, qui ne permet pas au débiteur lui même de forcer le créancier à recevoir un payement partiel, est justement inscrit dans le même article 1244. Ce texte contient tout à la fois la règle et l'exception. Celle-ci vient immédiatement atténuer et expliquer la portée du principe lui-même.

En règle générale, les juges peuvent user du pouvoir que leur confie l'article 1244 dans tous les cas, sauf dans quelques hypothèses exceptionnelles réservées par la loi. Pour fixer la portée du principe, il suffit d'énumérer ces cas d'exception.

892. La loi n'autorise pas l'octroi d'un délai de grâce : 1° au cas de convention formelle entre un vendeur et un acheteur, portant qu'à défaut de payement du prix au terme fixé, la vente sera résolue de plein droit (C. civ., art 1656) — 2° pour l'exercice du droit de réméré (C. civ., art. 1661). — 3° en matière de lettres de change et de billets à ordre (Cod. com., art 157 et 187.) — 4° enfin dans les diverses hypothèses prévues par l'art. 124, Pro. civ. Dans ces cas, non seulement le débiteur condamné ne peut pas obtenir de délai du tribunal, mais il perd le délai conventionnel qui lui avait été consenti par le créancier. On ne doit pas sacrifier ou compromettre gravement les droits et les intérêts du créancier, en en suspendant l'exercice pour ménager un débiteur déjà insolvable ou offrant peu de garanties pour le payement de la dette.

893. Les cas énumérés par l'article 124 se réfèrent à trois hypothèses : insolvabilité du débiteur ; son état de contumace ; la diminution par son fait des sûretés données au créancier.

A. La *faillite* d'un commerçant fait présumer l'insolvabilité : elle n'établit, il est vrai, que la cessation des payements. Malgré cette cessation, le passif du négociant peut être inférieur à son actif. Mais elle laisse le failli sans ressources actuellement disponibles : il ne pourra pas plus s'acquitter dans six mois qu'aujourd'hui. Comment accorder un délai à ce failli, dont la loi rend toutes les dettes immédiatement exigibles, auquel elle fait perdre le bénéfice du terme conventionnel, afin que tous les créanciers puissent ensemble concourir à la distribution des deniers réalisés par les syndics ? Pourquoi un seul créancier serait-il astreint à l'inaction ? (C. civ., art. 1188 ; Cod. com., art. 437, 444.)

B. L'état d'insolvabilité d'un non-commerçant prend la dénomination de *déconfiture*. La loi civile ne fixe pas les conditions constitutives de cet état. La déconfiture ne se révèle qu'à l'aide de signes apparents, qui sont les voies d'éxécution dirigées contre les biens du débiteur. Dès que ces signes extérieurs se manifestent, le Code de procédure prohibe toute concession de délai. Si le créancier, au profit duquel le tribunal condamne un débiteur, était obligé de rester inactif, alors que les autres créanciers saisissant les biens et les faisant vendre figureraient à la distribution des prix d'adjudication, ce créancier serait inévitablement constitué en perte. — Mais faut-il, pour que tout délai soit refusé ou enlevé au débiteur, que ses biens soient *vendus*, ou suffit-il qu'ils soient *saisis* à la requête des autres créanciers ?

Malgré les expressions de l'article 124, la saisie nous paraît suffire. Elle va nécessairement engendrer l'inconvénient signalé que le législateur a voulu éviter, si le délai est accordé ou maintenu au profit du débiteur. Les autres créanciers poursuivront l'exécution et seront payés, sans que celui auquel le tribunal aurait imposé un délai pût se joindre à eux. — Le délai doit être refusé ou perdu, si la déconfiture est constatée par un procès verbal de carence ou par une cession de biens judiciaire opérée au profit d'autres créanciers (C. civ., art. 1265 à 1270). — Dans l'article 124 la loi ne paraît pas prévoir l'hypothèse générale d'une *déconfiture ;* mais elle s'est expliquée à cet égard, dans un cas beaucoup plus douteux. En matière de rente constituée en perpétuel, la loi décide que la déconfiture du débiteur autorisera le crédit-rentier à se faire restituer le capital, bien que la nature propre du contrat tende à exclure cette faculté. Si la déconfiture a ainsi pour résultat de faire perdre le bénéfice du terme, même inhérent à la convention des parties, à combien plus forte raison doit-elle mettre le tribunal dans l'impossibilité d'accorder à la partie, condamnée à payer un capital par lui-même exigible, une faveur exceptionnelle et presque exorbitante. (C. civ., art. 1913.)

C. Le Code de procédure applique simplement une règle de la loi civile, lorsqu'il refuse tout délai au débiteur qui a diminué, par son fait, les sûretés données au créancier par le contrat. (C. civ. art. 1188.) Le débiteur, en perdant le terme de droit ou en n'obtenant pas de terme de grâce, subit les conséquences de la faute par lui commise. — Les sûretés, telles que hypothèque, caution, peuvent diminuer par suite d'un événement de force majeure, d'un fait non imputable au débiteur : la caution devient insolvable, le champ hypothéqué est en partie détruit par une inondation ; on ne peut obliger le créancier à conserver une créance dépouillée des garanties qu'il avait eu le soin de se faire accorder : mais nul reproche ne peut être adressé au débiteur. La loi civile autorise le créancier à réclamer de nouvelles garanties : lui sont elles données, le débiteur conserve la jouissance du délai *conventionnel*, et par identité de motifs le tribunal, dans les mêmes circonstances, conserve la faculté d'octroyer des délais de *grâce*. (C. civ., art., 213.)

D. Le débiteur ne peut obtenir de délai quand il est en état de *contumace*, c'est à dire lorsque mis en accusation pour crime, il a refusé de se présenter devant la justice. (C. inst. crim., art 465 et suiv.) — Le tribunal ne peut traiter avec bienveillance le rebelle à la loi. Les biens du contumax sont placés sous séquestre, tant qu'il est en fuite ou se tient caché. Cette situation constitue pour ses créanciers une position périlleuse ; quel espoir de voir ce débiteur relever ses affaires et accroître son patrimoine. L'avenir n'offfrira pas une situation améliorée.

E. Le débiteur *constitué prisonnier* se voit aussi refuser tout délai de grâce. Nul doute, s'il est emprisonné par l'effet de l'exercice de la contrainte par corps dans les cas où elle est encore autorisée, (L. 22 juil. 1867, art. 2 à 5.) — Mais *quid*, si le débiteur est détenu à la suite d'une condamnation pour crime ou pour délit ? Malgré la controverse soulevée par quelques auteurs, nous pensons que ce débiteur ne peut obtenir de délai. La loi ne veut pas que le délai accordé au débiteur puisse nuire au créancier. Or un débiteur constitué prisonnier n'étant plus à la tête des affaires, ne pouvant plus les gérer utilement, il est évident qu'elles vont péricliter. L'avenir sera pire que le présent. La justice exige donc que le créancier puisse agir sur le champ et sans retard.

894. Les tribunaux peuvent-ils octroyer des délais au débiteur poursuivi en vertu d'un titre exécutoire, par exemple, en vertu de la grosse d'un acte notarié constatant l'obligation de ce débiteur ? Le créancier, armé de cette grosse, poursuit l'exécution forcée : il saisit les meubles, les récoltes ou les immeubles du débiteur. Celui-ci peut-il s'adresser au tribunal pour obtenir un délai ? Cette question a engendré une vive controverse. Nous renvoyons les lecteurs, désireux de connaître les opinions émises et les arguments qui les appuient, aux divers commentaires du Code civil. Nous nous bornons à faire connaître notre sentiment. — Le pouvoir d'accorder des délais se réfère *nécessairement* à l'exécution d'un jugement que le tribunal est appelé à prononcer. Si le tribunal n'est pas saisi d'une action devant aboutir à une sentence, il n'a pas la faculté d'octroyer un délai. Par suite, la question posée doit être résolue à l'aide d'une distinction. — Si l'acte notarié, le titre exécutoire ne soulève aucune difficulté au fond, on ne saurait admettre le débiteur poursuivi par voie de saisie à porter devant le tribunal une demande *principale* en concession de délai. Ce serait rétablir les anciennes *lettres de répit* et annihiler la force exécutoire du titre. — Au contraire, une contestation est-elle élevée sur la dette même, sur l'interprétation et la portée du titre qui la constate, le tribunal pourra, malgré le caractère de ce titre exécutoire, octroyer un ou plusieurs délais au débiteur. Les juges, complètement saisis de l'affaire, peuvent n'ordonner l'exécution de la sentence qu'ils vont prononcer, qu'avec les tempéraments jugés équitables. — Mais en dehors de cette hypothèse, le débiteur ne peut demander au tribunal d'arrêter les effets d'un titre exécutoire, acte notarié ou jugement; sinon il ne servirait de rien d'en avoir. — La disposition de l'article 122 du Code de procédure établit ce point avec évidence, en exigeant que les juges octroient le délai de grâce par le jugement même qui statue sur la contestation. Ceci serait une naïveté, si la contestation pouvait avoir pour unique et seul objet la concession d'un délai. — La distinction que nous adoptons est justifiée par la disposition de l'article 2212 du Code civil. Dans ce texte, le législateur ne suppose pas une instance judiciaire entre le créancier et le débiteur demandeur. Au cas d'instance, le débiteur pourrait obtenir des délais, quoiqu'il ne fut pas en mesure de se libérer par la délégation d'une année de revenus. Pour que le débiteur puisse et doive recourir à cette ressource particulière et exceptionnelle, on doit supposer des poursuites extra-judiciaires dirigées en vertu d'un titre exécutoire. Si le débiteur est dans le cas spécial prévu par l'article 2212, la loi l'autorise à saisir le tribunal et à lui demander un sursis. Or cette mesure exceptionnelle n'aurait pas dû être édictée, si, de droit commun, un débiteur poursuivi en exécution pouvait toujours, par voie d'action principale, réclamer un délai et l'obtenir des juges.

895. Le débiteur ne peut renoncer d'avance à la faculté de demander un délai de grâce. Cette faculté est fondée sur des considérations d'humanité et, par cela même, est d'ordre public. Toute renonciation est donc nulle, en vertu de l'article 6 du Code civil. Les tribunaux pourront accorder un délai de grâce au débiteur, malgré toute convention contraire.

896. Le délai de grâce ne peut être accordé que dans le jugement même qui statue sur la contestation élevée entre le créancier et le débiteur. (Pr. civ., art. 122.) La loi n'a pas voulu, qu'après coup et sous prétexte d'événements fâcheux ayant aggravé la situation du débiteur, celui-ci put saisir les juges d'une demande en obtention de délai de grâce. Il fallait éviter aux juges les sollicitations incessantes des débiteurs, qui, alléguant un changement de position, s'efforceraient de les attendrir sur leur sort au détriment des droits du créancier. Les rédacteurs du Code n'ont pas voulu voir reparaître, sous une autre forme, les anciennes *lettres de répit*, qui, en faisant intervenir la chancellerie royale dans l'exécution des conventions, avaient donné naissance à de monstreux abus. D'après l'ordonnance d'août 1669, les juges inférieurs ne pouvaient accorder aux débiteurs qu'un délai de trois mois. Les débiteurs s'adressaient alors à la chancellerie qui leur concédait des prorogations de délai.

897. Les jugements ne produisent ordinairement effet qu'à partir de leur signification, et notamment les délais impartis pour accomplir tel ou tel acte, exercer une option, fournir une caution, etc., ne courent que de la signification de la sentence. Exceptionnellement le délai de grâce court du jour de la prononciation, si le jugement est contradictoire. Le législateur a pensé que la partie était instruite, au moins par son avoué, si elle n'était pas présente à l'audience. Il a en outre voulu économiser au débiteur les frais de la signification qui aurait été nécessaire pour faire courir le délai, signification que le créancier n'aurait pas manqué de donner. (Pr. civ., art. 123.) — Dans le cas où le jugement est rendu par défaut, la partie condamnée n'en ayant pas connaissance, la signification ne peut être évitée. Le délai accordé n'est compté qu'à dater de cette signification.

898. La disposition insérée dans l'article 123, Pr. civ., montre que le tribunal peut, de son propre mouvement, accorder un délai au défendeur défaillant condamné, quoique aucune demande n'ait été présentée sur ce point. Les juges ne violent pas la règle qu'ils ne peuvent statuer que sur choses demandées; ils prononcent en réalité sur la prétention du créancier demandeur. Celui-ci sollicitait une condamnation immédiate. Ils décident qu'il n'a droit qu'à une condamnation tempérée par un délai de grâce.

899. L'effet du délai de grâce est d'arrêter et de suspendre tous les actes d'exécution. — Il n'en engendre aucun autre. — Ainsi il ne s'oppose pas à l'accomplissement d'*actes conservatoires*. L'article 125, Pr. civ., ne fait que rappeler un principe applicable à touet

espèce de délai, quand il dit : *Les actes conservatoires sont valables, nonobstant le délai accordé.* — Le créancier peut donc immédiatement faire inscrire l'hypothèque judiciaire née de la condamnation prononcée à son profit. Il peut interrompre la prescription, même vis-à-vis d'un tiers détenteur, s'opposer à une levée de scellés, défendre au débiteur de procéder, hors de sa présence, à un partage de succession ou de société, etc., en un mot faire tout ce qui peut consolider ou sauvegarder son droit, sans entraîner des poursuites actives contre le débiteur. (C. civ., art. 821, 1180, 2123 ; Pr. civ., art. 926.)

Le délai de grâce ne fait point obstacle à la compensation. Il diffère, sous ce rapport, du terme de droit (C. civ., art. 1291 et 1292). — Il n'empêche pas les intérêts moratoires de courir au profit du créancier à partir de la demande en justice. — Si le débiteur paye avant l'expiration du terme de grâce, il ne pourra rien répéter. (C. civ. 1186.) En résumé, le seul effet du délai de grâce est d'interdire toute poursuite contre le débiteur.

B. De l'exécution provisoire.

900. La deuxième espèce de disposition que peut contenir un jugement, relativement à son exécution, est celle qui, dans l'intérêt de la partie gagnante, met obstacle à l'effet suspensif de l'appel. — Supposons un jugement rendu *en premier ressort*, susceptible d'être attaqué par la voie de l'appel. Tant que cet appel n'est pas interjeté, la partie gagnante peut poursuivre l'exécution de la sentence, dès qu'est expiré le délai fixé par l'article 450, Pr. civ. — Le perdant interjete-t-il appel : le créancier est obligé de s'arrêter ou de surseoir à l'exécution, si elle n'a pas encore été commencée. Tel est le droit commun. — A l'égard de certains jugements, cet effet de l'appel ne se réalise pas. Ils sont susceptibles d'être mis à exécution nonobstant l'appel interjeté. On les nomme jugements *exécutoires par provision.*

901. Certains jugements sont exécutoires par provision *de plein droit,* en vertu d'une disposition formelle de la loi. La partie qui jouit de cet avantage n'est pas tenue d'y conclure. Le tribunal n'a pas à le concéder expressément. La loi l'ordonne. (Pr. civ., art. 89, 90, 263, 276, 312, 439, 848).

En dehors de ces cas, un jugement n'est exécutoire par provision qu'à une double condition, application des règles ordinaires. — Le tribunal doit expressément déclarer que sa sentence est exécutoire par provision. — Cette déclaration ne peut être prononcée d'*office* : elle doit répondre à des conclusions formelles prises par la partie qui va en bénéficier. — Mais quand le demandeur a pris des conclusions en ce sens, le tribunal est-il astreint à y faire droit? Peut-il les repousser ? L'exécution provisoire est-elle abandonnée à l'appréciation souveraine des juges? La loi distingue. Dans certains cas, le tribunal ne peut se refuser à accorder l'exécution provisoire réclamée par le demandeur ; dans d'autres, les juges peuvent l'accorder ou la refuser ; la loi s'en remet à leur sagesse.

902. Les juges *doivent*, lorsque le demandeur le requiert, déclarer leur sentence exécutoire par provision dans les cas suivants : Le demandeur appuie sa prétention sur un titre authentique, une promesse reconnue ou une condamnation précédente non attaquée par la voie de l'appel ; le jugement statue sur la recevabilité d'une caution. (Pr. civ., art, 135 et 521.) — Dans les trois premiers cas, l'exécution provisoire est commandée à raison de la nature même du titre produit par le demandeur. Celui qui obtient le jugement a déjà en sa faveur une preuve régulière de son droit, preuve que la décision judiciaire ne fait que consolider. Cette situation engendre une présomption que le jugement ne sera pas réformé, s'il est attaqué. Pourquoi permettre à l'esprit de chicane d'arrêter, en interjetant un appel presque sûrement illusoire, les justes poursuites d'un créancier, nanti d'un double titre? Un brocard résume cette situation en ces termes : *provision est due au titre*. — L'ordonnance de 1667, tit. XVII, art. 15, accordait aussi cet avantage important au demandeur ; mais, pour sauvegarder les dommages-intérêts qu'obtiendra plus tard le défendeur condamné, s'il vient à triompher en appel et à faire réformer la sentence des premiers juges, l'ordonnance n'octroyait ce bénéfice qu'à charge de fournir caution. Les rédacteurs du Code ont trouvé cette restriction trop rigoureuse. Une réformation du jugement est si peu probable. Pourquoi astreindre à fournir une garantie quelconque une partie gagnante, nantie d'un double titre? Aussi l'article 135 dit-il : *l'exécution provisoire sans caution sera*, etc.

Examinons rapidement ces trois cas : *a*. Le demandeur est nanti d'un *titre authentique* non contesté par l'adversaire. Le débat porte sur un autre point. Le débiteur prétend, par exemple, que la dette est éteinte par l'effet d'un payement, d'une novation, d'une compensation; il invoque la prescription, etc. Si ce moyen de défense est écarté, le titre du demandeur demeure avec toute l'énergie de la présomption de vérité, que l'article 1319 du Code civil y attache. *Provision est due à ce titre.* Le jugement qui donne gain de cause au demandeur doit être déclaré exécutoire par provision. — Mais que décider si l'authenticité même du titre a fait l'objet d'un incident du litige? Le défendeur poursuivi s'est inscrit en faux contre l'acte invoqué par le demandeur. Il succombe après le débat ainsi élevé sur l'authenticité. Le tribunal déclare l'acte authentique et, en vertu des conventions relatées audit acte, condamne le défendeur. Le jugement doit-il être déclaré exécutoire par provision? On a vivement discuté ce point; nous pensons que les doutes soulevés sur l'authenticité contestée disparaissent dès que la prétention du défendeur est jugée mal fondée. L'authenticité réapparaît avec toutes ses conséquences. Elle n'était que présumée jusqu'à inscription de faux : elle est aujourd'hui reconnue. Pourquoi serait-elle moins efficace? L'opinion contraire engendre cette inadmissible conséquence, qu'il suffit au défendeur de s'inscrire en faux, même sans que sa prétention ait le moindre fondement, pour paralyser l'exécution du titre le plus solide. Le faux est assez rare et assez sévèrement puni, pour qu'on puisse exécuter le jugement avec confiance, alors que le tribunal a rejeté les allégations tendant à établir ce faux.

b. Le demandeur appuie sa réclamation sur un acte sous seing privé. Le défendeur assigné reconnaît sa signature ou son écriture; mais il prétend que la dette est éteinte ou nulle. Il perd son procès. Le tribunal le condamne; le jugement, sur les conclusions du demandeur, devra être déclaré exécutoire par provision. Le Code de procédure applique ici le principe que les actes sous seing privé reconnus ont, entre parties, la même force que l'acte authentique. (Cod. civ. art. 1322.) — Nous ne verrons pas une base suffisante pour l'exécution provisoire dans un écrit qui, dénié par le défendeur, a été l'objet d'une vérification d'écritures, bien que le jugement rendu sur cette vérification ait déclaré l'écriture ou la signature tenue pour reconnue. La loi n'attache pas la même valeur à la reconnaissance judiciaire qu'à la reconnaissance volontaire. Nous verrons, sous l'article 200, Pr. civ., que l'écrit, simplement tenu pour reconnu, ne peut être employé comme pièce de comparaison en matière de vérification d'écritures.

Nous pensons, malgré la controverse élevée sur ce point, qu'on doit considérer comme *promesse reconnue* une promesse verbale antérieure à l'instance et qui est ensuite avouée à la barre du tribunal. Le jugement constate cet aveu. Fût-il plus tard réformé en appel, l'aveu n'en subsisterait pas moins, comme subsiste après pareille réformation l'acte authentique ou l'acte sous seing privé. Il y a également titre dans tous ces cas.

c. La partie gagnante peut invoquer *une condamnation précédente par jugement dont il n'y a point d'appel*. Le litige porte, par exemple, sur l'interprétation ou l'exécution de ce premier jugement. Une grave présomption existe contre le défendeur qui succombe deux fois dans la même affaire. Ce cas rentre en outre dans le premier. Le jugement contenant la condamnation primitive est un titre authentique, qui sert de fondement à la seconde et nouvelle sentence. La provision est due au titre.

d. L'obligation de fournir une caution résulte tantôt d'un jugement, tantôt de l'autorité de la loi, tantôt de la convention des parties. L'article 518, Pr. civ., indique comment la caution doit être présentée par la personne tenue de la fournir. La partie à qui la caution est offerte conteste sa solvabilité. La contestation est portée à l'audience par un simple avenir. Le tribunal statue, juge que la caution présentée est idoine, bonne, solvable. Ce jugement est exécutoire par provision si l'offrant le demande, c'est-à-dire que la caution pourra, malgré l'appel, faire sa soumission au greffe. L'urgence est évidente. (Proc. civ., art. 519, 520, 521.) L'article 521 a implicitement modifié le nº 5 de l'article 135.

903. L'exécution provisoire est autorisée, mais *facultative* pour le tribunal, quoique réclamée par la partie gagnante, dans des cas où des circonstances de fait la rendent plus ou moins urgente, sans que les motifs la justifiant aient la gravité des précédents. — Mais, comme cette exécution pourrait peut-être causer un préjudice considérable et irréparable à la partie condamnée, le tribunal doit apprécier la position de la partie gagnante. Si son titre ne lui paraît pas incontestable, si sa solvabilité n'est pas notoirement établie, la partie gagnante ne sera autorisée à exécuter qu'en fournissant caution. — L'exécution provisoire, dit l'article 135, Pr. civ., pourra être ordonnée avec ou sans caution, lorsqu'il s'agira : 1º d'apposition et levée de scellés ou confection d'inventaire ; 2º de réparations urgentes ; 3º d'expulsion des lieux, lorsqu'il n'y a pas de bail (écrit) ou que le bail est expiré ; 4° de séquestres, commissaires et gardiens ; 5°..... 6° de nomination de tuteurs, curateurs et autres administrateurs et de redditions de comptes ; 7° de pensions ou provisions alimentaires. La provision diffère de la pension, en ce qu'elle n'est point fixée d'une manière générale pour l'avenir, mais seulement à titre passager et provisoire, comme les aliments accordés, durant l'instance, à la femme plaidant en séparation de corps contre le mari.

Dans ces divers cas, la prétention sur laquelle le tribunal statue présente un caractère de simplicité ou d'urgence qui l'autorise à ordonner l'exécution provisoire de son jugement.

904. Les cas prévus par l'article 135 sont les seuls dans lesquels l'exécution provisoire doive ou puisse être ordonnée. Le tribunal qui l'autoriserait en dehors de ces cas commettrait un excès de pouvoir. L'intention du législateur ressort formellement des travaux préparatoires, lors desquels fut retranché un article du projet du Code, qui permettait en général aux tribunaux d'autoriser l'exécution provisoire avec caution.

905. Les rédacteurs du Code auraient donc pu se dispenser d'écrire l'article 137, Proc. civ. La nécessité de l'exécution provisoire ne se produit jamais à l'égard des dépens. Cette exécution provisoire n'aura jamais lieu, même à l'égard des dépens adjugés pour tenir lieu de dommages-intérêts, alors même qu'elle pût ou dût être accordée quant à la condamnation principale. Il ne s'agit jamais que d'un recouvrement de frais qui ne devient pas plus urgent pour être ordonné sous forme de dommages-intérêts.

906. Le tribunal qui a prononcé un jugement définitif est dessaisi de l'affaire et ne peut plus statuer de nouveau, même partiellement. Ce qu'on exprime par ce brocard : *Lata sententia desinit esse judex.* L'article 136, Proc. civ., applique cette règle à l'exécution provisoire. Si le tribunal a omis de la prononcer, alors qu'il devait ou pouvait l'ordonner, il ne peut plus l'accorder par un nouveau jugement. Mais, s'il y a appel, la cour peut, sur la demande de la partie intéressée et sans attendre l'arrêt définitif à intervenir, ordonner l'exécution provisoire du jugement attaqué devant elle. A l'inverse, si l'exécution provisoire a été ordonnée hors des cas prévus par la loi, la cour, sur la demande de la partie condamnée, de l'appelant, peut défendre d'exécuter jusqu'à ce que soit rendu l'arrêt définitif. (Proc. civ., art. 136, 458, 459.)

907. Les jugements, exécutoires par provision entre parties, ont-ils aussi ce caractère vis-à-vis des tiers ? Nous supposons que le tiers doit participer à l'exécution ou a un intérêt personnel à s'y refuser, sinon la question ne pourrait pas se poser à son égard. Le tiers a-t-il un intérêt personnel à repousser l'exécution provisoire, on ne saurait l'y contraindre et la pratiquer à son détriment. Les tiers ne peuvent pas plus être liés par les jugements rendus pour ou contre les parties qu'ils ne sauraient l'être par une convention.

Mais si le tiers n'a aucun intérêt personnel à défendre ou à sauvegarder, s'il est seulement appelé à concourir à l'exécution provisoire, il ne saurait pas plus s'y refuser qu'il ne pourrait ne pas se prêter à l'exécution définitive dans les cas prévus par l'article 548, Proc. civ.

SECTION IV. — **Rédaction des jugements.**

908. La décision du tribunal arrêtée a été prononcée publiquement à l'audience par le président ou par le juge qui en remplit les fonctions. Dite à l'audience, la sentence avant même qu'il en soit dressé acte, constitue le jugement. Dès sa prononciation, elle appartient aux parties : les juges ne peuvent plus la modifier.

Cette sentence ne peut rester verbale, ses termes doivent être arrêtés et constatés ; sinon il serait fort difficile dans l'avenir d'établir le sens de ses dispositions. On devrait faire appel à l'incertaine mémoire de l'homme, alors que peut-être n'existerait plus aucun des juges qui ont concouru au jugement. Bien mieux, les juges ne pourraient-ils pas modifier après coup leur jugement ? Un écrit sera donc dressé.

Dans notre ancien droit français, pendant un long temps, les jugements restèrent confiés à la mémoire de ceux qui avaient assisté à l'audience. Les inconvénients de ce système furent nombreux et firent comprendre la nécessité d'une rédaction écrite. Celle-ci s'établit d'une manière générale vers le quatorzième siècle. L'origine des dispositions des lois modernes sur la rédaction des jugements, se trouve dans l'article 17 de l'ordonnance de 1453.

Pour obvier à l'abus, fréquent à cette époque, des jugements modifiés après coup par les juges, l'ordonnance les obligea à

« bailler aux greffiers de leurs cours, en escrit, le brief ou *dictum* « de leur sentence ; lequel brief ou *dictum* ledit greffier sera tenu « de garder par devers lui et de l'enregistrer. »

La rédaction d'un jugement se compose de deux éléments : la minute et les qualités. La réunion de ces deux éléments est indispensable pour que le jugement puisse être expédié et signifié.

909. De la minute. — En principe, la rédaction de la minute, où se trouve relatée la substance même du jugement est l'œuvre du greffier et non celle du président. Si la rédaction appartenait au président, la règle que les juges ne peuvent point modifier après coup leur sentence pourrait être facilement éludée.

Mais, dans la pratique, notamment quand le jugement a été rendu à la suite d'un délibéré simple, d'un délibéré sur rapport, ou d'une instruction par écrit, la sentence est rédigée à l'avance par le président ou un des juges et remise au greffier après lecture. Si le jugement est prononcé dès la clôture des débats, le greffier note le dispositif ; puis le président ou un des juges rédige avec plus d'exactitude ou de netteté les motifs prononcés à l'audience et remet cette rédaction au greffier. — Celui-ci porte cette rédaction en forme sur la feuille d'audience où doivent se trouver les minutes. Ces feuilles réunies forment un registre qui doit être conservé au greffe. — Cette feuille, comme tout acte authentique original, doit porter les signatures des officiers publics qui en sont les auteurs, le président et le greffier. — La signature du président doit être apposée dans le délai de vingt-quatre heures. Si, par suite de quelque accident, la signature n'avait pu être donnée dans ce délai, ce serait au plus ancien des juges ayant siégé à signer à la place du président.

Est-ce le greffier qui se trouve empêché de signer, le président ou le juge doit simplement faire mention de cet empêchement. — Lorsque deux jours sont écoulés depuis la prononciation du jugement sans qu'il ait été signé, la cour d'appel doit, sur les conclusions du procureur général, autoriser un des magistrats qui ont siégé dans la cause à remplir cette formalité. (Proc. civ., art. 138. — Décret du 30 mars 1808, art. 36 à 39.)

910. Le jugement non encore signé par le président n'ayant aucune authenticité, l'article 139, Pr. civ., défend au greffier d'en délivrer expédition avant qu'il soit signé, sous peine d'être poursuivi comme faussaire. Un greffier s'exposera difficilement à pareille poursuite, qui pourrait entraîner la peine des travaux forcés à perpétuité. (Cod. pén., art. 146.) Mais il était arrivé autrefois, et il arrive peut-être encore, que des jugements ne soient pas signés régulièrement, dans le délai prescrit. Pour éviter ou réprimer cet abus, l'article 140, Pr. civ., enjoint aux procureurs généraux et aux procureurs de la République de vérifier tous les mois si les règles ci-dessus indiquées ont été observées. L'ordonance du 5 novembre 1823 (art. 1 et 2) a précisé l'obligation imposée au ministère public. La vérification doit être faite dans les cinq premiers jours de chaque mois.

911. La minute d'un jugement doit contenir : 1° l'indication des juges qui ont concouru au jugement, afin que l'on puisse reconnaître si le tribunal a été régulièrement composé. Cette indication est faite en marge de la feuille d'audience et signée spécialement par le président et par le greffier. (Pr. civ., art. 138.) L'article 138 met sur la même ligne que la mention des juges celle du procureur de la Répubblique, s'il a été entendu. Nous croyons qu'il faut distinguer selon que les conclusions du ministère public étaient ou non obligatoires d'après l'article 83, Pr. civ. Si ces conclusions n'étaient point requises, comme il n'était pas nécessaire d'entendre le procureur de la République, la mention de son audition n'est pas indispensable.

2° La minute doit contenir le *dispositif*, la partie essentielle du jugement, le prononcé même du tribunal sur le litige. Ce dispositif doit être précis ; sinon il n'y aurait pas de décision. *Exemple :* ne serait pas suffisamment précis un jugement qui condamnerait le défendeur au payement *de la dette en capital et intérêts*, alors que la discussion aurait précisément porté sur la quotité de la dette.

3° La minute doit contenir les *motifs*, c'est-à-dire l'exposé succinct des raisons, des arguments sur lesquels le jugement est fondé. Ces motifs doivent être sérieux et ne pas renfermer une pétition de principes. Serait dénué de motifs un jugement ainsi conçu : *attendu que la dette réclamée existe* — Quelquefois les motifs sont implicites et n'ont pas besoin d'être textuellement insérés dans la sentence : ainsi un jugement préparatoire ou interlocutoire se motive de lui-même, car il est évident qu'une enquête, une expertise, une vérification d'écritures sont ordonnées pour l'éclaircissement du procès.

Les minutes des actes notariés sont *secrètes*, ne peuvent être communiquées ou délivrées en expédition qu'aux parties ou à leurs ayants cause. Nous n'avons pas le droit de prendre connaissance des actes passés par autrui. — Au contraire, les minutes des jugements peuvent être livrées en expédition à tout requérant, moyennant salaire. Les minutes des jugements sont *publiques*. Tout citoyen a intérêt à connaître la jurisprudence adoptée, par telle cour ou tel tribunal, sur telle question donnée.

912. De l'expédition. — Ne confondons pas la minute avec l'expédition des jugements. — La *minute*, nous l'avons vu, est l'acte dressé par le greffier sous la dictée du président. C'est l'original même de la sentence, qui contient la preuve permanente de la décision du tribunal ; c'est la pièce qui doit rester perpétuellement dans les archives du greffe. Tout intéressé ou même toute personne désireuse de connaître la décision des juges pourra y recourir.

L'*expédition* du jugement est la copie de la minute, accompagnée d'autres énonciations. Elle n'a pas pour unique objet, comme l'expédition d'un acte notarié, de reproduire purement et simplement la minute. Elle contient, outre la reproduction intégrale de la minute, d'autres énonciations fort importantes. — Elle n'est pas signée par le président du tribunal. La signature du greffier suffit. L'expédition, au lieu de rester au greffe, est remise à la personne qui la requiert.

Cette expédition prend le nom de *grosse*, quand elle est revêtue de la formule exécutoire. (Voir pour le libellé de cette formule le décret du 2 septembre 1871 ; — Pr. civ., art. 146.) Cette grosse est indispensable pour que la partie gagnante puisse faire mettre le jugement à exécution.

Toute grosse est nécessairement une expédition ; mais la réciproque n'est pas vraie. — Les greffiers ne peuvent délivrer de grosse qu'à la partie qui a gagné le procès sur tous ou sur quelques-uns des chefs du litige. — La partie, qui a perdu la grosse qui lui avait été délivrée, ne peut en obtenir une nouvelle qu'avec l'autorisation du président du tribunal. (Pr. civ., art. 844 et 854.)

913. Les énonciations que doit contenir l'expédition d'un jugement sont : 1° les noms des juges qui ont pris part au jugement, ainsi que celui du procureur de la république, s'il a été entendu ; — 2° les noms, professions et demeures des parties ; — 3° les noms de leurs avoués ; — 4° leurs conclusions : — 5° l'exposé sommaire des moyens de fait ou de droit ; — 6° les motifs de la sentence ; — 7° le dispositif. (Pr. civ., art. 141.)

Dans quelles pièces, dans quels actes le greffier puisera-t-il tous ces éléments de rédaction? Distinguons : Les noms des juges et du procureur de la République, les motifs, le dispositif se trouvent sur la minute : le greffier n'a qu'à s'y référer.

Quant aux autres énonciations, le greffier les trouve dans un acte désigné, par la loi et dans la pratique, sous le nom de *qualités*.

914. Qualités. — L'acte d'avoué, indiqué par cette dénomination, doit contenir : 1° les noms des parties ; 2° les noms de leurs avoués ; 3° les conclusions ; 4° l'exposé sommaire des points de fait et de droit. — Outre les noms des parties, cet acte fait connaître le rôle qu'elles ont joué au procès, en quelle *qualité* elles y ont figuré, comme demandeur ou défendeur, comme héritier pur et simple ou comme héritier bénéficiaire, en leur propre nom et intérêt ou comme représentant légal d'autrui, etc. De là la dénomination de *qualités* donnée à cet acte. — Cette indication doit être soigneusement précisée ; car elle aura une importance considérable, au point de vue de l'autorité de la chose jugée, pour l'application de l'article 1351 du Code civil. (Pr. civ., art. 142.)

La loi n'a pas voulu confier la rédaction des qualités à un juge. Elle a craint qu'il ne pût après coup et indirectement dénaturer la décision rendue ou faire disparaître quelque moyen de requête civile, au détriment de l'une des parties. La rédaction des qualités est l'œuvre des parties intéréssées, ou plutôt de leurs mandataires. Mesure excellente, car elle donne aux énonciations des qualités signifiées à la partie adverse et non contredites la force d'un contrat judicaire contre lequel elles n'ont plus le droit de s'élever. Ni le greffier ni le juge ne pourraient, s'ils étaient rédacteurs des qualités, lier les parties, consacrer, comme constants, des faits non reconnus par elles. Distinguons à ce sujet entre le cas d'un jugement contradictoire et celui d'un jugement par défaut.

Supposons un jugement contradictoire : la rédaction des qualités appartient à l'avoué qui veut lever le jugement, c'est-à-dire à l'avoué de la partie qui a obtenu gain de cause. (Pr. civ., art. 142.) — Dans le cas où les plaideurs ont, tous deux, gagné et succombé sur certains points, le droit de lever le jugement appartient à celui des deux qui peut être considéré comme partie gagnante, à raison de l'importance des condamnations prononcées à son profit.

Si la partie, qui a le droit de lever le jugement, n'en use point par négligence ou par toute autre cause, l'adversaire ne saurait être, par cette inaction, indéfiniment empêché de se procurer une copie du jugement qui l'a condamné. Il peut avoir un intérêt légitime à étudier les termes et à rechercher la portée de cette sentence, à connaître l'étendue de ses obligations et les voies de recours, à l'aide desquelles la sentence peut être attaquée. Cet adversaire fait alors à la partie gagnante sommation d'avoir à lever le jugement dans les trois jours. Si cette sommation reste sans résultat, le perdant peut se substituer au lieu et place du gagnant et rédiger lui-même les qualités. (Décret du 16 février 1807, art 7 et 8.)

915. Les qualités, rédigées par l'avoué de la partie gagnante, sont-elles exactes? Ne peut-on craindre que l'avoué, dans l'intérêt de son client, n'ait dénaturé les faits ou que, cédant au penchant de voir le procès sous le jour le plus favorable à son client, il ne les ait instinctivement et inconsciemment modifiés ? Les noms des parties, les qualités en lesquelles elles ont figuré au procès, ont-ils été fidèlement précisés ? — Le greffier ne peut procéder à cette vérification : il n'a, pour cet office, ni aptitude, ni compétence. Comment vérifier cette rédaction faite par l'avoué?

La loi fait ici appel aux parties elles-mêmes. A elles appartient la rédaction des qualités ; elles sont intéressées à les dresser exactement, à raison des effets produits par la chose jugée. — Les qualités rédigées par l'avoué du gagnant sont signifiées à l'avoué de la partie perdante. L'original de cette signification reste pendant vingt-quatre heures dans les mains de l'huissier audiencier. Pendant ce délai, l'avoué de l'autre partie prend communication des qualités et peut y *former opposition*, en demander la rectification, si elles lui paraissent inexactes. — L'avoué, qui veut faire opposition aux qualités, le déclare à l'huissier audiencier qui mentionne cette opposition en marge de l'original de la signification. — Dans ce cas, sur un simple avenir, les avoués comparaissent en *règlement de qualités* devant le président ou devant l'un des juges ayant pris part à la sentence. (Proc. civ., art. 142 à 145.) — Après les avoir entendus, le président ou le juge maintient ou rectifie la rédaction primitive. Dans le premier cas, il inscrit au bas de l'original : *Bon à expédier* sur les présentes qualités. Au second cas, il opère les changements sur les qualités elles-mêmes et ajoute au bas la même déclaration. — Les qualités ne peuvent être exclusivement réglées que par un juge ayant assisté aux débats, et ce à peine de nullité.

La Cour de cassation a fréquemment jugé en ce sens cette question; sa jurisprudence est fermement assise (1).

916. Supposons actuellement que le jugement ait été rendu par défaut. Les qualités ne peuvent être signifiées à un avoué qui n'a pas conclu ou à une partie qui n'a pas constitué avoué. L'avoué, qui veut obtenir une expédition du jugement, remet alors au greffier, sans signification préalable, les qualités qu'il a rédigées. — Mais cette rédaction ne peut nuire à la partie adverse, que si elle le veut bien. En faisant opposition, elle remettra tout en question, et le jugement et les qualités. — On suit la même marche lorsque, dans l'hypothèse d'un jugement contradictoire, l'avoué de la partie condamnée a cessé ses fonctions et qu'il n'a pas été remplacé. L'avoué du gagnant remet au greffier les qualités par lui rédigées avec déclaration sur l'original, qu'elles n'ont pu être ni signifiées, ni réglées, à cause de la cessation des fonctions de l'autre avoué.

Dans les juridictions, près desquelles les avoués ne postulent point, comme les justices de paix ou les tribunaux de commerce, le greffier rédige lui-même les qualités sur la présentation des pièces de la procédure. Dans quelques tribunaux de commerce, les qualités sont rédigées par l'agréé.

917. Les qualités une fois signifiées et réglées s'il y a eu opposition, l'original est remis au greffier qui le joint à la minute du jugement. — Tous les éléments nécessaires pour la rédaction de l'expédition ou de la grosse du jugement se trouvent réunisalors dans ses mains. *Minute* et *qualités*, réunies en un seul acte, forment l'expédition.

918. Nous connaissons les nombreuses et diverses énonciations qui doivent figurer dans l'expédition d'un jugement. Peut-on impunément les omettre ? Ou faut-il qu'elles soient exactement insérées, à peine de nullité, soit du jugement lui-même, soit de son expédition ou grosse et des actes d'exécution qui auraient été accomplis ? — Le législateur ne s'est expliqué qu'à l'égard d'une seule d'entre elles. La mention des motifs est prescrite, à peine *de nullité*, par l'article 7 de la loi du 20 avril 1810. — *Quid* des autres ? A première vue, il semble que leur omission ne doive pas entraîner nullité, étant donnée la disposition de l'article 1030 du Code de procédure.

(1) Cass., 6 août 1879, 11 août 1880, 16 nov. 1881 (S. 1882. 1. 111 et 472).

Aucun acte de procédure ne peut être déclaré nul, si la nullité n'en est pas formellement prononcée par la loi.

Mais n'oublions pas qu'à côté des énonciations de pure forme, auxquelles s'applique l'article 1030, nous avons distingué les *éléments substantiels, essentiels*, en l'absence desquels un acte doit rationnellement et inévitablement être déclaré nul, bien que la loi ne prononce pas expressément la sanction de la nullité. (V. n° 604). Cette distinction, admise par la doctrine et par la jurisprudence, s'applique en matière de jugement comme à l'égard de tous autres actes des parties ou du juge. On est d'accord sur ce premier point. — Mais l'harmonie cesse quand il s'agit de déterminer quelles sont, parmi les énonciations de l'expédition d'un jugement, celles qui sont *substantielles* et celles qui sont simplement *accidentelles* ou *accessoires*. — La doctrine est divisée : la jurisprudence l'est également. — La Cour suprême, dans de très nombreux arrêts, paraît les considérer toutes comme substantielles, mais avec un tempérament relatif à la forme de la rédaction.

Il suffit que la désignation des parties, celle de leurs avoués, la connaissance des conclusions des parties, l'exposé sommaire des points de fait ou de droit résultent, ressortent de l'ensemble du jugement ; il n'est pas nécessaire que ces désignations soient distinctes et séparées. L'ordre dans lequel elles se trouvent consignées dans la sentence est indifférent, quoiqu'il soit préférable de suivre un ordre logique.

En adoptant le même tempérament, nous pensons que toutes ces énonciations indiquées par la loi, comme devant figurer au jugement, sont substantielles.

Comment penser qu'on puisse omettre ou tronquer impunément les *noms* des parties ? Mais l'omission de quelque prénom, de la profession ou de la demeure ne nous paraît pas devoir entraîner la nullité du jugement, quand il ne peut s'élever de doute sérieux sur l'identité de la partie.

L'indication des *avoués* n'est-elle pas indispensable ? Le jugement ne doit-il pas contenir en lui-même la preuve de sa régularité, et les qualités, comme les conclusions, pourraient-elles être rédigées et signées par d'autres que par les avoués ; sans que s'ensuivît l'irrégularité du jugement ?

Quant aux *conclusions*, si elles étaient omises, il serait notamment impossible de constater, soit l'omission relative à un chef de demande, soit *l'ultra petita* qui donnent cependant ouverture à la requête civile. (Proc. civ., art. 480, 3°, 4° et 5°.) De telle sorte que par cette omission, peut-être volontaire, un jugement échapperait à la rétractation, tout en évitant la nullité.

Pour les *motifs*, la controverse ne peut naître : la loi est formelle, nous l'avons dit déjà : l'obligation imposée aux juges de motiver leurs sentences est une garantie contre l'injustice et contre la faveur.

Les motifs doivent fournir la raison déterminante de la décision prise par le tribunal. Ils doivent donc nécessairement se référer à chacun des chefs de la demande et à chacune des exceptions, fins de non-recevoir ou de non-valoir, proposés par les parties. La Cour suprême a fréquemment déclaré nul pour *défaut de motifs* le jugement ou l'arrêt qui rejette implicitement un chef de demande, sans qu'il y ait aucun motif se reportant même indirectement au chef de demande rejeté (1). — Les juges ne sont pas tenus de fournir un motif sur chacun des arguments présentés par les plaideurs ; mais ils doivent répondre à tout *moyen* qui se formule en un chef précis de conclusions (2). — Doit être considéré comme suffisamment motivé, l'arrêt de la cour d'appel qui adopte et s'approprie les motifs des premiers juges, à moins qu'une nouvelle exception, un nouveau moyen ait été proposé en appel.

La condamnation aux dépens, simple accessoire de la condamnation principale, n'a pas besoin d'être expressément et séparément motivée, excepté dans le cas où elle est prononcée solidairement à titre de dommages-intérêts. (V. n° 876.)

Les jugements *par défaut* doivent être motivés comme les jugements contradictoires. Seuls, peuvent ne pas l'être les jugements préparatoires ou interlocutoires : la mesure ordonnée s'explique d'elle-même.

Enfin, comment douter que le dispositif soit une partie essentielle du jugement et que la mention des noms des juges et du procureur de la République soit aussi substantielle ? Comment saurait-on si la sentence émane d'une autorité régulièrement constituée ? (V. n° 911.) — Donc, toutes les énonciations sont substantielles ; mais elles n'ont pas dans l'expédition une place obligatoire et immuable.

(1) Cass., 4 et 25 août 1880 (S. 1882. 1. 444).

(2) Cass., 7 janv. 1880, 9 mars 1880, 25 avril 1881, 31 août 1811 (S. 1880. 1 303. — 1881. 1. 211 et 420).

SECTION V. — **Signification des jugements.**

919. La partie qui veut mettre un jugement à exécution doit le lever et le signifier à son adversaire, c'est-à-dire en notifier, par exploit d'huissier, une copie à celui qui, ayant à l'exécuter ou peut-être à l'attaquer, doit être mis à même de l'étudier et de le bien connaître.

La signification a un double objet : 1° Elle permet au gagnant d'user du droit qu'il a de recourir aux voies d'exécution forcée, de saisir les biens meubles ou immeubles de la partie condamnée. C'est en ce sens qu'est vrai le vieux brocard : *paria sunt non esse et non significari ;* — 2° Elle fixe, en général, le point de départ des délais accordés à la partie condamnée, soit pour attaquer le jugement par telle ou telle voie de recours, soit pour satisfaire aux obligations imposées par la sentence. Le délai de grâce court néanmoins de la prononciation du jugement. (Proc. civ., art. 123. — V. n° 897.)

920. La nécessité de la signification des jugements se démontre aisément. La partie perdante n'était point présente à l'audience au moment du prononcé du jugement ; la notification peut seule le lui faire connaître. — A-t-elle assisté à la prononciation, elle ne peut en avoir qu'une idée imparfaite et qu'une impression fugitive. Comment vouloir que dès ce jour elle se rende compte de l'étendue de ses obligations et qu'elle les accomplisse ?

En conséquence, le gagnant doit notifier copie, afin que son adversaire, après avoir étudié le jugement, ne puisse plus couvrir du prétexte de son ignorance le défaut d'exécution. — Bien mieux, la grande, la très grande majorité des plaideurs ignore les principes de la procédure. Quelle est la nature du jugement ? Convient-il d'y acquiescer, de l'exécuter ? Faut-il l'attaquer ? Par quelles voies et dans quels délais ? Toutes ces questions ne peuvent être résolues que par l'étude de la sentence, et l'étude faite par une personne compétente. L'avoué seul peut répondre à ces questions de son client. Donc, le jugement sera signifié, non pas seulement à la partie, mais aussi à son avoué, et même à son avoué en premier lieu. L'article 147, Proc. civ., exige que la signification faite à la partie l'avertisse, par une mention spéciale, que le jugement a été signifié à l'avoué. Elle peut s'adresser à lui pour s'éclairer sur ses droits et sur ses devoirs. Il est en mesure de lui répondre.

Si l'avoué est décédé ou a cessé ses fonctions, la signification à partie est suffisante ; mais il doit y être fait mention du décès ou de la cessation des fonctions de l'avoué. (Proc. civ., art. 148.

921. Ainsi donc, en règle générale, tous les jugements, quelle que soit leur nature, doivent être signifiés à *l'avoué*, sauf ceux à l'égard desquels la loi interdit cette signification comme inutile et frustratoire. Par exemple, le jugement qui donne acte de la constitution d'avoué, ou qui ordonne une remise de cause, un délibéré simple ou même un délibéré sur rapport. (Proc. civ., art. 76, 94, 147.)

922. Les jugements doivent être également signifiés à *la partie*, à son domicile ou à sa personne, mais dans le cas seulement où ils prononcent des condamnations contre elle ou prescrivent certaines mesures qu'elle doit accomplir en personne. (Proc. civ., art. 147.) — D'où la distinction suivante : Les jugements *définitifs* et *provisoires* doivent toujours être signifiés à la partie, puisqu'ils contiennent des condamnations ou des ordres qu'elle doit exécuter. Quant aux jugements *interlocutoires* ou *préparatoires*, une sous-distinction s'impose. Si la mesure ou la formalité prescrite par le jugement peut être accomplie sans l'intervention ou la présence de la partie, la signification à l'avoué suffit. L'acte prescrit exige-t-il, au contraire, forcément la présence de la partie, comme au cas de comparution personnelle ou de prestation de serment, le jugement doit alors lui être notifié.

Quelques esprits ont critiqué la signification à partie ; inutile, a-t-on dit, alors que l'avoué, seul capable de bien comprendre le jugement, est averti. — Mais le plaideur ne doit pas être exposé aux conséquences parfois fatales de l'incurie ou de la connivence d'un avoué négligent ou corrompu. Il faut lui donner les moyens de prendre d'autres conseils sur le mérite du jugement, sur les motifs qui peuvent rendre un appel utile ou nuisible.

La signification à la partie doit être faite au *domicile réel* et non au domicile élu dans le contrat qui a donné naissance au litige. La signification au domicile élu serait dérisoire, puisqu'il y a élection de domicile forcé chez l'avoué et que celui-ci reçoit une signification. A quoi bon en remettre une à un tiers moins en mesure de conseiller la partie et qui négligera peut-être de faire parvenir la copie. Si la loi ne trouve pas, dans certains cas, suffisante la signification donnée à l'avoué malgré les relations fréquentes de cet officier public avec son client, si, malgré les justes motifs qui doivent faire présumer que l'avoué avertira fidèlement la partie, la loi veut en outre que la partie reçoive une signification directe et personnelle, comment pourrait-il être dans son esprit d'accepter la signification faite au domicile d'un tiers ? (1) Il y aurait inconséquence à ne pas se défier du particulier chez qui a été élu domicile pour l'exécution du contrat, souvent fort longtemps avant l'époque où est né le litige.

923. La signification du jugement à la partie doit être faite dans la forme ordinaire des exploits. — La signification à l'avoué a lieu en la forme usitée, par acte d'avoué à avoué et par le ministère des huissiers audienciers.

924. L'article 147, Pr. civ., en prononce la nullité des *actes d'exécution* du jugement que pour omission de la signification à avoué. Il ne prononce pas expressément cette peine pour défaut de signification à partie. Mais cette signification est assurément une formalité *essentielle* dans les cas sus-indiqués : comment la partie condamnée pourrait-elle être mise en demeure d'exécuter une condamnation qu'elle peut ne pas connaître, ou dont elle peut ignorer l'étendue et la portée ? L'omission de la signification à partie viciera donc les actes d'exécution.

L'omission, dans la signification à partie, de la mention de la signification précédemment faite à l'avoué nous paraît moins grave et ne saurait engendrer une nullité non prononcée par la loi. Tout ce qui peut résulter de cette omission, c'est une opposition à l'exécution du jugement, tant que le gagnant ne justifiera pas de l'accomplissement de la formalité prescrite.

925. Puisque la signification à partie doit contenir la mention de celle faite à l'avoué, il s'ensuit que la signification à avoué doit naturellement précéder l'autre. Néanmoins on peut admettre, comme autrefois Rodier sur l'article 2, tit. 27, de l'ordonnance de 1667, que la signification à avoué peut être faite utilement après la signification à partie, mais à une double condition. Cette signification aura lieu avant tout acte d'exécution. — Avant les premiers actes d'exécution se sera écoulé un laps de temps suffisant pour que l'avoué de la partie condamnée ait pu conseiller son client.

(1) Cass., 24 janv. 1865 (S. 1865. 1, 127).

Les délais qui doivent précéder l'exécution ne courront que du jour où le jugement aura été signifié à l'avoué.

SECTION VI. — Effets des jugements.

926. Les effets engendrés par un jugement sont nombreux et importants. Leur exacte détermination soulève des questions délicates en matière d'indivisibilité, de solidarité, d'autorité de chose jugée, etc ; mais ces questions appartiennent plus spécialement aux ouvrages écrits sur le droit civil qu'aux traités de procédure. Elles touchent plus au fond du droit qu'à la forme. Nous n'en dirons donc que ce qui nous paraîtra indispensable pour compléter notre étude sur les jugements.

1° Le principal effet d'un jugement est de terminer la contestation, le litige, sauf les voies de recours légales par lesquelles il peut être attaqué. Il dessaisit les juges. La sentence une fois prononcée, ceux-ci ne peuvent ni la changer, ni la retoucher, à moins que la loi n'ait permis de porter de nouveau la question devant eux par la voie de l'opposition ou de la requête civile. — Ce principe se traduit par l'adage suivant : *Lata sententia desinit esse judex.*

Le dessaisissement du tribunal doit être entendu dans un sens raisonnable. Ainsi, ce dessaisissement ne saurait enlever au tribunal le droit d'interpréter sa sentence ou de lui donner un complément nécessaire.

Le tribunal a rendu une sentence définitive dont le sens est ambigu. Nul doute qu'il ne puisse, sur la demande de l'une ou des deux parties, expliquer et *interpréter* sa précédente sentence dans un jugement nouveau. Seuls, les juges qui ont prononcé le premier jugement peuvent, en cas de doute, en fixer le sens véritable. Mais si sous prétexte d'expliquer le jugement, le tribunal l'avait en réalité changé, la partie lésée pourrait se pourvoir contre le nouveau jugement, par la voie de l'appel ou par celle du pourvoi en cassation, selon qu'il serait en premier ou en dernier ressort.

Le tribunal a-t-il commis quelque omission qui puisse être réparée sans causer à aucune des parties le moindre dommage, il pourra, dans un jugement nouveau, réparer cette omission. Par exemple, il n'a pas spécialement commis un huissier pour signifier un jugement par défaut faute de comparaître (Pr. civ., art. 156), ou n'a pas nommé le juge-commissaire pour procéder à une enquête (Pr. civ., art. 255). Il serait ridicule de s'adresser à la juridiction supérieure de la Cour d'appel ou de la cour de cassation et d'augmenter considérablement les frais du litige pour mesures aussi simples, qui, loin de nuire aux parties, régularisent au contraire la procédure.

927. — 2° Le jugement procure au demandeur, qui n'avait qu'un titre sous seing privé ou qui n'avait aucun titre écrit, un titre authentique. Ce jugement fait foi de son contenu jusqu'à inscription de faux. Ainsi, si un plaideur prétend que les motifs d'un jugement ont été, depuis la prononciation, modifiés dans la rédaction, il doit, pour faire tomber le jugement quant aux motifs, prendre la voie de l'inscription de faux.

928. — 3° Le jugement communique la force exécutoire au droit dont il déclare et reconnaît l'existence. Muni de la grosse de ce jugement, le créancier pourra recourir aux voies d'exécution forcée, organisées par le Code de Procédure, à la saisie des meubles, des créances, des fruits des immeubles, ou même des immeubles du débiteur condamné. Il aura à suivre les procédures diverses indiquées par la loi pour arriver à la réalisation en argent de tout ou partie du patrimoine du débiteur : mais sans le jugement, il n'eût pu (à moins d'avoir déjà un titre exécutoire) tendre à cette réalisation.

929. — 4° Un jugement engendre l'*autorité de la chose jugée*. Il rend légalement certaine l'existence ou la non-existence du rapport juridique, du droit qui a fait l'objet de la contestation. *Res judicata pro veritate habetur*. — A la décision rendue par les juges s'attache une présomption de vérité qui ne peut être détruite par aucune preuve. — Le jugement reconnaît ou méconnaît le droit allégué par le demandeur. L'autorité de la sentence consiste en ceci : 1° le demandeur dont le droit a été méconnu, dénié, ne peut plus recommencer le procès ; 2° ou le défendeur condamné ne peut essayer de se soustraire à l'effet de la condamnation prononcée contre lui, en contestant et en faisant examiner de nouveau le droit du demandeur. Le procès ne peut plus être recommencé, ni par l'un, ni par l'autre des plaideurs. La situation respective des parties est définitivement et irrévocablement réglée. Il ne leur est permis de prouver, ni outre, ni contre ce qui a été jugé. *Res judicata pro veritate habetur*. (Cod. civ., art. 1350 et 1352.)

Mais, pour l'exacte application de cette règle, distinguons entre les jugements, qui sont encore susceptibles d'être attaqués par une voie de recours ordinaire et ceux qui, passés en force de chose jugée, ne peuvent plus être attaqués que par une voie de recours extraordinaire, telle que la requête civile ou le pourvoi en cassation. — L'autorité attachée aux premiers jugements n'est que provisoire et se trouve suspendue, si ces jugements sont frappés d'appel ou d'opposition. Les seconds, au contraire, conservent (avec leur force exécutoire) toute leur autorité, malgré le recours extraordinaire dirigé contre eux et ne la perdent que s'ils sont rétractés, annulés ou cassés. Quand un jugement ne peut plus être attaqué par aucune voie de recours, soit ordinaire, soit extraordinaire, la présomption de vérité et de justice qu'il emporte est irréfragable.

Cette présomption légale, *juris et de jure*, engendre une *fin de non recevoir*, qui permet de repousser toute demande ou exception nouvelle tendant à remettre en question, entre les parties ou leurs ayants cause, l'existence ou la non-existence du rapport juridique, qui a fait l'objet d'une contestation antérieure. Cette fin de non-recevoir, qui s'oppose à la réitération du litige déjà vidé par un jugement, peut être invoquée aussi bien par la partie qui a succombé dans la première instance, que par celle qui a obtenu gain de cause. — Un jugement, passé en force de chose jugée, lie définitivement les parties, décide irréfragablement l'étendue, le caractère et la nature du rapport juridique existant entre elles.

930. Quelle est la cause de cette présomption si puissante? Cette cause, c'est le *quasi-contrat judiciaire* intervenu entre les parties, en vertu duquel elles sont tenues de soumettre à la décision des juges le litige qui les divise. Elles ont d'avance adhéré à cette décision, qui fixe définitivement leurs relations comme les fixerait une convention faite par elles-mêmes. Là est la cause génératrice, le fondement principal de l'autorité, toute relative du reste, attachée par la loi à la chose jugée.

Cette présomption se justifie en outre par des motifs d'utilité générale. Les procès doivent avoir une fin. La stabilité des droits des citoyens, la sécurité des propriétés sont des conditions nécessaires de l'ordre social. Or cette stabilité, cette sécurité n'existeraient point, si les droits pouvaient indéfiniment être remis en question. — Les frais de justice prendraient des proportions exagérées, si les instances pouvaient être renouvelées. Les parties contracteraient, dans des luttes incessamment renaissantes, des haines dangereuses pour la paix publique. Un nouvel examen de l'affaire déjà jugée ne fournirait pas davantage la certitude d'atteindre l'exacte vérité. Et du reste pourquoi s'arrêter à une seconde instance? pourquoi pas trois, quatre ou dix? — La présomption légale diminue les chances de contrariété entre les décisions judiciaires et consacre enfin l'autorité de la puissance publique dont les juges sont les organes.

931. Mais ces motifs doivent-ils nous amener à reconnaître à la présomption légale, attachée à l'autorité de la chose jugée, le caractère de règle *d'ordre public*? On serait tenté de répondre affirmativement : cette manière de voir doit être cependant rejetée : elle conduirait à des conséquences inadmissibles, en contradiction avec la disposition même de l'article 1351 du Code civil. L'autorité de la chose jugée ne serait plus relative : elle deviendrait absolue et pourrait être invoquée par quiconque y aurait intérêt.

Il en est de la chose jugée comme de la prescription. Comme elle, elle est d'intérêt général; comme elle, elle est une des garanties de l'ordre social en consolidant les droits et en mettant fin aux procès. Mais, comme la prescription, une fois acquise la chose jugée se réduit à un bénéfice personnel. Chacun des intéressés peut en user ou n'en pas user à son gré, sans que l'ordre public soit aucunement affecté. Le principe de la fiction légale est d'intérêt général; mais le bénéfice pécuniaire qu'elle procure est d'intérêt privé. De même que d'un commun accord, exprès ou tacite, les auteurs, et les seuls auteurs, d'un contrat peuvent renoncer à la situation établie par leur convention, de même les plaideurs peuvent, sans violer l'ordre public, d'un commun accord, exprès ou tacite, considérer comme non avenue la décision judiciaire précédemment obtenue.

932. De cette appréciation de l'autorité de la chose jugée, découlent les conséquences suivantes, admises par la doctrine et par la jurisprudence : *a*. Les parties intéressées peuvent renoncer aux effets de la chose jugée; cette renonciation peut être expresse ou tacite.

b. Le juge ne peut pas suppléer d'office l'exception ou la fin de non-recevoir tirée de la chose jugée.

c. Le ministère public ne peut pas soulever d'office cette fin de non recevoir. La fin de non recevoir tirée de la chose jugée ne peut être proposée pour la première fois devant la Cour de cassation. Le demandeur en cassation ne peut se plaindre que la cour ou le tribunal ait violé la chose jugée, puisqu'il ne leur a pas proposé la fin de non-recevoir et que le juge ne pouvait ni la soulever, ni l'admettre d'office (1).

L'autorité de la chose jugée ne s'attache qu'au *dispositif* du jugement : elle ne découle, ni de la rédaction des *qualités*, ni de la rédaction des *points de* fait ou de droit, ni des *motifs* ou considérants par lesquels le tribunal justifie sa sentence. Mais les motifs doivent être pris en considération pour expliquer et interpréter le dispositif (2).

933. A quels jugements s'attache l'autorité de la chose jugée ?

L'autorité de la chose jugée ne s'attache qu'aux actes de la juridiction contentieuse et non à ceux de la juridiction gracieuse. Tout jugement, *sensu stricto*, suppose un litige, une contestation. Les tribunaux ne jugent pas quand ils exercent la juridiction volontaire. Les actes de cette juridiction n'ont que l'apparence et la dénomination (dans la pratique) de jugements. Ils ne décident aucun procès. Aucune raison ne nous conduit à leur attribuer l'autorité de la chose jugée, pas plus qu'à la reconnaître à une délibération de conseil de famille. Ainsi, par exemple, n'ont l'autorité de la chose jugée, ni l'acte par lequel le tribunal et la Cour d'appel homologuent un contrat d'adoption ou la délibération d'un conseil de famille ou autorisent l'aliénation d'immeubles dotaux, ni les jugements d'adjudication à suite d'expropriation forcée ou de licitation, etc.

Parmi les actes de juridiction contentieuse, l'autorité de la chose jugée ne s'attache qu'aux jugements qui statuent définitivement sur une contestation, sur un point litigieux discuté entre parties. — Les jugements *préparatoires*, n'ordonnant qu'une simple mesure d'instruction, n'ont pas l'autorité de la chose jugée. Une présomption de vérité ne peut s'attacher à un jugement qui tend seulement à rechercher la vérité. Le juge ignore encore ; il cherche à s'instruire ; il doit jouir d'une entière liberté quand il s'agit de s'éclairer. Il doit pouvoir revenir sur sa décision antérieure, sauf l'hypothèse assez rare où l'une des parties justifierait qu'elle a intérêt à ce que s'accomplisse la mesure ordonnée par le jugement préparatoire.

Les jugements *interlocutoires* ont l'autorité de la chose jugée quant aux décisions définitives qu'ils contiennent. Ainsi un juge-

(1) Très nombreux arrêts de la Cour de cassation. V. Cass. 28 mai 1873 (D. P. 1873, 1. 365).

(2) Cass. 17 mars 1880 et 11 juillet 1881 (S. 1882, 1. 12 et 405).

ment, ordonnant une enquête et déclarant par conséquent la preuve testimoniale admissible, a l'autorité de la chose jugée quant à l'admissibilité de cette preuve. Il est *définitif* quant à cette question de droit. Le tribunal ne pourrait pas par un jugement postérieur déclarer ce mode de preuve irrecevable dans la même affaire et interdire l'enquête qu'il a d'abord ordonnée. — Mais ce même jugement est *interlocutoire* quant à l'effet de l'enquête prescrite, Le tribunal reste libre d'apprécier les résultats de l'enquête, d'écarter postérieurement les faits qu'il avait d'abord paru admettre, de prescrire d'autres mesures d'instruction et de décider le litige non d'après les témoignages, mais d'après d'autres documents. Les faits allégués avaient impressionné l'esprit des juges ; mais ceux-ci ne pouvaient ni être convaincus par anticipation, ni s'engager à l'être fatalement, les faits étant établis. C'est le sens, qu'il faut attribuer à la formule : *l'interlocutoire ne lie pas le juge*. Ceci sera mieux compris sous le titre des *enquêtes*.

Les jugements *provisoires* n'ont pas l'autorité de la chose jugée, en ce sens que le tribunal peut revenir sur la mesure ordonnée, si les circonstances viennent à être modifiées. *Exemple :* Un jugement accorde une provision alimentaire. Les aliments variant d'après les besoins de celui qui y a droit, le tribunal peut toujours les augmenter, les diminuer ou les supprimer.

A quels objets et à quelles personnes s'étend l'autorité de la chose jugée? Comment une personne peut-elle repousser les effets d'un jugement mal à propos invoqué contre elle? Nous examinerons ces points, quand nous traiterons de la tierce-opposition.

934-5°. Les jugements qui déclarent l'existence d'une créance ou d'une obligation, opèrent une *quasi-novation* de la dette, en ce sens que pour l'avenir la chose jugée tient lieu de *cause* à l'obligation. Le débiteur, qui a été condamné à payer la somme empruntée, est tenu désormais d'exécuter ce payement, non en vertu du contrat de prêt primitif, mais en vertu de la sentence prononcée contre lui. Comme le disait le jurisconsulte Gaïus, *si condemnatus sit, incipit ex causa judicati teneri..... post condemnationem judicatum facere oportere*. (C. III. 180). — Cette quasi-novation présente cette particularité qu'elle ne produit pas l'effet d'un payement. Loin d'éteindre l'ancienne obligation avec les accessoires qui y étaient attachés, elle la confirme et la corrobore. Elle laisse subsister les droits de gage d'hypothèque, de privilège, qui garantissaient la créance qui a fait l'objet du litige. Cette quasi-novation n'arrête pas le cours des intérêts : elle ne purge pas la demeure du débiteur; au contraire, elle la constate. Ces différences, entre le paiement et la novation proprement dite d'une part et la novation judiciaire d'autre part, découlent de ce principe de sens commun qu'une poursuite judiciaire ne doit pas empirer la position du créancier obligé d'y recourir.

Cette quasi-novation améliore au contraire la position du créancier triomphant. Tout jugement, qui prononce une condamnation, engendre une action spéciale ayant pour objet l'exécution de la condamnation : cette action, appelée *actio judicati*, ne se prescrit que par trente ans, à dater du jugement, encore qu'il s'agisse d'une condamnation prononcée en vertu d'une créance soumise à une prescription plus courte. C'est ce résultat que le vulgaire indique en disant que la sentence du juge transforme les courtes prescriptions en prescription trentenaire. C'est ce résultat que veut exprimer un brocard, employé dans un sens assez éloigné de sa signification primitive. *Omnes actiones quæ morte vel tempore pereunt, semel inclusæ judicio salvæ permanent.* (Gaïus, L. 139. D. *De regulis juris.* — C. civ., art 2262; Cod. com., art. 189.) *Exemples* : Une lettre de change n'a pas été acquittée à l'échéance. L'action en payement que peut exercer le porteur non payé se prescrit par cinq ans. Mais si le porteur assigne le tireur et le fait condamner, son action en payement dure désormais trente ans, à dater du jour du jugement. — L'action de l'hôtelier contre le voyageur se prescrit par six mois; celle du médecin contre le malade, du marchand contre son client ou acheteur par un an ; celle relative au payement des intérêts stipulés par cinq ans. Mais si l'hôtelier, le médecin, le marchand, ou le prêteur de deniers font condamner le voyageur, le malade, l'acheteur ou l'emprunteur, le droit d'obtenir payement du montant de la condamnation inscrite au jugement ne se prescrira que par trente ans. — La nature d'une condamnation judiciaire et celle de l'action qui en découle sont toujours les mêmes, quelle que soit la cause en vertu de laquelle la condamnation a été prononcée. *Non originem judicii spectandam, sed ipsam judicati velut obligationem*, disait le jurisconsulte romain. (L. 3. 15. 11. D. *de peculio*, 15. 1.)

935. Toute condamnation prononcée par jugement est garanti par une hypothèque judiciaire, générale, atteignant tous les immeubles actuels ou futurs de la partie condamnée. Cette hypothèque n'acquiert sa réelle efficacité, qu'à l'aide d'une inscription prise sur chacun des immeubles du débiteur, au bureau de conservation des hypothèques de l'arrondissement ou des arrondissements, dans lesquels sont situés les immeubles. (Cod, civil., art. 2117, 2123, 2134, 2148.)

Il n'est pas nécessaire pour la validité d'une inscription d'hypothèque judiciaire, que le jugement, formant le titre en vertu duquel est prise cette inscription, renferme une condamnation actuelle au payement d'une somme déterminée. Il suffit que le principe de la créance étant établi par le jugement, l'une des parties soit investie contre l'autre d'un droit certain, alors même qu'il serait éventuel, conditionnel ou indéterminé. Mais l'hypothèque judiciaire ne peut résulter de la simple énonciation d'une créance dans les motifs d'un jugement, alors qu'il n'est intervenu aucune décision sur cette créance (1).

L'inscription est une mesure purement conservatoire : elle peut donc être prise dès la prononciation du jugement, sans qu'il soit nécessaire de le faire signifier au préalable, ni d'attendre l'expiration du délai pendant lequel l'exécution en est suspendue. Peu importe que le jugement soit contradictoire ou par défaut, qu'il ait été rendu en premier ou en dernier ressort. — Le jugement est-il attaqué à l'aide d'une voie de recours, le sort de l'hypothèque dépend de la décision définitive. Elle subsiste avec le jugement, s'il est maintenu ; elle tombe, s'il est réformé. — Ainsi l'hypothèque judiciaire, inscrite en vertu d'un jugement par défaut ultérieurement frappé d'opposition, doit être considérée comme ayant toujours subsisté pour la garantie de la créance, lorsque l'opposition vient à être rejetée. — Le recours formé contre le jugement, opposition ou appel, n'empêche pas de prendre inscription. Mais le sort de l'hypothèque dépend de celui de l'appel ou de l'opposition. Ces recours sont-ils rejetés, le jugement attaqué est-il confirmé ou maintenu, l'inscription produit tous ses effets et conserve son rang. Au contraire, le jugement est-il réformé en appel ou rétracté, l'opposition étant déclarée recevable et fondée, l'hypothèque et l'inscription s'évanouissent (2).

(1) Cass. 19 août 1878, 4 août 1879. (S. 1879, 1. 29 et 1880, 1. 59).

(2) Civ. rejet 17 mars 1880. (S. 1882. 1. 405). — Chambéry, 22 déc. 1879 (S. 1880, 2. 241).

936-7°. Le jugement, rendu contrairement aux prétentions du demandeur, anéantit l'interruption de prescription opérée par l'exploit introductif d'instance. L'utilité de cet effet du jugement n'apparaît pas à première vue. A quoi peut servir cet anéantissement? Le demandeur ayant échoué devant les juges, ce n'est pas la prescription, c'est l'autorité de la chose jugée qui sera invoquée contre lui. — Supposons une dette solidaire ou indivisible due par plusieurs débiteurs. Le créancier a poursuivi l'un d'eux. En interrompant la prescription, en faisant courir les intérêts moratoires contre lui, il a interrompu aussi la prescription et fait courir les intérêts à l'égard de tous. (Cod. civ., art. 1206, 1207, 2249). Le créancier, après avoir échoué envers le débiteur poursuivi, pourrait vouloir diriger des poursuites contre les autres ou leur réclamer les intérêts moratoires. (En supposant admis que les codébiteurs solidaires ou indivisibles ne peuvent pas invoquer le jugement obtenu par leur codébiteur) cela lui sera impossible, si la prescription s'est accomplie postérieurement à la demande, dont l'effet se trouve détruit. Les intérêts moratoires n'auront jamais couru.

937-8°. En général, les effets du jugement rétroagissent au jour de la demande. Le demandeur doit être traité comme s'il eût eu gain de cause le jour même où l'action a été introduite. Cet effet rétroactif ne doit être attaché qu'aux jugements *déclaratifs de droits préexistants* et non aux jugements *constitutifs*, créateurs d'un état de choses nouveau ; aussi disons-nous, *en général*, les jugements simplement déclaratifs étant de beaucoup les plus fréquents. — Quand le jugement est déclaratif, quand il constate l'existence du droit réel ou de créance invoqué par le demandeur au jour de l'introduction de l'instance, il doit nécessairement remonter à ce jour. Le demandeur ne doit pas souffrir de la résistance injuste de son adversaire. Il doit obtenir une situation aussi favorable que si le défendeur avait accédé à la demande au lieu de la repousser. — Mais quand un jugement est modificateur d'une situation antérieure, créateur de droits nouveaux et non préexistants à l'instance, il ne doit pas rétroagir. Comment aurait-il pu créer avant que d'être lui-même? Ainsi, par exemple, nous ne pouvons admettre que le jugement de séparation de corps prononcé entre deux époux remonte quant à ses effets au jour de la demande. — L'opinion contraire est, il est vrai, adoptée par plusieurs arrêts et par des auteurs recommandables. — Vainement invoquent-ils l'article 1445 du Code civil relatif à la séparation de biens demandée par voie d'action principale. Ce texte contient une dérogation aux principes généraux, dérogation qui s'explique par la nécessité de protéger le patrimoine de la femme contre les conséquences des actes accomplis par le mari pendant l'instance. Sans cette dérogation, la protection accordée à la femme par la loi, en lui permettant de demander la séparation de biens, aurait été presque toujours illusoire. — Mais justement, le soin qu'ont pris les rédacteurs du Code civil de dire expressément que le jugement de séparation remonte, quant à ses effets, au jour de la demande, ne peut s'expliquer que par le désir de déroger à une règle générale. La disposition de l'article 1445 est inutile et superflue, si tous les jugements sans distinction sont rétroactifs. Distinguons donc deux catégories de jugements : les uns, les *déclaratifs* de droits rétroagissent toujours : les autres, les *constitutifs* ne rétroagissent jamais, sauf exception.

Cette rétroactivité du jugement explique les avantages attachés à la demande en justice, (V. n° 767 à 769.)

TROISIÈME SUBDIVISION

DE LA PROCÉDURE PAR DÉFAUT ET DE L'OPPOSITION

---

938. Nous avons jusqu'ici étudié la procédure contradictoire, le défendeur repoussant, combattant la prétention du demandeur. Le jugement a été rendu après le *contredit* des parties, l'exposé de leurs moyens respectifs, la contestation en cause (V. n° 765). Le jugement est *contradictoire*, dès que les parties ont respectivement posé qualités, c'est-à-dire pris des conclusions. Les plaidoiries pourraient avoir été omises par l'une ou par les deux parties, le jugement n'en serait pas moins *contradictoire*.

Nous définissons le jugement contradictoire, celui qui est rendu après que des conclusions ont été respectivement prises par les avoués des parties. Dans toute autre hypothèse, le jugement est *par défaut*. Il a ce caractère, lorsqu'il est rendu contre une partie qui n'a pas constitué d'avoué ou contre une partie dont l'avoué constitué ne s'est point présenté à l'audience, au jour indiqué dans l'avenir pour poser conclusions, ou qui, étant présent, a refusé de conclure au fond. Si aucun des avoués des parties ne se présentait à l'audience, nul jugement ne devrait être prononcé. La cause serait simplement rayée du rôle, sauf à la faire postérieurement réinscrire à la suite des autres.

Le jugement par défaut ne doit pas être confondu avec le jugement *par forclusion*. Celui-ci est rendu faute par l'une des parties de produire ses pièces, dans une instruction par écrit ou dans un délibéré sur rapport. Ce jugement est contradictoire, car des conclusions ont été respectivement prises par les parties.

Le défaut de l'une des parties ou de son avoué, modifiant la situation respective des plaideurs, appelait une réglementation spéciale. Le législateur nous la fournit dans les articles 149 à 165 du Code de Procédure. Dans ces textes, il suppose une procédure dégagée de tout incident. Nous l'imiterons. L'influence que peut exercer sur la procédure relative à tel ou tel incident le défaut de l'une des parties, sera indiquée à propos de chacun des incidents.

939. Nul ne doit être définitivement condamné sans avoir pu produire les moyens justificatifs de sa prétention ou de sa défense. Dans ce but, la loi permet d'attaquer les jugements par défaut par une voie de recours spéciale : l'opposition. Sur l'opposition de la partie condamnée par défaut, le tribunal entendra sa défense, examinera de nouveau le litige et confirmera ou rétractera sa première décision. — Comme l'appel, l'opposition rentre dans la catégorie des voies de recours ordinaires. Une méthode rigoureuse réserverait l'étude de l'opposition pour la partie de ce Traité dans laquelle seront exposées les voies de recours contre les jugements. Mais le lecteur ressentirait quelque gêne, si nous n'imitions pas l'exemple des rédacteurs du Code de Procédure et si nous séparions deux matières qui offrent la plus intime connexité : les jugements par défaut et l'opposition, qui a pour but d'obvier aux dangers que présentent les sentences judiciaires rendues sans contradiction. Consacrons donc un premier chapitre aux jugements par défaut et un deuxième à l'opposition.

CHAPITRE PREMIER

DES JUGEMENTS PAR DÉFAUT

(LIV. II, TIT. VIII, ART. 149 A 159)

SOMMAIRE. *Section première.* Défaut du demandeur. — *Section deuxième.* Défaut du défendeur. — § 1er Règles communes à tous les jugements par défaut. — § 2. Règles spéciales au jugement par défaut faute de conclure. — § 3. Règles propres au jugement par défaut faute de comparaître. — § 4. Du cas où il y a plusieurs défendeurs et du défaut profit joint.

940. Bien que le défaut soit beaucoup plus fréquent de la part du défendeur, le demandeur peut aussi être défaillant. — Distinguons donc avec la loi, au point de vue des personnes, des parties litigantes, deux genres de défauts : 1° le défaut de la part du demandeur, et 2° le défaut de la part du défendeur. — Au point de vue de la manière de faire défaut, distinguons aussi deux espèces de défauts : celui qui consiste à ne pas constituer avoué, le défaut *faute de comparaître*, ou défaut *contre partie*, ou défaut *faute de constitution d'avoué*, et celui qui résulte de l'abstention de l'avoué constitué, le défaut *faute de conclure*, ou défaut *contre avoué*, ou défaut *faute de défendre*. — Cette distinction est importante : les règles applicables à l'une ou à l'autre de ces deux sortes de défauts sont assez différentes : il est prudent de ne pas les confondre.

Notons que les jugements par défaut contiennent, presque toujours, deux parties distinctes ; la constatation du défaut de la partie ou de son avoué, et ensuite l'adjudication des conclusions de la partie présente.

SECTION I. — **Défaut du demandeur.**

941. De la part du demandeur un seul défaut est possible, le défaut faute de conclure. Le demandeur ne peut pas faire défaut faute de comparaître, puisque l'exploit d'ajournement doit contenir, à peine de nullité, la constitution de l'avoué chargé de postuler pour lui. (Pr. civ., art. 61, 1°.)

Le défendeur, auquel l'exploit d'ajournement a été signifié, a huit jours pour constituer avoué, puis quinze jours à partir de la constitution d'avoué pour signifier ses défenses. (Proc. civ., art. 75 et 77.) — Tant qu'il n'a pas constitué avoué, il ne peut poursuivre l'audience et forcer le demandeur à venir soutenir sa prétention. — Mais dès qu'il a constitué avoué, le défendeur est libre de négliger *les défenses*, de faire inscrire la cause au rôle et de donner immédiatement *avenir* à l'avoué du demandeur.

Si sur cette sommation d'audience et au jour indiqué, l'avoué du demandeur ne vient pas poser ses conclusions, l'avoué du défendeur peut prendre défaut contre lui. — Tout ce que la loi exige du défendeur, pour qu'il puisse prendre défaut contre son adversaire, est d'avoir constitué avoué et donné avenir. (Proc. civ., art. 154.)

942. Quel sera l'effet du défaut ainsi obtenu, défaut appelé par les commentateurs de l'ordonnance de 1667 *défaut congé* ?

Emportera-t-il rejet de la demande, sauf pour le demandeur la faculté de faire opposition? ou simplement le *relaxe* du défendeur, le renvoi de l'assignation, le demandeur pouvant plus tard reproduire son action, sans avoir besoin de se pourvoir par opposition? — La question était vivement débattue sous l'empire de l'ancien droit. Elle est encore aujourd'hui très controversée dans la doctrine. — D'estimables auteurs pensent que le défaut prononcé contre le demandeur n'est qu'un simple relaxe, ne fait que relever le défendeur de l'assignation, les choses restant au fond ce qu'elles étaient avant l'ajournement. Condamner le demandeur au profit du défendeur, c'est, disent-ils, reconnaître que les prétentions de ce défendeur sont légitimes et fondées. Pareille déclaration implique de la part du tribunal un examen des prétentions dont il est saisi. Or, dans l'hypothèse prévue, le Code autorise à prendre défaut contre le demandeur sans aucun examen préalable de la demande. La vérification des conclusions n'est exigée qu'à l'égard du défaut de la part du défendeur. La loi ne vise et n'admet donc qu'un simple jugement de relaxe et non une sentence contenant condamnation. L'absence du demandeur fait présumer le désistement; mais le désistement n'a d'autre effet que de remettre les choses en l'état antérieur à la demande. — Le danger que pourrait présenter la réitération vexatoire de la demande se trouve atténuée par la condamnation du demandeur aux frais du procès et par la faculté qu'a le défendeur poursuivi de nouveau de réclamer des dommages-intérêts.

Nous repoussons cette opinion. Nous pensons que la solution de la question dépend de la nature et de l'étendue des conclusions prises par le défendeur et qu'une distinction s'impose. — Le défendeur, sans discuter au fond la prétention du demandeur, se borne-t-il à demander défaut contre lui, le tribunal n'a aucune vérification à faire. Son jugement ne contient qu'un seul chef, la constatation du défaut, dont le profit est accordé au défendeur. Celui-ci est simplement déchargé de l'obligation imposée par l'ajournement. La demande actuelle tombe; les frais sont mis à la charge du demandeur défaillant; mais il pourra intenter de nouveau son action. — Le défendeur, au lieu de réclamer un simple défaut-congé, demande-t-il que la cause soit examinée et jugée quant au fond, il doit être écouté. Il a le droit de faire statuer sur la prétention élevée contre lui et de la faire déclarer mal fondée. Le jugement doit prononcer le rejet de la demande. — Bien entendu, la sentence future ne pourra être rendue qu'après un examen préalable des conclusions du défendeur. Mais ces conclusions reconnues justes et bien fondées, le profit du défaut adjugé consistera dans le rejet de la demande elle-même. Le jugement contiendra deux chefs : la constatation du défaut du demandeur ; l'adjudication des conclusions du défendeur, sauf au demandeur à attaquer le jugement par la voie de l'opposition ou par celle de l'appel. Déjà, dans l'ancien droit, Rodier faisait remarquer qu'il doit y avoir égalité de position entre les deux parties et que l'absolution par défaut n'est que la contrepartie de la condamnation par défaut. — Avant le défaut prononcé contre le demandeur, le défendeur peut avoir formé des demandes reconventionnelles. Comment le défaut du demandeur pourra-t-il priver le tribunal du droit de statuer sur ces demandes et le défendeur de celui de les faire juger ? Comment le tribunal pourra-t-il statuer au fond sur la demande reconventionnelle, en laissant intacte la demande principale, que la reconventionnelle tend à détruire et anéantir (1) ?

SECTION II. — **Défaut du défendeur.**

943. Le défendeur peut faire défaut de deux manières différentes : 1° Il ne constitue pas avoué ; il y a alors défaut *faute de comparaître* ou défaut *contre partie ;* 2° L'avoué par lui constitué ne se présente pas à l'audience, ou, ce qui revient au même, s'abstient de prendre des conclusions ; le défaut est dit : *faute de conclure* ou défaut *contre avoué.* (Proc. civ., art. 149.) Quelques règles sont communes à ces deux espèces de jugements ; d'autres sont spéciales à l'une ou à l'autre.

§ 1er — *Règles communes aux jugements par défaut faute de comparaître et aux jugements faute de conclure.*

944. Nous distinguons dans tout jugement par défaut deux chefs distincts : la prononciation même du défaut, où l'on constate sim-

(1) Cass. 21 mai 1879 (S. 1881. 1. 347).

plement que le défendeur ne s'est pas présenté, et le *profit* du défaut, l'adjudication au demandeur, s'il y a lieu, de ses conclusions au fond : *s'il y a lieu*, disons-nous, car le défendeur ne doit pas nécessairement être condamné par cela seul qu'il ne comparaît pas ou ne prend pas de conclusions.

Il paraît qu'il en était autrement sous l'ordonnance de 1539. Le défendeur qui ne se présentait pas était censé reconnaître la légitimité de la demande formée contre lui. Son absence ou son silence entraînait sa condamnation. Les rédacteurs du Code ont repoussé cette injuste et exorbitante présomption. L'absence du défendeur peut être forcée ou excusable. Il a eu confiance dans la sagacité des juges qui ne pourront faire triompher une prétention odieuse, inique, ridicule ou illégale. — En tout cas, son inaction ne saurait engendrer un droit au profit du demandeur, si ce droit n'existe pas d'ores et déjà. — Le tribunal doit donc avant d'adjuger le profit du défaut examiner le bien fondé de la demande. Aussi, l'art. 150, Proc. civ., veut-il que les conclusions du demandeur ne soient octroyées que *si elles se trouvent justes et bien vérifiées*. — *Justes*, c'est-à-dire, pas contraires à la loi ; elles ne seraient pas justes, si elles tendaient, par exemple, à obtenir le payement d'une dette de jeu ou d'un dédit de mariage, l'exécution d'une substitution prohibée ou d'un traité sur une succession non ouverte, la constatation d'une filiation adultérine, etc. (Cod. civ., art. 342, 896, 1128, 1130, 1965.) — *Bien vérifiés*. Le tribunal doit examiner les titres produits par le demandeur à l'appui de sa prétention. S'il n'y trouve pas la preuve du droit invoqué, il doit acquitter le défendeur quoique absent. Il ne siérait point à la dignité des juges d'être obligés d'allouer des prétentions non justifiées, par cela seul qu'il n'y a pas de contradicteur. La voix de la justice ne doit-elle pas toujours se faire entendre.

945. Ce pouvoir de vérification implique nécessairement la faculté d'ordonner un délibéré et de faire mettre les pièces sur le bureau pour prononcer le jugement à une audience ultérieure. — Mais si cette vérification est insuffisante, si, tout en faisant présumer le droit réclamé, les pièces produites n'ont pas convaincu les juges de l'existence de ce droit, pourront-ils ordonner une instruction plus complète, une expertise, une enquête, etc ? La question est controversée en doctrine. — Les partisans de la solution négative allèguent que la loi, dans l'article 150, Proc. civ., n'a autorisé qu'un seul mode de vérification, l'examen des pièces déposées sur le bureau, qu'elle a implicitement exclu tout autre mode d'instruction. — Cet argument est une pure pétition de principes : il affirme la solution, mais ne la justifie pas. — On ajoute que les faits allégués par le demandeur doivent être présumés vrais puisque le défendeur ne les contredit pas. — C'est revenir au système de l'ordonnance de 1539 que les rédacteurs du Code ont entendu repousser en exigeant la vérification des allégations du demandeur. Au surplus ce silence ne pourrait équivaloir à un aveu tacite de la justice et du bien fondé de la demande dans les affaires, à l'égard desquelles l'aveu exprès et formel ne peut faire preuve, comme dans les causes relatives à l'ordre public, à l'état des personnes : demandes en nullité de mariage, séparation de corps, désaveu de paternité, etc., etc. — Aussi, préférons-nous la solution affirmative.

Les juges peuvent, pour s'éclairer, recourir à tout mode d'instruction, non interdit par la loi. C'est là un principe fondamental de notre procédure. Ce que le tribunal peut faire au cas d'instance contradictoire, alors que le défendeur présent ne réclame pas le recours au nouveau mode d'instruction ordonné d'office par les juges, comment ne le pourrait-il pas quand le défendeur fait défaut? La nécessité d'une enquête s'impose dans les cas où l'aveu est irrecevable. Cette nécessité suffit pour établir que le délibéré n'est pas la seule voie d'instruction autorisée. — Bien plus, les articles 257 et 261, Proc. civ., supposent justement une enquête ordonnée contre une partie qui n'a pas d'avoué. — L'absence du défendeur ne saurait équivaloir à un aveu : elle peut autrement s'expliquer. Objecte-t-on qu'en ordonnant une enquête ou une expertise, les juges vont peut-être mettre à la charge du défendeur les frais d'une instruction compliquée qu'il n'a pas réclamée. La réponse est aisée ; l'éventualité n'est-elle pas la même au cas d'instance contradictoire ? Cependant le pouvoir du juge n'y est point limité. Ne serait-il pas plus fâcheux de s'en rapporter aveuglément aux allégations du demandeur, articulant des faits qui ont besoin d'être soigneusement vérifiés.

946. Les magistrats ne sauraient voir d'un œil favorable les jugements de défaut, obtenus en quelque sorte par surprise, à raison du retard involontaire d'un avoué, arrivé à l'audience après l'appel des causes. Pour venir au secours du défendeur, l'ordonnance de 1667 permettait aux juges de *rabattre*, c'est-à-dire d'annuler les défauts à l'audience même où ils avaient été prononcés. Le Code de procédure ne fait aucune mention de cet usage, qui doit être considéré comme aboli. (Proc. civ., art. 1041.) Mais, dans plusieurs tribunaux, on a adopté un expédient ingénieux qui permet d'obtenir le même résultat. On n'accorde le défaut au demandeur que *sauf l'audience;* on réserve ainsi au défendeur, pendant toute la durée de l'audience, la faculté de présenter ses conclusions et d'engager la cause contradictoirement.

947. Les jugements par défaut, comme les jugements contradictoires, ne peuvent être mis à exécution tant qu'ils n'ont pas été signifiés (suivant la distinction ci-dessus indiquée), soit à l'avoué seul, soit à l'avoué et à sa partie, conformément à l'article 147, Proc. civ. Mais une différence marquée les sépare, au point de vue de l'exécution, des jugements contradictoires.

Ces derniers, s'il sont en premier ressort, ne peuvent pas être exécutés dans la huitaine qui suit leur prononciation ; mais, cette huitaine écoulée, peuvent l'être dès la signification. Sont-ils en dernier ressort, leur exécution peut être commencée aussitôt après la signification. (Proc. civ., art. 450.)— Au contraire, les jugements par défaut ne peuvent pas être exécutés avant l'expiration d'un délai de *huitaine*, délai qui court de la signification à l'avoué, au cas de défaut faute de conclure, ou à la partie, au cas de défaut faute de comparaitre.

Le législateur a voulu que le défendeur pût délibérer en paix sur le parti que son intérêt lui commande d'adopter : exécuter la sentence volontairement, la laisser mettre à exécution par le demandeur, ou faire opposition. (Proc. civ., art. 155.)

Ne concluons pas de termes de l'article 155, Proc. civ., que dans le cas d'un jugement par défaut faute de conclure, le jugement puisse être exécuté contre la partie, dès qu'il s'est écoulé huitaine depuis la signification à l'avoué, quoique la signification à la partie n'ait pas eu lieu. L'article 155 ne déroge pas au principe général inscrit dans l'article 147. La signification à partie est indispensable ; tant qu'elle n'aura pas été faite, l'exécution ne pourra être commencée.

948. Dans les jugements par défaut faute de conclure, il y a corrélation entre la faculté d'exécuter et le délai de l'opposition. L'exécution, sauf disposition contraire dans le jugement, ne peut être commencée que lorsque le délai de l'opposition est expiré. Il n'en est point ainsi quant aux jugements par défaut faute de comparaître. L'exécution peut en être commencée, bien que la voie de l'opposition ne soit pas fermée.

949. Les actes interdits jusqu'à l'expiration de la huitaine sont les actes d'exécution proprement dits, saisie mobilière ou saisie immobilière, etc; mais non les actes conservatoires, tels que l'inscription de l'hypothèque judiciaire, ou même une saisie-arrêt.

950. L'exécution des jugements par défaut n'est pas seulement suspendue pendant la huitaine qui suit la signification du jugement; elle peut l'être, même après ce délai, par l'effet d'une opposition régulièrement formée. L'opposition a un effet suspensif.

Ainsi donc la loi admet deux causes de suspension de l'exécution d'un jugement par défaut : 1° Le délai de huitaine à compter de la signification du jugement : peu importe du reste que pendant ce délai le défendeur recoure ou non à l'opposition ; 2° Une opposition régulièrement faite dans les formes et dans les délais prescrits. (Proc. civ., art. 159 et 161.)

951. Chacune de ces deux causes de suspension souffre dérogation, et une dérogation spéciale. Ainsi : 1° l'exécution du jugement par défaut peut avoir lieu, même pendant les huit jours qui suivent la signification, lorsque le tribunal l'a permis par une clause expresse du jugement. Cette exécution provisoire ne peut être autorisée que si deux conditions sont réunies ; être dans l'une des hypothèses prévues par l'article 135, Proc. civ. (Voir n° 902) ; se trouver dans un cas d'urgence. (Proc. civ., art. 155, 1er alin.) Le tribunal n'a pas besoin d'obliger le créancier à fournir caution, le débiteur ayant toujours la faculté d'arrêter l'exécution en formant opposition. Car cette exécution provisoire ne peut-être commencée ou continuée, si la partie condamnée fait opposition. Une opposition régulière arrête ou suspend toute exécution ordinaire ou provisoire, à moins que le tribunal n'ait autorisé expressément cette exécution nonobstant opposition.

2° Malgré l'opposition régulièrement formée, l'exécution provisoire du jugement peut avoir lieu, lorsque le tribunal l'a expressément autorisée. L'opposition peut n'être jugée qu'après un assez long espace de temps. L'esprit de chicane a souvent abusé de cette voie de recours pour entraver les poursuites les plus légitimes. Aussi fallait-il, pour éviter cet abus, autoriser l'exécution nonobstant opposition et donner plus d'extension à cette faculté. C'est ce que fait le second alinéa de l'article 155, Pr. civ. L'exécution provisoire, nonobstant opposition, peut être ordonnée en dehors des cas prévus par l'article 135, Pr. civ. — Mais, d'autre part, on ne peut méconnaître qu'un jugement par défaut n'établit pas en faveur de la partie qui l'a obtenu une présomption aussi grave qu'un jugement contradictoire en premier ressort. Aussi la loi exige-t-elle qu'il y ait non pas seulement urgence, mais *péril en la demeure*, ce qui indique des circonstances plus pressantes et plus graves. Elle ne distingue plus, comme dans l'article 135, entre les cas où l'exécution provisoire est obligatoire pour le tribunal et ceux dans lesquels elle est simplement facultative. Elle la rend facultative dans tous les cas. Elle permet d'exiger une caution, même du porteur d'un acte authentique ou d'une promesse reconnue; ce qui n'est point possible dans le cas d'une exécution provisoire autorisée en vue d'un appel futur. (Pr. civ., art. 135 et art. 155, 2e alin.) L'autorisation d'exécuter, malgré l'opposition formée, nous paraît contenir implicitement le droit de procéder à l'exécution avant l'échéance de la huitaine de la signification.

Dans tous les cas, l'exécution provisoire de la condamnation prononcée ne peut être autorisée que par le jugement de défaut lui-même; sinon le tribunal serait dessaisi.

§ 2. *Règles applicables aux jugements par défaut faute de conclure.*

952. 1° Le jugement par défaut faute de conclure est signifié par un huissier ordinaire, comme les jugements contradictoires;

2° Ce jugement peut être mis à exécution pendant trente ans, conformément au droit commun : le droit reconnu au profit du demandeur ne se prescrit que par le laps de temps ordinaire;

3° Le jugement ne peut être attaqué par la voie de l'opposition que pendant huitaine à compter du jour où il a été signifié à avoué (Pr. civ. art., 157.)

Ce délai, qui se calcule conformément aux règles exposées sous le n° 623, sera nécessairement suspendu par la mort de l'une des parties, par le décès, la démission, la destitution ou l'interdiction de l'un des avoués. Indiquons rapidement les diverses hypothèses qui peuvent se produire. — L'avoué du défendeur a cessé ses fonctions avant que le jugement par défaut lui ait été signifié; le délai de huitaine ne peut courir qu'à dater de la signification à partie, au défendeur lui-même. Ce délai est alors susceptible d'augmentation à raison des distances. On doit indiquer dans cette signification la cessation des fonctions de l'avoué. Si la signification ne renferme pas cette indication, le délai ne doit pas courir. (Pr. civ., art. 148 et 1033.) — La signification à avoué a eu lieu ; mais cet avoué a cessé ses fonctions avant que la huitaine à dater de la signification soit accomplie. Le défendeur condamné se trouve privé de son mandataire *ad litem*, sur lequel il devait naturellement se reposer du soin de faire opposition. Il serait injuste que cette voie lui fût fermée, alors qu'il n'est pas en mesure d'éviter cette déchéance. Le délai de l'opposition cesse de courir. Le demandeur, comme au cas précédent, doit signifier le jugement à son adversaire et mentionner dans la signification la cessation des fonctions de l'avoué. — Dans ces deux cas, nous pensons que le défendeur doit jouir d'un nouveau délai de huitaine à partir de la signification à lui donnée. Nous n'admettons pas qu'il y ait simplement lieu à reprendre le cours du délai qui avait commencé à courir pendant que l'avoué exerçait. Le délai de huitaine est très court. La portion courue pendant la vie de l'avoué n'a pas pu être utilisée par la partie elle-même. — L'avoué du demandeur cesse ses fonctions. Est-ce avant la signification du jugement? Le délai ne courra qu'à partir de la signification faite par un autre avoué constitué par le demandeur. Est-ce après la signification du jugement et avant l'expiration du délai de huitaine? le délai cesse de courir, et le demandeur doit signifier à l'avoué du défendeur la constitution d'un nouvel avoué.

4° L'opposition ne peut être régulièrement formée que par re-quête d'avoué à avoué, (Pr. civ., art. 160).

Ces règles s'expliquent par la considération suivante. La partie défenderesse a reçu l'exploit d'assignation, a connu le procès qui lui était intenté, puisqu'elle a constitué avoué. Elle a un mandataire *ad litem*, qui peut et doit la diriger, l'avertir, la conseiller et faire toutes diligences nécessaires pour sauvegarder ses intérêts; inutile de prendre des précautions particulières. Si l'avoué est négligent, a le tort de ne pas conclure, ou, après avoir négligé de poser qualités, omet de faire opposition en temps utile, la partie aura un recours contre lui, le fera condamner à des dommages-intérêts. Le défendeur est traité comme tout plaideur ordinaire. Pourquoi a-t-il mal choisi son avoué ? Le législateur ne pouvait donner à ce défendeur une situation exceptionnelle et exorbitante du droit commun au détriment du demandeur, faire indirectement supporter à ce dernier les conséquences de la négligence ou de la faute de l'avoué du défendeur.

La situation va être très différente, si le jugement a été rendu par défaut faute de comparaître.

§ 3. *Règles spéciales au jugement par défaut faute de comparaître.*

953. Un fait grave s'est produit. Le prétendu débiteur assigné n'a pas constitué avoué, n'a pas donné signe de vie. Pourquoi ? quelle est la cause de cette abstention ? — Peut-être reconnait-il le bien fondé de la demande et veut-il, en ne constituant pas avoué, éviter un accroissement de frais. Il accepte d'avance le futur jugement. Peut-être, tout au contraire, est-il si bien convaincu de la justesse de sa cause, la prétention du demandeur est si visiblement illégale ou inadmissible, que cet assigné juge inutile de se défendre. Le tribunal saura bien repousser la demande. — Mais la partie intéressée n'a peut-être gardé le silence, que parce que la copie de l'assignation ne lui est pas parvenue. L'huissier infidèle n'a pas remis la copie de l'ajournement : il l'a *soufflée*. Les législateurs du Code avaient l'expérience des abus de l'ancien droit. « Il n'est que trop souvent arrivé, disait Treilhard (*Exposé des motifs*), qu'un huissier prévaricateur a manqué de donner une copie de son exploit à la personne qu'il assigne : c'est ce qu'on appelle en langage vulgaire, *souffler une copie*. L'infortuné qu'on a dû citer ne peut pas se montrer sur une interpellation qu'il ignore ; on prend contre lui un jugement par défaut ; si la prévarication se prolonge, on lui soustrait encore la copie de la signification du jugement ; il vit dans une sécurité profonde, et lorsque tous les délais pour se pourvoir sont écoulés, le malheureux peut être écrasé par une procédure dont il n'a pas même soupçonné l'existence. » Les personnes, auxquelles les diverses copies de l'assignation ou du jugement par défaut ont été remises : le parent, le serviteur, le voisin ou le maire ont été négligents ; l'assigné n'a pas été averti, on n'a pas la certitude qu'il l'ait été suffisamment.

De ces diverses hypothèses, quelle est la vraie ? La dernière peut-être. Dans le doute, le législateur ne devait-il pas prendre les plus complètes précautions ? Telle est la pensée qui a dirigé les rédacteurs du Code de procédure dans la fixation des règles spécialement applicables aux jugements rendus *faute de comparaître*. Le législateur a eu recours à trois précautions, à trois mesures spéciales.

954. Première précaution. — Tous jugements par défaut rendus contre une partie qui n'a pas constitué avoué doivent être signifiés par un huissier spécialement commis par le tribunal ou par le juge du domicile du défaillant que le tribunal aura désigné. (Pr. civ., art. 156 1er al.) — L'huissier commis, habituellement choisi parmi les audienciers, ne se rendra pas coupable d'une faute grossière. Il tiendra à répondre à la confiance dont l'investit le tribunal. Il ne se prêtera pas à la fraude.

Quand le tribunal qui rend le jugement ne fait pas directement la désignation de l'huissier, il peut remettre ce choix au tribunal civil du domicile du défaillant, au président ou à un juge de ce tribunal, ou même au juge de paix. (Pr. civ., art. 1035.) — Le tribunal peut commettre l'huissier d'office. S'il l'a oublié, le créancier doit faire réparer l'omission par un second jugement, dont les frais restent à sa charge : il devait prendre des conclusions et attirer l'attention des juges sur ce point. — Si l'huissier commis meurt ou cesse ses fonctions avant d'avoir fait la signification, nous pensons qu'il n'est pas nécessaire de prendre un nouveau jugement pour en faire désigner un autre. On adressera une requête au président du tribunal, qui répondra par une ordonnance commettant tel autre huissier.

L'article 156, Pr. civ., ne prononce pas la nullité de l'assignation faite par un huissier autre que l'huissier commis. Cette nullité n'est pas cependant douteuse. Une des conditions susbtantielles de la validité d'un acte est d'émaner d'un officier public ayant qualité pour le faire. Un huissier non commis est sans qualité pour signifier un jugement par défaut faute de comparaitre. En conséquence, tous les actes d'exécution accomplis après une semblable signification devront être annulés.

955. DEUXIÈME PRÉCAUTION. — Les législateurs ne se sont point contentés de cette première mesure, déjà suffisamment efficace pour porter le jugement par défaut à la connaissance de la partie condamnée. L'article 156, Pr. civ., contient une deuxième disposition : *Ils* (les jugements par défaut, etc.) *seront exécutés dans les six mois de leur obtention, sinon réputés non avenus.*

L'action tendant à l'exécution d'un jugement dure en général trente ans (V. n° 934). Le législateur a craint que le jugement par défaut, ignoré peut-être de la partie condamnée, ne fût tenu en réserve pendant de longues années, pour être invoqué contre elle à une époque où elle n'aurait plus ses moyens de défense. Pour obvier à ce danger, il prescrit l'exécution du jugement dans les six mois de sa prononciation, à peine de déchéance, de *péremption* du jugement. — On a prétendu que ce danger était illusoire et ne pouvait se réaliser, alors que d'après le Code actuel l'opposition à un jugement par défaut contre partie est recevable jusqu'à l'exécution. (Pr. civ. art. 158.) Si, dit-on, l'exécution n'a lieu qu'au bout de vingt-neuf ans, le défendeur pourra toujours faire rétracter le jugement par la voie de l'opposition. — La réponse est aisée. Oui, l'opposition sera recevable en droit, mais elle sera souvent devenue impossible en fait. Si la condamnation a été réellement ignorée, et s'il s'est écoulé un long intervalle avant la mise à exécution, le défendeur et surtout ses héritiers auront presque toujours perdu les moyens de justifier leur opposition et de combattre efficacement la prétention du demandeur. Le défendeur aura négligé de conserver pendant de longues années la quittance d'où résultait sa libération. *Exemples* : Le débiteur a payé en 1830 une dette échue cette année-là. Le créancier a attendu la mort de ce débiteur. En 1858, il assigne l'héritier. Celui-ci est condamné par défaut faute de comparaître. D'après le droit commun, le créancier pourrait attendre pour exécuter la sentence jusqu'en 1888. A cette époque, après cinquante-huit ans, l'héritier devrait avoir conservé la quittance ! Ou bien encore, si le défendeur avait connu le jugement par défaut, il aurait pu en 1858, lors de son obtention, faire entendre des témoins. Seront-ils vivants vingt-huit ou vingt-neuf ans après? A raison de ces éventualités et pour déjouer toute fraude, la loi veut que le jugement soit exécuté à une époque voisine de sa prononciation.

Quelques auteurs critiquent la disposition de l'article 156, Pr. civ., et déclarent inadmissible la supposition qui l'a inspirée. Comment, disent-ils, le jugement par défaut pourrait-il être ignoré de la partie condamnée alors que la signification de la sentence a lieu par huissier commis ? Ces auteurs oublient que, malgré cette précaution, la copie du jugement, remise à un serviteur ou parent infidèle, a pu ne pas être connue du défendeur et qu'en outre et plus fréquemment le demandeur gagnant pourrait ne faire signifier le jugement que tardivement, après plusieurs années.

956. Pour éviter la péremption du jugement par défaut faute de comparaître, faut-il que l'exécution soit *consommée?* suffit-il qu'elle soit *commencée* dans les six mois? Dans quels cas le jugement est-il réputé *suffisamment exécuté* pour échapper à la péremption? — La loi est muette. La doctrine et la jurisprudence admettent que le jugement est à l'abri de la péremption quand le demandeur a fait dans les six mois tout ce qu'il était moralement possible de faire pour l'exécuter. Le droit du demandeur reste intact, dès qu'aucun retard ne peut lui être imputé. Les juges apprécieront. — Le législateur a peut-être eu le désir d'établir une corrélation entière entre l'exécution du jugement à l'effet d'empêcher la péremption et l'exécution à l'effet d'exclure l'opposition, souhaiter relier l'article 159 à l'article 156 comme à l'article 158, Pr. civ. Mais il n'a point établi cette relation et nous l'approuvons; car les deux cas sont dissemblables. La loi ne doit pas être prodigue de déchéances. Pour enlever au défendeur la faculté si précieuse de faire opposition, on comprend que la loi, dans l'article 159, Pr. civ., exige des actes d'exécution assez énergiques et assez patents pour parvenir nécessairement à la connaissance de la partie condamnée. A l'inverse, quand il s'agit d'éviter à la partie gagnante la déchéance rigoureuse, inscrite dans l'article 156, Pr. civ., on doit se contenter d'un acte d'exécution sérieux, lors même qu'il ne serait pas connu de l'autre partie. — La péremption sera donc évitée, par exemple, par un procès-verbal d'huissier constatant que la partie condamnée a quitté son ancienne résidence, sans que sa nouvelle habitation ait pu être découverte, ou par un procès-verbal de *carence* constatant que l'huissier n'a trouvé au domicile du débiteur aucun objet susceptible d'être saisi.

957. Une question divise la doctrine et la jurisprudence. L'exécution, dans les six mois de l'obtention du jugement par défaut, à l'égard de l'un des débiteurs solidaires empêche-t-elle la péremption à l'égard des autres? Voici l'hypothèse. Un créancier a trois débiteurs solidaires : il les assigne tous trois. Tous les trois font défaut faute de comparaître. L'article 153, Pr. civ., n'est pas applicable. Un jugement est pris contre eux trois. Le créancier n'exécute la sentence qu'envers un seul. Les deux autres pourront-ils invoquer la péremption de l'article 156, Pr. civ.? Non. Le jugement est à l'abri à l'égard de tous les débiteurs condamnés. Il est de l'essence de la solidarité que le créancier conserve tous ses droits par cela seul qu'il se met en règle vis-à-vis de l'un des codébiteurs. La solidarité subsiste après comme avant le jugement, puisque la quasi-novation judiciaire ne s'opère jamais au préjudice du créancier qui obtient jugement. (V. n° 934.) La doctrine contraire, loin de leur être avantageuse, serait nuisible aux débiteurs solidaires. Elle obligerait le créancier à pratiquer dans les six mois autant de saisies qu'il y aurait de débiteurs solidaires condamnés. (Arg. des art. 1206, 1207. Cod. civ.)

958. Quel caractère a la déchéance prononcée par l'article 156, Pr. civ.? Est-elle d'ordre public? La négative est seule admissible. Cette déchéance n'a pas été introduite dans un intérêt général. Elle n'est établie que dans l'intérêt de l'un des plaideurs. Il peut renoncer à s'en prévaloir, comme un débiteur peut renoncer à la prescription. Cette péremption spéciale est une véritable prescription s'accomplissant par six mois. Conséquences : 1° Elle a lieu *de plein droit*, en ce sens qu'elle n'est pas couverte par des actes d'exécution postérieurs à l'expiration du délai de six mois, et qu'elle est acquise sans avoir besoin d'être demandée; elle diffère donc essentiellement de la péremption d'instance (Pr. civ., art. 399). — 2° La partie condamnée peut renoncer expressément ou tacitement à cette péremption : *expressément*, en acquiesçant au jugement; *tacitement*, par exemple, en interjetant appel contre le jugement; l'appel implique nécessairement la connaissance de l'existence du jugement. (Cod. civ., art. 2220 et 2221.) — 3° Le tribunal ne peut prononcer d'office la péremption du jugement par défaut. (C. civ., art. 2223.) — 4° Elle peut être invoquée par les créanciers du défendeur condamné, pour écarter la partie gagnante d'une distribution de deniers, par exemple. Les créanciers ne sont pas liés par l'acquiescement de leur débiteur. (Cod. civ. art. 2225.).

La péremption, prononcée par l'article 156, Pr. civ., porte sur le jugement seul et nullement sur la procédure antérieure. Elle diffère encore, en ce point, de la péremption d'instance. — L'assignation subsiste avec tous ses effets légaux et reste ainsi interruptive de prescription. — Le procès peut être repris sur ses derniers errements, pourvu que l'instance elle-même ne soit pas périmée. Pour obtenir un nouveau jugement, le demandeur n'a pas besoin de réassigner l'adversaire. Son avoué fera inscrire de nouveau la cause au rôle. Le défendeur, il est vrai, ne sera pas averti; mais il conserve la faculté d'attaquer le nouveau jugement par la voie de l'opposition. — Les choses se passeraient tout autrement, s'il y avait péremption d'instance. (V. l'explication des articles 399 et suiv. Pr. civ.)

959. TROISIÈME PRÉCAUTION. Lorsque le jugement est rendu contre une partie qui n'a pas d'avoué, l'opposition est recevable jusqu'à l'exécution du jugement. L'article 158, Pr. civ., déroge notablement aux règles de notre ancien droit. D'après l'ordonnance de 1667, l'opposition au jugement faute de comparaître n'était recevable que dans la huitaine suivant la signification de la sentence à personne ou à domicile (titre XXXV, art. 3). Si l'huissier chargé de la signification soufflait la copie, ou si cette copie n'était pas exactement remise par les personnes qui l'avaient reçue, le défendeur se trouvait à son insu atteint par une condamnation irrévocable. Les rédacteurs du Code ont voulu prévenir cet inconvénient, déjà atténué par les deux précautions précédentes. En outre, ils ont pensé que le délai de huitaine était trop court. Le défendeur peut être absent pour quelques jours. A son retour, il se trouverait irrévocablement condamné, quoique l'exploit eût été fidèlement remis à son domicile. Il ne l'a pas connu à temps. Pareil résultat est inacceptable. En conséquence, le législateur permet à la partie condamnée par défaut de recourir à l'opposition jusqu'au moment où un acte d'exécution l'a forcément instruite de l'existence du jugement. Son inaction cesse alors d'être excusable.

Mais quand le jugement est-il réputé *exécuté?* Faut-il que l'exécution soit complète? suffit-il qu'elle ait été commencée ou annoncée? Ni l'un, ni l'autre. Deux idées ressortent de l'article 159, P. civ. Pour arrêter et clore le délai de l'opposition, une exécution complète, achevée, n'est pas nécessaire. Un simple début, une exécution commencée n'est point suffisante. La règle à suivre est entre ces deux données. — Le jugement est réputé *exécuté*, suffisamment exécuté, le dernier moment pour former opposition est arrivé, lorsque l'acte d'exécution lui-même aura nécessairement et inévitablement fait connaître l'exécution du jugement à la partie condamnée. (Pr. civ., art 159.) L'exécution doit être assez avancée pour engendrer la certitude morale que le défendeur est instruit des poursuites dirigées contre lui. Il ne suffit pas qu'il connaisse le jugement : la loi veut la connaissance de l'exécution. A partir de ce moment seulement, le défendeur cessera de pouvoir user de l'opposition.

960. L'article 159, P. civ., contient deux dispositions distinctes quant à la détermination des actes qui doivent faire réputer le jugement exécuté et l'exécution connue du défendeur. Il pose un principe général. s'appliquant indistinctement à tous les actes d'exécution de quelque nature qu'ils soient. Tout acte d'exécution suffit pour faire écarter l'opposition lors *qu'il en résulte nécessairement que l'exécution du jugement a été connue de la partie défaillante.* La loi ne fixe pas, ne limite pas ces actes. Elle s'en rapporte à la sagesse des juges. — La loi part de cette idée fort juste. Le défaillant est mis en demeure de former son opposition par tout acte quelconque d'exécution qui arrive à sa connaissance. S'il ne fait pas opposition à l'instant, il est déchu de son droit. — *Exemples :* L'huissier s'est présenté chez le défaillant pour saisir ses meubles. Le débiteur lui-même s'est offert comme gardien et, en cette qualité, a signé le procès-verbal de saisie. (Pr. civ., art. 598.) Il pouvait à l'instant même déclarer son opposition : il ne l'a point fait; il est réputé avoir renoncé à son droit. — Une saisie-arrêt est pratiquée en vertu d'un jugement par défaut. Assigné en validité, le débiteur saisi constitue avoué : il connaît donc la mesure d'exécution : au lieu de constituer avoué, il eût pu faire opposition.

A ce principe général, la loi ajoute, dans certains cas déterminés, une présomption légale, en vertu de laquelle, à raison de leur nature et de leur gravité, quelques actes d'exécution sont *réputés connus* de la partie qui les subit. La loi n'admet pas le défendeur à faire la preuve contraire, la preuve de son ignorance. Mais seuls engendrent cette présomption légale, parfaitement justifiée du reste, les actes énumérés dans l'article 159, Pr. civ. Ce texte est *limitatif.*

De quels actes découle la présomption légale de la connaissance de l'exécution ? Le jugement est réputé exécuté : 1° Lorsque les meubles du débiteur ont été *saisis* et *vendus*. Pour vendre les meubles de son débiteur, le créancier doit lui signifier le jugement obtenu contre lui, lui notifier un commandement à l'effet de payer, vingt-quatre heures au plus tôt après cet acte, faire saisir les meubles et dresser procès-verbal de saisie, faire signifier ce procès-verbal au débiteur. Vient ensuite la vente des objets saisis. Mais entre la signification de la saisie et la vente publique des meubles un intervalle d'au moins huit jours doit s'écouler. Pendant ce délai la vente est annoncée par la double voie des journaux et de placards affichés dans certains lieux publics. La vente se fait au jour et à l'heure du plus prochain marché public. Telles sont les différentes phases de l'exécution du jugement par la saisie des meubles. (Pr. civ., art. 583, 613, 614, 617, 618, etc.)

Le jugement n'est réputé exécuté, ni par le commandement, ni par la saisie, ni par sa notification. Ces actes ont pu avoir lieu en l'absence du débiteur. Mais lorsque la vente des meubles a été effectuée, il est naturel de présumer que cet acte, à raison de la publicité dont il est environné, a dû, même avant sa consommation, arriver à la connaissance de la partie saisie. Son silence est considéré comme une renonciation à la faculté de faire opposition.

2° Lorsque la saisie des immeubles du débiteur lui a été *notifiée*. La loi n'exige plus, comme pour les meubles, que les biens aient été vendus. Cette différence n'est ni arbitraire, ni involontaire. Elle s'explique. La saisie immobilière est accompagnée d'actes préparatoires essentiellement propres à la porter à la connaissance du public : le débiteur a dû en être averti.

3° Lorsque le débiteur a été *emprisonné ou recommandé* (Pr. civ., art. 792). Voici un acte qu'il ne peut ignorer, puisqu'il se pratique sur sa personne même. Si, à ce moment, il ne fait pas opposition, il renonce à cette voie de recours.

4° Lorsque les *frais* ont été *payés*. Ce payement implique acquiescement à la sentence. Le droit de faire opposition s'évanouit.

Ces quatre actes d'exécution emportent avec eux la preuve légale qu'ils ont été connus du défaillant, dès qu'ils ont été accomplis.

961. L'exécution *achevée* et *complète* enlève le droit de faire opposition, sans distinguer si la partie défaillante en a été ou non instruite. Quand l'exécution est consommée, il n'y a plus place pour l'opposition. Peu importe que cette exécution se soit accomplie par une série d'actes ou par un acte unique et instantané. *Exemple :* Un mariage a été autorisé par un jugement rendu par défaut ; dès que le mariage sera celébré, l'opposition ne sera plus possible.

Enfin, toujours préoccupée de protéger la partie qui a fait défaut faute de comparaître, la loi lui permet de faire opposition, sans recourir tout d'abord au ministère d'un avoué.

§ 4. *Du cas où il y a plusieurs défendeurs et du jugement de jonction de défaut.*

962. Plusieurs défendeurs, débiteurs conjoints ou solidaires, cohéritiers, copropriétaires, associés, etc., ont été assignés conjointement, unis dans le même procès. Le législateur désire, le demandeur souhaite et a voulu qu'ils soient tous compris dans un seule et même procédure. Faire statuer sur toute la cause par un seul et même jugement est une marche qui offre le double avantage d'économiser les frais et d'éviter la contrariété des décisions. Dans ce but ont été écrits les articles 151 à 153 du Code de procédure.

Distinguons trois cas : 1° Plusieurs défendeurs ont été assignés au *même délai*. Tous font défaut. La loi veut que le demandeur prenne un seul jugement englobant tous les défaillants. S'il est pris des jugements contre chacun d'eux séparément, les frais desdits jugements n'entrent pas en taxe et restent à la charge de l'avoué du demandeur ; il ne peut les répéter contre sa partie, à moins d'avoir agi d'après ses ordres formels. — Mais la sanction de la défense portée par la loi consiste donc, dans cette hypothèse, en un simple rejet de la taxe. Si plusieurs jugements ont été obtenus, ils sont tous valables. La loi n'a donc pas ici évité la contrariété des sentences. (Pr. civ., art. 152.)

963. — 2° Plusieurs défendeurs sont assignés à des *délais différents*, à raison de l'augmentation résultant des distances ; *tous* font défaut. — Il ne peut être pris de jugement qu'après l'échéance du plus long délai, et conformément à l'article 152, Pr. civ., un seul jugement doit être rendu contre tous. La loi interdit de prendre des jugements séparés, à l'expiration de chaque délai. — La sanction est la même que dans le cas précédent. — Dans ces deux cas, elle eût été plus efficace, si le législateur eût frappé de nullité ces jugements (Pr. civ., art. 151).

964. — 3° De plusieurs défendeurs, les uns comparaissent, constituent leurs avoués; les autres font défaut. Dans ce cas, l'ordonnance de 1667 voulait que les uns fussent jugés par défaut, les autres contradictoirement. Mais si l'on suppose que le tribunal a condamné les défendeurs, ceux qui auront fait défaut pourront employer la voie de l'opposition. Le tribunal se trouvera dans la fâcheuse alternative ou de se contredire en émettant une décision opposée à la précédente, ou dans le cas contraire de paraître s'en tenir aveuglément à la première solution. Pour éviter cet inconvénient grave, deux procédés s'offraient au législateur. Il pouvait laisser rendre une sentence contradictoire et une autre par défaut, mais autoriser les parties condamnées contradictoirement à se prévaloir de la rétractation obtenue par les opposants, pourvu que les moyens de tous les défendeurs fussent identiques. En sens inverse, il pouvait réputer contradictoire à l'égard des défaillants le jugement rendu vis-à-vis des défendeurs comparaissants. C'est ce que faisait le règlement de 1738, sur la procédure devant le conseil du roi. C'est le parti qu'a adopté le législateur moderne, en l'améliorant. Le jugement est réputé contradictoire à l'égard de tous les défendeurs, mais à la condition d'être rendu à une audience ultérieure, après avoir pris des précautions pour avertir les défendeurs défaillants. L'article 153, Pr. civ., nous dit : Si de deux ou « de plusieurs parties assignées, l'une fait défaut et l'autre com« paraît, le profit du défaut sera joint, et le jugement de jonction « sera signifié à la partie défaillante par un huissier commis : la « signification contiendra assignation au jour auquel la cause sera « appelée ; il sera statué par un seul jugement, qui ne sera pas « susceptible d'opposition ».

Le tribunal constate le défaut : au lieu d'en adjuger le *profit* au demandeur, il le joint à la cause des défendeurs présents : de là la dénomination de *défaut profit joint*. Le jugement, qui contient cette décision, s'appelle jugement de *jonction*. Il est signifié par un huissier spécialement désigné par le tribunal. La signification contient nouvelle assignation donnée aux défaillants.

Le profit joint est institué dans un intérêt d'ordre public, afin d'éviter la contrariété des jugements. En conséquence, les formalités et la marche indiquées par l'article 153, Pr. civ., doivent être suivies à peine de nullité. Si la signification n'a pas été faite par huissier commis, elle manque d'un élément substantiel (V. n° 954). Les défaillants conserveront le droit de faire opposition au jugement. — Toutes les formalités ont-elles été observées, le jugement, qui sera rendu, sera réputé *contradictoire* vis-à-vis de *tous* les défendeurs. L'opposition n'est plus recevable.

Mais que décider si la partie, qui avait d'abord comparu, fait défaut lors de la nouvelle sentence ? L'opposition n'est plus recevable. Outre que cette partie ne peut plus faire que défaut faute *de conclure*, elle a été avertie par le jugement de jonction qu'il serait définitivement statué à la future audience. Lui permettre de faire opposition, ce serait faire réapparaître la contrariété des jugements que l'article 153, P. civ., a pour objet d'éviter.

Les termes de la loi qui visent le cas de non comparution, la signification adressée à la partie par huissier commis, tout démontre que la pensée du législateur s'est portée uniquement sur le défaut faute de comparaître. L'article 153, Pr. civ., ne s'applique pas au défaut faute de conclure. Le juge, dans ce dernier cas, sera obligé de statuer contradictoirement à l'égard de quelques défendeurs, par défaut à l'égard des autres. — L'inconvénient signalé pourra se produire. — C'est un vice à corriger.

CHAPITRE II

DE L'OPPOSITION

(LIV. II, TIT. VIII, ART. 155, 157 A 165, 548)

SOMMAIRE. *Section première.* Jugements susceptibles d'opposition. — *Section deuxième.* Délais de l'opposition. — *Section troisième.* Formes de l'opposition. — *Section quatrième.* Effets de l'opposition.

965. L'opposition est l'acte par lequel une partie défaillante, s'adressant au tribunal même qui l'a condamnée, lui demande de l'admettre à présenter sa défense et de rétracter le jugement rendu. Cette partie appelle du juge mal informé au même juge mieux et complètement informé. Elle invoque le principe que nul ne doit être condamné, sans avoir été entendu, sans avoir soumis au tribunal ses moyens de défense.

L'opposition rentre dans la catégorie des voies de recours *ordinaires* contre les jugements. Elle tend à faire rétracter le jugement rendu par défaut, à faire juger de nouveau le procès quant au fond, en fait et en droit. —L'opposition diffère *de l'appel*, autre voie ordinaire de recours. L'appel est porté devant une juridiction supérieure. Il contient implicitement une accusation d'ignorance ou d'injustice contre les juges qui ont rendu le jugement en première instance et en premier ressort. L'opposition n'élève pas un pareil grief contre les magistrats. Elle signifie seulement que le juge a été induit en erreur, à la suite d'un fait qui ne lui est pas imputable, la non production des moyens de défense de la partie défaillante. Le juge, mal renseigné, mal informé, s'est trompé. Rien d'irrespectueux à lui demander de revenir sur sa première sentence, de s'éclairer à l'aide des documents nouveaux que produit la partie primitivement défaillante. — Cette différence profonde entre le caractère de l'opposition et celui de l'appel explique pourquoi l'appel est irrecevable tant que l'opposition est possible. On doit recourir à la voie la plus respectueuse avant de prendre celle qui impute une faute aux auteurs du jugement.

Examinons quels sont les jugements susceptibles d'opposition, dans quels délais l'opposition est recevable, comment elle se forme, comment elle est jugée et quels en sont les effets.

SECTION I. — **Jugements susceptibles d'opposition.**

966. L'opposition suppose nécessairement un jugement rendu par défaut. Les jugements contradictoires ne peuvent être attaqués par cette voie. (V. n° 840.) Mais en outre quelques jugements par défaut sont à l'abri de cette voie de recours.

Voici l'énumération des jugements non susceptibles d'opposition : 1° Les jugements *contradictoires*; 2° les jugements par *forclusion*. (V. n°s 840 et 938.) 3° Les jugements rendus après *défaut profitjoint*. (V. n° 964.) 4° Le jugement de *défaut congé*, quand le défendeur a simplement conclu au relaxe de l'assignation. Mais si le défendeur a conclu au fond ou a élevé une demande reconventionnelle, et que ses conclusions lui aient été adjugées comme profit du défaut, le jugement pourra être attaqué par la voie de l'opposition par le demandeur défaillant. (V. n° 942.) 5° Les jugements qui statuent sur des incidents en matière de saisie immobilière, en matière d'ordre et généralement tous les jugements par défaut à l'égard desquels un texte formel interdit l'opposition. (Pr. civ., art. 703, 731, 739, 746, 762, 764, 767, 838, 973.)

6° Le jugement par défaut qui déboute d'une première opposition L'article 165, Pr. civ, le dit formellement. Ce texte doit s'entendre comme l'ancien adage : *opposition sur opposition ne vaut*. — Un premier jugement par défaut a condamné le défendeur. Il fait opposition à cette sentence. Puis son avoué ne se présente pas pour défendre sur cette opposition. Un second jugement par défaut en *déboute*, c'est-à-dire déclare le défaillant déchu de son opposition. Ce second jugement, bien que rendu par défaut, est réputé contradictoire. Il est à l'abri de toute opposition nouvelle.

Le législateur a voulu éviter le danger des oppositions réitérées et indéfinies. Le procès ne se fut jamais achevé. — Mais la deuxième opposition n'est interdite que dans le cas où le deuxième jugement par défaut a débouté la même partie de la première opposition et confirmé la première sentence. — Dans tous autres cas, l'opposition est permise et, par exemple, dans les hypothèses suivantes. — Lors du second jugement, c'est le demandeur primitif qui cette fois fait défaut à son tour. Il pourra faire opposition à cette deuxième sentence. Le demandeur n'a pas été débouté d'une première opposition et la déchéance, non édictée par la loi, ne peut être suppléée. L'article 165, Pr. civ., est formel. Le troisième jugement sera inattaquable à l'égard des deux plaideurs. — Lors du jugement sur opposition, une partie nouvelle est mise en cause : elle fait défaut. Comme elle est défaillante pour la première fois, elle, mais elle seule, pourra faire opposition. *Exemples :* L'acheteur d'un immeuble est poursuivi par un tiers, qui se prétend propriétaire ou réclame le libre exercice d'une servitude. Le vendeur n'est pas appelé en cause. L'acheteur se laisse condamner par défaut et fait opposition. Il appelle alors le vendeur qui fait défaut à son tour. Ce vendeur aura le droit d'attaquer le second jugement par la voie de l'opposition. — Un jugement par défaut a été rendu. Sur l'opposition formée par le défaillant, le tribunal, par un jugement interlocutoire, ordonne une enquête. L'enquête a lieu. Un jugement sur le fond, rendu sur les données de l'enquête, est prononcé par défaut. Cette sentence pourra être attaquée par la voie de l'opposition. — Ces diverses hypothèses éclairent suffisamment le sens de la règle : *opposition sur opposition ne vaut.*

SECTION II. — **Délais de l'opposition.**

967. L'ordonnance de 1667 (titre XXXV, art. 3) n'accordait, pour former opposition à tout jugement par défaut, qu'un délai de huitaine à partir de la signification faite à la partie ou à son procureur, selon que le défaut était faute de comparaître ou faute de conclure. Ce délai de huitaine était évidemment trop court pour le cas de jugement par défaut faute de comparaître. Aussi certains parlements ne respectaient-ils pas l'ordonnance et autorisaient-ils pendant trente ans l'opposition aux jugements par défaut contre partie. Ce délai était excessif. — Les rédacteurs du Code ont à la fois écarté la disposition de l'ordonnance de 1667 et la jurisprudence de ces parlements. Le délai de huitaine leur a paru trop court. Ils n'ont pas voulu qu'une partie pût se trouver irrévocablement condamnée après une absence de quelques jours, bien que l'exploit eût été fidèlement remis à son domicile. Ils ont aussi voulu écarter les résultats de la fraude que pouvait commettre l'huissier (V. n° 953). De là un délai différent, selon que le jugement est par défaut faute de comparaître ou par défaut faute de conclure.

Si le jugement est rendu contre une partie ayant un avoué, l'opposition ne sera recevable que pendant huitaine à compter de la signification à avoué. (Pr. civ., art 157.). Le *dies a quo* n'entre pas dans le calcul de ce délai : mais le *dies ad quem* y est compris. Le jugement par défaut a été signifié le 1er juillet : l'opposition devra l'être au plus tard le 9. — Ce délai ne subit pas d'augmentation à raison de la distance existant entre le domicile du défaillant et le lieu où siège le tribunal ; l'acte doit être accompli, non par la partie, mais par l'avoué qui est présent.

Nous avons indiqué sous le n° 952 quel était l'effet, sur la durée de ce délai, de la mort de l'une des parties ou de la cessation de fonctions de l'un des avoués.

Le jugement par défaut est-il rendu contre une partie qui n'avait pas d'avoué, l'opposition est recevable jusqu'à l'exécution du jugement. (Pr. civ., art 158.) — Le délai de l'opposition est fermé : 1° par l'exécution *achevée* et *consommée* du jugement, de quelque nature qu'elle soit, sans qu'il y ait à se demander si la partie défaillante en a eu ou non connaissance ; — 2° par l'exécution *commencée*, à partir du moment où a été accompli un acte d'une nature telle que la partie n'a pas pu ignorer l'existence de cet acte. — Nous avons expliqué sous le n° 960, dans quels cas le jugement par défaut contre partie était *réputé exécuté* et à quel moment cessait ainsi la faculté d'opposition. (Pr. civ., art 159.)

SECTION III. — **Formes de l'opposition.**

968. L'opposition doit être formée devant le tribunal qui a prononcé le jugement par défaut et par le ministère des avoués attachés à ce tribunal. La forme normale de l'opposition est donc celle d'un acte d'avoué. Mais ici encore, tenant compte de la position particulière de la partie qui a fait défaut faute de comparaître, la loi l'autorise à faire son opposition, sans recourir tout d'abord au ministère d'un avoué. — Distinguons donc encore, à ce point de vue, entre les deux espèces de jugements par défaut.

1er CAS : Le jugement a été rendu contre une partie ayant avoué: l'opposition n'est recevable que si elle a été formée par requête d'avoué à avoué. (Pr. civ., art 160.)

Cette requête est signée de l'avoué de l'opposant et signifiée par un simple acte à l'avoué qui a obtenu le jugement. C'est l'avoué qui doit être averti et non la partie. Toute opposition formée par exploit à personne ou à domicile serait nulle. C'est ce qu'exprime l'article 160, Pr. civ., en disant que l'opposition ne sera pas *recevable*. La requête d'avoué à avoué est une formalité substantielle.

Être motivée est aussi une condition essentielle pour la validité de l'opposition. « Le requête, dit l'article 161, Pr. civ., contiendra « les moyens d'opposition, à moins que des moyens de défense « n'aient été signifiés avant le jugement ; auquel cas il suffira de « déclarer qu'on les emploie comme moyens d'opposition. L'oppo- « sition qui ne sera pas signifiée dans cette forme n'arrêtera pas « l'exécution ; elle sera rejetée sur un simple acte, et sans qu'il soit « besoin d'aucune autre instruction. » Le requête non motivée est irrégulière. Néanmoins il n'est pas nécessaire que les moyens indiqués soient complets. — Ils doivent être sérieux et ne pas consister en de vagues énonciations sans portée. L'opposant pourra, s'il le juge utile à sa cause, les compléter dans une seconde requête ; mais ce nouvel acte n'entrera pas en taxe. (Pr. civ., art. 162.)

Si ces diverses règles ne sont pas observées, l'opposition est nulle. La loi en conclut qu'elle n'arrêtera pas l'exécution. Mais cette nullité doit être constatée et prononcée. A cet effet, l'avoué du demandeur donne avenir à l'avoué de l'opposant. Sans aucun autre acte d'instruction, le tribunal reconnaissant l'irrégularité de l'opposition, en déboute le défendeur.

969. 2e CAS. Le jugement par défaut a été rendu contre partie. Le défaillant peut faire opposition en deux formes différentes. Il peut, s'il le veut, prendre les devants, constituer avoué, signifier à l'adversaire à la fois cette constitution d'avoué et la requête d'avoué à avoué que son mandataire *ad litem* aura rédigée. — Mais, pour faciliter à la partie défaillante l'exercice du droit qu'elle a de former opposition jusqu'à l'exécution du jugement, la loi lui permet d'employer la voie d'un acte ou d'une déclaration extrajudiciaire, sauf à régulariser plus tard son opposition.

La partie défaillante est libre d'attendre ou non l'exécution du jugement. Ne veut-elle pas attendre, elle signifie son opposition à l'adversaire par *acte extrajudiciaire*, c'est-à-dire par exploit d'huissier. Les moyens sur lesquels se fonde l'opposition peuvent n'être pas indiqués dans cet exploit, qui n'est en réalité qu'un acte de protestation manifestant l'intention du défaillant : les moyens d'opposition seront indiqués dans une requête postérieure (Pr. civ., art. 162).

Le défaillant peut attendre la mise à exécution du jugement. Quand l'huissier se présente, il lui déclare qu'il se porte opposant au jugement par défaut et fait mentionner cette déclaration sur l'original du commandement, du procès verbal de saisie ou de tout autreacte d'exécution. (Pr. civ., art 162.)

Dans l'un et l'autre cas, l'opposition formée, soit par exploit, soit par déclaration à l'huissier, suffit à arrêter immédiatement l'exécution. Ces actes de protestation sont des facilités accordées au défaillant. Mais ils sont évidemment insuffisants. La partie défaillante doit ensuite employer les formes normales de la procédure d'opposition. — Elle doit réitérer son opposition dans la huitaine, en faisant signifier à l'avoué de la partie gagnante une requête, contenant avec constitution d'avoué, l'indication de ses moyens. Passé ce délai, l'opposition n'est plus recevable, quand même le jugement n'aurait pas encore été exécuté par l'un des modes indiqués dans l'article 159, Pr. civ. Une partie ne peut être admise à réitérer quatre ou cinq fois son opposition, sans jamais la régulariser. L'opposition ne peut être réitérée que par la voie d'une requête et non par celle d'un exploit. (Pr. civ., art, 162.).

970. La requête en réitération de l'opposition doit être signifiée à l'avoué de la partie gagnante. Comment procéder, si cet avoué est décédé on a cessé ses fonctions ? L'article 162, Pr. civ., indique la marche à suivre. La partie gagnante, qui n'a plus d'avoué, est obligée d'en constituer un autre et de donner avis de cette constitution au défaillant, par un exploit d'huissier, ce défaillant n'ayant pas encore d'avoué. Sur cette notification et, dans la huitaine, la partie condamnée par défaut réitère son opposition par requête avec constitution d'avoué. (Pr. civ., art. 162.) — Cette faculté d'attendre une nouvelle constitution d'avoué, introduite en faveur du défaillant, ne saurait se retourner contre lui. Ce résultat se produirait si l'adversaire pouvait paralyser indéfiniment l'opposition, en ne constituant pas avoué. On admet donc, qu'au cas où le demandeur qui n'a plus d'avoué, néglige d'en constituer un nouveau et d'en donner avis à la partie perdante, celle-ci peut lui signifier, à personne ou à domicile, un exploit en réitération d'opposition avec indication des moyens et assignation en constitution de nouvel avoué.

Cette circonstance, que l'avoué de la partie qui a obtenu le jugement est décédé ou a cessé ses fonctions, peut se présenter également dans le défaut faute de conclure : on doit suivre la même marche par identité de motifs. La disposition de la loi sur ce point aurait dû, comme aussi la dernière phrase de l'article 162, être inscrite dans un article spécial, et non accolée au texte relatif au défaut faute de comparaître.

SECTION IV. — **Effets de l'opposition.**

971. L'opposition produit deux effets principaux. Elle arrête ou suspend l'exécution du jugement, à moins qu'il n'ait été déclaré exécutoire nonobstant opposition. — Elle saisit de nouveau le tribunal et donne à l'opposant le droit de plaider sur la double question de savoir, si son opposition est *régulière* quant à *la forme* et *admissible* quant *au fond*.

Premier effet. L'opposition régulière, formée dans les délais et avec les formalités prescrites, suspend l'exécution du jugement par défaut, à moins que cette exécution n'ait été ordonnée nonobstant opposition. L'opposition, qui n'est pas faite dans la forme légale, n'arrête pas l'exécution du jugement. Elle ne produit pas d'effet suspensif et doit être rejetée sur les conclusions de la partie gagnante, qui appelle l'adversaire, l'opposant, à l'audience par un simple avenir, sans autre instruction. (Pr. civ. art. 159 et 161. — V. n° 968.)

Si l'opposition irrégulière n'arrête pas l'exécution du jugement, si elle ne produit aucun effet légal, n'est-elle pas nulle de plein droit? Pourquoi astreindre la partie gagnante à s'adresser aux juges pour la faire rejeter? — *En droit*, si l'avoué de la partie gagnante est convaincu de la nullité de l'opposition qui lui a été signifiée, il est évidemment autorisé à passer outre et à continuer l'exécution. Mais la partie opposante peut résister aux nouveaux actes d'exécution, invoquer la régularité de son opposition. Dans ce cas, la question doit évidemment être soumise au tribunal. —

Alors de deux choses, l'une; l'opposition est-elle jugée irrégulière, les actes d'exécution qui ont été pratiqués sont maintenus; l'opposition est-elle reconnue régulière, tous les actes d'exécution sont annulés, alors même que le tribunal déclarerait l'opposition mal fondée quant au fond. L'opposant peut obtenir des dommages-intérêts, à raison du préjudice causé par ces actes d'exécution illégaux et intempestifs. Donc, *en fait*, quand un doute s'élèvera sur la nullité ou l'irrégularité de l'opposition, l'avoué agira prudemment en suspendant les poursuites, tant que le tribunal n'aura pas prononcé sur la régularité de l'opposition.

972. L'opposition régulière engendre le même effet suspensif à l'égard des tiers, c'est-à-dire, des personnes qui n'ont pas figuré dans l'instance et qui cependant doivent fournir leur concours à l'exécution du jugement. Si l'opposition n'était pas suspensive à l'égard de ces tiers, l'exécution aurait lieu et pourrait causer un préjudice irréparable à l'opposant. Le but de la loi serait manqué. *Exemples :* Un jugement par défaut ordonne une radiation d'hypothèque ou de privilège qui doit être opérée par un conservateur d'hypothèques, ou la restitution de la possession d'un immeuble détenu par un séquestre; le jugement valide une saisie-arrêt et ordonne aux tiers-saisi de payer au saisissant. Comment le conservateur, le séquestre, le tiers-saisi sauront-ils qu'ils peuvent se prêter, sans encourir aucun risque, à l'exécution de ce jugement par défaut, qu'aucune opposition n'est venu en suspendre l'effet? — Comment la partie opposante pourra-t-elle éviter que ces tiers concourent à une exécution devant lui causer un préjudice énorme? Le législateur a prévu la difficulté et l'a résolue dans les articles 163, 164 et 548, Pr. civ. — Il est tenu au greffe du tribunal un registre, sur lequel l'avoué de l'opposant fait mention sommaire de l'opposition, en énonçant les noms des parties et de leurs avoués, les dates du jugement et de l'opposition. Le droit d'enregistrement n'est dû que dans le cas où il est délivré expédition de cette déclaration. — L'avoué de la partie gagnante veut-il demander au tiers l'exécution du jugement de défaut, il attend l'expiration des délais de l'opposition. Quand ces délais sont expirés, que l'opposition n'est plus légalement possible, pour en justifier aux tiers cet avoué dresse un certificat, indiquant les dates de la signification du jugement faite au domicile de la partie condamnée et de la signification faite à l'avoué. A ce premier certificat, permettant de constater qu'aucune opposition n'est plus désormais possible, il en joint un deuxième, dressé par le greffier, constatant qu'aucune opposition n'est portée sur le registre. Il est évident que, pour atteindre le résultat voulu par la loi, ce second certificat ne doit être demandé et délivré qu'après l'expiration des délais de l'opposition. — Ces deux certificats combinés attestent au tiers qu'il peut, sans encourir de responsabilité, se prêter à l'exécution du jugement par défaut, exécution qui n'a pas été et qui ne peut plus être suspendue.

Disons en passant, pour n'y plus revenir, que la nécessité de produire un certificat négatif du greffier du tribunal de commerce ou de la justice de paix, existe pour le cas où le jugement par défaut, à exécuter, a été rendu par un tribunal consulaire ou par un juge de paix.

Si le jugement par défaut avait ordonné l'exécution provisoire nonobstant opposition, nous pensons que le tiers ne pourrait se refuser à exécuter le jugement et se retrancher derrière l'opposition déjà formée. (V. n° 907.) La disposition du jugement qui ordonne cette exécution provisoire manquerait souvent son but, si elle était considérée comme non avenue vis-à-vis de ceux qui n'ont pas été parties dans l'instance.

973. — 2° Le *deuxième effet* de l'opposition est de saisir le tribunal d'une double question, sur laquelle le défaillant peut conclure et plaider : l'opposition est-elle régulière en la forme? est-elle admissible quand au fond, est-elle fondée?

Première question. L'opposition est-elle régulière et recevable, signifiée dans les délais voulus et avec les formes prescrites. Telle est la première question. Remarquons que la nullité, résultant du retard mis à faire opposition, n'est pas absolue : cette nullité est purement relative et créée dans le seul intérêt de la partie gagnante. Celle-ci peut, expressément ou tacitement, valablement renoncer à l'invoquer. Mais nous verrions naître une fin de non recevoir, proposable en tout état de cause, même en appel, au cas d'opposition formée contre un jugement contradictoire, ou après jugement de débouté d'opposition : il y a attaque à l'autorité de la chose jugée, quand on use d'une voie de recours interdite par la loi.

Si l'opposition est jugée irrégulière, le jugement par défaut devient définitif, pourvu que les délais soient expirés. Au cas où le délai de l'opposition ne serait point fermé, la partie pourrait renouveler son opposition et la faire régulièrement. *Exemple :* L'opposition a été faite par acte extrajudiciaire non suivi de requête : elle est annulée : elle peut-être renouvelée tant que le jugement n'est pas réputé exécuté.

L'opposition est-elle reconnue recevable et régulière, le tribunal la maintient, la reçoit et passe à l'examen de la deuxième question.

974. *Deuxième question.* L'opposition est-elle fondée? est-elle justifiée par les motifs présentés dans la requête et développés dans les plaidoiries? Si le tribunal adopte la solution affirmative, il décharge l'opposant des condamnations prononcées contre lui; il rétracte sa première sentence et juge de nouveau l'affaire quant au fond et sur tous les chefs de la demande primitive.

Au contraire, le tribunal peut reconnaitre que l'opposition, quoique régulière en la forme, n'est pas fondée, n'est pas justifiée; il la rejette et rend un jugement de débouté d'opposition. L'opposition a-t-elle eu, dans ce cas, pour effet d'anéantir le jugement par défaut, de telle sorte que le second jugement, dit de *débouté d'opposition*, soit le seul titre à mettre à exécution. Faut-il dire, en sens inverse, que l'opposition, régulière mais non fondée, a été simplement suspensive de l'exécution du jugement par défaut (sauf le cas d'exécution provisoire), que le jugement reste entier après qu'a été rendue la sentence de débouté, qu'il n'a jamais été anéanti et que par conséquent il constitue le titre de la partie gagnante?

La question est controversée en doctrine et en jurisprudence. Voyons d'abord quel intérêt présente la réponse faite en un sens ou en l'autre. — L'inscription d'hypothèque judiciaire, prise en vertu du premier jugement, devra-t-elle être renouvelée, ou l'hypothèque conservera-t-elle le rang que lui donne cette inscription primitive? — Les actes de poursuite devront-ils être recommencés ou seront-ils repris sur les derniers errements? — L'exécution provisoire, qui n'a pas été autorisée par le premier jugement, pourra-t-elle l'être dans le deuxième? — Le demandeur pourra-t-il former une demande additionnelle, qu'il n'avait pas élevée lors du premier jugement? Pourra-t-il reprendre des conclusions précédemment abandonnées? — Toutes ces questions seront diversement résolues, selon le parti que l'on adoptera sur la portée de l'opposition et du jugement de débouté d'opposition.

Nous pensons que l'opposition, même régulière et recevable, n'anéantit pas le jugement rendu par défaut. Elle a seulement suspendu momentanément ses effets. Le jugement de *débouté*, rejetant l'opposition comme mal fondée, fait disparaître la cause de suspension et la première sentence doit, suivant la formule usitée, *sortir son plein et entier effet*. En conséquence, l'hypothèque judiciaire, par exemple, prendra rang du jour de l'inscription prise en vertu du jugement par défaut (V. n° 935) (1).

975. A quelles personnes profite l'opposition? En supposant plusieurs défendeurs, l'opposition régulière formée par l'un d'eux profitera-t-elle aux autres? Nous devons évidement écarter le cas d'un défaut profit-joint, réglé par l'article 153, Pr. civ : l'opposition est impossible, le jugement réputé contradictoire à l'égard de tous. — Plaçons-nous dans les hypothèses prévues par les articles 151 et 152 du Code, ou dans le cas d'un défaut faute de conclure, auquel ne s'applique pas l'article 153. (V. n° 964.) Plusieurs défendeurs ont été conjointement condamnés par défaut, ou quelques-uns contradictoirement et d'autres par défaut faute de conclure. — L'opposition formée par l'un des défaillants profitera-t-elle aux autres, les relèvera-t-elle de la déchéance par eux encourue, ou permettra-t-elle aux condamnés contradictoirement de discuter de nouveau devant le tribunal le litige déjà jugé à leur égard? La question ne peut même pas se poser à l'égard des débiteurs simplement conjoints. Mais, elle apparaît, si nous supposons une obligation solidaire ou indivisible, une obligation de garantie. *Exemples :* Un de deux débiteurs solidaires a été condamné contradictoirement, l'autre par défaut faute de conclure : il fait opposition régulièrement : son opposition profitera-telle au premier? — Plusieurs débiteurs solidaires ont été ensemble condamnés par défaut faute de comparaître ou par défaut faute de conclure. *Quid* de l'opposition de l'un d'eux à l'égard des autres? La solution de ces questions dépend du caractère que l'on attribue à l'obligation solidaire et de l'influence reconnue à l'autorité de la chose jugée, en matière de solidarité. Nous renvoyons en ce point aux ouvrages sur le droit civil. — Disons seulement qu'en matière de garantie réelle, la Cour suprême a décidé que si, dans la même instance, ont été condamnés, le garanti, l'acheteur contradictoirement, et le garant, le vendeur, par défaut faute de conclure, l'opposition formée utilement par ce garant profite au garanti : tout est remis en question envers toutes parties (2).

(1) *Voir en sens divers* : Nancy, 16 avril 1877; Poitiers, 16 nov. 1880; Cass., 23 nov. 1881. — Chambéry, 22 déc. 1879; Cass. 17 mars 1880. (Sirey, 1879, 2, 325; — 1882, 2, 220; — 1882, 1, 113; — 1880, 2, 241; — 1882, 1, 405).

(2) Cass. 3 mai 1858; 9 février et 8 avril 1874. (Sir. 1874. 1. 251 et 368).

QUATRIÈME SUBDIVISION

DE LA PROCÉDURE INCIDENTE

---

976. Avec le législateur, nous avons jusqu'ici supposé un procès réduit à la plus grande simplicité, ne soulevant exclusivement que la question qui fait le fond même du litige, procès dont la marche simple n'était entravée par aucune complication. Beaucoup de litiges sont ainsi ; mais un grand nombre d'autres font à côté de la demande principale surgir des questions qui viennent compliquer la procédure et l'instruction de l'affaire, en augmenter les péripéties et les difficultés. Ces questions donnent naissance à des *incidents*, à une procédure dite incidente.

L'expression *incidents* a une double signification. Dans un sens restreint et propre, elle désigne une demande nouvelle, formée par une partie ou par un tiers, demande qui vient s'enter, qui tombe sur la demande principale. C'est en ce sens que cette expression est employée dans l'intitulé du titre XVI du livre II de la première partie du Code. — Dans un sens large et étendu, les termes *incident, procédure incidente*, servent à désigner tout développement, tout extension que peut recevoir le procès, en dehors de la marche simple antérieurement étudiée. — Ces incidents peuvent se diviser en cinq classes :

Première classe. Les incidents qui tendent à faire déclarer la demande non pas mal fondée, mais non recevable en l'état actuel, les moyens préjudiciels que le défendeur invoque pour se dispenser de répondre *immédiatement* à la demande, pour la tenir en suspens pendant un certain laps de temps ou jusqu'à l'accomplissement de certaines formalités : les *exceptions*.

Deuxième classe. Les incidents qui ont pour but de justifier des droits des parties suivant certains modes déterminés : la procédure relative à l'administration des diverses *preuves*, preuve littérale, preuve testimoniale, aveu, serment.

Troisième classe. Les incidents qui viennent modifier les limites premières du procès, qui ajoutent à la demande primitive et étendent la sphère du litige : ce sont les *incidents* proprement dits : les demandes additionnelles ou reconventionnelles, les interventions volontaires ou forcées.

Quatrième classe. Les incidents qui se réfèrent à un changement de tribunal ou de personnel dans le tribunal : les *règlements* de juges, les *renvois*, les *récusations*.

Cinquième classe. Les incidents qui sont relatifs à l'interruption ou à l'extinction de l'instance : la *reprise d'instance*, le *désaveu*, le *désistement*, la *péremption*.

Plusieurs de ces incidents pourront être réunis dans un même litige. Comme le Code de procédure, nous les étudierons chacun séparément. Nous fixerons ainsi avec plus de netteté les règles qui leur sont propres.

PREMIÈRE CLASSE

EXCEPTIONS

977. Nous avons déjà, sous les numéros 363 à 370, indiqué la nature des diverses exceptions, leur nombre, leurs effets principaux et les divers intérêts rattachés à la séparation établie entre ces exceptions, les fins de non recevoir et les défenses au fond. Nous y renvoyons le lecteur. — Nous rappelons seulement que si toutes les exceptions ont pour résultat de faire surseoir momentanément à l'examen du fond du litige, que si elles engendrent toutes un retard quant à la prononciation du jugement sur la demande principale, que si à ce point de vue elles sont toutes *dilatoires*, cette qualification doit être néanmoins spécialement réservée aux exceptions, qui tendent *principalement* et *directement* à l'obtention d'un délai.

CHAPITRE PREMIER

CAUTION DU JUGÉ (1)

SOMMAIRE. Fondement de cette exception. — § 1er. Quels étrangers doivent la caution. — § 2. En quelles matières la caution peut être exigée. — § 3. Personnes qui peuvent exiger caution. — § 4. Caractère, formes et portée de cette exception.

978. Les étrangers peuvent assigner les Français devant les juridictions françaises, par application de la règle *actor sequitur forum rei* et de l'article 15 du Code civil (V. nos 506 et s.). Mais l'exercice de ce droit est subordonné à une condition, celle de garantir le Français défendeur contre le dommage direct et immédiat qui pourra résulter pour lui du procès lui-même. Le Français peut refuser le débat jusqu'à ce que le demandeur étranger présente une personne solvable, qui s'engagera à solder, à défaut de l'étranger, les frais et dépens du procès et les dommages-intérêts résultant du litige. Au lieu de fournir une caution, l'étranger peut garantir le Français par la consignation d'une somme suffisante. S'il ne veut ou ne peut fournir cette caution ou consigner cette somme, il ne sera pas écouté : toute audition lui sera refusée; sa demande ne sera pas rejetée quant au fond, qui restera tel quel, mais sera déclarée en l'état actuel *irrecevable*.

La caution, ainsi fournie par l'étranger demandeur, est dénommée caution *judicatum solvi;* car elle assure le payement des frais du litige et des dommages-intérêts alloués au défendeur à raison même du procès injuste qui lui est fait. Cette expression est prise dans un sens absolument différent de celui qu'elle avait en droit romain, la *cautio judicatum solvi* étant au contraire fournie par le défendeur au demandeur. (Cod. civ., art. 16; — Pr. civ,. art. 166.)

L'obligation, ainsi imposée à l'étranger demandeur, se justifie par

(1) Voir notre *Traité de la Compétence des tribunaux français à l'égard des étrangers.*

les considérations suivantes. Si cet étranger succombe sur la demande par lui formée, il sera condamné aux dépens et peut-être aussi, si la demande est sciemment injuste, entachée de mauvaise foi, à des dommages-intérêts. L'étranger peut fuir en pays étranger et ne posséder en France aucun bien saisissable. Comment le défendeur, qui a obtenu gain de cause, pourra-t-il se faire rembourser les dépens qu'il a soldés à son avoué, ou obtenir le payement des dommages alloués par le jugement ? Il devra poursuivre l'adversaire en pays étranger, devant les juges de son domicile, leur demander de rendre exécutoire le jugement français, se déranger de ses affaires, aventurer de nouveaux frais, s'exposer à trouver, après mille ennuis et de nombreuses formalités, un débiteur insolvable, ou un tribunal étranger qui refuse de rendre exécutoire la sentence de nos juges, se donner ces soucis et risquer cette éventualité quelquefois pour une somme dont l'importance ne répond pas à tous ces soins. — N'est-il pas plus simple et surtout plus juste d'empêcher qu'un étranger, sans solvabilité apparente, puisse par un procès légalement présumé inique, puisque l'étranger l'a perdu, faire courir ce risque à un Français jugé ne lui rien devoir. Pour prémunir le défendeur français, le demandeur étranger lui fournira caution, dit le législateur dans les articles précités.

§ 1er *Quels étrangers doivent la caution?*

979. La caution du jugé peut être demandée à tout étranger, personne physique ou personne morale, à un État étranger plaidant en France comme à un simple particulier. Un souverain étranger ou un ambassadeur y seraient aussi astreints si, renonçant à l'immunité qui les couvre, ils consentaient à être jugés par les tribunaux de notre pays. — Quelques-unes de ces solutions sont repoussées par plusieurs éminents jurisconsultes ou par la jurisprudence; mais nous ne pouvons les discuter dans un Traité élémentaire: nous nous contentons de faire connaître notre pensée.

Mais la caution ne peut être exigée, ni de l'étranger autorisé à établir son domicile en France (Cod. civ., art. 13), ni de celui avec la nation duquel a été conclu un traité diplomatique portant, pour les membres de cette nation, dispense de fournir caution. La France a conclu sur ce point un très grand nombre de traités

(Cod. civ., art. 11). Peu d'étrangers sont aujourd'hui astreints à fournir caution.

980. L'étranger doit être *demandeur*. La caution ne peut être réclamée de celui qui joue le rôle de défendeur. Il serait inique de restreindre la liberté de la défense et de placer l'étranger dans la dure nécessité de se laisser condamner par défaut. Cette condamnation du reste ne serait d'aucune utilité au demandeur français; car il est indubitable que les tribunaux étrangers se refuseraient à autoriser l'exécution d'une sentence obtenue dans de semblables conditions. — L'étranger doit être demandeur *principal* ou *intervenant*. Le défendeur, qui élève une demande reconventionnelle, ne doit pas caution; car cette demande est nécessitée par sa défense elle-même.

L'étranger, demandeur en première instance, doit-il la caution, s'il est *intimé* sur l'appel interjeté par le Français? La doit-il aussi comme *appelant*, s'il était défendeur en première instance? La solution de cette double question est différente, selon que l'instance d'appel est considérée comme une instance nouvelle, ou comme le prolongement de la première. — Mais, sans aucun doute, l'étranger, demandeur en première instance, doit une nouvelle caution, si lui-même se porte appelant contre la sentence des premiers juges. Il reste ou devient demandeur.

La caution n'a pas été réclamée en première instance ; peut-elle l'être en appel? Non, relativement aux frais déjà exposés en première instance ; pour ceux-là, il y a eu renonciation à la faculté conférée par la loi. Oui, pour les frais qui vont être exposés en appel; les renonciations ne se présument pas : le défendeur français a pu avoir confiance en la solvabilité de l'étranger quant aux frais de première instance ; il ne s'ensuit pas qu'il ait confiance quant aux frais nouveaux.

L'étranger, condamné comme défendeur ou comme intimé, qui attaque le jugement ou l'arrêt par une voie de recours extraordinaire, doit la caution ; il y a alors sûrement une instance nouvelle dans laquelle il est demandeur.

§ 2. *En quelles matières la caution peut-elle être exigée?*

981. La caution peut être demandée en toute matière, et devant toutes les juridictions, sauf en matière commerciale. (Cod. civ., art. 16). La dérogation, relative aux affaires commerciales, s'explique par une double raison. — Ces affaires présentent, presque toutes, un caractère d'urgence et de célérité, qui s'harmoniserait mal avec le retard qu'engendre nécessairement l'exercice de la faculté d'exiger une caution. — Le commerce, et surtout le commerce international, vit de crédit. Or, les négociants étrangers, en présence de l'obligation de trouver et de fournir en France une caution, au cas de poursuites à diriger contre leurs acheteurs français, n'auraient jamais voulu traiter qu'*au comptant*, évitant ainsi l'éventualité même de ces poursuites. Les négociants français auraient très difficilement trouvé pour leurs achats crédit auprès des commerçants des autres nations. Le législateur l'a compris et, dans l'intérêt bien entendu du commerce français, a adopté la dérogation inscrite dans l'article 16 du Code civil.

Mais cette dérogation restreint considérablement en pratique l'exercice de la faculté d'exiger caution, la majeure partie des conventions formées entre Français et étrangers se référant à des opérations commerciales.

§ 3. *Des personnes qui peuvent exiger caution.*

982. La caution du jugé peut être réclamée par le défendeur qui est : 1° Français de naissance ou naturalisé — 2° étranger domicilié en France avec l'autorisation du gouvernement. (C. civ., art 13.)

Peut-elle l'être par un autre étranger, jouant devant les tribunaux français le rôle de défendeur? D'après Pothier, dans notre ancien droit, le défendeur étranger ne pouvait obtenir la caution du jugé, qu'en offrant de la donner de son côté au demandeur : s'établissait ainsi égalité de situation entre les deux plaideurs (1). De nos jours, la question est l'objet d'une vive controverse; mais comme elle rentre dans la question plus générale de la jouissance des droits civils par les étrangers, nous ne la traiterons pas ici : nous renvoyons le lecteur aux ouvrages et opuscules écrits sur cette intéressante matière et à notre Traité sur la *Compétence des tribunaux français à l'égard des étrangers*.

(1) Pothier. *Traité des personnes*. 1re part. tit. II, sect. II.

§ 4 *Caractère, formes et portée de cette exception.*

983. Le droit de réclamer caution est une faveur, un privilège conféré par la loi au défendeur, et dans son intérêt exclusif. L'ordre public n'est nullement en jeu; en conséquence, le défendeur est libre de renoncer à ce droit, et sa renonciation peut être expresse ou tacite. — Le tribunal ne peut ordonner d'office que la caution sera fournie. Le demandeur doit l'avoir formellement réclamée, et avant toute défense au fond ou toute autre exception. Il doit opposer cette exception *judicatum solvi* dès le début de l'instance *in limine litis;* sinon il est présumé y avoir renoncé. En engageant sur le fond la lutte avec son adversaire, il reconnaît implicitement sa solvabilité. (Pr. civ., art. 166.)

984. La caution est réclamée par le défendeur, dans une requête d'avoué à avoué, avec réponse en la même forme. Sur un avenir, l'incident est porté à l'audience pour la pose des conclusions et les plaidoiries. Comme la réclamation du défendeur est aisée à formuler et à justifier, la requête et la réponse ne doivent pas excéder deux rôles chacune. (Tarif, art. 75.)

L'exception soulevée par le défendeur a pour but de lui garantir le payement des dépens nés du litige et des dommages-intérêts, dus à raison seulement du préjudice occasionné par la demande elle-même, du tort causé à la réputation, du dérangement apporté aux affaires du défendeur. La garantie ne doit jamais porter sur les condamnations au fond, sur les dommages dus pour inexécution d'une obligation, ou à raison d'un délit ou d'un quasi-délit. Le tribunal fixe approximativement le montant de ces frais et de ces dommages-intérêts. Mais son jugement n'implique pas que des dommages seront nécessairement et inévitablement alloués par le jugement sur le fond. Le tribunal conserve une entière liberté d'appréciation. (Pr. civ., art. 167.)

985. La caution est une personne qui s'engage à payer, dans la limite fixée par le tribunal, les frais et les dommages-intérêts non payés par le demandeur condamné. Cette caution, présentée par l'étranger, doit réunir toutes les conditions exigées d'une caution judiciaire : être capable de s'obliger et domiciliée dans le ressort de la Cour d'appel, être propriétaire d'immeubles qui ne soient, ni litigieux, ni trop éloignés. (Cod. civ., art. 2018, 2019, 2040.) Cette caution sera offerte, discutée et acceptée ou rejetée selon les formes prescrites par les articles 517 à 522, Pr. civ.

Cette caution peut être remplacée par la consignation d'une somme suffisante. Cette consignation est admise par la loi comme offrant plus de sécurité que la caution elle-même (Pr. civ., art. 167.) Le Code ne parle que de la consignation d'une somme d'argent : mais nous n'hésitons pas à dire que le tribunal peut considérer comme équivalente la consignation de valeurs de Bourse, sérieuses, comme les actions de la Banque de France, les actions et obligations de chemins de fer français, etc.

Le demandeur étranger, qui justifie de la propriété d'immeubles, situés en France, d'une valeur suffisante pour répondre de la somme approximative des frais et des dommages-intérêts, est dispensé de fournir caution. (Cod. civ., art 16; — Pr, civ., art. 167.) A l'égard de cet étranger, on ne peut ressentir les craintes qui ont fait instituer cette exception *judicatum solvi.*

Mais le jugement, par lequel le tribunal déclare suffisants les immeubles de l'étranger, emporte-t-il une hypothèque judiciaire, que le défendeur pourra faire inscrire? On l'a soutenu, mais à tort selon nous. Un jugement pour emporter hypothèque doit contenir une condamnation : or, le jugement est au contraire rendu en faveur de l'étranger. Vainement objecte-t-on que cet étranger peut aliéner ses immeubles et se rendre ainsi en apparence insolvable. L'objection est puérile : en fait, on n'aliène pas des immeubles pour se mettre dans l'impossibilité apparente de payer une somme relativement minime.

CHAPITRE II

DÉCLINATOIRES

(LIVRE II, TIT. IX, § II. ART. 168 A 172).

SOMMAIRE. — Règles communes. — § 1er Incompétence absolue. — § 2. Incompétence relative. — § 3. Litispendance et connexité.

986. Le Code emploie l'expression de *renvois* pour désigner les exceptions que nous allons étudier. Cette expression a été justement critiquée. Elle ne s'applique exactement qu'aux hypothèses où le tribunal, qui se dessaisit d'un litige, en saisit lui-même un autre, comme cela arrive dans le renvoi pour parenté ou alliance, ou dans les cas de connexité. Dans ces cas, le tribunal auquel le renvoi est demandé déclare qu'il ne statuera pas et renvoie la cause, en l'état actuel, devant un autre tribunal par lui désigné. (Pr. civ., art. 373). La demande subsiste : la procédure faite, ajournement, défenses, réponses aux défenses, signification de pièces, etc. est maintenue. La cause passe telle quelle au tribunal indiqué pour continuer l'instruction et la juger.

Au contraire, quand l'incompétence du tribunal est invoquée, quand l'une ou l'autre des parties décline la juridiction du juge indûment saisi, ce *déclinatoire* admis, les choses se passent tout autrement. Le tribunal se borne à se dessaisir. Il renvoie les parties non devant tel juge par lui désigné, mais *devant qui de droit*. L'action est comme non intentée ; toute la procédure est *ipso facto* anéantie comme illégale et vicieuse. Un nouvel ajournement à comparaître devant le tribunal compétent devra être signifié. Le premier aura seulement interrompu la prescription. (Cod. civ., art. 2246 ; — V. n° 766.)

La litispendance et la connexité supposent, il est vrai, le renvoi devant des juges indiqués par le tribunal qui se dessaisit : il y a bien *renvoi*. Mais cette expression ne pouvant s'appliquer au cas d'incompétence, mieux vaut le mot *déclinatoire*, qui rend l'idée commune à toutes ces exceptions, à savoir que le défendeur se refuse à subir la juridiction du juge devant lequel il a été cité.

Les exceptions déclinatoires sont au nombre de quatre : l'incompétence absolue, l'incompétence relative, la litispendance et la connexité.

987. Ces quatre exceptions sont soumises à une règle commune. « Toute demande en renvoi, dit l'article 172, Pr. civ., sera jugée som- « mairement, sans qu'elle puisse être réservée, ni jointe au principal ».

Quelle est la portée du mot *sommairement?* D'après quelques auteurs, la loi veut seulement dire que ces déclinatoires seront jugés avec célérité. C'est un simple conseil qu'elle donne aux juges. — Avec d'autres jurisconsultes, nous pensons que ces déclinatoires doivent être instruits et les frais en être taxés comme en matière sommaire, sauf à comprendre dans la taxe les écritures qu'autorise le tarif des frais et dépens du 16 février 1807 (art. 75). Nous retrouverons la question généralisée au titre des *matières sommaires*.

988. Toute demande en renvoi ne peut être ni *réservée ni jointe au principal*. (Pr. civ., art. 172.) Ces expressions signifient que le tribunal, devant lequel l'une des parties soulève une exception d'incompétence, de litispendance ou de connexité, ne peut joindre cette question au fond même du litige et statuer sur elle et sur le fond en même temps par un seul et même jugement. Il ne peut surseoir : il doit juger, par préalable et par avance, la question soulevée par le déclinatoire. — L'interdiction prononcée par l'article 172, Pr. civ., tient à ce que toute décision sur la compétence est sujette à appel dans tous les cas. La partie dont le déclinatoire est rejeté doit pouvoir, en interjetant appel, arrêter la décision du fond. Or, un jugement susceptible d'appel ne peut être exécuté sur le champ et ce serait exécuter le jugement rendu sur le déclinatoire que de juger en même temps le fond.

La disposition de l'article 172 est bien claire, bien nette : elle a été cependant méconnue par plusieurs auteurs et plusieurs arrêts qui ont enseigné ou admis que les juges pouvaient, dans le même jugement, à condition de prononcer par deux dispositions distinctes, juger à la fois l'exception et le fond du litige. — C'est une erreur. Le tribunal doit juger d'abord l'exception. Un jugement sur incompétence est toujours, *par lui-même et par lui seul*, susceptible d'appel. (Pr. civ., art. 454.) Il s'ensuit que le système adopté par quelques arrêts engendre de fâcheuses conséquences. Les appels du chef d'incompétence sont fréquents et en cas d'infirmation on court le danger de décisions divergentes sur le fond, contraires à la dignité de la justice et au respect dû à ses sentences. En outre les décisions sur le fond peuvent engendrer des droits d'enregistrement élevés : l'administration, qui les a perçus, ne les restitue pas, quand même les dispositions qui y ont donné ouverture ne seraient pas reproduites dans le second jugement. — L'article 425 pose, il est vrai, une règle contraire en matière commerciale. Mais quelle utilité offrirait l'article 425, si la règle générale autorisait la jonction des deux sentences sur le déclinatoire et sur le fond. En dérogeant à l'article 172, l'article 425 le corroborre, en fixe le sens et la portée.

Le tribunal, en statuant sur le déclinatoire, peut-il ordonner de plaider au fond et rendre un second jugement à la même audience? Non. Plaider au fond, ce serait exécuter le jugement sur le déclinatoire: or, un jugement doit être tout au moins signifié à avoué, avant sa mise à exécution. (Pr. civ., art. 147.) En outre, un jugement susceptible d'appel ne peut être exécuté avant huitaine depuis sa prononciation. (Pr. civ., art. 450.) Huit jours au moins doivent s'écouler entre les deux sentences (1). — En conséquence, le plaideur qui, après avoir proposé un déclinatoire, plaide *subsidiairement* le fond, renonce virtuellement à son exception, puisque le fond n'aurait dû être abordé que huitaine après jugement sur l'exception.

L'article 172 s'oppose même à ce que le tribunal ordonne des mesures provisoires relatives au fond, avant que de statuer sur le déclinatoire.

Le jugement rendu sur le fond, en violation de l'article 172, Pr. civ., est *nul*.

989. Nonobstant la disposition générale de l'article 470, Pr. civ., l'article 172 n'est pas applicable devant la Cour d'appel. La raison en est évidente. L'article 172 est écrit pour sauvegarder efficacement la faculté d'appel. Or, on ne peut interjeter appel contre un arrêt. Il n'y a pas en France plus de deux degrés de juridiction (V. n° 80).

990. Les divers déclinatoires sont proposés en forme de requête, à laquelle il est répondu par une autre requête en défense. L'une

(1) Cass. 27 nov. 1872. (Sir. 1872, 1. 432).

et l'autre ne peuvent dépasser six rôles. (Tarif, art. 75.) Puis avenir donné et conclusions prises, on plaide sur l'incident.

§ 1er *Incompétence absolue ou d'attributions.*

991. Nous avons dans la deuxième partie de cet ouvrage expliqué la nature de l'incompétence absolue, indiqué les cas dans lesquels elle se produit, énuméré les conséquences remarquables qu'elle engendre, délimité les attributions de chaque juridiction. Nous ne reviendrons pas sur ces divers points. (V. nos 373 et s., 376, 378, 382 et s., 417 et s., 427 et s., 461, 464 et 522 et s.)

Le déclinatoire, fondé sur l'incompétence *ratione materiæ*, constitue, non pas une exception proprement dite, qui ne pourrait être alléguée que par le défendeur et *in limine litis*, mais plutôt une fin de non recevoir susceptible d'être invoquée par toute personne en cause et par le ministère public, suppléée d'office par le tribunal indûment saisi, et cela dans toutes les phases de la procédure. (Pr. civ., art. 170.)

Si le défendeur invoque cette fin de non recevoir, il est fondé à réclamer la condamnation du demandeur aux dépens. Malgré son incompétence quant au fond du litige, le tribunal doit la prononcer ; car tout tribunal a qualité pour statuer sur les frais faits devant lui. Ce tribunal a même seul qualité. — Ces frais ne pourraient être réclamés postérieurement par le défendeur, devant le tribunal compétent, qu'à titre de dommages-intérêts et non à titre de dépens. Par suite, il ne saurait y avoir, quant à ces frais, ni compensation ni distraction des dépens.

Il en serait de même, d'après nous, au cas où le moyen né de l'incompétence absolue aurait été suppléé d'office, ou admis sur les conclusions du demandeur seul ; la condamnation aux dépens ne peut être prononcée d'office. (V. n° 875.) Mais du silence gardé par le défendeur devant le tribunal incompétent, nous ne pouvons induire une renonciation au droit de réclamer plus tard les dépens à titre de dommages-intérêts. L'avoué du défendeur, intéressé à obtenir la distraction, oubliera rarement de prendre des conclusions à fins de condamnation aux dépens.

§ 2. *Incompétence relative.*

992. Le lecteur connaît déjà le caractère de l'incompétence relative ou territoriale, les cas dans lesquels elle existe, les conséquences qui en découlent et les hypothèses, à l'égard desquelles les diverses juridictions sont territorialement, *ratione personæ vel loci*, compétentes. (V. nos. 373 à 375, 377, 379, 387 et s., 424 et s., 455 et s., 463, 478 et s., 522 et s.)

La partie, qui a été appelée devant un tribunal autre que celui qui doit connaître de la contestation, peut demander son renvoi devant le tribunal compétent. (Pr. civ., art. 168.)

Le défendeur est tenu de former cette demande préalablement à toutes autres exceptions et défenses, *in limine litis*, dès le début, dès le seuil du procès. (Pr. civ., art. 169.) — Entamer la discussion du litige devant un juge dont on peut proroger la juridiction, tout en se réservant de décliner plus tard sa compétence, n'est pas naturel. Cette discussion serait une inutilité. Si on la commence, c'est donc qu'on accepte le juge. Aussi ne pas se prévaloir tout d'abord de l'exception d'incompétence implique renonciation tacite à ce moyen. Mais quand le procès sera-t-il assez avancé pour qu'on en puisse induire cette renonciation ?

993. Constituer avoué, c'est satisfaire aux nécessités de la défense. Le défendeur doit avoir un avoué, la cause étant portée devant le tribunal, pour pouvoir dresser la requête et poser des conclusions du chef d'incompétence. Donc, quand même la constitution d'avoué ne contiendrait pas de réserves, elle ne saurait impliquer aucune renonciation à l'exception d'incompétence. — Au contraire, conclure au fond, c'est évidemment renoncer à présenter le déclinatoire. — L'exception d'incompétence doit aussi être invoquée avant *toutes autres exceptions*, dit l'article 169, Pr. civ., sans difficulté, avant l'exception tirée de la nullité de l'exploit et avant toutes les exceptions dilatoires. — Doit-elle l'être aussi avant l'exception *judicatum solvi* ? Nous examinerons plus tard ce point, en traitant de l'ordre de présentation de toutes les exceptions.

Invoquer l'incompétence *absolue* du tribunal n'est pas se rendre non recevable à présenter le déclinatoire fondé sur l'incompétence relative : il est naturel de placer en première ligne le moyen le plus grave, sauf à se rejeter ensuite sur le moins important. Décider autrement serait créer une déchéance nouvelle que la loi ne prononce pas.

Le défendeur ne peut se prévaloir de l'incompétence relative ou territoriale du tribunal de première instance, ni devant la Cour d'appel, s'il ne l'a invoquée devant ce tribunal, ni devant la Cour de cassation, s'il ne l'a pas discutée en première iustance et en appel.

§ 3. *Litispendance et connexité.*

994. Une demande est portée devant un tribunal compétent; mais un autre tribunal est déjà saisi de la même affaire ou d'un autre litige ayant avec elle une intime connexion :

Il y a *litispendance*, lorsque les deux demandes sont identiques; *connexité*, lorsqu'il existe entre elles d'étroits rapports.

Pour éviter des frais inutiles et surtout une contrariété dans les décisions de la justice, ne convient-il pas que le tribunal, saisi en second lieu, se désaisisse et renvoie la cause devant les premiers juges.

A. Citispendance. — La litispendance se produit lorsque deux tribunaux sont saisis de la même affaire, c'est-à-dire lorsque les deux demandes ont même objet, même cause et sont formées entre les mêmes parties. Les éléments indiqués dans l'article 1351 du Code civil doivent être réunis; sinon, ce ne serait plus la même affaire qui aurait été portée devant deux juges différents : on ne courrait plus le risque d'une contrariété dans les décisions de la justice.

Une objection s'élève immédiatement. L'un des deux tribunaux saisis n'est-il pas incompétent? Le déclinatoire d'incompétence n'est-il pas suffisant pour écarter le danger signalé? — Non : les deux tribunaux, saisis des prétentions des parties, peuvent être tous les deux compétents, comme dans le cas d'une action mixte, d'une demande dirigée contre plusieurs défendeurs ou d'une élection de domicile.

Exemple : Le demandeur originaire assigne le défendeur devant le tribunal de son domicile réel; il meurt. L'héritier, ignorant ce fait, assigne à son tour devant le juge de la situation de l'immeuble litigieux ou devant le juge du domicile élu dans le contrat. (Pr. civ., art. 59.)

La litispendance existe par ce seul fait que deux ajournements ont été donnés à comparaître devant deux tribunaux différents : il n'est nullement nécessaire que devant l'un deux l'instruction soit entamée ou terminée, ni que des conclusions aient été prises ou signifiées.

995. B. CONNEXITÉ. — La connexité (*connexio*, liaison) se réalise lorsque deux procès, non identiques entre eux, mais unis par un rapport intime et nécessaire, sont pendants devant deux tribunaux différents. — Les deux litiges ont une telle affinité l'un à l'égard de l'autre, que le jugement, à rendre dans l'un influera sur le jugement à rendre dans l'autre. Sinon, une contrariété flagrante existera nécessairement entre l'une et l'autre sentence.- Cette hypothèse peut se réaliser dans les procès nés de l'inexécution d'un contrat synallagmatique, dans lequel chacune des parties contractantes n'est tenue d'accomplir ses obligations qu'autant que l'autre partie exécute les siennes. Les contestations respectivement élevées sur l'exécution de ces obligations sont rationnellement indivisibles. *Exemples :* Un vendeur d'immeuble est assigné en délivrance devant le tribunal de son domicile ou devant celui de la situation de l'immeuble litigieux ; l'acheteur est assigné en payement devant le juge de son domicile : or, l'un ne doit payer que si délivrance lui est faite ; l'autre ne doit livrer que si le payement du prix est effectué. Il y a évidemment connexité entre les deux demandes : il est impossible de juger l'une sans statuer sur l'autre implicitement. (Cod. civ., art. 1612, 1651, 1654.) — Un débiteur a été assigné en payement des intérêts d'un capital prêté devant le juge de son domicile réel ; l'héritier du créancier, décédé *pendente lite*, lui demande le capital devant le tribunal du domicile élu.

Le renvoi pour connexité constitue une dérogation à la règle fondamentale de l'art. 59, Pr. civ., *actor sequitur forum rei*. A raison de la connexité, une demande personnelle peut être portée devant un tribunal autre que celui du domicile du défendeur.

La question de savoir dans quelles hypothèses existe la connexité ou la litispendance est, non une question de fait, mais une question de droit sur laquelle peut être appelée à se prononcer la Cour de cassation.

996. C. RÈGLES COMMUNES A LA LITISPENDANCE ET A LA CONNEXITÉ. — Toutes deux supposent deux ou plusieurs demandes pendantes devant des tribunaux différents. Si les demandes sont pendantes devant diverses chambres de la même Cour ou du même tribunal, les avoués se rendent à l'heure de la distribution des causes devant le président qui statue sur la jonction, sans procédure ni frais. (Décret du 31 mars 1808, art. 25 et 63.)

L'exception de litispendance ou de connexité doit être soulevée devant le tribunal, le dernier saisi. On s'attache pour déterminer ce point, non à l'inscription au rôle, ni à la pose des conclusions, mais aux dates des ajournements. — Cette marche doit être suivie, même si le tribunal, le premier saisi, est incompétent, soit *ratione materiæ*, soit *ratione personæ*. Le renvoi devant lui doit être prononcé. A lui seul appartient le droit de statuer sur sa compétence : le deuxième tribunal ne le peut, n'a pas le pouvoir d'enjoindre au premier de se dessaisir. — Si l'affaire renvoyée devant lui, le premier tribunal saisi se reconnaît incompétent et se dessaisit du litige, les parties reviendront par nouvel ajournement devant les juges, qui avaient admis l'exception de litispendance ou de connexité. Les frais faits jusqu'à ce moment seront mis à la charge du demandeur en cas de litispendance, pourront être réservés au cas de connexité. Le premier ajournement, quoique donné devant un juge incompétent, aura utilement interrompu la prescription. (Code civ., art. 2246.)

997. A quel moment de la procédure doit ou peut être proposée l'exception de litispendance ou de connexité? Le Code garde le silence sur ce point. — Sous l'ancien droit français, Imbert, Jousse, Rodier pensaient que cette exception devait être invoquée dès le début de l'instance, *in limine litis*. De nos jours, plusieurs opinions ont été produites. — Nous admettons les solutions suivantes : 1° Cette exception n'est pas d'ordre public : l'ordre public est satisfait par cela seul que les parties jouissent de la faculté d'invoquer l'exception et d'éviter ainsi la contrariété des sentences (V. n° 931); 2° le tribunal n'est pas tenu de prononcer d'office le renvoi : il *pourra* l'ordonner, dit l'article 171, Pr. civ; 3° l'exception peut être proposée, même après que des conclusions ont été prises sur le fond. C'est peut-être à ce moment seulement que se révèlera la litispendance ou la connexité. Or il serait inique de faire encourir une déchéance à une partie qui ignore encore son droit. Aussi le Code s'est-il bien gardé d'édicter une disposition analogue à celle de l'article 169, Pr. civ. Son silence dans l'article 171, mis à la suite de l'article 170, où il s'agit d'un renvoi qui peut être prononcé *en tout état de cause*, son silence est significatif.

4° Les parties peuvent renoncer à se prévaloir de cette exception. Elles y renoncent tacitement, en ne l'invoquant pas en première instance et elles ne peuvent en exciper pour la première fois, ni en appel, ni devant la Cour de cassation. — Les parties auront souvent intérêt à ne pas invoquer la litispendance ou la connexité. Devant le tribunal saisi en second lieu, par exemple, l'instruction de l'affaire est terminée ou plus avancée que devant le tribunal, le premier saisi ; les parties ont intérêt évident à faire vider la seconde instance et à exciper ensuite devant le premier tribunal de l'autorité de la chose jugée. Ce droit d'option, l'article 171, Pr. civ., le reconnaît formellement : le renvoi *pourra* être demandé, dit-il.

5° La demande en renvoi n'est pas communicable au ministère public, comme l'est le déclinatoire fondé sur l'incompétence.

998. Le tribunal, devant lequel l'exception de litispendance ou de connexité est proposée, peut refuser de l'admettre et de se dessaisir. Une double marche est possible : 1° Les deux tribunaux saisis ressortissent-ils à la même Cour d'appel, on interjette appel du jugement qui a rejeté la demande en renvoi et du jugement rendu par l'autre tribunal ; les deux sentences se trouvant alors soumises au contrôle de la même juridiction, la contrariété des décisions n'est pas à craindre. — 2° Dans tous les cas, et nécessairement quand les deux tribunaux ne ressortissent pas à la même Cour, ou quand l'affaire n'est pas susceptible d'appel, on peut se pourvoir directement en règlement de juges devant la juridiction supérieure, dont le ressort embrasse les deux tribunaux. Pr. civ., art. 363.)

999. En édictant l'article 171, Pr. civ., le législateur n'a eu en vue que les tribunaux français et non les tribunaux étrangers.

La contrariété de décisions n'a rien de bien fâcheux, si elle se produit entre juridictions d'États différents. Les sentences étrangères ne pouvant être mises à exécution en France qu'à l'aide d'une autorisation accordée par les tribunaux français, quand cette exécution sera réclamée on repoussera la sentence étrangère par l'autorité de la chose jugée en France. En outre, dans la plupart des cas, quand se réalisera cette hypothèse d'un même procès pendant devant un tribunal français et devant un tribunal étranger, il y aura presque toujours une renonciation du plaideur français, soit à l'exception d'incompétence qu'il eût pu soulever devant le juge étranger, soit au privilège que lui octroie l'article 14 du Code civil.

CHAPITRE III

NULLITÉS DE PROCÉDURE

(LIVRE II. TIT. IX, § III. ART. 173).

SOMMAIRE. — Des nullités auxquelles s'applique l'article 173, Pr. civ. — Cas dans lesquels l'exception est couverte. — Personnes qui peuvent l'invoquer. — Effets de l'admission de l'exception de nullité.

1000. Pour être valable, la demande doit non seulement être portée devant le tribunal compétent, mais en outre être régulière en la forme.

Une instance peut avoir été régulièrement introduite, et des vices de forme infecter les actes d'instruction. Or, les formes édictées par la loi ne sauraient être impunément méconnues et éludées. Le défendeur doit pouvoir se plaindre de l'omission des formalités protectrices de ses droits. Pour assurer l'observation des formes prescrites, pour rendre efficace la sanction par elle prononcée dans plusieurs textes, la loi devait autoriser le défendeur à invoquer contre le demandeur les vices de l'exploit d'ajournement ou des autres formalités de procédure. Mais en concédant cette faculté au défendeur, elle devait en réglementer l'exercice, pour éviter que cette faculté même ne devînt abusive et ne favorisât l'esprit de chicane. — De là, la disposition de l'article 173, Pr. civ. Toute nullité d'exploit ou d'acte de procédure est couverte, c'est-à-dire ne peut plus être invoquée, si elle n'est proposée avant toute défense ou exception, autre que les exceptions d'incompétence.

L'article 173 ne s'applique qu'aux nullités de pure forme. Il ne régit ni la demande en nullité d'une convention, d'un testament ou d'un acte probatoire, nullité qui rentre dans la catégorie des défenses, ni les fins de non recevoir ou de non valoir, qui peuvent être proposées après toutes exceptions quelconques. Ainsi, il ne s'applique point à la demande en nullité, née de l'inobservation des formes prescrites par la loi civile pour la validité de l'acte sur lequel la demande est basée, à la nullité d'une donation faite ou d'une hypothèque consentie par acte sous seing privé, à celle d'une institution contractuelle inscrite dans un autre acte qu'un contrat de mariage; — à la fin de non valoir tirée du défaut de qualité chez le demandeur; — à la fin de non recevoir née de l'autorité de la chose jugée ou d'un acquiescement, etc,. etc.

Cet article ne vise que les nullités que nos anciens auteurs appelaient *péremptoires quant à la forme*, mais sans distinguer entre les nullités de forme *substantielles* et les nullités de *pure forme*. (V. n°s 604 et 605.) *Exemples :* Un ajournement n'est pas conforme à l'article 61, Pr. civ.; une citation à l'article 1er du Code.

Les nullités de forme, dont il faut se prévaloir avant toute défense au fond, ne sont pas exclusivement relatives à l'exploit d'ajournement ou à la citation en justice. Les vices de forme d'une enquête ou d'une expertise doivent aussi être signalés aux juges, dès qu'on revient à la barre du tribunal pour discuter les déductions ou inductions à tirer de ces modes d'instruction. Examiner au fond les dépositions des témoins ou le rapport des experts, c'est renoncer à critiquer la validité, la régularité de l'enquête ou de l'expertise. — Nous devons encore assimiler à une nullité d'exploit la nullité de l'acte extrajudiciaire, qui devait précéder l'exploit d'ajournement, tel qu'un protêt au cas où une lettre de change ou un billet à ordre n'est pas payé à l'échéance.

1001. Les nullités que vise l'article 173, Pr. civ., sont édictées dans l'intérêt du défendeur. Il peut renoncer à s'en prévaloir expressément ou tacitement. Le législateur voit une renonciation tacite dans le fait d'invoquer une défense au fond, ou une exception autre que celle d'incompétence, ajoutons et que celle de la caution du jugé.

La nullité de l'exploit d'ajournement peut-elle être proposée, lorsque le défendeur a constitué avoué ou qu'il se présente ayant en main la copie de l'assignation? Celle-ci, quoiqu'irrégulière, n'a-t-elle pas atteint son but, la comparution du défendeur? — Nos anciens auteurs disaient alors que la nullité était couverte. — Cette opinion, contraire à l'ordonnance de 1667 et au système du Code, est rejetée par la doctrine et par la jurisprudence actuelles : avec raison, car, même pour invoquer une nullité d'exploit, on doit nécessairement prendre des conclusions à la barre du tribunal, et, pour ce faire, comparaître. La constitution d'avoué est une condition *sine qua non* de l'exercice de la faculté conférée au défendeur : elle ne peut donc le lui faire interdire. — A première vue, il peut paraître extraordinaire de voir une partie, assignation en main, se plaindre de n'avoir pas été régulièrement assignée. Mais décider que sa comparution couvre la nullité serait s'exposer à faire naître un mal considérable. Le défendeur qui voudrait se prévaloir de la nullité de l'exploit, ne comparaîtrait pas. De deux choses, l'une : ou le tribunal repousserait la demande, malgré le défaut du défendeur (Pr. civ., art. 150), à raison du vice de forme ; ou bien l'instance suivrait son cours et le défendeur attendrait le moment de l'exécution du jugement pour invoquer une nullité, qui entraînerait celle de tous les actes postérieurs et engendrerait ainsi bien des frais inutiles.

1002. La loi n'astreint pas le défendeur à présenter simultanément toutes les exceptions de nullité. Il ne sera pas déchu du droit de faire valoir un second vice de forme, après en avoir invoqué un premier. Un article du projet du Code prononçait cette déchéance ; mais il n'a pas été adopté par le Conseil d'État. L'article 186, P. civ., ne peut être appliqué qu'aux exceptions dilatoires. Mais le tarif de 1807 (art. 75) ne passe en taxe qu'une requête de six rôles : les frais des requêtes supplétives, dans lesquelles seront présentés les nouveaux moyens de nullité, resteront à la charge du défendeur.

1003. Le tribunal n'est point autorisé à suppléer d'office le moyen tiré des vices de forme qui entachent la procédure, au moins dans une instance contradictoire. Mais il a ce pouvoir, lorsque le défendeur fait défaut. Un ajournement régulier peut seul astreindre le défendeur à comparaître. Le juge ne peut condamner par défaut une partie, qui, d'après l'inspection même des pièces du procès, paraît n'avoir pas été régulièrement assignée. Le tribunal doit, avant de condamner le défaillant, examiner si la demande a été bien intentée. (Pr. civ. art. 150).

1004. La nullité de l'exploit d'ajournement, ou de tout autre acte de la procédure, peut être invoquée par le défendeur, — par ses créanciers, intéressés à empêcher l'interruption de la prescription et à écarter ainsi un autre créancier (Cod. civ., art. 1166, 2225, 2247) ; — par le garant appelé en garantie ; — par le tiers détenteur d'un immeuble hypothéqué poursuivi en même temps que le débiteur principal.

1005. L'incident, né du moyen de nullité proposé, peut être joint à la demande principale. Le tribunal peut prononcer sur le tout par un seul et même jugement : à quoi bon retarder, si l'affaire est en état d'être jugée. Nulle interdiction n'existe dans la loi. Le défendeur triomphe-t-il sur son exception, l'ajournement est-il annulé, la prescription n'aura pas été interrompue, aura toujours couru à son profit. (Cod. civ., art. 2247.) L'effet interruptif de l'exploit est au contraire maintenu, au cas d'ajournement donné à comparaître devant un juge incompétent. Il n'est pas toujours facile de déterminer le tribunal compétent; il est aisé de dresser un exploit régulier.

CHAPITRE IV

EXCEPTIONS DILATOIRES

(LIV. II, TIT. IX, § IV. ART. 174 A 187).

SOMMAIRE. — *Section première.* Délais pour faire inventaire et délibérer. — Succession. — Communauté. — Femme veuve. — Femme séparée de corps ou de biens. — *Deuxième section.* Exception de garantie. — Notions générales sur la garantie. — Différences entre l'action en garantie introductive d'instance et la garantie incidente. — Prorogation de juridiction. — § 1er Exception de garantie et jonction des deux demandes. — § 2. Rôle du garant dans la cause principale. — Garantie simple. — Garantie formelle ou réelle. — § 3. Exécution du jugement. — *Troisième section.* Autres exceptions dilatoires et ordres de leurs présentation.

1005. L'exception dilatoire est celle qui a pour objet direct et immédiat l'obtention d'un délai, pour but de retarder, pendant un un certain laps de temps, l'examen de la demande. Toute exception a bien pour résultat de retarder la marche d'un procès; mais tel n'en est point le but, l'objet immédiat. Le défendeur conclut à toute autre chose. Par l'exception *judicatum solvi*, il réclame une garantie; par les déclinatoires, il demande à être renvoyé devant qui de droit; par l'exception de nullité, il conclut à l'annulation d'un acte de procédure. Dans ces divers cas, l'examen du fond du litige est nécessairement suspendu et retardé, jusqu'à ce que la caution ait été fournie, qu'un autre tribunal ait été saisi, ou que l'instruction du litige régularisée reprenne son cours. Maisle délai dont jouit ainsi fatalement le défendeur n'a pas été le but direct et principal de son exception. Il n'en est qu'un effet indirect et secondaire.

Le Code de procédure n'indique que deux exceptions dilatoires : celle relative au délai pour faire inventaire et pour délibérer et l'exception de garantie. Y en a-t-il d'autres? Nous examinerons ce point à propos de l'article 186, Pr. civ.

SECTION I. — **Délais pour faire inventaire et délibérer.**

1006. Des délais sont accordés par le Code civil dans deux hypothèses assez semblables, mais néanmoins distinctes : l'ouverture d'une succession, la dissolution d'une communauté de biens ayant existé entre époux.

Succession. — Depuis l'introduction dans la législation romaine du bénéfice d'inventaire, trois partis sont offerts à la personne appelée à recueillir une succession : l'acceptation pure et simple, l'acceptation bénéficiaire, la renonciation ou répudiation. (Cod. civ., art. 774 et 775.) Lequel choisir? — Chacun d'eux offre un ensemble d'avantages et d'inconvénients. Les avantages ou les inconvénients l'emportent selon la composition de la succession, la masse de l'actif ou du passif. L'inventaire des valeurs mobilières, l'état estimatif des immeubles, l'examen des livres et des comptes du défunt, vont seuls mettre l'habile à succéder en mesure de se prononcer et de choisir. Pour faire cet inventaire, cet état, cet examen, la loi accorde au successible un délai de trois mois pour la confection de l'inventaire et un délai de quarante jours pour délibérer, à partir du jour de la clôture de l'inventaire. Le délai relatif à l'inventaire est-il trop court? la justice peut le proroger sur la demande de l'appelé à la succession. (Cod. civ., art. 795 et 798; Pr. civ., art. 174.)

Quelle est la position de l'habile à succéder pendant le cours des délais? — Quelle est-elle après leur expiration?

1007. *Durée du délai.* Pendant la durée des délais pour faire inventaire et pour délibérer, l'habile à succéder n'est point tenu de prendre parti, ne peut être astreint à user de l'option offerte par la loi. Il est et il reste *habile à se dire et à se porter héritier.* Si les créanciers de la succession, si les légataires du défunt, si ses cohéritiers l'actionnent, lui demandent le payement des dettes, l'acquittement des legs, le rapport des libéralités à lui faites ou le partage de la succession, il peut refuser de répondre à leurs demandes en qualité d'héritier; il peut leur opposer une exception *dilatoire.* (Cod. civ., art. 797; Pr. civ., art. 174). Les instances introduites contre lui sont alors suspendues, arrêtées dans leur marche : il est sursis à l'examen des demandes jusqu'à l'expiration des délais pour faire inventaire et pour délibérer.

1008. Quel intérêt les créanciers ou les légataires peuvent-ils avoir à introduire une demande aussitôt paralysée? L'intérêt est incontestable. L'exception dilatoire, à la différence du déclinatoire pour incompétence ou de l'exception de nullité, ne porte aucune atteinte à la demande. Celle-ci a été valablement formée; son examen seul est retardé. Elle produit tous les effets ordinaires. L'ajournement a interrompu le cours de la prescription et a ouvert celui des intérêts moratoires. Le décès du débiteur ne peut diminuer les droits de ses créanciers. Les frais légitimement faits ne devant être supportés ni par les créanciers, ni par l'habile à succéder plus tard renonçant, demeurent à la charge de la succession. (C. civ., art. 797 et 799.)

1009. Les demandes, que peut ainsi arrêter dans leur cours l'habile à succéder en invoquant l'exception dilatoire, en demandant qu'on le laisse étudier la succession et délibérer en paix, sont celles qui, répondues, ne maintiendraient pas intacte en sa faveur la faculté d'option. Pour y répondre, le successible serait obligé de prendre parti, d'accepter ou de répudier la succession. — Les actes purement conservatoires ou de simple administration n'emportent pas adition d'hérédité, acceptation de la succession. (Cod. civ., art. 779.) Le successible peut les faire spontanément et volontairement, en qualité d'habile à succéder, sans modifier sa position, sans perdre la faculté d'option. Les créanciers et les légataires peuvent demander au tribunal que le successible soit astreint à accomplir ces actes, contradictoirement avec lui, sans qu'il puisse se retrancher derrière l'exception dilatoire. *Exemples :* Inscrire une hypothèque ayant appartenu au défunt, interrompre la prescription contre un débiteur du *de cujus;* nommer un administrateur provisoire, etc.

L'exception dilatoire est proposée dans des conclusions verbales prises à l'audience, ou par requête d'avoué à avoué ne pouvant excéder six rôles. (Tarif de 1807, art. 75.)

1010. Pendant le cours des délais légaux ou prorogés par le tribunal, l'habile à succéder prend parti. — Il renonce; il est dégagé du procès intenté par le créancier ou par le légataire. — La demande subsiste avec tous ses effets contre la succession, valablement actionnée dans la personne du successible appelé par la loi ou par la volonté du défunt. L'instance reprend son cours avec le nouvel héritier, ou avec un curateur nommé à la requête des créanciers et des légataires. (Cod. civ., art. 811 et 812.) — Le successible accepte-t-il purement et simplement ou sous bénéfice d'inventaire, le procès reprend aussitôt son cours contre lui. L'exception dilatoire ne peut plus être invoquée désormais.

1011. *Expiration des délais*. Les délais sont expirés. L'habile à succéder peut encore choisir entre les trois partis, peut encore faire inventaire et délibérer. — Il a *perdu* l'exception dilatoire. Il ne peut plus l'opposer aux poursuites dirigées contre lui : l'action intentée contre lui reprend son cours. Ce successible peut être poursuivi sans interruption. Il est exposé à se voir condamner, sur la demande des parties intéressées, en qualité d'héritier pur et simple. — Mais, tant qu'il n'est pas condamné, il peut encore, sur les premières poursuites, renoncer ou accepter bénéficiairement. Il supporte alors personnellement tous les frais faits jusqu'au jour de la renonciation ou de l'acceptation sous bénéfice d'inventaire, sauf justification. (C. civ., art. 799.)

Le jugement obtenu, après l'expiration des délais, sur la demande d'un seul créancier ou légataire, suffit-il pour rendre, à l'égard de tout intéressé, héritier pur et simple celui auquel cette qualité a été attribuée par la sentence de condamnation? Faut-il assimiler à l'acte d'héritier la condamnation passée en force de chose jugée?

Cette question, que font naître les termes des articles 800, Cod. civil et 174, Pr. civ., est du domaine du droit civil. Elle a donné naissance à plusieurs opinions. — Nous ne pouvons la discuter ici; sa solution implique une étude complète du caractère propre aux actes d'héritier et le commentaire approfondi des articles 778 à 780 du Code civil. Nous pensons que les partisans des diverses opinions émises n'ont pas assez tenu compte du rôle important que dans tout procès joue la *pose des qualités*, la *prise des conclusions* à la barre du tribunal.

1012. Communauté. — Des époux se sont mariés sous le régime de la communauté légale ou conventionnelle. Dans leurs relations personnelles, leurs biens se groupent en trois patrimoines : celui de la communauté, celui du mari et celui de la femme. — Sur le patrimoine de la communauté, le mari a des pouvoirs très étendus, notamment le droit absolu de disposition à titre onéreux et celui d'engager à des créanciers tous les biens de la communauté. Le patrimoine de la communauté répond (avec ou sans récompense) de toutes les dettes contractées par le mari ou nées à sa charge et de certaines dettes de la femme. — Selon l'administration du mari, la communauté est solvable ou insolvable. — Cette communauté se dissout pour plusieurs causes. Dissoute, son patrimoine doit être partagé, actif et passif, entre le mari et la femme ou leurs héritiers. Mais, pour prémunir la femme contre les conséquences onéreuses d'une mauvaise administration du mari, la loi confère à la femme une faculté et une faveur : une *faculté*, la femme peut accepter ou répudier la communauté sous certaines conditions ; une *faveur*, au cas d'acceptation, la femme n'est tenue du passif qu'à concurrence de l'actif commun qu'elle recueille, à concurrence de son *émolument*, pourvu, si elle est veuve, qu'elle ait fait bon et fidèle inventaire. (Cod. civ., art. 1441, 1453, 1456, 1457, 1459, 1463, 1483.)

Ces généralités connues, voyons comment et dans quelle mesure le législateur a protégé la femme, en lui accordant une exception dilatoire dans l'article 174, Pr. civ. — Lors de la dissolution de la communauté, la femme peut se trouver veuve, séparée de biens ou séparée de corps et de biens.

1013. *Veuve*, la femme détient les biens communs. Elle est dans une position analogue à celle de l'héritier saisi. Comme lui, elle peut être poursuivie, attaquée par les créanciers ou par les légataires du mari. Comme lui, elle peut leur opposer l'exception dilatoire pendant les délais légaux de trois mois et de quarante jours, ou pendant le délai de prorogation. Comme lui, elle peut être obligée de répondre aux demandes qui ont pour objet des mesures purement conservatoires. (Cod. civ., art. 1454, 1456, 1458; — Pr. civ., art. 174.)

Sa situation diffère cependant un peu de celle de l'appelé à une succession. Elle n'a le choix qu'entre deux partis, et non entre trois, la répudiation ou l'acceptation. Celle-ci est bénéficiaire, puisque la femme n'est tenue des dettes de la communauté qu'à concurrence de son émolument. — La veuve ne peut renoncer qu'à la condition d'avoir fait bon et fidèle inventaire; mesure édictée à raison des facilités que lui donne sa position pour opérer des détournements de valeurs. L'habile à succéder peut renoncer à la succession, quoique n'ayant pas fait inventaire. — L'héritier peut renoncer pendant trente ans. La femme doit, en principe, renoncer dans le délai légal de trois mois et de quarante jours ou dans le délai prorogé. Elle peut néanmoins renoncer même après ce délai et pendant trente ans, pourvu qu'elle ait fait inventaire de la communauté et qu'elle ne se soit point immiscée dans les biens de cette communauté. (Cod. civ., art. 1457 à 1459.)

Après l'expiration des délais et tant qu'elle n'a pas renoncé, la veuve peut être poursuivie comme commune, sans pouvoir invoquer l'exception dilatoire. Elle ne l'a plus. Si elle renonce, elle doit supporter les frais faits jusqu'à sa renonciation.

1014. *Séparée de corps* ou *de biens* seulement, la femme n'est plus dans la même situation qu'au cas de viduité. Le mari vivant conserve entre ses mains l'actif de la communauté. A lui de procéder à l'inventaire, à sa femme de le contraindre et de poursuivre la liquidation de ses reprises. — Pendant le délai légal, est-elle poursuivie par les créanciers de la communauté, elle leur oppose l'exception dilatoire, et cette exception engendre les mêmes effets qu'à l'égard de la veuve. — Mais la position de la femme séparée diffère notablement de celle de la veuve. La première peut renoncer pendant le cours du délai, quoique l'inventaire n'ait point été fait : elle n'est pas nantie des biens communs : elle n'a pu dilapider la communauté. — A l'expiration des délais, la femme séparée, qui n'accepte pas la communauté est présumée reconnaître le mauvais état du patrimoine de cette communauté et y renoncer. L'article 1463, Cod. civ., ne parle, il est vrai, que de la femme séparée de corps, mais avec bien plus de raison sa disposition doit-elle être appliquée à la femme séparée de biens. La séparation de biens est exclusivement basée sur le mauvais état des affaires du mari : la séparation de corps peut être prononcée contre la femme, ou contre le mari, excellent administrateur, l'actif de la communauté étant riche et prospère. (Cod. civ., art. 1443, 1463.) — La femme séparée, légalement réputée renonçante, ne peut plus être poursuivie. La demande, dirigée contre elle pendant la durée des délais, se continue contre le mari seul. Pour que la demande puisse être reprise contre la femme, elle doit avoir, pendant le délai, accepté la communauté.

SECTION II. — **Exception de garantie.**

1015. La garantie est, *sensu lato*, l'obligation incombant à une personne de mettre une autre personne à l'abri d'un préjudice dont elle est menacée et de l'indemniser au cas de non réussite. — Dans un autre sens, la garantie est le recours qu'une personne actionnée en justice exerce contre une autre personne, qui doit la défendre ou l'indemniser si elle perd le procès.

Le *garant* est la personne tenue de cette obligation, celle contre laquelle le recours est exercé. — Le *garanti* est la personne créancière de cette obligation, celle par laquelle le recours est exercé. — *Exemples :* Paul a vendu à Pierre un immeuble : du contrat de vente résulte pour lui l'obligation de mettre Pierre à l'abri de toute éviction, de le défendre contre toute action réelle, revendication, action confessoire ou négatoire, action hypothécaire, qui pourra être intentée contre lui, de l'indemniser du dommage causé par cette action, s'il ne la fait point rejeter. Cette obligation s'appelle *garantie.* Paul vendeur est le *garant;* Pierre, l'acheteur, le garanti. (Cod. civ., art. 1625 et suiv.) Pierre, Paul et Jacques sont débiteurs solidaires ou indivisibles de la même dette. Le créancier a poursuivi Paul, qui doit être indemnisé par ses codébiteurs. Paul est le *garanti*, Pierre et Jacques sont les *garants.* Remarquons que les codébiteurs, tenus d'une dette solidaire ou indivisible, sont réciproquement garants et garantis les uns par les autres. (Cod. civ., art. 1214 et 1225.) — Lucien a cautionné Louis envers le créancier de ce dernier. Louis, le débiteur principal, la personne cautionnée, doit mettre Lucien, la caution, à l'abri des poursuites du créancier, le défendre contre la demande de ce dernier, et si la caution est obligée de payer, lui rembourser capital, intérêts et frais. Lucien, la caution, est le *garanti* : Louis, le débiteur principal, le *garant.* (Cod. civ., art. 2028 et suiv.)

Les expressions *garant* et *garanti* sont souvent employées avec une autre signification et en sens inverse, en matière de cautionnement, par exemple ; on dit que Lucien, la caution, est le *garant*, et Louis, le débiteur principal, le *garanti.* En effet, la caution répond au créancier du payement de la dette contractée par le débiteur principal ; elle assure ce créancier contre l'insolvabilité possible du débiteur. Celui-ci se trouve être alors le *garanti*, et la caution, le *garant*. — Le sens des mots varie donc avec le point de vue adopté. Considère-t-on le cautionnement en lui-même, dans son but et dans son objet, la caution est alors le *garant*, le débiteur principal le *garanti*.

Se place-t-on au point de vue de la procédure, de l'exception que la garantie peut engendrer, du recours qui peut être exercé, une fois le créancier payé et désintéressé, c'est le débiteur principal qui est le *garant*, la caution le *garanti*.

Le recours, que le garanti peut exercer contre le garant, est presque toujours provoqué par une action dirigée contre le garanti, défendeur sur cette demande originaire. Ainsi l'acheteur de l'immeuble est poursuivi en revendication par un tiers qui se prétend propriétaire ; le débiteur solidaire est actionné par le créancier, etc. Sur cette revendication ou sur cette action personnelle, l'acheteur ou le débiteur solidaire invoquent la garantie due par le vendeur ou par le codébiteur. — Quelquefois néanmoins le recours en garantie est exercé par le demandeur originaire. — *Exemples :* Paul a vendu à Pierre un immeuble qu'il a déclaré nanti d'une servitude de passage sur le fonds du voisin. Celui-ci s'oppose à l'exercice de la servitude. Pierre intente l'action confessoire contre le voisin, joue ainsi le rôle de demandeur originaire et actionne en garantie Paul, le vendeur de l'immeuble. — Jacques a cédé à Baptiste une créance contre Guillaume. Baptiste, le *cessionnaire*, demande le payement à Guillaume qui nie la dette. Il actionne alors son vendeur, Jacques, le *cédant*, qui lui avait garanti l'existence de la créance cédée. (Cod. civ., art. 1693.) Baptiste est doublement demandeur, demandeur originaire et demandeur en garantie.

1016. Le recours en garantie peut être exercé de deux manières différentes : par voie de *demande introductive d'instance*, ou par voie de *demande incidente*. — *Exemples :* Un tiers intente une action en revendication contre Pierre, l'acheteur de l'immeuble. Pierre peut laisser ce procès suivre son cours. Il le perd. Il attaque alors Paul, son vendeur, invoque contre lui l'obligation de garantie, lui demande de l'indemniser du préjudice subi. Il agit contre Paul par voie de demande introductive d'instance. — Au contraire, sur les premières poursuites du tiers, il invite, par une assignation, son vendeur Paul à prendre part au procès en revendication, à venir le défendre. Pierre agit alors par voie de demande incidente. —

Au lieu d'un vendeur, nous pourrions supposer un débiteur solidaire, une caution, poursuivis par le créancier et agissant contre les codébiteurs solidaires ou contre le débiteur principal, par l'une ou par l'autre voie.

La voie de demande incidente est plus avantageuse que la voie de demande introductive d'instance. — Avec la demande incidente, un seul procès est nécessaire ; un seul jugement statuera à la fois sur la demande originaire en revendication, ou en payement de la dette, et sur la demande en garantie de l'acheteur, du débiteur solidaire ou de la caution. Par suite, une double économie de temps et de frais se trouve réalisée. — Quand le garanti plaide d'abord, se laisse condamner sur la demande originaire, et forme ensuite contre le garant une demande introductive d'une instance nouvelle, il s'expose à un danger sérieux. Le garant peut lui répondre et lui prouver qu'il avait des moyens de défense suffisamment énergiques pour repousser la prétention du demandeur originaire. Le garanti, en se défendant seul, en n'appelant pas le garant à son secours, a commis une imprudence dont il doit seul supporter les conséquences. Le garant n'a pas manqué à son obligation, puisqu'il était en mesure de mettre le garanti à l'abri de toute attaque. Il ne doit aucune indemnité à ce dernier. (Cod. civ., art. 1640 et 2031.) — Or ce danger ne peut jamais être couru quand la garantie est invoquée par demande incidente. Le garanti n'a ni légèreté, ni imprudence, ni faute à s'imputer. Au garant de le faire triompher, et, s'il ne le peut, de l'indemniser. — Bien mieux, le garant pourra, dans certaines circonstances, établir qu'il aurait désintéressé le réclamant et évité les frais du procès primitif et demander qu'ils restent à la charge du garanti. Aussi la caution est-elle tenue de dénoncer au débiteur la poursuite du créancier, si elle veut récupérer les frais faits contre elle. (C. civ., art. 2028.) — La demande en garantie incidente est dispensée du préliminaire de conciliation. (Pr. civ., art. 48 et 49. — V. n° 660.)

1017. L'action en garantie, intentée par voie de demande introductive d'instance, est personnelle et doit être portée devant le tribunal dans le ressort duquel est domicilié le garant, défendeur à l'action. — Par voie de demande incidente, elle est portée devant le tribunal où est déjà pendante la demande originaire. La loi vise un triple but : l'abréviation des procédures, l'économie des frais, l'harmonie des décisions judiciaires rendues sur une même ques-

-tion. Il y a dérogation au principe : *actor sequitur forum rei.* — *Exemples :* Le créancier assigne la caution devant le tribunal du lieu où elle a son domicile : le débiteur principal, assigné en garantie par la caution, devra procéder devant le même tribunal. — L'action en revendication intentée par un tiers contre l'acheteur d'un immeuble est portée devant le tribunal de la situation de l'immeuble. C'est devant ce même tribunal que devra comparaître le vendeur appelé en garantie. — Il y a prorogation légale de la juridiction du juge, compétent pour statuer sur la demande originaire. (Pr. civ., art. 59 § 8 et art. 181. — Vr nos 409 et 523.)

Les choses se passent ainsi, alors même que le garant dénie la garantie. — *Exemple :* Une demande en garantie est formée par l'acheteur d'un immeuble contre son vendeur. Celui-ci soutient qu'il a vendu sans garantie, *aux périls et aux risques* de l'acheteur, qu'ainsi il n'est tenu envers lui d'aucune obligation. Cette question préjudicielle sera jugée, non par le tribunal du domicile du vendeur, mais par celui où la demande originaire est pendante. Il en sera de même, si le débiteur solidaire, appelé en garantie par le codébiteur solidaire poursuivi par le créancier, prétend que l'affaire pour laquelle la dette a été contractée ne concerne que ce dernier codébiteur. (Pr. civ., art. 181. — Cod. civ., art. 1216, 1627, 1629.)

Néanmoins, s'il est établi par écrit ou par l'évidence des faits que la demande originaire n'a été formée que pour arracher le garant à la juridiction du juge de son domicile, il sera, sur sa demande, renvoyé devant ce tribunal. — *Exemples :* Jean achète à Pierre une créance de cinq mille francs dont Paul est débiteur. Pierre est garant de l'existence de la créance vendue (Cod. civ., art. 1693). Loyalement, Jean doit assigner Paul devant le tribunal de son domicile et appeler en garantie Pierre devant ce tribunal, si Paul nie la dette. Au contraire, alléguant des réclamations restées infructueuses, Jean assigne Pierre devant le tribunal du domicile de ce cédant et Pierre appelle Paul en garantie, pour voir dire qu'il est réellement débiteur des cinq mille francs cédés. Cette manœuvre n'a évidemment d'autre but que de priver Paul de ses juges naturels. Paul pourra demander que l'affaire soit renvoyée devant le tribunal du lieu de son propre domicile. (Pr. civ., art, 181.)

1018. La demande en garantie ne peut pas être incidemment portée devant le tribunal saisi de la demande originaire, lorsque ce tribunal est incompétent *ratione materiæ* à l'égard de la demande en garantie. La prorogation de juridiction est impossible en ce cas. Le garant, assigné devant le tribunal où est pendante la demande originaire, peut toujours invoquer cette incompétence absolue et inviter le tribunal à se dessaisir de la demande en garantie. — *Exemple :* Un tribunal de commerce ne peut, en annulant un exploit pour vice de forme, statuer sur la responsabilité de l'huissier, appelé en garantie par son client. — Le garant peut aussi décliner la juridiction du tribunal, qui est incompétent *ratione materiæ* à l'égard de la demande originaire. Mais il ne peut invoquer, à l'égard de cette même demande, l'incompétence *ratione personæ*, si le défendeur originaire a renoncé à cette exception et accepté la juridiction du tribunal saisi de l'affaire. (Pr. civ., art. 170. — V. nos 376, 527) (1).

1019. Quand, lors du procès originaire intenté par ou contre le garanti, acheteur, débiteur solidaire, caution, la garantie est invoquée par voie incidente, il est évident qu'un certain délai doit être accordé à ce garanti pour qu'il puisse appeler garant en cause et le lier au procès. — L'autre plaideur laisse-t-il au garanti le temps nécessaire pour que le garant soit appelé et puisse comparaître, l'exception dilatoire n'apparaît pas : elle est inutile. Au contraire, le tiers manifeste-t-il la volonté de poursuivre immédiatement l'instruction et le jugement de la cause, le garanti élève alors une exception dilatoire, dont l'effet sera de le faire jouir du délai imparti par la loi, délai pendant lequel il assignera le garant et celui-ci constituera avoué ou fera défaut.

Les rédacteurs du Code de procédure ont traité un peu confusément deux questions, qui doivent être au contraire nettement distinguées. Le premier point est relatif à l'exception de garantie, c'est-à-dire, aux délais qu'elle entraîne et à la jonction de la demande en garantie à la demande originaire. Le deuxième point se réfère à l'intervention du garant, au rôle qu'il joue dans l'instruction et dans le jugement de la cause principale. — Cette intervention est régie par les mêmes principes et produit les mêmes effets, dans le cas où le garant est appelé et dans le cas où il se joint *spontanément* et volontairement au procès principal.

(1) Cass., 16 nov 1881. (S. 1882. 1. 225).

1er *Exception de garantie et jonction des deux demandes.*

1020. L'exception de garantie peut retarder la marche de la demande originaire, à raison des délais que nécessite la mise en cause du garant, ou à raison de la complication engendrée par la jonction de la demande principale contre le garanti et de la demande incidente du garanti contre le garant.

Celui qui prétend avoir droit d'appeler en garantie (demandeur ou défendeur) est tenu de le faire dans la *huitaine* de la demande originaire, outre un jour par cinq myriamètres de distance entre le domicile du garanti et celui du garant. — Ainsi le garant et le garanti sont-ils domiciliés tous deux au même lieu, la demande en garantie doit être formée, par assignation donnée au garant, dans la huitaine de l'assignation donnée au garanti, dans la *huitaine* et non dans les huit jours, dit l'article 175, Pr. civ; en conséquence ce délai n'est pas franc. — *Exemple :* Le garanti est assigné le 1er juin au délai ordinaire des ajournements, à huit jours francs, c'est-à-dire, le 10 juin : il doit assigner son garant le 9 au plus tard. (Pr. civ., art. 72, 175, 1033.)

Le garanti et le garant sont domiciliés en des lieux différents. Au délai de huitaine vient s'ajouter alors un jour par cinq myriamètres de distance. Ainsi avec cinq, dix, quinze ou vingt myriamètres, le garant doit être assigné le 10, le 11, le 12 ou le 13 juin.

Mais remarquons que le délai pour appeler garant ne datera pas du jour de la demande originaire, toutes les fois que la nécessité du recours en garantie ne sera révélée que dans le cours de l'instance et à l'occasion d'une demande incidente. Dans ce cas, le délai de huitaine courra du jour où se sera produit l'incident, qui nécessitera le recours en garantie.

1021. Plusieurs personnes peuvent être tenues de la même garantie envers la même partie ; par exemple, plusieurs débiteurs solidaires envers leur codébiteur, plusieurs covendeurs du même immeuble, ou plusieurs héritiers d'un vendeur unique, etc. Le garanti peut-il jouir d'autant de délais, calculés divisément, qu'il y a de garants? Non; la loi ne lui en accorde qu'un seul, calculé d'après la distance du domicile du garant le plus éloigné. — Le défendeur jouit ainsi d'un délai plus que suffisant à l'égard de chacun des garants, et le demandeur ne souffre aucun préjudice, puisqu'il eût toujours fallu laisser écouler le temps nécessaire pour mettre en cause le garant le plus éloigné, alors même que ce garant eût été seul assigné. (Pr. civ., art. 175.)

1022. Le garant lui-même peut être fondé à appeler une autre personne en sous-garantie. La loi devait inévitablement lui accorder, pour assigner son sous-garant, à partir de la demande formée contre lui, un égal délai à celui qui est imparti au défendeur primitif. Ceci est successivement observé à l'égard des sous-garants ultérieurs. — *Exemple :* Un immeuble a été successivement vendu par Pierre à Paul, par Paul à Louis, par Louis à Jules. Jules, assigné en revendication par un tiers, a huitaine à compter de la demande originaire pour assigner Louis en garantie. Louis a aussi huitaine à partir du jour de l'assignation en garantie donnée par Jules, pour assigner Paul, et Paul huitaine pour assigner Pierre, à compter du jour de la demande en garantie formée par Louis contre lui. (Pr. civ., art. 176.)

1023. La loi n'accorde pas d'autres délais pour appeler garant, en quelque matière que ce soit, même sous prétexte de minorité, d'interdiction ou de *toute autre cause privilégiée*. Ainsi les paroisses, les hospices, les fabriques et autres établissements publics n'ont plus, comme autrefois, droit à aucune augmentation de délais. Ces personnes peuvent poursuivre leurs garants comme toute autre partie, mais sans que, à raison de leur qualité particulière, le *jugement de la cause principale en soit retardé*. La loi ne veut point que la demande originaire et principale soit trop longtemps tenue en échec. (Pr. civ., art. 178.)

1024. — Le défendeur originaire, le garant, ou le sous-garant peut être assigné en qualité d'héritier ou de femme commune, pendant qu'il est encore dans le délai pour faire inventaire et pour délibérer. Nullement tenu de prendre parti, de répondre à cette demande introductive d'instance ou en garantie, il ne peut être astreint à appeler garant immédiatement, tant que court le délai d'inventaire. La huitaine qui lui est accordée pour assigner son garant court, non du jour de la demande formée contre lui, mais du jour de l'expiration du délai de trois mois et de quarante jours. (Pr. civ., art. 177 et 187.)

1025. — Les délais pour intenter l'action en garantie sont établis dans l'intérêt du demandeur originaire, pour éviter que l'instance ne soit indéfiniment prolongée, et dans l'intérêt aussi du défendeur, pour lui laisser le temps de former son recours. Mais ces délais ne regardent pas le garant. Il ne peut, sous prétexte qu'il n'a pas été assigné dans les délais légaux, refuser de procéder devant le tribunal où est pendante la demande originaire. Tant que cette demande n'est pas jugée, il ne peut demander son renvoi devant le tribunal de son domicile. — La demande originaire jugée, le tribunal est alors dessaisi : une demande incidente est impossible et irréalisable; le garant pourra invoquer l'incompétence du tribunal qui a statué sur la demande primitive et demander son renvoi devant son propre juge.

Le demandeur originaire ne peut pas lui-même faire écarter la demande incidente en garantie, par les motifs qu'elle a été formée, une fois les délais expirés. Il n'a qu'un seul droit, celui d'exiger que cette demande en garantie, tardivement introduite, n'apporte aucun retard à l'examen et au jugement de sa propre cause. (Pr. civ., art. 178.)

1026. — Ces points élucidés, examinons comment le défendeur peut invoquer l'exception de garantie vis-à-vis du demandeur originaire. Distinguons deux hypothèses : 1° Le délai de l'assignation en garantie est échu en même temps que le délai de l'assignation originaire. Cette hypothèse se réalisera très rarement en pratique, mais elle est possible. — *Exemple :* Un débiteur solidaire est assigné le 1er juin; le même jour, il assigne en garantie son codébiteur domicilié au même lieu; pas d'augmentation pour cause de distance: les deux assignations échoient le même jour. Le défendeur et son garant ont dû constituer avoué en même temps. Le défendeur n'a pas de délai à réclamer, pas d'exception dilatoire à faire valoir. La cause est engagée entre les trois plaideurs : elle suit la marche ordinaire.

2° Le délai de l'assignation originaire est échu avant celui de l'assignation en garantie. — *Exemple :* Le débiteur solidaire, assigné le 1er juin par le créancier, n'a donné ajournement à son codébiteur que le 9 juin. Le premier a jusqu'au 10 seulement pour constituer avoué; le second a jusqu'au 18 juin. Dans ce cas, le demandeur ne peut pas, à l'expiration du délai de son assignation, prendre jugement de défaut contre le défendeur : l'examen de sa prétention est suspendu jusqu'à l'expiration du délai de l'assignation en garantie ou en sous-garantie, s'il y a lieu. (Pr. civ., art. 179.)

Mais comment le demandeur sera-t-il informé qu'un recours en garantie est formé et que le délai accordé au garant, pour constituer avoué, court encore? Le défendeur avertit le demandeur, par acte d'avoué à avoué, qu'un recours en garantie a été formé ou va être formé contre un tel, domicilié en tel lieu. Sur la notification de cet acte, le demandeur est tenu de s'arrêter. Il n'a aucune justification à réclamer; justification souvent encore impossible pour le défendeur, qui n'a pas en main l'original de l'assignation qu'il a lancée. Cet original voyage. — Mais puisque cet original a été nécessairement expédié au lieu du domicile du garant et doit aussi nécessairement revenir entre les mains de l'avoué du défendeur, du garanti, on doit donc inévitablement doubler le délai accordé par la loi; sinon, en réalité, il serait diminué de moitié. On est alors placé dans un des cas auxquels nous faisions allusion sous le n° 631, en constatant l'erreur commise par les rédacteurs de la loi du 3 mai 1862.

Lorsque le délai pour appeler garant et le délai nécessaire pour le retour de l'exploit aux mains du défendeur sont expirés, le demandeur est alors en droit d'exiger la preuve du recours en garantie. Le défendeur lui fait signifier copie de l'assignation donnée au garant. A défaut de cette justification, le demandeur peut exiger la disjonction de sa cause d'avec celle du garant ou du garanti, le jugement immédiat de sa propre demande et l'allocation de dommages-intérêts, si la demande en garantie, alléguée par le défendeur, n'a pas été réellement formée. (Pr. civ., art. 179.)

On suit une marche identique, lorsqu'il y a lieu d'appeler un ou plusieurs sous-garants successifs.

Sur l'acte d'avoué signifié par le défendeur originaire, le demandeur peut prétendre qu'il n'y a pas lieu à garantie. Il allègue, par exemple, que l'acheteur a acquis à ses périls et risques, que le vendeur ne lui doit aucune garantie, ou que l'exception dilatoire n'est pas admissible, le défendeur ayant déjà conclu au fond. Alors seulement naît un *incident* que le tribunal doit juger. Le demandeur signifie une requête à laquelle répond le défendeur. Le tarif alloue six rôles pour chacune de ces requêtes, facultatives du reste. Avenir est donné par l'avoué le plus diligent et l'incident est jugé sommairement. (Pr. civ., art. 180.)

1027. Lorsque le défendeur ou le demandeur appellent garant en cause, le tribunal rend un jugement préparatoire *de jonction*, par lequel il joint les deux instances, la demande originaire et la demande en garantie. Les deux demandes sont-elles simples, se trouvent-elles l'une et l'autre en état d'être jelé guse, tribunal statue sur les deux par un seul et même jugement, contenant une double décision. Au contraire, l'instruction de la demande originaire est déjà complète, tandis que la demande en garantie n'est point encore instruite : elle soulève des difficultés graves, des questions ardues qui vont compliquer l'instruction d'incidents et de retards. On ne peut la juger dès à présent. — Le demandeur originaire ne peut souffrir de cet état de choses. Retarder le jugement de son procès serait nuisible à ses intérêts, alors que les droits du garanti contre le garant ne seront pas compromis par un jugement rendu sur la demande originaire. Le demandeur peut donc solliciter du tribunal un jugement de *disjonction*, faire séparer les deux demandes et statuer sur la sienne. Le tribunal fera ensuite, *s'il y échet*, s'il y a lieu, droit à la demande en garantie. (Pr. civ., art. 184.) — Ne confondons pas ce cas de *disjonction* avec celui dans lequel la demande en garantie est déclarée non recevable. Dans ce deuxième cas, le tribunal du domicile du garant aurait à connaître, le cas échéant, de l'action en garantie principale. Dans le cas prévu par l'article 184, Pr. civ., le tribunal saisi de la demande originaire reste saisi de la demande en garantie ; il se réserve seulement la faculté de statuer séparément sur les deux questions.

§ 2. *Rôle du garant dans la cause principale.*

1028. Le garant a été appelé ou est intervenu spontanément dans le procès primitif. Sa cause a été jointe à la demande originaire. Quelle part va-t-il prendre à ce procès ? Quel rôle va-t-il y jouer ? Ce rôle varie et cette part est plus ou moins grande, selon la nature de la garantie, nature déterminée elle-même par le caractère de l'action principale.

Distinguons deux espèces de garantie : la garantie simple et la garantie formelle. La première suppose une action *personnelle* dirigée contre le garanti ; la deuxième, une action *réelle*.

La garantie *simple* est l'obligation où se trouve une personne d'en défendre une autre contre les conséquences d'une action *personnelle*. Telle est la garantie dont sont tenus le débiteur solidaire vis-à-vis de son codébiteur, le débiteur principal envers la caution poursuivie par le créancier. Le garanti est directement et *personnellement* débiteur du demandeur.

La garantie *formelle* est l'obligation où se trouve une personne d'en défendre une autre contre une action *réelle*. Est formelle la garantie dont est tenu un vendeur envers son acheteur, dans le cas où celui-ci est, en sa qualité de détenteur de la chose vendue, inquiété par un tiers qui la réclame comme sienne ou prétend avoir sur elle quelque démembrement du droit de propriété. — Le garanti n'est lié par aucune obligation envers le tiers revendiquant; il n'est point son débiteur. L'acheteur n'a pas traité, ne s'est pas engagé envers ce tiers, prétendu propriétaire de la chose vendue. — Le tiers détenteur d'un immeuble n'est pas le débiteur personnel du créancier hypothécaire. — S'il est poursuivi en justice, c'est en qualité de tiers détenteur de la chose vendue. Il est impossible de diriger la demande en revendication ou en reconnaissance d'usufruit ou de servitude contre l'immeuble lui-même. De toute nécessité, on doit s'adresser au détenteur ; lui seul peut restituer la possession de la chose ou subir l'exercice du droit réel, démembrement du droit de propriété. Mais sa personnalité est absolument indifférente au réclamant. Peu importe à ce dernier la personne de son adversaire au procès, pourvu qu'en cas de succès il puisse exercer efficacement ses droits.

Une différence fondamentale et caractéristique sépare donc la garantie simple de la garantie formelle. Le rôle du garant va varier, selon qu'il s'agira de l'une ou de l'autre garantie.

1029. Garantie simple. — Une caution ou un débiteur solidaire poursuivi par le créancier appelle en garantie le débiteur principal ou le codébiteur solidaire. Le défendeur est actionné en vertu de l'obligation personnelle qu'il a contractée, de son propre engagement. Il ne peut disparaître du procès; sinon, il serait loisible à un débiteur de se soustraire à son obligation, en mettant un autre débiteur à sa place. Le garanti, défendeur à la demande originaire, doit donc rester partie principale, défendeur direct au procès. Le garant intervient dans l'instance sans rien changer à la position du garanti. Il ne peut se mettre en son lieu, prendre son fait et sa cause. Il se place seulement à ses côtés. — Deux actions sont intentées, deux demandes formées. Si la demande principale, introduite par le créancier contre le garanti, réussit et que la demande en garantie formée par le défendeur contre son garant soit reconnue fondée, une double sentence, comprise dans un unique jugement, intervient. Le tribunal condamne le garanti envers le demandeur originaire et le garant, débiteur principal ou codébiteur solidaire, envers le garanti, caution ou codébiteur. (Pr. civ., art. 183.)

1030. Garantie formelle. — Le défendeur est assigné comme détenteur de la chose, d'un immeuble, par exemple. L'action réelle immobilière est intentée contre lui, uniquement à raison de sa détention. Ce défendeur n'est tenu d'aucune obligation personnelle envers le réclamant; qu'importe à ce dernier la personnalité de l'adversaire. La demande reste la même, quel que soit le défendeur sur la question de propriété, de servitude ou d'hypothèque. (V. n° 1028.) En conséquence, le garant formel jouit de la faculté de se mettre dans le procès au lieu et place du garanti, de devenir le contradicteur direct du demandeur. Le garanti jouit de la faculté réciproque de réclamer sa mise hors de cause, de n'être plus l'adversaire direct ud demandeur. Tel est le principe. (Pr. civ., art. 182.) Mais il admet quelques tempéraments.

Pour en bien saisir les applications, distinguons diverses hypothèses :

1° Le garant n'a pas déclaré vouloir prendre la place du défendeur : le garanti n'a pas réclamé sa mise hors de cause. L'action principale suit son cours ; le revendiquant, le demandeur n'a affaire qu'au défendeur originaire. Le garant n'a, relativement à la demande principale, qu'un rôle passif. Il n'est lié à l'affaire qu'à l'égard du défendeur. Si ce défendeur succombe sur la demande principale, s'il est condamné à délaisser l'immeuble ou à subir la servitude, il fera condamner à son profit le garant à des dommages-intérêts, par le même jugement. Le garant ne peut directement prendre des conclusions contre le demandeur : il n'est pas son adversaire. Mais comme le jugement sur la question principale lui serait opposable, nous lui reconnaissons le droit d'avoir un avocat, auquel il pourra faire plaider les moyens de défense omis par l'avocat du garanti, par suite d'un oubli ou d'une collusion avec le réclamant ;

2° Le garant déclare qu'il entend se substituer au lieu et place du défendeur. Que peut faire ce dernier ? — A) Il ne peut s'y opposer. Il ne peut pas empêcher le garant de prendre le rôle principal, d'être le contradicteur direct du demandeur. Ce garant est en effet, au fond des choses, le principal et le véritable intéressé au gain du procès. Sur lui retomberont les conséquences du triomphe du demandeur. Il aura à indemniser le défendeur, son acheteur. (C. civ., art. 1630.)

B) Le défendeur originaire peut requérir sa *mise hors de cause pure et simple.* Cette réquisition doit être faite *avant le premier jugement*, dit l'article 182, Pr. civ., avant qu'un jugement préparatoire, interlocutoire ou provisoire ait été rendu; car, en y prenant part, le garanti s'associerait définitivement à l'instance et ferait cause commune avec son garant.

Le défendeur s'est-il fait mettre purement et simplement hors de cause, l'action principale est censée avoir été originairement formée contre le garant. Le garanti disparaît de la cause primitive, de celle qui concerne la propriété de l'immeuble à lui vendu.

Les choses se passent comme si le procès avait été originairement intenté contre le garant. Par cette mise hors de cause pure et simple, le garanti ne court pas le risque de supporter les frais du procès, le garant fut-il insolvable. (Pr. civ., art. 185.) Mais, d'autre part, il sera tenu d'intenter plus tard son recours en garantie par voie de demande principale contre le garant, si le tiers triomphe dans sa prétention; ce qui constitue un premier inconvénient. En outre, quoique mis hors de cause simplement, le garanti est représenté au procès par le garant. Le jugement rendu contre ce dernier, son vendeur, a contre lui, acheteur, autorité de chose jugée et force exécutoire; et peut-être cependant que le vendeur, le garant, insolvable du reste, s'est mal défendu ou a colludé avec le tiers revendiquant; c'est là un deuxième inconvénient.

C) Pour éviter ces conséquences, le garanti peut, tout en réclamant sa mise hors de cause, *rester au procès pour la conservation de ses droits.* (Pr. civ., art. 182.) Dans ce cas, le garanti, tout en échappant à la responsabilité des dépens et des dommages-intérêts dus au revendiquant, évite les inconvénients de la mise hors de cause. Il se prémunit contre une trahison ou une négligence possible de son garant. Comme l'expliquait très bien Pothier (Pr. civ., 1re part., chap. II, sect. VI), il assiste pour la conservation de ses droits. Si la cause se plaide, il a un avoué et un avocat pour présenter, contre la demande originaire, les moyens de défense qui pourraient échapper à l'avocat du garant. En second lieu, le tribunal pourra, dans le même jugement, statuer sur le recours en garantie comme sur la demande originaire. — C'est le parti le plus sage que puisse prendre le garanti formel. (Pr. civ., art. 182 et 185.)

3° Le garant n'offre pas de prendre la place du garanti. Celui-ci peut requérir avant tout jugement et, par des conclusions formelles, sa mise hors de cause, soit pure et simple, soit avec assistance pour la conservation de ses droits. — Si la garantie est reconnue ou établie, le tribunal fera droit à la prétention du défendeur : le garanti sera placé dans l'une ou l'autre des situations ci-dessus décrites. Le garant sera obligé de procéder, comme si la demande originaire avait été formée contre lui.

4° Le garant déclare prendre la place du garanti ; celui-ci requiert aussi sa mise hors de cause. Le demandeur originaire conclut au maintien du garanti dans la cause. Cette prétention doit-elle être admise ? Le garanti est-il alors tenu de demeurer en cause ? Le Code de procédure fait une distinction. Si le demandeur a un intérêt direct et réel à s'opposer à la retraite du garanti, s'il peut lui réclamer des dommages-intérêts pour dégradations occasionnées à l'immeuble ou la restitution de fruits perçus de mauvaise foi, etc., le demandeur sera écouté. Le garanti restera au procès pour s'entendre condamner à ces dommages ou à ces restitutions au profit du revendiquant. — Le demandeur, au contraire, n'appuie-t-il sa prétention que sur l'insolvabilité du garant, sur l'impossibilité où il est de payer les frais du procès, il ne sera pas écouté. Le garanti sera, sur sa propre demande, mis hors de cause. (Pr. civ., art. 182, § 2 et 185, § 3.)

§ 3. — *Exécution du jugement.*

1031. Examinons actuellement les effets du jugement rendu sur la demande originaire et sur la demande incidente en garantie.

Dans l'hypothèse de garantie *simple*, le défendeur, tenu d'une obligation directe et personnelle envers le demandeur, nous l'avons dit (V. n° 1029), reste partie principale au procès. Si le demandeur triomphe dans ses prétentions, le garanti sera personnellement condamné envers le réclamant et quant au fond et quant aux dépens et dommages-intérêts, s'il y a lieu. Le jugement sera exécuté contre lui. — Mais cette même sentence contiendra un chef par lequel le garant sera condamné au profit du garanti. Pour ce dernier, le jugement sera aussi un titre qu'il pourra mettre à exécution contre le garant. — Ce sont là règles ordinaires, applications des principes généraux. La loi n'avait pas à s'en expliquer de nouveau.

1032. Dans l'hypothèse de garantie *réelle* ou *formelle*, distinguons deux cas : 1° Le garanti est resté en cause ; il a continué à jouer le rôle de défendeur direct et principal. Il sera condamné au profit du demandeur : le jugement sera un titre exécutoire contre lui. Ici encore, application pure et simple des principes généraux.

2° Le garant s'est fait mettre hors de cause. La condamnation obtenue par le demandeur est prononcée contre le garant, le vendeur de l'immeuble. Le jugement est évidemment exécutoire contre ce garant ; mais il l'est aussi contre le garanti. (Pr. civ., art. 185.) Deux raisons commandaient cette solution au législateur. La première est tirée de l'inéluctable force des choses. Condamné à délaisser l'immeuble revendiqué, à supporter l'exercice de l'usufruit ou de la servitude, le garant ne peut pas lui-même exécuter cette condamnation, puisqu'il ne possède pas. L'exécution du jugement serait donc impossible, s'il n'était aussi exécutoire contre le garanti. — La deuxième raison découle des règles générales du droit relatives aux ayants cause. Ceux qui sont les ayants cause d'une autre personne sont ou ont été représentés par cette personne dans toutes les conventions génératrices ou modificatrices de droits réels, antérieures à la mutation, à la transmission de la chose de l'auteur à son ayants cause. Ainsi (sauf l'application des règles de la loi du 23 mars 1855), l'acheteur d'un immeuble subit les droits réels, nés du chef de son vendeur ou des précédents propriétaires. Or, le jugement a constaté l'existence d'un droit réel, existence antérieure à la transmission opérée entre le garant, le vendeur, et le garanti, l'acheteur. Et ce jugement est opposable au garanti qui, en se substituant son garant, l'a constitué son mandataire et son représentant.

Ainsi donc, quoique mis hors de cause, le garanti est tenu d'exécuter le jugement rendu contre le garant. Ce jugement lui sera signifié dans les formes ordinaires.

Le jugement rendu contre le garant n'est, du reste, exécutoire contre le garanti que quant à la condamnation principale, ordonnant le délaissement de l'immeuble, etc. Mis hors de cause, le garanti ne supporte ni les condamnations accessoires, ni les condamnations relatives aux dépens et aux dommages-intérêts. Quant à ces divers chefs, le jugement n'est exécutoire que contre le garant seul. — Le garanti est-il resté au procès, les dépens pourront lui être réclamés et le jugement exécuté de ce chef contre lui, mais subsidiairement et au cas d'insolvabilité du garant. Le garanti pourra même être condamné à des dommages-intérêts.

SECTION III. — **Autres exceptions dilatoires.**

1033. Existe-t-il d'autres exceptions dilatoires que celle de l'habile à succéder ou de la femme commune en biens et que l'exception de garantie. Le Code de procédure paraît l'admettre, puisqu'il décide, d'une part que l'habile à succéder (ou la femme) peut ne proposer ses exceptions dilatoires qu'après l'échéance du délai pour faire inventaire et délibérer, et d'autre part que toutes les exceptions dilatoires doivent être proposées *conjointement*. L'antinomie existant entre les articles 186 et 187, Pr. civ., est flagrante, si on ne reconnaît pas d'autres exceptions dilatoires que les deux déjà étudiées.

Les auteurs se sont évertués à expliquer ces deux textes. Les uns n'ont vu dans l'article 186 qu'une maladroite reproduction de l'article 1er du titre IX de l'ordonnance d'avril 1667.

L'ancien droit français classait parmi les exceptions dilatoires un grand nombre de moyens qui, dans le droit actuel, sont considérés comme des défenses au fond. La règle de l'ordonnance avait alors son utilité. Elle l'a perdue aujourd'hui. L'article 186, Pr. civ., est inutile.

D'autres auteurs pensent, au contraire, que l'article 186 a encore sa raison d'être et son application. Il y a, disent-ils, d'autres exceptions dilatoires que celles mentionnées au Code de procédure civile. Ces auteurs citent, à titre d'exemple, le bénéfice de discussion établi par l'article 2021 du Code civil.

Cette exception, par laquelle la caution, poursuivie en payement, demande que le créancier saisisse au préalable les biens du débiteur principal, devra être proposée sur les *premières poursuites* et conjointement avec l'exception de garantie qui appartient à la même caution. (C. civ., art. 2022 et 2170.)

L'article 186 peut encore s'appliquer à l'hypothèse de plusieurs exceptions de garantie se produisant dans un seul et même procès. — *Exemples :* Plusieurs cautions ont garanti le même débiteur principal. L'une d'elles est poursuivie par le créancier. Elle a le droit d'appeler en garantie : 1° le débiteur principal ; 2° les autres cautions, les cofidéjusseurs. (C. civ., art. 2028 et 2033.) Toutes ces garanties devront être invoquées par un seul et même acte, dans un seul et même délai, calculé sur la demeure du débiteur ou de la caution la plus éloignée. (Pr. civ., art. 175.) — Une caution détient un immeuble hypothéqué à la dette, à elle vendu par une autre personne que le débiteur principal. Cette caution est poursuivie par le créancier hypothécaire. Elle a deux garants : le débiteur principal et le vendeur. Elle peut agir contre le premier en garantie simple et en garantie formelle contre le second. Ces deux garanties devront être proposées conjointement et avant toute défense au fond.

L'article 186 n'est donc pas une disposition inutile et lorsque le même procès offrira plusieurs exceptions dilatoires, elles devront être proposées conjointement, sauf la dérogation admise à l'égard de l'habile à succéder et de la femme mariée sous le régime de la communauté. (Pr. civ., art. 187.)

L'article 186, Pr. civ., veut que les exceptions dilatoires soient proposées *avant toutes défenses au fond.* (V. n° 370.) Cette règle paraît absurde dans l'hypothèse où la caution assignée par le créancier conteste le cautionnement lui-même, sa propre obligation. Pourquoi l'astreindre à faire appeler d'abord le débiteur principal. Cet appel n'est-il pas contradictoire avec la négation de la prétendue caution ? Le défendeur, en appelant le soi-disant débiteur principal, n'a-t-il pas l'air d'avouer qu'il est caution, de reconnaître implicitement la qualité dont il nie l'existence ? L'exception n'est-elle pas inutile, s'il n'est pas caution ? La loi est formelle cependant. Elle veut que le débiteur principal soit appelé en garantie avant la défense au fond sur le fait ou sur la légalité du cautionnement, en prévision du résultat possible du débat sur ce dernier point. Si le défendeur perdait son procès sur la question du cautionnement, il devrait ensuite appeler en garantie le débiteur principal sur la question de savoir si la dette existe ou n'existe pas. Double procès, doubles frais ; dans un but d'économie et de célérité, la loi veut que le garant soit appelé tout d'abord, ou qu'on s'en tienne à un recours postérieur par voie d'action principale et introductive d'instance.

CHAPITRE V

COMMUNICATION DE PIÈCES

(LIV. II, TIT. IX, § V. ART. 188 A 192).

SOMMAIRE. — Réciprocité de l'exception. — Pièces à communiquer. — Délai de la demande en communication. — Formes et délais de la communication.

1034. Une dernière exception est celle par laquelle une partie réclame la communication des pièces employées contre elle.

D'après l'article 77, Pr. civ., le défendeur doit, dans la quinzaine de la constitution d'avoué, offrir de communiquer les pièces dont il fera usage pour sa défense. Le demandeur doit pouvoir les étudier et préparer sa réplique.

Quant au demandeur, la loi veut qu'il fournisse, avec l'exploit introductif d'instance, *copie* des pièces sur lesquelles il fonde sa demande. (Pr. civ., art. 65.) Simple prescription de tarif. Elle peut n'avoir pas été observée. En outre, les copies peuvent n'être pas exactes; les originaux sont peut-être entachés de nullité ou sont susceptibles d'être argués de faux. Le défendeur a donc, pour diverses causes, un intérêt légitime à se les faire communiquer.

Le droit de demander la communication des pièces produites au procès est réciproque : il appartient à chacun des plaideurs contre l'autre.

1035. Quelles sont les pièces dont la communication peut être requise ?

L'article 188, Pr. civ., ne parle que des pièces *signifiées*, c'est-à-dire notifiées par copie intégrale ou par extrait, ou bien *employées*, c'est-à-dire invoquées à l'appui de la demande dans les requêtes, les actes de conclusions ou les plaidoiries. Mais la loi prévoit seulement le cas le plus habituel. On admet généralement que chacun des plaideurs a le droit de se faire communiquer, non seulement les pièces signifiées ou employées par l'adversaire, mais encore, soit les pièces communes aux parties, comme un acte de partage ou un acte constatant une convention synallagmatique dont l'une d'elles aurait perdu le double original, soit les pièces décisives sur lesquelles l'adversaire garde le silence, précisément parce qu'elles sont contraires à ses intérêts. Ceci est tellement vrai, que la rétention frauduleuse de ces pièces donnerait ouverture à requête civile.

Une semblable demande n'est admissible qu'à une triple condition : 1° Le demandeur en communication doit spécifier nettement la pièce dont il réclame la production en justice : on ne serait pas admis à procéder à une perquisition dans les papiers de l'adversaire ; 2° L'intérêt de la communication doit être établi : ce point sera apprécié par le tribunal, si l'adversaire refuse la communication réclamée ; 3° Les tiers ne doivent pas souffrir de cette mesure ; inconvénient qui se réaliserait dans le cas de lettres confidentielles de nature à compromettre la réputation ou le crédit de personnes étrangères au procès.

1036. Le délai accordé aux parties, pour demander cette communication, est fort court. L'article 188, Pr. civ., n'accorde que trois jours à partir de celui dans lequel les pièces ont été signifiées ou employées. Mais ce texte doit être sainement interprété et sa rigueur apparente corrigée. Le délai fixé n'est pas fatal : la loi ne prononce pas de déchéance. Quand le délai est expiré, le tribunal peut, il est vrai, passer outre au jugement ; mais les juges ont aussi le pouvoir d'autoriser la communication, si elle n'entraîne aucun retard préjudiciable. — Au début de la procédure, lorsque le défendeur reçoit, avec l'exploit introductif d'instance, copie des pièces à l'appui de la demande, le délai de trois jours ne court que de celui de la constitution d'avoué. — Une communication nouvelle peut être autorisée au cours de l'instance, comme nécessitée par les circonstances du litige.

1037. La demande en communication se fait par acte d'avoué à avoué. Une requête eût été vraiment un acte frustratoire. La communication est-elle refusée, le tribunal l'ordonne par un jugement. — Si une pièce est produite à l'audience, la communication est ordonnée sur la demande verbale de l'autre plaideur. — En pratique, les avocats préviennent toute difficulté en se communiquant à l'amiable leurs dossiers avant les plaidoiries.

La communication se fait entre avoués sur récépissé, ou par dépôt au greffe, au choix de la partie qui la doit. — Dans le premier cas, l'avoué qui fait la communication dresse, en double exemplaire, un bordereau ou état des pièces communiquées. L'avoué qui reçoit ces pièces appose son récépissé et sa signature sur l'un des deux exemplaires du bordereau et s'engage à rendre, dans un délai convenu, les pièces communiquées. — Dans le second cas, le greffier dresse un procès-verbal du dépôt des pièces. Ce procès-verbal est signifié à l'avoué du demandeur en communication. Les pièces déposées au greffe ne peuvent être déplacées, à moins qu'il n'y ait minute, ou que la partie n'y consente. En cas de déplacement, l'avoué remet au greffier un récépissé des pièces prises en communication. (Pr. civ., art. 189.)

Le délai accordé pour prendre communication est fixé par le récépissé de l'avoué, ou par le jugement qui a ordonné la communication. S'il n'a pas été fixé, il est de trois jours. Ce délai peut être prorogé s'il est reconnu insuffisant. (Pr. civ., art. 190.)

L'avoué ne rend-il pas les pièces dans le délai fixé, les retient-il indûment, il est sur simple requête de la partie rendu un *jugement* (l'art. 191, Pr. civ., dit à tort *ordonnance*) portant que l'avoué sera tenu incontinent d'effectuer cette remise, à peine de payer trois francs de dommages-intérêts à l'autre partie, par chaque jour de retard, du jour de la signification dudit jugement, outre les frais desdits jugement et requête, que l'avoué ne pourra pas répéter contre son client. (Pr. civ., art. 191.)

L'avoué peut former opposition au jugement qui le condamne : l'incident est alors jugé sommairement. Si l'avoué succombe, il est condamné aux dépens, même en tels autres dommages-intérêts qu'il appartient, suivant la nature des circonstances. (Pr. civ., art. 192).

CHAPITRE VI

ORDRE DE PRÉSENTATION DES EXCEPTIONS

SOMMAIRE. — *Quid* du déclinatoire basé sur l'incompétence absolue, des exceptions de litispendance ou connexité et en communication de pièces. — Conflit des articles 166, 169 et 173, Pr. civ. — Rang des diverses exceptions.

1038. Dans un même procès peuvent concourir deux ou plusieurs des exceptions que nous venons d'étudier. Les exceptions, en général, quel que soit leur nombre, doivent être invoquées avant toute défense au fond (V. n° 370). Mais, entre elles, quelles faut-il invoquer d'abord? Ne risque-t-on pas, en présentant d'abord l'une d'elles, de s'enlever la faculté d'invoquer les autres? Les unes ne doivent-elles pas être proposées avant les autres, sous peine de *déchéance*, d'être privé du droit de les faire valoir postérieurement? Telle est la question à résoudre en rapprochant les divers textes qui s'y réfèrent.

Ecartons tout d'abord l'exception déclinatoire fondée sur l'incompétence *ratione materiæ* et l'exception en communication de pièces. Ces exceptions peuvent être proposées en tout état de cause. Elles n'ont pas de rang. On n'est jamais déchu du droit de les invoquer par la présentation d'une autre exception ou d'une défense au fond. La clôture des débats seule vient arrêter l'exercice de ce droit. Ecartons aussi l'exception de litispendance ou de connexité, qui peut être invoquée au cours de l'instance? *Quid* des autres exceptions?

Exemple : Un Français est assigné, comme héritier d'une caution ou du vendeur d'un immeuble, devant un tribunal incompétent *ratione personæ vel loci*, par un exploit irrégulier quant à la forme et signifié à la requête d'un étranger. Cinq exceptions lui sont ouvertes. Il peut : 1° exiger la caution *judicatum solvi;* 2° invoquer l'incompétence du tribunal et demander son renvoi; 3° proposer la nullité de l'exploit d'ajournement; 4° demander à jouir du délai pour faire inventaire et délibérer, ou 5° du délai pour appeler son garant, le débiteur principal. — Laquelle de ces exceptions doit être proposée la première pour ne pas compromettre le droit d'invoquer les autres?

L'exception *judicatum solvi*, le déclinatoire *ratione personæ*, la nullité de l'exploit doivent être proposées *avant toutes autres exceptions*, sous peine de déchéance. (Pr. civ., art. 166, 169, 173). Donc, le défendeur est réputé y renoncer, s'il invoque de prime abord une exception dilatoire. Mais, à l'inverse, il ne perd pas ses exceptions dilatoires, s'il invoque l'une des trois exceptions ci-dessus. Il peut et doit mettre en dernier lieu ses exceptions dilatoires.

Quant à ces dernières, le défendeur doit les invoquer toutes ensemble, *conjointement*, à peine de déchéance, sauf une, l'exception tirée du délai pour faire inventaire et délibérer. En proposant celle-ci tout d'abord, il ne s'enlève pas le droit d'invoquer plus tard les autres exceptions dilatoires (Pr. civ., art. 186 et 187). Disposition rationnelle ; car, en soulevant l'exception de garantie ou de discussion, le défendeur ferait implicitement acte d'héritier, se reconnaîtrait le successeur du vendeur ou de la caution décédés. Il ne pourrait plus invoquer postérieurement l'article 174, Pr. civ.

Restent donc les trois autres exceptions. Il n'y a pas de conflit entre l'exception d'incompétence et l'exception de nullité. Celle-ci peut être proposée en second lieu (Pr. civ., art. 173). Décision logique ; il peut être inutile d'invoquer la nullité d'un exploit, qui va être nécessairement anéanti, si le tribunal se déclare incompétent. — Mais la loi n'interdit pas d'invoquer conjointement l'incompétence du tribunal et la nullité de l'exploit. Le défendeur peut avoir intérêt à procéder ainsi. S'il n'invoquait que l'incompétence, l'exploit, quoique implicitement anéanti, n'en aurait pas moins interrompu la prescription ; au contraire, l'exploit, annulé pour vice de forme, n'est pas interruptif. (Cod. civ., art. 2246, 2247.).

Mais si, dans un litige, sont réunies les deux exceptions *judicatum solvi* et d'incompétence relative, ou ces deux exceptions et celle de nullité d'exploit, le législateur nous donne des solutions contradictoires.

Aux termes de l'article 166, Pr. civ., l'exception *judicatum solvi* doit être proposée *avant* toutes autres exceptions. Il en est de même, d'après l'article 169, de l'exception d'incompétence. Ces deux exceptions, réunies dans le même litige, devraient donc chacune de son côté, être proposée la première. — C'est évidemment impossible. Bien mieux, l'exception de nullité, qui ne peut être présentée qu'après l'exception d'incompétence, doit être invoquée avant l'exception *judicatum solvi*, qui, à son tour, doit être présentée avant toutes autres exceptions, par conséquent *avant l'exception de nullité elle-même*. On tourne dans un cercle assurément vicieux.

De ces dispositions contradictoires, nous concluons, avec de savants auteurs, qu'il n'est pas permis de déclarer le défendeur déchu de la faculté de faire valoir un de ces moyens, par cela seul qu'il en aurait invoqué un autre (1). Ainsi, le défendeur pourra requérir la caution du jugé et puis alléguer l'incompétence du tribunal saisi, ou, au contraire, invoquer d'abord l'exception d'incompétence ou de nullité d'exploit, sans se rendre non recevable à exiger la caution. Mais, dans ce dernier cas, la caution ne garantira que les dépens relatifs au fond de l'affaire, et non les frais exposés sur les incidents.

S'il n'y a pas fatalement déchéance, quel que soit l'ordre suivi par le défendeur entre ces trois exceptions, nous pensons qu'il est cependant possible de les classer dans un ordre rationnel.

Nous placerons en première ligne l'exception *judicatum solvi ;* car, il est évident que l'incident, soulevé par le déclinatoire d'incompétence ou par l'exception de nullité, va engendrer des frais que la caution est appelée à garantir, en plus des dépens à exposer sur le fond du litige, quand le tribunal aura plus tard peut-être rejeté l'exception d'incompétence ou de nullité.

Cet incident soulevé et vidé, le défendeur devra proposer le déclinatoire fondé sur l'incompétence relative du tribunal. Si ce moyen est admis, le tribunal se dessaisit : l'exploit d'ajournement tombe ; il n'y a plus d'exception de nullité à proposer. Le demandeur verra s'il doit recommencer le procès devant le juge compétent.

Le déclinatoire est-il rejeté, le tribunal se déclare-t-il compétent, le défendeur propose alors l'exception de nullité. Est-elle admise, le procès est à recommencer. — Est-elle rejetée, la partie assignée, dans l'exemple ci-dessus donné, invoque l'exception dilatoire tirée du délai pour faire inventaire et pour délibérer. — Ce délai expiré, et avenir donné pour reprendre l'instance, le défendeur propose alors *conjointement* toutes les autres exceptions dilatoires.

(1) Bonnier, *Éléments d'organisation*, etc., nº 870. — Rodière. *Cours de compétence*, etc., 4e édition, p. 337.

DEUXIÈME CLASSE

PROCÉDURE INCIDENTE RELATIVE AUX PREUVES (1)

1039. En prenant le mot *preuve* dans une acception très générale, nous reconnaîtrons que la preuve est l'âme de toute l'instruction. Dans tout litige, chaque partie s'efforce, par des défenses écrites ou par des plaidoiries, de *prouver* le bien fondé de ses prétentions. Elle cherche à faire naître dans l'esprit des juges la conviction que sa demande est juste, en fait comme en droit, que son allégation est conforme à la réalité des faits et à une saine interprétation de la loi.

Cet effort réciproque de l'un et de l'autre plaideur se produit nécessairement dans tout procès, qu'il soit simple dans sa marche ou compliqué d'incidents et de difficultés.

Dans notre législation, les conventions dont la valeur excède 150 francs n'étant pas susceptibles d'être prouvées par témoins, c'est ordinairement par écrit que s'administre, en matière civile, la preuve des faits contestés. Or, traitant dans notre deuxième et notre troisième subdivision d'une procédure dégagée d'incidents, nous devions nécessairement supposer que les parties employaient dans leurs plaidoiries des écrits authentiques ou privés dont la sincérité n'était point douteuse, ou s'appuyaient sur des présomptions dont l'autorité peut être discutée, mais ne saurait exiger une procédure spéciale. L'administration de la preuve ne soulevait dès lors aucune difficulté, n'engendrait aucune complication. (2)

(1) Sur la matière des preuves, le lecteur consultera avec le plus grand fruit le remarquable ouvrage du regretté M. Bonnier, professeur à la Faculté de droit de Paris. *Traité des preuves*, 2 vol. in 8°, 4e édition.

(2) Cette hypothèse se réalise dans la majorité des litiges. Dans la période quinquennale 1876-1880, sur une moyenne de 164 168, affaires inscrites au rôles des tribunaux civils, l'administration de la preuve n'a fait naître d'incidents que dans 15,869 affaires en moyenne, soit 9, 6 p. 100.

Cette complication se produit, au contraire, quand la foi des écrits produits en justice est révoquée en doute, ou quand à défaut d'écrits une partie veut recourir à la preuve testimoniale, à l'expertise, etc. Un jugement préalable sur l'admissibilité de la preuve, déléguant à un juge-commissaire la mission de diriger l'administration de cette preuve, doit être rendu. La preuve fait alors naître, au point de vue de la procédure, un véritable incident. Une branche nouvelle vient s'enter sur le tronc de la cause principale.

Une méthode rigoureuse nous aurait donc conduit à fournir des notions générales sur la preuve, avant que de traiter du jugement, de l'acte par lequel le juge manifeste sa conviction, et à réserver toutes les questions se rattachant aux incidents soulevés par les moyens de preuve employés par les plaideurs ou par les mesures d'instruction ordonnées par le tribunal. Mais nous aurions alors scindé nos explications sur la matière des preuves. Or, l'expérience de l'enseignement public nous a appris qu'il est préférable de présenter sans interruption, d'une manière continue, les idées générales et les détails d'application d'un système.

D'autre part, malgré les critiques adressées au législateur par d'éminents jurisconsultes, nous ne pouvons le blâmer d'avoir inséré la matière des preuves dans le Code civil et dans le Code de commerce. Nous ne croyons pas que la théorie des preuves appartienne exclusivement à la procédure. La procédure ne doit avoir pour objet que le mode d'administration des preuves, les formes de leur production. Mais tout ce qui a trait aux conditions de recevabilité de telle ou telle preuve, à sa force probante, à l'étendue de ses applications et de ses effets, nous paraît appartenir essentiellement au fond même du droit, faire partie des lois de fond et non des lois de forme ; nous approuvons donc la conduite du législateur. En conséquence, nous ne donnerons ici que les notions générales indispensables pour faire bien comprendre la portée et le fonctionnement des incidents relatifs aux preuves.

CHAPITRE PREMIER

NOTIONS GÉNÉRALES SUR LA PREUVE

SOMMAIRE. — *Première section*. Divers modes de preuve. — Sens du mot *preuve*. — Preuve directe ou indirecte, complète ou incomplète. — Preuve simple ou préconstituée. — Acte authentique. — Acte sous seing privé. — Leur force probante. — Preuve testimoniale. — Aveu. — Serment. — Présomptions. — Dérogations en matière commerciale. — *Section deuxième*. — Marche générale de la preuve. — § 1er Du fardeau de la preuve. — § 2. De l'admissibilité de la preuve. — § 3. Devoirs et rôle du juge.

1040. Dans les litiges soumis aux tribunaux, le débat roule presque toujours sur des questions de fait et sur des questions de droit. Tel fait a-t-il existé, avec telles ou telles circonstances déterminées ? — Ce fait établi, reconnu constant, par quelles dispositions légales sont régies ses conséquences ? — Quel est le véritable sens de tel ou tel article de loi, etc. Questions de fait, questions de droit que le tribunal doit résoudre.

Comment arrivera-t-il à ce résultat ? Par deux voies différentes : la preuve des faits ; l'interprétation des textes de la loi. — Les faits devront être prouvés. *Prouver*, c'est l'acte des parties qui soumettent aux juges des éléments de conviction propres à justifier les faits allégués par elles, faits que, sans cette preuve, les juges ne seraient ni obligés, ni autorisés à tenir pour vrais. Prouver indique encore l'acte des juges eux-mêmes qui prescrivent les moyens aptes à fournir cette justification. Prouver les faits, c'est constater l'accomplissement de certaines actions humaines ou de certains événements de l'ordre physique.

Le droit s'*interprète*, mais ne se prouve pas. La théorie des preuves ne s'applique qu'à la constatation des faits. Les règles du droit ne peuvent faire l'objet d'une preuve proprement dite. — Le droit se *démontre* et la démonstration s'opère par la production des textes de la loi, par l'argumentation des avocats dans leurs plaidoiries, par l'interprétation doctrinale des auteurs et des tribunaux

Dans son esprit, le juge interprète la loi ; mais il connaît déjà ou est réputé connaître son existence. Le droit s'*applique*, et cette application faite par le juge constitue l'interprétation d'une règle légale, générale, commune, absolue, tandis que les faits à prouver sont spéciaux, relatifs et contingents. — La preuve judiciaire ne peut s'appliquer au droit que dans les cas exceptionnels où une demande s'appuie sur une loi étrangère ou sur un usage. Ce que les parties ont à établir, c'est le fait même de la disposition de la loi étrangère ou de l'usage. Le juge conserve toute liberté d'interprétation et d'application.

La distinction des faits à prouver et du droit à interpréter est fort importante. Les tribunaux ont un pouvoir souverain pour statuer sur les questions de fait et d'intention. L'erreur qu'ils peuvent commettre en tenant pour établi un fait qui n'est pas réellement constant, ou en refusant de le tenir pour avéré alors qu'il a existé, cette erreur ne tombe pas sous la censure de la Cour de cassation. La Cour suprême est liée par les constatations de fait inscrites dans les jugements ou dans les arrêts. Elle ne connaît pas des faits de la cause; elle les tient pour constants, tels que les juges de première instance ou d'appel les ont constatés et qualifiés. Une décision judiciaire ne peut être cassée pour erreur de fait. Au contraire, les interprétations de la loi contenues dans les arrêts ou les jugements forment l'objet direct de l'examen de la Cour de cassation. Chargée de maintenir l'unité dans la jurisprudence, elle examine et vérifie, si, aux faits par eux reconnus constants. les juges du fond ont fait une saine application de la loi.

SECTION I. — **Divers modes de preuve.**

1041. En matière judiciaire, le mot *preuve* s'emploie dans diverses acceptions : 1° Dans un premier sens, ce terme indique le fait même de la production, de la présentation au juge des éléments de conviction, à l'aide desquels une partie veut établir la sincérité et la vérité de son allégation. En ce sens, on dit que la preuve incombe au demandeur ; 2° Dans un deuxième sens, le mot *preuve* désigne les éléments de conviction considérés en eux-mêmes, les moyens dont une partie se sert pour convaincre le juge: on dit qu'une partie est munie ou dénuée de preuves, que la loi admet diverses preuves, la preuve littérale, la preuve testimoniale. ; 3° Dans un troisième sens, le mot *preuve* indique le résultat obtenu par la production des éléments, la conviction formée, secret de la conscience du juge. Cette conviction, la production d'un seul élément peut, quelquefois, la produire ; l'accumulation de nombreux moyens est parfois impuissante à la faire naître. On dit, en ce sens, que tel plaideur a fait ou n'a pas fait telle preuve, que sa preuve est complète ou incomplète.

Les preuves sont directes, indirectes ou mixtes. La preuve est *directe* quand le juge perçoit les faits par ses propres sens, comme lorsqu'il se transporte sur le terrain litigieux pour en constater l'état ou la configuration. — La preuve est *indirecte* quand le juge arrive à la connaissance des faits par une induction tirée des circonstances de la cause ou des déclarations de l'homme. — La preuve est *mixte*, à la fois directe et indirecte, quand le juge ne se confie pas au seul témoignage de ses sens et invoque le secours d'une autre personne, comme dans l'expertise ; l'induction tirée de la confiance inspirée par l'expert vient compléter l'expérience personnelle du juge.

La preuve est *complète* ou *incomplète*. Elle est incomplète quand les faits établis sont assez probants pour que le juge, non encore convaincu, ne puisse rejeter d'emblée la prétention de la partie qui les invoque ; par exemple, le commencement de preuve par écrit, visé par l'article 1347 du Code civil, qui permettra de recourir à la preuve testimoniale ; en matière de filiation, les indices graves et les présomptions de l'article 323 ; ou enfin le cas prévu par l'article 1367 du même Code.

1042. Au point de vue de la base sur laquelle elles se fondent, les *preuves* (éléments de conviction) peuvent se grouper en trois catégories : 1° La première catégorie comprend les preuves tirées de l'*expérience personnelle*, de l'examen direct fait par celui dans l'esprit duquel la conviction doit naître ; telle est la *descente sur les lieux* et son complément l'*expertise* : la meilleure de toutes les preuves, puisque, malgré l'erreur possible de sa part, le juge statue d'après ce qui est certain à ses yeux ;

2° Dans la deuxième catégorie se classent tous les modes de preuve qui ont, plus ou moins directement, pour base la foi due au *témoignage* de l'homme : actes authentiques, écrits sous seing privés, livres, tailles, registres et papiers domestiques, preuve testimoniale, aveu, serment décisoire ou supplétoire.

3° La troisième catégorie comprend les présomptions simples ou légales.

Les preuves de la deuxième catégorie se subdivisent en deux groupes : les preuves simples et les preuves préconstituées.

La preuve est *simple* quand le témoignage de l'homme est reçu dans sa forme naturelle et ordinaire, quand la preuve est exempte de toute préparation artificielle. La preuve simple consiste dans l'aveu, dans les dépositions de témoins, dans les écrits privés exempts de formes.

La preuve est *préconstituée* quand le témoignage de l'homme doit se produire dans des conditions indispensables pour qu'une valeur y soit attachée. La preuve préconstituée suppose une préparation artificielle, l'accomplissement préalable de formalités rigoureusement délimitées, en l'absence desquelles elle est sans aucune force. Elle résulte des actes authentiques, de certains actes sous seing privé dont la rédaction est soumise à des formes déterminées, des tailles servant à constater des fournitures quotidiennes.

Les rédacteurs du Code civil ont adopté un système éclectique : ils ont à la fois admis des preuves légales et préconstituées et des preuves simples et naturelles. Mais, n'ayant point à rédiger une œuvre didactique, ils ont adopté un classement inspiré par l'état des mœurs, par l'expérience du passé. Ils se sont attachés à l'usage plus ou moins fréquent de telle ou telle preuve dans la pratique judiciaire. Ils ont placé au premier rang la preuve littérale, celle qui se tire des actes écrits ; en deuxième ligne, la preuve testimoniale, rejetant au dernier rang, en quelque sorte, l'aveu et le serment, les plus solides des preuves en théorie, mais les moins sûres en réalité dans la vie pratique, à raison de l'absence trop fréquente de bonne foi chez les plaideurs.

La preuve littérale résulte des actes authentiques, des actes sous seing privé, des livres des négociants, des registres et papiers domestiques, des tailles.

1043. L'acte *authentique* est celui qui a été reçu par un officier public ayant le droit d'instrumenter dans le lieu où il a été rédigé et avec les formalités requises (Cod. civ., art. 1317.) L'acte authentique est, au premier chef, une preuve préconstituée. L'authenticité résulte du concours de quatre conditions : 1° L'acte a été dressé par un officier public, officier de l'état civil, greffier, notaire, huissier, etc., agissant en cette qualité ; 2° L'officier public était compétent *ratione materiæ* et *ratione loci*. Un acte de naissance ne peut être dressé par un notaire ou par un greffier ; une convention ne peut être constatée par un maire ou par un huissier. — Le notaire ne peut instrumenter hors de son ressort, le maire hors de la commune, l'huissier hors de l'arrondissement ; 3° L'officier public n'était atteint d'aucune incapacité absolue ou relative. Un notaire ne peut constater les conventions dans lesquelles il est intéressé, ni celles qui concernent certains de ses parents ou alliés (L. 25 ventôse an IX, art. 8, 10, 68) 4° ; Les formalités prescrites par la loi ont été observées. — L'acte qui n'est point authentique, par suite de l'incompétence territoriale ou de l'incapacité personnelle de l'officier public ou pour défaut de forme, vaut comme écriture privée, s'il a été signé des parties. (Cod. civ., art. 1318.)

La force probante de l'acte authentique, réunissant les conditions sus-indiquées, varie suivant la nature des faits, pour la preuve desquels cet acte est invoqué et produit en justice. L'acte authentique fait ou preuve jusqu'à inscription de faux, ou pleine foi jusqu'à preuve contraire, ou sert seulement de commencement de preuve par écrit.

Remarquons que les articles 1319, 1320 et 1321 du Code civil offrent une rédaction défectueuse et inexacte. Le législateur y a confondu le degré de foi attaché à l'acte, produit comme moyen de preuve, avec la question de l'efficacité d'une convention entre parties contractantes ou à l'égard des tiers.

Faire foi jusqu'à inscription de faux, c'est faire preuve de certains faits, tant que la partie, qui conteste ces faits, n'aura pas à l'aide d'une procédure spéciale, périlleuse, la voie de l'inscription de faux, établi l'existence d'un faux intellectuel ou d'un faux matériel. Si le faux n'est pas allégué et démontré, nulle preuve ne peut combattre, diminuer ou détruire celle qui résulte de l'acte authentique. — Les motifs les plus graves justifient cette foi particulière et énergique accordée à l'acte authentique. Le témoignage rendu par l'officier public est réputé sincère, à raison des garanties offertes et de la confiance inspirée par le caractère, l'intégrité et la fonction même de l'officier public, expressément institué en vue de cette authenticité. Contrefaire un acte entouré de formalités précises, une signature bien connue dans le ressort où l'officier public exerce ses fonctions, sont fraudes difficiles à réaliser avec succès et faciles à reconnaître. — La loi pénale prononce contre le faussaire des peines trop graves pour qu'on puisse croire facilement à l'existence du crime de faux. (Cod. pén., art. 145, 146, 147.)

L'acte authentique fait foi jusqu'à inscription de faux, *entre les parties et à l'égard des tiers*, de l'existence matérielle : 1° Des faits que l'officier affirme avoir été accomplis par lui-même dans l'exercice de ses fonctions : ainsi l'acte fait preuve de sa date, du lieu où il a été dressé, de l'observation des formalités qui y sont mentionnées, de la lecture, etc. ; 2° des faits que l'officier atteste, *de visu vel de auditu*, s'être passés en sa présence, la numération des espèces prêtées, les déclarations des parties, les faits *quorum*, suivant Dumoulin, *notitiam habet propriis sensibus visus et auditus.* — Mais la parole des déclarants ne mérite pas la même créance que celle de l'officier public ; il n'est pas besoin de s'inscrire en faux pour en contester la véracité.

L'acte authentique fait foi, jusqu'à *preuve contraire*, de la sincérité des déclarations des parties, que l'acte avait pour but de constater, de leurs conventions et de leurs modalités, de leurs aveux, des faits et actes juridiques antérieurs ayant directement trait à la convention principale et relatés dans l'acte en termes énonciatifs. Il en fait foi tant *à l'égard des tiers qu'entre les parties contractantes.* Mais la preuve tirée de l'acte authentique, relativement à ces divers faits, pourra être combattue par toute autre preuve contraire, tant par les parties elles-mêmes que par les tiers. (Cod. civ., art. 1320.)

L'acte authentique ne sert que de *commencement de preuve par écrit, entre les parties* seulement, à l'égard des énonciations n'ayant qu'un rapport indirect avec l'objet principal de l'acte : par exemple, la déclaration faite par Pierre, lors du prêt consenti à Jacques, que les deniers prêtés ont été donnés à Pierre par Louis. (Cod. civ., art. 1320.)

1044. La preuve fournie par les *écrits privés* est tantôt simple, tantôt préconstituée. — Les actes sous seing privé, faits sous la seule signature des parties, les papiers domestiques, les mentions libératoires inscrites sur certains actes, les lettres missives constituent des preuves simples. Si la loi entoure cette preuve de quelques restrictions, elle a pour but d'empêcher le créancier de se créer un titre à lui-même, et le débiteur de faire résulter sa libération d'écritures, qui ne la prouveraient pas réellement. (Cod. civ., art. 1331, et 1332.)

Les écritures privées, d'où résulte une preuve préconstituée, sont les actes sous seing privé, soumis à certaines formalités danses cas prévus par les articles 1325 et 1326 du Code civil et les livres de commerce.

Le législateur devait proportionner la force probante des actes sous seing privé aux garanties de sincérité présentées par ces actes. Aussi diffère-t-elle de celle qui résulte des actes authentiques. 1° La signature des particuliers n'est pas connue comme celle des officiers publics : pas de présomption énergique de sincérité, comme pour la signature d'un notaire, d'un greffier ou d'un maire. Aussi un acte sous seing privé n'a-t-il force probante, qu'autant que sa signature est expressément ou tacitement reconnue, ou bien vérifiée en justice et déclarée sincère. (Cod. civ., art. 1322 à 1324.) — Mais reconnu ou vérifié, l'acte sous seing privé a la force probante de l'acte authentique et ne peut désormais être attaqué que par la voie de l'inscription de faux. (Pr. civ., art. 214.) — 2° L'acte sous seing privé, même reconnu ou vérifié en justice, ne fait pas, comme l'acte authentique, foi de sa date à l'égard des tiers. La règle de l'article 1328 du Code civil protège les tiers contre la fraude la plus dangereuse, que puisse tenter de pratiquer à leur détriment le souscripteur d'un acte sous seing privé, celle qui consiste à porter, par une antidate, atteinte à des droits antérieurement acquis.

1045. La preuve *testimoniale* se range parmi les preuves simples. Éclairé par l'expérience le législateur a, en matière civile, circonscrit en des limites assez étroites le champ d'application de la preuve testimoniale. Cette preuve, lorsqu'elle doit être administrée, donne nécessairement naissance à un incident, que nous retrouverons au titre des *Enquêtes*.

1046. *L'aveu judiciaire* est aussi une preuve simple, qui engendre un *incident de procédure*, quand les parties veulent recourir à ce mode de preuve pour faire naître dans l'esprit du juge la conviction désirée.

L'aveu est l'acte par lequel une partie, capable d'aliéner le droit litigieux, reconnaît l'existence de faits susceptibles d'engendrer contre elle des conséquences juridiques. Il fait pleine foi, s'il est judiciaire, c'est-à-dire émis au cours d'un procès, soit dans un acte signifié, soit dans un interrogatoire sur faits et articles, soit à l'audience par déclaration spontanée ou provoquée par une interpellation du président. — Le mandataire de la partie doit avoir une procuration expresse et spéciale, pour que l'aveu soit opposable à son mandant. Ainsi l'avoué et l'huissier, non munis d'un pouvoir spécial, s'exposent au *désaveu;* mais l'aveu, fait par l'avocat hors de la présence de l'avoué, peut être repoussé sans recourir à cette procédure spéciale. (Cod. civ., art. 1356 et 1988; — Pr. civ., art. 336 et 352.)

L'aveu consiste nécessairement dans une reconnaissance formelle des faits allégués par l'adversaire. Une fois émis, il ne peut être rétracté, quoique l'adversaire n'en ait point pris acte, à moins qu'il n'ait été déterminé par une erreur de fait. Les avoués ont l'habitude de demander acte au tribunal des aveux favorables à leurs clients. C'est une précaution prudente, mais elle n'est pas nécessaire. La reconnaissance judiciaire d'un fait est un acte unilatéral, dont la valeur ne peut pas être subordonnée à l'acceptation de l'adversaire. Celui-ci peut n'en pas faire usage, mais l'aveu n'en persiste pas moins. — L'aveu judiciaire est indivisible. (Cod. civ., art. 1356).

Quant à l'aveu *extrajudiciaire*, la partie qui l'invoque doit en établir l'existence : elle n'y est admise que dans les cas où la preuve testimoniale est recevable, à moins que cet aveu extrajudiciaire ne soit mentionné par un écrit authentique ou privé. Mais alors on revient nécessairement à la preuve, soit littérale, soit testimoniale. — La loi ne s'explique pas sur la force probante, l'indivisibilité et l'irrévocabilité de l'aveu extrajudiciaire. Les juges apprécient souverainement sa valeur.

1047. Le serment *décisoire* rentre dans la catégorie des preuves simples. A proprement parler, le serment ne constitue pas une véritable *preuve*. C'est un moyen solennel d'en appeler à la bonne foi de la partie intéressée. Quand une partie défère à l'autre le serment décisoire, elle renonce à sa prétention pour le cas où le serment sera prêté. C'est une espèce de transaction conditionnelle, qui supprime la preuve, considérée comme faite, et qui rend impossible toute preuve contraire.

1048. Les *présomptions*, énumérées au Code civil parmi les preuves, ne pouvaient pas reparaître au Code de procédure. En effet, les faits qui servent de base aux présomptions se prouvent par les moyens ordinaires. Les conséquences à tirer de ces faits peuvent être matière à discussion dans les plaidoiries, mais non matière à instruction. — Qu'est-ce qu'une présomption ?

« Les présomptions, dit l'article 1349, Code civil, sont des consé-
« quences que la loi ou le magistrat tire d'un fait connu à un fait

« inconnu. » — Cette définition, justement critiquée, convient à toute espèce de preuve; c'est toujours par les conséquences tirées d'un fait connu et non contesté, qu'on arrive à la démonstration du fait inconnu. — *Exemple :* Un notaire affirme dans un acte authentique que cet acte a été dressé tel jour, en tel lieu, que telle personne a comparu devant lui. L'affirmation du notaire, voilà le *fait connu;* d'où notre esprit conclut à la réalité des *faits inconnus* et cherchés, la rédaction de l'acte en tel lieu, à tel jour, la comparution de telle personne. L'acte authentique ne fournit pas cependant une présomption, mais une preuve.

Il y a *preuve*, quand le *fait connu* a pour but direct et immédiat d'établir la vérité du fait inconnu, de le constater : l'acte authentique ou sous seing privé a été dressé, les témoignages sont recueillis dans le but de constater le fait du contrat. Le fait connu est l'aveu ou l'affirmation du fait inconnu. — Au contraire, si le fait connu, duquel on argumente pour arriver à la démonstration du fait contesté, ne consiste point dans l'aveu ou l'affirmation du fait inconnu, il y a *présomption*. Le juge ou le législateur arrive, par la voie d'une induction, d'un raisonnement, d'une *construction* intellectuelle, à tirer du fait connu, pris comme *indice*, la conclusion de la réalité du fait inconnu. — *Exemple :* Cette donation a-t-elle été faite à une personne incapable? voilà le fait inconnu. La libéralité en apparence s'adresse à la mère ou à l'enfant de l'incapable : voilà le ffaitconnu. Il ne renferme ni l'aveu, ni l'affirmation du premier. Ce n'est qu'à l'aide d'un raisonnement, d'une induction que le législateur a pu conclure du second fait à l'existence du premier (Cod. civ., art. 911).

Les présomptions sont légales, ou abandonnées à l'appréciation des magistrats.

Les présomptions *légales* dispensent de toute preuve celui au profit duquel elles existent. Mais la partie, contre laquelle on invoque la présomption légale, est-elle admise à la combattre, à en prouver l'inexactitude, à démontrer par d'autres faits, que la *conséquence*, l'*induction* que la loi tire du fait connu dont l'existence a été établie, n'est pas, dans l'espèce, conforme à la vérité. Distinguons, après avoir remarqué qu'on ne peut jamais prétendre, d'une manière générale et absolue, que la loi s'est trompée dans son induction, que la présomption légale est erronée *in se.* 1° Certaines présomptions, *absolues, juris et de jure,* n'admettent pas la preuve contraire; 2° les présomptions simples, *juris tantum*, l'admettent toujours; 3° les présomptions mixtes l'admettent avec certaines restrictions.

Les présomptions *simples* forment le droit commun. En règle générale, la preuve contraire est admise contre les présomptions de la loi.

Les présomptions *absolues* sont : 1° les présomptions sur le fondement desquelles la loi *annulle certains actes*. La preuve contraire n'est jamais admise contre ces présomptions, en aucun cas (Cod. civ., art. 911, 1099, 1100, 1350, 1352); 2° les présomptions sur le fondement desquelles la loi refuse *l'action en justice*, accorde une fin de non recevoir à celui contre lequel l'action serait dirigée, par exemple, l'autorité de la chose jugée. (Cod. civ., art. 1351.)

Les présomptions *mixtes* sont celles sur le fondement desquelles la loi dénie l'action en justice, tout en réservant, dans certains cas, à la partie à laquelle ces présomptions sont opposées, le droit de les combattre par des preuves contraires. Ainsi le mari, qui est présumé être le père de l'enfant de sa femme, est admis à combattre cette présomption et à la faire tomber, en administrant la preuve des faits prévus par les articles 312 et 313 du Code civil. (V. Cod. civ., art. 1283).

Les présomptions *de fait* ou *de l'homme*, abandonnées aux lumières et à la prudence des magistrats, doivent être graves, précises, concordantes et ne sont admises (sauf les cas de fraude ou de dol) que dans les cas où la preuve testimoniale est recevable. (Cod. civ., art. 1353.)

1049. La loi commerciale déroge, en matière de preuves, à la loi civile. Elle supprime presque toutes les restrictions dont le droit civil entoure l'admission de certaines preuves. La preuve testimoniale y est admise sans réserve, et, avec elle, les présomptions simples. (Cod. civ., 1341, 1353; — Cod. com., art. 109.) La preuve littérale résulte: 1° des actes authentiques notariés, rarement usités en matière commerciale, sauf pour les *ouvertures de crédit* que fait un banquier à ses clients; 2° des actes sous seing privé ordinaires; 3° d'écrits privés particuliers au commerce, qui sont : les factures, les correspondances, les bordereaux des agents de change et des courtiers et les livres de commerce. (Cod. civ., art. 1329, 1330, 1333; — Cod. com., art. 12, 13, 17 et 109.)

Les articles 1325, 1326 et 1328 du Code civil ne s'appliquent pas en matière commerciale, sauf à l'égard des conventions pour lesquelles la loi prescrit la rédaction d'un écrit : vente de navires, charte-partie ou nolisement, connaissement, prêt à la grosse, hypothèque et assurances maritimes. (C. com., art. 195, 273, 282, 311, 332; — L. 10 décembre 1874, art. 2.)

Nous venons d'exposer très succinctement le système général des preuves, éléments de conviction. Le lecteur connaît les divers genres de preuves auxquels les parties peuvent recourir. Indiquons actuellement la marche générale de la *preuve*, les règles de la *présentation* au juge de ces mêmes éléments de conviction.

SECTION II. — **Marche générale de la preuve.**

§ 1er *De la charge de la preuve.*

1050. L'article 1315 du Code civil règle la marche de la preuve de la manière suivante : « Celui qui réclame l'exécution d'une « obligation doit la prouver; réciproquement, celui qui se prétend « libéré doit justifier le payement ou le fait qui a produit l'extinction « de son obligation. » Ce principe doit être généralisé. Il s'applique en toute matière et à tous les droits.

La règle fondamentale est celle-ci : *qui veut innover doit prouver son droit.* Le fardeau de la preuve incombe à celui qui veut innover et non pas à celui qui résiste à l'innovation dont on le menace. Cette règle est rationnelle. La loi doit tenir pour constant ce qui, dans les rapports humains, constitue l'état *normal* et *habituel.* Les faits exceptionnels, les innovations à un état de choses préexistant ne se présument pas, ne doivent pas être présumés. — Or, entre les hommes, la condition de liberté est le fait habituel, l'état de choses normal. En principe, les hommes ne sont pas débiteurs les uns des autres : la relation de débiteur à créancier constitue une situation anomale. Parmi nos trente-six millions de concitoyens, parmi les nombreux millions d'habitants du globe, quelques-uns, six, sept, dix, vingt à peine sont, pour des causes variées et contingentes, nos créanciers ou nos débiteurs. — De même les choses appropriables, les biens, les meubles ou les immeubles sont, en règle générale, détenus par les personnes qui en sont les propriétaires. La possession d'un meuble ou d'un immeuble par une autre personne que le propriétaire est un fait anomal, exceptionnel, extraordinaire. —Donc, présomption de liberté en matière personnelle; présomption de propriété en matière réelle. — Tout demandeur attaque la présomption qui milite en faveur du défendeur. Tout demandeur allègue une dérogation à l'état de choses normal et commun. A lui de démontrer que la présomption est fausse dans l'espèce, qu'une dérogation existe à son profit; règle qu'exprimaient les jurisconsultes romains, en disant : *Necessitas probandi incumbit illi qui agit. — Ei incumbit probatio qui dicit, non ei qui negat. — Actoris est probare.*

Le demandeur a-t-il prouvé le droit invoqué, a-t-il démontré la dérogation à l'état commun, l'innovation alléguée, l'existence d'une relation particulière existant entre lui et le défendeur, débiteur ou détenteur, au défendeur de prouver que cette relation a cessé d'être ou n'a jamais existé, que l'innovation n'est plus ou n'a jamais eu lieu, que la présomption a repris ou conservé son empire. C'est lui qui maintenant innove quant à l'état de choses prouvé par le demandeur : à lui, défendeur, de démontrer cette innovation. *Reus in exceptione actor est. — Reus excipiendo fit actor.*

Ainsi le veulent le sens commun, l'équité et l'intérêt général. La sécurité sociale n'existerait pas, s'il suffisait d'actionner le défendeur pour lui imposer le fardeau de la preuve. Toutes les chances lui seraient contraires. Le procès le plus injuste, basé sur la plus grande absurdité, serait le plus aisé à gagner.

Ainsi donc, demandeur et défendeur sont, tous deux, soumis à la même règle. Tout le système du législateur se résume en cette formule : *Quiconque allègue un fait nouveau, contraire à* **la position acquise** *de l'adversaire, doit établir la vérité de ce fait.*

1051. Les praticiens ont souvent mal interprété le brocard : *Onus probandi ei incumbit qui dicit, non ei qui negat.* Suivant eux, *is qui negat,* c'est le plaideur qui met en avant un fait négatif. Ils en concluent que le plaideur qui invoque un fait négatif n'est pas tenu de le prouver. Ils donnent pour raison que la preuve d'un fait de cette nature est impossible. — C'est une erreur. Comprenons le brocard : *Is qui dicit,* c'est le plaideur qui allègue une innovation à l'ordre naturel des choses, ou qui invoque un fait nouveau contraire à la position acquise de l'adversaire. *Is qui negat,* c'est celui qui prétend que cette innovation, que ce fait nouveau n'existe point. — La preuve d'un fait *négatif* n'est, ni plus, ni moins difficile que la preuve d'un fait *affirmatif*. Un fait *négatif* peut être prouvé en établissant l'existence d'un fait affirmatif *incompatible* avec le fait négatif allégué. — On prouve, par exemple, que Ladislas n'est pas Français en établissant qu'il est Russe, que Paul n'a pas contracté librement en prouvant qu'il a été violenté, etc., etc. — « Il est, « sans doute, des négatives tellement indéfinies ou absolues que la « preuve en devient impossible ; mais il est difficile de comprendre « que de pareilles négatives puissent faire l'objet de contestations « judiciaires, puisque les faits auxquels se rattachent l'acquisition « et l'extinction des droits sont, d'ordinaire, limités et circonscrits « par des circonstances de temps et de lieu qui permettent d'en « faire la preuve, lors même qu'ils sont négatifs. » (1)

L'impossibilité de la preuve ne provient pas de la circonstance que le fait allégué est négatif, mais bien de ce qu'il est *indéfini*. La même impossibilité se rencontre dans un fait affirmatif de même nature. — *Exemples :* Je ne suis jamais allé à Paris. — J'ai toujours porté cette bague. — La preuve directe est tout aussi impossible dans un sens que dans l'autre.

L'opinion des praticiens est non seulement réprouvée par la raison, mais elle est aussi contraire à la loi. Dans bien des cas, le législateur a mis la preuve de faits négatifs à la charge de celui qui les allègue. (V. Cod. civ., art. 115, 116, 757, 758, 767, 768.) (2)

§ 2. *De l'admissibilité de la preuve.*

1052. L'admissibilité de la preuve suppose le concours de quatre conditions : 1° Les faits allégués par un plaideur doivent être contestés par l'autre ; 2° Les faits ne doivent pas être tenus légalement pour vrais ; 3° La preuve n'en doit pas être interdite ; 4° Ces faits doivent être admissibles. Trois de ces conditions sont exigées par l'article 253, Pr. civ., dont la disposition est générale, bien que ce texte ne vise que la preuve testimoniale.

A) Les faits allégués par une partie doivent être contestés par

(1) Aubry et Rau, *Cours de droit civil français*; 4e édition. t. VIII, p. 156.

(2) C'est une question célèbre, en droit romain et en droit français, que celle de savoir si, dans l'action négatoire, le demandeur doit prouver que telle servitude n'existe pas, ou si le défendeur doit établir son existence. Nous renvoyons le lecteur aux divers commentaires sur le Code civil français et aux ouvrages sur le droit romain.

l'autre. A quoi bon faire la preuve de faits reconnus? Elle serait inutile et frustratoire. — Tel est le principe général. Néanmoins, malgré l'aveu de l'adversaire, la partie devra faire la preuve des faits par elle allégués et le tribunal ne pourra les tenir pour reconnus dans deux cas : 1° L'affaire est de telle nature qu'elle ne comporte pas l'aveu des parties comme moyen de preuve, par exemple, en matière de séparation de corps. — 2° La partie défenderesse est mineure ou interdite. Le tuteur ne peut faire un aveu opposable à l'incapable.

B) Les faits ne doivent pas être tenus légalement pour vrais ; sinon la preuve en est encore inutile. Ainsi il n'y a pas lieu à preuve dans deux cas : 1° Une partie a déféré à l'autre le serment décisoire. — 2° Les faits sont réputés vrais en vertu d'une présomption légale. (Cod. civ., art. 1352. — V. n° 1048.) [illegible]

C) La preuve ne doit pas être interdite par la loi. Ainsi la preuve est prohibée à l'encontre d'une présomption légale absolue ou *juris et de jure*, en matière de filiation adultérine ou incestueuse, en matière de diffamation suivant certaines distinctions. (Cod. civ., art. 342, 1352. — Loi du 29 juillet 1881.)

D) Les faits doivent être *admissibles*, c'est-à-dire *concluants* et *vraisemblables*. On dit généralement au Palais que les faits doivent être *pertinents* et *concluants*. Le premier de ces qualificatifs est inutile; la qualité qu'il désigne se trouve implicitement indiquée par le second. Un fait ne saurait être *concluant*, ne saurait être apte à exercer une influence sur la solution du litige, s'il n'était *pertinent*, s'il n'avait pas rapport au procès. Un fait concluant est nécessairement pertinent : la réciproque n'est pas toujours vraie. Aussi le législateur n'emploie-t-il dans l'article 254, Pr. civ., que l'expression *concluants*.

Ce caractère est indispensable, et la pertinence, à elle seule, ne saurait suffire ; car si le fait allégué n'est pas de nature, même en le supposant vrai, à faire triompher la partie qui l'allègue, il est superflu d'en ordonner la vérification. — *Exemple:* A l'appui de sa demande en séparation de corps, une femme allègue l'adultère de son mari; il ne lui sera pas permis d'en faire la preuve ; car si le fait qu'elle articule est pertinent, il n'est pas concluant puisque, bien que prouvé, il n'entraînerait pas la séparation de corps. L'adultère du mari, pris en lui-même, ne peut être une cause de séparation que si le mari a entretenu sa concubine dans la maison conjugale.

(Cod. civ., art. 230 et 306.) Mais si la femme alléguait que l'adultère du mari, commis dans certaines circonstances particulières, a constitué envers elle une injure grave, le fait pourrait être reconnu *concluant* par le tribunal.

Le fait concluant doit encore être *vraisemblable*, non impossible en lui-même. Un tribunal ne saurait ordonner la preuve de faits qui n'ont pu se réaliser.— Mais il est facile de se tromper sur les lois de l'ordre naturel, Si, d'une part, il est raisonnable de ne pas admettre, dans le cours ordinaire de la vie, l'existence de faits anomaux ou miraculeux, d'autre part il est sage de ne pas déclarer de prime abord impossible un fait, par cela seul qu'il paraît être extraordinaire.

Tout fait non concluant doit être rejeté du débat: la preuve n'en peut être ordonnée. Les juges apprécient souverainement quels faits sont ou ne sont pas indifférents à la solution du litige.

§ 3. *Devoirs et rôle du tribunal.*

1053. Le tribunal ne peut arrêter sa décision, qu'à l'aide des preuves fournies devant lui ou des moyens d'instruction auxquels il a eu recours, et non d'après la connaissance personnelle et privée que ses membres peuvent avoir de l'affaire. La connaissance des faits, qui importent à la solution du litige, ne peut être légalement acquise que durant l'instance.

Les pouvoirs des juges varient suivant la nature de la preuve produite par les plaideurs. Le magistrat juge en son âme et conscience les résultats d'une enquête, d'une expertise. Il pèse les témoignages et ne les compte pas. Une preuve simple laisse le tribunal entièrement libre de déclarer que sa conviction est formée ou qu'elle ne l'est pas. — Le juge est, au contraire, lié par une preuve préconstituée. Sa conviction, comme juge, doit s'appuyer sur elle. La preuve préconstituée est une preuve *légale*. D'une part, le juge doit tenir comme prouvés les faits juridiques constatés dans un écrit soumis à de certaines formes, acte authentique, par exemple, si les formes prescrites ont été remplies, si l'écrit est régulier. — D'autre part, si les formes ont été omises, si l'écrit est irrégulier, le magistrat doit rejeter les faits comme non établis, quel que soit son intime sentiment. — A plus forte raison, si l'écrit est exigé par la loi *ad solemnitatem actus*, le contrat ne pouvant être établi d'aucune autre manière.

1054. Quelles sont les conséquences du défaut de preuves ? Le tribunal n'en est pas moins tenu de juger. Il ne peut, ni tirer au sort comme le juge de Melle, qui, en 1644, fut réformé par le Parlement de Paris, ni, comme Aulu-Gelle (1), déclarer n'y voir pas clair, *non liquet*, ni imiter l'expédient du roi Salomon. Le tribunal doit juger, à peine de déni de justice, sans pouvoir, ni alléguer le silence, l'obscurité ou l'insuffisance de la loi (Cod. civ., art. 4), ni prétexter qu'il n'est pas édifié sur le fait. Il doit appliquer à chacun des plaideurs le brocard *actore non probante reus absolvitur.* Chaque partie doit justifier sa prétention ou succomber. Le demandeur, qui ne fait pas sa preuve, est débouté ; le défendeur, qui n'établit pas la vérité de son moyen de défense, exception ou fin de non recevoir, doit être condamné.

CHAPITRE II

RECONNAISSANCE ET VÉRIFICATION DES ÉCRITURES PRIVÉES

(LIV. II, TIT. X. ART. 193 A 213.)

SOMMAIRE. — *Première section.* Demande en reconnaissance d'écritures. — *Deuxieme section.* Vérification des écrits déniés ou méconnus. — Vérification par titres, par témoins ou par experts. — *Troisième section.* Effets de la reconnaissance et de la vérification.

1055. L'acte sous seing privé, reconnu par celui auquel on l'oppose ou légalement tenu pour reconnu, a, entre ceux qui l'ont souscrit et entre leurs héritiers et ayants cause, la même foi que l'acte authentique, dit l'article 1322 du Code civil.

Quand un acte sous seing privé est produit devant un tribunal, le porteur doit établir que cet acte émane véritablement de la partie adverse, pour pouvoir en tirer contre elle la preuve de la convention ou du fait juridique qui donne naissance au litige. Cette preuve de la sincérité de l'acte sous seing privé résulte de la reconnaissance du défendeur ou d'une vérification d'écritures faite en justice.

(1) *Nuits attiques*, liv. XIV, ch. II.

La reconnaissance de la partie, contre laquelle un écrit sous seing privé est invoqué, peut être expresse ou tacite. Elle est *tacite*, lorsque sur la production en justice de l'acte sous seing privé, l'adversaire garde le silence, ne conteste pas. La partie qui produit l'acte est, par cela même, censée en demander la reconnaissance à la partie adverse. Celle-ci doit donc déclarer, par acte d'avoué à avoué ou par conclusions prises à la barre, qu'elle méconnaît cet acte : sinon, elle est censée avouer qu'il émane d'elle ou de son auteur.

A défaut de reconnaissance expresse ou tacite, le porteur de l'acte peut demander à procéder à une vérification d'écritures ; mais il est évident que la reconnaissance rendant cette procédure superflue, toute vérification doit nécessairement être précédée d'une mise en demeure de reconnaître ou de désavouer l'écrit. La vérification d'écritures suppose que l'acte à vérifier a été *denié* ou *méconnu*, qu'une demande en reconnaissance expresse ou implicite a déjà eu lieu et que sur cette demande est intervenu un désaveu, une dénégation. La rubrique du titre X du livre II du Code de procédure est donc incomplète; car elle ne parle que de la vérification. Nous aurons à traiter successivement de la reconnaissance et de la vérification d'écritures.

1056. Une demande en reconnaissance ou vérification d'écritures privées peut être introductive d'instance ou incidente.

La demande en reconnaissance ou vérification d'écritures privées est incidente, lorsqu'elle se produit au cours d'un procès déjà entamé. — *Exemple :* Paul assigne Pierre en payement d'une somme de trois mille francs et, à l'appui de sa prétention, il produit un billet sous seing privé. Si Pierre ne conteste pas sa signature, il n'y a pas d'incident. La dénie-t-il, Paul demande incidemment à établir la sincérité de l'acte privé.

Une demande en reconnaissance et vérification d'écritures peut être formée en dehors de toute instance antérieure. Elle est alors principale et introductive d'instance. Quel avantage peut offrir cette demande ? Pourquoi, s'il s'agit d'un écrit constatant une obligation, ne pas attendre l'échéance de la dette et assigner alors en payement ? — Un double avantage peut être retiré de cette manière de procéder : 1° Attendre l'échéance, c'est s'exposer à voir plus tard le débiteur, devenu malhonnête, ou ses héritiers, dénier l'écriture ou la signature, à un moment où les preuves qu'aurait pu invoquer le demandeur ont disparu. En prenant les devants, on se prémunit contre cette disparition possible des preuves. On aura un jugement constatant la dette et condamnant par anticipation le débiteur. — 2° La créance est-elle d'ores et déjà exigible, une demande principale en reconnaissance d'écritures est préférable à une demande en payement; elle est plus expéditive. La première ne sera pas soumise au préliminaire de conciliation (Pr. civ., art. 49, 7°); l'assignation sera donnée à trois jours au lieu de huit. (Pr. civ., art. 193.) Le défendeur ne jouira pas d'un délai de quinzaine ; car la procédure de vérification ne comporte pas de signification de défenses. Le jugement pourra être rendu après un laps de temps assez court. — Au contraire, la demande en payement de la dette, soumise aux délais ordinaires, ne sera vidée qu'après un temps plus long, temps pendant lequel le débiteur pourra devenir insolvable, en apparence au moins. Gagner du temps, c'est souvent sauver sa créance.

Mais, principale ou incidente, toute vérification d'écritures devant être rationnellement précédée d'une demande en reconnaissance, divisons notre sujet en deux sections.

SECTION I. — **Demande en reconnaissance d'écritures.**

1057. Le créancier (ou l'acquéreur d'un droit réel), muni d'un acte sous seing privé, peut, même avant l'exigibilité de la créance, sans permission du juge et sans préliminaire de conciliation, assigner à trois jours son débiteur, pour avoir acte de sa reconnaissance ou pour faire tenir l'écrit pour reconnu. (Pr. civ., art. 193, 1er al.)

Les dérogations au droit commun insérées dans l'article 193, Pr. civ., s'expliquent par un besoin de célérité qui est ici manifeste et par la simplicité de la demande. Il s'agit d'un aveu à obtenir. Le fait sur lequel on le provoque est simple. Pour déterminer sa réponse, le défendeur n'a nul besoin de consulter ni avocat, ni homme d'affaires. Cette réponse peut donc être donnée dans le plus bref délai.

1058. La demande en reconnaissance a pour objet : 1° la *signature* apposée sur le titre, quand il s'agit d'un acte sous seing privé ordinaire 2° l'*écriture du titre entier ou le bon ou approuvé pour* *la somme de....* et *la signature*, lorsque l'écrit est régi par l'article 1326 du Code civil ; 3° l'*écriture* seulement, quand il s'agit des écrits non signés, dont s'occupent les articles 1329 à 1332 du Code civil.

La partie assignée en reconnaissance est appelée à s'expliquer. Que doit-elle ou peut-elle déclarer ? Distinguons avec la loi civile : 1° Le demandeur soutient que son adversaire, le défendeur par lui assigné, est l'auteur même de l'écrit présenté. Le défendeur doit l'avouer ou le désavouer formellement. Il ne peut se borner à répondre qu'il ne le connaît pas. Il doit savoir si l'écrit est ou non émané de sa main. — 2° L'écrit est présenté comme signé ou écrit, non par le défendeur lui-même, mais par son *auteur*, par une personne dont il est l'ayant cause. Le défendeur peut alors déclarer simplement qu'il ne connaît pas l'écriture ou la signature de cet auteur, de cette personne à laquelle il a succédé à titre d'ayant cause. (Cod. civ., art. 1323.)

1059. Interpellé par l'assignation à lui donnée, le défendeur peut prendre l'un des trois partis suivants : reconnaître l'écriture, ne pas comparaître, ou enfin articuler une dénégation formelle.

1° Le défendeur reconnaît l'écriture ou la signature de l'acte attribué à lui-même ou à son auteur. Le tribunal donne au demandeur acte de cette reconnaissance et tout est terminé. L'écrit ainsi reconnu acquiert une force probante aussi grande que celle attachée par la loi aux actes authentiques (Pr. civ., art. 194, 2° al). — Dans ce cas, le défendeur, étant exempt de toute faute, n'ayant rien à se reprocher, l'article 193, 2e al., Pr. civ., mettait, à la charge du demandeur, tous les frais relatifs à la reconnaissance et ceux de l'enregistrement de l'écrit sous seing privé. Le demandeur a voulu se procurer une sécurité pour l'avenir : il l'a obtenue ; à lui d'en supporter les frais. — Mais le motif qui guidait ainsi les rédacteurs du Code n'est pas entièrement juste, en ce qui concerne les frais d'enregistrement.

Ces frais, qui deviennent exigibles lors de la production en justice d'un acte sous seing privé, doivent être supportés par la partie qui a occasionné cette production. Quand le débiteur satisfait régulièrement, à l'échéance fixée, à ses engagements, l'auteur de la production est le demandeur. Rien de plus juste que de lui faire supporter les droits d'enregistrement. Mais, dans le cas contraire, lorsque le débiteur ne se libère point à l'échéance, sa résistance aurait nécessairement entraîné l'enregistrement de l'acte où son obligation se trouve constatée : peu importe qne cette mesure ait été prise d'avance. Son refus l'eût toujours rendue indispensable. Le débiteur doit alors supporter les droits d'enregistrement. La loi du 3 septembre 1807, art. 2, a modifié en ce sens la règle de l'article 193, Pr. civ.

2° La partie assignée en reconnaissance ne comparaît pas. Le tribunal donne alors défaut contre elle et l'écrit est tenu *pour reconnu*. Son silence équivaut à un aveu. Ce cas se rapproche du précédent (Proc. civ., art. 194.) Le tribunal prononce le défaut et doit tenir l'écrit pour reconnu, sans aucun examen préalable. Le législateur apporte ici une dérogation formelle à la règle de l'article 150, Proc. civ., aux termes duquel les conclusions du demandeur ne doivent lui être adjugées qu'autant qu'elles sont justes et bien vérifiées. Le silence de la partie assignée, rapproché de l'existence de l'écrit, est significatif. Pourquoi se tairait-elle, si l'écrit n'émanait pas de sa main? — Mais ce n'est là qu'une simple présomption que la partie assignée en reconnaissance peut faire tomber. Le jugement rendu contre elle a été pris par défaut. Elle peut l'attaquer par la voie de l'opposition. — Il en serait autrement, si le défendeur avait comparu et que, l'écrit lui étant présenté, il eût gardé le silence : il y aurait reconnaissance contradictoirement constatée.

Un aveu tacite ne pouvant avoir plus de valeur qu'un aveu exprès et les représentants des incapables n'ayant pas qualité pour faire des aveux opposables aux représentés, si le défendeur était mineur ou interdit, le tribunal, malgré le silence ou la non comparution du tuteur, ne devrait statuer qu'en connaissance de cause. Il vérifierait la justesse des conclusions du demandeur et ne tiendrait l'écriture pour reconnue qu'après examen.

3° La partie assignée comparaît et dénie l'écrit qui lui est attribué ou déclare ne pas connaître l'écriture ou la signature de l'acte attribué à son auteur. — Aux termes de l'article 1324 du Code civil, la vérification en forme serait toujours indispensable dans cette hypothèse. *La vérification en est ordonnée en justice*, dit ce texte. Mais le Code de procédure est venu modifier cette disposition, en laissant au tribunal un pouvoir discrétionnaire.

La vérification *pourra être* ordonnée, dit l'article 195, Proc. civ., — Les juges ne peuvent être astreints à recourir à un mode d'instruction qui leur paraît inutile et superflu. Ils ont la faculté, sans avoir recours à la procédure de vérification, d'écarter l'écrit dont la fausseté est palpable, comme celui attribué à une personne, qui de notoriété publique ne sait ni écrire, ni signer son nom. A l'inverse, les juges peuvent tenir immédiatement l'écrit pour vrai, si sa vérité se trouve établie par d'autres faits constants, indiscutables et acquis au procès. — Les juges n'ordonnent la vérification qu'au cas où ils ne trouvent pas dans le procès d'autres éléments suffisants de décision.

SECTION II. — **Vérification des écrits déniés ou méconnus.**

1060. Le tribunal se décide à ordonner la vérification de l'écrit sous seing privé dénié ou méconnu par le défendeur. Il rend un jugement interlocutoire en ce sens. Par quels modes va-t-on procéder à cette vérification? — L'article 195, Proc. civ., en admet trois. La vérification pourra être faite, soit par titres, soit par témoins, soit par experts. Ces trois modes de preuve peuvent être employés cumulativement ou séparément. La loi s'en remet à la prudence du tribunal.

1° Vérification par titres. La preuve par titres est extrêmement simple. Elle consiste à justifier de la vérité de l'écrit contesté par la production d'autres actes écrits, non suspects, mentionnant son existence ou relatant sa teneur. Ces actes seront fréquemment des actes authentiques. On pourra produire des actes sous seing privé, reconnus déjà par la partie adverse. Cette reconnaissance leur donne, dans les rapports respectifs des parties, la même foi que s'ils étaient authentiques. (Cod. civ., art. 1322.) Mais on ne pourra produire des écrits, qui, déniés, ont été vérifiés précédemment contre l'adversaire : la loi refuse de les admettre même comme pièces de comparaison. (Proc. civ., art. 200, 2e al.).

Cette preuve par titres est aisée et facile. Elle n'a jamais lieu en pratique. En pareille hypothèse, le défendeur ne s'amuse pas à dénier son écriture ou sa signature.

1061. 2° Vérification par témoins. Le second mode de vérification consiste dans l'audition des témoins. Ce mode pourra être employé, alors même que la valeur du fait juridique constaté dans l'écrit contesté est supérieure à 150 francs. Ne viole-t-on pas cependant la disposition de l'article 1341 du Code civil ? Non. Le vœu de la loi est qu'un écrit soit dressé pour constater les conventions des parties. Ce vœu, d'après le demandeur, a été rempli par l'écrit sous seing privé qu'il produit en justice. Mais comment prouver le fait même de la confection de l'écrit ? — Exiger une preuve écrite de cette confection, c'est entrer dans une voie sans point d'arrivée. Comprenons bien la loi civile. Elle n'exige pas qu'il soit passé acte des faits purement *matériels*, tels que la rédaction d'un écrit ; elle vise les faits *juridiques*, les conventions. Pour prouver un fait simplement matériel, la preuve testimoniale est toujours recevable. — En outre, la preuve testimoniale est autorisée toutes les fois que le demandeur a été dans l'impossibilité de se procurer une preuve écrite du fait par lui allégué. (Cod. civ., art. 1348.)

Or, cette situation existe précisément dans l'hypothèse actuelle. Le bénéficiaire du titre n'a pas pu se procurer d'avance une preuve écrite de la véracité de l'acte. Qu'eût-il demandé ? Un écrit constatant la rédaction du premier ? Mais comment eût été prouvée la sincérité du second ? Par un troisième ? La preuve testimoniale s'impose donc de toute nécessité.

Mais évitons une confusion. Les témoins appelés n'auront pas à déposer sur la *convention* relatée dans l'acte dénié ou méconnu. L'enquête devra uniquement porter sur la vérité de *l'écriture*, sur les faits relatifs à la *confection de l'écrit*, sur la formation matérielle de l'acte. Il sera demandé aux témoins, s'ils ont vu écrire ou signer l'écrit contesté, ou s'ils ont connaissance de faits propres à établir sa véracité. Il est interdit d'interroger les témoins sur la convention même ; sinon, il serait trop facile d'éluder, sous l'apparence d'une vérification de titre, la prohibition de la preuve testimoniale. (Proc. civ., art. 211.)

Les pièces déniées ou méconnues doivent être présentées aux témoins et être par eux paraphées. Il doit en être fait mention, ainsi que de leur refus. Doivent, au surplus, être observées les règles prescrites pour les enquêtes (Pr. civ., art. 212).

1062. 3° Vérification par experts. Le jugement interlocutoire, qui ordonne la vérification par experts, doit désigner les personnes chargées de vérifier l'écriture et le juge commis pour présider à leurs opérations. (Pr. civ., art. 196 et 197.) Réservons pour des développements ultérieurs l'étude des règles propres à l'expertise et à la récusation du juge commissaire. Constatons seulement que les experts doivent être au nombre de *trois*, que les parties ne peuvent convenir, comme en matière ordinaire, qu'il n'en sera nommé qu'un seul (Pr. civ., art 303). La vérification d'écritures a paru trop importante par ses résultats et trop délicate dans ses opérations pour être confiée à l'expérience et aux lumières d'une seule personne.

Le jugement ordonne le dépôt de la pièce au greffe, afin que la partie adverse puisse en prendre communication et que l'état matériel de cette pièce ne puisse désormais être altéré. Le tribunal fixe aussi un délai dans lequel le dépôt doit être effectué, sans que l'expiration de ce délai entraîne de plein droit déchéance.

La pièce est paraphée par la partie et par le greffier : son identité doit être bien constatée. Pour prévenir toute altération ultérieure, le greffier dresse un procès-verbal de dépôt. Il mentionne le nombre de lignes, les ratures, les surcharges, les diverses teintes de l'écriture, les taches, l'état du papier, en un mot toutes les circonstances qui lui paraissent caractéristiques (Pr. civ., art. 196). — Le dépôt effectué, l'avoué du demandeur le notifie à la partie adverse, par acte d'avoué à avoué. Cette partie est ainsi mise en demeure de prendre communication de la pièce. (Pr. civ., art. 198.)

1063. La pièce ainsi déposée et communiquée, la base de l'expertise se trouve établie. Mais l'appréciation à laquelle les experts vont se livrer est toute relative. Leur travail consiste à déduire la vérité ou la fausseté de l'écriture de l'acte en litige des rapports de ressemblance ou de dissemblance qu'elle peut avoir avec d'autres pièces d'écritures, incontestablement émanées de la personne à laquelle est attribuée l'écriture ou la signature à vérifier. On doit donc leur fournir des *pièces de comparaison*. Quelles seront ces pièces?

Les parties doivent d'abord essayer de s'entendre sur le choix de ces pièces de comparaison. L'article 199, Pr. civ., indique le mode à suivre et les effets de la non comparution du demandeur ou du défendeur.

Remarquons que le *juge* qui peut tenir la pièce pour reconnue, c'est évidemment le tribunal comme l'indique la suite de l'article. C'est le même sens qu'il faut donner au même mot *juge* dans l'article 200, Pr. civ. Une mission aussi importante que le choix des pièces de comparaison ne saurait appartenir à un simple délégué. Dans tout le titre de la *Vérification d'écritures*, le Tribunal a eu soin de faire disparaître l'équivoque, en ajoutant expressément le mot *commissaire*, toutes les fois que le mot *juge* ne signifiait pas le tribunal tout entier.

Si les deux parties comparaissent et conviennent à l'amiable des pièces de comparaison, le juge commissaire dresse procès-verbal de cet accord. On procède ensuite à la vérification.

Les deux parties comparaissent, mais elles ne s'accordent point sur les pièces de comparaison. Le tribunal doit alors les désigner. La loi circonscrit les pouvoirs du tribunal dans certaines limites infranchissables. Elle n'admet que les écritures ou signatures incontestables ou incontestées. L'article 200 Pr. civ., énumère ces écritures. — Remarquons que ne peuvent pas, *en cas de contestation entre les parties*, être reçues comme pièces de comparaison : 1° Les signatures mises sur des actes *extrajudiciaires*, autres que les actes notariés, sur les registres de l'état civil, par exemple. L'officier de l'état civil n'est pas, comme l'est le notaire, astreint à connaître les parties et à s'assurer de leur identité. Rien n'atteste avec certitude que la personne, qui s'est présentée devant lui et qui a signé l'acte de l'état civil, soit bien réellement celle à laquelle cette signature est attribuée. Mais s'il s'agissait de vérifier la signature de l'officier de l'état civil lui-même, le registre qu'il a signé pourrait être admis comme pièce de comparaison ; — 2° Les signatures privées apposées sur des actes judiciaires dressés par un juge non assisté du greffier, ou par un greffier sans le concours du juge ; — 3° Les signatures et écritures déniées ou non reconnues par celui à qui la pièce est attribuée, bien qu'elles aient été précédemment vérifiées en justice et reconnues par jugement être dues à sa main. L'art des experts est si conjectural, de si nombreux et célèbres exemples en ont montré l'incertitude que le législateur n'a pu attacher à l'acte vérifié un degré suffisant de vérité. — Ces restrictions sont inapplicables quand les parties s'accordent sur le choix des pièces.

Désigner les pièces de comparaison ne suffit pas ; il faut en faire effectuer la remise entre les mains des experts. Nulle difficulté n'existe, si elles se trouvent à la disposition du demandeur. Sont-elles entre les mains de tierces personnes, la loi prend diverses mesures tendant d'une part à obtenir l'apport des pièces désignées et, d'autre part, à assurer leur conservation et les droits des intéressés. Les articles 201, 202, 203 et 205 du Code de procédure nous font connaître ces diverses mesures.

L'article 204, Pr. civ., indique comment sont réunies devant le juge commissaire toutes les parties dont le concours est nécessaire pour qu'il puisse être procédé à la vérification.

1064. Les pièces de comparaison peuvent faire défaut ou être insuffisantes. La constatation de ce fait peut avoir lieu lors de la première réunion des experts, ou à une époque antérieure. Si l'on persiste à procéder par comparaison d'écritures, apparaît la nécessité de créer l'élément qui manque à la vérification, de faire faire un corps d'écriture au défendeur.

L'article 206, Pr. civ., décide que le juge commissaire pourra ordonner qu'il sera fait un corps d'écriture ; lequel sera dicté par les experts, le demandeur présent ou appelé. Cette disposition légale est un malencontreux emprunt fait par les rédacteurs du Code, malgré les observations du Tribunat, à l'ordonnance de juillet 1737 (art. 33, tit. Ier). — Si le défendeur fait défaut ou refuse d'écrire, le juge commissaire le constate sur son procès-verbal et renvoie l'incident à la prochaine audience du tribunal. Sur son rapport, le tribunal peut déclarer que la pièce à vérifier sera tenue pour reconnue, comme dans le cas où le défendeur ne comparaît pas pour faire choix des pièces de comparaison. (Pr. civ., art. 199.)

1065. Tous les préliminaires indispensables accomplis, les experts, après avoir prêté serment, se livrent à l'examen qui leur est confié.

Les articles 207, 208, 209, 210 du Code de procédure civile indiquent le mode de procéder que doivent suivre les experts, règlent la rédaction du rapport et la restitution des pièces de comparaison, etc. Nous retrouverons des dispositions semblables au titre des *Rapports d'experts*. (V. Tarif du 16 février 1807, art. 159 à 167.)

La partie la plus diligente signifie à l'adversaire le rapport des experts, le procès verbal du juge commissaire et poursuit l'audience par un avenir. (Pr. civ., art. 286 et 321.)

Au tribunal d'examiner quelles conclusions il doit tirer du rapport des experts. Les juges ne sauraient apporter trop de prudence. Les erreurs commises par les experts sont célèbres et les bases de l'expertise souvent bien légères et bien frivoles. N'oublions pas que, même après l'expertise consommée, le tribunal est libre de recourir à tout autre mode d'instruction, à une enquête, à un interrogatoire, et même à une nouvelle expertise.

SECTION III. — Effets de la reconnaissance et de la vérification.

1066. Deux hypothèses sont possibles : 1° Il n'est pas établi que l'écrit en litige soit émané du défendeur à la vérification d'écritures. Le tribunal l'écarte et met au compte du demandeur tous les frais de l'incident.

2° Dans l'hypothèse inverse, la pièce est tenue pour reconnue. Sur le fond du droit, le demandeur en vérification l'emporte, puisque l'écrit fait preuve de son allégation. Le défendeur succombe. Distinguons quant aux condamnations accessoires qui peuvent être prononcées contre lui.

La pièce a été présentée comme émanée de lui ; il la déniée. Sa dénégation a été inspirée par la mauvaise foi. Il est naturellement condamné aux dépens du procès, mais en outre aux dommages-intérêts réclamés par l'adversaire et à une amende de 150 francs. (Pr. civ., art. 213.)

L'écrit sous seing privé a été présenté comme étant émané d'une autre personne, au lieu et place de laquelle se trouve le défendeur en qualité d'ayant cause. Il a déclaré ne point connaître l'écriture ou la signature de cette personne. Sa déclaration n'a pas été nécessairement dictée par la mauvaise foi. La loi ne présume pas le dol. Ce défendeur sera condamné aux dépens, même suivant les circonstances à des dommages-intérêts, mais jamais à l'amende.

1067. La vérification et la reconnaissance produisent un effet identique en ce qui concerne le procès même, auquel se rattache l'écrit contesté. Cet écrit a, entre les parties, leurs héritiers ou ayant cause la foi d'un acte authentique (Cod. civ., art. 1322). — Mais en dehors du litige soumis aux juges, l'acte *vérifié* n'a plus la même force probante que l'acte *reconnu*. — L'acte reconnu pourra servir de pièce de comparaison, si l'on procède dans l'avenir à une nouvelle vérification d'écritures. (Pr. civ., art. 200, 2e al.) — L'acte reconnu ne peut être attaqué par la voie de l'inscription de faux. Une personne au contraire peut s'inscrire en faux contre l'écrit privé, qui a été contradictoirement vérifié avec elle. (Pr. civ., art. 214).

Toute vérification en justice ou reconnaissance d'un acte sous seing privé, constatant une obligation à la charge du souscripteur, donne naissance à un jugement de condamnation, qui entraîne, au profit du créancier, une hypothèque judiciaire, générale, frappant sur tous les biens présents et à venir du débiteur. — Cette hypothèque générale se concevait naturellement dans notre ancien droit. Tout acte authentique emportant alors hypothèque générale, on ne faisait qu'appliquer l'assimilation à l'acte authentique de l'écrit vérifié ou reconnu. Mais aujourd'hui une anomalie existe dans la législation. L'acte authentique n'ayant plus le privilège de conférer, *ipso jure*, hypothèque générale, c'est mal à propos que le législateur a attaché cet effet à des écrits privés, qui sont seulement assimilés aux actes authentiques.

En outre, cette anomalie aurait été funeste pour le débiteur, qui pouvait voir son crédit compromis par une inscription d'hypothèque prise sur tous ses biens avant l'échéance de la dette. Le débiteur pouvait être victime d'une supercherie du créancier. Celui-ci n'a obtenu et le débiteur n'a voulu signer qu'un acte sous seing privé. Ce fait prouve, ou que le créancier a consenti à prêter de l'argent par exemple, sans stipuler la constitution d'une hypothèque, ou que l'hypothèque par lui désirée a été refusée par le débiteur; car la constitution d'une hypothèque eût nécessité un acte authentique notarié. Or, le créancier pourrait, l'écrit sous seing privé une fois dressé, assigner en reconnaissance d'écriture le débiteur avant l'échéance de l'obligation. Le débiteur, honnête homme, avouerait l'écrit, ou l'écrit serait vérifié contre lui. Le jugement, constatant l'aveu du défendeur ou déclarant l'écrit vérifié, emporterait hypothèque judiciaire, hypothèque générale. Le créancier obtiendrait ainsi une garantie plus étendue que l'hypothèque spéciale refusée par le débiteur. — La loi du 3 septembre 1807, art. 1er, ne permet pas au créancier de requérir immédiatement l'inscription de cette hypothèque. Celle-ci est bien acquise au créancier d'ores et déjà en vertu du jugement; mais la mesure indispensable pour faire produire à l'hypothèque toute son efficacité, l'inscription, ne pourra être prise qu'après l'échéance. A cette époque, le créancier non payé obtiendrait la condamnation du débiteur et pourrait faire inscrire l'hypothèque judiciaire. En prenant inscription de l'hypothèque acquise d'avance, il n'aggrave en rien la position du débiteur.

CHAPITRE III

PROCÉDURE DE FAUX

(LIV. II, TIT. XI, ART. 214 A 251.)

SOMMAIRE. — Deux espèces de faux : matériel ou intellectuel. — De l'action publique et de l'action civile en matière de faux. — *Section première.* Actes contre lesquels on peut s'inscrire en faux. — *Section deuxième.* Instruction du faux. — § 1er Procédure à fin d'être admis à s'inscrire en faux. — § 2. Procédure à fin d'être admis à la preuve des moyens de faux. — § 3. Procédure tendant à la preuve du faux. — *Section troisième.* Issue de la procédure de faux.

1068. Le faux consiste soit dans la contrefaçon de l'écriture ou de la signature d'une personne dans le but de fabriquer un acte contraire à la vérité, soit dans l'altération d'un écrit au moyen de ratures, additions ou surcharges, soit dans la narration de faits mensongers dans un écrit dressé pour constater les dires ou les conventions de parties contractantes.

Distinguons deux espèces de faux :

1° Le faux *matériel* ou *formel ;* 2° le faux *intellectuel* ou *moral.* — Le faux *matériel* consiste dans la contrefaçon de l'écriture ou de la signature d'autrui, ou dans l'altération par additions, ratures ou surcharges d'un acte originairement vrai. Ce faux est appelé matériel, parce qu'il est susceptible d'être constaté physiquement, par les sens.

Le faux *intellectuel* existe lorsque le véritable rédacteur d'un écrit y mentionne des faits mensongers. Ce faux n'a rien de matériel : aucun signe visible ne le décèle. L'intelligence peut seule le saisir à l'aide d'un raisonnement.

Matériel ou intellectuel, le faux constitue un crime. (Cod. pén., art. 132 à 165). Il engendre donc deux actions : une action publique et une action civile.

1069. L'action *publique* a pour objet la punition de l'auteur du faux. Elle ne peut être exercée que par le ministère public et ne peut être portée que devant la juridiction répressive. Elle est éteinte par le décès du coupable ou par la prescription de dix ans. (Cod. ins. crim., art. 3, 448 à 464, 637.)

L'action *civile* a pour objet la réparation pécuniaire du préjudice que le faux a pu causer, la suppression de la pièce fausse ou la reconstitution de la pièce falsifiée. — Elle peut être exercée par toute personne ayant intérêt. — Elle peut être portée devant la juridiction civile ou devant la juridiction répressive saisie de l'action publique. — L'auteur du faux est-il décédé, l'action civile peut être intentée contre les héritiers du coupable ou contre le détenteur de la pièce arguée de faux; mais elle ne peut alors être portée que devant le tribunal civil. (Cod. ins. crim., art. 2 et 3.)

L'action civile se prescrit-elle par dix ans comme l'action publique?

D'après les termes de l'article 637 du Code d'Instruction criminelle, l'affirmative paraît certaine. Nous distinguons cependant. L'action civile, née à la suite d'un crime de faux, a un double objet. Comme tendant à faire obtenir à la partie lésée la réparation pécuniaire du préjudice causé, elle se prescrit par dix ans en même temps que l'action publique. Mais elle nous paraît imprescriptible, même par trente ans, perpétuelle, en tant qu'elle a pour objet la suppression, la lacération, la radiation, la réformation ou la reconstitution de l'écrit argué de faux. L'acte faux est infecté d'une nullité radicale et absolue : il n'existe qu'en apparence. Ce qui est absolument nul ne peut jamais valoir *etiam per mille annos*.

L'action civile ne peut être portée que devant la juridiction civile, dans quatre cas: 1° L'auteur du faux est décédé; 2° l'auteur du faux est inconnu; 3° l'action publique est prescrite; 4° saisi d'une plainte le ministère public se refuse à saisir la juridiction répressive.

La partie, qui a d'abord intenté l'action devant la juridiction civile, peut abandonner son action et se joindre à l'action publique introduite devant la juridiction répressive par le ministère public. C'est ce que l'article 250, Pr. civ., appelle *se pourvoir, par la voie criminelle, en faux principal*. Mauvaise formule; car, ne l'oublions, pas la partie privée ne peut intenter l'action publique. Elle doit dénoncer le faux aux magistrats chargés de la répression des infractions et se porter partie civile devant le tribunal, saisi de l'action criminelle par le ministère public. — L'article 250, Pr. civ., contient une dérogation à la règle que le plaideur ne peut prendre la voie la plus dure après avoir pris la plus douce. Le législateur a voulu faciliter la répression du crime de faux, en invitant la partie privée à porter plainte quoiqu'elle ait déjà saisi la juridiction civile.

L'exercice de l'action civile portée devant le tribunal civil est suspendu, tant qu'il n'a pas été prononcé définitivement sur l'action publique, intentée avant ou pendant la poursuite de l'action civile. Dans ce cas, il est sursis au jugement du procès civil dans le cours duquel a été produite la pièce arguée de faux. Mais si les juges estiment qu'il peut être jugé indépendamment de cette pièce, ils peuvent passer outre au jugement. (Cod. instr, crim., art, 3; Pr, civ., art. 250.)

La sentence rendue par la juridiction répressive aura l'autorité de la chose jugée en matière civile. Les intérêts civils seront préjugés, en ce sens que si la culpabilité de l'inculpé est constatée, le faux reconnu, le juge civil sera lié par cette sentence et n'aura plus qu'à apprécier les dommages-intérêts. Si l'inculpé est acquitté, le tribunal civil pourra juger néanmoins que l'acte est faux, à la condition de ne pas heurter ou contredire dans son jugement l'arrêt de la Cour d'assises. (Cod. instr. crim., art. 463; Cod. civ., art. 198 et 235.)

L'instruction de la demande, portée devant le tribunal civil, peut révéler l'existence d'un crime de faux, fournir des indices de culpabilité. Il importe que le ministère public puisse en suivre toutes les phases, afin d'être toujours à même d'intenter l'action publique, si les faits mis en lumière lui paraissent assez graves pour motiver une poursuite criminelle (Pr. civ., art. 251). — Dans le même but et pour le même motif, l'article 249, Pr. civ., n'autorise l'exécution d'une *transaction* sur la poursuite de faux, qu'après homologation en justice avec communication au ministère public. Cette disposition doit être sainement comprise. La partie lésée par le faux ne peut évidemment pas transiger avec le coupable sur le crime même, arrêter l'action publique. La transaction ne peut porter que sur les intérêts pécuniaires rattachés à l'action civile. Dans ces limites, elle est pleinement valable, indépendamment de toute homologation. C'est en tant qu'elle pourrait nuire à l'exercice de l'action publique, que son exécution est subordonnée à l'homologation du tribunal. Les parties ne peuvent convenir de la suppression de la pièce que sous les yeux et avec l'approbation de la justice.

1070. Les rédacteurs du Code de procédure ont intitulé le titre XI : *Du faux incident civil.* L'article 1319 du Code civil appelle *plainte en faux principal* la poursuite du faux devant les tribunaux criminels. Est-ce à dire que la question de faux ne puisse être jamais soulevée, qu'incidemment au civil, que principalement au criminel? Non. Dans le cours d'un procès criminel une pièce fausse peut être produite : il est nécessaire de l'attaquer et de la faire rejeter : voilà au criminel un véritable *faux incident.* — A l'inverse, la demande en faux peut être *principale* au civil. Nulle loi ne l'interdit. Souvent, elle sera la seule voie possible, comme dans les cas où la voie criminelle est fermée. (V. n° 1069.) — Les rédacteurs du Code de procédure ont visé le cas le plus fréquent et, comme les auteurs du Code civil, ont conservé des expressions qui se réfèrent à l'ancien système des accusations privées. — Le Code de procédure ne traite que du *faux incident* : mais les règles qu'il trace s'appliqueraient aussi à la demande en faux par voie principale.

Nous serons très brefs sur cette matière. Les procédures de faux sont heureusement assez rares en pratique (1). Le législateur a trop suivi l'ordonnance de 1737 : il en a employé le langage suranné et les formalités superflues. C'est une matière à réformer complètement. Nous nous contenterons de tracer les lignes générales de cette procédure.

Le Code suppose qu'au cours d'un procès, une partie veut faire reconnaître comme fausse une pièce *signifiée, communiquée* sur récipissé ou au greffe, ou *produite* dans une plaidoirie. — Si une pièce fausse était *signifiée* ou *employée* en dehors de tout procès, on devrait ou intenter une action principale en faux ou demander la nullité des poursuites faites en vertu de la pièce falsifiée.

SECTION I. — Actes contre lesquels on peut s'inscrire en faux.

1071. On peut s'inscrire en faux contre les *actes authentiques.* La force probante de ces actes repose sur une double présomption. — L'écrit qui a les caractères et les signes *apparents* d'un acte authentique est réputé l'être réellement. — Tous les faits qui y sont rapportés sont réputés vrais. — Ces présomptions peuvent l'une et

(1) Dans la période quinquennale 1876-1880, sur une moyenne annuelle de 164,186 affaires inscrites au rôle des tribunaux civils, les demandes en faux incident sont au nombre de 59. (Compte rendu de la justice civile des années 1821 à 1880.)

l'autre être combattues : mais nous avons vu, que si la preuve contraire peut, à l'égard de certains faits relatés dans l'acte, se faire par la voie ordinaire, en principe la force probante de l'acte authentique ne s'évanouit qu'à la suite d'une procédure spéciale, l'inscription de faux. (V. n° 1043.)

Cette procédure est encore nécessaire pour faire tomber la foi d'un écrit sous seing privé, vérifié en justice. Sa sincérité n'a été établie qu'à l'aide d'une voie peu sûre, *la vérification d'écritures.* — Mais si l'acte avait été vérifié dans une procédure de faux, l'autorité de la chose jugée ne permettrait pas de soulever une seconde fois la même question, entre les mêmes parties. C'est ce que veut dire la loi, quand, dans l'article 214, Pr. civ., elle emploie les mots : *à d'autres fins que celles d'une poursuite de faux principal ou incident.*

SECTION II. — **Instruction du faux.**

1072. A l'imitation de l'ordonnance de 1737, le Code procède, en matière de faux-incident, d'une manière compliquée. La procédure se divise en trois parties ou phases distinctes et successives, aboutissant chacune à un jugement spécial. — La première comprend les formalités qui précèdent l'inscription de faux et le jugement qui l'autorise. — La deuxième embrasse la remise de la pièce raguée de faux, sa description, la signification des moyens que le demandeur en faux apporte à l'appui de sa prétention et enfin le jugement qui en ordonne la preuve, après les avoir reconnus admissibles. — La troisième phase est relative à la preuve ou à l'instruction du faux, au jugement qui statue sur cette intruction.

§ 1er. — *Procédure à fin d'étré admis à s'inscrire en faux.*

1073. Comme en matière de vérification d'écritures une démarche préalable est nécessaire. On doit mettre l'adversaire en demeure de prendre un parti sur l'emploi de la pièce ; démarche importante, car l'usage sciemment fait d'une pièce fausse entraîne la peine des travaux forcés à temps. (Cod. pén., art. 148 ; Pr. civ., art. 215.). — La partie sommée répond dans les huit jours. Ce délai doit être augmenté à raison de la distance existant entre le domicile réel de l'interpellé et le lieu où siège le tribunal. (Pr. civ., art. 216.)

Le silence du défendeur vaut renonciation à faire usage de la pièce suspecte. (Pr. civ., art. 217.)

La partie interpellée déclare-t-elle qu'elle veut se servir de la pièce, le demandeur en faux (qui peut être le demandeur originaire) déclare, par acte au greffe, s'inscrire en faux. (Pr. civ., art. 218; Tarif, art. 92). — L'inscription opérée, l'audience se poursuit par acte d'avoué à avoué. On plaide sur l'admissibilité de l'inscription. Le ministère public doit donner ses conclusions. (Pr. civ., art. 251).

Le tribunal rejette-t-il l'inscription, il passe outre, et si la cause principale est en état, il lui est permis de statuer sur l'incident et sur le fond par un seul jugement. — Au contraire, l'inscription est-elle admise, le jugement nomme un juge commissaire pour diriger la procédure ultérieure.

§ 2. — *Procédure à fin d'être admis à la preuve des moyens de faux.*

1074. Avant que le demandeur soit admis à la preuve du faux, a lieu une instruction dirigée par le juge commissaire. La pièce est *accusée de faux*, disait Pothier : on instruit en quelque sorte contre elle.

On prend des mesures pour obtenir la représentation de la pièce, le corps du délit. Le défendeur a l'obligation d'en opérer le dépôt au greffe. (Pr. civ., art. 219, 220.) — Si la pièce arguée de faux n'est qu'une expédition, il peut être essentiel d'en vérifier la minute. (Pr. civ., art. 221, 222. 223.). — Le défendeur est responsable de l'apport de la minute (Pr. civ., art. 224).

La remise de la pièce suspecte et celle de la minute, s'il y a lieu, effectuées, on dresse, dans un bref délai, un procès-verbal constatant l'état de ces pièces, procès-verbal rédigé par le juge commissaire, assisté du greffier, en présence des deux parties et du ministère public. (Pr. civ., art. 225, 226, 227, 245.).

Pour rechercher les moyens de faux, sur l'admission ou le rejet desquels le tribunal doit prononcer un second jugement interlocutoire, il est essentiel que le demandeur prenne communication des pièces déposées au greffe. Mais ces pièces sont trop précieuses pour que le déplacement puisse en être autorisé. (Pr. civ., art. 228.)

Toute cette procédure se trouve naturellement simplifiée, lorsqu'il s'agit d'un faux intellectuel.

Le demandeur signifie ses moyens de faux : le défendeur y

répond. Les moyens doivent être précis, circonstanciés (Pr. civ., art. 229 et 230.) Ces significations faites, sur un simple avenir, les parties reviennent devant le tribunal, qui, dans un nouveau jugement, statuera sur l'admissibilité ou sur le rejet des moyens de faux. C'est le terme de la seconde phase de la procédure. Les conclusions du ministère public sont essentielles. (Pr. civ., art. 231 et 251.)

1075. — C'est ordinairement dans le jugement même qui admet les moyens de faux, qu'est prononcée par le tribunal la suspension de l'exécution de l'acte argué de faux. Cette suspension peut avoir lieu plus tôt ; la loi laisse à cet égard au tribunal un pouvoir discrétionnaire. (Cod. civ., art. 1319.)

§ 3. — *Procédure tendant à la preuve du faux.*

1076. Cette dernière phase de la procédure a trait à la vérification de la pièce arguée de faux, vérification semblable en bien des points à celle que nous avons étudiée dans le précédent chapitre.

Le tribunal ordonne les mêmes moyens de vérification, les seuls possibles, la preuve par titres, par témoins et par experts.

Deux restrictions sont édictées en matière de faux : 1° les experts, à raison de l'importance de leur mission, ne seront point choisis par les parties ; 2° Le jugement énoncera les moyens de faux, les seuls dont la preuve soit autorisée. Cependant, si les experts découvrent dans l'écrit quelque nouveau vice matériel, ils pourront en faire mention dans leur rapport. (Pr. civ., art. 232, 233.)

La preuve par témoins peut tendre à établir directement le faux matériel ou intellectuel, ou à faire connaître des faits pouvant servir à la découverte de la vérité. Les témoignages sont recueillis d'après les règles ordinaires des enquêtes. (Pr. civ., art. 234 et 235.)

La marche de l'expertise est la même qu'en matière de vérification d'écritures. (Pr. civ., art. 236 et 237.)

L'instruction des moyens de faux achevée, la partie la plus diligente signifie à l'adversaire copie du procès-verbal d'enquête, du rapport des experts et de toutes les pièces qui se rattachent à cette dernière phase de l'instance. Ces pièces doivent également être communiquées au ministère public, afin qu'il puisse prendre ses conclusions. L'audience est ensuite poursuivie sur simple avenir. (Pr. civ., art. 238 et 251.)

SECTION III. — **Issue de la procédure de faux.**

1077. Lorsque l'action publique ne se trouve pas éteinte par prescription, par le décès du faussaire, la découverte d'indices de faux, dans la procédure suivie devant le tribunal civil, doit donner lieu à des poursuites immédiates. (Pr. civ., art. 239, 240 — Cod. inst. crim., art. 462.)

Le tribunal statue sur l'existence du faux. Son jugement contient nécessairement plusieurs chefs. La pièce suspecte est-elle reconnue fausse ou altérée, le tribunal prend les mesures indispensables pour faire réformer ce qui a été altéré, ou pour empêcher qu'il ne soit fait usage de l'acte faux dans l'avenir. Mais comme ces mesures sont de nature à causer un dommage irréparable au porteur de l'acte, l'exécution du jugement est différée, tant qu'il existe quelque voie ordinaire ou extraordinaire pour attaquer le jugement. L'article 241, Pr. civ., ne mentionne pas l'opposition; mais on reconnaît qu'il y a là une simple lacune de rédaction. L'esprit de la loi s'oppose évidemment à ce que l'on touche aux pièces déclarées fausses par un jugement de défaut, tant que court le délai de l'opposition.

En second lieu, le jugement prononce sur la restitution des pièces, tant aux parties qu'aux tiers qui ont apporté les pièces de comparaison. La loi donne au tribunal des pouvoirs étendus afin qu'il puisse tenir compte de tous les intérêts en présence. (Pr. civ., art. 242, 243, 244.) Il va de soi que l'acte déclaré faux sera rejeté du procès dans lequel s'est produit l'incident de faux. Le tribunal statuera sur le fond du litige, en recourant à d'autres éléments de conviction.

Plus le crime de faux est grave, plus il importe de réprimer une allégation de faux dénuée de fondement. Le demandeur, qui succombe, est condamné à une amende de trois cents francs et à des dommages-intérêts envers la partie. (Pr. civ., art. 246, 247, 248.)

CHAPITRE IV

ENQUÊTES

(LIV. II, TIT. XII, ART. 252 A 294).

SOMMAIRE. — Généralités sur la preuve testimoniale. — Deux sortes d'enquêtes : publiques ou secrètes. — Enquête principale ou incidente. — De *l'examen à futur*. — Trois périodes : 1re PÉRIODE. Admissibilité de l'enquête. — Cas dans lesquels et conditions sous lesquelles l'enquête peut être ordonnée ou autorisée. — Du jugement interlocutoire ordonnant ou permettant l'enquête. — Contre-enquête. — 2e PÉRIODE. Marche et fonctionnement de l'enquête. — § 1er Des délais impartis pour l'ouverture et pour la clôture de l'enquête. — De la prorogation des délais. — § 2. Formalités et procédure de l'enquête. — Assignation de la partie. — Assignation des témoins. — Audition des témoins. — Formalités de cette audition. — Taxe due aux témoins. — § 3. Des témoins. — Personnes incapables de témoigner en justice. — Personnes qui peuvent être reprochées. — Cas de reproches. L'article 283 est-il impératif ? — Est-il limitatif ? — § 4. Sanction de la comparution et de la véracité des témoins. — Secret professionel. — Serment. — Peine du faux témoignage. — 3e PÉRIODE. Procédure postérieure à l'enquête. — Signification des procès-verbaux d'enquête. — Mission du tribunal. — § 1er Examen de la nullité ou de la validité de l'enquête. — § 2. Jugement des reproches. — § 3. Appréciation des témoignages. — § 4. Jugement à suite d'enquête.

1078. L'enquête est le mode d'administration pratique de la preuve testimoniale. Ce mot, dérivé du verbe latin *inquirere*, désigne la procédure suivie pour l'audition des témoins en justice. Faire une enquête, c'est recueillir, suivant les formes déterminées par la loi, les témoignages, à l'aide desquels sera établie la vérité des faits allégués par une partie et contestés par l'autre. Le Code civil fixe les conditions précises de l'admissibilité de la preuve testimoniale ; le Code de procédure détermine comment cette preuve s'administre dans la pratique.

La preuve testimoniale n'a été admise par la loi civile qu'avec une extrême réserve. La preuve à l'aide d'écrits, de titres, d'un fait allégué est toujours recevable, à moins que la loi n'interdise la constatation du fait considéré en lui-même. Au contraire, même à l'égard des faits dont la constatation en elle-même n'est pas défendue et qui pourront être établis à l'aide d'autres moyens de preuve, la preuve testimoniale n'est autorisée que dans certains cas déterminés.

Ces cas sont énumérés et précisés dans plusieurs textes de la loi civite et de la loi commerciale. Nous n'avons ici, ni à examiner ces textes ni à en fournir le commentaire (V. Cod. civ., art. 46, 192, 197, 307, 322, 323, 341, 1341 à 1348, 1715, 2044, etc.; Cod. com., 41, 42, 109, 332, etc.)

Nous croyons cependant utile pour l'intelligence des règles de procédure de rappele rles divers motifs qui ont conduit le législateur à circonscrire dans d'étroites limites la recevabilité de la preuve testimoniale.

L'ordonnance de Moulins de 1566, qui, la première, dans notre ancien droit, est venue restreindre l'application de la preuve testimoniale est l'origine des dispositions actuelles de la loi civile. Cette ordonnance n'attribue aux règles nouvelles qu'un seul motif, le désir d'éviter la complication des procédures : « Pour obvier à la « multiplication des faits que l'on a vu ci-devant être mis en avant « en jugement, sujets à preuve de témoins et reproches d'iceux « dont adviennent plusieurs inconvénients et involutions de pro« cès, etc., art. 54. » Diminuer le nombre des procès, ou éviter la longueur et la multiplication des procédures, tel a été le but du législateur de 1566 et des auteurs du Code civil.

A ce premier motif, les commentateurs du Code civil en ajoutent deux autres. Le premier, tiré de l'*infidélité* trop bien établie de la mémoire humaine. Pourquoi permettre de faire dépendre la solution de causes délicates ou importantes uniquement de souvenirs dont l'exactitude, comme le démontre l'expérience de tous les jours, peut être à bon droit suspectée? Même sincères et de bonne foi, les témoins peuvent commettre de graves erreurs. — Le second motif, déjà mis en avant par les contemporains de l'ordonnance de 1566, est tiré du danger de la subornation des témoins. Loisel citait l'adage coutumier suivant : *Fol est qui se met en enquête; car qui mieux abreuve, mieux preuve.*

De ces divers motifs, d'inégale valeur, il importe surtout de retenir celui qu'indiquait l'ordonnance de Moulins; seul, il se concilie avec l'admissibilité restreinte de la preuve testimoniale. Les deux autres devraient logiquement conduire à la prohibition absolue de ce mode de preuve; car au point de vue de la stricte justice, on ne saurait admettre qu'un genre de preuve, reconnu dangereux, repoussé dans des causes importantes, soit employé dans d'autres procès, à raison de l'exiguïté des intérêts discutés. En outre, si ces deux motifs eussent seuls guidé le législateur, le Code de procédure serait riche en dispositions se conciliant mal avec les causes qui les auraient engendrées.

1079. L'audition des témoins eut d'abord lieu, dans notre ancien droit français, devant des magistrats *enquêteurs*, délégués pour recueillir les dépositions. Ceux-ci procédaient publiquement, en présence des intéressés. Mais des circonstances particulières, et notamment l'exemple des tribunaux ecclésiastiques, firent admettre le secret des enquêtes, qui fut adopté à l'état de principe en toute matière, en 1539, sous François Ier. Des chambres spéciales, connues sous le nom de *chambres des enquêtes*, furent établies dans les parlements pour juger les affaires dans lesquelles la preuve se faisait par témoins. La forme des enquêtes écrites fut réglée par l'ordonnance de 1667 qui maintint le principe du secret. — Par un décret du 7 fructidor an III, la Convention décida qu'en matière civile les témoins seraient entendus à l'audience, c'est-à-dire admit la publicité de l'enquête, qui existait déjà en matière criminelle depuis la loi du 29 septembre 1791. Un arrêté consulaire du 18 fructidor an VIII revint purement et simplement au système de l'ordonnance de 1667.

1080. D'après le Code de procédure civile, l'enquête est tantôt publique, tantôt secrète. — *Publique*, elle a lieu à l'audience du tribunal, en présence des intéressés et de la foule des assistants.

Dans l'enquête *secrète*, les témoins déposent à huis clos, dans une salle particulière, devant un juge commissaire assisté d'un greffier, en la présence des parties, de leurs avoués et de leurs avocats. Le juge commissaire recueille dans un procès-verbal les dépositions, qui sont ensuite lues et discutées à l'audience publique du tribunal.

L'enquête est *secrète* dans les causes *ordinaires* portées devant un tribunal civil d'arrondissement. Elle est *publique* dans les affaires *sommaires* portées devant le même tribunal et dans toutes les causes qui rentrent dans la compétence des justices de paix, des tribunaux de commerce et des conseils de prud'hommes.

Le principe du secret de l'enquête en matière civile ordinaire est critiqué par plusieurs jurisconsultes. Ils invoquent les avantages de la publicité, qui permet au tribunal tout entier de mieux saisir la vérité en observant l'accent des témoins, l'expression de leur visage, leur contenance, leur attitude tout entière, en présence d'un auditoire qui peut contrôler leur véracité. — Ces avantages sont incontestables. Néanmoins le principe du secret a ses partisans. Ceux-ci font valoir la crainte que les témoins ne soient intimidés par l'appareil de l'audience et le danger de rixes, s'élevant entre les divers témoins, de nature à compromettre la dignité du tribunal. — Ces arguments, s'ils étaient probants, prouveraient trop. Ils ne tendraient à rien moins, qu'à faire supprimer la publicité de l'enquête devant les tribunaux d'exception et devant la juridiction répressive, où les passions sont plus vivement excitées. L'expérience a fait justice de ces appréhensions. — Le seul motif sérieux, qui puisse faire maintenir l'enquête secrète, se tire de l'inconvénient réel, résultant de la nécessité d'employer trois juges au lieu d'un seul, pour procéder à l'audition des témoins, d'occuper ainsi un temps précieux qui fait déjà défaut dans un grand nombre de tribunaux surchargés d'affaires. Si l'enquête était toujours publique, dans bien des tribunaux le personnel devrait être augmenté. En outre, les dangers que peut, au point de vue de la véracité, présenter le principe du secret sont bien atténués par la présence des plaideurs, assistés de leurs avoués et de leurs avocats, et par la faculté qu'ont les parties de faire poser des questions aux témoins. — Nous remarquerons que le Code de procédure italien laisse au tribunal la faculté de retenir l'enquête ou de la renvoyer devant un juge commissaire, suivant la nature et les circonstances de la cause. L'article 340 du Code de procédure de l'empire d'Allemagne du 30 janvier 1877 contient une semblable disposition. Cette latitude pourrait être utilement introduite dans notre législation.

1081. L'enquête est *principale* ou *incidente*. Elle est principale, quand elle est réclamée et organisée en vue d'un litige non encore né, d'un procès futur. Un créancier peut craindre de se trouver privé, lors de l'échéance de l'obligation, d'un témoin important, actuellement âgé ou valétudinaire. La situation de ce créancier, demandant à faire à ses propres frais une enquête qui bientôt deviendra impossible, cette situation est éminemment favorable. L'adversaire ne peut guère s'y opposer, qu'en faisant suspecter sa bonne foi. Cependant des auteurs estimables repoussent cette enquête principale, *in futurum*, en s'appuyant sur l'ordonnance de 1667, titre XIII, art. 1er, qui l'avait interdite ; interdiction, disent-ils, que le Code de procédure a implicitement consacrée. — Nous ne pouvons partager cette opinion. Les rédacteurs de l'ordonnance de 1667 avaient interdit les enquêtes d'*examen à futur*, à raison de l'abus qui en avait été fait dans la pratique. Au lieu de faire une enquête contradictoire, communiquée à la partie adverse, on s'adressait à la chancellerie royale. Sur la simple allégation de la maladie ou du prochain voyage d'un témoin, on obtenait d'elle la permission de faire une enquête, sans communication à l'adversaire. L'enquête terminée, le témoin valétudinaire recouvrait la santé, le témoin voyageur renonçait à son voyage. Un pareil abus n'est plus à craindre aujourd'hui. La chancellerie ne peut plus ordonner l'administration d'une preuve. C'est à un tribunal que le demandeur à l'enquête d'*examen à futur* devra s'adresser, et ce tribunal ne statuera qu'en connaissance de cause. En outre les formes actuelles de l'enquête exigent impérieusement la communication à la partie adverse, qui vient assister à l'audition des témoins, qui peut recourir à une contre-enquête. — La prohibition, prononcée par l'ordonnance de 1667, n'a pas été reproduite par le Code de procédure : tout ce qui n'est pas interdit par la loi doit être autorisé. Enfin l'admission des enquêtes d'*examen à futur*, par voie d'action principale, a l'avantage de mettre les règles sur la preuve testimoniale en harmonie avec la loi qui autorise la demande principale en vérification d'écriture, avant l'échéance de la dette constatée par acte sous seing privé. Aussi l'enquête par voie de demande principale a-t-elle été acceptée par plusieurs décisions judiciaires. Elle est autorisée par le Code de procédure italien et par d'autres législations.

L'enquête est *incidente*, lorsque au cours d'un procès déjà ouvert et pendant devant un tribunal, l'une des parties, le demandeur ou le défendeur, allègue certains faits de l'existence ou de la non existence desquels va dépendre la solution du litige. Par exemple, à l'appui d'une demande en séparation de corps, l'époux demandeur invoque certains faits, qui, s'ils étaient prouvés et établis, constitueraient des excès, sévices ou injures graves, des actes que la loi place parmi les causes de séparation. (Cod. civ., art. 231 et 306.) — Ces faits ne peuvent être constatés qu'à l'aide du témoignage des personnes en la présence desquelles ils se sont accomplis. L'enquête, dans laquelle les témoignages seront recueillis, vient se greffer sur le procès principal, dont elle retarde la solution définitive. Elle est alors *incidente :* elle constitue un *incident*, qui doit être évacué avant que le tribunal ne statue sur la demande primitive.

Les rédacteurs du Code de procédure, en rédigeant les articles du titre douzième, ont eu en vue l'hypothèse d'une enquête incidente et secrète. Mais, sauf les dispositions évidemment propres et relatives à l'organisation de cette sorte d'enquête, les règles par eux adoptées sont générales et s'appliquent à toutes les enquêtes.

1082. La procédure de l'enquête comprend trois périodes bien distinctes. Dans la première période, les actes qu'accomplissent les parties tendent à faire déclarer l'enquête recevable et à la faire ordonner par le tribunal, dans un jugement interlocutoire, qui clôt cette première période. Dans la deuxième, les témoignages sont recueillis avec des formalités particulières et précises, devant un juge commissaire si l'enquête est secrète, à la barre du tribunal si l'enquête est publique. Ces témoignages recueillis, les parties reviennent devant le tribunal pour discuter les résultats de cette enquête et obtenir un jugement définitif; c'est là la troisième période.

PREMIÈRE PÉRIODE

DE L'ADMISSIBILITÉ DE L'ENQUÊTE

1083. L'emploi de la preuve tesmoniale, dans le but d'établir l'existence de faits contestés entre parties, n'est pas toujours possible. En outre, tout tribunal a le pouvoir exclusif de déterminer les modes d'instruction auxquels il lui paraît utile de recourir.

L'enquête doit donc être autorisée par un jugement rendu sur la demande des parties ou d'office par le tribunal. Cette sentence, qui permet ou rejette l'enquête, est un jugement interlocutoire.

Comme en matière d'inscription de faux ou de vérification d'écritures, la partie, qui veut recourir à la preuve testimoniale pour établir certains faits, doit formuler une demande à cet effet. Cette demande est formée par un simple acte de conclusion, notifié par l'avoué du demandeur à l'enquête à l'avoué de l'adversaire, sans aucune autre écriture ou requête à l'appui. Les faits, dont on demande à faire la preuve, doivent y être *articulés succinctement*, dit l'article 252, Pr. civ., : *articulés*, c'est-à-dire indiqués, non pas en masse et d'une manière vague et indécise, mais séparément, exactement précisés et parfaitement distincts les uns des autres; *succinctement*, c'est-à-dire brièvement et sans commentaire aucun sur les conséquences de fait ou de droit qui pourront s'en induire pour la solution du procès.

Le demandeur en preuve, qui a omis dans son acte de conclusion, certains faits qui lui paraissent importants, peut, tant que le jugement interlocutoire autorisant ou rejetant l'enquête n'est pas rendu, signifier des conclusions additionnelles contenant l'indication des faits précédemment omis, à l'effet d'être admis à en faire la preuve. Mais les frais de ce nouvel acte n'entrent pas en taxe et restent à sa charge exclusive, l'autre partie fut-elle plus tard condamnée aux dépens.

L'adversaire, mis ainsi en demeure de s'expliquer, de reconnaître ou de dénier les faits allégués, jouit d'un délai de trois jours pour notifier sa réponse par acte d'avoué à avoué. (Pr. civ., art. 252.) Ce délai n'est pas fatal; son expiration n'entraîne pas déchéance. Le défendeur à la demande d'enquête peut y répondre, même après l'expiration des trois jours, tant que le demandeur n'a pas obtenu du tribunal le jugement qui tiendra les faits pour reconnus et confessés. En outre, l'avoué du défendeur peut demander et obtenir du tribunal l'octroi d'un délai, à l'effet de correspondre avec un client peut-être éloigné et de savoir s'il doit dénier ou reconnaître les faits allégués dans l'acte de conclusion du demandeur.

Ainsi interpellé, le défendeur a le choix entre divers partis. Il peut reconnaître l'existence des faits allégués, garder le silence et laisser expirer le délai de trois jours sans répondre, prétendre que les faits ne sont pas admissibles, ou enfin les dénier.

1084. Que devra ou pourra faire le tribunal dans ces divers cas?

1er *cas.* — Le défendeur à l'enquête reconnaît l'existence des faits articulés dans l'acte de l'adversaire. En règle générale, l'enquête ne doit pas être ordonnée : elle serait inutile et superflue. — Cette règle souffre exception, lorsque les parties se trouvent dans un des cas, dans lesquels l'aveu n'est pas reçu comme moyen de preuve. Les faits allégués doivent alors être établis à l'aide d'une enquête, en dehors de la reconnaissance de la partie. Cette hypothèse se réalise notamment dans les causes relatives à l'état des personnes, comme par exemple, dans un procès en désaveu de paternité, en nullité de mariage ou en séparation de corps.

2e *cas.* — Le défendeur a laissé expirer sans répondre le délai de trois jours, fixé par l'article 252, Pr. civ. Les faits pourront être tenus pour confessés ou avérés, dit cet article : *pourront* et non pas *devront*. La loi laisse au tribunal un pouvoir discrétionnaire. Malgré le silence de la partie intéressée à dénier les faits, le juge pourra ne point les tenir pour reconnus et en ordonner la preuve. Ceci se réalisera dans plusieurs cas : 1° quand l'affaire est de telle nature, qu'elle ne comporte pas l'aveu des parties comme moyen de preuve; 2° quand la partie défenderesse à l'enquête est mineure ou interdite. Tenir les faits pour avérés, dans ce cas, serait donner ouverture à requête civile. Il est plus simple, plus naturel d'ordonner la preuve de ces faits (Pr. civ., art. 481); 3° si le tribunal estime que le silence du défendeur ne saurait impliquer un aveu tacite, à raison des circonstances particulières ou du caractère du litige. Dans ce cas, le tribunal peut ordonner l'enquête, ou proroger le délai pour répondre sur la demande de l'avoué de la partie intéressée.

3e *cas.* — Le défendeur, sans dénier formellement les faits, allègue qu'ils ne sont pas *admissibles* ou que la loi en interdit la preuve. Le tribunal devra prononcer sur ces points et ordonner ou rejeter l'enquête.

4e *cas.* — Le défendeur dénie les faits énoncés dans l'acte de conclusion du demandeur. Le tribunal peut ordonner l'enquête, pourvu que concourent les autres conditions auxquelles est subordonnée l'admissibilité de la preuve testimoniale.

1085. *Conditions d'admissibilité de l'enquête.* — D'après l'article 253, Pr. civ., trois conditions doivent concourir pour que l'enquête puisse être autorisée ou ordonnée par le tribunal : 1° les faits articulés par le demandeur doivent avoir été *déniés* par l'adversaire, ou la cause doit être de telle nature que, malgré le silence du défendeur, les faits ne puissent être tenus pour confessés ou avérés; 2° les faits doivent être *admissibles*, c'est-à-dire *concluants* et *vraisemblables* (V. n° 1052); 3° La preuve testimoniale ne doit pas être interdite par la loi. Les faits peuvent être très concluants et très vraisemblables, mais d'une nature telle que la loi prohibe la révélation du fait lui-même, comme en matière de filiation adultérine ou incestueuse, ou qu'elle prohibe seulement la preuve par témoins comme dans les cas nombreux où cette preuve n'est pas admise par la loi civile.

Une controverse s'est élevée sur la portée de cette troisième condition. Les parties ne peuvent-elles l'écarter? L'enquête ne peut-elle être ordonnée, malgré la prohibition de la loi, lorsque le plaideur, qui a le droit de la repousser, consent à admettre la preuve testimoniale?

La réponse est évidemment négative, quand la loi prohibe la révélation du fait lui-même et interdit toute espèce de preuve à l'égard de ce fait, comme en matière de filiation adultérine. Le mode de preuve importe peu. C'est l'existence du fait dont le législateur interdit la constatation, dans un but d'ordre public. — Que décider dans le cas, où le fait allégué est susceptible d'être prouvé par tout autre mode, la preuve testimoniale étant seule écartée par la loi ? *Exemple :* Pierre prétend que Paul lui a vendu un cheval pour le prix de trois mille francs — Paul nie la vente. Pierre pourrait prouver l'existence du contrat à l'aide d'un acte authentique, d'un acte sous seing privé ou même de la preuve testimoniale, s'il avait un commencement de preuve par écrit (C. civ., 1347). En l'absence de ce commencement de preuve, il demande à prouver la vente par témoins. Paul pourrait faire rejeter la demande d'enquête en invoquant les règles de la loi civile. Il consent à l'audition des témoins. Vu ce consentement, le tribunal peut-il autoriser l'enquête demandée ? — Plusieurs auteurs et quelques arrêts adoptent la solution affirmative et pensent que l'enquête peut être ordonnée.

Le défendeur a intérêt, disent-ils, à préférer s'exposer au danger de la preuve par témoins qu'à laisser planer sur lui un soupçon de mauvaise foi. — La règle prohibitive de la preuve testimoniale est respectée dès que les parties ont la faculté de s'opposer à l'enquête. Cette possibilité suffit. Les articles 1341 et suivants ont été édictés dans l'intérêt privé des parties, des plaideurs, pour les soustraire aux conséquences d'une subornation possible des témoins, pour donner plus de fixité à la preuve des faits. Or, ces motifs disparaissent quand les parties consentent à tenir les témoins pour bons et honnêtes et à courir les chances incertaines d'une enquête. On ajoute enfin qu'un commencement, de preuve par écrit suffirait pour autoriser l'enquête, et que le consentement donné par le défendeur en justice a autant et plus de force que l'indice léger qu'on puise dans un commencement de preuve par écrit.

Ces raisons sont spécieuses ; mais bien que la Cour de cassation ait admis, le 24 août 1880, que la prohibition, relative à la preuve testimoniale, n'est pas d'ordre public, nous ne pouvons adhérer à cette doctrine. On oublie le motif qui dicta l'ordonnance de 1566 et qui a fait écrire l'article 1341 du Code civil, le danger de multiplier les procès. Or, ce motif doit faire placer la prohibition de la preuve testimoniale parmi les principes d'ordre public. Et le texte lui-même vient à l'appui de notre opinion. C'est aux juges que s'adressent, et le Code civil quand il dit : *il ne sera reçu*, etc, et le Code de procédure, quand dans les articles 253 et 254 il autorise les tribunaux à prescrire ou permettre une enquête, *si la loi ne le défend pas*. — Enfin tous les partisans de l'opinion opposée ne sont pas d'accord avec eux-mêmes, quand ils dénient aux parties la faculté de convenir, avant tout procès, de l'admissibilité de la preuve testimoniale. Si la convention n'est pas contraire à l'ordre public quand elle a lieu au cours du procès, elle ne saurait avoir ce caractère avant tout litige. — Assimiler à un commencement de preuve par écrit le consentement à l'enquête donné par le défendeur, c'est commettre une confusion regrettable. Le commencement de preuve n'existe que lorsque l'écrit est de nature à *rendre vraisemblable le fait allégué*, en fait *présumer* et pressentir l'existence. Mais le consentement à l'enquête donné par le défendeur, qui repousse formellement l'allégation du demandeur, a une signification toute différente et ne peut faire présumer l'existence du fait dénié. L'enquête donc ne peut être autorisée, même du consentement des parties, quand la loi interdit la preuve testimoniale.

La question de savoir si, dans telle ou telle hypothèse, la loi autorise ou rejette la preuve testimoniale est une question de droit, dont la solution erronée donne ouverture à cassation. Au contraire, la question de savoir si la preuve testimoniale offerte est ou non *concluante* n'est qu'une question de fait, dont la solution est laissée à la souveraine appréciation des tribunaux.

1086. Lorsque les trois conditions susindiquées sont réunies, lorsque les faits articulés ont été déniés, qu'ils sont concluants et vraisemblables, que la loi n'en interdit pas la preuve par témoins, le tribunal *peut* ordonner l'enquête réclamée par les parties ; mais il n'y est point *obligé*. Il peut se dispenser d'y recourir lorsqu'elle lui paraît inutile, lorsque l'instruction du procès lui a fourni des documents suffisants pour fixer son opinion.

A l'inverse, quoique l'enquête ne soit demandée ni par l'une, ni par l'autre des parties en cause, le tribunal peut l'ordonner d'office, s'il la juge nécessaire pour l'instruction de la cause. (Pr. civ. art 254.) (1)

1087. L'enquête est ordonnée d'office ou autorisée sur la demande des plaideurs, dans un jugement interlocutoire, qui va servir de base à la procédure postérieure. L'article 255, Pr. civ., nous indique ce que, en outre des énonciations ordinaires et communes à tous les jugements, doit contenir cette sentence. — 1° Elle doit fournir l'indication précise des faits dont le tribunal a autorisé ou ordonné la preuve, parmi ceux qui étaient articulés dans l'acte de conclusion du demandeur. Cette mention exacte et détaillée est essentielle. (Pr. civ., art 260.) Le jugement dans lequel elle ne figurerait pas manquerait d'un élément substantiel et serait atteint de nullité.

Mais cette énonciation du dispositif ne peut-elle avoir lieu par relation ? Au lieu de préciser les faits, le dispositif du jugement ne peut-il s'en référer à l'acte de conclusion, dans lequel le demandeur les a articulés? — La majorité des auteurs distingue entre deux hypothèses. Le jugement reproduit-il dans une autre de ses parties l'acte de conclusion où sont indiqués les faits allégués, il peut par son dispositif s'y référer ; l'énonciation sera irrégulière, mais non vicieuse au point d'entraîner la nullité. En ce cas, on signifiera aux témoins le jugement tout entier. — Si, au contraire, le jugement se contente d'ordonner la preuve des faits qui ont été articulés dans l'acte de conclusion, sans mentionner séparément ces faits dans aucune de ses parties, il doit être annulé comme ne contenant pas une suffisante et explicite énonciation. — Nous ne saurions adopter ni cette solution rigoureuse, ni une distinction qui ne nous paraît pas fondée. Dès qu'on n'exige pas que le dispositif, que la partie qui constitue réellement et essentiellement le jugement, contienne l'indication précise et spéciale de chacun des faits à prouver ; dès qu'on admet qu'il peut se référer à toute autre partie du jugement, nous ne voyons pas pourquoi ce dispositif ne pourrait pas se référer aussi bien à l'acte de conclusion et déclarer simplement que l'enquête aura lieu sur les faits énoncés en cet acte. Il y aura toujours équipollent suffisant. On devra alors signifier aux témoins tout à la fois le jugement qui ordonne l'en-

(1) Cass., Req., 1er août et 5 nov. 1878. (Sir. 1880. 1. 60.)

quête et l'acte de conclusion auquel il se réfère. Les frais seront accrus ; mais le jugement ne devra pas être annulé : cette énonciation implicite suffit pour que le vœu de la loi puisse être rempli.

Mais, directe ou indirecte, l'indication des faits est nécessaire. Le juge commissaire ne pourrait recueillir les dépositions des témoins qui seraient relatives à des faits non retenus par le tribunal dans son jugement. Si de semblables dépositions avaient été reçues, le tribunal ne devrait en tenir aucun compte ; car le défendeur surpris n'aurait pas été en mesure de fournir la preuve contraire et de combattre ces nouveaux faits. Néanmoins, si, devant le juge commissaire, la partie défenderesse avait consenti à l'audition des témoins sur ces nouveaux faits, les dépositions devraient être admises par le tribunal, pourvu qu'il s'agît de faits concluants et dont la preuve ne fût pas interdite.

1088. — 2° Le jugement doit contenir la nomination du juge devant lequel l'enquête sera faite. Si cette désignation avait été omise, le tribunal devrait la faire dans un jugement nouveau. — Le juge désigné est-il postérieurement empêché de remplir la mission que lui a confiée le tribunal, la Cour de cassation décide (4 janvier 1881) que ce juge doit être remplacé par un jugement du tribunal et non par une simple ordonnance du président, à moins que le jugement nommant le juge n'ait conféré au président, par une disposition expresse, le droit de le remplacer. — Si les témoins qui doivent être entendus sont éloignés du lieu où siège le tribunal qui ordonne l'enquête, il y a lieu d'appliquer l'article 1035 du Code de procédure (V. n° 610).

1089. *De la contre-enquête.* Le défendeur peut aussi vouloir faire entendre des témoins. A-t-il besoin d'être autorisé par le tribunal ? Distinguons. Si le défendeur veut seulement détruire ou combattre par d'autres témoignages les dépositions des témoins appelés par le demandeur, il est admis de plein droit à faire cette preuve contraire, sans avoir besoin, ni d'articuler aucun fait, ni d'obtenir un jugement à cet effet. La *contre-enquête* est de droit (Pr. civ., art 256). Le jugement, autorisant le demandeur à faire entendre des témoins, a virtuellement admis le défendeur à faire la preuve contraire ; mais cette preuve ne peut porter que sur des faits qui soient la négation directe de ceux allégués contre lui. *Exemple :* Paul a été autorisé à prouver par témoins l'existence d'une créance de cent vingt francs, résultant d'un prêt fait à Pierre ;

celui-ci de son côté, sans avoir fait insérer aucune réserve dans le jugement interlocutoire, pourra assigner des témoins pour établir qu'il n'a jamais contracté cette dette. — Mais Pierre prétend que la dette, à laquelle le contrat de prêt a donné naissance, a cessé d'exister par suite d'un payement ou de toute autre cause de libération ; il allègue un fait nouveau, à l'égard duquel il a besoin de signifier à l'adversaire un acte de conclusion et d'obtenir du tribunal l'autorisation spéciale de faire la preuve par témoins. — C'est une seconde enquête qui est ordonnée, non une contre-enquête. Cette seconde enquête pourra donner lieu à son tour à une contre-enquête de la part du demandeur primitif. Elle pourra être autorisée par le même jugement interlocutoire, qui autorise l'enquête réclamée par le demandeur.

Cette distinction est fort rationnelle. Dans la contre-enquête, c'est encore le fait allégué par le demandeur qui va être l'objet des dépositions des témoins de cette contre-enquête ; or, ce fait, le tribunal l'a reconnu et jugé susceptible d'être établi ou contredit par la preuve testimoniale. Au contraire, les faits nouveaux allégués par le défendeur et qui feront l'objet de la seconde enquête, sont-ils de nature à être prouvés par témoins? Rien ne l'indique *a priori!* Le tribunal doit examiner ce point : peut-être autorisera-t-il, peut-être repoussera-t-il cette deuxième enquête.

Exemple : Paul demande à prouver par témoins qu'il est créancier de Pierre d'une somme de dix mille francs. Il justifie, conformément à l'article 1347 du Code civil, d'un commencement de preuve par écrit. Il doit être autorisé, et par cela même Pierre est aussi autorisé à essayer d'établir par témoins, dans une contre-enquête, que la dette n'a jamais existé. Mais si Pierre veut prouver par témoins le paeyment de cette dette, il doit justifier, lui aussi, d'un commencement de preuve par écrit, relatif à ce payement et le rendant vraisemblable. A-t-il ou n'a-t-il pas ce commencement de preuve? Si oui, Pierre peut prouver le payement par témoins : si non, la preuve testimoniale est inadmissible et le fait du payement ne pourra être établi qu'à l'aide d'autres moyens de preuve. Le tribunal doit donc vérifier ce point, entièrement distinct de la question, de savoir si la prétention du demandeur est susceptible d'être prouvée par témoins. Autorise-t-il la seconde enquête demandée par Pierre, Paul, le demandeur originaire, n'a besoin d'aucune autorisation pour combattre par d'autres témoignages le fait du payement. Il fait contre-enquête, et elle est de droit.

Le jugement interlocutoire qui autorise ou ordonne l'enquête est prononcé. S'ouvre alors la deuxième période de cet incident, période qui, dans le cas d'enquête secrète, va se dérouler hors de l'audience.

DEUXIÈME PÉRIODE

MARCHE ET FONCTIONNEMENT DE L'ENQUÊTE

1090. Notre attention doit se porter sur les quatre points principaux suivants : 1° Dans quels délais l'enquête doit-elle être commencée et achevée? 2° Quelles sont les formalités de cette enquête et quelle en est la procédure? 3° Quelles personnes peuvent être entendues en qualité de témoins? 4° Quelle sanction est attachée à l'obligation de déposer avec sincérité.

§ 1er *Des délais impartis pour l'ouverture et pour la clôture de l'enquête.*

1091. Ne voulant pas laisser aux parties le temps de séduire et de corrompre les témoins, le Code de procédure s'est départi, en matière d'enquête, de la latitude habituellement accordée aux parties pour l'exécution des jugements interlocutoires. Il veut que l'enquête soit proptement commencée et promptement achevée, et à cet effet, il fixe deux délais de huitaine chacun, l'un pour ouvrir, l'autre pour terminer l'enquête.

Du délai pour commencer l'enquête. — Le délai dans lequel l'enquête doit être commencée est de huitaine, d'après l'article 257, Pr. civ., si l'enquête doit être faite au lieu même où le jugement a été rendu, ou à la distance de cinq myriamètres. Si elle doit être faite à une distance supérieure à cinq myriamètres, l'article 258, Pr. civ., laisse au tribunal le soin de fixer le délai dans lequel elle devra être commencée. L'enquête qui ne serait pas ouverte dans le délai de huitaine ou dans le délai fixé par le tribunal serait nulle. L'article 257 édicte formellement la nullité pour le premier cas, et si l'article 258 ne la prononce pas pour le deuxième cas, la relation étroite, qui rattache ce texte au précédent, implique l'adoption de la même sanction, sous peine de rendre la loi incohérente.

Mais quel est le point de départ du délai légal et du délai fixé par le tribunal? De quel jour courent-ils? Distinguons plusieurs hypothèses.

1° Le jugement interlocutoire qui ordonne l'enquête est un jugement *contradictoire*, rendu contre une partie ayant pris des conclusions par l'organe de son avoué : les délais courent du jour de la signification du jugement à l'avoué. — Cette signification les fait courir non seulement contre celui qui l'a reçue, mais contre la partie qui l'a faite. C'est une dérogation à la règle que *nul ne se forclôt soi-même*, que l'auteur d'une signification ne fait pas courir contre lui les délais dont cette signification est le point de départ. Ainsi l'enquête et la contre-enquête devront à peine de déchéance, être commencées l'une et l'autre dans la huitaine, à compter du jour où le jugement interlocutoire aura été signifié par l'un des avoués à celui de l'autre partie (Pr. civ., art. 257).

2° Si le jugement, tout en étant *contradictoire*, a été rendu contre une partie qui n'avait pas d'avoué, comme dans le cas de jugement rendu après jonction de défaut (Pr. civ., art. 153) ou qui n'a plus d'avoué, celui qui occupait pour elle étant décédé ou ayant cessé ses fonctions, le délai court à partir de la signification faite à partie ou à domicile (Pr. civ. art. 257).

3° Si le jugement est par *défaut*, le délai courra du jour de l'expiration des délais de l'opposition. Point de difficulté, si le jugement est par défaut faute de conclure. La huitaine, accordée pour commencer l'enquête, court de l'expiration d'un premier délai de huitaine, à partir de la signification à avoué, délai pendant lequel l'opposition est recevable (Pr. civ., art. 155 et 157); — V. n° 967). — Mais à l'égard du jugement par défaut faute de comparaître, les termes de l'article 257 ont soulevé une difficulté au moins apparente. D'après l'article 158, Pr. civ., l'opposition à un jugement par défaut contre partie est recevable jusqu'à l'exécution du jugement. Or ici, l'exécution du jugement, c'est l'ouverture même de l'enquête. Si donc cette exécution était le point de départ du délai de huitaine fixé par l'article 257, il faudrait dire que la loi accorde huitaine pour faire enquête à partir de l'ouverture même de l'enquête : ce qui est contradictoire. Aussi est-on généralement d'accord pour reconnaître qu'en écrivant l'article 257 le législateur a oublié la distinction, introduite entre les deux espèces de défaut au point de vue de la durée de la faculté d'opposition. En écrivant l'article

257, 2e al., le législateur a voulu parler du délai pendant lequel la faculté de former opposition *suspend* l'exécution du jugement. Or, pour tous les jugements par défaut, sans distinction, ce délai est de huitaine à partir de la signification à avoué ou à partie. (V. n° 947.)

L'opposition formée a évidemment un effet suspensif : l'enquête sera retardée, si opposition est formée à l'interlocutoire rendu par défaut. — Le délai pour interjeter appel n'est pas suspensif. Mais l'exécution des jugements susceptibles d'appel ne peut être commencée avant l'expiration de la huitaine, qui suit le prononcé du jugement (Pr. civ., art. 450). Par suite, le délai accordé pour ouvrir l'enquête ne courra point tant que cette huitaine ne sera pas expirée. Une fois interjeté, l'appel suspend non seulement le cours des délais donnés pour commencer l'enquête, mais aussi les opérations de l'enquête ouverte avant l'appel. Les délais ou les opérations ainsi suspendus ne reprennent leur cours qu'à partir de l'arrêt confirmatif. — Cette application normale et inévitable des principes de l'appel serait bien contraire à l'esprit qui aurait animé le législateur, s'il était vrai que la crainte de la subornation des témoins eût été le seul motif des restrictions apportées à l'admissibilité de la preuve testimoniale. En effet, un plaideur peut attendre que son adversaire lui ait fait signifier les noms des futurs témoins, interjeter appel du jugement et se procurer ainsi un long délai pendant lequel il pourra essayer de corrompre ces témoins.

1092. Le délai dans lequel l'enquête doit être ouverte ainsi connu, recherchons quel est l'acte par l'accomplissement duquel l'enquête sera considérée comme commencée. D'après l'ordonnance de 1667, l'enquête devait effectivement s'ouvrir dans la huitaine de la signification, par l'audition des premiers témoins. Mais ce système était fréquemment impraticable.

Il était souvent impossible de faire entendre aucun témoin dans la huitaine indiquée. On appliquait alors la règle d'une façon dérisoire. Le demandeur faisait assigner et entendre la première personne venue, qui déclarait ne rien savoir touchant les faits du procès. A partir de cette déposition fictive, courait le délai de huitaine dans lequel l'enquête aurait dû être parachevée : mais ce délai était insuffisant et il fallait nécessairement recourir à une prorogation. En outre, il dépendait du témoin en ne se présentant pas pour faire sa déposition dans le délai, de faire encourir déchéance au demandeur. Aussi les praticiens avaient-ils admis que le commencement de l'enquête se trouverait dans l'ordonnance du juge en permis d'assigner les témoins.

Éclairés par l'expérience, les rédacteurs du Code de procédure ont adopté ce système. L'enquête, dit l'article 259, Pr. civ., est censée commencée, pour chacune des parties respectivement, par l'ordonnance qu'elle obtient du juge-commissaire, à l'effet d'assigner les témoins aux jour et heure par lui indiqués. L'enquête est donc commencée, non seulement avant l'audition des témoins, mais même avant qu'ils ne soient assignés. L'acte qui ouvre l'enquête est l'ordonnance que rend le juge-commissaire ; cette ordonnance est demandée par requête et inscrite au bas de la dite requête. — Chaque partie doit obtenir une ordonnance : l'enquête et la contre-enquête peuvent ainsi commencer à des jours différents. C'est ce qu'expriment les mots de l'article 259, *pour chacune des parties respectivement*. L'ordonnance du juge-commissaire doit être datée à peine de nullité. Elle doit porter en elle la preuve qu'elle a été rendue dans le délai fixé par la loi. — Le juge-commissaire ouvre immédiatement les procès-verbaux respectifs d'enquête et de contre-enquête par la mention de la réquisition et de la délivrance de ses ordonnances.

1093. Du délai dans lequel l'enquête doit être achevée. L'enquête sera, dit l'article 278, Proc. civ., respectivement parachevée dans la huitaine de l'audition, des premiers témoins. Ce délai de huitaine court du jour *fixé* par le juge pour l'audition et non du jour de l'audition *réelle*, comme le pensent quelques personnes. Si non, il dépendrait des témoins, en ne comparaissant pas au jour indiqué et en ne se présentant que sur réassignation, de prolonger à leur gré la durée de l'enquête. En fixant le jour de l'audition des témoins dans son ordonnance, le juge-commissaire doit combiner les délais des assignations, de manière à ce que les témoins les plus éloignés puissent faire leurs dépositions avant l'expiration du temps fixé, de la huitaine.

Lorsque la partie ne peut faire entendre dans le délai de huitaine tous les témoins qu'elle juge à propos de produire, elle peut demander une prorogation de délai ; mais elle n'en peut demander qu'une seule, à peine de nullité. Cette prorogation est accordée, non par le juge-commissaire, mais par le tribunal. A cet effet, le juge mentionne sur son procès-verbal la demande de prorogation et renvoie les parties à l'audience pour y entendre son rapport, aux jour et heure qu'il indique. Le tribunal, sur ce rapport, accorde ou refuse la prorogation. — Pour venir à cette audience, il n'est donné ni sommation aux parties, ni avenir à leurs avoués, si les parties ou leurs avoués étaient présents, lorsque le juge a prononcé le renvoi à l'audience. Si les parties ou leurs avoués n'étaient pas présents, l'avoué du demandeur en prorogation donne avenir aux avoués des autres parties pour l'audience indiquée par le juge. (Pr. civ., art. 279 et 280.)

L'enquête qui n'est pas achevée dans les délais fixés est nulle. Mais cette nullité porte, non pas sur l'enquête tout entière, mais seulement sur les dépositions qui ont été reçues après le délai expiré. (Pr. civ., art. 278 et 294.)

§ 2. *Formalités et procédure de l'enquête.*

1094. Le premier acte de la procédure relative à l'enquête est la requête présentée au juge-commissaire, à l'effet d'obtenir de lui ordonnance, fixant le jour de l'audition des témoins. — Cette ordonnance obtenue, le demandeur doit faire assigner la partie adverse et les témoins.

ASSIGNATION DE LA PARTIE. Les parties ont le droit d'assister à l'enquête avec leurs avoués et leurs avocats. C'est une amélioration apportée par le Code de procédure au système adopté par l'ordonnance de 1667. D'après celle-ci, chaque témoin déposait seul devant le juge-commissaire ; les parties n'étaient appelées qu'à la prestation du serment des témoins, qui se faisait collectivement et avant toute déposition. Introduite par le décret du 7 fructidor an III, l'admission des parties fut reconnue utile pour le contrôle des dépositions et fut adoptée par le Conseil d'État.

Le demandeur à l'enquête assigne son adversaire au domicile de l'avoué. L'assignation, qui lui serait donnée à son propre domicile ou parlant à sa personne, serait nulle d'après l'article 261, Pr. civ. La loi veut que la partie soit assignée chez l'avoué, afin que celui-ci la prévienne de l'intérêt qu'elle a à suivre l'enquête. — Si le défendeur à l'enquête n'a pas constitué avoué, on doit alors de toute nécessité l'assigner à personne ou à domicile. — Dans l'un et l'autre cas, l'assignation est donnée par un exploit revêtu des formes ordinaires.

Aucune disposition de la loi ne prescrit de donner à la partie copie de l'ordonnance du juge-commissaire ; mais il est à nos yeux évident que cette copie doit être fournie, ou que tout au moins l'ordonnance doit être visée dans l'exploit d'assignation ; car il est indispensable que l'assigné connaisse les jour et heure de l'enquête. — Quant au jugement qui ordonne l'enquête et qui détermine les faits sur lesquels seront entendus les témoins, il a été précédemment signifié, à l'effet de faire courir le délai dans lequel l'enquête peut et doit être commencée.

Avec cette assignation à l'effet d'assister à l'enquête, le demandeur doit notifier au défendeur les noms, professions et demeures des témoins à produire contre lui. Cette notification, qui peut être faite, soit dans l'assignation même, soit par acte séparé, a pour but de mettre la partie, qui la reçoit, à même de s'enquérir des causes d'incapacité ou de reproches qu'elle pourra faire valoir contre les témoins.

L'assignation et la liste des témoins doivent être notifiées trois jours au moins avant l'audition des témoins, trois jours francs avec augmentation d'un jour par cinq myriamètres de distance entre le domicile réel de la partie et le lieu où doit se faire l'enquête (Pr. civ., art. 261 et 1033). Ce délai de trois jours a paru indispensable pour permettre à la partie de recueillir des renseignements sur les témoins qui sont en état d'être reprochés ou qui sont incapables. Si la partie assignée ne se présente pas, on procède à l'enquête même en son absence. Tout ce que désire la loi, c'est que la partie adverse soit mise à même de comparaître, si elle le juge utile à sa cause.

1095. ASSIGNATION DES TÉMOINS. Les témoins sont assignés à personne ou à domicile par un exploit d'huissier, soumis aux formes ordinaires des ajournements. — Avec l'exploit, il leur est donné copie, non du jugement interlocutoire qui a ordonné l'enquête, mais de la partie de ce jugement où sont énoncés les faits à prouver. Voulant éviter que le témoin pût préparer à l'avance sa déposition et faire ainsi au juge-commissaire un récit, qui par l'absence de spontanéité pourrait s'écarter de la vérité, le Tribunat avait proposé que l'on s'abstînt de communiquer au témoin le dispositif du jugement. Le Conseil d'état, partant de l'idée qu'il fallait fournir aux témoins le moyen de recueillir et de fixer leurs souvenirs, n'a pas tenu compte de cette observation. Le témoin pourra donc préparer dans son esprit sa future déposition. (Pr. civ., art. 260.) Il est en outre donné aux témoins copie de l'ordonnance du juge-commissaire, afin de justifier à leurs yeux la sommation qui leur est faite de comparaître et de déposer, et de leur faire connaître en même temps les jour, heure et lieu où ils doivent se présenter.

Les témoins doivent être assignés au délai d'un jour *franc* avant celui de l'audition, lorsqu'ils sont domiciliés dans le lieu où doit siéger le juge-commissaire ou à une distance inférieure à cinq myriamètres. Ainsi doivent-ils être entendus le 10 du mois, on doit les assigner au plus tard le 8. S'ils sont domiciliés à une distance supérieure à cinq myriamètres, il y a lieu à augmentation de délai, conformément à la disposition de l'article 1033 modifié par la loi du 3 mai 1862. (V. n° 627).

Les témoins, qui n'ont pas reçu d'assignation et qui se présenteraient de leur propre mouvement, ne doivent pas être entendus par le juge-commissaire. Leur démarche les rend suspects de partialité en faveur de la partie qui les amène. Ne peuvent être entendus que ceux qui ont été valablement assignés.

1096. AUDITION DES TÉMOINS. Au jour fixé pour l'audition, avant de recueillir la déposition de chacun des témoins, le juge-commissaire doit accomplir plusieurs formalités : 1° Il doit se faire représenter l'original de l'assignation qui a été donnée à la partie adverse, si celle-ci ne se présente pas, ou la copie de cette assignation si la partie est présente (Pr. civ., art. 269) et mentionner ce fait dans le procès-verbal d'enquête ; 2° A l'égard de chaque témoin, le juge se fait présenter par le témoin la copie de l'assignation par lui reçue ; 3° Il demande au témoin ses noms, profession, âge et demeure, s'il est parent ou allié de l'une des parties et à quel degré, s'il est serviteur ou domestique de l'une d'elles. Cette interrogation a un double but. Elle permet de constater, autant que faire se peut, l'identité du témoin désigné dans l'assignation et facilite à la partie adverse l'exercice de la faculté de reproche dont nous traiterons plus loin (Pr. civ., art. 262) ; 4° Le juge enfin fait prêter à chaque témoin le serment de dire la vérité.

L'accomplissement de ces diverses formalités et la constatation de cet accomplissement dans le procès-verbal sont exigés à peine de nullité. (Pr. civ., art. 262 et 269.)

1097. Les témoins déposent en présence des parties, assistées de leurs avoués et de leurs avocats, si elles ont jugé à propos de se rendre à l'enquête, sinon en leur absence. Ils doivent déposer *séparément*, afin d'éviter les colloques et les discussions qui pourraient s'élever entre eux et l'esprit d'imitation, qui souvent les eût portés à reproduire les dépositions les uns des autres. (Pr. civ., art. 262.)

Les témoins doivent déposer *oralement*. Il ne leur est point permis de lire une rédaction écrite préparée à l'avance. La loi se méfie de ces témoignages, auxquels fait défaut la spontanéité et dont les expressions calculées et choisies ne traduiraient pas toujours les faits sous leur véritable aspect. Un témoin ne doit avoir besoin ni d'art, ni de préparation pour dire ce qu'il croit être la vérité. Sa mémoire et sa conscience doivent lui suffire. (Pr. civ., art. 271.)

Si le témoin est muet, sans être sourd, il répond instantanément, par écrit, aux questions que lui pose le juge-commissaire. Si le témoin muet ne sait pas écrire, ou si sourd-muet il ne sait, ni lire, ni écrire, ou étranger il ne connaît pas la langue française, le juge-commissaire nomme un interprète, connaissant le langage mimé des sourds-muets ou la langue de l'étranger. Cet interprète prête serment et traduit au juge les déclarations du témoin.

1098. Le juge-commissaire ne doit pas procéder par questions détaillées, mettre le témoin en position de répondre par un *oui* ou par un *non* aux interrogations successives qui lui seraient adressées. Le juge doit demander au témoin de dire ce qu'il peut savoir relativement à tel ou tel fait, objet de l'enquête. Le témoin raconte; sa narration terminée, si elle est obscure ou incomplète, le juge peut alors faire au témoin les interpellations qu'il juge convenables et propres à éclaircir ou compléter cette déposition. (Pr. civ., art. 273.)

Pour éviter les altercations que n'auraient pas manqué d'engendrer des rapports directs entre les parties et le témoin, la loi interdit aux parties d'interrompre la déposition ou d'adresser, quand elle est achevée, aucune question directe au témoin. Si les parties pensent qu'il est de leur intérêt de provoquer de nouvelles explications, de faire élucider certaine partie obscure de la déposition, de formuler des observations, elles doivent s'adresser au juge-commissaire. Celui-ci transmet leurs questions au témoin. Si les parties s'adressaient directement au témoin, elles pourraient être condamnées à une amende de dix francs, ou à l'exclusion en cas de récidive. Ces condamnations, prononcées par le juge-commissaire, sont exécutoires nonobstant appel. (Pr. civ., art. 273 et 276.)

1099. La déposition du témoin terminée, le greffier la transcrit sur le procès-verbal, sous la dictée du juge-commissaire. Celui-ci doit s'efforcer de reproduire, avec clarté et fidélité, les déclarations du témoin, sans être astreint à employer les expressions incorrectes ou grossières dont le témoin a pu se servir. — Cette rédaction achevée, le greffier en donne lecture au témoin, auquel il est demandé s'il persiste dans ses déclarations. — Le greffier inscrit de même les réponses faites par le témoin aux interpellations adressées d'office par le juge ou sur la demande des parties. — Si lors de la lecture, le témoin estime que sa déposition ou ses réponses aux interpellations ont été inexactement ou incomplètement rendues, il lui est loisible d'y faire des additions ou des changements. Ceux-ci sont écrits à la suite ou en marge de la déposition, et il en est donné lecture au témoin, ainsi que de sa déposition.

Après cette lecture, le témoin signe sa déposition, ses réponses aux interpellations, les changements et additions qu'il a faites à la déposition primitive. En apposant sa signature, le témoin reconnaît la fidélité de la rédaction faite par le greffier, sous la dictée du juge. S'il ne veut ou ne peut signer, mention en est faite au procès-verbal. Le juge et le greffier signent chaque déposition. (Pr. civ., art. 271, 272, 274.)

1100. La dette, que le témoin acquitte envers la société et envers ses semblables, en venant concourir par ses révélations à l'instruction du litige, ne doit pas être pour lui la cause d'un préjudice. Une indemnité pécuniaire lui est due à raison de la perte de temps et des frais de déplacement que l'enquête lui a occasionnés.

Cette indemnité s'appelle la *taxe*. Elle est réglée par le tarif du 16 février 1807, art. 167. Le juge-commissaire avertit le témoin qu'il a droit à la taxe et lui demande s'il la requiert. Si le témoin la réclame, la taxe est liquidée sur la copie de son assignation, laquelle vaut titre exécutoire. Cette taxe est signée par le juge et par legreffier. Elle est mentionnée sur le procès-verbal d'enquête, à la suite de la déposition. (Pr. civ., art. 271, 274, 277.)

1101. Si tous les témoins ne peuvent être entendus le même jour, le juge-commissaire remet à jour et heure certains la continuation de leur audition. Il mentionne cette remise sur le procès-verbal et en donne lecture aux témoins, ainsi qu'aux parties si elles sont présentes. Il n'est donné ni aux uns, ni aux autres, de nouvelle assignation. (Pr. civ., art. 267 et 269.)

1102. Les diverses formalités prescrites par la loi pour la validité de l'enquête doivent non seulement avoir été accomplies, mais leur accomplissement doit être constaté au procès-verbal d'enquête, à peine de nullité de celle-ci. Les articles 269 et 275, Pr. civ., appliquent au procès-verbal d'enquête une règle commune à tous les actes authentiques.

Ces actes doivent fournir par eux-mêmes la preuve que les formalités, auxquelles ils sont soumis, ont été remplies. On ne saurait chercher cette preuve en dehors d'eux et de leurs énonciations. Alors de deux choses l'une : ou bien la formalité ayant été accomplie est mentionnée au procès-verbal, et celui-ci contient et fournit la preuve de la régularité de l'enquête; ou bien la formalité prescrite, n'ayant pas été accomplie, n'est pas mentionnée au procès-verbal et l'enquête est nulle ; si, sans avoir été réalisée, elle est indiquée mensongèrement au procès-verbal, le juge et le greffier auront commis un faux en écriture publique. (Cod. Pén., art. 146.) — Le juge et le greffier sont donc personnellement intéressés à remplir avec fidélité et exactitude chacune des formalités prescrites. La mention de ces formalités, inscrite au procès-verbal, fait preuve de leur accomplissement jusqu'à inscription de faux, et par suite cette mention obligatoire prévient les omissions.

Le procès-verbal d'enquête doit, à peine de nullité, contenir l'indication des jours et heures de l'enquête, des remises à autres jours et heures s'il en a été ordonné, de la présentation des assignations et enfin la mention de l'observation des formalités prescrites par les articles 261, 262, 269, 270, 271, 272, 273 et 274 du Code de procédure. Chacune des formalités exigées par ces articles doit être relatée avec précision, mentionnée au fur et à mesure de son accomplissement. Il ne suffirait pas de dire qu'ont été remplies les formalités prescrites par l'article 262 ou par l'article 271. Non, il faut relater expressément que le témoin interpellé a déclaré se nommer X... n'être ni parent, ni serviteur de l'une des parties, qu'il a prêté serment, que la déposition lui a été lue, etc, etc. (Pr. civ., art. 269 et 275). — Les procès-verbaux d'enquête et de contre-enquête doivent être signés, à la fin, par le juge, le greffier et les parties, si elles le veulent ou le peuvent. Il en est fait mention, ainsi que du refus des parties, si elles ne veulent pas signer ces procès-verbaux.

§ 3. *Des témoins.*

1103. En principe, toute personne, ayant ou étant présumée avoir connaissance d'un fait contesté, peut être appelée à venir en justice déposer sur ce fait. Telle est la règle générale. — Mais elle comporte deux sortes d'exceptions : 1° Certaines personnes sont déclarées *incapables* d'être assignées comme témoins : la loi repousse leur témoignage ; le juge-commissaire doit refuser de recevoir leurs dépositions, alors même que les parties consentiraient à l'audition de ces personnes. Leur incapacité est d'ordre public. — 2° D'autres personnes sont aptes à témoigner en justice, mais leur témoignage est écarté à raison des *reproches* formulés par la partie contre laquelle elles déposent. Si la partie consent à leur audition, expressément ou tacitement en ne les reprochant pas alors qu'elle le peut, leur témoignage sera apprécié et pesé comme les dépositions des autres témoins.

Ainsi, au point de vue de l'administration de la preuve testimoniale en matière civile, nous distinguons trois catégories de personnes : 1° Celles qui ne sont, ni incapables, ni sujettes à reproches : c'est la règle ordinaire et générale ; 2° celles qui sont *incapables ;* 3° celles qui peuvent être *reprochées.*

1104. Des personnes incapables d'être témoins. La loi défend de les entendre ; elle repousse leur témoignage. Les causes de cette exclusion appartiennent à des ordres d'idées différents, et par suite ces incapables doivent être classés en catégories distinctes.

A. La parenté ou l'alliance engendrent naturellement l'affection : mais, sous l'influence de diverses circonstances, il n'est malheureusement pas rare de voir la haine, l'inimitié, exister avec une intensité particulière entre ceux même que les liens du sang ou du mariage devaient unir. Aussi a-t-on de tout temps considéré le parent ou allié en ligne directe, le conjoint, comme *suspect* de bienveillance ou d'inimitié, lorsqu'il dépose pour ou contre son parent, son allié ou son conjoint. Le législateur français a suivi cette tradition et l'article 268, Proc. civ., déclare que ne pourront être assignés comme témoins les parents ou alliés en ligne directe de l'une des parties, ou son conjoint. — La prohibition s'applique à la parenté *naturelle* comme à la parenté légitime. — Ainsi un ascendant ne peut être appelé à déposer ni pour, ni contre son descendant, ni pour, ni contre l'époux ou l'époux de ce descendant. Un descendant ne peut déposer ni pour, ni contre son ascendant, ni pour, ni contre le second époux ou la seconde épouse de cet ascendant. Les ascendants du conjoint de l'une des parties, ou les enfants que le conjoint a eus d'un précédent mariage, sont également incapables de témoigner pour ou contre cette partie.

Cependant des exceptions doivent nécessairement être apportées, à la règle posée par l'article 268, Proc. civ., lorsqu'il s'agit d'établir l'existence de faits accomplis dans l'intérieur même de la famille, de faits qu'on peut appeler *domestiques*. Comment repousser les témoignages des parents en ligne directe, lorsqu'il s'agit, dans les cas prévus par l'article 46 du Code civil, de prouver le mariage, la naissance ou le décès? Les membres de la famille sont les premiers témoins de l'état des personnes. — Leur témoignage devra être encore reçu, lorsqu'il s'agira d'établir la filiation légitime ou la maternité naturelle à l'aide de la possession d'état, dans les hypothèses prévues par les articles 321, 323, 341 du Code civil. L'un des éléments de la possession d'état consistant dans le fait que l'enfant a été reconnu pour tel dans la famille, ne sont-ce pas les membres de la famille qui peuvent, mieux que tous autres, venir attester ou dénier ce fait? — Une troisième exception doit aussi être admise en matière de séparation de corps. L'article 251 du Code civil, applicable à la séparation de corps, admet comme témoins des enquêtes tous les parents des conjoints, sauf leurs enfants et descendants: restriction toute naturelle et morale ; quelque indigne que puisse être un père ou une mère, l'enfant doit toujours respecter l'auteur de ses jours, et comment concilier ce respect avec la déposition dans laquelle le fils viendrait constater la brutalité de son père ou l'inconduite de sa mère? — Mais sauf les exceptions qui viennent d'être indiquées, la règle de l'article 268, Proc. civ., est générale et frappe d'incapacité tous les parents ou alliés en ligne directe et le conjoint de l'un et de l'autre plaideur.

1105. *B.* Les articles 28, 34, 43 du Code pénal et la loi du 31 mai 1854 attachent à certaines condamnations pénales l'incapacité de témoigner en justice. Ni les parties, ni le tribunal ne peuvent couvrir cette incapacité et autoriser à déposer la personne, qui a été frappée par une de ces condamnations. — Cette prohibition ne peut se justifier. Le système adopté par les rédacteurs de nos lois pénales est théoriquement vicieux. Comme le faisait remarquer Bentham

(*Traité des peines*, liv. 7, sect. 4), ce système fait rejaillir contre un innocent, le demandeur à l'enquête, les conséquences de la condamnation encourue par celui que ce demandeur voudrait assigner comme témoin. Or, le hasard peut avoir rendu cette personne l'unique témoin du fait allégué. Certes, en considérant la faculté de déposer en justice comme un véritable honneur, qui devait être refusé à certains condamnés, le législateur s'est placé à un point de vue éminement moral et élevé : mais il nous paraît avoir oublié que si témoigner en justice peut être *un droit*, c'est avant tout *un devoir*, une obligation dont sont tenus les citoyens les uns à l'égard des autres, et dont l'acquittement s'impose logiquement au condamné atteint de dégradation civique aussi bien qu'à toute autre personne. Mais, heureusement, l'incapacité prononcée par la loi pénale n'a pas en pratique des conséquences bien graves, puisque les personnes, qui sont atteintes de cette incapacité, peuvent néanmoins être entendues à titre de simples renseignements, sans prestation de serment.

L'interdiction de déposer en justice cesse par la réhabilitation obtenue par le condamné ou par l'expiration du temps pour lequel elle avait été prononcée ; mais la personne, qui avait été atteinte par cette interdiction, reste reprochable.

1106. Des personnes qui, assignées comme témoins, peuvent être reprochées par la partie contre laquelle elles sont appelées a déposer. La loi autorise les parties à écarter le témoignage de certaines personnes, placées dans des conditions spéciales qui permettent de suspecter leur sincérité. On appelle *reproche* le moyen légal présenté par une partie pour éviter que la déposition du témoin ne soit lue et prise en considération, comme élément de preuve, par le tribunal. En formulant un reproche, on s'attaque à la qualité même du témoin, à sa personne ; on ne discute pas la valeur de son témoignage.

Le système des reproches, qui a mérité les critiques de tous les commentateurs du Code de procédure, a été emprunté, avec quelques modifications, à notre ancienne législation.

Les reproches légaux se rattachent à trois chefs, à trois causes génératrices : relations de parenté ou d'alliance ; présomption de partialité résultant de certains faits ; infamie atteignant certains accusés ou condamnés.

1107. 1° La parenté ou l'alliance en ligne collatérale est une cause de reproche, pour les même motifs qui font de la parenté en ligne directe une cause d'incapacité: inimitié trop vive ou affection trop complaisante. L'article 283, § 1er, est inexactement rédigé; le législateur paraît y oublier que les parents ou alliés en ligne directe sont non pas reprochables, mais exclus par l'article 268. Rectifions donc l'article 283 et disons: Pourront être reprochés : *A*. les parents ou alliés en ligne collatérale de l'une ou de l'autre des parties jusqu'au degré de cousin issu de germain inclusivement. Ces parents ou alliés peuvent être reprochés, tant par leur parent ou allié que par la partie adverse. Vous pouvez reprocher non seulement le frère de votre adversaire, mais même votre propre frère lorsqu'il est appelé à venir déposer contre vous. — *B*. Les parents ou alliés des conjoints au degré ci-dessus, si le conjoint est vivant, ou le conjoint étant décédé si la partie a des enfants vivants; la présence des enfants perpétue l'alliance. — *C*. Les alliés en ligne directe du conjoint de l'une ou de l'autre des parties, ses frères, sœurs, beaux-frères et belles-sœurs, lorsque le conjoint est décédé sans enfants ou que les enfants qu'il a laissés ont cessé d'exister. Dans ce cas, il n'y a plus d'alliance, mais les rapports qu'elle avait créés étaient trop intimes, pour que leur influence ne soit pas à craindre. Ainsi l'alliance existe-t-elle encore, peuvent être reprochés les frères, sœurs, beaux-frères et belles-sœurs, tous les parents ou alliés jusqu'au degré de cousin issu de germain du conjoint de l'une des parties. — L'alliance a-t-elle cessé par la mort de ce conjoint ou par le décès des enfants qu'il avait laissés, peuvent être reprochés les alliés en ligne directe de ce conjoint, ses frères, sœurs, beaux-frères et belles-sœurs. L'article 283, Pr. civ., indique pour ce cas, comme pouvant être reprochés, les parents en ligne directe du conjoint décédé. Mais les parents en ligne directe du conjoint sont les alliés de la partie elle-même et, par suite, sont exclus en vertu de l'article 268, au moins dans l'opinion qui n'admet pas que l'alliance cesse par la dissolution du mariage, sans survivance d'enfants. Ainsi, le père ou la mère, le grand-père ou la grand'mère paternels ou maternels de ma femme décédée, sont mes propres alliés et sont rangés dans la catégorie des incapables, désignés en l'article 268. Au contraire, le parâtre ou la marâtre de ma femme décédée, la seconde femme de son grand-père ou le second mari de sa grand'mère ne sont pas mes alliés, mais étaient pour ma femme des alliés en ligne directe. Ils sont reprochables, mais non incapables d'être assignés.

Remarquons que la parenté naturelle collatérale et que la parenté civile résultant de l'adoption n'existent qu'entre frères et sœurs. On pourra reprocher le frère naturel ou la femme du frère naturel de l'une des parties; mais on ne saurait reprocher les parents naturels d'un degré plus éloigné.

Mais les divers parents ou alliés que nous venons d'indiquer ne peuvent pas évidemment être les sujets passifs d'un reproche, dans les cas exceptionnels où la parenté en ligne directe ne saurait être elle-même une cause d'exclusion. (V. n° 1104.)

1108. 2° En partant de l'idée que certains faits ou certaines relations peuvent faire douter de l'impartialité et de la sincérité du témoin assigné, le Code de procédure permet de reprocher : *A.* Le témoin héritier présomptif ou donataire de la partie adverse. L'héritier présomptif est suspect pour deux motifs: sa qualité le rend indirectement intéressé à la solution du litige ; il peut craindre d'être deshérité, s'il témoigne contre une personne dont il espère recueillir la succession. Quant au témoin donataire, la reconnaissance peut l'enchaîner au succès de la cause de la partie qui le fait assigner.

B. Celui qui a bu ou mangé avec la partie, et à ses frais, depuis la prononciation du jugement qui a ordonné l'enquête. Quelques auteurs ont critiqué ce motif comme injurieux pour l'honneur des témoins, supposés capables de succomber à une séduction aussi grossière. Mais cette réclamation se heurte à l'expérience journalière. Le législateur, surtout en procédure, doit prendre les hommes tels qu'ils sont et non tels qu'ils devraient être pour correspondre à un idéal d'honneur et de probité.

C. Celui qui aura donné des certificats sur les faits relatifs au procès. On peut craindre de se trouver en présence d'un parti pris à l'avance en faveur du consultant, ou d'un amour-propre obstiné qui refuse de se démentir. Mais le certificat relatif à un fait ne doit pas rendre le témoin reprochable pour un autre fait. Nous pensons, contrairement à quelques auteurs, que le fait, auquel se réfère le certificat délivré, doit être le fait même sur lequel l'assigné est appelé à témoigner. — L'article 283 ne vise, du reste, que les certificats officieux, délivrés sur la demande de l'une des parties. Il n'a pas trait aux attestations données par un officier public dans l'exercice de ses fonctions. Cet officier ne saurait être reprochable. Ainsi le notaire qui a rédigé le testament public dont la validité est l'objet d'un procès, les témoins instrumentaires qui ont assisté à la confection de cet acte, ne sauraient être reprochés, comme ayant donné un certificat. Ce notaire et ces témoins n'ont fait qu'accomplir un devoir: ils n'ont pas fait acte de complaisance ou d'amitié. Pareil reproche ne peut, du reste, être formulé que par l'adversaire de la partie qui a demandé et obtenu le certificat et non par cette partie elle-même.

D. Les serviteurs et domestiques. Les relations quotidiennes, intimes, qui existent entre ces personnes et l'un des plaideurs, font naître une présomption de partialité. Mais quelles personnes doivent être comprises sous les dénominations de *serviteurs* et *domestiques ?* Faut-il y ranger les secrétaires, institutrices, précepteurs, les commis d'un négociant, les clercs d'un notaire ou d'un avoué, les employés d'un chemin de fer, etc. ? Les recueils de jurisprudence nous offrent sur ce point des décisions différentes, et les opinions des auteurs présentent une semblable variété. Pour nous, nous croyons que, dans la pensée du législateur, la présomption de partialité résulte de l'état de dépendance, abstraction faite du caractère des services rendus, qu'ils soient d'ordre matériel comme ceux d'un valet de chambre ou d'une cuisinière, ou d'ordre intellectuel comme ceux d'un précepteur ou d'un secrétaire. Or, cet état de dépendance existe à l'égard de toutes les personnes que le chef de famille peut remercier et renvoyer *ad nutum*, à volonté. Ce sont ces personnes qui peuvent être empêchées de dire la vérité, par la crainte de s'exposer à un congé donné par le maître auquel leur déposition serait défavorable. On ne saurait donc comprendre dans la catégorie des personnes reprochables, à titre de *serviteurs*, ni le fermier, ni le maître-valet engagé à l'année, ni le tâcheron qui a entrepris un travail à forfait, etc. — Il est bien entendu que ces personnes ne peuvent être reprochées dans les causes où il s'agit d'établir l'existence de faits domestiques et à l'égard desquelles cesse l'incapacité des parents. (V. n° 1104.) Il est aussi évident que, seul, l'adversaire du maître peut reprocher le serviteur ou domestique. S'il consent à son audition, le maître ne saurait s'y opposer.

1109. 3° Les reproches ci-dessus indiqués ont tous un caractère purement relatif, n'existent qu'à raison d'un rapport spécial liant le témoin assigné à l'une des deux parties. Ceux, dont nous avons actuellement à parler, supposent que le témoin est susceptible d'être repoussé dans toute espèce d'affaire, à raison d'une infamie qui s'attache à sa personne. Sont reprochables à ce titre : *A.* celui qui est en état d'accusation, c'est-à-dire à l'égard duquel il a été déclaré par un arrêt de la chambre des mises en accusation qu'il existe contre lui des charges suffisantes pour le renvoyer devant la Cour d'assises. (Cod. inst. crim., art. 221, 231 et s.) On a craint que la situation précaire, dans laquelle il est placé par cet arrêt, ne le rendît accessible à la séduction. — *B.* L'article 283, Pr. civ., indique comme reprochables les condamnés à une peine afflictive ou infamante, ou à une peine correctionnelle pour cause de vol. Mais cette partie de notre article se trouve virtuellement modifiée par les textes du Code pénal. Le condamné à une peine afflictive ou infamante est incapable de témoigner en justice (V. n° 1105), et non pas seulement reprochable. Quant à celui qui a été condamné correctionnellement pour vol, il est tantôt incapable, tantôt reprochable, suivant que les juges lui ont fait on non application de l'article 42 du Code pénal. (Cod. pén., art. 388, 389, 401.)

1110. La jeunesse n'est point une cause de reproche. Pourront, dit l'article 285, les individus âgés de moins de quinze ans révolus, être entendus, sauf à avoir à leur déposition tel égard que de raison. Nous pensons qu'il faut appliquer ici, par identité de motifs, l'article 79 du Code d'instruction criminelle qui écarte la prestation de serment. Cette formalité devient dérisoire, quand on l'impose à des enfants qui n'en comprennent pas l'importance. La prestation de serment implique la peine du faux témoignage, lorsque le témoin est convaincu de mensonge. Or, comment s'exposer à soumettre un enfant à une accusation aussi grave ? La loi, du reste, range elle-même, dans une classe à part, les témoins au-dessous de quinze ans. Elle n'accorde pas à leur déposition la même autorité qu'au témoignage des autres personnes, puisqu'elle ne l'accepte que sous la réserve expresse de la faculté donnée au tribunal d'y avoir tel égard que de raison.

1111. Quand le reproche formulé contre un témoin est fondé sur une des causes indiquées dans l'article 283, Pr. civ., le tribunal peut-il repousser le reproche et faire lire la déposition ? ou tout au contraire les juges sont-ils liés par les dispositions de ce texte ? L'application de cet article est-elle *facultative* ou *impérative ?* — Cette question est très controversée en doctrine et en jurisprudence. Nous pensons, avec la grande majorité des auteurs et plusieurs arrêts, que l'article 283 impose un devoir au tribunal et ne lui accorde pas une faculté. Quand le tribunal reconnaît en fait que le reproche allégué par l'une des parties est fondé, justifié, il ne peut faire lire la déposition du témoin. Celui-ci est légalement suspect. On invoque en vain, dans l'opinion contraire, l'expression *pourront* employée par le rédacteur de l'article 283. Ce terme fait allusion à la latitude laissée à la partie adverse, qui est libre de formuler les reproches ou de les passer sous silence. Les dispositions de l'article 283 sont *facultatives* pour les parties, qui peuvent les invoquer ou les délaisser ; mais elles sont *impératives* pour le tribunal, dès que le plaideur en réclame l'application.

1112. L'article 283 est-il *limitatif?* Si une partie propose contre un témoin un reproche basé sur une cause non indiquée dans l'article 283, le tribunal doit-il le repousser et faire lire la déposition? Cette question est aussi l'objet d'une vive controverse. — En faveur du caractère limitatif de l'article, on remarque que l'énumération des reproches, inscrite dans ce texte, n'a plus de raison d'être, si les juges ont un pouvoir illimité quant à l'admission des reproches. C'est rouvrir la latitude indéfinie de l'ancien droit, latitude qui avait engendré de regrettables abus. Les rédacteurs du Code de procédure l'ont condamnée, en énumérant avec précision les causes de reproche que n'indiquait pas l'ordonnance de 1667. Si les dispositions de l'article 283 sont impératives pour le tribunal, il en découle logiquement que ce texte doit être limitatif, ce caractère servant à préciser exactement l'étendue du devoir imposé au tribunal.

Nous préférons cependant l'opinion contraire et nous pensons que l'article 283, Pr. civ., n'est pas limitatif. Il est impossible d'admettre qu'en dehors des cas prévus par ce texte ne s'offrira jamais une situation de nature à rendre le témoin suspect. Cela est tellement vrai, que les partisans de l'opinion, par nous repoussée, sont obligés d'admettre des reproches par *a pari* ou par *a fortiori* des cas indiqués par la loi. Comment ne pas permettre de repousser le témoignage des créanciers d'un failli dans un procès s'élevant entre le syndic de la faillite et des tiers ; — des habitants d'une commune dans le procès relatif à un bien communal possédé par un tiers; etc. ? Non ; si les dispositions de l'article 283 sont obligatoires pour le juge, il ne s'ensuit pas nécessairement que l'article 283 soit limitatif. L'esprit comprend très bien que le juge lié par ce texte, reste libre, en dehors des cas prévus par la loi, d'admettre ou de rejeter de nouvelles causes de reproches : obligatioà en deça, liberté au-delà. Cette seconde opinion paraît triompher dans la jurisprudence et est adoptée par de nombreux et récents arrêts de la Cour de cassation (1).

1113. Toutes ces controverses et ces discussions mettent en évidence les vices de ce système des reproches, acceptable dans notre ancien droit, alors que, comme nous le verrons bientôt, un nombre déterminé de témoins entraînait *preuve légale*. Il était logique d'exiger que ces témoins fussent à l'abri de tout soupçon. Mais aujourd'hui que les témoignages sont pesés et non comptés, le système des reproches est en contradiction flagrante avec l'esprit de la législation actuelle. Un juge intelligent, appréciant les témoignages et leur valeur, saura trouver souvent des renseignements utiles dans les dépositions qui peuvent paraître suspectes.

Vicieux dans son fondement, le système des reproches l'est également dans la mise en œuvre. L'exclusion des témoignages suspetcs devrait émaner du juge. La loi laisse à la partie attaquée la faculté d'accepter ou de repousser les témoins produits par l'adversaire, de faire dépendre leur exclusion de son intérêt ou de sa passion, et non de l'amour sincère de la vérité. — Comme il faut éviter les reproches par récriminations, invoqués à raison de la nature de la déposition, l'article 270, Pr. civ., exige que ces reproches soient formulés avant la déposition, et que le témoin s'explique sur le reproche dirigé contre lui. — Mesure louable, mais que vient gâter aussitôt la disposition de l'article 282, Pr. civ. Ce texte permet de proposer, après la déposition, les reproches qui seront justifiés par écrit, dont le plaideur établira le bien fondé à l'aide de pièces écrites. Mais puisque le reproche est justifié par écrit, la cause en était et sérieuse et connue avant la déposition. Pourquoi permettre à la partie de tenir ce reproche en réserve? pourquoi lui laisser la faculté d'écarter après coup tel ou tel témoignage? N'est-ce pas lui permettre de mettre son intérêt ou sa passion au-dessus de la vérité?

1114. Ces reproches doivent être *circonstanciés* et *concluants*, non formulés en termes vagues et généraux. On doit bien préciser le fait allégué, spécifier le degré de parenté, le lieu et le jour où témoin a bu et mangé aux frais de l'adversaire, etc.

(1) Cass. 2 juillet 1866, 10 mars 1868, 17 juin et 29 juilet 1873, 16 juin 1874, 30 déc. 1874, 31 juillet 1876, 5 nov. 1878. (Sir. 1879. 1. 468.)

Le juge commissaire n'est pas compétent pour statuer sur le bien ou le mal fondé des reproches formulés contre tel ou tel témoin. Au tribunal seul appartient ce pouvoir. Mais il était impossible, à moins de prolonger indéfiniment les enquêtes, de renvoyer à chaque instant les parties devant le tribunal. Celui-ci ne jugera les reproches, que lorsque l'enquête terminée sera portée devant lui. Or, on ne peut savoir à l'avance si le reproche sera admis ou rejeté. Le législateur a pris le parti de faire provisoirement recueillir la déposition du témoin reproché. Le juge commissaire entend les reproches, les réponses des témoins reprochés et mentionne le tout dans son procès-verbal. Le reproche, quoique proposé, ne fait point obstacle à la déposition du témoin. Elle est consignée au procès-verbal. Plus tard, si le tribunal reconnaît le bien fondé du reproche proposé, cette déposition ne sera pas lue : elle est comme non avenue. Le reproche est-il écarté : elle conserve tout son effet. (Pr. civ., art. 284.) — Ce système présente un inconvénient sérieux pour le cas où le tribunal reconnaît que le reproche est justifié. Le juge commissaire aura entendu le témoin reproché : or, le juge siège presque toujours dans l'affaire qui a provoqué l'enquête. Son esprit ne restera-t-il pas sous l'impression qu'y avait produite la déposition du témoin reproché? Et d'autre part, écarter le juge commissaire, ne pas le faire siéger, n'est-ce pas se priver des lumières de celui des trois juges qui connaît le mieux le procès?

Lorsqu'une enquête a été autorisée ou ordonnée, chacune des parties peut faire entendre tel nombre de témoins qu'elle juge convenable. Cependant, afin d'éviter l'abus, celle d'entre elles qui gagne son procès ne peut répéter de l'autre que les frais afférents à cinq témoins sur le même fait. (Pr. civ., art. 281.)

1115. Quand tous les témoins assignés ont été entendus, ou que le délai accordé pour faire l'enquête est expiré, le juge commissaire clôture son procès-verbal, qui est signé par lui, par le greffier et par les parties, si elles le veulent ou le peuvent; sinon, il est fait mention de leur refus. (Pr. civ., art. 275).

§ 4. *Sanction de la comparution et de la véracité des témoins.*

1116. L'administration de la preuve testimoniale suppose que les témoins sont connus, qu'ils sont obligés de venir déposer et que leur déposition est sincère.

1° Les témoins sont *connus* par la signification que fait chaque partie à son adversaire, trois jours avant l'audition, des noms, profession et domicile des personnes qu'elle se propose de faire entendre. Comment les parties découvrent-elles ces témoins ? A l'aide de leurs investigations et de leurs recherches personnelles.

1117. — 2° Venir déposer en justice et concourir à faire découvrir au juge la vérité, constitue un devoir, une dette sociale que tout citoyen doit acquitter, quand il en est requis. L'égoïsme individuel essayerait vainement de rester étranger au débat qui s'agite entre deux personnes. On ne peut jouir des utilités et des avantages que procure la vie en société, qu'à la condition de concourir à procurer à autrui ces utilités et ces avantages. Si le pouvoir judiciaire a été établi pour maintenir la paix entre les hommes, tout citoyen doit aider ce pouvoir à procurer à ses concitoyens l'inestimable bienfait de cette paix. — Les témoins assignés sont donc obligés de venir déposer devant le juge commissaire. Comparaître en personne devant le juge serait insuffisant. Une déposition doit être faite. Le refus de répondre équivaut au refus de comparaître. Une assistance matérielle ne saurait être d'aucun secours pour la découverte de la vérité, et le devoir social ne serait pas accompli.

Quelle est la sanction de cette obligation de venir déposer en justice, quand on en a été requis? Elle est indiquée dans les articles 263 et 264, Pr. civ. Les témoins défaillants sont condamnés par le juge commissaire, dont l'ordonnance est exécutoire nonobstant appel ou opposition, envers la partie à des dommages-intérêts qui ne peuvent être inférieurs à la somme de dix francs, et même à une amende dont le maximum est de cent francs. — Le second défaut des témoins, réassignés du reste à leur frais, entraîne une amende de cent francs. Le juge commissaire, s'il estime la déposition essentielle, peut décerner contre le réfractaire un mandat d'amener, qui autorise l'emploi de la force publique pour le conduire devant le juge. — Indépendamment de ces condamnations pécuniaires, le Code pénal prononce un emprisonnement de six jours à deux mois contre les témoins qui auraient allégué de fausses excuses. (Cod. pénal, art. 236). — Si les excuses présentées par le témoin défaillant sont admises, le juge commissaire le décharge, après sa déposition, de l'amende et des frais de réassignation. (Proc. civ., art. 265.) — Enfin si le témoin justifie qu'il est dans l'impossibilité de se présenter au jour indiqué, le juge commissaire lui accorde un délai suffisant, qui ne peut néanmoins excéder celui fixé pour la durée de l'enquête. — Le juge peut aussi se transporter, accompagné du greffier et des parties, chez le témoin pour recevoir sa déposition. Si le lieu où demeure le témoin est hors du ressort du tribunal, le juge commissaire renvoie les parties devant le président du tribunal du domicile du témoin. Ce président reçoit la déposition du témoin ou désigne un juge pour la recevoir. Le greffier de ce tribunal fait parvenir de suite la minute du procès-verbal de cette déposition au greffe du tribunal où le procès est pendant. Pour se couvrir des frais de ce procès-verbal, ce greffier peut prendre exécutoire contre la partie à la requête de laquelle le témoin a été entendu. (Pr. civ., art. 266).

1118. Certaines personnes sont dispensées, non de faire leur déclaration, mais de venir la faire devant le juge commissaire. Elles transmettent leur déposition par écrit. Cette faculté a été accordée aux ministres de la République, aux agents diplomatiques accrédités près les cours étrangères, aux sénateurs, aux préfets, aux maires, aux conseillers d'État, aux caissiers et contrôleurs du Trésor Public. Les articles 510 et suivants du code d'Instruction criminelle tracent pour la déposition des fonctionnaires les plus élevés certaines formes, qu'on applique, par identité de motifs, devant les juridictions civiles, en les combinant avec le décret du 4 mai 1812, relatif à la citation en témoignage des ministres et des principaux fonctionnaires de l'État. (Loi du 20 thermidor an IV. ; — Loi du 20 fructidor au VII ; — Avis du Conseil d'État, 4 germinal an VII ; — Arrêté du 7 thermidor an XI.)

1119. Le dispense complète de témoigner existe à l'égard de certaines personnes que leur profession astreint au secret. Quelles sont ces personnes ?

Les médecins, chirurgiens, pharmaciens et sages-femmes doivent garder le silence sur les faits *confidentiels* qui leur ont été révélés, sur les *secrets* qui leur ont été confiés, à l'occasion de l'exercice de leur profession ou de leur art. L'article 378 du Code pénal punit d'un emprisonnement d'un an à six mois et d'une amende de cent à cinq cents francs les personnes qui, dépositaires, par état ou profession, de secrets qu'on leur confie, les auront révélés. Cette pénalité n'est applicable qu'à une révélation indiscrète ; mais elle prouve évidemment que pour ces personnes, garder le silence est non seulement un droit mais aussi un devoir.

Ce devoir est imposé aux avocats et aux avoués. C'est précisément pour les avocats qu'a été primitivement introduit le principe de la dispense de témoigner, principe étendu ensuite à toutes les personnes tenues au secret par profession. Sur ce point, la jurisprudence n'a jamais varié et la doctrine a étendu la dispense à tout homme de loi appelé à donner un conseil, même à un agréé.

Les notaires sont aussi au nombre des personnes obligées par leur état à la discrétion. On trouve cependant à leur égard dans la jurisprudence des décisions opposées. Mais cette divergence n'est qu'apparente : elle tient à la nature plus ou moins confidentielle des faits qu'il s'agissait de révéler. Les notaires, investis de la confiance des familles, souvent dépositaires des faits les plus intimes de la vie intérieure, doivent offrir des garanties qui ne sauraient exister, s'ils étaient obligés de révéler les secrets à eux confiés.

Les ministres du culte catholique ne sauraient être interrogés sur les faits qui leur ont été révélés sous le sceau de la confession ; c'est un point évident. Nous pensons que toute *confidence* faite à un prêtre, même en dehors de la confession, doit jouir d'une égale inviolabilité. En adoptant l'opinion contraire, on donnerait au prêtre les apparences d'un délateur, d'autant plus méprisable que le caractère dont il est revêtu est de nature à inspirer une plus entière et plus grande confiance.

Quand ces diverses personnes sont appelées à déposer en justice, elles n'ont pas à justifier des causes de leur refus. Leur conscience est seule le juge du caractère confidentiel des faits portés à leur connaissance : mais ces personnes doivent déclarer que ce caractère confidentiel s'oppose à leur révélation.

1120. 3° La déposition des témoins doit être *sincère*. Les garanties de cette sincérité résident dans la nature morale de l'homme, dans les sentiments religieux du témoin ou dans la crainte d'une peine prononcée par la loi.

La voix de la conscience, le sentiment de l'honneur incitent l'homme à dire la vérité. A moins d'être corrompu, celui qui essaye de mentir est obligé de se faire violence. Nous sommes tout naturellement portés à croire à la sincérité de la déclaration d'un honnête homme.

Mais la faiblesse de notre nature, l'impétuosité des passions peuvent entraîner à mentir celui chez lequel le sentiment de l'honneur et le souci de sa propre estime ne sont pas assez énergiques pour lutter contre cette faiblesse ou contre ces passions. Le législateur fait alors appel à des sentiments d'un autre ordre. Il a recours à la sanction religieuse qui consiste à obliger le témoin à prêter serment, à appeler sur lui la réprobation de la Divinité, si sa déclaration n'est pas sincère. L'usage du serment a été observé de temps immémorial dans la pratique française. L'article 262, Pr. civ., veut que le juge fasse prêter serment à chaque témoin. Cette prestation est exigée à peine de nullité et, sous la même sanction, le procès-verbal doit constater l'accomplissement de cette formalité. Mais celle-ci n'est prescrite que dans l'intérêt privé des parties qui peuvent y renoncer ; et, par suite, son inobservation ne peut être invoquée pour la première fois devant la Cour de cassation. (1)

La corruption de certains hommes ne permet pas de considérer le serment comme étant toujours une sanction suffisante de la véracité des témoins. Presque toutes les législations ont senti la nécessité d'infliger une peine à l'auteur d'un faux témoignage. Le Code pénal, revisé par la loi du 13 mai 1863, prononce contre le faux témoin la peine de deux ans à cinq ans de prison et celle de cinquante à deux mille francs d'amende. De plus, le témoin qui a reçu ou s'est fait promettre une récompense est, ainsi que celui qui l'a suborné, puni de la peine de la réclusion. (Cod. pén., art. 363, 364 et 365.

TROISIÈME PÉRIODE

PROCÉDURE POSTÉRIEURE A L'ENQUÊTE

1121. L'enquête est terminée ; les témoins ont été entendus ; les procès-verbaux clôturés. Le rôle du juge commissaire est achevé.— Les parties doivent revenir devant le tribunal, à l'audience, pour faire apprécier les témoignages et statuer sur le fond du litige.

Alors s'ouvre la troisième phase de la procédure.

Comme la crainte de la subornation des témoins ne peut plus exister, le législateur ne se préoccupe plus d'accélérer la marche de la procédure : il s'en rapporte à la vigilance des intéressés. L'article

(1) Cass. 1er avril et 24 décembre 1879, 15 juin et 8 novembre 1880 (Sir. 1880. 1. 55 et 300 ; — 1881. 1. 53).

286 du Code de procédure laisse à la partie la plus diligente le soin de signifier à l'avoué de l'adversaire copie des procès-verbaux et de poursuivre l'audience sur un simple avenir.

Mais la partie la plus diligente *doit-elle* signifier tout à la fois l'enquête faite à sa demande et la contre-enquête faite par les soins de son adversaire, ou *peut-elle* se contenter de signifier la *sienne* seulement? L'intérêt de la question se réfère au droit de demander la nullité d'une enquête vicieuse ou irrégulière. En signifiant l'enquête faite à la requête de l'adversaire, la partie la plus diligente paraît adhérer à cette enquête, se l'approprier et renoncer à la faculté d'en demander la nullité totale ou partielle. En ne signifiant que sa propre enquête, cette partie conserve sûrement le droit d'attaquer et de critiquer, devant le tribunal, l'enquête faite par l'adversaire.

Dans notre ancien droit français, chaque partie signifiait les procès-verbaux de l'enquête faite à sa requête. C'est aussi la pratique habituellement suivie de nos jours. La question est controversée par les commentateurs du Code de procédure. Nous pensons que nul n'est tenu de signifier à l'adversaire l'enquête faite sur les poursuites et diligences de ce dernier. Chaque partie peut se contenter de signifier sa propre enquête, par application de cette règle de sens commun, que nul ne peut être tenu de fournir titre contre lui-même.

Nous ne pouvons voir, comme quelques auteurs, un tout indivisible formé par l'enquête et par la contre-enquête. Si par l'inertie d'une partie, le tribunal ne connaît que l'enquête faite par l'autre plaideur et prononce d'après les résultats de cette seule enquête, cette partie n'a qu'à s'en prendre à elle-même des conséquences de sa propre négligence. Mais, si l'on n'y est point obligé, rien ne s'oppose néanmoins à la signification de l'enquête de la partie adverse. Veut-on éviter de perdre, par cette signification, la faculté de demander postérieurement la nullité de cette enquête, on devra avoir soin d'insérer dans la signification, non des réserves vagues et diffuses, mais des réserves expresses et formelles, précisant les points sur lesquels on veut conserver le droit de faire annuler l'enquête, ou la déposition de tel ou tel témoin, pour telle cause.

La latitude, laissée aux parties de signifier ou non l'enquête de leur adversaire, résulte encore du principe généralement admis que les parties peuvent écarter l'enquête et la contre-enquête et renoncer à s'en prévaloir. Elles peuvent ne signifier ni l'une ni l'autre, l'enquête eût-elle même été ordonnée d'office par le tribunal. En agissant ainsi, les parties ne portent point atteinte aux droits des juges. Elles imitent celui qui ne produit pas toutes les preuves dont il pourrait disposer. Elles s'exposent seulement aux inductions défavorables que le tribunal pourra tirer du défaut de signification. Cette faculté, qu'ont les parties d'écarter l'enquête, est même visée par la formule habituelle des jugements interlocutoires : *pour, sur cette preuve rapportée, ou faute de ce faire, être statué ce qu'il appartiendra.*

A la latitude ainsi octroyée aux parties, nous apporterons une exception pour le cas, où l'ordre public étant intéressé dans le procès, la preuve des faits allégués ne pourrait être fournie autrement que par témoins. Dans ce cas, la renonciation des parties à s'en prévaloir ne pourrait empêcher le tribunal de connaître des enquête et contre-enquête et d'y puiser des éléments de conviction.

Les procès-verbaux d'enquête signifiés, la partie la plus diligente poursuit l'audience par un simple acte, un *avenir*, sans écritures grossoyées, ni requêtes. — L'enquête peut avoir été ordonnée ou autorisée dans une cause instruite par défaut contre un défendeur n'ayant pas constitué avoué ; dans ce cas, le procès-verbal d'enquête doit être signifié à personne ou à domicile et suivi ou accompagné d'une assignation à venir à l'audience, donnée en la forme ordinaire des exploits.

Sur l'avenir donné, les avoués des parties posent leurs conclusions à la barre, et le tribunal a une mission complexe à remplir. Il doit : 1° statuer sur la validité ou la nullité de l'enquête ; 2° prononcer sur les reproches qui ont été formulés contre les témoins ; 3° apprécier les témoignages ; et 4° former son opinion et rendre jugement sur le fond du procès.

§ 1er *Examen de la nullité ou de la validité de l'enquête.*

1122. Les rédacteurs du Code de procédure, suivant trop fidèlement les errements de l'ancien droit, ont, en matière d'enquête, multiplié les nullités.

La première question que le tribunal ait à résoudre est logiquement celle de savoir si l'enquête est régulière et valable, ou si elle est entachée de nullité. On ne saurait apprécier d'abord des témoignages qu'il faudrait ensuite écarter à raison de l'irrégularité de l'enquête.

L'enquête peut être jugée nulle en totalité ou en partie seulement. Comme le dit l'article 294, Pr. civ., la nullité d'une ou de plusieurs dépositions n'entraîne pas la nullité de toute l'enquête.

L'enquête est-elle entachée d'un vice, qui touche à sa substance même, l'affecte dans son ensemble et non dans telle ou telle partie séparée, elle est entièrement nulle. — *Exemples :* les signatures du juge commissaire et du greffier ne figurent pas sur le procès-verbal (Pr. civ., art. 275); l'enquête n'a pas été commencée dans le délai de huitaine (art. 257); le procès-verbal d'enquête n'est pas daté (art. 269), le défendeur n'a pas été régulièrement assigné, etc. Si, au contraire, l'irrégularité commise ne se réfère qu'à la déposition d'un ou de plusieurs témoins, ces dépositions sont nulles; mais l'enquête est valable pour le surplus. — *Exemples :* On a omis de donner à un témoin lecture de sa déposition et de lui demander s'il y persiste, de lui faire prêter serment, de lui faire représenter la copie de l'assignation qui lui a été donnée, etc., etc.

Quand la nullité tient à l'inobservation de simples formes édictées dans l'intérêt des parties, elle peut être couverte par l'acquiescement exprès ou tacite de partie qui eût pu l'invoquer. —*Exemple:* Le défendeur à l'enquête n'a pas été régulièrement assigné : il ne peut plus demander la nullité de toute l'enquête si, malgré l'irrégularité de l'assignation, il s'est renduet a assisté à l'enquête. Sa présence a couvert le vice, à moins qu'en se présentant il n'ait fait insérer au procès-verbal des réserves expresses, formelles et précises.

1123. — Si l'ordre public était intéressé à l'observation des formes légales, nul acte des parties ne pourrait couvrir cette irrégularité. La nullité pourrait être invoquée en tout état de cause, même à défaut d'insertion de réserves au procès-erbal. Cette nullité pourrait être relevée d'office par le tribunal. — L'ordre public ne nous paraît être lésé que dans les trois cas suivants :

a) Le jugement interlocutoire, qui a autorisé l'enquête, manque d'une des conditions essentielles à sa validité ;

b) Le juge commissaire a procédé hors des limites de sa juridiction territoriale;

c) A été recueillie la déposition d'une personne, déclarée par la loi incapable d'être témoin.

1124. Supposons l'enquête annulée. La loi distingue entre le cas où la nullité provient d'une faute du juge commissaire ou du greffier, et celui où la nullité est imputable à la partie ou à son avoué.

A. Si l'enquête est annulée par suite d'une faute commise par le juge commissaire ou par le greffier, par exemple, omission de la date ou de la signature, les plaideurs ne doivent pas supporter les conséquences des erreurs imputables au juge commissaire. Il n'est pas leur mandataire ; ils ne l'ont point choisi ; ils n'ont pu s'opposer à sa désignation, La loi serait injuste en privant ces plaideurs des avantages qu'ils espéraient retirer de l'enquête et des preuves qu'ils pensaient y puiser. L'enquête ou la déposition déclarée nulle par la faute du juge commissaire ou du greffier, des actes duquel le juge répond envers les parties, sera recommencée aux frais de ce juge. Les témoins, qui ont déposé dans l'enquête annulée, pourront être de nouveaux entendus. Si quelques-uns d'entre eux ne peuvent venir déposer, le tribunal aura tel égard que de raison aux dépositions par eux faites dans la première enquête. (Pr. civ., art. 292.)

Lorsque le tribunal ordonne une nouvelle et seconde enquête, la partie peut-elle faire entendre de nouveaux témoins, sauf à supporter l'excédent de frais qu'occasionneront leurs dépositions ? La question est controversée. La solution affirmative nous paraît seule acceptable. Lors de la rédaction de l'ordonnance de 1667, on discuta la question de savoir si la partie pourrait faire entendre les mêmes témoins. Le doute venait de ce que leur foi paraissait engagée par leur première déposition. On pouvait craindre de les voir s'obstiner dans un récit peut-être inexact. L'affirmative prévalut. Mais pour ceux qui combattaient l'audition des témoins primitifs, il allait nécessairement de soi que de nouveaux témoins pouvaient être entendus ; sinon aucune déposition n'eût pu être recueillie. La faculté de produire de nouveaux témoins n'était autrefois contestée par personne. Or, l'article 292 du Code ne fait que reproduire la disposition de l'article 36 du titre XXII de l'ordonnance de 1667.

Les auteurs, qui repoussent l'audition de nouveaux témoins dans cette seconde enquête, refusent logiquement à l'adversaire la faculté de refaire une contre-enquête. Les dépositions de ces témoins primitifs réentendus sont déjà combattues par les dépositions reçues dans la première contre-enquête. Nous, qui admettons l'audition de nouveaux témoins, nous autorisons l'adversaire à combattre leurs témoignages à l'aide d'une nouvelle contre-enquête : ainsi le veulent le bon sens et la loi. (Pr. civ., art. 256.)

1125. B. Si l'enquête ou une déposition sont annulées par la faute de l'avoué ou de l'huissier, l'enquête ou la déposition ne peut être recommencée. La partie supporte ainsi les conséquences des négligences ou des erreurs commises par ses mandataires. Mais dans les relations de la partie et de ces officiers ministériels, ceux-ci sont responsables envers elle des fautes qu'ils ont commises, comme toute mandataire est responsable envers le mandant. (Cod. civ., art. 1992.) La partie pourra répéter contre l'avoué ou contre l'huissier, suivant les circonstances, les frais de l'enquête ou de la déposition annulée. Elle pourra même, en cas de manifeste négligence, réclamer des dommages-intérêts ; ce qui est laissé à l'arbitrage et à l'appréciation du tribunal. (Pr. civ., art. 293).

Mais si la partie ne peut demander à recommencer l'enquête annulée par sa faute, le tribunal ne peut-il d'fofice ordonner une nouvelle enquête? Cette question est très controversée en doctrine et en jurisprudence. La solution affirmative est seule en harmonie avec l'article 254, Pr. civ., qui donne au tribunal le droit d'ordonner d'office la preuve des faits contestés. Le juge doit pouvoir recourir à tout moyen d'information, dès qu'il n'est pas suffisamment éclairé par les pièces écrites et autres documents versés au procès. La faute commise par la partie ne saurait avoir ponr résultat de restreindre le pouvoir propre du tribunal (1).

Mais, même en adoptant l'opinion opposée, faudra-t-il dire que la disposition de l'article 293 souffre exception et que l'enquête devra toujours être recommencée, quand la cause touchera à l'ordre public, qu'il s'agira par exemple de séparation de corps, de filiation, de nullité ou validité de mariage, d'inscription de faux, etc., alors qu'il sera indispensable d'entendre des témoins pour juger le procès. Il importe à la société que les demandes relatives à l'état des personnes ne soient pas écartées par de simples moyens de procédure.

§. 2. — *Jugement des reproches.*

1126. L'enquête reconnue valable ou non contestée, le tribunal doit statuer sur les reproches élevés contre tel ou tel témoin,

(1) Cass. Req., 1er août et 5 novembre 1878. (Sir., 1880. 1. 60.)

reproches que le juge commissaire a consignés dans son procès-verbal.

Si le tribunal reconnaît que les dépositions des témoins non reprochés suffisent à éclairer sa religion, il peut écarter sans examen les dépositions reprochées et statuer au fond. Il n'est pas tenu de s'arrêter à juger les reproches : ce serait prendre un soin superflu. — Si, au contraire, les dépositions des témoins non reprochés sont insuffisantes pour convaincre les juges de la vérité ou de la fausseté des faits allégués, force est de recourir à celles des témoins reprochés et, avant que de les lire, de prononcer sur les reproches formulés par la partie adverse.

Remarquons que le tribunal n'est pas autorisé à statuer sur les reproches, par cela seul qu'il sont consignés et relatés au procès-verbal du juge commissaire. Le reprochant doit prendre devant le tribunal des conclusions formelles, en l'absence desquelles les juges ne seraient point saisis des questions relatives aux reproches. Ces conclusions seront formulées verbalement, sans requêtes ni écritures. C'est ce qu'indique l'article 278, Pr. civ., quand il dit que les reproches seront jugés *sommairement*.

Un jugement préliminaire sur les reproches doit être naturellement prononcé avant le jugement sur le fond. Si cependant les plaideurs ont joint, aux conclusions relatives aux reproches, des conclusions sur le fond du litige, la cause est en état d'être jugée, et pour éviter des frais inutiles, l'article 288, Pr. civ., autorise le tribunal à prononcer sur le tout, sur les reproches et sur le fond, par un seul et même jugement. Dans cette sentence, le tribunal doit statuer sur chaque reproche divisément et précisément. Il ne peut les juger en bloc, ni se contenter de dire qu'il aura tel égard que de raison à la déposition du témoin reproché.

1127. Le reprochant doit fournir la preuve des reproches par lui allégués. Si les reproches sont justifiés par écrit, on les discute immédiatement. Ainsi le reproche, fondé sur la parenté existant entre le témoin et la partie, sera facilement établi par la production d'extraits d'actes de l'état civil, actes de naissance et de mariage; de même pour le reproche basé sur la délivrance de certificats, sur la qualité d'héritier présomptif ou de donataire, etc. — Si le reproche formulé n'est pas justifié par écrit, la partie qui l'a proposé doit devant le tribunal en offrir la preuve et indiquer ses témoins. Cette offre et cette désignation sont faites par acte d'avoué à avoué, avec réponse en la même forme. (Pr. civ., art. 289; — Tarif, art. 71.) Cette offre et cette désignation faites, le tribunal examine s'il y a lieu d'ordonner la preuve du reproche. S'il lui paraît dénué de toute vraisemblance, il le rejette de prime abord, ce qu'indique l'article 290 par les mots : *s'il y échet.* — Le reproche est-il douteux, vraisemblable, le tribunal ordonne la preuve, sauf à l'autre partie à la combattre par la preuve contraire.

L'enquête, ordonnée en vue d'établir le bien fondé d'un reproche, se fait suivant les règles établies pour les enquêtes en matière sommaire. Aucun reproche contre les nouveaux témoins ne peut y être proposé, s'il n'est justifié par écrit. Sinon, il faudrait ouvrir une troisième enquête pour juger les reproches formulés contre les témoins de la seconde, une quatrième à l'égard des reproches élevés contre les témoins de la troisième, et ainsi de suite à l'infini. On devait s'arrêter sur cette pente et ne pas s'engager dans une voie sans issue. Le législateur a eu recours à un expédient, qui accentue le caractère vicieux de ce système des reproches. (Pr. civ., art. 290.).

Si le reproche est justifié et admis, la déposition du témoin n'est ni lue, ni discutée. (Pr. civ., art. 291.)

La partie, qui a proposé un reproche et n'a pas été admise à en faire la preuve, ou qui, ayant été autorisée à la faire, n'y est point parvenue, peut être condamnée à des dommages-intérêts envers le témoin, si, par exemple, le reproche formulé contre lui a porté atteinte à sa considération.

Les reproches admis ou rejetés, le tribunal examine le mérite et la portée des dépositions non reprochées.

§ 3. *Appréciation des témoignages.*

1128. Le sens commun nous indique que les juges doivent peser et apprécier, non compter ou additionner, les témoignages relatifs à un même fait. Cette vérité élémentaire, proclamée par les jurisconsultes romains, fut totalement oubliée dans notre ancien droit par les docteurs du moyen âge et par la jurisprudence des parlements, qui torturèrent les textes du droit romain dans le but de justifier des règles légales, contraires à la raison.

La plus célèbre de ces règles se traduisait par l'adage : *testis unus, testis nullus*. Le témoignage d'un témoin unique était *a priori* insuffisant; car, disait-on, il y a danger de s'en rapporter à un seul homme, quand les dépositions conformes de plusieurs renferment tant de chances de fraude ou d'erreur. — Règle immorale et inhumaine. Elle autorisait d'une part à croire qu'on peut tout faire impunément devant un seul homme. — D'autre part, comme à défaut de témoignage suffisant, obtenir un aveu devenait nécessaire, on recourait, en matière criminelle, à la torture. — Cette règle n'existe plus de nos jours. Elle n'est pas reproduite par le Code de procédure. Les juges sont libres de s'attacher à la déclaration d'un unique témoin, alors surtout qu'en matière criminelle la loi ne demande au juré que d'être intimement convaincu.

Une règle différente, mais tout aussi absurde, voulait que la déposition conforme de *deux* témoins *non suspects* entraînât nécessairement la conviction légale du juge, quelle que fut sa conviction intime. Et certain parlement admit, pour l'application de cette règle, que les dépositions des témoins suspects vaudraient comme fraction des témoignages, fractions qui entraîneraient la conviction du magistrat si, additionnées ensemble, elles donnaient un total égal ou supérieur à deux unités (1). Dans le même ordre d'idées, en plein siècle de Louis XIV, alors qu'écrivaient Mlle de Scudéry, Mme de Sévigné, etc, on n'accordait pas au témoignage d'une femme une valeur égale à celle de la déposition d'un homme, alors qu'à l'égard de certains faits, tels que détails de costume, l'observation d'une femme sera bien plus perspicace que celle d'un homme.

Ce principe, qui du reste était en contradiction flagrante avec le premier, n'a pas été davantage admis par le droit actuel. Il n'est plus et ne peut plus être question pour le juge que de certitude morale.

Les témoignages recueillis l'ont-ils ou ne l'ont-ils pas convaincu de la réalité des faits allégués? Telle est la seule question qu'il ait à se poser et à résoudre. La prudence lui apprendra, en cas de collision entre divers témoignages, à les apprécier d'après l'âge, l'intelligence, l'éducation, la moralité des divers témoins. Il devra évidemment avoir plus de confiance envers les témoins qui déposent *de visu*, qu'envers ceux qui répètent ce qu'ils ont entendu dire, qui déposent *de auditu*. Il n'oubliera pas que la preuve s'affaiblit à mesure qu'elle s'éloigne de sa source. Il aura présente

(1) V. Rodier sur l'ordonnance de 1667, titre XXIII.

à l'esprit la leçon si spirituelle du bon Lafontaine sur la valeur des commérages. Il ne s'attachera aux dépositions par ouï-dire, que s'il y a eu impossibilité de faire entendre les témoins directs, ou que si la cause est de celles où la loi autorise la preuve *par commune renommée.*

Mais, quant à l'appréciation des témoignages, le droit actuel laisse au juge toute liberté; il ne le soumet plus à des règles techniques. Il lui demande seulement de se sentir convaincu par les témoignages recueillis et discutés devant lui.

§ 4. *Du jugement à suite d'enquête.*

1129. Si les dépositions des témoins paraissent concluantes au tribunal, si les faits allégués sont établis et prouvés par l'enquête, le tribunal est-il tenu de donner gain de cause, sur la question en litige, à la partie à laquelle l'enquête a été favorable?

A première vue, on serait tenté de le penser. Il n'en est rien cependant et c'est un brocard bien connu au Palais que celui qui se formule ainsi : *l'interlocutoire ne lie point le juge.* Quel est le sens de cette règle?

Elle ne signifie pas que le juge puisse revenir sur la mesure ordonnée par le jugement interlocutoire et rétracter sa sentence. Personne n'a jamais entendu la règle en ce sens. Quand un tribunal a ordonné une enquête (une expertise ou une vérification d'écritures, etc.), il ne peut plus l'interdire. Une fois qu'il a décidé que la preuve testimoniale est permise ou proscrite par la loi, le tribunal ne peut se déjuger. Il ne peut rejeter les témoignages recueillis dans l'enquête, sous prétexte que la preuve testimoniale n'est pas autorisée par la loi. Cette recevabilité de la preuve est un point définitivement jugé, acquis aux parties, qui peuvent seulement attaquer cette décision par la voie de l'appel, si le jugement est rendu en premier ressort.

Le tribunal a-t-il la liberté de reprendre des moyens d'attaque ou de défense qu'il semble avoir positivement écartés par le jugement interlocutoire qui a ordonné soit l'enquête, soit tout autre mode de preuve?

Pour échapper, par exemple, à une enquête demandée par son adversaire, un plaideur a prétendu que l'action était éteinte par la prescription, ou que la preuve testimoniale était interdite par la loi. Le tribunal, après avoir discuté cette fin de non recevoir dans les motifs du jugement, ordonne l'enquête. Quand, celle-ci clôturée, les parties reviennent devant lui, le tribunal peut-il accueillir le moyen de prescription, auquel il ne s'est pas arrêté tout d'abord ? Peut-il dire qu'il a eu tort d'ordonner la preuve, vu qu'il reconnaît que la loi l'interdisait? Non : c'est impossible ; impossible évidemment dans la seconde hypothèse, impossible aussi dans la première. En admettant l'enquête, il a virtuellement, mais définitivement, jugé la question relative à la prescription comme la question relative à l'admissibilité de la preuve testimoniale.

La règle, *l'interlocutoire ne lie pas le juge*, s'applique restrictivement à ce qui fait l'objet de la preuve ; dans ces limites, elle est raisonnable. Le juge, en ordonnant une preuve, a indiqué que les faits qu'il a voulu vérifier ne lui sont pas indifférents ; mais il n'a pas pu vouloir les accepter comme commandant absolument sa décision. Ces faits ont impressionné son esprit ; mais on ne saurait admettre qu'ils l'aient convaincu par anticipation, qu'ils doivent nécessairement et fatalement faire naître en lui la conviction qu'ils ont paru d'abord produire.

La règle, *l'interlocutoire ne lie pas le juge*, signifie qu'en ordonnant la preuve de certains faits, le tribunal ne s'engage pas par cela même à subordonner sa sentence définitive au résultat de l'enquête. Tel fait, qui avait d'abord paru concluant et décisif, peut être reconnu indifférent par le tribunal mieux éclairé : pourquoi la preuve de ce fait devrait-elle entraîner la sentence du juge ? Le tribunal, en ordonnant une mesure d'instruction, n'a pu s'enlever la liberté de juger le fond du droit, suivant la conviction que fera naître en lui l'instruction même de la cause. « Tout juge, disait « Duparc-Poullain, qui ordonne ce genre d'instruction, est toujours « présumé s'être réservé la liberté de juger entre les parties suivant « l'équité et conséquemment de conserver tous leurs droits jusqu'au « jugement définitif. Il n'y a souvent qu'une instruction parfaite « qui puisse développer au juge le vrai point de décision ; et si on « lui ôtait la liberté de s'écarter du préjugé qu'il a lui-même établi « par un interlocutoire, lorsque l'instruction était imparfaite, on le « placerait dans la nécessité de commettre une injustice, quelque « pures qu'eussent été ses intentions quand il l'aurait rendu (1) ».

(1) Duparc-Poullain. *Principes du droit*, t. IX, page 494.

L'interlocutoire laisse entrevoir l'opinion première du juge, mais ne décide pas la question litigieuse. La décision future est *probable ;* mais elle n'est pas certaine. Le tribunal, en ordonnant une mesure utile, peut donner une espérance à une partie, mais ne prend envers elle aucun engagement. Autre chose est déclarer une enquête légale et admissible, autre chose s'astreindre à prononcer d'après les seules données de l'enquête, quelque lumière que puisse fournir un examen plus approfondi des documents du procès. En rendant le jugement interlocutoire, le tribunal a ordonné une mesure d'instruction, qui, accomplie, facilitera la recherche de la vérité, mais ne saurait s'opposer à ce que cette vérité soit demandée aux autres éléments du procès.

En rendant un jugement interlocutoire donc, les juges n'ont pas pu enchaîner leur liberté d'appréciation. — Conséquences : 1° Le tribunal peut prononcer en faveur de la partie qui a obtenu l'enquête, mais en se basant sur d'autres preuves ; — 2° L'enquête doit être combinée avec les autres documents de la cause, et ne saurait être seule prise en considération ; — 3° Le tribunal peut écarter définitivement des faits, auxquels à première vue et par l'interlocutoire il avait accordé une importance non justifiée ; — 4° A l'inverse, le tribunal mieux informé peut revenir à la preuve de faits qu'il avait d'abord rejetés comme non concluants.

C'est à notre règle et à ses conséquences que font allusion les formules généralement usitées dans la rédaction des jugements interlocutoires : *Le tribunal..., statuant avant faire droit et sans rien préjuger au fond* ou *tous moyens étant réservés.* Mais il est désirable que, sous prétexte que les moyens sont réservés, les juges ne se laissent pas trop facilement aller à rendre des jugement interlocutoires, alors qu'un examen sérieux leur permettrait de découvrir des moyens rendant l'interlocutoire inutile.

CHAPITRE V

DESCENTES SUR LES LIEUX

LIV. II, TIT. XIII, ART. 295 A 301.

SOMMAIRE. — Pouvoirs du tribunal. — Du magistrat auquel la descente est confiée. — De la procédure à suivre. — De la visite officieuse.

1130. Dans certains procès, relatifs à des droits réels immobiliers, l'inspection et l'étude attentive de la forme extérieure des immeubles, à l'occasion desquels s'élève le litige, peut seule procurer au tribunal des notions précises, que ne sauraient lui donner ni les plaidoiries des avocats, ni une enquête, ni même un rapport d'experts. Comment est établi le chaperon du mur prétendu mitoyen ? comment sont placées les ouvertures indûment pratiquées ? une servitude est-elle apparente, etc., etc. ? — Dans la plupart des litiges relatifs à des droits de servitude, les éléments d'une bonne décision ne seront presque toujours fournis que par l'examen des immeubles, sur lesquels et au profit desquels on prétend que ces servitudes sont établies.

Pour obtenir ces notions, le tribunal peut ordonner une *descente sur les lieux*. On appelle ainsi l'action d'un juge, qui se transporte sur les lieux contentieux, les étudie au point de vue du procès dont ils sont l'objet, et constate, dans un procès-verbal, le résultat de son examen.

L'inspection des lieux se combine quelquefois soit avec l'expertise, soit avec l'enquête, lorsque les juges estiment que les témoins seront mieux compris, leurs explications plus nettes et plus précises, s'ils déposent en présence des lieux contentieux.

1131. La descente sur les lieux peut être ordonnée par le tribunal soit d'office, soit sur la réquisition de l'une des parties. Mais, par exception, elle ne peut être ordonnée que sur la demande des parties, et non d'office, dans les affaires où la loi prescrit spécialement un rapport d'experts. (Cod. civ., art. 824, 1678, 1716 ; — Proc. civ., art. 295.) La disposition restrictive de l'article 295 n'est accompagnée d'aucune sanction et nous ne saurions prononcer la nullité d'une descente sur les lieux, ordonnée d'office, dans les cas des articles précités, alors que les parties, ayant concouru à l'opération, n'ont souffert aucun préjudice. Cette prohibition, peu justifiable du reste, n'a pas été reproduite dans le Code de procédure italien. Sa suppression avait été adoptée par la commission nommée en 1864 en vue de la revision de notre propre Code.

1132. La descente sur les lieux est confiée à l'un des juges ayant pris part au jugement qui ordonne cette mesure d'instruction. Les débats, qui ont eu lieu devant ses collègues et lui, ont fait connaître à ce juge les points de fait soulevés par le procès. Il saura mieux que toute autre personne quels sont les renseignements qu'il doit recueillir pour élucider dans l'esprit de ses collègues et dans le sien les questions douteuses. — Néanmoins, le tribunal peut, dans un but d'économie, confier la descente sur les lieux au juge de paix du canton dans lequel sont situés les immeubles à visiter, ou si ces immeubles sont situés hors du ressort du tribunal, au juge du lieu de leur situation, conformément à l'article 1035. (Pr. civ., art. 296.)

1133. Le jugement interlocutoire, qui prescrit une descente sur les lieux, doit contenir la double désignation du juge auquel elle est confiée et des lieux à visiter. Doit-il aussi indiquer et préciser les faits à vérifier? La loi ne l'exige pas. A cet égard, elle s'en remet à la prudence du tribunal. Craint-il qu'une des parties, instruite à l'avance de l'objet de l'examen spécial que devra faire le juge commissaire, n'altère l'état des lieux avant la visite, le tribunal peut se borner à ordonner la descente, sans en préciser l'objet. — Mais évidemment on ne peut procéder ainsi, lorsque la descente est confiée à un juge pris en dehors de ceux qui ont assisté aux débats de la cause. Dans ce cas, le jugement, qui ordonne la descente, doit nécessairement préciser les faits à vérifier, afin d'indiquer au juge délégué le véritable objet de sa mission.

1134. Quoique désigné par le tribunal soit d'office, soit sur la demande de l'une des parties, le juge, auquel la descente sur les lieux est confiée, ne peut y procéder d'office et de son propre mouvement. Il ne le peut que sur la réquisition de la partie la plus diligente. (Proc. civ., art. 297.) Sur cette réquisition, il rend une ordonnance par laquelle il fixe les lieu, jour et heure de la descente. Cette ordonnance est expédiée et signifiée par l'avoué de la partie la plus diligente à l'avoué de l'autre plaideur. Cette signification vaut sommation, et les parties sont ainsi, l'une et l'autre, mises en demeure de se présenter aux lieu, jour et heure indiqués. (Pr. civ., art. 297.) Le jugement, qui a ordonné la descente sur les lieux, a déjà dû être signifié, avant la réquisition d'ordonnance, en vertu du principe que tout jugement doit être signifié avant d'être mis à exécution. Lorsque le jugement a renvoyé devant un autre tribunal pour la nomination du juge commissaire, la partie la plus diligente présente requête à ce tribunal pour demander cette nomination. Elle y joint la copie du jugement de renvoi afin de justifier la commission rogatoire. La procédure suit ensuite son cours ordinaire.

Si ni l'une ni l'autre des parties ne requièrent le juge désigné de rendre son ordonnance, comment les choses vont-elles se passer ? Une distinction doit être faite. — Si la descente a été ordonnée d'office, tout reste en l'état aussi longtemps que les parties restent dans l'inaction. — Si la descente a été ordonnée sur la demande de l'une des parties, son inaction autorise l'adversaire à poursuivre l'audience et à demander que ses conclusions lui soient adjugées. En mettant à l'écart la mesure d'instruction qu'elle avait elle-même réclamée, la partie inactive reconnaît simplement le mal fondé de ses prétentions.

1135. Le juge désigné pour la descente doit être accompagné du greffier ou d'un commis-greffier. (Pr. civ., art. 1040.) Il peut aussi, s'il le juge à propos, exiger l'assistance d'un huissier audiencier. — La présence du ministère public n'est nécessaire que dans les cas où il agit comme partie principale. (Pr. civ., art. 300.)

Le déplacement du juge, du greffier et de l'huissier entraîne nécessairement des frais de transport et de séjour. Comme il serait peu convenable qu'un juge fût obligé d'actionner un plaideur à l'effet d'obtenir de lui le remboursement de ces diverses dépenses, la loi veut que les frais de déplacement soient au préalable consignés au greffe par la partie qui requiert l'ordonnance du juge commissaire. (Pr. civ., art. 301.)

La visite est constatée par un procès-verbal dressé sur les lieux mêmes. Le juge doit y mentionner tous les renseignements qui sont de nature à éclairer le tribunal, les opérations auxquelles il s'est livré, les constatations qu'il a faites, les dires et observations des parties ou de leurs avoués, et le nombre de jours employés au transport, séjour et retour. (Pr. civ., art. 298.)

La partie la plus diligente signifie copie de ce procès-verbal aux avoués des autres parties. Trois jours après, elle peut poursuivre l'audience sur un simple acte. (Pr. civ., art. 299.)

1136. La descente sur les lieux ne peut être pratiquée qu'en vertu d'un jugement et en observant les règles ci-dessus prescrites. Mais, dans l'usage, il arrive assez souvent, lorsque les immeubles litigieux sont situés dans la ville où siège le tribunal, ou à une faible distance, que les juges les visitent à l'amiable, sans ordonner la descente, sans procès-verbal et sans frais pour les parties. — Quelle est la valeur d'une pareille visite ? — Cette visite ne peut servir de base légale au jugement de la cause. Les juges n'y peuvent puiser aucun élément de solution et l'invoquer ou s'y référer dans les motifs de leur sentence, à moins que les parties n'aient été averties du jour et de l'heure auxquels cette visite devait avoir lieu et mises ainsi en demeure d'y assister et de produire leurs observations. Les juges porteraient atteinte au droit de défense des plaideurs, s'ils se livraient à une inspection qu'ils n'ont pas annoncée et qui pourrait être faite en présence et d'après les indications intéressées d'une seule partie. — Un pareil avertissement ne peut être légalement donné aux parties que par un jugement préparatoire, rendu par le tribunal. Sans jugement, une visite purement officieuse peut seulement fournir aux juges des éclaircissements analogues à ceux qu'ils peuvent puiser dans un ouvrage juridique ou scientifique et leur permettre de mieux comprendre les questions soulevées par le procès. Mais ils ne peuvent s'appuyer sur elle pour juger le litige. Il y a lieu de prononcer la nullité du jugement, si le tribunal l'a motivé sur cette opération (1).

1137. Le Code de procédure dans le titre de la *descente sur les lieux* n'attache jamais la sanction de la nullité aux formalités dont il exige l'accomplissement. Est-ce à dire qu'il n'y aura jamais nullité de la descente sur les lieux ? Non assurément. On doit appliquer en cette matière les principes qui ont été exposés, à propos des articles 1029 et 1030, Pr. civ. (V. n° 604). — Le procès-verbal de descente sera annulé, s'il est infecté d'un vice substantiel, si le droit de la défense n'a pas été pleinement respecté. Par exemple, une des parties n'a pas été sommée d'assister à l'opération. On a omis de lui signifier l'ordonnance du juge commissaire ; ou bien

(1) Toulouse, 16 déc. 1869. (D. P., 1870. 2. 84.)

le juge n'était pas assisté du greffier, etc. Mais en dehors d'un vice substantiel, le procès-verbal ne peut être annulé pour vice de pure forme ; les nullités de pure forme ne peuvent être suppléées par le juge et doivent être formellement énoncées dans la loi.

Toute cette procédure de la descente sur les lieux est surchargée de formalités inutiles et coûteuses. Elle entraîne des longueurs et des frais superflus. Aussi la commission instituée en 1864 pour la revision du Code avait-elle proposé plusieurs réformes. Le tribunal était autorisé à ordonner qu'il se transporterait tout entier sur les lieux ou à commettre un de ses membres. L'utilité de la visite commune était ainsi reconnue par la loi. — Le jugement qui ordonnait la visite des lieux en fixait de suite le jour et l'heure dans tous les cas. On évitait ainsi la requête au juge commissaire, l'ordonnance qui doit déterminer le jour et l'heure de la descente, la signification de cette requête et de cette ordonnance à la partie, formalités évidemment superflues. Les frais étaient ainsi considérablement diminués : ils l'étaient encore par une disposition qui interdisait de lever et de signifier le jugement contradictoirement rendu : le prononcé de ce jugement valait sommation aux parties d'assister à l'opération ; à leurs avoués respectifs incombait le soin de les avertir. — Il aurait été dressé procès-verbal de l'opération et la signification de ce procès-verbal, par la partie la plus diligente aux avoués des autres parties, aurait valu avenir à trois jours au moins pour l'audience où l'affaire aurait été portée.

CHAPITRE VI

EXPERTISE

(LIV. II, TIT. XIV, ART. 302 A 323.)

SOMMAIRE. — § 1er Cas dans lesquels il y a lieu à expertise. — § 2. Personnes qui peuvent être experts. — § 3. Nomination, récusation, remplacement des experts. — § 4. Opérations des experts. — § 5. Autorité du rapport des experts. — § 6. Des nouvelles expertises.

1138. Un procès soulève des questions dont la solution suppose et exige des connaissances spéciales, particulières; les juges ne les possèdent pas et ne peuvent être tenus de les posséder. Quelle est la valeur de tel immeuble ? Quelle est la nature ou la qualité de tel objet mobilier ? Cette faïence est-elle antique ou moderne ? De quel peintre émane cette toile ? Avec quels matériaux tel mur a-t-il été construit ? Ce tissu contient-il un mélange de laine et de soie, ou de laine et de coton ? Ce lait, ce vin, sont-ils purs ou additionnés d'eau ou de fuchsine ? Cette machine est-elle apte à fonctionner ou infectée d'un vice imputable au constructeur ? Est-elle le résultat d'une contrefaçon; la reproduction de telle autre, objet d'un brevet d'invention, etc., etc. ?

Pour s'éclairer sur ces points et sur d'autres analogues, les juges doivent recourir aux lumières de personnes ayant des connaissances spéciales et aptes à formuler une opinion raisonnée. Les personnes, ainsi appelées à faciliter aux juges leur mission, en fournissant à ceux-ci les éléments de solution qu'ils ne possèdent pas, sont des *experts*.

Les *experts* sont donc de simples particuliers, désignés dans telle ou telle affaire, à raison de leurs connaissances spéciales, réelles ou présumées, par un tribunal désireux de s'éclairer sur des faits qu'il ne peut apprécier lui-même. L'*expertise* est l'opération par laquelle les experts procèdent à l'examen des faits soumis à leur appréciation. — Le *rapport d'expert* est l'exposé par écrit de cette opération, des recherches, des analyses, des calculs auxquels les experts se sont livrés, avec l'indication des appréciations qu'ils en ont déduites.

Au premier aspect, l'expertise se rapproche de l'enquête. Toutes deux reposent sur la foi due au témoignage des hommes. Mais elles diffèrent profondément l'une de l'autre au point de vue des faits auxquels se réfèrent ces deux modes de preuve. — La preuve testimoniale a pour but de faire revivre le passé, de constater des faits qui n'ont laissé de trace que dans la mémoire des hommes. Par la force même des choses, les témoins sont en nombre limité ; leurs dépositions, se référant à des faits qui ne peuvent être reproduits, doivent être acceptées ou rejetées telles qu'elles sont. — L'*expertise* a pour but de constater des faits actuels et présents, d'en déduire par le raisonnement une appréciation basée sur la connaissance de tel art ou de telle science. Les experts peuvent être remplacés par d'autres particuliers chargés de réitérer leur examen ou leurs expériences. Le travail des premiers experts peut être repris et recommencé par d'autres, s'il n'a pas fourni au juge les lumières espérées.

Examinons successivement les points suivants : 1° les cas dans lesquels il y a lieu à expertise ; 2° les personnes qui peuvent être nommées experts ; 3° le mode de nomination, la récusation, et le remplacement des experts ; 4° les opérations des experts ; 5° l'autorité du rapport des experts.

§ 1er. *Des cas dans lesquels il y a lieu à expertise.*

1139. En principe, l'expertise est *facultative*, c'est-à-dire que les juges sont libres de l'ordonner ou de ne pas l'ordonner, suivant les circonstances.

D'une part, ils peuvent l'ordonner *d'office*, toutes les fois qu'ils le jugent nécessaire, quoique les parties ne réclament pas ce mode d'instruction. — D'autre part, le tribunal n'est pas obligé d'ordonner l'expertise réclamée par l'une ou par les deux parties. La détermination des voies d'instruction, nécessaires ou utiles, est abandonnée à l'appréciation souveraine des juges. Ils pourront écarter l'expertise, quoique requise, s'ils trouvent dans la cause des éléments d'instruction suffisants, ou s'ils ont eux-mêmes les connaissances nécessaires pour apprécier les faits qui leur sont soumis.

En outre, les juges ne peuvent recourir aux gens de l'art, que dans le but de faire appliquer aux faits de la cause les règles d'une science qu'eux, juges, sont censés ne pas connaître. Si la question à résoudre est une question de droit, comme ils sont légalement présumés posséder les lumières nécessaires, ils ne peuvent ni d'office, ni sur la demande des parties, ordonner une consultation de jurisconsultes. Libre aux plaideurs de produire devant le tribunal tels mémoires ou telles consultations, qui peuvent leur paraître utiles pour élucider une question juridique épineuse ; mais les juges ne sauraient recourir à un pareil procédé qui constituerait la désertion même de leurs fonctions.

L'expertise est *obligatoire*, dans les cas où la loi la prescrit par une disposition formelle et impérative. Ainsi dans les partages faits en justice, l'estimation des immeubles et les bases du partage doivent être fixées par des experts. (Cod. civ., art. 824.) Lorsqu'un vendeur d'immeuble, prétendant avoir été lésé de plus des sept douzièmes du juste et véritable prix, demande pour cette cause la rescision de la vente, la preuve de la lésion doit être rapportée à l'aide d'une expertise. (Cod. civ., art. 1678.) — De même doit être réglée par experts l'indemnité due au locataire d'une usine pour défaut de jouissance. (Cod. civ., art. 1747.) — En matière d'enregistrement, l'administration est autorisée à requérir une expertise pour constater la valeur des immeubles à l'occasion d'une mutation soumise au droit proportionnel : le tribunal ne peut se refuser à l'ordonner. (Loi, 22 frimaire an VII, art. 17 et 18.) — Mais l'expertise n'est plus que *facultative*, lorsqu'il s'agit de l'estimation préalable des biens de mineurs qui doivent être vendus judiciairement, depuis la loi du 2 juin 1841 (Proc. civ., art. 955). (V. Cod. civil, art. 126, 453, 466, 662, 824, 834, 1559, 1678, 1680, 1715, 1716, 1747; — Cod. de procédure, art. 195, 196, 204, 208, 209, 210, 232, 236, 757, 935, 957, 971 ; — Cod. de commerce, art. 295, 407, 414, 416 ; — Loi 20 mai 1838, art. 5 ; — etc., etc.)

§ 2. *Des personnes qui peuvent être nommées experts.*

1140. En principe, toute personne est apte à remplir les fonctions d'expert. — Les tribunaux sont, il est vrai, dans l'usage de dresser une liste des gens de l'art auxquels ils confient habituellement les expertises. Les personnes, inscrites sur cette liste, prennent quelquefois le titre *d'experts assermentés* ; mais cette inscription ne leur confère aucun droit exclusif et n'a rien d'obligatoire pour le tribunal, qui peut choisir des experts en dehors de la liste. Les personnes inscrites ne peuvent, dans chaque affaire, opérer qu'en vertu de la désignation spéciale faite dans le jugement dont nous allons bientôt parler. Ainsi donc, en principe, toute personne peut être choisie comme expert. Telle est la règle générale; mais elle comporte des exceptions.

Ne peuvent point être nommés experts, ceux qui ne peuvent être témoins. Ainsi ne sauraient être experts les parents ou alliés en ligne directe de l'une des parties, les personnes condamnées à une peine afflictive et infamante ou à une peine infamante seulement, les individus déclarés incapables de la fonction d'expert par un jugement du tribunal correctionnel. (Proc. civ., art. 268 ; — Cod. pén., art. 34 et 42 ; — Loi du 31 mai 1854.)

1141. On s'est demandé si des femmes, des mineurs, des étrangers peuvent être désignés comme experts. Une controverse est née sur ce point : Quelques auteurs, considérant les experts comme momentanément investis d'une fonction publique et leurs rapports comme des actes faisant foi jusqu'à inscription de faux, ont de ces prémisses logiquement déduit la conséquence que des citoyens français, mâles et majeurs, pouvaient seuls être nommés experts. Mais, comprenant quels résultats inadmissibles produirait dans la pratique l'application de cette théorie, ces mêmes auteurs reconnaissent que des femmes, des mineurs, des étrangers peuvent être adjoints aux experts, en qualité de sapiteurs.

Cette concession est l'aveu de l'inexactitude du système. Elle le ruine de fond en comble ; car les véritables experts, ceux dont l'avis figurera au rapport et servira à éclairer le tribunal, ce ne seront pas les experts *officiellement* désignés, mais ces *sapiteurs* non assermentés, c'est-à-dire les femmes et les étrangers que l'on repousse cependant. Les premiers ne feront qu'enregistrer et s'approprier l'opinion des seconds. C'est donc jouer sur les mots que de leur refuser la qualité d'experts. — Le titre fera défaut, mais la fonction y sera. — En outre, les deux affirmations sur lesquelles repose la thèse de ces auteurs ne sont ni établies, ni acceptables. Non, les experts ne remplissent pas une fonction judiciaire; ils ne sont pas des fonctionnaires publics. Ceci est démontré par l'assimilation que la loi, quant aux causes de récusation, établit entre les experts et les témoins : elle ne traite pas les experts comme des magistrats (Proc. civ., art. 310); or, les étrangers, les femmes, les mineurs peuvent être témoins. — En outre, les experts sont habituellement désignés par les parties : comment admettre que les parties puissent conférer, elles qui n'ont aucun pouvoir, l'investiture d'une fonction publique? Enfin, les experts n'émettent qu'un avis que le tribunal peut repousser; ce qui serait inadmissible, s'ils donnaient cet avis en qualité de fonctionnaires publics. (Pr. civ., art. 323.) — Non, le rapport des experts ne fait pas foi jusqu'à inscription de faux : on l'affirme; mais on ne prouve pas comment ce rapport pourrait présenter les caractères exigés par l'article 1319 du Code civil comme constitutifs de l'acte authentique. — Si un étranger, une femme ou un mineur est plus capable que toute autre personne d'éclairer la justice, pourquoi refuser au tribunal la faculté de ce secours? Une femme ne sera-t-elle pas le meilleur expert, si le procès se réfère à un de ces objets de toilette féminine, dont l'estimation suppose l'appréciation de détails, de nuances, de combinaisons d'étoffes et de couleurs que l'œil d'une femme peut seul bien discerner. Et s'il s'agit de l'essayage de vêtements féminins, les plus simples convenances ne s'opposent-elles pas à ce qu'un homme soit désigné comme expert? De même ne faudra-t-il pas souvent s'adresser à des étrangers, s'il s'agit d'apprécier des denrées ou des produits provenant de leur pays d'origine, ou, en matière maritime, pour évaluer le dommage causé par un abordage, le navire relâchant dans un port étranger? Quoique défendue par d'excellents esprits, la thèse contraire n'a pas triomphé en pratique et tous les jours des expertises sont confiées à des femmes ou à des étrangers.

§ 3. *Mode de nomination des experts et leur récusation.*

1142. Toute expertise doit être ordonnée par un jugement. Cet interlocutoire doit énoncer : 1° Les objets de l'expertise : cet énoncé est le guide des experts. Ceux-ci ne peuvent faire porter leur examen sur des objets autres que ceux qui sont spécialement indiqués dans le jugement; sinon ils outrepassent le mandat par eux accepté. (Pr. civ., art. 302.)

2° La nomination d'un juge commissaire chargé de recevoir le serment des experts. Le tribunal peut ordonner que ce serment sera prêté devant le juge de paix du canton où procéderont les experts. (Pr. civ., art. 305.)

3° La désignation des experts nommés par les parties ou d'office par le tribunal. En principe, sauf l'exception relative au faux incident civil, le choix des experts appartient aux parties. Si elles ne s'entendent point sur leur nomination, les experts sont désignés d'office par le tribunal. — Les choses se passent de la manière suivante. Au moment où le tribunal ordonne l'expertise, les parties se sont-elles accordées ou s'accordent-elles sur la désignation des experts, le tribunal leur donne acte de leur convention dans le jugement même. Si au contraire, lors du jugement, les plaideurs n'ont encore pu s'entendre sur le choix des experts, le tribunal ordonne qu'ils devront, dans les trois jours de la signification du jugement interlocutoire, essayer de se mettre d'accord, les prévenant que s'ils n'y parviennent pas, il sera procédé à l'opération par des experts que le tribunal nomme d'office et à l'avance, en prévision du cas où le désaccord viendrait à persister. (Pr. civ., art. 304 et 305).

Quand les parties parviennent à s'entendre, elles doivent, par une déclaration au greffe, faire connaître les experts par elles choisis. La nomination d'office et provisoire qu'avait faite le tribunal s'évanouit. Si le désaccord des parties persiste, la nomination des experts désignés par le tribunal devient définitive.

A partir de quel moment cesse l'exercice du droit de nomination que la loi confère aux parties ? On s'accorde à reconnaître que le délai de trois jours n'est pas prescrit à peine de déchéance et que le droit de nomination peut être exercé, tant que les experts désignés d'office par le tribunal n'ont pas prêté serment.

Le délai de trois jours, donné aux parties pour procéder au choix des experts, court de la signification du jugement à avoué, si le jugement est contradictoire. Si le jugement est rendu par défaut, le délai court de l'expiration de la huitaine qui suit la signification soit à avoué, soit à domicile, ou bien, si dans cette huitaine il est fait opposition par la partie défaillante, du jour de la signification à avoué du jugement de débouté d'opposition. (Pr. civ., art. 155.)

1143. Sous l'empire de l'ordonnance de 1667, chacune des parties nommait son expert. Or, chaque plaideur avait soin de choisir une personne dévouée à ses intérêts. Chaque expert épousait aveuglément les intérêts du plaideur qui l'avait désigné ; un partage se produisait inévitablement. Les juges devaient alors nommer un tiers expert ; ce qui entraînait une nouvelle vérification, un nouveau rapport et un surcroît de frais. — La loi moderne a fait disparaître ces inconvénients en ordonnant, d'une part que les experts appelés seront toujours en nombre impair, et d'autre part qu'ils seront choisis, non séparément par chaque partie, mais par elles conjointement, ou, si elles ne peuvent se mettre d'accord, par le tribunal. (Pr. civ., art. 303.)

En principe, l'expertise doit être confiée à *trois* experts : néanmoins les parties sont libres de convenir qu'il y sera procédé par un *seul*, sauf en matière de vérification d'écritures, de faux incident. (Pr. civ., art. 196, 232.) Le tribunal, quand il désigne les experts, doit en nommer trois, à moins qu'une disposition formelle de la loi ou les parties ne l'autorisent expressément à n'en désigner qu'un seul. (Pr. civ., art. 303, 757, 955, 971.) Mais la Cour suprême a admis par plusieurs arrêts, que les juges peuvent ne désigner qu'un seul expert au lieu de trois, sans que le consentement des parties soit nécessaire, quand l'expertise n'est ni prescrite par la loi, ni requise par l'une des parties (1).

Ainsi un ou trois experts : jamais deux, ni plus de trois. — Si les parties sont d'accord sur la désignation de deux experts et en dissentiment sur le choix du troisième, le tribunal doit les nommer tous les trois ; mais, en pratique, il désigne les deux personnes à l'égard desquelles il y a accord entre les parties.

1144. Les experts peuvent être récusés pour les mêmes causes qui autorisent à reprocher les témoins. (Pr. civ., art. 310.)

Mais en désignant les experts, en s'entendant entre elles sur leur choix, les parties ont implicitement renoncé au droit de se prévaloir des causes de récusation *antérieures* à cette désignation. Elles ont dû se renseigner sur la moralité, l'impartialité des personnes par elles désignées. Les plaideurs ont connu ou sont présumés avoir connu l'existence des causes de récusation antérieures, qui ne les ont cependant pas détournées de leur choix. Ils ne peuvent donc proposer contre les experts par eux choisis que des moyens de récusation nés depuis la désignation : des moyens *postérieurs*. Néanmoins, si les causes de récusation antérieures avaient été inconnues des parties par suite d'une erreur invincible, le droit de récusation subsisterait. (Pr. civ., art. 308.)

(1) Req., 16 juillet 1861, 10 nov. 1868, 14 mai 1872, 18 mars 1874. (D. P. 1874, 1. 265.)

Les experts, désignés par le tribunal, peuvent être récusés, tant pour les causes antérieures que pour les causes postérieures à leur nomination.

Le droit de récusation s'éteint dès que l'expertise est commencée, dès que les experts ont prêté serment.

La partie, qui a des moyens de récusation à proposer, est tenue de le faire dans les trois jours de la nomination des experts. Ce délai expiré, la récusation n'est plus recevable. Ce délai court, non du jour de la signification du jugement qui a nommé le experts, mais du jour de la prononciation de ce jugement. (Pr. civ., art. 309.) Cette disposition est acceptable quand le jugement est contradictoire, les avoués des parties ayant pu avertir immédiatement leurs clients. Mais quand le jugement ordonnant une expertise est rendu par défaut, nous pensons qu'il y a lieu d'appliquer par analogie la disposition de l'article 383, écrit pour une hypothèse de même nature. Les trois jours ne peuvent courir que du jour où l'opposition n'est plus recevable, ou du jour du jugement de débouté d'opposition, si elle a été formée. En outre, l'article 309 est rédigé en termes trop généraux. Le délai de trois jours ne peut s'appliquer qu'aux causes de récusation antérieures à la nomination des experts. Les causes survenues postérieurement à cette nomination peuvent être proposées jusqu'à la prestation de serment.

La récusation se propose, non par requête grossoyée, mais par un simple acte, contenant l'indication des causes sur lesquelles la récusation est fondée, celle des preuves de leur existence, s'il y en a, ou l'offre de les prouver par témoins. — Cet acte est du nombre de ceux pour la validité desquels la loi n'admet pas que l'avoué ait, *ipso jure*, des pouvoirs suffisants. A raison de sa gravité et des conséquences qu'il peut entraîner, la loi exige que cet acte soit signé par la partie demanderesse en récusation ou par un mandataire muni d'un pouvoir spécial à cet effet. (Pr. civ., art. 309.)

La récusation proposée peut être contestée par la partie adverse ou par l'expert contre lequel elle est invoquée : celui-ci peut avoir intérêt à la repousser, si elle est de nature à entacher son honneur. Cet incident est alors porté à l'audience, à l'aide d'un simple avenir, et jugé sommairement, le ministère public entendu. Si une enquête est nécessaire pour établir les faits sur lesquels la récusation est appuyée, on y procède suivant les formes prescrites pour les enquêtes sommaires. (Pr. civ., art. 311 et 407.)

Le jugement rendu sur la récusation est susceptible d'appel, lorsque l'affaire qui donne lieu à l'expertise ne peut être jugée par le tribunal qu'en premier ressort seulement. A l'inverse, l'appel n'est pas possible dans le cas où la cause principale doit être jugée en dernier ressort.

Le jugement, qui admet ou écarte la récusation d'un expert, est exécutoire nonobstant appel. — La récusation est-elle rejetée, il est passé outre à l'expertise. Mais si, sur l'appel interjeté, la récusation vient à être admise par la Cour, le rapport fait par l'expert récusé sera annulé. La loi a préféré faire courir cette chance aux parties, plutôt que de laisser l'appel interjeté obliger les parties à surseoir à l'expertise. Elle a craint de favoriser la malice ou l'esprit de chicane de plaideurs, qui, après avoir proposé une récusation inadmissible, n'auraient pas manqué de recourir à la voie de l'appel pour prolonger le procès et essayer de lasser leur adversaire. (Pr. civ., art. 312.)

La cause de récusation est-elle admise, le tribunal, afin d'éviter de nouveaux retards, nomme d'office par le même jugement, un nouvel expert ou de nouveaux experts, à la place de celui ou de ceux qui ont été écartés; les nouveaux experts peuvent être aussi récusés par les parties. Les experts, nommés d'office au lieu et place des experts récusés, doivent procéder à l'expertise nonobstant appel. Si le jugement qui a admis la récusation est infirmé en appel, le rapport des nouveaux experts reste valable. Le seul avantage, que puisse recueillir la partie qui a interjeté appel et fait prononcer l'infirmation du jugement, est de gagner les frais exposés en première instance et d'obtenir des dommages-intérêts. (Pr. civ., art. 313.)

Le demandeur en récusation, qui succombe dans sa demande en première instance ou en appel, peut être condamné à des dommages-intérêts : 1° envers son adversaire, à raison du retard que lui a causé cet incident mal à propos soulevé; 2° envers l'expert, lorsque les faits allégués contre lui ont porté atteinte à son honneur ou à sa réputation. Mais si ce dernier réclame des dommages-intérêts, il ne peut plus être expert. Il s'est montré trop sensible à l'injure qui lui a été faite pour que son impartialité ne soit point désormais suspectée.

1145. Tandis que les personnes, assignées comme témoins dans une enquête, sont tenues de venir déposer sur les faits qu'elles peuvent connaître, les experts, désignés d'office par le tribunal ou choisis par les parties, sont libres de ne pas accepter le mandat, implicitement offert par cette désignation. La raison de cette différence est évidente. Nous ne pouvons refuser à nos concitoyens de narrer véridiquement les faits auxquels nous avons assisté ou pris part, tandis que nous pouvons ne pas nous reconnaître les aptitudes nécessaires pour procéder utilement à une vérification impliquant certaines connaissances spéciales. — Les experts peuvent donc accepter ou refuser la mission qui leur est offerte. S'ils prêtent serment, ils acceptent évidemment : un contrat intervient alors entre eux et les parties. Si, plus tard, ils refusent d'exécuter le mandat qu'ils ont ainsi accepté, ils peuvent être condamnés, suivant les cas, au payement des frais frustratoires qu'ils ont occasionnés et même à des dommages-intérêts envers les parties. (Pr. civ., art. 316.)

Lorsqu'un expert n'accepte point, ou qu'après avoir accepté il refuse d'accomplir sa mission, les parties doivent s'entendre immédiatement pour en désigner un autre. Sinon, la nomination peut être faite d'office par le tribunal.

§ 4. *Des opérations des experts.*

1146. Avant de procéder à l'expertise, les experts doivent prêter serment de remplir fidèlement et impartialement leur mission. A cet effet, et une fois expirés les trois jours qui suivent la signification du jugement interlocutoire ordonnant l'expertise, la partie la plus diligente présente une requête au juge commissaire. A cette requête, le juge répond par une ordonnance dans laquelle il fixe les jour et heure de la prestation du serment. Munie de cette ordonnance, la partie, qui l'a provoquée, fait sommation aux experts d'avoir à se présenter devant le juge, aux jour et heure indiqués, pour y prêter serment. (Pr. civ., art. 307.)

Les parties majeures et maîtresses de leurs droits peuvent dispenser les experts de prêter serment ; mais le tribunal ne saurait accorder une pareille dispense. Le défaut de prestation de serment par les experts commis d'office ne constitue pas une nullité d'ordre public : il ne peut être invoqué devant la Cour de cassation, s'il ne l'a pas été devant les juges d'appel.

Le serment prêté, les experts indiquent le lieu, les jour et heure de leur opération. Le juge commissaire fait dresser du tout un procès-verbal par le greffier qui l'assiste et le signe ainsi que le greffier.

L'assistance des parties à la prestation de serment des experts n'est nullement nécessaire. Si elles y ont assisté, par elles-mêmes ou par leurs avoués, elles ont connaissance de l'indication faite par les experts des jour, heure et lieu de leur future opération. Cette connaissance vaut sommation d'y assister. Quand les parties n'ont pas assisté à la prestation de serment, sommation est donnée par le plaideur le plus diligent à l'autre, par acte d'avoué à avoué, ou par exploit à domicile, de se trouver aux lieu, jour et heure indiqués, afin que les experts puissent entendre leurs explications. (Pr. civ., art. 315 et 1034.)

1147. Aux lieu, jour et heure indiqués, les parties et les experts sont réunis. Avant de commencer leur opération, les experts reçoivent des mains des parties copie du jugement qui a ordonné l'expertise ; car ils doivent avoir sous les yeux les termes par lesquels leur mandat est déterminé et connaître ainsi exactement l'objet de l'examen auquel ils doivent se livrer. Ils reçoivent aussi communication des pièces qui, se rapportant au litige, sont de nature à les éclairer et à les guider dans leurs recherches.

Ces remises effectuées, les experts commencent leur opération, opération variable suivant la nature et l'objet de l'expertise. — Les experts ont quelquefois besoin d'interroger les gens de la localité où ils opèrent, pour se renseigner et s'éclairer, par exemple, sur les usages locaux. Ils peuvent alors faire appeler et interroger les personnes qui sont en mesure de leur fournir les indications souhaitées. Mais l'autorisation de recourir à ce mode d'instruction doit leur avoir été concédée par le jugement qui les a nommés ou par un jugement postérieur. Au reste, les experts n'ont pas qualité pour faire prêter serment aux personnes appelées, qui ne sont entendues qu'à titre de simples renseignements.

Les parties peuvent faire tels dires et réquisitions qu'elles jugent convenables ; mais les experts ne sont tenus de déférer à ces réquisitions que si elles se rapportent à l'objet spécial de l'expertise. Ces dires et réquisitions sont mentionnés dans le rapport. (Pr. civ., art. 317.)

1148. Les vérifications terminées, les experts dressent leur rapport. Il n'en doit être rédigé qu'un seul. Ce rapport se divise naturellement en deux parties.

Dans la première, les experts constatent les faits et les formalités qui ont dû être accomplies. Ils y mentionnent la remise de la copie du jugement qui a ordonné l'expertise et celle des pièces relatives au procès, le transport des experts, la présence ou l'absence des parties, leurs dires et réquisitions, les opérations auxquelles les experts se sont livrés, les indications qu'ils ont recueillies, les renseignements qu'ils ont obtenus, etc., etc. Cette première partie est rédigée en présence des parties et de leurs avoués, si elles ont comparu.

Dans la deuxième partie, les experts font connaître leur avis. Ils n'en doivent former qu'un seul, à la pluralité des voix. Mais s'ils ne parviennent pas à s'accorder et que chacun persiste à admettre un avis différent, le rapport doit mentionner ces opinions divergentes, en préciser les causes et les motifs, mais sans faire connaître personnellement les experts qui ont émis tel ou tel avis. (Pr. civ., art. 318.) L'indication des motifs éclairera les membres du tribunal et leur permettra d'opter en connaissance de cause entre les avis émis. Elle leur facilitera la détermination précise de l'objet d'une seconde expertise, s'ils jugent à propos de l'ordonner. — Cette partie du rapport doit être rédigée secrètement, puisque la loi ne veut point que les parties sachent à quel expert appartient telle ou telle opinion, afin d'assurer l'indépendance des experts, en les mettant à l'abri du ressentiment des parties.

Les experts savent-ils tous écrire, le rapport est rédigé par l'un d'eux et signé par tous. Au cas contraire, si aucun d'eux ou si quelqu'un d'entre eux ne sait écrire, le rapport est rédigé et signé par le greffier du juge de paix du lieu où ils ont procédé. Dès que l'un des experts ne sait pas écrire, comme il ne pourrait contrôler le rapport rédigé par un autre expert et vérifier s'il reproduit exactement son avis, la loi a pensé que la rédaction du rapport devait être confiée à un tiers, libre de toute préoccupation d'amour-propre. (Pr. civ., art. 317.)

Le rapport achevé, l'un des experts ou le greffier de la justice de paix, si c'est lui qui l'a rédigé, en dépose la minute au greffe du tribunal qui a ordonné l'expertise. Le greffier dresse procès-verbal du dépôt. Les experts, en effectuant ce dépôt, ne prêtent pas un nouveau serment. (Pr. civ., art. 319.) En cas de retard ou de refus de la part des experts de déposer leur rapport, ils peuvent être assignés à trois jours, sans préliminaire de conciliation, par devant le tribunal qui les a commis, pour se voir condamner à faire ledit dépôt et à indemniser les parties du préjudice que ce retard ou ce refus a pu leur causer. Le tribunal statue sur cette demande sommairement et sans instruction. (Pr. civ., art. 316.)

1149. Les experts doivent être indemnisés de leurs frais de déplacement et de nourriture et rétribués de leurs travaux. Cette rétribution est calculée par vacations de trois heures. Ces frais et ces vacations, comme les frais de rédaction dus au greffier de la justice de paix quand on a eu recours à son ministère, sont réglés, taxés par le président du tribunal au bas de la minute du rapport et il en est délivré exécutoire. (Pr. civ., art. 319. — Décret du 16 février 1807, art. 159.)

Les experts peuvent-ils agir en payement de leurs frais et de leurs honoraires contre l'une et l'autre des parties ou contre l'une d'elles seulement ? Nous devons distinguer plusieurs hypothèses. *a*) L'expertise a été requise par les deux parties, ou ayant été demandée par l'une d'elle seulement, l'autre partie y a adhéré en concourant à la nomination des experts. Dans ce cas, les experts peuvent demander le payement intégral à l'une ou à l'autre des parties. — Chacune d'elles est tenue envers eux *in solidum*. L'exécutoire doit être délivré contre chacune d'elles. Les experts peuvent invoquer la disposition de l'article 2002 du Code civil qui prononce la solidarité des comandants au profit du mandataire. — *b*) L'expertise n'a été requise que par de l'une des parties : l'autre n'y a adhéré, ni expressément ni tacitement. Pendant la durée de l'instance, les frais de l'expertise sont exclusivement dus par la partie qui l'a requise : l'exécutoire doit être délivré contre elle seule. — *c*) L'expertise a été ordonnée d'office : cette hypothèse se dédouble et rentre dans l'une ou dans l'autre des deux précédentes. En effet, si les parties ont, d'un commun accord, désigné elles-mêmes les experts, elles ont par cette désignation adhéré à l'expertise ordonnée d'office et se sont rendues débitrices envers les experts. On se trouve dans la première hypothèse ci-dessus indiquée. — Si au contraire les experts ont été nommés par le tribunal, l'expertise n'a pu s'ouvrir et s'effectuer que sur la réquisition de l'un des plaideurs : il y a seul adhéré : on retombe dans la deuxième hypothèse ci-dessus examinée. (Pr. civ., art. 319.)

1150. Les experts, ayant achevé leur œuvre, déposent au greffe du tribunal la minute de leur rapport. Celui-ci est levé et signifié par l'avoué de la partie la plus diligente. L'audience est ensuite poursuivie sur un simple acte, sur un avenir. Le mérite du rapport va être discuté à l'audience et sur plaidoiries.

§ 5. — *Autorité du rapport des experts.*

1151. Avant d'examiner si le rapport est concluant, s'il fournit aux juges les indications désirées, un examen préliminaire s'impose. Ce rapport est-il régulier ou est-il nul? Nul, il doit être rejeté ; on ne saurait y puiser aucun renseignement. — La loi, qui s'est montrée si prodigue de nullités en matière d'enquête, n'a prescrit aucune des formalités relatives à l'expertise à peine de nullité. Est-ce à dire que l'omission de ces formalités ne rendra jamais l'expertise nulle? Non. La doctrine et la jurisprudence ont admis la règle que les irrégularités reprochées à une expertise doivent en entraîner la nullité, lorsqu'elles sont de nature à en vicier la substance. Elles appliquent en cette matière la distinction si rationnelle que nous avons déjà faite entre les nullités substantielles et les nullités de pure forme. (V. n° 605.) — Mais quelles formalités sont substantielles ? Nous répondons, avec la jurisprudence, celles dont l'inobservation est de nature à paralyser le droit de défense ou à enlever à l'expertise sa force probante. Ainsi les parties doivent être mises à même de veiller à ce que les experts remplissent exactement leur mission et de leur soumettre les observations qu'elles jugent nécessaires. L'expertise sera donc nulle, si elle a été faite en présence de l'une des parties seulement, sans que l'autre y ait été appelée. — De même, si les experts n'ont pas prêté le serment qui garantit leur impartialité. — Ainsi encore l'examen des lieux contentieux par les experts est une formalité substantielle. Sans cet examen, comment leur rapport peut-il avoir quelque valeur? — Ne considérons pas comme formalité substantielle l'examen des titres des parties ; cette étude peut être faite, presque toujours plus fructueusement, par le tribunal. L'irrégularité ne sera pas suffisante pour entraîner la nullité, lorsque les experts auront négligé de mentionner que le jugement leur a été remis, lorsqu'ils auront fait écrire leur rapport par un notaire ou par le greffier d'une autre justice de paix que celle dans le ressort de laquelle ils ont opéré, lorsqu'ils auront dressé des rapports séparés au lieu de n'en faire qu'un seul, etc, etc. Dans ces divers cas, la défense des parties n'a pas été entravée. La distinction à établir entre les formalités substantielles et les non substantielles sera quelquefois délicate en fait : mais le criterium adopté par la jurisprudence n'en est pas moins exact (1).

1152. Le rapport reconnu régulier, le tribunal *l'entérine,* c'est-à-dire le retient comme document du procès.

Ce rapport est-il concluant et décisif ? Sur cette question, le tribunal jouit d'une liberté absolue. Les experts ne décident jamais le procès ; ils sont exclusivement chargés d'éclairer la religion des juges, de leur fournir les moyens de rendre leur décision. Un tribunal n'est jamais lié par les modes d'instruction auxquels il a pu avoir recours. L'article 323 fait l'application de cette règle de sens commun, lorsqu'il dit : Les juges ne sont point astreints à suivre l'avis des experts, si leur conviction s'y oppose. — Une seule exception doit être apportée à ce principe, en matière d'enregistrement, en vertu des articles 18 de la loi du 22 frimaire an VII et 5 de la loi du 27 ventôse an IX. Si l'administration de l'enregistrement a fait estimer un bien, afin de percevoir un supplément de droit sur une aliénation qu'elle croit avoir été faite pour un prix supérieur au prix indiqué dans un acte, le tribunal est lié sur cette estimation de valeur, par l'avis des experts.

§. 6. — *Des nouvelles expertises.*

1153. Si les juges ne trouvent pas dans le rapport des experts des indications et des éclaircissements suffisants, il leur est loisible d'ordonner une nouvelle expertise. (Pr. civ., art, 322.)

Quelques auteurs discutent la question de savoir si les parties peuvent solliciter le tribunal d'user de ce droit et décident que la demande des parties ne peut obliger le tribunal, que celles-ci n'ont pas le droit *d'exiger* une nouvelle expertise et que cette expertise peut être ordonnée contre leur gré. Mais, en discutant cette question, ces juriconsultes nous paraissent oublier que même, à l'égard d'une *première* expertise, la demande des parties ne peut astreindre les juges à ordonner pareille mesure, et que le tribunal peut la prescrire quoiqu'elle ne soit pas réclamée par les plaideurs.

Les nouvelles expertises diffèrent de la première sous deux

(1) Cass., 9 août 1876 ; 5 février 1879 ; 5 janvier 1881 ; 23 août 1881. (Sir., 1881. 1. 345.)

rapports : 1° Les experts sont toujours désignés d'office ; les parties ne peuvent les remplacer par des experts de leur choix. La loi a voulu éviter les retards que l'exercice de cette faculté aurait entraînés ; 2° Le tribunal peut confier l'expertise nouvelle à un *seul* expert ; mais s'il en nomme plusieurs, il doit en désigner *trois* et non *deux* pour écarter l'éventualité d'un partage. (Pr. civ., art. 322.)

La loi ne s'oppose point à ce que la nouvelle expertise soit confiée aux experts qui ont procédé à la première. — Les nouveaux experts peuvent demander aux précédents experts les renseignements qu'ils jugeront convenables.

1154. Au lieu d'ordonner une nouvelle expertise, le tribunal peut appeler les experts à l'audience et leur faire donner verbalement des explications sur les points que le rapport n'a pas complètement élucidés. Cette manière de procéder, non interdite par la loi, présente le double avantage d'épargner aux parties les frais et les lenteurs d'une nouvelle expertise. Mais le tribunal ne peut y avoir recours que dans l'hypothèse où les experts ont émis un avis unanime. Dans le cas contraire, leurs explications verbales dévoileraient l'avis personnel de chacun d'eux et la disposition de l'article 318 ne serait pas respectée.

Cette matière de l'expertise se ressent de l'influence que les errements de l'ancienne jurisprudence ont exercée sur l'esprit des rédacteurs du Code. Elle appelle d'assez nombreuses réformes. Quelques dispositions sont ridicules, comme celles de l'article 318. L'expertise, dans bien des cas, pourrait avoir lieu à l'audience. La loi devrait aussi prendre des mesures *efficaces*, pour que les experts ne puissent pas, comme cela a lieu trop fréquemment dans la pratique, retarder indéfiniment le dépôt de leur rapport.

Les tribunaux civils recourent fréquemment à ce mode d'instruction. Dans la période quinquennale 1876-1880, la moyenne annuelle des expertises s'est élevée à 7,657.

CHAPITRE VII

INTERROGATOIRE SUR FAITS ET ARTICLES ET COMPARUTION PERSONNELLE

(LIV. II. TIT. XV. ART. 324 A 336. — TIT. VII. ART. 119.)

SOMMAIRE. — § 1er Comparaison de l'interrogatoire et de la comparution personnelle. — Ressemblances. — Causes. — Personnes. — Différences. — § 2. Formes et procédure de l'interrogatoire. — § 3. Comparution personnelle. — § 4. Effets de l'interrogatoire et de la comparution personnelle.

1155. Les titres et les témoins font défaut ; le procès par sa nature ne comporte ni une expertise, ni une descente sur les lieux ; ces diverses preuves n'apportent point au tribunal la lumière suffisante. Les juges peuvent recourir à un autre moyen d'information et s'adresser à la bonne foi des parties intéressées afin d'obtenir d'elles-mêmes la déclaration de la vérité. — L'aveu est la plus sûre et la plus probante de toutes les preuves ; *probatio probatissima*, disaient les anciens auteurs : mais c'est la plus difficile à obtenir. Le défendeur, méconnaissant ou niant le bien fondé de la prétention du demandeur, n'avouera pas, au moins spontanément, les faits de nature à entraîner sa condamnation. Cet aveu doit être provoqué : appelé devant les juges, mis en demeure de s'expliquer sur les faits en litige, le défendeur ne sera-t-il pas amené à reconnaître la vérité des faits articulés par l'adversaire ? La confrontation des deux plaideurs ne peut-elle faire jaillir la lumière ?

Deux modes de procéder sont offerts aux juges : 1° l'*interrogatoire sur faits et articles*, interrogatoire secret, portant sur des points spécifiés à l'avance ; 2° la *comparution personnelle* des parties, interrogatoire public, à la barre du tribunal, composé de questions spontanées. — Ce dernier mode, plus simple, n'a été adopté que tardivement dans la pratique moderne. Il n'était usité d'abord que devant la juridiction consulaire. Mais, *Dieu ayant béni la simplicité des juges consuls*, suivant les expressions de Pussort lors de la rédaction de l'ordonnance de 1667, peu à peu la pratique introduisit devant les juges civils la même comparution, *comparution personnelle*, par opposition à la comparution fictive qui a lieu par l'intermédiaire de l'avoué. — Imbus des traditions de l'ancien droit, les rédacteurs du Code ont consacré un titre entier à l'interrogatoire sur faits et articles ; ils n'ont parlé qu'incidemment de la comparution personnelle, qui s'est glissée en quelque sorte dans un article du titre des jugements. Cette matière n'a en pratique qu'une application restreinte. Dans la période quinquennale 1876-1880, sur une moyenne annuelle de 164,186 affaires inscrites au rôle des tribunaux civils, la comparution personnelle était ordonnée 720 fois, l'interrogatoire sur faits et articles 523 fois (en moyenne) :

§ 1er. — *Comparaison de l'interrogatoire et de la comparution personnelle.*

1156. Ces deux modes d'instruction tendant au même but, l'obtention d'un aveu, sont au fond régis par des règles communes, mais sont, dans leur fonctionnement, séparés par de nombreuses différences.

Ressemblances. — L'interrogatoire et la comparution sont soumis aux mêmes principes quant aux causes et quant aux personnes à l'égard desquelles ces mesures peuvent être ordonnées.

1° *Causes.* — Les parties peuvent, aux termes de l'article 324, Pr. civ., en toutes matières et en tout état de cause, se faire interroger respectivement sur faits et articles pertinents : *En toutes matières*, ordinaires ou sommaires, et même dans les cas où la preuve testimoniale ne serait pas admissible. Mais, malgré la généralité des termes de la loi, les matières dans lesquelles l'aveu de la partie ne peut point faire preuve ne comportent pas ce mode d'instruction. L'interrogatoire et la comparution ne sont admissibles que dans les cas où le droit engagé est susceptible de faire la matière d'une transaction.

Les faits sur lesquels l'interrogatoire peut rouler doivent être non seulement *pertinents*, mais encore *concluants* et *admissibles* (V. n° 1052). C'est là un pricipe général en matière de preuve; mais le législateur a cru utile de le rappeler pour écarter positivement les questions indiscrètes que le demandeur voudrait faire poser : aussi, pour mieux affirmer sa volonté, ajoute-t-il, dans l'article 324, Pr. civ., les mots *concernant seulement la matière dont est question*. Les faits doivent être *personnels* à la partie interrogée.

L'interrogatoire ou la comparution peuvent-ils être ordonnés à l'occasion de faits, qui seraient de nature à exposer celui qui les avouerait à une répression pénale, ou même au déshonneur? La négative, autrefois admise, était justifiée par cette considération que le serment, imposé à la partie interrogée, la mettait dans l'alternative de s'accuser elle-même ou de commettre un parjure. Lors de la rédaction du Code actuel, plusieurs cours avaient demandé qu'il fût formellement exprimé que les faits ne seraient *ni calomnieux, ni captieux, ni préjudiciables aux parties, et ne pourraient tendre à découvrir leurs turpitudes*. Ces observations ne furent pas accueillies par le Conseil d'État. Aujourd'hui l'interrogé ne prête plus serment et, dégagé de cette contrainte morale, est parfaitement libre de faire des réponses évasives sur les points qui pourraient le compromettre ; mais il ne peut empêcher que les questions de cette nature ne lui soient posées.

L'interrogatoire sur faits et articles et la comparution personnelle peuvent être demandés et ordonnés *en tout état de cause*, mais *sans retard de l'instruction ou du jugement*. (Pr. civ., art. 324.) Ces derniers mots contiennent un conseil donné aux juges, et non une règle prohibitive. La loi a voulu leur indiquer qu'ils doivent écarter l'interrogatoire (ou la comparution personnelle), quand ils sont convaincus que la partie qui le demande n'a d'autre but que de retarder la solution du litige et de gagner du temps. — L'interrogatoire et la comparution peuvent être ordonnés tant que le ministère public n'a pas conclu, même après les plaidoiries et en appel comme en première instance.

1157. 2° *Personnes.* — Seules, les parties peuvent être interrogées. L'interrogatoire dirigé contre des tiers ou leur comparution constitueraient en réalité une enquête et devraient être soumis à d'autres formes. Sinon, on éluderait trop facilement les règles sur l'admissibilité et l'administration de la preuve testimoniale.

Les personnes *incapables* ne peuvent être interrogées. N'ayant pas la pleine et entière disposition de leurs droits, elles ne sauraient les compromettre par leurs aveux. Ainsi, on ne peut faire interroger : 1° les mineurs en tutelle, à moins qu'il ne s'agisse de leurs délits ou quasi-délits, à l'égard desquels la loi les assimile à des majeurs. (Cod. civ., art. 1310.) — 2° Les mineurs émancipés, si ce n'est quant aux faits relatifs à l'administration de leurs biens ou au commerce qu'ils ont été autorisés à exercer. (C. civ., art. 481 et 1308. — C. comm., art. 2.) — 3° Le tuteur plaidant au nom et pour le compte du mineur ou de l'interdit, à moins qu'il ne s'agisse des faits propres à son administration même ou relatifs aux droits mobiliers dont la loi lui laisse la disposition. Mais la femme mariée autorisée à ester en justice peut être soumise à l'interrogatoire, l'autorisation dont elle est nantie la relevant de son incapacité pour tout ce qui concerne la marche du procès.

Le seul cas d'interrogatoire pour autrui prévu par le Code de procédure est celui d'un procès concernant un établissement public. Cet établissement doit déléguer un administrateur auquel il donne un pouvoir spécial, dans lequel les réponses sont expliquées et affirmées véritables. (Pr. civ., art. 336.) Un pareil interrogatoire est dérisoire puisque les réponses sont tracées à l'avance. On arriverait au résultat cherché d'une manière plus simple en se bornant à signifier des écritures. — On peut, il est vrai, interroger l'administrateur sur les faits qui lui sont personnels, *pour*, sur l'observation du président de Lamoignon lors de larédaction de l'ordonnance de 1667, *y avoir par le tribunal tel égard que de raison*. L'établissement public ne peut être lié que par ses propres réponses.

1158. Différences. — Les différences qui distinguent l'interrogatoire de la comparution personnelle sont nombreuses : — 1° L'interrogatoire sur faits et articles est *secret;* il a lieu hors de la présence de la partie qui l'a requis, au greffe du tribunal ou en la chambre du conseil, en la présence seulement et par le ministère d'un juge-commissaire, assisté du greffier. — La comparution est *publique;* elle a lieu à la barre du tribunal, siégeant à l'audience. Les deux plaideurs sont interrogés chacun à son tour, mais en présence l'un de l'autre : chacun d'eux peut contrôler les réponses de son adversaire, signaler ses réticences ou ses contradictions et relever ses aveux.

2° L'interrogatoire, étant secret, exige la rédaction d'un *procès-verbal*, qui sera soumis au tribunal appelé à apprécier les réponses qu'il n'a point entendues. — La comparution ayant lieu devant le tribunal lui-même, inutile de dresser procès-verbal des questions posées aux parties et de leurs réponses. Les déclarations des plaideurs sont seulement reproduites dans le jugement même : elles servent à le motiver. Cette reproduction est indispensable au cas où le jugement est susceptible d'appel. Sans elles, les juges du second degré ne pourraient apprécier avec exactitude le jugement attaqué devant eux.

3° Dans le cas de comparution, les parties ne reçoivent pas à l'avance *communication* des faits sur lesquels elles devront répondre ; — au contraire, dans l'interrogatoire sur faits et articles, la partie contre laquelle il a été requis doit recevoir, vingt-quatre heures à l'avance, notification des faits sur lesquels elle sera interrogée. Cette mesure détruit toute spontanéité et favorise le mensonge.

4° La comparution peut être ordonnée, soit sur la demande de l'une ou de l'autre partie, soit *d'office* par le tribunal. D'après l'opinion générale, l'interrogatoire sur faits et articles ne peut l'être que sur la *requête* de l'une des parties.

De cette comparaison ressort nettement la supériorité de la *comparution personnelle*. Le tribunal, qui entend les réponses de la partie interrogée, les apprécie plus sûrement que lorsqu'elles lui sont transmises décolorées par la voie d'un procès-verbal. — La publicité de l'audience arrête souvent le mensonge sur les lèvres de celui qui est prêt à trahir la vérité. — La présence de la partie à l'interrogatoire de son adversaire constitue une chance de plus d'obtenir la vérité. — Le plaideur interrogé, n'ayant pas reçu communication préalable des faits sur lesquels roule l'interrogatoire, n'a pu préparer ses réponses et combiner des mensonges. — La comparution économise les frais considérables qu'engendre la procédure de l'interrogatoire : requête, jugement, ordonnance du juge-commissaire, signification du tout avec assignation, procès-verbal du juge, signification du procès-verbal, etc.

En présence de ces avantages incontestables, le législateur aurait donc dû adopter des règles identiques et uniformes pour la comparution personnelle et pour l'interrogatoire. Son œuvre n'est pas rationnelle et se ressent trop de l'influence des traditions et des errements de l'ancien droit.

§ 2. — *Formes et procédure de l'interrogatoire.*

1159. La marche tracée pour cette voie d'instruction conserve les allures de l'ancienne procédure secrète des ordonnances de 1539, 1563 et 1667, procédure peu propre à faciliter la manifestation de la vérité.

A la différence de l'enquête, l'interrogatoire n'est pas ordonné à la suite d'un débat préalable sur l'admissibilité des faits. Pareil débat contrarierait le système de la loi, puisque les faits ne doivent être connus de la partie adverse que vingt-quatre heures à l'avance. L'interrogatoire est ordonné par jugement rendu à l'audience, sur requête contenant l'indication des faits. Cette requête ne doit point être notifiée à l'adversaire avant le jugement ; elle ne le sera qu'avec le jugement lui-même et l'ordonnance du juge-commissaire. (Pr. civ., art. 325 — Tarif, art. 79.)

Le jugement, que la loi qualifie d'ordonnance dans l'article 329, n'est pas interlocutoire : le caractère essentiel des décisions de cette nature, la contradiction de la partie adverse, lui fait défaut. Il est préparatoire. Il n'est susceptible ni d'opposition, ni d'appel; sinon on ouvrirait le débat que la loi a eu la prétention d'écarter, débat qui va naître à l'aide du procédé suivant. Devant le juge-commissaire, la partie qui doit être interrogée allègue qu'un obstacle juridique, son incapacité par exemple, s'oppose à l'interrogatoire ou que les faits articulés ne sont pas concluants. Elle refuse de répondre. On revient devant le tribunal et la partie discute les questions qui devaient lui être posées. — Il est procédé à l'interrogatoire par le président ou par un juge par lui commis. Mais le jugement doit désigner le juge-commissaire, lorsqu'il est déjà constant que les fonctions du président devront être déléguées. (Pr. civ., art. 325 et 326.)

Le juge-commissaire indique au bas de l'ordonnance qui l'a nommé les jour et heure de l'interrogatoire. Cette indication est faite dans le jugement même quand le juge est désigné par le jugement. (Pr. civ., art. 327.) — En cas d'empêchement légitime, le juge, accompagné du greffier, se transporte au lieu où la partie est retenue. (Pr. civ., art. 328.)

Vient maintenant la partie la plus vicieuse de cette procédure.

Vingt-quatre heures au moins avant l'interrogatoire, on signifie au défendeur, la requête à fin d'interrogatoire, le jugement qui l'autorise et l'ordonnance du juge-commissaire qui en règle l'ouverture.

La requête comprend nécessairement l'indication des faits sur lesquels la partie va être interrogée. Cette partie aura donc le loisir de préparer ses réponses. Lors de la rédaction de l'ordonnance de 1667, le président de Lamoignon critiqua vivement cette communication et en fit ressortir tous les inconvénients. Il ne fut pas écouté. Il obtint seulement l'insertion dans l'ordonnance d'une disposition additionnelle, reproduite par l'article 333 du Code actuel. Le juge est autorisé à interroger d'office sur des faits non indiqués dans la requête et par suite non communiqués. Le demandeur n'insère dans la requête que des faits insignifiants. Il remet au juge-commissaire des notes à l'aide desquelles le juge pose d'office les questions les plus importantes. Malgré l'autorité de Lamoignon, nous réprouvons ce procédé. Il manque de franchise. Il répugnait à la nature droite et loyale de Pothier. Il a l'inconvénient de laisser trop de latitude au juge, qui, par scrupule, peut fort bien se refuser à interroger ainsi à l'improviste sur les points les plus importants.

La disposition de l'article 331, Pr. civ., rend le système de la loi plus vicieux encore. Sur l'assignation, la partie peut faire défaut : mais si elle se présente ultérieurement, pourvu que ce soit avant le jugement définitif, elle doit être interrogée, à charge seulement de payer les frais occasionnés par son défaut ; ainsi, moyennant le payement d'une petite somme, le défendeur peut se donner tout le temps nécessaire pour combiner ses réponses.

Quel doit être l'effet du défaut de comparution ou du refus de répondre de la part du plaideur dûment assigné ? D'après l'ordonnance de 1667, les faits étaient alors tenus pour confessés et avérés.

Le président de Lamoignon avait vivement critiqué cette rigueur, dégénérant souvent en injustice. Le Code a eu égard aux observations de l'illustre magistrat. Une forte présomption existe, sans doute, contre celui qui refuse de venir s'expliquer. Mais on ne peut considérer cette présomption comme fournissant une preuve légale, sur laquelle le tribunal doive nécessairement asseoir sa conviction. Que de motifs divers peuvent justifier, ou du moins excuser le refus de répondre ! Aussi l'article 330, Pr. civ., se contente-t-il de dire que *les faits pourront être tenus pour avérés* par le tribunal, après que le juge aura dressé un procès-verbal sommaire.

Si, au jour de l'interrogatoire, la partie assignée justifie d'empêchement légitime, le juge indique un autre jour pour l'interrogatoire, sans nouvelle assignation. (Pr. civ., art. 332.)

La loi trace les formes de l'interrogation dans les articles 333 et 334, Pr. civ. Ici, le Code a enchéri sur le système de l'ordonnance. Il n'a pas admis, comme en matière d'enquête, l'assistance de la partie intéressée. Il a consacré la jurisprudence vicieuse du parlement de Paris, que Dumoulin, après avoir vainement demandé d'assister aux réponses de son adversaire, *quia non tam facile negaret*, avait flétrie par ce mot célèbre : *et in hoc curia pessime judicavit.* — Dans certains cas, il est vrai, l'assistance de la partie adverse peut intimider le plaideur et nuire à la manisfestation de la vérité. Mais il eût suffi de laisser au tribunal ou au juge-commissaire la faculté d'ordonner en connaissance de cause que l'adversaire ne pourrait être présent à l'interrogatoire. L'assistance de l'avoué est, au contraire, justement écartée, puisqu'il s'agit de répondre simplement sur des faits et non de discuter des points litigieux.

Le procès-verbal d'interrogatoire doit être signé par le juge et par le greffier : la loi ne le dit pas, mais il est de principe que les officiers instrumentaires d'un acte doivent le certifier par leur signature. — L'interrogatoire terminé, la partie, qui voudra en faire usage, fera signifier le procès-verbal. Sur cette signification, sans autres écritures, l'audience est poursuivie ; les réponses y seront discutées verbalement.

Sous l'empire de l'ordonnance de 1667, les frais de l'interrogatoire restaient, dans tous les cas, au compte de la partie qui l'avait requis. Cette disposition injuste n'a pas été reproduite. Pourquoi la partie qui gagne son procès par ce mode d'instruction devrait-elle supporter des frais ? Conformément au droit commun, ils sont à la charge de la partie qui succombe.

§ 3. — *Comparution personnelle.*

1160. La loi permet aux juges, qui veulent recueillir la vérité de la bouche des parties elles-mêmes, d'ordonner leur comparution à l'audience. Des magistrats intelligents prendront toujours ce parti lorsqu'il s'agira d'une simple question de fait sur laquelle les explications orales et contradictoires des intéressés jettent plus de lumière que toutes les plaidoiries.

Cette comparution est ordonnée par un jugement, qui en fixe le jour. (Pr. civ., art. 119.) Il n'indique pas les faits à éclaircir. Là se trouve l'avantage de ce mode de procéder. — La comparution peut être renvoyée à un autre jour sans inconvénient, puisque les questions ne sont pas connues d'avance.

Ce jugement est-il rendu en la présence des parties appelées à comparaître, il n'est ni expédié, ni signifié. On en fera seulement mention lors de la rédaction des qualités du jugement définitif. — Mais si les deux parties ne sont pas présentes à l'audience, est nécessaire la signification du jugement tant à l'avoué qu'à la partie, puisqu'il s'agit pour cette dernière d'une démarche toute personnelle. En pratique, on se dispense souvent de lever le jugement, s'il est rendu contradictoirement: les avoués se chargent de prévenir leurs clients par lettres. — Si l'une des parties ne comparaît pas, le tribunal appréciera. Il devra se montrer circonspect ; le défaut de comparution, la partie ignorant les points sur lesquels elle serait invitée à répondre, est moins grave qu'au cas d'un interrogatoire sur faits et articles. Néanmoins les juges pourront, suivant les circonstances, condamner la partie qui, sans raison plausible, refuse de venir s'expliquer à l'audience.

Le président interroge les parties en présence l'une de l'autre, ou isolément si les circonstances l'exigent. Aucune forme n'est tracée pour la constatation des dires des comparants. Un procès-verbal ne passerait pas en taxe. Les déclarations faites devant le tribunal sont reproduites dans la rédaction du jugement. Ceci est indispensable lorsque le jugement est susceptible d'appel. On évite la nécessité de faire comparaître de nouveau les plaideurs devant la juridiction supérieure.

§ 4. — *Effets de l'interrogatoire et de la comparution.*

1161. Les aveux, résultant de l'interrogatoire ou de la comparution personnelle, sont de véritables aveux judiciaires. Ils en produisent les effets et sont indivisibles. La partie qui veut s'en prévaloir, doit les prendre en entier. Mais cette indivisibilité ne s'applique qu'à l'aveu portant sur un seul et même fait. (Cod. civ., art. 1356.)

L'interrogatoire ou la comparution peuvent fournir une preuve complète, ou un commencement de preuve par écrit propre à faire admettre la preuve testimonale. Dans tous les cas, tout plaideur peut produire des titres, invoquer des présomptions légales afin de combattre les inductions qui pourraient résulter des déclarations faites par l'adversaire.

CHAPITRE VIII

SERMENT JUDICIAIRE

(LIV. II, III, ART. 120 ET 121.)

SOMMAIRE. — Diverses espèces de serments. — 1re SECTION. Serment décisoire § 1er. Délation du serment. — § 2. Mode de prestation. — § 3. Effets de la prestation ou du refus de prestation. — 2me SECTION. Serment supplétoire.

1162. Au lieu d'essayer de provoquer l'aveu de l'une des parties dans un interrogatoire sur faits et articles ou par la comparution personnelle des deux plaideurs, on peut faire un appel plus énergique à sa bonne foi, en lui déférant le serment sur l'objet du procès. Comme l'interrogatoire, la délation du serment tend, mais d'une manière plus frappante, à en appeler à la conscience du plaideur.

Le serment est l'attestation solennelle donnée par un homme de la sincérité de sa propre déclaration. Suivant que la déclaration de l'homme se réfère au passé ou à l'avenir, le serment est *affirmatif* ou *promissoire*.

Le serment *promissoire* est prêté par les experts et par les témoins. Ils jurent de bien accomplir leur mission, ou de dire exactement la vérité. — Le serment *affirmatif* peut être déféré par l'un des plaideurs à l'autre, ou bien par le juge à celle des parties qu'il estime la plus digne de foi. — Dans le premier cas, le serment se nomme *décisoire*, parce que la délation du serment suffit à elle seule pour terminer le procès. Dans le second cas, il s'appelle *supplétoire*, parce que le serment déféré par le juge ne fait que compléter une preuve préexistante. — Ces deux sortes de serment sont comprises par le Code civil sous la dénomination générale de serment *judiciare* (C. civ., art. 1357). Il est une troisième espèce de serment, le serment en *plaids*, celui que le juge défère au demandeur sur la valeur de la chose réclamée, valeur qu'il est impossible de fixer autrement. — Le serment décisoire se rapproche de l'aveu : il émane le plus souvent de la partie qui a intérêt à nier les faits allégués par son adversaire. — Le serment supplétoire est souvent déféré au demandeur lui-même, appelé à rendre témoignage dans son propre intérêt. — Ni l'un ni l'autre ne sont fréquemment usités.

Pendant la période quinquennale 1876-1880, sur une moyenne annuelle de 164,186 affaires inscrites au rôle des tribunaux civils, le serment décisoire a été déféré 425 fois et le serment supplétoire 118 fois en moyenne.

Ire SECTION. — **Serment décisoire.**

1198. Le serment décisoire offert et accepté constitue une espèce de transaction, différant des transactions ordinaires par l'obligation imposée à la partie à laquelle on offre de s'en rapporter à sa foi, d'accepter cette offre ou d'avouer la justice de la prétention de l'adversaire. L'offre est-elle acceptée, la partie qui a prêté serment obtient gain de cause. Au contraire, son refus de prêter ou de référer le serment à la partie adverse implique un aveu tacite qui emporte sa condamnation.

§ 1er *Délation du serment.*

1164. Le serment ne prête nullement à l'arbitraire et à la fraude de la part de celui qui le défère, puisqu'il s'adresse à l'adversaire en l'appelant ainsi à décider dans sa propre cause. Aussi le serment décisoire peut-il être déféré en matière réelle ou personnelle, quelle que soit la valeur du litige, lors même que les faits seraient de nature à nuire à celui qui en ferait l'aveu : idée qu'exprime l'article 1358 du Code civil par les mots : *sur quelque espèce de contes-*

tation que ce soit. — Mais la formule de cet article est trop absolue. Prise au pied de la lettre, elle détruirait toute l'économie de notre législation civile. Une précision est nécessaire. — Marquons dans quels cas le serment décisoire peut être déféré et quelle capacité est requise pour cette délation.

Cas. — Le serment décisoire *ne* peut pas être déféré : 1° dans les cas où l'aveu est impuissant à faire preuve ; un aveu tacite n'est pas plus admissible qu'un aveu formel ; — 2° ni contre une preuve légale complète, une preuve préconstituée ; celui qui produit un acte authentique à l'appui de sa prétention ne saurait être astreint à jurer que sa prétention est fondée, sauf à son adversaire à s'inscrire en faux ; — 3° ni pour suppléer à un acte solennel qui n'a pas été dressé, tel qu'un contrat de mariage ou qu'un contrat de donation entre vifs ; — 4° ni sur des faits non personnels à la partie. La délation du serment est un appel à la conscience. Or, cet appel ne peut être sérieux que s'il s'agit d'un fait personnel (C. civ., art. 1359). Mais on peut déférer le serment sur le fait même de la connaissance que la partie a eue du fait allégué. C'est le serment de *crédibilité*. Le Code civil l'admet en matière de courtes prescriptions. Lorsque les héritiers d'un débiteur invoquent une prescription de cette nature, le créancier peut leur déférer le serment sur la connaissance qu'ils ont eue ou n'ont pas eue d'une dette contractée par leur auteur (C. civ., art. 2275). Cette disposition légale est en harmonie avec la distinction établie pour les écrits sous seing privé (C. civ., art. 1323). — Mais si le fait à établir est personnel à celui auquel est déféré le serment, il ne peut se borner à prêter un serment de crédibilité.

Au contraire, le serment décisoire peut être déféré : 1° devant toute juridiction civile statuant sur les faits et devant les juridictions administratives, quand l'ordre public n'est pas intéressé ; — 2° sous la même réserve, contre une présomption légale ; ainsi il ne peut être déféré pour repousser la fin de non-recevoir tirée de l'autorité de la chose jugée (C. civ., art. 1351), mais le sera, en matière de courtes prescriptions, malgré la présomption de libération tirée du laps de temps écoulé sans poursuites de la part du créancier (C. civ., art. 1350, § 2, 1352, 2275. — Cod. comm., art. 189) ; — 3° en l'absence de tout commencement de preuve : *omnibus probationibus aliis deficientibus*, disait le jurisconsulte Paul (L. 35. D. *de jurejurando*). Il y a là une différence marqué avec le serment supplétoire. Contrairement à l'opinion d'anciens docteurs, le Code civil a adopté la solution de Cujas, de Vinnius et de Pothier ; — 4° ce serment peut être déféré comme subsidiaire à d'autres moyens de preuve, pour les corroborer, les compléter ; mais les juges peuvent écarter la délation du serment, lorsque la demande à l'appui de laquelle on l'invoque est suffisamment justifiée, ou lorsque les faits allégués, objet de cette délation, sont formellement contredits par les documents du procès (1) ; — 5° en tout état de cause, en appel aussi bien qu'en première instance, mais non devant la Cour de cassation : cette Cour n'examine que le droit, auquel le serment est aussi inapplicable que l'aveu (Cod. civ., art. 1360).

Les faits sur lesquels le serment peut être déféré doivent être *concluants* ; mais, dès que ce caractère leur est reconnu, aux parties seules appartient le droit de déférer le serment. Les juges n'ont pas cette faculté. L'article 120, Pr. civ., suppose un jugement qui ordonne le serment et énonce les faits sur lesquels il doit être prêté : mais ce texte vise l'hypothèse d'une difficulté soulevée sur l'admissibilité du serment, à raison de la nature du litige, de la non pertinence des faits, ou de la capacité des parties.

1165. Capacité. — Pour pouvoir déférer le serment, le plaideur doit être capable de transiger. Quelles personnes ont cette capacité ? L'examen de cette question n'a aucun trait à la matière des preuves : elle touche au fond même du droit. Nous renvoyons le lecteur aux ouvrages de droit civil. — On ne peut déférer le serment à un être moral, tel qu'un établissement public. L'être moral ne saurait avoir une conscience. Quant à l'administrateur, il ne peut pas plus, par un serment que par un aveu, compromettre les intérêts qui lui sont confiés. On peut lui déférer le serment sur faits à lui personnels ; mais le refus de cet agent ne pourrait nuire à l'être moral par lui représenté. (Pr. civ., art. 336.)

Mode de prestation.

1166. Déféré, le serment peut être immédiatement prêté, sans qu'il s'élève aucune difficulté. Le tribunal n'intervient que pour donner acte de la prestation du serment et pour en tirer les conséquences légales dans le jugement définitif. — Mais le droit de défé-

(1) Cass., 6 février 1860, 17 mars 1862, 17 nov. 1863, 19 avril 1870 (D. P., 1872. 1. 323).

rer le serment peut être contesté à raison de la nature du litige, du caractère des faits allégués, de la capacité du demandeur. Un jugement interlocutoire est alors nécessaire et doit prononcer sur l'admissibilité de ce mode de preuve. C'est le cas prévu par l'article 120, Pr. civ. — Ce jugement doit énoncer les faits sur lesquels doit porter l'affirmation solennelle du plaideur.

Régulièrement devrait intervenir ensuite un second jugement sur le fond du procès. Mais, en pratique, pour ne pas multiplier les frais, les tribunaux rendent un seul jugement dans lequel ils prononcent à l'avance la condamnation du défendeur qui ne prêterait pas le serment à lui déféré. — Si le serment est prêté, un nouveau jugement est indispensable, car il faut donner acte de la prestation. Dans tous les cas, le jugement qui autorise la prestation de serment doit être signifié à la fois à l'avoué et à la partie, qui doit accomplir elle-même l'acte prescrit. (Pr. civ., art. 147.)

Le serment doit être prêté tel qu'il a été déféré : le prêter autrement serait se refuser à le prêter.

La partie prête serment, en personne, à l'audience. S'il y a empêchement légitime, le serment est prêté à son domicile, entre les mains d'un juge-commissaire, spécialement délégué. — La partie à laquelle le serment est déféré est-elle trop éloignée du lieu où siège le tribunal, celui-ci ordonne qu'elle prêtera serment devant le tribunal du lieu de sa résidence. — Dans tous les cas, le serment est prêté en présence de l'autre partie, ou elle est dûment appelée par acte d'avoué à avoué. (Pr. civ., art. 121.)

La dernière phrase de l'article 121, Pr. civ., vise l'hypothèse d'un serment supplétoire, qui peut être imposé au demandeur quand le défendeur fait défaut.

La forme du serment est extrêmement simple. Elle consiste à jurer que telle assertion est fondée, en levant la main. A l'heure où nous traçons ces lignes, est pendant devant la Chambre des députés un projet de loi déjà voté par elle, mais remanié par le Sénat, relatif à la formule même du serment, aux paroles que doit prononcer la partie, le témoin, l'expert ou le juré. Nous n'avons pas à entrer dans la discussion de la question soulevée par ce projet de loi, question qui touche au principe de la liberté de conscience. — Constatons seulement que l'appel fait à la conscience du plaideur ne sera que plus efficace, si l'on s'attache aux formes du culte qu'il professe. Aussi admet-on généralement que le serment prêté *volon-*

tairement suivant des formes plus solennelles et plus compliquées peut parfaitement remplacer le serment ordinaire. — Mais, au contraire, quand un plaideur demande à prêter serment selon le mode général et commun, on ne peut l'astreindre à recourir aux solennités religieuses édictées par son culte. La question s'est élevée, dans la pratique, à l'occasion des juifs d'Alsace, autrefois obligés, en vertu des lettres patentes du 10 juillet 1784, à prêter serment suivant un rite spécial établi par le Talmud. Une décision des grands rabbins rendue en 1844 a déclaré les juifs liés par la formule ordinaire. Les cours d'appel ont toujours repoussé la prestation du serment *more judaïco* et la cour suprême a décidé que nul ne peut être contraint à jurer suivant un mode non mentionné dans la loi.

§ 3. — *Effet de la prestation ou du refus de prestation.*

1167. Le serment une fois prêté termine la contestation. Celui qui a prêté le serment à lui déféré triomphe : le tribunal lui donne gain de cause.

Le serment est indivisible comme l'aveu ; mais la question d'indivisibilité s'élève rarement, le serment étant généralement déféré sur un fait unique et simple. — L'adversaire n'est pas recevable à prouver la fausseté du serment prêté (C. civ., art. 1363.)

Celui auquel le serment est déféré a le choix ou de le prêter, ou de le déférer à l'autre partie. Celle-ci ne peut se plaindre de se trouver dans la position où elle voulait mettre l'adversaire.

Quand le serment est déféré en justice à une personne capable, si elle refuse de le prêter ou de le référer à l'adversaire, il y a de sa part aveu tacite. Sa prétention doit être repoussée par le tribunal.

SECTION II. — **Serment supplétoire.**

1168. Le serment supplétoire, déféré d'office par le juge à l'une des parties, se justifie sans peine quand il est déféré au défendeur. L'adversaire pourrait toujours lui imposer la même obligation en lui déférant le serment décisoire. — Mais, déféré au demandeur, ce serment tend à détruire la règle qui impose à ce même demandeur le fardeau de la preuve L'expérience quotidienne dément l'efficacité d'un pareil serment. Pothier pourrait encore remarquer qu'en quarante années de judicature il n'avait pas vu « arriver plus de « deux fois qu'une partie ait été retenue par la religion du serment « de persister dans ce qu'elle avait soutenu » (1).

D'après l'article 1367, Cod. civ., le serment supplétoire ne peut être déféré dans les deux cas où la preuve est complète et où elle manque entièrement (2). Entre ces deux extrêmes, la loi s'en remet à la prudence du juge.

En principe, au tribunal seul appartient la désignation de la partie qui prêtera le serment supplétoire. Ce choix sera déterminé par les antécédents des plaideurs et par les circonstances du procès. Mais il y a un cas où la loi fait elle-même le choix : celui où un commerçant, aux livres duquel l'autre partie offre d'ajouter foi, refuse de les représenter : le serment doit être déféré à celui qui a demandé cette représentation. Le refus de représenter ses registres est une présomption grave contre l'adversaire. (Cod. comm., art. 17.)

La prestation du serment supplétoire ne tranche pas la contestation comme celle du serment décisoire. Il n'y a pas de transaction, mais un mode de preuve ordinaire. On pourra donc combattre en appel les allégations de l'adversaire, quoiqu'il les ait appuyées d'un serment supplétoire. La Cour d'appel pourra déférer le serment à celui des plaideurs auquel ne se sont pas adressés les premiers juges.

Le refus de prêter le serment supplétoire ne constitue pas un aveu tacite; mais, en fait, ce refus fera presque toujours perdre son procès à la partie invitée à jurer. Ce refus crée une présomption défavorable à sa cause.

Le serment en *plaids* ne peut être déféré et prêté qu'en vertu d'un jugement. Le tribunal est libre d'y recourir ou de procéder autrement à l'évaluation de la chose demandée, libre aussi de rétracter la délation de ce serment, s'il découvre, après l'avoir ordonnée, des preuves suffisantes de la valeur cherchée.

Ce serment ne peut être déféré qu'au demandeur, qui ne peut le référer à l'adversaire : il peut être déféré à un demandeur incapable de s'obliger. Le tribunal est lié par ce serment ; mais, pour éviter un abus évident, les juges doivent fixer un *maximum* au-dessus duquel le demandeur ne sera pas cru, même sur son serment. (Cod. civ. art., 1366 et 1369.)

(1) POTHIER, *Traité des obligations*, n° 925.
(2) Cass., 8 avril 1874 ; 29 décembre 1879 ; 6 juin 1883 (Sir. 1883.. 1. 343).

TROISIÈME CLASSE

INCIDENTS QUI ÉLARGISSENT LA SPHÈRE D'UN PROCÈS

(LIV. II, TIT. XVI, §§ 1 ET 2. ART. 337 A 341.)

SOMMAIRE. — Des diverses espèces de demandes incidentes. — Avantages qu'offrent ces demandes. — 1re SECTION : Des demandes additionnelles. — Leur caractère. — Connexité avec la demande primitive. — Deux espèces de demandes additionnelles. — 2e SECTION : Des demandes reconventionnelles. — Leur caractère. — Leurs conditions de recevabilité. — Effets de la demande reconventionnelle. — Différences entre les demandes reconventionnelles et la compensation. — 3e SECTION : Règles communes aux demandes additionnelles et reconventionnelles. — 4e SECTION : De l'intervention. — Son utilité. — Son caractère. — Des personnes qui peuvent intervenir. — Effets de l'intervention. — Formes et délais. — 5e SECTION : De l'action en déclaration de jugement commun.

1169. Les divers incidents jusqu'ici étudiés ont cela de commun entre eux qu'ils ne changent point le fond du litige. Ses limites restent telles que les avait fixées l'ajournement du demandeur. Les incidents dont nous allons nous occuper étendent, au contraire, l'objet du procès. Ils agrandissent le champ du litige. Le cadre, déterminé par les conclusions du demandeur repoussées simplement par le défendeur, n'est pas inflexible; il peut s'élargir. Des intérêts, jusqu'alors laissés à l'écart, peuvent se produire; des prétentions encore ignorées se faire jour. Une demande nouvelle vient étendre la sphère du procès entamé. Tel est le fait qui engendre un *incident*.

Ce fait peut être l'œuvre du demandeur, du défendeur, ou d'un tiers. — *Du demandeur*, lorsque celui-ci veut adjoindre une prétention nouvelle à sa demande primitive, lorsqu'il joint de nouvelles conclusions à ses conclusions premières. Le demandeur forme alors une *demande additionnelle*.

Le *défendeur*, ne se contentant plus de repousser la réclamation de son adversaire, répond à l'action en se posant à son tour comme demandeur relativement à une prétention qu'il jette dans le débat. Il ne sollicite plus seulement sa propre absolution; il réclame du tribunal la condamnation de son adversaire. Il formule une *demande reconventionnelle.*

Une personne, jusque-là étrangère au procès, vient prendre part au combat. Elle soulève des prétentions nouvelles, ou vient appuyer celles du demandeur ou celles du défendeur. Elle se présente comme intéressée dans ce litige. Elle forme une demande en *intervention.*

Ce tiers, qui eût pu intervenir, reste à l'écart. Il garde le silence. Étranger au procès, il pourra plus tard repousser l'autorité du jugement qui va être rendu (art. 1351, C. Civ.). Il débattra de nouveau avec le demandeur ou le défendeur actuels la question litigieuse que les juges, présentement saisis, vont décider. Nouvelles chances à courir, nouveaux frais à exposer. Pour écarter cette éventualité, l'une des parties en cause, le demandeur ou le défendeur, oblige ce tiers à intervenir, à devenir partie au procès. C'est former une *action en déclaration de jugement commun.*

Il y a donc quatre espèces de demandes incidentes. Toutes pourraient être formées, dans une instance séparée et distincte de l'instance actuelle, par voie de demande principale. Elles sont dites *incidentes*, parce qu'elles tombent en quelque sorte au milieu du procès actuel, qu'elles viennent s'y rattacher et qu'elles en agrandissent la sphère.

Présentées ainsi sous forme d'*incidentes*, ces demandes réalisent, au profit des parties, une évidente économie de temps et de frais. Elles sont avantageuses à un quadruple point de vue : 1° elles sont affranchies de la nécessité du préliminaire de conciliation (art. 48, P. civ.); — 2° un procès unique embrasse la demande primitive et la demande incidente ; un seul jugement statuera là où il eût fallu en obtenir deux ou trois, si, au lieu d'être *incidente*, la demande nouvelle eût été introductive d'une seconde ou troisième instance ; — 3° les demandes sont formées par acte d'avoué ; pas d'ajournement, sauf pour une ; — 4° elles sont portées devant le tribunal déjà saisi de l'action principale, et non devant celui du demandeur primitif ou devant celui du tiers.

Le Code de procédure ne traite que de la forme sous laquelle se produisent les demandes incidentes et du mode de les juger. Il n'en indique ni les caractères, ni les effets. Nous devons suppléer à son silence.

Étudions, dans quatre sections, chacune de ces demandes incidentes.

SECTION Ire. — **Demandes additionnelles.**

1170. La demande *additionnelle* est une prétention nouvelle que le demandeur vient joindre à la demande primitive, formulée dans l'exploit d'ajournement.

A première vue, il est évident que le demandeur doit pouvoir modifier les conclusions qu'il a formulées dans l'assignation. Elles sont son œuvre. Il eût pu ne pas introduire l'action, ne pas prendre de conclusions. Il doit, sauf ce qui sera dit à propos du *dernier ressort*, pouvoir les restreindre; c'est inévitable. Mais peut-il lui être permis de les étendre, soit en augmentant la portée de sa réclamation première, soit en ajoutant à celle-ci une prétention nouvelle? Distinguons.

Si la demande nouvelle est entièrement distincte de la primitive, si elle n'a aucun lien avec celle-ci, autoriser le demandeur à la former par voie incidente, serait violer les principes protecteurs de la défense, que la loi a voulu consacrer en imposant le préliminaire de conciliation, l'obligation de libeller les exploits et le respect des délais (art. 48, 61, 72 et 77, Pr. civ.). Le défendeur, surpris par cette attaque nouvelle, n'aura pas eu le temps de préparer sa défense, de rechercher et de grouper ses moyens et ses preuves.

Si, au contraire, la demande nouvelle se rattache à la primitive, par son origine et par sa cause, si elle s'appuie sur le droit déja allégué, si elle découle du fait juridique qui a donné naissance à la demande introductive d'instance, *ex eodem fonte vel ex eadem causa*, le défendeur, averti par l'ajournement, connaît déjà la base de cette nouvelle prétention, les moyens sur lesquels elle s'appuie, et, en préparant sa défense sur la demande originaire, il l'a implicitement préparée à l'égard de la demande nouvelle. Les mêmes arguments, les mêmes défenses, les mêmes moyens lui serviront à repousser et la demande primitive et la demande incidente. Il n'est pas surpris ; il doit être prêt à la lutte. La liberté de la défense est sauvegardée.

Cette distinction n'existait pas dans notre ancien Droit, tant que l'ajournement ne fut qu'une simple sommation de comparaître et que les conclusions ne durent être posées que devant le juge. Toutes demandes quelconques pouvaient être formulées selon le bon plaisir du demandeur, et il n'y avait pas lieu de distinguer entre les originaires et les additionnelles.

Mais, lorsque l'article 16 de l'ordonnance de 1539 eût exigé que les ajournements fussent *libellés*, que l'article 1er de l'ordonnance de 1563 eut prononcé la nullité de l'exploit pour infraction à la nouvelle règle, et que l'ordonnance de 1667 eut adopté et confirmé ces prescriptions légales, tous nos anciens auteurs proclamèrent que les dispositions des ordonnances seraient violées, si le demandeur était libre d'ajouter à sa demande primitive toute prétention quelconque. Ils établirent soigneusement la distinction que nous avons indiquée. Il est incontestable que les rédacteurs du Code de procédure n'ont pas entendu déroger à cette ancienne doctrine, puisqu'ils ont reproduit les dispositions des ordonnances, dont elle était une conséquence.

Donc, seules pourront être formées incidemment au cours d'un procès, par le demandeur, comme *additionnelles*, les demandes qui auront un rapport, une parfaite connexité d'origine avec la demande principale, dont elles ne seront en quelque sorte que le développement.

Les demandes, fondées sur un droit autre que celui qui sert de base à la demande primitive, nées *ex alia causa*, devront être formées par voie *principale* et non par voie incidente. Elles ne seront pas admissibles à titre d'*additionnelles*.

Exemples. — Un créancier a demandé le payement du capital qui lui est dû et n'a pas mentionné les intérêts de ce capital dans le libellé de l'ajournement. Il pourra plus tard en faire l'objet d'une demande additionnelle; car les intérêts sont dus eu vertu de la même cause que le capital. — Le propriétaire d'un immeuble urbain ou rural, demandeur en payement des loyers ou fermages arriérés, peut incidemment étendre sa demande aux loyers ou fermages échus pendant l'instance, ou même réclamer des dommages-intérêts, si pendant le même temps le fermier ou locataire a dégradé l'immeuble. Toutes ces demandes découlent toutes du même fait juridique, le contrat de bail, — Ou bien encore, un demandeur en revendication peut, par des conclusions additionnelles, demander la remise de l'immeuble litigieux entre les mains d'un séquestre d'une tierce personne qui prendra soin de l'immeuble jusqu'à la fin du procès. L'affinité entre la demande originaire et la demande incidente est incontestable. — Il en est de même dans l'hypothèse, où une femme, demanderesse en séparation de corps, réclame des aliments pendant l'instance.

Au contraire, ne pourra être reçue à titre d'*additionnelle*, la prétention de celui qui, ayant réclamé le payement d'une somme d'argent, viendrait ensuite demander le délaissement d'un immeuble ou la restitution d'un dépôt. Cette nouvelle demande n'a aucun rapport avec l'originaire, ne se rattache pas à la même cause.

Nous ne connaissons qu'un cas où la demande additionnelle peut avoir une cause distincte de celle de la principale. C'est l'hypothèse dans laquelle un demandeur, injurié ou diffamé par le défendeur, dans plaidoiries, écritures ou mémoires imprimés, réclame des dommages-intérêts. Mais la dérogation est toute naturelle. Il s'agit de la répression civile d'un délit, dont la connaissance revient au juge devant lequel il a été commis. En outre, il existe un certain lien entre la demande principale et la demande additionnelle. Celle-ci n'eût pu naître, si la première n'avait pas existé.

Mais, hors cette dérogation, la règle est inflexible. L'additionnelle doit se rattacher à la demande originaire par l'affinité, résultant de l'identité de cause et d'origine.

Les demandes additionnelles sont de deux sortes : 1° les unes présentent un caractère provisoire : elle sont urgentes : elles doivent être résolues avant le jugement définitif. *Exemples :* La demande d'aliments formée par la femme demanderesse pendant la durée de l'instance en séparation de corps ; la demande d'un séquestre, celle d'une somme pour faire face à des frais urgents. Elles seront jugées par préalable, s'il y a lieu, dit l'article 338, c'est-à-dire avant la demande principale. Mais, dans les procès qui se jugent sur plaidoiries, si la cause est en état sur le provisoire et sur le fond, les juges sont tenus de prononcer par un seul jugement. (Art. 134, Pr. civ.)

2° Les demandes additionnelles de la seconde catégorie sont celles qui ne présentent ni le caractère d'urgence, ni celui de provisoire. Dans un état de dépendance étroite avec le fond du litige, elles ne peuvent pas être résolues isolément. Elles sont subordonnées à l'examen et au jugement de la demande principale. Les juges ne peuvent se prononcer sur elles qu'en statuant au fond. *Exemple :*

La demande en restitution des fruits de l'immeuble revendiqué, la demande des intérêts du capital réclamé. Si l'immeuble n'est pas reconnu appartenir au revendiquant, celui-ci n'a pas droit aux fruits. Si Pierre n'est pas créancier du capital, il ne peut l'être quant aux intérêts produits par ce même capital. La demande additionnelle, relative aux fruits ou aux intérêts, ne peut être jugée que concurremment avec la demande principale.

SECTION II. — **Demandes reconventionnelles.**

1171. La demande *reconventionnelle* est celle qui est formée par le défendeur, comme réponse à l'action dirigée contre lui; c'est une *contre-action*, *iterum convenire*.

Gardons-nous de confondre les demandes reconventionnelles, soit avec les *défenses* proprement dites, soit avec les *exceptions*, soit avec les *fins de non-recevoir*. Nous avons déjà expliqué le sens de ces diverses expressions, le rôle et la fonction de ces divers moyens. (V. n° 361.)

Quand le défendeur oppose une *défense* ou une *exception*, ou une *fin de non-recevoir*, il reste dans son rôle; il repousse l'attaque; il veut obtenir son absolution, *défense;* ou faire déclarer la demande à jamais irrecevable, *fin de non recevoir;* ou irrecevable en l'état où elle est formée, ou obtenir la jouissance d'un délai, *exception*. Mais, en somme, il se contente de repousser l'agression dirigée contre lui, et rien de plus. — Au contraire, quand le défendeur formule une demande *reconventionnelle*, il fait un pas en avant; il devient assaillant à son tour; il se pose en demandeur et sollicite, outre son absolution, la condamnation du demandeur primitif. La loi l'autorise à ne pas rester sur la défensive : elle lui accorde cette prérogative de pouvoir attaquer, devant le tribunal de son propre domicile, celui (le demandeur actuel) qu'il eût dû assigner devant un autre juge, si, au lieu d'être défendeur, il était demandeur principal.

Exemple : Pierre, locataire de Paul, est assigné par celui-ci pour se voir contraint de garnir de meubles suffisants l'appartement loué (art. 1753, C. civ.); Pierre demande reconventionnellement que Paul fasse les réparations nécessaires pour le rendre habitable. S'il se fût porté demandeur principal, il aurait dû assigner Paul devant le tribunal du domicile de ce dernier.

Les demandes reconventionnelles sont fréquentes dans la pratique : elles ont une importance considérable. Elles se rapprochent de la *compensation*, qui constitue une *défense* proprement dite, et dont il faut les distinguer. Nous devons donc en bien fixer la nature et les conditions de recevabilité.

1172. Nature. — Le défendeur ne peut formuler toute prétention quelconque à titre de demande reconventionnelle : une certaine relation doit unir celle-ci à la demande originaire.

Quelle est cette relation ?

Dans notre ancien Droit, toute demande, même ayant une nature et une cause entièrement distinctes de la nature et de la cause de la demande principale, était admise, à titre de reconventionnelle, devant les juridictions ecclésiastiques ; au contraire, devant la juridiction séculière, la reconvention n'était pas admise.

Action de compensation que clercs appellent reconvention, n'a lieu en cour laye, disait Bouteiller (1). Toutes les anciennes coutumes adoptaient cette règle. Si la coutume de Paris de 1510 admettait (art. 74) la compensation de dette claire et liquide, elle repoussait la demande reconventionnelle (art. 75). — Mais cette prohibition, qui tenait au caractère patrimonial des justices seigneuriales, fut écartée lors de la réformation de la coutume de Paris, en 1580. On (art. 106) admit la reconvention, qui *dépend de l'action* et qui est *une défense à l'action primitive*, c'est-à-dire : 1° se rattachant par son origine à la demande principale, ayant la même cause juridique, étant *connexe* à elle, et 2° tendant à faire absoudre le défendeur, comme dans l'exemple ci-dessus présenté, dans lequel le même contrat de bail donne naissance à la prétention du demandeur et à celle du défendeur. Telle fut la doctrine des jurisconsultes du seizième siècle et notamment de Dumoulin.

De ces deux conditions, la pratique ne conserva que la deuxième. On admit qu'il suffisait pour la recevabilité d'une demande reconventionnelle qu'elle servît de défense à l'action principale. On n'exigea plus qu'un lien de connexité unît les deux demandes, originaire et reconventionnelle. Telle fut la jurisprudence adoptée au Châtelet de Paris. — L'ordonnance de 1667 fut muette sur la nature des demandes reconventionnelles.

(1) Bouteiller, *Somme rurale*, liv. I, tit. XXVII. — Loisel, *Inst. cout.*, liv. V. tit. II. — Imbert, *Pratique civile*, liv. I, chap. xxxv.

Les rédacteurs du Code de procédure se trouvèrent en présence de trois systèmes : celui du droit canonique, qui admettait, à titre de reconventionnelle, toute prétention élevée par le défendeur, sans aucune distinction ; celui de l'article 106 de la coutume de Paris, exigeant une double condition ; celui, adopté au Châtelet, se contentant d'une seule, à savoir que la demande reconventionnelle servît à se défendre contre l'action intentée. — Le tribunal de cassation, dans le projet par lui dressé, se référait à la jurisprudence du Châtelet. Les travaux préparatoires sont muets. Aucun article du Code de procédure ne nous fait connaître la pensée du législateur. Mais, lors de la discussion de la loi du 11 avril 1838, il a été reconnu que la condition de connexité n'était pas nécessaire.

La doctrine et la jurisprudence ont dû suppléer au silence de la loi. Elles n'exigent pour la recevabilité d'une demande, à titre de reconventionnelle, qu'une seule condition. La prétention du défendeur doit être de nature à faire rejeter la réclamation du demandeur. Elle doit constituer une défense à l'action primitive. La communauté d'origine n'est pas exigée : s'il y a connexité entre la demande originaire et la prétention du défendeur, *a fortiori* celle-ci sera-t-elle recevable comme reconventionnelle. Mais cette connexité n'est point nécessaire (1). Cependant, nous allons voir que la connexité n'est pas un élément indifférent et qu'elle produit certains effets spéciaux.

Mais si la prétention, soulevée par le défendeur, non connexe à la demande principale, ne peut même servir de *défense* contre celle-ci, cette prétention ne sera pas recevable à titre de reconventionnelle.

Exemple. — Actionné en payement d'une somme empruntée, Pierre répond que Paul ne le laisse pas jouir paisiblement d'une servitude de vue ou de passage ; il est évident que la réclamation de Pierre n'est pas recevable en la forme d'une *reconvention*. Elle n'a aucun lien avec la demande de Paul, et elle ne sert pas de défense contre elle : quand même le juge reconnaîtrait que Pierre est troublé dans la jouissance de la servitude, cette constatation n'aurait aucun effet sur la question de savoir si Pierre doit à Paul une somme d'argent.

(1) Metz, 27 avril 1869. — Nancy, 18 mai 1872. — Cass., 3 mars 1879. ; 9 février 1881 (S881. 1. 160 et 352).

Puisque la connexité entre la demande originaire et la demande reconventionnelle n'est pas exigée, le défendeur est donc, à l'égard des demandes reconventionnelles, plus favorablement traité que le demandeur à l'égard des additionnelles. C'est que le défendeur obéit à une nécessité ; en outre, ne serait-il pas injuste de l'obliger à s'acquitter intégralement envers le demandeur et de lui imposer la charge de formuler ensuite, par voie principale, sa propre prétention, au risque de trouver un adversaire desormais insolvable?

Le demandeur ne pourra répondre à la demande reconventionnelle du défendeur par une contre-reconvention : la qualité de demandeur est indélébile ; il ne peut la perdre et se transformer en défendeur. Sa prétendue reconvention constitue en réalité une demande additionnelle. Elle devra être *connexe* à l'originaire. C'est ce qu'on exprime par ce brocard : *Reconvention sur reconvention ne vaut.*

1173. Effets. — Pour déterminer avec exactitude les effets de la demande reconventionnelle, nous devons distinguer suivant que cette demande est ou n'est pas *connexe* à l'originaire, qu'elle a ou non la même cause.

1° Si la demande reconventionnelle a une autre origine que la principale, elle a pour résultat de proroger la juridiction d'un tribunal incompétent *ratione personæ;* elle entraîne dérogation à la règle de l'article 59, Pr. civ. Considérée en elle-même, cette demande formée par le défendeur actuel, demandeur en sa reconvention, aurait dû être portée devant le juge du domicile du demandeur actuel. Elle va être décidée par le propre juge du défendeur ; celui-ci devient compétent ; c'est un cas de prorogation légale de juridiction (V. n° 523).

Mais si la demande reconventionnelle est formée *frauduleusement*, au moment où la demande principale va être jugée et dans le but de retarder le prononcé du jugement et de traîner l'affaire en longueur, le tribunal doit refuser d'écouter le défendeur et le renyoyer à se pourvoir, par voie d'action principale, devant le juge compétent *ratione personæ vel loci.*

Exceptionnellement, une demande reconventionnelle n'est pas admissible devant le tribunal saisi de la demande primitive, quand pour cette prétention, élevée reconventionnellement par le défendeur, la loi a spécialement déterminé la juridiction, comme en matière de société, de succession, de faillite, etc. (P. civ., art. 59

5°, 6° et 7°; art. 527, 553, 793, 794, etc.). Cette attribution spéciale, fondée sur le désir d'obtenir une meilleure administration de la justice, doit être respectée. Le demandeur pourra réclamer son renvoi devant le tribunal désigné par la loi.

La demande reconventionnelle doit être encore écartée, quand le juge saisi est à son égard incompétent *ratione materiæ*. Le tribunal est un tribunal d'exception, non seulement incompétent *ratione personæ* d'après les art. 59 et 420, mais incompétent aussi *ratione materiæ* : la prorogation serait contraire à une règle d'ordre public (V. n° 527) : le tribunal saisi devra déclarer non recevable, pour cause d'incompétence, la prétention du défendeur et ne statuer que sur la demande primitive. *Exemple :* Devant un tribunal de commerce le défendeur soulève reconventionnellement une pure question civile. Les juges consulaires n'en peuvent connaître. Ils doivent se dessaisir de cette question et renvoyer le défendeur à se pourvoir devant qui de droit, en retenant la question principale. (V. n°s 545, 550 à 559.)

Mais ceci n'est vrai qu'à l'égard des juges d'exception : car les tribunaux, qui ont la *plénitude de juridiction*, les tribunaux civils d'arrondissement et les cours d'appel, peuvent connaître incidemment de toutes demandes reconventionnelles, qui, par leur nature, devraient être soumises à un tribunal d'exception. (V. n°s 540 et 541.)

1174. — 2° Si la demande reconventionnelle découle de la même source que la principale, si elle est *connexe* à celle-ci, elle prorogera la juridiction du tribunal d'exception, fût-il incompétent *ratione materiæ*. *Ex. :* Un propriétaire de vignobles a vendu sa récolte de vin à un négociant. Le premier a fait un contrat civil ; le second, un acte de commerce. Le contrat de vente offre un double aspect. Le négociant est actionné devant le tribunal de commerce en payement du prix de vente : il forme une demande reconventionnelle basée sur le retard mis à lui livrer la marchandise. Cette demande constitue une action civile : or, en principe, les juges consulaires sont incompétents *ratione materiæ* pour statuer sur des actions de cette nature. Dans ce cas cependant, le tribunal de commerce pourra juger les deux demandes, à raison de la connexité qui les unit l'une à l'autre. Elles découlent toutes deux d'un seul et même contrat synallagmatique, engendrant des obligations corrélatives et réciproques. Il faut apprécier ce contrat dans son ensemble. Statuer sur une des deux demandes, c'est résoudre implicitement l'autre, c'est la préjuger. Le tribunal ne peut prononcer équitablement sur l'une, sans songer à l'autre, à la demande formulée par le négociant contre le propriétaire. Il est plus logique d'y statuer directement. La prorogation de juridiction est donc forcée, à raison de cette connexité même.

1175. Comparaison de la compensation et de la reconvention. — Un grand nombre de praticiens confondent fréquemment la compensation et la reconvention : deux ordres d'idées différents cependant, au double point de vue d'une doctrine exacte et des effets produits.

La compensation rentre dans les *défenses* proprement dites et est soumise à la règle, que le juge de l'action est juge de tous les moyens de défense invoqués par le défendeur (V. n° 552).

Distinguons deux hypothèses :

A. (A la créance réclamée par le demandeur, le défendeur oppose que sa dette est éteinte, en tout ou en partie, parce qu'il s'est trouvé à son tour créancier du demandeur d'une obligation de choses fongibles de même nature, liquide, exigible, *égale* ou *inférieure* à la créance du demandeur. Le défendeur ne réclame pas une condamnation du demandeur à son profit. Il invoque l'extinction de sa dette, opérée *ipso jure* (art. 1290, C. civ.). Le tribunal saisi sera *toujours compétent*, quoique les deux dettes soient nées *ex diversis causis*, quoique l'une fût civile et l'autre commerciale, par exemple.

B.) La créance invoquée par le défendeur ne réunit pas les caractères exigés par l'article 1291, C. civ. ; il n'y a pas eu extinction : nous ne sommes plus dans le cas de compensation, c'est une demande reconventionnelle; — ou bien, la créance invoquée par le défendeur est supérieure à celle réclamée par le demandeur, et le défendeur sollicite du tribunal une condamnation pour la différence. Ici encore, nous ne sommes plus dans un cas de compensation, mais bien de reconvention : ce sont les règles relatives aux demandes reconventionnelles qui doivent être appliquées, et le tribunal ne pourra statuer que sous le bénéfice des distinctions établies ci-dessus entre l'incompétence relative et l'incompétence absolue. (V. n°s 1173 et 1174.)

SECTION III. — **Règles communes aux demandes additionnelles et reconventionnelles quant à la forme et aux délais.**

1176. Forme. — Pour déterminer en quelle forme doivent être présentées ces demandes, distinguons suivant que l'instance principale est *contradictoire* ou par *défaut faute de comparaître.*

A., Si l'instance est *contradictoire*, ces demandes incidentes se forment par un *simple acte d'avoué à avoué* contenant les moyens et conclusions, avec offre de communiquer les pièces justificatives sur récipissé ou par dépôt au greffe (Pr. civ., art. 337 ; tarif, art. 71). Le législateur ne veut pas que la demande incidente occasionne un surcroît de délais, de procédures et de frais. Elle serait néanmoins valablement introduite par *exploit* ou par *requête grossoyée.* Mais comme ce mode de procéder est plus dispendieux que celui que prescrit la loi, l'excédent de frais qu'il occasionne demeure, dans tous les cas, à la charge du demandeur incident, soit qu'il succombe, soit qu'il triomphe sur l'incident qu'il a soulevé.

L'acte d'avoué doit être signifié trois jours avant l'audience. (Art. 70 décret du 30 mars 1808.)

La demande incidente peut aussi être formulée par voie de conclusions prises à la barre. La loi ne proscrit pas un mode plus économique encore que l'acte d'avoué à avoué. Mais l'adversaire surpris obtiendra du tribunal un délai, s'il y a lieu, pour préparer sa défense.

La réponse aux demandes incidentes se fait dans la même forme que la demande, par un simple acte, ou par conclusions prises à la barre. Le délai, dans lequel elle doit être faite, n'ayant pas été réglé par la loi, le tribunal le fixe lui-même, d'après les circonstances.

B., Lorsque le défendeur n'a pas constitué avoué, la voie du simple acte n'est plus possible. La demande additionnelle s'introduit alors par un exploit : elle devient principale et introductive d'une nouvelle instance. Mais le tribunal, sur les conclusions du demandeur, ou même d'office, pourra ordonner la jonction des deux instances.

Que décider, si le demandeur fait défaut *faute de conclure ?* Le défendeur peut-il former et soutenir une demande reconventionnelle et obtenir la condamnation du demandeur défaillant? Nous avons déjà résolu cette question en traitant des jugements par défaut. (V. n° 942.)

Toutes les demandes incidentes doivent être formées en même temps. (Pr. civ., art. 338.) — Si elles sont formées successivement, il ne s'ensuit pas pourtant que les dernières soient non recevables. Seulement les frais de celles-ci ne pourront être répétés. La loi pose une simple règle de tarif.

La règle de l'article 338, Pr. civ., ne s'applique pas aux incidents, dont les causes sont *nées postérieurement au premier*. On ne pouvait les joindre. *Exemple :* Un propriétaire d'immeuble a demandé contre son locataire le payement des loyers dus : puis, par une première demande additionnelle, les loyers nouvellement échus depuis l'introduction de l'instance. Postérieurement, le locataire dégrade l'immeuble. Le propriétaire peut, par un second incident, réclamer des dommages-intérêts, et les frais de ce nouvel incident seront à la charge du défendeur, s'il succombe.

Dans les affaires qui s'instruisent par écrit, l'incident est porté à l'audience et jugé sur plaidoiries, à moins que les juges ne se croient hors d'état de le juger sans examiner le fond; auquel cas ils doivent ordonner qu'il demeurera joint à l'instruction par écrit. (Pr. civ., art. 338).

SECTION IV. — **Intervention.**

1177. Nul ne peut agir en justice pour faire valoir les intérêts d'autrui, même en se présentant comme *gérant d'affaires*, comme *negotiorum gestor*. La personne assignée par ce gérant d'affaires ne peut être contrainte à plaider contre lui, à courir le risque d'une condamnation que le véritable intéressé ratifierait, ou la chance d'une absolution que ne suivrait aucune ratification. Seuls, les mandataires conventionnels, judiciaires ou légaux, peuvent, dans les limites fixées par leur mandat, intenter les actions qui compètent à leurs mandants. (V. n°s 640 et 641.) Le véritable plaideur est alors le mandant, le mandataire n'étant qu'un représentent *personnellement* étranger au litige. Le mandant sera lié par la sentence rendue : le mandataire ne sera pas atteint par elle, à moins qu'il ne soit condamné à raison d'un délit personnel commis contre l'autre plaideur

Mais si une action ne peut ainsi être introduite que par les personnes entre lesquelles tel droit est litigieux, la sentence statuant sur ce droit peut indirectement atteindre des personnes restées étrangères au litige. Les relations sociales créent des affinités entre des intérêts divers. En vertu de ces affinités, les conséquences d'un procès se prolongent et se répercutent envers ceux que des liens juridiques rattachent aux plaideurs, et même, dans une certaine mesure, envers des personnes sans aucune relation juridique avec les parties litigentes. — Ainsi, les créanciers subiront les atteintes du procès fait à leur débiteur. Par l'effet de la sentence, le patrimoine sur lequel porte leur droit de gage peut être considérablement amoindri, ou l'efficacité de ce gage diminuée par l'accroissement des ayants droit. — Un tiers, un vendeur d'immeuble ou un notaire, peut être conventionnellement ou légalement responsable envers une des parties engagée dans un procès en revendication ou en nullité de testament. — Le véritable héritier a un intérêt évident à empêcher que le débiteur héréditaire ne paye sa dette sur les poursuites intentées par un héritier apparent, dont la solvabilité future inspire des craintes. (C. civ., art. 1240.) — Pierre revendique un immeuble contre Paul. Il élève une prétention absolue ; il jette en quelque sorte à tous un défi et, bien que l'autorité de la sentence soit restreinte entre Paul et lui, elle engendrera, en fait, un préjugé implicite à l'égard du droit de propriété de Jacques ou de tout autre prétendant (1). — Ainsi les intérêts de bien des personnes peuvent se trouver directement ou indirectement compromis dans un litige auquel elles ne sont point parties. De même un contrat, une convention pourrait, par voie de répercussion, engendrer des effets préjudiciables envers d'autres personnes que les parties contractantes.

Cependant le pouvoir social doit garantir tous les intérêts, la loi protéger tous les droits. Le législateur doit donc fournir à ces personnes, le moyen de prévenir ou neutraliser le dommage résultant pour elles du contrat conclu, ou du procès entamé ou jugé. Quels sont ces moyens ?

S'agit-il de *conventions*, la loi détourne les effets préjudiciables qui pourraient en résulter pour les tiers, pour les personnes restées étrangères à ces conventions, à l'aide de deux principes : le premier

(1) Cass., 22 mai 1865 ; 27 décembre 1865 ; 13 juillet 1870 ; 28 février 1875 (D. P. 1876. 1. 364).

inscrit dans l'article 1165, C. civ., d'après lequel les conventions n'ont d'effet qu'entre les parties contractantes; le second, inséré dans l'article 1167, C. civ., accordant aux créanciers le pouvoir d'attaquer en *leur nom personnel* les actes faits par leur débiteur en fraude de leurs droits. Mais à côté de ces moyens *réparateurs*, qui écartent les effets d'une convention achevée et parfaite entre parties, la loi ne pouvait créer un moyen *préventif*. La raison en est évidente. Les conventions sont des actes purement volontaires et facultatifs pour les parties, actes ne pouvant souffrir l'intromission d'une influence étrangère — actes inconnus à l'état de projet et ne se révélant aux tiers qu'au moment de leur perfection ou de leur mise à exécution.

Quant aux *jugements*, la loi neutralise les effets nuisibles qui pourraient en naître pour les tiers, à l'aide aussi d'un double secours, de deux moyens corrélatifs à ceux qui ont pour but de neutraliser les conséquences d'une convention : 1° une *fin de non recevoir* contre l'autorité du jugement dans lequel on n'a pas été partie, fin de non recevoir inscrite implicitement dans l'article 1351, Cod. civ. *Sæpe constitutum est, res inter alios judicatas aliis non præjudicare.* (L. 63. D. *de re judicata*, 42. 1.) *Res inter alios judicata, neque emolumentum afferre his qui judicia non interfuerunt neque præjudicium solent irrogare.* (Cod. 2, *quibus res*, VII. 56); 2° Une action tendant à l'anéantissement du jugement lui-même, la voie de la *tierce opposition*. (Pr. civ., art. 474.) — Mais une instance judiciaire suppose un désaccord entre les plaideurs. Le distance séparant leurs prétentions laisse place libre à d'autres intérêts ; et la publicité, inhérente à tout litige, appelle l'attention de ceux que peuvent blesser ces mêmes prétentions. Une tierce personne peut se placer entre les deux parties pour la défense ou la protection de ses propres droits, se jeter au milieu du débat et combattre pour elle seule, ou tout à la fois pour un des plaideurs et pour elle-même. L'*intervention* de cette personne se présente comme le moyen de satisfaire tous les intérêts, de *prévenir* tout dommage pour autrui. Donc deux moyens *réparateurs*, une fin de non recevoir et la tierce opposition ; un moyen *préventif*, l'intervention. Mais ces divers moyens ne sont pas laissés indifféremment à la discrétion de tous les intéressés. Des distinctions délicates doivent être faites, à l'aide des règles générales de la loi civile.

1178. L'*intervention* est le moyen légal de faire reconnaître dans une instance introduite par d'autres personnes, un droit de créance ou de propriété que la force exécutoire de la sentence fera respecter. — Peu pratiquée en droit romain, à raison des règles spéciales de la procédure formulaire, la matière de l'intervention avait, au contraire, vivement attiré l'attention de nos anciens auteurs. Elle engendrait de criants abus par sa combinaison avec certains privilèges. A l'aide d'*interventions mendiées*, les plaideurs éternisaient les procès. Par exemple, une partie, en désespoir de cause, faisait intervenir une personne jouissant du privilège de *committimus* (V. n° 33). La question de savoir si l'intervenant avait intérêt au procès ou pouvait invoquer le privilège devait être portée devant la juridiction privilégiée. Si l'intervention était rejetée ou l'intervenant reconnu non privilégié, on revenait, ayant perdu un long temps et exposé des frais considérables, devant le tribunal primitivement saisi du procès principal. — Le droit d'évocation devant la *Chambre de l'Édit*, établie par l'édit de Nantes de 1598, la suspension de toutes poursuites contre les officiers munis de *Lettres d'État*, favorisaient aussi l'abus des *interventions mendiées*. — Nos anciens auteurs se montraient pleins de méfiance contre les ruses des plaideurs.

De nos jours, les mêmes abus ne sont plus à craindre. Les rédacteurs du Code n'ont réglé que la procédure de l'intervention, se référant sur tout le reste aux principes généraux de la loi civile. Nous devons succinctement suppléer à leur silence. — Quel est le caractère d'une demande en intervention ? — Quelles personnes peuvent intervenir au procès ? Quelles sont les formes et les effets de l'intervention ?

1179. CARACTÈRE. — L'*intervention* est une demande principale, mais non introductive d'instance, incidente et par suite non soumise au préliminaire de conciliation. (V. n° 660.) — Elle suppose un procès déjà engagé et constitue un développement, une extension de l'instance préexistante. — Elle en implique la validité : les juges ne pourraient pas prononcer sur la prétention de l'intervenant, si la demande originaire était repoussée pour incompétence du tribunal ou pour vice de forme antérieur à l'intervention.

Le droit d'intervention peut être exercé en toutes matières et devant toutes les juridictions, même devant la Cour de cassation.

1180. PERSONNES. — Les personnes qui peuvent user du droit d'intervention sont toutes celles qui ont un intérêt né et direct à l'issue de la contestation, auxquelles pourrait préjudicier le jugement futur, au détriment desquelles la décision à intervenir pourrait créer un préjugé défavorable à leurs prétentions ou impliquer la reconnaissance d'un droit incompatible avec celui qu'elles prétendent leur appartenir (1).

— Telle est la règle générale : mais si toutes ces personnes ont le droit d'intervenir, leurs positions diffèrent sous des rapports essentiels. — Les unes sont des *tiers;* les autres des *ayants cause.*

Les unes sont des *tiers*, en ce sens qu'aucun lien ne les rattache aux parties en cause. Elles n'ont avec ces dernières aucun intérêt commun. Le procès ne les touche et ne les froisse qu'à raison du rapport qui existe entre ces personnes et l'objet de la contestation. — Tels sont, celui qui prétend avoir un droit réel sur la chose disputée entre les deux plaideurs ; celui qui est investi d'une qualité usurpée par l'une des parties en cause, par exemple la qualité d'héritier, de légataire, de cessionnaire de telle créance, etc.

Sont aussi des *tiers*, la caution, le codébiteur solidaire, la personne civilement responsable du fait d'autrui, qui peuvent faire valoir contre le créancier demandeur des moyens de défense qui leur sont personnels, moyens qui ne sauraient être proposés dans l'instance où figure le débiteur principal, le codébiteur solidaire ou l'auteur du délit ou quasi-délit ; le garant formel, qui n'a pas été appelé dans l'instance et qui peut invoquer l'article 1640 du Code civil (V. n° 1016) ; les successeurs à titre particulier dont les titres d'acquisition sont postérieurs à l'introduction de l'instance liée avec leur auteur.

Ces *tiers* jouissent des deux moyens *réparateurs* indiqués ci-dessus, la fin de non recevoir contre l'autorité de la sentence et la tierce opposition, et du moyen *préventif*, l'intervention. Celle-ci est alors qualifiée *agressive ;* car elle a pour but de protéger un intérêt distinct de celui des parties en cause.

Les *ayants cause* sont ceux qui, juridiquement liés à l'une des parties par un rapport direct, ont avec elle un interêt commun et sont, quant à cet intérêt, représentées par elle dans l'instance. Leur sort est subordonné aux résultats du procès dans lequel elles n'ont pas été appelées. Ce sont les créanciers chirographaires de chacun des plaideurs ; — les créanciers hypothécaires et les autres successeurs

(1) Req. 10 novembre 1874. (D. P. 1875. 1. 208.

à titre particulier, lorsque leurs titres d'acquisition ou constitutifs d'hypothèque sont postérieurs à l'introduction des instances liées avec leur auteur, ou ne sont devenus efficaces à l'égard des tiers que depuis cette époque ; — le garant simple ou formel; les codébiteurs tenus d'une dette solidaire ou indivisible ; — la caution ; la personne responsable du fait d'autrui, etc.

Ces *ayants cause* jouissent du moyen *préventif*, l'*intervention*. Ils peuvent substituer leur surveillance personnelle à la sollicitude douteuse ou maladroite de leur cointéressé, en intervenant et se plaçant à ses côtés dans l'instance. Cette intervention est qualifiée *conservatoire :* elle a pour but de protéger l'intérêt déjà litigieux entre les plaideurs primitifs.

Ces *ayants cause*, représentés dans l'instance par les plaideurs, profiteront du jugement rendu en faveur de la partie à laquelle les rattache un lien de droit : mais en revanche ils ne pourront jamais repousser par une fin de non recevoir l'autorité de la chose jugée avec leur auteur, leur réprésentant. Ils auront seulement, à titre de moyens *réparateurs* et à raison de la confusion qui s'opère entre le représentant et le représenté, le droit d'attaquer, du chef de la partie qui les représente et dans les délais impartis à celle-ci, par la voie de l'opposition, de l'appel, de la requête civile ou du pourvoi en cassation, le jugement préjudiciable à leurs intérêts communs. (C. civ., art. 1166.)

Exceptionnellement, au cas de fraude ou de collusion de leur représentant, ils pourront agir en leur nom personnel, invoquer un droit à eux propre et attaquer le jugement par la voie de la tierce opposition. (C. civ., art. 1167 et Pr. civ., art. 474). Mais alors ils rentrent dans la catégorie des *tiers ;* car ils n'ont pas été représentés par celui qui a colludé contre eux. — L'instance en partage présente cette particularité que les créanciers ont seulement le droit d'intervenir, jamais d'attaquer par tierce opposition le jugement qui l'a consommée. (C. civ,. art. 882). En outre, le droit d'intervention des créanciers, n'étant qu'une application du principe de l'article 1166 du Code civil, ne pourra être exercé, lorsqu'il s'agira de droits exclusivement attachés à la personne du débiteur ; ainsi les créanciers ne peuvent intervenir dans une instance en nullité de mariage ou en séparation de corps.

En résumé, l'intervention est un moyen préventif commun, que la loi offre également aux tiers et aux ayants cause. Mais il a pour ceux-ci une valeur et une importance spéciales; car ils ne peuvent user des moyens *réparateurs*, fin de non recevoir et tierce opposition, auxquels les *tiers* peuvent recourir.

1144. L'intervenant peut prendre part au débat : 1° dans son *intérêt exclusif* et par conséquent à la fois contre le demandeur et le défendeur. *Exemple :* Paul revendique comme sien un immeuble dont Jacques et Jules, déjà engagés dans l'instance, se disputent la propriété. Paul est à la fois demandeur en intervention et demandeur au fond ; — 2° au profit du *défendeur* contre le demandeur. *Exemple :* Jean revendique contre Pierre l'immeuble vendu par Louis. Celui-ci vient unir ses efforts à ceux de Pierre pour faire rejeter la demande et éviter le recours en garantie que Pierre pourrait exercer contre lui en cas d'éviction ; — 3° au profit du *demandeur* contre le défendeur. *Exemple :* Louis, en vendant un fonds à Pierre, lui a déclaré qu'une servitude active existait au profit de cet immeuble sur un fonds voisin. Le propriétaire du fonds servant s'opposant à l'exercice de la servitude dont il nie l'existence, Pierre a formé une demande contre lui. Louis intervient au procès et s'associe à la demande de Pierre. Il y a intérêt, car Pierre succombant exercerait contre lui un recours en garantie. — Dans les deux dernières hypothèses, l'intervenant peut prendre le lieu et la place de celui des plaideurs auxquels il doit garantie. (V. n° 1030.)

1182. Effets de l'intervention. — 1° L'intervention entraîne nécessairement prorogation de la juridiction du tribunal, quand l'intervenant agit dans l'intérêt du défendeur : défendeur lui-même quant au fond du litige, il sera jugé par un tribunal autre que celui de son domicile.

2° L'intervenant pourra interjeter appel, de son propre chef, contre la sentence rendue par le juge, malgré le silence gardé par la partie dans l'intérêt de laquelle il est intervenu en première instance.

3° L'intervention est-elle admise par le tribunal, la cause de l'intervenant se lie à la cause primitive et principale. Le jugement définitif est commun à toutes parties, bien que l'intervenant n'ait pas pris de conclusions spéciales. Il ne pourra plus, ni décliner l'autorité de la chose jugée, ni attaquer la sentence par la voie de la tierce opposition. Il est réduit aux seules voies de recours ouvertes aux parties, l'appel, la requête civile, le pourvoi en cassation.

4° La demande en intervention ne peut retarder le jugement de la demande principale, quand la cause est *en état* (Pr. civ., art. 340). Une affaire est en état quand les conclusions ont été contradictoirement prises à l'audience (Pr. civ., art. 343). A partir de ce moment l'intervention est encore recevable : mais elle ne doit point retarder la prononciation du jugement. Comme le disait Rodier sur l'Ordonnance de 1667, l'intervenant doit *venir prêt*, accepter la cause dans l'état où elle se trouve lorsqu'il se présente à l'audience. Sous l'impression du souvenir de l'abus des *interventions mendiées*, les rédacteurs du Code n'ont pas voulu que la demande de l'intervenant pût retarder le jugement sur la demande originaire. Si l'affaire est en état, l'intervenant doit conclure et être prêt à plaider immédiatement sur la demande en intervention et sur le fond. Mais les autres parties peuvent réclamer l'octroi d'un délai pour préparer leur réponse aux conclusions de l'intervenant. Elles ne peuvent se plaindre du retard sollicité par elles-mêmes. Si l'œuvre des parties était achevée, les débats clos, le ministère public entendu, la demande en intervention serait tardive et irrecevable.

L'intervenant a-t-il la faculté de réclamer l'emploi d'un nouveau mode d'instruction, de demander l'ouverture d'une enquête, par exemple ? Incontestablement, si l'intervention se produit avant tout jugement interlocutoire. Cette demande n'entraîne aucun retard, l'affaire n'étant pas encore instruite. — Mais si une enquête a déjà eu lieu entre parties en cause, l'intervenant peut-il en solliciter une nouvelle ? La doctrine, à l'unanimité, répond négativement quand l'intervention est *conservatoire :* sinon, en faisant intervenir une tierce personne, les parties auraient un moyen commode d'éluder les règles relatives aux enquêtes et d'en prolonger à leur gré la durée. — Quand l'intervention est *agressive*, l'intervenant agissant dans un intérêt distinct de ceux des plaideurs originaires, Covarruvias et Bornier dans l'ancien droit (1), quelques auteurs, sous la loi actuelle, admettent l'intervenant à faire entendre de nouveaux témoins. — Cette opinion nous paraît inconciliable avec la disposition de l'article 340, Pr. civ. C'est faire rétrograder l'instance que permettre à l'intervenant de faire différer le jugement définitif pour précéder à une nouvelle instruction. Covarruvias était logique ; car il admettait que la cause de l'intervenant devait

(1) Covarruvias. *Pract. quæst. cap.* 13. — Bornier, *sur l'Ordon. de* 1667' *tit.* XI, *art.* 28.

être examinée séparément et décidée par un jugement distinct. La loi moderne a, au contraire, admis le principe du droit canonique, voulant que la cause de l'intervenant soit jointe dans tous les cas à la cause principale et jugée avec elle. Si l'instruction de la demande en intervention nécessite quelque délai, alors que la demande originaire est instruite et prête à recevoir jugement, l'intervention a manqué son but. Le tribunal doit s'en dessaisir et renvoyer l'intervenant à se pourvoir devant qui de droit, par voie d'action principale.

5° La règle de l'article 130 Pr. civ., relative aux *dépens*, ne s'applique, en matière d'intervention, que sous le bénéfice d'une distinction. — L'intervention est *agressive*. L'intervenant se trouve dans la position d'un demandeur ordinaire, puisque ses intérêts n'avaient pas de représentant dans l'instance. Triomphe-t-il, il doit obtenir les dépens contre la partie qui succombe. — L'intervention *conservatoire* est une faveur, une satisfaction accordée à la susceptibilité d'un intéressé, qui veut lui-même veiller à la conservation de ses droits. Il était déjà représenté dans l'instance. Sa présence au procès ne doit pas plus engendrer une augmentation de frais au préjudice des parties principales, qu'elle ne peut être une cause de lenteurs. Cet intervenant supportera donc les frais nécessités par son intervention, ceux des actes par lui signifiés et ceux des actes à lui signifiés. Son obligation ne varie pas, soit que la partie dont l'intérêt s'identifie avec le sien gagne le procès, soit qu'elle succombe. — Cette règle est expressément consacrée par l'article 882 du Code civil pour le cas où l'intervention conservatoire doit être vue avec le plus de faveur : elle doit, par *à fortiori*, être appliquée aux autres cas.

Mais rappelons qu'en cas de garantie formelle, si le garant prend *le fait et la cause* du garanti, il devient partie principale dans l'instance, profite des avantages et subit les inconvénients de ce rôle. (V. n° 1030.)

1183. Formes de l'intervention. — Distinguons selon que l'instance est contradictoire ou par défaut faute de comparaître. 1° Elle est contradictoire. La partie qui veut former une intervention constitue un avoué. L'avoué rédige une requête dans laquelle il développe *l'objet et les moyens* de l'intervention. Cet avoué notifie ensuite, par un même acte, aux avoués des parties en cause sa constitution, la requête rédigée au nom de l'intervenant et la copie des pièces qu'il entend produire à l'appui de l'intervention. — La loi prescrit seulement la mention dans la requête des conclusions de l'intervenant et des moyens de l'intervention : mais cette requête, ayant pour but d'introduire une tierce personne dans l'instance, équivaut à un exploit et doit contenir toutes les mentions essentielles à la validité d'un exploit, relatives aux nom, prénoms, profession, domicile de l'intervenant ou des parties en cause. (V. n° 696 — Pr. civ., art. 339. Tarif. art. 75). — Les parties, qui reçoivent copie de la requête en intervention, peuvent y répondre par une requête également grossoyée. — L'intervenant pourrait faire signifier, au lieu d'une requête grossoyée, un simple acte de conclusions d'avoué à avoué, pourvu que cet acte contînt les mentions indiquées ci-dessus. — Mais l'intervention ne saurait avoir lieu à l'audience.

Il n'est pas permis, dans la procédure ordinaire, de se faire représenter à la barre, sans s'être introduit dans le procès par un acte en forme et signifié à l'avance.

2° Le défendeur principal a fait défaut faute de comparaître. On ne peut signifier une requête à un avoué inconnu. Vis-à-vis de ce défendeur, l'intervenant devra procéder en forme d'exploit signifié à la personne ou au domicile de ce défendeur. C'est la marche que la loi trace en matière de saisie immobilière : c'est la seule rationnelle. (Pr. civ., art. 718.)

1184. Jugement de l'intervention. — L'intervention, non contestée par les parties en cause, est de plein droit jointe au fond du litige. Le tribunal statue sur le tout par un seul et même jugement. — L'intervention est-elle contestée par l'une des parties en cause, le tribunal doit examiner, au préalable, si elle est recevable. S'il l'admet, il la joint au fond par un jugement de jonction. Mais si l'affaire principale est en état de recevoir jugement, la question de l'admissibilité de l'intervention se plaide en même temps que le fond; un seul jugement prononce sur le tout.

Dans les affaires qui s'instruisent par écrit, la question de recevabilité de l'intervention, si elle est contestée, est portée à l'audience. Si elle est admise, le tribunal rend un jugement de jonction : l'intervention est unie au fond.

SECTION V. — **Intervention forcée ou action en déclaration de jugement commun.**

1185. La demande en déclaration de jugement commun est celle par laquelle l'une des parties engagées au procès y appelle un tiers qui aurait droit, s'il n'y était point appelé, d'attaquer plus tard le jugement à venir par la voie de la tierce opposition, ou d'en décliner l'autorité à l'aide d'une fin de non-recevoir. Cette partie veut que la décision du litige soit rendue contre le tiers qu'elle met en cause, en même temps que contre son adversaire, à raison de la communauté ou de l'identité d'intérêts existant entre ces deux personnes. *Exemple :* Paul revendique un immeuble contre Pierre. Au cours du procès, il s'aperçoit que cet immeuble est indivis entre Pierre et Jacques. Il appelle ce dernier en cause et demande que le jugement à intervenir soit rendu tant contre Jacques que contre Pierre. L'intérêt qu'a Paul à faire intervenir Jacques est évident.

Le Code de procédure est muet sur l'*intervention forcée :* les règles générales suffisent.

La demande en déclaration de jugement commun est *principale,* mais *incidente :* elle n'est pas soumise au préliminaire de conciliation. (Pr. civ., art., 48 et 49.)

Le tiers appelé, étant encore étranger au procès, doit être assigné par exploit d'ajournement et devant le tribunal saisi du litige, quoiqu'il ne soit pas celui du domicile de cet intervenant forcé. (Pr. civ., art. 59 et 61.)

L'intervention forcée peut retarder la décision au fond sur la demande principale, quoique l'affaire soit en état. On ne peut reprocher à l'intervenant la tardiveté de son intervention. Il doit avoir le temps de préparer et de rassembler ses moyens de défense.

A l'égard de cet intervenant, qui n'est qu'un défendeur ordinaire, les dépens se régleront conformément à l'article 130, Pr. civ.

QUATRIÈME CLASSE

INCIDENTS RELATIFS A LA DÉSIGNATION DE LA JURIDICTION COMPÉTENTE OU A LA COMPOSITION DU TRIBUNAL

Une nouvelle nature d'incidents peut se présenter dans le cours d'un procès. Il s'agit de déterminer par un *règlement de juges* quel est le tribunal compétent pour connaître de l'affaire, — de dessaisir par *un renvoi à un autre tribunal*, un tribunal compétent dont l'impartialité devient suspecte à raison de certaines circonstances, ou de *récuser*, pour des motifs semblables, isolément, un ou plusieurs membres du tribunal.

CHAPITRE PREMIER

RÈGLEMENT DE JUGES

(Liv. II, tit. XIX, art. 363 a 367)

Sommaire. — Diverses espèces de conflits. 1re section. Cas où il y a lieu à règlement de juges. — Conflit positif. — Conflit négatif. — Rejet d'un déclinatoire. — Suppression d'un tribunal. — 2e section. Juridiction compétente. — 3e section. Mode de procéder et jugement.

1186. La demande en règlement de juges a pour but de provoquer une décision, par laquelle un tribunal supérieur détermine lequel de plusieurs tribunaux devra juger un litige. Le règlement de juges suppose une contestation ou une incertitude sur la question de savoir lequel de plusieurs tribunaux devra connaître d'une affaire. Cette contestation ou incertitude est un *conflit*.

Il y a deux sortes de conflits : le conflit d'*attributions* et le conflit de *juridiction*.

Il y a *conflit d'attributions*, lorsque l'incertitude existe entre un tribunal de l'ordre judiciaire et un tribunal de l'ordre administratif. Le règlement de ce conflit appartient à un tribunal spécial, le *Tribunal des conflits*. (V. n° 72.)

Il y a *conflit de juridiction*, lorsque l'incertitude existe entre deux tribunaux de l'ordre judiciaire.

Ce conflit peut s'élever, soit entre plusieurs tribunaux de paix, soit entre plusieurs tribunaux de première instance, soit entre plusieurs tribunaux de commerce, soit entre un tribunal de commerce et un tribunal civil, soit entre plusieurs cours d'appel. — Faut-il que les deux tribunaux soient au même degré de juridiction? La Cour de cassation, le 11 mars 1872, a pensé qu'il devait en être ainsi pour qu'il y ait lieu à règlement de juges. Mais cette règle n'est écrite nulle part dans la loi et un conflit peut bien se produire entre une cour d'appel et un tribunal ressortissant à une autre cour d'appel, ou entre un tribunal de paix et un tribunal civil.

Le conflit de juridiction peut être positif ou négatif : *positif*, lorsque deux tribunaux saisis de la même affaire se déclarent l'un et l'autre compétents ; *négatif*, quand les deux tribunaux se déclarent incompétents tous les deux. Mais il n'est pas nécessaire, pour l'existence du conflit, qu'il soit intervenu de la part des tribunaux saisis une déclaration sur leur compétence. Il y a conflit dès que concourent les conditions suivantes.

1° Un différend doit être porté devant plusieurs tribunaux ; mais il suffit qu'ils soient saisis par exploits d'ajournement. — 2° La procédure doit être encore pendante devant ces tribunaux. Si les deux tribunaux ont statué au fond, ou bien leurs décisions sont identiques et alors ni l'intérêt des parties ni l'ordre public n'ont à en souffrir ; ou bien elles sont contraires et on doit se pourvoir conformément à l'article 504, Pr. civ. Si un seul des tribunaux a statué sur le fond et que le jugement ait force de chose jugée, la chose jugée est opposable devant l'autre tribunal (1). Le jugement est-il encore susceptible d'appel, il n'y a pas lieu de demander des juges à la juridiction supérieure. Les parties doivent interjeter appel. — 3° Les tribunaux saisis doivent être français. Nous avons déjà reconnu

(1) Req. 7 mai 1878 (Sir. 1880. 1. 456).

qu'il ne peut y avoir litispendance entre un tribunal français et un tribunal étranger. (V. n° 999). En outre, il est impossible de trouver une juridiction supérieure qui puisse vider le conflit entre des juges appartenant à différentes nations. On ne peut empêcher le tribunal étranger de connaître du litige, sauf toutefois à ne pas autoriser l'exécution de sa sentence en France. (Cod. civ., art. 2123. — Pr. civ., art. 546.) — 4° Le différend dont sont saisis les tribunaux français doit être le même, ou tout au moins les litiges être *connexes*, être reliés l'un à l'autre par un rapport intime et nécessaire. (V. n° 995.) — Quand ces conditions concourent, il y a conflit, bien qu'aucun tribunal n'ait statué sur sa compétence.

Le *règlement de juges* a pour but de faire cesser ce conflit de juridiction, ou même de le prévenir. — Voyons dans quels cas ce règlement peut être provoqué, quelle est la juridiction qui doit statuer en cette matière, quelle est la procédure à suivre.

SECTION I. — **Cas où il y a lieu à règlement de juges.**

1187. Ces cas ne sont point fixés par le Code de procédure. Ses rédacteurs ne se sont occupés en cette matière que des formes et de la compétence. La jurisprudence et la doctrine, s'inspirant des traditions de l'ancien droit et des nécessités de la pratique, ont dû déterminer ces différents cas.

1er *Cas. Conflit positif. Exemples:* Un créancier a deux débiteurs solidaires. Il les assigne chacun devant le tribunal de leur domicile respectif. La même question est soumise à deux tribunaux également compétents. Deux partis sont offerts aux défendeurs. Chacun d'eux peut accepter la juridiction du tribunal devant lequel il a été appelé : mais on s'expose à voir deux sentences être rendues en sens contraire sur un même litige. On devra recourir à l'appel pour faire réformer l'une d'elles, si elles sont en premier ressort, ou, dans l'hypothèse contraire, s'adresser à la Cour de cassation. (Pr. civ., art. 504.) Que de frais ! que de temps perdu ! N'est-il pas plus rationnel de recourir au deuxième parti, de réclamer que les deux demandes soient portées devant le même tribunal et qu'il soit statué sur elles par un seul et même jugement ? Chacun des défendeurs a le droit de recourir à un tribunal supérieur pour faire *régler* lequel des juges saisis connaîtra de l'affaire.

Un débiteur est assigné par son créancier devant le tribunal de son domicile réel. Le créancier meurt. L'héritier, ignorant la demande déjà formée, réassigne le même débiteur devant le juge du domicile *élu* dans la convention génératrice de l'obligation. Le même défendeur est assigné deux fois pour le même objet devant deux tribunaux, que peut-il faire ? Il peut à son choix opposer devant le tribunal, saisi le dernier, l'exception de litispendance, ou prendre directement la voie du règlement de juges. Le défendeur a-t-il invoqué la litispendance, le tribunal peut avoir fait droit à son exception ou l'avoir rejetée; dans ce second cas, le défendeur pourra essayer de faire adopter la même exception de litispendance par le tribunal saisi le premier du litige, ou former une demande en règlement de juges. — Si le tribunal rejette l'exception et refuse de se dessaisir, il ne reste plus au défendeur que la voie du règlement de juges.

Une option semblable est offerte au défendeur au cas de connexité : les choses se passeront de même.

2e *Cas. Conflit négatif.* — Deux ou plusieurs tribunaux, saisis d'une même contestation ou de contestations connexes, ont refusé d'en connaître par des jugements passés en force de chose jugée, et l'un au moins de ces tribunaux était compétent. Il y a conflit négatif. — La partie, dont la demande a été ainsi deux fois écartée pour cause d'incompétence, doit d'abord recourir à l'appel ou au pourvoi en cassation, si ces voies lui sont ouvertes et les délais pour y recourir non expirés. — Mais si les jugements rendus sur la compétence sont irrévocables ou passés en force de chose jugée, le droit d'agir en règlement de juges doit être reconnu au défendeur. Sinon, toute action judiciaire lui serait refusée et il résulterait de ces avant-dire droit un perpétuel déni de justice.

3e *Cas. Rejet d'un déclinatoire tendant à obtenir renvoi devant un tribunal du ressort d'une autre cour.* — Un conflit positif ou négatif suppose toujours un différend porté devant plusieurs tribunaux.

L'ordonnance de 1737, tit. II, art. 19 et 20, autorisait la demande en règlement par cela seul qu'une partie, réclamant son renvoi devant un tribunal d'un autre ressort, avait été déboutée du déclinatoire par elle proposé. La jurisprudence de la Cour suprême, fidèle aux errements de l'ordonnance de 1737, autorise dans ce cas le défendeur à se pourvoir devant elle en règlement de juges (1). Cette faculté est rationnelle.

La refuse-t-on au défendeur, il est alors, après avoir fait infirmer par la cour d'appel le jugement rejetant le déclinatoire, obligé d'attendre une poursuite introduite dans un nouveau ressort, pour interjeter peut-être un second appel, afin de se faire juger dans un troisième ressort. Voilà bien des complications. N'est-il pas plus simple de se pourvoir devant le juge commun de ces divers ressorts, devant la Cour de cassation ? — Si le tribunal, dont la compétence est invoquée, se trouve compris dans le ressort de la Cour d'appel à laquelle ressortit le tribunal saisi, il n'y a pas lieu à règlement de juges (2) : il suffit d'interjeter devant cette cour appel du jugement rejetant le déclinatoire.

Remarquons que, si, postérieurement au déclinatoire, jugement contradictoire avait été rendu sur le fond du litige, il ne pourrait plus être question de règlement de juges. Le jugement sur la compétence aurait été exécuté et la possibilité d'un conflit écartée. La Cour de cassation admet que le défendeur, dont le déclinatoire a été rejeté, peut se pourvoir en règlement de juges, alors même que le tribunal ou la cour a statué sur le fond en même temps que sur la compétence, pourvu que le défendeur n'ait pas conclu au fond ou n'ait pas laissé acquérir à la sentence l'autorité de la chose jugée. Tant que n'est pas expiré le délai pour relever appel du jugement en premier ressort qui a rejeté le déclinatoire, ou le délai du pourvoi en cassation si la décision est en dernier ressort ou s'il s'agit d'un arrêt de Cour d'appel, la partie qui n'a pas conclu au fond peut se pourvoir en règlement de juges (3).

4e CAS. *Suppression d'un tribunal.* — La Cour de cassation admet qu'il y a encore lieu à règlement de juges (nous préférons dire *indication* de juges en cas de suppression d'un tribunal par suite de séparation, de démembrement du territoire français (4). S'il y avait suppression d'un tribunal par mesure législative, la loi de suppression contiendrait une disposition relative aux procès pendants devant le tribunal supprimé.

(1) Cass. 12 décembre 1864 : 13 janvier 1869; 28 juin 1880 : 29 juin 1881; 13 juillet 1881 : 24 avril 1883 (Sir., 1883. 1. 311 et 365).

(2) Req., 20 avril 1868. (D. P. 1869. 1, 60.)

(3) Requêt. 23 février 1876; 17 décembre 1879 : 28 juin 1880; 13 juillet 1881; 8 janvier 1882; 2 août 1882 ; 24 avril 1883 (Sir. 1883. 1. 154 et 311.)

(4) Req., 14 avril 1880. (Sir. 1880. 1. 448.)

SECTION II. — **Juridiction compétente.**

1188. Le principe est que la demande en règlement doit être portée devant le tribunal supérieur, qui exerce la suprématie la plus proche sur chacune et sur toutes les juridictions saisies. L'article 363, Pr. civ., ne fait qu'appliquer cette règle proclamée par l'orateur du Tribunat. — Ce texte ne prévoit pas le cas où le litige est pendant devant des tribunaux d'inégal degré, par exemple devant une justice de paix et un tribunal civil ou de commerce, devant un tribunal civil et une cour. Nous pensons qu'il y a dans ce cas lieu à règlement de juges. Nous appliquerons le même principe et le règlement sera porté devant un tribunal supérieur à chacune des juridictions saisies.

Cette règle est applicable au cas de conflit négatif comme à celui de conflit positif, mais non au troisième cas de règlement de juges, quand l'affaire n'a été portée que devant un seul tribunal, qui a rejeté le déclinatoire proposé. La partie sollicite plutôt une *indication* qu'un règlement de juges. Elle doit, dans ce cas emprunté à l'ordonnance de 1737, suivre la règle posée par cette même ordonnance (art. 419 et suiv.) et s'adresser à la Cour de cassation, qui a remplacé l'ancien conseil des parties.

SECTION III. — **Mode de procéder et jugement.**

1189. La procédure de règlement de juges varie, selon qu'elle a lieu devant un tribunal ou une cour d'appel, ou devant la Cour de cassation. Dans ce dernier cas, on suit les formalités prescrites par l'ordonnance de 1737 et c'est à la chambre des requêtes que la demande doit être portée ; occupons-nous seulement des demandes formées devant un tribunal ou devant une cour d'appel.

Une demande en règlement de juges ne peut être introduite *de plano*. Elle soulève de délicates questions de compétence et d'organisation judiciaire qu'on ne doit pas laisser inutilement discuter; aussi la partie demanderesse doit-elle d'abord adresser à la juridiction supérieure compétente une requête afin d'obtenir la permission d'assigner en règlement de juges (Pr. civ., art 364). Cette requête, qu'on peut ne pas communiquer à l'adversaire, est remise au greffe ou entre les mains du président. Il en est fait rapport à l'audience et le jugement ou arrêt est rendu sur les conclusions du ministère public (Pr. civ., art. 83, 4°).

Les termes de l'article 364, *il sera rendu jugement*, ne doivent pas être entendus à la lettre; sinon l'examen préalable serait une inutilité. Le tribunal ou la cour examine l'existence de la litispendance ou de la connexité, ne se prononce qu'en connaissance de cause et, si la demande lui paraît sans fondement, n'autorise pas une procédure qui ne saurait aboutir.

Quand le conflit est *positif*, le tribunal peut, en accordant la permission d'assigner en règlement, ordonner qu'il sera sursis à toute procédure devant les tribunaux saisis. S'il déclare que toutes choses demeureront en état, les poursuites faites par le demandeur en règlement depuis le jugement seront nulles; il ne peut se contredire en continuant des poursuites dont il a demandé la suspension. Les poursuites faites par le défendeur ne seront nulles, qu'à dater de la signification du jugement.

La permission d'assigner une fois accordée, le demandeur lève le jugement ou l'arrêt, le signifie et assigne les autres parties au domicile de leurs avoués. — Cette signification et l'assignation qui l'accompagne doivent être faites dans la quinzaine qui suit le jugement; sinon la demande en règlement tombe de plein droit. Le tribunal saisi par le défendeur en règlement retient alors définitivement l'affaire. Les poursuites sont continuées devant lui. (Pr. civ., art. 365 et 366.) — Pour l'application de cette règle, il faut supposer que la même affaire a donné lieu à deux demandes formées par chacune des parties l'une contre l'autre et portées devant deux tribunaux différents. Mais cette règle ne peut recevoir d'application, ni dans le cas de conflit négatif, puisque les deux tribunaux se sont tous deux dessaisis, ni dans le cas où la même partie est défenderesse devant deux tribunaux différents; il est impossible de savoir devant lequel des deux tribunaux les poursuites devront être continuées. — Dans l'un et l'autre cas, le conflit subsistant, le demandeur peut de nouveau requérir permission d'assigner.

Le défendeur assigné a, pour comparaître devant la juridiction compétente, le délai ordinaire des ajournements augmenté à raison de la distance calculée d'après le domicile respectif des avoués.

L'instance en règlement de juges constitue une instance particulière, distincte des instances principales, instruite et jugée en la forme ordinaire, quand même le fond du procès serait sommaire. La matière intéressant l'ordre des juridictions, le ministère public doit être entendu.

1190. — Le contenu du jugement rendu sur la demande en règlement de juges varie selon les circonstances. — La demande est-elle repoussée, parce que le conflit allégué n'est pas prouvé, le demandeur est condamné aux dépens et en outre à des dommages-intérêts envers les autres parties, si sa demande en règlement leur a causé quelque préjudice, par exemple a retardé le jugement d'une affaire urgente. (Pr. civ., art. 367.)

Le conflit est-il établi, distinguons entre plusieurs hypothèses. — Au cas de conflit *négatif*, le jugement ou arrêt qui statue sur le règlement doit indiquer celle des juridictions, qui, compétente, s'est mal à propos dessaisie et devant laquelle le procès doit être de nouveau porté. Les dépens seront, selon les circonstances, ou réservés jusqu'à la solution définitive du litige, par exemple dans le cas où le tribunal compétent s'était dessaisi d'office, ou laissés en tout ou en partie à la charge du demandeur ou du défendeur en règlement, selon que l'un ou l'autre aura mal à propos décliné la juridiction du juge compétent.

Le règlement a-t-il pour cause un conflit *positif*, trois cas peuvent se présenter. — 1er *cas*. Les deux juridictions étaient compétentes. Quelques auteurs pensent qu'au cas de litispendance, le procès doit être renvoyé devant la juridiction qui avait été la première saisie. La Cour de cassation pense qu'elle est entièrement libre d'apprécier devant quel tribunal le renvoi sera plus avantageux pour les parties en cause (1). Quant aux dépens, même solution qu'en cas de conflit négatif. — 2e *cas*. L'une des juridictions était seule compétente ; l'autre était incompétente *ratione materiæ*, ou son incompétence *ratione personæ* n'avait pas été couverte. Le procès doit rester devant la première juridiction. Tous les actes accomplis devant l'autre sont annulés et les frais exposés devant cette juridiction, comme ceux du règlement de juges, doivent être mis à la charge de la partie qui l'avait saisie. — 3e *cas*. Aucune des juridictions saisies n'était compétente et l'incompétence d'aucune d'elles n'a été couverte. Il n'y a lieu ni à renvoi, ni à règlement dans le sens propre du mot. Les

(1) Req., 6 décembre 1875. (Sir. 1876. 1. 165.)

procédures faites devant les deux juridictions doivent être déclarées nulles. Chacune des parties doit être condamnée aux dépens exposés devant la juridiction qu'elle a indûment saisie, et les dépens de l'instance en règlement supportés par les deux plaideurs.

Par quelles voies de recours le jugement ou l'arrêt statuant sur le règlement de juges peut-il être attaqué ? La loi est muette : les règles ordinaires et générales conservent leur empire.

CHAPITRE II

RENVOI A UN AUTRE TRIBUNAL

(LIV. II, TIT. XX ART. 368 A 377.)

SOMMAIRE. — Causes de renvoi. — Suspicion légitime. — Sûreté publique. — Insuffisance du nombre des juges ou des avoués. — Parenté ou alliance. — Procédure à suivre. — Effets du renvoi.

1191. Le renvoi est l'acte par lequel un tribunal, bien que compétent pour connaître d'une affaire qui a été portée devant lui, s'en dessaisit et la renvoie devant un autre tribunal qu'il indique.

Le renvoi peut être demandé pour quatre causes.

1re CAUSE. — SUSPICION LÉGITIME. — Cette cause résulte de la loi du 27 ventôse an VIII, art. 65. Le renvoi peut être demandé par toute partie intéressée : devant la Cour d'appel, quand le procès est pendant devant un tribunal inférieur ; devant la Chambre des requêtes de la Cour de cassation, quand le litige est pendant devant une Cour d'appel. Les juges de la demande en renvoi sont investis d'un souverain pouvoir d'appréciation.

Trois opinions se sont produites sur le point de savoir quelle procédure doit être suivie, lorsqu'une Cour d'appel est saisie d'une demande en renvoi. D'après la première, cette demande est soumise aux formes prescrites par les articles 363 et 364, Pr. civ., pour les demandes en règlement de juges. D'après la seconde, c'est conformément aux articles 384 et s., Pr. civ. ; sur les récusations que la demande doit être instruite et jugée. Avec la troisième opinion, nous pensons qu'il faut observer les dispositions de l'article 370.

Pr. civ., sur les renvois pour cause de parenté. Mais, dans le silence de la loi, il est impossible de déclarer la demande irrecevable, quelle que soit celle des trois procédures qui aura été suivie par les parties.

2e CAUSE. — SURETÉ PUBLIQUE. — Le renvoi pour cette cause ne peut être réclamé par les parties intéressées, mais seulement par le procureur général près la Cour de cassation. (Loi du 27 ventôse an VIII, art. 79.) Les parties n'ont d'autre diligence à faire que de dénoncer les faits au procureur général.

3e CAUSE. — INSUFFISANCE DU NOMBRE DES JUGES OU DES AVOUÉS. — Quand un tribunal se trouve accidentellement dépourvu, par suite de récusations par exemple, du nombre de juges indispensable pour rendre une décision, ou quand il n'existe pas un assez grand nombre d'avoués pour représenter toutes les parties ayant des intérêts opposés, il y a lieu à renvoi. — La demande doit être présentée à la Cour d'appel, lorsqu'un tribunal d'arrondissement se trouve hors d'état de fonctionner ; à la Cour de cassation, quand une Cour d'appel se trouve dans cette position. Le tribunal ou la Cour d'appel ne pourraient pas plus se constituer pour juger l'incident qu'ils ne le peuvent à l'égard du fond. En outre la faculté pour un tribunal ou une cour de saisir par voie d'autorité une juridiction du même degré est exorbitante du droit commun et doit être restreinte au seul cas de renvoi pour parenté ou alliance. Il faut saisir la juridiction immédiatement supérieure.

4e CAUSE. — PARENTÉ OU ALLIANCE. — Cette cause est la seule dont s'occupe le Code de procédure civile. Bien que les juges parents ou alliés de l'une des parties puissent être individuellement récusés, néanmoins, lorsqu'il s'en trouve un certain nombre dans un même tribunal, on craint que, même sans siéger dans la cause, ils n'exercent une influence fâcheuse sur leurs collègues. La loi autorise l'autre partie à demander le renvoi de l'affaire à un autre tribunal.

Le renvoi peut être demandé uniquement par celle des parties dont l'adversaire a, parmi les juges, deux parents ou alliés jusqu'au degré de cousin issu de germain inclusivement. Si l'adversaire siège lui-même comme juge, il suffit alors qu'il ait, parmi les autres juges, un parent ou allié au degré indiqué.

La partie assignée devant une cour d'appel ne peut recourir au renvoi qu'autant que son adversaire compte trois parents ou alliés au degré indiqué parmi les juges de la cour, ou deux parents ou alliés lorsque lui-même en est membre.

L'expression *juges* embrasse tous les juges du tribunal, sans distinguer entre les juges *titulaires* et les juges *suppléants*, encore qu'ils appartiennent à des chambres différentes. — Les magistrats du ministère public, les greffiers, quoique faisant partie du tribunal, ne sont pas des juges. Leur parenté ou leur alliance avec l'une des parties ne sera pas prise en considération.

La parenté ou l'alliance du juge avec l'une des parties est une cause de récusation proposable par chacun des plaideurs. Le juge est suspect de partialité, à l'un à raison de la haine, à l'autre à raison de l'affection portée à son parent. Au contraire, le renvoi ne peut être demandé que par l'adversaire de la partie avec laquelle existe la parenté ou l'alliance. La loi a pensé que la haine que le juge récusé peut porter à son parent se communique moins aisément que l'affection et qu'elle garantit les collègues contre d'indiscrètes sollicitations. L'affection est seule à craindre.

Le renvoi peut être demandé par la partie qui a saisi le tribunal, comme par le défendeur; car pareille demande ne saurait être formulée avant l'introduction de l'instance. — Il peut l'être par un intervenant volontaire ou forcé.

1192. Le renvoi est demandé au tribunal même saisi de l'affaire principale ; mais, bien entendu, les juges dont la parenté ou l'alliance sert de fondement au renvoi réclamé ne peuvent concourir au jugement à intervenir. S'il ne reste plus assez de juges titulaires ou suppléants pour composer légalement le tribunal, on doit s'adresser à la juridiction immédiatement supérieure, qui désignera, dans son ressort, un autre tribunal pour connaître du procès.

Le renvoi peut être demandé tant que la plaidoirie n'est pas commencée, ou, si l'affaire s'instruit par écrit, tant que l'instruction n'est pas achevée ou que les délais ne sont point expirés. Le renvoi peut même être réclamé après l'époque fixée par l'article 369, Pr. civ., si l'alliance n'a été contractée que postérieurement à cette époque.

1193. La demande ne peut être formée que par la partie elle-même ou par un mandataire muni d'un pouvoir spécial et authentique. Le mandat *ad litem* donné à son avoué est insuffisant. — La partie, ou son mandataire, fait une déclaration au greffe et signe cet acte dressé par le greffier et contenant l'indication des moyens justifiant le renvoi demandé. Si le plaideur se présente lui-même ou par un mandataire autre que son avoué, celui-ci doit assister le déclarant. (Pr. civ., art. 370.)

Le greffier remet une expédition de l'acte au président du tribunal. On y joint les pièces justificatives de la parenté ou de l'alliance pouvant donner lieu au renvoi, les extraits des actes de l'état civil, etc.

1194. Le tribunal, avant de prononcer le renvoi, rend un jugement préparatoire par lequel il ordonne : 1° la communication aux juges à raison desquels le renvoi est demandé pour faire, dans un délai fixe, leur déclaration au bas de l'expédition du jugement; 2° la communication au ministère public; 3° le rapport, à jour indiqué, par l'un des juges nommés par ledit jugement. Ce jugement est signifié par le greffier aux juges désignés comme parents ou alliés. (Pr. civ., art. 371.)

Le renvoi entraînant changement, non seulement dans le personnel du tribunal, mais dans le tribunal appelé à connaître de l'affaire, doit, à la différence de la récusation, être débattu contradictoirement avec la partie adverse. Il faut notifier à cette partie l'expédition de l'acte à fin de renvoi, les pièces y annexées, et le jugement rendu par le tribunal. (Pr. civ., art. 372.)

Cette notification a lieu par acte d'avoué à avoué, ou si la partie n'a pas constitué avoué, par exploit d'huissier à personne ou à domicile.

1195. Au jour d'audience fixé par le jugement préparatoire, le tribunal, le juge rapporteur, les parties et le ministère public entendus, rend un jugement définitif. — Si les causes de la demande en renvoi ne sont pas justifiées, il rejette la demande et reste saisi. — Les causes sont-elles reconnues ou contestées, sont-elles prouvées, le tribunal se dessaisit de l'affaire, la renvoie devant un autre tribunal ressortissant à la même Cour d'appel, ou quand une cour d'appel statue, devant l'une des trois cours les plus voisines. — Devant ce tribunal ou devant cette cour, l'affaire est portée par simple assignation et la procédure est continuée sur les derniers errements. (Pr. civ., art. 373 et 375.)

Le jugement sur une demande en renvoi est susceptible d'appel, si minime que soit l'intérêt pécuniaire engagé au procès. L'appel est suspensif et est soumis aux dispositions des articles 392, 393, 394, 395, relatifs à la récusation. (Pr. civ., art. 376 et 377.) — L'arrêt rendu en matière de renvoi ne peut être attaqué que par la voie du recours en cassation ou de la requête civile, s'il présente, d'après les règles générales, quelque ouverture à ces voies extraordinaires.

Demander le renvoi, c'est vouloir distraire la partie adverse de ses juges naturels. Alléguer mal à propos la parenté ou l'alliance des juges est une faute; le demandeur qui succombe dans sa demande en renvoi doit être condamné à une amende de cinquante francs, aux dépens de l'incident, et en outre, s'il y a lieu, à des dommages-intérêts envers l'autre partie. (Pr. civ., art. 374.)

CHAPITRE III

RÉCUSATION

(LIV. II. TIT. XXI. ART. 378 A 396).

SOMMAIRE. — § 1er. Causes de récusation. — § 2. Personnes sujettes à récusation. — § 3. — Délai, procédure et jugement de la récusation. — § 4. Appel et procédure sur l'appel.

1196. La décision du juge ne doit pas seulement être juste : elle ne doit pas même être suspectée. Le magistrat sur son siège doit être à l'abri de tout soupçon de faveur ou de haine. La *récusation* est une demande par laquelle une partie, en instance devant un tribunal dont elle ne conteste point la compétence, tend à écarter un ou plusieurs juges, suspectés par elle de partialité. Dans le *renvoi*, la partie ne se borne pas à repousser tel ou tel juge. Craignant que les autres juges ne se laissent influencer par celui d'entre eux qui lui est suspect, elle récuse le tribunal tout entier et demande à être jugée par un autre tribunal. Dans le cas de *récusation*, elle conclut seulement à l'exclusion de tel ou tel juge; celui-ci une fois écarté, le tribunal reste saisi du litige.

On distingue en droit deux sortes de récusation, l'une *péremptoire*, l'autre *motivée*. La récusation péremptoire est complètement livrée au gré de la partie, qui n'est pas astreinte à indiquer les motifs de sa détermination. Cette récusation n'a lieu aujourd'hui que pour les jurés d'assises ou d'expropriation pour cause d'utilité publique. (C. Ins. crim., art. 399; L. 3 mai 1841, art. 34.)

La récusation *motivée* ne peut être fondée que sur des motifs déterminés et autorisés par la loi : c'est celle dont traite le Code de procédure. Les règles de ce Code doivent être appliquées par analogie à toutes les juridictions, pour lesquelles la loi n'a point édicté de dispositions spéciales.

§ 1er — *Causes de récusation.*

1197. Les causes de récusation pour les juges n'étaient pas limitées sous l'empire de l'ordonnance de 1667. Rodier raconte (sur l'art. 12, tit. XXIV) que les motifs les plus futiles servaient de prétexte pour écarter un juge, dont on craignait peut-être la perspicacité ou les lumières. Aujourd'hui les causes de récusation sont précisées par la loi ; ses dispositions sont limitatives.

Ces causes se rattachent, soit à l'affection, soit à la haine, soit à l'intérêt, soit à l'amour-propre que certaines circonstances font présumer exister chez le magistrat.

L'affection se présume, en premier lieu, à raison des rapports de parenté ou d'alliance qui existent entre le juge et l'une des parties. Le juge peut être récusé : 1° s'il est parent ou allié des parties, ou de l'une d'elles, jusqu'au degré de cousin issu de germain inclusivement ; 2° si la femme du juge est parente ou alliée de l'une des parties, ou si le juge est parent ou allié de la femme de l'une des parties, au degré ci-dessus, lorsque la femme est vivante, ou qu'étant décédée, il en existe des enfants ; si elle est décédée et qu'il n'y ait point d'enfants, le beau père, le gendre, ni les beaux-frères ne pourront être juges. (Pr. civ., art. 378.) Le juge, récusable dans les causes des parents et alliés de sa femme, l'est à plus forte raison dans les causes de sa femme elle-même.

La parenté et l'alliance peuvent être invoquées par les deux parties, alors même que ces relations existeraient vis-à-vis de chacune d'elles. Il est malheureusement trop fréquent de voir des familles divisées en deux camps ennemis.

La récusation cesse d'être fondée, s'il n'existe de liens de parenté ou d'alliance qu'entre le juge et un administrateur chargé des intérêts de l'une de parties. (Pr. civ., art. 379.)

L'affection naît encore de la reconnaissance, des habitudes d'une vie commune, de la bienveillance envers les personnes destinées un jour à nous remplacer. Le juge peut être récusé, s'il est tuteur, subrogé tuteur ou curateur, donataire, maître ou commensal de l'une des parties; si l'un des plaideurs est son héritier présomptif. (Pr. civ., art. 378-7°.)

Certains bons offices exercent une fâcheuse influence sur le commun des hommes. Est récusable le juge qui, depuis le commencement du procès, a bu ou mangé avec l'une ou l'autre des parties dans leur maison, ou reçu d'elle des présents. (Pr. civ., art. 378-8°.)

L'intérêt, direct ou indirect, est aussi une cause de récusation. Le Code n'a pas prévu le cas où le juge se trouverait figurer lui-même au procès : c'était superflu ; il est de toute évidence qu'il ne peut être à la fois juge et partie. — La loi permet de récuser l'administrateur de quelque établissement, société ou direction, partie dans la cause, le juge, héritier présomptif ou donataire de l'une des parties. — La récusation est encore possible si le juge, sa femme, leurs ascendants ou descendants ou alliés dans la même ligne, ont un procès sur pareille question que celle qui s'agite entre parties, si ces personnes ont un procès en leur nom dans un tribunal où l'une des parties est juge, si elles sont créancières ou débitrices de l'une des parties. (Pr. civ., art. 378, 3°, 4° et 7°.)

Passion plus noble, l'amour-propre exerce souvent sur certains esprits une plus vive influence que l'intérêt. Il est une cause de récusation, quand le juge a donné conseil, plaidé ou écrit sur le différend, quand il en a précédemment connu comme juge ou comme arbitre, quand il a sollicité, recommandé ou fourni aux frais du procès, ou a déposé comme témoin. (Pr. civ., art. 378. 8°.) Le juge ne doit point être considéré comme ayant *écrit sur le différend* quand il a traité dans un ouvrage, comme jurisconsulte, une ou plusieurs des questions de droit soulevées par le procès pendant devant le tribunal. Sinon, on se priverait des lumières des magistrats les plus instruits et les plus laborieux.

Après avoir indiqué les circonstances qui pouvaient faire présumer le juge trop favorable à l'une des parties, la loi s'occupe de celles qui peuvent faire croire à des dispositions peu bienveillantes pour l'un des plaideurs. Le Code reproduit un motif bien vague emprunté à l'ordonnance : s'il y a inimitié capitale entre le juge et l'une des parties. Qu'est-ce que l'inimitié capitale? aux juges de le déterminer. Nous comprenons mieux la récusation fondée sur les agressions, injures ou menaces proférées par le magistrat verbalement ou par écrit, depuis l'instance ou, dans les six mois précédant la récusation proposée. (Pr. civ., art. 378-9°.)

Tout procès engendre entre ceux qui y sont engagés et leurs parents ou alliés en ligne directe une irritation souvent voisine de la haine. Ce ressentiment est plus ou moins vif, plus ou moins durable selon qu'il s'agit d'un procès criminel ou d'un procès civil. Mais une des parties ne pourra pas, en intentant un procès civil au juge pendant l'instance même, se créer ainsi par son propre fait un moyen de récusation. (Pr. civ., art. 378, 5° et 6°.)

§ 2. — *Personnes sujettes à récusation.*

1198. Les personnes sujettes à récusation sont : 1° les juges titulaires ou suppléants des tribunaux civils ou de commerce et les membres des cours d'appel ; 2° les avocats ou avoués appelés à compléter le tribunal ; 3° les magistrats du parquet, quand le ministère public est *partie jointe*. Plaide-t-il comme *partie principale*, il n'est pas plus récusable que ne le serait un plaideur ordinaire. (Pr. civ., art. 378 et 381.)

A l'égard des juges de paix et des prud'hommes, les causes et le mode de révocation sont spécialement réglés par les articles 44 et suivants du Code de procédure pour les premiers et pour les seconds par les articles 54 et suivants du décret du 11 juin 1809.

Les prescriptions du règlement de 1738, sur la récusation des membres de l'ancien conseil des parties, sont tombées en desuétude ; la partie qui croirait devoir récuser un membre de la Cour de cassation ne pourrait que s'adresser officieusement au président de la chambre saisie du pourvoi.

Le greffier n'est pas récusable : le président ou le juge commissaire devant signer les jugements et les procès-verbaux, les parties n'ont pas à craindre que le greffier altère la vérité. En outre, la gravité des peines que lui ferait encourir toute altération, tout faux commis dans l'exercice de ses fonctions, sont des garanties suffisantes de la régularité de ses actes.

La récusation a un côté blessant pour la dignité du juge dont on requiert l'abstention. Le magistrat qui se sait récusable ne doit pas attendre la demande de la partie. S'il a quelque souci de la dignité de sa fonction et de sa propre réputation, il doit prévenir la récusation. Il ne peut se récuser de lui-même ; car il ne saurait se dispenser de l'accomplissement de ses devoirs. Il fait connaître à ses collègues, réunis en la chambre du conseil, la cause de récusation qui existe ou qu'il croit exister en sa personne. Les autres membres du tribunal estiment-ils que le scrupule est exagéré et que le juge doit siéger, celui-ci est tenu d'obéir. — La chambre peut même inviter à siéger le membre qui se trouve dans une des hypothèses prévues par la loi. La récusation est facultative, et si la partie ne croit pas devoir user de son droit, le tribunal n'est pas astreint à y suppléer. — A l'inverse, un juge peut être autorisé par ses collègues à s'abstenir, alors même qu'il ne se trouve pas dans l'un des cas de récusation énumérés dans la loi. (Pr. civ., art. 380.)

Si le juge récusable ignore la cause de récusation qui existe en sa personne, si, la connaissant, il ne l'a point déclarée à ses collègues, ou si, l'ayant déclarée, ils ont décidé qu'il devait siéger, la partie intéressée peut alors recourir à la récusation.

§ 3. — *Délai, procédure et jugement de la récusation.*

1199. Quant au délai dans lequel la récusation doit être proposée, la loi distingue entre les juges appelés à statuer sur un litige et les juges commis pour procéder à une instruction préparatoire.

La partie veut-elle récuser un juge appelé à statuer, elle doit le faire avant le commencement de la plaidoirie, ou si l'affaire s'instruit par écrit avant que l'instruction soit achevée ou que les délais soient expirés, à moins que dans l'un et l'autre cas les causes de récusation ne soient survenues postérieurement. (Pr. civ., art. 382.) La plaidoirie est réputée commencée quand les conclusions ont été contradictoirement prises à l'audience. Si l'affaire était ensuite renvoyée à une audience ultérieure et qu'à cette audience un nouveau juge montât sur le siège, il pourrait être récusé ; car les conclusions devraient être posées de nouveau.

Le juge commis pour procéder à une descente sur les lieux, à un interrogatoire, à une enquête, etc., doit être récusé dans les trois jours à compter : 1° du jour du jugement contradictoire qui a ordonné la mesure d'instruction ; 2° du jour de l'expiration de la huitaine pendant laquelle un jugement par défaut ne peut être mis à exécution, si la sentence est par défaut et qu'il n'y ait pas eu d'opposition ; 3° s'il y a eu opposition, du jour où elle aura été écartée par un jugement de débouté, même rendu par défaut. Le délai de trois jours n'est pas susceptible d'augmentation à raison des distances. Si, le plaideur étant éloigné, son avoué n'a pas reçu d'avance le mandat spécial de faire la récusation, cet officier doit demander au tribunal une prorogation de délai. (Pr. civ., art. 155 et 383.)

1200. La procédure de la récusation ressemble beaucoup à celle qui est suivie en matière de renvoi pour cause de parenté ou d'alliance. La récusation est proposée au greffe par un acte qui en contient les moyens et qui doit être signé de la partie ou de son mandataire par procuration spéciale et authentique, laquelle est annexée à l'acte. Sur l'expédition de l'acte de récusation, remise dans les vingt-quatre heures au président du tribunal, il est, sur le rapport du président et les conclusions du ministère public, rendu jugement qui, si la récusation est inadmissible, la rejette. Si elle est reconnue admissible, le jugement préparatoire ordonne : 1° la communication au juge récusé, pour qu'il s'explique en termes précis sur les faits, dans un délai fixé par le jugement même; 2° la communication au ministère public; et 3° indique le jour où le rapport sera fait par l'un des juges désigné par le même jugement. — Cette sentence n'est point précédée de plaidoiries. Ni le juge récusé, ni le récusant, ni son adversaire ne sont entendus : l'acte de récusation n'est signifié ni au juge, ni à l'autre plaideur. (Pr. civ., art. 384 et 385.)

La justice doit être à l'abri de tout soupçon : il suffit que la demande en récusation paraisse devoir être justifiée pour qu'elle produise un effet suspensif. Du jour du jugement ordonnant la communication, tous jugements et opérations sont de plein droit suspendus, jusqu'au jour où la récusation sera admise ou rejetée. — Mais si l'une des parties prétend que l'affaire est urgente, réclame une prompte solution, l'incident est porté à l'audience par un simple acte. Le tribunal pourra ordonner qu'il sera procédé par un autre juge (Pr. civ., art., 387).

Le juge, désigné dans l'acte de récusation, doit faire sa déclaration dans le délai imparti par le jugement. Cette déclaration a lieu au greffe du tribunal. Le greffier l'inscrit à la suite de la minute de l'acte de récusation. (Pr. civ., art. 386.)

Le juge convient-il des faits qui motivent sa récusation, ou ces faits sont-ils prouvés, le tribunal ordonne que le juge s'abstiendra. Si le juge conteste les faits allégués et que le récusant n'ait point de preuve écrite à présenter, ce dernier pourra recourir à la preuve testimoniale, s'il a un commencement de preuve par écrit. Dans le cas contraire, le Code laisse à la prudence du tribunal de rejeter la récusation sur la simple déclaration du juge ou d'ordonner la preuve testimoniale. (Pr. civ., art 388 et 389.)

Les jugements sont rendus publiquement et sur les conclusions du ministère public, mais en l'absence du juge récusé et sans mémoires écrits, ni plaidoiries. Le récusant n'est pas admis à présenter des observations verbales. Si la preuve par témoins est ordonnée, elle est administrée à l'audience.

Dans tous les cas, la partie, dont la demande en récusation aura été rejetée, comme non admissible ou non établie, sera condamnée à une amende de cent francs, sans préjudice de l'action du juge en dommages-intérêts. Mais, dans ce cas, le magistrat ne peut demeurer juge. Il s'est montré trop sensible à l'attaque. Son impartialité est désormais douteuse. (Pr. civ., 390.)

§ 4. — *Appel et procédure sur l'appel.*

1201. La récusation touche à la dignité de la magistrature. L'incident intéresse donc l'ordre public, acquiert ainsi une importance complètement indépendante de l'intérêt pécuniaire engagé au procès principal. En conséquence, tout jugement sur récusation est susceptible d'appel, même dans les litiges sur lesquels le tribunal de première instance prononce en dernier ressort. *Tout jugement*, dit l'article 391, Pr. civ., c'est-à-dire le jugement qui déclare la récusation inadmissible, non recevable ou mal fondée, — le jugement qui prononce son admissibilité et sa recevabilité, — le jugement qui admet la preuve testimoniale des faits allégués, — le jugement déclarant la récusation fondée.

Le droit d'interjeter appel appartient évidemment à celui dont la récusation a été rejetée. Mais quand elle est admise, son adversaire a-t-il un droit semblable? Nous ne le pensons pas. Toute la procédure, organisée par la loi, démontre que l'adversaire du récusant demeure étranger à l'incident. Ne serait-il pas bizarre qu'il pût appeler du jugement qui termine l'instance en récusation dans laquelle il n'est pas partie? — Vainement prétend-t-on qu'il peut avoir intérêt légitime à conserver un juge dans les lumières duquel il a placé tout son espoir. Mais si cet argument a quelque valeur, il doit faire admettre au premier degré la présence et les conclusions de l'adversaire du récusant ; or, c'est impossible en présence de l'article 385, Pr. civ.

Le juge récusé ne peut appeler des décisions préparatoires ou définitives rendues en cette matière, que si son honneur s'y trouve intéressé, ou s'il a formé une demande en dommages-intérêts. Il ne saurait être admis à interjeter appel dans le seul but de rester juge.

On ne pouvait laisser longtemps en suspens le sort du litige principal et la position du juge. Aussi la loi organise-t-elle une procédure très expéditive pour l'appel des jugements sur récusation. Au délai ordinaire de deux mois pour interjeter appel, elle susbtitue celui de cinq jours. Ce délai, malgré sa brièveté, n'est pas susceptible d'augmentation à raison des distances. Le récusant a dû, en prévision du rejet de sa demande, autoriser d'avance son avoué à interjeter appel.

Ce délai court, non de la signification, mais de la prononciation du jugement. L'appel est formé par un acte au greffe, contenant les motifs de l'appel et l'énonciation du dépôt des pièces justificatives. (Pr. civ., art. 392.) L'appel interjeté par exploit serait nul ; car il n'y a pas lieu de mettre en cause la partie adverse.

L'appel étant formé, le greffier du tribunal doit, dans les trois jours, à la requête et aux frais de l'appelant, faire parvenir au greffier de la cour d'appel une expédition : 1° de l'acte de récusation ; — 2° de la déclaration du juge récusé ; — 3° du jugement ; — 4° de l'acte d'appel. Il doit y joindre les pièces à l'appui. (Pr. civ. art., 393).

Le greffier de la cour d'appel doit, dans les trois jours de leur réception, présenter à la Cour ces expéditions et les pièces annexées. Sur cette présentation, la Cour commet un de ses membres pour faire un rapport au jour indiqué. — Le conseiller commis fait son rapport. — Le ministère public est entendu. Sur ce rapport et sur ces conclusions, sans plaidoiries, arrêt est rendu à l'audience, la cour étant éclairée par les pièces produites. Dans les vingt-quatre heures de l'expédition de l'arrêt, le greffier de la Cour renvoie les pièces, à lui adressées, au greffier du tribunal de première instance. (Pr. civ., art. 394 et 395.)

L'appel interjeté est suspensif. Toute procédure devant le tribunal de première instance doit être arrêtée. Mais cette suspension admet un double tempérament. Si l'un des plaideurs soutient qu'attendu l'urgence, il est nécessaire de procéder à une opération sans attendre que l'appel soit jugé, cet incident est porté à l'audience sur un simple acte. Le tribunal qui a rejeté la récusation peut ordonner qu'il sera procédé à l'opération par un autre juge. (Pr. civ., art. 391.)

L'appel ne doit pas être un moyen de prolonger le litige principal. Dans un but de célérité, la loi veut que l'appelant, dans le mois du jour du jugement de première instance qui a rejeté sa demande en récusation, signifie à son adversaire l'arrêt de la Cour, si l'appel est jugé ou, dans le cas contraire, un certificat du greffier de la Cour contenant déclaration que l'instance d'appel est encore pendante, avec indication du jour où l'appel sera jugé. A défaut de cette signification, le jugement, par lequel le tribunal a rejeté la récusation, est exécuté par provision. — La suspension est levée : l'instance principale reprend son cours. — La procédure postérieure est régulière et valable, quel que soit le résultat ultérieur, l'arrêt de la Cour d'appel fût-il favorable au récusant. (Pr. civ., art. 396.) Il n'y a pas déchéance de l'appel : mais l'appelant, faute d'avoir justifié de ses diligences, perd le bénéfice de l'appel suspensif.

Le greffier du tribunal civil, qui reçoit expédition de l'arrêt admettant définitivement la récusation, doit en donner avis au magistrat récusé. Une signification de l'arrêt à la personne ou au domicile du juge serait irrespectueuse : elle devrait être rejetée de la taxe des frais comme acte frustratoire.

CINQUIÈME CLASSE

INCIDENTS RELATIFS A L'INTERRUPTION OU A L'EXTINCTION DE L'INSTANCE

1202. L'instance se compose d'une suite d'actes ayant pour objet d'éclairer les juges. Un jugement définitif, tranchant la question litigieuse, en est la clôture normale et naturelle. Mais les différents actes constitutifs de la procédure judiciaire ne se produisent que successivement, à l'expiration de délais accordés aux plaideurs pour produire leurs moyens d'attaque ou de défense. Toute instance implique donc un laps de temps plus ou moins long, qui s'écoule de l'époque de son ouverture à celle de sa terminaison. Or, dans cet intervalle, peuvent se produire certains événements dont l'effet sera d'anéantir l'instance commencée ou d'en interrompre le cours.

De ces événements, les uns sont complètement indépendants de la volonté des parties; les autres, œuvre de la volonté des plaideurs, donnent à l'instance une sorte de dénouement anormal et la terminent quelquefois sans l'intervention ni le concours du juge. Ces événements ont éveillé l'attention du législateur; mais il n'a pas, à l'égard de tous, réglementé leurs conditions d'existence et leurs résultats dans le Code de procédure. Pour plusieurs d'entre eux, les règles générales de la loi civile suffisent. Avec le Code, occupons-nous actuellement de ceux de ces événements qui sont de nature à donner naissance à un *incident*, venant se greffer sur le procès principal. Nous nous expliquerons plus loin sur les autres.

L'interruption de l'instance donne lieu à une procédure incidente, tendant à en provoquer la *reprise*. Les poursuites judiciaires sont-elles volontairement abandonnées, la loi soumet la validité du *désis-*

tement à certaines conditions. La cessation de ces poursuites pendant trois ans motive une demande en *péremption*. L'instance se trouve encore anéantie par l'effet d'une condition résolutoire, au cas de *désaveu* dirigé contre l'officier ministériel, l'avoué.

CHAPITRE PREMIER

INTERRUPTION ET REPRISE D'INSTANCE

(LIV. II, TIT. XVII, ART. 342 A 351.)

SOMMAIRE.. — 1re SECTION. Causes d'interruption. — Décès d'une partie. — Décès ou cessation des fonctions de l'avoué. — Six hypothèses. — 2e SECTION. Personnes par ou contre lesquelles l'instance peut être reprise. — 3e SECTION. Procédure de la reprise ou de la constitution d'avoué.

1203. Évitons tout d'abord de confondre l'*interruption* et la *suspension* de l'instance. — L'instance se trouve suspendue, lorsque certains événements, indépendants de la position des parties et de leurs représentants, viennent momentanément arrêter le cours de la procédure. Ainsi, avant ou depuis l'introduction devant la juridiction civile d'une demande en dommages-intérêts, basée sur un crime ou sur un délit, une poursuite criminelle est-elle intentée, l'exercice de l'action civile est *suspendu*, tant qu'il n'a pas été prononcé définitivement sur l'action publique (Cod. Ins. crim., art. 4). L'instance civile n'a pas cessé de vivre. Il n'y a pas lieu, en ce cas, à *reprise*, mais à une continuation pure et simple de la procédure, après notification de l'acte qui fait cesser la suspension de l'arrêt de la Cour d'assises, du jugement correctionnel ou de l'ordonnance de non-lieu. — Au contraire, l'instance est *interrompue* lorsque les parties ou leurs représentants sont dans l'impossibilité de faire aucun acte judiciaire. Il y a solution de continuité : l'instance doit être formellement reprise. Cette reprise peut être volontaire ou forcée et dans ce dernier cas, elle donne lieu à une procédure incidente.

Le titre XVII du Code, consacré à cette matière, est intitulé : *Des reprises d'instances et constitution de nouvel avoué*. A proprement parler, il y a lieu à reprise d'instance au cas de changement de partie, et à constitution de nouvel avoué, quand l'officier ministériel vient à cesser ses fonctions. Mais, dans les deux cas, se produit l'interruption de l'instance ; dans les deux cas, une reprise est nécessaire.

Deux idées fondamentales ont inspiré et guidé le législateur. L'intérêt public commande la simplification des procédures, interdit de retarder inutilement la marche d'une instance, exige une prompte solution du procès. — Mais ce *desideratum* ne doit pas être atteint au détriment de la justice même. Nulle partie ne doit être jugée et condamnée, si elle n'a pu présenter en toute liberté les moyens justificatifs de ses prétentions. Un plaideur est-il mis dans l'impossibilité de se défendre, l'instance doit être interrompue : mais tout tait, si grave soit-il, qui laissera la possibilité d'une libre et complète défense, ne pourra être une cause d'interruption. — Ajoutons que le souvenir des procédures sans issue, usitées dans notre ancien droit, a aussi exercé son influence sur l'esprit des rédacteurs du Code de procédure.

SECTION I. — **Causes d'interruption.**

1204. Recourir au ministère d'un avoué n'est pas seulement un droit pour le plaideur appelé devant les juridictions ordinaires, c'est aussi une obligation imposée par la loi. Nous avons déjà indiqué (V. nos 239, 773) la raison d'être de cette obligation et la nature du contrat intervenu entre l'avoué et son client. C'est un contrat de mandat. L'obligation imposée par la loi d'ester en justice par l'intermédiaire de l'avoué engendre cette conséquence nécessaire et fatale, que la cessation du mandat rend la partie incapable d'agir, la met dans l'impossibilité de faire valoir ses droits, doit entraîner l'interruption de l'instance.

Le mandat de l'avoué prend naturellement fin lorsque l'instance est close et le jugement signifié, sauf la disposition de l'article 1038, Pr. civ. (V. n° 785). — Mais un mandat peut cesser avant que le mandataire ait accompli les obligations et exécuté les actes qui lui étaient imposés. Le mandat est alors *éteint* plutôt que terminé. — En droit civil, le mandat s'éteint par la mort du mandant ou par celle du mandataire, par la révocation ou par la renonciation du mandataire, par l'interdiction ou la déconfiture de l'un ou de l'autre, par le changement d'état du mandant, par la cessation des pouvoirs en vertu desquels le mandat avait été conféré (C. civ., art. 2003). — Le mandat *ad litem* ne cesse pas pour les mêmes causes. Il s'éteint par le décès du plaideur ou par celui de l'avoué, par la perte pour ce dernier du droit d'exercer ses fonctions par suite de démission, destitution ou interdiction. Mais il ne prend fin ni par la révocation ou la renonciation de l'avoué, qui n'opèrent que quand il a été remplacé (Pr. civ., art. 75, V. n° 781), ni par le changement d'état des parties, ni par la cessation des fonctions en vertu desquelles elles avaient engagé l'instance. — Cette différence, que n'admettaient pas les commentateurs de l'ordonnance de 1667, tient à la nature particulière du mandat *ad litem*. Dans un mandat ordinaire, on doit supposer, en cas de changement d'état de la personne intéressée, qu'elle veut gérer désormais ses affaires, si sa capacité le lui permet. Une volonté nouvelle doit être manifestée pour que le mandataire précédemment choisi conserve ses pouvoirs. Au contraire, dans le mandat *ad litem*, la partie intéressée ne pouvant agir elle-même, elle doit être présumée persister dans le mandat par elle conféré, tant qu'elle ne manifeste pas une volonté contraire par le remplacement de son mandataire. La loi suppose une confiance persistante, à défaut de révocation expresse.

Donc deux causes seulement d'interruption d'instance : l'une résultant de la mort naturelle de la partie : *Mort n'a point de porteur de lettres*, disait Jean Desmares ; les héritiers peuvent ignorer l'existence du procès et leur silence ne peut équivaloir à une confirmation des pouvoirs conférés ; — l'autre cause produite par le décès de l'avoué ou la cessation de ses fonctions.

En outre les rédacteurs du Code ont voulu que les causes de cessation du mandat *ad litem* ne pussent interrompre l'instance que quand il en résulterait pour les parties impossibilité de défendre leurs droits. — Or cette impossibilité ne peut plus se produire, lorsque l'instance a pris son assiette définitive, c'est-à-dire lorsque l'affaire est *en état* d'être jugée. A partir de ce moment, nulle interruption de l'instance, pour quelque cause que ce soit. L'office des parties et celui de leurs représentants sont achevés : leur défense s'est produite. Les juges seuls ont à agir et à prononcer la sentence. Le mandat *ad litem* peut s'éteindre sans danger (Pr. civ., art. 342).

L'article 342 est assez mal rédigé. Sa disposition est inutile en ce qui concerne le changement d'état des parties et la cessation des fonctions dans lesquelles elles procédaient, puisque de pareils événements n'exerceraient aucune influence alors même que l'affaire ne serait pas encore en état. Cette disposition, qui jure avec l'article 345, ne se trouvait pas dans le projet primitif. Elle a été ajoutée sur la demande du Tribunat, qui a cru nécessaire d'exprimer cette idée, encore qu'on pût l'induire de l'article 345, Pr. civ.

1205. Quandune affaire est-elle *en état ?* Distinguons entre les causes jugées par écrit et les causes verbales. Pour les premières, les auteurs du Code ont suivi la règle de l'ancien droit français. L'affaire est en état, lorsque l'instruction est complète ou quand les délais pour les productions et réponses sont expirés. Le ministère de l'avoué n'est point épuisé, tant que le plaideur n'a pas fait ou n'a pas été mis en demeure de faire ses productions (Pr. civ., art. 343, § 2). — Pour les causes verbales, dans notre ancien droit, l'affaire n'était en état qu'après les plaidoiries achevées, la parole donnée au ministère public. Les rédacteurs du Code, craignant de voir les procès se perpétuer par de trop fréquentes interruptions, se sont écartés de ces principes rationnels. L'affaire est en état quand la plaidoirie est commencée, et la plaidoirie est réputée commencée. quand les conclusions ont été contradictoirement prises à l'audience (Pr. civ., art. 343, § 1). Cette innovation a été critiquée. Le rôle des parties et celui de leurs représentants ne sont point terminés. La défense des plaideurs n'est pas complète. Ne peuvent-ils avoir encore à former des demandes additionnelles ou reconventionnelles? Les avocats n'ont-ils aucun renseignement à demander aux parties ou à leurs avoués? Nest-il pas à craindre que la défense de la partie décédée ou privée de son avoué ne reste inachevée. — Ces critiques sont fondées : mais la règle de la loi, critiquable en théorie, est singulièrement atténuée dans la pratique. En pareille occurrence, si l'avocat a besoin de nouvelles instructions, ou s'il veut être assisté d'un nouvel avoué pour prendre des conclusions additionnelles ou reconventionnelles, les tribunaux ne refusent jamais une remise de cause. La règle de la loi est utile comme restrictive de la chicane.

Nous ne devons donc examiner les conséquences des événements qui frappent la procédure d'immobilité, qu'en les supposant survenus avant les conclusions prises à l'audience, avant la mise en état.

1206. Première hypothèse. — L'affaire n'est pas en état. L'instruction n'est pas terminée, ou les conclusions n'ont pas été posées. — Dans ce cas, la loi admet deux causes d'interruption de l'instance, deux seulement : le décès de l'une des parties, la cessation des fonctions de l'avoué. — Ni le changement d'état des parties, ni la cessation des fonctions dans lesquelles elles procédaient n'arrêteront la continuation des procédures. Les parties ne sont pas empêchées de se défendre. On écarte des causes de retards et de complications. (Pr. civ., art. 345.) *Exemples :* Le plaideur majeur est mis en état d'interdiction ; son tuteur continuera. — La femme mariée devient veuve ; elle poursuivra le procès. — La fille se marie ; le mari continuera l'instance ou se désistera. — Le mineur devient majeur : averti par son tuteur, il suivra le procès ou transigera. — Un tuteur est remplacé ; l'ancien avisera le nouveau. — Dans tous ces cas, la partie n'est pas dans l'impuissance de se défendre. Elle agira par elle-même ou par son représentant légal.

L'impossibilité de la défense se produit au contraire au cas de décès de la partie ou de cessation des fonctions de l'avoué. Mais, entre ces deux causes, la loi établit une différence essentielle. La mort de l'une des parties n'interrompt la procédure qu'autant qu'elle est notifiée aux avoués des autres plaideurs. Ceux-ci sont présumés ignorer l'événement qui met fin au mandat de l'avoué du décédé. Cette présomption légitime la continuation des poursuites. Si le décès n'est pas notifié, l'instance suit son cours. Y a-t-il notification, l'instance est interrompue. — Au contraire, quand le mandat prend fin par le décès ou la cessation des fonctions de l'avoué, la procédure se trouve subitement interrompue, *ipso facto*, sans qu'il soit nécessaire de recourir à une notification. Les rapports quotidiens des avoués d'un même tribunal ne leur permettent pas d'ignorer un événement aussi notoire au Palais. Au surplus, quel serait l'intermédiaire chargé de cette communication, puisque le plaideur n'a plus de représentant dans l'instance? (Pr. civ., art. 344.)

Toutes poursuites faites postérieurement à l'une ou à l'autre de ces causes d'interruption, toutes procédures signifiées, tous jugements obtenus seront *nuls*, tant que la position des intéressés n'aura pas été régularisée par la *reprise d'instance* ou par la *constitution d'un nouvel avoué*. Cette nullité, purement relative, ne peut être invoquée que par les héritiers du plaideur décédé ou par la partie qui n'a plus de représentant dans l'instance et non par les autres parties en cause. Elles ne peuvent se prévaloir de leur mépris de la prohibition légale pour demander la nullité de leurs propres actes. (Pr. civ., art. 344.)

Par quelle voie et devant quels juges cette nullité sera-t-elle invoquée? Le Code est silencieux sur ce point. Nous devons recourir aux règles générales. — D'un acte de procédure, la nullité sera demandée au tribunal même lors de la reprise de l'affaire. — Si un jugement a été rendu, il sera attaqué, par les voies de recours légales, l'opposition, l'appel ou la requête civile, suivant qu'il est rendu par défaut, contradictoire, en premier ou dernier ressort. La violation des dispositions de l'article 344, Pr. civ., constatée et la nullité reconnue, le jugement tombe avec toutes les procédures faites depuis l'interruption de l'instance sans qu'il soit nécessaire d'examiner le fond du litige.

1207. Deuxième hypothèse. — L'ajournement a été signifié; mais le défendeur n'a pas encore constitué avoué. — Quatre faits entraînent l'interruption de l'instance : 1° le *décès* du demandeur : le défendeur peut croire que l'héritier renoncera au procès. Son abstention est ainsi justifiée, quoiqu'elle repose peut-être sur une illusion ; — 2° le *changement d'état* du demandeur ; le défendeur a pu croire que ce changement amènerait la manifestation d'une volonté nouvelle ; — 3° La *cessation des fonctions* en vertu desquelles le demandeur avait agi : même illusion du défendeur ; — 4° La *cessation des fonctions de l'avoué* constitué par le demandeur : à qui pourrait-on notifier la constitution de celui du défendeur. — Dans ces quatre cas, il y a interruption de l'instance, jusqu'à ce qu'un nouvel ajournement vienne faire cesser l'illusion du défendeur, ou lui permettre de notifier la constitution de son propre avoué (Pr. civ., art. 345. § 2).

Lorsque l'ajournement doit être ainsi réitéré pour mettre le défendeur en demeure de constituer avoué, la première assignation n'est pas anéantie. Elle continue de produire ses effets légaux; elle sert toujours de point de départ pour faire courir les intérêts moratoires ou interrompre la prescription. — Le nouvel ajournement est exigé dans l'intérêt du défendeur. A lui seul appartient la faculté de se prévaloir de la nullité du jugement qui n'aurait pas été précédé d'une assignation nouvelle. Ce défendeur peut renoncer au privilège que la loi lui confère et constituer avoué sans attendre une nouvelle assignation. Mais l'instance sera toujours interrompue par le décès notifié de la partie ou par la cessation des fonctions de l'avoué, conformément à l'article 344, Pr. civ.

1208. 3° Hypothèse. — Le défendeur meurt avant d'avoir constitué avoué. Le demandeur n'aura pas toujours connaissance du fait. Les héritiers du défunt pourront ignorer le procès et ne pas notifier au demandeur le décès de leur auteur. L'instance ne sera pas interrompue. Le demandeur la poursuivra et obtiendra un jugement par défaut faute de comparaître. Ce jugement sera valable d'après l'article 344, Pr. civ. ; mais il ne pourra être exécuté contre les héritiers qu'après signification ; ceux-ci pourront l'attaquer par la voie de l'opposition ou de l'appel. (Pr. civ., art. 155 et 156 ; — Cod. civ., art. 877.)

1209. 4° Hypothèse. — Le défendeur a constitué avoué ; les deux parties ont conclu contradictoirement au fond devant le tribunal. Les juges, au lieu de rendre un jugement définitif, prononcent une sentence interlocutoire ou déclarent partage. L'une des parties décède et son décès est notifié, ou l'avoué de l'une d'elles cesse ses fonctions. — L'affaire n'est plus en état. Le jugement définitif ne pourra être rendu qu'après enquête ou expertise, ou sur nouvelles plaidoiries devant les juges départiteurs. Il y a lieu d'appliquer l'article 344, Pr. civ.

1210. 5° Hypothèse. — Un jugement par défaut faute de conclure ou faute de comparaître a été rendu. L'avoué du *gagnant* cesse ses fonctions pendant les délais de l'opposition. Absolument, l'instance n'est pas terminée par le jugement de défaut. Elle peut se rouvrir s'il y a opposition. Mais comment le défaillant pourra-t-il notifier son opposition, puisque le demandeur n'a plus de mandataire *ad litem?* La réponse est fournie par l'article 162 § 2, Pr. civ. Nous avons expliqué ce cas sous le n° 970.

Supposons que le gagnant *décède*. Si son décès n'est pas notifié au défaillant, à l'égard de ce dernier le mandat de l'avoué du demandeur décédé persiste. Le défaillant pourra lui signifier valablement son opposition. Mais si le décès a été *notifié*, le mandat a pris fin envers toutes parties. Le défaillant ne sera tenu de faire opposition que quand les héritiers lui auront notifié une nouvelle constitution d'avoué ou signifié le jugement en leur nom. Jusque-là le délai de l'opposition ne courra pas contre le défaillant.

1211. 6° Hypothèse. — Le tribunal a prononcé un jugement par défaut contre une partie dont l'avoué a refusé de conclure ; depuis la signification du jugement, mais avant l'expiration des délais de l'opposition, l'avoué du *défaillant* cesse de postuler. Les délais de l'opposition seront suspendus. L'instance n'est pas réellement terminée par le jugement rendu, et le ministère de l'avoué n'était pas complètement épuisé, puisque l'opposition est un acte de ce ministère. Le défaillant n'a plus de mandataire *ad litem*. Que faire? Le demandeur devra, pour faire courir le délai de l'opposition, réitérer la signification du jugement à partie, en mentionnant la date de la signification à l'avoué et le décès ou la cessation des fonctions de ce représentant. Il faut ici s'inspirer de la disposition de l'article 148, Pr. civ. (V. n. 952). — Supposons que le défaillant *décède* et que sa mort soit *notifiée* à l'avoué de l'adversaire pendant la durée du délai de l'opposition. Ce délai est suspendu. Le décès du défaillant a éteint pour l'avenir le mandat de son avoué. Le gagnant devra de nouveau signifier le jugement aux héritiers du décédé pour faire courir contre eux le délai de l'opposition, opposition qu'ils ne pourront faire qu'en constituant un avoué. Ces héritiers pourront, en outre, invoquer l'exception dilatoire et réclamer la jouissance du délai pour faire inventaire et délibérer.

Si le décès du défaillant n'était pas notifié au gagnant, le mandat de l'avoué ne prendrait pas fin *ipso facto* et le délai de l'opposition ne serait pas suspendu, l'avoué ayant encore qualité pour la signifier à l'adversaire.

En dehors de ces divers cas, nous ne voyons place ni pour une reprise d'instance, ni pour une constitution de nouvel avoué.

SECTION II. — **Personnes par ou contre lesquelles l'instance peut être reprise.**

1212. La reprise, comme la constitution de nouvel avoué, est *volontaire* ou *forcée*. *Volontaire*, lorsque, sans attendre une mise en demeure, le plaideur, qui pouvait être assigné en reprise ou en constitution, prend les devants et déclare, par un simple acte d'avoué à avoué, reprendre l'instance ou constituer un nouvel avoué. La procédure reprend sa marche régulière. L'interruption momentanée de l'instance ne fait naître aucun incident, n'exige aucune décision judiciaire. (Pr. civ., art. 347.)

Quelles personnes peuvent ainsi reprendre *spontanément* l'instance? Peut-il être permis à toute personne de s'approprier le procès et le rôle de contradicteur? Non assurément. Peuvent reprendre l'instance le plaideur originaire ou, s'il est décédé, ses successeurs et ayants cause universels, ses créanciers par application de l'article 1166 du Code civil. *Quid* du légataire à titre particulier?

Exemple : Une instance est engagée relativement à la propriété d'un immeuble. L'une des parties décède avant l'époque où l'affaire est en état : le décès est notifié. Le légataire, à qui le défunt a transmis à titre particulier la propriété de l'immeuble en litige, pourra-t-il reprendre l'instance interrompue par le décès du testateur? Pothier lui refusait ce droit, ne l'admettait qu'à intervenir au procès continué avec l'héritier (1). Quelques auteurs modernes adoptent l'opinion du jurisconsulte orléanais. Nous préférons la solution opposée. Pothier restait trop fidèle aux principes de la législation romaine. Tout legs pur et simple donne au légataire droit à la chose léguée, à compter du décès du testateur. (C. civ., art. 1014.) Mais ce droit ne peut s'exercer qu'à partir de la délivrance du legs. Le légataire devra avoir obtenu la délivrance de son legs avant de pouvoir reprendre l'instance ; mais il le peut dès cette délivrance opérée. Son adversaire a seulement le droit d'appeler dans la cause le successeur universel du défunt pour obtenir contre lui, s'il y a lieu, condamnation en restitution de fruits, ou les dépens faits du vivant de son auteur dus par la succession entière et non par le légataire.

1213. — Le cas de reprise *forcée* se produit, lorsque la partie restée dans l'instance a intérêt à la poursuivre et veut régulariser la procédure. Elle assigne alors en reprise d'instance les représentants de la partie décédée, ou sa partie adverse elle-même en constitution de nouvel avoué. Les conclusions de cette assignation peuvent être contestées et amener une procédure incidente. (Pr. civ., art. 348.)

Peuvent être forcés de reprendre l'instance tous ceux qui succèdent aux droits du défunt à titre universel ou particulier, tous ceux qui pourraient la reprendre eux-mêmes en vertu d'un droit propre. Mais on ne peut comprendre une reprise forcée contre ceux qui, comme les créanciers du défunt ou des héritiers, ne pourraient la reprendre que comme exerçant le droit d'autrui.

(1) Pothier. *Proc. civ.*, part. I, ch. IV., sect. 3.

SECTION III. — **Procédure de la reprise ou de la constitution.**

1213. — La partie restée en cause assigne en reprise les représentants du décédé ou l'adversaire en constitution, par un exploit donné au délai fixé au titre des ajournements, avec indication des noms des avoués qui occupaient en la cause, et du rapporteur si l'affaire s'instruisait par écrit. (Pr. civ., art. 346.) L'indication des avoués est utile pour faire connaître les études où se trouvent les dossiers. L'omission de ces indications, qui n'ont rien de substantiel, n'entraînerait pas une nullité que la loi ne prononce pas. — L'assignation donnée, plusieurs hypothèses peuvent se présenter :

1° La partie assignée défère à la demande. Elle en fait la déclaration par un simple acte. Chacune des parties peut continuer les procédures, sans qu'il soit nécessaire de constater la reprise ou la constitution d'avoué par un jugement, dont les frais ne passeraient pas en taxe. (Pr. civ., art. 347.)

2° La partie citée comparaît et conteste qu'il y ait lieu à reprise. Elle allègue le manque de qualité chez son adversaire; elle prétend que son avoué n'a pas cessé ses fonctions, qu'elle n'est pas héritière du plaideur originaire, que l'instance est éteinte par péremption, désistement, transaction, etc. — Un incident est alors soulevé. Un débat préalable et un jugement sont indispensables. — Dans tous ces cas, l'incident doit être jugé sommairement, sans autres écritures qu'une requête pour proposer l'incident et une requête en réponse, qui ne peuvent excéder six rôles. (Pr. civ., art. 348 — Tarif, art. 75.)

3°. La partie assignée en reprise ne comparaît pas. Il est rendu par défaut un jugement qui tient la cause pour reprise et ordonne qu'il sera procédé suivant les derniers errements, sans qu'il puisse y avoir d'autres délais que ceux qui restaient à courir. (Pr. civ., art. 349.) — Mais ce jugement par défaut ne porte que sur l'incident, ne statue que sur la question de reprise. Pour prononcer sur le fond du litige, un autre jugement est nécessaire. Il ne pourra être rendu que huitaine après la signification du jugement sur la reprise. (Pr. civ., art. 155.)

Pour s'assurer que la signification du jugement parviendra à la partie défaillante, la loi reproduit le principe général en vertu duquel les jugements par défaut faute de comparaître doivent être signifiés par huissier spécialement commis. (Pr. civ., art. 350 et 156.) — Ce jugement par défaut est sujet à opposition. Celle-ci doit être portée à l'audience, même dans les affaires instruites par écrit. (Pr. civ., art. 351). — Cette opposition pourra être formée jusqu'à l'exécution du jugement, car il est rendu par défaut faute de comparaître. (V. n° 959.) Dans cette hypothèse, l'exécution résultera de la pose des conclusions sur le fond, seul moyen d'exécution que puisse employer le demandeur en reprise. Les conclusions devront être prises dans les six mois de la prononciation du jugement par défaut (Pr. civ., art. 156, 158. — V. n° 955.)

Si de plusieurs parties citées en reprise ou en constitution, les unes comparaissent, les autres font défaut, il y a lieu à jugement de jonction, et le jugement sur réassignation ne sera plus susceptible d'opposition. (Pr. civ., art. 153.)

Quelle sera la conséquence de la déchéance du droit de former opposition au jugement de reprise? Elle est à peu près sans valeur. La partie défaillante n'en conservera pas moins le droit de se représenter dans l'instance et de conclure sur le fond. Elle pourra toujours, lors du jugement sur le fond, contester la qualité qui lui a été attribuée, soutenir qu'elle n'est pas héritière du plaideur décédé, invoquer la péremption, le désistement, etc. Ces moyens n'ont été ni appréciés ni rejetés lors du jugement sur l'assignation en reprise.

CHAPITRE II

DÉSAVEU

(Liv. II, tit. XVII, art. 352 a 362).

Sommaire. Notion du mandat *ad litem*. — Section première. Actes sujets à désaveu. — Trois classes d'actes. — Section deuxième. Officiers ministériels sujets à désaveu. Avoués. Huissiers, Notaires. Agréés. — Section troisième. Tribunal compétent. — Section quatrième. Délais et formes de la procédure de désaveu. — Cinquième section. Effets du désaveu.

1214. Le désaveu est la déclaration d'une partie qu'elle n'a pas donné mandat à l'officier ministériel d'accomplir tel ou tel acte, dont par suite elle demande l'annulation. Le désaveu est-il admis, l'acte tombera et presque toujours l'instance s'éteindra, comme par l'effet d'une condition résolutoire tacite que le désaveu réalise. Si le jugement a été rendu, il est légalement anéanti, par l'effet du désaveu, dirigé contre la procédure dont il n'est que le résultat. Cet acte, ce jugement n'avaient de valeur qu'à raison du lien qui unissait la partie à son représentant. C'est la volonté du plaideur qui donne force et efficacité aux actes de l'avoué envers l'autre partie.

Le mandat donné à l'avoué diffère du mandat ordinaire au point de vue de la force obligatoire des actes du mandataire. En matière de mandat ordinaire, de mandat *ad negotia*, le mandant ne peut être engagé vis-à-vis des tiers avec lesquels a traité le mandataire, que si celui-ci est resté dans les limites précises des pouvoirs à lui conférés. L'acte est-il en dehors de ces limites, l'attaquer en justice est superflu. La personne, au nom de laquelle il a été réalisé, attendra que le tiers invoque cet acte. Il lui suffira de répondre que l'acte est en dehors des pouvoirs conférés au mandataire. A celui-ci et au tiers à établir que l'acte juridique accompli était autorisé par le mandat conféré. Cette preuve n'est-elle pas fournie, l'acte est inexistant envers le prétendu mandant, libre de donner ou de refuser sa ratification. (C. civ., art. 1998.) Le refus de ratification ne doit pas être confondu avec le *désaveu*.

Le mandat *ad litem* est soumis à des règles différentes. L'acte émané de l'officier ministériel est tenu pour valable, réputé, jusqu'à preuve contraire, conforme aux pouvoirs donnés par le mandant. Le caractère public dont est revêtu l'officier ministériel, les garanties morales et pécuniaires par lui fournies, la responsabilité par lui encourue, l'intérêt des autres parties en cause, toutes ces raisons concourent pour établir la présomption que cet officier est resté dans les limites de son mandat. La loi présume l'existence du consentement de la partie. Au plaideur, qui prétend que l'acte a été fait sans son autorisation, de détruire la présomption de mandat et dans ce but de recourir à une procédure particulière, organisée sous le nom de *désaveu*. Celui qui désavoue attaque, joue le rôle de demandeur, en assume les charges et doit démontrer que le mandataire, l'officier ministériel, a excédé ses pouvoirs.

Ainsi, en cas de conflit, le mandat *ad negotia* est présumé inexistant, le mandat *ad litem* existant au contraire — Les actes, passés sans mandat au nom d'une personne ou en dehors des pouvoirs du mandataire, sont inexistants envers le prétendu mandant. Les actes faits par un officier ministériel, non autorisé à les accomplir, sont seulement annulables par l'action en désaveu.

Mais *tous* les actes de *tout* officier ministériel sont-ils ainsi susceptibles d'être désavoués? Non : on doit distinguer.

SECTION I. — **Actes sujets à désaveu.**

1215. Deux hypothèses sont possibles.

1re HYPOTHÈSE. — Le client prétend n'avoir donné aucun mandat à l'avoué, ne l'avoir pas chargé d'introduire une instance en son nom. Si l'avoué est nanti des pièces justificatives des droits du client, elles ont été transmises à l'insu de la partie par une tierce personne, ou elles ont été confiées dans le but d'obtenir des conseils et non de mettre l'avoué à même de soutenir un procès. — Dans ce cas, suffit-il de dénier le mandat ou faut-il recourir au désaveu ? Très controversée dans notre ancien droit français, la question était et doit être résolue, avec la majorité des auteurs, dans le sens de la présomption de mandat. La loi ne peut pas supposer que l'avoué a dépassé ses pouvoirs, s'est rendu coupable d'une collusion ou d'une faute. Les raisons ci-dessus indiquées et surtout l'intérêt des autres plaideurs, qui de bonne foi ont vu en lui un mandataire *ad litem*, doivent nous faire présumer l'existence du mandat. Adopter la solution contraire serait obliger les adversaires à exiger de l'avoué la preuve écrite de sa qualité de mandataire ; procédé peu praticable et injurieux pour l'officier ministériel. Il faudra donc recourir au désaveu. Mais, dans ce cas, le désaveu fera tomber le mandat *ad litem*, anéantira *tous* les actes accomplis, même ceux qui rentrent *ordinairement* dans l'exécution de ce mandat. — Le désaveu est indispensable : 1° pour faire annuler la procédure et le jugement envers les autres parties en cause ; 2° pour autoriser le client à refuser à l'avoué le payement des frais de l'instance.

1216. 2e HYPOTHÈSE. — Les pouvoirs de l'officier ministériel sont constants. Il a reçu l'ordre de se constituer, d'introduire l'action ou de répondre à la demande formulée dans l'ajournement. — Parmi les actes qu'il aura accomplis, quelques-uns seront-ils susceptibles de désaveu ?

Les actes, composant la trame de la procédure contentieuse, doivent, au point de vue des pouvoirs de l'avoué, se classer dans trois catégories distinctes et nettement séparées.

A. La *première classe* comprend tous les actes que le mandat *ad litem* donne incontestablement à l'avoué le pouvoir d'accomplir, les actes qui constituent l'exécution normale et directe de ce mandat et qui rentrent par cela même dans ses limites naturelles. Le plaideur a *nécessairement* autorisé l'avoué à faire toutes ces procédures; sinon le mandat serait infructueux et incompréhensible. Quant à ces actes, le mandat est exprès : il est écrit dans la loi qui trace la marche à suivre. — Ce sont les actes ordinaires et normaux de la procédure : signification des requêtes, des conclusions principales, additionnelles ou subsidiaires, des jugements; rédaction des qualités, opposition à jugement par défaut faute de conclure ; défense sur opposition ; etc., etc. — Pour ces actes, nul pouvoir spécial à exiger, nul désaveu à craindre. Le client est par eux définitivement lié à l'adversaire.

Mais, à raison de ces mêmes actes, l'avoué pourra être soumis à un recours de la part de son client. Mandataire salarié, il répond de ses fautes. (C. civ., art. 1992.) Il devra, envers son client, réparer le préjudice causé par les nullités de procédure, supporter seul les frais des actes frustratoires, répondre des conséquences des déchéances encourues par son fait, etc. (Pr. civ., art. 132, 293, 1031.) — Mais l'action du client contre l'avoué ne s'attaque pas alors au mandat : elle l'implique au contraire. C'est l'action *mandati directa*. Elle est sans effet à l'égard des tiers, des adversaires au procès. Le mandat n'a pas été dépassé ; il a été mal rempli. Les actes de l'avoué ne sont pas annulés : sa responsabilité seule est engagée.

B. Dans la *deuxième classe* plaçons les actes qui excèdent les pouvoirs généraux de l'avoué, pour lesquels la loi exige, à peine de nullité, qu'un pouvoir spécial soit donné à l'officier ministériel. Les actes de cette classe ont une gravité particulière : ils sont formulés de manière à se détacher nettement de l'ensemble de la procédure ; ils pourraient être accomplis par la partie elle-même ou par un mandataire quelconque. Ce sont l'inscription de faux, la récusation d'expert ou de juge, la demande en renvoi pour parenté, le désistement, la prise à partie, le désaveu lui-même. (Pr. civ., art. 216, 218, 309, 353, 370, 384, 402, 511.) — L'acte a-t-il été fait sans autorisation spéciale, il est radicalement nul *ab initio*. Le désaveu est inutile. Les juges ne peuvent tenir aucun compte de cet acte; sinon, leur sentence est susceptible d'appel, de pourvoi en cassation ou de requête civile, selon les cas. — Pareil acte est-il accompli en vertu d'un mandat formel, donné par écrit, il est valable; le désaveu est impossible et irrecevable.

C. Entre les différents actes de ces deux classes, vient se placer une catégorie nouvelle d'actes, ceux de la *troisième classe*. Ces actes ne peuvent être considérés comme des conséquences naturelles et normales du pouvoir général donné par la constitution d'avoué. Néanmoins, pour éviter des incidents nombreux, la loi n'astreint pas l'avoué à se munir d'un pouvoir spécial et précis; mais l'officier est averti qu'il est prudent de s'en munir quand l'acte peut nuire à son client. — Il serait impossible, disait la section du Tribunat, que la loi distinguât tous les cas où l'avoué pourrait agir en vertu de sa seule constitution et ceux où il aurait besoin d'être spécialement autorisé : mais pour concilier ces deux points, que l'*avoué représente la partie* et *qu'il ne puisse lui nuire*, on a introduit l'action en désaveu (1). — Ces actes, l'avoué est *présumé* avoir le droit de les faire. Cette présomption se change en *certitude*, si à ses pouvoirs généraux l'avoué joint un pouvoir spécial; en l'absence de ce pouvoir, la présomption peut tomber devant un *désaveu*. — Quels sont ces actes? Ceux par lesquels *des offres*, des *aveux* ou des *consentements* seraient donnés ou acceptés, tous ceux qui présentent le caractère d'un acquiescement ou d'une transaction. (Pr. civ., art. 352.) Faire ou accepter des offres, aveux, consentements, n'est plus défendre les droits du client; c'est en disposer. Pareils actes devraient, ce semble, être nuls, accomplis sans pouvoir formel. Mais il est difficile de les isoler de l'ensemble de la procédure dans laquelle ils se trouvent impliqués. Le parti le plus simple est de valider provisoirement la procédure tout entière, en laissant à la partie intéressée la faculté de faire tomber par le désaveu les actes excédant les limites d'un mandat général. Son silence est une ratification. — Mais, pour éviter les effets d'un désaveu futur, l'adversaire peut refuser de se lier par des offres faites ou acceptées, par des consentements donnés, tant que l'avoué ne justifie pas d'un pouvoir spécial. — Ce pouvoir spécial doit être donné par écrit, si l'intérêt pécuniaire de l'acte est supérieur à 150 francs : il ne saurait être établi à l'aide de simples présomptions.

(1) Locré, *Esp. du cod. de Proc.*, t. II, p. 17.

La disposition de l'article 352 Pr. civ. est limitative. La section du Tribunat a voulu spécifier les cas pouvant donner lieu au désaveu. L'avoué ne peut être exposé aux conséquences du désaveu qu'en vertu d'un texte précis.

SECTION II. — **Officiers ministériels pouvant être désavoués.**

1218. Le mandataire *ad litem* est un *avoué;* aussi l'avoué se trouve-t-il seul mentionné dans les textes.

Les *avocats à la Cour de cassation* remplissent la même fonction : ils sont aussi sujets à désaveu.

L'*huissier* diffère de l'avoué. Comme lui, il est mandataire de la partie; mais, en outre, il exerce des pouvoirs publics. Délégué de l'autorité souveraine, il donne force probante à toutes les énonciations relatives aux faits qu'il a mission de constater. Les indications de la date, de la remise de l'exploit, de la personne entre les mains de laquelle il l'a laissé, sont authentiques. Elles ne peuvent être détruites que par la voie de l'inscription de faux. Cette authenticité, l'huissier la communique aux actes de l'avoué même, par la signification qu'il en donne. Mais si les actes de l'huissier font foi jusqu'à inscription de faux contre celui qui les reçoit, ont-ils la même force à l'égard du requérant au nom duquel l'huissier a agi, quant aux offres, aveux et consentements contenus dans l'exploit? Pour faire tomber ces actes nuisibles, le requérant, le client de l'huissier peut-il, au lieu de s'inscrire en faux, recourir au désaveu? La question était fort controversée dans notre ancien droit français. La majorité des auteurs, Pothier notamment admettaient que le désaveu de la partie suffisait. La voie de l'inscription de faux n'était ni nécessaire ni admissible. Cette opinion est adoptée par les auteurs modernes et par la jurisprudence. Attacher l'authenticité à l'encontre du requérant aux déclarations de l'huissier serait obliger celui-ci à être et à se maintenir en rapports constants avec la partie, à ne rédiger ses actes qu'après une communication avec le client lui-même. L'huissier refuserait tout mandat transmis par intermédiaire pour ne pas s'exposer à être plus tard poursuivi comme faussaire. Pareille marche serait impraticable, onéreuse pour les plaideurs, embarrassante pour tout le monde. En pratique, l'huissier agit par les ordres de l'avoué : il ne connaît pas le client. Il suffit donc, pour protéger les intérêts de ce dernier, que l'huissier puisse être désavoué.

Les textes du Code ne font nulle mention de l'huissier comme pouvant être désavoué. Mais le doute ne saurait exister sur ce point. Sur l'article 352 Pr. civ., la section du Tribunat disait : Les règles posées sont communes aux avoués et aux huissiers. — L'article 358 Pr. civ. suppose un désaveu dirigé contre un acte en dehors d'instance ; ceci ne peut s'entendre que d'un acte extrajudiciaire du ministère de l'huissier.

L'*avocat* ne représente pas la partie ; il la *défend*. Les aveux échappés à l'avocat n'ont de valeur que s'ils sont émis en présence de l'avoué, sans protestation de la part de celui-ci. Si l'avoué garde le silence, il acquiesce aux assertions de l'avocat : elles ne valent que par cette adhésion tacite. En pareil cas, c'est l'avoué, et non l'avocat, qui sera soumis au désaveu.

Les *notaires*, lorsqu'ils remplissent les fonctions d'huissiers, en signifiant des actes respectueux ou des protêts, sont sujets à désaveu vis-à-vis de la personne au nom de laquelle ils instrumentent. Vis-à-vis de l'autre partie, leurs déclarations ont la force de l'authenticité et ne peuvent être détruites que par la voie de l'inscription de faux.

Les *agréés* près les tribunaux de commerce ne sont pas des officiers ministériels. Ils ne sont et ne peuvent être que des mandataires ordinaires, sans caractère public comme sans privilège. L'article 627 du Code de commerce et l'ordonnance du 10 mars 1825 exigent un pouvoir spécial pour la validité d'une procédure suivie au nom d'autrui devant la juridiction consulaire. Comme toute autre personne, l'agréé est astreint à se pourvoir de ce mandat formel, qui doit être exhibé au greffier, lors de l'appel de la cause. La partie, au nom de laquelle des actes auront été accomplis par un prétendu mandataire, fût-il agréé, sans que le pouvoir spécial ait été constaté, n'a point à désavouer ces actes : elle les repousse par une simple dénégation. — Mais l'agréé, nanti d'un pouvoir régulier, a fait des actes, offres, aveux, consentements qui de la part d'un avoué donneraient ouverture à désaveu. Suffira-t-il d'une dénégation de la partie et faudra-t-il considérer comme non avenus ces actes téméraires ? La jurisprudence trouve plus commode de valider provisoirement en masse toute la procédure faite par l'agréé, en réservant au client la voie du désaveu pour tout acte excédant les limites raisonnables du mandat. Elle assimile l'agréé à un avoué. — Cette marche est assurément plus aisée; mais elle n'est pas juridique. Nous ne pouvons reconnaître à un agréé les prérogatives d'un officier ministériel, alors que l'institution des agréés est proscrite par la loi. — En vain prétend-t-on que la nature générale du mandat *ad litem* confère à celui qui en est investi le pouvoir de faire toute espèce d'actes, du moins jusqu'à désaveu. — C'est affirmer la solution cherchée; c'est résoudre la question par la question elle-même, alors surtout qu'il s'agit d'actes constituant l'abandon, la disposition du droit de la partie plutôt que sa défense. Si le désaveu n'est plus restreint aux actes des officiers ministériels, on ne voit pas pourquoi cette voie ne serait pas indispensable, quand on veut repousser tout acte quelconque fait par un mandataire dépassant les limites du mandat. Toute distinction est irrationnelle, dès qu'elle n'est plus basée sur la confiance inspirée par les officiers ministériels. Aussi certaines décisions judiciaires, que nous ne saurions trop repousser, tendent-elles à appliquer le désaveu à l'égard de tout mandat.

SECTION III. — **Fixation du tribunal compétent.**

1219. Le désaveu peut être formé dans le cours d'une instance encore pendante : il est alors *incident*. — Il peut n'être formé qu'après le jugement du litige, soit que le jugement ait été frappé d'appel, soit que l'appel du jugement rendu en premier ressort n'ait pas encore été interjeté, soit que le jugement ait prononcé en dernier ressort ou ait acquis force de chose jugée. Le désaveu peut aussi être dirigé contre un acte extrajudiciaire. Dans tous ces cas, le désaveu est *principal*. — Cette distinction entre les deux sortes de désaveu influe sur la compétence du tribunal appelé à statuer sur le désaveu, sur la procédure, sur la fixation des délais et sur les effets du désaveu.

Quant à la compétence du tribunal, deux hypothèses se présentent.

1° L'acte désavoué est-il *extrajudiciaire;* a-t-il été fait en dehors de toute instance; s'agit-il d'offres réelles faites ou acceptées par un huissier sans mandat spécial ? On applique la règle de droit commun. L'action en désaveu doit être portée devant le tribunal du domicile de l'officier ministériel défendeur, de l'huissier rédacteur de l'acte. L'article 358 Pr. civ. est mal rédigé. Il faut lire : *un acte sur lequel il n'y a pas et n'y a point eu d'instance*. Sinon ce texte serait en contradiction avec l'article 356 que nous allons étudier.

2° L'acte désavoué est un acte *judiciaire*, fait dans le cours et à l'occasion d'un procès. L'action en désaveu doit être toujours portée au tribunal devant lequel l'acte désavoué a été accompli. Cette règle est formelle, absolue, s'applique à tous les cas où l'acte se rattache à une instance. (Pr. civ., art. 356.)

Exemples. — A.) Paul prétend être créancier de Pierre; au cours du procès, l'avoué de Pierre, sans avoir reçu mandat à cet effet, avoue la dette, reconnaît son existence ou sa quotité. Pierre s'empresse de le désavouer avant que le jugement soit rendu. La demande en désaveu est *incidente*. Elle sera portée naturellement devant le tribunal déjà saisi du procès. — B.) Pierre ignore l'aveu fait par son mandataire. Jugement de condamnation est rendu contre lui. Après l'expiration des délais d'appel, Pierre apprend la cause de sa condamnation. Il forme un *désaveu*. Sa demande doit être portée au tribunal devant lequel l'aveu a été fait, alors même que l'avoué aurait donné sa démission et transporté son domicile dans un autre ressort. — C.) Pierre interjette appel du jugement qui l'a condamné envers Paul. Devant la cour, Paul, l'intimé, invoque l'aveu fait en première instance par l'avoué de Pierre. Celui-ci désavoue. Sa demande en désaveu doit être portée au tribunal de première instance qui a prononcé le jugement attaqué. Les juges d'appel doivent surseoir à toute procédure et à tout arrêt sur l'appel jusqu'à la décision sur le désaveu. L'instance en désaveu est alors *préjudicielle* à l'instance d'appel. Mais la cour pourra fixer un délai pendant lequel le désaveu devra être jugé : ce délai expiré, elle aura la faculté de passer outre. (Pr. civ., art. 357.) — D.) Dans le cours d'une instance, devant le tribunal de la Seine, Paul veut se prévaloir contre Pierre d'un acte, par lequel, dans une autre instance précédemment engagée à Rouen, l'avoué de Pierre a reconnu tel fait ou attribué telle qualité à son client. Pierre, pour conjurer les effets de cet aveu dans l'instance nouvelle, aura recours au désaveu. Il saisira le tribunal devant lequel a été instruite la procédure désavouée, le tribunal de Rouen. Sa demande est encore *préjudicielle* à l'instance actuelle. Le tribunal de la Seine devra surseoir au jugement à peine de nullité, à moins que l'affaire dont il est saisi ne puisse être jugée en dehors de l'acte désavoué. (Pr. civ., art. 357.) — La nullité du jugement définitif rendu au mépris de l'article 357 P. civ. sera poursuivie, selon les circonstances, par voie d'opposition, d'appel, de pourvoi en cassation ou de requête civile.

Dans tous les cas ci-dessus, la loi a pensé que le tribunal où s'est accompli l'acte désavoué est plus que tout autre apte à prononcer sur le désaveu en connaissance de cause. Il est naturel en outre qu'il connaisse d'une demande dont l'effet, si elle est justifiée, sera l'annulation de la procédure faite devant lui et du jugement qu'il a rendu.

Mais la disposition de l'article 356 est subordonnée au respect des règles déterminatrices de la compétence *ratione materiæ*, règles d'ordre public. (V. n° 376.) Nous avons déjà dit que les juridictions d'exception ne pouvaient connaître d'une demande en désaveu. (V. n° 549.) Une double raison nous décide : la gravité des conséquences engendrées par l'action en désaveu à l'égard de l'officier ministériel ; l'impossibilité d'obéir à la loi qui ordonne la communication au ministère public de toute demande en désaveu. (Pr. civ., art. 359.) Cette demande devra être renvoyée au tribunal du domicile du défendeur.

SECTION IV. — **Délais et formes de la procédure de désaveu.**

1220. Délais. — La faculté de désaveu subsiste indéfiniment, s'il n'y a eu approbation expresse ou tacite de l'acte sujet à désaveu, dans deux cas : 1°) L'acte est *extrajudiciaire*. Tant qu'il aura une existence légale, tant qu'il pourra produire quelque effet et nuire à la partie, la demande en désaveu sera recevable. — 2°). L'instance, dans le cours de laquelle a été fait l'acte désavoué, n'est pas terminée par un jugement rendu en dernier ressort. Tant que subsiste la faculté d'appel ou d'opposition, ou si l'appel ou l'opposition ont été formées dans les délais utiles, le désaveu est admissible.

Mais, si le jugement a acquis force de chose jugée, le droit de former le désaveu ne subsiste plus que pendant un délai de huitaine, à dater du jour où le jugement doit être réputé exécuté aux termes de l'article 159 Pr. civ. Quand les circonstances sont telles que l'exécution du jugement a été nécessairement connue de la partie condamnée, il est rationnel d'obliger cette partie à se prononcer dans un bref délai sur le point de savoir si elle entend ou non désavouer la procédure dirigée contre elle. Son silence prolongé doit s'interpréter comme impliquant ratification tacite. (Pr. civ., art. 362.) Le délai de huitaine de l'article 362 n'est pas franc : mais il reçoit augmentation à raison des distances.

Les mots de l'article 362, *jugement qui aura acquis force de chose jugée,* doivent s'entendre d'un jugement rendu en dernier ressort, comme d'un jugement passé en force de chose jugée par suite de l'expiration des délais d'appel. On ne doit pas attendre, pour faire courir le délai de huitaine, que soient expirés les délais établis pour l'emploi des voies de recours extraordinaires, pourvoi en cassation ou requête civile. Jamais on ne tient compte de ces voies pour décider si un jugement a ou n'a pas acquis force de chose jugée.

1221. Formes. — Deux règles sont communes à toute espèce de désaveu.

Principal ou incident, tout désaveu est soumis à une formalité préalable, solennelle dans son accomplissement, formalité prescrite dans un double but : éviter que le désaveu ne soit formé avec légèreté ; éviter que la procédure de désaveu ne soit elle-même désavouée. Cette formalité consiste dans une déclaration faite au greffe par un acte signé de la partie ou du porteur de sa procuration spéciale et authentique. L'acte de désaveu doit contenir les moyens, conclusions et constitution d'avoué. (Pr. civ., art. 353.) La signature de la partie ou de son mandataire, l'énoncé des conclusions sont des formalités substantielles. L'omission de la constitution d'avoué pourrait être réparée après coup.

L'instance en désaveu intéresse l'ordre public, puisqu'elle peut compromettre le caractère d'un officier ministériel et le soumettre à des peines plus ou moins graves. Aussi la loi impose-t-elle la communication au ministère public de toute demande en désaveu. (P. civ., art. 359.)

1222. A part ces deux règles communes, les formes du désaveu varient selon qu'il présente le caractère d'une demande principale ou incidente.

Au cas de désaveu incident, se produisant au cours même de l'instance principale dans laquelle figure l'officier désavoué, la partie signifie son désaveu, par acte d'avoué à avoué, tant à l'avoué contre lequel le désaveu est dirigé qu'aux autres avoués de la cause. Cette signification vaut sommation de défendre au désaveu. (P. civ., art. 354.) Le désaveu est notifié aux autres avoués de la cause ; car son effet, s'il est déclaré valable, sera d'enlever à toutes parties le bénéfice des offres ou de l'aveu, ayant provoqué le désaveu. Elles sont donc intéressées à le faire rejeter pour conserver dans l'instance les avantages de leur position. — Après cette notification, les diverses parties, y compris l'avoué attaqué, se signifient les requêtes d'usage et viennent ensuite plaider sur l'incident. (Pr. civ., art. 77 et 78 ; — Tarif, art. 75.)

Cette forme incidente ne peut plus être suivie, si l'avoué sujet à désaveu est décédé ou n'exerce plus ses fonctions ; le désaveu est signifié par exploit d'ajournement à son domicile, ou à ses héritiers, avec assignation à comparaître au tribunal où l'instance est pendante. Il est notifié aux autres parties, toujours par acte d'avoué à avoué. (Pr. civ., art. 355.)

Le désaveu est-il principal (V. n° 1219), cette demande n'est jamais soumise au préliminaire de conciliation. (Pr. civ., art. 49.) Comme elle doit être portée devant un tribunal qui est dessaisi ou qui n'a jamais été saisi (au cas de désaveu contre un acte extrajudiciaire), cette demande est formée par exploit d'ajournement contre l'officier désavoué et contre les parties du procès primitif, qui ne figurent pas dans l'instance, au cours de laquelle se produit le désaveu dirigé contre un acte antérieur. Quant aux parties de l'instance actuelle, le désaveu leur est dénoncé par acte d'avoué à avoué, et elles sont ainsi appelées à conclure dans l'instance en désaveu. — La demande en désaveu est instruite et jugée en la forme ordinaire.

SECTION V. — **Effets du désaveu.**

1223. PREMIER CAS. — Le désaveu est rejeté par le tribunal ; car l'acte émané de l'avoué rentrait dans ses pouvoirs généraux, ou l'officier s'était muni d'un pouvoir spécial qui l'autorisait à faire ou à accepter offres, aveux, etc. L'acte désavoué conserve dans l'instance son influence et sa valeur. Il pourra servir de base à la décision future. — Si, à l'époque du désaveu, le jugement au fond avait été déjà rendu, la chose jugée reprendra son autorité et sa force exécutoire, momentanément suspendues par l'action en désaveu. — Mais celle-ci a entraîné des retards préjudiciables aux adversaires ; elle a fait planer un doute sur l'honnêteté de l'officier ministériel. Le désavouant qui succombe pourra, selon les circonstances, être condamné envers le désavoué et les autres parties à des dommages-intérêts. Pour donner à la réparation la même publicité qu'à l'accusation, le jugement de rejet sera mentionné sur les registres du greffe, en marge de l'acte de désaveu. (Pr. civ., art. 361.)

1224. Deuxième cas. — Le désaveu est admis. Les actes désavoués sont juridiquement anéantis, ne peuvent exercer aucune influence sur la décision du litige principal. — Le désaveu concerne-t-il un acte sur lequel il n'a jamais existé d'instance, le jugement, en déclarant le désaveu valable, enlève à cet acte toute puissance obligatoire. — L'instance, dans le cours de laquelle avait été accompli l'acte désavoué, a-t-elle été clôturée par un jugement définitif, ce jugement ou les dispositions de ce jugement, relatives aux chefs qui ont donné lieu au désaveu, demeureront *annulées et comme non avenues*. Le jugement avait-il acquis l'autorité de la chose jugée, cette autorité disparaît de plein droit. Le tribunal, en déclarant le désaveu valable, anéantit lui-même son œuvre. — Si le jugement n'avait pas encore acquis force de chose jugée, il est inutile de l'attaquer devant la juridiction supérieure; le désaveu satisfait les intérêts de la partie condamnée, sans qu'une réformation de la sentence soit nécessaire. On ne réforme pas ce qui n'existe plus. — Le désaveu n'a-t-il été formé qu'après appel interjeté contre le jugement, le tribunal supérieur, qui a dû surseoir, se trouve dessaisi par la seule présentation du jugement sur le désaveu. La sentence à lui déférée se trouvant non avenue, la matière manque à sa juridiction. — Enfin l'arrêt du tribunal d'appel était-il rendu sur un acte de la procédure de première instance, la validité du désaveu, prononcée par les premiers juges, entraîne l'annulation virtuelle de la sentence du tribunal supérieur. (Pr. civ., art. 360.)

1225. L'officier ministériel, contre lequel a été dirigé le désaveu déclaré valable, est soumis à une triple responsabilité. 1° Vis-à-vis de sa partie, l'anéantissement de l'acte désavoué sera souvent insuffisant à réparer le préjudice causé; l'officier pourra être condamné envers elle à des dommages-intérêts selon les circonstances, et à tous les frais. (Pr. civ., art. 1030 et 1031.) — 2° Les parties adverses ont été trompées par ce mandataire sur l'étendue de son mandat; le désaveu leur enlève les bénéfices d'actes ou de jugements supposés valables. L'avoué leur devra dans tous les cas les frais de la procédure désavouée et ceux de l'action en désaveu, et souvent des dommages-intérêts selon leurs chances plus ou moins favorables. — 3° Envers la société, cet officier, investi d'une confiance particulière, doit subir les conséquences de la prévarication par lui commise. Il pourra être frappé d'interdiction ou poursuivi *extraordinairement*, c'est-à-dire devant les juridictions de répression, s'il a commis le crime de faux par exemple. (Pr. civ., art. 360.)

La gravité des conséquences de l'action en désaveu ne doit-elle pas, dans tous les cas, rendre susceptible d'appel le jugement de cette action? Non. On doit appliquer les règles ordinaires sur la recevabilité de l'appel. Si l'acte désavoué se rattache à une instance, l'intérêt que présente le désaveu est déterminé par le taux de la demande principale : l'action en désaveu en suivra le sort, au point de vue de la faculté d'appel. — Le désaveu concernait-il un acte étranger à toute instance, l'intérêt de l'action se détermine par le montant des dommages-intérêts réclamés.

Quelques auteurs pensent, au contraire, qu'une question qui touche à l'honneur des officiers ministériels inculpés et à l'ordre public, doit être traitée comme la récusation et déclarent sujet à appel tout jugement sur un désaveu principal ou incident.

CHAPITRE III

DÉSISTEMENT

(Liv. II, tit. XXIII, art. 402 a 403.)

Sommaire. — Trois espèces de désistement. — Première section. Capacité requise. — Deuxième section. Acceptation du désistement. — Troisième section. Formes du désistement et de son acceptation.

1226. Le désistement dont s'occupe le Code de procédure, est l'acte par lequel le demandeur renonce à l'instance qu'il a introduite. — On distingue trois sortes de désistement : le désistement *d'action*, le désistement *d'instance*, le désistement *d'acte déterminé*.

1° Le désistement *d'action* porte sur le fond du droit : c'est une renonciation au droit lui-même. Il éteint par voie de conséquence le procès dans le passé, le rend impossible dans l'avenir. Cette matière ne se rattache pas aux règles sur les formes judiciaires, mais aux principes généraux de la loi civile sur les renonciations. — Ce désistement a pour corrélatif l'*acquiescement* du défendeur, véritable reconnaissance du droit du demandeur, qui éteint aussi le procès par voie de conséquence ou rend le jugement déjà prononcé inattaquable. — Tous deux supposent que le droit litigieux est *in commercio* et que les deux parties ont la capacité d'aliéner ce même droit.

2° Le désistement *d'acte déterminé* est la renonciation aux effets juridiques engendrés par la signification d'un acte extra-judiciaire ou par l'accomplissement d'un acte judiciaire. Il laisse subsister et le *droit* et l'*instance :* il peut émaner du demandeur comme du défendeur. Ce désistement n'a pas besoin d'être accepté et n'est pas soumis aux formalités du désistement d'instance. En vertu du mandat *ad litem*, l'avoué, agissant dans le sens de ses pouvoirs, peut le signifier et l'accepter valablement, sauf le désaveu de la partie. L'avoué a intérêt à anéantir un acte irrégulier, à le remplacer par un acte conforme à la loi et à éviter ainsi une condamnation à dommages-intérêts. (Pr. civ., art. 1031.)

3° Le désistement *d'instance* est une renonciation à la situation acquise par l'introduction de l'instance et par l'accomplissement des actes constitutifs de cette instance. Il éteint le litige actuel : mais le droit, l'action subsiste. La demande seule est anéantie. Elle pourra dans l'avenir être de nouveau formée, si le droit lui-même subsiste encore. Les parties sont remises dans l'état où elles se trouveraient s'il n'y avait pas eu d'instance.

Le demandeur peut avoir intérêt à se désister dans bien des hypothèses. — Il a saisi du litige un tribunal incompétent et il va être condamné sur le déclinatoire soulevé par le défendeur. — La demande est irrégulièrement introduite; l'exception de nullité va lui être opposée. — Le droit réclamé, objet du litige, est encore subordonné à une condition ou son exercice retardé par un terme. — Le demandeur estime le moment peu favorable ; il s'aperçoit qu'il n'a pu recueillir toutes les preuves de son droit, etc., etc.

Le désistement d'instance est une offre, une pollicitation du demandeur au défendeur de dénouer l'instance, de l'anéantir. C'est un acte de gestion qui préserve des éventualités de la décision judiciaire le droit peut-être compromis par des irrégularités de procédure et le ramène rétroactivement à son premier état. — Pollicitation et acte de gestion, non de disposition, tel est son double caractère. Examinons-en les conséquences.

SECTION I. — **Capacité requise pour le désistement.**

1227. Deux opinions bien tranchées sont en présence. D'après la première, le désistement d'instance, comme le désistement d'action, suppose la capacité de disposer du droit litigieux ; il ne peut être fait que par les personnes auxquelles aucune autorisation n'est nécessaire pour engager le procès.

Nous préférons la seconde, qui n'exige chez les parties que la capacité requise pour les actes d'administration. Le désistement d'instance, laissant intact le fond du droit, n'est qu'un acte de sage gestion, ayant pour but l'anéantissement d'une procédure compromettante. Toute personne ayant le pouvoir d'administrer un patrimoine aura capacité pour offrir ou pour accepter le désistement, quoique cette personne n'eût pu seule intenter l'action. Ainsi le mineur émancipé peut se désister avec l'assistance de son curateur, bien qu'il ne puisse aliéner ses droits qu'avec l'autorisation du conseil de famille, ou avec cette autorisation et l'homologation du tribunal. (Cod. civ., art. 482 à 484.) — La femme mariée, valablement autorisée à introduire l'instance ou à y défendre, peut s'en désister sans autorisation. — Le tuteur, agissant au nom du pupille ou de l'interdit, le curateur à une succession vacante, les administrateurs ou gérants qui exercent les actions de l'État, des communes, des établissements publics ou des sociétés peuvent se désister de l'instance ou accepter le désistement de l'adversaire, bien qu'ils ne puissent introduire l'action ou y défendre qu'en vertu d'une autorisation de plaider, exigée par la loi ou par l'acte de société.

Mais, *exceptionnellement*, la capacité d'aliéner doit être exigée toutes les fois que le désistement entraîne comme conséquence indirecte la perte du droit lui-même. Ce résultat se réalise dans deux cas : 1° L'effet interruptif de l'exploit d'ajournement étant anéanti, la prescription aura juridiquement continué de courir et devra être considérée comme acquise, s'il y a désistement. (C. civ., art. 2247.) Le droit lui-même est alors détruit par l'effet de la prescription que vient vivifier le désistement. Sans ce dernier, la prescription n'aurait pas couru. Il atteint le droit par ricochet. — 2° En cause d'appel, le désistement est donné, une fois le délai d'appel expiré et l'appel désormais non renouvelable. Ce désistement donne à la sentence des premiers juges l'autorité de la chose irrévocablement jugée. Il équivaut à un acquiescement, à une renonciation au droit lui-même.

SECTION II. — **Acceptation du désistement.**

1228. Le désistement du demandeur doit-il être accepté par le défendeur? A première vue, il peut paraître surprenant d'exiger le consentement du défendeur pour la validité du désistement. Le demandeur n'était-il pas libre d'entamer l'instance? Pourquoi ne serait-il pas aussi libre d'y renoncer à sa guise, d'anéantir par sa seule volonté l'instance qu'a fait naître cette même volonté ? — Mais le désistement a pour effet nécessaire de remettre les choses en l'état où elles seraient s'il *n'y avait pas eu* d'instance. Il anéantit donc les actes du défendeur comme ceux du demandeur. Celui-ci ne doit pas pouvoir, par sa seule volonté, se dérober à son gré aux conséquences du procès au moment où il s'aperçoit qu'il va succomber et détruire la position acquise par le défendeur, qui a soulevé une demande incidente ou reconventionnelle (1). Les mesures d'instruction, l'expertise, l'enquête sont favorables au défendeur. Comment le demandeur pourrait-il lui enlever ces avantages et attendre, pour renouveler le procès, que les témoins principaux soient décédés, etc. ? L'acceptation du défendeur est donc en principe nécessaire. Son adhésion doit répondre à l'offre, à la pollicitation du demandeur.

L'acceptation du défendeur n'est cependant indispensable qu'autant que la procédure est régulière et le tribunal saisi compétent. Sinon, il n'a pas d'intérêt légitime à exiger la continuation des poursuites : en refusant le désistement offert, il agit par pure malice; il veut faire perdre à son adversaire les frais d'un jugement sur l'exception de nullité ou d'incompétence que lui, défendeur, va soulever. Le refus du défendeur ne sera légitimé, que s'il renonce à invoquer l'exception de nullité ou le déclinatoire pour incompétence *ratione personæ*.

Au tribunal d'apprécier, en cas de contestation, si le refus du

(1) Lyon, 7 août 1873. — Orléans, 8 juillet 1875 (Sir., 1875, 2. 268).

défendeur est ou n'est pas légitime (1). Le désistement engendre alors un véritable incident, porté devant les juges, saisis du procès. Ils prononcent sur la validité du désistement malgré la résistance du défendeur. — Mais le tribunal ne peut valider un désistement offert sous certaines conditions. Les juges ne peuvent imposer des obligations nouvelles au défendeur sans son consentement. Le désistement doit être offert pur et simple ; sinon le défendeur ne peut être contraint de le tenir pour accepté. Son refus n'est plus dicté par le caprice ou par la méchanceté.

Le défendeur accepte-t-il volontairement le désistement offert, un contrat particulier se forme entre les deux parties. Le désistement est consommé et l'instance éteinte. — Jusqu'à l'acceptation du défendeur ou jusqu'au jugement du tribunal, le désistant peut retirer son offre.

Le désistement peut être offert dès la signification de l'exploit d'ajournement, avant que le défendeur n'ait encore fait aucun acte. Son acceptation est-elle nécessaire ? Plusieurs arrêts ont adopté la solution négative. Nous préférons l'affirmative. Le demandeur peut ne se désister que pour porter le litige devant un autre tribunal qu'il croit être plus favorable à ses prétentions. Le défendeur peut invoquer le droit de plaider devant les juges premiers saisis.

L'acceptation n'est pas nécessaire à la validité du désistement, quand il présente le caractère d'une adhésion aux conclusions de l'autre partie. *Exemple :* Le défendeur soulève le déclinatoire d'incompétence ; le demandeur renonce à poursuivre devant le juge incompétent. Dans ce cas, les volontés concourent : le consentement du défendeur au désistement signifié par le demandeur résulte d'un acte préexistant.

Le désistement d'une instance d'appel doit-il être accepté pour produire ses effets ? Ne constitue-t-il pas en réalité un acquiescement à la sentence attaquée, à un jugement qui va ainsi acquérir force de chose jugée, acquiescement valable sans acceptation de l'adversaire ? La question est très controversée entre les auteurs et diversement résolue dans les arrêts. — Nous distinguerons deux cas. — Le désistement est-il donné après expiration du délai d'appel, l'acceptation de l'intimé est superflue. Ce désistement renferme une renonciation au droit d'appel ; il équivaut à un acquies-

(1) Cass., 19 mai 1879 (Sir., 1879. 1. 265).

cement formel. — Si, à l'époque de l'offre de désistement, le délai d'appel n'est pas fermé et court encore, le désistement n'est plus un acquiescement implicite donné à la sentence des premiers juges. Il n'y a plus renonciation au droit d'appel. Celui-ci pourrait être renouvelé en temps utile. Nous devons donc réserver au défendeur la faculté de repousser le désistement et de former appel incident.

SECTION III. — **Formes du désistement et de l'acceptation.**

1229. L'offre de désistement et son acceptation peuvent se réaliser de plusieurs manières.

1° A l'audience, par les parties elles-mêmes. Le tribunal rend un jugement, qui donne acte aux parties et qui contient la constatation authentique de leur consentement.

2° Le désistement peut être offert par acte sous seing privé. Le défendeur, qui veut pour sa sécurité en conserver une preuve authentique, peut exiger qu'il lui soit donné acte par un jugement ou par un acte notarié, aux frais du désistant.

3° Le désistement et l'acceptation peuvent être constatés dans un procès-verbal dressé par un juge de paix même incompétent, mais signé des deux parties. (Pr. civ., art. 7.)

4° Le désistement peut être fait et accepté par de simples actes, signés des parties ou de leurs mandataires, et signifiés d'avoué à avoué (Pr. civ., art. 402), simples actes soumis par le tarif à un droit fixe. (Tarif, art. 71.) — Le désistement et l'acceptation, formulés dans des requêtes, seraient valables ; mais l'excédent des frais qui en résulterait n'entrerait pas en taxe.

5° Dans le cas où le défendeur n'a pas encore constitué avoué, le désistement lui est signifié à domicile par exploit d'huissier.

Dans tous les cas, la signature des parties ou de leurs mandataires *spéciaux* est prescrite à peine de nullité. Le mandat *ad litem* est absolument insuffisant. L'acte de l'avoué ne serait pas sujet à désaveu, mais nul pour absence d'une formalité substantielle. — Si le désistement est signifié par exploit, la signature de la partie ou de son mandataire doit être exigée tant sur l'original que sur la copie. (V. n° 731 (1).)

(1) Cass., 7 août 1877. — Caen, 22 févr. 1881 (Sir., 1882, 2. 131).

Quand le désistement est offert par acte d'avoué à avoué, le défendeur qui accepte peut, au lieu d'user du même mode, demander que le tribunal, à l'audience, donne acte du désistement et de l'acceptation. Il peut vouloir en avoir la preuve dans un acte authentique dont la minute se trouve dans un dépôt public. — L'avoué a d'ailleurs, dans tous les cas, un intérêt personnel à demander acte à l'audience; car une décision judiciaire est nécessaire pour qu'il obtienne distraction à son profit des dépens par lui avancés.

Dans bien des cas, l'avoué du défendeur n'aura pas mandat d'accepter un désistement. En demandant au tribunal de donner acte du désistement, il engagera irrévocablement le désistant. Celui-ci ne pourra plus retirer sa pollicitation, tant que ne sera pas écoulé le temps moral indispensable pour connaître l'acceptation ou le refus de la partie défenderesse.

SECTION IV. — **Effets du désistement.**

1230. Le désistement, accepté ou tenu pour accepté, éteint l'instance. Il fait considérer comme non avenus tous les actes de la procédure. Il détruit rétroactivement les effets engendrés par l'exploit d'ajournement. (V. n° 763.) L'interruption de prescription ne se sera pas produite, et celle-ci aura continué son cours. (C. civ., art. 2247.) — Les intérêts moratoires n'auront pas couru. — Le défendeur n'aura pas été mis en demeure. — Le possesseur de l'immeuble n'aura pas cessé d'acquérir les fruits, s'il était de bonne foi avant l'instance. — Le quasi-contrat judiciaire est rompu.

L'article 403 Pr. civ. indique mal ces divers résultats, en disant que les choses sont remises de part et d'autre *au même état qu'elles étaient avant la demande*. Il est plus exact de dire, *dans le même état que s'il n'y avait jamais eu d'action en justice.*

Nul ne peut être empêché de se désister ou d'accepter un désistement offert. Mais quand la demande a été introduite par plusieurs codemandeurs ou formée contre plusieurs codéfendeurs, quel sera à l'égard des autres l'effet du désistement offert ou accepté par l'un d'entre eux? La question doit se résoudre à l'aide des règles de la loi civile sur les obligations simplement conjointes, solidaires, *in solidum*, divisibles ou indivisibles, sur les droits des communistes, des associés, etc.

Les frais de l'instance éteinte sont à la charge de la partie qui se désiste. Mais il en faut faire la liquidation. Le but du désistement étant de mettre un terme à la procédure, le législateur a voulu éviter toute complication dans l'exécution même du désistement. L'article 403, Pr. civ., § 2, indique le mode de liquidation pour le cas où le désistement, convenu entre parties, ne donne lieu à aucune décision de la part du tribunal; quand le tribunal est appelé à statuer sur le désistement pour en donner acte ou en prononcer la validité, la matière étant évidemment sommaire, il liquide les frais par son jugement. — L'opposition à la taxe est portée devant le tribunal entier, conformément à l'article 6 du décret du 16 février 1807.

CHAPITRE IV

PÉREMPTION

(LIV. II, TIT. XXII, ART. 397 A 401.)

SOMMAIRE. Notions générales. — Droit romain. — Ancien droit français. — Différences entre la péremption et la prescription. — SECTION PREMIÈRE. Cas où la péremption peut être requise. — Jugements par défaut. — Jugements interlocutoires ou préparatoires. — Renvoi après cassation. SECTION DEUXIÈME. Personnes par ou contre lesquelles la péremption peut être invoquée. — SECTION TROISIÈME. Délai de la péremption. — Suspension. — Interruption. — SECTION QUATRIÈME. — Fin de non-recevoir contre la demande en péremption. — SECTION CINQUIÈME. Formes de la demande en péremption. — SECTION SIXIÈME. — Effets de la péremption. — Indivisibilité de la péremption. — Critique de la jurisprudence.

1231. Dans une législation bien ordonnée, l'interruption de l'instance, prolongée pendant un certain laps de temps, doit en amener l'extinction. Un procès traîné en longueur indique chez le demandeur une indifférence coupable, une négligence grave, ou le désir de surprendre tout à coup l'adversaire confiant, endormi dans une trompeuse sécurité. Paresse ou esprit de chicane ne mérite les faveurs de la loi. Le demandeur, menacé de voir anéantir la procédure qu'il a laissée interrompue, pressera le dénouement du litige : les procès ne s'éterniseront pas indéfiniment, *ne lites fiant pene inmortales*. De là est née l'idée de la *péremption*.

La péremption est l'anéantissement de l'instance, basé sur la cessation des poursuites pendant plus de trois ans. Elle repose sur la présomption légale que le demandeur, qui pendant le délai fixé a discontinué la poursuite de l'instance, renonce à cette manifestation de son droit. Dans son silence et son inaction, la loi voit un désistement tacite. Le défendeur peut adhérer à ce désistement implicite, comme il peut accepter un désistement formel. Cette adhésion indispensable se traduit par la demande en péremption ; demande nécessaire ; car, comme le désistement accepté, la péremption, prononcée par le juge, fera perdre au défendeur les avantages engendrés par les procédures accomplies. — Mais aussi, comme au cas de désistement formel, le demandeur peut, par de nouveaux actes de procédure, rétracter sa pollicitation, implicite et présumée par la loi, tant que le défendeur n'y a point adhéré : de son côté, le défendeur peut repousser cette offre en continuant la procédure et en demandant au tribunal de prononcer le jugement. La péremption est alors *couverte*. Il n'en fut pas toujours ainsi.

1232. En droit romain, sous l'empire du système formulaire, les instances s'éteignaient par une péremption, acquise de plein droit, à l'issue d'un délai variant selon le caractère même de l'instance. Les *judicia legitima* étaient perpétuels à l'origine. Une *lex Julia judiciaria* en restreignit la plus longue durée à dix-huit mois. Le jugement n'étant pas prononcé dans ce délai, le juge (*judex*) était dessaisi et le droit du demandeur définitivement perdu. Quant aux *judicia imperio continentia*, l'instance durait jusqu'à l'expiration des fonctions du magistrat qui avait délivré la formule, mais non au delà. Le demandeur, qui aurait sous un autre prétexte voulu recommencer le procès, aurait été repoussé à l'aide de l'exception *rei in judicium deductæ*. (Gaius, C. IV, 104 à 107.) — Après l'abolition du système formulaire, les *judicia* furent réduits à une seule catégorie. Les règles de la péremption d'instance furent remaniées. En 424, Théodose le Jeune décida qu'une instance serait éteinte lorsqu'elle n'aurait pas abouti à un jugement dans les trente années à partir de la *litiscontestatio*. C'était en réalité considérer la *litiscontestatio* comme interruptive de la prescription et comme point de départ d'une nouvelle prescription. (C. 1, § 1, Cod. Th., *de act. cert. temp.*, IV, 14.) — Justinien sépare nettement la péremption de l'instance de la prescription de l'action. La première s'accomplit par trois ans à partir de la *litiscontestatio*. Ce délai écoulé, le juge est dessaisi de plein droit. Mais l'action subsiste et peut être intentée de nouveau et, bizarrerie, l'action ne se prescrit plus que par un délai de quarante ans à compter du dernier acte de procédure. (C. 13, § 1, Cod. *de jud.*, I, 13.)

Notre ancien droit français nous donne le spectacle de divergences remarquables entre les auteurs, les coutumes, les divers parlements de France sur le principe, sur la durée et le point de départ du délai, sur les effets de la péremption. L'ordonnance royale de Roussillon de 1563 essaya de mettre un terme à ces divergences en posant une règle uniforme (art. 15). Son exécution rencontra des résistances. Plusieurs parlements refusèrent l'enregistrement. En 1629, une autre ordonnance renouvela l'inutile tentative de ramener à l'uniformité la jurisprudence des parlements. L'ordonnance de 1667 n'essaya pas de vaincre l'obstination des cours souveraines et garda le silence sur la péremption. — Les rédacteurs du Code de procédure ont dû faire un choix. Ils ont généralement suivi la jurisprudence du parlement de Paris. Chaque texte répond à quelque ancienne controverse, tranche une question autrefois débattue.

1233. Fondée sur une présomption d'abandon de l'instance, la péremption a été introduite à l'image de la prescription. Mais quoique nées de la même pensée, issues d'un principe unique appliqué à des matières diverses, ces deux institutions ne doivent pas être confondues.

Différences entre la péremption et la prescription. 1° La prescription éteint l'action ; elle anéantit le droit du créancier en libérant le débiteur. Poursuivi, celui-ci trouve dans la prescription une défense invincible contre la prétention du demandeur. — La péremption éteint la procédure, l'instance entamée. Mais le droit, l'action sont intacts. Le créancier peut recommencer un nouveau procès, introduire une nouvelle demande. L'action a survécu à l'anéantissement de la procédure. — Exceptionnellement la péremption pourra, *par ricochet*, entraîner l'extinction du droit lui-même. En effaçant les actes interruptifs d'une prescription commencée, la péremption laisse à la prescription un libre cours. La barrière est censée n'avoir jamais été posée, la prescription avoir toujours couru. Soumise aux conditions dans lesquelles elle se fût trouvée s'il n'y avait eu d'instance, l'action sera éteinte, si le temps de la prescription a pu s'accomplir pendant la durée de l'instance périmée. (Cod. civ., art. 2247.)

2° La prescription accomplie, le débiteur a un droit acquis, un droit irrévocable à l'invoquer. Le silence du créancier a suffi, non seulement pour faire présumer, mais pour *opérer* l'abandon de son droit. Le droit est éteint, sans que la volonté du débiteur doive concourir avec la volonté tacite du créancier. La volonté du débiteur ne doit intervenir que pour restituer le créancier contre l'extinction de son droit. Le débiteur peut renoncer à la prescription; mais le créancier ne peut, par aucun acte, lui en enlever le bénéfice. On *renonce* à la prescription; on ne la *couvre* pas.

Au contraire, le délai de la péremption est-il écoulé, le défendeur n'a pas encore un droit acquis. Il doit formellement demander la péremption, adhérer au désistement tacite qu'elle implique. Car elle va éteindre l'instance et anéantir le quasi-contrat formé entre les plaideurs. Elle ne dépouillera pas seulement le demandeur des droits particuliers nés, en sa faveur, de l'instance; elle privera aussi le défendeur des ressources que les procédures déjà faites peuvent fournir à sa défense. Son concours est donc nécessaire. Il peut le refuser, en poursuivant l'instance abandonnée et *couvrir* la péremption. A l'inverse, le demandeur peut, tant qu'il n'a pas été accepté, rétracter son désistement tacite et *couvrir* la péremption par de nouvelles procédures.

3° Certaines actions sont imprescriptibles, telles sont les actions en réclamation d'état. (C. civ., art. 328.) Au contraire, la péremption s'applique à toute instance sans exception, même aux instances relatives à des actions imprescriptibles. On doit toujours pouvoir se désister d'un procès mal engagé.

4° Le délai de la prescription n'est pas uniforme. (Cod. civ., art. 559, 1622, 1648, 1676, 2262, 2271 à 2277; Cod. com., art. 64, 108, 189, 373, 432, 433.) Le délai de la péremption est uniforme. Il est toujours de trois ans, alors même que l'action base de l'instance soit une de ces actions dont la durée est limitée à un délai moindre de trois années. L'instance étant le mode d'exercice de l'action, celle-ci est exercée et par suite conservée tant que dure l'instance. A ce principe, deux exceptions seulement inscrites dans l'article 189 du Code de commerce et dans l'article 61 de la loi du 22 frimaire, an VII.

5° La prescription est suspendue au profit de certaines personnes (Cod. civ., art. 2252, 2253, 2256, 2258). La péremption court contre toute personne. (Pr. civ., art. 397.) La raison de cette différence est que par *elle seule* la péremption ne peut entraîner la perte du droit.

SECTION I. — **Cas où la péremption peut être requise.**

1234. Toute instance, dit l'article 397, Pr. civ., encore qu'il n'y ait pas eu constitution d'avoué, sera éteinte par discontinuation des poursuites pendant trois ans. — La péremption ne s'applique donc qu'aux instances, et non aux actes extrajudiciaires, ni à la citation en conciliation, qui précède l'instance, mais est en dehors d'elle (V. n° 677) ; mais elle s'applique à *toutes* les instances introduites devant les juges de paix, les tribunaux civils, les tribunaux de commerce (1) et les cours d'appel.

Cette institution est étrangère: 1° aux instances suivies devant les arbitres, lesquelles s'éteignent à l'expiration du terme fixé par le compromis, ou, s'il n'en a pas été fixé, au bout de trois mois (Pr. civ., art. 1007); 2° à la procédure devant la Cour de cassation, régie par des règles spéciales ; 3° aux procédures devant le conseil d'État.

Des dissidences s'étaient élevées dans notre ancien droit sur l'hypothèse suivante. L'ajournement a été signifié: depuis, aucun acte de procédure n'a été accompli ni par l'une, ni par l'autre des parties. Le défendeur n'a même pas constitué avoué. Trois ans se sont écoulés. La péremption peut-elle être demandée? La réponse affirmative fut adoptée dans un arrêt de règlement du Parlement de Paris du 28 mars 1692. Pour éviter toute nouvelle controverse, le Code en reproduit la disposition.

Par la généralité des termes de l'article 397, Pr. civ., le législateur a voulu rejeter toutes les subtilités des anciens praticiens. L'instance se périme par la discontinuation des poursuites. Tant qu'elle subsiste, de son point de départ au terme de son dévelop-

(1) Discuté autrefois, ce point est admis par la doctrine générale et par la jurisprudence.

pement, la péremption peut l'atteindre. L'instance commence par l'ajournement : elle se termine par le jugement définitif. Ce jugement est le seul obstacle contre la péremption à venir.

1235. Un jugement par défaut sur le fond du lititige est un jugement définitif. Cependant l'opposition peut de nouveau soumettre au même tribunal la décision du procès et renouer l'instance en effaçant par une fiction le jugement attaqué. Comment devons-nous concilier les règles de la péremption avec les principes relatifs aux jugements par défaut et à l'opposition? Plusieurs hypothèses doivent être examinées.

PREMIER CAS. — Le jugement rendu est par défaut faute de comparaître. Il doit être exécuté dans les six mois de son obtention; sinon il est anéanti. Mais la procédure antérieure subsiste ; le défaut d'exécution n'entraîne pas la péremption de l'instance, le jugement seul disparaît. Les actes de la procédure ne seront périmés que lorsque trois ans auront couru à partir du dernier acte précédant le jugement non exécuté. (Pr. civ., art. 156. V. n° 958.)

DEUXIÈME CAS. — Le jugement par défaut a été rendu faute de conclure. Il a été signifié; l'opposition n'a pas été formée dans la huitaine (V. n° 967.) Le jugement est à l'abri de la péremption. Il n'y a plus d'instance : il n'y a qu'un jugement à exécuter. — Si le jugement n'a pas été signifié, le délai de l'opposition ne court pas contre le défaillant. Le péremption ne peut encore pas anéantir la sentence. La partie n'est plus en instance: elle n'a plus à obtenir un jugement. Il existe.

TROISIÈME CAS. — Le jugement par défaut faute de comparaître ou faute de conclure a été frappé d'une *opposition régulière*. Le tribunal a été de nouveau saisi. Puis la procédure est discontinuée pendant le délai de la péremption. A quoi s'appliquera la péremption, à la procédure d'opposition seulement, ou à l'instance entière introduite par le demandeur originaire? A l'instance tout entière, *ab initio*. Le jugement par défaut n'avait clôturé l'instance originaire, que sous la condition qu'il ne serait pas suivi d'opposition, ou que l'opposition serait rejetée comme non fondée. L'opposition formée, le jugement s'efface, jusqu'à ce qu'un débouté d'opposition vienne lui redonner la vie (V. n° 974.) Les choses sont remises au même état que si la partie avait dès le début manifesté l'intention de se défendre. L'opposition n'est pas une demande, mais une défense à l'ajournement. L'opposition n'intervertit pas les rôles des parties. Elle ne crée pas une instance nouvelle. Au demandeur originaire, qui conserve sa qualité, incombe le soin de poursuivre l'instance que l'opposition laisse inachevée et incomplète. Sur lui seul doivent peser les conséquences de son inertie et la présomption de désistement tacite. Le jugement par défaut a disparu par l'effet de l'opposition avant que la péremption ait commencé à courir; quand elle s'accomplit, elle ne peut plus frapper que les autres actes de l'instance ; mais elle les atteint tous.

QUATRIÈME CAS. — Le jugement rendu par défaut est frappé d'une *opposition irrégulière;* par exemple, elle ne contient pas l'indication des moyens de l'opposant. Le demandeur originaire, au lieu de la faire rejeter, reste inactif ; le délai de la péremption s'écoule. Lorsque la péremption sera demandée contre lui, il répondra que l'opposition irrégulière n'a pu ressusciter et rouvrir l'instance primitive. Celle-ci a été définitivement close par la prononciation du jugement par défaut.

CINQUIÈME CAS. — Sur la signification de l'opposition irrégulière, le demandeur a poursuivi la procédure : il a donné des conclusions pour faire prononcer la nullité de l'opposition. Trois années s'écoulent sans que le jugement intervienne. La péremption de l'instance est demandée. Il répondra encore que l'opposition *irrégulière* n'a pu anéantir le jugement de défaut qui avait clôturé l'instance primitive. La péremption ne peut atteindre que les actes postérieurs au jugement.

1236. Les jugements *préparatoires* ou *interlocutoires* sont des éléments de l'instance. Celle-ci doit continuer son évolution. Le jugement n'a pas définitivement statué ; il n'a que le caractère d'un acte d'instruction. Aussi ces sortes de jugement ne font pas obstacle au cours de la péremption dans l'avenir. — Celle-ci, en éteignant l'instance, anéantira du même coup ces jugements.

1237 Une demande en péremption y est elle-même soumise ; car bien qu'incidente, elle constitue une instance distincte de la première. La péremption de l'instance en péremption fera recouvrer au demandeur originaire le droit de poursuivre et de continuer l'instance originaire.

1238, Quand un jugement ou un arrêt ont été *cassés* par la Cour Suprême, ils sont anéantis ; mais la cassation n'atteint pas les actes de la procédure antérieure. Pour terminer l'instance, les parties doivent se présenter devant le tribunal ou la Cour de renvoi. Les nouveaux juges sont saisis en vertu de l'arrêt de renvoi; la péremption courra devant eux, si les poursuites sont discontinuées pendant trois ans à partir de la signification de l'arrêt de renvoi, alors même qu'aucune assignation n'eût été donnée entre parties.

SECTION II. — Personnes par ou contre lesquelles la péremption peut être invoquée.

1239. La péremption ne peut être invoquée que par le défendeur seul. Sa demande en péremption est pour lui le mode d'acceptation du désistement tacite du demandeur. — Quant à celui-ci, il ne peut invoquer la péremption, son désistement tacite présumé; il est plus simple et plus naturel de recourir au désistement formel. Pr. civ., art. 402.)

La péremption peut être invoquée contre tout demandeur, contre l'État, les établissements publics, les mineurs, etc. Le Code a supprimé les exemptions dont certaines causes privilégiées jouissaient dans notre ancien droit. Le tuteur du mineur, libre de se désister de l'instance introduite au nom de son pupille, est aussi libre de la laisser périmer. (V. n° 1227.) L'inconvénient est minime, puisque la prescription est suspendue pendant la minorité. (C. civ., art 2252.) Le mineur conservera toujours son action, son droit. — Cependant l'inconvénient existe lorsqu'il s'agit d'actions soumises à de courtes prescriptions. (C. civ., art. 2278.) La péremption acquise, la prescription aura continué à courir et le droit sera perdu. Mais puisque la loi laisse courir contre le mineur la prescription extinctive du droit, il eût été illogique d'empêcher la péremption, qui est moins grave puisqu'elle n'éteint que l'instance. Le mineur aura son recours contre son tuteur, qui, par son fait, en laissant tomber l'instance en péremption, a, par ricochet, laissé courir la prescription sans l'interrompre et le droit s'anéantir. Le tuteur devra aussi supporter les frais auxquels le pupille aura été condanné.(C. civ., art, 398 et 401)

Le péremption court-elle contre le mineur sans représentant légal dans l'instance? La question peut se présenter, soit que le mineur ait lui-même introduit la demande, soit que, le tuteur l'ayant introduite, ses fonctions aient cessé avant la majorité de son pupille. Elle est controversée. — Nous pensons que la péremption ne peut pas être demandée contre ce mineur. L'article 398, Pr. civ., suppose comme correctif à sa solution un recours contre le tuteur, qui est impossible dans le cas où le mineur n'a pas de représentant. L'article 444, Pr. civ., fournit un argument d'analogie en ne faisant pas courir le délai d'appel contre le mineur dépourvu de tuteur. Vainement dit-on qu'il est inutile d'admettre la suspension du délai de la péremption, puisque la prescription ne court pas et que, le droit d'action du mineur étant sauvegardé, une nouvelle demande pourra être formée après sa majorité. On oublie que le cours des petites prescriptions n'est pas suspendu et qu'en tous cas, les frais de l'instance périmée seront à la charge du mineur demandeur ; risque grave qu'il supportera sans le correctif d'un recours.

SECTION III. **Délai de la péremption.**

1240. Le délai de la péremption est de trois ans. Il se calcule de jour à jour, sans y comprendre, ni le *dies à quo*, ni le *dies ad quem*. On ne compte pas le jour où le dernier acte de procédure a été notifié ; on ne peut dire que ce jour-là les procédures aient été discontinuées. Le dernier jour des trois années doit être accompli pour que la péremption puisse être demandée. — Si l'ajournement n'a pas été suivi d'une constitution d'avoué, les trois années courent à partir de la signification et non à compter du jour de l'échéance des délais pour comparaître ; car la péremption court contre le demandeur et non contre le défendeur. — Le demandeur étant représenté par un avoué, on ne peut augmenter le délai, à raison de la distance séparant le lieu du domicile du demandeur du lieu où siège le tribunal. — Le délai est réduit à un an, en matière d'enregistrement (L. 22 frimaire an VII, art. 61) et à quatre mois dans le cas tout exceptionnel visé par l'article 15, Pr. civ.

Le cours de la péremption peut être *suspendu*; il peut être aussi *interrompu*.

1241. Suspension du délai. — 1° Le délai de la péremption est suspendu par la suspension même de l'instance, née de l'application de l'article 3 du Code d'instruction criminelle. Aucune négligence n'est imputable au demandeur. — 2° Le cas d'interruption de l'instance paraît moins favorable, puisqu'il suppose une simple difficulté de fait résultant d'un décès ou d'une cessation de fonctions. Néanmoins Pothier admettait qu'en l'absence de reprise, il n'y avait plus d'instance subsistante et par suite plus de péremption possible (1). Cette doctrine, qui permettait d'éterniser les procès, n'a pas été adoptée par les rédacteurs du Code. Sur les observations du Tribunat, ils ont pensé qu'en ce cas proroger le délai était suffisant. Le délai de la péremption est augmenté de six mois, dit l'article 397, Pr. civ., dans tous les cas où il y a lieu à demande en reprise d'instance ou constitution de nouvel avoué.

Cette disposition n'engendre aucune difficulté dans les cas où il y a lieu à constitution de nouvel avoué. Par le seul fait de la cessation des fonctions, le délai est *suspendu* pendant six mois, ou ce qui revient au même prorogé de six mois, porté à trois ans et six mois.

Par un arrêt rendu en chambres réunies, le 7 décembre 1883, la Cour d'Orléans a jugé que cette prorogation s'applique au cas où, après cassation d'un arrêt, une partie devait constituer un avoué devant la Cour de renvoi. Nous préférons la solution opposée admise par la Cour de cassation, le 13 mai 1878. Devant la Cour de renvoi, la partie est dans une situation analogue à celle qui, assignée devant un tribunal, n'a pas constitué avoué. Le cas doit être régi par le § 1er et non par le § 2 de l'article 397 (2).

Mais que décider au cas de reprise d'instance proprement dite, au cas de décès de l'une des parties ? Faut-il exiger pour la prorogation du délai que ce décès ait été notifié à la partie adverse? L'affirmative semble seule conforme au texte de l'article 397, Pr. civ., puisqu'il n'y a lieu à reprise que s'il y a eu interruption; ce qui implique la notification du décès. Cependant plusieurs auteurs et la Cour de cassation pensent que la notification du décès de la partie n'est pas nécessaire, que l'événement du décès suffit à lui seul pour entraîner prorogation de délai (3). — Nous établissons une distinction et n'adoptons la solution de la Cour suprême qu'au cas de décès du demandeur. — (A). Le défendeur originaire décède. Son décès n'est

(1) Pothier, *Proc. civ.*, part. I, chap. IV, sect. IV, § 4.
(2) Cass., 13 mai 1878 (Sir. 1879. 1. 248).
(3) Cass., 21 mai 1879 (Sir. 1881. 1. 347).

pas notifié. Le demandeur peut toujours agir valablement. Pourquoi lui acorder la faveur d'une prorogation ? Il se trouve dans la même situation que si le décès n'était pas survenu. Sa liberté d'action est restée entière. — Au contraire, le décès du défendeur a-t-il été notifié, l'instance est interrompue. Le demandeur doit assigner les héritiers en reprise d'instance. La découverte de ces héritiers dans le but de les mettre en demeure exige un certain temps. On comprend que le délai de la péremption soit suspendu pendant six mois. — Donc nous exigeons la notification du décès du défendeur pour l'application de l'article 397, Pr. civ. — B). Le demandeur originaire décède. Le décès n'est pas notifié à l'adversaire. N'oublions pas que c'est la partie demanderesse qui est atteinte par la péremption ; par devers elle, doit exister l'obstacle aux poursuites qui motive la prorogation de six mois. Or, ni la notification du décès du demandeur, ni l'absence de notification ne changent en rien la position de ses héritiers. La loi proroge le délai de la péremption à raison des embarras d'une détermination à prendre : elle veut donner à ces héritiers le loisir de la réflexion et ne pas les mettre brusquement en présence d'une péremption prête à s'accomplir. Or ces raisons existent, que le décès de leur auteur ait été ou n'ait pas été notifié.

Une nouvelle hypothèse va nous démontrer que la disposition de l'article 397, Pr. civ., ne doit pas être littéralement obéie. L'affaire est en état. Le décès du demandeur ou la cessation des fonctions de son avoué surviennent. Il n'y a pas lieu à reprise d'instance. (Pr. civ., art. 342 et 343.) Si les juges négligent de rendre le jugement, au bout de trois ans l'instance tombera en péremption, mais le demandeur, s'il vivait, pourrait faire sommation aux juges et les attaquer par la prise à partie. (Pr. civ., art. 506.) Ne faudra-t-il pas proroger de six mois le délai au profit de ses héritiers?

Cette prorogation de six mois doit même être admise, lorsque l'événement prévu par l'article 397 survient depuis l'expiration des délais ordinaires de la péremption. Ces délais écoulés, la péremption peut encore être *couverte;* le demandeur originaire a le droit de prévenir la demande en péremption. Cependant, si la prorogation n'était pas admise, lui ou ses héritiers se trouveraient mis par un fait accidentel dans l'inpossibilité d'exercer ce droit. Admettons donc que les événements qui suspendent le cours incomplet de la péremption, retardent aussi le droit de la faire prononcer, tant que la partie défenderesse n'a pas pris acte de l'expiration du délai ordinaire.

Le délai de la péremption a été occasionnellement suspendu pendant la durée de la guerre de 1870-71. (Décrets des 9 septembre et 3 octobre 1870. — Loi du 26 mai 1871.)

1242. Interruption. — Le cours de la péremption peut être interrompu avant que le délai de trois ans soit écoulé. Les actes qui interrompent la péremption sont les mêmes que ceux qui la couvrent, les actes *valables* faits par l'un ou par l'autre des deux plaideurs. Ces actes donnent au délai de trois années un nouveau point de départ. Si l'acte émane du demandeur, la présomption de désistement cesse de lui être opposable. L'acte est-il accompli par le défendeur? c'est une renonciation au droit de se prévaloir du temps écoulé.

SECTION IV. — **Fin de non-recevoir contre la demande en péremption.**

1243. Non seulement la péremption peut être interrompue; mais, le délai une fois écoulé, elle peut encore être *couverte*, c'est-à-dire anéantie, tant qu'elle n'est pas invoquée par le défendeur.

Dans notre ancien droit, on avait d'abord admis que la péremption était acquise de plein droit, qu'elle ne pouvait être anéantie par des actes postérieurs à l'expiration du délai et qu'elle devait être prononcée d'office par le juge. Par arrêt de règlement du 28 mars 1692, le Parlement de Paris décida qu'elle pourrait être couverte par des actes émanés du défendeur. Celui-ci acquérait de plein droit le bénéfice de la péremption; mais il pouvait y renoncer. Les juges ne pouvaient plus la prononcer d'office. La péremption était assimilée à la prescription. — Plus tard, au dix-huitième siècle, on remarqua mieux les différences rationnelles qui séparent la prescription de la péremption. Le Parlement de Paris, par arrêt de la grand'chambre du 12 août 1737, décida que la péremption ne serait point acquise de plein droit, et que, jusqu'à ce qu'elle fût demandée, elle pourrait être rendue inefficace par un acte valable émané du défendeur ou même du demandeur originaire. Cette jurisprudence nouvelle fut repoussée par plusieurs parlements du Midi; elle a été consacrée par les rédacteurs du Code.

La péremption n'a pas lieu de droit. Elle est *couverte* par les actes valables faits par l'une ou par l'autre des parties avant la demande en péremption. (Pr. civ., art. 399.) C'est logique ; en effet, pour détruire le quasi-contrat judiciaire intervenu entre les parties, à défaut du concours de leurs volontés expresses, la loi devrait établir une présomption d'abandon de l'instance, tant à l'égard de l'un que de l'autre des deux plaideurs. Or, si l'expiration du délai de trois ans peut bien engendrer une présomption d'abandon de l'instance contre le demandeur originaire, le silence gardé par le défendeur ne saurait équivaloir à une désertion du litige. Le rôle du défendeur comporte et permet l'inaction tant que l'attaque sommeille. Son abstention est prudence, non négligence. Donc une manifestation expresse de volonté doit, de sa part, se joindre à la volonté présumée du demandeur, pour amener l'anéantissement de l'instance. Le défendeur doit accepter le désistement tacitement offert, en demandant la péremption. Ce désistement ne peut lui être imposé.

En conséquence, tant qu'une demande en péremption n'a pas manifesté l'acceptation du défendeur, l'instance subsiste. Le demandeur, non lié par la seule expiration des délais, peut agir en sens inverse de l'intention présumée par la loi. Les actes faits par le demandeur sont une rétractation du désistement présumé ; ceux du défendeur, un refus de l'accepter.

Exceptionnellement, la péremption a lieu de plein droit dans le cas particulier prévu par l'article 15 du Code de procédure. — A-t-elle lieu aussi de plein droit dans l'hypothèse prévue par l'article 330 du Code civil ? La question est controversée. Nous pensons que par cela seul que le législateur n'a pas réglé dans cet article les conditions d'efficacité de la péremption, il s'en est référé à cet égard aux règles ordinaires (1).

1244. Quels sont les actes qui interrompent ou couvrent la péremption ? Les actes valables, dit l'article 399, Pr. civ., faits par l'une ou par l'autre des parties avant la demande en péremption. Par le mot *valable*, la loi veut dire que l'acte ne doit pas être nul : peu importe qu'il ne soit pas de nature à entrer en taxe. — Quel caractère doit avoir cet acte valable ? Incontestablement, il doit manifester envers la partie adverse l'intention de suivre la procédure. Du côté du demandeur, l'acte doit avoir pour objet la continuation de l'instance ; du côté du défendeur, indiquer

(1) Aubry et Rau. — *Cours de droit civil*, § 544 *bis*.

la volonté de ne pas se prévaloir du temps écoulé, emporter reconnaissance du droit de l'adversaire à poursuivre l'instance ; résultat suffisant et possible, alors même que l'acte accompli par le défendeur serait hors de l'instance, tel qu'une lettre demandant un sursis aux poursuites.

Les Cours d'appel et la Cour de cassation ont été fréquemment appelées à décider la question de savoir si tel ou tel acte déterminé de procédure était apte à couvrir la péremption ou à l'interrompre. Les arrêts sont nombreux. Nous n'adoptons pas toutes les solutions par eux admises. Nous ne les discuterons pas : il nous suffit d'avoir indiqué le caractère que doivent présenter les actes faits par l'une ou par l'autre partie.

Quand un acte est de nature à couvrir la péremption, il engendre au profit du demandeur une fin de non-recevoir, à l'aide de laquelle il repousse et combat la demande en péremption présentée par le défendeur originaire.

SECTION V. — **Formes de la demande en péremption.**

1245. La péremption doit être demandée par le défendeur devant le tribunal où le procès est pendant. Quoique constituant une demande nouvelle, distincte de l'originaire, elle joue par rapport à celle-ci le rôle d'*incidente*. Elle n'est donc pas soumise au préliminaire de conciliation.

Cette demande se forme par une requête d'avoué à avoué, qui ne peut excéder six rôles. Le demandeur répond aussi par requête. (Pr. civ., art. 400. — Tarif, art. 75.) — La péremption pourrait être demandée par un simple acte de conclusions ; mais elle ne saurait l'être, ni par conclusions verbales prises à la barre, car elle ne peut être considérée comme un développement des conclusions prises dans l'assignation originaire ; ni par exploit d'ajournement, car les parties sont représentées et il s'agit précisément d'arrêter l'officier ministériel qui dirige la procédure au nom du demandeur. Du reste, l'article 400 est formel.

Mais si le demandeur n'a plus d'avoué, celui-ci étant décédé ou ayant cessé ses fonctions, soit pendant le cours de la péremption, soit depuis le moment où elle est acquise, la forme d'exploit d'ajournement, signifié à partie ou à domicile, peut seule être employée. Les mots *depuis le moment où elle a été acquise* ont été maintenus par erreur dans la rédaction de l'article 400, Pr. civ., rédaction qui ne s'harmonise plus avec la règle admise dans l'article 397, § 2,, Pr. civ. Dans le projet, la cessation des fonctions de l'avoué pendant le cours de la péremption suspendait celle-ci *indéfiniment:* elle ne pouvait plus s'acquérir sans nouvelle constitution d'avoué.

S'agit-il d'une instance, dans laquelle le ministère des avoués soit interdit, instance pendante devant le juge de paix ou le tribunal de commerce, la péremption ne peut être demandée que par exploit d'huissier signifié à la partie adverse.

L'une des parties peut être décédée. Est-ce le demandeur et le décès a-t-il été notifié, l'avoué du décédé n'ayant plus de pouvoirs, la péremption sera demandée par exploit contre les héritiers. — Si le décès n'a pas été notifié, aux yeux du défendeur l'avoué du demandeur est toujours mandataire de la partie adverse, la péremption sera demandée par requête. — Si le défendeur est décédé, ses héritiers demanderont la péremption par requête contenant constitution de leur avoué.

SECTION VI. — **Effets de la péremption.**

1246. La péremption n'éteint pas l'action : elle emporte seulement anéantissement de la procédure. Comme le désistement, elle remet les parties dans la position où elles seraient placées si l'instance n'eût pas été introduite. (Pr. civ., art. 401.) Tous les actes de procédure sont anéantis. Les effets de la demande s'évanouissent avec elle.

La prescription n'aura pas été interrompue ; elle aura continué son cours et pourra l'avoir accompli pendant la durée de l'instance aujourd'hui anéantie. (C. civ., art. 2247.) — Les intérêts moratoires n'auront jamais été dus. — Le possesseur de l'immeuble revendiqué n'aura pas perdu sa bonne foi et continuera à acquérir les fruits. (C. civ., art. 549.) Quelques personnes contestent ce dernier point. Elles nous paraissent avoir oublié que non seulement la péremption anéantit les effets attachés à la *demande judiciaire*, mais qu'elle efface aussi ceux qui résulteraient des actes de procédure, même considérés comme *simple mise en demeure*. La loi est formelle : on ne peut *opposer ni se prévaloir* d'aucun des actes de la procédure éteinte ; on ne peut les invoquer à aucun titre, ni leur restituer une existence partielle à l'effet de constituer la mauvaise foi du possesseur.

Avec l'instance périmée, disparaissent aussi les preuves acquises par les débats judiciaires, les enquêtes, les expertises, les aveux, les reconnaissances. La péremption détruit toutes les traces de l'instance, disait la section du Tribunat.

1247. N'exagérons pas l'application du principe. Distinguons entre les reconnaissances n'établissant qu'un droit purement relatif envers l'autre partie, et celles qui, affectant la qualité de la personne d'une manière absolue, constituent des droits ou des obligations envers tout intéressé quelconque.

Exemple : Une des parties a pris dans l'instance la qualité d'héritier ; la péremption n'anéantira pas cette déclaration volontaire. Tout intéressé pourra l'invoquer contre le successible, comme il pourrait invoquer la déclaration contenue dans un acte authentique ou privé, auquel il serait resté entièrement étranger. (Cod. civ., art. 778.) L'addition d'hérédité crée des rapports généraux que le concours de la volonté présumée des plaideurs ne peut anéantir, au moyen de la péremption, pas plus que ne le pourrait leur volonté expresse. *Semel hæres, semper hæres.*

1248. Les jugements *préparatoires* ou *interlocutoires* tombent avec la procédure lorsqu'elle est périmée : mais subsistera le jugement contenant à la fois des décisions définitives et des décisions interlocutoires, connexes entre elles. — Les jugements *provisoires* sont définitifs quant aux condamnations qu'ils contiennent. Si donc l'instance au cours de laquelle ils ont été rendus est atteinte par péremption, celle-ci est sans influence sur ces jugements.

La péremption laisse subsister les actes antérieurs à l'instance. *Exemple :* Une lettre de change, non acquittée à l'échéance, a été l'objet d'un protêt et d'une action en justice contre le tireur ou contre un endosseur. Cette instance est périmée : le protêt subsiste.

1249. La péremption est imputable au demandeur. On ne peut raisonnablement obliger le défendeur à activer les poursuites dirigées contre lui-même. Le demandeur doit supporter les conséquences de son désistement tacite et être condamné à tous les frais de la procédure périmée. (Pr. civ., art. 401.)

1250. Le but de la péremption étant d'anéantir l'instance en totalité, et non partiellement, la majorité des auteurs et la jurisprudence ont admis, comme principe, l'*indivisibilité* de la péremption, lors même du reste qu'en dehors de tout cas d'obligation solidaire ou indivisible l'objet du litige serait parfaitement divisible. La formule *l'instance est indivisible* a été transformée en axiome et l'influence des mots aidant, on est arrivé à l'adoption de conséquences qui nous paraissent inadmissibles, contraires aux principes généraux du droit, contraires aux solutions adoptées en matière de désistement. — Ainsi, de nombreux arrêts ont décidé qu'à raison de son indivisibilité la péremption doit être demandée par *tous* les défendeurs originaires et contre *tous* les demandeurs : sinon la demande est irrecevable et sans effet, même à l'égard des parties par et contre lesquelles elle a été formée. — D'autres arrêts ont adopté les règles suivantes : — Un seul plaideur représente les autres; — la demande en péremption, irrecevable contre l'un des demandeurs, est aussi irrecevable contre tous les demandeurs originaires ; — interrompue au profit de l'un des demandeurs, la péremption est interrompue au profit de tous ; — interrompue contre l'un des défendeurs, elle l'est contre tous les défendeurs ; — prononcée au profit de l'un des défendeurs originaires, elle profite aux autres qui ne l'ont pas démandée ou même qui la repoussent (1).

Nous repoussons le principe et les conséquences qu'on en a déduites. L'instance n'est pas indivisible par elle-même, *in se ;* comme le disait Bonnier, admettre que l'essence d'un procès est d'être indivisible est une proposition insoutenable. Si la péremption éteint nécessairement l'instance dans son ensemble, s'il est impossible de concilier les effets qu'elle produit avec l'idée d'une conservation partielle des actes de la procédure, ce n'est pas une *pretendue indivisibilité essentielle* à l'instance qui produit ce résultat. Il est la conséquence directe du désistement tacite donné par le demandeur principal. Ce désistement est présumé donné sous la condition que les choses soient remises au même état que si l'instance n'eût point été engagée. En demandant la péremption, le défendeur souscrit à cette condition. C'est donc la *volonté* des parties qui produit l'indivisibilité. C'est le *mode d'extinction* et non l'instance qui présente un caractère indivisible. — Si la volonté des parties est la cause génératrice de l'indivisibilité de la péremption

(1) Voir entre autres: Bastia, 2 décembre 1856; Toulouse, 1er février 1867; Limoges, 15 mars 1878; Cass., 28 juin 1875 et 21 mai 1879. (Sir. 1881. 1. 348.)

en tant qu'elle atteint tous les actes de la procédure, pourquoi un seul demandeur ne pourrait-il se désister tacitement, et la péremption être demandée contre lui seul, alors qu'il peut se désister seul expressément? — Pourquoi un défendeur ne pourrait-il, seul, accepter le désistement tacite et demander pour lui seul la péremption? — Pourquoi, demandée par un seul, profiterait-elle nécessairement aux autres défendeurs qui la repoussent? Chacun des défendeurs ou des demandeurs n'est-il pas libre de rompre, d'accord avec l'adversaire, le quasi-contrat judiciaire primitivement formé? Pourquoi chacun des défendeurs ne serait-il pas juge de l'opportunité ou de l'utilité de la péremption à son égard? La Cour suprême dit que la péremption, obtenue par l'un, profite aux autres. Non, elle leur nuit. Comment la jurisprudence n'a-t-elle pas vu qu'elle créait pour les autres défendeurs une péremption opérant de *plein droit*, sans *renonciation possible*, alors que ces mêmes défendeurs peuvent renoncer au *droit lui-même* engagé dans l'instance?

Cette jurisprudence, que nous estimons regrettable et contraire aux vrais principes, est une preuve du danger que présentent ces brocards, ces axiomes, souvent peu justifiés et malheureusement trop facilement adoptés. Une formule remplace une démonstration.

CINQUIÈME SUBDIVISION

EXTINCTION DE L'INSTANCE

1251. L'instance peut s'éteindre : par le jugement définitif sur le fond du litige, — par le désaveu, — par le désistement, — par la péremption, — par l'acquiescement, — par le compromis, — par la transaction, — par le décès de l'une des parties dans certains procès, — par la prescription.

1° Nous n'avons rien à dire du *jugement définitif*, comme mode d'extinction de l'instance. Nous avons déjà indiqué les effets par lui engendrés. (V. n°s 926 et s.) C'est la terminaison normale et naturelle du procès. — N'est-il pas volontairement exécuté par la partie qui y est condamnée, l'exécution forcée de ce jugement par voie de saisie-arrêt, de saisie-exécution ou de saisie immobilière donnera naissance à de nouvelles instances; mais celles-ci, bien qu'elles aient pour cause et pour base le droit nouveau engendré par le jugement, ne doivent pas être considérées comme la suite et le prolongement de l'instance close par le jugement définitif. Elles en sont distinctes. Elles n'en sont pas une conséquence nécessaire et inévitable. D'une part, elles pourraient ne pas naître; d'autre part, elles sont possibles, en l'absence de toute instance antérieure, comme dans le cas où le créancier procède à une saisie en vertu d'un acte notarié, titre exécutoire, ou à une saisie-arrêt, en vertu de la seule autorisation du juge. (Pr. civ., art. 551 et 558.)

2° Nous nous sommes, à propos de la procédure incidente, déjà expliqués sur les effets du *désaveu*, du *désistement* et de la *péremption ;* nous n'avons pas voulu séparer l'étude de ces effets de celle de la procédure proprement dite. Nous avons déjà donné la raison de cette méthode. (V. n° 1039.)

3° Si, au cours d'une instance, les parties arrêtent la procédure, conviennent de remettre la solution de leur différend à des arbitres, leur *compromis* met fin à l'instance engagée devant le tribunal. Mais il ne l'éteint que conditionnellement. Les parties renoncent à l'instance sous la condition implicite que la sentence arbitrale viendra prendre la place de celle qu'aurait rendue le tribunal. Si donc les pouvoirs des arbitres viennent à cesser avant que la sentence n'ait été prononcée, la condition ne s'étant pas réalisée, l'instance primitive n'a pas cessé d'exister. Elle peut être reprise sur les derniers errements. — Si le compromis est plus tard annulé, l'instance primitive revit-elle, ou les parties seront-elles dans l'obligation d'introduire un nouveau procès? Le demandeur pourra-t-il reprendre la procédure antérieure et, en réponse à la fin de non-recevoir tirée du compromis, arguer de sa nullité ? Nous le pensons; car la nullité du compromis doit nécessairement, si elle est prononcée, avoir pour résultat de replacer les parties dans leur situation antérieure. Or celle-ci ne leur sera conservée, que si le procès est repris sur les derniers errements, devant les juges primitivement saisis.

4° La *transaction* est aussi une cause d'extinction de l'instance. Elle implique forcément renonciation à la situation acquise à l'aide des actes de procédure accomplis, puisque le droit lui-même, base et objet de l'instance, se trouve modifié par la transaction.

5° L'instance s'éteint par l'*acquiescement* donné par le défendeur aux prétentions du demandeur. Le Code de procédure ne s'est pas occupé de cette matière. Elle est régie par les principes généraux de la loi civile quant au fond. Quant à la forme, l'acquiescement à *la demande* se produit toujours en pratique sous le voile d'un jugement d'*expédient*.

6° Le *décès* de l'une des parties peut entraîner l'extinction de l'instance dans certains procès, parce que ce décès enlève au litige sa raison d'être. Cette hypothèse se réalise au cas de demande en séparation de corps ou en pension alimentaire, d'action en désaveu de paternité, etc. Mais le procès peut-il être continué sur la question de la condamnation aux dépens? *Exemple :* Dans un procès en séparation de corps, la femme demanderesse est insolvable. Au cours de l'instance, le mari décède. Sans ce décès, la séparation de corps eût été prononcée contre lui. L'enquête était écrasante pour cet époux : elle justifiait les allégations de la femme. Le mari eût été condamné aux dépens, dont l'avoué de la femme eût obtenu la distraction. Par suite du décès, l'avoué va-t-il n'avoir d'action que contre sa cliente insolvable? Ne faut-il pas continuer le débat pour vider cette question des dépens, en obtenir l'octroi à la femme et prononcer la distraction au profit de son avoué? Nous pensons que les juges peuvent prononcer sur la question des dépens.

7° La *prescription trentenaire* est encore une cause d'extinction de l'instance. Une instance ne saurait avoir une durée indéfinie. Lorsqu'un long temps s'est écoulé, elle doit disparaître, car l'instance a pour base le quasi-contrat judiciaire intervenu entre les parties et aucune raison ne vient soustraire à l'influence de la prescription les obligations et les droits issus de ce quasi-contrat.

Une instance est sujette à périr par l'effet de la cessation des poursuites pendant un certain laps de temps de deux manières, par la péremption ou par la prescription. Mais ici encore notons avec soin la différence qui existe entre la péremption et la prescription. (V. n° 1233.)

Ne confondons pas la prescription de l'action avec la prescription de l'instance. — La prescription de l'action, du droit lui-même, est interrompue par l'exploit d'ajournement ou par la citation en conciliation. Cette interruption est maintenue pendant toute la durée de l'instance. Une action est préservée de la prescription par l'instance à laquelle elle a donné lieu, quand même cette instance demeure interrompue pendant un temps très long et plus que suffisant pour en faire prononcer la péremption, si en fait la péremption n'a pas été prononcée. C'est ainsi que les courtes prescriptions, établies à l'égard de certaines actions, cessent d'être applicables dès qu'une demande judiciaire a été introduite. C'est en ce sens qu'est exacte la maxime *actiones temporales, semel inclusæ judicio, salvæ permanent.*

Mais l'action n'est ainsi abritée, contre la prescription, que si l'instance elle-même n'est pas périmée, ou prescrite par une discontinuation de poursuites pendant plus de trente ans. Sinon, l'instance ne peut être utilement reprise et la prescription de l'action peut être efficacement opposée, nonobstant toute tentative de reprise. En effet, la prescription de l'instance est-elle acquise ; elle a anéanti juridiquement tous les actes de la procédure et parmi eux l'exploit d'ajournement. Il est censé n'avoir jamais été donné ; la prescription de l'action est réputée n'avoir jamais été interrompue. —

Tout est anéanti et détruit; l'*instance* par l'effet de la prescription qui lui est propre; le *droit* par l'effet combiné de la disparition de l'instance et de la prescription (1).

En règle générale, la prescription de l'instance s'accomplit par le laps de temps de trente années. Exceptionnellement la période peut être plus courte. Ainsi l'article 189, Cod. com., déclare éteintes toutes les actions en payement de lettres de change ou billets à ordre, par cinq ans, à dater de *la dernière poursuite judiciaire.*

Les trente années courent à partir du dernier acte de procédure, du jour où le quasi-contrat judiciaire cesse d'être mis à exécution.

(1) Cass., 2 août 1841; Douai, 24 nov. 1851; Nîmes, 1er mai 1854; Toulouse, 11 août 1855; Cass., 6 mai 1856 (Sir. 1856. 1. 887).

PROCÉDURE SOMMAIRE

(Ire PARTIE, LIV. I, TIT. I A IX ; — LIV. II, TIT. XXIV ET XXV ; — LIV V, TIT. XVI)

1252. Après avoir exposé les règles de la procédure ordinaire, suivie devant les tribunaux civils, nous avons à traiter de procédures plus simples applicables, soit dans certaines matières devant les tribunaux civils d'arrondissement, soit devant les juridictions spéciales, soumises par le but même de leur institution à des formes moins compliquées. C'est la *procédure sommaire.*

PREMIÈRE SUBDIVISION

PROCÉDURE SOMMAIRE DEVANT LES TRIBUNAUX CIVILS

(LIV. II, TIT. XXIV, ART. 404 A 413)

SOMMAIRE. — PREMIÈRE SECTION. Matières soumises à la procédure sommaire. — Simplicité. — Modicité. — Urgence. — DEUXIÈME SECTION. Ressemblances et différences entre la procédure sommaire et la procédure ordinaire. — Requêtes. — Taxe. — Enquêtes.

Les matières sommaires ne sont pas exceptionnelles devant les tribunaux civils. Bien au contraire, elles y sont très fréquentes. Dans la période quinquennale 1876-1880, sur une moyenne de 164,186 affaires inscrites aux rôles des tribunaux d'arrondissement, 75,956 étaient sommaires, soit environ 46 p. 0/0. Quelles sont les matières qui ont ce caractère spécial? Quelle est la marche de la procédure sommaire? Examinons ces deux points.

SECTION I. — Matières soumises à la procédure sommaire.

1253. Charles VIII, dans son ordonnance de 1490, art. 14, disait : « Pour relever le *peuple* des grans frais, cousts et taxations des « notaires qui exigent plusieurs grans sommes de deniers des pro- « cez qui se font de petites choses, tellement que souventte fois les « fraix montent plus que le principal, a été ordonné que des procez « qui seront d'ores en avant ès dites cours, où il ne sera question « que de *trois livres tournois*, une fois à payer ou au-dessous, se « vuideront les dits procez sommairement et de plain, etc. — L'ordonnance de 1560, œuvre du chancelier de l'Hospital, portait, art. 57, que « tous différends *qui ne requereront ample connais-* « *sance et expédition* seront vuidez par les juges des lieux sur le « champ, en audience, sans pour ce prendre aucune chose pour « les espices, à peine de rendre le quadruple par le juge qui aurait « contrevenu ». Henri III, dans l'ordonnance de Blois de 1579, art. 153, voulut que les juges « expédiassent sommairement et sur « le champ les causes personnelles et qui n'excéderont la somme de « *trois escus un tiers*, ou la valeur pour une fois ». — L'ordonnance de 1629, du chancelier Michel de Marillac (code Michaud) art. 115, porta le taux des matières sommaires jusqu'à la somme de 20 livres une fois payée.

L'expérience démontra que les juges, intéressés à raison des épices, et les praticiens étaient souvent portés à ne pas appliquer ces règles trop générales sur le caractère des matières sommaires. Les auteurs de l'ordonnance de 1667 crurent devoir procéder par voie d'énumération et détailler assez longuement les affaires réputées sommaires. Mais ne pouvant prévoir tous les cas, ils ajoutèrent: *tout ce qui requiert célérité et s'il peut y avoir péril en la demeure; seront aussi réputées matières sommaires, pourvu qu'elles n'excèdent la somme ou valeur de mille livres*. (Titre XVII, art, 1 à 5.)

Depuis longues années donc, les législateurs successifs se sont préoccupés de procurer aux plaideurs, dans certaines causes, une double économie de temps et de frais. Les rédacteurs du Code de procédure, mus par le même désir, se sont attachés, pour déterminer les matières sommaires, aux caractères suivants : 1° La *simplicité* des questions soulevées par le procès; — 2° la *modicité* de l'intérêt en litige; — 3° *l'urgence* de la demande, le besoin de *célérité* qu'elle présente — Il n'est pas nécessaire que ces trois caractères se trouvent réunis. Il suffit que l'un d'eux existe. (Pr civ., art. 404.)

1254. Simplicité. Au nombre des matières sommaires à raison de leur simplicité, la loi place: 1° *les appels des juges de paix.* La juridiction du juge de paix ne s'exerce que sur des causes d'une facile décision à raison de leur simplicité (sauf les actions possessoires) et presque toujours d'une faible importance à raison de leur valeur. Si, par exception, l'affaire s'élève à une valeur considérable, elle ne soulève le plus souvent que des questions exemptes de toute complication (V. nos 438 et s.) Pour être portées en appel, ces causes ne changent pas de nature. Soumises à un tribunal ordinaire, lorsqu'elles subissent le second degré de juridiction, la procédure sommaire continue de les régir. La procédure d'appel est en harmonie avec celle de première instance. — Les mêmes motifs doivent faire classer parmi les matières sommaires les appels des sentences artitrales. (Pr civ., art. 1023.)

2° *Les demandes pures personnelles, à quelque somme qu'elles puissent monter, quand il y a titre, pourvu qu'il ne soit pas contesté.* Par demande *pure personnelle*, nous savons qu'il faut entendre l'action *personnelle mobilière.* (V. n° 310.) L'action *réelle mobilière* ne rentrera dans le catégorie des causes sommaires, que si la valeur du meuble revendiqué ne dépasse pas la somme de quinze cents (1,500) francs. — La demande personnelle mobilière est sommaire à quelque valeur qu'elle s'élève, pourvu qu'elle repose sur un titre et que ce titre ne soit pas contesté. Par le mot *titre*, entendons un acte authentique, un écrit sous seing privé reconnu de celui à qui on l'oppose, un aveu fait à la barre du tribunal par le défendeur, qui ne conteste que la quotité de la dette par exemple. — Quand la loi ajoute que le titre ne doit pas être contesté, elle prend alors le mot *titre* dans un double sens, comme désignant l'acte écrit qui contient la preuve de le créance, l'*instrumentum probationis*, et la créance elle-même. Il y aura titre contesté et l'affaire sera ordinaire, si l'acte authentique est argué de faux, si l'écrit sous seing privé est dénié, si la convention est alléguée annulable pour cause de dol, d'erreur, de violence, d'incapacité, etc., à raison d'un vice initial. — Mais, d'après la jurisprudence, le titre *n'est pas contesté* dans le sens de la loi, lorsque le défendeur se borne à alléguer un payement. une novation, une compensation ou tout autre mode d'extinction de la dette. — Quelques auteurs sont d'un avis opposé. Le titre ne serait pas contesté et il y aurait lieu à instruction sommaire seulement dans l'hypothèse, où les parties étant d'acord sur l'existence et la validité *actuelles* de la créance, le procès ne porterait que sur l'interprétation de clauses secondaires. — Ce serait réduire à rien l'application de la loi. Il est inadmissible que le législateur ait eu en vue ces cas tout exceptionnels.

1255. Modicité. Sont sommaires, à raison de la modicité du litige, les demandes formées sans titre, lorsqu'elles n'excèdent pas quinze cents francs en matière mobilière, ou en matière immobilière, soixante francs de revenu déterminé, soit en rente, soit par prix de bail. La loi du 11 avril 1838, art. 1er, a modifié sur ce point l'article 404, P. civ. — Peu importe que l'action intentée soit personnelle mobilière, réelle mobilière, réelle immobilière ou mixte, qu'il y ait un titre ou qu'il n'y en ait pas, s'il y a titre qu'il soit ou ne soit pas contesté. La loi ne distingue pas. Elle prend uniquement en considération la valeur de la demande.

Remarquons le rapport existant entre le dernier ressort et la nature sommaire du litige. Toute affaire susceptible d'être jugée en *dernier ressort* par le tribunal civil est sommaire dans tous les cas. (L. 11 avril 1838, art 1er) — Mais la réciproque n'est pas vraie. Une affaire peut être sommaire et pourtant ne pourra être jugée qu'en premier ressort seulement. Ainsi une demande personnelle mobilière, appuyée sur un titre non contesté, est sommaire à quelque somme qu'elle puisse monter et sera néanmoins jugée en premier ressort, si sa valeur excède quinze cents francs.

1256. Urgence. Sont sommaires : 1° les demandes *provisoires;* elles sont toujours célères. Une mesure préalable doit être ordonnée avant le jugement sur le fond : on ne peut donc l'instruire avec lenteur : vaudrait autant juger le fond même du litige. — 2° Les demandes qui requièrent *célérité.* Quelles sont-elles ? question de fait entièrement laissée à l'appréciation du tribunal. — Cependant la loi a cru devoir s'expliquer sur quelques demandes, bien qu'elles rentrassent dans la catégorie générale des causes requérant célérité. — Sont célères : les demandes en payement de loyers, fermages et arrérages de rentes, qui ont pour but de subvenir aux besoins quotidiens de la personne du demandeur et de sa famille. (Pr.civ., art

404) — les demandes en mainlevée d'opposition à mariage (C.civ ; art, 177 et 178) ; — en exclusion ou destitution dela tutelle (C.civ., art. 449.) ; — les demandes visées par les textes suivants (Pr., civ., art 49 5°, 391, 608, 718, 761, 763, 778, 805 et 832. — Loi du 23 juin 1857, art, 16, sur les marques de fabrique.)

1257. Ces diverses demandes doivent être *instruites* et *jugées* comme sommaires. (C. civ., art 404.) Y en a-t-il d'autres? Dans un grand nombre de cas, la loi dit que certaines affaires, certains incidents doivent être jugés *sommairement* ou sur *un simple acte.* Que décider relativement à ces affaires? Doit-on les considérer comme soumises, en principe, à l'instruction sommaire?

Doit-on, au contraire, les instruire dans les formes ordinaires, cette indication d'un jugement sommaire se bornant à une simple recommandation de célérité s'adressant au tribunal? — L'intérêt de la question est relatif au mode de liquidation des frais et à la manière d'en dresser la taxe. (1er Décr. du 16 fév. 1807, art. 62 ; 2e Décr. du 16 fév. 1807, art. 1 et 2.) — Quelques auteurs ont proposé une distinction. Quand la loi prend soin de dire que la cause sera jugée sur un *simple acte* ou *sans procédure*, l'affaire est sommaire. Quand la loi emploie les expressions *jugée sommairement*, elle donne un conseil au juge : l'affaire reste ordinaire. A l'appui de cette distinction, on invoque le Tarif qui, dans ce dernier cas, passe en taxe des écritures grossoyées ; alors, dit-on, que les matières sommaires ne comportent pas l'emploi de requêtes.

Cette opinion est aujourd'hui généralement rejetée. Quelles que soient les expressions employées par les rédacteurs du Code, toutes ces matières impliquent célérité ; elles sont toutes sommaires. Le *Tarif* ne peut fournir la règle et servir à modifier le Code lui-même. Il détermine les rapports des avoués avec leurs clients : il ne fixe point ceux des parties entr'elles. Les classifications du Tarif ne peuvent fournir une règle ; car on y voit figurer parmi les matières ordinaires la procédure d'ordre qui a toujours été sommaire. — Mais dans ces matières sommaires, l'instruction ne sera pas toujours entièrement et absolument orale, puisque dans quelques-unes le Tarif alloue aux avoués des droits pour requêtes et réponses. Sauf ces écritures, ces affaires sont soumises à l'instruction sommaire. La taxe y sera faite comme en matière sommaire, sauf à y faire figurer les requêtes spéciales autorisées.

Quelles sont ces affaires? Voyez Proc. civ., art. 172, 174, 180,

192, 287, 311, 320, 348, 457 à 459, 521, 666, 669, 795, 809, 840, 847, 884, 973, etc.

SECTION II. — Ressemblances et différences entre la procédure sommaire et la procédure ordinaire.

1258. Posons une règle simple, mais fondamentale. La procédure sommaire devant les tribunaux civils est soumise à toutes les règles et formalités de la procédure ordinaire, sauf dispense formelle dans la loi.

RESSEMBLANCES. — 1° Les affaires sommaires sont soumises au préliminaire de conciliation. Le caractère sommaire d'une affaire ne suffit pas par lui-même pour la dispenser de cette épreuve. (V. n° 652 à 663.) — 2° Elles sont introduites par exploit d'ajournement dressé et signifié en la forme ordinaire. (V. n°s 692 à 769.) — 3° Dans notre ancien droit, les plaideurs avaient, en matière sommaire, devant la juridiction civile la faculté de se défendre eux-mêmes, sans assistance de procureurs. (Ord. de 1667, tit. XVII, art. 6.) On usa peu de cette dispense dans la pratique. Aujourd'hui le ministère des avoués est obligatoire. Chaque partie doit en constituer un, selon les formes ordinaires. (V. n°s 770 et s.) — 4° Le délai ordinaire de l'ajournement est de huitaine, sauf à obtenir du président l'autorisation d'assigner à bref délai. (V, n°s 717 et s.) — 5° S'appliquent aux matières sommaires toutes les règles relatives à l'avenir, à la mise au rôle, au dépôt des conclusions, à la plaidoirie, à la communication au ministère public, aux jugements, aux exceptions, aux expertises, aux règlements de juges, à la récusation, au renvoi, à la reprise d'instance, au désaveu, au désistement, à la péremption, etc.

1259. DIFFÉRENCES. 1° La signification des défenses et réponses aux défenses n'est pas autorisée, en ce sens qu'elle ne peut retarder l'instruction et que ces requêtes grossoyées n'entreront pas en taxe. (Pr. civ., art. 405.) — La procédure ordinaire, dégagée d'incidents, se compose de cinq actes, ajournement, constitution d'avoué, défenses, réponses et avenir, et de trois délais. (Pr. civ., art. 61, 75 à 79.) La procédure sommaire comprend trois actes, ajournement, constitution d'avoué, avenir et un seul délai pour la constitution.

2° Les affaires sommaires sont jugées pendant les vacances judiciaires par la chambre des vacations. (Décret du 30 mars 1808, art. 44.)

3° Les motifs, qui font simplifier la marche de la demande principale, sont applicables aux incidents. Ainsi les demandes incidentes et les interventions sont formées par requête d'avoué, non grossoyée, qui ne peut contenir que des conclusions motivées. L'acte d'avoué indique l'objet et les moyens sans développement. (Pr. civ., art. 406.) La réponse ne peut avoir lieu aussi que par un simple acte de conclusions motivées.

4° Dans les matières ordinaires, l'avoué a droit à ses déboursés et à un honoraire particulier et spécial pour *chacun* de ses actes. En matière sommaire, il a droit à ses déboursés évidemment; mais, au lieu d'appliquer un honoraire spécial à chacun de ses actes, on n'alloue à l'avoué, quel que soit leur nombre, qu'une somme fixe d'honoraires, dont le chiffre varie suivant l'importance de l'affaire. De cette manière, l'avoué n'a aucun intérêt à enfler son dossier et à accroître le nombre des actes de la procédure. (Tarif, art. 67, 70, etc.)

5° L'enquête, loin d'être secrète comme en matière ordinaire, est publique, orale: elle a lieu à l'audience; cette diversité dans le caractère engendre dans la procédure des différences qu'il nous suffira de signaler brièvement.

En principe, l'enquête orale et publique est soumise aux mêmes règles de forme et de fond, sur la capacité des témoins, les reproches, etc., que l'enquête secrète, sauf les dérogations suivantes (Pr. civ., art. 408, 413).

A., L'enquête ordinaire se demande par *écrit*, par un acte de conclusions dans lequel sont articulés les faits dont on veut faire la preuve, avec sommation de les reconnaître ou de les dénier dans les trois jours (art. 252). — L'enquête sommaire se demande *verbalement* à l'audience. Le demandeur articule dans ses conclusions les faits dont il veut faire ordonner la preuve; le défendeur les reconnaît ou les dénie verbalement. Ces faits seront énoncés dans le jugement interlocutoire qui ordonnera l'enquête. (Pr. civ., art. 407.)

B., Le jugement qui ordonne l'enquête ne doit pas être signifié s'il est rendu contradictoirement: la signification n'est nécessaire que s'il est rendu par défaut. — En matière ordinaire, le jugement ordonnant l'enquête, qu'il soit contradictoire ou par défaut, doit toujours être signifié à avoué ou à partie. (Pr. civ., art. 257.)

C., L'enquête se fait devant le tribunal même, à l'audience, et non devant un juge-commissaire. Si le tribunal renvoyait l'enquête devant un juge, il y aurait nullité d'ordre public; car la loi veut, dans un intérêt supérieur et général, accélérer l'expédition des affaires sommaires. Mais si les témoins sont empêchés de se rendre à l'audience ou habitent en un lieu trop éloigné, il est alors nécessaire de faire recueillir leurs dépositions par un juge. Le tribunal, saisi de l'affaire, délègue le tribunal ou le juge de paix de leur résidence. Le tribunal délégué délègue à son tour l'un de ses membres. Un procès-verbal de la déposition est rédigé avec toutes les formalités ordinaires; car c'est ce procès-verbal qui sera mis sous les yeux du tribunal et qui lui fera connaître les déclarations de ces témoins éloignés ou empêchés. (Pr. civ., art. 407, 412 et 1035.)

D., Dans l'enquête sommaire, la loi ne fixe pas rigoureusement les délais pour commencer ou pour achever l'enquête. C'est le tribunal qui par son jugement détermine le jour de l'audition des témoins. Si l'une des parties demande une prorogation, l'incident est jugé sur-le-champ. (Pr. civ., art. 407 et 409.)

E., Dans l'enquête ordinaire, le juge-commissaire qui reçoit les dépositions des témoins doit, dans tous les cas, en dresser un procès-verbal détaillé.

Dans l'enquête sommaire, le tribunal qui entend les témoins doit-il dresser procès-verbal de la déposition de chacun d'eux? La loi distingue. L'affaire doit-elle être jugée en *dernier ressort* par le tribunal, un procès-verbal est inutile. Le tribunal a entendu les témoins; cela suffit. Dans ce cas, le tribunal se borne à mentionner dans son jugement, avec les noms des témoins, non l'exposé séparé et distinct de chaque déposition, mais le *résultat de l'enquête*, c'est-à-dire le résumé de toutes les dépositions prises dans leur ensemble et combinées. (Pr. civ., art. 410.)

Si, au contraire, l'affaire ne peut être jugée par le tribunal qu'en *premier ressort*, un appel est possible : comment les juges d'appel pourront-ils connaître les dépositions des témoins, qu'ils n'auront pas entendus, et voir si le juge du premier degré les a exactement appréciées? Un procès-verbal d'enquête est évidemment nécessaire, pour éviter d'avoir à faire devant le tribunal d'appel une seconde enquête, qui peut-être ne donnerait pas des résultats identiques à ceux de la première.

Ce procès-verbal doit contenir les noms des témoins, leurs serments, leurs déclarations s'ils sont parents, alliés ou serviteurs de la partie, les reproches formés contre eux et leurs dépositions. L'article 411 dit *le résultat de leurs désspositions*. Ces expressions rendent mal la pensée du législateur. *Le résultat des dépositions*, c'est l'impression que les dépositions prises en masse ont laissée dans l'esprit du tribunal. Ne donner que cela au juge d'appel, serait l'obliger à juger, non d'après ses propres inspirations, mais sur l'impression que le tribunal lui aurait transmise : ce serait le tribunal qui dicterait au juge d'appel sa sentence; ce qui serait absolument contraire à la nature de l'appel. Le procès-verbal doit donc contenir la substance de chaque déposition prise séparément. L'article 39, Pr. civ., qui vise un cas analogue, à propos du juge de paix, s'exprime plus exactement que l'article 411.

Malgré le silence gardé par l'article 411, il est bien évident que si, dans une cause sujette à appel, le procès-verbal d'enquête n'était point dressé, le jugement serait nul. Ce procès-verbal est un élément substantiel, essentiel à la validité du jugement. Sans ce procès-verbal, les juges d'appel ne pourraient s'éclairer par l'enquête; ce qui reviendrait en fait à enlever à l'adversaire la faculté d'appel.

Signalonsune lacune à propos de ce procès-verbal. L'article 413, Pr. civ. n'exige pas qu'il soit, à peine de nullité, signé par les témoins, tandis que cette exigence, fort raisonnable, se trouve mentionnée, pour des cas analogues, dans les articles 39 et 432 du Code de procédure. Il y a là un simple oubli du rédacteur de l'article 413.

F., Dans une enquête ordinaire, le juge-commissaire, n'ayant pas le pouvoir de prononcer sur les reproches, doit consigner au procès-verbal le reproche formulé et recevoir la déposition du témoin reproché. Si plus tard le tribunal admet le reproche comme fondé, la déposition du témoin n'est pas lue. — En matière sommaire, le tribunal a pleins pouvoirs pour statuer sur les reproches. Il doit d'abord les juger. Si le reproche est rejeté, le témoin est entendu. Si le reproche est admis, le témoin ne doit pas déposer. Ne distinguons pas selon que le tribunal juge en premier ressort ou en dernier ressort. Dans le cas d'appel, il est vrai, si la Cour rejette le reproche, la partie sera privée de la déposition de ce témoin mal à propos reproché. Mais ce n'est là qu'un léger inconvénient. Dans le système contraire, le mal serait plus considérable. Si le tribunal de première instance était obligé d'entendre le témoin reproché, comment pourrait-il faire dans son esprit abstraction de cette déposition? — En outre l'audition en matière sommaire correspond à la lecture de la déposition en matière ordinaire : or la lecture est interdite, malgré l'éventualité de l'appel.

DEUXIÈME SUBDIVISION

RÉFÉRÉS

(1re PARTIE, LIV. V, TIT. XVI, ART. 806 A 811.)

SOMMAIRE. — Origine du référé. — PREMIÈRE SECTION. Cas où il y a lieu à référé. — DEUXIÈME SECTION. Juge des référés. — TROISIÈME SECTION. Introduction du référé. — QUATRIÈME SECTION. Instruction. — CINQUIÈME SECTION. Ordonnance.

1260. « Il n'est pas un homme, disait le conseiller d'État Réal, « ayant l'expérience des affaires qui n'ait eu occasion de reconnaître « très souvent qu'il est des circonstances dans lesquelles le délai « d'un seul jour, et même le délai de quelques heures, peut être la « source des plus grandes injustices et causer des pertes irréparables. » (*Exposé des motifs.*) Ces circonstances ne comportent pas l'emploi des formes habituelles de la justice. Elles doivent autoriser les intéressés à porter immédiatement le litige devant un magistrat investi du pouvoir de le résoudre, au moins provisoirement, par une décision rapide, affranchie des formalités et des délais ordinaires. — Ce magistrat, c'est le *juge des référés;* cette décision, c'est l'*ordonnance de référé.*

Les ordonnances rendues sur référé ont aujourd'hui une considérable importance, dans les grandes villes et surtout à Paris. L'augmentation de la richesse publique, la multiplicité des transactions, les nouveaux besoins qui se manifestent, nécessitent plus impérieusement que jamais la rapidité dans l'exécution des jugements et titres exécutoires, la promptitude dans la solution de difficultés urgentes. Certains intérêts légitimes péricliteraient, si la loi n'avait pas créé en leur faveur une juridiction spéciale, régie par des dispositions exceptionnelles. La fréquence de ces intérêts est telle que dans l'année judiciaire 1881 le nombre des ordonnances de référé s'est élevé à 30,194, dont 16,317 à Paris seulement.

L origine de la procédure de référé se trouve dans la *clameur de haro*, qui, d'abord spéciale aux affaires criminelles, fut ensuite étendue en Normandie, à certaines affaires civiles, par l'habileté et la subtilité des juristes. En janvier 1685, un édit, rendu pour l'administration de la justice du Châtelet de Paris, ordonne que, dans plusieurs cas, dont il fait une longue énumération, le lieutenant civil pourra enjoindre que les parties comparaîtront le jour même dans son hôtel pour y être entendues et être par lui ordonné par provision ce qu'il estimera juste (art. 6). — Ce qui était utile en 1685 fut reconnu indispensable en 1806 par les rédacteurs du Code de procédure.

La compétence du juge des référés a donné et donne tous les jours naissance à des difficultés nombreuses et ardues. La doctrine et la jurisprudence sont loin d'être fixées. Contentons-nous de tracer pour nos lecteurs les lignes générales de cette matière intéressante, mais délicate.

SECTION I. — **Cas où il y a lieu à référé.**

1261. Le Code de procédure civile indique plusieurs cas où les parties peuvent se pourvoir en *référé* devant le président du tribunal, ou quelquefois devant un juge-commissaire. (Pr. civ., art. 606, 607, 661, 786, 829, 843, 845, 852, 921, 944 et 948.) Mais ces cas ne sont pas les seuls. L'article 806, Pr. civ., contient une disposition générale qui régit toute cette matière et qui embrasse les hypothèses variées engendrées par le mouvement des affaires. — Cet article permet de se pourvoir en référé, *dans tous les cas d'urgence, ou lorsqu'il s'agira de statuer provisoirement sur les difficultés relatives à l'exécution d'un titre exécutoire ou d'un jugement*. Formule élastique, qui investit le juge des référés d'un pouvoir considérable. Le législateur s'en est remis au tact, à la discrétion, à la sagesse de ce magistrat.

Urgence. La loi ne détermine nulle part les caractères de l'urgence. Tout est livré à l'appréciation du juge. Il y a urgence dès qu'une partie est exposée à un préjudice imminent, qui pourrait être irréparable. — *Exemples :* Tous les cas indiqués dans les articles du Code ci-dessus visés ; contestations élevées entre propriétaires et locataires à l'occasion d'enseignes, d'écriteaux à placer après congé, de lieux à visiter ; — étaiement d'un édifice menaçant ruine ; — renvoi d'un employé ; — constatation de l'état d'une machine ; mesures provisoires en matière de séparation de corps ; — nomination d'un séquestre ou d'un gardien ; — continuation des répétitions d'un ouvrage dramatique, mais non autorisation de la représentation.

Le juge des référés ne peut, sous prétexte d'urgence, connaître des affaires qui rentrent dans les attributions des justices de paix, des conseils de prud'hommes, des tribunaux de commerce. La justice de ces juridictions exceptionnelles est presque aussi prompte que celle des référés, et elle a sur cette dernière tous les avantages du définitif sur le provisoire (1). Enfin ne confondons pas l'urgence avec la célérité. La célérité autorise seulement une assignation à bref délai (Pr. civ, art. 72). L'urgence seule rend nécessaire l'introduction du référé.

Difficultés relatives à l'exécution des titres exécutoires ou des jugements. — La loi a voulu que le porteur d'un titre exécutoire pût, en justifiant de la légitimité de ses poursuites, en obtenir promptement la continuation. Elle a également voulu que l'opposition à ces poursuites fût accueillie par le juge des référés, lorsqu'elle était fondée sur des motifs sérieux.

Les rédacteurs du Code ont pris en considération la prétention de l'opposant, demandant la discontinuation des poursuites, afin de pouvoir établir devant la juridiction ordinaire l'existence du droit par lui allégué. Mais ils n'ignoraient pas que l'interruption des poursuites peut avoir des conséquences désastreuses et irréparables pour celui qui est entravé indéfiniment dans les mesures d'exécution devant lui fournir les ressources auxquelles il a droit. — En présence de ce double intérêt, les législateurs ont donné à l'un et à l'autre des intéressés de suffisantes garanties. — Le président du tribunal, après avoir entendu les explications des deux parties, statue en référé. — La décision de ce juge est-elle défavorable à l'opposant, il peut déférer cette décision à la Cour

(1) Cass., 18 déc. 1872 (Sir., 1873. 1. 153).

d'appel, qui statue dans un bref délai. — Si le président du tribunal et toute une chambre de la Cour d'appel estiment que les poursuites doivent être continuées, il est difficile d'admettre que l'opposition aux poursuites est fondée sur de légitimes motifs.

Plusieurs auteurs exigent dans ce cas la condition d'urgence : d'autres repoussent cette condition, en faisant ressortir la différence établie par le législateur entre les deux hypothèses prévues par l'article 806, Pr. civ. — Nous préférons dire, avec notre savant maître, M. Rodière, que dans le cas de difficultés relatives à l'exécution l'urgence est, par la loi, supposée exister de plein droit. Les rédacteurs du Code, presque tous anciens praticiens, n'ignoraient pas quelles ressources le débiteur peut trouver dans la procédure ordinaire, à l'effet d'ajourner indéfiniment les résultats des mesures entreprises par le créancier. Ils ont voulu mettre un terme à ces procédés déloyaux, en donnant au juge du référé le droit d'apprécier *provisoirement* la légitimité des poursuites d'exécution.

Mais est-ce à dire que, dans toute hypothèse, le juge des référés puisse statuer sur les difficultés quelconques soulevées par la mise à exécution d'un titre exécutoire? Assurément non : sinon, la juridiction des référés annihilerait en ce point la juridiction ordinaire. Les tribunaux ordinaires n'auraient plus à statuer sur des questions que leur attribuent cependant de nombreux textes du Code de procédure. Le pouvoir, à première vue illimité et indéfini, du juge des référés est subordonné au respect d'une règle importante.

1262. En cas d'urgence comme au cas de difficultés relatives à l'exécution forcée d'un titre, l'ordonnance sur référé ne doit faire *aucun préjudice au principal*, ne doit pas statuer sur le fond du droit. Le juge doit s'abstenir de toute décision qui empiéterait sur les attributions du tribunal, de la juridiction ordinaire. Voilà un premier correctif au pouvoir en apparence omnipotent du président. Ainsi il ne peut accorder un délai au débiteur qui n'en a point obtenu, — déclarer un jugement exécutoire par provision, — apprécier la solvabilité d'une caution, — condamner à des dommages-intérêts, — ordonner, malgré les protestations d'un auteur dramatique, que sa pièce sera représentée ; — ainsi encore, lorsque la discontinuation des poursuites est demandée à raison de la nullité de l'acte en vertu duquel ces poursuites sont exercées, lorsque le saisi oppose des offres par lui faites, un payement, une novation, lorsqu'un tiers intervient pour revendiquer les objets saisis, le juge des référés ne pourra statuer, *ni directement ni indirectement*, sur la question de savoir si les offres sont ou non suffisantes, si la créance est éteinte par le payement, s'il y a eu ou non compensation, novation, si le tiers est ou n'est pas propriétaire des objets qu'il revendique. Il ne jugera pas, *même provisoirement*, ces moyens de défense. Il devra se borner, après avoir entendu les explications des parties, à ordonner la continuation ou la cessation des poursuites. Au tribunal compétent seul appartient le pouvoir de prononcer sur le mérite de ces moyens de défense ou de ces exceptions, qui pourront être renouvelés devant ce tribunal. Le juge des référés protège ou facilite l'exercice des droits, mais il ne peut en *conférer* aucun. Comme le juge de paix en matière possessoire, le juge des référés peut et doit examiner, apprécier les titres produits devant lui pour s'éclairer sur la légitimité de la mesure conservatoire qui lui est demandée. Dans cette limite, il ne statue pas au principal : il le laisse entier.

Le pouvoir considérable donné au juge des référés est encore atténué par le caractère provisionnel de ses ordonannces. Il est de l'essence des décisions rendues en référé d'être *provisoires*. la partie, qui se croit lésée par l'ordonnance, a le droit de demander aux juges ordinaires la *solution définitive* de la question *provisoirement* résolue en référé.

SECTION II. — **Juge des référés.**

1263. Le juge des référés est, au premier degré de juridiction, le président du tribunal civil; au deuxième degré, la Cour d'appel. (Déc. 30 mars 1808, art. 57.)

Les juges de paix ne peuvent jamais être saisis en référé. Ce point a été expressément reconnu lors des débats législatifs préparatoires de la loi du 25 mai 1838 (1).

Les présidents des tribunaux de commerce n'exercent pas non plus de juridiction de référé, dans le sens propre du mot. Les tribunaux de commerce ne pouvant connaître de l'exécution de

(1) L'article 12 du projet de loi, rédigé par la commission de la Chambre des députés, relatif à la compétence des juges de paix, attribue aux juges de paix, autres que ceux du chef-lieu d'arrondissement, la connaissance des référés relatifs aux difficultés d'exécution d'un titre exécutoire ou d'un jugement (*Officiel*, février 1884, annexe 2601).

leurs jugements, ne serait-il pas contradictoire que les présidents de ces mêmes tribunaux pussent connaître des mesures relatives à cette exécution, même à titre provisoire et comme juge de référé. (Pr. civ., art. 442 et 553). L'article 57 du décret du 30 mars 1808 nous paraît réserver formellement au président du tribunal civil la juridiction du référé en toute matière. — Le pouvoir du président du tribunal de commerce se réduit en cas d'urgence à pouvoir permettre la saisie conservatoire des meubles ou quelques autres mesures conservatoires indiquées dans les articles 417, Pr. civ., et 106, 172, Cod. comm.

Le président à saisir en référé n'est pas celui du domicile du défendeur, comme le pensent quelques auteurs, en s'appuyant sur l'article 59, Pr. civ. On doit s'adresser au président du lieu de l'exécution (Pr. civ., art. 554), celui dans le ressort duquel la mesure d'urgence doit être appliquée.

Le président empêché doit être remplacé. Faut-il, à peine de nullité, mentionner dans l'ordonnance que le remplacement a eu lieu par ordre d'ancienneté, et par suite de l'empêchement du président ou du plus ancien juge? (Déc. 30 mars 1808, art. 47.) — Non, la Cour de cassation admet, par une jurisprudence bien assise, que chaque fois qu'un président ou un autre membre d'un tribunal est remplacé par un de ses collègues dans l'exercice de ses fonctions, il y a présomption légale d'empêchement légitime. Arrêts, jugements ou ordonnances sont bien rendus, encore bien qu'on n'ait pas constaté l'empêchement du président ordinaire. Il est plus correct de faire cette mention.

Si le juge des référés trouve la difficulté à lui soumise trop délicate, sans qu'elle lui paraisse présenter une urgence extrême, il peut renvoyer les parties à l'audience, *en état de référé*. (Déc. 30 mars 1808, art 70.) Le jugement prononcé dans ce cas par le tribunal est de même nature que les ordonnances de référé rendues par le président seul. Ces jugements sont purement provisoires et ne font aucun préjudice au principal, au fond du litige. Le tribunal, saisi plus tard du fond, peut statuer autrement qu'il ne l'a fait en référé.

SECTION III. — Introduction du référé.

1264. Le juge des référés tient une audience spéciale, aux jour et heure indiqués par le tribunal. (Pr. civ., art. 807.)

A cette audience, les parties peuvent se présenter sans assignation préalable. — En dehors de cette comparution volontaire, la manière d'introduire le référé varie avec le degré d'urgence que présente l'affaire.

1° L'urgence n'est-elle qu'ordinaire, le défendeur est assigné à comparaître à l'audience des référés. (Pr. civ., art. 807.) La demande, dans ce cas, n'a pas besoin d'être autorisée à l'avance par le président. — L'assignation est donnée par exploit d'huissier. — Cet exploit doit être signifié à la personne ou au domicile réel du défendeur. Il peut être aussi signifié au domicile élu, soit dans le contrat, soit dans le commandement ou les autres actes d'exécution. Le débiteur, menacé d'une exécution prochaine, doit avoir toujours un moyen facile de la prévenir. L'ajournement ne peut pas être donné par requête d'avoué à avoué, alors même que le référé se produit au cours d'une instance. L'esprit de la loi exige que le défendeur en référé soit *personnellement* mis en demeure.

Cette assignation doit reproduire les formalités ordinaires des exploits, sauf la constitution d'avoué. Aucun texte n'exige ni pour le demandeur, ni pour le défendeur, l'assistance des avoués : elle est purement facultative,

La loi ne fixe pas de délai pour la comparution. C'est intentionnellement que le Code est resté muet à cet égard. Le caractère de l'urgence varie tellement, les circonstances sont si diverses qu'il était impossible de déterminer à l'avance un délai, quelque bref qu'il fût. Un léger retard peut avoir des conséquences irrémédiables. — Dans la pratique, le délai est souvent d'un jour. Mais une assignation, donnée à comparaître le jour même, est irréprochable, lorsque le délai écoulé entre le moment de la signification et l'ouverture de l'audience des référés est suffisant pour permettre au défendeur de se présenter et de soumettre au juge ses observations (1). — Le président du tribunal de la Seine admet comme valable l'assignation donnée le jour même de la comparution à l'audience ; il

(1) Paris, 12 janvier 1867 ; 8 mars 1870 (Sir. 1870. 2101).

exige que l'huissier mentionne exactement l'heure à laquelle la copie a été laissée au défendeur ou à son domicile. — Le président peut accorder une remise, si le délai lui paraît insuffisant.

Toute nullité de l'exploit est couverte par la comparution du défendeur. — Au cas de non-comparution, le président, au lieu de statuer par défaut, peut ordonner la réassignation, quand les indications de l'exploit ne lui paraissent pas assez précises.

2° L'urgence peut être telle qu'il y aurait péril grave à attendre le jour ordinaire de l'audience. « Si néanmoins le cas requiert célé- « rité, dit l'article 808, Pr. civ., le président, ou celui qui le repré- « sentera, pourra permettre d'assigner, soit à l'audience, soit *à son* « *hôtel*, à heure indiquée, *même les jours de fête*, et, dans ce cas, « l'assignation ne pourra être donnée qu'en vertu de l'ordonnance « du juge, qui commettra un huissier à cet effet. » — La signification par huissier commis garantit la remise fidèle de l'exploit au défendeur. La rapidité autorisée par la loi ne doit pas dégénérer en un véritable piège. — L'ordonnance du président est mise au bas d'une requête signée habituellement, non nécéssairement, par un avoué. (Tarif, art. 76.) — L'article 808 ne prononce pas la nullité de l'assignation donnée sans autorisation préalable et par huissier non commis. Mais la juridiction du juge des référés, statuant à son hôtel et à huis clos, est essentiellement exceptionnelle. Elle ne peut donc être exercée sans l'accomplissement des deux conditions imposées par l'article 808, Pr. civ., conditions substantielles. (1)

3° L'affaire peut être encore plus pressante. Il est indispensable d'arrêter à l'instant même des mesures d'exécution, ou de lever les obstacles qui s'opposent à un acte essentiellement urgent, à une apposition de scellés par exemple. Alors l'assignation n'est pas même exigée. Le référé est introduit par une réquisition mentionnée sur le procès-verbal de l'huissier qui dirigeait l'exécution. C'est sur ce procès-verbal même que sera consignée l'ordonnance rendue par le président. (Pr. civ., art. 787 et 922.)

Le référé ne peut avoir d'utilité qu'à la condition d'intervenir rapidement. Le résultat cherché ne serait pas atteint, si l'une des parties en cause se trouvait dans la nécessité d'obtenir les autorisations indispensables, dans les conditions ordinaires, pour ester en

(1) Cass., 6 nov. 1861 (Sir., 1862. 1. 150).

justice (V. n° 644). Ces autorisations ne sont pas obligatoires en matière de référé. La femme mariée n'est pas astreinte à justifier de l'autorisation de son mari pour assigner en référé ou pour y défendre ; — le mineur émancipé peut seul, sans l'assistance de son curateur, agir en référé. — Les communes peuvent sans autorisation procéder, demanderesses ou défenderesses, devant cette juridiction ; etc.

SECTION IV. — Instruction du référé.

1265. — L'instruction est des plus sommaires. Les parties doivent comparaître devant le président, en personne, ou se faire représenter par des mandataires. Si le mandataire n'est pas un avoué, il doit être muni d'une procuration. Mais il est d'usage immémorial au tribunal de la Seine que les clercs d'avoué puissent représenter les clients de leur étude, sans être astreints à justifier d'une procuration.

Le débat devant le juge des référés est oral. — L'assistance du ministère public n'est pas requise. — Le greffier doit assister le juge des référés, sauf le cas d'assignation à l'hôtel, et sur l'heure. (Pr. civ., art. 1040.)

L'audience des référés est publique, sauf les cas où le droit commun autorise le huis-clos. Le président a un pouvoir discrétionnaire pour renvoyer à l'hôtel, ou en son cabinet, au Palais, les affaires qu'il convient de traiter sans bruit ni scandale, celles qui intéressent l'honneur ou la paix intérieure des familles.

Toutes les mesures d'instruction de nature à éclairer le juge, enquête, comparution des parties, etc., peuvent être ordonnées en référé. Mais des procédures compliquées, comme une inscription de faux ou une vérification d'écritures, ne sauraient être suivies devant un juge d'exception, comme celui des référés. (Pr. civ., art. 14 et 427. — V. n° 549.)

SECTION V. — Ordonnance.

1266. — L'ordonnance doit être rendue publiquement, sauf le cas où le président statue en son hôtel. — Elle doit être motivée. — Le président du tribunal de la Seine ne statue jamais sur la question des dépens en matière de référé. La Cour de Paris, saisie de la connaissance du référé par suite de l'appel dirigé contre l'ordonnance, condamne toujours aux dépens. — Nous repoussons cette jurisprudence. Nous n'admettons pas que le juge du second degré puisse prononcer une condamnation de dépens qui serait interdite au juge de première instance. — A nos yeux, le président doit statuer sur les dépens exposés devant lui, comme toute autre juridiction. L'article 130, Pr. civ., est applicable en toute instance, en tout litige. Sa disposition est générale. — L'assignation en référé, l'enregistrement de l'ordonnance, la signification de la grosse, l'enquête ou l'expertise ordonnée par le président donnent lieu à des dépens qui ont une certaine importance (1).

L'assistance des avoués n'étant pas requise, il n'y a pas de signification de qualités. Le greffier, sur le vu des conclusions, rédige l'ordonnance. Il mentionne les noms du juge, du greffier (sauf le cas où le président siège à l'hôtel) et des parties, les faits, les conclusions, les motifs et le dispositif. — Si le référé a été rendu à l'audience, la minute de l'ordonnance doit être signée par le président et par le greffier. Si l'ordonnance a été rendue à l'hôtel ou dans le cabinet du président au Palais, la minute est signée par le président seul.

Les ordonnances sur référé doivent être régulièrement conservées comme les autres décisions judiciaires. (Pr. civ., art. 810.)

Ces ordonnances doivent, avant leur mise à exécution, être signifiées à personne ou à domicile. Mais comme, en certains cas très urgents, l'accomplissement de cette formalité préalable entraînerait une perte de temps irréparable, le président peut ordonner l'exécution de son ordonnance sur la minute. (Pr. civ., art. 811.)

La même urgence, qui permet d'introduire le référé, motive la prompte exécution des décisions du président. Ces décisions ne sont pas susceptibles d'opposition. Elles sont exécutoires par provision, nonobstant appel, sans caution, si le juge n'a pas ordonné qu'il en serait fourni une. (Pr. civ., art. 809.)

La question de savoir si en présence de l'article 548, Pr. civ., l'ordonnance de référé pouvait être mise à exécution par les tiers ou contre eux, avant l'expiration des délais d'appel ou nonobstant l'appel interjeté, avait donné naissance à une vive controverse

(2) Bourges, 7 nov. 1870; Amiens, 4 mars 1870 (Sir., 1874. 2. 109).

entre les cours d'appel et la Cour de cassation. Celle-ci, après un double pourvoi, a adopté la solution affirmative par un arrêt rendu en chambres réunies, arrêt qui nous paraît conforme aux vrais principes de la matière (1). — V. n° 907.

La tierce opposition n'est pas recevable contre une ordonnance de référé. Les intérêts des tiers ne sont pas méconnus, puisqu'ils peuvent eux aussi saisir directement de leurs réclamations le juge des référés.

L'appel de l'ordonnance de référé ne peut être interjeté que dans les conditions déterminées par la loi pour l'appel des jugements rendus par un tribunal de première instance (L. 11 av. 1838, art. 1er); quelque peu important que soit le litige, l'appel est toujours recevable pour cause d'incompétence. L'appel n'est recevable, qu'autant qu'il a été formé dans la quinzaine de la signification de l'ordonnance.

La question de savoir si la décision rendue en référé peut être déférée à la Cour de cassation est délicate. — La Cour a resolu diversement la question. Sa jurisprudence n'est pas fixée. (Voir Bertin, *Ordonnances de référé*, n° 396.)

TROISIÈME SUBDIVISION

PROCÉDURE DEVANT LA JUSTICE DE PAIX

(1re PART., LIV. 1er, TIT. I A X, ART. 1 A 47. — LOI DU 25 MAI 1838. — LOI DU 2 MAI 1855.)

SOMMAIRE. — 1re SECTION. Billet d'avis. — Différence entre le billet d'avis et la citation en conciliation. — 2e SECTION. Demande en justice. — Formes de la citation. — Nullité. — Délai. — 3e SECTION. Audiences. — Police. — Comparution des parties. — Mandataires. — 4e SECTION. Jugements. — § 1er Condamnations que peuvent contenir les jugements. — § 2. Dispositions relatives à l'exécution des jugements. — § 3. Rédaction du jugement. — § 4. Signification du jugement. — 5e SECTION. Jugements par défaut et opposition. — 6e SECTION. Incidents. — Exceptions. — Preuves. — Enquêtes. — Expertise. — Visite des lieux. — Serment. — Règlement de juges. — Récusation. — Péremption. — 7e SECTION. Règles spéciales aux actions possessoires. — Cumul du pétitoire et du possessoire interdit. — Examen des titres. — Séquestre. — Récréance.

1267. Les règles de la procédure à suivre devant les justices de paix ne sont en général que la reproduction des dispositions de la

(1) Cass., 23 mars 1864; chamb. réun., 23 déc. 1867. — *Contra* : Paris. 11 juill. 1862; Rouen, 1 fév. 1865 (Sir., 1868. 1. 56).

loi du 26 octobre 1790. Les rédacteurs du Code se sont inspirés de la pensée qui avait guidé l'Assemblée Constituante. — Célérité de la décision, économie des frais, tel est le double but qu'ils ont voulu atteindre. Dans les cas qui ont échappé à leurs prévisions, les règles de la procédure ordinaire ne doivent être appliquées, qu'en combinant la satisfaction de ce double désir de célérité et d'économie avec le respect des droits et des intérêts des plaideurs.

Nous suivrons, pour l'explication de cette procédure spéciale, l'ordre adopté pour la procédure ordinaire. Le lecteur pourra ainsi plus facilement parcourir une route dont il connaît le tracé général. — Plus faciles seront les références, plus aisée la comparaison (1).

SECTION I. — **Billet d'avis.**

1268. Guidé par les considérations qui, en matière ordinaire, lui ont fait établir la procédure *préparatoire*, dénommée *préliminaire de conciliation* (V. n°s 648 et 649), le législateur a voulu qu'en règle générale le défendeur fut d'abord appelé devant le juge de paix par un simple *billet d'avis*. — Cette convocation se différencie sur des points essentiels de la citation en conciliation ; mais elle lui ressemble par son but, par sa tendance : la non-éclosion du litige, l'anéantissement dans son germe du procès prêt à naître.

Sous l'empire du Code de procédure, la convocation par billet d'avis était simplement facultative. Libre au demandeur d'y recourir ou de citer immédiatement son adversaire. — La loi du 25 mai 1838, art. 17, permit aux juges de paix de rendre cette convocation obligatoire dans certains cas. Elle n'était plus facultative pour le demandeur : elle le fut à la volonté du juge. — La plupart des juges de paix usèrent de la latitude que leur octroyait la loi. Frappé des résultats obtenus, le législateur intervint. Il a converti en règle obligatoire ce mode de procéder, en évitant d'en faire une mesure inutile ou vexatoire. — La loi du 2 mai 1855 a modifié en ce sens l'article 17 de la loi du 25 mai 1838. — Elle a pris des mesures pour assurer la remise des billets d'avis. — Plus tard la loi du 23 août

(1) La matière étant moins étendue, le nombre des divisions et des sous-divisions est moindre.

1871 (art. 23) a prescrit de rédiger ces billets sur papier timbré; mesure fiscale qui en fait baisser considérablement le nombre. — Néanmoins cette institution rend encore de signalés services. Pendant l'année 1881, dans 1,955,720 affaires appelées en conciliation en dehors de l'audience (par application de la loi de 1855) les juges de paix en ont concilié 731,219 sans procès-verbal et 2,141 avec procès-verbal d'arrangement, soit 37 p. 100. La non-conciliation n'a pas eu lieu dans 416,911 affaires, soit 22 p. 100. — Dans 805,449 les parties n'ont pas comparu, soit 41 p. 100. — Dans la période quinquennale 1866-1870, la moyenne annuelle des affaires avait été de 3,556,419 et celle des affaires conciliées de 1,397,720 ; soit 39 p. 100.

Cet essai d'arrangement diffère du préliminaire de conciliation à divers points de vue : 1° à celui des affaires qui y sont sujettes. La loi de 1855 y soumet en principe toutes les causes, même les demandes qui ne sont pas susceptibles de transaction ou qui s'élèvent entre parties incapables de transiger (1), les demandes formées contre plusieurs défendeurs. — Trois classes d'affaires seulement en sont dispensées : *a*) celles où le défendeur n'est pas domicilié dans le canton du juge de paix compétent pour statuer sur la contestation ou dans l'un des cantons de la même ville. La loi a voulu éviter au défendeur l'éventualité d'un double déplacement. — *b*) Les causes qui requièrent célérité ; mais, dans ce cas, le demandeur doit s'adresser au juge de paix pour obtenir la permission de citer sans avertissement préalable. Cette permission est donnée sans frais par le juge sur l'original de la citation. (L. 2 mai 1855, art. 2, § 4.) — c). Les demandes qui ne sont pas introductives d'instance : la loi ne le dit pas, mais c'est d'évidence : dans la discussion de la loi, un amendement rédigé en ce sens fut rejeté comme inutile.

2° Le juge de paix, devant qui les parties sont averties d'avoir à comparaître, est toujours celui qui est compétent pour statuer sur la contestation. Il n'appartient qu'à lui de donner l'avertissement, ne fût-il pas le juge du domicile du défendeur. — La citation en conciliation appelle au contraire le défendeur devant le juge de paix de son domicile (Pr. civ., art. 50.), sauf en matière de société ou de succession.

(1) Il y a là une inadvertance du législateur, inadvertance réitérée en 1838 et en 1855.

3° Le billet d'avis n'est pas un acte du ministère de l'huissier ; ce n'est pas un exploit. Il est rédigé par le greffier de la justice de paix, expédié par la poste sous bande simple, scellée du sceau de la justice de paix, avec affranchissement. Le greffier reçoit pour tout droit et par chaque avertissement une rétribution de trente centimes, y compris l'affranchissement (en plus le coût du timbre depuis la loi du 23 août 1871). Le greffier tient un registre constatant l'envoi et le résultat des avertissements. — Le projet de loi, rédigé par une commission de la Chambre des députés, veut que le registre énonce les noms des parties, la date de l'envoi, celle de la comparution, l'objet sommaire de la demande et le résultat (art. 20). — *Officiel*, février 1884, annexe n° 2601.

4° Le billet d'avis ne produit pas les effets de la citation en conciliation. Il n'est pas interruptif de prescription et ne fait pas courir les intérêts moratoires. (Pr. civ., art. 57. — V. n° 672.)

5° Le délai de la comparution est laissée à l'appréciation du juge de paix ; le délai de la citation en conciliation est de trois jours francs. (V. n° 671.)

6° Les parties se concilient-elles, le juge de paix ne dresse procès-verbal de conciliation que s'il en est requis.

7° L'omission du billet d'avis n'entraîne aucune nullité et la non-comparution sur billet aucune amende. L'audience ne peut être refusée au demandeur qui n'a pas fait envoyer un billet d'avertissement, ni au défendeur qui n'a pas comparu. La seule sanction de la loi du 2 mai 1855 est dirigée contre l'huissier. Il supporte sans répétition les frais de la citation non précédée d'avertissement. Le juge de paix peut lui interdire de procéder devant lui pendant quinze jours au moins et trois mois au plus. Enfin l'huissier peut être frappé disciplinairement. (L. 25 mai 1838, art. 19. — L. 2 mai 1855, art. 2.)

Le billet d'avertissement envoyé, trois hypothèses peuvent se produire : 1° Le défendeur ne comparaît pas. La non-comparution n'entraîne ni amende, ni refus d'audience. — 2° Les parties comparaissent, mais refusent de se concilier : le greffier insère une simple mention sur le registre des envois d'avertissement. — 3° Les parties comparaissent et se mettent d'accord. Le juge n'est point tenu de dresser procès-verbal de conciliation : l'une des parties au moins doit en faire la demande. Ce procès-verbal, signé des parties, du juge et du greffier, acte authentique, n'a que *force d'obli-*

gation privée. Nous avons expliqué le sens de ces expressions sous le n° 685. (L. 2 mai 1855, art. 2. — Pr. civ., art. 54.)

SECTION II. — **Demande en justice.**

1269. Devant la justice de paix, les affaires ne sont pas nécessairement introduites par un ajournement, comme devant la justice ordinaire. Les parties peuvent toujours se présenter volontairement. (Pr. civ., art. 7. — V. n° 528.) Donc deux modes d'introduction d'instance : la comparution volontaire et la citation.

La *citation* correspond à l'ajournement. Nous retrouvons dans l'énumération de l'article 1er, Pr. civ., toutes les formalités intrinsèques de l'exploit d'ajournement, à l'exception bien entendu de la constitution d'avoué. Nous renvoyons donc le lecteur aux explications fournies sous les numéros 696 à 723. — Remarquons que la loi n'exige pas, comme elle le fait en matière commerciale, qu'une élection de domicile dans le ressort vienne suppléer à l'absence du domicile forcé résultant de la constitution d'avoué en matière civile (P. civ., art. 422). La simplicité et la célérité des opérations de la justice de paix y rendent assez rares les significations entre parties dans le cours de l'instance, significations en vue desquelles cette élection est exigée par l'article 422, Pr. civ.

Les formalités, dont la loi veut la mention dans la citation, ne sont point prescrites à peine de nullité (Pr. civ., art. 1er). Est-ce à dire que toute omission quelconque sera impuissante à rendre nulle la citation? Nous ne l'avons pas pensé, lorsque nous avons traité de la distinction à établir entre les nullités substantielles et les nullités de pure forme. (V. n° 605.) L'omission d'une énonciation substantielle entraînera nécessairement la nullité de la citation. — Le défendeur ne couvre pas la nullité en comparaissant. — S'il ne comparaît pas, le juge ne peut ordonner sa réassignation, que dans le cas où ce défendeur a été cité à un délai trop court. — La citation annulée n'aura ni interrompu la prescription ni fait courir les intérêts moratoires. — Ces solutions sont repoussées par d'estimables auteurs ; mais ils ne nous paraissent pas avoir établi, par des raisons irréfutables, qu'il y ait lieu de déroger aux règles générales, qu'une citation infectée d'un vice substantiel puisse néanmoins produire des effets juridiques et être maintenue malgré les conclusions du défendeur en demandant la nullité. Ces auteurs argumentent de la disposition de l'article 5, Pr. civ. ; mais le texte ne vise pas le cas d'une citation entachée d'un vice substantiel ; il règle le cas d'une citation régulière contenant l'indication d'un délai trop court. — Si, sur assignation irrégulière, le défendeur ne comparaît pas, le juge ne peut pas même ordonner la réassignation, en mettant les frais de la première citation à la charge du demandeur. La prescription ne sera interrompue, les intérêts moratoires ne courront qu'à la date d'une nouvelle et régulière citation. — Si le défendeur a été, par inadvertance du juge, condamné par défaut, il doit, sur son opposition, obtenir la nullité de toute la procédure. — En fait, dans la pratique, la nullité fondée sur l'irrégularité de l'exploit est rarement invoquée ; elle est ainsi couverte par le *silence* du défendeur ; mais cette pratique ne saurait abroger les principes généraux.

La citation est soumise aux mêmes formalités extrinsèques que l'exploit d'ajournement. (V. nos 724 à 728.)

1270. Le délai de la citation devait être bref. Il est d'un jour franc. Il y aura au moins un jour entre celui de la citation et le jour indiqué pour la comparution. (Pr. civ., art. 5.) L'augmentation de ce délai, à raison des distances, se calcule d'après la loi du 3 mai 1862. (Pr. civ., art. 1033. — V. n° 627.)

Dans le cas où le délai n'a pas été observé, si le défendeur ne comparaît pas, il ne doit pas être condamné par défaut, point certain (V. n° 721) ; mais, en outre, le juge de paix doit ordonner la réassignation du défendeur : les frais de la première citation restent à la charge du demandeur. (Pr. civ., art. 5.) Si le défendeur comparaît, il ne peut exiger une nouvelle citation ; mais le juge lui accordera une remise pour préparer sa défense.

Malgré la brièveté du délai ordinaire, l'urgence peut être telle qu'une citation à bref délai devienne nécessaire. Le demandeur s'adresse alors au juge de paix et obtient de lui une ordonnance, appelée *cédule*, lui permettant de citer à jour et heure indiqués (P. civ., art. 6), à la demeure du juge ou en tel autre lieu désigné. L'huissier inscrit la citation au bas de la cédule et donne copie du tout au défendeur. — La cédule est délivrée par le juge qui doit connaître de la contestation. Cette cédule est donnée sans frais et peut eule dispenser du billet d'avis. (L. 2 mai 1855, art. 2, § 4.)

1271. Sous l'empire du Code les huissiers audienciers des justices de paix avaient seuls qualité pour notifier la citation. La loi du 25 mai 1838, art. 16, a donné à tous les huissiers d'un même canton le droit de signifier toutes les citations et de faire tous les actes devant la justice de paix.

Dans les localités peu considérables, les liens de la parenté ou de l'alliance unissent un grand nombre de personnes. Si le législateur eût maintenu la prohibition d'instrumenter pour les parents de l'huissier jusqu'au degré de cousin issu de germain (Pr. civ., art. 66.) il eût fallu trop souvent recourir au ministère d'huissiers éloignés. La loi a restreint la défense aux degrés les plus proches. L'huissier ne peut instrumenter pour ses parents en ligne directe, ni pour ses frères et sœurs ou alliés au même degré, ni pour sa femme (Pr. civ., art. 4. V. — n° 758.)

Quant à la pose de l'exploit, la marche à suivre pour l'huissier est plus simple qu'en matière ordinaire. La remise de la copie au voisin n'est pas prescrite. Dès que l'huissier ne trouve aucun parent ou serviteur au domicile de la partie, il remet la copie au maire. (Pr. civ., art. 4.)

SECTION III. — **Audiences.**

1271. — Pour faciliter l'action de la justice toute paternelle du magistrat cantonal, la loi oblige le juge de paix à tenir deux audiences par semaine, le dispense de l'observation des jours fériés et lui permet d'entendre les parties chez lui. (Pr. civ., art. 8.) — Quant aux jours fériés, la dispense s'explique par l'avantage que trouvent les paysans et les ouvriers, justiciables ordinaires du juge de paix, à ne pas perdre pour se rendre devant ce magistrat une journée de travail, dont le salaire est presque toujours indispensable à l'entretien de leur famille. La loi du 26 octobre 1790 (tit. VII, art. 1) autorisait le juge à tenir audience seulement hors les heures des offices religieux. La loi moderne est muette en ce point ; mais les convenances les plus élémentaires et le respect bien entendu de la liberté des justiciables imposent au juge l'observation de cette ancienne règle.

La loi du 27 ventôse an IX, art. 9, oblige les juges de paix à tenir leurs audiences habituelles et réglementaires au chef-lieu du canton. Si le juge de paix a sa résidence hors du chef-lieu, il ne doit permettre de citer chez lui que dans des cas extraordinaires. Il ne pourrait user de ce droit, si en fait il résidait hors du canton. — Quand le juge de paix tient l'audience chez lui, le jugement doit exprimer que l'audience a été tenue portes ouvertes, publiquement. — Mais le juge de paix peut ordonner le huis clos, soit dans le local ordinaire de ses séances, soit chez lui, dans les cas indiqués par l'article 87, Pr. civ., à la condition que la sentence soit publiquement prononcée. Ce magistrat peut statuer même sur le lieu contentieux, où il s'est rendu avec des gens de l'art pour procéder à une visite. (Pr. civ., art 42.)

1272. — Le juge de paix a, comme tout autre juge, la police de l'audience et le devoir de se faire respecter par les plaideurs. Les articles 10, 11 et 12, Pr. civ., relatifs à ce pouvoir de police et de répression, ont été en partie modifiés par les articles 504 et suivants du Code d'instruction criminelle. (V. n° 817.)

1273. Au jour fixé par la citation ou convenu entre les parties, celles-ci comparaissent en personne, ou par leurs fondés de pouvoir sans qu'elles puissent faire signifier aucunes défenses. L'instruction de la cause est toujours orale. (Pr. civ., art. 9.) Les pouvoirs des mandataires doivent être exprès et constatés par écrit. La procuration peut être sous seing privé ; mais elle sera soumise à la formalité de l'enregistrement. Elle est, à l'appel de la cause, remise au greffier de la justice de paix.

Toute personne capable d'accepter un mandat peut représenter une partie devant un juge de paix. — L'article 18 de la loi du 25 mai 1838 édicte une prohibition à l'égard des huissiers. « Dans « les causes portées devant la justice de paix, dit-il, aucun huissier « ne pourra, ni assister comme conseil, ni représenter les parties « en qualité de procureur fondé, à peine d'une amende de 25 à 50 « francs qui sera prononcée sans appel par le juge de paix. Ces dis- « positions ne seront pas applicables aux huissiers qui se trouvent « dans un des cas prévus par l'article 86, Pr. civ. » L'huissier pourrait être aussi suspendu suivant les circonstances ; mais la procédure, faite avec l'assistance de l'huissier, n'en reste pas moins valable. La commission de la Chambre des députés, dans le projet de loi relatif à la compétence des juges de paix, propose d'abroger la disposition de l'article 18 de la loi de 1838. Le rapporteur invoque à l'appui de cette modification grave le désir de donner satisfaction aux réclamations des huissiers. La belle raison en vérité! Que deviennent les motifs qui décidèrent les législateurs de 1838? Faudrait-il pas aussi accroître les procédures pour augmenter les émoluments des officiers ministériels?

Malgré la procuration régulièrement donnée à un mandataire capable, le juge de paix peut toujours ordonner la comparution personnelle des parties et renvoyer ainsi l'affaire à une prochaine audience.

Les parties ou leurs mandataires sont entendus contradictoirement. (Pr. civ. art. 13.) Les parties peuvent se faire assister d'un conseil et charger ce conseil de plaider leur cause.

Les parties ouïes, l'affaire doit être jugée sur-le-champ, ou à la prochaine audience. Le jugement peut être remis à l'audience suivante, même dans le cas où les parties ont comparu volontairement. A cette nouvelle audience, le juge peut renvoyer à une audience ultérieure, s'il le juge nécessaire. La loi' tout en désirant que la cause soit jugée à l'audience, ne veut pas empêcher le juge de tenir compte des circonstances. Elle veut une justice prompte, non une justice précipitée. Dans tous les cas, les parties sont informées par le juge du jour où le jugement sera prononcé. Les plaideurs sont tenus de se présenter à l'audience indiquée, sans nouvelle citation. Le juge, s'il le croit utile, se fait remettre les pièces. (Pr. civ., art. 13.)

SECTION IV. — **Jugements.**

1274. — Comme tous autres jugements, ceux rendus par les juges de paix doivent être *motivés* et prononcés *publiquement*. (V. n°s 852 et 853.)

Mais quant à l'obligation imposée au juge de paix de motiver ses sentences, la loi pose, en matière d'actions possessoires, des règles particulières que nous étudierons, à l'exemple du Code, dans un chapitre spécial.

§ 1er — *Condamnations que peuvent contenir les jugements.*

1275. Les sentences rendues par les juges de paix peuvent contenir des dispositions semblables à celles que renferment les jugements rendus par les tribunaux civils (V. nos 858 et s.), relativement aux dommages-intérêts, aux restitutions de fruits, etc.

Quant aux *dépens*, qui sont liquidés dans le jugement même, nous appliquerons les règles générales posées dans les art. 130 et 131 Pr. civ. (V. nos 868, 869, 874 à 883.) — Le juge les *réserve* quand il prononce un jugement préparatoire ou interlocutoire : il statuera sur eux dans la sentence définitive. De même il doit *réserver* les dépens, quand il surseoit au jugement du fond, en présence d'une question préjudicielle hors de sa compétence, ou quand sa propre compétence s'évanouit par l'effet d'une contestation portant sur le fond du droit, dans les cas prévus par les articles 4, 5 et 6 de la loi du 25 mai 1838. Les dépens, exposés devant le juge de paix, seront supportés par la partie qui succombera définitivement. (V. nos 547, 548, 549, 556, 557.)

§ 2. *Dispositions relatives à l'exécution du jugement.*

1276. Les juges de paix peuvent accorder des *délais de grâce* dans les mêmes cas que les tribunaux civils. (V. nos 889 à 899.)

En justice de paix plus fréquemment que devant les tribunaux civils, l'exécution du jugement peut présenter un caractère d'urgence. L'article 17 Pr. civ., contenait sur l'*exécution provisoire* une disposition, sujette à critique et dont l'expérience avait fait reconnaître les inconvénients. Cet article a été virtuellement abrogé par les articles 11 et 12 de la loi du 25 mai 1838. — L'article 11 de cette loi adopte la distinction inscrite dans l'article 135 Pr. civ., entre les cas où l'exécution provisoire est de droit et le cas où elle est facultative. — Elle est de droit, le juge doit l'ordonner sur les conclusions du gagnant, lorsqu'il y a titre authentique, promesse reconnue, ou condamnation dont il n'y a point eu d'appel. — L'exécution provisoire est facultative, le juge est libre de l'ordonner ou non dans tous les autres cas, avec caution, lorsque le montant de la condamnation excède 300 francs. — Il peut l'ordonner sans caution, quand la valeur est inférieure à trois cents francs ou lorsqu'il s'agit de pension alimentaire. — La caution est reçue par le juge de paix. (V. nos 902 à 907.) — S'il y a péril en la demeure, l'exécution provisoire pourra être ordonnée sur la minute du jugement, avec ou sans caution, conformément aux dispositions précédentes. (L. 25 mai 1838, art. 12.)

Si l'exécution provisoire n'a pas été demandée devant le juge de paix, ou que, malgré la demande, le juge de paix ne l'ait pas prononcée dans les cas où elle est de droit, le gagnant peut, sur l'appel, présenter requête au président du tribunal à l'effet de citer l'adversaire à bref délai pourvoir ordonner cette exécution. Il y a lieu d'appliquer l'article 458 Pr. civ.

L'exécution provisoire ordonnée peut être pratiquée pendant que court le délai de l'appel et nonobstant l'appel interjeté. Peut-elle avoir lieu pendant que court le délai de l'opposition et nonobstant opposition formée? L'article 11 de la loi du 25 mai 1838 est muet comme l'article 17 du Code. Avec la majorité des auteurs, nous croyons devoir nous en tenir aux termes de l'article 11. Nous pensons que l'omission du législateur est volontaire. L'article 155 Pr. civ. nous paraît inapplicable; car les règles ordinaires doivent être écartées dans les matières sur lesquelles le législateur s'est prononcé par une disposition spéciale. Le silence de la loi s'explique par la brièveté du délai de l'opposition (1).

§ 3. *Rédaction des jugements.*

1277. La rédaction des jugements est soumise, *mutatis mutandis*, aux règles ordinaires. — La minute est portée par le greffier sur la feuille d'audience, et signée par le juge qui a tenu l'audience et par le greffier. (Pr. civ., art. 18.) — Ces jugements doivent renfermer toutes les indications que nous avons considérées comme substantielles, sauf ce qui est relatif aux avoués. (V. n°s 913 et 918.) — Quant aux *qualités*, elles sont rédigées par le greffier et revues par le juge : mais comme elles ne sont pas contradictoirement réglées entre les parties, que les plaideurs ne concourent pas à leur rédaction, elles ne sauraient ni leur nuire, ni leur profiter.

§ 4. *Signification des jugements.*

1278. En règle générale, un jugement ne peut être mis à exécution qu'après avoir été signifié. La règle est maintenue pour les jugements définitifs rendus par les juges cantonaux. Mais dans le

(1) L'article 15 du projet de loi rédigé par la commission de la chambre des députés, relatif à la compétence des juges de paix, autorise l'exécution provisoire nonobstant opposition. (*Officiel* de février 1884, annexe n° 2601.)

désir de diminuer les frais, dans des litiges qui n'ont fréquemment qu'une minime importance, leur législateur nous dit dans l'article 28, Pr. civ. : « Les jugements qui ne seront pas définitifs ne seront pas « expédiés quand ils auront été rendus contradictoirement et pro- « noncés en présence des parties. Dans le cas où le jugement « ordonnerait une opération à laquelle les parties devraient assister, il « indiquera le lieu, le jour et l'heure et la prononciation vaudra cita- « tion. » Simple mesure d'économie : les frais de l'expédition et de la signification ne passeront pas en taxe; mais la signification n'en sera pas moins valable. — La formule de l'article 28 : *les jugements qui ne seront pas définitifs* est trop large. Les jugements *provisoires* contenant condamnation doivent être expédiés, pour pouvoir être mis à exécution. (Pr. civ. art., 147.) — L'article 28 ne s'applique qu'aux jugements *préparatoires* ou *interlocutoires*, n'ordonnant que de simples mesures d'instruction, et sous une double condition : le jugement doit 1° être contradictoire; et 2° avoir été rendu en présence des parties. — Mais, même ces deux conditions étant réunies, le jugement interlocutoire devra être expédié, si appel est interjeté contre ce jugement. Les juges du second degré doivent l'avoir sous les yeux pour statuer en connaissance de cause. (Pr. civ., art. 31, §§ 2 et 3.)

Les articles 29 et 30 Pr. civ. sont encore inspirés par le désir de concilier la défense de signifier le jugement interlocutoire ou préparatoire, avec la double nécessité d'avertir les experts ou les témoins qui doivent concourir à son exécution et d'avoir sous les yeux les termes de la sentence pour procéder aux opérations par elle ordonnées.

SECTION V. — **Jugements par défaut et opposition.**

1279. Préoccupé du désir de simplifier la procédure, d'écarter toute cause de surprise ou d'erreur pour des plaideurs généralement ignorants, le législateur a organisé d'une manière spéciale la matière des jugements par défaut.

Tous les auteurs reconnaissent que devant le juge de paix tous les défauts sont soumis aux mêmes règles. La distinction des jugements par défaut faute de comparaître et des jugements par défaut faute de conclure, si importante devant les autres juridictions, ne saurait être conservée. Si les parties comparaissent et que l'une d'elles refuse de s'expliquer, la sentence rendue par le juge sera contradictoire.

Si l'une des parties fait défaut, la cause ne sera pas nécessairement jugée au jour indiqué ; car, outre la faculté accordée au juge d'ordonner la réassignation dans le cas prévu par l'article 5 Pr. civ., nous lui reconnaissons le pouvoir de remettre l'affaire à une autre audience, s'il croit la non-comparution du demandeur ou du défendeur motivée par quelque juste cause.

Au jour indiqué par la citation ou à l'audience ultérieure par lui fixée, le juge de paix adjuge le défaut. (Pr. civ., art. 10.) — Le demandeur ne comparaissant pas, le juge ne doit-il adjuger qu'un *défaut-congé*, ou doit-il condamner le demandeur défaillant ? La question doit être résolue, en suivant la distinction que nous avons adoptée au n° 942.

Le défendeur ne comparaissant pas, les conclusions du demandeur ne lui sont octroyées que si elles sont reconnues justes et bien fondées. *Actore non probante, reus absolvitur*. (V. n°. 944.)

Plusieurs défendeurs ont-ils été cités à des délais différents, à raison des distances existant entre le chef-lieu de canton où siège le juge et leurs domiciles respectifs, le juge de paix appliquera l'article 151 Pr. civ.

1280. Doit-il aussi suivre la disposition de l'article 153, relative au *défaut profit-joint ?* La doctrine générale adopte la négative. Une incohérence indéniable résulte du rapprochement de cette solution avec la jurisprudence adoptée à l'égard des procédures de défaut devant les tribunaux civils, la Cour de cassation admettant que l'obligation de prendre le *défaut profit-joint* est d'ordre public et que ce défaut doit être prononcé d'office (1). Comment une règle d'ordre public peut-elle n'avoir plus ce caractère et perdre sa raison d'être et son utilité, parce que le litige se débat devant le juge de paix ou devant le tribunal de commerce ? Le caractère de règle d'ordre public n'est-il pas essentiellement général et absolu ? L'ordre public peut-il varier selon les juridictions saisies du litige ? — Aussi la commission de la Chambre des députés dans le projet de loi qu'elle a rédigé sur la compétence des juges de paix admet-elle par

(1) Cass., 15 mai 1871 ; 3 février 1873 ; 5 janvier 1875 ; 19 juillet 1876. (Sir. 1877. 1. 217.).

l'article 7 l'application de l'article 153, Pr. civ. (*Officiel*, février 1884, annexe nº 2601.)

1281. Devant les tribunaux civils, au cas de défaut faute de comparaître, la loi a recours à trois précautions spéciales, qui sont : la signification du jugement par huissier commis ; la péremption du jugement non exécuté dans les six mois de son obtention ; la faculté d'opposition conservée jusqu'à l'exécution du jugement. (V. nºˢ 954 à 961.)

De ces trois précautions, le législateur a maintenu la première. Tout jugement par défaut doit être signifié par un huissier, spécialement commis par le juge de paix depuis que la loi du 25 mai 1838 a supprimé le privilège des huissiers audienciers. (Pr. civ., art. 20 et art. 16 de la loi de 1838.)

La deuxième précaution, la déchéance résultant du défaut d'exécution dans le délai de six mois est trop rigoureuse pour la partie gagnante, pour être appliquée, dans le silence de la loi, aux justices de paix. En outre, la raison d'être de la disposition de l'article 156 Pr. civ. manque dans l'hypothèse d'un jugement rendu par défaut par un juge de paix. Le danger, contre lequel l'article 156 veut prémunir le défendeur défaillant condamné, ne peut exister. L'opposition n'est plus recevable jusqu'à l'exécution : elle doit être formée dans un délai préfixe. Le défendeur, qui laisse passer ce délai, ne peut plus faire opposition : que lui importe alors que l'exécution du jugement soit prochaine ou retardée ? (V. nº 955.) — Le jugement par défaut conserve toute son efficacité pendant trente ans, comme un jugement contradictoire.

La troisième précaution est aussi écartée, mais remplacée par une nouvelle, qui s'harmonise mieux avec le caractère paternel de la justice de paix. — La faculté de former opposition ne dure plus jusqu'à l'exécution de la sentence. Elle est, au contraire, à raison du besoin de célérité que présentent presque toutes les affaires soumises au juge de paix, restreinte à un très court délai. L'opposition doit être faite dans les trois jours de la signification du jugement. (Pr. civ., art. 20, § 1ᵉʳ.) — Mais comme la restriction de l'exercice de cette faculté à un délai aussi bref pourrait avoir de graves inconvénients, la loi crée un correctif, en accordant au juge un pouvoir discrétionnaire pour prolonger le délai ou pour relever le défaillant de la déchéance par lui encourue. (Pr. civ., art. 21.)

L'article 20 Pr. civ. indique quelle est la forme de l'opposition :

une assignation, donnée par le défaillant au gagnant, d'avoir à comparaître au prochain jour d'audience, sauf le respect des délais prescrits pour les citations, contenant les indications ordinaires des exploits et les moyens de l'opposition.

L'exécution du jugement par défaut est suspendue pendant le délai de l'opposition et arrêtée par l'opposition elle-même, pourvu qu'elle soit régulière et conforme à la loi. Cette opposition engendre les effets que nous avons signalés sous les nos 971 et suiv.

La partie opposante qui se laisserait juger une seconde fois par défaut ne sera plus reçue à former une nouvelle opposition. (Pr. civ. art., 22.)

SECTION V. — **Incidents.**

1282. Les incidents que nous avons vus naître devant la juridiction ordinaire peuvent aussi surgir dans les litiges soumis aux juges de paix. Le Code de procédure ne s'est expliqué qu'à l'égard de quelques-uns d'entre eux. Il a laissé les autres sous l'empire des règles ordinaires. Pour ces derniers, nous indiquerons les renvois, nous contentant de développer les dispositions spéciales à la procédure devant la justice de paix.

1283. PREMIÈRE CLASSE. EXCEPTIONS. — *Caution du jugé :* règles ordinaires. (V. nos 978 à 985.)

Déclinatoires. — Règles ordinaires sur l'incompétence absolue ou relative, sur la litispendance et la connexité, sauf une double dérogation : — 1° L'incompétence tenant à la *quotité* de la demande peut être couverte par la déclaration expresse des parties. (Pr. civ., art. 7. — V. n° 531.) — 2° L'article 172, Pr. civ. n'est pas applicable. L'appel du jugement rendu par le juge de paix sur le déclinatoire ne peut être interjeté qu'après le jugement définitif. (L. 25 mai 1838, art. 14.) — Or l'article 172, n'ayant été écrit que pour sauvegarder le droit d'appel quant au jugement rendu sur le déclinatoire, n'a plus de raison d'être, en présence de la règle, posée par la loi du 25 mai 1838. Le juge de paix pourra donc statuer sur la compétence et sur le fond par un seul et même jugement, pourvu que ce soit par deux dispositions distinctes. (V. nos 986 à 999.)

Nullités de procédure. — Règles ordinaires. (V. nos 1000 à 1005).

1284. *Exceptions dilatoires.* — L'exception tirée du délai pour faire inventaire et délibérer peut être proposée devant le juge de paix. Si l'habile à succéder ou la veuve veulent obtenir une prorogation de délai, le juge de paix doit les renvoyer au tribunal civil et leur fixer lui-même un délai devant lequel ils devront demander cette prorogation. — Au lieu de réclamer la jouissance d'un délai, la partie défenderesse conteste-t-elle qu'elle ait la qualité d'habile à succéder ou de femme commune en biens, le juge de paix doit surseoir encore et renvoyer les parties à faire vider cette question par la juridiction ordinaire. (Pr. civ., art. 426. — V. n° 547.)

1285. L'exception de *garantie* est aussi soumise aux règles générales exposées sous les n°s 1015 à 1032, sauf en ce qui concerne les délais. Sur ce dernier point, le législateur, pour accélérer la procédure, a édicté des règles spéciales dans les articles 32 et 33 Pr. civ. — Au jour de la première comparution, le défendeur demande-t-il à mettre garant en cause, le juge accorde un délai suffisant à raison de l'éloignement du domicile du garant. Il peut proroger ce délai si les circonstances l'exigent. Le jugement qui ordonne la mise en cause du gérant ne doit pas lui être notifié. Mais pareille notification ne serait pas nulle : elle n'entrerait pas en taxe : la loi veut seulement économiser des frais.

En indiquant cette marche, le législateur n'a pas entendu proscrire la faculté de procéder selon le mode ordinaire. Le défendeur peut citer le garant dès qu'il est cité lui-même. A l'audience pour laquelle il a été assigné, le garanti justifiera de la citation donnée au garant, au délai ordinaire fixé par l'article 5 Pr. civ. et le juge remettra l'affaire à une prochaine audience. — Si la mise en cause du garant n'a pas été demandée lors de la première comparution, si la citation n'a pas été donnée dans le délai légal ou dans le délai accordé par le juge, celui-ci doit procéder sans retard au jugement de la demande principale. Il statuera plus tard séparément sur la demande en garantie, pourvu qu'il ne soit pas incompétent à raison de la matière. Les deux demandes sont disjointes et l'article 184, Pr. civ. est alors applicable. — Néanmoins, bien que la demande en garantie eût été tardivement formée, si elle se trouvait en état en même temps que la demande principale, le juge de paix devrait statuer sur l'une et sur l'autre demande, par la même sentence.

En supposant que le défendeur appelle garant en cause, la loi prévoit le cas le plus fréquent. Mais le demandeur peut aussi vouloir former une demande en garantie incidente. (V. n° 1015.) Les dispositions des articles 32 et 33, Pr. civ. lui sont applicables. — Si les motifs de la garantie n'apparaissent que lors de la première comparution et par suite des explications fournies par le défendeur, le juge de paix accordera à la partie demanderesse un délai suffisant pour appeler garant. — Au contraire, le juge devra passer outre, si le demandeur connaissant parfaitement les circonstances qui motivaient son recours en garantie, n'a pas pris à l'avance les mesures néeessaires pour faire comparaître avec lui son garant. Le demandeur sera réduit à introduire plus tard une action principale contre la personne de ce garant.

La citation donnée au garant doit être libellée, dit l'article 32 § 2 Pr. civ., c'est-à-dire motivée. C'est le droit commun. Mais la loi rappelle cette règle, parce que le jugement qui ordonne la mise en cause du garant ne devant pas être notifié, il importe de préciser avec soin l'objet et les moyens de la demande en garantie.

La *communication des pièces* ne donne lieu à aucune procédure : elle se fait à l'audience, sous les yeux du juge de paix, sauf l'octroi d'un délai s'il est nécessaire.

1286. Deuxième classe. — Preuves. — La théorie des preuves ne varie pas selon la juridiction devant laquelle s'élève le litige. Leurs conditions de recevabilité, leur force probante restent les mêmes : mais le mode de leur administration subit au contraire l'influence des motifs qui ont fait créer les juridictions d'exception. Aussi allons-nous rencontrer quelques règles spéciales.

Vérification d'écritures privées. — Procédure de faux. — Ces incidents présentent une gravité particulière, soulèvent de sérieuses difficultés, nécessitent des procédures spéciales dont la marche jurerait avec la célérité et la simplicité de la procédure devant les juridictions d'exception. Aussi les juges de paix ne peuvent-ils en connaître. Ils doivent se dessaisir de ces incidents, renvoyer les parties devant la juridiction ordinaire et surseoir à juger le fond du litige jusqu'à ce que le tribunal civil ait prononcé sur ces incidents. (P. civ., art. 14. V. nos 549 et 557.)

1287. *Enquêtes.* — L'enquête doit nécessairement se faire en présence du juge, qui forme à lui seul le tribunal. Elle est ordonnée par un jugement, qui ne sera, ni levé, ni signifié. (Pr. civ., art. 28 et 34.) — Appliquez les règles ordinaires quant aux conditions d'admissibilité de l'enquête (V. n° 1085) et sur la contre-enquête (V. n° 1089).

Les témoins sont cités en vertu d'une *cédule* de citation, délivrée par le juge, cédule qui mentionne la date du jugement, le lieu, le jour, et l'heure de la comparution des témoins. (Pr. civ., art. 29 § 2.)

Le juge, à raison du caractère paternel de sa juridiction, peut entendre des témoins non cités, convoqués par simples lettres ou amenés par les parties. (V. n° 1095). On n'assigne pas l'adversaire à être présent à l'enquête : la prononciation du jugement vaut citation ; si la partie n'était pas présente lors du prononcé du jugement, la signification de ce jugement est suffisante. (Pr. civ., art. 28.)

L'enquête est publique et s'opère à l'audience. Dans tous les cas où la vue des lieux peut être utile pour l'intelligence des dépositions, le juge peut ordonner que l'enquête se fera sur le terrain même où se trouve le siège du litige. Les témoins sont alors obligés de se transporter au lieu indiqué. Mais il leur est alloué une taxe, dans laquelle sont compris les frais de voyage au delà de deux myriamètres et demi. (Pr. civ., art. 38. Tarif, art. 24.)

Les témoins prêtent serment de dire la vérité : c'est là une formalité substantielle. (Pr. civ., art. 35. V. n° 1120.)

Les articles 36 et 37 Pr. civ. rappellent les mesures d'ordre relatives à l'audition des témoins et aux interpellations qui peuvent leur être adressées.

Le Code de procédure est muet sur la distinction admise en matière ordinaire entre les personnes *incapables* de témoigner en justice et les personnes susceptibles d'être *reprochées*. Cette distinction doit être respectée. Li'ncapable est *indigne* et son indignité existe quelle que soit la juridiction devant laquelle il est appelé à rendre témoignage. (V. n°s 1103 à 1105.)

Quant aux reproches, l'article 36, Pr. civ. fixe le moment de leur présentation. — A défaut de règles particulières, nous nous référons au droit commun, quant à la nature des reproches qui peuvent être formulés. (V. n°s 1106 à 1114.) Le témoin reproché, si le reproche est admis par le juge de paix, ne doit pas être entendu.

La loi fait, quant à la rédaction de l'enquête, la même distinction qu'en matière sommaire devant le tribunal civil. Il doit être dressé procès-verbal lorsque, la cause étant jugée en premier ressort seulement, il pourra être utile pour les juges d'appel de consulter les dépositions des témoins. (Pr. civ., art. 39 et 40. — V. n°s 1259. — E.)

Le législateur n'a pas indiqué à l'égard de l'enquête faite devant le juge de paix, comme il l'a fait pour les enquêtes sommaires dans l'article 413 Pr. civ., celles des règles générales de la matière qui doivent être observées à peine de nullité. N'allons pas croire qu'aucune de ces règles ne soit applicable, que l'omission d'une formalité soit toujours impuissante à entraîner la nullité de l'enquête. Appliquons au contraire la distinction déjà souvent établie entre les dispositions substantielles, comme la prestation de serment, et les dispositions de pure forme. L'omission des premières entraînera toujours la nullité de l'enquête; l'omission des deuxièmes ne la produira jamais.

1288. *Visites des lieux.* La visite ou descente sur les lieux peut se combiner avec l'enquête. Elle peut aussi avoir lieu isolément. (Pr. civ., art. 41.) Le juge doit, à peine de nullité, appeler les parties à assister à la visite des lieux. Cette visite n'a guère lieu d'office, une réquisition des parties étant nécessaire pour que les frais de la visite puissent entrer en taxe. (Tarif., art. 8.) Mais si le juge procédait d'office à cette visite, elle constituerait un élément de l'instruction pourvu qu'elle eût été faite contradictoirement.

1289. *Expertise.* L'appréciation des dommages occasionnés à des ouvrages d'art, des dégradations commises par des locataires, etc., peut exiger des connaissances particulières et techniques. Le secours de l'expertise peut être utile au juge de paix. Le Code lui permet de cumuler l'expertise avec la visite des lieux. (Pr. civ., art. 42.) — La loi fait alors la même distinction qu'en matière d'enquête entre le cas où la cause est sujette à appel et celui où elle est jugée en dernier ressort. (Pr. civ., art. 42 et 43.)

L'expertise peut être pure et simple. — Dans ce cas, un procès-verbal en la forme ordinaire est rédigé par l'un des experts ou par le greffier de la justice de paix.

Les experts sont nommés par le juge et non par les parties : mais elles peuvent les désigner au choix du magistrat. — Un seul expert peut être choisi : mais, si le juge de paix en nomme plusieurs, nous pensons qu'il doit en désigner trois et non deux. (V. n° 1143.)

Les experts sont assignés en vertu d'une cédule de citation délivrée par le juge. (Pr. civ., art. 29, § 1.)

Pour le surplus des règles relatives aux expertises, voir n°s 1138 et suiv.

1290. *Comparution personnelle.* Si les parties ont comparu en personne, le juge peut leur adresser toutes les questions qu'il juge convenables. — Les parties se sont-elles fait représenter par des mandataires, il peut ordonner qu'elles seront tenues de comparaître en personne à une audience ultérieure. Le jugement, qui ordonne cette comparution, peut n'être pas signifié. Le juge peut charger les mandataires d'avertir leurs mandants.

Serment. Quand le juge de paix ordonne une prestation de serment, il peut le recevoir sur-le-champ si les parties sont présentes toutes deux, ou si la partie qui l'a déféré est représentée par un mandataire muni d'un pouvoir spécial.

1291. TROISIÈME CLASSE. INCIDENTS PROPREMENT DITS. Les demandes incidentes peuvent être formées à l'audience ou par exploit d'huissier signifié au domicile de la partie adverse. — Les règles générales déjà exposées et relatives à ces incidents s'appliquent devant la juridiction du juge de paix. — Nous avons signalé quelle influence exerçait sur sa compétence l'introduction d'une demande reconventionnelle. (V. n°s. 544, 545, 550 à 554, 558.)

1292. QUATRIÈME CLASSE. INCIDENTS RELATIFS A UN CHANGEMENT DE TRIBUNAL. — Nous avons expliqué, sous l'article 363 Pr. civ., comment se vidait l'incident appelé *règlement de juges*, lorsqu'il se produisait dans une instance portée devant la justice de paix.

Quant à la *récusation*, le Code de procédure en détermine les causes et les formes dans les articles 44 à 47, Pr. civ. Les dispositions de ces textes sont claires et précises et se justifient à l'aide des motifs déjà donnés quant à la récusation des juges des tribunaux civils. Les causes de récusation sont moins nombreuses ; les formes sont plus simples : là gît toute la différence. Évitons d'inutiles redites.

Par suite de décès, de maladie ou de récusation, il est possible qu'une affaire pendante devant la justice de paix ne puisse être décidée ni par le juge titulaire, ni par ses suppléants. La loi du 16 ventôse an XII a pourvu à cet inconvénient (art. 1 et 2). La partie la plus diligente, sur simple requête et après conclusions du ministère public, obtient du tribunal civil un jugement renvoyant la cause et les parties devant le juge de paix du canton le plus voisin.

1293. CINQUIÈME CLASSE. INCIDENTS RELATIFS A L'INTERRUPTION OU A L'EXTINCTION DE L'INSTANCE. — L'instance ne peut être *interrompue*, que par la notification du décès de l'une des parties. Elle est *reprise* par exploit, si les héritiers de la partie décédée ne se présentent pas volontairement.

Les règles générales du *désistement* sont applicables : toute la différence réside dans la forme employée. Le désistement et son acceptation ont lieu à l'audience ou par exploits réciproquement signifiés à personne ou à domicile.

Péremption. — Désireux d'activer les opérations de la procédure devant le tribunal de paix, les auteurs de la loi du 26 octobre 1790 avaient décidé que les plaideurs devaient mettre le procès en état d'être jugé définitivement dans le délai de quatre mois à partir de la citation. A l'expiration de ce délai, l'instance était périmée de droit et l'action éteinte. Solution trop rigoureuse quant à l'action. Le demandeur, qui, après avoir exercé son droit par l'introduction de la demande, ne poursuivait pas sans relâche le défendeur, était plus sévèrement traité que le créancier négligent. Pour le premier, une sorte de prescription prompte et rapide ; pour le deuxième, la prescription ordinaire avec ses délais plus ou moins étendus, selon la cause génératrice de la créance. L'équité n'était pas satisfaite de cette différence de traitement. — Les rédacteurs du Code de procédure ont adopté des règles plus acceptables, tout en organisant dans l'article 15 une péremption particulière, qui se différencie sur certains points de la péremption ordinaire.

Cet article consacre les principes suivants : 1° La péremption a lieu de *plein droit* : elle ne peut être couverte par le demandeur ; le défendeur n'a pas besoin de se la faire octroyer par le juge : elle lui est acquise de droit par l'expiration du délai fixé, comme la prescription. — 2° Le défendeur peut renoncer à invoquer cette péremption, expressément ou implicitement. — 3° Cette péremption ne s'opère que si un jugement interlocutoire a été rendu par le juge ; elle n'a pas lieu, si aucun jugement n'a été rendu ou s'il n'a été prononcé qu'un jugement préparatoire. — 4° Le délai est de quatre mois et non de trois ans. — 5° Il court, non de la citation, mais de la décision interlocutoire rendue par le juge. Néanmoins il est possible que les mesures prescrites par le juge n'aient pu être parachevées dans les quatre mois, sans qu'il y ait faute imputable, ni au juge, ni aux plaideurs. Le délai de la péremption ne doit courir que du jour où l'obstacle a disparu. Si, par exemple, une expertise a été ordonnée, le délai de la péremption, les experts ayant été cités à temps, ne commencera à courir qu'à dater du jour du dépôt du rapport (1). Cette péremption n'est pas interrompue par des actes de procédure, mais seulement par la prononciation du jugement définitif.

7° Si l'instance est périmée par la faute du juge, qui a négligé de rendre le jugement définitif sur le fond dans le délai de quatre mois, le juge de paix sera passible de dommages-intérêts envers les parties. L'obligation d'activer la solution du litige est imposée au juge comme aux parties. Les dommages-intérêts lui seront réclamés par la voie de la prise à partie. (Pr. civ., art. 505-3°.)

Malgré la péremption prononcée par l'article 15 Pr. civ., le jugement est-il rendu sur le fond ? Hors le cas de renonciation du défendeur, ce jugement sera susceptible d'appel, même dans les matières dont le juge de paix connaît en dernier ressort, et annulé sur la réquisition de la partie intéressée.

Mais dans l'hypothèse où aucun jugement interlocutoire n'a été rendu, la péremption spéciale, édictée par l'article 15, Pr. civ., ne s'applique plus. On revient alors à la péremption ordinaire applicable devant toute juridiction. Cette péremption sera demandée par exploit. — Du reste, la question ne se présente guère dans la pratique, les affaires soumises aux juges de paix étant généralement jugées sur-le-champ ou à l'audience suivante.

SECTION VII. — **Règles spéciales aux actions possessoires.**

1294. — Les demandes et les instances en matière possessoire sont soumises à la procédure simple et économique indiquée dans les précédentes sections. Elles sont, en outre, gouvernées par des règles spéciales ayant pour but de maintenir entière et complète la séparation rationnelle et juridique, établie entre la possession et la propriété, entre les actions possessoires et les actions pétitoires.

Le juge de paix est incompétent pour statuer au pétitoire, en matière réelle immobilière ; les tribunaux civils ne peuvent connaître des actions possessoires en premier ressort : ils ne prononcent sur elles que comme juges d'appel. — Les parties ont intérêt à établir la préséance de l'instance possessoire sur l'instance pétitoire,

(1) Cass., 27 août 1866; 16 mars 1868; 30 août 1880; 2 février 1882. (Sir. 1884. 1. 55.)

afin de déterminer lequel des deux contendants est possesseur, lequel des deux jouera sur l'action pétitoire le rôle de défendeur.

Comme corollaire des règles d'ordre public fixant la répartition des actions entre les juridictions et comme sauvegarde de l'intérêt privé des parties, le législateur interdit de *cumuler* le possessoire et le pétitoire. (Pr. civ., art. 25.) Cette défense, qui dans son principe remonte à l'ordonnance de Charles VII, rendue à Moutils-les-Tours le 28 octobre 1446, a été reproduite successivement par l'ordonnance d'Y-sur-Tille de François Ier, en 1535, et par l'ordonnance de 1667. (Tit. XVIII, art. 5.) Elle s'adresse tout à la fois aux parties et au juge de paix lui-même.

1295. — A l'égard des *parties*, la prohibition inscrite dans l'article 25, Pr. civ., leur interdit de demander qu'il soit statué *en même temps* sur le possessoire et sur le pétitoire. Ainsi, il y a cumul prohibé si, au lieu de borner ses conclusions à la maintenue dans sa possession annale, le demandeur conclut à ce que le juge de paix lui adjuge la propriété ou lui reconnaisse à la fois propriété et possession, — si le demandeur prétend ne faire résulter sa possession que de l'examen d'un titre de propriété, — s'il demande à établir une possession immémoriale ou trentenaire. Mais il ne faut pas s'attacher trop minutieusement aux expressions employées. Les parties sont rarement assez habiles pour rédiger leurs conclusions d'une manière irréprochable. Un penchant naturel les pousse à vouloir établir que leur possession s'appuie sur un droit solide, n'est que la manifestation d'un droit existant et non d'un droit simplement présumé. Au juge d'interpréter dans le sens possessoire les expressions équivoques.

Le cumul existe encore de la part des parties, si le juge du pétitoire est saisi de la demande en revendication pendant la durée de l'instance possessoire. Celle-ci un fois engagée, l'instance pétitoire ne peut être poursuivie avant que la première ne soit terminée. L'action possessoire dont est saisi le juge de paix est alors préjudicielle à l'action pétitoire, action en revendication ou action confessoire, qui ne peut encore être jugée par le tribunal civil. — Le cumul se réalise aussi, lorsque après avoir saisi le juge du pétitoire les plaideurs s'adressent au juge du possessoire. — Précisons nettement, à l'égard de chacun des plaideurs, la portée de la règle posée par l'article 25, Pr. civ.

1296. Au demandeur, la loi intime une double défense. 1° Demandeur au possessoire, il ne peut agir devant le juge du pétitoire tant que l'instance possessoire n'est pas terminée par un jugement ou par un désistement accepté du défendeur. Celui-ci, bien que le désistement offert lui assure le rôle de défendeur sur l'action pétitoire, a intérêt à le repousser afin de faire constater sa détention matérielle. — 2° Le demandeur au pétitoire n'est plus recevable à agir au possessoire. (Pr. civ., art. 26.) La logique et l'ordre public le veulent ainsi. Ou bien l'instance pétitoire est clôturée par un jugement; la preuve de la propriété est acquise : il n'y a plus à s'occuper de la saisine possessoire qui faisait présumer ce droit de propriété. Ou bien l'instance pétitoire est encore pendante ; mais alors revenir au possessoire serait pécher contre la marche rationnelle de la procédure. Nous n'expliquons pas, comme le font plusieurs auteurs, la règle de l'article 26 par cette idée qu'une demande au pétitoire contient l'aveu implicite de la possession au profit du défendeur. Non : le choix du pétitoire peut s'expliquer autrement, par le désir du demandeur, qui, muni de preuves à ses yeux décisives, préfère attaquer immédiatement le fond et tout finir par un seul procès. — Nous pensons que l'introduction de la demande pétitoire implique de la part du demandeur renonciation à se plaindre des faits de trouble ou de dépossession *antérieurs* à l'instance. L'article 26, Pr. civ., crée une fin de non recevoir absolue contre toute action possessoire dérivant de ces mêmes faits (1). Mais cette renonciation ne saurait viser évidemment les faits *postérieurs* à l'introduction de l'action pétitoire. Le demandeur au pétitoire ne doit pas être laissé sans moyens de défense immédiate contre les tentatives du défendeur. Il doit pouvoir réprimer les agressions nouvelles dont sa possession est l'objet et agir au possessoire, même pendant l'instance pétitoire, à raison des faits nouveaux de trouble ou de dépossession.

1297. Aux termes de l'article 27, Proc. civ., le *défendeur* au possessoire ne peut se pourvoir au pétitoire qu'après que l'instance sur le possessoire a été terminée par une sentence définitive, acquiescée ou passée en force de chose jugée. Il doit aussi, s'il a succombé, avoir pleinement satisfait aux condamnations prononcées contre lui. La loi ne veut pas que le défendeur puisse, en intentant l'action pétitoire, échapper au jugement qui va maintenir le deman-

(1) Cass., 16 février 1881, (Sir. 1883. 1. 462.)

deur en possession, ou éviter d'exécuter les condamnations prononcées par le juge du possessoire, alors qu'il a troublé le demandeur dans sa possession et lui a occasionné un préjudice plus ou moins considérable. — Mais le retard que pourrait apporter la partie gagnante à la liquidation des condamnations ne doit pas nuire au défendeur. Celui-ci peut saisir le juge du pétitoire et réclamer de lui la fixation d'un délai, passé lequel l'action pétitoire sera reçue.

Lorsque le défendeur se pourvoit au pétitoire malgré la prohibition de l'article 27, Proc. civ., toute audience doit lui être refusée : mais l'ajournement n'est pas nul. Sinon, la prescription pourrait être acquise fort injustement contre lui pendant l'instance possessoire, sans qu'il eût aucun moyen de l'interrompre.

L'article 27, Proc. civ., n'est applicable qu'au défendeur au possessoire. Le demandeur, qui a succombé au possessoire, n'est pas tenu d'exécuter le jugement avant d'agir au pétitoire, à moins que le défendeur, ayant formé une demande reconventionnelle, n'ait fait prononcer sa maintenue en possession avec dommages-intérêts. Le demandeur originaire est défendeur sur la demande reconventionnelle; l'article 27, Proc civ., lui est alors applicable.

Le défendeur au pétitoire peut, dans tous les cas, se pourvoir au possessoire par complainte ou par réintégrande. Il est intéressé à faire constater judiciairement sa possession par les voies ordinaires. Vainement objecte-t-on qu'il a le rôle de défendeur au pétitoire avec tous les avantages que ce rôle comporte, que sa possession juridique se trouve ainsi constatée par le quasi-contrat intervenu entre les deux plaideurs. — Nous répondons que ce défendeur peut être privé du libre exercice de la possession matérielle, exercice que l'action possessoire lui fera restituer. La justice s'oppose à ce qu'il puisse être dépouillé par le fait de son adversaire des moyens que la loi lui donne pour faire respecter sa possession et reprendre la chose, s'il en a été illégalement dépossédé. Sinon, tout spoliateur se hâterait d'agir au pétitoire et conserverait ainsi pendant l'instance, au détriment du spolié, les avantages matériels de la détention.

1298. C'est surtout le *juge de paix* en premiere instance, le *tribunal civil* en appel, le *juge* du possessoire en un mot, qui doit éviter de *cumuler* dans son jugement le pétitoire avec le possessoire. A lui surtout s'adresse la prohibition de l'article 25, Proc. civ., — Le juge du possessoire ne peut, dans le dispositif de sa sentence, toucher au droit réel de propriété ou de servitude, ni pour le reconnaître, ni pour le dénier. Dès que son jugement pourrait acquérir l'autorité de la chose jugée quant à ce droit réel, il y a empiétement sur le pétitoire. Pour que l'article 25, Proc. civ., soit respecté, il est indispensable que la question au pétitoire ne soit pas préjugée par la sentence rendue au possessoire. Ce préjugé ressort-il du jugement, il y a cumul. Le juge doit admettre l'action possessoire ou la rejeter, en constatant l'existence ou la non-existence de la possession alléguée par le demandeur, jamais en s'attachant au fond du droit présumé par la saisine possessoire. Même lorsque le jugement se borne à statuer au possessoire, il ne doit pas être basé sur des *motifs* exclusivement tirés du fond du droit. Il doit toujours contenir des motifs se rapportant à l'existence ou au caractère de la possession : autrement il serait établi que le juge a confondu la propriété et la possession (1).

L'application de l'article 25, Proc. civ., a donné naissance à une multitude de litiges et engendré un nombre considérable d'arrêts de la Cour suprême qui, selon les circonstances, ont cassé des jugements entachés de cumul ou rejeté le pourvoi en décidant que le cumul n'existait pas. En pratique, la question de savoir si le juge a ou non violé la prohibition légale présente souvent de sérieuses difficultés. Contentons-nous de donner quelques exemples de cumul. — Le juge maintient le demandeur en possession, non parce qu'il a la saisine possessoire, mais parce qu'il est propriétaire, parce que sa possession s'appuie sur un titre translatif de propriété, ou parce qu'il est possesseur trentenaire ou immémorial (2). — Le juge déboute le demandeur parce que le fait qualifié trouble constitue de la part du défendeur l'exercice d'un droit de propriété ou de servitude, ou d'une faculté imprescriptible (3). — Le juge rejette la complainte sous le prétexte que les motifs invoqués rendent le possessoire inséparable du pétitoire. — Le juge refuse de prononcer sur la possession et renvoie les parties à se pourvoir au pétitoire : il y a alors en quelque sorte cumul par prétérition; la sentence du juge de paix tend à le faire naître devant le tribunal civil : il y a en outre déni de justice; le juge se dérobe à sa mission.

(1) Cass., 14 décembre 1871; 1er juillet 1872. (D. P. 1872. 1. 297.)

(2) Cass., 16 août 1869; 11 décembre 1871; 1er juillet 1872; 28 juin 1882 14 mars 1883. (Sir. 1883. 1. 248.)

(3) Cass., 23 avril et 30 décembre 1872. (D. P. 1874. 1. 155).

1299. Au demandeur incombe la charge de prouver sa possession annale et le trouble, ou sa détention et sa dépossession. Cette preuve peut être faite par l'aveu, par le serment, par des présomptions, par la visite des lieux, par témoins, ou par titres tendant à établir les faits de possession. — La preuve testimoniale est le moyen le plus naturel et le plus ordinaire pour établir la possession annale et justifier du trouble ou de la dépossession, en cas de dénégation du défendeur. Aussi est-ce cette preuve seule que vise le Code de procédure ; mais la règle posée dans l'article 24, Proc. civ., qui a pour objet de confirmer la prohibition du cumul du possessoire et du pétitoire, s'applique également à tous les modes de preuve. Le juge ne doit recourir aux divers genres de preuve que pour constater la possession et non pour rechercher le droit de propriété ou de servitude.

1300. Ce devoir imposé au juge du possessoire est surtout délicat à remplir en ce qui concerne l'examen et l'appréciation des titres produits par les parties. C'est le point le plus épineux de toute la matière des actions possessoires. Plusieurs jurisconsultes éminents, Chauveau, Belime, Bourbeau, Appleton, ont traité la question avec étendue et talent. On doit lire leurs écrits, si l'on veut en avoir une connaissance complète. Nous nous contenterons de résumer pour nos lecteurs les annotations si remarquables dont MM. Poux-Lagier et Pialat ont enrichi la quatrième édition du traité de Curasson sur la *Compétence des juges de paix* et d'indiquer l'état de la jurisprudence de la Cour de cassation. Précisons d'abord les cas dans lesquels le juge du possessoire ne peut se borner à constater les faits de possession et se trouve dans la nécessité de consulter les titres produits par les parties : 1° Le défendeur veut prouver que la possession du demandeur est précaire, qu'il n'a pas joui *animo domini*, ou comme seul maître, mais comme mandataire, usufruitier, fermier ou copropriétaire. (V. n° 329.) — 2° La possession seule est inefficace aux yeux de la loi. Elle n'a de valeur qu'autant qu'elle est accompagnée, *colorée* par un titre, comme au cas de quasi-possession d'une servitude discontinue (V. n° 358). — 3° Le demandeur prétend qu'il y a interversion de titre. (C. civ., art. 2238 et s.). — 4° Le demandeur n'a pas par lui seul la possession annale : il est forcé de joindre à sa possession celle de son auteur et de prouver cette accession (C. civ., art. 2235). — 5° Le défendeur, pour dénier le trouble, prétend avoir agi en vertu d'une convention intervenue depuis moins d'un an. — Dans ces divers cas, que doit et que peut faire le juge de paix, surtout si le titre est contesté

Six solutions différentes ont été défendues par divers auteurs. Nous adoptons, comme la seule exacte quoique d'application délicate en pratique, l'opinion soutenue par Chauveau, Dalloz, Appleton, et par la grande majorité des arrêts rendus par la Cour de cassation. Nous la formulerons ainsi : 1° Le juge du possesoire doit examiner les titres de propriété pour déterminer le caractère de la possession invoquée, mais ne peut prendre pour unique base de sa décision le fond du droit tel qu'il paraît résulter des titres. — 2° Si les titres sont contestés, le juge ne doit ni se dessaisir, ni surseoir jusqu'à ce que le tribunal civil ait préalablement tranché la question soulevée par les titres : il doit apprécier ces titres, sous l'unique rapport de la possession, sans que cette appréciation puisse exercer jamais aucune influence sur le jugement du pétitoire (1). Il admet ou repousse le titre contesté, au seul point de vue de son efficacité, quant à la possession. La contestation soulevée sur la validité du titre ne peut arrêter le juge dans l'appréciation à en faire quant au caractère de la possession. — Le juge de paix ne prononce pas sur la nullité ou la validité des titres. Contre ces titres, les parties pourront faire valoir tous leurs droits ultérieurement au pétitoire. — Il en est des titres conventionnels comme du titre légal. Or, quand le demandeur invoque la quasi-possession d'un droit de passage pour cause d'enclave, le fait de l'enclave étant le titre légal, le juge de paix est bien forcé de vérifier ce fait qui caractérise la possession. Sa décision sur ce point laissera cependant entière l'indépendance du juge du pétitoire qui pourra décider que le droit au passage pour cause d'enclave n'existe pas (2). — La liberté du juge du pétitoire sera semblable à l'égard des titres conventionnels, appréciés par le juge de paix au point de vue de la possession.

La Cour de cassation a toujours maintenu le droit du juge de paix de consulter les titres et cassé les jugements qui les avaient écartés ou qui avaient déclaré l'incompétence du juge du possessoire par cela seul que les titres étaient contestés (3).

Mais le juge de paix peut être obligé de surseoir au jugement de

(1) Voyez comme question analogue celle qui est résolue sous le n° 544.

(2) Cass., 14 mars 1881 (Sir. 1881. 1. 208).

(3) Cass., 7 janvier, 12 août et 16 décembre 1874 ; 26 janvier et 22 mai 1876 ;

l'action possessoire, en présence d'actes administratifs, de jugements ou d'arrêts obscurs, ambigus, sujets à interprétation. Cette interprétation, le juge du possessoire ne peut la donner. Il est arrêté, comme le serait le juge du pétitoire lui-même, par un principe constitutionnel ou par le respect des juridictions. L'interprétation du titre obscur joue alors le rôle de question préjudicielle par rapport à l'action possessoire. Le juge de paix doit aussi s'abstenir de toute décision qui tendrait à attaquer, modifier ou annuler un acte de l'administration (1).

1301. Si, en cas de *complainte*, la possession annale ou le trouble ne sont pas justifiés, ou s'il s'élève contre l'action une fin de non-recevoir, le jugement se borne au rejet de la demande en complainte. Dans le cas contraire, le juge de paix maintient le demandeur dans sa possession et condamne le défendeur à rétablir les choses dans leur état primitif, aux dommages-intérêts et aux dépens. — Quelques auteurs pensent que le juge de paix ne doit pas nécessairement ordonner la destruction des ouvrages faits et le rétablissement des lieux dans leur premier état. Ils craignent que la destruction, en certains cas, ne constitue une mesure exorbitante, ne cause un préjudice irréparable, alors que le défendeur à la complainte va ensuite triompher au pétitoire. Nous ne pouvons partager cet avis. Avec Bourbeau, nous disons que le juge de paix n'a pas à se préoccuper des conséquences éventuelles de l'action pétitoire: les jugements sur le possessoire sont des sentences définitives sur le fait et le caractère de la possession. Dans l'opinion contraire, le demandeur triomphant devrait s'empresser d'intenter l'action pétitoire pour obtenir la destruction des ouvrages qui le troublent. A quoi servirait alors l'action possessoire, et pourquoi le législateur aurait-il interdit le cumul ? — Mais la destruction ne peut être ordonnée, si les travaux ont été exécutés en vertu d'ordres émanés de l'autorité administrative, en vertu de son pouvoir réglementaire, ou constituent des travaux publics régulièrement autorisés. (L. 25 mai 1838, art. 6.) (2).

Au cas de *réintégrande*, lorsque le demandeur n'a pas été seulement troublé, mais entièrement dépossédé, le juge de paix doit

14 mai 1877 ; 28 janvier 1879; 14 mars, 13 et 22 juin 1881 ; 6 mars, 19 et 28 juin 1882. (Sir. 1882. 1. 460 — 1883. 1. 62) et nombreux arrêts antérieurs.

(1) Cass., 19 juillet 1882 (motifs). (Sir 1883. 1. 73.)

(2) Cass., 21 décembre 1880 ; 6 décembre 1881 ; 19 juillet 1882. (Sir. 1883. 1. 73).

condamner le défendeur au délaissement, avec restitution des fruits indûment perçus et dommages-intérêts. (C. civ., art. 2060.)

Si les deux parties établissent chacune à son profit une possession caractérisée, le juge doit les maintenir soit cumulativement, si elles ont fait des actes entièrement pareils, comme jouir en commun d'une cour, d'une haie, d'un fossé, — soit conformément à leur mode de jouissance, si elles ont joui sous des rapports différents ; l'une a fauché l'herbe des francs bords du canal ou du pré, l'autre usé des eaux ou a récolté les fruits des arbres excrus dans le pré, etc.

1302. Mais que doit faire le juge de paix, s'il est démontré que chaque partie a une possession égale, ou que cette possession ne soit justifiée pour aucune d'elles? Par exemple, le défendeur a formé une complainte reconventionnelle et n'a pas plus que le demandeur démontré ses prétentions. — Pothier répondait autrefois que le juge pouvait, ou ordonner que la possession serait placée sous *séquestre*, ou accorder la *récréance*, c'est-à-dire la possession provisionnelle à l'une des parties, pendant le procès au pétitoire.

La *récréance* est un expédient offert au juge pour résoudre une grave difficulté en matière d'action possessoire. Répandue au moyen âge dans les divers États de l'Europe, elle est mentionnée dans Beaumanoir et dans le *Grand Coutumier*. Elle fut surtout employée en matière de bénéfices ecclésiastiques. — Quelques auteurs, tels que Rodier (sur l'art, 5, tit XVIII de l'ordonnance de 1667) Duparc-Poullain (*Principes du droit*, liv. V, ch. 26, tit. X paraissaient la repousser en matière civile. — « Cette récréance, « disait Pothier (1), n'a d'autre effet que de donner à la partie à « laquelle elle a été accordée le droit de retenir l'héritage conten- « tieux pendant le procès au pétitoire, à la charge d'en rendre « compte à l'autre partie, dans le cas où elle obtiendrait gain de « cause au pétitoire; mais elle n'a pas l'effet qu'a la sentence de « pleine maintenue, de déclarer possesseur celui qui l'a obtenue et « de le faire présumer propriétaire, sans qu'il ait besoin de prouver « son droit de propriété, tant que l'autre partie n'aura pas pleine- « ment justifié le sien. Au contraire, la sentence de récréance laisse « la possession *in incerto ;* elle ne déclare point possesseur celui qui

(1) *Traité de la possession* n° 105.

« l'a obtenue et ne la dispense pas, par conséquent, d'établir sur « l'instance au pétitoire le droit de propriété qu'il prétend avoir « sur l'héritage contentieux. »

La récréance et le séquestre peuvent-ils être ordonnés dans l'état actuel de la législation ? Les auteurs sont divisés sur ce point.

Avec la jurisprudence de la Cour de cassation, nous répondons affirmativement. Le pouvoir d'ordonner le séquestre est formellement consacré par l'article 1961, Cod. civ. — Quant à la récréance, c'est une de ces mesures provisionnelles que les tribunaux peuvent prendre dans l'intérêt de la paix publique, pour éviter les luttes futures, les voies de fait. Il est bien entendu que le juge devra préférer celui des deux plaideurs dont le droit à la possession est le plus apparent et qui présente le plus de garanties. — Vainement objecte-t-on, qu'en accordant la récréance le juge de paix commet un déni de justice. Non ; il prononce sur la possession *provisoire* et il rend une décision *négative* sur la question de *saisine possessoire.* Il juge en réalité et accorde la détention l'un des plaideurs. (1)

Voilà un aperçu sommaire des difficultés qu'engendre l'instance possessoire. Il est suffisant néanmoins pour justifier aux yeux du lecteur le désir que nous exprimons sous le n° 138, désir auquel ne donne qu'imparfaitement satisfaction le projet de loi rédigé en février 1884, par une commission de la Chambre des députés. Dix, même vingt ans d'exercice ne donneront jamais à un huissier, ou à un greffier, la connaissance et la possession des principes du droit, au point de faire de lui un bon juge de paix. Nous persistons à penser qu'une culture étendue de l'intelligence est indispensable et que le grade de licencié en droit doit être exigé de tout futur magistrat.

(1) Cass., 10 nov. 1872; 4 décembre 1882. (Sir. 1883. 1. 63.)

QUATRIÈME SUBDIVISION

PROCÉDURE DEVANT LES CONSEILS DE PRUD'HOMMES

(DÉCRET DU 11 JUIN 1809. — LOI DU 1er JUIN 1853).

SOMMAIRE. — Ressemblances avec la procédure devant les justices de paix. — Conciliation. — Exécution provisoire. — Jugement par défaut. — Péremption.

1303. Le décret du 11 juin 1809 n'a fait qu'appliquer aux conseils de prud'hommes, dans des termes presque identiques, les dispositions du Code de procédure sur les justices de paix. Les explications ci-dessus fournies servent donc à éclairer les règles contenues audit décret. Nous signalerons seulement quelques légères différences.

Les titres 5, 6, 7, 8, 9 et 10 du décret précité traitent successivement des citations, des séances du bureau particulier et du bureau général, de la comparution des parties, des jugements par défaut et des oppositions à ces jugements, des jugements qui ne sont pas définitifs et de leur exécution, des enquêtes et de la récusation des prud'hommes. Ils correspondent aux rubriques et aux dispositions des titres 1, 2, 3, 5, 7 et 9 du livre Ier de la première partie du Code de procédure.

Les citations devant les conseils de prud'hommes doivent toujours être précédées d'une lettre d'avis, et les parties n'ont pas, comme devant les juges de paix, la latitude indéfinie de se faire représenter par des mandataires. (Décret de 1809, art. 29 et 30.)

Les parties sont entendues contradictoirement : le bureau particulier doit s'efforcer de les concilier avant de les renvoyer devant le bureau général. (Art. 36.)

Les jugements sont éxécutoires vingt-quatre heures après leur signification. (Art. 27.) — Les règles posées dans l'article 39 sur l'exécution provisoire ont été modifiées par l'article 14 de la loi du 1er juin 1853. — Dans les cas urgents, les prud'hommes peuvent ordonner toutes les mesures nécessaires pour empêcher que les objets qui donnent lieu à la réclamation ne soient enlevés, déplacés ou détériorés. (Art. 28.)

L'article 15 de la loi du 1er juin 1853 applique aux jugements rendus par défaut la péremption de six mois. Mais le décret de 1809 étant muet, nous n'appliquerons pas aux jugements interlocutoires la péremption spéciale de quatre mois édictée par l'article 15 du Code de procédure civile. — La péremption ordinaire de trois ans est applicable : en fait, elle le sera très rarement.

Les causes et le mode de récusation des prud'hommes sont les mêmes que pour les juges de paix, et la récusation est jugée par le tribunal de commerce. (Art 37.)

Les enquêtes, les descentes sur les lieux, les expertises sont soumises aux mêmes règles que devant les justices de paix.

Nous appliquerons aussi aux affaires portées devant les prud'hommes les règles générales et ordinaires sur les exceptions d'incompétence, de connexité, l'exception dilatoire pour faire inventaire et délibérer, et l'exception de garantie que nous soumettons par analogie aux dispositions des articles 32 et 33 du Code de procédure civile.

CINQUIÈME SUBDIVISION

PROCÉDURE DEVANT LES TRIBUNAUX DE COMMERCE

(LIV. II, TIT. XXV, ART. 414 A 419 ; 421 A 442.)

SOMMAIRE. — 1re *Section*. Demande en justice — Bref délai. — Saisie conservatoire. — Pose de l'exploit. — 2e *Section*. Instruction. — Mandat. — Élection de domicile. — 3e *Section*. Jugement. — Dépens. — Exécution provisoire. — 4e *Section*. Jugements par défaut. — 5e *Section*. Incidents. —Expertise— Enquête— Exceptions.

1304. L'intitulé du titre XXV, que nous reproduisons ci-dessus, n'est pas parfaitement exact : les règles particulières à la procédure en matière commerciale s'appliquent non seulement lorsque les plaideurs procèdent devant un tribunal de commerce, mais aussi, lorsqu'à défaut de tribunal de commerce dans l'arrondissement, ils procèdent devant un tribunal de première instance. Mais on peut dire, sans abus de langage, que le tribunal civil se transforme alors en tribunal de commerce.

Conservant l'ordre, qu'à l'imitation du Code lui-même, nous avons suivi dans l'exposé de la procédure ordinaire, étudions, dans autant de sections distinctes, les règles relatives à la demande, à l'instruction, au jugement, aux jugements par défaut et aux incidents.

SECTION I. — **Demande en justice.**

1305. Les demandes en matière de commerce sont dispensées du préliminaire de conciliation. (Pr. civ., art. 49-4°. V. n° 658.)

En matière commerciale comme en matière civile, la demande est formée par un exploit d'ajournement. (Pr. civ., art. 415.) Cet exploit d'ajournement est, en principe, soumis à toutes les règles précédemment exposées (n°s 692 à 769) sur les formalités intrinsèques, la preuve de l'existence, la force probante, la notification et les effets de l'exploit, la responsabilité de l'huissier, etc., sauf les dérogations suivantes :

1° L'article 65, Pr. civ., exigeant qu'il soit donné, avec l'exploit, copie du procès-verbal de non-conciliation ou copie de la mention de non-comparution, à peine de nullité, n'a aucune application possible.

2° L'article 61, Pr. civ., renferme une disposition qui ne peut être observée. L'exploit d'ajournement ne peut contenir la constitution d'un avoué, puisque la procédure s'accomplit sans le ministère d'avoués (Pr. civ., art. 414, Cod. com., art. 627.). Il peut contenir la désignation d'un *agréé*, indiqué comme mandataire ; mais cette désignation, purement facultative, ne vaudra pas élection implicite de domicile chez cet agréé. Nous allons voir qu'une élection expresse de domicile dans l'ajournement est ou superflue, ou insuffisante.

Les autres mentions prescrites par l'article 61, Pr. civ., devront être observées, et nous pouvons renvoyer le lecteur aux explications que nous avons données sous les n°s 696 à 723.

1306. 3° En matière commerciale, le *délai* d'ajournement est plus court qu'en matière civile, à raison du caractère de célérité et d'urgence que présentent les litiges commerciaux. Le délai sera au moins d'un jour, dit l'article 416 ; un jour franc : ainsi l'assignation est régulièrement donnée le mardi pour le jeudi suivant, le mercredi pour le vendredi. — Ce délai doit être augmenté, à raison des distances, selon la règle posée par l'article 1033, Pr. civ., modifié par la loi du 3 mai 1862. (V. n°s 620 et s.)

L'article 417, Pr. civ., ajoute que dans les cas requérant célérité, le président du tribunal pourra permettre d'assigner même de jour à jour et d'heure à heure, par exemple, la veille pour l'audience du lendemain ; le matin, à neuf ou dix heures, pour l'audience de l'après-midi, à quatre heures.

L'urgence peut être telle qu'il n'y ait pas même possibilité d'attendre l'ordonnance du président pour donner l'assignation à bref délai. « Dans les affaires maritimes, dit l'article 418, Pr. civ., où il « existe des parties non domiciliées, et dans celles où il s'agit « d'agrès, victuailles, équipages et radoubs de vaisseaux prêts à « mettre à la voile (*ou sous vapeur*), et autres matières urgentes et « provisoires, l'assignation de jour à jour ou d'heure à heure pourra « être donnée sans ordonnance et le défaut pourra être jugé sur le « champ. » Les mots *parties non domiciliées* visent, non les personnes qui ne se trouvent pas domiciliées dans l'arrondissement où le navire doit effectuer son départ, mais celles qui n'ont pas de domicile fixe en France. La disposition de l'article 418 a été empruntée à l'ordonnance d'août 1681, sur la marine, qui disait : *s'il y a des étrangers ou forains parties.* (Liv. 1, tit. II, art. 2.) — *Les autres matières urgentes et provisoires* sont encore des affaires maritimes. Cela résulte nettement des explications de l'orateur du Tribunat. Si, en toute matière, pourvu qu'on alléguât l'urgence, on pouvait assigner *de plano*, la règle de l'article 417, Pr. civ., exigeant l'intervention du président pour abréger le délai, deviendrait bientôt une pure abstraction.

1307. 4° Une assignation, même donnée à bref délai, peut être inefficace dans certains cas. On peut craindre que le débiteur ne prenne la fuite et n'emporte avec lui les marchandises et effets mobiliers qui sont le gage de ses créanciers. Dans les relations commerciales, surtout dans celles qui ont lieu en foire, la confiance s'attache plus aux marchandises qu'à la personne du marchand. La sécurité de ces relations serait compromise, si le créancier ne pouvait s'opposer à l'enlèvement furtif des marchandises du débiteur. Aussi l'article 417, Pr. civ., permet-il la *saisie conservatoire* de ces marchandises et effets mobiliers, en vertu d'une ordonnance du président du tribunal. — Dans notre ancien droit, les habitants de certaines villes, dénommées *villes d'arrêt*, avaient le droit spécial d'arrêter les effets du débiteur forain trouvés en la ville privilégiée. C'est ce droit dont l'article 417, Pr. civ., a généralisé l'application dans l'intérêt du commerce. — Il y a là dérogation notable au droit commun. La saisie mobilière ne peut être pratiquée qu'en vertu d'un titre authentique et exécutoire, signifié préalablement au débiteur. Elle doit être précédée d'un commandement et ne peut avoir lieu que le lendemain de cet acte. (Pr. civ., art. 545, 583.) — Pour la saisie permise par l'article 417, toutes les entraves disparaissent. Cette saisie est pratiqué sans commandement préalable ; le créancier peut n'avoir pas de titre ou n'avoir qu'un titre sous seing privé. L'ordonnance du président remplace le titre exécutoire. Pareille ordonnance ne peut être demandée qu'au président du tribunal de commerce, non au président du tribunal civil.

La saisie ainsi pratiquée peut en définitive être jugée mal fondée, par le rejet des prétentions du saisissant. Celui-ci doit alors réparer le préjudice qu'il a causé au saisi. A ce dernier doit être donnée une garantie en vue de cette éventualité. Le président peut, suivant l'exigence des cas, n'autoriser la saisie qu'en assujettissant le demandeur à fournir caution ou à justifier de sa solvabilité. Cette justification, le demandeur la fera de diverses manières, en produisant son dernier inventaire, en établissant, par la notoriété publique, que son crédit est bien assis, qu'honneur a toujours été fait à ses engagements, que ses billets sont parfaitement acceptés par les banquiers de la ville ou de la région, etc.; pure question de fait, dont le président est unique et souverain appréciateur. — La caution ne peut être exigée du demandeur dans le cas prévu par l'article 172 du Code de commerce.

La saisie conservatoire est seule autorisée devant la juridiction commerciale. Si, plus tard, le saisissant obtient à son profit jugement de condamnation contre le débiteur saisi, cette sentence ne pourra s'exécuter que par les modes d'exécution de droit commun et le créancier devra s'adresser à la juridiction civile, seule compétente.

Les ordonnances, par lesquelles le président autorise une assignation à bref délai ou une saisie conservatoire, sont susceptibles d'opposition ou d'appel. Mais comme l'effet suspensif engendré par ces voies de recours rendrait illusoires ces ordonnances, leur enlèverait toute valeur en pratique, la loi déclare qu'elle seront mises à exécution par provision, nonobstant appel ou opposition. (Pr. civ., art. 417.) L'opposition est portée devant le président lui-même et non devant le tribunal, incompétent *ratione materiæ*. L'appel est interjeté devant la Cour.

1308. 5° L'assignation, en matière commerciale comme en matière civile, doit être remise à personne, ou à domicile, à l'une des personnes énumérées dans l'article 68, Pr. civ. — Mais l'ordonnance de 1681 déclarait les exploits donnés aux maîtres et mariniers dans le vaisseau, pendant le voyage, valables comme s'ils étaient remis à domicile. L'utilité pratique a fait étendre cette règle à tous les passagers. Il suffit de remettre l'exploit qui les concerne à une personne employée au service du navire : un marin vaut bien un portier. Aussi l'article 419, Proc. civ., dit-il : Toutes assignations données à bord à la personne assignée seront valables. — Entendre ce texte en ce sens que l'assignation, remise à la personne même du défendeur, n'en est pas moins valable pour avoir été donnée à bord, serait une naïveté. L'article 419 serait inutile, puisque l'assignation peut être valablement remise à la personne même du défendeur en quelque lieu qu'il se trouve. (V. n° 734.) La loi a voulu dire que la copie de l'exploit peut être valablement remise *à bord*, non seulement à la personne assignée, mais encore, en son absence, à une personne employée au service du navire. — Cette disposition est applicable aux simples passagers comme aux personnes composant l'équipage, en toute matière commerciale, maritime ou non maritime. La loi ne distingue pas.

SECTION II. — **Instruction.**

1309. Les parties doivent comparaître sans le ministère d'un avoué. La procédure simple et rapide des affaires commerciales n'a pas paru au législateur devoir comporter l'emploi d'officiers ministériels habitués aux allures lentes et techniques de la procédure ordinaire. Aussi l'article 421, Proc. civ., dit-il : *les* *parties seront tenues de comparaître en personne ou par un fondé de procuration spéciale.* — L'ordonnance de 1667 n'autorisait les parties à se faire représenter qu'en cas d'empêchement légitime. Cette disposition était mal observée dans la pratique, puisque l'institution des agréés remonte à l'ancienne jurisprudence. L'ordonnance proscrivait aussi le ministère des avocats. — Prohibitions vaines. La force des choses l'emporte sur la volonté du législateur. Tous les jours, les plaideurs se font devant la juridiction commerciale représenter par des agréés, des avoués, des avocats ou de prétendus agents d'affaires n'offrant que de médiocres garanties de savoir et de probité. Il ne peut guère en être autrement. Le négociant occupé ne peut perdre son temps à attendre son tour dans le prétoire du tribunal. Il en a chez lui un meilleur emploi. En outre, il ne saurait défendre ses droits, comme le fera l'avocat; car il ignore le droit, ses règles, les applications qu'en a faites la jurisprudence. Il choisit presque toujours un mandataire.

Le mandat doit être donné *spécial :* mais la loi n'exige pas qu'il soit constaté par un acte authentique. — Plusieurs tribunaux exigent que la signature apposée à la procuration soit légalisée. C'est une précaution utile, mais non indispensable.

Le tribunal ne saurait être obligé de donner audience au mandataire sur la seule production de la procuration, sans avoir la faculté de vérifier si le pouvoir émane bien du mandant. C'est un principe d'ordre public que le juge a le droit de vérifier si les personnes qui comparaissent devant lui sont bien les parties ou leurs représentants. Devant les tribunaux de commerce où le premier venu peut plaider comme mandataire, le danger de simulation de mandat appelle la vigilance du juge. Il a le droit et le devoir de s'assurer que le pouvoir produit est sincère et véritable (1). La légalisation doit être demandée au maire de la commune où est domicilié le mandant. — Les tribunaux de commerce peuvent-ils dispenser leurs agréés de la formalité de la légalisation? oui : les juges connaissent les agréés : ils peuvent renoncer envers eux à une mesure de précaution, qui n'est plus nécessaire pour couvrir leur responsabilité.

Le pouvoir est habituellement donné par le demandeur sur l'original de l'ajournement, par le défendeur sur la copie. Il doit être

(1) Cass., 1er mai 1883. (Sir. 1883. 1. 265.)

exhibé au greffier sur l'appel de la cause et visé par lui sans frais. (Cod. com., art. 627.) — Le mandat peut aussi être verbalement donné par le plaideur présent à l'audience.

Pour constater l'observation de l'article 627 du Code de commerce et faire cesser la pratique vicieuse qui autorisait l'agréé à plaider sans pouvoir sur la simple présentation de l'assignation, l'ordonnance du 10 mars 1825 prescrit une formalité particulière, sous la responsabilité personnelle du greffier. Lorsqu'une partie aura été défendue par un tiers, il sera fait mention expresse dans la minute du jugement, soit de l'autorisation que le tiers aura reçue de la partie présente, soit de la procuration spéciale dont il aura été muni.

1310. Aux termes d'un arrêté du 18 thermidor an XI, il y a incompatibilité entre les fonctions d'huissier et celles de défenseur officieux. On s'était demandé, sous l'empire du Code de 1807, s'il ne fallait pas décider, conformément à cet arrêté, qu'un huissier ne saurait être chargé de représenter une partie devant le tribunal de commerce. La question a été législativement résolue en 1840. L'article 4 de la loi du 3 mars 1840 a ajouté un paragraphe à l'article 627 du Code de commerce. Dans les causes portées devant les tribunaux de commerce, aucun huissier ne peut, ni assister comme conseil, ni représenter les parties en qualité de procureur fondé, à peine d'une amende de vingt-cinq à cinquante francs, qui sera prononcée sans appel par le tribunal, sans préjudice des peines disciplinaires contre les huissiers contrevenants. Cette disposition n'est pas applicable aux huissiers qui se trouvent dans l'un des cas prévus par l'article 86, Proc. civ.,

1311. L'élection de domicile qui, en matière civile, a lieu de droit chez l'avoué, n'est pas légalement présumée chez le mandataire spécial. Ce mandataire, même fut-il *agréé*, n'est pas un officier public et ne saurait dès lors inspirer une égale confiance. — Le procès peut même se terminer, sans qu'il y ait eu nécessité d'aucune élection de domicile. Lorsque l'instance prend fin à la première audience, la seule signification qui puisse être nécessaire, celle du jugement, se fait au domicile réel de la partie condamnée. — Mais si l'affaire se prolonge pendant plusieurs audiences, elle donne naissance habituellement à un certain nombre de significations. Celles-ci ne pourraient être faites au domicile réel, quelquefois éloigné, sans s'exposer à compliquer l'instruction et à multiplier les frais. Une élection de domicile doit être faite, d'une manière spéciale, par les parties non domicilées dans le lieu où siège le tribunal. L'article 422, Pr. civ., dit : « Si les parties comparais« sent et qu'à la première audience, il n'intervienne pas jugement « définitif, les parties non domiciliées dans le lieu où siège le tri« bunal seront tenues d'y faire l'élection d'un domicile. L'élection « de domicile doit être mentionnée sur le plumitif de l'audience ; à « défaut de cette élection, toute signification, même celle du « jugement définitif, sera valablement faite au greffe du tribunal. » Donc non seulement l'élection de domicile dans l'exploit d'ajournement n'est pas nécessaire, mais même elle n'est pas utile. Si l'exploit contient l'élection d'un domicile pour le demandeur, mais que cette élection ne soit pas mentionnée sur le plumitif, elle sera tenue pour non avenue. Le défendeur fera valablement ses significations au greffe (1). — L'article 422, Pr. civ., s'applique à toute partie qui surviendrait après coup dans l'instance, comme un tiers appelé en garantie par le défendeur originaire.

1312. Devant la juridiction consulaire, l'instruction est entièrement orale. — Point de requêtes en défenses ou en réponse aux défenses. Les parties ou leurs mandataires lisent leurs conclusions, les remettent au greffier et les développent dans leurs plaidoiries. — Celles-ci achevées, le tribunal délibère. Nous pensons que dans le cas où la juridiction consulaire est exercée par un tribunal civil, le ministère public ne doit pas donner de conclusions. (V. n° 572.)

Les règles sur la publicité et la police des audiences sont les mêmes qu'en matière civile. (V. n°s 813 à 817.)

SECTION III. — **Jugement.**

1313. Les règles sur la délibération et sur la prononciation des jugements sont identiques à celles de la procédure ordinaire. Mais, quoiqu'en dise l'article 433, Pr. civ., il n'en est pas tout à fait de même quant à la rédaction.

1° Point de mention des avoués, ni du ministère public ;

2° Nous venons de voir qu'aux termes de l'ordonnance du 10 mars

(1) Cass., 25 mars 1862. (Sir. 1862. 1. 607.)

1825 le greffier est tenu de mentionner dans le jugement le pouvoir spécial donné par les parties à l'agréé ou à tout autre mandataire, avocat, avoué, etc. ;

3° L'article 433, Pr. civ., ne pouvait renvoyer aux articles 142 et 143, Pr. civ. Il s'agit en effet, dans cet article, d'une procédure qui suppose nécessairement le ministère des avoués. Les qualités (V. n° 914) ne sont point signifiées contradictoirement. D'après l'ordonnance du 12 octobre 1825, article 1er, *les qualités se rédigent dans le greffe*, d'où la conséquence que cette rédaction est l'œuvre du greffier, qui en est responsable, à l'exclusion du tribunal et des agréés. Mais, en pratique, les qualités sont souvent remises toutes rédigées par l'agréé ou par l'avocat au greffier. Cette remise est purement officieuse. Ces qualités, n'étant ni signifiées, ni débattues contradictoirement, ne sauraient ni nuire, ni profiter aux parties.

1314. 4° Le jugement rendu par le tribunal de commerce peut, comme la sentence prononcée par le tribunal civil, contenir plusieurs dispositions relatives, soit aux condamnations que le tribunal peut prononcer au fond, soit aux mesures qu'il peut ordonner relativement à l'exécution de sa sentence. Les règles sont, en général, identiques. (V. nos 858 et s.)

Quand les tribunaux consulaires accordent des *dommages-intérêts*, l'esprit de la loi sera mieux respecté si la liquidation de ces dommages est faite dans le jugement même. Mais lorsque l'appréciation du préjudice doit donner lieu à des débats longs et compliqués, il n'est pas interdit aux juges consulaires de statuer d'abord uniquement sur la question de responsabilité. Les dommages seront alors réglés par un jugement ultérieur. Les tribunaux de commerce ont procédé ainsi plusieurs fois, dans ces dernières années, lors des procès nombreux et délicats dirigés contre les fondateurs et administrateurs de diverses sociétés financières. (V. nos 861 et 862).

La *reddition de comptes* ne s'opère pas comme en matière civile. Le tribunal du commerce renvoie les parties devant des arbitres experts.

1315. Les règles relatives à la condamnation et à la compensation des *dépens* s'appliquent aux jugements des tribunaux consulaires. (V. nos 874 à 883). Il en est autrement de la *distraction :* les agréés ne peuvent la demander. — La *liquidation* des dépens doit être faite dans le jugement même. (Pr. civ., art. 543.) — Les dépens mis à la charge de la partie qui succombe, ne doivent comprendre que les déboursés du gagnant. Les *honoraires*, auxquels ont droit les agréés ou autres défenseurs ne peuvent être compris dans les dépens. La partie gagnante était libre de se défendre elle-même. Elle ne peut, en recourant dans son propre intérêt, à l'intermédiaire d'un agréé ou d'un avocat, aggraver la position de son adversaire. Est-ce qu'en matière civile les dépens comprennent les honoraires *réels* payés par le gagnant à son avocat ? En allouant aux agréés des frais de postulation, de rédaction, d'assistance, de plaidoirie, les tribunaux de commerce excèdent leurs pouvoirs. Accorder autre chose que les déboursés, c'est consacrer l'existence de défenseurs *officiels* dont la présence n'est pas permise devant les tribunaux consulaires (1). Le tribunal de commerce de la Seine a cependant, pour certains cas, fixé les droits des agréés. — En pratique, la question a peu d'intérêt : les tribunaux de commerce ont l'habitude, dans leurs jugements, d'allouer, à titre de dommages-intérêts, à la partie gagnante, une somme équivalente aux honoraires que pourra lui réclamer son représentant.

Comme les tribunaux civils, les juges consulaires peuvent accorder à la partie condamnée des *délais de grâce*, sauf en matière de lettre de change et de billet à ordre. (C. com., art. 157.)

1316. Nous avons vu avec l'article 135, Pr. civ., dans quel cas et sous quelles conditions, les tribunaux civils doivent ou peuvent donner l'*exécution provisoire* de leurs jugements. Les règles sont quelque peu modifiées en matière commerciale. — En matière civile, l'exécution provisoire n'a jamais lieu de plein droit, sans avoir été ordonnée par le tribunal. Dans certains cas, le tribunal doit l'ordonner ; dans d'autres, il peut l'ordonner avec ou sans caution. — En matière commerciale, le jugement est toujours, de plein droit, exécutoire par provision ; seulement, dans certains cas, l'exécution provisoire a lieu sans caution, tandis que dans les autres elle n'a lieu qu'à la charge de donner caution ou de justifier de solvabilité suffisante. Elle ne doit être ordonnée par le tribunal que lorsqu'elle doit avoir lieu sans caution. — Cette règle ne ressort pas nettement du texte de l'article 439, Pr. civ., texte assez mal rédigé. Les mots : les tribunaux *pourront* ordonner l'exécution, etc., ont fait naître quelques doutes. Une controverse s'est élevée sur la déter-

(1) Réquisitoire de M. Dupin, Cass., 25 juin 1850. (Sir. 1850. 1. 743.)

mination de la latitude laissée aux juges consulaires. Porte-t-elle sur l'exécution elle-même ou sur la dispense de caution ? — Nous pensons, avec la majorité des auteurs et des arrêts, que la faculté, visée par le mot *pourront*, se réfère à la dispense de caution. Le principe que les jugements en matière commerciale sont de plein droit exécutoires par provision, était nettement posé dans l'article 4 du titre XII de la loi des 16-24 août 1790. Ce principe a été certainement maintenu par le Code de procédure. Rien dans la discussion du Code n'indique l'intention de l'abandonner. — Voici en quoi le Code a innové. Tandis que d'après la loi de 1790, la partie qui voulait exécuter provisoirement le jugement devait toujours donner caution, le Code fait à cet égard une distinction. — Si le mot *pourront* visait l'exécution provisoire elle-même, le gagnant en matière commerciale serait moins bien traité qu'en matière civile, puisque d'après l'article 135, Pr. civ., les tribunaux civils *doivent*, sont tenus de prononcer dans les mêmes cas l'exécution provisoire : solution en contradiction manifeste avec l'esprit général de la loi. — En matière civile, l'appel d'un jugement ne peut être interjeté pendant la huitaine à dater de la prononciation de la sentence, que si celle-ci est exécutoire par provision : la loi établit une corrélation intime entre l'exercice du droit d'appel et l'exécution provisoire. (Pr. civ., art. 449 et 450.) Or, en matière commerciale la partie qui a succombé peut interjeter appel le jour même du jugement, faculté qui s'explique si le jugement est toujours, de plein droit, exécutoire par provision. (Cod. com., art. 645 *in fine*). (1)

L'article 439, Pr. civ., fait, avons-nous dit, une distinction. La demande est-elle fondée sur un *titre non attaqué* ou sur une *condamnation précédente dont il n'y a pas appel* (1), le tribunal peut dispenser la partie gagnante de fournir caution. Dans tous les autres cas, l'exécution provisoire n'a lieu qu'à charge de donner caution, à moins que la partie ne justifie de solvabilité suffisante. — Pour que la partie gagnante puisse procéder à l'exécution provisoire sans fournir caution, il est nécessaire que le tribunal l'ait expressément dispensée. Le silence du tribunal laisse subsister la règle générale qui veut qu'à défaut de dispense la caution soit fournie. Tel est le sens de l'article 439, Pr. civ., — L'exécu-

(1) Cass., 22 janv. 1867 et 18 janv. 1870. (Sir. 1870. 1. 171.)

(2) Le sens de ces expressions a été expliqué sous les nos 902 et suiv.

tion provisoire à laquelle on aurait procédé sans avoir fourni tout d'abord la caution reste nulle, lors même que plus tard la caution est donnée (1).

En matière civile, le jugement exécutoire par provision peut être exécuté nonobstant l'appel interjeté et aussi nonobstant l'opposition formée. (Pr. civ., art. 155. V. n° 951). — En matière commerciale, l'exécution provisoire d'un jugement rendu par défaut est arrêtée par l'opposition. L'article 435, Proc. civ., dit *in fine*, en termes absolus, que le jugement est exécutoire jusqu'à l'opposition. L'article 439, Proc. civ., parle d'une exécution provisoire ayant lieu *nonobstant appel*, mais non d'une exécution provisoire qui aurait lieu malgré l'opposition. Ceci s'explique parce qu'en matière commerciale il est statué promptement sur l'opposition : elle doit contenir assignation dans le délai légal, à un jour. La loi ne cause donc pas un grave préjudice à la partie qui a obtenu le jugement, quand elle lui défend de poursuivre l'exécution en cas d'opposition.

Quelques auteurs sont d'un avis opposé et pensent que l'article 643 du Code de commerce en renvoyant à l'article 159, Proc. civ., a implicitement modifié les articles 435 et 439, Proc. civ., et que l'exécution provisoire malgré opposition peut être ordonnée. C'est donner une importance exagérée à la phrase finale de l'article 159, qui vise la question, mais n'a pas pour objet de la résoudre.

Les articles 440 et 441 indiquent quelle est la procédure à suivre en ce qui concerne la présentation de la caution. Cette procédure est un peu plus simple que celle qui est organisée en matière civile par les articles 517 et suivants, Proc. civ.

1317. Les tribunaux de commerce ne peuvent connaître des difficultés que soulève *l'exécution forcée* de leurs jugements. (Pr. civ., art. 442 et 553.) Nous avons donné les motifs de cette incompétence *ratione materiæ*. (V. n° 280.) — Mais ces tribunaux, comme les tribunaux civils, peuvent interpréter leurs sentences ou leur donner les compléments nécessaires, comme réception de cautions, reddition de comptes, liquidation de dommages-intérêts, etc.

1318. Nous avons déjà décidé que les articles 163, 164, 548 à 550, Proc. civ., étaient applicables aux jugements des tribunaux de commerce. (V. n° 972.) La question ne se discute plus

(1) Requêt., 4 novembre 1863. (Sir. 1863. 1. 537.)

depuis que la Cour suprême l'a résolue, en audience solennelle, et contrairement aux conclusions du procureur général, le 13 janvier 1859. Mais le ministère des avoués étant interdit auprès des tribunaux de commerce les obligations prescrites par lesdits articles incombent aux parties, présumées par la loi capables de veiller à leurs intérêts. Elles doivent remplir les actes conservatoires de leurs droits, actes qui sont le corollaire de la volonté d'exécuter chez le poursuivant, de l'opposition ou de l'appel émané de la partie poursuivie. L'une devra faire mentionner dans le certificat négatif du greffier la date de la signification du jugement, par la remise de l'exploit de cette signification; l'autre, par celle de l'exploit d'opposition ou d'appel, faire mentionner l'attaque dirigée contre le jugement.

SECTION IV. — **Jugements par défaut.**

1319. Les règles relatives aux jugements rendus par défaut sont consignées dans les articles 434 à 438 du Code de procédure; modifiés par l'article 643 du Code de commerce.

Défaut du demandeur. — Si le demandeur ne se présente pas, le tribunal donnera défaut et renverra le défendeur de la demande, dit l'article 434, en reproduisant la règle contenue dans l'article 145, Proc. civ. — Ce défaut produit, en matière commerciale les mêmes effets qu'en matière civile : nous renvoyons donc le lecteur aux nos 941 et 942.

Défaut du défendeur. — « Si le défendeur ne comparaît pas, il « sera donné défaut, et les conclusions du demandeur seront « adjugées, si elles se trouvent justes et bien vérifiées. » L'article 434 reproduit encore des règles posées dans les articles 149 et 150, Proc. civ., Il doit être interprété comme l'ont été ces articles, sous les nos 944 à 946.

1320. Nous avons, en matière civile, distingué de la part du défendeur deux sortes de défauts : le défaut *faute de comparaître*, résultant de l'absence de constitution d'avoué, et le défaut *faute de conclure*, résultant de l'absence de conclusions. (V. n° 943.) Nous avons signalé entre ces deux sortes de défaut des différences importantes. — Faut-il aussi en matière commerciale distinguer deux espèces de jugements par défaut? Une controverse est née sur cette question, controverse qu'a favorisée la rédaction des articles 435, 436, Proc. civ., et 643 Code com., L'article 435 traite tous les jugements rendus par défaut en matière commerciale comme les jugements par défaut *faute de comparaître* en matière civile. L'article 436 au contraire appliquait à tous ces mêmes jugements une règle édictée en matière civile pour les jugements par défaut faute *de conclure*, au point de vue du délai accordé pour faire opposition. — La disposition de l'article 436, Proc. civ., ayant provoqué de vives réclamations, le législateur a voulu profiter de la rédaction du Code de commerce pour leur donner satisfaction. L'article 643, Code comm., déclare applicables en matière commerciale les articles 156, 158, 159 du Code de procédure. — L'article 643 abroge-t-il complètement la disposition de l'article 436, Proc. civ., ou se borne-t-il à établir en matière commerciale la distinction admise en matière civile, alors que l'article 436 posait une règle absolue?

Quelques auteurs et quelques anciens arrêts ont pensé qu'en matière commerciale un seul défaut pouvait se produire : le défaut *faute de comparaître*. L'absence d'avoués rend impossible la distinction admise en matière civile : tout défaut doit avoir même nature. L'article 643, Code comm., a abrogé l'article 436, Proc. civ. Il déclare l'article 158, écrit pour les jugements par défaut faute de comparaître, applicable, non pas à une certaine espèce de jugements par défaut, mais à tous les jugements de défaut rendus par les tribunaux de commerce. C'est avec raison qu'il assimile ainsi ces sentences à des jugements par défaut faute de comparaître. En matière civile, dès que le défendeur a constitué avoué, la loi peut cesser de multiplier les précautions en sa faveur; il a un guide expérimenté. La même garantie n'existant pas en matière commerciale, la loi a pu sans inconséquence se montrer plus favorable au défendeur qui, sur l'assignation, s'est bien présenté au tribunal, mais n'a pas conclu et repoussé la prétention de l'adversaire (1).

Cette argumentation ne nous a pas convaincus. Avec d'autres auteurs et une jurisprudence aujourd'hui bien assise (2), nous pen-

(1) Bonnier. *Éléments de procédure*, t. 2, n° 1436. — Demangeat sur Bravard. — *Traité de droit commercial*, t. 6, p. 486.

(2) Rodière. *Cours de compétence*. 4ᵉ *édit.*, tom. 2, p. 11. — Boistel. *Droit commercial*, 3ᵉ édition, n° 1474. — Cass., 24 février, 8 avril et 11 août 1868; 9 mai 1870. — Bordeaux, 15 mars 1871, — Amiens, 22 mai 1872. — Poitiers, 1ᵉʳ décembre 1875. — (D. P. 1877. 2. 226.) et nombreux arrêts antérieurs.

sons qu'il faut en matière commerciale, comme en matière civile, distinguer les deux sortes de défaut. Nous croyons que telle a été la volonté des rédacteurs du Code de commerce, le but qu'ils ont visé en écrivant dans l'article 643 le renvoi aux articles 156, 158, 159, Pr. civ. Non : l'article 643 n'a pas entièrement abrogé l'article 436, qui s'appliquera aux jugements par défaut faute de conclure. Voilà pourquoi l'article 643, Comm., ne renvoie pas à l'article 157, Pr. civ: renvoi superflu en présence de l'article 436, Pr. civ., qui pose une règle identique.

L'argument tiré de l'absence d'avoués est sans aucune valeur. On oublie que devant les juridictions d'exception les parties sont, de par la loi qui proscrit le ministère des avoués, présumées capables de veiller à leurs intérêts et de diriger la procédure. Elles doivent accomplir les actes que feraient les avoués, remplir les formalités analogues et supporter les conséquences de leur inaccomplissement. Il est difficile d'assimiler au défendeur qui n'a pas comparu, à celui qu'on peut supposer n'avoir pas été touché par l'assignation, le défendeur qui, après s'être présenté à la barre du tribunal de commerce pour proposer un déclinatoire, soulever une exception, demander ou repousser une remise de cause, fait défaut sur le fond, après avoir vu rejeter le déclinatoire, l'exception ou la demande de remise. Le jugement, rendu sur le fond du litige, n'est pas prononcé contre une personne qui a ignoré l'instance, mais qui a volontairement négligé ou omis de prendre des conclusions. N'oublions pas que la présomption d'ignorance de l'instance de la part du défendeur est la base de la séparation établie, en matière civile, entre les deux sortes de jugements par défaut. Dès que cette présomption d'ignorance est démentie par les faits, le jugement est par défaut faute de conclure. Or, comment admettre cette présomption lorsque le défendeur a conclu sur un déclinatoire, une exception ou tout autre moyen. Donc, admettons avec la jurisprudence que les jugements par défaut, en matière commerciale, peuvent être par défaut *faute de comparaître*, ou par défaut *faute de conclure*.

1321. A. Le jugement est-il par défaut faute *de comparaître*, le défendeur ne s'étant pas présenté à la barre ou n'ayant pas constitué de mandataire, nous appliquerons les articles 156, 158 et 159, Pr. civ. — Le jugement sera non avenu, s'il n'est pas exécuté dans les six mois de son obtention. — L'opposition sera recevable jusqu'à l'exécution: l'article 643, Cod. comm., abroge en ce point l'article 436,

Pr. civ. Le jugement sera réputé exécuté, quand aura été accompli l'un des actes indiqués dans l'art. 159, Pr. civ. (V. nos 955 à 961.)

1322. B. Le jugement est-il rendu par défaut faute de conclure, l'opposition devra être formée dans le délai de huitaine à partir de la signification du jugement. — Ce jugement peut être mis à exécution pendant trente ans conformément au droit commun. (V. n° 952. — Pr. civ., art. 436.) — Il est valablement signifié par un huissier ordinaire. L'article 643 du Code de commerce en renvoyant à l'article 156 a modifié l'article 435 comme l'article 436, Pr. civ. Le premier n'est plus applicable aux jugements par défaut faute de conclure, comme le deuxième ne l'est plus aux jugements par défaut faute de comparaître.

1323. Le législateur, a en matière commerciale, *dérogé* aux règles admises en matière civile, sur les points suivants :

1° La signification faite par l'huissier commis doit contenir, à peine de nullité, élection dans la commune où elle se fait, si le demandeur n'y est domicilié. Rien de semblable en matière civile. La différence tient à ce que le jugement consulaire est exécutoire un jour après la signification, à moins que le défendeur ne fasse signifier opposition au domicile du demandeur. La loi a voulu que le défendeur puisse arrêter l'exécution dès qu'elle est possible, en lui fournissant le moyen de signifier promptement son opposition.

2° En matière commerciale, le jugement par défaut est exécutoire *un jour après* la signification : signifié le mardi, il peut être mis à exécution le jeudi suivant. En matière civile, il n'est exécutoire que huitaine après la signification. (Pr. civ., art. 155 et 435.)

3° L'opposition se fait *principalement* par un exploit. La partie condamnée prend les devants : elle n'attend pas que l'exécution commence. Cet acte doit contenir l'indication des moyens de l'opposant et assignation est donnée au demandeur de revenir devant le tribunal dans le délai légal, au moins un jour. Cet exploit est signifié au domicile *élu* par la partie gagnante conformément à l'article 435, Pr. civ. Mais si l'opposant le préfère, il est libre de signifier son opposition au domicile réel de la partie. (Pr. civ., art. 437.)

4° L'opposition peut être formée *incidemment* à l'exécution.

L'article 438, Pr. civ., est ainsi conçu : « L'opposition faite à « l'instant de l'exécution, par déclaration sur le procès-verbal de « l'huissier, arrêtera l'exécution, à la charge par l'opposant de la « réitérer dans les trois jours, par exploit contenant assignation ;

« passé lequel délai, elle sera censée non avenue. » Cette opposition incidente existe également en matière civile ; mais il suffit alors qu'elle soit réitérée dans la huitaine et par requête, non dans les trois jours et par exploit à la partie. (V. n° 969.)

Dans tous les cas, l'opposition arrête l'exécution, bien que l'article 437 ne le dise point, en ce qui concerne l'opposition formée *principalement*. (Pr. civ., art. 435.)

1324. Une question très débattue s'est élevée à propos de l'article 153, Pr. civ., relatif au *défaut profit-joint*. Ce texte est-il applicable en matière commerciale. — La Cour de cassation déclare que l'application de cet article est *facultative* pour les tribunaux de commerce. Les affaires soumises à la juridiction consulaire demandant à être jugées avec célérité, pourraient souffrir dans certains cas des lenteurs apportées au prononcé de la décision sur le fond, par l'application *forcée* de l'article 153, Pr. civ. Pour éviter ce danger, la loi a gardé le silence. Elle n'impose pas la jonction de défaut en termes impératifs comme elle le fait à l'égard des tribunaux civils. Elle veut laisser à la prudence des juges consulaires d'ordonner ou de refuser, suivant les circonstances de la cause, la jonction du défaut et la réassignation des défaillants. Elle ne leur interdit pas de l'ordonner ; car le désir d'éviter la pluralité et la contrariété des jugements est aussi respectable en matière commerciale qu'en matière civile (1). Nous avons déjà dit, à propos des justices de paix, combien il nous paraît difficile d'admettre qu'une règle puisse être ou n'être pas d'ordre public, selon la nature de la juridiction chargée de l'appliquer.

SECTION V. — **Incidents.**

1325. Des incidents identiques à ceux que nous avons vu surgir en matière civile peuvent naître en matière commerciale. En principe, ils sont gouvernés par les mêmes règles et de fond et de forme. Signalons seulement les points sur lesquels les matières commerciales se séparent des matières civiles.

CAUTION DU JUGÉ. Nous savons déjà que l'étranger demandeur est dispensé de fournir caution en matière commerciale. Nous avons

(1) Cass. 7 août 1872 et 27 décembre 1880. (Sir. 1882, 1, 468.)

indiqué la cause de cette dispense. (C. civ., art. 16. — Pr. civ., art. 423. — V. n° 981.)

1326. Déclinatoires. L'incompétence *ratione materiæ* peut être invoquée, en tout état de cause, par l'une ou l'autre partie. Elle doit être prononcée d'office par le tribunal qui se reconnaît incompétent. Exceptez le cas spécial prévu par l'article 636, Cod. com. (V. n° 474.)

Le déclinatoire pour toute autre cause, incompétente *ratione personæ vel loci*, litispendance, connexité, devra être proposé préalablement à toute défense. L'article 424 déroge ici au droit commun quant à la litispendance et à la connexité, dérogation qui se justifie par l'urgence des affaires commerciales. Aux yeux du législateur, l'inconvénient résultant d'une contrariété possible entre deux jugements est moins grave que celui d'un retard dans la décision du litige. (V. nos 997 et s.)

L'article 425 déroge à la règle posée dans l'article 172, Pr. civ. (V. n° 987.) Le même jugement peut, en rejetant le déclinatoire, statuer sur le fond, mais par deux dispositions distinctes, l'une sur la compétence, l'autre sur le fond. Le défendeur, qui propose un déclinatoire, peut plaider sur le fond avant que le tribunal n'ait statué sur le déclinatoire. La loi invite les juges à bien séparer, à bien distinguer la disposition relative au déclinatoire et la disposition relative au fond. Alors, conformément à la règle que l'appel est toujours recevable quand il s'agit d'incompétence, le défendeur pourra n'interjeter appel que de la disposition relative au déclinatoire. Il va de soi que si cette disposition est infirmée en appel, la disposition sur le fond s'évanouira par voie de conséquence. — Le jugement, qui, en violation de l'article 425, Pr. civ., statuerait par une disposition unique sur le déclinatoire et sur le fond, serait toujours susceptible d'appel et devait être annulé par la Cour.

1327. Exception dilatoire. Une personne peut être assignée devant un tribunal de commerce, comme héritière ou comme veuve commune en biens d'un débiteur, actuellement décédé, qui était justiciable de ce tribunal. Cet héritier ou cette veuve sont comme lui justiciables de la juridiction consulaire. La règle s'applique à deux cas. La veuve et l'héritier peuvent être assignés *en reprise*, lorsque leur auteur avait été déjà poursuivi avant sa mort. (Pr. civ., art. 342.) Ils sont assignés par *action nouvelle*, lorsque la dette de leur auteur n'avait pas encore amené contre lui de poursuite judiciaire avant son décès. Les personnes assignées devant le tribunal de commerce en qualité de veuve ou d'héritier du défunt soutiennent-elles qu'elles n'ont pas cette qualité, ou sans la contester invoquent-elles le bénéfice de l'article 174, Pr. civ., le débat qui s'élève sur l'un ou l'autre point appartient essentiellement à la juridiction civile. Le tribunal de commerce doit d'office se déclarer incompétent, sauf à reprendre l'examen quand l'incident aura été vidé. (Pr. civ., art. 426. — V. n° 547.) Quant à la qualité de commerçant attribuée au défunt, au tribunal de commerce de décider si elle existe dans l'espèce, ou si l'acte, cause génératrice du procès, constitue ou non un acte de commerce.

1328. PREUVES. La preuve en matière commerciale se fait à l'aide d'un des modes indiqués dans l'article 106, Cod. comm. — Nous renvoyons le lecteur aux ouvrages sur le *droit commercial*, en ce qui concerne la tenue des livres de commerce, leur force probante, leur représentation et leur communication. (C. comm., art. 8 à 17.)

L'administration de la preuve littérale peut donner naissance à deux incidents déjà étudiés. Nous savons (V. n° 549 et 557) que le tribunal de commerce est incompétent pour statuer sur une question de *faux incident* ou de *vérification d'écritures*. (Pr. civ., art. 427.) Il doit renvoyer les parties devant la juridiction civile et surseoir au jugement de la demande principale. Il peut cependant juger le fond, si la sincérité ou la fausseté de la pièce produite ne doit avoir aucune influence sur le jugement. L'inscription de faux ne pouvant être faite qu'au greffe du tribunal civil, le tribunal de commerce doit, comme le juge de paix, se contenter de donner acte à la partie de sa déclaration. Il convient que le président paraphe la pièce arguée de faux ou méconnue, afin que l'identité en soit bien constatée. — Ces règles sont applicables aux tribunaux civils jugeant commercialement.

1329. La *comparution personnelle* introduite par les juges consuls (V. n° 1155) joue un grand rôle dans une procédure toute d'équité. Les actes en forme font souvent défaut ; les explications orales ont alors une grande importance. « Le tribunal pourra, « dans tous les cas, dit l'article 428, Pr. civ., ordonner, même « d'office, que les parties seront entendues en personne, à l'audience « ou dans la chambre, et s'il y a empêchement légitime, commettre « un des juges, ou même un juge de paix pour les entendre, lequel « dressera procès-verbal de leur déclaration. » En disant qu'un juge peut être délégué, le législateur ne se réfère pas aux formes techniques de l'interrogatoire sur faits et articles. Il vise un interrogatoire spontané.

1330. Le commerce exige des connaissances spéciales : aussi l'expertise est-elle fréquemment employée dans les contestations déférées aux juges consulaires. A côté de l'expertise, le Code consacre une institution, qui s'était développée dans l'ancienne pratique, celle des *arbitres-rapporteurs*, chargés de concilier les parties, si faire se peut, sinon de donner leur avis. (Pr. civ., art. 429.) — Les parties n'ont plus, comme en matière civile, trois jours pour nommer les arbitres ou les experts. Ceux-ci sont nommés d'office par le tribunal, à moins que les parties n'en conviennent à l'audience ; dérogation à l'article 305, Pr. civ. — Les juges peuvent ne nommer qu'un seul expert, sans que le consentement des parties soit nécessaire ; dérogation à l'article 303, Pr. civ. — Le rapport des arbitres et experts est déposé au greffe du tribunal : mais la signification de ce rapport entraînerait des frais qu'il importe d'éviter. Aussi dans la pratique, l'ouverture du rapport est faite à l'audience, parties présentes : elles en prennent ensuite communication au greffe. (Pr. civ., art. 431.) Sous tous les autres points, les expertises commerciales sont soumises aux règles ordinaires.

L'article 106 du Code de commerce, dans une section consacrée au voiturier, contient en matière d'expertise une disposition spéciale, qui n'est susceptible d'aucune extension.

1330 *bis*. En matière commerciale, la *preuve testimoniale* est admissible dans tous les cas, même au dessus de 150 francs, et outre et contre le contenu aux actes. (C. civ., art. 1341 *in fine*. — C. comm., art. 109.) — Si le tribunal ordonne la preuve par témoins, l'enquête a lieu dans la forme des enquêtes sommaires : à l'audience publique, devant le tribunal tout entier (V. n° 1259.) — L'affaire soumise au tribunal de commerce doit-elle être jugée par lui en dernier ressort, l'article 410, Proc. civ., est applicable. Il n'est pas dressé de procès-verbal de l'enquête : il est seulement fait mention, dans le jugement, des noms des témoins et des résultats de leurs dépositions. Si le tribunal ne peut statuer qu'en premier ressort, afin que la Cour puisse apprécier l'enquête en connaissance de cause, le greffier du tribunal rédige par écrit les dépositions et les fait signer par chaque témoin.

Le droit de procéder à une enquête n'appartient qu'au tribunal.

Il ne saurait être exercé ni par les experts, ni par les arbitres-rapporteurs. Mais, dans la pratique, les tribunaux autorisent souvent les arbitres et les experts à recueillir des dépositions à titre de simples renseignements.

Les autres *incidents*, qui se produisent dans une instance pendante devant un tribunal de commerce, sont soumis aux règles de la procédure ordinaire, sauf que les actes du ministère de l'avoué doivent être accomplis par les parties elles-mêmes, investies du droit et tenues du devoir de conduire et de diriger la procédure.

DEUXIÈME PHASE

VOIES DE RECOURS CONTRE LES JUGEMENTS

1331. Les décisions des tribunaux sont œuvre humaine. Elles peuvent donc être entachées d'erreur ou d'injustice. Pour atténuer cet inconvénient, pour diminuer ses chances de réalisation, toutes les législations anciennes et modernes admettent que les jugements sont sujets à revision, dans certains cas et sous certaines conditions, cas et conditions variables selon la constitution sociale et politique, l'organisation judiciaire, les mœurs et les traditions de chaque État. Toutes les législations, avec plus ou moins de latitude, reconnaissent aux plaideurs la faculté de se pourvoir contre les jugements qui leur préjudicient, à l'effet d'en demander la *rétractation*, la *réformation* ou la *cassation*.

En France, les voies de recours sont *ordinaires* ou *extraordinaires*.

Les recours *ordinaires* sont, en principe, suspensifs de l'exécution du jugement attaqué. Les recours *extraordinaires* n'ont jamais cet effet.

On ne peut recourir aux voies extraordinaires qu'à défaut des voies ordinaires.

Les voies de recours ordinaires sont : l'*opposition*, contre les jugements par défaut; — l'*appel*, contre les jugements en premier ressort, contradictoires ou par défaut.

Les voies de recours extraordinaires sont : *le recours en cassation*, la *requête civile*, la *tierce opposition* et *la prise à partie*. Cette dernière voie est un recours dirigé plutôt contre le juge que contre le jugement.

Ces voies légales sont les seules à l'aide desquelles une sentence judiciaire puisse être attaquée. Dès qu'un jugement a été rendu, si énormes que soient les vices dont il est infecté, il ne peut être juridiquement anéanti que par l'emploi d'une voie de recours appropriée. Sinon, il conserve toute la force et toute la vertu d'une sentence juste et régulière. Ainsi, par exemple, la voie de l'appel est aussi nécessaire pour obtenir l'*annulation* d'une sentence vicieuse en la forme ou incompétemment rendue, que pour en obtenir la *réformation* à raison du mal jugé. Un jugement ne peut pas, comme une convention, être directement attaqué par voie d'action en nullité. On ne peut demander la nullité d'une sentence qu'en employant, suivant les cas, la voie de recours indiquée par la loi. C'est en ce sens que doit être entendu et compris le brocard : *Voies de nullité n'ont lieu en France.*

PREMIÈRE SUBDIVISION

VOIES DE RECOURS ORDINAIRES — APPEL

1332. Les voies de recours ordinaires sont l'*appel* et l'*opposition*. Nous avons déja signalé la différence profonde et caractéristique existant entre ces deux voies de recours. (V. n° 965.) Nous avons aussi cru devoir suivre l'exemple donné par les rédacteurs du Code de procédure et expliquer les règles propres à la matière de l'*opposition*, conjointement avec les principes applicables aux jugements par défaut. (V. n° 939.) Nous ne reviendrons pas sur nos précédentes indications et nous ne nous occuperons que de *l'appel*.

L'origine historique de l'institution de l'appel, son utilité, les dérogations apportées à la règle du double degré de juridiction, la hiérarchie établie entre les diverses juridictions, l'organisation et la composition des Cours d'appel, tous ces points ont été exposés, dans la première partie de cet ouvrage. (V. n°s 20, 31, 39, 49, 80, 81, 82, 100 à 110.) — Dans la deuxième partie, nous avons délimtié la compétence des tribunaux d'appel. (V. n°s 384, 418 à 425.)

Les rédacteurs du Code de procédure n'ont qu'incomplètement traité la matière de l'appel. Ils se sont contentés de poser quelques règles. — La doctrine et la jurisprudence, celle-ci surtout sous la pression des nécessités de la pratique, ont dû suppléer au silence de la loi et par des applications ingénieuses des règles du droit civil, du droit général, systématiser la matière de l'appel. Qu'on s'étonne donc moins ici que partout ailleurs, si les décisions de la jurisprudence sont quelquefois contradictoires : tout droit prétorien, par sa nature même et par son mode d'élaboration, est sujet à tiraillements et à fluctuations. Que le lecteur ne s'émeuve pas davantage, si les indications d'arrêts sont plus nombreuses. Ne faut-il pas signaler les documents de ce droit prétorien?

Les règles de la matière de l'appel, en tant que mise en œuvre et déduction des principes généraux du droit, présentent au point de vue scientifique une importance remarquable. Mais celle-ci n'est pas moindre si l'on se préoccupe des nécessités et des intérêts de la pratique. Dans l'année judiciaire 1882, les Cours d'appel avaient à juger, tant en matière civile qu'en matière commerciale, 18 613 affaires, et la statistique relève dix appels pour cent jugements rendus en premier ressort par les tribunaux civils ou par les juges consulaires. — Sur 80 622 sentences de juges de paix, susceptibles d'appel, les parties en ont attaqué 6 p. 100, soit 4 876. — Ensemble plus de 23 000 affaires, dans lesquelles les juges ont eu à appliquer les règles que nous allons exposer (1).

1333. Pour éclairer nos explications futures, distinguons tout d'abord deux sortes d'appel : l'appel *principal* et l'appel *incident*.

L'appel *principal* est celui qui est formé le premier : la partie qui l'interjette se dénomme *appelant;* l'appel *incident* est formé par le défendeur à l'appel principal, par l'*intimé*, contre le jugement déjà attaqué par son adversaire.

Ce n'est ni le nombre ni l'importance des dispositions attaquées qui caractérisent l'appel principal. C'est la *priorité* de l'attaque dirigée contre le jugement. — *Exemple :* Paul assigne Pierre en payement d'une somme de 4000 francs. Pierre est condamné par le tribunal à payer 3000 francs. Paul et Pierre ont donc succombé tous les deux partiellement. Paul est lésé par le jugement à concurrence de 1000 francs ; Pierre, à concurrence de 3000 francs. Chacun d'eux peut attaquer la sentence. De leurs deux appels, sera le *principal* celui qui aura été formé le premier ; ce ne

(1) Compte général de la justice civile et commerciale. (*Officiel* du 3 avril 1884.)

sera pas nécessairement celui interjeté par Pierre, quoique son intérêt à obtenir la réformation du jugement soit plus considérable que celui de Paul.

Nous diviserons la matière de l'appel en plusieurs chapitres, en groupant, dans chacun de ces chapitres, les questions ayant entre elles affinité.

CHAPITRE PREMIER

DÉCISIONS JUDICIAIRES SUSCEPTIBLES D'APPEL

(PREMIÈRE PARTIE, LIVRE III, TIT. I, ART. 453 ET 454. — LOI DU 11 AVRIL 1838, ART. 1 ET 2. — LOI DU 25 MAI 1838, ART. 1 A 6, 7 A 9, 14. — LOI 1er JUIN 1853, ART. 13 COD. DE COM., ART. 639.)

SOMMAIRE. *Première condition.* La décision doit être un jugement. — *Deuxième condition.* Le jugement doit être en premier ressort. — Taux divers du dernier ressort. — PREMIÈRE SECTION. Règles générales déterminatrices du taux du dernier ressort. — Le ressort est fixé par le principal de la demande et non par la condamnation. — Composition du *principal* d'une demande. — Jonction d'une demande additionnelle. — Demandes réunies. — Obligations conjointes. — Obligation solidaire ou indivisible. — Obligation alternative ou facultative. — Clause pénale. — Demande reconventionnelle. — Demande en garantie. — Demande en intervention. — Saisie-arrêt. — Ordre. — Action hypothécaire. — Saisie immobilière. — Les incidents suivent le sort du fond quant au ressort. — Dérogations. — DEUXIÈME SECTION. Mode d'évaluation. — Action réelle immobilière ou mixte. — Action personnelle ou réelle mobilière. — Mercuriales. — Cote officielle. — Évaluation par les plaideurs. — *Quid* par le juge ? — *Quid* expertise ? — Évaluation d'évidence.

1334. Considérées en elles-mêmes, et en dehors des fins de non-recevoir qui peuvent être invoquées contre un appel interjeté, les décisions judiciaires ne sont susceptibles d'appel que sous les conditions suivantes : 1° La décision doit présenter les caractères d'un véritable jugement ; 2° Le jugement doit avoir été rendu en *premier ressort* seulement.

PREMIÈRE CONDITION. — La décision doit être un *véritable jugement, stricto sensu*, avoir résolu un litige. — Tout acte émané de l'autorité judiciaire ne donne pas ouverture à appel. — La voie de l'appel n'est possible que contre les jugements rendus sur des différends qui, par leur nature, sont susceptibles d'un débat contradictoire. Cette condition est inhérente au caractère de l'appel. Celui-ci suppose nécessairement que la sentence attaquée a fait grief aux droits de l'appelant, a injustement méconnu ses prétentions. Comment les juges pourraient-ils faire grief à une partie qui n'aurait soulevé aucune contestation, qui n'aurait fait valoir aucune prétention? — L'acte judiciaire, qui, rendu sans débat contradictoire, me cause un préjudice ou a méconnu mes droits, comme un jugement rendu sur requête non communiquée, par exemple, pourra être attaqué par une autre voie, par l'opposition, mais non par la voie de l'appel.

Ainsi sont susceptibles d'appel : les jugements proprement dits ; les ordonnances de référé ; l'ordonnance rendue par le président du tribunal de commerce en vertu de l'article 417, Pr. civ., lorsqu'elle est contradictoire; les sentences arbitrales (Pr. civ., art. 1023 et 1028).

Au contraire, ne peuvent être attaqués, par cette voie de recours, les jugements dits *d'expédient*, qui sont de véritables contrats, les actes émanés de la juridiction gracieuse des tribunaux ou des juges, tels que l'ordonnance permettant d'assigner à bref délai (V. n° 718), etc. C'est une question des plus controversées dans la doctrine et dans la jurisprudence que celle de savoir si et dans quels cas les ordonnances rendues sur requête sont susceptibles d'appel. Le nombre d'arrêts, rendus en sens contraires, est considérable. La matière nous paraît en dehors du cadre de cet ouvrage.

1335. Deuxième condition. — Le jugement doit avoir été rendu en *premier ressort* seulement. — Nous avons déjà signalé (V. n° 81) les motifs divers, pour lesquels le législateur avait, dans certains cas, supprimé le second degré de juridiction. Le procès est alors jugé et la sentence rendue en *dernier ressort;* l'appel est irrecevable et prohibé.

Nous avons sous le n° 386 énuméré les cas dans lesquels les tribunaux civils jugent en dernier ressort. Mais nous avons réservé l'étude de l'hypothèse où la loi interdit l'appel, parce que l'intérêt litigieux lui paraît trop minime pour autoriser les frais d'une nouvelle instance. La loi prémunit alors le plaideur passionné contre son propre entraînement.

Mais avant de rechercher quelle est la limite au-dessous de laquelle la modicité de l'intérêt litigieux donne à la sentence le caractère de jugement en dernier ressort, examinons une double question suscitée par cette deuxième condition.

1336. — A. Les plaideurs peuvent-ils, d'un commun accord, déférer à un tribunal d'appel un jugement rendu en *dernier ressort*, renoncer à la dérogation établie par la loi et revenir ainsi à la règle du double degré de juridiction ? — Non : le tribunal d'appel est atteint d'une incompétence absolue ; c'est dans un intérêt d'ordre public que le législateur a interdit l'appel, a écarté la règle du double degré de juridiction, dans les cas où le jugement est en dernier ressort. Contre un semblable appel existe une fin de non-recevoir proposable en tout état de cause, qui ne peut être couverte par des défenses au fond, à laquelle les parties ne peuvent renoncer, ni expressément ni tacitement. Elle peut et doit être invoquée par le ministère public, prononcée d'office par le tribunal d'appel, invoquée pour la première fois devant la Cour de cassation. La prorogation de juridiction est impossible (1). (V. nos 376, 527.)

1337. B. — Les parties peuvent-elles d'emblée, *omisso medio*, saisir un tribunal d'appel d'une affaire, sur laquelle le juge du premier degré aurait statué en *premier ressort* seulement, mais dont il n'a pas connu ? La question est controversée. En y regardant de près, elle revient à se demander si la règle du double degré de juridiction est un principe d'ordre public, dont le respect est nécessairement imposé aux parties, ou si son application constitue une pure faculté. Nous avons déjà décidé ce point en reconnaissant qu'en sens inverse, les plaideurs pouvaient renoncer à la faculté d'appel et proroger la juridiction du juge du premier degré en l'autorisant à statuer en dernier ressort. (V. nos 528 à 530.) Si donc la règle du double degré de juridiction n'est pas d'ordre public, concluons que les plaideurs, majeurs et capables, peuvent saisir d'emblée le juge d'appel. Ils abandonnent une pure faculté : ils y renoncent tacitement, si la fin de non-recevoir, tirée de l'absence de décision en première instance, n'est pas proposée devant le juge d'appel. Cette fin de non-recevoir ne peut-être invoquée pour la première fois devant la Cour de cassation. Il y a eu prorogation de juridiction d'un juge qui n'est pas incompétent *ratione materiæ*. — Mais

(1) Cass., 10 janvier 1854 ; 7 mars 1866 ; 24 mai 1869 ; 22 juin 1870. (Sir., 1870 1, 388).

le juge d'appel n'est pas obligé de statuer. Il peut repousser la prorogation offerte, s'il croit utile que le premier degré soit préalablement épuisé. (V. n° 537.)

Les parties ne peuvent pas saisir, *de plano*, le tribunal d'appel d'une affaire que le tribunal inférieur devrait juger en *dernier ressort*. Le tribunal d'appel est incompétent *ratione materiæ*. — Exceptionnellement, quelques demandes peuvent, quelle que soit leur valeur, être portées d'emblée devant le juge d'appel. Ce sont : les demandes en intervention (Pr. civ., art. 466) ; la tierce opposition dans le cas de l'article 475, Pr. civ. ; — les demandes nouvelles formées par le défendeur et servant de défense à une action principale (Pr. civ., art. 464) ; — la demande formée par un officier ministériel contre son client en payement de frais exposés devant le tribunal d'appel. (Pr. civ., art. 60. V. n°s 414 et 420.)

1338. Ces points élucidés, voyons actuellement quelle est, dans le cas où l'intérêt litigieux a paru trop minime pour permettre de recourir à la voie de l'appel, quelle est la limite au-dessous de laquelle le jugement sera rendu en dernier ressort. — Cette limite varie selon la nature de la juridiction saisie du litige en première instance.

A l'égard des jugements rendus par les juges de paix, le taux du dernier ressort est invariablement de 100 francs (L. 25 mai 1838, art. 1 à 5). Le projet de loi, déposé à la Chambre des députés dans la séance du 4 février 1884, élève ce taux à 200 francs. Nous trouvons ce chiffre trop faible et le porterions volontiers à 500 francs, afin de diminuer le nombre des procès soumis aux tribunaux civils et d'éviter aux parties un appel dont les frais sont en disproportion avec l'intérêt discuté. — Les juges de paix ne statuent qu'en premier ressort seulement sur les matières indiquées dans l'article 6 de la loi du 25 mai 1838. Cette règle est conservée, mais étendue à d'autres litiges, dans l'article 4 du projet sus-visé.

Le taux du dernier ressort est fixé à 200 francs, à l'égard des sentences rendues par les conseils de prud'hommes, par l'article 13 de la loi du 1er juin 1853.

Les tribunaux de commerce statuent en dernier ressort jusqu'à 1500 francs (C. com., art. 639, modifié par la loi du 3 mars 1840).

Les tribunaux d'arrondissement jugent en dernier ressort, jusqu'à 1500 francs, les actions personnelles ou réelles mobilières, et jusqu'à 60 francs de revenu, déterminé par rente ou par prix de bail, les actions réelles immobilières ou mixtes. (L. 11 avril 1838, art. 1.)

A première vue, l'application de ces dispositions paraît aisée. Elle est, au contraire, fort délicate. Des difficultés graves s'élèvent sur le mode d'évaluation des valeurs litigieuses. Quand l'intérêt sur lequel a prononcé le juge du premier degré est-il supérieur ou inférieur à 100, à 200 ou à 1500 francs ? A quel *criterium* s'attacher, quelles règles appliquer pour faire cette évaluation ?

Scindons notre étude en deux sections : dans la première, à l'imitation de notre savant maître feu Rodière, nous poserons les règles générales de la matière ; dans la deuxième, nous indiquerons le procédé d'évaluation applicable à chaque espèce de demande d'après son objet.

SECTION I. — **Règles générales.**

1339. Première Règle. — Le taux du dernier ressort est fixé par la demande et non par la condamnation. — Cette règle existait déjà en droit romain. *Quoties de quantitate ad judicem pertinente quæritur, semper quantum petatur quærendum est, non quantum debeatur* (L. 19, § 1; D. De *jurisdict.* II, 1). La condamnation fût-elle restreinte au taux fixé par la loi, même à une somme très inférieure, le jugement serait en premier ressort et susceptible d'appel, si la demande excédait la limite du dernier ressort. On ne peut remettre au juge le pouvoir de fixer le ressort par la condamnation. Il ne saurait dépendre de son caprice de rendre ses sentences souveraines et de les soustraire par l'effet de sa volonté au contrôle du juge supérieur.

La règle s'applique aussi au cas inverse, lorsque la condamnation est supérieure au taux du dernier ressort, la demande étant inférieure. Le jugement n'est pas susceptible d'appel. Est-ce à dire que la partie défenderesse sera définitivement et irrévocablement condamnée à une somme supérieure à celle que réclamait le demandeur ? Non : le jugement sera rescindé par la voie de la requête civile. (P. civ., art. 480, 4°.) — Donc, tout jugement, rendu sur une demande indéterminée dans son *quantum*, sera nécessairement rendu en premier ressort seulement.

1340. Deuxième règle. — Le montant de la demande se détermine par les dernières conclusions prises à la barre et non par les conclusions antérieures contenues dans l'exploit.

Les parties peuvent modifier, diminuer ou étendre leurs conclusions, pourvu qu'il y ait toujours même *cause* de demande. Mais il est nécessaire que les deux parties comparaissent. Si le défendeur est défaillant, le demandeur ne peut ni augmenter, ni diminuer ses conclusions primitives. Il ne peut les augmenter ; car le défendeur n'a pas été mis en demeure de les contester dans leur nouvel état. — Il ne peut les réduire ; car, en faisant descendre le montant de sa demande au-dessous du taux du dernier ressort, le demandeur enlèverait à son adversaire, et à l'insu de celui-ci, la faculté d'appel, en vue de laquelle le défendeur néglige de comparaître en première instance, se réservant de faire réformer par le juge supérieur la sentence qui le condamne par défaut.

Les deux parties comparaissant, le *quantum* de la demande, primitivement supérieur au taux du dernier ressort, peut être abaissé par elles au-dessous de ce taux. Pas de difficulté, si les deux parties sont d'accord sur l'extinction partielle de l'obligation. — Si le débiteur reconnaît une partie de la dette, faut-il défalquer le montant de sa reconnaissance et ne s'attacher qu'à l'excédent pour fixer le ressort ? Quelques auteurs le pensent. La demande, disent-ils, ne subsiste que pour l'excédent. Nous ne pouvons partager leur opinion. La demande subsiste tout entière : l'aveu du défendeur ne la diminue pas : il n'est que la preuve de l'existence d'une partie de la dette. Le demandeur aura à faire la preuve pour le surplus ; mais il réclame toujours condamnation pour le tout. Le juge aura à prononcer sur la portion non contestée de la dette, comme sur la portion contestée. La quasi-novation, inhérente à tout jugement, se produira pour l'ensemble de la dette : l'*actio judicati* pourra être intentée pour la totalité ; la prescription ne courra à l'égard de toute la dette que du jour du jugement (1).

1341. Troisième règle. — Le montant d'une demande se détermine par son *principal*, sans y comprendre les *accessoires*. (L. 11 avril 1838, art. 1er.) *Principal* n'est pas synonyme de *capital*. — Le principal, c'est la valeur du droit contesté telle quelle existe au jour de l'introduction de la demande. Les droits des parties doivent être appréciés en se reportant à ce jour, comme si justice eût pu leur

(1) Cass., 1er juillet 1873 ; 14 juillet 1879. (Sir., 1879. 1. 396).

être immédiatement octroyée. Les retards et les longueurs de la procédure ne peuvent modifier ces droits ; sinon, il serait trop aisé au défendeur, en suscitant des incidents, de soustraire à la compétence du juge, en premier ou en dernier ressort, une demande qui eût dû régulièrement y être sujette.

La valeur du droit au jour initial de la demande, tel est le *principal*. Il comprend donc, avec le *capital* de l'obligation réclamée, les intérêts *conventionnels* ou *légaux* courus jusqu'à ce jour. Les intérêts *conventionnels*, *légaux* ou *moratoires*, courus depuis l'introduction du litige, constituent les *accessoires*. Ils n'entrent pas en compte pour déterminer le principal, qui, sans cela, se modifierait suivant la durée du procès. — Cette distinction entre les intérêts antérieurs et les intérêts postérieurs à l'introduction de l'instance, déjà faite dans l'édit d'août 1777, est aussi applicable aux *dommages-intérêts*. Ont-ils une cause antérieure à l'ouverture du litige, ils font partie du principal (1) : sont-ils dus pour faits postérieurs, comme reparation d'outrages proférés par le défendeur à l'audience, ils rentrent dans les accessoires. — Les *frais* exposés depuis l'ouverture de l'instance, les dépens, font évidemment partie des accessoires, ne s'additionnent pas au capital pour former le principal. L'appel quant aux dépens ne serait donc pas recevable, alors même qu'ils excéderaient le taux du dernier ressort, si le principal n'atteignait pas cette somme. — L'enregistrement du titre sous seing privé, sur lequel s'appuie la demande, étant le préalable indispensable de l'action, les frais de cet enregistrement, dont le remboursement est réclamé, sont des accessoires qui ne peuvent concourir à fixer le taux du dernier ressort. (V. n° 869.)

1342. Quelle influence vont exercer sur la détermination du *principal* les modalités dont peut être affectée l'obligation, la demande additionnelle ou reconventionnelle, la demande en garantie, etc. ?

La demande additionnelle (V. n° 1170) a-t-elle pour objet des accessoires, tels qu'intérêts moratoires, non demandés dans l'exploit introductif, elle ne concourt pas à former le principal. A-t-elle au contraire pour objet les intérêts conventionnels, antérieurs à l'instance, qu'on avait oublié de réclamer, ou tout autre objet ne pouvant être considéré comme accessoire de la demande originaire, le

(1) Cass., 18 mai 1868 ; Rouen 22 juillet 1871 ; Cass., 7 mars 1882 (Sir., 1883. 1. 254).

montant de la demande additionnelle entre dans l'évaluation du principal (1).

Exemple. Un bailleur réclame au locataire les loyers déjà échus, soit 1200 francs : au cours de l'instance, un nouveau trimestre, soit 400 francs., vient à échoir ; le bailleur en fait l'objet d'une demande additionnelle. Le jugement sera rendu en dernier ressort. — Le propriétaire peut additionnellement demander la réparation des dégâts commis par le locataire avant l'instance : la demande additionnelle s'ajoute à l'originaire pour former le principal.

1343. Plusieurs demandes, fondées sur des causes différentes, ont été réunies dans un même exploit, par un unique demandeur contre un unique défendeur. La réunion est souvent obligatoire pour le créancier. (C. civ., art. 1346.) Le *principal* se composera-t-il, dans ce cas, du total des diverses demandes, ou faudra-t-il envisager séparément chaque prétention? Selon le parti adopté, le jugement pourra être rendu en dernier ou en premier ressort seulement. Chacune des demandes, prise isolément, est au-dessous du taux du dernier ressort : leur réunion semblerait devoir n'apporter aucun changement à la compétence du juge quant au ressort. — La question est résolue par l'article 9 de la loi du 25 mai 1838. La disposition de ce texte nous indique la pensée du législateur et doit être appliquée devant toutes les juridictions. Elle est logique : car la quasi-novation, opérée par le jugement, va fondre toutes ces créances en une seule, ayant désormais une cause unique, indivisible entre le créancier et le débiteur, sanctionnée dans son ensemble par une unique action, l'action *judicati*. (V. n° 934.) — Quelques auteurs et quelques arrêts ne veulent additionner les diverses demandes que si elles ont une cause commune ou s'appuient sur un titre commun. Mais c'est confondre l'hypothèse actuelle avec celle d'une ou de plusieurs demandes additionnelles; c'est méconnaître l'article 9 de la loi du 25 mai 1838 ; c'est repousser l'un des principaux effets des jugements.

1344. Un créancier actionne ensemble et cite devant le même tribunal plusieurs débiteurs conjoints, débiteurs en vertu du même titre, par exemple les trois fils, héritiers du débiteur primitif d'une somme de 3000 francs. Faut-il s'attacher, pour déterminer le ressort, au montant total de la créance, ou à la part individuelle de

(1) Caen., 29 mai 1876 et 10 mars 1877 ; Cass., 19 janv. 1876 et 7 juillet 1880. Sir., 1881, 1, 100).

chaque débiteur? — Le principe de la divisibilité des créances et des dettes nous astreint à ne considérer que la part individuelle de chaque débiteur. Le jugement sera en dernier ressort. Il y a trois demandes; il y aura trois condamnations. La quasi-novation, résultant de la sentence, ne fondra pas, comme dans le cas précédent, toutes ces dettes en une seule. Distinctes avant l'instance, elles resteront distinctes après le jugement. Si le créancier avait agi séparément contre chaque héritier ou contre chaque débiteur conjoint, les divers jugements eussent été rendus en dernier ressort. En usant de la faculté que lui accorde l'article 59, Pr. civ., il ne peut modifier l'étendue de ses droits envers les débiteurs et acquérir la faculté d'appel qu'ils n'eût point eue au cas de poursuites distinctes. — La question est controversée dans la doctrine et nous offre un exemple des revirements de la jurisprudence de la Cour suprême. Par ses arrêts des 10 janvier 1854, 5 novembre 1856, 19 avril 1858, la Cour avait repoussé l'application de l'article 1220 du Code civil et avait décidé que le jugement était rendu en premier ressort seulement. Mais, en face de la résistauce des Cours d'appel, un arrêt des chambres réunies du 25 janvier 1860 a fait prévaloir la solution par nous adoptée et reconnu l'influence de la divisibilité des dettes et des créances sur la question du premier et du dernier ressort (comme sur celle de la compétence du juge de paix; — V. nº 434). Les arrêts postérieurs sont tous conformes à notre doctrine (1). — Même solution doit être donnée dans l'hypothèse inverse : plusieurs créanciers simplement conjoints se réunissent pour actionner le débiteur commun. — Le Code de procédure italien, dans son article 74, s'attache, pour fixer le ressort, à la somme portée au titre commun, quel que soit le nombre des créanciers ou des débiteurs.

1345. La question ne peut être douteuse lorsqu'il s'agit d'une obligation solidaire. Peu importe que le créancier poursuive les débiteurs solidaires séparément ou collectivement. C'est le montant total de la créance réclamée qui fixera le dernier ou le premier ressort. Chacun des débiteurs doit être condamné *in solidum* envers le créancier. Autant de quasi-novations judiciaires que de

(1) Cass., 7 et 21 mars 1836; 15 juin 1874; 18 janvier 1876; 25 février, 1er et 23 juin 1879; 25 mai 1880; 5 janvier 1881; 21 mars 1881 (Sir., 1882, 1, 25 et 357).

demandes ; mais chaque demande a pour objet l'intégralité de la dette (Cod. civ., art 1200, 1203, 1204). (1).

Au cas de *créance solidaire*, nous admettons une distinction. Un seul créancier agit-il contre l'unique débiteur; c'est le montant intégral de la créance qui sera demandé ; c'est lui qui déterminera le ressort.

Au contraire, tous les créanciers solidaires s'unissent-ils pour, par un même exploit, assigner leur débiteur commun, ce n'est plus le montant total de la créance, c'est la part réclamée par chacun des créanciers qui fixera le ressort. En effet, pour l'excédent de sa propre part dans la créance solidaire, chacun des créanciers ne peut agir qu'en qualité de mandataire des autres. Mais quand ceux-ci intentent eux-mêmes l'action, leur cocréancier ne peut plus jouer dans l'instance le rôle de mandataire. Il ne peut pas demander pour eux ce qu'ils demandent personnellement eux-mêmes. Il ne peut réclamer que sa part personnelle. Ainsi s'explique la disposition de l'article 1198, C. civ. Autant de demandes, autant de quasi-novations que de créanciers ; mais chacune de ces quasi-novations ne peut porter sur la dette entière ; sinon le débiteur serait condamné à payer la dette autant de fois qu'il a de créanciers solidaires. Chacun de ceux-ci ne peut obtenir à son profit condamnation qu'au prorata de sa part : ce qui implique que chacun d'eux n'a pu demander que sa part.

1346. Au cas d'obligation *alternative*, si le choix appartient au créancier, le principal de la demande est la valeur de l'objet choisi par le demandeur. — Le choix appartient-il au débiteur et la valeur de l'une des deux choses *in obligatione* est-elle inférieure au taux du dernier ressort, le jugement ne sera pas susceptible d'appel, si cette chose, somme d'argent ou chose fongible, ne peut pas périr. Il est loisible au débiteur de se libérer en payant la chose de valeur moindre et de fixer ainsi la valeur même de la réclamation dirigée contre lui. — L'obligation est-elle *facultative*, le jugement sera encore en dernier ressort, si la chose due, ou la chose qui est *in facultate solutionis*, l'une ou l'autre, a une valeur inférieure au taux du dernier ressort.

L'obligation principale est-elle accompagnée d'une *clause pénale*, généralement fixée en argent? Le montant de la peine donne la

(1) Cass., 4 mars 1873. (Sir., 1873, 1, 201).

mesure de l'intérêt du demandeur. C'est l'évaluation anticipée de la valeur de l'objet ; c'est elle qui détermine la valeur, le *quantum* du principal de la demande.

La combinaison des règles ci-dessus et des principes de la loi civile permettra de déterminer quel est le principal de la demande dans les hypothèses variées d'obligation à la fois solidaire ou indivisible, et alternative, facultative ou accompagnée de clause pénale. (Cod. civ., art. 1205, 1207, 1220, 1221, 1222, 1232 et 1233).

1347. Quel sera l'effet d'une demande *reconventionnelle* (V. n. 1171) quant à la détermination du principal et à la fixation du caractère du jugement ? L'article 2 de la loi du 11 avril 1838 et l'article 8 de la loi du 25 mai 1838 nous répondent tous deux qu'il faut considérer divisément le principal de chacune des deux demandes, originaire et reconventionnelle, non les additionner. *Exemple :* Le demandeur réclame 1200 francs ; le défendeur 1000 francs. Chacune des deux sommes étant inférieure au taux du dernier ressort, bien que leur réunion donne un chiffre supérieur à 1500 francs, le jugement ne pourra être frappé d'appel. En décidant ainsi, la loi ne préjudicie ni au demandeur ni au défendeur, qui n'ont séparément aucun droit à l'appel. — L'une des deux demandes, principale ou reconventionnelle, s'élève-t-elle au-dessus de la limite indiquée par loi, le jugement est en premier ressort sur le tout. Cela est logique. Puisque la demande reconventionnelle sert de défense contre la demande principale, il est impossible que le juge d'appel statue sur l'une d'elles sans être amené nécessairement à examiner et à juger l'autre. On ne peut scinder quant à l'appel l'examen des deux demandes. Il fallait ou repousser l'appel pour elles deux, ce qui eût été injuste, ou l'admettre à l'égard des deux.

Néanmoins il est statué par les tribunaux civils et par les tribunaux de commerce en dernier ressort sur les demandes en dommages-intérêts à quelque valeur qu'elles puissent s'élever, lorsqu'elles sont fondées exclusivement sur la demande principale elle-même (Cod. comm., art. 639). La loi considère avec raison ces demandes reconventionnelles comme n'ayant d'autre but que d'éluder la règle du dernier ressort (1).

L'article 7 de la loi du 25 mai 1838 ne contient pas la disposition finale inscrite dans l'article 2 de la loi du 11 avril. La Cour de

(1) Cass., 9 janvier 1882 ; 6 juin 1883. (Sir., 1883, 1, 217 et 342).

cassation en a conclu que le juge de paix ne statue qu'en premier ressort dès que le défendeur réclame plus de 100 francs de dommages, bien qu'il n'assigne à ces dommages d'autre cause que la demande elle-même. Le défendeur peut ainsi, en formant une demande reconventionnelle absurde et exagérée, se réserver la faculté d'appel (1). Cependant la parité de situation est évidente. Les motifs de la règle acquièrent encore plus de puissance à l'égard de litiges, où la modicité de la demande principale est hors de proportion avec les frais d'une instance d'appel devant le tribunal civil. Aussi l'article 8 du projet de loi déposé le 4 février 1884 écarte-t-il la jurisprudence de la Cour suprême, en déclarant que le juge de paix statue en dernier ressort sur de semblables demandes.

Cependant si la demande principale est basée sur un fait de nature à porter atteinte à la considération du défendeur, le préjudice que cette demande occasionne étant indéfini et inappréciable, l'appel doit être accueilli quand le défendeur réclame plus de 1500 francs de dommages-intérêts. Si le demandeur avait articulé ce fait verbalement ou par écrit, le défendeur aurait pu intenter une action en diffamation, demander des dommages supérieurs à 1500 francs et user de la faculté d'appel. Comment comprendre qu'il puisse être privé de cette faculté parce que le fait diffamatoire sera consigné dans une demande judiciaire, appelée à la grande publicité des débats judiciaires (2)?

1348. La jonction d'une demande *en garantie* va-t-elle modifier le sort de la demande originaire ? Le caractère de l'une va-t-il influer sur celui de l'autre et réciproquement ? Si, par exemple, le principal de la demande originaire est inférieur au taux du dernier ressort et celui de la demande en garantie supérieur, ou *vice versa*, le tribunal statuera-t-il en premier ressort sur les deux actions ? — La question est diversement résolue. — Quelques arrêts de Cours d'appel admettent que la demande en garantie suit le sort de l'originaire, en ce sens que si cette dernière ne peut être jugée qu'à charge d'appel, la demande en garantie, quoique inférieure à 1500 francs, ne sera aussi décidée qu'en premier ressort. — D'autres Cours et la Cour de cassation proclament l'indépendance des deux demandes, quant à la théorie du dernier ressort. La demande originaire est-elle inférieure au taux du dernier ressort et

(1) Cass., 26 mars 1867; 15 janvier 1873. (Sir., 1874, 1, 120).
(2) Cass., 16 mai 1865. (Sir., 1865, 1, 527.)

la demande en garantie supérieure, l'appel n'est possible qu'à l'égard de cette dernière. L'originaire est-elle supérieure au taux du dernier ressort et la demande en garantie inférieure, le chef du jugement relatif à la demande originaire est seul susceptible d'appel (1). — Il semble à première vue qu'on doive arriver fatalement à des résultats bizarres et contradictoires. Mais ils sont corrigés ou empêchés par les solutions admises sur la double question de savoir à qui profite l'appel interjeté par le garant ou par le garanti. (V. n° 1365 et s.)

1349. De même, en matière d'*intervention*, le jugement pourra être en dernier ressort sur la question principale et en premier ressort sur les droits de l'intervenant, et réciproquement.

Exemple. Pierre demande à Jacques 5000 francs. Paul intervient et prétend que sur ces 5000 francs, 1200 francs lui ont été cédés. Le jugement ne sera rendu qu'en premier ressort entre Pierre et Jacques : il sera en dernier ressort sur la question de cession soulevée par Paul.

1350. En matière de *saisie-arrêt*, pour déterminer si le jugement de validité ou de nullité est en dernier ou en premier ressort, on doit s'attacher, non à la somme due par le tiers-saisi au débiteur saisi, mais à la cause de la saisie, au montant de la créance du saisissant (2). Quand le même jugement statue sur la demande en validité de la saisie et sur la demande en déclaration du tiers-saisi, le jugement peut être en premier ressort sur un chef et en dernier ressort sur l'autre.

Appliquons une règle identique en matière de *saisie-exécution*. Attachons-nous, pour fixer le principal de la poursuite, non à la valeur des meubles saisis, mais à la somme due pour laquelle la saisie est pratiquée. Mais si un tiers revendique les meubles saisis, le jugement sur cette revendication sera en premier ou en dernier ressort, selon la valeur des meubles saisis.

1351. Avant la loi sur l'*ordre* du 21 mai 1858, des difficultés considérables s'étaient élevées sur le point de savoir dans quels cas les jugements rendus en matière d'ordre étaient sujets à l'appel. La question a été législativement résolue. Le nouvel article 762, Pr.

(1) Cass., 6 nov. 1866 ; 20 janv. 1869 ; 24 août 1870 ; 28 avril 1873 ; 7 janvier et 15 juin 1874 ; 10 août 1881. (Sir., 1883, 1, 416.)

(2) Cass., 23 février 1869 ; 29 janvier 1877 ; 9 janvier 1882 ; 6 juin 1883. (Sir., 1883, 1, 342.)

civ., est ainsi conçu : « L'appel n'est recevable que si la somme con« testée excède celle de 1500 francs, quel que soit d'ailleurs « le montant des créances des contestants et des sommes à distri« buer. » A raison de l'identité de motifs et de la parité de situation, nous suivons la même règle à l'égard des *distributions par contribution.*

1352. Le législateur, dans l'article 1er de la loi du 11 avril 1838, fixe le taux du dernier ressort, en matière *réelle immobilière*, par le revenu de l'immeuble, revenu établi par prix de bail ou de rente ; règle facilement applicable aux actions en revendication, confessoire ou négatoire. Mais *quid* d'une *action hypothécaire ?* L'action hypothécaire, quand elle ne concourt pas avec l'action personnelle, c'est-à-dire quand elle est dirigée contre un tiers détenteur, rentre nécessairement dans la classe des actions réelles immobilières. Il y a lieu de lui appliquer la règle de l'article 1er de la loi de 1838. — Au contraire, quand l'action hypothécaire concourt avec l'action personnelle, quand l'action est mixte, le créancier conclut au payement contre le débiteur. L'action personnelle est la principale ; l'action hypothécaire, l'accessoire. Le ressort sera donc alors fixé par la valeur de la demande personnelle. — De même l'action en radiation d'une inscription, formée par le débiteur, doit être jugée en dernier ressort, si la créance que garantissait l'inscription ne dépasse pas 1500 francs : ce n'est pas la valeur de l'immeuble qui est à considérer. — Au contraire, en matière de saisie immobilière, dans les cas où l'appel n'est pas interdit formellement par la loi, le dernier ressort doit s'apprécier par le revenu de l'immeuble saisi plutôt que par le *quantum* de la créance du poursuivant. Vis-à-vis du débiteur exproprié, la procédure de saisie immobilière constitue comme la mise en action d'une action réelle immobilière. Elle tend à un résultat analogue à celui d'une action en revendication. Le créancier poursuivant ne demande pas le payement de sa créance, mais le dévestissement, le dépouillement du débiteur. Là est le véritable objet de sa poursuite.

1353. Quatrième règle. — Le juge, compétent pour statuer sur le fond du litige en dernier ressort, prononce aussi en dernier ressort sur les incidents, fins de non-recevoir, défenses soulevées ou invoquées par les parties, sauf le cas de dérogation expresse. — Ainsi la valeur de la demande principale est-elle, en matière personnelle ou mobilière, inférieure à 1500 francs, le tribunal civil statuera sans appel sur les enquêtes, expertises, reprises d'instance, demandes en péremption ou en validité de désistement, etc. C'est une des applications de la règle que le *juge de l'action est aussi celui de l'exception.* (V. n° 529 et s.)

Mais il y a dérogation formelle et l'appel sera toujours recevable sur l'incident, quoique le fond doive être jugé en dernier ressort, dans les cas : 1° de déclinatoire pour cause d'incompétence même *ratione personæ.* (Pr. civ., art. 454. — L. 25 mai 1838, art. 14.) Le juge ne doit pas pouvoir, en rejetant le déclinatoire, arbitrairement imposer son autorité à des plaideurs que la loi ne fait pas ses justiciables et qui ne consentent pas à proroger sa juridiction. Appliquons la même règle aux déclinatoires de litispendance et de connexité ; — 2° de récusation de juge, de demande en renvoi pour cause de parenté, de demande en règlement de juges : l'ordre public se trouve intéressé. (Pr. civ., art. 376 et 391.)

1354. Notre quatrième règle souffre exception dans les cas où l'incident soulevé, ne pouvant par son objet même rester enserré dans les limites premières du litige, vient élargir le procès et lui donner un intérêt supérieur au taux du dernier ressort. L'influence de l'incident est telle que le fond ne peut plus être décidé qu'en premier ressort par le juge de première instance. Ce résultat se produit en matière de demande reconventionnelle (V. n° 1347) et dans tous les cas où, par suite du mode de défense employée, l'autorité de la chose jugée va s'attacher au jugement avec une extension dépassant les limites du dernier ressort. Ainsi, par exemple, le défendeur, assigné devant le juge de paix ou devant le tribunal civil en payement d'une somme de 90 ou de 1200 francs, allègue qu'il n'est pas l'héritier du débiteur primitif parce qu'il a renoncé à la succession ou qu'il n'a jamais été successible, ou bien le défendeur conteste la demande formée par le demandeur en qualité d'héritier, le jugement rendu sera-t-il en dernier ressort? Oui, si la qualité d'héritier ne doit être reconnue et jugée que dans l'état actuel et relativement à l'objet de la demande, sans aucune répercussion au-delà du litige présent. Non, si au contraire la sentence que va prononcer le juge ou le tribunal doit imprimer au défendeur la qualité d'héritier *in infinitum* et vis-à-vis de tout intéressé ; car alors l'objet de la demande s'agrandit et embrasse implicitement l'hérédité tout entière, valeur éminemment indéterminée. — Recherchons donc quel sera l'effet de ce jugement? La réponse se trouve dans les articles 800, C. civ., et 174, Pr. civ. Mais on sait quelles difficultés d'interprétation ces textes ont soulevées. Nous estimons que la solution dépend du mode de défense ou d'attaque adopté par le prétendu héritier. Distinguons deux hypothèses. — Le plaideur se contente-t-il de repousser la qualité d'héritier ou de la dénier chez son adversaire, l'article 1351 du Code civil conserve son empire; par le jugement, la qualité d'héritier ne sera décidée qu'à l'égard du demandeur ou du défendeur seul; même entre parties, le jugement n'aura autorité de chose jugée que relativement à son objet, et non à l'égard d'autres dettes; mais, sur ce dernier point, la solution contraire doit être admise, si la qualité d'héritier a été posée expressément comme un chef de conclusions à vider entre les parties.

Nous pensons, au contraire, que la qualité d'héritier sera définitivement acquise *erga omnes*, si le successible, tout en invoquant le défaut de qualité, a discuté le fond du litige, la question même de la dette réclamée, soit en demandant, soit en défendant, eût-il obtenu gain de cause. En concluant ainsi, en contestant la cause avec son adversaire, il s'est posé dans les conclusions et dans les qualités comme héritier du créancier ou du débiteur ; il a fait un acte d'acceptation tacite de la succession, acte dont tous les intéressés auront le droit de se prévaloir. — Mais c'est alors le cas d'appliquer l'article 778 et non l'article 800 du Code civil (V. n° 1011). Ce n'est pas le jugement qui confère au défendeur, ou au demandeur, la qualité d'héritier *erga omnes ;* c'est sa propre volonté. La sphère du litige n'a donc pas été agrandie, puisque le juge n'a pas en réalité prononcé sur l'existence ou la non-existence de la qualité d'héritier. Il n'a fait que déduire les conséquences d'une qualité implicitement prise dans les conclusions. La question incidente, relative à la qualité d'héritier, n'étendra donc, hors des limites du dernier ressort, le champ du litige, que si par un chef de conclusions exprès et précis la partie prétend que la qualité d'héritier existe déjà chez son adversaire en vertu d'actes antérieurs au procès actuel. Le tribunal sera obligé de statuer sur ces conclusions spéciales et par suite la demande présente une valeur indéfinie.

L'agrandissement du procès, par suite du mode de défense employé, se produit encore, suivant une distinction analogue, dans le cas où, sur la demande en payement d'une prime d'assurance ou d'arrérages de rente inférieurs à 1500 francs, le défendeur invoque la nullité ou la résiliation du contrat d'assurance, ou conteste le titre du crédi-rentier. En principe, la question de nullité ou de résiliation du titre ne devant être jugée que *relativement* à l'objet actuel de la demande, la sentence sera rendue en dernier ressort. Mais le défendeur peut, ne se contentant pas de présenter la nullité ou la résiliation du titre comme un *motif* d'absolution, inviter le juge par des conclusions *expresses et formelles*, à prononcer sur cette nullité ou sur cette résiliation. Le débat s'agrandit : il y aura chose jugée sur une demande d'une valeur excédant le taux du dernier ressort. Le jugement sera susceptible d'appel. (V. n° 544.)

Ces règles générales exposées, voyons comment sera évalué le montant de la demande, comment on peut savoir si le *principal* est au-dessus ou au-dessous de 100 ou de 1500 francs.

SECTION II. — Mode d'évaluation.

1355. Un jugement est rendu en dernier ressort, lorsque le montant de la demande, déterminé suivant les règles ci-dessus, est inférieur au taux du dernier ressort. Quand le sera-t-il? Distinguons les matières réelles immobilières des matières personnelles ou réelles mobilières.

Pour les actions réelles immobilières ou mixtes, la loi s'attache à la valeur de l'immeuble, objet du droit réclamé, et fixe elle-même le mode d'évaluation. Aux termes de l'article 1er de la loi du 11 avril 1838, les tribunaux civils en connaissent en dernier ressort de ces demandes que jusqu'à 60 francs de revenu, *déterminé soit en rente, soit par prix de bail.*

Une question s'élève aussitôt. Faut-il que le contrat de rente ou de bail, déterminateur du revenu, soit commun aux parties entre lesquelles s'exerce l'action immobilière ? Nous le pensons. En principe, un acte ne peut être opposé aux personnes qui y sont restées étrangères. Le bail ou le contrat de rente, conclu entre l'un des plaideurs et un tiers, est à l'égard de l'autre plaideur *res inter alios acta*. (Cod. civ., art. 1165.) En outre, la position des parties litigantes ne serait pas égale. L'une d'elles aurait la faculté d'étendre ou de restreindre le pouvoir du juge du premier degré en produisant ou en recélant son contrat. La partie adverse, ne jouissant pas de la même faculté, serait à la discrétion de la première, quant au droit d'appel. *Exemple :* Pierre revendique un immeuble contre Paul. Il perd son procès. Il ne fait pas connaître le bail qu'il a passé avec Jacques et qui fixe le montant du fermage annuel à 50 francs. Sa demande est d'une valeur indéterminée. Il peut interjeter appel. — Pierre gagne au contraire son procès. Pour faire rejeter l'appel formé par Paul, il produit le bail conclu avec Jacques. Si les choses pouvaient ainsi se passer, Paul se trouverait donc, quant au droit d'appel, soumis au bon plaisir de Pierre. Ce qui est inadmissible. Concluons donc que le contrat de bail ou de rente doit être commun aux deux plaideurs; sinon la valeur de l'immeuble reste indéterminée.

Notre doctrine rend fort rares les cas où une action immobilière peut être jugée en dernier ressort. Il en existe cependant; par exemple, une action en revendication est intentée contre un fermier ou un locataire qui prétend avoir interverti sa possession; — une action en partage est formée entre copropriétaires qui ont donné conjointement l'immeuble à bail; — le crédi-rentier demande contre le débi-rentier la résolution de la vente de l'immeuble aliéné pour une rente, dont les arrérages sont inférieurs à 60 francs.

D'après un projet de loi préparé en 1867, les tribunaux civils auraient jugé en dernier ressort, toutes les fois que l'immeuble litigieux n'aurait pas été imposé au principal de la contribution foncière pour une somme excédant 5 francs. Cette base était préférable à celle admise par la loi du 11 avril 1838. Elle a été adoptée par le Code de procédure italien.

1356. Passons aux actions personnelles ou mobilières.

Nulle difficulté d'évaluation ne s'élève quand la chose demandée est une somme d'argent. — Le montant des dommages-intérêts a-t-il été réglé par une clause pénale, insérée dans le contrat, et le demandeur poursuit-il seulement l'exécution de cette clause, nulle difficulté encore : l'action n'a pour objet qu'une somme d'argent. La demande porte avec elle son évaluation. Il suffit de constater que le principal des conclusions du demandeur excède ou n'excède pas la somme de 1500 francs. — Nulle difficulté encore quand l'obligation est *alternative*, au choix du débiteur, et que l'un des deux objets est une somme d'argent, ou quand, dans l'obligation *facultative*, la chose *in facultate* est aussi une somme d'argent.

La demande a-t-elle pour objet des denrées ou marchandises, cotées régulièrement par les mercuriales des marchés publics, nous pensons, avec la majorité de la doctrine, que le ressort doit se déterminer par la valeur qu'avaient ces denrées ou marchandises, d'après les mercuriales, au jour de la demande. Une simple opération d'arithmétique suffit pour donner une valeur de même nature que celle fixée par la loi : la comparaison est possible. — Même solution pour les effets publics, rentes, actions, obligations, etc., cotés à la Bourse.

1357. A l'égard des meubles corporels, plusieurs hypothèses s'offrent à nous. — L'estimation faite d'un commun accord par les deux plaideurs, maîtres de leurs droits, ne soulève aucune difficulté. Mais, en pratique, le cas sera fort rare.

L'évaluation pure et simple de l'objet mobilier par le demandeur, tout au désavantage du défendeur, doit être rejetée. Le défendeur pouvant être condamné à délivrer l'objet lui-même, son intérêt est égal à la valeur vraie de l'objet et non à la valeur fixée par le demandeur.

La doctrine générale admet l'évaluation par le demandeur avec option laissée au défendeur de se libérer en payant une somme fixée ; c'est l'évaluation avec alternative. *Exemple:* Paul réclame à Pierre le cheval promis ou le payement de 1200 francs. A première vue, la détermination du premier ou du dernier ressort paraît à la merci du demandeur. Mais cet inconvénient n'est qu'apparent : il est corrigé par la faculté donnée au défendeur de conserver la chose et de se libérer en payant la somme indiquée, fût-elle inférieure à la valeur véritable. L'évaluation faite par le demandeur est le *maximum* qu'il puisse obtenir.

1358. A défaut d'évaluation par les parties, peut-elle être faite par le juge? Non; les magistrats n'ont pas le pouvoir de déterminer par la condamnation l'étendue de leur compétence. — Mais si le juge ne peut fixer lui-même en argent la valeur de la chose réclamée par le demandeur, ne peut-il, pour obtenir l'évaluation désirée, ordonner une expertise? Non. Le dernier ressort a été établi pour éviter aux parties des frais disproportionnés avec la valeur du litige. Or, les frais exposés devant le premier juge seraient considérablement grossis par l'expertise : mieux vaut laisser aux parties la faculté d'interjeter appel. En outre, l'expertise ne liant pas le juge, ce serait encore lui, adoptât-t-il les évaluations des experts, qui fixerait les bornes de sa propre compétence.

1359. Supposons que l'évaluation par l'un des modes sus-indiqués ne soit pas possible. Le jugement sera-t-il alors toujours rendu en dernier ressort, quelque minime que soit, en réalité, la valeur de l'objet litigieux ? On réclame une volaille, par exemple. N'est-il pas évident qu'elle ne peut valoir 1500 francs? Le litige pourra-t-il parcourir les deux degrés de juridiction? — La difficulté s'était déjà présentée sous l'Édit des Présidiaux de janvier 1551. On admettait alors l'estimation *d'évidence et de notoriété*, comme l'appelait Jousse. — Nous ne saurions l'adopter. Quelque désir que nous éprouvions d'arrêter au degré de la juridiction inférieure des procès de minime importance, nous nous heurtons ici à une difficulté insurmontable, celle de ne pas donner prise à l'arbitraire. Si les parties ne veulent pas s'entendre sur la valeur de la chose, mieux vaut considérer la demande comme indéterminée. Au surplus l'évidence serait souvent elle-même sujette à contestation : la question serait portée devant le juge d'appel, car elle constituerait évidemment une demande en elle-même indéterminée. N'est-il pas plus simple de lui soumettre le litige lui-même ?

1360. Un grand nombre de demandes ne sont pas susceptibles d'évaluation. Elles sont nécessairement indéterminées et par suite jugées en premier ressort seulement, par exemple celles qui concernent l'état des personnes, celles qui ont pour objets des universalités de droits, comme les demandes d'envoi en possession des biens d'un absent, les pétitions d'hérédité, les demandes en partage de succession, etc.

CHAPITRE II

DES PERSONNES ENGAGÉES OU INTÉRESSÉES DANS L'INSTANCE D'APPEL

Le Code de procédure est muet. La détermination des personnes engagées ou intéressées dans l'instance d'appel doit être demandée

SOMMAIRE. — § 1er. Qui peut interjeter appel? — Trois conditions sont nécessaires. — Tuteur. — Subrogé tuteur. — Femme mariée. — Maire. — Ministère public. — Ayant cause. — Créanciers. — Garanti. — § 2. A qui profite l'appel? — Première règle. — Deuxième règle. — Applications. — Matière indivisible. — Codébiteurs solidaires. — Créanciers solidaires. — Garantie simple. — Garantie formelle. — § 3. Contre qui l'appel doit être interjeté ? — Intervenant. — Ayant cause. — Garantie simple. — Garantie formelle. — § 4. A qui l'appel peut être opposé? — Règle générale. — Applications. — Codébiteurs conjoints. — Codébiteurs solidaires ou *in solidum*. — Matière indivisible. — Garantie simple. — Garantie formelle.

aux règles générales de la loi civile. Quatre questions s'offrent à notre examen. Qui peut interjeter appel ? A qui profite l'appel interjeté ? Contre quelles personnes l'appel doit-il être interjeté ? A qui l'appel peut-il être opposé ?

§ 1er. — *Qui peut interjeter appel ?*

1361. Le droit d'appeler appartient exclusivement aux parties qui ont figuré au débat, en première instance, par elles-mêmes ou par représentant. Celui qui n'a pas été partie, ni représenté par l'une des parties ayant conclu en première instance, n'est pas recevable, quel que puisse être son intérêt, à appeler d'un jugement.

Ceux qui ont été parties dans un jugement ont personnellement le droit d'en appeler, sous les trois conditions suivantes : avoir intérêt ; n'avoir pas acquiescé à la sentence rendue en premier ressort ; avoir capacité pour ester en justice. — Ces trois conditions réunies, la partie a *qualité ;* peu importe qu'elle ait joué devant les premiers juges le rôle de partie principale ou d'intervenant.

1° L'appelant doit avoir *intérêt*, avoir été lésé par le jugement : l'appel n'est pas recevable, si la sentence n'a causé aucun *grief* à l'appelant. — *Exemples :* Un héritier bénéficiaire, condamné en cette qualité à payer par préférence un créancier qui n'est pas privilégié, ne peut appeler, parce que l'ordre dans lequel il paye les divers créanciers n'a pour lui aucune importance. — Ne peut appeler celui dont le tribunal a réservé les droits, ni celui auquel il a adjugé ses conclusions. — Mais il suffit d'avoir intérêt à faire réformer une partie de la sentence, pour que l'appel soit recevable. — *Exemple :* Le plaideur dont les conclusions *subsidiaires* ont été admises peut interjeter appel du chef du jugement qui a rejeté ses conclusions *principales*. — Une simple condamnation aux dépens constitue-t-elle un grief suffisant pour autoriser l'appel ? Nous le pensons, pourvu que le jugement sur le fond ait été rendu en premier ressort seulement. Si le jugement était en dernier ressort, l'appel ne serait pas recevable, les dépens n'étant qu'un accessoire. (V. n° 636.)

2° L'intérêt d'une partie est évidemment impuissant à justifier l'appel, quand elle a renoncé à cette voie de recours. L'*acquiesce-*

ment donné à un jugement rend l'appel irrecevable. Il emporte adhésion à la sentence et renonciation au droit de l'attaquer.

3° L'appelant doit avoir la *capacité* d'ester en justice. Les personnes frappées d'incapacité ne peuvent agir que par l'intermédiaire de leurs représentants légaux ou judiciaires. (V. n° 644.)

Le tuteur d'un mineur ou d'un interdit a-t-il besoin d'une nouvelle autorisation du conseil de famille pour interjeter appel en matière immobilière ? Non, pour signifier l'acte d'appel, simple mesure conservatoire qui évite la déchéance encourue par l'expiration du délai d'appel (Pr. civ., art. 444) ; oui, pour suivre sur l'instance d'appel.

C'est une question controversée que celle de savoir si le subrogé tuteur peut, à défaut du tuteur, interjeter appel des jugements rendus contre le mineur. La question doit être généralisée et revient à se demander si le subrogé tuteur peut, soit dans les actes de pure administration, soit dans les actes conservatoires, se substituer à un tuteur. Nous préférons la solution négative, en principe.

La femme, autorisée à plaider en première instance, peut, comme le tuteur, signifier l'acte d'appel sans nouvelle autorisation. Mais celle-ci est nécessaire pour que la femme puisse suivre ensuite sur l'instance d'appel. La Cour de cassation exige une nouvelle autorisation même pour *interjeter appel ;* mais elle admet que cette autorisation peut être tacite et résulter notamment de ce que le mari a lui-même actionné sa femme. Elle pense, au contraire, qu'une femme autorisée par son mari *à intenter une demande en justice* n'a pas besoin d'une nouvelle autorisation pour *défendre* à l'appel du jugement qu'elle a obtenu en première instance. Sur ces questions très controversées, qui touchent plus au fond du droit qu'à la procédure, nous renvoyons le lecteur aux divers commentaires du Code civil (1).

Le maire d'une commune peut, à titre conservatoire, interjeter appel d'un jugement sans être autorisé du conseil de préfecture ; mais l'autorisation est nécessaire pour suivre sur l'appel interjeté. (L. du 5 avril 1884, art. 121 et 122.) Même solution à l'égard des hospices, bureaux de bienfaisance, fabriques, menses épiscopales, etc.

(1) Cass., 4 mai 1873 ; 8 mars 1875 ; 18 mars et 2 juillet 1878 ; 22 janvier et 25 février 1879 (Sir., 1879. 1. 252 et 273). Demolombe, t. IV, n°s 285 et suiv. — Aubry et Rau, *Cours de droit civil*, § 472.

Le ministère public n'a qualité pour interjeter appel que quand le jugement est rendu sur une matière où il procède par voie d'action et comme partie principale. (V. nos 575 et 585.)

Une partie peut avoir été représentée en première instance par un mandataire conventionnel. Celui-ci pourra, si son mandat comporte cette extension, interjeter appel au nom de son mandant, et l'instance d'appel sera suivie au nom de ce dernier, par les soins, poursuites et diligences de son mandataire. (V. n° 641.)

Une personne peut n'avoir pas figuré elle-même dans le débat en première instance, mais y avoir été représentée par une des parties dont elle est l'*ayant cause*. Peuvent interjeter appel les héritiers et successeurs irréguliers de l'un des plaideurs, ses ayants cause universels ou à titre universel. — Quant aux ayants cause à titre particulier, ils peuvent interjeter appel du jugement rendu contre leur auteur, pourvu que le litige fût né avant l'acte juridique qui leur a transmis le droit de leur auteur. Ils ont succédé à ce droit dans l'état où il se trouvait lors de la transmission, à ce droit déjà engagé dans une instance. Cette règle s'applique à l'acheteur, au cessionnaire, au donataire, au légataire à titre particulier, etc.

Les créanciers peuvent, par application de l'article 1166, Cod. civ., attaquer par la voie de l'appel le jugement qui préjudicie à leur débiteur, à moins qu'il ne s'agisse au procès d'un droit exclusivement attaché à la personne.

En matière de garantie formelle, le garanti, qui, usant de la faculté octroyée par l'article 182, Pr. civ., s'est fait mettre hors de cause en première instance, peut interjeter appel du jugement rendu contre le garant. Il a été représenté par lui.

§ 2. — *A qui profite l'appel ?*

1362. La question de savoir à quelles personnes profite l'appel (et non l'arrêt rendu sur l'appel) suppose qu'en première instance figuraient plusieurs demandeurs ou plusieurs défendeurs, originaires ou intervenants. A l'égard de quelques-uns d'entre eux, le délai d'appel est expiré : ils ne peuvent plus personnellement interjeter appel ; mais le délai court encore à l'égard de l'un d'eux. Celui-ci interjette appel en temps utile. Les autres demandeurs ou défendeurs vont-ils être relevés de la déchéance par eux encourue, en ce sens qu'ils pourront figurer dans l'instance d'appel, y conclure et demander la réformation du jugement dans leur intérêt.

Le sens commun nous enseigne que celui-là seul sauvegarde son droit et le met à l'abri des causes d'anéantissement ou de paralysie, qui l'exerce avec les formalités prescrites et dans les délais impartis par la loi. *Jura vigilantibus subveniunt, non dormientibus.* Chacun des plaideurs, en principe, ne sauvegarde par ses actes que son propre intérêt. En règle générale, l'appel ne profite qu'à l'auteur de l'appel; le jugement ne peut être réformé qu'à son profit. Voilà une première règle. Mais elle doit être, dans son application, tempérée par une autre règle, non moins commandée par le sens commun et par le respect dû à la chose jugée.

Lorsque apparaît l'impossibilité absolue d'exécuter tout à la fois le jugement rendu contre la partie non appelante et l'arrêt infirmatif que va peut-être obtenir l'appelant, lorsque la liaison intime des intérêts des divers demandeurs ou défendeurs interdit d'admettre l'éventualité de sentences judiciaires opposées et contradictoires, l'appel formé par l'un des plaideurs doit profiter à tous ses cointéressés, à tous ceux qui sont unis à lui par la communauté d'intérêts. Telle est la deuxième règle. Examinons quelques applications de l'une ou de l'autre règle.

1363. La créance ou l'obligation dont l'exécution a été réclamée en première instance est-elle divisible, l'appel interjeté par l'un des créanciers ou par l'un des débiteurs ne profitera qu'à lui seul. Les autres ne sont pas relevés de la déchéance qu'ils ont encourue. Au contraire, la créance, l'obligation ou la matière est-elle indivisible, l'appel formé par l'un des demandeurs ou des défendeurs autorise ses cointéréssés à conclure devant le juge d'appel malgré la déchéance par eux encourue. — *Exemple :* En matière de succession, un partage ordinaire ou un partage d'ascendant ne peuvent être rescindés pour partie, maintenus envers quelques cohéritiers, anéantis à l'égard de quelques autres. La matière est essentiellement indivisible. L'appel contre le jugement profite à tous les copartagés, les autorise tous à conclure en appel. — La nullité du mariage demandée par l'un des époux, partie principale, et par le père de celui-ci, partie intervenante, constitue un objet indivisible. L'appel, dirigé par le père contre le jugement de première instance, relèvera le fils de la déchéance par lui encourue.

1364. Au cas d'obligation solidaire, l'appel interjeté par l'un des débiteurs solidaires, conjointement assignés par le créancier devant les premiers juges, profite à ses codébiteurs, lorsqu'il est fondé sur un moyen commun ou sur un moyen simplement personnel. — Mais les codébiteurs ne sont pas autorisés à conclure en appel, si le moyen invoqué par l'appelant lui est *purement personnel*. (C. civ., art. 1208.) — Ne confondons pas du reste la question actuelle avec celle de savoir si la chose jugée pour ou contre un débiteur solidaire est opposable aux autres codébiteurs. Les deux questions sont indépendantes l'une de l'autre.

Si les créanciers solidaires s'étaient unis pour poursuivre conjointement le débiteur, l'appel interjeté par l'un d'eux et fondé sur un moyen commun profiterait-il aux autres? Nous supposons, cela va de soi, le jugement en premier ressort, c'est-à-dire, la part de chaque créancier supérieure à 1500 francs.

Nous ne le pensons pas : car il y a divisibilité de la créance entre eux, par cela seul qu'ils agissent conjointement. Il y a eu autant de condamnations que de créanciers demandeurs, et autant de quasi-novations. En appel, le créancier non déchu ne pourra demander que sa part dans la créance, restée solidaire jusqu'au jour de la poursuite commune, qui cesse de l'être à partir de ce jour. (V. n° 1345.)

1365. En matière de garantie simple, même solution doit être donnée qu'à l'égard des débiteurs solidaires. L'appel remet-il en question l'intérêt commun ; interjeté par le garant, il profite au garanti. — *Exemple :* La caution actionnée par le créancier a appelé en garantie le débiteur principal. (V. n° 1015 et s.) Le débiteur a conclu contre le créancier au rejet de la demande principale. Débiteur et caution, tous deux ont été condamnés au profit du créancier, et le débiteur, en outre, envers la caution comme garant. Le jugement est signifié à l'un et à l'autre à des dates différentes. La caution laisse expirer le délai d'appel. L'appel, postérieurement formé contre le créancier par le débiteur, profite à la caution ; car le jugement qui l'a déclarée débitrice comme caution serait inconciliable avec l'arrêt qui déclarerait au profit du prétendu débiteur principal l'inexistence de la dette. — Au contraire, l'appel de la caution, qui conteste cette qualité, ne remet pas en question l'intérêt commun ; car une dette peut exister sans être cautionnée. Cet appel ne relèvera pas le débiteur principal.

1366. En matière de garantie formelle, l'appel du garant profite au garanti, et réciproquement l'appel du garanti profite au garant et relève celui-ci de la déchéance encourue, lorsque la demande principale et la demande en garantie sont unies d'une manière indivisible par un lien de subordination et de dépendance nécessaire. Il n'est pas alors possible que l'une des deux demandes soit décidée dans un sens opposé à celui dans lequel l'autre serait résolue. Le seul moyen d'éviter cet inconvénient consiste à faire profiter chaque partie de l'appel utilement interjeté par l'autre. Ainsi, le vendeur d'un immeuble discute-t-il en appel la question de propriété ou de servitude soulevée par un tiers contre l'acheteur, il remet en cause l'intérêt qui lui est commun avec l'acheteur. Celui-ci est relevé de sa déchéance. — Si le vendeur n'interjette appel que du chef du jugement le condamnant comme garant, l'acheteur, déchu du droit d'appel, ne peut intimer le revendiquant. L'arrêt de la Cour, qui exonérera peut-être le vendeur, ne sera pas en contradiction avec le jugement qui a donné gain de cause au revendiquant. Le vendeur n'est pas toujours tenu de l'obligation de garantie (Cod. civ., art. 1627 et 1640). — D'autre part, si l'acheteur interjette appel en temps utile contre le revendiquant, il met en jeu l'intérêt commun entre lui et le vendeur; celui-ci est relevé de la déchéance qu'il avait encourue, en laissant expirer le délai d'appel (1).

L'appel interjeté par le garant sur l'intérêt commun profite au garanti, alors même qu'il aurait acquiescé au jugement : cet acquiescement n'ayant été donné que sous la condition implicite que le garant exécuterait la condamnation contenue au jugement; or, l'appel du garant a pour objectif l'anéantissement de cette condamnation.

1367. Quand des créanciers, invoquant l'article 1166, élèvent appel du jugement qui a condamné au profit d'un autre créancier leur débiteur, celui-ci n'est pas relevé de sa déchéance. Ses créanciers n'agissent que dans leur intérêt exclusif, afin d'éviter de concourir avec le gagnant, au marc le franc, par voie de contribution. (Arg. d'art. 788, Cod. civ.)

(1) Nombreux arrêts de Cours d'appel et de la Cour de cassation : entre autres, Cass., 11 février 1873; 2 février 1875; 11 juin 1877; 7 avril 1879 (Sir., 1880. 1. 296).

§ 3. — *Contre qui l'appel doit être interjeté.*

1368. L'appel ne peut être dirigé que contre celle des parties, ayant figuré en première instance, qui doivent profiter descondamnations prononcées contre l'appelant ou du rejet total ou partiel des conclusions prises devant les premiers juges et par lui renouvelées en appel. Ne peut être intimé que celui qui a figuré en première instance et qui a intérêt dans la cause débattue en appel. Telle est la règle. Examinons quelques-unes de ses applications.

Ne peuvent être intimées : 1° ni la partie, qui en première instance, avait le même intérêt que l'appelant, telle qu'un codébiteur. On doit simplement lui dénoncer l'appel ; 2° ni le plaideur contre lequel l'appelant n'avait pas pris de conclusions devant les premiers juges. L'intérêt fait défaut.

Mais peut être intimée la partie qui a succombé comme l'appelant et qui avait pris contre lui des conclusions qu'on pourrait reproduire en appel. — *Exemple :* Sur l'action en revendication d'un immeuble dirigée par Louis contre Jacques, Paul est intervenu dans son intérêt personnel (V. n° 1177 et s.) Paul et Jacques ont succombé. Jacques interjette appel contre Louis ; il peut aussi intimer Paul, l'intervenant. — Si la partie perdante se trouve en présence de plusieurs adversaires qui, directement ou indirectement, profitent du jugement rendu, elle doit les intimer tous en appel, quand la matière est indivisible, comme en matière de partage entre cohéritiers, ou de bornage entre propriétaires voisins.

La partie gagnante peut avoir, depuis le jugement, transmis l'immeuble revendiqué par vente, donation ou legs ; le perdant peut diriger son appel soit contre le gagnant ou ses héritiers, soit contre l'ayant cause à titre particulier, si celui-ci lui est connu ; mais ce dernier peut faire intervenir son auteur ou les héritiers de ce dernier.

1369. Le garant qui, en première instance, ne s'est pas borné à défendre à l'action en garantie, mais qui par ses conclusions s'est constitué l'adversaire du demandeur principal, peut interjeter appel contre celui-ci, même sans intimer le garanti (1).

(1) Cass., 18 mars 1874 ; 12 décembre 1876 (Sir., 1877. 1, 459.)

Réciproquement, le demandeur originaire a le droit d'interjeter appel contre le garant qui a conclu contre lui en première instance, en même temps qu'il appelle contre le défendeur principal (1). Mais peut-il se dispenser d'appeler alors contre le défendeur originaire? Oui, en matière de garantie simple; car il peut renoncer à se prévaloir de l'engagement de la caution, défendeur originaire et principal en première instance, pour se contenter de celui du garant, du débiteur.

En matière de garantie formelle, le garant a-t-il pris le fait et cause du garanti, de l'acheteur ou du cessionnaire, c'est le garant seul que le demandeur originaire peut intimer en appel.

1370. L'appelant doit s'enquérir exactement de tous les changements de qualité ou d'état survenus dans la position de son adversaire depuis le jugement de première instance et diriger l'appel contre les nouveaux représentants de la partie, ou contre elle-même si elle a repris l'exercice de ses droits. — *Exemples :* Le majeur a été interdit ; la fille s'est mariée ; la femme commune est devenue veuve, etc. : l'appel sera dirigé contre le tuteur, contre la veuve, contre la femme ou contre le mari suivant le régime nuptial adopté.

§ 4. — *A qui l'appel peut être opposé.*

1371. La question de savoir à quelles personnes l'appel peut être opposé suppose l'hypothèse générale suivante. Plusieurs demandeurs ou plusieurs défendeurs ont figuré dans le procès décidé par les premiers juges. Appel a été interjeté contre quelques-uns des gagnants en temps utile, avant l'expiration du délai imparti par la loi. Nul appel n'a été dirigé contre les autres parties gagnantes. Vis-à-vis de ces dernières, l'appelant est-il irrémédiablement déchu ou peut-il faire valoir l'appel par lui dirigé contre les autres adversaires ? Telle est la question.

Elle doit se résoudre à l'aide du principe qui nous a fourni la solution de la question inverse : *à qui l'appel doit profiter*. Lorsque la liaison intime des intérêts des divers demandeurs ou défendeurs ne permettra pas d'admettre l'éventualité de sentences judiciaires opposées et contradictoires, lorsqu'il y aura impossibilité absolue d'exécuter conjointement le jugement et l'arrêt qui infir-

(1) Cass., 22 mars 1875; 20 mai 1878, (Sir., 1878. 1. 461.)

merait ce jugement, l'appel utilement interjeté contre l'un des adversaires de l'appelant sera opposable à tous ses autres adversaires. L'appel, qui met en jeu pour l'appelant un intérêt indivisible que froisserait le maintien partiel de la sentence des premiers juges, sauvegarde, quoique dirigé contre un seul, le droit de l'appelant contre tous ses adversaires. Tel est le principe auquel nous croyons devoir nous attacher et qui a inspiré la plupart des décisions de la Cour suprême. Malgré l'identité de règle, nous constatons qu'une corrélation exacte n'existe pas entre les cas où l'appel interjeté par une partie profite aux autres et les cas où l'appel dirigé contre une partie est opposable aux autres.

Indiquons quelques applications.

1372. L'obligation ou la créance qui fait l'objet du litige est-elle simplement conjointe, — l'appel interjeté ne vaudra que contre l'intimé, ne sera pas opposable à ses cocréanciers ou codébiteurs. L'appelant ne pourra pas conclure contre eux.

1373. L'obligation est-elle solidaire et l'appel du créancier porte-t-il sur un moyen commun, il est opposable à tous les débiteurs, quand il est régulier contre un seul. Les débiteurs solidaires se représentent les uns les autres envers le créancier, quant aux actes conservatoires du droit de ce dernier. Il est, à nos yeux, de l'essence de la solidarité que le créancier, en agissant contre un seul débiteur, — sauvegarde son droit *in integrum*. Le créancier a intérêt à pouvoir exécuter l'arrêt à intervenir contre tel ou tel des débiteurs actionnés par lui en première instance, selon qu'il sera plus solvable que les autres. (Cod. civ., art. 1203, 1205 à 1208.)

L'obligation n'est-elle qu'*in solidum*, l'acte dirigé contre l'un des débiteurs ne peut valoir contre les autres, comme le démontrent bien, en matière de lettre de change, les articles 167 à 169 Cod. comm. — L'appel, dirigé régulièrement par le créancier contre l'un des débiteurs, ne vaudra pas contre les autres. Ces débiteurs ne se représentent pas réciproquement. Le créancier a un droit unique, égal et identique, contre chacun d'eux divisément, et non, comme dans la solidarité, un droit englobant tous les débiteurs et les confondant en quelque sorte à l'égard du créancier, en une seule personne juridique.

1374. Plaçons-nous en matière indivisible. Trois opinions sont en présence dans la doctrine et dans la jurisprudence. Nous pensons que l'indivisibilité (nous la supposons en thèse établie, certaine, et non pas seulement apparente ou douteuse) doit nécessairement conduire, ou bien à faire maintenir l'appel envers tous les adversaires de l'appelant, ou bien à le faire considérer comme irrecevable envers tous, y compris l'intimé. Nous ne pouvons accepter ce dernier parti et faire perdre à l'appelant le bénéfice de l'acte d'appel régulièrement interjeté. Les conséquences de l'indivisibilité doivent plutôt s'interpréter dans le sens qui maintient les droits des parties que dans celui qui tend à les anéantir. Nous préférons admettre que la diligence envers l'un répare la négligence commise envers les autres. Est-ce qu'à raison même de l'indivisibilité du lien qui les unit, les codébiteurs ne doivent pas être considérés comme étant mandataires les uns des autres? Donc l'appel dirigé contre un seul est utile envers tous : à l'intimé incombe le soin de les mettre en cause. — *Exemple :* L'action en désaveu de paternité étant indivisible, l'appel régulier dirigé contre l'un des héritiers du mari couvre l'irrégularité de l'appel dirigé contre les autres. Au cas d'action en partage, l'appel régulier formé contre l'un des cohéritiers produit un semblable effet envers les autres cohéritiers.

1375. En matière de garantie simple, le créancier interjette appel régulier contre le débiteur, appel irrégulier ou tardif contre la caution; il est déchu vis-à-vis de la caution. L'appel dirigé contre le débiteur ne sauvegarde pas son droit contre la caution : nulle contrariété n'est à craindre ; car rien n'est plus fréquent qu'une obligation non accompagnée de cautionnement. — Au contraire, l'appel est-il régulier contre la caution, irrégulier contre le débiteur, le créancier doit être admis à faire valoir son appel contre le débiteur. S'il n'en était pas ainsi, l'arrêt obtenu contre la caution par le créancier appelant ne profiterait en rien à ce dernier. La caution lui opposerait la disposition de l'article 2037, C. civ. L'appel dirigé contre la caution aurait été formé en pure perte : ce qui nous paraît inadmissible. Inadmissible aussi qu'il puisse y avoir, en vertu d'un arrêt, une caution, alors qu'en vertu d'un jugement passé en force de chose jugée, il n'y a pas de débiteur principal. Notre solution est cependant repoussée par quelques auteurs.

1376. Examinons le cas de garantie formelle. Le vendeur n'a pas pris le fait et cause de l'acheteur; il ne s'est pas, par ses conclusions, fait l'adversaire du demandeur originaire. Celui-ci a perdu le procès. Il interjette appel contre l'acquéreur. Cet appel ne peut être opposable au vendeur ; car il importe peu au revendiquant que l'acheteur ait ou non un recours contre le vendeur, le garant, et que le jugement, qui a repoussé ce recours, passe ou ne passe pas en force de chose jugée sur ce chef. Mais si le vendeur avait pris en première instance des conclusions contre le revendiquant, l'appel régulièrement dirigé contre l'acheteur serait opposable au vendeur; sinon on tournerait dans un cercle vicieux, l'acheteur condamné en appel pouvant, comme ayant cause du vendeur, invoquer le jugement de première instance contre le revendiquant. Celui-ci a donc un intérêt indivisible à ce que la sentence des premiers juges soit infirmée en appel, tant à l'égard du vendeur qu'à l'égard de l'acheteur.

Le vendeur a-t-il pris en première instance le fait et cause du garanti, de l'acheteur, celui-ci ne restant au procès que pour la conservation de ses droits (V. n° 1030), l'appel du revendiquant ne peut être dirigé que contre le vendeur et ne peut être opposé à l'acheteur pour deux raisons. L'acheteur n'a pas été le contradicteur de l'appelant. Il n'importe en rien au revendiquant que l'acheteur soit ou ne soit pas indemnisé par son vendeur. L'intérêt indivisible n'existe pas pour l'appelant. Or, c'est cet intérêt indivisible qui seul nous autorise à faire répercuter contre une partie l'appel utilement dirigé contre un autre plaideur.

Nous n'avons pas, dans ce chapitre, examiné toutes les hypothèses qui peuvent se présenter. Il nous a suffi d'indiquer, par quelques applications, le sens et la portée réelle des principes.

CHAPITRE III

DÉLAIS ET FORMES DE L'APPEL

SOMMAIRE. — SECTION PREMIÈRE. Délais en matière d'appel. — § 1er. Délai pendant lequel l'appel ne peut être formé. — Trois causes de retard. — § 2. Délai pendant lequel l'appel doit être interjeté. — Règle générale. — Dérogations. — § 3. Délai de comparution. — SECTION DEUXIÈME. Formes et signification de l'acte d'appel.

En matière d'appel, distinguons trois espèces de délais : le délai pendant l'appel ne peut être interjeté ; le délai pendant lequel l'appel doit être formé sous peine de déchéance ; le délai pour comparaître.

§ 1er. — *Délai pendant lequel l'appel ne peut être formé.*

1377. L'exercice du droit d'appel est rarement autorisé dès que le jugement a été rendu : il peut être retardé par trois causes.

A. Aux termes de l'article 449, Pr. civ., aucun appel d'un jugement non exécutoire par provision ne peut être interjeté dans la huitaine à dater du jour du jugement. — La loi a voulu ménager à la partie condamnée le temps nécessaire à la réflexion. — Elle se méfie des révoltes de l'amour-propre froissé. Elle veut empêcher le plaideur de s'engager *ab irato* dans une instance qui viendra accroître considérablement les frais de la précédente. — Pendant cette huitaine le premier président ne peut autoriser l'appel par une ordonnance.

Ce délai de huitaine n'est pas franc : on y comprend le *dies ad quem.*

La partie perdante ne doit pas souffrir de la défense inscrite dans l'article 449, Pr. civ. Il serait injuste que le gagnant pût exécuter la sentence, alors que la partie condamnée n'a pas encore la faculté d'arrêter l'exécution en formant appel. Aussi la loi établit-elle une corrélation entre la défense d'appeler et la faculté d'exécuter. Pendant ladite huitaine est suspendue l'exécution des jugements non exécutoires par provision. (P. civ., art. 450.)

Pas d'exécution et pas d'appel. — Mais si le jugement est exécutoire par provision, l'appel est possible dans la huitaine de la prononciation du jugement, quel avantage peut offrir cet appel puisqu'il ne suspend pas l'exécution ? S'il ne la suspend pas en droit, il l'arrêtera souvent en fait. L'exercice de cette voie de recours est utile à la partie condamnée. Elle avertit ainsi son adversaire. Le gagnant craindra peut-être l'infirmation du jugement, qui mettra à sa charge tous les frais exposés sur l'exécution provisoire. Plus l'appel sera prompt, plus prompte aussi la cessation des poursuites. — Au cas où l'exécution provisoire aurait été ordonnée en dehors des cas prévus par la loi (Pr. civ., art. 135. V. n° 902 et 903), dès que cette exécution est entamée, l'appel est possible. — De même si le gagnant ne respecte pas la règle de l'article 450, Pr. civ., et commence l'exécution, la partie perdante n'est plus liée par l'article 449 et peut immédiatement interjeter appel.

L'article 449 n'est pas applicable dans tous les cas où le délai d'appel est réduit à cinq, huit, dix ou quinze jours par la loi.

Les articles 449 et 450, Pr. civ., ne sont applicables ni aux jugements rendus par les tribunaux de commerce, jugements toujours exécutoires par provision (Cod. comm., 645), ni aux sentences des conseils de prud'hommes, le décret du 11 juin 1809 ne contenant aucune disposition sur ce point et les déchéances ne pouvant être suppléées.

L'article 13 de la loi du 25 mai 1838 interdit d'appeler des sentences, non exécutoires par provision, rendues par les juges de paix avant les *trois* jours de la prononciation du jugement.

L'appel des ordonnances de référé peut être élevé immédiatement. (Pr. civ., art. 809.)

1378. B. L'appel d'un jugement susceptible d'opposition n'est pas recevable pendant la durée du délai accordé pour faire opposition. (Pr. civ., art. 455.) L'appel n'est recevable que lorsque l'opposition est devenue impossible par suite de l'expiration du délai. Les deux voies de recours, appel et opposition, ne peuvent être cumulées. — Les motifs de cette règle sont évidents. L'opposition est une voie de recours plus simple et plus économique que l'appel. L'opposition, qui demande la rétractation de la sentence au juge lui-même mieux informé, n'est pas irrévérencieuse. L'appel, qui demande au juge supérieur la réformation du jugement rendu par le tribunal inférieur, implique contre ce tribunal une accusation d'ignorance, d'erreur ou de partialité.

Après l'expiration du délai d'opposition, l'appel est autorisé. La loi suppose que le défaillant a été empêché de faire opposition. Si la partie défaillante a formé opposition dans le délai, elle ne peut abandonner cette voie et recourir à l'appel avant qu'il n'ait été statué sur l'opposition, à moins qu'elle ne se désiste formellement de son opposition.

L'article 455, Pr. civ., s'applique même à la disposition d'un jugement par défaut ordonnant l'exécution provisoire nonobstant opposition. Dans ce cas et pendant le délai, ce chef du jugement ne peut être frappé que d'opposition. L'appel ne peut être interjeté qu'après le délai.

Mais l'article 455, Pr. civ., est inapplicable dans le cas où l'appel porte à la fois sur un jugement contradictoire par lequel le tribunal s'est déclaré compétent et sur le jugement par défaut qui a ensuite statué au fond. En faisant opposition à ce jugement, on reconnaîtrait implicitement la compétence du tribunal ; il y aurait acquiescement à la sentence rendue sur le déclinatoire.

Le jugement de défaut ayant été confirmé sur opposition, faut-il appeler des deux jugements, par défaut et de débouté d'opposition, ou suffit-il d'appeler du premier, ou du second? Plusieurs opinions ont été émises. Nous usons d'une distinction. L'appel doit être dirigé contre les deux jugements, si le jugement contradictoire, statuant sur le fond de l'affaire, déclare l'opposition mal fondée : les deux sentences font grief aux prétentions du défendeur. Au contraire, l'appel ne doit être dirigé que contre le premier jugement, lorsque le jugement contradictoire qui déboute de l'opposition se borne à confirmer le précédent, en déclarant seulement l'opposition irrecevable comme tardive ou irrégulière. Cette seconde sentence ne fait pas grief aux prétentions du défendeur, ne touche pas au fond du droit.

L'article 455, Pr. civ., s'applique-t-il aux jugements dits de *défaut congé?* (V. n° 942.) Ici encore plusieurs opinions ont été formulées. Nous estimons l'appel impossible quand, le défendeur n'ayant pas requis que la demande fut déclarée mal fondée, le tribunal s'est borné à prononcer le défaut congé proprement dit ; il y a abandon de l'instance par le demandeur. Mais l'article 455 nous paraît applicable quand, sur les conclusions du défendeur, le tribunal a rejeté la demande principale ou a statué sur une demande reconventionnelle.

L'article 455 ne s'applique ni aux jugements des tribunaux de commerce, ni à ceux des conseils de prudhommes. L'article 645, C. comm., déroge formellement à la loi de procédure. Ce texte s'applique aussi bien aux jugements par défaut qu'aux jugements contradictoires, sans qu'il y ait à distinguer entre le défaut du demandeur et celui du défendeur (1).

1379. C. L'appel d'un jugement *préparatoire* ne peut être interjeté qu'après le jugement définitif et conjointement avec l'appel de ce jugement. Cet appel est alors recevable, quoique le jugement préparatoire ait été exécuté sans réserves. L'appel des jugements

(1) Cass., 21 mai 1879. (Sir., 1881, 1, 347).

interlocutoires ou *provisoires* peut au contraire être élevé avant le jugement définitif. (Pr. civ., art. 31 et 451.) — En n'autorisant l'appel des jugements préparatoires que conjointement avec celui des jugements définitifs, le législateur a été guidé par la considération que le jugement simplement préparatoire ne peut occasionner un préjudice quelconque à l'une ou à l'autre des parties en cause.

Quels jugements sont préparatoires? Quels interlocutoires? Quels provisoires? Nous avons déjà résolu ces questions. (Pr. civ., art. 452. V. n° 844 à 846.)

Quand le jugement est *interlocutoire*, la partie à laquelle ce jugement cause un préjudice jouit d'une option. Elle peut, à son choix, élever appel contre ce jugement avant que la sentence définitive ne soit rendue, ou interjeter appel de l'interlocutoire en même temps que du jugement définitif. — Cette faculté est rationnelle. En effet, la partie, qui a résisté inutilement à l'offre d'une preuve faite par l'autre partie, peut encore espérer que cette preuve ne sera pas fournie et qu'elle-même gagnera le procès : pourquoi l'obliger à faire les frais d'un appel qu'elle estime inutile ? Elle attendra que soit rendu le jugement définitif. Mais elle doit s'abstenir prudemment de concourir activement à l'exécution de l'interlocutoire ; sinon elle serait réputée y avoir acquiescé. — Mais si le jugement interlocutoire contient des chefs sur lesquels il a été statué définitivement par le juge du premier degré, l'appel sur ces chefs ne saurait être retardé jusqu'au jour où le jugement définitif au fond serait rendu. — *Exemple :* A une demande en rescision d'une vente ou d'un partage pour cause de lésion, le défendeur a opposé la prescription de l'action ou la nullité de l'exploit. Le tribunal rejette le moyen tiré de la prescription ou de la nullité d'exploit et ordonne la preuve de la lésion par experts. Le premier point est jugé définitivement. Le défendeur doit alors nécessairement élever appel du jugement dans les deux mois de sa signification, s'il ne veut pas qu'il y ait force de chose jugée sur ce premier chef de la sentence.

Le délai d'appel à l'égard d'un jugement interlocutoire est le même que le délai accordé pour interjeter appel du jugement définitif. Il s'ensuit que tant que ce dernier délai n'est pas expiré et *a fortiori*, tant que le jugement définitif n'est pas prononcé, l'appel du jugement interlocutoire est recevable, quoiqu'il se soit écoulé plus de deux mois depuis sa signification.

La disposition de l'article 451, Pr. civ., s'applique sans difficulté aux jugements des tribunaux de commerce. — Quant aux sentences rendues par les conseils de prudhommes, il semble résulter de la comparaison de l'article 47 du décret du 11 juin 1809 avec l'article 31, Pr. civ., que l'appel de leurs sentences interlocutoires ou provisoires ne saurait être retardé jusqu'à l'époque de l'appel du jugement définitif. Mais nous croyons qu'il y a pure inadvertance du rédacteur du décret, un simple oubli. Nous pensons qu'il faut entendre l'article 47 du décret comme l'article 31, Pr. civ.

L'article 14 de la loi du 25 mai 1838 ne permet aussi d'interjeter appel des jugements par lesquels le juge de paix se déclare compétent qu'après le jugement définitif.

Remarquons au surplus qu'il ne suffirait pas d'appeler seulement du jugement définitif qu'on prétend avoir été la conséquence d'un interlocutoire ou d'un préparatoire mal rendu. Le plaideur doit aussi appeler du jugement d'avant dire droit ; sinon il paraîtrait y acquiescer et se l'approprier.

§ 2. — *Délai pendant lequel l'appel doit être formé.*

1380. Ce délai ne s'applique qu'à l'appel principal. D'après le Code de procédure, ce délai était de trois mois. La loi du 3 mai 1862 l'a réduit à deux. (Pr. civ., art. 443.) Comment ce délai se calcule-t-il ? Est-il franc ? Est-il susceptible d'augmentation à raison des distances ? Ne s'applique-t-il qu'aux personnes domiciliées en France ? Sur ces divers points, voyez les articles, 73, 445, 446, 1033 du Code de procédure et les numéros 622, 624, 625, 628 de cet ouvrage.

Sauf les exceptions inscrites dans les articles 445, 446, Pr. civ., le délai accordé pour interjeter appel ne dépasse pas deux mois : mais il est souvent d'une plus courte durée : 1° A l'égard des sentences rendues par les juges de paix, le délai d'appel est de *trente* jours, avec augmentation à raison des distances. (L. 25 mai 1838, art. 13.) — 2° Il est de *cinq* jours au cas de demande en renvoi pour parenté ou de récusation de juge (Pr. civ., art. 377 et 392) — 3° de *huit* jours en matière de saisie de rentes sur particuliers (Pr. civ., art. 651) ; — 4° de *dix* jours dans les cas divers prévus et réglés par les articles 669, 731, 739, 762, 838, 964, 973, 988, 997 (Pr. civ.) ; — 5° de *quinze* jours en matière de référé et de faillite (Pr. civ., art. 809. — Cod. comm., art. 582).

Le délai pour interjeter appel d'un jugement rendu par le tribunal de commerce est de deux mois. (C. comm., art. 645).

1381. Le délai pour interjeter appel court, en règle générale, du jour de la signification du jugement à personne ou à domicile. Tant que le jugement n'est pas signifié, le délai ne court pas ; la voie de l'appel reste indéfiniment ouverte et l'appel peut être interjeté pendant trente ans (1). La loi exige la signification du jugement. Vainement serait-il établi et constant que la partie a assisté à la prononciation du jugement, voire même qu'elle s'en est plainte, n'importe. Le plaideur condamné doit pouvoir délibérer en connaissance de cause, et à la simple lecture d'une sentence des praticiens fort habiles et fort expérimentés n'en saisissent pas toujours l'entière et véritable portée. Le plaideur doit pouvoir analyser le jugement, en peser tous les mots : sinon, que d'appels imprudents et irréfléchis ! En outre, par cette signification, la partie gagnante manifeste son intention d'utiliser le jugement et somme implicitement l'adversaire d'avoir à attaquer la sentence dans le délai imparti par la loi ou d'y adhérer expressément ou tacitement.

La signification du jugement doit être donnée à personne ou à domicile. Celle qui est donnée au greffe du tribunal de commerce dans le cas prévu par l'article 422, Pr. civ., fait-elle courir le délai d'appel, ou faut-il nécessairement que la signification soit donnée à la personne ou à son domicile réel ? La question est controversée en jurisprudence. La Cour de cassation admet que la signification au greffe est suffisante, et avec raison ; sans quoi, l'article 422 perdrait la majeure partie de son utilité.

1382. Faut-il, pour faire courir le délai d'appel, signifier le jugement non seulement à la partie condamnée, mais encore à son avoué ? Le doute provient des articles 147 et 148, Pr. civ., qui exigent double signification à partie et à avoué, pour la mise à exécution du jugement. La question est controversée dans la doctrine et dans la jurisprudence. Nous pensons que la signification à l'avoué n'est pas indispensable, qu'elle est au contraire surérogatoire. Vainement dit-on que la partie ayant besoin d'être éclairée et conseillée, le jugement doit être signifié à l'avoué qui est son conseil. La conséquence ne découle pas naturellement de la prémisse posée. Est-ce que la partie, qui reçoit la signification du jugement, n'ira pas d'elle-

(1) Cass., 25 mars 1861 ; 14 août 1877 (Sir., 1879. 1. 312.)

même chercher conseil ? Où voit-on qu'on pratique les plaideurs omettent cette précaution et qu'il soit besoin que leurs avoués les stimulent. Au surplus, ce n'est là que pure considération. — Si l'article 147 exige, pour la régularité de l'exécution, la signification de la sentence à l'avoué du perdant, c'est parce que celui-ci doit occuper sur l'exécution sans recevoir de nouveaux pouvoirs (Pr. civ., art. 1038). Mais la prolongation en appel des pouvoirs de l'avoué de première instance est tout simplement impossible ; son mandat cesse dès que change le degré de juridiction. Aussi ne faut-il pas s'étonner que l'article 443, Pr. civ., soit muet sur la signification à l'avoué et ne parle que de celle à partie. Sa disposition est rationnelle.

1383. En règle générale, le délai d'appel ne court pas contre la partie qui a signifié le jugement avec réserve d'en appeler. *Nul ne se forclôt lui-même.* Pour que le délai puisse courir contre cette partie, l'adversaire doit à son tour lui signifier le jugement (1). Parfois, le délai de l'appel court du jour de la signification du jugement contre les deux parties, contre l'auteur même de la signification. (Pr. civ., art. 762.)

1384. Quand le jugement a été rendu contre un mineur non émancipé, les délais ne peuvent courir que du jour où le jugement a été signifié tant au tuteur qu'au subrogé tuteur, encore que celui-ci n'ait pas figuré au procès (Pr. civ., art. 444), et à partir de la dernière des deux significations. — Le subrogé tuteur a-t-il dans le litige des intérêts opposés à ceux du mineur, il y a lieu de faire nommer un subrogé tuteur *ad hoc* par le conseil de famille : sinon le délai ne pourrait courir contre le mineur qu'à dater d'une nouvelle signification à lui donnée après sa majorité. — De même, si le mineur a été représenté par le subrogé tuteur dans un procès où ses intérêts étaient opposés à ceux de son tuteur, le délai ne courra qu'à partir de la signification donnée à un second subrogé tuteur nommé *ad hoc.*

Le subrogé tuteur n'a pas qualité pour représenter le mineur dans l'instance d'appel, à moins que le procès ne s'élève entre le mineur et son tuteur. Il doit provoquer la réunion du conseil de famille pour délibérer sur la question de savoir s'il y a lieu ou non d'interjeter appel. Le subrogé tuteur, qui néglige cette précaution

(1) Cass., 5 février 1872. (Sir., 1872. 1. 127.)

engage sa responsabilité. — Les délais sont-ils, sur le point d'expirer, nous admettons qu'à titre de mesure conservatoire le subrogé tuteur peut interjeter appel pour éviter la déchéance, à la charge de rapporter ensuite l'autorisation du conseil de famille.

Quand le mineur n'a ni tuteur, ni subrogé tuteur, l'adversaire doit faire les diligences nécessaires pour les faire nommer. Il leur signifiera ensuite le jugement obtenu contre l'auteur de ce mineur. — Le mineur est-il placé, quant à ses biens, sous l'administration légale de son père, la nomination d'un subrogé tuteur est impossible et inutile. Il suffira de signifier le jugement au père. — Si le procès s'était élevé entre le père et l'enfant, celui-ci aurait alors un tuteur *ad hoc*.

Quand les susdites formalités ont été remplies, le délai d'appel une fois expiré, le mineur déchu ne peut plus user de cette voie de réformation et n'a plus de recours que contre son tuteur. (Pr. civ., art. 444.) Cette règle est générale et s'applique même dans les divers cas où le délai d'appel est restreint par la loi.

L'article 444, Pr. civ., s'applique aussi aux interdits. (Cod. civ., art. 509.)

Par analogie, nous devons admettre que le délai de l'appel ne court aussi qu'à dater de la double signification donné au mineur émancipé et à son curateur, au prodigue et à son conseil judiciaire.

1385. La signification du jugement donnée à l'un des débiteurs solidaires ou indivisibles fait courir le délai d'appel contre tous. En mettant ainsi l'un d'entr'eux en demeure d'interjeter appel, le créancier est réputé les avoir tous implicitement sommés. (Arg. des art. 1205, 1206 et 1207, Cod. civ.) Donnée au nom de l'un de ces débiteurs, elle fait courir au profit de tous le délai d'appel contre l'adversaire commun (1).

1386. Les délais de l'appel sont suspendus par la mort de la partie condamnée. Ils ne reprennent leur cours qu'après la signification faite au domicile du défunt, avec les formalités prescrites par l'article 61, Pr. civ., et à compter de l'expiration des délais pour faire inventaire et délibérer, si le jugement a été signifié avant que ces derniers délais fussent expirés. Cette signification peut être faite aux héritiers collectivement et sans désignation des noms et

(1) Alger, 29 déc. 1882 (Sir., 1884. 2. 35).

qualités (Pr. civ., art. 447). — La nouvelle signification faite, les délais reprennent leur cours à dater du jour où l'habile à succéder après qualité, s'il l'a fait avant l'expiration des délais pour faire inventaire et délibérer.

1387. EXCEPTIONS. La règle que le délai d'appel court à partir du jour de la signification du jugement à la partie comporte plusieurs dérogations.

A. Si le jugement a été rendu par défaut, le délai court à dater du jour où l'opposition n'est plus recevable. La disposition de l'article 443, § 2, Pr. civ., est en harmonie avec celle de l'article 455 interdisant l'appel pendant la durée de l'opposition. — Si le jugement est par défaut faute de comparaître, le délai d'appel ne commencera à courir que du jour où aura été accompli un des actes prévus par l'article 159, Pr. civ. — Le jugement est-il par défaut contre avoué, l'opposition est recevable pendant huitaine à partir de la signification à l'avoué. Tant que dure ce délai, l'appel est interdit et le délai d'appel ne court pas. Mais une fois le délai de l'opposition expiré, le délai d'appel va-t-il courir? — La question est controversée dans la doctrine et dans la jurisprudence. Avec la Cour de cassation, nous pensons que la signification à la partie est nécessaire pour faire courir le délai d'appel. L'avoué de première instance ne peut être le mandataire de la partie en vue de l'appel. Sa négligence ne peut nuire à son client et le forclore. L'article 443, Pr. civ., fait allusion à la disposition de l'article 455. Il veut dire que, malgré la signification donnée à la partie, le délai d'appel ne court pas contre elle, tant que l'opposition est possible : mais il n'a pas pour but de dispenser de la signification à partie (1).

La règle écrite dans le § 2, de l'article 443, Pr. civ., est applicable aux jugements par défaut rendus par les tribunaux de commerce, quoique l'appel puisse être immédiatement élevé. (Cod. comm., art. 645.) Nous l'étendons aussi aux sentences des juges de paix ou des conseils de prud'hommes, quoique ni le décret du 11 juin 1809, ni la loi du 25 mai 1838 n'en fassent mention. Les motifs de cette règle conservent toute leur force quelle que soit la juridiction.

B. Dans le cas où le jugement aura été rendu sur une pièce fausse, qui a servi de base à la décision, le délai d'appel ne courra

(1) Cass., 5 janvier 1875 (D. P., 1875, 1. 54).

que du jour où le faux aura été reconnu ou juridiquement constaté. La découverte du faux est insuffisante (Pr. civ., art. 448). (1)

C. La partie perdante a été condamnée en première instance faute d'avoir pu présenter au juge une pièce décisive, retenue et dissimulée par son adversaire. Le jugement a été surpris par dol. Le délai d'appel ne commencera à courir que du jour où la pièce aura été recouvrée, pourvu qu'il y ait preuve par écrit du jour de la découverte, par exemple dans un inventaire dressé après décès. Il faut qu'il soit certain que la pièce a été réellement retenue par l'adversaire et que nulle faute n'est imputable à l'appelant. (Pr. civ. art. 448.— Code civ., art. 1304.)

D. A l'égard des jugements préparatoires, le délai ne peut courir que de la signification du définitif ; cet appel est possible quoique le jugement ait été exécuté sans protestations, ni réserves. (Proc. civ., art. 451.)

E. En matière de saisie immobilière, le délai court de la signification soit à avoué, soit à partie. (Pr. civ., art. 731.)

F. En matière d'ordre, la signification à l'avoué fait courir le délai d'appel envers toutes parties. (Pr. civ., art. 762.)

G. En matière de récusation, le délai court du jour de la prononciation du jugement. (Pr. civ., art. 392.)

1388. L'article 444, Pr. civ., nous indique la sanction apportée aux prescriptions de l'article 443. L'expiration des délais emporte déchéance. Désormais l'appel est irrecevable. Si, en fait, il est formé, il devra être rejeté par le juge supérieur. Cette déchéance est encourue quelle que soit la qualité des parties. Il en était autrement dans notre ancien droit. Les délais étaient doublés en faveur de l'Église, des hôpitaux, collèges, universités, maladreries. (Ord. de 1667, tit. XXVII, art. 12.) A l'égard des mineurs, le délai ne courrait qu'à partir de leur majorité. Aujourd'hui tous ces privilèges sont abolis.

§ 3. — *Délai de comparution*

1389. Le délai octroyé à l'intimé pour comparaître est de huitaine franche (Pr. civ., art. 72 et 456). Il est susceptible d'augmentation à raison des distances.

(1) Cass., 22 juin 1881 (Sir., 1881. 1. 302).

SECTION II. — Formes et signification de l'acte d'appel.

1390. L'acte d'appel, dit l'article 456, contiendra *assignation* dans les délais de la loi et sera signifié à personne ou à domicile à peine de nullité. L'acte d'appel mentionne une double manifestation de volonté : la *déclaration d'appel* et *l'assignation* à comparaître devant la juridiction supérieure. C'est un véritable exploit d'ajournement. Il doit donc renfermer les énonciations exigées par l'art 61, Pr. civ., à peine de nullité. En outre, il indique exactement la décision attaquée et sa date : il précise les chefs du jugement qui font grief ; mais il n'est pas nécessaire qu'il contienne l'indication des moyens : le procès est déjà connu de l'autre partie ; les moyens seront précisés et développés dans une requête postérieure.

1391. L'appelant consigne une amende de *cinq* ou de *dix* francs, selon que le jugement attaqué émane d'un juge de paix ou d'un tribunal civil ou de commerce. La consignation doit avoir lieu avant la prononciation de l'arrêt. Si l'amende n'a pas été consignée, l'appel n'est pas nul ; mais l'avoué et le greffier, qui délivrerait une expédition de l'arrêt, seraient chacun passibles d'une amende de cinquante francs. (Pr. civ., art. 471. L. 16 juin 1824, art. 10.)

1392. La signification de l'acte d'appel doit être donnée à la personne ou au domicile réel de l'intimé, à peine de nullité. (Pr. civ., art. 456.) Un acte d'appel ne peut pas être valablement signifié au domicile de l'avoué qui a occupé en première instance pour l'intimé, sauf dans certains cas exceptionnels où la loi lui donne mandat de le recevoir, par exemple en matière d'ordre ou de distribution par contribution. (Pr. civ., art., 669 et 762.) La signification de l'acte d'appel, faite au domicile de l'intimé décédé, est nulle, à moins que le décès n'ait été ignoré.

Peut-on signifier l'acte d'appel au domicile élu dans le contrat qui donne naissance au litige, dans un acte soit judiciaire, soit extrajudiciaire, tel qu'un commandement, dans l'exploit de notification du jugement ? Sur ces divers points, ont été rendus de nombreux arrêts en sens contraires, l'intention des parties jouant un rôle prépondérant en matière d'élection de domicile.

Quant aux formalités relatives à la remise de la copie, à la mention de la personne qui la reçoit, etc., appliquez les règles ordinaires. (Pr. civ. art. 68. V. nos 732 et s.) L'huissier doit remettre autant de copies qu'il y a d'intimés ayant un intérêt distinct.

CHAPITRE IV

APPEL INCIDENT

SOMMAIRE. — Utilité de l'appel incident. — Différences entre l'appel principal et l'appel incident. — Relations existant entre l'un et l'autre. — Par qui et contre qui peut être formé l'appel incident. — Formes. — Absence de délai.

1393. L'appel *incident* est celui qui est formé par le défendeur à l'appel principal, par *l'intimé.*

Son utilité n'apparaît pas à première vue. Ne semble-t-il pas que le tribunal d'appel, saisi de la question de savoir si les premiers juges ont bien ou mal statué, ait le pouvoir de réformer ou de confirmer en entier leur sentence? Il n'en est rien cependant. L'appel principal ne saisit les juges supérieurs qu'à l'égard des chefs du jugement critiqués par l'appelant. Leur pouvoir de réformation ne va pas au-delà. Les dispositions qui préjudicient à l'intimé ne peuvent être réformées, que tout et autant qu'il s'en plaint lui-même. L'intimé, qui n'a pas recours à un appel incident, est *présumé acquiescer* aux dispositions du jugement. Il n'élève aucune réclamation ; donc, il est satisfait. Les juges d'appel n'ont pas le droit de lui accorder ce qu'il ne demande pas. En l'absence de toute plainte de sa part, ils ne peuvent réformer que dans l'intérêt de l'appelant principal. *Tantum devolutum quantum appellatum.*

Un jugement ne peut être réformé au bénéfice de la partie qui ne figure que comme intimée. La sentence a vis-à-vis d'elle un caractère définitif (1). L'apppel incident est donc nécessaire, quand le jugement a décidé quelque point de la cause contre l'intimé, qui souhaite la réformation de la sentence dans cette mesure. *Exemple :* — Paul a assigné Pierre en paiement d'une somme de 4000 francs.

(1) Cass., 18 juillet 1877; 31 déc. 1878; 22 avril 1879; 24 mars 1880. (Sir., 1883. 1. 461).

Pierre a été condamné par le tribunal à payer 3000 Paul et Pierre ont succombé tous les deux partiellement. Paul attaque le jugement. Si Pierre ne forme pas appel incident, la Cour pourra bien, ou réformer le jugement dans l'intérêt de Paul et élever le chiffre de la condamnation à 4000 francs, ou confirmer purement la sentence rendue; mais elle ne pourra pas réduire la condamnation au-dessous de 3000 francs. En gardant le silence, Pierre a acquiescé tacitement à cette disposition du jugement. Pour que la cour puisse abaisser la condamnation au-dessous de 3000 francs ou exonérer entièrement Pierre, il est indispensable que celui-ci le demande, en attaquant à son tour le jugement par un appel.

1394. Mais l'appel incident n'est pas nécessaire: 1° dans les cas où une demande nouvelle peut être portée devant le tribunal d'appel (V. n°s 1429); 2° lorsque de plusieurs moyens présentés par l'intimé en première instance le tribunal a adopté les uns et repoussé les autres. L'intimé n'a pas alors été condamné sur le fond même du litige; il peut, en sa seule qualité de défendeur, reproduire ces moyens; 3° pour pouvoir reproduire devant la Cour des conclusions subsidiaires déjà prises devant le tribunal, qui n'a pas statué sur elles; 4° pour invoquer une exception ou une fin de non-recevoir déjà repoussée par les premiers juges. — Dans ces divers cas, l'intimé reste dans son rôle de défendeur. Il ne dirige pas une attaque contre le jugement frappé d'appel par son adversaire (1).

1395. La distinction à établir entre l'appel principal et l'appel incident est encore importante sous d'autres rapports. — La partie, qui signifie un jugement sans réserver formellement et expressément son droit d'appel, est réputée approuver le jugement. Elle y acquiesce. — Elle renonce au droit de l'attaquer par un appel principal. — Mais cet acquiescement est donné sous la condition implicite que l'adversaire de son côté respectera la sentence et s'y soumettra également. C'est un sacrifice fait dans l'intérêt de la paix. Cette espérance est-elle déçue? L'adversaire, par un appel principal, renouvelle-t-il la lutte, la condition implicite sous laquelle l'acquiescement avait eu lieu se trouve défaillie. Le signifiant recouvre la faculté d'appel. Il peut former appel incident, en réponse à l'appel principal de l'adversaire.

(1) Cass., 19 nov. 1879 (Sir., 1881. 1. 211).

L'appel principal n'est plus recevable après l'expiration du délai de deux mois accordé par l'art. 443, Pr. civ. Mais ce délai ne court que contre la partie qui a reçue la signification du jugement (V. n° 1383). Il ne court pas contre le signifiant. Si donc la signification du jugement a été accompagnée de réserves expresses, le signifiant peut interjeter appel principal, alors même qu'il s'est écoulé plus de deux mois depuis la signification du jugement. A-t-il recours à cette voie de réformation, son adversaire, auquel tout appel principal était interdit comme tardif, reconquiert la faculté d'attaquer à son tour le jugement par un appel incident.

1396. Cet appel incident doit nécessairement se relier à l'appel principal, sans laquel il ne pourrait naître. En conséquence: 1° Il ne peut porter que sur des chefs de la sentence relatifs à l'appelant et non sur des chefs afférents à une autre partie non appelante. — 2° Si l'appel principal est déclaré nul ou irrecevable, l'appel incident s'évanouit. Cette solution n'est pas unanimement adoptée; mais elle nous paraît seule admissible. Sans l'appel principal, l'intimé n'aurait pu attaquer le jugement, auquel il avait acquiescé ou à l'égard duquel il était déchu du droit d'appel. Par l'annulation ou l'irrecevabilité de l'appel principal, il est replacé dans la situation antérieure qu'il s'était faite lui-même. De quoi peut-il se plaindre? — 3° Le désistement de l'appel principal fera-t-il tomber l'appel incident régulièrement formé? Nous avons déjà proposé une distinction. (V. n° 1228.) Le désistement de l'appelant doit-il être accepté de l'intimé, parce que le délai d'appel n'est pas encore fermé, l'appel incident ne s'évanouit pas : quand l'intimé soutient la validité de cet appel incident, il repousse par cela même le désistement de l'appelant et s'oppose à l'extinction de l'instance d'appel.

1397. Qui peut former appel incident? — Une personne ne peut former appel incident que sous les trois conditions suivantes: 1° avoir été partie au jugement rendu en première instance ; c'est évident; — 2° avoir intérêt, avoir été lésée par la sentence; c'est encore évident, mais le plus minime grief suffit. — *Ex.:* avoir été condamné à payer une partie des dépens; — 3° avoir été intimé par l'appel principal. L'appel incident n'est pas recevable de la part de celui qui n'a pas été touché par l'appel principal. Cette règle est justifiée par les explications précédentes sur la nature de l'appel incident. L'appelant ne peut former un appel incident contre l'in cident de l'intimé. Ce nouvel appel est nul, même comme principal, si le premier n'est pas rétracté.

L'appel incident *profite* à tous les co-intéressés auxquels profiterait l'appel principal, si l'intimé avait pris les devants (V. n° 1362 et s.)

1398. Contre qui l'appel incident peut être formé. — Cet appel ne peut être élevé que contre l'appelant principal, non contre un autre intimé. *Ex.* Le prétendu créancier a interjeté appel à la fois contre le débiteur et contre la caution. Celle-ci peut élever appel incident contre le créancier, mais non contre le débiteur. Envers celui-ci, elle ne peut riposter à une attaque qui ne s'est pas produite. C'est elle qui est assaillante. Elle ne peut, si elle le juge nécessaire, qu'interjeter appel principal contre le débiteur.

Mais si un lien d'indivisibilité ou de solidarité unit l'appelant principal à une autre partie, l'appel incident peut aussi être élevé contre cette partie. Il est recevable contre toutes les parties appelées à profiter de l'appel principal.

1399. Formes. — L'appel incident n'est pas formé par exploit signifié à la partie ou à domicile. Il est élevé par acte d'avoué à avoué, ou dans les conclusions verbales prises à la barre : mais dans ce dernier cas, il est prudent de le réitérer par acte d'avoué pour qu'il en reste trace dans la procédure.

L'intimé, qui élève appel incident, n'est pas astreint à consigner une amende.

1400. Délai. — L'appel incident n'est pas soumis au délai de l'appel principal. L'intimé peut incidemment interjeter appel, sans qu'il y ait lieu d'examiner si le jugement lui a été ou ne lui a pas été signifié, si la signification (quand elle a eu lieu) est antérieure ou postérieure à l'appel principal.

L'appel incident peut être formé en tout état de cause, jusqu'à l'arrêt définitif. Il peut l'être, pour la première fois, même devant la Cour d'appel saisie sur renvoi après cassation (1).

(1) Cass., 13 août 1862; Dijon, 18 janvier 1882 (Sir., 1883, 2, 242).

CHAPITRE V

FINS DE NON-RECEVOIR OPPOSABLES A L'APPEL PRINCIPAL OU INCIDENT

SOMMAIRE. — Jugement en dernier ressort. — Appel prématuré. — Appel tardif. — Acquiescement exprès ou tacite.

1401. L'intimé peut opposer à l'appelant principal plusieurs fins de non-recevoir ayant pour but le rejet de l'appel sans examen du fond du litige. Ces fins de non-recevoir peuvent résulter : 1° du caractère du jugement, rendu en dernier ressort ; 2° d'un appel prématuré ; 3° d'un appel tardif, ou 4° d'un acquiescement exprès ou tacite.

JUGEMENT EN DERNIER RESSORT. — Les règles de compétence, quant au premier et dernier ressort, touchant à l'organisation judiciaire, sont d'ordre public. Par suite, les parties n'y peuvent déroger ni expressément, ni tacitement. Par suite aussi, la fin de non-recevoir contre un appel, tirée de ce que le jugement est en dernier ressort, peut être proposée par toute partie, en tout état de cause, ou par le ministère public, — être suppléée d'*office* par le juge d'appel, — être invoquée pour la première fois devant la cour de cassation (1).

1402. APPEL PRÉMATURÉ. — L'intimé peut repousser par une fin de non-recevoir l'appel interjeté contrairement à l'article 449, Pr. civ. Mais la règle, inscrite dans ce texte, n'a d'autre but que de protéger les parties contre un appel irréfléchi. Elle ne touche en rien à l'ordre public. Elle ne peut donc être invoquée que par l'intimé et est couverte, s'il conclut au fond devant le juge d'appel. Nous n'autorisons pas l'appelant à l'invoquer, voulut-il remplacer un acte nul par un acte d'appel valable. Il doit alors prendre la voie du *désistement* d'acte et renouveler son appel après l'expiration du délai.

Le moyen, tiré contre un appel de la disposition de l'article 455 ;

(1) Cass., 7 mars 1866 ; 24 mai 1869 ; 22 juin 1870 (Sir., 1870. 1. 388).

Pr. civ., ne peut être invoqué que par l'intimé. L'intérêt des parties est seul en cause.

Comme le disait M. Rodière, il est plus naturel de supposer chez le plaideur une méprise entre deux dates qu'une irrévérence à l'égard des premiers juges.

Au contraire, la fin de non-recevoir, née de ce que l'appel d'un jugement préparatoire a été interjeté avant le jugement définitif, est considérée, par quelques arrêts, comme d'ordre public et doit en conséquence être proposée par le ministère public ou suppléée d'office par le juge d'appel

1403. Appel tardif. — L'appel doit être interjeté dans les délais légaux, à peine de déchéance (Pr. civ., art. 444). Que l'intimé puisse opposer cette déchéance à l'appelant, cela va de soi. Mais l'irrecevabilité de l'appel tardif est-elle au nombre des règles d'ordre public? La jurisprudence adopte l'affirmative, la déchéance étant édictée afin d'éviter de voir les procès s'éterniser et s'accumuler indéfiniment. Elle admet que cette irrecevabilité doit être prononcée d'office par le juge d'appel. Mais peut-on, après avoir plaidé au fond, attaquer l'arêt d'une Cour d'appel devant la Cour suprême en se basant sur la tardivité de l'appel? La Cour de cassation répond que la déchéance du droit d'appel, résultant de l'expiration du délai légal, ne peut être invoquée pour la première fois devant elle, qu'autant que les juges d'appel ont été mis en mesure, par la production de pièces pouvant établir le point de départ du délai, de déclarer d'office l'appel non recevable. Sinon, ils n'ont pu violer la loi (1).

L'appelant, auquel l'intimé oppose la tardivité de l'appel, peut établir que le délai n'a pas légalement couru contre lui, à raison de la nullité dont est entachée la signification du jugement.

1404. Acquiescement. — L'appel peut être écarté par une fin de non-recevoir tirée de l'acquiescement donné par l'appelant à la sentence du juge inférieur. — L'acquiescement est le consentement donné à l'exécution d'un jugement qu'on pouvait attaquer par une voie de recours. C'est une adhésion expresse ou tacite à la sentence.

L'acquiescement est une convention qui exige le concours des éléments nécessaires à l'existence et à la validité des contrats, tels que

(1) Cass., 11 mars 1867; 9 mars 1881 (Sir., 1884. 1. 21).

consentement libre et formel, capacité, objet certain, etc. — Il peut être pur et simple ou conditionnel.

L'acquiescement constitue presque toujours une convention unilatérale : elle est quelquefois synallagmatique, quand les deux parties renoncent également à attaquer un jugement qui leur fait grief à toutes deux. — L'acquiescement peut être accompagné de réserves qui en limitent la portée. — Ces réserves doivent être précises et expresses ; vagues et générales, elles ne conserveraient le droit d'appel à l'égard d'aucun chef du jugement.

1405. Le consentement de l'acquiesçant doit être libre, spontané, à l'abri du dol, de l'erreur ou de la violence. Ainsi, l'acquiescement est annulable s'il a été donné, expressément ou tacitement, après une signification dans laquelle avait été omise une disposition essentielle du jugement (1).

L'acquiescement, à la différence du désistement, n'exige pas nécessairement l'acceptation de l'autre partie ; à vrai dire, cette acceptation est latente et implicite et le concours de volontés existe : l'acquiesçant, en effet, n'est pas un pollicitant ; il n'offre pas, bien au contraire, il adhère à la demande formée contre lui ; c'est lui qui est acceptant. — Mais si la partie gagnante, ayant succombé sur certains points, attaque le jugement qui lui fait ainsi grief, l'acquiescement donné par le perdant s'évanouit : il n'avait été donné que sous la condition tacite du respect de la sentence par toutes parties.

1406. L'acquiesçant, qui renonce à faire réformer le jugement et triompher le droit qu'il prétendait avoir, aliène en réalité ce droit, dénié par le jugement, dans le cas où il lui appartiendrait réellement. Or ce dernier point ne sera jamais élucidé. Peut-être l'acquiesçant n'a-t-il rien abandonné ; peut-être a-t-il aliéné un droit. Dans le doute, la capacité de disposer du droit litigieux doit être réclamée de l'acquiesçant. En conséquence, toutes les personnes, qui, d'après les règles générales, n'ont pas la libre disposition de leurs droits ou de tels de leurs droits, ne peuvent donner un acquiescement valable. — Les mandataires devront être munis d'un pouvoir spécial.

L'acquiescement est impossible dans les matières touchant à l'ordre public (Cod. civ., art. 6 et 1131), telles que le mariage, la filia-

(1) Cass., 11 nov. 1881 (Sir., 1883. 1. 303).

tion, la minorité, l'interdiction, les matières relatives à l'état des personnes, l'incompétence absolue, etc. (1).

1407. L'acquiescement peut être exprès ou tacite. — *Exprès*, il n'est astreint à aucune forme particulière, peut être donné par écrit authentique ou sous seing privé, verbalement à l'audience. Mais l'huissier, qui signifie le jugement, n'a pas qualité pour constater dans l'exploit de cette signification l'acquiescement donné par la partie perdante. — L'acquiescement *tacite* est plus fréquent que l'acquiescement exprès. — Il découle de tout acte qui implique nécessairement renonciation à l'appel. — La détermination des actes d'où résulte l'acquiescement a donné naissance à un très grand nombre de décisions judiciaires : nous ne pouvons les examiner ; ce serait se perdre dans des questions de détail. Nous dirons seulement que la Cour de cassation se réserve le droit de reviser les sentences décidant que l'acquiescement résulte de tels ou tels faits. En agissant ainsi, elle ne franchit pas les limites de ses attributions ; car elle s'arrête devant les décisions affirmant ou niant chez les parties l'intention d'acquiescer, constatation d'un fait qu'elle ne peut contrôler. Mais si les tribunaux et les Cours d'appel peuvent seuls prononcer sur l'existence matérielle des faits et sur l'intention des parties, la Cour suprême a le pouvoir d'apprécier le caractère juridique et de déterminer les conséquences des faits constatés (2).

L'acquiescement donne à la sentence la force et l'autorité définitive de chose jugée. Cette sentence ne peut plus être attaquée par aucune voie de recours, ni ordinaire, ni extraordinaire. Librement consenti, l'acquiescement est irrévocable.

1408. De la part de l'intimé, l'acquiescement par lui donné au jugement, antérieurement à l'appel principal, ne le rend pas irrecevable à former ensuite appel incident. Son acquiescement n'était que conditionnel. Ce plaideur n'est présumé vouloir se soumettre au jugement qu'autant que son adversaire l'exécutera lui-même. Quand l'une des parties interjette appel principal, l'autre partie est relevée de son acquiescement par le défaut d'accomplissement de la condition à laquelle elle est réputée avoir subordonné cet acquiescement.

Mais l'acquiescement exprès ou tacite, postérieur à l'appel principal, rend l'appel incident non recevable. Le droit à l'appel inci-

(1) Cass., 15 nov. 1881 (Sir., 1882. 1. 167.)
(2) Cas., 6 avril 1881, 13 déc. 1882 (Sir., 1883. 1. 80.)

dent est ouvert; l'intimé y *renonce*, en acquiesçant à la sentence des premiers juges, quoiqu'elle soit déférée à l'appréciation du tribunal supérieur. — Cet acquiescement postérieur résultera-t-il de ce fait que devant le juge d'appel l'intimé a pris, sans faire de réserves, des conclusions tendant à la confirmation pure et simple du jugement? L'appel incident n'est-il pas irrecevable après de semblables conclusions? La question est diversement résolue en jurisprudence. Nous pensons que l'appel incident ne doit pas être écarté par une pareille fin de non-recevoir. Il est de principe que jusqu'à la clôture des débats les plaideurs peuvent (sans changer l'objet du litige) modifier leurs conclusions. Celles-ci ne peuvent donc être considérées comme définitives et par suite ne peuvent être génératrices d'un acquiescement, qui lui serait définitif et irrévocable. L'effet ne peut avoir plus de portée et d'étendue que sa cause. — On évitera toute difficulté en insérant dans les conclusions de l'intimé des réserves expresses (1).

Mais une fin de non-recevoir, opposable à l'appel incident, résulte du fait d'avoir poursuivi, après l'appel principal, l'*éxécution* des condamnations prononcées par le jugement au profit de l'intimé. Il y a alors acquiescement évident (2).

1409. L'appel incident n'est-il pas irrecevable, s'il a été formé après le désistement de l'appelant principal? La question est controversée en jurisprudence.

Nous reproduirons ici la distinction que nous avons proposée sous le n° 1228. Est-on encore dans le délai utile pour interjeter un nouvel appel, le désistement de l'appelant n'est efficace que par l'acceptation de l'intimé. Or, en interjetant appel incident, l'intimé manifeste précisément la volonté de ne pas adhérer au désistement de l'appelant.

(1) Cass., 27 janvier 1863; Orléans, 28 déc. 1867. — *Contra*, Lyon, 10 avril 1866 (D. P., 1868. 2. 68).
(2) Cass., 13 juin 1866 (D. P., 1866. 479).

CHAPITRE VI

DES EFFETS DE L'APPEL INTERJETÉ OU RELEVÉ

SOMMAIRE. — Effet dévolutif. — Son étendue. — Différence entre la dévolution et l'évocation. — Effet suspensif. — *Quid* de l'appel irrégulier ou irrecevable? — *Quid* à l'égard des tiers? — Jugements mal qualifiés. — Exécution provisoire.

1410. L'appel produit deux effets principaux et nécessaires et un effet accessoire et facultatif. — Deux effets principaux : 1° Il investit le tribunal supérieur du pouvoir de connaître des questions de fait ou de droit résolues par les premiers juges. L'appel est *dévolutif;* — 2° L'appel arrête, en principe, l'exécution de la sentence attaquée ; il est *suspensif;* — 3° Sous certaines conditions, l'appel donne au tribunal supérieur le droit d'*évocation ;* c'est l'effet accessoire.

1411. EFFET DÉVOLUTIF. — L'appel est dévolutif, en ce sens qu'à partir du moment où il est interjeté, la connaissance du procès appartient au juge supérieur. Devant lui, sont remises en litige les questions de fait ou de droit, débattues et décidées par le juge inférieur, à l'égard desquelles l'appel a été interjeté. La dévolution au juge d'appel dessaisit immédiatement et complètement le tribunal inférieur. Celui-ci ne peut désormais, sans commettre un excès de pouvoir, rendre aucune décision sur le litige. Ce tribunal ne peut pas davantage apprécier la régularité ou la recevabilité de l'appel. Il ne peut déclarer l'appel nul comme interjeté en dehors des formes prescrites, — l'appel irrecevable comme formé après l'expiration des délais ou par une personne sans qualité, — l'instance d'appel éteinte par l'acquiescement de l'intimé, le désistement de l'appelant, la péremption, etc. Tous ces points ne peuvent être décidés que par le juge supérieur.

L'effet dévolutif est engendré par l'acte d'appel, par lui seul et de plein droit; mais cet effet sera détruit, si la Cour annule l'acte d'appel. Elle cessera d'être saisie.

La dévolution n'est pas absolue et générale ; elle peut être restreinte et partielle. — Son étendue est déterminée par l'acte d'appel, par les termes dans lesquels il est conçu, et l'appréciation de cette étendue appartient au tribunal d'appel seul. — L'acte d'appel est-il formulé en termes généraux pour les torts et griefs que le jugement cause à l'appelant, la dévolution embrasse toutes les dispositions de la sentence attaquée, nuisibles à l'appelant, et attribue à la Cour la connaissance de la cause tout entière. — Au contraire, parmi les divers chefs du jugement de première instance, l'acte d'appel précise-t-il quelques-uns d'entre eux, l'effet dévolutif se restreint aux chefs attaqués. La Cour ne peut statuer et réformer le jugement que sur les chefs critiqués par l'appelant.

Quant à l'intimé, la dévolution ne s'opère à l'égard des dispositions lui causant préjudice, qu'autant que l'intimé s'en plaint lui-même, en élevant appel incident. S'il garde le silence, la Cour ne peut pas infirmer le jugement à son profit (V. n° 1393). (1).

Toute décision par laquelle le juge d'appel statue sur un chef, non attaqué dans l'acte d'appel ou par appel incident de l'intimé, viole tout à la fois l'autorité de la chose jugée acquise par ce chef du jugement et le quasi-contrat judiciaire formé entre les parties (2).

1412. L'effet dévolutif étant circonscrit par les énonciations de l'acte d'appel, nous déciderons que l'appel du jugement *définitif* seul n'emporte pas dévolution à l'égard du jugement *interlocutoire* qui l'a précédé et ne remet pas en question les points décidés par cette première sentence. Pareillement l'appel, dirigé contre un jugement ayant rejeté un *déclinatoire*, ne donne pas à l'appelant le droit de demander à la Cour la réformation d'un second jugement en premier ressort, rendu par défaut sur le fond, non expressément visé par l'acte d'appel. Et si contre ce second jugement l'appel n'est plus possible, par suite de l'expiration des délais, s'il a acquis autorité de chose jugée, l'appelant est sans intérêt pour demander la réformation de la première sentence et l'effet dévolutif se trouve ainsi anéanti *ipso jure*.

Ces précisions établissent combien il est inexact de dire que par l'effet dévolutif *toute la cause* passe au tribunal d'appel.

1413. Ne confondons pas l'effet dévolutif de l'appel, effet néces-

(1) Cass., 18 juillet 1877 ; 31 décembre 1878 ; 22 avril 1879 (Sir., 1879. 1. 14 et 127 — 1881. 201. 8.)

(2) Cass., 18 juillet 1877; 31 déc. 1878 (Sir., 1879. 1. 14 et 127).

saire, avec le *droit d'évocation* que nous retrouverons plus loin; effet accessoire et facultatif engendré par l'appel. — Lorsque le *fond* du procès a été jugé et qu'il y a appel, l'effet dévolutif se produit; mais il n'y a pas place pour l'exercice du droit d'évocation. Ainsi le juge d'appel, qui annule une enquête, puis infirme, par voie de conséquence, le jugement rendu au fond, se trouve saisi du fond par l'effet dévolutif de l'appel, sans qu'il y ait lieu à évocation. Celle-ci n'apparaît et l'art. 473, Pr. civ., n'est applicable que dans l'hypothèse où la Cour est seulement invitée par l'acte d'appel à apprécier un jugement *interlocutoire* ou un jugement définitif rendu sur un *incident*. Le droit d'évocation suppose nécessairement que le jugement est infirmé pour un *motif pris en dehors du fond*. La dévolution ne s'opère qu'à l'égard de l'*incident*, ou de la mesure ordonnée ou rejetée par la sentence interlocutoire. Mais le juge supérieur a alors la faculté d'attirer à lui le débat sur le fond. laissé intact par le jugement que lui défère l'acte d'appel. (V. nos 1437 et suiv.)

1414. EFFET SUSPENSIF. — L'appel, dès qu'il est signifié, arrête ou suspend l'exécution du jugement attaqué. (Pr., civ., art. 457, § 1.) Cette suspension est la conséquence naturelle de la dévolution produite par l'appel. Ne serait-il pas illogique et dangereux de procéder à l'exécution d'une sentence qui peut être réformée et de causer ainsi à l'appelant un tort souvent irréparable?

L'effet suspensif est attaché par la loi à l'acte d'appel et non *au délai*. Dès que le jugement a été signifié et que huit jours se sont écoulés depuis sa prononciation, quoique coure le délai d'appel (deux mois) non encore expiré, l'exécution du jugement peut être poursuivie. Mais cette exécution sera arrêtée, dès que la partie perdante interjettera appel.

Les actes d'exécution, accomplis antérieurement à la signification de l'acte d'appel, seront annulés, si le jugement attaqué est infirmé sur le fond. Ils seront valables et maintenus, si ce jugement est confirmé par le tribunal d'appel. Au contraire, les actes d'exécution, postérieurs à l'appel, sont entachés d'une nullité substantielle. Devant l'appel, l'intimé, la partie gagnante en première instance, devait s'arrêter : c'est l'appel qui est suspensif, et non l'arrêt que suivra cet appel. — Donc, peu importe que le jugement soit infirmé ou soit confirmé sur le fond, si l'appel est déclaré recevable et régulier, les actes d'exécution, postérieurs à l'appel, sont nuls de droit et des dommages-intérêts pourront être réclamés par l'appelant, à raison du préjudice causé par ces actes illégaux et intempestifs.

Faut-il adopter la même solution, si l'appel est rejeté comme irrégulier, tardif ou irrecevable? L'intimé aura-t-il pu impunément mettre le jugement à exécution? — L'opposition n'est suspensive qu'autant qu'elle est régulière, formée dans les délais et avec les formes prescrites. (V. nº 971.) Nous adoptons une solution semblable à l'égard de l'appel, malgré le silence de la loi. L'appel, irrégulier ou irrecevable, n'est pas suspensif. L'intimé, convaincu de cette irrégularité ou irrecevabilité, peut, à ses périls et risques, passer outre et poursuivre l'exécution du jugement rendu en sa faveur. Alors, de deux choses l'une: si l'intimé s'est trompé, si l'appel est déclaré régulier et recevable, les actes d'exécution sont annulés, bien que le jugement soit maintenu quant au fond, et l'intimé peut être condamné à des dommages-intérêts envers l'autre partie. — L'appel est-il déclaré irrégulier ou irrecevable, les actes d'exécutions sont maintenus. — Repousser cette solution, c'est fournir à l'esprit de chicane un moyen commode d'arrêter l'exécution en interjetant un appel en dehors de toutes les règles et à tout moment.

1415. L'appel, régulier et recevable, engendre le même effet suspensif à l'égard des tiers, c'est-à-dire des personnes qui n'ont pas figuré dans l'instance et qui cependant doivent fournir leur concours à l'exécution du jugement. Comment ces tiers sauront-ils qu'ils peuvent, sans encourir aucun risque, se prêter à cette exécution? Comment l'appelant pourra-t-il éviter que ces tiers concourent à une exécution devant lui occasionner un préjudice considérable? Les articles 163, 548 et 549, Pr. civ., résolvent la difficulté. Appliquez à l'appel le système exposé à propos de l'opposition. (V. nº 972.)

1416. La qualification d'un jugement est indifférente quand il ne s'agit que d'apprécier l'admissibilité de l'appel; mais elle est importante quant à l'effet engendré par l'appel interjeté. — Un jugement, que le tribunal ne pouvait rendre qu'en premier ressort, a été par lui qualifié *en dernier ressort*. Cette qualification est, jusqu'à preuve contraire, présumée conforme à la loi. Le jugement auquel elle s'applique est donc exécutoire, nonobstant l'appel interjeté. Pour empêcher ou arrêter cette exécution, l'appelant se-

pourvoira devant le tribunal d'appel à l'effet d'obtenir des défenses à l'exécution. (Pr. civ., art. 457, § 2.) Il procédera comme il sera dit plus loin à propos de l'exécution provisoire.

Le jugement n'a pas été qualifié, ou a été qualifié en *premier ressort* alors qu'il était réellement rendu en dernier ressort. L'appel est alors suspensif ; mais l'intimé peut faire cesser cette suspension et faire ordonner l'exécution par la Cour à l'audience, sur un simple avenir donné par son avoué à l'avoué de l'appelant. Mais dans ce cas, si l'intimé prouve que le jugement a été rendu en dernier ressort, la Cour ne doit pas se borner à prescrire l'exécution du jugement ; elle doit purement et simplement rejeter l'appel comme irrecevable. (Pr. civ., art. 457, § 3.) — L'article 457 parle d'exécution *provisoire :* erreur de rédaction ; il s'agit de l'exécution *définitive.*

1417. Exceptionnellement l'appel n'est plus suspensif, lorsque le jugement a été déclaré ou est *exécutoire par provision,* conformément aux articles 135 et 439, Pr. civ., et 11 de la loi du 25 mai 1838. (V. n°s 800 et suiv. 1276.)

Mais une double hypothèse peut se produire, à propos de l'exécution provisoire. — A. Les juges du premier degré ont omis de déclarer leur jugement exécutoire par provision, alors que cette exécution provisoire était ordonnée ou permise par la loi. La partie qui souffre de cette erreur, l'*intimé,* peut en obtenir la réparation dès le début de l'instance d'appel. Elle ne s'adressera pas aux premiers juges qui sont dessaisis de la cause et par suite incompétents, mais au tribunal d'appel. L'intimé s'empressera de constituer avoué ; puis, par acte d'avoué à avoué, il demandera au juge supérieur de l'autoriser à poursuivre, sans attendre l'arrêt définitif à intervenir, l'exécution provisoire du jugement. (Pr. civ., art. 136 et 458.)

B. A l'inverse, les juges de première instance ont ordonné l'exécution provisoire hors des cas prévus par la loi, au détriment de l'appelant, par conséquent. Celui-ci peut s'adresser au tribunal supérieur, à l'effet d'obtenir des défenses à l'exécution du jugement dont il demande la réformation. Si l'intimé n'a pas encore constitué avoué quand l'appelant se pourvoit, la demande en sursis d'exécution doit être formée par *assignation,* personnellement adressée à l'intimé. Celui-ci a-t-il déjà notifié la constitution de son avoué, la demande en sursis de l'appelant est alors formée par acte d'avoué à avoué. L'assignation est donnée à bref délai, en vertu d'une ordonnance rendue par le premier président de la Cour ou par le président du tribunal d'appel. — Le sursis ne peut être accordé que par le tribunal lui-même. (Pr. civ., art. 459.) Les défenses à l'exécution provisoire ne peuvent être demandées devant le tribunal supérieur, qu'autant qu'il est saisi du fond par un appel valable. Pour obtenir ces défenses, la partie condamnée doit donc interjeter appel. En terminant l'article 459, Pr. civ., par les mots *sans qu'il puisse en* (des défenses) *être accordé sur requête non communiquée*, le législateur a voulu réprimer un abus assez fréquent dans l'ancien droit. L'adversaire doit être provoqué à discuter la demande de sursis d'exécution présentée par l'appelant.

L'ordonnance de 1667, titre XVII, article 16, défendait aux Cours supérieures d'accorder des arrêts de défenses, quand l'exécution provisoire avait été prononcée conformément à la loi. Cette règle n'était pas respectée par les parlements. Elle est reproduite par les articles 460, Pr. civ., et 647, Code comm. La sanction de la règle prohibitive consiste dans la *nullité* de l'arrêt : concluons-en que le créancier pourrait passer outre à l'exécution du jugement, sans attendre que l'arrêt eût été cassé par la Cour suprême. Nous pensons que le pouvoir accordé par la disposition finale de l'article 647 Code com. peut être exercé par les Cours à l'égard des jugements des tribunaux civils, quand l'urgence est démontrée.

CHAPITRE VII

PROCÉDURE ET INSTRUCTION SUR L'APPEL

(LIV. III, TIT. I, ART. 461. A 466-470.)

SOMMAIRE. — § 1er. Procédure. — § 2. Conclusions prises devant le juge d'appel. Interdiction des demandes nouvelles. — Autorisation de moyens nouveaux. — Demande nouvelle par le changement d'objet, d'adversaire, de qualité ou de cause. — Distinction de la cause et des moyens. — Titres nouveaux. — Preuves nouvelles. — Exceptions à la règle prohibitive des demandes nouvelles. — Sanction de cette règle. — § 3. Péremption de l'instance d'appel.

1418. En principe toutes les règles de procédure suivies devant les tribunaux civils d'arrondissement doivent être observées devant les juges d'appel, sauf quelques légères dérogations. (Pr. civ., art. 470.)

Distinguons si l'affaire est *ordinaire* ou *sommaire*.

MATIÈRE ORDINAIRE. — L'intimé doit constituer avoué dans la huitaine de la signification de l'acte d'appel.

Dans la huitaine de la constitution d'avoué par l'intimé, l'appelant signifie ses griefs dans une enquête grossoyée. En première instance, au contraire, c'est le défendeur qui commence. (Pr. civ., art. 462. — Tarif, art. 72 et 147.)

Dans la huitaine suivante, l'intimé signifie aussi par requête grossoyée ses réponses aux griefs de l'appelant. (Pr. civ., art. 462.)

Les significations des griefs et des réponses sont valables quoique faites après l'expiration des délais ; ceux-ci n'entraînent pas déchéance ; mais ces significations pourront être rejetées de la taxe comme tardives. — Ces significations sont purement *facultatives* : les parties sont libres de s'en dispenser.

Lorsque les requêtes ont été respectivement signifiées, ou que les délais accordés pour ces significations sont expirés, la partie la plus diligente poursuit l'audience sur un simple avenir. (Pr. civ., art. 462.)

L'intimé, qui n'a pas constitué avoué dans le délai de huitaine, n'encourt pas de déchéance et peut plus tard faire et signifier cette constitution. Mais l'appelant ne lui signifie point de griefs et peut poursuivre l'audience sur un simple acte. (Pr. civ., art. 463.)

Si, plus tard, l'intimé se pourvoit par opposition contre l'arrêt de défaut, l'appelant a le droit de signifier requête en réponse contenant l'indication de ses griefs contre le jugement.

La décision des premiers juges est présumée avoir simplifié le procès. Aussi tout appel, même de jugement rendu après instruction par écrit, doit-il être porté à l'audience, sauf à la Cour à ordonner, s'il y a lieu, l'instruction par écrit, après que l'affaire a été oralement exposée. La Cour pourrait même ordonner l'instruction par écrit, quoique elle n'eût pas été employée en première instance. (Pr. civ., art. 461.)

1419. MATIÈRE SOMMAIRE. — L'appelant ne signifie pas de griefs, après la constitution d'avoué faite par l'intimé. L'appel est porté à l'audience sur un simple avenir, sans autre procédure. L'instruction a lieu oralement, sans aucunes écritures. — La procédure en appel est en harmonie avec celle qui est suivie en première instance. (Pr. civ., art. 463. — Cod. comm., art. 648.)

Mais que la matière soit ordinaire ou sommaire, l'appelant doit toujours produire devant la Cour l'expédition de la sentence dont il réclame l'infirmation. A défaut de cette production, l'appel doit être déclaré irrecevable.

L'arrêt de la Cour ou le jugement du tribunal d'appel peut être rendu contradictoirement ou par défaut. — L'intimé peut faire défaut faute de comparaître ou défaut faute de conclure. Appliquez ici les les règles ordinaires tant sur la signification de ces jugements, que sur les délais, les formes et les effets de l'opposition dirigée contre eux. (Pr. civ., art. 480. — V. n°s 940 à 975.)

§ 2. *Conclusions prises devant le juge d'appel.*

1420. Le tribunal d'appel ne peut prononcer que sur les conclusions lues à la barre et prises à l'audience. Les moyens, invoqués dans les requêtes et les actes de la procédure, doivent être reproduits dans les conclusions pour être considérés comme soumis à l'appréciation des juges.

Comme en première instance, les parties peuvent modifier leurs conclusions, tant que les débats ne sont pas clos. (V. n° 809.) Cette liberté paraît, à première vue, restreinte par un brocard souvent cité au Palais : *En appel, on doit conclure à toutes fins.* Quel est le véritable sens de cette maxime? Signifie-t-elle que devant le juge d'appel, il est impossible de prendre des conclusions relatives à une exception ou à une fin de non-recevoir, sans être censé avoir conclu sur le fond même du procès, la décision sur le fond étant nécessairement réputée contradictoire? — Assurément non. Pareille signification est inadmissible, heurte le sens commun et est contraire à l'article 470., Pr. civ., déclarant applicables à la procédure d'appel toutes les règles de la procédure de première instance sauf dérogation expresse. Incontestablement, en appel une partie, après avoir conclu sur un déclinatoire, une exception dilatoire ou une fin de non-recevoir, peut faire défaut sur le fond et se réserver la voie de l'opposition.

La maxime citée a une toute autre signification. Elle traduit, assez mal du reste, le principe que les appels successifs sont interdits, tant à l'appelant qu'à l'intimé. L'appelant doit produire tous ses griefs contre le jugement avant que le juge d'appel ne statue. Sinon, l'appel une fois vidé, la partie ne peut plus attaquer de rechef le jugement, quoique le délai utile ne soit pas encore expiré.

De même, l'intimé doit attaquer par son appel incident les chefs de la sentence qui lui sont défavorables. Il ne pourra pas, fût-il encore dans les délais, revenir plus tard par voie d'appel principal devant le tribunal supérieur.

1421. La liberté, laissée aux parties relativement à la rédaction de leurs conclusions, ne saurait être absolue et indéfinie. Elle est nécessairement et logiquement limitée par la règle fort rationnelle, écrite dans l'article 464, Pr. civ.: *Il ne sera formé en cause d'appel, aucune nouvelle demande.* Prohibition toute naturelle. L'appel est une attaque dirigée contre un jugement à raison de son injustice. Chargés de remédier à cette injustice, les juges d'appel doivent se borner à examiner si le tribunal de première instance a bien ou mal jugé. Mais ce dernier tribunal n'a pu prononcer que sur les demandes dont il avait été saisi. Le bien ou mal jugé ne peut exister qu'à l'égard de ces mêmes demandes, et le juge d'appel n'a le pouvoir d'infirmer ou de confirmer la sentence des premiers juges que relativement aux demandes qui leur ont été soumises. — L'identité de la demande en appel et en première instance est donc, *en principe*, une condition *sine qua non* de la recevabilité des conclusions respectives de l'appelant et de l'intimé. — Ajoutons qu'en tolérant en appel la production de demandes nouvelles, la loi eût donné aux plaideurs le moyen de s'affranchir, quant à ces demandes, du préliminaire de conciliation et du premier degré de juridiction.

Déterminons avec soin la portée du principe posé par l'article 464, Pr. civ. Évitons de confondre ensemble les demandes nouvelles et les moyens nouveaux. La loi ne prohibe que les *demandes nouvelles*, par la raison qu'à l'égard de ces demandes, il n'y a rien à corriger, rien à réparer. Mais en ce qui concerne les *moyens*, invoqués à l'appui ou à l'encontre des demandes qui ont donné lieu au jugement attaqué, les parties ont pu commettre des erreurs ou des omissions. Pourquoi leur interdire de les réparer et de justifier plus exactement devant le juge d'appel que devant le tribunal du premier degré, la demande identique dont sont successivement saisies l'une et l'autre juridiction ? Pourquoi, puisque le juge d'appel est appelé à corriger les erreurs des premiers juges, ne pas autoriser les parties à réparer elles-mêmes les fautes qui ont occasionné ces erreurs ? Pourquoi défendre aux plaideurs de produire les moyens réellement justificatifs de leurs prétentions, moyens qui, s'ils eussent été soumis aux premiers juges, leur auraient probablement inspiré une tout autre sentence ? — Donc, s'il est logique de repousser en appel les *demandes nouvelles*, la logique exige au contraire l'admission des *moyens nouveaux*. Ces moyens n'apportent aucune modification au dispositif des conclusions prises en première instance. Ils les justifient autrement. Le procès conserve son identité. — Mais nous verrons plus loin que les moyens nouveaux doivent, au contraire et logiquement aussi, être écartés devant la Cour de cassation.

Si nous établissons ainsi, en thèse générale, une démarcation tranchée entre les demandes nouvelles et les moyens nouveaux, en fait, dans telle ou telle hypothèse donnée, la distinction sera souvent délicate à établir.

Quand y aura-t-il demande nouvelle? Quand moyen nouveau seulement ? Quelles sont les exceptions apportées à la règle prohibitive des demandes nouvelles? Quelle est la sanction de cette règle ?

1422. Indiquons les cas dans lesquels une demande est incontestablement nouvelle : nous verrons ensuite comment, dans les cas douteux, se distingue une demande nouvelle d'un moyen nouveau. Remarquons du reste que cette matière a la plus grande affinité avec celle de l'autorité de la chose jugée. Les explications fournies par les commentateurs du Code civil sur l'article 1351 éclairent d'un jour lumineux la disposition de l'article 464, Pr. civ. Lorsqu'à l'occasion d'une nouvelle demande un jugement antérieur est invoqué, l'identité du litige, d'où découle l'autorité de la chose jugée, résulte du concours simultané de plusieurs éléments, de plusieurs identités. Ces mêmes éléments devront coexister, pour que la prétention portée devant le juge d'appel soit identiquement la demande dont ont été saisis les premiers juges. Toute demande, dans laquelle le concours de ces divers éléments ne se rencontrera pas, constituera une demande nouvelle.

Une demande est nouvelle, c'est-à-dire n'est pas la même que celle dont ont été saisis les premiers juges, dans cinq hypothèses types :

1° Cette demande diffère de la demande originaire par son *objet ;* 2° Elle ajoute à la demande primitive autre chose que les *accessoires* échus depuis la demande ; 3° L'appelant conclut contre une *partie autre* que celle qui a figuré en première instance ; 4° Le demandeur agit en appel en une *autre qualité* que celle qu'il avait en première instance ; 5° La demande portée devant le juge d'appel diffère par sa *cause* de la demande originaire.

Quelques mots sur chacun de ces cas.

1423. A. Une demande, ayant un autre objet que celui de la demande primitive, est évidemment une demande nouvelle. — *Exemples :* Paul a réclamé en première instance le libre exercice d'une servitude de passage, la prétendant établie par titre : en appel, il prétend avoir droit à la servitude légale d'enclave. — Il a prétendu que tel mur était mitoyen : il se dit, en appel, unique et exclusif propriétaire. — Paul a voulu faire donner à Pierre un conseil judiciaire pour cause de prodigalité : en appel, il demande l'interdiction de Pierre pour cause de démence. — Paul a demandé à plusieurs débiteurs conjoints leurs parts et portions dans la dette commune : en appel, il réclame contre chacun d'eux une condamnation solidaire. — La nullité d'une société commerciale a été demandée aux premiers juges : en appel, on sollicite la dissolution de la même société, etc.

1424. B. Une demande est encore nouvelle, et à raison d'une modification, qui en réalité, sinon en apparence, entraîne au fond changement d'objet, quand elle ajoute au *principal* de la demande originaire autre chose que des intérêts ou *accessoires* échus depuis l'introduction du litige. — *Exemples :* En première instance, l'un des cohéritiers a demandé le fractionnement des biens d'une succession en douze lots : en appel, il réclame le partage en six lots. Le principal de sa demande est changé et par suite l'objet. — Paul a réclamé contre Pierre, son voisin, un droit de passage avec largeur déterminée : en appel, il conclut à la reconnaissance du même droit de passage et à la confection de travaux d'égout.

1425. Au contraire, ne seront pas classées parmi les demandes nouvelles : 1° Ni celle qui viendra restreindre la demande primitive. — *Exemples :* Au lieu de demander condamnation au payement d'une somme d'argent déterminée, on réclame la reddition du compte ayant existé entre parties. — Le vendeur, qui a conclu en première instance à la résolution de la vente pour défaut de payement du prix, se contente en appel de réclamer ce prix. Sa prétention actuelle était implicitement comprise dans sa première demande et est moins étendue. — 2° Ni la demande virtuellement contenue dans la prétention originaire. — *Exemple :* Une femme qui plaide en séparation de corps peut, en appel, demander une provision qu'elle n'a pas réclamée en première instance. — 3° Ni la demande qui ne porte que sur des accessoires échus depuis l'introduction de l'instance, comme les intérêts courus ou les fruits perçus depuis le jugement, des dommages-intérêts pour préjudice causé postérieurement à la sentence des premiers juges. On ne pouvait les demander en première instance, puisque le droit de les obtenir n'était pas encore né. (P. civ., art. 464.) — 4° N'est pas nouvelle, par son objet, la demande qui n'est qu'une suite et qu'une conséquence de l'originaire. — *Exemples :* A une demande en partage d'hérédité, un cohéritier joint en appel une demande de rapport à succession contre son cohéritier, donataire du défunt. Il demande que le partage comprenne certains biens, sommes et valeurs non réclamés en première instance et de nature à modifier la composition de la masse partageable. A pareille demande en partage, un cohéritier joint une demande en nullité de la vente simulée, consentie par le défunt à son cohéritier. — Tout en revendiquant la propriété d'une dénomination industrielle et en persistant à demander la modification de l'enseigne d'un hôtel, l'appelant conclut, en outre, à la disparition de son chiffre ou de son nom des objets affectés au service de l'hôtel.

1426. C. Une demande est nouvelle, quand la partie se présente en appel en une autre qualité que celle qu'elle avait devant les premiers juges. — *Exemple :* En première instance, Pierre a plaidé en qualité de légataire universel de Jacques : en appel, il conclut en qualité d'héritier *ab intestat.*

1427. D. L'appel ne pouvant être dirigé que contre une personne ayant figuré au procès en première instance, c'est intenter une demande nouvelle que d'appeler contre une personne étrangère aux premiers débats, ou de l'intimer en une qualité autre que celle par elle prise en première instance. — *Exemples :* En matière indivisible et solidaire, les débiteurs, qui n'ont pas été assignés en première instance, ne peuvent être intimés en appel par le créancier. Celui qui a été assigné en première instance comme débiteur personnel, ne peut être condamné, en appel, comme héritier du débiteur primitif. — Une demande en garantie ne peut être formée pour la première fois en cause d'appel : le garant ne peut être privé, malgré lui, du premier degré de juridiction. Ainsi, on n'est pas admis à prendre pour la première fois en appel des conclusions à fin de responsabilité, contre le notaire rédacteur de l'acte écrit litigieux.

1428. E. Une demande est nouvelle, lorsqu'en appel elle diffère par sa cause de la demande primitive. Mais l'appelant et l'intimé peuvent, tous deux, faire valoir des moyens nouveaux, produire des titres nouveaux et offrir de nouvelles preuves. — La *cause* est le fait juridique qui forme le fondement direct et immédiat du droit ou du bénéfice légal, que l'une des parties fait valoir par voie d'action, de défense ou d'exception. Les *moyens* sont les éléments qui concourent à constituer ce fait ou servent à en justifier l'existence. — En appel, la demande doit être identique, par sa cause, à la prétention soumise aux premiers juges; les moyens peuvent être différents. La diversité des moyens n'entraîne pas la diversité de causes. — C'est l'idée qu'exprimait le jurisconsulte Neratius, dans la L. 27, D. *de except. rei judicatæ*, lorsqu'il exigeait l'identité de la *causa proxima actionis*. Les *causæ remotæ*, les moyens, les éléments qui, soit séparément, soit par leur concours, constituent la *causa proxima*, peuvent varier; celle-ci reste-t-elle la même, la demande formée en appel n'est pas nouvelle, quoique autrement justifiée. — *Exemples :* Pierre a demandé la nullité d'une convention entachée d'*erreur;* l'annulation du contrat forme l'*objet* de la demande; l'absence de consentement valable, voilà la cause, la *causa proxima actionis*; l'erreur n'est qu'un moyen, un élément constituant la non-intégralité du consentement, tout comme la violence ou le dol, une *causa remota*. Le demandeur pourra donc en appel invoquer la violence ou le dol, au lieu de l'erreur. — La cause de sa demande, l'*absence de consentement valable*, ne sera pas changée; l'objet sera aussi le même. Seul, le moyen, qui justifie la cause alléguée, aura été changé. — Paul a demandé la nullité d'un testament pour irrégularité de formes, résultant de la mention insuffisante de la lecture: la nullité du testament est l'*objet* de sa demande; — l'irrégularité des formes en est la *causa proxima;* l'insuffisance de mention la *causa remota*, le moyen: en appel, il peut invoquer le défaut de signature; car, si le moyen a changé, la cause de la demande est toujours dans l'irrégularité de la forme. — Au contraire, en première instance, Paul a demandé la nullité d'une donation pour simulation, la nullité d'un contrat pour vice de consentement, celle d'un legs pour cause de captation, d'une société pour vice de formes: il ne pourra pas, en appel, demander la révocation de la donation pour cause de survenance d'enfant ou pour ingratitude, la rescision ou l'annulation du contrat pour cause de lésion ou d'incapacité, la nullité du legs pour interposition de personne, celle de la société pour fraude des fondateurs

— Il n'y a plus identité de cause entre les premières et les dernières prétentions. Celles-ci constituent des demandes nouvelles atteintes par l'article 464, Pr. civ.

Mais si des moyens nouveaux peuvent être allégués en appel, à plus forte raison peut-on produire des *titres nouveaux*. Ils ne fournissent eux-mêmes que la justification de la cause ou des moyens invoqués.

Une *preuve nouvelle* ne vient que corroborer la prétention originaire : elle ne la modifie pas. Une preuve nouvelle est donc recevable en appel. — *Exemple :* Un billet sous seing privé a été présenté, en première instance, comme formant preuve complète de l'obligation alléguée, bien qu'il ne contînt pas le *bon ou approuvé* exigé par l'article 1326, Cod. civ. — En appel, ce billet pourra être présenté comme fournissant un commencement de preuve par écrit.

1429. La règle prohibitive des demandes nouvelles, formées en cause d'appel, comporte plusieurs exceptions justifiées par le désir d'unifier et de simplifier le litige, d'éviter un nouveau procès.

Première exception. — Une demande nouvelle est permise, lorsqu'elle est une *défense* contre l'action principale, quand elle a pour but essentiel et direct de détruire la demande originaire. — *Exemple :* Actionné en vue d'obtenir l'exécution d'un contrat, Paul a opposé au demandeur la nullité du contrat, basée sur le vice du consentement résultant de la *violence*. Il a succombé. En appel, il pourra soutenir, non seulement que le contrat est annulable pour cause d'*erreur*, il ne ferait alors qu'invoquer un moyen nouveau, mais demander la nullité du contrat pour cause d'*incapacité*. Il introduit une demande nouvelle ; mais elle est recevable, parce qu'elle a pour but de faire anéantir et tomber la demande originaire : elle sert de *défense*. (Pr. civ., art. 464.) — Le défendeur est mieux traité que le demandeur : les défenses, à quelque source qu'on les puise, ont toutes un but commun, l'anéantissement du litige tel que l'a ouvert la demande originaire laissée sur le même terrain. Elles ne peuvent qu'être vues d'un œil favorable. Au contraire, quand le demandeur primitif forme en appel une demande nouvelle, il déplace le litige primitif ; bien mieux, il le fait disparaître, et il lui en substitue un autre, différent et distinct, qui n'a pas subi l'épreuve du premier degré de juridiction.

1430. 2e Exception. — Une demande en *compensation* peut être formée pour la première fois en appel. (Pr. civ., art. 464). A première vue, cette exception paraît se confondre avec la précédente :

la compensation ne sert-elle pas de défense à l'action principale? — Oui, si la demande en compensation présentée par le défendeur n'a d'autre but que de lui épargner une condamnation, cette demande est comprise dans les termes de la première exception. — Mais si le défendeur invoque en compensation une créance de valeur supérieure à celle de la demande originaire, l'admission de cette prétention entraînera non seulement l'acquittement du défendeur, mais encore la condamnation du demandeur originaire au prorata de l'excédent de la créance du défendeur sur la sienne. Quant à cet excédent, la demande du défendeur ne sert plus de défense à l'action primitive. Elle n'est donc pas admissible en vertu de la première exception. La deuxième la rend recevable. — Diviser la demande de l'intimé, en laisser une partie soumise au juge d'appel, faire décider l'autre, la portion constituant l'excédent, par le juge de première instance, aurait engendré les plus graves inconvénients. Ce fractionnement aurait accru les frais et occasionné des lenteurs. L'arrêt de la Cour aurait constitué un préjugé imposé aux juges de première instance et leur aurait enlevé toute liberté d'appréciation et de jugement : ou bien, ce tribunal aurait statué contrairement à l'opinion de la Cour et aurait ainsi, juge inférieur, censuré en quelque sorte l'arrêt rendu par le juge supérieur ; deux décisions contradictoires auraient existé sur le même litige. A tous points de vue donc, la division et le renvoi étaient inutiles ou dangereux. (Pr. civ., art. 464.)

1431. 3e Exception. — Une demande en *intervention* est évidemment une demande nouvelle. En principe donc, les demandes en intervention sont interdites en appel. L'article 466, Pr. civ., autorise exceptionnellement les interventions de ceux qui, s'ils n'intervenaient pas, auraient le droit d'attaquer par la voie de la tierce-opposition l'arrêt ou le jugement à intervenir. L'intervention est recevable par cela seul que l'arrêt futur serait de nature, en cas de confirmation du jugement, à former un préjugé contraire aux prétentions de l'intervenant (1).

Peut-on introduire dans l'instance d'appel, par voie d'intervention forcée (V. n° 1185), la personne qui pourrait former tierce-opposition contre l'arrêt à rendre et qui n'intervient pas spontanément? La question est controversée. La Cour de cassation adopte l'affirmative (2).

(1) Cass., 5 janvier 1880 (Sir., 1880. 1. 174).
(2) Cass., 1er août 1859; 5 novembre 1877 (Sir., 1878. 1. 147

1432. Les nouvelles demandes et les exceptions du défendeur ne peuvent être formées que par de simples actes de conclusions motivées. — Il en est de même lorsque les parties veulent changer ou modifier leurs conclusions. — Toute pièce d'écriture, qui ne sera que la répétition des moyens ou exceptions déjà employés par écrit, soit en première instance, soit sur l'appel, ne passera point en taxe. — Si la même pièce contient à la fois et de nouveaux moyens ou exceptions, et la répétition des anciens, le juge n'allouera en taxe que la partie relative aux nouveaux moyens ou exceptions. (Pr. civ., art. 465.)

1433. Quelle *sanction* la loi apporte-t-elle à la défense de produire en appel des demandes nouvelles ? — L'article 464, Pr. civ. fournit au défendeur une fin de non-recevoir, opposable à toute demande nouvelle de l'adversaire. Cette fin de non-recevoir, par laquelle le défendeur invite le juge d'appel à déclarer irrecevable en l'état, la prétention nouvelle du demandeur, doit être formulée dans un acte de conclusions motivées, signifié d'avoué à avoué. — Mais la règle de l'article 464, Pr. civ., n'est pas d'ordre public. Le juge d'appel n'est pas tenu de rejeter d'office la demande nouvelle. Le silence gardé par le défendeur autorise ce juge à statuer, mais seulement s'il le veut ; car le tribunal d'appel n'est pas lié par la prorogation de juridiction consentie par les deux plaideurs. Il peut se dessaisir de la demande nouvelle et renvoyer de ce chef les parties devant qui de droit. — La fin de non-recevoir, opposable à une demande nouvelle, ne peut être invoquée pour la première fois devant la Cour de cassation. Elle ne peut être soulevée devant la Cour, que si le juge d'appel a refusé d'accueillir la fin de non-recevoir opposée devant lui (1).

§ 3. — *Péremption de l'instance d'appel.*

1434. La péremption de l'instance d'appel est soumise aux règles ordinaires de la péremption de l'instance pendante devant le premier degré de juridiction, quant aux personnes, au délai, aux fins de non-recevoir et aux formes de la demande. (V. n°s 1231 à 1250.)

Elle en diffère quant à l'effet. En première instance, la péremp-

(1) Cass., 22 mars 1875 ; 15 juin 1875 ; 20 mai 1878 (Sir., 1878. 1. 461).

ption n'anéantit que le procès actuel. L'action subsiste, à moins qu'elle ne se trouve éteinte par la prescription, réputée non interrompue. En appel, l'effet est différent et plus grave. Non seulement, la péremption anéantit l'instance, et par suite l'appel interjeté, mais elle enlève et détruit pour l'avenir le droit d'interjeter de rechef appel contre le jugement. On ne peut plus renouveler l'appel, fût-on encore dans le délai utile, le jugement n'ayant pas été signifié. La loi ne distingue pas. Sa disposition est absolue. Le jugement acquiert force de chose jugée dans toutes les hypothèses. (Pr. civ., art. 469.)

1435. La jurisprudence admet une deuxième différence. Quand la péremption a lieu en première instance, l'ajournement est anéanti. Il est censé n'avoir pas interrompu la prescription. Celle-ci a pu s'accomplir pendant la durée du litige périmé, et *par ricochet*, l'action est éteinte, le droit a disparu. — Logiquement, il faut admettre que la péremption de l'instance d'appel a laissé courir contre le jugement la prescription de trente ans. L'intimé, qui a obtenu la péremption, ne doit plus pouvoir mettre à exécution le jugement, si plus de trente années se sont écoulées depuis son obtention. — La Cour de cassation repousse cette conséquence. Elle décide que l'effet suspensif d'exécution, produit par l'acte d'appel, n'est pas anéanti par la péremption. Cet effet subsiste, malgré que l'acte d'appel ait *juridiquement* disparu. D'après la Cour, l'intimé ne pouvait interrompre la prescription de trente ans, parce que, l'appel étant suspensif, il ne pouvait procéder à l'exécution du jugement. Elle invoque la prétendue règle : *contra non valentem agere non currit præscriptio*. Comme il serait surprenant de voir la péremption demandée par l'intimé se retourner contre lui et anéantir en ses mains le jugement, la Cour pense que la prescription de trente ans ne courra qu'à partir de l'arrêt admettant la péremption (1).

Ces raisons ne sont pas satifaisantes. En maintenant, malgré la péremption de l'acte d'appel, l'effet suspensif d'exécution produit par cet acte, la Cour refait la loi et viole, formellement à nos yeux, l'article 401, Pr. civ. Nulle partie ne peut se prévaloir d'aucun acte de la procédure éteinte, pas plus de l'acte d'appel que des autres. Les choses doivent se passer comme s'il n'avait jamais eu lieu. Quant à l'intimé, il n'est digne d'aucune faveur. Il pouvait, avant l'expiration

(1) Cass., 15 juillet 1839 et 26 mai 1856 (Sir. 1857. 1. 820).

des trente années, ou demander la péremption et mettre le jugement à exécution, ou poursuivre l'instance d'appel et obtenir arrêt d'infirmation. Inexact de dire qu'il ne pouvait agir. Dans notre système de procédure, chacune des parties peut poursuivre jugement ou arrêt, malgré l'inertie de l'adversaire. Que l'ex-intimé ne s'en prenne qu'à lui-même, s'il ne peut, après plus de trente ans, mettre à exécution le jugement prononcé en sa faveur.

CHAPITRE VIII

JUGEMENT DE L'APPEL

SOMMAIRE. — § 1er Office du tribunal d'appel. — § 2. Droit d'évocation : cinq conditions requises pour la régularité d'évocation. — § 3. Exécution de la sentence attaquée ou de l'arrêt infirmatif.

§ 1er. *Office du tribunal d'appel.*

1436. Le tribunal d'appel doit, en premier lieu, examiner s'il est régulièrement saisi et statuer sur la validité et sur la recevabilité de l'appel. Sur la demande de l'intimé, il vérifie si l'appel n'est pas *nul* comme formé en dehors des formes prescrites, ou *irrecevable* comme tardif, prématuré, interjeté après acquiescement ou par un appelant sans qualité.

Si le tribunal d'appel constate et reconnaît la *nullité* ou l'*irrecevabilité* de l'appel, il le déclare, *démet* l'appelant, le condamne à l'amende et aux dépens et borne là sa décision.

L'appel est-il reconnu régulier en la forme et recevable, le tribunal reçoit l'appel et a alors le devoir d'examiner si cet appel est bien fondé, si l'attaque dirigée contre le jugement est justifiée.

La cour reconnaît-elle que le jugement rendu en première instance est *régulier* en la forme et *juste* au fond, elle *confirme* purement et simplement la décision des premiers juges, soit avec adoption des motifs de ce jugement, soit avec addition ou substitution de nouveaux motifs plus exacts et plus justificatifs.

Le jugement est-il *régulier* en la forme, mais *injuste* au fond, la

Cour l'*infirme* et lui substitue, en les motivant, d'autres dispositions. Rappelons-nous qu'un jugement ne peut être infirmé au bénéfice de parties n'ayant pas interjeté appel et ne figurant devant la Cour qu'en qualité d'intimées (1).

Le jugement est à la fois *irrégulier* en la forme et injuste au fond : la cour l'*annule* et statue par une sentence nouvelle.

Irrégulier en la forme, mais *juste* au fond, le jugement est encore *annulé;* mais la Cour s'en approprie les dispositions et les reproduit dans sa propre décision.

Dans tous ces cas, la partie qui succombe est condamnée aux dépens tant de première instance que d'appel. (Pr. civ., art. 130.) — Si le jugement est confirmé sur certains chefs et infirmé sur d'autres, les dépens peuvent être compensés en tout ou en partie. — La matière des dépens est au surplus gouvernée, en appel, par les règles déjà exposées à propos des jugements. (V. n°s 874 et suiv.)

L'appelant dont l'appel est rejeté est condamné à l'amende. (Pr. civ., art. 471.) Mais encourt-il la peine de *fol appel,* si le jugement a été infirmé sur quelques-uns des chefs par lui attaqués ? La Cour de cassation répond affirmativement. Nous ne pouvons adopter cette solution : l'appel n'était pas *fol,* injustement interjeté, puisque le jugement a été partiellement réformé.

§ 2. — *Droit d'évocation.*

1437. Quand le juge d'appel confirme la sentence du juge inférieur, il *doit* renvoyer les parties devant ce tribunal pour la continuation du procès, lorsque le jugement attaqué et confirmé n'avait pas statué sur le fond du litige. — Au contraire, le jugement, interlocutoire ou définitif sur un incident, est-il infirmé, le tribunal supérieur *peut* évoquer le fond du procès, retenir la cause entière et statuer sur le litige. Il exerce alors le droit facultatif ci-dessus mentionné, le droit d'évocation. (Pr. civ., art. 473.) Ce droit constitue une dérogation à la règle du double degré de juridiction. Le fond du procès ne sera examiné et jugé qu'une seule fois. Il n'aura été soumis qu'à une seule juridiction, la juridiction supérieure. Il aura franchi le premier degré et ne l'aura pas subi. Cette dérogation, facultative du reste, a été admise par la loi dans le but d'éviter aux

(1) Cass., 24 mars 1880 (Sir., 1883. 1. 461).

plaideurs des frais considérables et des lenteurs inutiles. Pourquoi revenir devant les premiers juges pour retourner ensuite devant le tribunal d'appel, une fois le jugement sur le fond rendu ? — Mais pareille dérogation à une règle fondamentale ne saurait être admise en toute hypothèse et abandonnée au caprice des plaideurs ou des juges. Aussi cette faculté d'évocation ne peut être exercée que sous les cinq conditions suivantes.

1438. 1re CONDITION. — Le jugement, déféré au tribunal supérieur, n'a pas statué sur le *fond* du litige, mais seulement sur un incident (*sensu lato*), soit par un interlocutoire, soit par un jugement définitif. — Si les premiers juges ont prononcé sur le fond du procès, le juge d'appel est tenu de statuer. Il ne peut s'en dispenser, car il est saisi du procès par l'effet dévolutif de l'appel. (V. n° 1411.)

Le juge supérieur étant saisi, par l'appel d'un jugement qui a statué sur le fond, de la connaissance de la contestation tout entière, peut et doit ordonner toutes les mesures d'instruction, rendre tous jugements interlocutoires qui lui semblent utiles. Dans cette hypothèse, il n'y a pas place pour la faculté d'évocation. L'art. 473, Pr. civ. ne s'applique pas, quand les premiers juges ont décidé le procès au fond (1).

Les mots *jugements définitifs* inscrits dans la partie finale de l'article 473, Pr. civ., ne visent pas une sentence statuant sur le fond du litige, mais un jugement qui a définitivement résolu un *incident*. La rédaction de cet article laisse à désirer: elle est vague et incomplète.

1439. DEUXIÈME CONDITION. — Le tribunal d'appel, qui use de la faculté d'évocation, doit statuer sur l'incident et sur le fond, par un *seul et même* jugement, à peine de nullité. Au contraire, le juge supérieur, saisi par l'effet dévolutif de l'appel du fond du procès, n'est pas astreint à statuer par un seul et unique jugement sur les exceptions, les fins de non-recevoir et sur le fond. Il lui est loisible de rendre deux jugements séparés. — *Exemple :* La Cour rejette, par un premier arrêt, la fin de non-recevoir tirée de la prescription admise par le tribunal de première instance et renvoie à huitaine ou à quinzaine les plaidoiries et l'arrêt à rendre sur le fond. Mais à l'inverse la Cour d'appel peut, si elle le veut, statuer à la fois par un seul arrêt, sur l'exception déclinatoire et sur le

(1) Cass., 19 déc. 1871; 14 février et 18 nov. 1872; 17 juin et 27 juillet 1873. D. P., 1873. 1. 328 et 465).

fond. L'art. 172, Pr. civ., n'est pas applicable aux tribunaux d'appel. (V. n° 989.)

1440. Troisième condition. — Pour pouvoir user de la faculté d'évocation, le juge d'appel doit *infirmer* la sentence interlocutoire ou définitive sur un incident, à lui dénoncée. Si la Cour confirme le jugement interlocutoire ou le jugement définitif sur incident contre lequel appel a été interjeté, elle ne peut user du droit d'évocation; elle ne peut retenir la connaissance de tout le litige. Le fond du procès reste devant les premiers juges, qui, seuls, ont le droit de statuer. Sans l'erreur ou la malice commise par l'appelant dont l'appel est rejeté comme mal fondé, l'affaire eût été jugée par le tribunal de première instance. Cette erreur ou cette malice ne doivent pas avoir pour conséquence d'enlever à l'adversaire le bénéfice du double degré de juridiction. Au contraire, la Cour infirme-t-elle le jugement interlocutoire ou le jugement sur incident, elle peut user du droit d'évocation (les autres conditions étant réunies); elle attire à elle le fond du litige; elle prononce définitivement sur lui, quoique les juges du premier degré n'aient pas statué.

La cause, pour laquelle est infirmé le jugement rendu sur incident ou le jugement interlocutoire, est sans influence sur l'exercice du droit d'évocation. La Cour peut exercer ce droit même lorsqu'elle infirme un jugement rendu sur déclinatoire, par lequel le tribunal s'était déclaré compétent ou déclaré incompétent. Dans ce dernier cas, elle n'est pas tenue de renvoyer l'affaire devant le tribunal dont elle proclame la compétence. Elle peut évoquer et statuer au fond. Les termes de l'art. 473, Pr. civ., *pour toute autre cause* embrassent tous les cas possibles (1).

1441. Quatrième condition. — La cause doit être *en état* de recevoir solution définitive sur le fond. Quand en est-il ainsi? c'est un point laissé à l'appréciation du juge supérieur (2). Mais, de toute nécessité, des conclusions sur le fond du litige doivent avoir été prises; sans elles, l'affaire ne saurait être en état, puisque ni le tribunal, ni la Cour ne pourraient prononcer sur une demande non encore formulée et précisée devant eux. Il importe peu que les conclusions n'aient été prises qu'en première instance, ou que

(1) Cass., 11 décembre 1861; 22 mars 1864; 27 février 1878 (Sir., 1879. 1. 144).
(2) Cass., 5 juillet 1882 (Sir., 1883. 1. 85).

l'appelant, en attaquant le jugement infirmé, ait aussi conclu au fond devant le juge d'appel. Des conclusions au fond, prises en première instance, sont suffisantes pour tenir la cause en état devant le second degré de juridiction. Peu importe que l'intimé se soit contenté de demander le rejet de ces conclusions sans les débattre. Il est seulement indispensable que le fond ait été soulevé devant l'un ou l'autre juge. Sans conclusions sur le fond, la cause ne peut être en état : l'évocation est impossible (1).

1442. Cinquième condition. La faculté d'évoquer la cause n'appartient au juge d'appel que lorsque, d'après les règles générales en matière de compétence, il a le pouvoir de juger *en dernier ressort* la cause dont il se saisit par voie d'évocation ; sinon, il est incompétent *ratione materiæ*. — *Exemples :* Un juge de paix a été mal à propos saisi d'une affaire qui est dans les attributions et dans la compétence en premier ressort du tribunal civil. Le juge de paix s'est déclaré compétent. Appel devant le tribunal d'arrondissement qui aurait dû être le juge premier saisi. Ce tribunal, qui, directement saisi, aurait dû statuer en premier ressort, ne peut user de la faculté d'évocation. — Un tribunal de commerce infirme, en appel, pour incompétence une sentence de conseil des prud'hommes rendue dans une contestation, qui aurait du être portée devant lui. Ce tribunal n'a pas le droit d'évoquer le fond, si, à raison de la nature et de la valeur de cette contestation, il ne peut juger l'affaire qu'en premier ressort (2).

Mais la Cour d'appel, qui infirme un jugement rendu sur déclinatoire, peut évoquer le fond, si l'affaire est de nature à être jugée par le tribunal civil *en dernier ressort*. Les parties n'ont droit qu'à un seul degré de juridiction. Elles l'ont dans la Cour. En ne les renvoyant pas devant le tribunal de première instance, on atteint le but de l'évocation : frais sont économisés et lenteurs évitées (3). La question est diversement résolue par les arrêts.

Une Cour d'appel ne saurait statuer par droit d'évocation dans les affaires rentrant dans les attributions des juges de paix ou des conseils de prud'hommes. Elle est alors incompétente *ratione ma-*

(1) Cass., 9 mars 1863 ; 14 nov. 1865 ; 12 mars 1866 ; 13 mai 1872 ; 13 mai 1874 8 février 1881 (Sir., 1882. 1. 197).

(2) Cass., 18 janvier 1875 ; 14 mai 1878. — Dijon, 27 janvier 1882 (Sir., 1882. 2. 35).

(3) Rouen, 20 avril 1880 (Sir., 1881. 2. 245).

teriæ. — *Exemples :* Un tribunal civil, saisi à tort d'une affaire ressortissant à la justice de paix, s'est déclaré compétent. Appel est interjeté. La Cour infirme le jugement rendu sur la question de compétence. Elle ne peut user du droit d'évocation. Elle n'est pas compétente pour juger en dernier ressort une affaire à l'égard de laquelletribunal civil constitue le second degré de juridiction.

Une Cour d'appel ne peut en outre user du droit d'évocation que si le procès rentre dans la compétence d'un tribunal ressortissant à la Cour; sinon, elle est incompétente elle-même. — *Exemples :* Une action en revendication d'un immeuble sis à Blois a été portée devant le tribunal de la Seine. Celui-ci, sur le déclinatoire soulevé par le défendeur, s'est déclaré compétent. Appel. La Cour de Paris nfirme le jugement rendu sur la question de compétence. Elle ne peut évoquer: elle n'est pas la Cour à laquelle ressortit le tribunal de Blois.

1443. L'évocation est purement *facultative* pour le juge d'appel. S'il n'use pas de ce droit, il doit renvoyer les parties devant un tribunal du même ordre que celui qui a rendu la sentence infirmée.

Une évocation, contraire à l'article 473, Pr. civ., n'est pas entachée d'une nullité d'ordre public. Cette nullité peut être couverte par la volonté des parties, qui, en réalité, prorogent alors la juridiction du juge d'appel ; prorogation possible pourvu que ce juge ne soit pas incompétent *ratione materiæ.*

§ 3. — *Exécution de la sentence attaquée ou de l'arrêt infirmatif.*

1444. Devant quel tribunal doivent être portées les difficultés relatives à l'exécution du jugement attaqué ou de l'arrêt infirmatif? La loi fait une juste distinction entre le cas où le jugement a été confirmée et celui où il a été infirmé.

Premier cas. — Le jugement attaqué a été *confirmé.* L'appel, ayant été reconnu mal fondé, a été mis à néant ; les choses se passent comme s'il n'y avait jamais eu d'appel. L'exécution du jugement confirmé en appel appartient, non au tribunal qui l'a rendu, comme dit fort inexactement l'article 472, Pr. civ., mais au tribunal qui eût dû en connaître s'il n'y avait pas eu appel.

Si le jugement confirmé est un interlocutoire ou un définitif sur incident, l'exécution de ce jugement rentre dans les attributions du tribunal qui l'a rendu, fût-il un tribunal d'exception. Les juges de paix, les tribunaux de commerce sont compétents à l'effet de procéder par eux-mêmes aux actes par eux ordonnés pour l'instruction du procès dont ils sont régulièrement saisis.

Le jugement confirmé est-il définitif *sur le fond*. Il ne s'agit plus alors d'accomplir des mesures d'instruction, mais de l'exécution forcée de la sentence et des difficultés par elle engendrées. Or, les juridictions d'exception ne peuvent connaître de l'exécution de leurs sentences. La confirmation de leurs jugements ne peut leur octroyer un pouvoir que ne comporte pas leur compétence. (Pr. civ., art. 553.) — La connaissance des difficultés d'exécution appartient alors au tribunal civil dans le ressort duquel s'accomplit cette exécution.

DEUXIÈME CAS. — Le jugement attaqué a été *infirmé*. La loi craint que les juges qui l'ont rendu ne favorisent involontairement sur l'exécution la partie à laquelle ils avaient d'abord donné gain de cause. Ils ont manifesté une tendance à voir le procès sous un autre aspect que le juge d'appel. Celui-ci peut, dans ce cas, ou retenir par devers lui la connaissance de cette exécution, ou la renvoyer à un autre tribunal situé dans le ressort. — Mais cette option ne peut plus être exercée par le juge d'appel dans tous les cas où une disposition formelle de la loi attribue juridiction à un tribunal déterminé. (Pr. civ., art. 528, 567, 606, 608, 831. — C. civ., art. 822 et 2210.) — Le juge d'appel ne peut retenir l'exécution de la sentence infirmative qu'à l'égard des parties en cause. Il n'a plus ce pouvoir, si des *tiers* se trouvent impliqués dans les débats auxquels peut donner lieu l'exécution de leur décision.

Le tribunal d'appel jouit d'un semblable droit d'option, dans le cas où le jugement attaqué est confirmé sur certains points et infirmé sur d'autres. L'article 472, Pr. civ., ne précise pas et embrasse cette hypothèse par la généralité de ses expressions.

DEUXIÈME SUBDIVISION

VOIES DE RECOURS EXTRAORDINAIRES

1445. Les voies de recours extraordinaires, à l'aide desquelles un jugement peut être attaqué, sont au nombre de trois : la tierce opposition, la requête civile et le pourvoi en cassation. La première, la *tierce opposition*, n'est ouverte qu'aux *tiers*, aux personnes qui n'ont pas figuré ou n'ont pas été représentées dans l'instance terminée par un arrêt ou par un jugement. Elle suppose que la sentence rendue engendre un préjudice pour le tiers opposant.

La *requête civile* et le *pourvoi en cassation* sont des voies de recours offertes aux *parties* pour faire rétracter ou casser le jugement ou l'arrêt qui leur nuit. Ces deux voies extraordinaires supposent et impliquent nécessairement qu'un vice spécial et déterminé entache la sentence judiciaire contre laquelle elles sont employées. Le *mal jugé* au fond est par lui-même insuffisant pour autoriser l'emploi de ces voies de recours. Les parties ne peuvent demander la réformation du mal jugé qu'à l'aide d'une voie ordinaire, l'opposition ou l'appel.

La requête civile et le pourvoi en cassation ont des règles communes. Ces voies ne peuvent être employées que contre les décisions en dernier ressort; elles ne sont ouvertes qu'après l'expiration des délais de l'opposition, si la sentence est par défaut; elles ne peuvent être fondées que sur les causes expressément indiquées par la loi, etc.

La *prise à partie* ne constitue pas un moyen de faire rétracter ou réformer les jugements. Elle n'est qu'une action en dommages et intérêts dirigée contre un juge ou contre un tribunal. Telle était la manière de voir de Pothier (1). Ce recours n'a pu changer de

(1) Pothier, *Procédure civile*, n° 300.

caractère en passant de l'ancien droit dans le droit actuel. La preuve de notre affirmation se trouve dans la faculté accordée à toute personne de recourir à la prise à partie, même en l'absence de tout jugement, par exemple contre un tribunal qui a refusé de juger, qui a commis le délit civil de *déni de justice*. (C. civ., art. 4. — Pr. civ., art. 505.) — Si les rédacteurs du Code ont placé la prise à partie parmi les voies extraordinaires de recours contre les jugements (liv. IV, tit. III), c'est qu'en certains cas elle peut avoir une influence indirecte sur la décision, à l'occasion de laquelle elle est employée, et servir de *cause* à la rétractation de ce jugement.

CHAPITRE PREMIER

TIERCE OPPOSITION

(LIV. IV, TIT. I, ART. 474 A 479.)

SOMMAIRE. — Utilité de la tierce opposition. — Facultative ou forcée. — § 1er. Personnes par ou contre lesquelles la tierce opposition peut être employée. — § 2. Jugements susceptibles de cette voie de recours. — § 3. Délai de la tierce opposition. — § 4. Tribunal compétent. — § 5. Formes. — § 6. Effets. — § 7. Instruction et jugement.

1446. La tierce opposition est une voie de recours extraordinaire par laquelle un tiers, c'est-à-dire une personne autre que les parties engagées dans l'instance, peut attaquer un jugement qui préjudicie à ses droits et en demander la rétractation ou la réformation. — Cette voie est fondée sur une idée de justice. Un jugement ne doit pouvoir nuire à une personne, qu'autant qu'elle a été entendue des juges et a défendu devant eux ses intérêts. (Pr. civ., art. 474.)

Une grave objection s'élève immédiatement : comment un jugement peut-il nuire à un tiers? Comment peut-il porter atteinte aux droits d'une personne restée étrangère au quasi-contrat judiciaire, qui donne à ce jugement sa force obligatoire entre parties? N'est-ce pas un axiome de droit que les sentences judiciaires n'ont d'effet qu'entre les parties plaidantes, leurs héritiers ou ayants cause, qu'elles ne peuvent ni profiter ni nuire aux tiers ? *Sæpe constitutum est res inter alios judicatas aliis non præjudicare.* (L. 63 *de re jud.* D. 42. 1.) — Si l'effet des jugements est restreint aux rapports des plaideurs entre eux, de leurs héritiers ou ayants cause, quel avantage un tiers peut-il trouver et quel droit peut-il avoir à attaquer un jugement qui ne lui est point opposable ? (C. civ., art. 1351.)

Bien mieux : quand a été rendu un jugement sans que telle personne ait été appelée dans l'instance, elle peut garder une attitude purement passive. Elle attend que la partie gagnante vienne invoquer contre elle la sentence obtenue. Elle la repoussera en se bornant à répondre : étrangère au quasi-contrat intervenu entre les plaideurs, je ne puis être liée par le jugement. Elle opposera une fin de non-recevoir. En procédant ainsi, cette personne sera *défenderesse* au débat. La question de savoir si elle a été ou non représentée, si elle a été ou non partie dans l'instance antérieure, est-elle discutée, le fardeau de la preuve incombera à son adversaire. Elle plaidera devant le tribunal de son domicile. Succombe-t-elle, elle n'a pas d'amende à solder. — Au contraire, cette personne, ce tiers s'avise-t-il d'attaquer le jugement par voie de tierce opposition, tous ces avantages s'évanouissent.

Donc, si les tiers peuvent, par la voie si simple et si commode d'une fin de non-recevoir, basée sur l'article 1351 C. civ. écarter les jugements invoqués contre eux, pourquoi employer dans le même but la voie de la tierce opposition ? Celle-ci n'est elle pas à la fois une superfétation et un acte compromettant ?

Cette difficulté a suscité des explications divergentes dans la doctrine, engendré des applications variées dans la jurisprudence. Exposer ces opinions, discuter ces applications nous entraînerait bien au delà des limites d'un traité élémentaire. — Nous renvoyons le lecteur, curieux de les connaître, aux ouvrages plus étendus de droit civil et de procédure. Donnons simplement notre avis.

Nous avons déjà constaté que, malgré l'absence de participation au quasi-contrat judiciaire, base primordiale de tout jugement, une personne restée étrangère au litige peut être atteinte par la sentence, indirectement et par voie de répercussion. Les relations sociales créent des affinités entre des intérêts divers ; en vertu de ces affinités, les conséquences d'un procès, disions-nous, réfléchissent, dans une certaine mesure, sur des personnes, libres de toute relation juridique avec les parties litigantes. Nous en avons fourni des exemples. Nous avons vu le législateur, désireux de donner aux tiers le moyen de prévenir le dommage pouvant résulter du procès *entamé*, leur offrir l'*intervention.* Pour neutraliser le dommage résultant du procès *jugé*, il leur donne le choix entre deux moyens réparateurs, une *fin de non-recevoir* et la *tierce opposition.* (V. n° 1177, etc.)

La tierce opposition se comprend donc comme un moyen d'éviter les effets de *ricochet* qu'une sentence peut produire envers des personnes restées étrangères au procès. Elle a sa raison justificative, en théorie ; mais a-t-elle quelque utilité, en pratique, en présence de l'option laissée aux tiers entre elle et la fin de non-recevoir tirée de l'art. 1351. C. civ. ? — Assurément ; si théoriquement et en *droit* un jugement ne peut nuire aux tiers, en *fait* l'exécution de cette sentence peut leur causer un grave préjudice, un préjudice peut-être irréparable. Gardent-ils une attitude passive, sauf à invoquer la fin de non-recevoir *res inter alios*, etc., lorsque le jugement leur sera opposé, ils subiront en fait le dommage résultant de l'exécution du jugement entre parties. Au contraire, prennent-ils les devants, procèdent-ils, dès qu'ils ont connaissance du jugement rendu, par la voie de la tierce opposition, le préjudice de fait pourra être prévenu, empêché. Sur leur demande, le tribunal pourra, sauf en un cas (Pr. civ., art. 478, § 1) *suspendre* d'abord l'*exécution* du jugement attaqué et puis réformer ou rétracter ce jugement dans la limite de leur intérêt. — La tierce opposition n'est pas seulement la mise en action de la règle *res inter alios judicata*. Elle est un moyen offert au tiers opposant d'obtenir la suspension de l'exécution du jugement attaqué et de prévenir le préjudice de fait que cette exécution pourrait lui causer. Mais si la personne qui obtient la sentence n'en poursuit pas l'exécution et la produit seulement dans une contestation à l'appui de ses prétentions, le tiers peut se dispenser de former tierce opposition et se borner à invoquer l'article 1351 C. civ. — *Ex.* Pierre est usufruitier d'un immeuble compris dans une zone de servitudes militaires. Un arrêt condamne le nu propriétaire Paul à supprimer les constructions élevées sur ce terrain. Pierre est recevable à se pourvoir par voie de tierce opposition. Il y a intérêt ; car, une fois l'arrêt exécuté, les constructions démolies, le préjudice par lui subi serait irréparable. — Paul a revendiqué contre Jacques, banquier, des valeurs mobilières au porteur déposées par Pierre. L'action en revendication aurait dû être dirigée contre ce dernier, véritable possesseur par l'intermédiaire du dépositaire. Jacques, au lieu de répondre qu'il n'avait pas qualité, a accepté le débat. Un jugement a reconnu le prétendu droit de propriété de Paul et a condamné Jacques à lui remettre les titres au porteur. — Pierre peut alors choisir entre deux partis. Laisser exécuter le jugement et revendiquer les titres contre Paul, en écartant le jugement obtenu par celui-ci par une fin de non-recevoir, en invoquant l'inexistence du jugement à son égard. Mais, en agissant ainsi, Pierre expose son droit. Pendant la durée de l'instance engagée avec Paul, celui-ci pourra anéantir les titres ou les remettre à un tiers de bonne foi. Pierre n'aura plus alors qu'une action en dommages contre Paul, devenu peut-être insolvable. — Au contraire, Pierre prend-t-il la voie de la tierce opposition : il exposera au tribunal que l'exécution du jugement lui causerait, en fait, un préjudice. Les juges rendront alors un jugement ordonnant que Jacques le banquier garde les titres au porteur jusqu'à ce que la question de propriété soit vidée entre Paul et Pierre. Le droit de celui-ci sera ainsi abrité contre tout danger de perte ou d'aliénation.

La tierce opposition est donc plus avantageuse que le recours au principe *res inter alios judicata aliis neque nocere neque prodesse potest*. Elle est *facultative* pour les tiers (*sensu stricto*), pour ceux qui invoquent un titre indépendant du droit dénié à la partie condamnée, puisqu'ils ne sont astreints à se porter tiers opposants que s'ils veulent se procurer l'avantage d'arrêter l'exécution du jugement attaqué.

1447. La tierce opposition présente une autre utilité. Les ayants cause d'une partie litigante, avons-nous dit (V. n° 1180), sont représentés dans l'instance par le plaideur auquel les rattache un lien de droit. Ils ne peuvent repousser par une fin de non-recevoir l'autorité de la chose jugée avec leur auteur. Mais au cas de fraude ou de collusion de cet auteur, ils ne peuvent plus être considérés comme ayant été représentés par celui qui a colludé contre eux et *rentrent*, en ce cas particulier et à ce point de vue, dans la catégorie des tiers. Ce n'est pas être représenté que de l'être par un plaideur de mauvaise foi. Les ayants cause ont alors la faculté d'attaquer le jugement rendu en fraude de leurs droits par la voie de la tierce opposition. Celle-ci joue, envers la sentence rendue contre leur auteur malhonnête, le rôle que joue l'action paulienne envers les conventions faites par un débiteur en fraude des droits de ses créanciers. (C. civ., art. 1167.) A l'égard des conventions frauduleuses du débiteur la demande en rescision des créanciers est soumise aux règles de la procédure ordinaire. Attaquent-ils un jugement rendu en fraude de leurs droits, ils doivent procéder par la voie particulière de la tierce opposition, et non par action principale. Ils ne peuvent pas aller saisir directement et de prime abord entre les mains de l'autre plaideur les biens que lui a délaissés, en suite du jugement, le débiteur frauduleux. Ils ne peuvent, contre l'argument que ce plaideur tirerait du jugement rendu à son profit, invoquer la fin de non-recevoir *res inter alios*. La fraude ne se présume pas. La condamnation prononcée contre leur débiteur est présumée valable, même quant à eux. Ce jugement, ils doivent le faire anéantir au préalable, s'ils veulent replacer sous leur droit de gage les biens que la sentence est réputée en avoir fait sortir. Pour eux, la tierce opposition est la seule voie à suivre : elle est *nécessaire*. Les articles 873 Pr. civ. et 66 Cod. com. appliquent ces principes à l'hypothèse d'un jugement de séparation de biens.

1448. Ainsi, la tierce opposition a un double caractère qui, lui étant propre, la distingue de la fin de non-recevoir tirée de la règle de l'art. 1351 C. civ. Aux *tiers*, elle permet de se prémunir contre le dommage qui résulterait pour eux de l'exécution d'un jugement préjudiciant à leurs droits. Pour eux, elle est *facultative*. — Aux *ayants cause* de l'un des plaideurs, elle permet de faire rétracter le jugement rendu en fraude de leurs droits : pour eux, elle est la voie *indispensable* et *forcée*, en l'absence de laquelle ils sont liés par la sentence rendue contre leur auteur, leur représentant. — La tierce opposition n'est donc pas une superfétation : elle a sa valeur et son utilité propres.

§ 1er. — *Personnes par ou contre lesquelles la tierce opposition peut être employée.*

1449. Ne peuvent user de la voie de la tierce opposition que les personnes à l'égard desquelles concourent les trois conditions suivantes : 1° le jugement doit être de nature à occasionner un préjudice au tiers opposant. — 2° Le tiers opposant n'a pas été personnellement partie dans l'instance terminée par un jugement. — 3° Il n'y a pas été représenté.

1re *Condition*. Préjudice. — Cette condition est évidente. Sans préjudice possible, nous n'avons ni intérêt, ni droit à obtenir la rétractation d'une sentence qui ne peut nous atteindre. *Ex.* : Un héritier n'est pas recevable à former tierce opposition à un jugement rendu contre son cohéritier *personnellement* sur une dette de la succession : un tel jugement ne préjudicie pas à ses droits. — Un jugement a ordonné que des valeurs industrielles, susceptibles d'être cotées à la Bourse, seraient vendues publiquement par un notaire. La compagnie des agents de change, représentée par son syndic, est recevable à attaquer ce jugement, qui porte atteinte au monopole des agents. — Le préjudice doit résulter du jugement et la voie de la tierce opposition est interdite, lorsque le préjudice souffert provient non du jugement, mais de la négligence de l'intéressé. Ainsi le créancier hypothécaire, qui a encouru la déchéance édictée part l'art. 755 Pr. civ., faute de production dans l'ordre, dans le délai, n'est pas recevable à former tierce opposition au jugement qui a colloqué avant lui d'autres créanciers plus diligents (1).

1450. 2e *Condition.* N'AVOIR PAS ÉTÉ PARTIE. — Cette condition est d'évidence encore. Si Pierre a figuré dans l'instance comme plaideur, s'il y a été *appelé*, il est lié par la sentence rendue. Il pouvait l'attaquer par la voie de l'opposition si elle a été prononcée par défaut, par celle de l'appel si elle était en premier ressort, par la voie du recours en cassation si elle a été rendue en violation de la loi, etc. Il a pu défendre ses droits, faire valoir ses prétentions. Tant pis pour lui s'il s'est abstenu de se défendre ou s'il s'est mal défendu.

1451. 3e *Condition.* N'AVOIR PAS ÉTÉ REPRÉSENTÉ. — Avoir été représenté au procès, c'est avoir été *partie*, sinon physiquement, du moins juridiquement. Pierre peut avoir été partie au procès, bien qu'il n'y ait pas figuré en personne, et réciproquement.

Le mandant est représenté par son mandataire, conventionnel ou légal. Le mandant est *partie* au procès : le mandataire est un *tiers* par rapport à l'instance qu'il dirige pour le compte du mandant.

Un *auteur* représente ses *ayants cause* dans le procès où il est engagé. Il n'y représente pas les *tiers*.

Qui est *tiers* par rapport aux plaideurs, aux parties en instance? qui est ou sera *ayant cause?* Nous l'avons déjà indiqué à propos de l'intervention. (V. n° 1180)

(1) Cass., 2 mai 1881 (Sir., 1883, 1. 52).

Rappelons que la partie condamnée a représenté au procès tous ses créanciers chirographaires, quelle que soit la date de leurs créances, et, parmi ses créanciers hypothécaires, ceux d'entre eux seulement dont l'hypothèque a été inscrite postérieurement à l'introduction de l'instance. Les créanciers hypothécaires dont l'inscription est antérieure à cette introduction doivent être classés parmi les *tiers*. Ils ont, par cette inscription, acquis envers tout intéressé un *droit réel*, définitivement sorti du patrimoine de leur débiteur, droit réel que ce débiteur ne peut par ses actes, ni anéantir ni compromettre. Nous repoussons la distinction adoptée par la jurisprudence de la Cour de cassation, n'admettant ces créanciers à faire valoir par voie de tierce opposition que des moyens à eux personnellement propres ou que les moyens que le débiteur n'a pas proposés (peut-être par collusion ou par fraude) (1).

Rappelons encore qu'un débiteur ne représente ses créanciers même chirographaires qu'autant qu'il a agi de bonne foi. S'est-il laissé condamner par collusion avec son prétendu adversaire et dans le but de soustraire ses biens à l'action de ses créanciers, il a cessé de les représenter; en lui laissant la possession des biens qui forment leur gage, ils ne lui ont pas donné mandat de dilapider ce gage même.

1452. En principe, la tierce opposition doit être formée contre celle des parties en faveur de laquelle ont prononcé les juges : il n'est pas nécessaire de mettre en cause la partie condamnée.

Cette partie doit, au contraire, être appelée dans l'instance introduite par le tiers opposant dans deux cas : 1° Le jugement attaqué par ce tiers n'est pas encore exécuté et les juges ont, en hypothèse, le pouvoir d'en suspendre l'exécution sur la demande du tiers. La partie condamnée doit être mise en cause, afin qu'il lui soit enjoint de conserver toutes choses en état jusqu'à nouvel ordre. — 2° Cette partie doit encore être appelée, alors même que le jugement rendu contre elle se trouverait pleinement exécuté, s'il était allégué qu'elle a colludé avec son adversaire, au préjudice de ses créanciers. La fraude qu'elle a commise doit être établie contre elle et cette partie doit être mise en mesure d'établir son honnêteté.

(1) Cass., 6 déc. 1859; 9 juin 1863; 13 déc. 1864; 15 juillet 1869; 8 janvier 1883 (Sir., 1883. 1. 116).

§ 2. *Jugements susceptibles de tierce opposition.*

1453. Cette voie extraordinaire peut être employée contre tout jugement, quelles que soient sa nature et la juridiction qui l'a prononcé. Toutes les décisions en premier et en dernier ressort des justices de paix, des prud'hommes, des tribunaux de commerce, des tribunaux civils et des cours sont soumises à cette voie. Les arrêts de la Cour de cassation seuls en sont affranchis, d'après la jurisprudence de cette cour. En effet, s'agit-il d'un arrêt de rejet, le tiers pourra toujours attaquer par voie de tierce opposition l'arrêt de cour d'appel ou le jugement contre lequel avait été dirigé le pourvoi rejeté. S'agit-il d'un arrêt de cassation, le tiers pourra intervenir devant la cour de renvoi (Pr. civ., art. 466), ou attaquer par tierce opposition l'arrêt que rendra cette cour, s'il lui est préjudiciable. L'arrêt de la Cour suprême ne touchant pas au fond du litige ne peut lui occasionner aucun préjudice sérieux et réel.

§ 3. *Délai de la tierce opposition.*

1454. La loi n'a pas fixé le délai dans lequel la tierce opposition doit être formée. Elle a laissé ce point sous l'empire des règles ordinaires de la prescription. La tierce opposition peut être employée tant que le droit sur lequel se fonde le tiers opposant peut être écarté par l'effet d'une prescription acquise contre lui, conformément au droit commun. Néanmoins, le délai accordé pour l'introduire est renfermé dans la limite d'une année, dans le cas spécial prévu par l'art. 873 Pr. civ.

§ 4. *Tribunal compétent sur tierce opposition.*

1455. La tierce opposition est principale ou incidente : *principale*, lorsqu'elle est formée en dehors de toute instance actuellement pendante entre le tiers opposant et son adversaire; *incidente*, quand elle intervient dans le cours d'une instance contre un jugement dont l'un des plaideurs prétend se prévaloir contre l'autre partie.

Est-elle *principale*, la tierce opposition doit être portée devant le tribunal qui a rendu le jugement attaqué. Le législateur a pensé que, puisqu'il s'agit de rétracter en partie une sentence judiciaire ou de la maintenir dans son intégralité, d'en fixer la portée et le sens, de déterminer l'étendue de son application, le tribunal qui l'a prononcée est, plus et mieux que tout autre, en mesure de remplir cet office. (Pr. civ., art. 475 § 1.)

Cependant la loi a abandonné ce point de vue et cette solution, quand la tierce opposition est *incidente*. Elle admet alors une distinction. 1° La tierce opposition doit être portée devant le tribunal saisi de la demande principale au cours de laquelle intervient la tierce opposition, quand ce tribunal est *supérieur* ou au moins *égal* à celui qui a rendu le jugement attaqué. La loi évite ainsi aux parties les déplacements et les lenteurs qu'aurait entraînés la division des deux instances. (Pr. civ., art. 475, §2.) Ajoutons une autre condition sous-entendue dans la loi. Le tribunal, saisi de la demande principale, doit en outre *être du même ordre* que celui duquel émane le jugement attaqué. En d'autres termes, il ne doit pas être atteint d'une *incompétence absolue* ou *ratione materiæ*, à l'égard de la question soulevée par la tierce opposition. *Exemple.* Un jugement rendu sur une matière civile par un juge de paix ou par un tribunal civil est produit au cours d'une instance pendante devant un tribunal de commerce et attaqué par la voie de la tierce opposition.

Le tribunal consulaire, quoique hiérarchiquement supérieur à un tribunal de paix et égal à un tribunal civil, ne pourra pas connaître de la tierce opposition. Le jugement, qui y a donné lieu, a statué sur une matière absolument en dehors de ses attributions. A l'inverse, le tribunal civil de première instance ne pourra pas, d'après nous (V. n° 533), connaître de la tierce opposition dirigée contre un jugement du tribunal consulaire. La solution opposée doit être adoptée par les personnes admettant que les tribunaux civils d'arrondissement ne sont pas atteints d'une incompétence absolue à l'égard des matières commerciales.

2° La tierce opposition doit être portée devant le tribunal qui a rendu le jugement attaqué, lorsque le tribunal saisi de l'instance principale dans laquelle intervient cette voie de recours est *inférieur* au premier tribunal, ou *incompétent ratione materiæ*. Le législateur ne pouvait accorder à un juge inférieur le droit de réformer la décision des juges d'un ordre plus élevé, ni celui de dépasser les limites de sa compétence d'attributions. C'eût été, dans un cas comme dans l'autre, méconnaître gravement l'organisation des juridictions. (Pr. civ., art. 476.)

Le tribunal, devant lequel se produit la tierce opposition *incidente*, peut, selon les circonstances, passer outre ou surseoir au jugement de la demande principale. Quand les juges de ce tribunal considèrent la tierce opposition comme mal fondée ou pensent qu'elle ne pourra avoir aucune influence sur la contestation principale, ils ont le droit de passer outre au jugement de cette contestation, sous la réserve des droits des parties relativement à la tierce opposition. (Pr. civ., art. 477.)

§ 5. *Formes de la tierce opposition.*

1456. La tierce opposition *principale* se forme par *exploit d'ajournement* signifié à personne ou à domicile. (V. n°s 695 et s.) Il en est de même de la tierce opposition *incidente*, lorsqu'elle est introduite par action principale devant le tribunal duquel émane le jugement attaqué. (Pr. civ., art. 476.)

Au cas où la tierce opposition *incidente* peut être jugée par le tribunal saisi de l'instance principale au cours de laquelle elle intervient, elle se forme par un *acte d'avoué à avoué*, par une *requête*. (Tarif., art. 75.)

La tierce opposition *incidente* n'est pas soumise au préliminaire de conciliation. (V. n° 653.) En est-il de même dans le cas où elle est principale ?

La question est controversée en doctrine. Nous repoussons le préliminaire de conciliation ; nous adoptons la règle que les voies extraordinaires pour attaquer les jugements n'y sont pas soumises.

§ 6. *Effets de la tierce opposition.*

1457. A la différence des voies ordinaires de recours, opposition et appel, la tierce opposition n'est jamais, *par elle-même* et de *plein droit*, suspensive de l'exécution du jugement attaqué. Mais les juges peuvent ordonner cette suspension, suivant les circonstances, lorsqu'ils estiment que l'exécution immédiate du jugement attaqué pourrait, si elle avait lieu, causer au tiers opposant un préjudice peut-être irréparable. *Exemple*. Un jugement a ordonné la démolition d'un pont, le creusement d'un fossé ou le délaissement d'un objet mobilier, auquel cas l'objet peut être perdu, détruit ou aliéné au profit d'un acquéreur de bonne foi. (V. nº 1446.)

1458. En principe donc l'exécution du jugement frapppé de tierce opposition peut être, sur la demande du tiers opposant, suspendue par le tribunal saisi du débat. Mais, dans un cas unique, les tribunaux ne peuvent user de ce pouvoir. Les jugements, passés en force de chose jugée, portant condamnation à délaisser la possession d'un immeuble, peuvent être exécutés contre la partie condamnée, nonobstant la tierce opposition et sans y préjudicier. (Pr. civ., art. 478 § 1.)

La raison par laquelle on essaye généralement de justifier cette exception ne nous satisfait pas. Assurément il est certain que le danger, résultant en matière mobilière de la possibilité d'une aliénation au profit d'un tiers de bonne foi, ne peut se produire en matière immobilière. (C. civ., art. 2265.) Mais n'est-il pas d'autre part aussi certain que la partie gagnante à laquelle sera délaissée la possession de l'immeuble litigieux peut, au détriment du tiers opposant, détériorer considérablement cet immeuble, lui faire perdre la majeure partie de sa valeur ? *Exemple:* défricher un bois de haute futaie; abattre les constructions. Et cette partie pourra ainsi agir, par malice, si elle est convaincue de la justesse des prétentions de l'opposant. Les rédacteurs du Code se sont contentés de copier l'ordonnance de 1667 (tit. XXVII, art. 11), sans se demander s'il ne valait pas mieux la corriger.

Deux conditions doivent concourir pour que l'exception se réalise : 1° le jugement attaqué a ordonné le délaissement d'un immeuble ; 2° le jugement est *passé en force de chose jugée*. La partie perdante, ne pouvant plus attaquer le jugement, ni par la voie de l'opposition, ni par celle de l'appel et se voyant ainsi contrainte à délaisser l'immeuble par elle détenu, il est à craindre qu'elle ne s'adresse à un tiers complaisant, afin d'obtenir indirectement, par la voie d'une tierce opposition *simulée*, la suspension de la condamnation portée contre elle. La loi déjoue cette fraude (qu'elle laisse possible en matière mobilière) en déclarant que le jugement, non susceptible d'appel ni d'opposition, restera exécutoire, nonobstant la tierce opposition. — Cette fraude n'est plus à redouter, quand le jugement n'a pas acquis force de chose jugée. La tierce opposition n'est pas suspecte: elle n'est pas le résultat d'une entente frauduleuse entre le tiers et le possesseur condamné, puisque celui-ci a, de son chef, dans l'opposition ou dans l'appel, un moyen d'arrêter l'exécution du jugement.

§ 7. *Instruction et jugement sur tierce opposition.*

1459. L'instruction de la tierce opposition ne diffère en rien de celle des autres litiges.

Si la tierce opposition est accueillie, le jugement attaqué est rétracté dans l'intérêt du tiers opposant, en tant que contraire à ses droits. Mais il conserve ses effets et engendre l'autorité de la chose jugée entre les parties qui y ont figuré, sauf le cas d'une indivisibilité absolue d'où résulterait l'impossibilité d'exécuter concurremment les deux décisions, la sentence primitive et le jugement obtenu par le tiers opposant (1). Ainsi le jugement par lequel un créancier a obtenu, quant à lui, l'annulation d'une séparation de biens judiciaire entre époux et devenue définitive, n'a nul effet à l'égard des époux séparés de biens.

Lorsque la tierce opposition est rejetée comme mal fondée ou comme non recevable, le tiers opposant doit être condamné : 1° à des dommages-intérêts, si son adversaire y conclut et justifie d'un préjudice résultant du procès ; 2° à une amende de 50 francs, qui peut même être prononcée d'office, afin de le punir de s'être immiscé dans un litige auquel il était et devait rester étranger. (Pr. civ., art. 479.)

CHAPITRE II

REQUÊTE CIVILE

(LIV. IV, TIT. II, ART. 480 A 504.)

SOMMAIRE. Comparaison de la requête civile et des autres voies de recours. — Origine de l'expression *requête civile.* — § 1. Jugements sujets à la requête civile. — § 2. Personnes par ou contre lesquelles cette voie de recours peut être employée. — § 3. Causes de requête civile. — § 4. Délais. — § 5. Tribunal compétent. — § 6. Formes. — § 7. Effets. — § 8. Instruction et jugement.

1460. La requête civile est un recours extraordinaire par lequel une partie, condamnée par un jugement en dernier ressort, non

(1) Cass., 10 mai 1875 ; 6 déc. 1882 (Sir., 1884. 1. 193).

susceptible d'opposition, en demande la *rétractation* au tribunal même qui l'a rendu.

La requête civile comporte deux instances successives : 1° le *rescindant*, instance dans laquelle on se borne à demander la rétractation du jugement attaqué ; 2° le *rescisoire*, instance qui s'engage ensuite, alors que la requête civile a été admise et entérinée, pour obtenir jugement sur le fond du litige.

Ce recours diffère des voies ordinaires de l'appel et de l'opposition. — L'appel est porté devant un tribunal supérieur. L'appelant demande qu'une sentence plus juste, plus conforme à la loi, vienne remplacer la décision des premiers juges. Il s'attaque à leur science ou à leur intégrité. — La requête civile implique et suppose l'incurie du représentant de la partie, la mauvaise foi de l'adversaire, quelque inadvertance ou erreur du juge provenant du manque de documents. Elle ne lui demande pas de constater et de reconnaître son ignorance ou son indignité. Elle n'est pas irrespectueuse. Aussi se porte-t-elle au tribunal même qui a rendu le jugement contre lequel elle est dirigée. La loi pense que les juges n'ont aucun intérêt d'amour-propre à maintenir leur première décision.

Par l'opposition, la partie condamnée s'adresse bien au tribunal qui a rendu le jugement par défaut. Elle n'invoque ni l'ignorance ni l'injustice des juges : elle allègue un défaut. Mais les causes d'opposition sont multiples, tandis que les causes de requête civile sont limitées par la loi. Les conclusions de l'opposant ne tendent pas seulement à obtenir la rétractation du jugement attaqué. Il demande au tribunal deux choses : l'admission de son opposition et un nouveau jugement sur le fond du litige. — La partie qui emploie la voie de la requête civile conclut uniquement et exclusivement à la rétractation du jugement. Cette rétractation prononcée, les deux plaideurs mis au même état qu'avant la sentence rétractée, le rôle du tribunal est achevé. L'affaire reste entière, sauf aux parties à en faire l'objet d'une nouvelle instance. Le *rescindent* et le *rescisoire* ne doivent pas être cumulés.

La requête civile et le pourvoi en cassation se ressemblent en ce que la cassation d'un arrêt après pourvoi et la rétractation sur requête ne décident pas le fond du litige et le laissent intact, sauf aux parties à provoquer une décision définitive. Une certaine affinité existe entre quelques ouvertures à cassation et quelques-unes des causes de requête civile. — Mais ces deux voies extraordinaires diffèrent essentiellement en ce que le pourvoi en cassation implique une plainte contre l'intégrité ou la science des juges, plainte que ne saurait comporter la requête civile. Cette différence en engendre une autre, au point de vue de la juridiction saisie.

1461. D'où vient la dénomination de *requête civile* donnée à cette voie de recours ? Dans l'ancien droit français, les juges ne pouvaient pas être directement saisis d'une demande en rétractation. Le pouvoir de mettre à néant un jugement, qui, quoique défectueux, avait acquis force de chose jugée, n'appartenait qu'au roi, suprême dispensateur de toute justice; son autorisation devait être obtenue. Avant de former sa demande devant les juges, le demandeur en retractation se munissait de *lettres de rescision*, délivrées, au nom du roi et moyennant finance, par les chancelleries des parlements et des présidiaux. Ces lettres conféraient au tribunal le pouvoir de faire droit à la demande en retractation. — Ces lettres étaient sollicitées par une supplique ou *requête*, rédigée dans une forme respectueuse envers les magistrats dont on ne devait incriminer ni la science ni l'intégrité : d'où la dénomination de *requête civile* donnée à la demande en rétractation. — Les chancelleries furent supprimées par la loi du 7 septembre 1790. Les *lettres de rescision* disparurent par voie de conséquence. — Les rédacteurs du Code de procédure ont conservé à la voie de recours organisée par les articles 480, etc., le nom de *requête civile ;* avec raison d'après quelques auteurs, car l'usage de la requête aurait été plutôt modifié que supprimé. Une autorisation préalable devrait être obtenue du président du tribunal; l'ordonnance de ce magistrat serait sollicitée par une requête respectueuse.

§ 1er. *Jugements sujets à requête civile.*

1462. Les jugements en *dernier* ressort sont les seuls qui puissent être attaqués par la voie de requête civile. La partie qui, condamnée par un jugement *en premier ressort*, a laissé passer le délai de la loi sans interjeter appel, ne peut recourir à la requête civile. En n'usant pas de la voie ordinaire qui lui était ouverte, elle a implicitement acquiescé au jugement. La sentence est devenue irrévocable.

Dès que le jugement est en dernier ressort, peu importe qu'il soit *contradictoire* ou *par défaut*. La requête civile est admissible contre les jugements de défaut ; mais elle n'est recevable qu'après l'expiration du délai d'opposition. (Pr. civ., art. 480.) Mais ne peut-on dire, comme pour l'appel, que la partie, qui n'a pas usé de la voie de l'opposition à elle ouverte, a acquiescé au jugement ? La loi contient donc une véritable et flagrante contradiction. On a essayé de la justifier en disant qu'en présence de la brièveté des délais d'opposition, la loi ne pouvait voir dans le silence gardé par la partie condamnée pendant ces délais la preuve d'un acquiescement caractérisé. Cette raison, acceptable peut-être à l'égard d'un jugement par défaut faute de conclure, ne l'est assurément pas en présence d'un jugement par défaut faute de comparaître et de l'art. 158 Pr. civ. Les rédacteurs du Code ont reproduit la théorie de l'ancien droit.

Les jugements *préparatoires* et *interlocutoires* rendus en matière de dernier ressort sont, comme les jugements *définitifs*, susceptibles de requête civile. La loi ne distingue pas et l'ordonnance de 1667 était formelle (art. 25 et 26, tit. XXXV). Nous appliquerons seulement la distinction rationnelle, établie en matière d'appel par l'art. 451 Pr. civ. A l'égard des jugements préparatoires, le recours ne peut avoir lieu qu'après le jugement définitif, concurremment avec la requête à laquelle ce jugement peut donner lieu. Les jugements interlocutoires peuvent, au choix de la partie, être attaqués avant ou conjointement avec le jugement definitif. (V. n° 1379.)

1463. L'art. 480 Pr. civ. n'indique comme sujets à requête civile que les jugements des tribunaux de première instance et les arrêts des cours d'appel. Sa disposition est évidemment inapplicable aux arrêts de la Cour de cassation. Mais quel sens faut-il attribuer à l'expression *tribunaux de première instance* employée par l'art. 480 Pr. civ. ¿ Ne vise-t-elle, *sensu stricto*, que les tribunaux civils d'arrondissement ? S'applique-t-elle aussi, *sensu lato*, aux justices de paix, aux conseils de prud'hommes et aux tribunaux de commerce ? Cette deuxième interprétation, repoussée par quelques auteurs, triomphe depuis longtemps dans la doctrine et dans la jurisprudence. Les motifs d'équité qui ont fait introduire dans la procédure la voie de recours extraordinaire de la requête civile ont la même valeur, quelle que soit la juridiction ayant prononcé la sentence incriminée. Un jugement obtenu par dol ne saurait être irrévocable à raison de la juridiction qui l'a rendu. La fraude ne doit jamais profiter à son auteur. Vainement objecte-t-on l'impossibilité d'appliquer devant les juridictions d'exception toutes les formalités prescrites en matière de requête civile. La réponse est aisée. Ici, comme en bien d'autres matières, seront seulement appliquées les formalités compatibles avec la nature de la juridiction saisie.

1464. La requête civile ne peut être employée : 1° ni contre le jugement déjà attaqué par cette voie, alors même qu'il existe, pour l'attaquer de nouveau, des causes autres que celles primitivement proposées ; 2° ni contre le jugement rejetant la requête civile ; 3° ni contre le jugement nouveau rendu sur le fond de l'affaire, sur le *rescisoire*, après rétractation du jugement attaqué, le tout à peine de nullité du jugement et de dommages-intérêts, même contre l'avoué qui, ayant occupé sur la première demande, occuperait sur la seconde. (Pr. civ., art. 503.) Cette défense a été introduite dans le but de mettre un terme aux procédures, comme le disait l'orateur du gouvernement. La loi proscrit l'emploi géminé de la même voie. C'est le demandeur en requête civile qui, après avoir succombé, ne peut former une seconde requête civile : mais cette voie reste ouverte au défendeur. Les mots *aucune partie* de l'art. 503 signifient simplement que la prohibition s'applique à tout demandeur, fût-il mineur ou interdit.

§ 2. *Personnes par ou contre lesquelles la requête civile peut être formée.*

1465. Qui peut recourir à la voie de la requête ? A qui doit-elle profiter ? Contre quelles personnes le recours peut-il et doit-il être dirigé ? A quelles personnes peut-il être opposé ? Sur tous ces points, nous nous réferons à nos explications en matière d'appel. Les principes fondamentaux de la loi civile qui nous ont dicté nos solutions sont invariables : les conséquences et les applications doivent être semblables. (V. n°s 1361 à 1376.)

§ 3. *Causes de requête civile.*

1466. Les causes pour lesquelles peut être formée une demande en requête civile sont limitativement déterminées par la loi. En dehors d'elles, la requête civile n'est point ouverte.

Les causes d'ouverture de requête civile sont au nombre de onze. (Pr. civ., art. 480.)

1re CAUSE. *Dol personnel.* — La partie qui a obtenu le jugement a triomphé à l'aide d'une fraude pratiquée dans ce but. Le dol n'est une cause de rétractation qu'autant que concourent les deux conditions suivantes : 1° le dol est *personnel;* il émane de l'adversaire qui a obtenu le jugement favorable à ses prétentions, ou du représentant de cet adversaire. C'est l'application aux jugements du principe de l'art. 1116 C. civ. Le dol pratiqué par un tiers ne pourrait donner lieu qu'à une demande de dommages-intérêts contre ce tiers ; 2° le jugement a été rendu sur le fondement des faits frauduleusement allégués : sinon, le dol n'a pu nuire à la partie perdante.

2e CAUSE. *Si, depuis le jugement, il a été recouvré des pièces qui avaient été retenues par le fait de la partie.*

3e CAUSE. *Si l'on a jugé sur des pièces reconnues ou déclarées fausses depuis le jugement.*

Ces deux dernières causes rentrent fréquemment dans la première. La partie qui retient une pièce décisive en faveur de son adversaire, ou qui fait usage d'une pièce fausse, agit presque toujours sciemment et par suite se rend coupable d'un dol caractérisé. Mais la loi a voulu préciser ces deux causes d'ouverture et les admettre même dans le cas où la partie qui a obtenu le jugement aurait agi de bonne foi, dans l'ignorance, par exemple, de la fausseté de la pièce employée.

1467. 4e CAUSE. *Si les formes prescrites à peine de nullité ont été violées soit avant, soit lors du jugement, pourvu que la nullité n'en ait pas été couverte par les parties.* — Mais une difficulté apparente s'élève. Les dispositions légales relatives à la Cour de cassation déclarent aussi que la violation des formes prescrites à peine de nullité constitue une ouverture à cassation. (L. 27 nov. 1790, art. 3 ; — L. 4 germ. an II, art. 2 ; — Cons. 5 fructidor an III, art. 255 et 22 frim. an VIII, art. 66 ; — L. 20 avril 1810, art. 7.) S'ensuit-il que la partie au préjudice de laquelle les formes n'ont pas été observées puisse, à son choix, attaquer le jugement par la voie de la requête civile ou par celle du pourvoi en cassation? Non : les ouvertures à requête civile ne peuvent être employées comme moyens de cassation. On ne peut admettre davantage que l'art. 480 — 2° Pr. civ. ait abrogé le principe que la violation des formes constitue un moyen de cassation, principe qu'applique la loi du 20 avril 1810, posté rieure au Code de Procédure civile. — Doctrine et jurisprudence résolvent la difficulté par une distinction rationnelle. Les nullités de forme constituent une cause de requête civile sous deux conditions : 1° ces nullités émanent en fait des parties ou de leurs représentants et défenseurs; 2° elles n'ont pas été invoquées devant le tribunal ou la cour qui a rendu le jugement ou l'arrêt. — L'une de ces deux conditions fait-elle défaut, le recours en cassation est seul ouvert.

Les nullités de forme commises *avant le jugement* seront, par exemple, la violation des formes prescrites par l'article 1er ou par l'article 61 pour la citation ou pour l'ajournement, ou par les articles 257, 260 à 262, 269, 272 pour la validité d'une enquête. — Mais ces nullités ne peuvent servir de cause à la requête civile qu'autant qu'elles n'ont pas été couvertes par les parties : or elles sont couvertes, soit par une renonciation formelle au droit de les invoquer, soit par la renonciation implicite née de l'accomplissement des actes postérieurs de la procédure. (Pr. civ., art. 173.) Pour que les nullilés ne soient point couvertes, l'instance, à la suite de laquelle le jugement a été rendu, doit avoir été *par défaut*. Le défendeur n'a pu couvrir, par son silence, les nullités d'une instance poursuivie à son insu. D'autre part, l'erreur commise par les juges est involontaire : il y a simple omission et non violation de la loi. La partie condamnée peut donc leur demander la rétractation de leur jugement, sans s'attaquer à leur science ou à leur intégrité. La requête civile est admissible : le pourvoi en cassation ne l'est pas.

Le jugement est-il *contradictoire*, distinguons deux hypothèses : 1° le défendeur n'a pas invoqué devant le tribunal les nullités de forme viciant tels ou tels actes de la procédure. Ces nullités sont couvertes : pas de requête civile ; 2° les nullités ont été proposées : le tribunal les a écartées. Il a maintenu comme valables et réguliers les actes dont le défendeur réclamait l'annulation. La requête civile est encore inadmissible. Le recours en cassation est la seule voie possible. L'attaque, dirigée contre le jugement, implique une plainte contre la science ou l'intégrité des juges qui l'ont rendu. Ils ont volontairement, par méchanceté ou par fausse interprétation de la loi invoquée devant eux, rejeté le moyen de nullité. (L. 5 germ. an II, art. 4.)

Les formes de procéder ont pu être violées *lors du jugement :*

Ex. Ont été omises dans la rédaction du jugement les énonciations requises par l'article 141 Pr. civ. ; — il n'a pas été prononcé publiquement ; il a été rendu par des juges qui n'ont pas assisté à toutes les audiences, etc., etc. A la différence des nullités commises *avant* le jugement, celles-ci ne peuvent pas être couvertes. Elle sont eu lieu à une époque où les parties ne peuvent plus utilement agir. Justifieront-elles, dans tous les cas, un recours en requête civile ? Quand y aura-t-il lieu à pourvoi en cassation ? Distinguons. L'accomplissement des formalités omises ou violées était-il prescrit aux parties ou à leurs avouées, l'attaque dirigée contre le jugement laisse intacte la science ou l'intégrité des juges : la requête civile est le seul recours possible. Les formalités devaient-elles être accomplies par les membres du tribunal, leur violation donne ouverture à cassation : en alléguant cette violation, la partie s'attaque à la science ou à l'impartialité des magistrats. Elle ne peut demander au tribunal de se censurer lui-même.

1468. — 5ᵉ CAUSE. *Si, dans le cas où la loi exige la communication au ministère public, cette communication n'a pas eu lieu et que le jugement ait été rendu contre celui pour qui elle était ordonnée.* Le texte de l'article 480 — 8° Pr. civ., est incomplet. Il ne vise qu'un cas : il y en a deux où la requête civile est possible. En effet, la communication au ministère public est tantôt prescrite dans l'intérêt exclusif d'une partie, d'un mineur, d'une femme mariée non autorisée de son mari, etc., tantôt dans un but d'ordre public. Au premier cas, l'incapable triomphe-t-il, son adversaire ne peut se prévaloir du défaut de communication. Succombe-t-il, la voie de la requête civile lui est ouverte. Au second cas, la requête civile est indifféremment ouverte au profit de celle des parties qui a perdu le procès.

Ici encore revient la distinction admise ci-dessus. Si la communication au ministère public a été expressément, mais vainement, réclamée par l'une des parties, l'omission devient alors une ouverture à cassation. Il y a violation de la loi.

1469. — 6ᵉ CAUSE. *S'il a été prononcé sur choses non demandées.*

7ᵉ CAUSE. *S'il a été adjugé plus qu'il n'a été demandé.*

8ᵉ CAUSE. *S'il a été omis de prononcer sur l'un des chefs de demande.*

Dans les deux premiers cas, il y a un excès de pouvoir désigné sous la dénomination d'*ultra petita:* dans le troisième, une sorte de déni de justice. La loi suppose que ces fautes sont le résultat de l'inattention des juges : aussi permet-elle de leur en demander la réparation. Mais si, au lieu de laisser non résolu l'un des chefs de la demande, les juges avaient refusé de statuer sur la demande elle-même, il y aurait, non plus simple omission réparable par la voie de la requête civile, mais un *déni de justice* donnant lieu à la *prise à partie.* — Le tribunal a-t-il statué dans son dispositif sur chacun des chefs de demande, mais sans donner de motifs sur l'un d'entre eux, il y a ouverture à cassation et non à requête civile. Enfin la condamnation *ultra petita* devient un moyen de cassation, lorsque la décision renferme en outre une violation de la loi ou un excès de pouvoir (1).

1470. — 9e CAUSE. *Si, dans un même jugement, il y a des dispositions contraires.* Les dispositions doivent être inconciliables entre elles, ne pas permettre une exécution simultanée. *Ex.* : Un garanti ayant, à l'aide de son garant, fait écarter la demande principale dirigée contre lui, le tribunal a néanmoins condamné le garant au profit du garanti. La contrariété qui n'existerait qu'entre les motifs ne donnerait pas ouverture à requête civile.

10e CAUSE. *S'il y a contrariété de jugements en dernier ressort, entre les mêmes parties et sur les mêmes moyens, dans les mêmes cours et tribunaux.* Cinq conditions doivent concourir pour que la contrariété de jugements donne ouverture à requête civile : 1° les deux jugements doivent être, tous deux, en dernier ressort ; 2° rendus entre les mêmes parties, agissant en la même qualité ; 3° rendus sur les mêmes moyens ; 4° les deux jugements doivent émaner de la même cour ou du même tribunal. S'ils ont été rendus par deux tribunaux différents, il y a lieu à pourvoi en cassation et non à requête civile (Pr. civ., art. 504) ; 5° l'autorité du premier jugement n'a pas été invoquée et mal à propos écartée lors du second jugement ; car si le premier jugement a été invoqué dans la seconde instance, comme fournissant une fin de non-recevoir à la partie qui l'a obtenu et que les juges n'aient pas tenu compte de cette défense, il y a eu de leur part violation intentionnelle de l'autorité de la chose jugée. Le pourvoi en cassation est admissible contre le second jugement.

1471. — 11e CAUSE. L'*État, les communes, les établissements publics*

(1) Cass., 12 fév. 1861 ; 13 janv. 1862 ; 3 fév. 1862 ; 22 nov. 1876 ; 5 avril et 6 déc. 1882 (Sir., 1884. 1. 27).

et les mineurs seront encore reçus à se pourvoir (par voie de requête civile), *s'ils n'ont été défendus, ou s'ils ne l'ont été valablement.* (Pr. civ., art. 481.) S'ils n'ont pas été défendus, c'est-à-dire s'ils ont été jugés par défaut ou par forclusion; de même, si le mineur a esté en justice en personne, au lieu de figurer dans l'instance par l'intermédiaire de son tuteur, ou si le tuteur a agi sans obtenir au préalable l'autorisation du conseil de famille, dans les cas où la loi exige cette autorisation. (Cod. civ., art. 464.)

Le mineur ou l'interdit n'a pas été *valablement* défendu, lorsque son tuteur, bien qu'agissant régulièrement en la forme, n'a pas fait valoir tous les moyens de fait ou de droit qui pouvaient être invoqués dans la cause.

§ 4. *Délais de la requête civile.*

1472. Les délais de la requête civile sont les mêmes que ceux de l'appel. (Pr. civ., art. 483, 485, 486.)

Si la partie condamnée décède pendant ces délais, les délais sont suspendus et ne reprennent leur cours contre les héritiers que dans les conditions prescrites pour l'appel. (Pr. civ., art. 447 et 487.)

Les délais courent, à l'égard des majeurs, du jour de la signification à personne ou à domicile du jugement susceptible de rétractation. (Pr. civ., art. 483.)

Néanmoins, si la requête civile est fondée sur le faux, sur le dol ou sur la découverte de pièces décisives retenues par l'adversaire, les délais ne courent alors que du jour où le faux ou le dol ont été constatés ou les pièces découvertes, pourvu que dans ce dernier cas il y ait preuve par écrit, et non autrement, du jour où la pièce a été recouvrée. (Pr. civ., art. 488.)

Lorsque la requête civile a pour cause la contrariété entre plusieurs jugements, le délai ne prend date qu'à compter du jour de la signification du dernier jugement. (Pr. civ., art. 489.)

A l'égard des jugements par défaut, la requête civile ne peut être employée qu'après l'expiration du délai d'opposition. (Pr. civ., art. 480.) — Elle ne peut être formée contre un jugement préparatoire que concurremment contre le jugement définitif.

L'appel et la requête civile sont donc, sous ces divers rapports, régis par les mêmes règles. Une différence les sépare. Les délais d'appel ne courent contre un mineur que du jour où le jugement rendu en premier ressort a été signifié au tuteur et au subrogé tuteur. (V. n° 1384.) Le délai de requête civile ne commence à courir que du jour où le jugement a été signifié au mineur lui-même, à sa personne ou en son domicile, postérieurement à sa majorité. (Pr. civ., art. 444 et 484.)

La requête civile peut être employée dans la huitaine de la décision : le jugement en dernier ressort est exécutoire à partir de sa signification.

§ 5. *Devant quel tribunal la requête civile doit être portée.*

1473. La requête civile doit être portée devant le tribunal même qui a rendu le jugement attaqué. — Si, dans une instance pendante en un tribunal, l'une des parties produit contre son adversaire un jugement susceptible de requête civile, mais rendu par un autre tribunal, la demande en rétractation de ce jugement ne peut être jugée par le tribunal saisi de l'instance principale. Même dans ce cas, la requête civile doit être portée devant le tribunal qui a prononcé le jugement dont la rescision est poursuivie. Les juges, saisis de l'instance au cours de laquelle le jugement attaqué a été produit, peuvent surseoir, s'ils l'estiment nécessaire, à l'examen et à la décision du litige soulevé devant eux jusqu'à ce que la requête civile soit jugée. (Pr. civ., art. 490 et 491.)

§ 6. *Formalités de la requête civile.*

1474. La partie qui veut se pourvoir par cette voie doit au préalable : 1° obtenir une consultation de trois avocats exerçant depuis dix ans au moins près l'un des tribunaux du ressort de la Cour d'appel dans lequel a été rendu le jugement qu'elle veut attaquer. Cette consultation doit contenir déclaration que les avocats sont d'avis de la requête civile et l'énonciation des ouvertures sur lesquelles elle est fondée : sinon, la requête ne sera point reçue. (Pr. civ., art. 495.)

2° Consigner une somme pour amende et pour les dommages et intérêts. La somme à consigner est de trois cents francs pour l'amende et de cent cinquante francs pour dommages et intérêts, dans le cas où l'on se pourvoit contre un arrêt contradictoire de Cour d'appel. Si l'arrêt de la Cour est par défaut, la consignation est de moitié; elle est du quart, quand il s'agit d'un jugement rendu par un tribunal de première instance.

Ces deux mesures ont été prescrites pour refréner la témérité des plaideurs et les prémunir contre un entraînement irréfléchi.

La nécessité d'obtenir une consultation est imposée à toute partie. La consignation préalable d'une somme pour amende et pour dommages et intérêts n'est point obligatoire pour l'État. Sa solvabilité est présumée et l'amende lui serait acquise. (Pr. civ., art. 494.)

La requête civile n'étant que la suite de la procédure sur laquelle est intervenu le jugement attaqué, n'est point soumise au préliminaire de conciliation.

1475. La requête civile peut être principale ou incidente.

Principale, elle s'introduit par une assignation donnée par le demandeur en requête civile à la partie qui a obtenu le jugement incriminé. Mais cette assignation peut-elle être donnée *de plano ?* La partie qui veut se pourvoir ne doit-elle pas adresser au président du tribunal une *requête civile* tendant à obtenir permission d'assigner, requête qui sera répondue par une ordonnance du président ? Cette permission préalable rappellerait l'ancien usage des lettres de rescision. — La question est controversée dans la doctrine. L'article 78 du tarif favorise l'opinion des auteurs qui exigent la présentation d'une requête au président, puisqu'il alloue un droit à l'avoué pour cet acte. Les partisans de l'opinion contraire font remarquer que cette requête ne serait qu'une vaine formalité, puisque le président du tribunal ne pourrait refuser la permission d'assigner.

L'assignation introductive de la requête civile doit contenir, en tête de la demande, la consultation des avocats, copie de la quittance par laquelle le receveur certifie la consignation de la somme fixée par la loi pour l'amende et pour les dommages et intérêts, et, selon quelques auteurs, copie de la requête et de l'ordonnance répondue par le président du tribunal. Cette assignation doit, en outre, être dressée conformément aux prescriptions de l'art. 61. (Pr. civ., art. 483 et 495.)

A qui cette assignation doit-elle être signifiée? Distinguons. S'est-il écoulé plus de six mois depuis la date du jugement qu'on attaque, l'assignation doit être, conformément au droit commun, signifiée à la personne ou au domicile de la partie qui a obtenu gain de cause dans le jugement. — Au contraire, est-elle formée dans les six mois du jugement, elle doit être signifiée au domicile de l'avoué de la partie assignée. Cet avoué est constitué de droit pour défendre à la requête civile. Le législateur a pensé que, tant que le délai de six mois n'est pas écoulé, l'avoué est encore nanti du dossier de son client et que par suite il est naturel de le considérer encore comme mandataire de la partie qui l'avait constitué. (Pr. civ., art. 492 et 496. — V. n° 787.)

1476. La requête civile est-elle *incidente*, la loi fait une nouvelle distinction. Si le procès, dans le cours duquel elle se produit, est pendant devant le tribunal même qui a rendu le jugement attaqué, et devant lequel elle doit, par suite, rester, la requête se forme par acte d'avoué à avoué. — Mais le procès, au cours duquel elle se produit incidemment, est-il pendant devant un tribunal autre que celui qui a rendu le jugement, elle doit être portée, comme la requête principale, par assignation devant les juges qui ont rendu le jugement. Mais un acte d'avoué à avoué contenant conclusions et débat oral seront nécessaires pour obtenir un sursis du tribunal saisi de l'instance principale. (Pr. civ., art. 493.)

Toute requête civile doit être communiquée au ministère public. (Pr. civ., art. 498.)

§ 7. *Effets de la requête civile.*

1477. La requête civile, quant aux effets qu'elle engendre, diffère profondément de l'appel. Elle n'est ni *dévolutive*, ni *suspensive* (V. n°s 1411 à 1417.)

Pas d'effet *dévolutif*. Les juges devant lesquels la requête civile est portée n'ont qu'à examiner si elle est ou non fondée sur une cause admise par la loi. Est-elle justifiée, ils *rétractent* le jugement attaqué : ils l'anéantissent; mais ils ne le remplacent pas, comme en appel, par une nouvelle sentence sur le fond. Celui-ci reste entier et une nouvelle instance, le *rescisoire*, est nécessaire, sauf en un cas, pour que le fond du litige soit décidé.

Pas d'effet *suspensif*. L'exécution du jugement attaqué peut être commencée, continuée ou achevée, malgré la requête civile. Tout au contraire, si ce jugement a ordonné le *délaissement d'un immeuble*, le demandeur en requête civile n'est reçu à plaider qu'en rapportant la preuve qu'il a remis l'immeuble aux mains de l'autre partie. Mais l'exécution préalable du jugement n'est prescrite que dans ce cas particulier. (Pr. civ., art. 497.)

Le principe que la requête civile n'est pas suspensive admet cependant, en fait, une exception. Quand il y a contrariété entre diverses dispositions de la même sentence, aucune des parties ne peut poursuivre son exécution; satisfaire dans un sens à ce jugement serait le violer en un autre; mais cette suspension forcée n'est pas une conséquence de la requête civile; elle tient à la nature même des choses.

§ 8. *Instruction et jugement sur requête civile.*

1478. Assignation étant donnée, le défendeur, s'il y a lieu, constitue avoué. (Pr. civ., art. 75 et 496.)

L'avoué étant constitué, les parties procèdent aux significations respectives des *défenses* et de la *réponse aux défenses*. (Pr. civ., art. 77 et s. V. n°s 795 et s.)

L'affaire est portée à l'audience sur un simple avenir et doit être jugée sur plaidoirie, sauf à ordonner une instruction par écrit, si le tribunal le juge indispensable. Le cercle de la discussion se trouve circonscrit par la consultation des avocats qui a précédé la requête civile. Aucun autre moyen que les ouvertures énoncées dans la consultation ne peut être discuté, ni à l'audience, ni dans les écritures. (Pr. civ., art. 499.) A cette règle, nous admettons une exception pour le cas hypothétique où le faux ou le dol serait découvert postérieurement à la requête civile fondée sur une autre cause. La loi n'a voulu que proscrire l'abus des requêtes ampliatives autorisées par l'ordonnance de 1667. (Tit. XXXV, art. 29 et 31.)

1479. Le jugement, qui intervient sur le rescindant, admet ou rejette la requête civile.

Il la rejette lorsqu'elle est *tardive*, *irrégulière*, ou *vicieuse* dans la forme. Il la rejette encore, quoique exempte de toute irrégularité et de toute imperfection, lorsque la cause sur laquelle elle est fondée n'est point établie et justifiée. Le tribunal condamne alors le demandeur en requête à l'amende, aux dommages et intérêts fixés par l'article 494, sans préjudice de plus amples dommages, s'il y a lieu, et aux dépens. (Pr. civ., art. 500.)

La requête civile est-elle régulière et fondée, le tribunal la déclare admise. Il rétracte la sentence contre laquelle elle a été formée et remet les parties en l'état où elles étaient avant le jugement. Les sommes consignées sont restituées; les objets des condamnations qui ont été perçus en vertu du jugement rétracté sont rendus. Là se borne le pouvoir du tribunal. Il rétracte le jugement attaqué ; mais il ne le remplace pas par une sentence nouvelle. Le fond du litige reste intact et sera jugé dans une nouvelle instance. Le tribunal statue sur le *rescindant*, sur l'ouverture qui sert de fondement à la requête civile; il n'aborde pas le *rescisoire*, l'examen du fond du litige. (Pr. civ., art. 501, § 1er.) Tel est le principe. — Il est néanmoins une hypothèse dans laquelle le *rescindant* et le *rescisoire* sont tellement liés et subordonnés l'un à l'autre qu'il est impossible de les juger séparément. C'est le cas où la requête civile est fondée sur la contrariété de jugements rendus entre les mêmes parties, sur les mêmes moyens, par le même tribunal. Les juges rétractant le second jugement, le premier se trouve implicitement maintenu par cela même : les juges doivent déclarer que ce jugement sera exécuté selon sa forme et teneur. (Pr. civ., art. 501, § 2.)

1480. Un jugement peut n'être vicié que quant à l'un de ses chefs. En ce cas, le chef qui donne ouverture à requête civile est seul rétracté : les autres dispositions du jugement sont maintenues. Cependant, si les autres chefs étaient dépendants du chef incriminé, le jugement devrait être rétracté en son entier. (Pr. civ., art. 482).

1481. Le cumul du *rescindant* et du *rescisoire* n'étant point permis, l'affaire sur laquelle avait été rendu le jugement attaqué doit être jugée de nouveau. Devant quels juges devra-t-elle être portée, si les parties veulent la reprendre? au tribunal même qui a statué sur la requête civile, sans qu'il soit permis de récuser les juges qui ont prononcé sur le rescindant. Le tribunal, qui avait rendu le jugement attaqué, est forcément compétent pour juger de rechef. Le rescindant et le rescisoire appartiennent ainsi aux mêmes juges : mais les deux causes ne peuvent être cumulées et suivies dans une seule instance. (Pr. civ., art., 502.)

Les avoués qui ont occupé sur le rescindant sont réputés de droit constitués dans le procès sur le fond. Cette instance doit donc être reprise, non par une assignation, mais par acte d'avoué à avoué, pourvu que cet avenir soit donné dans l'année du jugement qui a admis la requête civile. L'année une fois expirée, une assignation à partie serait nécessaire. (Pr. civ., art. 1038.)

Les jugements rendus sur le *rescindant* et sur le *rescisoire* ne peuvent plus être attaqués par la voie de la requête civile. (Pr. civ., art.

503.) Mais l'opposition est recevable s'ils ont été rendus par défaut. Si ces jugements ont été rendus en violation de la loi, si, par exemple, le ministère public n'a pas été entendu, rien ne s'oppose à ce que les parties recourent au pourvoi en cassation.

CHAPITRE III

POURVOI EN CASSATION

SOMMAIRE. — SECTION PREMIÈRE. Décisions judiciaires susceptibles de recours en cassation. — SECTION DEUXIÈME. Personnes engagées ou intéressées dans l'instance en cassation. — SECTION TROISIÈME. Ouvertures à cassation. — SECTION QUATRIÈME. Délais. — § 1er Délai pendant lequel le pourvoi ne peut être formé. — § 2. Délai du pourvoi. — § 3. Délai de la signification de l'arrêt d'admission. — § 4. Délai de comparution. — SECTION CINQUIÈME. Formes. — Production de pièces. — Amende. — Expropriation pour cause d'utilité publique. — Listes électorales. — SECTION SIXIÈME. Effets du pourvoi — ni dévolutif — ni suspensif — pouvoirs respectifs des juges du fond et de la cour suprême. — SECTION SEPTIÈME. Pourvoi incident. — SECTION HUITIÈME. Instruction devant la Cour de cassation. — § 1er. Règles générales. — Rapporteur. — Instruction écrite. — Prohibition des moyens nouveaux. — § 2. Instruction devant chambre des requêtes. — § 3. Instruction devant chambre civile. — Défaut. — Forclusion. — SECTION NEUVIÈME. Effets et autorité des arrêts de la cour. — Admission — Rejet. — Cassation. — Etendue de la cassation. — SECTION DIXIÈME. Renvoi après cassation.

1482. Instituée pour maintenir le respect et l'exacte observation de la loi dans tous les tribunaux, la Cour de cassation ne forme pas un degré de juridiction (V. nos 131 et 497). Elle n'est donc pas appelée à s'occuper des faits relatifs aux causes dans lesquelles sa censure est provoquée. Elle n'est pas chargée de réparer toutes les erreurs commises par les cours et tribunaux placés sous sa surveillance. Elle n'est point investie à leur égard d'un pouvoir de revision. Elle a exclusivement le droit et la mission d'examiner, non le bien ou mal jugé d'une décision judiciaire, mais si cette décision contient ou non quelque violation de la loi.

Le pourvoi en cassation est donc la voie de recours par laquelle un plaideur défère à la censure de la Cour suprême une décision judiciaire qui lui paraît avoir été rendue en violation de la loi.

La matière du pourvoi en cassation n'a pas été traitée par les auteurs du Code de procédure civile. Ses règles sont inscrites dans le Règlement du 28 juin 1738 et dans nombre de lois postérieures, dont les dispositions variées doivent être combinées entre elles. Bien des lacunes existent. La Cour de cassation s'efforce de les combler par sa jurisprudence. Nous pensons que les dispositions du Code de procédure doivent être appliquées par raison d'analogie, dans les cas non prévus par le Règlement de 1738 et les lois postérieures.

Nous ne nous occuperons que du recours en cassation formé par les parties litigantes, et laisserons à l'écart le pourvoi introduit dans l'intérêt de la loi.

SECTION I. — **Décisions judiciaires susceptibles de recours en cassation.**

1483. La détermination des décisions judiciaires susceptibles d'être attaquées par la voie du recours en cassation implique la solution de deux questions. De quelles juridictions doivent émaner ces décisions ? quel caractère doivent-elles présenter?

A. Juridictions. — En règle générale. sont sujets à recours en cassation les jugements et arrêts de toutes cours et tribunaux, rendus en matière civile ou commerciale. Ce principe comporte quelques exceptions ou restrictions.

1° Les jugements rendus par les juges de paix peuvent bien être attaqués par voie de recours en cassation; mais les causes de recours sont restreintes à une seule, l'*excès de pouvoir*. (L. 25 mai 1838, art. 15.) Néanmoins les juges de paix à compétence étendue, instituées en Algérie par le décret du 19 août 1854, constituent une juridiction territoriale, spéciale et distincte des justices de paix ordinaires, à raison des matières dont la connaissance leur est déférée et du taux de la compétence. En conséquence, l'article 15 de la loi du 25 mai 1838 n'est pas applicable aux décisions des juges de paix de cet ordre. Le recours contre ces sentences est ouvert pour toutes les causes ordinaires de cassation, conformément au droit commun (1).

(1) Cass., 26 juin 1882 (Droit du 27 juin 1882).

2° Les décisions des *prud'hommes pêcheurs*, ne devant pas nécessairement être écrites, ne sont pas susceptibles de recours en cassation. (V. n° 119.) Il en est autrement des décisions des conseils de prud'hommes ordinaires. Elles peuvent être attaquées par toutes les ouvertures à cassation autorisées par le droit commun.

3° En matière d'*arbitrage*, le recours en cassation n'est autorisé que contre les jugements des tribunaux rendus, soit sur requête civile, soit sur appel d'un jugement arbitral, et contre les jugements des tribunaux qui interviennent sur l'opposition à l'ordonnance d'*exequatur* apposée aux sentences rendues par les arbitres. (Pr. civ., art. 1028.)

1484. La Cour de cassation n'a pouvoir et juridiction que sur le territoire français. Les décisions des juridictions françaises sont seules soumises à sa censure. Mais les annexions et les démembrements de territoire opérés dans les trente dernières années ont soulevé quelques questions. — Une portion de territoire étranger est annexée à la France. Les habitants peuvent-ils se pourvoir devant la Cour suprême contre les jugements antérieurs à l'annexion? L'affirmative a été adoptée pour le cas où une voie de recours analogue à notre pourvoi en cassation était usitée dans le pays étranger avant sa réunion à la France. La négative s'impose dans le cas contraire, la sentence ayant acquis définitivement force de chose jugée.

Au cas de séparation de territoire, la Cour suprême doit rester saisie des pouvoirs régulièrement engagés avant l'acte constitutif de la séparation : mais on ne saurait désormais introduire devant elle un recours contre les décisions rendues avant la séparation par les tribunaux établis dans le territoire séparé.

L'article 3 § 6 de la convention du 11 décembre 1871, passée entre la France et l'empire d'Allemagne, approuvée par la loi du 9 janvier 1872, a réglé la question par une disposition particulière (1).

1485. — B. NATURE DES DÉCISIONS. — Pour être susceptible de recours en cassation, une décision doit réunir les caractères suivants. Elle doit : 1° constituer un jugement ; 2° être définitive ; 3° rendue en dernier ressort et 4° non passée en force de chose jugée.

1° La décision doit constituer un *jugement*, être un acte judiciaire

(1) V. Cass., 22 janvier, 12 février, 26 août et 20 novemb. 1872 (D. P. 1872. 1. 458).

résolvant un point litigieux comme une ordonnance sur référé. Ainsi un jugement *d'expédient* ne saurait être l'objet d'un pourvoi, pas plus qu'un arrêt rendu en matière d'adoption, un jugement d'adjudication en matière de saisie immobilière, de partage ou de succession bénéficiaire, ou que certaines décisions rendues en matière de faillite. (C. com., art. 583.)

1486. — 2° Le jugement attaqué doit être *définitif*, trancher et résoudre une question, sur le fond du litige ou sur un incident.

Les dispositions du Code de Procédure (art. 451 et 452) qui ont établi une distinction entre les jugements préparatoires et les jugements interlocutoires ou provisoires et permis l'appel contre ces derniers avant le jugement définitif, doivent être appliquées par *à fortiori* au pourvoi en cassation. Comment admettre, alors que l'appel n'est pas autorisé contre les jugements préparatoires, qu'un recours extraordinaire soit possible, en présence du principe que les parties ne peuvent employer une voie extraordinaire qu'après épuisement de la voie ordinaire? La loi manquerait d'harmonie. — Aussi plus de contestation aujourd'hui. Les jugements préparatoires en des matières de dernier ressort ne peuvent être attaqués par la voie du recours en cassation que conjointement avec le jugement définitif sur le fond. A l'égard des *interlocutoires*, les parties peuvent opter entre attendre que le jugement sur le fond soit rendu, ou se pourvoir immédiatement avant le jugement sur le fond, pourvu que la sentence interlocutoire ait statué définitivement sur quelque point (1).

Exemple. Une partie demande une enquête : une fin de non-recevoir est opposée par l'adversaire. Il allègue que la preuve testimoniale n'est pas admissible. Le tribunal repousse cette fin de non-recevoir et ordonne l'enquête. Il a statué *définitivement* sur l'admissibilité de la preuve testimoniale. — Un partage d'ascendant est attaqué pour cause de lésion. Le tribunal ordonne une expertise et décide que les biens donnés par le défunt seront estimés au jour du décès et non à celui du partage. Son jugement est définitif sur ce point; le pourvoi est possible.

L'option, laissée aux parties quant à l'époque du pourvoi à diriger contre un interlocutoire, cesse d'exister dans deux cas (n°s 1495 et 1498).

(1) Cass., 3 mai 1882 (Sir. 1883. 1. 314).

1487. — 3° Le jugement doit être *en dernier ressort*. Sinon, la voie de l'appel est ouverte : les parties doivent la prendre. Elles ne peuvent négliger l'appel et recourir au pourvoi en cassation. Les jugements *en premier ressort*, à l'égard desquels la voie de l'appel n'a pas été employée, ne peuvent être attaqués par la voie du recours en cassation, peu importe que la partie soit encore ou qu'elle ne soit plus déjà dans les délais de l'appel. La jurisprudence de la Cour suprême est constante en ce point et repose sur un double principe. Un plaideur ne peut recourir à une voie extraordinaire, tant qu'il peut espérer la réformation de la sentence à l'aide d'une voie de recours ordinaire. — Ne pas interjeter appel quand il est possible et en temps utile, c'est acquiescer implicitement à la sentence des premiers juges (1).

La qualification erronée, donnée par le tribunal à son jugement, n'exerce aucune influence. Est-il inexactement qualifié en premier ressort, rien ne s'oppose à ce qu'il soit immédiatement l'objet d'un pourvoi. A l'inverse, faussement qualifié en dernier ressort, alors qu'il ne devait être rendu qu'à charge d'appel, il ne pourrait être attaqué par la voie du recours en cassation. Ainsi, le pourvoi est non recevable, quoique le jugement ait été prononcé en dernier ressort, si ce jugement est attaqué pour cause d'*incompétence*. Tout jugement est en premier ressort et susceptible d'appel, lorsqu'il s'agit de compétence. (Pr. civ., art. 425 et 454.) Si donc, au point de vue de la compétence, le jugement n'a pas été préalablement attaqué par la voie de l'appel, le pourvoi en cassation fondé sur l'incompétence, même *ratione materiæ*, est irrecevable (2).

1488. 4° Le jugement ne doit pas avoir acquis *force de chose jugée*. Si la partie condamnée a acquiescé, expressément ou implicitement, à la sentence rendue contre elle, comment lui permettre de se pourvoir ensuite contre une décision qu'elle a approuvée (3) ? Ainsi l'exécution volontaire d'un jugement interlocutoire, sans protestation ni réserve, rend non recevable le pourvoi formé contre ce jugement, en même temps que contre le jugement définitif (4). Mais l'acquiescement implicite résultant de l'exécution du jugement devra être moins facilement admis comme fin de non-recevoir

(1) Cass., 23 mars 1881 et 21 mars 1882 (Sir. 1882. 1. 25 et 1883. 1. 455).
(2) Cass., 19 fév. 1878 ; 22 juin 1880 (Sir. 1881. 1. 23).
(3) Cass., 28 févr. 1883 (Sir. 1883. 1. 470).
(4) Cass., 3 mai 18?2 (Sir. 1883. 1. 314).

contre un pourvoi en cassation que contre un appel. L'appel étant suspensif, la partie condamnée peut, en interjetant appel, suspendre ou éviter l'exécution. En la laissant s'accomplir ou en concourant à cet accomplissement, elle renonce à l'appel. Le pourvoi en cassation n'étant pas suspensif de l'exécution de la sentence attaquée, toute exécution donnée à la sentence n'impliquera pas fatalement et nécessairement adhésion. L'intention d'acquiescer devra ressortir claire et précise de l'accomplissement des actes d'exécution. Ainsi l'exécution d'un arrêt, intervenue après commandement et menace de saisie, n'emporte ni acquiescement à cet arrêt, ni renonciation au pourvoi antérieurement formé. Au contraire, l'exécution spontanée de la part de la partie condamnée, avant toute signification du jugement ou de l'arrêt, sans aucune espèce de provocation de la part de l'adversaire, fera nécessairement présumer l'intention d'acquiescer au jugement. Cette règle a été fréquemment appliquée en matière d'expropriation pour cause d'utilité publique.

1489. Au point de vue de la recevabilité du recours en cassation, chacun des chefs du jugement ou de l'arrêt doit être considéré d'une manière distincte et dans ses éléments individuels. Ainsi un jugement peut contenir deux dispositions séparées dont l'une (sur la compétence par exemple) est susceptible d'appel et l'autre en dernier ressort (sur le fond) : si la partie s'est pourvue directement en cassation contre les deux, le pourvoi est non recevable quant à la première disposition qui aurait dû être l'objet d'un appel et qui est désormais passée en force de chose jugée. Il n'est admissible que relativement au second chef.

1490. C. Fins de non-recevoir. — Un jugement peut, par sa nature, rentrer dans la classe des décisions susceptibles de pourvoi en cassation, et cette voie de recours être néanmoins refusée. Contre le demandeur, s'élève alors une fin de non-recevoir tirée, soit de l'expiration des délais, soit de l'acquiescement formel, soit de l'exécution du jugement.

SECTION II. — Personnes engagées ou intéressées dans l'instance en cassation.

1491. Comme pour la matière de l'appel, la détermination des personnes engagées ou intéressées dans l'instance, introduite devant la Cour suprême par un pourvoi en cassation, doit être demandée aux règles générales de la loi civile. En conséquence, des réponses analogues (*mutatis mutandis*) à celles qui ont été données à propos de l'appel doivent être fournies aux questions : qui peut se pourvoir en cassation ? A qui profite le pourvoi formé ? Contre quelles parties peut-on se pourvoir en cassation ? Contre quelles personnes le pourvoi peut-il être invoqué ? Nous renvoyons donc le lecteur aux explications développées sous les nos 1361 à 1376.

SECTION III. — **Ouvertures à cassation.**

1492. Les ouvertures à cassation en matière civile sont au nombre de sept.

I° *Violation et fausse application de la loi.* (L. 27 nov. 1790, art. 3. — L. 20 avril 1810, art. 7.) La loi, que le demandeur prétend avoir été violée, doit être actuellement en vigueur ou l'avoir été à l'époque de la formation du contrat ou de l'acte qui a donné naissance au procès. Donc, pas de pourvoi en cassation possible pour violation du droit romain, ni d'anciennes coutumes, sauf pour actes passés sous leur empire, — d'un usage non consacré par la loi moderne, — de circulaires ministérielles, non obligatoires pour les parties et pour les tribunaux. — Mais le pourvoi est recevable pour violation de décrets ou d'ordonnances rendus par le pouvoir exécutif dans la limite de ses attributions, — de traités politiques qui sont constitutionnellement des lois de l'État.

La violation d'une loi étrangère ne peut donner, en principe, ouverture à cassation, sauf dans le cas où la violation de la loi étrangère est le principe d'une contravention à la loi française. Quand cette dernière prescrit d'appliquer la loi étrangère, la non-application de celle-ci constitue une violation de la loi française. Mais si le juge *déclare* dans sa sentence appliquer la loi étrangère, sa décision, alors même qu'elle interpréterait inexactement cette loi, ne donnerait pas ouverture à cassation. La loi étrangère est un pur fait que le juge apprécie souverainement, sans aucun contrôle de la part de la Cour suprême (1).

La contravention à la loi doit être *expresse*. Un jugement peut

(1) Cass., 12 février 1879. — Cass. belge, 9 mars 1882 (Sir. 1882. 4. 17).

être cassé, bien qu'il soit conforme à la *lettre* de la loi, s'il la méconnaît dans son esprit. Cette violation doit se trouver dans le *dispositif* du jugement ou de l'arrêt. Un motif erroné en droit ne peut donner ouverture à cassation, si le dispositif, qui est en réalité la sentence, est conforme à la loi et s'il existe d'autres motifs suffisants pour justifier la décision (1). Mais l'absence de motifs serait, par elle-même, une cause de cassation, pour violation de la loi du 20 avril 1810, art. 7. (Voir n° 918.)

La fausse application de la loi ou *erreur de droit* donne ouverture à cassation, lorsqu'elle en entraîne la violation et non lorsqu'elle constitue simplement un mauvais raisonnement. En principe, une *erreur de fait* ne peut donner ouverture à cassation ; elle ne constitue pas une violation de la loi et la Cour suprême ne peut modifier les déclarations de faits contenues aux arrêts à elle dénoncés. Mais la constatation ou la négation d'un fait serait une cause de cassation, si elle impliquait une erreur de droit ou une violation de la loi. *Exemple*. Un arrêt fixe la naissance ou le décès d'une personne à une autre date que celle qu'indique l'acte de l'état civil. — Un arrêt reconnaît qu'en fait tel enfant est adultérin, alors que le mari de la mère ne l'a pas judiciairement désavoué.

1493. II. *Incompétence et excès de pouvoir*,

A première vue, toute incompétence est un excès de pouvoir, et tout excès de pouvoir est une incompétence. Dans l'un et l'autre cas, le juge a franchi le cercle de ses attributions. Néanmoins un trait caractéristique distingue l'excès de pouvoir de l'incompétence.

L'incompétence atteint et frappe les jugements : elle implique empiètement sur les attributions d'un autre tribunal.

L'excès de pouvoir existe, lorsque le juge refuse d'accomplir ce que la loi ordonne, ou lorsqu'il se permet des actes interdits à toutes les juridictions, procède par voie de règlements généraux, ou intime des ordres aux agents de l'administration ou aux membres du ministère public. — L'excès de pouvoir est, non seulement une cause d'ouverture à cassation, mais constitue encore un moyen d'annulation sur requête du procureur général près la Cour de cassation.

Nous avons déjà distingué deux sortes d'incompétence. L'incom-

(1) Cass., 9 nov. 1878, 1er août 1883 (Sir. 1884. 1. 239).

pétence absolue ou *ratione materiæ*, moyen d'ordre public, peut être proposée en tout état de cause et doit même être suppléée d'*office* par la Cour suprême. L'incompétence relative ou *ratione personæ vel loci*, susceptible de se couvrir par le silence ou l'acquiescement des parties, ne peut fournir un moyen de cassation qu'autant que le déclinatoire a été élevé devant les juges du fond et que ceux-ci ont omis ou refusé d'y faire droit. (V. n°s 373 à 380, 525 à 534, 991 et 992.)

1494. III. *Violation des formes légales.* (L. 27 nov. 1790, art. 3. — L. 4 germ. an II, art. 2 à 4. — Cons. 5 fruct. an III, art. 255, et 22 frim. an VIII, art. 66.) Dans quels cas la violation des formes légales constitue-t-elle un moyen de cassation? dans quels cas est-elle une cause de requête civile? Nous avons déjà résolu cette double question sous le n. 1467.

IV. La *contrariété de jugements* ne donne ouverture à cassation qu'autant que les jugements contraires ont été rendus en différents tribunaux. Si les jugements avaient été prononcés par les mêmes tribunaux, la contrariété fournirait alors un moyen de requête civile. (Pr. civ., art. 480 et 504. — V. n. 1470). Les jugements ou arrêts doivent renfermer des décisions entièrement contradictoires et être inconciliables entre eux. Ce moyen de cassation ayant en réalité pour base la violation de la chose jugée, il n'est admissible que si les éléments constitutifs de l'autorité de chose jugée se présentent dans l'espèce qui donne lieu au pourvoi, s'il y a *eadem res, eadem personarum conditio, eadem petendi ratio*. (C. civ., art. 1351).

V. *Violation de la chose jugée.* La contrariété entre deux arrêts ou jugements émanées de la même cour ou du même tribunal donne ouverture à la requête civile, lorsqu'elle est ou paraît être le résultat d'une erreur de fait involontaire commise par les magistrats qui ont rendu ces deux arrêts ou jugements. Mais il y a violation de la chose jugée et le second arrêt ou jugement ne peut être attaqué que par la voie du recours en cassation, lorsque cet arrêt ou jugement est intervenu en connaissance du premier et malgré la fin de non-recevoir opposée à la partie demanderesse par le défendeur. (V. n. 1470.)

VI. *Omission de statuer.* Nous avons déjà expliqué sous le n° 1460 que l'omission de statuer donne ouverture tantôt à requête civile, tantôt à pourvoi en cassation (1).

(1) Cass., 13 févr. 1882, 28 mai 1883 (Sir. 1883. 1. 448).

VII. *Ultra petita.* Le grief pris de ce qu'un arrêt a statué *ultra petita* est, en principe, un moyen de requête civile ; mais il donne ouverture à cassation, lorsque la décision qui a accordé plus qu'il n'était demandé renferme, en outre, une violation de la loi. (V. n° 1469). (1).

Au fond, ces diverses ouvertures à cassation que la loi, la doctrine et la jurisprudence distinguent et classent pour obtenir une exacte appréciation ont toutes une base unique et commune, qui se cache sous des dénominations diverses, la *violation de la loi.*

SECTION IV. — **Délais**

La procédure du recours en cassation comporte plusieurs sortes de délais : celui pendant lequel le pourvoi ne peut être formé régulièrement ; le délai pendant lequel il doit l'être ; le délai accordé pour la signification de l'arrêt d'admission ; le délai pour comparaître. Tous ces délais sont francs. (L. 2 juin 1862, art. 9.)

§ 1er. *Délai pendant lequel le pourvoi ne peut être formé.*

1495. L'exercice du droit de recours en cassation peut être retardé par plusieurs causes.

1° Le recours contre un jugement ou arrêt susceptible d'opposition n'est pas recevable pendant la durée du délai accordé pour faire opposition. Le pourvoi n'est admissible que lorsque l'opposition est devenue impossible par suite de l'expiration du délai (2). Les motifs de cette règle sont identiques à ceux déjà présentés à propos de l'appel. (V. n° 1378.)

2° Le recours en cassation contre un jugement *préparatoire* ne peut être formé qu'après la prononciation du jugement définitif et conjointement avec le pourvoi dirigé contre ce jugement. Le recours est alors recevable, quoique le jugement préparatoire ait été exécuté sans aucunes réserves. (L. 2 brum. an IV, art. 14.)

Quant aux jugements *interlocutoires*, en principe, les parties ont la faculté de se pourvoir contre eux, sans attendre que le jugement définitif sur le fond soit rendu, ou de surseoir et de n'attaquer le jugement interlocutoire que conjointement avec le définitif. Elles jouissent d'une option, comme en matière d'appel. Mais cette option

(1) Cass., 31 mai 1880 et 5 avril 1882 (Sir. 1882. 1. 377).
(2) Cass., 26 janv. 1882 (Sir. 1883. 1. 96).

ne leur est plus accordée, et elles ne sauraient retarder leur pourvoi jusqu'à l'époque de la prononciation du jugement définitif sur le fond, dans deux cas : 1° Le jugement ou arrêt interlocutoire contient des chefs touchant au fond du droit, sur lesquels il a été définitivement statué. (V. n° 1379.) — 2° Un jugement interlocutoire a été frappé d'appel avant la prononciation du définitif sur le fond. La Cour d'appel a confirmé ou infirmé ; les parties n'ont plus d'option. Le pourvoi ne peut être retardé. (V. n° 1498.)

§. 2. *Délai pendant lequel le pourvoi doit être formé.*

1496. La loi du 27 novembre 1790 fixait le délai du pourvoi en cassation à trois mois. La loi du 2 juin 1862 l'a réduit à *deux* mois (art. 1er).

Avant cette loi, on discutait sur le point de savoir quel était le délai du pourvoi à l'égard des personnes établies en pays étranger. La loi de 1862 a fait cesser toute controverse. Elle augmente le délai normal d'une manière variable selon que le demandeur en cassation est domicilié en tels ou tels États étrangers, ou absent du territoire français, de l'Europe ou de l'Algérie pour cause de service public ou maritime. (V. art. 4 et 5 — Pr. civ., art. 73 et 44.)

Sauf ces prolongations, le délai accordé pour se pourvoir en cassation ne dépasse pas deux mois. Mais ce délai peut être d'une plus courte durée. — 1° Il est de *trois jours* pour le pourvoi dirigé contre le jugement rendu en matière d'expropriation publique, à partir de la notification du jugement. (L. 3 mai 1841, art. 20.) On discute le point de savoir, si ce délai si court ne doit pas être augmenté à raison des distances ; — 2° Le délai est de *quinze jours* contre la décision du jury d'expropriation et contre l'ordonnance du magistrat directeur, à partir de la décision (L. 3 mai 1841, art. 42) ; — 3° En matière électorale, le pourvoi doit être formé dans les *dix jours* qui suivent la notification de la décision du juge de paix. (Décret du 2 février 1852, art. 23 — Circul. minist. 12 juillet 1874.)

1497. Le délai pour se pourvoir en cassation court du jour de la signification du jugement ou de l'arrêt attaqué à personne ou à domicile. Tant que la sentence n'est pas signifiée, le délai ne court pas et le pourvoi peut être formé pendant trente ans. (V. n° 1381.)

Faut-il, pour faire courir le délai du pourvoi signifier le jugement ou l'arrêt, non seulement à la partie condamnée, mais encore à son avoué? Comme pour l'appel, nous adoptons la solution négative (V. n° 1382).

Encore comme en matière d'appel, l'auteur de la signification du jugement ou de l'arrêt avec réserve de se pourvoir ne se forclôt pas lui-même. (V. n° 1383.)

L'article 13 du règlement du 28 juin 1738 ne faisait courir le délai du pourvoi à l'égard des mineurs qu'à dater de la signification qui leur était faite après leur majorité. La Cour de cassation a considéré cette disposition comme abrogée par la loi du 27 novembre 1790, art. 14, qui n'accordait aux personnes domiciliées en France qu'un délai de trois mois à dater de la signification, sans faire de distinction. Le délai court à l'égard des jugements rendus contre des mineurs, à partir du jour où ces jugements ont été signifiés conformément à l'art. 444, Pr. civ. (V. n° 1384.) La Cour suprême repousse l'application de ce texte, malgré l'analogie complète et l'identité de motifs existant entre le cas d'appel et le cas de recours en cassation. Elle déclare suffisante la signification donnée au tuteur seul (1).

L'article 14 du règlement de 1738 prononçait, non pas seulement la suspension, mais l'interruption du délai, quand la partie condamnée venait à décéder avant que le délai fût expiré. Il ne faisait courir le nouveau délai qu'à dater de la signification faite à la personne ou au domicile des héritiers. L'ordonnance de 1667 renfermait une disposition semblable qui a été remplacée par l'art. 487, Pr. civ. Le législateur abrogeant l'une n'a pu vouloir conserver l'autre. Nous appliquons donc les art. 447 et 487, Pr. civ. (V. n° 1386.)

Appliquons aussi au pourvoi en cassation ce que nous disions à propos de l'appel sous le n° 1385.

1498. La règle que le délai du pourvoi court à partir de la signification du jugement à la partie comporte plusieurs exceptions.

A. A l'égard des jugements ou arrêts par défaut, le délai ne court qu'à compter du jour où l'opposition n'est plus recevable. (L. 2 juin 1862, art. 1er § 2. — V. n° 1387.)

B. En matière d'ordre, la signification de l'arrêt ou du jugement en dernier ressort donnée à l'avoué fait courir le délai du pourvoi en cassation, même contre la partie dont l'avoué a fait cette signi-

(1) Cass. 7 janv. 1862 (D. P. 1862. 1. 65).

fication. Il y a lieu d'appliquer l'art. 762, comme l'art. 764, Pr. civ. — Nous admettons aussi que la signification à l'avoué fait courir le même délai en matière de saisie immobilière. Puisque à l'égard de l'appel la loi applique à la saisie immobilière la même règle qu'en matière d'ordre, il nous paraît logique de régir la saisie, au point de vue du pourvoi en cassation, par la règle inscrite dans l'art. 764, P. civ.

C. Quant aux jugements *préparatoires*, le délai ne peut courir que du jour de la signification du jugement définitif. Le pourvoi est possible quoique le jugement ait été exécuté sans aucune réserve. (L. 2. brum. an IV, art. 14.)

D. Une distinction importante doit être signalée relativement aux décisions *interlocutoires*. S'agit-il d'un jugement interlocutoire en dernier ressort ou d'un arrêt interlocutoire rendu par le tribunal d'appel, les parties jouissent d'une option. Elles peuvent, ou se pourvoir immédiatement contre la sentence interlocutoire, ou ne se pourvoir que conjointement contre l'interlocutoire et contre le jugement ou l'arrêt définitif sur le fond. Dans ce cas, le délai du pourvoi à former contre la décision interlocutoire ne peut logiquement courir que du jour de la signification de l'arrêt définitif. — Changeons l'hypothèse. Un jugement interlocutoire a été rendu en *premier ressort*. Il a été frappé d'appel avant la prononciation du jugement sur le fond. La Cour a confirmé ou infirmé. Les parties n'ont plus d'option. Il y a une nouvelle instance distincte et séparée de l'instance au fond. Le pourvoi ne peut être retardé. Le délai court à compter du jour de la signification de l'arrêt infirmatif. — En outre, dans la première hypothèse, si le jugement interlocutoire rendu en dernier ressort, ou l'arrêt interlocutoire contient des chefs sur lesquels il a été statué définitivement, le pourvoi en cassation contre ces chefs de la sentence ne saurait être retardé jusqu'au jour où le jugement définitif au fond serait rendu. (V. n° 1379.)

1499. L'expiration du délai emporte déchéance. Nul ne peut, pour quelque motif que ce soit, en être relevé. Nous ne connaissons plus les *lettres de relief* admises dans l'ancien droit français. Les privilèges accordés à certaines personnes, comme les mineurs, auxquels le réglement de 1738 octroyait un délai de six mois, ont cessé d'exister depuis la loi du 27 novembre 1790, art. 14. Le délai expiré, le pourvoi est désormais irrecevable. Si, en fait il est formé, il doit être rejeté *d'office* par la Chambre des requêtes. La fin de non-recevoir qui résulte de la tardivité du pourvoi est d'ordre public.

§ 3. *Délai de la signification de l'arrêt d'admission.*

1500. L'arrêt d'admission prononcé par la chambre des requêtes ne suffit pas pour saisir de l'affaire la chambre civile. Cet arrêt, la requête du demandeur et les mémoires produits par lui doivent être signifiés au défendeur. Le délai dans lequel cette signification doit être faite est de *deux mois.* (L. 2 juin 1862, art. 2.) Il peut être augmenté, conformément aux articles 4, 5, 6 et 9 de la loi du 2 juin 1862, lorsque les parties ou l'une d'elles sont domiciliées hors du territoire continental de la France. Mais il ne peut pas recevoir l'augmentation à raison des distances édictée par l'article 1033, Pr. civ. — Ce délai est prescrit à peine de déchéance. — Cette déchéance est d'ordre public. Elle doit être prononcée d'*office* par la Cour suprême. Elle produit le même effet qu'un arrêt de rejet : en donnant à la décision attaquée l'autorité de la chose jugée, elle ferme au demandeur la voie ultérieure du recours, alors même qu'il se trouverait encore dans le délai utile pour se pourvoir.

§ 4. *Délai de comparution.*

1501. Le délai accordé au défendeur au pourvoi pour comparaître devant la chambre civile est d'*un mois* à partir de la signification de l'arrêt d'admission. Ce délai est susceptible d'augmentation, non à raison des distances et conformément à l'art 1033, Pr. civ., mais seulement dans le cas où les défendeurs habitent hors du territoire continental de la France. (L. 2 juin 1862, art. 3 et 6.)

Le délai pour la comparution devant la chambre civile expiré, si le défendeur n'a pas comparu, le demandeur en cassation peut obtenir un arrêt par défaut, sur le vu d'un certificat du greffe attestant la non-production. (L. 2 juin 1862, art. 7.)

SECTION V. — **Formes du pourvoi**

1502. Le pourvoi en cassation se forme en matière civile par une requête signée d'un avocat à la Cour de cassation. Cette requête, ainsi que les pièces qui y sont jointes, doit être déposée au greffe de la Cour de cassation. Le greffier est tenu d'en donner récépissé. — Cette formalité est exigée à peine de non-recevabilité du pourvoi. — La requête et toutes les pièces déposées à l'appui doivent être timbrées et enregistrées. (L. 3 brum, an VII, art, 24 — L. 28 avril 1816, art. 46).

La requête doit contenir l'indication des moyens de cassation, à peine de nullité. (Régl. du 28 juin 1738, titre IV, art. I et titre IX art. 1 et 2.) Ces moyens ne sont ordinairement indiqués que d'une manière sommaire. Il sont ensuite développés dans un mémoire *ampliatif*, qui peut être déposé un mois ou deux mois, selon la nature des affaires, à dater de l'inscription de la requête sur le registre général tenu au greffe. Dans ce mémoire, peuvent être présentés des moyens de cassation non indiqués dans la requête.

La requête et le mémoire ampliatif doivent indiquer le texte des lois prétendues violées et expliquer en quoi les prescriptions légales ont été violées ou faussement appliquées par l'arrêt attaqué. Sinon, la requête est rejetée et le demandeur déchu de son pourvoi. Cette déchéance doit être prononcée d'office par la Cour, si elle n'est proposée ni par le défendeur, ni par le ministère public (1).

Les pièces jointes à la requête sont : 1° une copie de la décision attaquée, copie *lisiblement et correctement* écrite ; cette copie est exigée à peine de déchéance du pourvoi (Règl. de 1738, tit. IV, art. 4) (2); 2° la quittance de la consignation de l'amende; 3° la copie des titres et actes invoqués à l'appui du pourvoi, pourvu qu'ils aient été produits devant les juges du fond. Pour justifier les moyens tirés de ces titres, il est absolument indispensable de présenter ceux-ci à la Cour. — La requête contient la mention des pièces annexées.

1503. Le demandeur en cassation est tenu de consigner, avant la remise de la requête au greffe, une amende de 150 francs, si le jugement ou arrêt attaqué est contradictoire, et de 75 francs, si la sentence a été rendue par défaut. Le demandeur qui succombe devant la chambre des requêtes est condamné à cette amende. Si la chambre civile rejette le pourvoi, il est condamné à une amende double. (Règl. de 1738. tit. IV, art. 5, 25, 35 à 37.)

L'obligation de consigner l'amende préalablement au pourvoi

(1) Cass. 22 mars 1880 (Sir. 1882. 1. 408).
(2) Cass. 13 avril 1881 (Sir. 1883. 1. 453).

est, en principe, imposée à tout demandeur et en toute matière. Mais cette règle souffre exception. Sont dispensés de consigner l'amende : l'État et ceux qui agissent en son nom, les personnes qui justifient de leur indigence dans la forme déterminée par la loi, et celles qui obtiennent l'assistance judiciaire. — Pour constater l'indigence, deux pièces sont nécessaires : 1° un extraitdu rôle des contributions constatant que le demandeur paye moins de 6 francs d'impôt ou ne paie aucune imposition ; 2° un certificat délivré par le maire de la commune, visé par le sous-préfet de l'arrondissement ou par le préfet dans l'arrondissement du chef-lieu du département (L. 14 brumaire an V, art. 2, — Cod. Inst. crim., art. 420) (1).

Une seule amende doit être consignée, quand il n'y a qu'un seul demandeur et un seul arrêt attaqué, cet arrêt contint-il des dispositions multiples et distinctes en faveur de différentes personnes. — De même, lorsque le pourvoi est formé contre deux jugements rendus dans la même instance et sur la même action, — comme un interlocutoire et un définitif. — Si les jugements sont *distincts* et différents dans leur objet comme dans leur effet, autant de consignations que de décisions attaquées. — Lorsque plusieurs personnes se pourvoient ensemble contre un jugement ou un arrêt, une seule consignation d'amende suffit pour toutes les parties, quand elles n'ont qu'un seul et même intérêt. Les demandeurs en cassation ont-ils des intérêts distincts et séparés, autant de consignations que de parties sont indispensables (2).

1504. Le demandeur et le défendeur au pourvoi en cassation doivent être tous deux représentés par des avocats à la Cour. Sont dispensés du ministère d'un avocat les pourvois formés au nom de l'État par les préfets ou par les directeurs des administrations générales de l'État.

1505. Expropriation pour cause d'utilité publique. — Diverses exceptions sont apportées aux règles précédentes en matière d'expropriation : — 1° Le pourvoi se forme par une déclaration au greffe du tribunal où le jugement a été rendu (L. 3 mai 1841, art. 20, 42). Cette déclaration n'est pas assujettie à l'exposé des moyens, ni à l'indication des articles de la loi que le demandeur prétend avoir été violés (3). Cet exposé et cette i ndication sont plu

(1) Cass. 6 avril 1882 (Sir. 1882. 1. 437).
(2) Cass. 17 août 1880 ; 4 mai et 14 juin 1881 (Sir. 1882. 1. 97).
(3) Cass. 11 février 1861 (cinq arrêts) (D. P. 1861. 1. 281).

tard produits devant la Cour dans un mémoire énonciatif. — Le pourvoi, formé par déclaration au greffe, doit être notifié dans la huitaine, soit à la partie, soit au préfet ou au maire, suivant la nature des travaux.

Dans la quinzaine de la notification du pourvoi, les pièces sont adressées à la chambre civile de la Cour de cassation. Une fois ces pièces enregistrées au greffe, les propriétaires expropriés ne peuvent plus présenter leurs mémoires ou leurs observations que par le ministère d'un avocat.

1506. Élections. — Le pourvoi en cassation contre les décisions rendues par le juge de paix, en matière électorale, doit être formé devant le greffier du juge de paix, soit par déclaration des parties, soit par forme de requête dressée par elles. Dans les vingt-quatre heures du pourvoi, le greffier de la justice de paix est tenu de faire parvenir les pièces au procureur général près la Cour de cassation.

Le pourvoi, en matière électorale, est dispensé : 1° de la consignation de l'amende ; 2° du ministère d'un avocat à la Cour de cassation. (Décr. 2 février 1852, art. 23. — Circul. minist. 29 septembre 1871, et 12 juillet 1874.) — Le législateur ne pouvait vouloir que l'exercice d'un droit politique fût interdit, en fait, aux citoyens peu favorisés par la fortune. L'égalité en matière politique se fût trouvé atteinte.

Mais le pourvoi peut être aussi régulièrement formé par requête présentée directement à la Cour suprême par les avocats à cette cour, si les parties, malgré la dispense qui leur est accordée, jugent à propos d'employer ce mode.

SECTION VI. — **Effets du pourvoi**

1507. A la différence de l'appel, le pourvoi en cassation n'est ni *dévolutif*, ni *suspensif*.

A). Le pourvoi n'est pas *dévolutif*. La Cour de cassation n'est point saisie des questions *de fait* sur lesquelles les premiers juges ont eu à statuer. En défendant à la Cour de cassation de connaître du fond des affaires, la loi attribue par cela même aux tribunaux et aux Cours d'appel le droit d'apprécier *souverainement* les faits et les circonstances matérielles des actes et des contrats, de constater leur existence, la volonté ou l'intention des parties. (V. nos 131 et 497.)

La Cour ne juge que le point de *droit*. Sous ce rapport même, le pourvoi n'a rien de dévolutif. L'effet de la dévolution est de donner à une Cour d'appel, non seulement le droit d'anéantir le jugement attaqué, mais aussi le pouvoir de rendre sur le fond du litige une *nouvelle sentence*, au lieu et place de la sentence infirmée ou annulée. Rien de semblable n'a lieu en cassation. Le pourvoi ne tend pas, comme l'appel, à faire *remplacer* une sentence inique ou erronée par un jugement juste et équitable, mais à faire *casser* simplement le jugement ou l'arrêt contre lequel il est dirigé. Le demandeur, s'il triomphe, n'obtiendra pas un nouveau jugement décidant la cause en sa faveur. Les plaideurs seront seulement et uniquement replacés dans l'état où ils étaient avant que le jugement, actuellement annulé, eût été rendu, sauf l'autorité morale de l'interprétation donnée à tel ou tel article de loi par l'arrêt de cassation. La Cour suprême *casse*, mais ne substitue pas une nouvelle décision au jugement cassé. Elle renvoie les parties à se faire juger par un tribunal du même rang que celui dont elle annule la sentence. C'est ce tribunal qui jugera le procès définitivement, sauf l'éventualité d'un nouveau recours en cassation. « Sous aucun « prétexte et en aucun cas, dit la loi du 27 novembre 1790 (art. 3), « le tribunal (de cassation) ne pourra connaître du fond des affaires. « Après avoir cassé les procédures ou le jugement, il renverra le « fond des affaires aux tribunaux qui devront en connaître. »

Le pourvoi n'est donc dévolutif à aucun point de vue. Mais de cette absence de dévolution, gardons-nous de tirer des conséquences exagérées et n'allons pas croire que si la Cour suprême ne peut prononcer sur l'existence ou la non-existence des faits, elle ne puisse pas davantage les apprécier et déterminer leur caractère légal. Le penser serait commettre une erreur. Aux tribunaux et aux Cours d'appel appartient le pouvoir de statuer *souverainement* et *définitivement* sur les circonstances de fait qui peuvent faire connaître l'intention des parties et d'interpréter le sens et la lettre des contrats ou des conventions. A la Cour de cassation revient le pouvoir de statuer sur l'application faite par les arrêts ou jugements aux conventions ou actes litigieux des dispositions de la loi déterminatrices du caractère d'un acte et des conditions auxquelles on peut reconnaître ce caractère. Si les tribunaux sont les juges du fait, la Cour de cassation a le pouvoir de vérifier si les conséquences, tirées par les juges des faits par eux constatés, sont juridiques. Telle est la règle. Elle a donné naissance, en pratique, à bien des difficultés d'application, et fort nombreux sont les arrêts de la Cour suprême, qui ont eu à délimiter la sphère des attributions respectives des Cours d'appel et de sa propre juridiction, Nous ne pouvons dans un ouvrage élémentaire descendre à l'examen détaillé de ces difficultés. Quelques applications du principe fourniront au lecteur une notion suffisante de cette intéressante matière.

Les juges du fond apprécient souverainement si une personne n'était pas saine d'esprit au moment où elle a écrit son testament, si cet acte est le fruit de la captation ou de la suggestion ; ils constatent l'état matériel de l'écrit testamentaire. Mais tombe sous la censure de la Cour suprême la question de savoir si cet écrit est ou n'est pas un testament, si telle disposition testamentaire constitue un legs universel ou un legs à titre universel, si elle renferme ou non une substitution prohibée. Le juge du fond constate les faits d'où il fait résulter la volonté d'opérer novation; mais la Cour suprême peut rechercher si les caractères légaux de la novation se rencontrent dans les faits constatés. Les Cours et tribunaux apprécient la pertinence ou la vraisemblance des faits dont les parties demandent à être autorisées à faire la preuve en justice: mais la Cour de cassation peut censurer la décision admettant l'existence des conditions légales du commencement de preuve par écrit, ou de celles de l'admissibilité de la preuve testimoniale. — La question de savoir si des présomptions sont graves, précises et concordantes est décidée par les juges du fond; mais celle relative à l'admissibilité ou au rejet du mode de preuve tombe sous l'appréciation de la Cour de cassation.

1508. B). Le pourvoi en cassation n'est pas, en principe, *suspensif*. L'exécution du jugement ou de l'arrêt attaqué suit son cours ordinaire, nonobstant le pourvoi. Fût-il certain, d'après les circonstances de la cause et la position particulière des parties, que l'exécution d'une sentence doive entraîner des effets irréparables pour le demandeur en cassation, ce motif n'autoriserait pas la Cour à interdire ou même à suspendre cette exécution, pas plus qu'à procurer des sûretés à ce demandeur. (Règl. de 1738, 1re part., tit. IV, art. 29. — L. 27 nov 1790, art. 16.)

Telle est la règle. Elle admet quelques dérogations. Dans l'ancien droit français, le pourvoi pouvait être déclaré suspensif par ordre exprès du roi. Dans le droit actuel, 1° le décret des 16-19 juille

1793 n'autorise l'exécution contre le trésor public et les diverses caisses de l'État d'un arrêt frappé d'un pourvoi en cassation, qu'à charge par celui au profit duquel l'arrêt a été rendu de donner au préalable, bonne et suffisante caution ; — 2° En matière d'inscription de faux, le pourvoi est suspensif dans le cas prévu par l'art. 241, Pr. civ. ; — 3° avant la loi du 31 mars 1854, il ne pouvait être passé outre à un nouveau mariage avant qu'il eût été statué sur le pourvoi dirigé contre l'arrêt déclarant le mariage dissous par la mort civile de l'un des époux ; — 4° En matière de divorce, le pourvoi est suspensif. Il n'en est pas ainsi, ni en matière de séparation de corps, ni au cas de nullité de mariage. (Cod. civ., art. 293.) Ce sont là des lacunes regrettables, surtout la dernière. Les époux auront pu contracter un deuxième mariage, qui sera nul si la Cour de renvoi n'admet pas la nullité de la première union.

SECTION VII. — **Pourvoi incident**

1509. Le défendeur en cassation peut-il, comme l'intimé en appel, former un pourvoi incident ? on en peut douter ; car le pourvoi incident, directement porté à la chambre civile par la force même des choses, ne subirait pas l'épreuve de la chambre des requêtes. Dans la pratique, chacune des parties ayant à se plaindre de quelque disposition d'un jugement en dernier ressort ou d'un arrêt, se pourvoit par la voie ordinaire devant la chambre des requêtes. En cas d'admission des divers pourvois, la jonction en est ordonnée par la chambre civile.

SECTION VIII. — **Procédure et instruction devant la Cour de cassation**

1510. En règle générale toutes les affaires civiles sont portées devant la chambre des requêtes et n'arrivent à la chambre civile ou devant les chambres réunies qu'après un premier examen. — Le pourvoi est d'abord soumis à la chambre des requêtes, qui prononce seulement et exclusivement sur l'admission ou le rejet du pourvoi. Celui-ci est-il admis, il est porté à la chambre civile qui prononce, après un nouvel examen, le rejet définitif du pourvoi, ou la cassation de l'arrêt ou du jugement attaqué, (Règl. de 1738, 1re part. tit. IV, art. 21. — L. 27 nov. 1790, art. 5.)

Cette règle souffre une double exception. Quelques affaires sont définitivement jugées par la chambre des requêtes; ce sont les recours en annulation formés par ordre du gouvernement contre les actes des juges entachés d'*excès de pouvoir ;* — les demandes en *règlement de juges* (Pr. civ., art. 363. V. n° 1188) ; — les demandes en *renvoi pour cause de suspicion légitime ou de sûreté publique* (V. n° 1191); — *la prise à partie* contre les Cours d'assises, les Cours d'appel ou l'une de leurs chambres. (V. L. 27 vent. an VIII, art. 60.)

A l'inverse, certains pourvois sont *directement* portés devant la Chambre civile : *en matière d'expropriation pour cause d'utilité publique;* les pourvois relatifs à la formation et à la revision des *listes électorales;* —les pourvois introduits, en matière civile, dans l'*intérêt de la loi,* par le procureur général près la Cour de cassation.

La procédure devant la Cour suprême comporte des règles générales applicables devant toutes les chambres et des règles spéciales propres à l'instruction particulière faite devant chaque chambre. Énumérons rapidement les unes et les autres, sans entrer dans des détails peu importants au point de vue théorique.

§ 1er. *Règles générales.*

1511. Les affaires sont toutes inscrites par ordre de dates et de numéros au moment de leur dépôt au greffe sur un registre général. — Les articles 7 à 12, 17 à 21 de l'ordonnance des 15-19 janvier 1826 règlent leur distribution.

1512. Rapport. — Toutes les affaires sont jugées sur le rapport fait par un conseiller à la Cour de cassation. (Règl. de 1738, 1re p., tit. IV, art. 20. — L. 27 novembre 1790, art. 13. — Ord. 15 janvier 1826, art. 13 à 16 et 36.)

1513. Conclusions. — L'instruction est toujours écrite : les conclusions des parties et les arguments par lesquels elles les justifient doivent être consignés, exposés et développés dans les mémoires produits par le demandeur et par le défendeur au pourvoi. Les plaidoiries des avocats ou des parties ne sont que des observations verbales, offrant le développement oral des conclusions posées et des moyens invoqués dans les mémoires écrits. La Cour ne peut n, répondre à des conclusions, ni s'arrêter à des moyens qui, proposés dans les observations verbales des avocats, ne figureraient pas dans la procédure écrite, sauf le cas où le moyen devrait même être suppléé *d'office* par la Cour, à raison de sa relation avec l'ordre public. (L. 27 novembre 1790, art. 12. — Ord. 15 janvier 1826, art. 37 et 38.)

Mais les parties ont-elles devant la Cour de cassation la liberté de proposer tous les moyens leur paraissant aptes à entraîner la cassation d'un arrêt ou d'un jugement ? Quelles conclusions peuvent-elles prendre ?

1514. En traitant la matière de l'appel, nous avons vu que la loi prohibait, en principe, les *demandes nouvelles*, par la raison qu'à l'égard de ces demandes, rien n'était à corriger, rien à réparer. (V. n° 1421.) *A fortiori*, en est-il de même devant la Cour de cassation. Nulle demande nouvelle ne peut être produite ; car à son égard les juges n'ont pu, ni violer ou faussement appliquer la loi, ni commettre un excès de pouvoir, puisqu'ils n'ont pas statué, et n'ont pas été appelés à statuer sur cette demande. — Mais les parties peuvent, en appel, à l'appui des demandes primitivement soumises aux premiers juges, invoquer des moyens nouveaux. Nous avons justifié cette faculté, en ajoutant que tout au contraire les *moyens nouveaux* doivent être écartés devant la Cour de cassation.

Des moyens de cassation qui n'ont pas été proposés devant les juges du fond ne peuvent être présentés devant la Cour suprême, à moins qu'ils ne touchent à l'ordre public. La défense de produire des moyens nouveaux est fort rationnelle. De quoi se plaint le demandeur en cassation ? D'une violation de la loi, d'une fausse interprétation, d'un excès de pouvoir ? Mais comment cette violation ou fausse interprétation a-t-elle pu être commise à l'égard d'un moyen non présenté aux juges de la Cour d'appel ou du tribunal ? comment ces juges auront-ils pu violer la loi ou l'interpréter faussement en ne se prononçant pas sur un moyen qui ne leur a pas été soumis, qu'ils n'ont pas été invités à apprécier et à adopter ou rejeter ? Quel grief peut-on relever contre leur science ou contre leur intégrité, s'ils ont régulièrement statué sur les conclusions qui leur ont été présentées ? Comment peut-on leur reprocher d'avoir violé une loi dont on ne les a pas mis à même de faire l'application ? Les juges de première instance ou d'appel ne sont pas astreints à suppléer aux lacunes que peuvent présenter les conclusions des plaideurs, sauf le cas où l'ordre public est intéressé. (L. 4 germ. an II, art. 4. — L. 7 nivôse an V.)

Les *arguments nouveaux* ou les raisons nouvelles, ne tendant qu'à justifier les moyens déjà employés, sont proposables devant la Cour de cassation, comme devant toute juridiction. La ligne de séparation entre les moyens nouveaux et les arguments, très nette en théorie, est souvent, en fait, fort délicate à tracer, comme la démarcation entre les demandes nouvelles et les moyens nouveaux. (V. n° 1428.)

La loi ne définit pas ce qu'il faut entendre par moyens nouveaux. Avec la Cour suprême elle-même, nous dirons que sont *nouveaux*, les moyens non discutés ou soumis aux juges, ni en première instance, ni en appel, — ceux qui, discutés en premier degré, n'ont pas été renouvelés au second, — ceux que les avoués ont omis de faire constater dans les qualités des jugements ou arrêts, en fût-il fait mention dans les écrits signifiés; on a pu les abandonner dans les les conclusions à l'audience.

Par exemple, doivent être considérés comme *nouveaux*, s'ils n'ont pas été déjà discutés devant les juges du fond, les moyens tirés : en matière de servitude de la destination du père de famille, — du défaut de transcription d'une donation, — de l'incapacité d'un des témoins d'un testament authentique, — du défaut de *bon* ou approuvé au bas d'un billet, — de l'autorité de la chose jugée ou de l'aveu judiciaire, — de la prescription, — du défaut de publicité d'un acte de société, — de ce qu'une commune, défenderesse à une action pétitoire, n'a pas été autorisée à interjeter appel, — de l'audition de témoins reprochés dans une enquête sommaire, — de l'audition d'un témoin sur un fait non relaté au jugement interlocutoire, — de la non-rédaction du procès-verbal dans une enquête sommaire, — de l'admission en appel d'une demande nouvelle, etc., etc. (1).

Mais à l'appui d'un moyen déjà proposé devant les juges du fond, le demandeur en cassation peut invoquer pour la première fois des *textes* de loi qu'il avait omis de viser et de signaler aux premiers juges.

Une exception à la règle de la non-recevabilité des moyens nouveaux est admise à l'égard des moyens touchant à l'*ordre public*, alors qu'ils ressortent soit de la nature du débat ou de la juridic-

(1) Cass. 7 janvier, 5 avril, 22 juin et 22 nov. 1880; 21 mars, 1, 14 et 20 juin 19 déc. 1881 ; 26 avril et 21 nov. 1882; 2 et 3 avril, 12 nov. 1883 (Sir. 1884, 1. — 30, 31, 56, 71, 110 et 120).

tion, soit des errements de la procédure mise sous les yeux de la Cour. — Un moyen, même touchant à l'ordre public, n'est pas susceptible d'être proposé pour la première fois devant la Cour de cassation, lorsque les faits sur lesquels il repose, ou les pièces et documents sur lesquels il est fondé, n'ont pas été invoqués ou produits devant lesjuges du fait. Ex. Le moyen tiré de l'expiration d'un délai d'appel (V. n° 1403) ne peut être proposé devant la Cour de cassation, lorsque les pièces qui établissent l'existence et la régularité de la signification servant de point de départ à ce délai n'ont pas été soumises aux juges d'appel. — A défaut de production devant les juges du fond, on ne peut demander pour la première fois devant la Cour de cassation la nullité de la cession d'un office public. Ces juges n'ont pu commettre une violation de la loi (1).

Le caractère même de la juridiction de la Cour suprême, la nature de ses attributions s'opposent à ce que les parties présentent devant elle des moyens mélangés de fait et de droit. La Cour de cassation a fréquemment fait l'application de cette règle, simple en théorie, souvent délicate au point de vue pratique (2).

1515. Ministère public. — Toutes les affaires portées devant la Cour de cassation sont communiquées au ministère public, institué pour veiller à l'observation de la loi et à la défense des intérêts généraux de la société (V. n° 566). Il doit donner ses conclusions à l'audience. (L. 27 ventôse an VIII, art. 89. — Ord. 15 janv. 1826, art. 22 à 24.). — Les parties et leurs avocats ne peuvent prendre la parole après le ministère public, mais seulement remettre au président de simples notes énonciatives, pour relever les erreurs qu'a pu commettre l'avocat général.

1516. Audiences. —En ce qui concerne la tenue des audiences, la délibération, la rédaction et l'expédition des arrêts, nous renvoyons le lecteur aux textes. (Règl. 28 juin 1738, 2e part., tit. XIII, art. 1 à 10. — L. 27 nov. 1790, art. 11, 17, et 18. — Ord. 15 janv. 1826, art. 5, 25 à 29, 33 à 35, 39 à 42.)

1517. Incidents. — Devant la Cour suprême peuvent se produire quelques-uns des incidents que nous avons vu naître devant les juridictions inférieures. Le règlement du 28 juin 1738 s'occupe de

(1) Cass., 22 et 28 déc. 1880 (Sir. 1882. 1. 99 et 367).
(2) Cass., 30 mai, 13 juillet et 28 nov. 1881; 28 juin 1882; 18 avril et 30 mai 1883 (Sir. 1883, 1. 123, 149, 209, 272, 441 et 447).

l'intervention, du désaveu, du faux incident, dans les titres VIII, IX et X de sa deuxième partie. Les dispositions du titre XI relatives à la récusation sont tombées en désuétude. — Les incidents dont s'occupe le titre VII du règlement surviennent fort rarement devant la Cour suprême. Quelques-uns même ne peuvent plus se produire, comme celui d'une enquête visé par les articles 27 et 28. La Cour ne connaît pas du fond des affaires. Le *désistement* reste soumis aux règles générales. — Quant à la *péremption*, nous avons admis qu'elle n'atteignait pas les instances pendantes devant la Cour de cassation. (V. n° 1234.)

§ 2. *Instruction devant la chambre des requêtes.*

1518. Devant la chambre des requêtes la procédure n'est pas contradictoire, sauf dans le cas de demande en règlement de juges. La partie qui a obtenu le jugement ou l'arrêt contre lequel le pourvoi est dirigé n'est point appelée devant la Chambre des requêtes. Elle n'a aucun intérêt à y être représentée. Car, de deux choses l'une : ou le pourvoi sera rejeté et cette partie conservera alors le bénéfice du jugement ou de l'arrêt qu'elle aura obtenu ; ou le pourvoi sera déclaré admissible et elle sera alors appelée devant la chambre civile pour y fournir ses moyens.

Dans cette première phase de l'instruction du pourvoi, tout se passe entre le demandeur, le ministère public et la Cour. Aussi cette chambre ne rend-t-elle pas d'arrêt par défaut. — Néanmoins, dans les causes importantes, un usage établi permet au défendeur de faire distribuer aux magistrats de la chambre des requêtes, au parquet et à l'avocat du demandeur, une consultation ou mémoire à l'appui de la décision attaquée. — L'avocat chargé des intérêts du *défendeur éventuel* a d'ailleurs le soin de s'inscrire au greffe, afin d'être averti du jour où la cause sera appelée. C'est ce qu'on appelle *s'inscrire en surveillance.*

1519. La chambre des requêtes n'a pas pour mission de prononcer la cassation de la sentence, objet du pourvoi. Son rôle est plus restreint. Elle doit examiner si les moyens présentés à l'appui du pourvoi sont graves et sérieux, ou s'ils n'ont, au contraire, aucun fondement. (V. n° 128.) Les moyens lui paraissent-ils sans valeur, elle *rejette* le pourvoi ; tout est terminé. L'arrêt de *rejet* doit être *motivé* ; car il emporte solution définitive du litige, en maintenant au jugement attaqué son plein et entier effet, en lui donnant une force irréfragable. — Au contraire, les moyens invoqués par le demandeur en cassation paraissent-ils à la chambre être graves et sérieux, susceptibles de faire naître des doutes raisonnables sur la régularité de la décision attaquée, la Cour déclare le pourvoi *admissible*. Alors, mais alors seulement, il peut être porté devant la chambre civile. — L'arrêt d'*admission* ou *de soit communiqué* n'est pas motivé : car les motifs qu'adopterait la chambre des requêtes constitueraient un préjugé quelquefois embarrassant pour les magistrats de la chambre civile.

L'arrêt d'admission ordonne la communication au défendeur de la requête introductive du pourvoi et du mémoire ampliatif, s'il y en a un. Cette requête et ce mémoire sont reproduits dans l'arrêt lui-même. La procédure va entrer dans une nouvelle phase : elle va devenir contradictoire.

§ 5. *Instruction devant la chambre civile.*

1520. L'arrêt d'admission doit être signifié au défendeur dans les deux mois de sa date, sous peine de déchéance. Cette signification a un double but : faire connaître au défendeur les moyens du demandeur ; l'assigner à comparaître devant la chambre civile. Cette signification est faite, à personne ou à domicile, aux parties dénommées dans l'arrêt d'admission. Si le défendeur est domicilié à Paris, la signification est donnée par le ministère de l'un des huissiers spécialement attachés à la Cour suprême. Le défendeur est-il domicilié en tout autre lieu, la signification est donnée par un huissier ordinaire. Autant de copies que de défendeurs au pourvoi.

Le délai de comparution octroyé au défendeur est d'un mois. (V. 1501.) Dans ce délai, il doit constituer un avocat et celui-ci doit déposer son mémoire en défense.

Le demandeur en cassation pour saisir la chambre civile dépose au greffe la grosse de l'arrêt d'admission, dont les qualités rédigées au greffe de la cour contiennent la requête introductive du pourvoi et le mémoire ampliatif. Il y joint l'original de l'exploit de signification de l'arrêt d'admission.

Le délai pour la comparution devant la chambre civile expiré, si le défendeur n'a pas comparu, le demandeur peut obtenir un arrêt par défaut, sur le vu d'un certificat du greffier attestant la non-production. (L. 2 juin 1862, art. 7.) — Mais le délai n'est pas fatal, en ce sens que, tant que la chambre civile n'a pas prononcé, le défendeur peut être admis à produire son mémoire en défense. — Quand, après avoir constitué un avocat, la partie ne produit pas ses pièces, elle peut être jugée *par forclusion*. L'arrêt *par défaut* est susceptible d'opposition. L'arrêt *par forclusion* est déclaré, au contraire, contradictoire et irrévocable. Il peut être prononcé contre le demandeur comme contre le défendeur. (Règl. 28 juin 1738, 2e part., tit. II, art. 1 à 16 ; — tit. V, art. 1 à 5.) On ne connaît pas devant la cour le *défaut-congé*.

Les deux plaideurs ayant produit, l'affaire est en état. Nulles autres écritures ne passent en taxe, sauf le cas où le rapporteur ou le ministère public réclame la production de nouvelles pièces.

La chambre civile statue sur le pourvoi par un arrêt de rejet ou par un arrêt de cassation.

Devant les chambres réunies, la procédure à suivre pour instruire et juger l'affaire est exactement la même que celle suivie devant la chambre civile. Mais le pourvoi, avant que d'être porté devant elles, passe par la double filière de la chambre des requêtes et de la chambre civile.

SECTION IX. — **Effets et autorité des arrêts de la Cour de cassation.**

1521. La Cour de cassation rend des arrêts de plusieurs espèces, savoir : 1° des arrêts de *rejet* qui peuvent être prononcés par chacune des chambres et par les chambres réunies de la cour ; 2° des arrêts d'*admission* qui ne peuvent être rendus que par la chambre des requêtes ; 3° des arrêts de *cassation* qui sont prononcés par la chambre civile, par les chambres réunies et par la chambre des requêtes, lorsqu'il s'agit d'actes entachés d'excès de pouvoir. Dans le dispositif des arrêts de cassation, prononcés par la chambre civile ou par les chambres réunies, se trouve un *renvoi* de l'affaire devant un autre tribunal ou une autre cour que celui ou celle dont la décision a été cassée.

1522. Arrêt de rejet. — L'effet d'un arrêt de rejet est de donner à la décision attaquée la force de la chose irrévocablement jugée et de proscrire toute possibilité de nouvelle contestation et de nouveau recours, dans la même affaire, entre les mêmes parties. — L'autorité de la chose jugée, ainsi acquise par la décision attaquée, ne peut être opposée qu'aux personnes qui étaient parties dans l'instance en cassation.

Le demandeur en cassation est condamné à l'amende. Il est alloué au défendeur, qui obtient devant la chambre civile un arrêt de rejet, pour réparation du préjudice causé par le pourvoi, une indemnité de 150 ou 75 francs, selon que la décision attaquée était contradictoire ou rendue par défaut. (Règl. de 1738, 1re part., tit. IV, art. 35.)

Tout arrêt de rejet doit être motivé ; les motifs donnent la garantie d'un examen sérieux et approfondi. Cet arrêt est inattaquable : aucun recours, ni requête civile, ni tierce opposition, ne saurait être admis.

1523. Arrêt de cassation. — La cassation ne peut avoir d'influence qu'à l'égard des personnes qui ont été *parties* devant la Cour suprême. Celles-ci sont remises au même et semblable état qu'elles étaient avant les arrêts cassés. Les plaideurs qui ont obtenu un arrêt de cassation ne sauraient avoir des droits plus étendus que ceux dont ils jouissaient auparavant.

Par suite, la cassation opère la nullité de tout acte d'exécution accompli en vertu de l'arrêt cassé. Cet acte est rétracté de plein droit, alors même que la cour de renvoi statuerait dans le même sens que l'arrêt cassé. Ainsi est nulle l'inscription hypothécaire prise en vertu de l'arrêt cassé ; les sommes payées doivent être intégralement restituées (1).

Il en serait cependant autrement et l'acte d'exécution serait maintenu, dans le cas où le jugement définitivement confirmé par la cour de renvoi était *exécutoire* par provision, alors que l'exécution a eu lieu tant en vertu de ce jugement que de l'arrêt confirmatif (2).

1524. La cassation d'un arrêt rend *non avenus* tous les actes de procédure accomplis et entraîne l'annulation des jugements ou arrêts rendus en vertu de l'arrêt cassé. Ainsi la cassation d'un jugement ou arrêt interlocutoire ordonnant une enquête entraîne celle

(1) Cass., 24 juillet et 30 août 1882 (Sir. 1884, 1. 220).
(2) Cass., 2 janv. 1884 (*Droit*, 5 janv. 1884).

de l'arrêt définitif rendu pendant l'instruction du pourvoi ; celle d'un arrêt rejetant une fin de non-recevoir opposée par le défendeur entraîne virtuellement l'annulation de la décision qui a été rendue sur le fond de la demande.

La cassation d'un jugement ou d'un arrêt ne s'étend qu'à celles des dispositions de ce jugement ou de cet arrêt qui ont été l'objet du pourvoi. Elle ne peut avoir plus d'étendue que le moyen qui lui sert de base. Elle laisse subsister comme passées en force de chose jugée toutes les dispositions de l'arrêt, qui n'ont pas été visées par le pourvoi ou qui ont été maintenues en suite du rejet des moyens proposés contre elles, à moins qu'elles ne se rattachent aux chefs cassés par un lien d'indivisibilité ou de dépendance nécessaire. Quand les chefs de l'arrêt cassé, dépendants les uns des autres, forment un tout indivisible, la cassation de cet arrêt ne peut être que totale. La cause et les parties sont remises en l'état où elles étaient avant l'arrêt annulé. La cour de renvoi est compétente pour statuer sur tous les chefs de demande débattus dans la première instance et sur tous les points qui se relient par un rapport nécessaire à la sentence cassée ou qui en sont une conséquence. Ainsi les dispositions relatives aux intérêts d'une créance tombent de plein droit par la cassation du jugement sur le chef relatif au capital de cette créance (1).

1525. L'amende consignée est restituée au demandeur en cassation.

Les arrêts de cassation sont officiellement imprimés dans un bulletin et transcrits sur les registres des tribunaux dont les sentences ont été cassées. (L. 27 vent. an VIII, art. 85.)

Ces arrêts doivent être signifiés aux avocats des parties perdantes, à peine de nullité de toutes procédures et exécutions antérieures à cette signification, alors même que les arrêts auraient été signifiés aux parties elles-mêmes.

1526. Dépens. — En cas de rejet, les dépens sont mis à la charge du demandeur qui succombe. — Les dépens de cassation ne suivent pas le sort de ceux du fond du procès. La cour condamne *définitivement* la partie qui succombe devant elle aux dépens faits à l'occasion du pourvoi. Ils ne sont jamais sujets à restitution.

(1) Cass., 25 juin 1883 (Sir. 1884, 1. 110).

SECTION X. — **Renvoi après cassation.**

1527. Après une cassation, la Cour suprême est tenue de renvoyer la connaissance du litige devant une cour ou un tribunal autre que celle ou celui dont la décision a été annulée. L'affaire y sera plaidée, examinée et de nouveau jugée. (L. 27 nov. 1790, art. 3,20 et 21. — L. 2 brum. an IV, art. 24. — L. 27 vent. an VIII, art. 87.) Même en cas d'annulation, pour contrariété entre deux jugements, du second de ces jugements, par application de l'article 504 Pr. civ., la Cour de cassation doit prononcer le renvoi de la cause devant d'autres juges et ne pas se borner à ordonner le maintien du premier jugement : ce serait là connaître du fond de l'affaire.

1528. La signification de l'arrêt de cassation portant renvoi est nécessaire pour procéder régulièrement devant la nouvelle cour. Cette signification emporte assignation.

Devant la cour de renvoi, les parties ne peuvent pas recommencer la procédure. Les requêtes que se signifieraient les avoués seraient frustratoires. — L'intimé peut former devant cette cour l'appel incident qu'il avait négligé d'élever devant la cour dont l'arrêt a été cassé.

1529. Les effets du renvoi ont la même étendue et portée que ceux de la cassation. Le renvoi ne peut comprendre que les parties ayant figuré au pourvoi comme demanderesses ou comme défenderesses. La cour de renvoi n'est saisie que des chefs qui ont fait l'objet de la cassation.

En prononçant un renvoi, la Cour suprême ne fait qu'indiquer une juridiction. Les parties peuvent faire usage devant la cour de renvoi de tous les moyens, de toutes les défenses, exceptions ou fins de non-recevoir autorisées par la loi. Elles peuvent, sans changer la demande, modifier leurs conclusions. — Mais si la cassation n'a été que *partielle*, le tribunal de renvoi ne pouvant juger que le chef du litige qui a été l'objet de la cassation, les parties ne pourront faire porter leurs conclusions que sur ce chef.

1530. La cour de renvoi n'est liée en aucune manière par la doctrine de la Cour suprême, doctrine qu'elle peut adopter ou repousser, sans toutefois s'arroger le droit de l'apprécier ou de la critiquer dans son arrêt.

La cour de renvoi se prononce-t-elle dans le même sens que la Cour suprême, le défendeur originaire à la cassation a le droit de se pourvoir, à son tour, contre la décision nouvelle, sans qu'on puisse lui opposer une fin de non-recevoir tirée de la chose jugée. Il importe peu que le pourvoi soit fondé sur le même moyen de défense qui avait donné lieu à la cassation de la première décision.

La cour de renvoi peut juger comme celle dont l'arrêt a été cassé, sans qu'il y ait lieu à nouvelle cassation, si son arrêt est fondé sur de nouveaux motifs.

Lorsque après la cassation d'un premier arrêt ou jugement rendu en dernier ressort, le deuxième arrêt ou jugement rendu dans la même affaire, entre les *mêmes parties*, procédant en la *même qualité*, est attaqué par les *mêmes moyens* que le premier, la Cour de cassation prononce, toutes chambres réunies. Si le deuxième arrêt ou jugement est cassé de nouveau, la Cour suprême renvoie l'affaire devant une autre cour d'appel ou un autre tribunal.

Mais cette nouvelle cassation, sur quels motifs repose-t-elle ? Les pouvoirs de la troisième cour varient d'après ces motifs. Le deuxième arrêt ou jugement est-il cassé par les *mêmes motifs* que le premier, la cour d'appel ou le tribunal auquel l'affaire est renvoyée doit se conformer à la décision de la Cour de cassation sur le point de droit jugé par cette cour. Mais sur le *point de droit* seulement et dans cette *seule* affaire. — Le lendemain de la prononciation de sa sentence, le jour même, dans tout autre litige, si la même question de droit se soulevait, la cour ou le tribunal pourrait la résoudre contrairement à la jurisprudence de la Cour suprême.

En pratique, pour éviter aux parties les lenteurs et les frais d'un double pourvoi en cassation, les tribunaux et les cours ne s'écartent presque jamais d'une jurisprudence consacrée par les chambres réunies, à moins qu'une conviction profonde et raisonnée ne les persuade de l'erreur commise par la Cour suprême. L. 1-2 avril 1837, art. 1 et 2.)

CHAPITRE IV

PRISE A PARTIE

(LIV. IV, TIT. III. ART. 505 A 516).

SOMMAIRE. — Nature de cette voie de recours. — Sens du mot *juges* dans l'art. 505 Pr. civ. — § 1er. Cas de prise à partie. — § 2. Tribunal compétent. — § 3. Procédure. — § 4. Jugement de la prise à partie.

1531. La prise à partie est une action spéciale et extraordinaire par laquelle un plaideur poursuit contre un juge la réparation du dommage qu'il lui a causé *en sa qualité de juge*.

Nous avons déjà indiqué le motif pour lequel les législateurs ont placé la prise à partie parmi les voies extraordinaires pour attaquer les jugements (V. n° 1445.)

L'action en dommages et intérêts à laquelle un magistrat peut être soumis en sa qualité *de juge* a des règles propres. Elle s'écarte du droit commun.

En principe, quiconque commet une faute délictueuse ou contractuelle et cause ainsi un dommage à autrui est obligé de le réparer. (C. civ., art. 1146 et s.; — art. 1382 et s.) Le juge ne répond que des conséquences de la *fraude* par lui commise. Il n'est pas responsable des simples fautes, des erreurs fatalement inhérentes à la faillibilité de l'intelligence humaine. Quel homme eût été assez présomptueux pour oser essayer de rendre la justice à ses concitoyens, s'il eût dû répondre de ses simples erreurs? Qui eût pu se flatter d'appliquer justement et sainement, sans se tromper jamais, l'ensemble des règles du droit? Quelle déconsidération n'eut pas atteint la justice, et la magistrature chargée de la rendre, si les plaideurs, toujours mécontents des sentences qui les condamnent, avaient pu faire descendre de son siège le juge dont ils auraient cru avoir à se plaindre? L'autorité de la loi elle-même eût été compromise; n'est-elle pas étroitement liée à la dignité de ses organes et de ses représentants? Mais ceux-ci ne sauraient avoir la faculté de la violer sciemment et impunément. La dignité même des juges exige que les magistrats, qui se rendraient coupables de fraude, soient recherchés dans les cas graves que la loi a dû déterminer.

Une action en dommages et intérêts, dirigée contre un particulier, est soumise, quant à la compétence du tribunal et quant aux formalités de procédure, aux règles du droit commun. Sous l'un et sous l'autre point de vue, la prise à partie est régie exceptionnellement.

1532. D'après l'art. 505 Pr. civ., les personnes qui peuvent être prises à partie sont les *juges*. Cette expression générale comprend toutes les personnes investies du pouvoir de rendre la justice : les juges de paix, les prud'hommes, les juges des tribunaux de commerce, des tribunaux de première instance, de cours d'appel, etc. Peu importe que les fonctions soient permanentes ou accidentelles. Ainsi ne peuvent être recherchés que par la voie de la prise à partie les avocats ou avoués appelés à compléter un tribunal ou une cour. — Quant aux membres du ministère public, la question a été autrefois controversée. Mais il est certain que la loi, par l'expression *juges*, a voulu désigner les magistrats qui concourent aux jugements : or les tribunaux ne peuvent, dans bien des cas et à peine de nullité, rendre leurs décisions qu'après avoir entendu les conclusions du ministère public. La jurisprudence admet que les règles de la prise à partie s'appliquent aux personnes qui ont agi comme officiers de police judiciaire ou auxiliaires du ministère public, tels que maires, adjoints, gardes champêtres, gardes forestiers, etc. (1).

Le greffier ne rend pas la justice; il ne concourt pas à l'élaboration de la sentence rendue par le tribunal. La prise à partie lui est étrangère. Il ne peut, en principe, être actionné que conformément au droit commun, sauf dans les cas prévus par les articles 164 et 370 Code. d'instruction. criminelle.

§ 1er. *Cas de prise à partie.*

1533. Les juges peuvent être pris à partie dans les cas suivants (Pr. civ., art. 505) :

1° S'ils se sont rendus coupables d'un dol, d'une fraude, ou d'une

(1) Cass., 14 juin 1876; 4 mai 1880; 27 juin 1881 (Sir. 1883. 1. 319).

concussion, soit dans le cours d'une instruction, soit lors des jugements;

2° Dans les cas où la loi autorise expressément la prise à partie : les lois civiles n'indiquent aucun cas particulier où cette sanction soit établie, mais le Code d'instruction criminelle en offre plusieurs (C. instr. crim., art. 77, 112, 164, 271, 370) ;

3° Lorsque la loi déclare les juges responsables à peine de dommages et intérêts (Pr. civ., art. 15 et 928. — C. com., art. 647);

4° S'il y a de leur part déni de justice. — Il y a déni de justice, lorsque les juges refusent de répondre les requêtes, négligent de juger les affaires en tour d'être jugées (Pr. civ., art. 506), ou refusent de statuer, sous prétexte du silence, de l'obscurité ou de l'insuffisance de la loi. (Cod. civ., art. 4.) — Un simple retard ne suffit pas pour autoriser la prise à partie : le juge doit être mis en demeure de statuer. La partie, qui veut mettre un juge ou un tribunal en demeure d'agir, doit lui adresser, à cet effet, deux réquisitions, de trois jours en trois jours pour les juges de paix et de commerce, et de huitaine en huitaine au moins pour les autres juges. Ces réquisitions ne sont pas directement signifiées aux juges eux-mêmes. Une interpellation directe ne s'harmoniserait pas avec le respect dû au caractère du magistrat. Les rédacteurs du Code ont pensé qu'il était plus convenable de faire parvenir ces réquisitions au juge par l'intermédiaire du greffier. C'est au greffe du tribunal qu'elles doivent donc être signifiées. — Tout huissier requis est tenu de les faire, à peine d'interdiction. Cette pénalité prévient la résistance que l'huissier, par suite de l'état de dépendance où il se trouve par rapport aux membres du tribunal, aurait pu apporter à l'exercice du droit des parties. — Lorsque le juge n'a point satisfait aux réquisitions qui lui ont été faites, le déni de justice est constaté : la voie de la prise à partie est ouverte. (Pr. civ., art. 507 et 508.)

§ 2. *Tribunal compétent pour statuer sur la prise à partie.*

1534. Distinguons avec l'article 509 Pr. civ. — La prise à partie contre les juges de paix, contre les tribunaux de commerce ou de première instance, ou contre quelqu'un de leurs membres, doit être portée devant la cour d'appel du ressort. — Il en est de même de celle qui est formée contre un ou plusieurs membres d'une cour d'appel ou d'une cour d'assises.

La prise à partie, formée contre une cour d'appel, une chambre entière d'une cour d'appel ou une cour d'assises, doit être portée, d'après l'art. 509 Pr. civ., devant la *haute cour*. Cette haute cour n'existant pas, la Cour de cassation la remplace. (L. 27 novembre 1790, tit. Ier, art. 2. — L. 27 ventôse an VIII, art. 60.)

La prise à partie contre un conseiller de la Cour de cassation doit être portée, par analogie de la disposition de l'art. 509, devant la Cour de cassation. — Quant à la prise à partie contre la Cour de cassation elle-même, elle est impossible. Il n'existe aucune juridiction supérieure à cette cour.

§ 3. *Procédure de la prise à partie.*

1535. La prise à partie doit passer par une double filière. Elle ne peut être formée sans une autorisation préalable accordée par la cour compétente pour y statuer. Le plaideur, qui veut user de cette action spéciale, doit tout d'abord adresser à cette cour une *requête en permission*. (Pr. civ., art. 510. — Tarif, art. 150.)

Cette requête doit être signée du demandeur ou de son mandataire par procuration spéciale et authentique. La procuration et les pièces justificatives, s'il y en a, doivent être annexées à la requête, à peine de nullité. (Pr. civ., art. 511.)

Cette requête ne doit contenir aucun terme injurieux contre les juges, à peine contre la partie de telle amende, et contre son avoué de telle injonction ou suspension qu'il appartiendra. (Pr. civ., art. 512.)

Sur cette requête, la cour examine s'il y a lieu d'accorder ou de refuser l'autorisation de poursuivre. Cet examen s'opère et la décision est rendue en la chambre du conseil. Le débat n'est pas contradictoire : le juge inculpé n'y est point appelé. Le demandeur a le droit de présenter ou de faire présenter par un avocat des observations orales à l'appui de sa requête. Le ministère public doit être entendu : la question engageant l'honneur d'un organe de la loi, d'un membre d'une juridiction, l'ordre public se trouve intéressé à la décision.

1536. La requête est-elle rejetée, la cour refuse-t-elle l'autorisation de poursuivre, le demandeur doit être condamné à une amende qui ne peut être moindre de 300 francs, sans préjudice des dommages et intérêts envers le juge, s'il y a lieu. (Pr. civ., art. 513.)

Si la requête est admise, le requérant peut former sa demande de prise à partie. A cet effet, il assigne le juge par lui inculpé et lui signifie les copies de la requête, de l'arrêt d'admission et des pièces justificatives annexées à la requête. — L'assignation et les significations doivent être remises directement au juge, à sa personne ou son domicile, dans les trois jours de l'arrêt autorisant la poursuite. Elles ne passent pas par l'intermédiaire du greffier.

Le juge est tenu de fournir sa défense dans la huitaine.

1537. A partir du jour où la prise à partie a été formée et tant qu'elle n'a pas été définitivement jugée, le juge inculpé doit s'abstenir de connaître, non seulement du litige à l'occasion duquel la prise à partie a été introduite, mais encore de tous les procès que le poursuivant, ses parents en ligne directe, ou son conjoint peuvent avoir dans le tribunal, à peine de nullité des jugements. (Pr. civ., art. 514.)

1538. La prise à partie est portée à l'audience par un simple acte d'avoué à avoué.

La prise à partie est jugée en audience solennelle par les chambres réunies. (Décr. du 30 mars 1808, art. 22.) Quelques arrêts et quelques auteurs pensaient que le décret de mars 1808 avait abrogé implicitement l'article 515 Pr. civ., et notamment la règle d'après laquelle le fond du procès doit être soumis à des juges différents de ceux qui ont autorisé la prise à partie. En conséquence, dans les cours composées de deux chambres, l'audience solennelle pouvait être constituée quoique les membres de l'une des deux chambres, ayant autorisé la poursuite, eussent déjà connu du procès. En ce cas, d'après ces auteurs et arrêts, nulle nécessité de demander à la Cour suprême la désignation d'une autre cour, par voie de règlement de juges. — La Cour de cassation a nettement rejeté cette opinion. Elle juge, et avec raison selon nous, que le décret du 30 mars 1808 n'a pas abrogé implicitement l'article 515 Pr. civ. Aucune inconciliabilité n'existe entre ces deux dispositions. Elles se combinent et s'harmonisent pour accroître les garanties d'impartialité de la décision à rendre. En conséquence, si l'audience solennelle ne peut être composée qu'en faisant appel à des magistrats ayant siégé dans la chambre qui a autorisé la poursuite, la cour saisie doit se déclarer incompétente pour statuer au fond. Les parties doivent alors, conformément à l'art. 515 Pr. civ., s'adresser à la Cour suprême. Cette hypothèse est de nature à se réaliser fréquemment, depuis la loi du 30 août 1883. Sept cours n'ont qu'une seule chambre et il sera impossible de trouver neuf conseillers n'ayant pas déjà siégé dans l'affaire. Onze cours n'ont que deux chambres et l'une des deux aura nécessairement connu de la demande en autorisation: elle ne pourra donc se réunir à l'autre pour former l'audience solennelle. Sauf dans neuf cours, où la formation de l'audience solennelle sera possible, le demandeur devra se pourvoir devant la Cour suprême en règlement de juges. Cette situation donne une importance considérable à l'arrêt de cassation rendu par la Cour suprême le 26 décembre 1883 (1).

§ 4. *Jugement de la prise à partie.*

1539. La cour peut débouter le demandeur de sa poursuite ou l'accueillir.

Si la cour juge que la prise à partie n'est pas fondée, elle condamne le demandeur à une amende de 300 francs, sans préjudice des dommages et intérêts envers le ou les juges attaqués, s'il y a lieu. (Pr. civ., art. 516.)

Si la cour juge que l'attaque du demandeur en prise à partie est fondée et légitime, quelle décision doit-elle prononcer? La loi est muette. Mais le sens commun va nous indiquer la nature de la condamnation à intervenir : 1° si la prise à partie a été formée à l'occasion d'un acte accompli ou ordonné par le juge, comme une arrestation illégale, la cour annule l'acte et condamne le juge à réparer le dommage causé ; — 2° le juge a-t-il été poursuivi pour déni de justice, la condamnation ne peut avoir pour objet que les dommages et intérêts ; — 3° si la prise à partie a eu lieu à l'occasion d'une instance terminée par un jugement, le juge inculpé doit évidemment réparer le dommage résultant de son dol.

Mais qui souffre ce dommage? Le jugement à l'occasion duquel le juge a été poursuivi doit-il tomber par l'effet de la prise à partie, sauf au plaideur en faveur duquel il avait été rendu et qui en perdra le bénéfice à réclamer des dommages et intérêts au juge prévaricateur ? Ou bien, au contraire, faut-il décider que le jugement n'est pas anéanti par le seul effet du succès de la prise à partie, qu'il subsiste malgré ce succès, sauf au demandeur en prise à recourir

(1) Paris, 7 juillet 1880. — Cass., 26 déc. 1883. — *Contra*, Montpellier, 16 aoû 1881 (Sir. 1884, 1. 184).

contre le juge en réparation du dommage causé par le maintien du jugement? La difficulté est diversement résolue par les auteurs. Nous pensons que la prise à partie n'est pas, dans le droit actuel pas plus que dans l'ancien droit, un moyen de faire réformer les jugements. Si la prise à partie pouvait amener l'annulation du jugement, la partie, en faveur de laquelle il a été rendu et qui a intérêt à le faire maintenir, devrait évidemment être appelée au procès. Or, aucun article du Code n'a trait à cette mise en cause. Dans tout ce débat, la loi ne suppose partout qu'un défendeur unique, le juge inculpé. Elle reconnaît donc que la prise à partie est étrangère à celui qui a obtenu le jugement. Anéantir celui-ci dans l'arrêt qui juge la prise à partie fondée serait violer le principe élémentaire qu'une personne ne peut être condamnée sans avoir été mise à même de défendre ses droits. Aussi quelques auteurs pensent-ils que la partie gagnante doit être appelée à l'instance en prise à partie et lui réservent-ils la tierce opposition au cas où elle ne serait pas intervenue. Mais ce tempérament même nous paraît inadmissible. Il heurte un principe fondamental. Le dol d'un tiers, — et le juge prévaricateur est un tiers pour les plaideurs originaires, — le dol d'un tiers est insuffisant à faire rétracter un jugement. (Pr. civ., art. 480 — 1°.) — Donc la prise à partie ne peut, par elle seule, entraîner l'annulation du jugement, et le demandeur ne peut, en principe, obtenir que des dommages et intérêts calculés sur le préjudice que lui cause la sentence rendue par le juge.

Si la partie qui a triomphé dans le premier procès a été *complice* du dol du juge, le demandeur en prise à partie pourra alors, dans les deux mois à compter de l'arrêt accueillant sa demande, attaquer le jugement précédemment rendu contre lui et en obtenir par la voie de l'appel la réformation, s'il a été rendu en premier ressort, ou par la voie de la requête civile la rétractation, s'il a été rendu en dernier ressort. (Pr. civ., art. 448 et 480. — 1°.)

FIN

NOTA ET ERRATA

N° 165. Depuis l'impression du premier fascicule de cet ouvrage une loi du 10 décembre 1883 a réglementé à nouveau l'élection des juges des tribunaux de commerce.

N° 166. Voir aussi loi du 24 novembre 1883, relative aux conseils de prud'hommes.

Appendice n° 175. *Au lieu de :* Il y a un substitut dans les tribunaux d'une chambre, *lisez :* les tribunaux composés d'une seule chambre n'ont au plus qu'un substitut. Cent soixante tribunaux de troisième classe n'ont qu'un procureur de la République.

De la page 444 à la page 480 *au lieu de :* Deuxième phase, *lire* Première phase

TABLE DE CONCORDANCE

ENTRE LES ARTICLES DU CODE DE PROCÉDURE CIVILE ET LES NUMÉROS DU TRAITÉ

Articles.	Numéros.
1	1269
2	455 à 459
3	460
4	1271
5	1270
6	1270
7	528, 531, 537
8	616, 618, 1271
9	1273
10	1272
11	1272
12	1272
13	1273
14	549, 557, 1286
15	1293
16	1380
17	1276
18	1277
19	1279
20	1281
21	1281
22	1281
23	329 à 336, 338, 345
24	1299
25	1294, 1295, 1298 à 1302
26	1296
27	1297
28	1278
29	1278
30	1278
31	1379
32	1285
33	1285
34	1287
35	1287
36	1287
37	1287
38	1287
39	1287
40	1287
41	1288
42	1289
43	1289
44	1292
45	1292
46	1292
47	1292
48	648 à 658
49	659 à 663
50	864 à 666
51	671
52	669
53	678 à 680
54	681, 682, 684 à 686
55	687
56	689
57	672 à 677
58	688
59	387 à 409
60	410 à 415
61	696 à 723
62	760
63	611
64	714
65	727
66	758
67	726
68	734 à 743
69	744 à 756
70	757
71	762
72	717 à 722
73	720
74	720
75	771, 776, 780 à 784
76	777 à 779
77	796
78	798
79	797
80	798
81	799 à 801
82	802
83 et 84	566 à 574, 830 à 831
85	810 à 812
86	811
87	813 à 816
88 à 92	817
93	834 à 836
94	837
95 à 115	818 à 829

Articles.	Numéros.
116	833
117 et 118	856
119	1160
120 et 121	1162 à 1168
122	896
123	897
124	891 à 894
125	899
126 et 127	abrogés.
128	860 à 863
129	864 à 867
130	874 à 880
131	881 à 883
132	878
133	884 à 887
134	847
135	900 à 904
136	906
137	905
138	909
139	910
140	910
141	913
142	914
143	915
144	915
145	915
146	912
147 et 148	919 à 925
149 et 150	943 à 946
151	963
152	962
153	964
154	796 et 942
155	947 à 951
156	953 à 958
157	952
158	959
159	959 à 960
160	952 et 968
161	968
162	969 et 970
163	972
164	972
165	966
166	978, 983 et 1038
167	984 et 985
168	992
169	992, 993 et 1038
170	991
171	994 à 999
172	987 à 989
173	1000 à 1004
174	1006 à 1014
175	1020 à 1021
176	1022
177	1024
178	1023 et 1025
179	1026
180	1026
181	1017
182	1030
183	1029
184	1027
185	1030 à 1032
186	1033 et 1038
187	id.
188	1035
189 à 192	1037
193	1057 à 1059
194	1059
195	1059 et 1060
196 à 198	1062
199 à 205	1063
206	1064
207 à 210	1065
211 et 212	1061
213	1066
214	1071
215 à 218	1073
219 à 231	1074
232 à 238	1076
238 à 251	1077
252	1083 et 1084
253	1085
254	1086
255	1087 et 1088
256	1089
257 et 258	1091
259	1092
260	1095
261	1094
262	1096, 1097 et 1120
263 à 266	1117 à 1119
267	1101
268	1104
269	1102
270	1113
271	1097
272	1099
273	1098
274	1099
275	1102
76	1098
277	1100
278 à 280	1093
281	1114
282	1113
283	1106 à 1112
284	1114
285	1110
286	1121
287 et 288	1126
289 à 291	1127
292	1124
293	1125
294	1122
295	1131
296	1132
297	1134
298 à 301	1135
302	1142
303	1143
304 à 306	1142
307	1146
308 à 314	1144
315	1146
316	1145
317	1147
318	1148
319	1148 et 1149
320	1148
321	1150
322	1153
323	1152
324	1156
325 à 336	1159
337 et 338	1176
339	1183
340	1182
341	1184
342	1204
343 à 345	1205 à 1211
346 à 351	1213
352	1215
353	1221
354 et 355	1222
356 à 358	1219
359	1221
360	1224 et 1225

Articles.	Numéros.
361	1223
362	1220
363 à 367	1186 à 1190
368 à 377	1191 à 1195
378 et 379	1197
380 et 381	1198
382 et 383	1199
384 à 390	1200
391 à 396	1201
397	1234 à 1238 et 1240 à 1241
398	1239
399	1243 et 1244
400	1245
401	1246 à 1250
402 et 403	1226 à 1230
404	1253 à 1257
405 à 413	1259
414 et 415	1305
416	1306
417	1307
418	1306
419	1308
420	478 à 496
421	1309
422	1311
423	1325
424 et 425	1326
426	1327
427	549, 557 et 1328
428	1329
429 à 431	1330
432	1330 *bis*
433	1313
434	1319
435 et 436	1320 à 1322
437 et 438	1323
439 à 441	1316
442	1317
443	1380 à 1383 1387 et 1400
444	1384 et 1388
445 et 446	628 et 720
447	1386
448	1387
449 et 450	1377
451	1379
452	844 à 846
453 et 454	1401 et 1416
455	1378
456	1389 à 1392
457	1414 à 1416
458 à 460	1417
461 et 462	1418
463	1419
464	1420 à 1430 et 1433
465	1432
466	1433
467 et 468	856
469	1434 à 1435
470	1418
471	1391
472	1444
473	1437 à 1443
474	1446 à 1454
475	1455
476	1455
477	1455
478	1457
479	1459
480	1462 à 1470
481	1471
482	1480
483	
484	
485	
486	1472
487	
488	
489	
490	1473
491	
492	1475
493	1476
494	1474
495	1475
496	1475
497	1477
498	1472
499	1478
500	1478
501	1479
502	1481
503	1464
504	1470
505	1533
506	
507	1533
508	
509	1534
510	
511	1535
512	
513	1536
514	1537
515	1538
516	1439
806	1261 à 1262
806 et 808	1264
809 à 811	1266
1029	603
1030	604 à 606
1031	608
1032	644
1033	621 à 632
1034	»
1035	610
1036	609
1037	611 à 615
1038	785 à 790
1039	»
1040	618

LOI DU 11 AVRIL 1838

Art. 1er............. Nos 1338 à 1360 | Art. 2.................... Nos 1347

LOI DU 25 MAI 1838

Articles.	Numéros.	Articles.	Numéros.	Articles.	Numéros.
1	431 à 437	8	551 et 1347	16	1271
2	4	9	434	17	1268
3	446	10	458	18	1273
4	443 et 444	11 et 12	1276	19	1268
5	447 à 453	13	1377 et 1380	20	»
6	454	14	»	21	»
7	550	15	1483		

TABLE DES MATIÈRES

CONTENUES DANS LE PREMIER FASCICULE

DEUXIÈME PARTIE

DE LA COMPÉTENCE DES DIVERSES JURIDICTIONS

LIVRE PREMIER

DE L DIVISION DES JURIDICTIONS CIVILES

LIVRE DEUXIÈME

DES ACTIONS ET DES DÉFENSES

LIVRE TROISIÈME

DE LA COMPÉTENCE DES JURIDICTIONS CIVILES

TROISIÈME PARTIE

PROCÉDURE CIVILE

PROCÉDURE SOMMAIRE

FIN DE LA TABLE DES MATIÈRES

CORBEIL. — Imprimerie B. RENAUDET.

www.ingramcontent.com/pod-product-compliance
Lightning Source LLC
LaVergne TN
LVHW020951300926
849160LV00007B/114